全国企业管理现代化创新成果

(第二十七届)

下 册

中国企业联合会管理现代化工作委员会 编

图书在版编目(CIP)数据

全国企业管理现代化创新成果. 第二十七届:上、中、下三册
中国企业联合会管理现代化工作委员会编. — 北京:企业管理出版社,2021.11

ISBN 978-7-5164-2486-5

Ⅰ.①全… Ⅱ.①中… Ⅲ.①企业管理-现代化管理-创新管理-成果-汇编-中国 Ⅳ.①F279.23

中国版本图书馆 CIP 数据核字(2021)第 178800 号

书　　名:	全国企业管理现代化创新成果(第二十七届)下册
作　　者:	中国企业联合会管理现代化工作委员会
责任编辑:	尤颖　黄爽　徐金凤　宋可力　田天
书　　号:	ISBN 978-7-5164-2486-5
出版发行:	企业管理出版社
地　　址:	北京市海淀区紫竹院南路 17 号　　邮编:100048
网　　址:	http://www.emph.cn
电　　话:	编辑部(010) 68701638　发行部(010) 68701816
电子信箱:	emph001@163.com
印　　刷:	河北宝昌佳彩印刷有限公司
经　　销:	新华书店
规　　格:	880 毫米×1230 毫米　　大 16 开本　　35 印张　　1023 千字
版　　次:	2021 年 11 月第 1 版　　2021 年 11 月第 1 次印刷
定　　价:	488.00 元（全三册）

版权所有　翻印必究·印装有误　负责调换

全国企业管理现代化创新成果（第二十七届）

顾　问： 王忠禹

主　编： 邵　宁　朱宏任

副主编： 于　吉

专家组成员：（按姓氏笔画排序）

王　毅	王利平	王其文	王继承	刘丽文
吕　萍	吴少平	吴贵生	宋毓钟	张秋生
杜莹芬	陆　燕	周应堂	周绍朋	罗　鹏
赵剑波	徐东华	高红岩	崔永梅	崔新健
黄津孚	焦　豪	蔡曙涛	蔺　雷	魏秀丽

目 录

服务管理与市场营销

商用车制造企业基于共享互联的精准营销管理 ················· 徐州徐工汽车制造有限公司（3）
公交企业基于数字化技术的智慧出行服务管理 ··················· 深圳巴士集团股份有限公司（12）
助力大型企业集团提质增效的商旅共享服务管理 ····················· 国网电子商务有限公司（21）
电信企业以客户需求为导向的5G建设应用一体化管理 ···
··· 中国联合网络通信有限公司青岛市分公司（28）
以多方共赢为目标的绿色保险服务管理 ············ 中国人民财产保险股份有限公司无锡市分公司（35）
大型军工企业模型驱动的场景化装备体系需求管理 ······ 中国电子科技集团公司第二十八研究所（40）
电信运营商协同创新驱动的5G定制应用服务 ············ 中国联合网络通信有限公司北京市分公司（46）
邮政企业践行乡村振兴战略的平台型综合服务体系建设 ··· 中国邮政集团有限公司河南省分公司（53）
通信企业基于人工智能能力训练和场景驱动的智能客服管理 ············ 中国电信集团有限公司（60）
铁路企业服务建设交通强国战略的"公转铁"运输管理 ······ 中国铁路呼和浩特局集团有限公司（65）
以支撑自贸区油气产业发展为重点的供电服务全面提升管理 ·······································
··· 国网浙江省电力有限公司舟山供电公司（70）
以集团效益最大化为导向的炼油副产品营销管理 ·················· 中国石油化工股份有限公司（75）
电力高科技企业满足客户个性化需求的精准化客服管理 ···················· 南瑞集团有限公司（81）
铁路运输企业基于旅客自助实名制核验的智能化服务管理 ········· 中国国家铁路集团有限公司（87）
大型化肥生产企业以价值扩张为目标的品牌管理 ············ 国投新疆罗布泊钾盐有限责任公司（92）
油服企业实现合作共赢的"全风险增气分成"服务管理 ···
······················· 中国石油集团川庆钻探工程有限公司地质勘探开发研究院（97）
邮政企业基于乡村营业网络构建的服务能力提升 ········ 中国邮政集团有限公司黑龙江省分公司（103）
对接京津产业转移落地的电力服务提升管理 ············ 国网河北省电力有限公司沧州供电分公司（109）
助力全球卓越城市建设的"能源管家"智慧服务提升 ········ 国网上海市电力公司浦东供电公司（115）
管理咨询企业与客户共创价值的战略咨询服务管理 ······················ 上海君智企业管理有限公司（120）
省会电网企业基于大数据的客户服务能力提升 ············ 国网山西省电力公司太原供电公司（127）
基于政务服务平台深度融合的邮政服务功能拓展 ············ 中国邮政集团有限公司湖南省分公司（133）
通信企业基于网格化场景运营的营销服务管理 ····· 中国移动通信集团浙江有限公司杭州分公司（140）
农药制药企业打造名优产品的品牌战略管理 ····················· 华北制药集团爱诺有限公司（145）
建筑建材企业基于技术创新的品牌建设 ··················· 北京东方雨虹防水技术股份有限公司（151）
民营中小销售型企业基于全方位技术服务的用户需求管理 ···
·· 北京京海人机电泵控制设备有限公司（155）

基于"互联网平台"的煤炭生产综合服务管理 …………… 陕煤集团神南产业发展有限公司（159）
大型钢铁企业"制造+服务"有效链接的营销管理 …………… 邯郸钢铁集团有限责任公司（164）
交通服务企业基于电子不停车收费系统功能扩展的智能客服体系建设 ……………
　…………………………………………………… 山东高速信联科技股份有限公司（169）
基于政企合作的世界一流城市电网建设管理 ………… 国网湖北省电力有限公司武汉供电公司（175）
烟草商业企业基于数字化平台的零售终端服务管理 …………… 江苏省烟草公司南京市公司（181）
提升客户获得电力水平的智能化供电服务保障体系建设 ……………
　…………………………………………………… 国网辽宁省电力有限公司大连供电公司（186）

战略管理与集团管控

民营氮肥制造企业以高质量发展为目标的综合竞争力提升管理 ………… 灵谷化工集团有限公司（195）
大型国有企业基于产业协同发展的多元化战略实施 ………… 中国航天科工集团第二研究院（200）
电网企业面向能源互联网的战略转型升级 …………………… 国网江苏省电力有限公司（207）
软件企业面向工业互联网平台服务商的战略转型管理 ………… 朗坤智慧科技股份有限公司（215）
基于海洋装备生态链的产业创新试验平台构建与实施 ……… 中国船舶工业综合技术经济研究院（221）
打造高端煤机装备制造服务商的"五位一体"产业构建 ……………
　…………………………………………………… 山东能源重型装备制造集团有限责任公司（226）
大型发电企业以世界一流为目标的能源结构战略转型管理 ………… 华能江苏能源开发有限公司（232）
电网企业以国际领先战略为引领的对标一流管理提升 ………………… 国网天津市电力公司（237）
大型建筑施工企业提升核心竞争力的工程总承包关键能力建设 ………… 中铁四局集团有限公司（243）
园林企业面向中小城市生态环境整体提升的一体化经营管理 …………… 金埔园林股份有限公司（249）
大型企业集团围绕两大主业的战略调整 ………………………………… 首钢集团有限公司（255）
轨道交通企业基于托管的转型升级管理 ………………………… 中车成都机车车辆有限公司（262）
大型军工企业全价值链一体化管理 ……………………… 重庆长安工业（集团）有限责任公司（268）
基于互联网技术的大型钢铁集团一体化集中管控体系构建 …………… 河钢数字技术股份有限公司（277）
省级电网企业以打造示范标杆为目标的战略管理 ……………………… 国网宁夏电力有限公司（282）
以"油公司"为导向的油气田企业业务归核化管理 ……………
　…………………………………………………… 中国石油天然气股份有限公司青海油田分公司（289）
轴承科研院所科技领军使命驱动的转型升级 ……………………… 洛阳轴承研究所有限公司（294）
军工院所基于价值创造导向的技术与市场循环联动战略的构建 ……………
　…………………………………………………… 中国船舶重工集团公司第七一三研究所（300）
以创建一流能源企业为目标的战略实施管理 …………………… 华电山西能源有限公司（307）
大型国有冶金矿山以能力提升为目标的企业综合管控体系建设 ……… 河北钢铁集团矿业有限公司（313）
以核心竞争力提升为目标的创新型轮胎企业建设 …………………… 贵州轮胎股份有限公司（319）

生产运营与基础管理

基于多元作业方式协同的海洋油气集约化勘探管理…………… 中海石油（中国）有限公司 (325)

大型油气田企业突破制约瓶颈的页岩气规模效益开发管理 …………………………………………………………
………………………………………… 中国石油天然气股份有限公司西南油气田分公司 (334)

发电企业以数字化技术为支撑的设备全生命周期管理 …… 华能国际电力股份有限公司日照电厂 (343)

高端装备制造企业基于"三层四链"的数字化质量管理 ………………………………………………………
………………………………………………………… 中车青岛四方机车车辆股份有限公司 (351)

国防企业基于信息化平台的物流安保体系建设 ……………… 中国兵器工业集团有限公司 (358)

提高企业核心竞争力的大型船舶及海洋工程装备建造精度管理 ……… 上海外高桥造船有限公司 (364)

以提升综合效能为目标的航空结构件柔性线运作管理…… 成都飞机工业（集团）有限责任公司 (370)

锂电池研制企业全要素精益化管理 ………………………… 飞毛腿（福建）电子有限公司 (377)

电网企业服务区域经济高质量发展的配电网规划精益管理 ………… 国网山东省电力公司 (383)

供电企业以提质增效为目标的线损管理 ……………… 国网河北省电力有限公司邢台供电分公司 (390)

基于在线仿真技术的天然气干线输配优化调度管理 ………… 河北省天然气有限责任公司 (396)

基于周期管控和状态牵引的舰艇军地一体化保障管理 ………………………………………………………
………………………………………………………… 中国船舶重工集团公司第七一九研究所 (402)

特大型油气田企业适应高温高压环境的井完整性管理 ………………………………………………………
………………………………………… 中国石油天然气股份有限公司塔里木油田分公司 (408)

航空企业以柔性排产为核心的均衡生产管理………………… 陕西飞机工业（集团）有限公司 (415)

基于"三三制"循环迭代的渤海边际油田开发设计管理 ………………………………………………………
………………………………………………………… 中海石油（中国）有限公司天津分公司 (420)

轮胎企业基于全流程信息化的全价值链质量管理 ……………… 赛轮集团股份有限公司 (426)

油田咨询企业基于一体化经营管理平台的计划管理变革 ……… 河南油田工程咨询股份有限公司 (431)

以世界一流为目标的高端装备制造企业管理标准体系建设 …………………………………………………
………………………………………………………… 中车戚墅堰机车车辆工艺研究所有限公司 (437)

钢铁企业以客户需求为导向的质量管理 ………………………… 湖南华菱湘潭钢铁有限公司 (443)

以提质增效为目标的天然气"一站式"脱硫管理 ……………………………………………………………
……………………………… 中国石油天然气股份有限公司西南油气田分公司川西北气矿 (449)

以高质量发展为目标的电力结构优化管理 ………………… 华能国际电力股份有限公司德州电厂 (454)

大型流域水电企业多目标一体化的梯级调度管理 ……………… 贵州乌江水电开发有限责任公司 (459)

冶金矿山企业基于深度数据挖掘的同业对标管理 ………………… 首钢集团有限公司矿业公司 (464)

铁路施工企业基于"三化联动"的试验检测管理变革………… 山西华诚工程检测有限公司 (470)

油公司以可持续发展为目标的精细化油藏经营管理 …………………………………………………………
………………………………………………………… 胜利油田东胜精攻石油开发集团股份有限公司 (475)

化工企业基于两化融合的生产异常管理 ………………… 甘肃银光化学工业集团有限公司 (481)

电网企业基于多专业柔性融合的设备管理 ………………… 国网山东省电力公司青岛供电公司 (487)

以国际一流为目标的高含硫气田安全高效的开发与运营管理 ……………………………………
……………………………………… 中国石油化工股份有限公司中原油田分公司（494）
适应复杂地形与负荷特性的差异化配电网规划管理 ……… 国网重庆市电力公司市区供电分公司（501）
基于智能制造的纸包装全链质量管控 ……………………… 浙江大胜达包装股份有限公司（506）
大型石化企业以提升价值创造能力为导向的体系化精益管理 …………………………………
…………………………………………………………… 北方华锦化学工业集团有限公司（511）
大型铜矿企业深埋低品位资源的开采管理 ………………… 安徽铜冠（庐江）矿业有限公司（518）
以提高供电可靠性为目标的架空型配电网故障智能诊断和处置管理 ……………………………
…………………………………………………………… 国网福建省电力有限公司南安市供电公司（524）
以"高质量、高效益"为导向的火力发电企业运营管理 ……… 宁夏京能宁东发电有限责任公司（529）
基于一体化协同平台的市政涉电工程管理 ………………… 国网江西省电力有限公司南昌供电分公司（535）
基于小农户的烟叶种采烤分一体化单元管理 ……………… 福建省烟草公司龙岩市公司（543）
实现"双提升"目标的供热运营管理 ……………………… 中国华电集团有限公司河北分公司（548）

服务管理与市场营销

商用车制造企业基于共享互联的精准营销管理

徐州徐工汽车制造有限公司

徐州徐工汽车制造有限公司（以下简称徐工汽车）是徐工集团 2008 年收购南京春兰汽车，并于 2015 年搬迁转移至徐州成立，是徐工集团支撑战略发展的核心支柱产业，也是目前江苏省唯一国有自主品牌重卡。徐工汽车产品齐全度行业领先，出口产品同步欧标，发展规模、经营质量与经济效益持续增强，近年来始终保持着年均 40% 的规模增速。徐工汽车 2019 年实现营业收入 71 亿元，同比增长 37%，主机销售 20569 台，同比增长 20.09%，增幅领跑行业。

一、商用车制造企业基于共享互联的精准营销管理背景

（一）适应经济发展新形势，服务制造强国建设的需要

徐工集团作为中国工程机械制造的领航者，积极应对市场竞争环境，响应和实施国家制造业高质量发展战略，提出了高质量、高效率、高效益、可持续"三高一可"的发展理念，并按照"巩固和提高在工程机械行业的竞争优势，大力发展专用车和核心零部件"的发展战略，打造了商用车这一新的战略支撑产业。商用车制造行业作为制造业中技术含量、智能化程度和产业集中度较高的代表，已经成为"中国制造 2025"的先导阵地，也是制造业的"晴雨表"，承担着制造业高质量发展和推进中国制造向中国创造转变、中国速度向中国质量转变、制造大国向制造强国转变的重任。作为徐工集团"十四五""珠峰登顶"战略的重要组成部分，徐工汽车始终坚守初心，锚定"十三五"百亿目标，坚持市场变革、勇立潮头，在经济发展的新形势下不断做大、做强商用车制造企业，全力服务制造强国建设需要。

（二）适应行业发展趋势，提升市场竞争力的需要

近年来商用车行业市场销量增幅跌宕较大，行业发展的不确定性进一步增强，并且随着消费者需求意愿变化，商用车制造业开始从以产品为主转为以客户为主，以规模化批量生产向定制化服务转变。同时，随着时代发展加速，数字化技术已经融入商用车制造的各个领域，对商用车企业的经营方式、领导决策、商业导向、组织形态和资源配置方式产生颠覆性影响，新的经济形态进一步改变了行业获客的形式和渠道。徐工汽车始终以发展商用车产业为己任，以强烈的使命感推动自身的不断发展和壮大，充分适应商用车制造行业发展潮流，不断创新变化，不仅敢于阔步前行，还敢于不断自我变革，积极通过持续的经营机制创新和实践，不断塑造企业核心竞争力，积极探索信息技术在营销管理中的变革应用，快速、敏捷响应市场，推动自身及行业竞争力不断提升。

（三）适应企业规模迅速扩张，推动高质量发展的需要

面对形势多变的行业现状和明显固化的市场份额，徐工汽车始终以高于行业平均增速的势头快速发展，实现企业规模的迅速提升，但也随之显现出产品线较多、管理宽度和深度较烦杂、各品系职级互不统属等问题，面临着集中经营如何提升统一领导的效率和分线经营如何提高产线的经营效果这一发展质量和效率相统一的难题。破解平衡发展难题，解决规模高速增长的衍生瓶颈，快速提升企业整体能力是当前徐工汽车在变与不变的行业竞争态势和发展现状中破局的重心，加速实施市场优先、市场引领、市场发力的发展战略，有效推进以市场运营效力提升为引领的营销管理变革发展新路径，实现高质量发展与规模同速的运营新机制，保障企业踏准行业发展节奏，赶超竞争对手，抢抓国内外市场发展新机遇，开创商用车制造行业新局面成为发展的迫切需要。

二、商用车制造企业基于共享互联的精准营销管理内涵和主要做法

徐工汽车面对商用车制造行业发展新环境、新形势、新业态，面对自身发展新需要、新使命、新征程，构建出颠覆传统"以价格获客"为主要手段，转变为从品牌战略、金融机制、服务体系、产品保障等营销管理主要环节出发，构建信息互联、资源共享精准营销管理，全面布局形成精准营销管理新机制，打造精准产品顺应多品系发展的专业化趋势，确保条线更加清晰，责任更加明确，市场响应速度大幅提升，实现市场拓展平台化、业务运营专业化和营销管理扁平化。为徐工集团"珠峰登顶"、中国制造冲锋全球提供新动力，为商用车制造企业快速实现产业报国提供新的参考路径。

（一）确立精准营销管理的思路、组织与制度流程

1. 制订清晰的战略规划

在充分分析当前内外部竞争压力的基础上，徐工汽车提出"品质卓群、价值超越，专注最佳运输解决方案"的企业使命和"打造中重卡主流品牌，成为商用车行业主要竞争者和效益领先者"的企业愿景，提出在"十三五"末，实现销售收入突破100亿元；到"十四五"末，销售收入达到300亿元，跻身行业主流品牌前列。要实现发展战略，根本在于提高核心竞争力，关键在于市场破局。徐工汽车面向行业市场客户群类化、个性化需求，打造专业、细分的各类产品品系销售平台，形成以内外部资源共享共用、数据信息互联互通的精准营销变革总纲要，明确战略蓝图和时间表，将战略目标与市场突破有机结合，积极应对错综复杂的行业发展新形势，分三步完成精准营销管理体系变革。

2. 建立精准营销管理组织架构

徐工汽车通过对原职能型营销组织架构进行应用性分析，有效识别、精准提炼与营销管理强相关的经营要素，开展对标分析活动，优化组织结构形式，构建"营销本部抓总、销售平台主建、驻外中心主销"的精准营销管理组织架构（见图1），搭建起聚能、高效的组织管控形态，从组织整体层面确保营销管理的高效、精准连接客户。明确营销本部职能，设置销售管理、渠道发展、应用工程、金融服务等市场管控部门，组建"大品牌、大金融、大服务"的本部体系，成为针对全局精准应对的指挥系统；优化品系设置，建立牵引车、载货车、专用车、新能源车等专业化的市场销售平台，全面梳理渠道建设、行销推广、资源调拨、市场开拓、产品开发建议等业务的市场要素，确保各销售平台在主建过程中拥有充分的自主性、灵活性、敏捷性，成为因地制宜且整体发展同步的资源系统；重组驻外销售机构，将各地区的办事处按细分市场进行合并、分拆，组建聚焦目标客户的驻外营销中心，借助目标契约管控及虚拟核算的中心体系，全面整合专业渠道、沟通联系、信息收集、客户开发等市场一线要素，充分下沉、连接目标客户，优化客户体验，成为直击客户需求的一线销售系统。

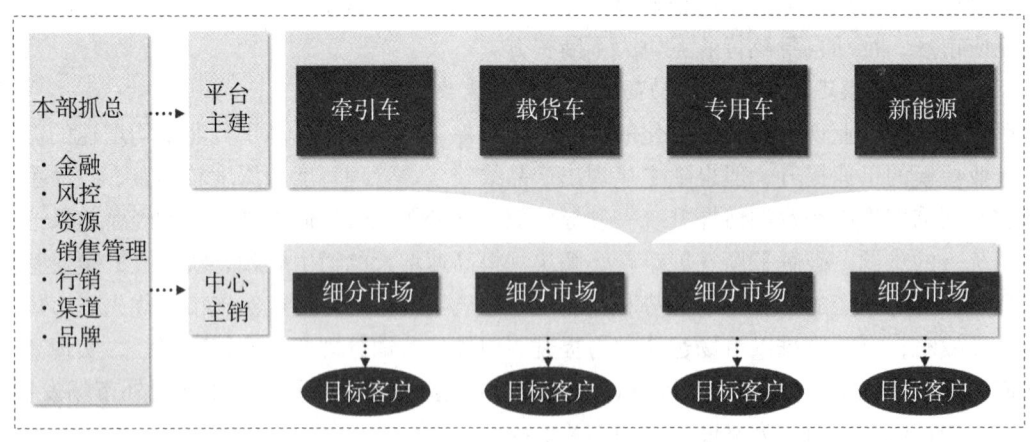

图1 面向目标客户的精准营销管理组织架构

3. 完善精准营销管理制度流程体系

瞄准市场快速反应，充分匹配规范标准，实施流程再造，建立起以战略及年度经营目标为导向、市场体系建设为基准、流程快速反应为主线的营销管理制度流程体系。按照"谁专业、谁主责、谁监管"的原则，强化执行力度，深化执行效率和效果；通过实行"责权利"相结合、执行与考核激励相结合、制度与企业文化相结合的"三结合"机制，明确制度的执行要义，制定"管理靠制度，业务讲流程"的营销管理手册，促进"硬"的制度约束与"软"的企业文化充分结合。同时，动态评审制度体系的完善性，持续识别制度体系中需要改进的节点，通过开展制度学与用、业务流程穿行、清单式管理等工作，持续进行优化、改善，确保制度流程的科学性和合理性；通过开展制度流程"团队+个人"有奖找碴等活动，充分发挥全体员工的主观能动性，营造出高执行文化氛围，促进工作质量、能力大幅提升，确保营销管理的高标准、高规范和令行禁止。

4. 设定营销管理目标管控体系

紧密贴合营销战略形成管理规划，找准市场的关键问题，统筹制订应对举措和详细的发展计划，通过绘制"经营管理作战图"将营销管理目标具体化和图文化，使战略、战术落地路径精准把握、清晰可见、实施有据，并建立起"规划—挂图作战—系统推进—计划达成"的营销战略落地管控体系。在战略目标的引领下，紧盯规划的分解、市场承诺和履约达成，促进各承责单元时刻紧盯目标、明确方向、把控进度。同时，通过目标的层层分解，以市场目标责任状的形式，按照"营销本部、销售平台、驻外中心"的层级逐级签订，并设置市场作战英雄榜，将责任目标深入市场一线的最前端，形成市场目标及营销力提升的专项契约，纳入管控体系进行监管，切实打通目标实现及计划达成的有效路径；通过目标实现与契约精神的充分结合，促进了本部、平台与中心销售目标的一致性和统一性，提高市场营销质量及开拓效果。

(二) 搭建精准营销相关信息系统平台

1. 构建"智慧徐汽"信息化智能平台

徐工汽车针对企业规模的不断扩大，通过深度搭建"智慧徐汽"共享互联的信息化智能平台，打造整车展示、产品档案查询、在线服务、报修、备件销售、备件防伪查询、金融支持、车队管理等集成的一体化信息平台，主动高效整合信息，形成最终客户、经销商、服务站、内部支持人员信息沟通传递的汇集地，通过将数字化有机融入每一项营销活动，以数字化的思维去思考，开辟更加精细、多维的解决办法、营销策略。根据不同模块功能信息可以通过大数据的方式向内部 ERP（企业资源计划）、PDM（研发系统）、MES（生产执行系统）、DMS（经销商管理系统）等集成互通，内部处理流程又可以通过精准营销系统即时传递至相关客户，"智慧徐汽"信息化平台（见图2）成为精准营销管理的基础。

2. 建立客户交互系统集群

搭建 DMS 系统，通过覆盖整车销售管理的各个环节，从整车销售、品系管理、售后服务、备件管理等环节进行整合，充分考虑经销商、服务站、备件中心库等统一管理需要，实现经销商从选单、销售、结算到服务、备件的一体化系统操作，在主机厂和经销商之间成功搭建起一个互动交流的智能信息桥梁，满足"销售、维修服务、备件供应、信息反馈、客户关系"等业务模块的精准营销管理需要。DMS 系统的搭建完成，使营销本部能够准确、及时地掌握市场变化、提高信息交流的时效性、压缩中间运营成本、减少资源浪费、降低操作门槛、减少烦琐的操作，快速实现客户购买意向分析、互动，为销售团队带来更高质量的销售线索并在每一个接触点上都能提供个性化的营销素材，最大限度保证在有限的资源投入下，实现最优的市场价值。同时，推出卡友"e富通"App、微信号等，为客户提供整车抢购、优惠耗品、一键报修、贴身备件、货车导航、科学选车、样车宝典等实用功能，成为经销商、服务站和客户整车联网管理的移动商务门户。

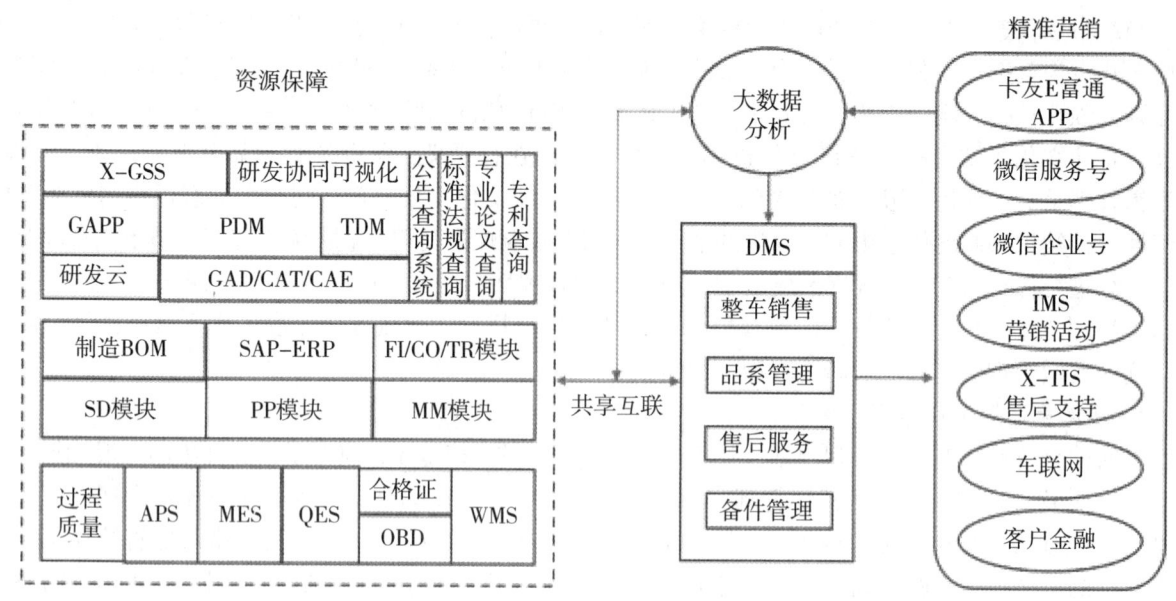

图2 "智慧徐汽"信息化精准营销管理智能平台架构

3. 确定快速交付产品集成系统集群

结合CATIA、MDS等三维、二维设计软件，建立客户对产品点单式选择的基础，更加精准匹配客户需求；建设以ERP为数据管控中心，MES为车间执行核心的信息化架构，引入RFID（射频识别）、条码、二维码及相关网络连接技术，打造信息自动传递收集的信息集成体系，结合现有智能化设备实现生产管控集成化，实现对产品精准管控；通过各生产分厂智能化连接，实现自动识别和报工、自动生产程序匹配、自动颜色识别并喷色等自动化生产条件；同时实现客户订单需求向生产过程自动传递、生产指令在线发布、在制车辆状态实时查询、订单与完工状态实时统计、电子大屏看板实时自动更新；实现生产部门在中控系统就可以完成生产顺序调拨，终端客户可以完整地了解从前端制造开始到订单执行过程的全部情况，高效提升客户体验，精准满足客户需求。

（三）开展目标细分市场精准定位、渠道搭建和市场资源匹配

1. 精准定位细分市场

徐工汽车从"客户和市场的细分""客户需求和期望"两个方面深入，对当前及未来客户和市场的需求、期望及其偏好进行全面、动态的跟踪、分析，运用市场及产品的"二八原则"，集中做好"20%的区域"和"20%的产品"投入，精准挖掘"80%"的市场效用；精准识别、布局目标市场，推行"三南三北"计划，精耕鲁南和苏北，细耕河南和冀北，深耕冀南和皖北，快速在徐工汽车主要辐射区域形成细分区域优势；精准聚焦细分市场客户产品需求打造爆款产品，通过对标行业主流品系，以G7和G5产品品系为基础，推出64牵引车、城市渣土自卸车、环保搅拌车等爆款产品，主打经济适用性和绿色环保两张王牌；通过"爆款放量"，在聚焦爆款上量的同时，提高核心零部件的采购议价能力，降低采购频次，摊低单台生产制造成本，提升产品毛利率；通过挺进高端市场，加大以G9系列产品为代表的高端产品推广力度，抢占高端市场及重点客户，直接拉开价格利润空间，对客户群体水平的总体拉动，形成对竞争对手的挑战性冲击。

2. 搭建双线销售渠道

各销售平台根据产品特点及细分市场的需要，因地制宜地在重点主力区域强化终端传播，开展个性

化的各种线上、线下促销活动，精准布局，定位细分区域市场，快速形成产品销售。通过"有您、有我、也有他""硕果累累迎丰收""三〇攻坚"等渠道发展行动，快速有效地引进专业化的销售渠道，建立经销商收集信息、走访客户、建立档案等指南系统，运用信息化网络系统向目标客户推送销售信息，精准把脉客户，将客户脉络重点起搏，促进营销管理成效的不断突破；通过重点运作快手、抖音短视频App，并在行业率先开通官方"今日头条"自媒体账号，开展"线上发布会""逢八必播"等线上品牌活动，精准投放品牌资源，精准定位目标客户；通过开展销售平台、经销商、客户三点联动的"900精准营销计划""耕冬'赢'春""芝麻开花节节高""徐工重卡—工程专家"等线下品牌活动，快速切入目标区域和群体，以领先行业的促销行为抢占市场份额。同时，建立销售渠道间信息共享和传递机制，在多个销售渠道上对客户发布一致的产品营销信息，形成多渠道的协同机制，在为客户提供一站式服务体验的同时，有效地避免对客户的重复营销和过度干扰，提高营销的效率。

3. 匹配精准市场资源

进一步支撑细分市场、销售渠道，徐工汽车以"市场、产品、交付"的"金三角"原则精准匹配资源，形成聚焦客户需求的共同协作单元。市场端从整体角度规划、运作、建设客户平台，对市场指标达成负责；产品端从品牌、服务等角度设计方案，对客户群体的业务目标达成负责；交付端从订单下达、产品生产到产品交付全过程承担管理责任。通过对细分市场客户从使用工况、产品偏好、市场规模等角度开展精准分析、定向，制订新产品开发规划，提前进行产品布局，确保产品开发与客户需求达到统一；实施"1＋N"的资源解决方案，"1"指适用于各类产品的通用方案，"N"指各销售平台根据产品类型、客户类别、细分市场等设计的、可进行无差别组合的客户解决方案；在信息化系统中充分展示订单、产品生产、交付等各个环节，形成统一的过程展示界面，实现在线讨论、在线调度等，确保客户需求快速满足。

4. 实施"世界徐工·国际汉风"品牌战略

紧紧抓住集团公司"世界品牌500强"作为宣传点，重点系统总结、策划，深入挖掘、包装集团对汽车行业形成的十大引领素材，形成传播方案，和"世界品牌500强"共同通过各种媒体渠道向目标群体持续投放，提升在汽车行业的专业形象及历史地位，形成"刻板"印象；对标世界一流品牌，开创中国商用车产品、服务的新高度，徐工汽车提出"世界徐工·国际汉风"的品牌战略。在"世界徐工·国际汉风"品牌概念统领下，对品牌宣传进行统一指挥、内外协同运作，既有实实在在为客户增值的硬核实力，又有能够促进销量、提升溢价的良好形象，充分展示精准营销管理体系所折射的"品牌先行、市场先行"理念，有力地提振市场士气，保障营销管理有力量。

（四）精准匹配产品资源

1. 构建复合型产品"创业组合"团队

组建"营销管理＋技术研发"人员构成的内部"创业组合"团队，充分识别市场产品需求，结合现有产品资源基础，以共享互联理念为创新纲领，由市场销售平台提出产品项目开发需求、设定目标时间和目标销量，"创业组合"团队采取项目认领形式主导推进全过程。通过实施新项目管理机制，使全员了解并理解项目管理的基本概念与框架，人人都可以成为项目参与人；通过发布项目书的方式，充分利用现有专家库、人才库、项目库等资源，筛选适合的项目团队经理，并向其发出邀请，对意向项目经理人组织评审，确定项目负责人；着眼"小创新、大效益，齐创业、共分享"的理念，由市场销售平台对接客户需求，技术研发体系分析客户需要，快速满足客户的各种需求；开展"项目即创业"活动推动全员攻关、全员创新，将项目效用放大，以创业思维组织资源，做出好的产品。

2. 建立调动产品资源的绿色通道

对外强化市场资源优化，扩大资源配置有效性，对内促进经营管理新机制的深化，徐工汽车针对市场销售平台打造相应的精准、高效的专业产品，并配置和培养专业化的人才，有效激发集约规模经营效力、效益和专业化人才创造活力，实现价值链创新、协作关系创新和资源配置创新；通过销售平台拉动徐工汽车内部各组织快速响应营销管理变革，面向市场，对体系内资源进行优化，对应成立包括研发、制造、供应、销售支持、服务等职能的专业化全价值链产品资源，将优质战略资源向市场一线倾斜。

3. 建立保障卓越品质的质量管控体系

徐工汽车针对市场需求，聚焦预防性质量管控，建立正向研发体系建设提升为主线，逆向收集分析改进为驱动的双向并轨产品质量新管理机制，通过销售平台将收集到的市场信息转换为产品质量信息，并推动开展一系列质量提升活动，确保并轨方向保持与市场需求准确一致。通过产品质量控制人员协同销售平台人员共同走进市场，从市场上找需求，抓准产品质量改进的关键点、具体点，强化实物改进验证，以预防级质量管控标准，确保营销管理的产品优质、资源精良；通过销售平台不断促进质量管理深化从"事后改进"向"事前预防"转变，过程控制从"专检"向"自检+互检"转变，品质提升与改进从"市场验证"向"厂内强化验证管理"转变；通过建立销售平台与供应商会谈机制，将供应商绑定市场，共同促进产品质量及服务能力的提升。同时，将市场反馈的问题作为质量改进项目的重要来源，通过产品质量指标量化和六西格玛、QC改善等项目快速推进，不断提升产品实物质量，促进产品资源与市场需求的无缝对接。

（五）建立"销控一体化"的金融服务机制

1. 提供一站式金融服务体验

通过对原有信用销售模式和法律风险的深入研究，将主机厂在信用销售过程中担保人的身份延伸为"代理商"身份，转变原有的"金融机构—客户"为"金融机构—主机厂—客户"；利用"代理商"身份，结合不同细分市场、产品系列、客户群体、融资期限、购车习惯及市场淡旺季等因素实施精准信用销售定价机制，在金融机构提供的基础金融产品上改造并发布独有的金融商务政策；推出子品牌"融易贷"，树立精准、便捷、简易、高效的金融产品形象，打造客户"一站式金融服务体验"。

2. 闭环管控全流程风险

通过充分发挥"销"与"控"双管齐下的协同效应，打造一体化的营销管理风险防控体系，营销管理与风险防控同轨同轴；建立"人单合一"的管理体系，实行区域包干制，实现业务经理、风控经理、资管经理的团队全流程归口管理；通过制定差异化的风控模型，量小散户订单建立委托签单制，批量订单实行业务、风控双渠道调查制，根据客户现金流、涉诉执行、股东背景、经营状况决定风险敞口和授信额度，倒推客户首付比例及标的物数量，强化外部准入；依托贷后逾期"一三六"红线管控思路，不断完善贷后管理体系建设，搭建车辆运营监控大屏，通过GPS实时监控实现车辆"围栏管理"，及时预警并通过"锁车"等手段确保资产可控。

3. 打造业融结合关怀服务

充分体现"业务办理前移"的精准营销管理理念，针对经销商首次合作、办理金融入网和首单金融业务签订，均由金融业务经理现场指导，定点培训；定期走访市场和经销商，收集细分市场金融信息，不断根据市场变化推出适销对路的金融产品和金融政策；构建驻外一线营销与一线金融业务并存的销售格局，实施营销与金融两条线并轨管理，提高客户购车体验的精准度和服务响应速度；简化融资租赁流程，提高与经销商的合作质量，提升金融整体服务效率，实现主机厂、经销商与客户三方共赢的格局。

(六) 打造以客户为中心的快速响应大体系

1. 构建"服务+备件"联动大体系

徐工汽车始终把服务作为营销管理的重点环节，前端市场拼产品，后端市场拼服务，拼的是服务体系的工作质量和响应效率，转变过去服务、备件作为独立体系独自开展工作的思路，确定"服务+备件"一体化推进，将备件满足作为服务提升的重要环节，建立后市场全流程的"大服务"体系，以"我用心·您放心"活动为载体作为精准营销管理的重要支撑；开展市场信息采集、产品改进、客户跟踪服务和客户抱怨快速处理等全过程识别并分析客户抱怨多、问题频发的关键点，精准识别客户痛点予以解决，制订优质服务承诺，明确严格时间限制和满足客户需求的服务承诺条款；将"服务及时性"和"客户满意度"作为评价大服务体系建设成效最重要的关联指标，相互促进、相互监督。

2. 构建"721"服务响应机制

建立针对市场客户实施"高频率、高密度、高价值、高影响、高隐患、高危害、高难度、长周期、长等待、一关注"的"七高两长一关注"服务响应机制，通过"721"将主动介入和支持、保障形成触发标准，出现问题快速响应，确保全程干预、精准处理重点、难点问题；建立400回访系统，将服务站二十四小时完工率、客户满意度作为费用结算的主要杠杆系数并与服务站星级评定进行挂钩，确保服务站快速响应客户维修需求；同时，对服务站、客户进行精准画像并有效串联，为后期客户报修及时提供维修方案建立基础。

3. 开展形式多样的后市场提升活动

在全国范围内开展"优质服务站""服务岗位标兵"竞赛活动，招、培结合建立一支专业、稳定的维修专家队伍；通过定期开展"线上+线下"相结合的培训方式，线上录制检修、保养等过程小视频，便于维修人员利用碎片化时间学习，线下组织集中培训、考试，确保基本维修技能不断夯实；开展多元化的市场反馈征询活动，及时掌握在服务备件保障供给过程中存在的问题和不足，以问题为导向，强化解决问题的实效，强化市场监督的实效，提升保障客户满意的层次。

(七) 建立专业化人才和市场化激励机制

1. 培育专业化营销人才

为快速地占据市场主导权，快速打开市场，徐工汽车提出"营销人才专业化"策略，以"团队精神、永不言败、敏锐的嗅觉和观察力、主动出击、严密的组织和等级、勇于奉献"等团队特征融入，通过"当地化""本土化"两个途径建立，构建起一支具有进取、团队、坚守精神的专业化团队。"当地化"直接从选定区域招聘当地开展同类产品销售的专业人员，通过各驻外营销中心的识别、分析，提出对选用人员当地化背景、业务熟悉程度进行符合性判断，再通过营销本部统一面试、人才画像，甄别出对徐工文化接受度较高的优秀人才，予以选用；"本土化"通过人才定制培养，从营销本部优秀员工中挑选有志到市场一线的年轻人才，开展定点、定向培养，尤其是数字技术、分析技术和信息化操作能力，逐步培养成热点区域"当地人""营销人"，提升一线人员的营销能力，同时也降低地域利益的交换风险。"营销人才专业化"策略的实施，有效解决地域间文化差异和客户资源壁垒，有效实现营销整体能力的快速提升，实现精准锁定目标客户，促进销售快速上量。

2. 推行市场化薪酬激励机制

快速实施精准营销管理体系要求下的激励机制变革和创新，以快速响应为核心，聚焦规模增量、经营增值，以利润为前提、增值为追求，建立利润激励和增值分红机制，打破原有的岗位工资体系，瞄准各营销管理平台的专业指标进行精准核算，并以市场运营的实际结果兑现薪酬，实现决定岗位的不是组织是个人，决定薪酬的不是岗位是绩效，确保有能力、有业绩的人就多激励、高激励。按照"利润激励，增值分红"机制，分别制订有营销本部、销售平台、驻外中心各层级差异化的薪酬激励方案，使效益分配与组织贡献成正比。

3. 实施驻外中心虚拟核算

通过划小核算单元的试点推进，推行驻外中心相对独立的核算机制，将驻外中心作为虚拟经营公司，开展公司化运作，以市场化的原则设计经营指标衡量体系，对中心人员充分赋权和赋能，让员工明责承责，承担销量、收入、回款等关键量化目标，分担渠道建设、渠道管理、市场走访、售后保障等主要评价指标，并以核算单元的经营效益为聚焦点，强调营销中心个体经营质量的提升。根据指标设立情况建立有经营状况核算系统按月进行分析、形成一份独立的报表，直观反映出各驻外中心的工作动态和当期业绩，及时发布各中心经营目标完成情况，使中心销售人员参与经营、主动开拓市场的意愿大幅提升，促进销售人员驱动业绩增长的动能。

4. 打造营销绩效竞争文化

基于共享互联的精准营销管理是直面市场的一次变革，在变革中徐工汽车紧密结合企业发展实施文化的全体系打造，充分应用"知、信、行、恒"文化落地路径，不断尝试和测试新的营销方法，主动进行文化和战略层面的调整，用数字理念、数字工具展开新的营销计划，提出以"目标导向、杜绝借口"为核心的营销绩效竞争文化，形成极度敏锐的嗅觉、强烈的价值追求和以不达目的不罢休、达不成时不留情的问责态势，并将营销绩效竞争文化凝练成市场营销誓词，通过集体宣誓、履职宣誓、目视化张贴、自媒体宣传等，夯实营销绩效竞争文化"知"的基础；通过文化讨论、率先垂范、英雄榜，集聚营销绩效竞争文化"信"的动力；通过市场行为调整、员工行为匹配、价值观引导，落地营销绩效竞争文化"行"的目标；通过建立文化评估机制、文化赋能机制、文化共享机制，助推营销绩效竞争文化"恒"的长远。

三、商用车制造企业基于共享互联的精准营销管理效果

（一）市场竞争能力大幅提升

基于共享互联的精准营销管理是从企业整体层面开展的一场高质量发展变革，从市场营销端的角度倒逼组织内部各管理体系进行自查、提升、完善，将市场、产品、保障和人才等各类资源高效衔接，以市场资源配置为指引，整合资源，激发企业体系力、产品力、营销力的"三力"潜能。营销管理变革的深入开展促进企业组织架构、营销生态圈的扁平化调整以及产品链全流程快速完善，通过优化产品设计、物料采购、上线生产、在库管理、信息智能等各个方面促进了营销管理水平提升，品牌宣传更加聚焦、人力资源保障更加精准、市场服务更加高效、运营质量更加优良。2019年，产品质量指标同比提升50%以上，超过行业平均水平，产能提升45%，净资产收益率提升38%，全员劳动生产率提升52%，服务及时率提升21%，客户满意度提升7个百分点。

（二）经济效益显著提高

基于共享互联的精准营销管理实施以来，徐工汽车的经济效益、经营质量取得跨越式提升。2017年，实现营业收入37.06亿元，同比增长41.8%，主机销售12888台，同比增长40.4%；2018年，实现营业收入51.84亿元，同比增长39.89%，主机销售17128台，同比增长32.90%，占有率稳步提升，销量增幅跑赢行业，增速始终保持行业前三；2019年，实现营业收入71亿元，同比增长36.96%，主机销售20569台，同比增长20.09%，增幅居行业首位，行业排名再进一位，冲入行业前九，打破行业多年来稳定的排名格局。

（三）行业地位不断增强

基于共享互联的精准营销管理为商用车制造企业快速应对市场变化、有效开展转型升级、变革超越和变道超车提供了参考路径和借鉴方式。徐工汽车逐步形成具有行业特点、自身特色的徐工汽车品牌，

品牌知名度得到快速提升，连续荣获中国商用汽车新锐企业、成长型风云企业、最具潜力企业等行业大奖。产品也得到行业的广泛认可，并荣获中国工业机械科学技术奖等多项殊荣，取得91项专利，为客户提供了众多优质的产品。近年来，徐工汽车精准营销管理得到第一商用车网、卡车之家、第一工程机械网等众多行业媒体的专评和传播，受到业内同行的一致好评和客户的充分认可，形成了可借鉴、可复制的营销管理能力提升的有效方案。徐工汽车正沿着为江苏省、徐州市贡献一个千亿级的"重卡脊梁"，为制造强国贡献高质量商用车制造企业的道路不断向前。

（成果创造人：罗东海、胡玉美、曹　弋、许汝科、郑建新、陈景哲、姜　涛、黄国良、陈　卫、韩跃进、柴雷明）

公交企业基于数字化技术的智慧出行服务管理

深圳巴士集团股份有限公司

深圳巴士集团股份有限公司（以下简称巴士集团）创建于1975年，是全国唯一的深港合资混合所有制公交企业，唯一的全牌照地面公交产业集团，全球首家规模化纯电动公交运营企业，国际公共交通联合会（UITP）巴士委员会中国第一个执行委员，出租车及网约车委员会轮值主席单位。巴士集团是以交通运输为主业，集城市公交、定制巴士、巡游出租、网约出租、城际客运、旅游包车、微循环巴士、校园巴士、汽车租赁、深港跨境客货运输、公交广告、公交场站、物业管理于一体的专业化城市公交集团。截至2019年年底，巴士集团总资产80亿元，员工2.9万人，营运车辆近1.3万台（其中，大巴5988台、出租车5805台、租赁汽车338台、跨境车辆253台、长途客车133台等），常规公交线路330条，定制公交线路810条，年客运量近8亿人次。

一、公交企业基于数字化技术的智慧出行服务管理背景

（一）有效支撑落实深圳智慧城市建设的需要

深圳作为改革开放的前沿地，在2018年下发了《深圳市新型智慧城市建设总体方案》，以提升民生服务和城市治理能力为重点，打造国家新型智慧城市标杆市，特别提出重点推动智慧交通建设，提升交通运行效率，让城市更加宜居。巴士集团作为一家公共交通企业，是城市发展的"重要支撑"，是新基建的"重要部分"。2019年中央支持深圳建设粤港澳大湾区、中国特色社会主义先行示范区，赋予了深圳重大使命、重大任务，也一并成为集团发展良机。巴士集团开展数字化转型工作，通过企业数字化转型实现业务的全面智能化，打造地面公交企业高质量发展模式，建设世界一流并具有国际影响力的先行示范性公交企业，支撑企业向国际化迈进。

（二）满足广大乘客美好出行需求和愿望的需要

面对新时期需求的变化，如何获取乘客的出行需求，如何满足乘客的出行需求，提高公交服务供给侧的质量和效益，减少无效和低端供给，是公交企业正在面临的难题。巴士集团需要转变运营思维，通过数字化技术，推动企业从重设施向重数据转变、重运营向重服务转变、供给侧向需求侧转变、信息延迟向信息实时转变、大众化服务向个性化服务转变，提供符合新时期乘客需求的智慧出行服务。

二、公交企业基于数字化技术的智慧出行服务管理内涵和主要做法

巴士集团研究制定公交服务需求层次分析模型，以"满足乘客出行需求"为出发点和落脚点，以"数字化技术"为手段和支撑，以"数据平台建设、数据智慧赋能、数据服务出行"为路径，打造"1+6+3"公交企业智慧出行服务模式，即"一个平台、六大能力、三种服务"，有效提高了公交的管理水平和服务能力，推出有别于传统常规公交的服务，满足乘客日益增长的美好出行需求。

（一）确定智慧出行服务基本框架和推进方法

1. 确立智慧出行服务基本框架

巴士集团深入贯彻落实习近平总书记关于推动数字经济和实体经济融合发展的重要指示精神，抢抓社会主义先行示范区、粤港澳大湾区建设机遇，以"满足乘客出行需求"为出发点和落脚点，以"人民为中心，让城市出行更美好"为发展理念，通过数字技术赋能传统业务，开展安全、营运、服务模式和出行产品创新，提供"基本型、期望型、魅力型"三层次的公交智慧出行服务（见图1）。

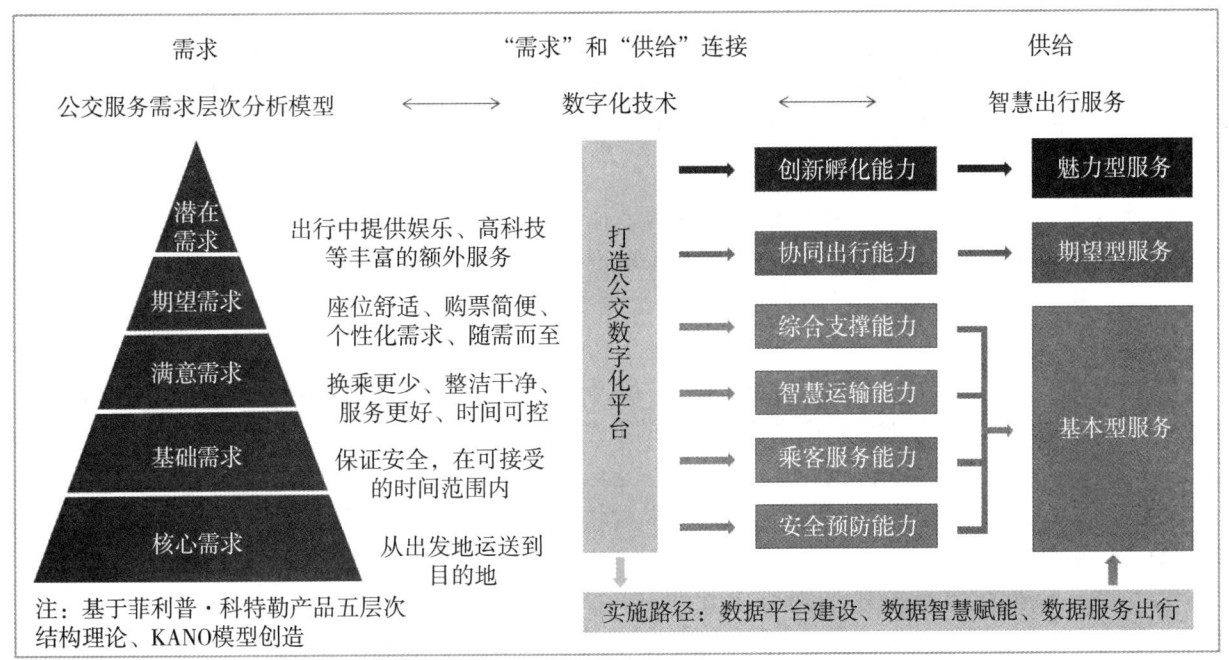

图 1 公交服务需求模型与公交智慧出行服务模式

注：基于菲利普·科特勒产品五层次结构理论、KANO 模型创造

一是基本型服务，充分利用数字化技术赋能企业管理，实现安全、服务、营运等业务模式创新变革，有效提高企业管理能力和水平，使常规公交服务更加安全、更加贴心、更加高效，满足乘客的基本出行需要，将巴士集团打造为世界一流的智慧出行服务商。

二是期望型服务，在基本型服务的基础上，充分利用数字化技术深度挖掘乘客出行需求，面向乘客需求，细分消费者市场，提供多样化、个性化、便捷性、舒适性的公交现代化服务产品，让乘客出行体验更加满意，为深圳建设更高质量的民生幸福标杆城市贡献力量

三是魅力型服务，在基本型和期望型服务的基础上，充分利用数字化技术打造数字化公交新业态，提供娱乐、高科技等更丰富的额外服务，让乘客出行体验更加美好，助力企业从传统公交企业向智慧出行服务商转型，重塑企业品牌认知，匹配"深圳国家新型智慧城市标杆市"的企业形象。

2. 确定发展目标和实施路径

推动企业数字化转型，以"数据平台建设、数据智慧赋能、数据服务出行"为实施路径，通过数据平台建设，实现车辆、司机、线路、场站、乘客相关的各种信息数据互联互通，可视可控；通过数据智慧赋能，改善经营管理，提升营运的效率和安全性；通过数据服务出行，实现公交出行服务更匹配乘客需求，让乘客出行更美好。力争将巴士集团打造成为粤港澳大湾区智慧交通体系建设引领者、社会主义智慧公交示范者、国企智能化建设先行者，使深圳整体出行服务水平处于国内前列。

3. 明确"内外兼顾、三统三分"的推进方法

一是服务引领，内强业务，外拓市场，以世界一流智慧出行服务商转型发展为导向，对内开展安全、运输、服务等方面的建设，全面提高集团安全预防水平、服务质量水平、综合运输水平，同时适度应用大数据、5G 等技术，形成对外市场化运营能力和交通领域的创新孵化能力。

二是统一规划，统一标准，统筹资金，坚持"系统思维、统分结合、严密组织、加强协调、狠抓

落实"的工作方针,推动工作思路从独立作战向统筹全局转变,工作重心由抓局部项目建设向抓整体规划实施转变。

三是分工负责,分块推进,分步实施,将发展目标细化为工作任务,确定保障措施,明确各项任务责任单位和完成时限,使多项任务同步开展、协同推进,全面推进集团智能化建设工作。

(二) 制定数字化发展规划,构建转型组织和工作机制

1. 制定"1+6+3"数字化发展规划

一是打造1个数字化平台,即数据平台建设。面向人、车、线、场站、桩等生产要素,推动智能化设备全覆盖,实现实时数据自动化获取。采取混合云技术架构搭建深圳巴士公交云,实现业务分类上云,搭建基础数据协同管理平台,解决数据孤岛、融合应用等问题,为公交智慧出行奠定基础。

二是构建6大管理能力,即数据智慧赋能。构建安全预防能力,实现安全风险主动预防,降低交通安全事故率;构建乘客服务能力,提供智能精准的乘车服务,使乘客满意度处在行业领先水平;构建智慧运输能力,实现营运调度智能化、高效化,促进运输效率提升;构建综合支撑能力,建立各类业务的信息化系统,提升集团办公效率和劳动生产率;构建协同出行能力,提供定制化、个性化的公共出行服务;构建创新孵化能力,推动公交新技术、新产品、新业态发展。

三是提供3种公交出行服务,即数据服务出行。提供"基本型、期望型、魅力型"公交出行服务,其中,基于安全预防能力、乘客服务能力、智慧运输能力、综合支撑能力提供"基本型"服务;基于协同出行能力提供"期望型"服务;基于创新孵化能力提供"魅力型"服务。

2. 构建数字化转型推进组织

一是成立推进领导小组,以董事长为组长、总经理为副组长、各集团领导为组员,负责数字化工作的统筹协调、指导督促、审核考核,建立数字化专项工作小组。

二是成立数字化推进办公室,由负责智能部的集团分管领导任组长,智能部经理任副组长,相关部门人员为组员,负责统筹组织和协调推动各项数字化工作,督促落实相关工作,定期向领导小组上报工作进展情况,同时全面开展数字化基础设施的建设工作。

三是成立数字化专家组,引入外部咨询机构、科技合作伙伴或行业内数字化专家,与内部业务骨干共同成立数字化专家组,负责数字化项目在规划、设计、验收等过程中的评审与建议工作。

四是成立由对口业务部门牵头的数字化专项工作小组。成立5个数字化建设专项工作组,分别为安全预防、智慧运输、精准服务、数字管理、运营与业务创新工作组,负责各板块具体的数字化相关工作,组织相关单位在各自领域全力推进数字化建设。成立5个数字化保障工作组,分别为员工转型、数字化文化、技术管控、资金保障、评价考核保障组,负责全面数字化推进的工作保障。

3. 健全数字化工作推进机制

一是建立培育、引进高新技术人才的机制,实施复合型人才再提升工程,深化校企合作培养模式,健全人才培养标准体系。建立市场化人才选聘机制,集团公开向社会招聘数字化科技人才,完成第一批次面试,招聘大数据运用开发的专家到岗。下属二级单位成立智能组,设立IT专职岗位,补齐IT人员,强化数字化力量。

二是引入"外脑"助力数字化建设。引入了华为公司开展数字化转型顶层设计,以明确集团数字化转型愿景和总体蓝图,并设计企业架构和实施路径,提升顶层设计的先进性、科学性和可实施性,保障全面数字化战略目标的实现。

三是建立了数字化建设资金管理机制,自筹设立云平台智能化专项资金,实现资金"划块"管理,保证巴士集团数字化转型进程中咨询规划、物资采购、系统建设、产业创新等环节的资金供给。

四是制定数字化工作管控机制，工作已经分解为83个项目，统一纳入了集团工作督导，根据目标任务要求对项目进展进行跟踪检查，确保各项任务圆满完成。制定工作的奖惩机制，定期对公司各部门、各二级单位智能化各项工作进行评价，推动数字化示范和标杆建设，对于标杆示范效果良好的单位和个人在评优评先、晋级提拔和奖金等方面给予相应的激励。

（三）打造公交数字化平台，利用云技术汇聚终端数据信息

面向人、车、线、场站、桩等生产要素，推动数字化设备全覆盖，实现实时数据自动化获取，推动数据上云。

1. 推动数据物联化智能采集

一是人的管理方面，针对乘客，通过深圳通App刷卡设备、优点App、巴士之友互动平台、微信互联、一线一微信群等方式，每天采集和记录150万到200万出行人员的出行信息。针对驾驶员，建立了主动安全智能防控系统，可对驾驶员的疲劳驾驶和不良驾驶行为进行实时预警、重点监控及闭环管理，收集驾驶员的驾驶行为习惯数据。

二是车的管理方面，安装车载视频监控系统、智能调度设备一体机、5G设备等7个设备，对车辆位置、路线、现场录像等数据进行采集和管理，提升车辆安全性。目前调度平台每天接收GPS数据4000万条（11G），CAN数据2000万条（7~9G），主动安全数据和安全查控数据等十几万条。

三是线的管理方面，建立营运统计系统，实时收集线路编号、线路票价信息、线路额定里程、线路首末班信息、线路发车间隔、峰段等级（尖峰、高峰、次高峰、平峰、低峰）、线路车队信息、线路配车信息等，将线路信息与人和车的信息进行综合分析。

四是场站的管理方面，通过智能道闸系统自动识别车辆的进出数据，提升场站运营效率；通过能效管理平台，监控场站充电桩及用能数据，提高能源利用效率；通过摄像头设备监控场站的人员进出，识别风险人员，提升场站安全性。

五是桩的管理方面，成立新能源公司，建成充电运营管理平台和"充电在手"App两大系统，累计接入130个充电站、5094个充电桩，实现对充电数据、电力数据的管理，一年多累计生产运营数据量大于6000万条。

2. 推动终端数据标准化

在获取人、车、线、场站、桩等基础数据后，需要对原始指标数据进行标准化处理。一是建立统一数据标准，梳理数据，制定数据项定义，制定数据资产全景，制定数据流向，共总结归纳20个数据域，制定67个一级数据主题、194个二级主题、756个数据实体定义、9560个数据项定义。二是完善数据管理办法，明确集团数据管控各领域的主要工作内容与工作要求、各单位职责分工及工作规则，对照行业增补7个管理规定、25个管理办法、7个标准、29个实施细则。其中，《公交调度核心元数据标准》《智能公交系统数据管理规范》两项成果通过深圳市相关部门审核，作为地方标准予以发布。三是建设大数据管理平台，基于主数据生命周期各个环节建立主数据标准，以数据标准为依据搭建主数据管理平台、数据质量管理体系，推进数据清洗与治理，为数据规范存储、规范应用、规范共享建立基准。

3. 打造数字化"云"平台

为满足企业数字化的存储和计算资源需求，解决数据孤岛、融合应用等问题，集团打造数字化平台，推动企业信息上云，建设数据上层应用平台，实现数据互联互通。

一是采取公有云、私有云相结合的混合云架构搭建巴士公交云，实现各类业务分类上云。针对公众服务，实现信息化资源获取更快速、更灵活、更可靠，通过采购腾讯云、华为云等服务方式建设企业公有云。针对内部应用服务，满足内部单位信息化建设资源灵活快速调配的需求，基于虚拟化与云存储等

核心技术自主建设私有云数据中心，承载相关业务。

二是在巴士公交云基础上，搭建了基础数据协同管理、大数据管理与可视化展示等平台，实现数据集成管理与共享、综合分析和多维主题可视化展示。其中，基础数据协同管理平台整合巴士集团运营调度信息、车辆综合信息、线路信息、视频安全监控信息等数据资源，同时对接交通局出行数据、互联网出行企业数据等数据资源，实现数据集成管理与共享；大数据管理与可视化展示平台充分应用大数据分析技术，按不同维度、粒度对数据进行加工，实现数据多维度动态分析与综合管理。

（四）依托大数据赋能经营管理，提升基本型服务水平

在获取大量数据的基础上，使用 AI 相关算法，实现大数据赋能经营管理，推动安全、营运、服务等方面管理创新，进一步提高企业资源利用率，从而为公众提供更好的出行服务。

1. 主动预防，夯实安全管理

对岗前、岗中、岗后进行全场景行车安全保障，打造全链条闭环的安全管理一张网。一是岗前安全防御，推出岗前报班智能管理系统，把好上岗关，对驾驶员出车前的酒精含量以及血压、心率、体温等进行检测，实现驾驶员上岗状态数据化可视可控，降低因身体状况引发事故的风险。二是岗中安全监控，采用安全监控信息系统，从违章检查、违章上报到全流程的处置，将所有数据以及流转信息形成电子信息链，实现安全管控（上报、分工、处置、审核、复议、结案）的全流程闭环式管理；采用安全督导平台，通过轨迹回放、车速监控、历史视频查控、电子围栏查控、视频实时查控等功能，实现违章可视化、查控远程化；采用主动安全智能防控系统，通过智能 AI 识别技术，对驾驶员的疲劳驾驶和不良驾驶行为进行实时预警、重点监控，强化对重点风险点（如路口、斑马线等）的识别与预前安全管控，促进公交安全从传统的被动式管理转变为主动式管理。三是岗后安全优化，通过驾驶员画像及安全管理培训系统对驾驶员安全行为进行分析，提供精准化的安全培训与考核管理。

2. 精准掌握运营数据，精心提供乘车服务

一是建设客服管理系统，实现统一热线管理、统一信息收集、统一对外服务，并启用了微信服务受理渠道，将通过微信收集的信访内容直接转移到新系统，再通过系统分发到分公司、车队处理，进一步提高处理效率。

二是推动车上三排、电子站牌、语音预测播报联动，实现站点、地点、线路查询，公交车动态信息查询，候车提醒，乘车跟踪，换乘建议，出行推荐等功能，行人路上可看、乘客车上可知、市民远程可查，实时获取车辆信息，距离下一站、目标地、等候站点等的时长。

三是充分利用科技手段防控新冠肺炎疫情，保障市民出行无忧。建立"车厢防疫安全距离预警系统"，对车次断面客流超过车辆核载人数 50% 的线路，发布客流预警信息；全市首推"公交同乘信息系统"，建立同乘信息追溯机制，在所属公交车、出租车、旅游包车张贴与车牌号绑定的乘车登记二维码，为乘客出行"保驾护航"；推出"乘客乘车舒适度"查询系统，乘客可通过系统提前查询车厢拥挤情况，自主选择是否乘车，其中车辆标识绿色为舒适，蓝色为较舒适，橙色为较拥挤，红色为拥挤。

3. 深入开展运营分析，推进智慧调度与决策

一是打造公交运营管理系统 App（深巴调度），基于客流分析、满载率分析、车况分析、路况分析等开展闭环管理，实现即时路单数据的准确实用，从而能够依据报表中的趟次、里程等数据对司乘人员进行量化考核管理，实现公交日常运营生产的无纸化和高效率运行，降低调度员及营运管理的工作量，让调度作业更加智能、高效。

二是实时充电调度与生产调度深度融合，显示车辆电量、充电桩使用情况，及时预警电量不足车辆情况，优化排班安排及运调方式。实现常规线路与定制线路统筹调度，与智能调度系统完成对接，实现

系统数据互补互联，从而指导优化营运生产组织，科学、合理地调度车辆，更契合多元化公交业务的发展。

三是推行拟合度分析，通过建立调度评价指标体系，科学评价发班高峰与客流量高峰的断面匹配情况，为科学运调决策提供支持，进一步实现车辆精准调度发班，有效抓住尖峰客流。

四是依托自动排班系统，根据自动排班条件，将运营要求参数化，包括线路长度、服务时间等基本参数，时段发车间隔、停站时间等运营参数，基于历史数据分析的周转时间，电量消耗和充电方案参数，车型和劳动工时均匀等因素，依据自动生成算法，自动生成车次路单，提高数据准确性，避免"人情路单"。

4. 综合支撑，协同高效

一是为了支撑业务发展，实现高效管理，在数字化平台的基础上，巴士集团围绕办公管理、人力资源、财务管理、投资采购、其他领域建立21个综合支持系统，提升公交综合管理能力。

二是搭建智慧化、快速化、可视化的深圳巴士集团视频会议系统，为集团指挥调度、协同管理提供支撑。视频会议系统采用"1+12+128"三级管理模式，同时对接了集团各个二级分公司、三级车队、场站的监控、车载视频等数据，形成联动、直观的指挥模式，满足突发事件的指挥决策需求。

三是搭建视频联网平台，全面汇聚场站、公交车、出租车、巡查车的监控视频资源，构建远程查控、远程指导的联防联动机制，实现"全时全域全覆盖，随时随地可查控"。

四是打造系统办公移动端，可通手机移动终端处理各项工作业务，有效提高监管效率及便捷性，实现一屏在手知全局，达到"宏观看态势、微观看细节"的效果。

（五）面向个性化需求，提供多样化期望型公交服务

在确保日常营运、安全管理、服务管理稳定、高效的前提下，深度挖掘乘客出行需求，面向乘客需求，提供多样化、个性化、便捷性、舒适性的公交现代化服务产品，让乘客对出行体验更加满意。

1. 定制优点巴士，提供"点到点"的出行服务

在集团传统公交车资源的基础上，搭建"优点出行"手机移动智能出行平台，实现公交车的在线预约和路线定制，为相同出行地点、出行时间和目的地的人群提供快捷直达的定制服务。优点巴士采取"因需设定、一站直达、快捷舒适"的原则，通过搭建手机移动智能出行平台，多渠道收集乘客出行需求，利用大数据精准计算，帮助每个有出行需求的市民匹配到所需线路，为相同出行地点、出行时间和目的地的人群提供快捷直达的定制服务，具备"一人一座、一站直达、线路灵活"等优势，为乘客提供安全、快捷、舒适、环保的高品质公交服务。

2. 研发动态巴士，提供"随需而至"的出行服务

在定制巴士的基础上，集团进一步进行公交产品研发，提出"随需而至"的公交出行概念，联合滴滴优点公司于2019年8月在盐田区投放了动态公交产品"优+小巴"。动态巴士采取"无固定站点、无固定线路、动态运行、随需而行"的模式，系统根据乘客数量、乘客起终点需求、车辆位置及交通状况动态确定接送乘客的最佳顺序和路径，将传统公交与网约拼车相结合，提供比网约拼车运量更大、费用更低的按需出行服务。

3. 灵活安排MaaS公交，提供"轨道+公交"协同出行服务

深圳常规公交与轨道同质化竞争，协同互补性弱，地铁公交换乘率仅8%。在此背景下，集团在2019年8月推出了MaaS接驳出行服务，通过大数据动态匹配乘客前往地铁站的出行需求，强化公交与地铁的协同出行能力，并在深圳科技园成功试点，有效解决最后1公里出行问题。MaaS公交采取"固定线路、灵活切换、动态响应"的模式，线路固定但车辆排班不固定，车辆可以在不同线路之间灵活切换，根据各站点实时预约量来确定发班，由过去"乘客跟着线路走"改变为"线路跟着乘客走"，同

时与用户互动，推荐最快抵达路线，帮助乘客进行决策，降低用户等待时间，优化服务资源配置，实现"轨道+公交"无缝接驳服务。

4. 响应复工复产复学，提供"防疫定制"公交出行服务

基于新冠肺炎疫情背景下乘客对交通出行的特殊需求，集团在原有定制服务平台的基础上，推出多种复工复产、复学复课定制出行服务。

一是"一站式市外返深专线"。为复工企业提供市外员工集体返深的一站式服务，企业自主提交市际与省际包车需求，平台对接信息后与客运企业对接，及时、合理安排运力。

二是"点到点市内定制班车"。为复工企业在"优点出行"平台提交企业市内包车需求以及企业员工个性定制班车需求，平台将根据需求数据，通过开线运算，科学合理规划"点对点"企业包车线以及定制班车。

三是"快捷式防疫复工巴士"。市民个人可以通过平台提交出行需求，将出行时间、起止站点等信息提交后，平台通过运算后规划线路，在提供良好防疫防控条件的情况下，实现市民快捷复工出行目标。

四是"送你上学"专项复学复课服务。在深圳市复学复课期间，开通"复学专线"平台，面向全市收集出行需求，分批开通117条定制出行"返校专线"，为全市范围小学四年级到初中三年级的学生提供预约公交上学服务，开辟"从家门到校门"的安全通道。

（六）积极推动产业生态圈合作，孵化魅力型公交服务

积极推动构建开放合作、共同发展、携手创新的产业生态圈，与高新技术科技公司联合创新孵化，打造数字化公交新业态，提供娱乐、高科技等更丰富的额外服务。

1. 构建内部良好的创新孵化环境

一是在集团层面成立创新中心，强化创新工作的组织保障；进行创新制度顶层设计，形成《企业创新管理规定》《创新项目孵化管理规定》，明确创新项目管理、创新激励、成果推广等管理规定，作为企业各项创新管理工作开展的制度保障。

二是定期开展集团内部创新评审工作。集团每年开展创新项目备案、评审、奖励和推广工作，自2010年，集团已经连续10年开展内部创新项目评审工作，并评审出近150个内部创新项目。

三是开展创新孵化工作，挖掘符合集团战略发展方向的科技创新课题，通过与华为、联通、北航、交通规划院等高科技公司、院校联合创新的形式，2019年以来落地了"5G智慧公交""人脸识别支付""岗前报班模式创新项目"等一批以公交业务发展为导向的创新孵化项目。

四是建立创新工作机制，将创新工作纳入集团组织绩效管理方案，建立创新工作绩效导向机制。建立创新管理基金，集团从行政划拨、外部奖励等方面成立了创新管理基金，用于内部创新项目开展、创新奖励和成果推广，形成良好的创新氛围。

2. 携手打造产业合作圈

一是成立滴滴优点公司，与滴滴出行、深圳北斗应用技术研究院合作成立合资公司，专门从事交通领域人工智能应用研究，开发移动互联网、物联网及大数据等新型技术下的城市公交系统，实现运营、管理、调度及相关技术应用。

二是股权投资海梁科技，探索运用5G通信、人工智能、车路协同、云计算等先进技术，探索解决智能网联汽车中的协同感知、海量数据传送、深度决策等关键技术问题，实现公交运行的实时调度、远程操控，布局智能驾驶领域，推动公交智能化产业发展。

三是与华为公司签署了全面深化战略合作框架协议，统筹推进集团数字化转型升级，全面深化智慧公交ICT领域的合作，结合巴士业务实际场景，利用大数据、AI、5G等新技术打造适应行业发展的数

字平台，在智能调度、智慧场站、驾驶员画像等方面开展联合创新，最终实现以巴士为载体的安全、便捷、高效的公共交通服务。

四是与华为、云天励飞公司、鹏程实验室建设了联合创新实验室，共同探索公共交通场景下的大数据运营、新商业以及公共安全创新应用，开展OD客流统计新技术应用，攻关AI算法技术瓶颈，并强化深圳巴士的创新研究能力，促进技术研发、成果转化、项目申报，以及相关扶持政策的积极争取，服务好深圳智慧城市的建设。

3. 推动公交新技术、新产品、新业态发展

一是智慧支付服务。深圳巴士集团旗下公交已支持多种移动支付方式，使用人群及使用人次也处于一线城市前列。2014年底发行NFC标准的手机深圳通，2018年初全面推出深圳通二维码产品，2018年完成全国一卡通设备的升级改造，2019年实现了定制公交人脸识别支付功能，进一步满足了市民日益增长的移动支付、无感支付生活需求，提升了深圳市在智慧交通领域的城市形象。

二是智慧体验服务。2017年底首发"阿尔法巴智能驾驶公交系统"，在深圳福田保税区举行首发仪式，这也是全球首次在开放道路上进行智能驾驶公交试运行，标志着智能驾驶公交已具备上路条件。2019年8月开通全国首个5G智慧公交车队，乘客搭乘公交车时，可以用手机接入5G网络，实现远程自动化运维，免费体验5G高速率、低时延所带来的极致网络体验。2020年推出科技观光巴士，引入了全息沉浸式投影技术，搭载360度全景摄像、5G + VR等科技设备。

三是智慧场站服务。2019年8月全国首个5G智慧公交场站启动运营，应用物联网和人工智能技术，实现对场站、车辆、人员等运输资源的动态监测、优化配置、精准调度和协同运转，实现车载监控高清视频实时回传以及协调联动的智能调度等运营管理，提高交通运输企业运营效率和安全生产水平。

三、公交企业基于数字化技术的智慧出行服务管理效果

（一）公交服务水平大幅提升，新产品、新业态不断涌现

通过数字化赋能经营管理，颠覆了传统安全管理模式，破解了城市公交安全管理点多、面广、时间长，传统的路查路控难度大等难题，查控效率大幅提升。2019年月均自查约47.44宗/百车，是交警查处力度的80倍，交警查处违章率同比下降65%，重要违法违规数量同比下降53%，该项指标高于行业平均水平，四大指数全部达标，远优于行业主管部门考核值。通过数字化提高与市民出行的匹配度，营收效率指标全面提升，在全市公交客流下降2.4%的背景下，2019年车次客运量同比提高1.6%，车次营收同比上升2.4%，千公里客运量同比上升0.39%，千公里营收同比上升1.14%。新产品、新业态不断涌现，推出了定制公交"优点巴士"、动态公交"优 + 小巴"、协同出行MaaS公交等产品，市场培育情况良好，其中2019年"优点巴士"月均897条，规模全国领先，期末平均上座率为79.8%，上座率全国领先，模式实现对外输出，已分别在南京、贵阳、青岛、临沂等城市推广上线。

（二）乘客满意度逐年上升，产生良好的社会效益

服务投诉量大幅减少，2019年投诉率为0.08例/10万人次，比2018年同期下降11%。乘客满意度逐年上升，2019年乘客满意度得分为88.51分，较2018年上升0.57分，乘客满意度调查评价等级为"很满意"，连续四年政府服务质量考核结果行业第一。新冠肺炎疫情期间，集团推出多种复工复产、复学复课定制出行服务，有效保障了市民安全出行的需要，取得了良好的社会效益，获得了深圳市委组织部的感谢信和广东省抗击新冠肺炎疫情先进集体称号，是深圳唯一一家获此殊荣的市属国企和公交企业。同时集团完成世界银行、联合国人居署、联合国经济与社会事务部等20个国际主流机构组织的国际远程抗疫分享会，为全球公交同行抗疫提供了积极借鉴。

（三）助力深圳智慧城市建设，品牌形象向智慧出行服务商转变

巴士集团基于数字化技术的智慧出行服务管理，是集团落实"智能化"发展战略的成果，通过数字化技术，实现智能规划、智能排班、智能调度、智能风险防控，推动了传统管理模式的变革，推动深圳智慧公交的发展。集团阿尔法巴、5G场站、5G车队等新业态的建设，引起国内外广泛关注，全球超过100家公交企业来访调研学习，多次接待多地政府机关来访，并被给予高度肯定，企业品牌形象逐渐有别于传统公交企业，向智慧出行服务商转变，有效助力深圳新型智慧城市建设。2019年，集团先后受邀参加在迪拜、斯德哥尔摩、布鲁塞尔、韩国等举办的15个国际性峰会，分享集团智慧出行服务情况，进一步提高集团在全球的影响力。

（成果创造人：戴　斌、顾楠洲、高　波、黄焕亮、何宏伟、张天宇、邹雪中、蔡银燕、廖汉秋、孔维琰、林燕聪、郑堪元）

助力大型企业集团提质增效的商旅共享服务管理

国网电子商务有限公司

国网电子商务有限公司（以下简称国网电商公司）是国家电网公司的全资子公司，成立于2016年1月，是国务院国资委"双百行动"综合改革试点单位和国家电网公司创建世界一流示范企业典型引领单位。截至目前，国网电商公司员工近7000人，电商平台累计交易规模突破2.6万亿元，年度营业收入达300亿元。受国家电网公司委托，2017年以来，国网电商公司创新构建商旅共享服务并在国家电网全面落地应用，实现商旅业务精益管控、规范可靠、便捷服务、提质增效。

一、助力大型企业集团提质增效的商旅共享服务管理背景

（一）落实"八项规定"精神，强化合规管控的必然要求

2012年12月，中央出台关于改进工作作风、密切联系群众的八项规定。2013年12月，财政部出台《中央和国家机关差旅费管理办法》，进一步明确和规范差旅费标准。广大中央企业积极响应中央和国家要求实施从严管控，但由于各企业员工数量庞大、经营区域广泛、管理手段滞后，差旅违规现象仍然时有发生。近年来，在中央及地方各级巡视中，违反"八项规定"精神、差旅费超标、违规报销等一度成为巡视反馈问题的"高频词"。传统商旅管理中，员工资源预订、费用报销均采用独立、分散管理方式，难以全面落实差旅标准、规范工作流程，也难以从根本上杜绝差旅超标、虚假报销、错报重报等违规行为。为此，亟待应用互联网技术将商旅管理制度、标准、规则植入信息平台，通过源头控制，有效防范商旅出行的合规风险。

（二）推动财务管理效率效益双提升的必然要求

差旅费用管理是企业财务管理的重要内容。多年来，国家电网着力构建大型企业集团财务集约化管控体系，深度推进能源互联网企业战略，为财务管理自动化、智能化、智慧化转型奠定了基础。差旅费用管理是财务管理常态性业务，从基础工作看，员工商旅出行原始凭证尚未完全实现电子化、数字化，电子发票、电子合同应用尚在推进；从业务办理看，传统的商旅业务审批、预订、制证、审核仍需大量人工参与，繁重的差旅报销事务性工作费时耗力，影响财务管理向业务管理、价值管理延伸；从费用管控看，员工分散预订差旅产品和服务，无法有效聚合集团差旅出行需求，难以发挥规模效应，降低差旅成本；从员工体验看，传统商旅管控模式操作烦琐、体验不佳，难以满足广大员工对商旅预订响应、住宿品质、方便安全等方面的较高预期。实施商旅共享服务管理，通过数据自动校验、票据统一处理、资源集中采购，既能提升财务管理效率，也能发挥规模效应，助力降本增效。

二、助力大型企业集团提质增效的商旅共享服务管理内涵与主要做法

国网电商公司聚焦企业商旅管理需求，以"精益管理、提质增效、智能服务"为目标，构建以一体化商旅云平台为支撑的运营体系，实现资源共享、规则共享、财务共享、服务共享、模式共享，按照"建设试点—推广应用—深化拓展"的"三步走"实施路径引领商旅管理变革。打造集应用前台、资源中台、运营后台于一体的商旅云平台，推动业务办理、商旅服务和商旅模式转变。

（一）明确发展目标，科学规划商旅管理变革路径

1. 确定商旅共享服务管理目标

国网电商公司树立平台化运营理念，以"开放、集约、精益、智慧、赋能"为特征，以商旅云平台为服务载体，以商旅资源、控制规则、账务处理、资金支付等方面的共享服务为基础，开展商旅共享

服务管理，推动央企商旅向管理精益化、运营共享化、服务智能化方向转型。一是构建"一个"平台载体。以"再平台化"思维构建商旅云平台，聚合各类直接和间接的商旅资源、产品和服务，打造"平台之上的平台"，以商旅云平台作为商旅共享服务的业务基础和运行中枢，实现商旅业务线上化处理、集约化配置、平台化运营。二是确定"三维"发展目标。推动商旅共享服务在国家电网的应用实践，充分对接集团管理、业务运营和应用用户需求，通过推动管理精益化、运营共享化、服务智能化三个提升，力争实现精益管理、提质增效、智能服务三个维度的发展目标。从集团管理角度看，固化管理要求，发挥规模优势，构建全面应用的商旅共享服务管理平台，推动商旅业务的集中化管理、集约化运营、无纸化报销，促进集团商旅数字化、规模化发展，实现商旅精益管理。从业务运营角度看，应用商旅共享服务，聚合业务需求和服务资源，强化源头控制，降低业务风险，确保商旅业务安全合规，提高业务和财务处理效率，实现商旅提质增效。从应用用户角度看，通过延伸互联网使用习惯，吸引员工主动使用商旅服务，推动商旅出行及报销业务线上智能处理，提升员工获得感，推动服务便捷化升级，实现商旅智能服务。

2. 规划"三步走"战略，科学制定实施路径

2017年以来，根据国家电网统一部署，国网电商公司明确了"建设试点—推广应用—深化拓展"的"三步走"战略实施路径，推进商旅管理变革。

一是商旅共享服务建设试点。在国家电网初步建成商旅共享服务管理机制，完成商旅资源、控制规则、共享服务的汇聚和平台建设，完成国家电网10家下属二级单位试点应用，验证总结推广应用经验，细化全面推广方案。

二是商旅共享服务全面推广。持续丰富完善商旅共享服务功能、商旅资源和运营体系，实现对国家电网各分支机构的全面覆盖。

三是商旅共享服务深化拓展。以商旅服务为基础，深化移动报销、智能票据管理、智能稽核等移动微应用，拓展多场景应用服务。加大上下游资源整合和合作力度，打造适应不同类型企业的商旅专业解决方案，逐步对外拓展，提供平台共享、商旅资源、业务运营等服务。

（二）聚焦管理短板，全面梳理固化商旅规则标准

根据相关管控要求，全面梳理、完善商旅管理相关规则、标准和制度，调研各级单位差旅管理流程，重塑商旅业务管理模式，采用集中运营策略，形成满足集团商旅管理要求的标准方案，全面推进商旅管理精益化。

1. 梳理标准要求，完善商旅管理规则

传统商旅管理模式下，企业集团内部各单位往往由于地域分布、行业属性、经营状况等原因，在商旅管理流程、业务规则、费用标准、管控程度等方面存在差异。商旅共享服务管理实施过程中，对集团范围内各单位商旅业务进行了系统调研和全面梳理，提炼共性部分，分析差异部分，形成企业集团商旅管理全景图，统一标准要求，构建商旅管理规则库，满足集团内部不同企业间因地域不一致、行业特征不一致、管理规范不一致、报销流程不一致、财务系统不一致、信息化水平不一致而产生的差异管理需求。

一是全面梳理基础数据。聚焦"组织"和"员工"两个维度，全面梳理企业组织架构、管理关系、员工信息、岗位职级等基础数据信息，从集团层面统一规范基础数据类型、数据来源、数据关系，建立基础数据获取与更新机制，确保数据精准、可靠、安全。

二是全面调研商旅类型及管理流程。通过对各所属单位的系统调研分析，综合考虑电力、制造、信息通信、金融、互联网等十几个行业的实际业务需求，提炼形成一般出差、自带交通工具出差、无住宿出差等13种商旅业务场景，实现各类商旅出行场景下管理流程的统一规范。

三是全面完善商旅规则标准。根据《国家电网有限公司差旅费管理办法》，基于行为合规、账务合理的原则，从事前审批、费用标准、员工出行、差旅报销等方面总结归纳600多项差旅费用标准、200多项管控流程和100多项规则标准，实现集团内部商旅管理规则标准的统一固化。

2. 再造管理流程，重构商旅管理方式

传统商旅管理的各环节要素分散在集团内部各基层企业、各财务人员及每一位出差员工上，存在单位金额小、工作量大、涉及面广等特点，管理耗时耗力，无法有效杜绝违规风险。商旅共享服务通过运用共享思维，明确职责定位，从商旅资源采购、交易结算等方面入手，重构业务管控模式，实现商旅管理精益化。

一是建立商旅共享服务管理体系。统筹规划和研究商旅共享服务管理在国家电网的落地实施路径，构建协作共享的商旅共享服务管理体系，明确国家电网总部作为管理方、国网电商公司作为运营方、各所属二级单位作为应用方的职责定位和流程界面，编制商旅共享服务运营规则，实现集团化统一规划运营。

二是商旅资源集中采购。统筹集团各单位商旅资源需求，在确保商务出行安全、便捷、合规的基础上，由商旅共享服务运营方与商旅资源供应进行谈判，集中业务体量提升议价能力，达成具有竞争力的大客户协议，并由资源方向集团各应用方提供统一标准、统一流程、统一价格的商旅服务。

三是多方交易集中结算。商旅共享服务运营方作为唯一采购方与外部服务商统一结算，作为唯一服务商与各应用企业统一结算，将结算由原来的"一对多"转变为"一对一"，提供统一、专业的结算服务，将原本分散在应用企业各分支机构的结算工作集中到专业服务团队，实现规模经济效益，将各企业财务工作人员从繁复的工作中释放出来。

(三) 聚焦落地应用，构建商旅云共享服务平台

1. 打造应用前台，满足商旅业务"全链条在线"办理的精益管理要求

传统商旅管理模式以费用标准为主要管控手段，企业集团内部各基层单位管理规范、信息系统、报销流程等存在较大差异，精益管理难度大，员工、审批人员、财务人员无法实现高效协同。商旅共享服务的应用前台承接集团商旅业务应用和管理需求，植入基础数据、统一流程、规则标准，实现商旅出行"申请、预订、报销、管控"等环节的一体化服务，兼顾标准化管控与个性化功能的协同统一，确保制度刚性执行，全面覆盖国家电网71家二级单位，实现商旅业务处理由人工线下向全流程线上转变。

一是构建"三端合一"信息服务平台。商旅云平台涉及员工移动端、服务运营端、业务管控端"三端"，传统商旅往往只能两两关联，商旅共享服务着力构建"三端合一"商旅云平台，满足差旅申请、审核、预订、报销、对账、结算等全流程业务需求。通过构建面向集团下属单位共享使用的商旅云平台，聚合集团商旅出行服务需求，为各应用单位提供商旅出行一站式服务统一入口。

二是实现商旅业务全在线处理。商旅云平台全面适配出行操作与服务需求，固化集团商旅标准业务操作流程，并通过与集团内部其他管理信息系统的集成对接，实现员工商旅出行的全业务全流程线上处理。事前通过在线关联预算、出行方式和出差事由，实现审批及时处理、信息快速传递。事中通过系统内嵌差标，限定商旅产品预订时间、路线、地点等手段，实现员工商旅行为合规透明。事后通过费用报销自动关联出差申请、自动校验、票据处理、差补计算，实现差旅报销费用安全快速支付。

2. 打造资源中台，满足商旅资源"聚合优化"的提质增效要求

当前，社会化商旅服务商及平台众多，虽资源丰富，但难以与企业集团商旅管理要求和差旅标准精准匹配，既无法有效支撑集团化管控需求，也难以发挥规模经济效应。商旅共享服务的资源中台全面整合渠道与平台资源，采用"先聚拢、后精炼"的运营策略，聚合企业集团所属各级单位商旅需求，集中采购商旅资源，开展"总对总"战略合作，实现商旅资源聚合优化，促进集团商旅业务降本增效。

一是建设自有商旅资源中心。商旅云平台通过聚合产业链上下游资源，建立全方位资源合作渠道，通过与国铁集团12306、主流航司、酒店集团、社会服务商的深度合作，发挥集团规模化集中采购效应，签订大客户协议，以数据接口对接的方式，直连资源方和服务商的商旅产品，享受专属优惠，打造合规高效、安全可控、极致体验的商旅资源中心。

二是打造商旅服务产品库。通过将资源中心的商旅产品按品类、渠道、价格等维度进行分类管理，形成满足商旅出行需求的全品类产品库，实现大交通（飞机、高铁等跨省市交通）、小交通（机场轻轨、出租车、短途公路客运交通）、酒店住宿等资源的有效结合、无缝衔接，为一站式便捷出行服务提供精准匹配的产品，保障员工安全、高效、舒适出行。

3. 打造运营后台，满足商旅业务"多边互动"的共享服务要求

员工分散预订、事后报销的传统商旅管理模式下，员工商旅出行的交通、住宿等服务往往由多家服务商分别提供，各环节缺乏有效衔接，导致员工服务需求无法得到及时保障，出行体验较差；同时，企业需要与多家服务商合作，管控难度大，精益化水平较低。商旅共享服务的运营后台面向企业、员工统一提供商旅资源运营支撑和服务保障，一方面构建完善的运营服务体系，以共享服务全面满足员工商旅出行需求，另一方面将规则标准、管控流程内置于平台，实现对商旅业务的实时动态管理。

一是构建完善的服务体系。针对商旅服务咨询、资源预订和退改、产品功能完善等需求，商旅共享服务构建了涵盖客服响应、票务处理、技术支持等全流程的服务体系，整合集团客服中心核心资源，组建专业服务团队，建立完善的应急预案及机制，向集团内各所属单位提供7×24小时共享运营服务，及时响应和满足跨地域、跨单位、跨类别的商旅服务保障需求。

二是实时管理商旅业务。面向商旅业务管理人员及财务人员，提供账户管理、权限设置、流程配置、凭证审核、报销审批、合规监控、对账管理、数据统计、报表分析等业务功能，实现商旅业务实时在线处理和动态管控。

（四）聚焦出行体验，提供全流程服务保障

商旅共享服务推进"互联网+"技术与商旅业务深度融合，结合一体化线上业务办理服务，面向商旅员工提供智能化、移动化服务，解决企业商旅管理及员工出行服务痛点，大幅提高商旅服务便捷性，提升商旅应用体验。

1. 提供"三免"服务，便捷员工商旅出行

商旅共享服务着力解决商旅业务办理效率低下、商旅产品预订响应不及时、员工垫付周期长、差标控制难度大等痛点。

一是预订免垫付。员工通过商旅云平台预订商旅出行服务时，相关服务费用由商旅共享服务运营商统一垫付，并根据订单明细定期与资源方、服务商统一结算，员工无须自行垫付费用，解决了员工商旅过程中的资金垫付痛点。

二是出行免取票。员工使用商旅产品服务前后，无须自行打印火车票或酒店住宿发票，由资源方、服务商统一向应用企业提供大发票，实现发票等财务报销凭证统一处理，解决了员工保存保管票据的痛点。

三是报销免贴票。以费用垫付、统一发票为基础，实现从线下贴票报销到线上免票报销的转变。此外，商旅云平台根据预设规则校验信息，将符合报销条件的订单自动提报，提升员工商旅体验。

2. 提供移动报销支付服务，提升业务办理效率

商旅云平台提供一体化在线服务，实现员工差旅费用报销和支付的移动化、线上化处理。

一是费用移动化报销。商旅共享服务打破传统报销的地域限制，依托商旅云平台，使员工可移动在线提交报销申请，申请信息与行程订单自动关联、智能核验，确保流程合规、信息准确；使管理人员在

线进行审核查验，通过审批后费用及时入账，有效简化业务办理流程。

二是资金移动支付。商旅共享服务充分发挥国家电网集团化资金协同运作的优势，依托央企最大智能资金结算服务平台电e宝[①]，打通商旅业务、财务结算、银行支付之间的信息通道，支付信息通过电e宝预设检查事项和校验规则校验后，批量实时处理报销款支付事项，将原有线下支付的方式转为全程在线处理，大幅提高结算付款效率，缩短员工收款时间，实现移动化管理和服务，全面提升业务处理效率。

3. 提供"多场景"服务，促进降本节支

商旅共享服务以"人"为最小单位，支持员工多种行为价值信息的归集和统计，以多场景服务规范员工商旅行为习惯，强化员工行为价值管理。

一是搭建产品模型库，方便多产品比质比价。基于自有资源中心，接入丰富优质资源及供应商，依托资源集中优势，以用户出行敏捷化、资源配置智慧化、价值共赢生态化为导向，实现产品价格、服务、时间等多因素在线对比，便利员工出行服务选择。

二是多场景精准适配，提供商旅出行方案。基于海量的优质出行资源和用户出行数据，围绕典型商旅业务管理场景，依托智能化算法，构建标准出行方案，针对不同出行模式、人员身份、业务场景，提炼出差异化的出行需求，组合形成商旅出行最优方案，推动用户出行从经验判断向智能推荐转变。

三是多渠道激励引导，激励员工主动节支。构建降本节支激励机制，对通过预订低价机票和低价酒店、及时报销等节省公司差旅成本、提升公司账务处理及时性的员工，依据其产生的价值，给予一定的积分奖励。通过出行方案推荐、节支激励等手段，培养员工主动节支的出行习惯，对出行节支成果进行动态分析和反馈，开展员工行为价值管理。

(五) 推动共享拓展，持续拓展应用广度深度

1. 增加应用深度，提升精益管控成效

一是拓展移动报销微应用。商旅共享服务以商旅费管理为基础，应用跨系统融合、高精度OCR智能识别、智能算法等技术，打造移动报销微应用。以商旅共享服务平台为报销统一入口，将办公费、会议费、租赁费等26大类、132小类企业日常经营费用报销从线下管理的模式转化为全流程智能在线处理，通过发票智能识别及验真、预算实时监控反馈、智能成本分析及业务预警等手段，强化费用合规性管理，形成一套权责清晰、管理精益、协同高效、广泛适用、安全先进的移动报销应用体系。

二是构建智能票据档案馆。围绕商旅票据管理需求，紧跟票据电子化趋势，建立企业级智能票据档案馆，统一接收、流转、归档原始票据凭证，开展票据电子化处理，实现企业级票据档案的集约化管理和便捷化共享，以及财务票据的电子化统一管理应用，大幅提升档案管理效率和安全水平，推进业务的数字化，打造业务全流程闭环、安全、高效的共享服务体系。

三是强化数据分析价值赋能。深入挖掘海量商旅数据信息和用户出行信息的价值，应用大数据分析技术，精确分析用户商旅行为，精准刻画供应商数字画像，实现用户需求精细把握、资源消耗精益管控、异常现象提前预警。开展日常运营、订单明细、财务对账、报销分析、成本节约5大类、23项数据精细化分析，在企业规范管理、用户行为价值、商旅资源分析等方面提供管理建议，促进管理优化、行为优化和资源优化，支撑精益管理。

2. 拓宽服务范围，共享业务管理模式

基于在商旅出行领域的服务经验和管理积淀，商旅共享服务积极共享业务模式、拓宽服务范围，将

---

① 电e宝为国家电网公司自有支付结算平台，由国网电商公司建设运营，具备公共事业交费、电力在线服务、金融交易服务等服务功能。

数字化管理模式进一步延伸拓展至其他企业管理领域。

一是推进商旅业务与企业管理融合。通过商旅云平台与企业人资管理平台、财务管理平台、协同办公平台等管理系统的集成对接，实现员工标签、商旅出行、费用结算等信息互联与融合共享，促进管理要求、业务标准、工作流程的协同统一和有效落地。商旅云平台由独立的业务平台融入企业经营管理体系，推动商旅管理与整体企业管理的深度融合。

二是打造员工培训全流程线上管理模式。借鉴商旅业务管理模式和流程，商旅云平台开发线上培训管理功能，实现员工教育培训全流程在线管理，包括培训经费线上管控、培训通知在线发布、培训中心房源动态管理，参培员工一键报名、移动端预订住宿、费用统一结算，使费用管理更精准，员工参培更便捷，培训管理更高效。

三是拓展多业务行为管理。结合日常商旅行为范畴的拓展，对接企业生产经营活动（如电网生产、巡检、营销等），依托商旅云平台开展任务工单派发及管理，围绕从任务派发，到工作进展跟踪、工作效率评价，再到成果提交反馈等业务全过程，实现对员工外出工作行为的动态管理，支撑员工绩效评定等工作的开展。

3. 推进外部拓展，助力央企管理升级

依托中央企业电子商务联盟①的平台渠道，积极与国务院国资委相关司局沟通汇报，并与国家能源集团、中国中冶、中化集团等中央企业沟通合作，推进与外部企业在平台建设、资源服务、业务运营、项目咨询等领域的务实合作，进一步挖掘平台价值，推动商旅共享服务管理体系的外部拓展应用。依托实施商旅共享服务的管理理念、技术优势、管理经验，解决中央企业在商旅管理领域面临的共性问题，助力央企管理提升。

三、助力大型企业集团提质增效的商旅共享服务管理效果

（一）探索形成商旅共享服务管理模式

以商旅云平台为核心，一站式解决了大型企业出行报销的痛点问题。平台具备强大的商旅业务适应能力、财务管理适应能力和数据安全防护能力，结合云部署和动态扩容等技术手段，能够支撑上百个大型企业的数千万用户在线使用，成为国内技术领先、完全拥有自主知识产权的企业级管理应用。截至目前，商旅共享服务全面覆盖国家电网所属70家二级单位，累计注册员工超过83万人，日活员工超过9万人，累计线上交易额突破40亿元。与19家主流航司、17家酒店集团（共计10733家门店）签订大客户折扣协议，综合折扣分别为8.9折、8.5折；接入携程20万家酒店资源，自签单体协议酒店3327家。随着用户规模的逐步增加，将获得资源方和服务商更多的优惠条款和增值服务。

（二）有力推动国家电网经营管理提质增效

合规管控方面，实现302万笔商旅订单100%符合差标。识别68万余张不同种类的发票，完成17万次的发票在线验真，对其中1.68万张发票的校验结果进行预警。配置了600多个差标管控规则，梳理固化200多项业务场景管控流程，内置100多项系统校验规则，累计校验118万张报销单，通过率超过99%，商旅管理薄弱环节和风险点大幅减少，员工合规意识显著提升。降本节支方面，通过集中采购，机票每公里均价下降15%，酒店每间夜均价下降17%，国家电网2019年全年差旅费比2018年下降15%，年度节省经费数亿元。通过集中结算，差旅报销工作量降低80%以上，年度减少数百万小时

---

① 中央企业电子商务联盟是在国务院国资委指导下，由国网电商公司代表国家电网，联合13家央企电商单位于2017年7月发起成立的。联盟以中央企业（国资国企）为主体，全面服务于国家电子商务发展战略，服务经济社会持续健康发展。截至目前，联盟成员单位包括72家涉及电商业务的中央企业和31个省（自治区、直辖市）的316家国有企业。

的低效工作量。提质增效方面，差旅出行平均审批效率提升60%，预订效率提升30%，商旅业务整体效率提升40%。员工获得感方面，解决了出差员工"垫付压力大、发票保管难、报销流程长"的痛点，优享大客户专属服务，票务预订更加方便快捷，超过80%的合作酒店提供免费早餐、延迟退房、免费取消等增值服务，大幅提升了员工的出行满意度。

（三）取得了良好的示范应用成效

商旅共享服务管理获得多方认可，得到了国资委高度肯定，在央企电商联盟做典型分享和专题推介；得到了业界高度评价，获得国际注册会计师公会"全球管理会计2018年度最佳会计管理实践奖"、中国软件行业协会"2019年创新云服务平台"等奖项。实现多项行业创新突破，成为首家与国铁集团12306系统直连的企业用户，联合中国饭店协会及酒店行业上下游企业，编制绿色商务酒店标准，助力酒店行业绿色转型。协同相关部委机构，对接中航信、国铁集团，联合推动机票行程单和火车票的电子化改革进程。形成央企商旅共享服务管理典型经验，从平台建设、管理机制、保障体系等方面为其他大型企业集团提供可复制、可借鉴、可推广的实践经验和典型方案，目前已与10余家央企达成合作，联合国铁集团、中航信等商旅行业中央企业，强化优质商旅资源的聚合与运营，对外输出管理模式和服务，助力中央企业管理创新和商旅行业发展变革。

（成果创造人：冯来法、杨东伟、魏晓菁、樊　涛、范鹏展、郑　琛、余志勇、周　振、赵志威、张长浩、石瑞杰、郭鹏飞）

电信企业以客户需求为导向的5G建设应用一体化管理

中国联合网络通信有限公司青岛市分公司

中国联合网络通信有限公司青岛市分公司（以下简称青岛联通）2008年由原青岛网通和青岛联通融合重组成立。企业主营业务覆盖2G、3G、4G、5G移动通信和固定通信业务，并扩展至云计算、物联网、大数据、系统集成等新型领域。2019年主营收入完成42亿元，收入利润率在全国本地网保持第一。固定资产达140亿元，用户总数超过800万户，全网基站数量超过1万个，宽带总端口超过500万，实现FTTH光纤到户，用户速率达到1000M及以上。

一、电信企业以客户需求为导向的5G建设应用一体化管理背景

（一）落实国家重大专项，建设网络强国的客观要求

当前，信息通信技术向各行各业融合渗透，经济社会各领域向数字化转型升级的趋势愈发明显。数字化的知识和信息已成为关键生产要素，现代信息网络已成为与能源网、公路网、铁路网相并列的、不可或缺的关键基础设施。5G具有超高可靠性、超低时延的卓越性能，与云计算、大数据、人工智能、虚拟增强现实等技术深度融合，与以智慧城市、智能家居等为代表的典型应用场景深度融合，引爆如工业互联网等垂直行业应用，成为社会经济数字化转型的关键使能，为大众创业、万众创新提供坚实支撑，助推制造强国、网络强国建设，成为引领国家数字化转型的通用目的技术。要落实国家战略要求，通信企业必须担负起使命和责任，加快5G网络建设与应用推广。随着通信技术迭代升级的加速，通信企业必须紧紧抓住有限窗口期，牢牢把握发展机遇；5G技术特性及广阔的应用前景，也决定了通信运营商必须突破传统模式，在建设应用一体化进程中最大限度地赋能数字经济发展。

（二）发挥5G技术优势，推动产业转型升级的必然趋势

随着网络的加速升级换代，跨界融合创新不断加深，我国信息通信业又走在一个发展的十字路口，既面临难得的发展机遇，也面对前所未有的挑战。一方面，4G业务时代流量增长引擎已步入衰竭期；另一方面，运营商依然没有摆脱以高投入实现高产出的发展模式。移动通信的发展从1G到4G都是面向个人的通信，5G更大的发展在于它所定位的应用场景、产业应用和大量未知的应用创新，将改造提升传统产业，带来从自动化、数字化到智能化的转变以及整个社会发展方式的深刻变化。5G时代个人用户和商业客户的数字化需求方式不同，需要提供的产品也不同，"应用场景化"成为通信运营商服务的新趋势，即把看起来相似的应用与具体的场景连接在一起，以用户场景为出发点，把用户的需求改进成"应用场景化"的合理有效组合，这是未来针对用户体验"一体化"服务的方向。因此，必然要求通信运营商转变传统运营方式，而价值变现与构建生态成为电信运营商实现高质量发展的关键。从产业转型来看，随着国家推进"两化"融合、"打造工业互联网平台"等规划的提出，工业互联网成为制造业转型升级的关键支撑，需要高水平、定制化的网络覆盖，对网络实时性和精细化管理的要求更高，面向客户需求场景的、能够满足个性化需要的5G建设应用模式成为必然趋势，这也是通信运营商必然要面对的挑战。

（三）践行"五新联通"理念，实现高质量发展的必然选择

中国联通混改完成后，着力打造新基因、新治理、新运营、新动能、新生态的"五新"联通，增强创新发展新动能，构建合作新生态。2019年6月，电信、联通、移动、广电获得5G牌照，联通5G技术产业生态比较成熟，终端与网络的兼容性测试比较充分，5G网络支持并发业务。集团公司明确要

积极探索"5G+物联网+大数据+AI"的融合应用，赋能制造业数字化、网络化、智能化转型升级。青岛是国内其他运营商5G网络建设应用的重点城市之一，也是众多知名企业的聚集地，数字化转型需求迫切。面对竞争压力，青岛联通要践行集团公司发展战略，必须充分利用5G网络建设先发优势，以5G新技术赋能垂直行业，助力产业转型升级；要实现自身的高质量发展，必须深化通信产品供给侧结构性改革，转变传统的业务拓展机制和管理模式。因此，打造5G技术驱动与创新应用融合的差异化竞争优势，实现5G建设应用一体化拓展势在必行。

二、电信企业以客户需求为导向的5G建设应用一体化管理内涵和主要做法

青岛联通以"五新联通"（新基因、新治理、新运营、新动能、新生态）理念为引领，深入践行"一切为了客户、一切为了一线、一切为了市场"的要求，以做"5G新基建先行者、5G行业应用领先者、数字化转型使能者"为目标，改变传统的网络建设和服务模式，从按能力提供产品服务供客户选择转型为以客户个性化需求为导向，从单个客户的方案提供转型为以行业场景需求特性为核心，实现垂直赋能的方案设计，从网络先行、应用跟进的"套餐组合"式服务选择转变为"建设+应用+服务"一体化定制。

（一）战略导向，规划5G建设应用新路径

基于集团公司"聚焦、创新、合作"战略，在5G建设运营上转变观念和思路，深刻领会"5G是社会经济数字化转型的关键使能"这一认知，对市场需求进行精准分析，从管理决策层、规划层、实施层、保障层面多个层面出发，通过流程化管理、平台化运作、项目制推进、场景化开发、一体化服务，推进5G建设应用，锻造通信运营企业的核心优势。首先，立足网络特点进行5G建设运营的准确定位。5G网络具有高速率、泛在网、低时延的特点，能够支持海量连接，使通信从人与人之间通信，转向实现万物互联。因此，在进行5G基础设施建设规划时，更注重发挥联通5G技术赋能优势，辅以"AIBCDE"（人工智能、NB-IOT窄带物联网、区块链、云计算、大数据、边缘计算）等新技术，通过提供个性定制、灵活便捷的企业专属移动网络，降低专网技术门槛，明确建设的重点区域与应用领域，为不同垂直行业融合赋能提供基础，实现5G技术向生产力的有效转化。其次，聚焦技术场景与应用场景的融合创新。将5G"增强型移动宽带（eMBB）、海量机器类通信（mMTC）及低时延高可靠通信（uRLLC）"三大技术场景与行业应用场景进行组合适配，聚焦工业制造、医疗、交通物流、新媒体、港口等行业特定场景需求，通过建设应用一体化实施，探索形成5G+远程医疗、5G+智慧港口、5G+无人机、5G+远程控制等典型场景应用，深度融合创新，激发5G垂直行业应用需求。最后，构建敏捷高效的运行体系和管理机制。为确保战略目标和运营管理理念的实现，建立健全各项保障机制。通过打破企业内部专业的藩篱，整合内部资源，建立服务垂直行业的专项团队运作机制，强化支撑和响应能力。同时进行产业链的资源整合，聚合跨行业创新力量，以前瞻性的解决方案助力产业的数字化转型升级。

（二）资源整合，打造"建设+应用+服务"一体化平台

1. 以需求为导向规划网络建设

5G网络建设必须考虑两大因素，即是否具备满足用户个性化需求的能力，是否具备低成本、高效能服务的能力。相较4G网络，5G基站投资是4G的3~4倍；因频点较高，约3~4个5G基站覆盖范围等同于1个4G基站的功效，5G基站功耗是4G的3~4倍。传统网络规划需结合城区整体覆盖需求进行编制，逐期扩容建设，逐层加深覆盖密度。5G网络的建设规划以客户需求为切入，综合考虑潜在性需求和长期发展需要，为客户量身打造5G专网建设方案（如工业互联网5G专网应用先导区和示范区建设），并同步推进大网的规划建设。青岛作为国家发展改革委批复的首批5G试点城市，自2018年开始由青岛联通作为山东省唯一运营商开展5G基础设施建设，为青岛创造多个全国第一。2018年4月18

日,中国联通试点城市中,青岛联通开通山东地区首个5G试验基站,打通全国第一个NSA(非独立组网架构)5G电话。同年9月19日,成功打通中国联通5G商用网络的首个电话,完成全球首个5G SA 200MHz组网连片覆盖示范区建设,最高下行速率达到2.6Gpbs。截至2020年6月,5G网络建设投资近10亿元,累计建设5G基站近5000个,实现市区及县城区域的连续覆盖,5G网络覆盖各项指标均位于全国前列。在技术上,青岛联通5G采用了更宽的无线频谱、大规模天线阵列、超密集组网、新型多址、边缘计算、网络切片等全新技术,实现1Gbps的平均体验速率、10Gbps的峰值速率,每平方千米可承载超过100万的连接数,达到1毫秒的超低空口时延等。在场景应用方面,针对港口、医院、商务区等不同场景的需求,完成30多个场景的专网建设,充分满足个性化的组网要求,并兼顾潜在发展需求。

2. 实现跨专业内部资源整合

整合公司内部网络建设、网络运行维护管理平台、网络资源平台、客户支撑平台以及创新业务支撑中台资源,打造一体化平台,实现扁平化管控,以集中监控调度、快速响应对接为原则,充分利用平台资源实现5G项目的快速响应一站式服务,以快速、灵活、安全等要求,优化响应流程,增强响应能力,实现对交付前、交付中、交付后全过程的服务支撑保障。在产品配置上,整合基础业务+创新业务,打破固定通信网络、移动通信网络的限定,推出"5G+物联网+大数据+AI"的融合应用,积极培育并引导创新性需求,实现支撑能力的升级和资源价值的增值。例如,在青岛银行项目中,为该行总行大楼及山东全省近80家网点同步开展5G建设,提供5GVPDN智能组网;同时发挥创新应用优势,以"5G+物联网卡+大数据"优势产品组合提供解决方案,实现银行金融服务场景的高速无线连接、用户行为大数据的采集分析、多服务渠道的智慧协同,助力客户打造"5G+生态"智慧银行,提升金融服务品质。

3. 跨界合作整合行业资源

积极开展跨界合作,将外部资源纳入一体化平台。通过整合5G产业链的上下游及客户方的资源,实现运营商、设备方、系统提供方、客户的登台互动、对接需求,实现按需定制、技术分享,以强大的整合能力有效响应和支撑客户在互联网经济下的多样化需求,实现企业内外部资源动态配置,带动5G行业应用创新和价值运营转型,全方位保障项目及时交付运行。在模式上与合作方共同探索网络服务总承包、网络能力定制化等多种商业模式,通过供需双方的价值再经营,逐步摆脱传统运营商仅作为管道的尴尬,在促进港口、媒体、工业制造等行业产能升级的同时,实现青岛联通运营的转型升级,促进供需双方的价值再造。

(三)场景定制,提供"5G+"一体化通信解决方案

1. 实施分场景与需求的组合适配

ITU(国际电信联盟)定义了5G三大技术场景特性:增强型移动宽带(eMBB)、海量机器类通信(mMTC)及低时延高可靠通信(uRLLC)。eMBB技术场景特性主要提升以"人"为中心的娱乐、社交等个人消费业务的通信体验,适用于高速率、大带宽的移动宽带业务。mMTC和uRLLC则主要面向物物连接的应用,其中eMTC主要满足海量物联的通信需求,面向以传感和数据采集为目标的应用;uRLLC则基于其低时延和高可靠的特点,主要面向垂直行业的特殊应用。青岛联通基于5G技术场景特性,结合客户系统建设及升级改造等需求,细分行业特性,创新定制场景化方案,如同搭建乐高积木,可根据应用场景需求进行三大技术场景的调用、复制、组合,网络架构可单独演进、单独扩容,灵活高效。

例如,在体育馆应用场景中,媒体区、看台区、VIP区、场地中央、办公区、停车场等细分区域对大带宽、低时延、海量连接分别有不同的业务需求,采用场景化的专网建设标准,能够确保良好的业务

体验。一是产品方案选型方面，看台区域采用室内数字基站系统提供大带宽，满足易安装、易维护、易扩容的需求。场馆部署 MEC（边缘计算），将摄像机拍摄的画面低时延回传到电视台制作中心，省去现场制作处理工序，极大地降低现场投入成本。二是容量规划方面，通过对不同功能区的用户分布、话务模型和业务体验需求进行分析，充分考虑未来业务变化及用户增长情况，合理进行容量估算，实现一次硬件部署、多次小区分裂，平滑扩容，为场地提供海量连接，满足上万名观众的网络需求。三是在覆盖规划方面，考虑到体育馆的覆盖扇区数量较多，空旷的视距传播会导致扇区间重叠覆盖严重，因而重点解决干扰控制问题。看台区域优选赋型天线来有效控制覆盖边界，通过迭代仿真确定天线的挂高和方向角，从而达到最佳覆盖效果。

2. 推进行业场景的垂直赋能

传统运营方式是通信运营商建网络、定资费、提供产品服务来销售，无论是个人客户还是行业客户，都是在同一网络、不分场景使用联通的服务。青岛联通在"5G＋"项目实施中，始终站在行业角度思考，深入了解工业、医疗、交通、金融、教育等行业痛点，对焦各行业信息消费的多样化、多元化需求，密切结合5G技术优势，打造端到端的"定制网络"，重点面向九大垂直行业（包括交通、能源、视频娱乐、工业、智慧城市、医疗、农业、金融、教育等）开展实践应用创新。利用5G与人工智能、物联网、云计算、大数据、边缘计算的天然融合性，做强5G自身运载能力，延伸5G外延能力，提供差异化服务，最终实现5G技术与行业应用的深入融合，真正赋能垂直行业，加速传统产业发展模式转变。

例如，在"5G智慧港口"项目中，了解到目前港口的工作模式存在明显短板：岸桥吊和轨道吊的光电混合缆造价昂贵；光缆等有线施工改造面临港区停产时间长和土建造价高的问题；港口作业区内多种通信网络共存，造成网络重复投资及运维成本无效增加。为此，青岛联通在青岛港作业区域部署一套5G专用网络，实现5G无线专网覆盖，提供基于5G网络的低时延、高带宽的无线数据传输通道，并在青岛港自动化码头完成全球首次"毫秒级延时的工业控制信号，以及高于30路高清摄像头视频数据"基于5G网络的混合承载。青岛港场景解决方案迅速在通信业内被学习复制，并被推广至天津港、宁波舟山港的智慧港口建设中，实现垂直赋能。

3. 进行场景个性化定制

传统通信业务以语音、流量等标准化服务为主，主要围绕人的基本通信及社交需求。4G到5G的业务发展不同于3G到4G，不能通过简单的整体平移实现。行业客户基于自身的业务竞争和发展需求，有强烈的领先和创新性需求，自我独特性意识比较强。青岛联通深入分析不同行业个性及共性化的需求，包括：企业目前业务模式、通信手段；业务拓展需要是否契合5G超大带宽、超低时延或是海量连接等特性；业务平台新建还是改造升级以及进度安排；厂区（园区）光缆接入现状；站址如何选定；信号是否遮挡；双方投入资金额度；合作意向如何；业务收入预测；等等。根据上述关键点，制订包括网络规划、设备安装、工程调测、业务验证、商务谈判、签订协议等内容的建设与应用一体化、个性化定制方案，助力客户实现生产能力再造和管理能力提升。例如，在"5G＋无人机城市立体安防"项目中，青岛市北区政府认为CBD（中央商务区）人员密集，急需采用动态、全面、多维度的安防方案取代现有的静态传统保安手段，以符合CBD年轻、活力、动感、时尚的商业定位。青岛联通搭建基于5G网络的无人机安防系统，系统通过无人机挂载5G CPE和高清摄像头，以空中视角拍摄城市安防视频，基于5G网络实现视频数据实时高速回传，结合人工智能技术实现安防研判辅助，借助边缘计算技术增强平台统一管理能力。综合GPS、移动网定位等多种定位技术实现热点跟踪和多维信息聚合，从而形成"指挥统一、反应及时、作战有效"的立体智慧安防系统，极大地提升商务区管理效能，成为一大城市亮点。基于此项目模式，青岛联通与青岛公安联手打造"5G智慧警务"解决方案，规划建设数字化警务系统。

（四）服务提升，构建敏捷交付机制

1. 成立服务垂直行业的专项团队

结合5G技术应用特点，按照政府、金融、媒体等行业属性，分别在销售线、客户响应线设置横向专家团队，深入了解行业特点，深度挖掘行业需求。成立以智慧港口、智慧制造、智慧媒体等专项技术研究小组，研究制定综合网络技术解决方案。企业内部各专业小组抱团取暖、协同作战、拓展项目，打破企业内部的专业壁垒和限制，缩短项目实施周期，提高内部效率和效能；外部通过整合5G产业链的上下游，联通搭建平台，实现运营商、客户及其他合作方的互动对接，减少中间环节，有效响应和支撑客户在互联网经济下的新需求，加快推动资源动态配置及5G行业应用创新、价值运营转型，全方位保障项目及时交付运行。

2. 设计差异化服务实施流程

从需求挖掘、技术创新、试点落地、宣传推广四个维度梳理新的交付机制，将5G技术应用落地化、价值化、显性化。以流程架构扁平、集中监控调度、快速响应对接为原则，构建一站式需求对接响应机制。一是明确工作职责。围绕5G技术应用及企业个性、痛点，由团队负责人负责需求收集，由5G应用技术专家负责需求方案设计与内部资源整合，对需求质量负责；客户经理梳理、调度企业内部资源关系，对响应效果负责。二是实行责任共担、利益共享。充分调动前后台的积极性，全面对接创新需求，强化5G技术应用落地能力。三是实行限时管控。对项目进度实施限时管控，抢占发展先机。

3. 强化倒三角支撑能力

分场景形成定制化解决方案模板，推荐可叠加的适配业务，为项目洽谈提供参照，保障客户需求的快速响应。发挥创新业务支撑平台的作用，通过钉钉手机客户端建立专属的业务需求响应流程，支撑时长为 7×14 小时，实行订单响应定制、全专业支撑，推行60秒响应和紧急单15分钟下单，对客户突发性、创新性的需求能够快速反应，进一步强化支撑力度。打造创新应用分级支撑体系，基本场景化产品由创新产品经理专人支撑，组合场景化产品采用甩单模式，由专业部门统一支撑。建立诉求日通报、"一把手"质询制度，提高诉求解决质量和效率，诉求解决满意度超过95%。

（五）保障有力，建立专项工作机制

1. 建立管理人员专项工作负责制

实行5G等重点项目公司领导挂包制，确保重点项目的管控力度和有效落地。建立中层管理人员专项负责制，明确计划及目标，专人负责、专项考核、专项奖励，月度KPI考核、年度综合考评中按专项工作权重占比核算考核得分。任用方面实行聘期管理，重点针对KPI业绩、公信度、胜任度，全方位、多维度进行综合考评，增加聘任意见评议，作为调整、退出的重要依据。通过强化管理，确保项目的过程管控到位、需求响应到位、服务跟进到位。

2. 加强项目制专项拓展

深入推进大项目管理，制定《中国联通青岛市分公司大项目管理办法》，加强包括5G重点项目在内的拓展过程的组织管控。建立重点行业项目组，统一组织对重点行业客户加强走访、发掘商机，对重点项目拓展和调度予以跟进，提高项目运营支撑效率，真正实现对大项目的闭环管理，提升项目拓展能力。落实逢标必投责任制，充分发挥各级领导在大项目拓展中的作用，亲自带队参与客户走访和项目谈判，推动商机挖掘和项目签约。常态化监控招标网站信息，及早获取项目招标信息并主动派单落地，扩大商机来源。不断优化合作伙伴队伍，提升问题解决能力。依据大项目管理办法，严格执行投标过程中的责任落实和考核，将"逢标必投、有标必打"落到实处。

3. 增强 5G 创新能力

以青岛联通劳模创新工作室为中坚力量，面向行业应用，积极展开对 5G 建设应用一体化的技术新探索。工作室由来自各专业的业务技术骨干组成，是首批青岛市总工会命名的劳模（先进）创新工作室、首批联通集团公司级职工创新工作室、山东省总工会山东省示范性劳模和工匠人才创新工作室。青岛联通累计开展近百项技术及管理创新攻关，其中获奖 21 项（集团及以上级 15 项、省市级 6 项）。围绕 5G 前瞻应用，先后开展十余个专项技术及应用攻关，"5G 智慧港口""5G 泛在低空连续组网""5G SA 200MHz 连续组网"等技术成果实现全球及业界首创，在 5G 基础设施数字中心化等方面研究攻关，获得国家发明专利授权 1 项、国家实用新型专利 4 项。

（六）激发活力，建立人才激励机制

1. 实施"418"人才工程

推动实施创新领域的"418"人才工程，即围绕"新机制、增数量、提能力、强使用"4 个工作目标，实施 8 项行动计划，通过 1 个专项激励资源推动机制建立和计划落地，全面加强培养创新人才队伍。以项目制为核心，以培训和认证为抓手，通过加强培训、认证赋能、低效能帮扶等方式，打造分级分类的人才队伍体系，提升项目支撑和实施交付能力。不断优化激励考核和人员退出机制，实现绩效能高能低、人员能进能出，保持人才队伍的活力，为打造以 5G 应用为核心的创新业务新动能奠定基础。

2. 优化考核激励体系

完善创新业务管理办法，通过增加对 5G 创新业务项目的考核激励，鼓励各级项目负责人通过自主认领方式，明确超预算增量收入和利润指标，优化存量和增量的分配机制，鼓励多劳多得、应得尽得，激发人员的创新活力和拓展能力。强化对商机的管理和落责考核，发挥商机管理系统的作用，通过标杆案例经验、专项团队经验总结提炼，加强商机赋能指导，指导做好 5G 项目的商机拓展和复制推广。

三、电信企业以客户需求为导向的 5G 建设应用一体化管理效果

（一）形成 5G 服务新模式，实现企业效益提升

青岛联通通过成果实施，变革传统生产模式，细化行业场景化需求，实现运营商供给侧通信解决方案的按需定制；变革以往商业模式，通过资源整合、跨界合作，实现"网络＋应用＋服务"的一体化实施；变革固有资源配置方式，通过平台化运作，实现资源及时对接和需求准确落地，探索形成先进技术促动应用转化、赋能发展的有效路径。自 2019 年 6 月 5G 网络正式商用以来，青岛联通 5G 用户从零起步，迅速突破 20 万户；2020 年青岛联通 5G 移动业务收入较 2019 年增加 1 亿元以上；5G 项目所带来的收益合同金额也超亿元。通过此模式，青岛联通已与青岛港集团、海信集团、海尔集团、北海船厂、北船重工、青岛智能产业技术研究院、青岛日报、青岛市教育局、公安局、大数据局等近 30 家单位签订 5G 战略合作协议，开展 5G 分场景标杆项目建设应用推广。

（二）实现通信服务增值，助力客户转型增效

青岛联通通过对 5G 技术与应用开展融合创新，根据场景化需求进行方案定制，实施建设应用一体化，为传统企业转型升级提供创新型的方式和手段，将信息化技术转变为企业赋能提升的生产力，实现通信服务价值增值，助力客户转型增效，实现合作共赢。以"5G＋智慧港口"为例，根据客户方的反馈，比传统人工码头的生产效率提高 30%，运营成本减少 70%；最大限度地减少人机接触，保障人身安全，实现港机设备的高运行效、港口区域的安全生产，将加速推动港口信息化、自动化、智能化的进程。与央视合作建设"5G 媒体应用实验室"，通过开展 5G 环境下的视频应用和产品创新，形成电视、广播、网媒三位一体的全媒介多终端传播渠道，并发布 4K 超高清技术规划和超高清频道，助力传统媒体实现在 5G 应用领域的创新。"5G＋智慧港口""5G＋智能制造"等场景应用的转化复制推广，必将在工业互联网等诸多领域形成坚实的基础生产力，助力各行业创新发展。

（三）获得广泛好评，示范效应显著

青岛联通通过管理成果的应用，助力传统企业数字化转型，为行业赋能提供可复制、可推广的典型案例。赋能工业互联网，"5G+智慧港口"打造青岛港全球首个5G智慧码头，在巴塞罗那通信展上获得赞誉，得到央视全方位报道，成为5G产业合作示范项目。"5G+智慧船坞"实现船体智能组装建造，在第二届工业互联网高峰论坛上作为典型推介项目；"5G+智慧工厂"为海尔等制造企业转型升级提供解决方案；"5G+智慧公交"实现1秒刷脸无感支付，为乘客带来更多便捷；"5G+智慧医疗"为巴基斯坦医护人员直播心脏介入手术，助力"一带一路"国家开展医学交流；独家承建青岛海域5G专网建设，以"5G+智慧新海事"助力实现智慧引航、智慧灯塔等航保应用，满足航运经济发展需要；30多个场景应用服务百姓民生，助力数字经济发展。通过典型场景示范项目的推广带动，激发5G垂直行业的应用需求，加速5G与经济社会各领域融合发展的步伐，逐步实现"5G改变社会"。

（成果创造人：崔　波、沈昉旸、方　军、刘晓明、邵长谦、石　磊、
王慎林、陈　文、曹广山、崔宇旸、万晓亮）

以多方共赢为目标的绿色保险服务管理

中国人民财产保险股份有限公司无锡市分公司

立足当地、着眼全局，中国人民财产保险股份有限公司无锡市分公司（以下简称无锡人保）创新开发保险产品，设计顶层制度，构建顶层设计体系；推进政策完善，推动多方协同，构建调控协同机制；开展风险评估，打造信息平台，构建风险预防机制；加强宣传培训，强化附加服务，构建推广机制；建设专业队伍，强化激励约束，构建可持续发展平台，形成具有人保特色、地方特点的"政府引导、风险评估和市场运作"环责险"无锡模式"，实现了管理升级，显著提高经济效益、品牌形象、社会美誉度和生态效益，赢得了环保部门、企业、社会和媒体等多方好评，为环责险在全国推广提供了宝贵经验。

一、顶层设计，开展环责险制度设计

（一）开展产品设计

无锡人保率先推出的环责险是一项有利于保障生态环境安全的创新制度。环责险又称绿色保险，是以企业发生环境污染事故对第三者造成人身伤亡或者财产损失以及恢复和整治被破坏的生态环境依法应承担的经济赔偿责任为保险标的的保险。在"无锡模式"中，无锡人保创新设计了 8 档从 50 万至 4000 万元的责任限额和阶梯化保险费率体系，承保时无锡人保根据风险评估机构的评估报告提供的企业风险状况，调整企业的保费系数，企业则根据自身的生产经营规模确定每次及累计的赔偿限额和对应的标准保费。

（二）设计顶层制度

根据企业污染环境的可能性和危害性，以及风险的多样性和复杂性特征，在充分调研和论证的基础上，无锡人保提出了"政府引导、风险评估、市场运作、多方共赢"的推广理念，率先试点推广环责险。

环责险制度顶层设计创新为环责险推广提供了强大推力。无锡市政府出台了《无锡市环境污染责任保险实施意见》，原无锡市环保局出台了《关于成立环境污染责任保险试点工作领导小组和下发环境污染责任保险试点工作程序的通知》和《关于切实加强环境污染事故防范和加强企业环境风险隐患整改监督的通知》等文件，对环责险的实施原则、实施主体、保障范围、赔偿限额、承保方式、工作职责、政策扶持及相关制约措施等都做了明确的规定，对于排污企业加强环境污染事故防范和加强环境风险隐患整改明确了相关要求。

无锡人保根据无锡地方法规制度和行政管理制度设计了一系列工作制度。2011 年和 2013 年编写《绿色保险工作手册》，进一步完善承保责任限额设定，优化承保理赔流程；2013 年制定了《无锡市环境污染责任保险工作指南》，规范了环责险承保的工作流程；2017 年编写了《无锡市环境污染责任保险客户服务手册》，为投保企业提供了投保和理赔服务指引，明确了服务承诺；2017 年，编制了《无锡市环责险文件汇编》。无锡市环责险制度顶层设计创新是"无锡模式"成功运作的先决条件。

二、促进政策完善，推动建立调控协同机制

（一）推进政策调控

大多数企业对环责险存在着认知误区，面对这一挑战，无锡人保加强和政府的沟通，推动政府政策上的支持和思想意识的统一。无锡人保在环责险推进过程中发现，企业主体责任没有落实，市场保险意

识比较淡薄，企业往往不按照自身的风险等级投保，而是选择较低的门槛进行投保。无锡人保及时向政府和环保部门汇报工作，无锡市政府经过充分的调研和论证，明确了要坚持环境经济新政策与环境行政管理手段有机结合。

2014年，无锡市环保局联合金融办、人民银行、银监分局出台《关于建立环保信息共享机制推进绿色信贷工作的通知》（锡银监发〔2014〕124号），将环境污染责任保险环境风险评估与环境信用等级评定、绿色信贷等相结合，包括对积极投保和切实完成整改的企业，在申请污染防治资金时优先，给予信用评价增级，评先创优时酌情加分等；对参保积极性不高并列为高中型污染风险的企业，在等级评定时扣分，将结果与"绿色信贷"挂钩并通报人民银行。2016年，无锡市环保局出台《关于加强企业突发环境事件风险评估管理工作的通知》（锡环发〔2016〕40号），提出"基于环责险的环境风险等级与突发环境事件风险等级关系"试行规定，建立基于环责险的现场评估报告与应急备案的衔接机制。无锡人保对投保企业进行环责险环境风险等级评定，并将评定结果上报环保部门，环保部门按照风险等级高低有效加强管控，有的放矢进行监督执法，节约政府行政成本。这些调控政策的出台，为确保环责险功能的有效发挥提供了有力保障。

（二）推动多方协同

保险公司、投保企业和风险评估机构三方构成了环责险的三大主体，政府则扮演着夯实基础和提供政策支持的重要角色。无锡人保建立了多方协同机制，环保部门、保险公司、风险评估机构协同配合，为无锡市环责险的推进建立良好的发展环境。无锡人保主动向环保部门、行业监管机构汇报推进情况，虚心接受有关部门对无锡人保的指导、监督和管理。无锡人保还充分发挥机构网络优势，主动向市（县）区环保局法规科汇报，与各地环保应急中心联合召开乡镇环保助理会议，并配合乡镇环保助理召开企业座谈会，就政策内容进行宣导。风险评估机构高质量出具报告，积极为企业排忧解难，受到了企业的欢迎。

三、完善环责险风险管理，严格风险预防

（一）开展风险评估

由于缺乏经验性数据和专业评估技能，传统的财产保险运作模式在环责险的实践中存在诸多困难。无锡人保在2010年下半年进行制度创新，把对企业环境污染风险的评估前置，事先开展对投保企业的环境风险评估服务。无锡人保聘请的风险评估机构在投保前对投保企业进行现场风险勘查，做出全面的风险评估，为承保时设定适用的保险费率、承保额度及相关条款提供重要依据。

无锡人保委托风险评估机构对投保企业进行环境风险勘查和评估，为确保评估报告的准确性和专业性，设定了相应的限制性条款，并和评估机构约定，如果导致企业发生环境风险责任事故的风险因素在环境风险评估报告中未予以提示性披露，无锡人保有权拒绝支付相应的评估费用，或者索还已支付的费用。风险评估机构为投保企业出具风险评估报告，提出风险隐患的整改意见，如果投保企业能够按照意见整改，并通过整改排除风险隐患，则无锡人保在该企业次年续保时给予费率降低、投保限额优惠等激励措施。

无锡市环责险的现场风险勘查和评估工作由一家环保科技公司承接，该公司是全国唯一一家致力于环境污染风险现场勘查和评估的独立第三方评估机构，创建了一支高水平的评估专家队伍，团队成员主要由上海、南京、苏州、常州和无锡等高校的专业人员、行业管理人员和环境应急管理专家组成，这些专家在环境风险认知和判断领域具有丰富的理论知识和实践经验，能够对企业所处的风险状态及存在的风险因素做出更专业和准确的评估。风险评估机构出具《环责险现场勘查与评估报告》，该报告主要包括企业的风险状态、风险因素、整改建议和建议保额等内容，不仅为无锡人保和企业投保提供了参考依据，也为无锡人保和投保企业的事前风险管理提供了极具针对性的防控标准。

风险评估的推进是一个循序渐进的过程。在开展评估的初期，投保企业对风险评估机构曾持排斥和不合作的态度。为打消企业的顾虑，无锡人保争取到环保部门强有力的政策支持，环保部门向企业做出相应承诺，如果是由风险评估发现的问题，第一年不作为环保处罚的依据，并给予企业两年期限进行整改。由于风险评估的专业性、权威性和前置性特点，可以切实为企业提示和解决隐患，还有费率和保额优惠的激励，因此其有效性和带来的好处逐渐被越来越多的企业所认可。对于现场勘查与评估所形成的"四个一"，即一支队伍、一个流程、一个系统（平台）和一次培训，经过多年实践的检验，证实其达到预期的效果。风险评估流程如图1所示。

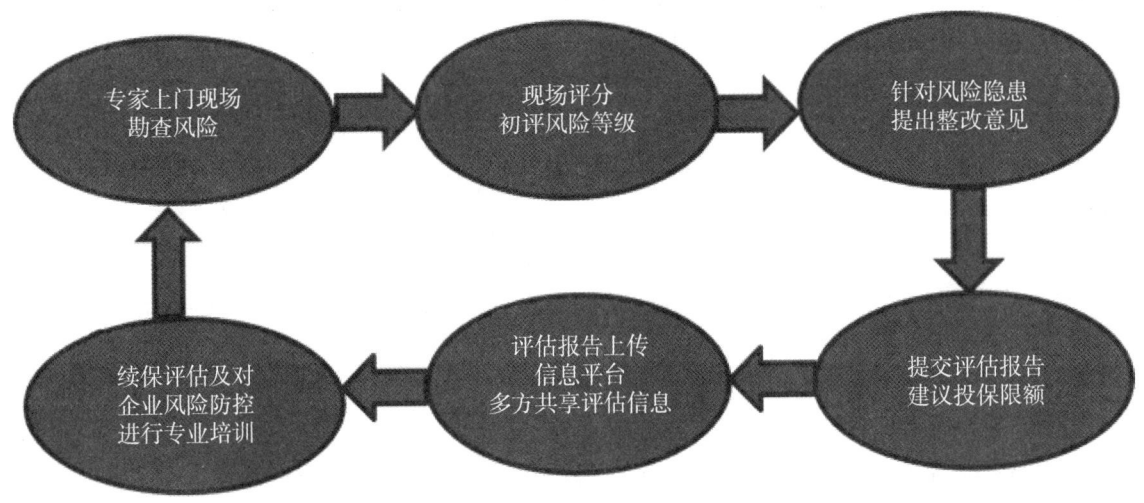

图1 风险评估流程图

企业按照风险评估报告提出的意见进行整改，降低了环境污染事件的发生概率，降低了保险公司的赔付风险，实现了多方共赢。近年来，浙江海宁、湖州等地纷纷复制"无锡模式"，其中，第三方风险评估机制创新是环责险"无锡模式"最值得推广的经验。

（二）建设信息平台

无锡人保与第三方环境风险评估公司以数据库为支撑，依托互联网微信平台，共同打造环责险安全信息云平台。第三方环境风险评估专家队伍在多年开展环境风险评估、积累风险数据的基础上，建立了环责险数据库，基于数据库和互联网开发的安全信息云平台有三个子系统，即环责险现场勘查与评估系统、环境风险等级评定系统和环境损害测算系统，可以提供应急帮助、风险等级评定、现场报告查看、在线咨询、新闻资讯等服务内容，还可以查看环责险经典评论、条款解析、案例分析等精彩内容。云平台上的数据能够通过手机直接快速调取，借助云平台高效联动各方，在强化风险防控的同时，及时、快速、有效地减少突发环境事件造成的损失，极大地提升环境风险管理工作的效率。比如，平台为用户提供了571个风险因子，用户可直接通过微信端查看每个风险因子的相关属性，包括应急措施、危险特性、禁配物、存储方式、临界值等，一旦客户出险，用户可参考相关的应急方案，采取必要合理的减损措施。

2019年，全市参与风险等级评定的单位达到962家，参评比例达到88.5%，为历年来最高，云平台已累计发布微法规文档310篇。2015年云平台上线后，无锡人保召开10余场培训推广会，为200多名环保基层人员和500多名企业安保人员进行应用培训，目前微信公众号App企业人员绑定近1000人，环保部门基层人员绑定200多人。云平台为环保部门提供环境风险数据与分析，辅助环保部门提高监管效率，保险公司通过云平台为企业提供环境风险服务，帮助企业降低环境风险。云平台为环保部门、企业、保险公司和评估公司之间提供了一个互相联系和共享数据信息的交流平台，是环责险"无锡模式"的有力支撑。

四、丰富环责险附加服务，促进全面推广

（一）加强宣传培训

在环责险推广初期，无锡大多数企业是不了解、不信任、不接受的，其中一些投保企业或是迫于压力或是碍于情面而被动投保，这使环责险举步维艰。面对这一严峻挑战，无锡人保采取先易后难的步骤，通过宣传和培训，帮助企业提高对环责险的认识。无锡人保在政府的支持下，组织各种形式的环责险投保动员大会，主动到企业宣传环责险，在展业中加入持续性和有针对性的专业培训，协助企业建立以企业高管为首、由财务人员和安保人员等组成的专业队伍。无锡人保通过上门服务，经常性地向企业高管和财务人员宣传环责险，持续组织企业安保人员的专业培训，逐步转变了企业的原有认知，使这些企业从开始排斥环责险到接受和主动宣传环责险。无锡人保合计为1000余名企业高管及财务人员、5400余名企业安保人员进行了风险管理、防范技术和整改专题的培训，2014年江苏省最大的外商投资企业海力士向无锡人保投保环责险，责任限额800万元，也是得益于企业专业队伍的建设。无锡人保的宣传培训工作得到了原市环保局、各县区环保部门的肯定，因此，对排污企业专业队伍的建设和宣传培训，强化排污企业的环保意识和污染风险的防控能力，是环责险"无锡模式"成功和可持续的必要条件。

（二）强化附加服务

无锡人保每年从环责险保费中提取一定比例，用于开展企业培训、应急演练、风险隐患排查。无锡人保每年组织企业安保人员进行风险防范培训，提升了参训人员的风险管理技能和企业的风险管理能力。组织第三方环境风险评估专家，分期、分批、分行业到投保的企业进行环境风险防范管理与技术服务，帮助排查环境污染安全隐患，企业现场发现问题数量逐年下降，降低了企业出险概率；提供环境风险评估报告，提出整改意见，大部分隐患得到整改；为2000余家企业认定风险等级和提供建议保额；运用大数据比对，把现场存在的"常见病"与"多发病"，以图集形式编写成《环责险现场勘查和评估过程中的"常见病"和"多发病"》，印制发放2800多册；编制《环境污染标准案例》三折页，发放给企业。2017年结合"两减六治三提升"专项行动，以宜兴市化工行业整治为抓手，原市环保局邀请专家为5家典型企业"把脉问诊"，共排查出问题144个，无锡人保提供引导资金50万元，企业配套2000万元，在专家的指导下帮助企业整改存在的环境隐患和风险，形成整治整个化工行业"常见病"和"多发病"的模板。无锡人保通过每年的专项行动，促进了无锡全市投保企业整体环境管理水平的提升。无锡人保的这些举措深化了保险服务的内涵，提升了保险服务水平，截至2019年年底，未发生一件投诉和举报事件，无锡人保的服务创新和卓越成效得到了各方认可。

五、健全环责险保障措施，推动可持续发展

（一）建设专业队伍

无锡人保党委强化思想引领，发挥组织优势，从组织架构、团队培训和项目管理等方面入手，不断强化专业队伍建设，提升队伍服务水平。无锡人保成立了由党委书记、总经理任组长，由分管非车险业务的副总经理任副组长，各相关部门主要负责人为成员的领导小组，领导小组下设办公室，负责领导、研究和部署环责险的推广工作，以及组织、协调和实施环责险的推广工作，市区、江阴、宜兴、锡山和惠山五个区域参照成立领导小组及专业服务团队。

无锡人保从2009年试点开始，就强化对专业团队的培训，不断提升专业团队的政策执行水平和专业服务能力。具体做法包括：坚持"尊重人才、尊重绩效、尊重创造"的原则，树立正确用人导向，把那些"坚持发展有韧劲、谋划发展有思路、推动发展有激情、实现发展有贡献"的人才选拔出来，

充实到项目岗位上；多种形式培养人才，以核心理念教育员工，培养正确的世界观，与评估专家团队合作，选拔绩优人才参加风险评估和学术交流；推选优秀人才参加上级公司的专业培训，提升人才素质，加快人才成长；不断充实专业人员，有针对性地引进高学历应届毕业生，提供专业培训，以及跟随专家实地勘查的机会，在人员编制和项目上给予政策倾斜；实行导师带教制，给予有突出贡献的导师奖励，并且定期开展考核工作。

无锡人保还创新项目管理机制，激发专业团队人员的积极性和能动性。制定和完善年度项目考核办法，明确考核标准，规范激励等级。实行团队全员考核，落实每个成员的责任，考核对象包括各区域领导小组组长和专业团队全体成员。确定考核指标，包括客户承保数量目标、年度保费计划、内部培训数量、外部宣传培训计划、理赔满意度等多个指标，使完成情况和年度绩效挂钩，奖优罚劣。加强过程管控，每月通报完成进度，发现问题及时督导改进。在重视物质奖励的同时，重视精神激励，对于年度考核指标达标人员，年度评优时可以适当加分。

（二）强化激励约束

无锡人保创新设计激励约束机制，积极引导企业事先防范环境污染风险，整改风险隐患，提高企业参保积极性。

发挥政策层面的激励和约束作用。对积极投保和切实完成风险隐患整改的企业，给予多种形式的奖励，包括申请污染防治资金时优先，给予信用评价增级，评先创优时酌情加分；对存在环境风险隐患却不愿投保和持消极态度的企业，采取在企业等级评定时扣分，将其结果与"绿色信贷"挂钩并及时通报人民银行等措施。发挥风险评估的激励和约束作用，由评估机构提出风险隐患的整改意见，如果企业按照整改意见整改，并通过整改排除了风险隐患，无锡人保在该企业下一年续保时给予费率和投保限额等优惠。另外，依据评估机构出具的风险评估报告设定相应的保险条款。发挥信息公开的激励和约束作用。通过创建环责险信息云平台，实时披露投保企业的环境风险评估报告，准确及时地掌控投保企业的环保信息，促使投保企业增强环保意识和主动防控环境污染风险的自觉性。这些激励约束机制有效地提高了企业防控环境污染的积极性，也强化了对企业的约束力，形成了共融、共进、共赢的局面。

（成果创造人：尤力人、吴晓羚、殷　武、马大伟、胡炯义、葛翠英、赵向东、徐　诞、刘颖颖、王　芳、徐　晟）

大型军工企业模型驱动的场景化装备体系需求管理

中国电子科技集团公司第二十八研究所

中国电子科技集团公司第二十八研究所（以下简称二十八所）针对企业传统需求管理方法存在的信息来源分散、协同性不高、理解不足、验证滞后等问题，围绕新时代"能打仗、打胜仗"的强军要求，结合国家和军队"坚持作战需求为根本牵引"的新战略，变革需求管理理念，重塑需求管理机制，建立模型驱动的需求开发环境，协同构建可视化作战场景并进行交互式快速迭代，以提升需求获取和分析能力以及需求开发的规范化水平，并通过可量化、多方位的需求验证方式，提升体系作战效能。同时从组织、制度、流程、人才培养和文化建设等各方面给予支撑保障，确保需求获取、挖掘、分析、建模和验证的能力提升，从而满足装备体系的作战需求，并将作战需求贯彻到后期的设计和研制过程中，有效提升了装备研发效能，使装备体系交付能力和质量逐年提升，取得了良好的经济和社会效益。

一、变革需求管理理念，构建新型需求管理体系

（一）深入研究装备体系建设需求，明确总体目标与建设思路

虽然国家和军队战略新要求逐渐向发挥联合作战优势、切实提升作战效能转变，但与此相适应的作战需求研究还不充分，系统装备作战能力提升还不明显。为改变这种状况，二十八所深入研究新时代装备体系建设需求，提出聚焦实战要求，以联合作战需求为牵引，以网络信息体系为抓手，打造一套与"网络信息体系、联合作战体系建设"使命任务匹配的新型需求管理体系的目标。

二十八所总结提炼牵头体系性项目的成功经验，充分利用业务涉及面广的优势，梳理整合各领域已有成果，同时深化顶层设计方法研究，优化需求获取方式，创新需求分析方法，通过基于场景的需求生成机制和多样化的需求验证手段，构建以指挥信息系统为核心的装备体系需求方法、产品和支撑环境，打造联合作战体系需求智库，持续牵引装备体系发展。

（二）重塑需求管理流程，支撑需求和研发过程有机融合

围绕上述目标和思路，二十八所聚焦使命任务，重塑需求管理流程，改变以往"需求获取与分析—体系设计—系统/装备设计—研发制造—装备测试—集成联试—需求验证"的单线程、分散式的管理方式，建立模型驱动的需求开发环境，支撑可视化、交互式的需求生成，并将需求验证前移至需求获取阶段，加速装备体系需求的获取与分析。同时构建模型驱动的体系验证评估环境，并建立相关资源管理和技术审核机制，设计"3V"需求管理模型，即在需求阶段进行仿真验证，系统/装备设计完成后开展虚实结合的验证，研发阶段完成后进行需求实装集成验证，将需求验证贯穿装备研发全过程，如图1所示。

二、完善需求管理组织机构，制定管理制度和实施规范

（一）建立需求管理组织，明确职责

长期以来，二十八所需求管理组织较为分散，各部门自行开展与本部门领域和业务相关的需求开发工作，不成体系，协同性不高，难以支撑联合作战装备体系需求管理的整体发展。为了更好地满足联合作战装备体系构建要求，二十八所以"满足军事需求，提升作战效能"为中心，构建了全新的需求管理组织架构，将需求管理深入到全层级，覆盖到全流程，如图2所示。

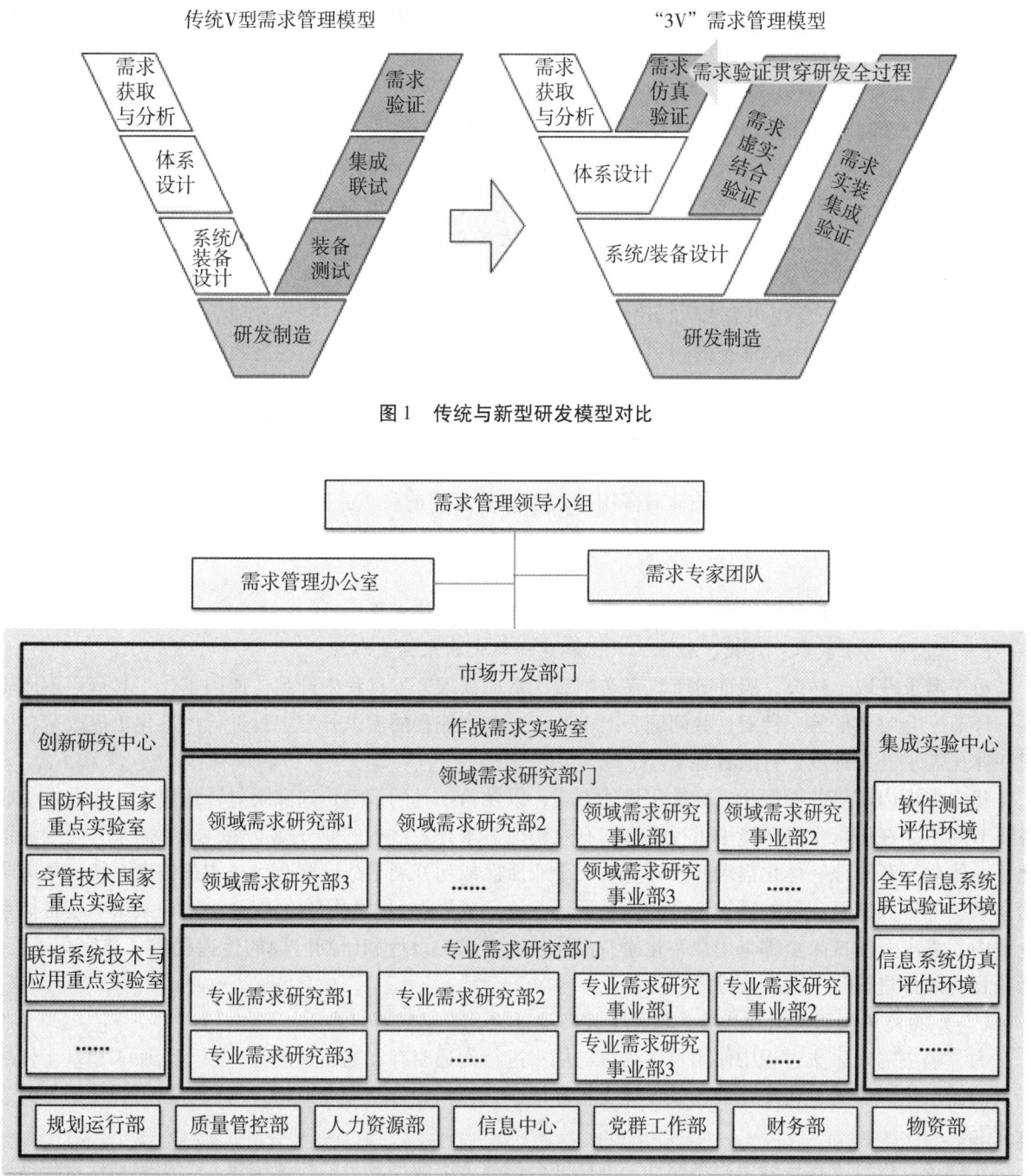

图1 传统与新型研发模型对比

图2 需求管理组织机构

二十八所设置需求管理领导小组，由分管副所长担任组长，负责需求管理重大事项的指挥决策和组织协调；明确两位集团首席科学家作为牵头人，以其他首席/副总以及相关领域的总师为主，同时引进院士、军事专家等高级人才，共同组成需求专家团队；成立需求管理工作办公室，负责协调和落实需求管理全过程中的各项管理工作；成立作战需求实验室，研究未来作战概念，建立需求研究工具、开发规范和试验环境；市场开发部门/领域需求研究部门/专业需求研究部门/创新研究中心设置需求管理专员，负责与本部门/领域相关的需求管理工作；集成试验中心负责需求验证环境构建，支持需求验证工作。

与此同时，二十八所积极与军委、战区、一线部队、军事科研机构和院校的军方单位沟通交流，建立合作互动关系，充实需求管理组织，拓宽联合需求研究渠道。

（二）建立管理制度及实施规范，保障需求管理高效推进

健全的管理制度是保障需求管理高效推进的必要条件。围绕业务体系化发展，必须在组织级、程序级以及操作级制定相应的管理制度，以覆盖装备研建全过程，形成多层次、多途径的监管体系。为此，二十八所发布了《需求管理程序》《软件需求分析指南》《需求分析能力基线使用手册》《相关方及其需求管理办法》等系统制度及规定，共3层次202个体系文件，覆盖3级43个研发过程，如图2所示。二十八所制定了《需求管理过程规范》《需求开发和技术解决方案过程规范》《指挥信息系统军事需求分析规范》，对标"开发用户需求""开发产品需求""分析和确认需求"等各项活动。制度经过运行实施，保障了近千项科研生产任务的顺利进行，同时也确保了需求管理体系的高效推进。

（三）建立适应性的管理机制，实现对特殊项目的需求管理

二十八所针对不同场景、不同用户，结合项目特点，进行定制化的需求管理。一是针对具有需求新、变化快等特点的项目，设计并动态维护"三合一"表单管理机制，将需求、开发和测试统筹管控，获得了军方首长的高度评价；二是针对多用户需求不断变化的特点，建立快速反应机制，发布《指挥信息系统软件技术状态变更快速响应机制》，规范关键环节，明确响应要求，满足用户需求，实现对特殊项目的需求管理。

三、构建模型驱动的需求开发环境，提升需求开发规范化水平

（一）整合需求获取、建模、验证工具，构建一体化需求开发环境

由于需求获取、建模、验证等工具存在割裂，造成需求开发过程中产品传递困难、工具运用不成体系、环节配合效率低等，针对这些问题，二十八所对整个流程的需求开发工具进行体系化集成改造，形成一体化需求开发环境，打通各环节。

建立需求内容等的模型化、标准化描述方式，以及跨工具的模型传递和映射转化规范，将需求生成各环节的产品在需求生成环境中进行流转，有效确保需求开发过程的业务规范性，支撑需求开发的流程化、一体化。基于该一体化需求开发环境，二十八所已成功开展某战区联合作战指挥信息系统和某编队信息系统等重大体系项目的需求论证和体系设计，论证成果得到军方用户高度评价。在某编队装备体系论证中，需求开发成果全部采用数字化模型描述，为需求向设计和研制阶段的传递提供了数字化手段，为项目有效推进提供了核心支撑。

（二）构建模型驱动的作战场景设计支撑环境，提升需求理解能力

为了解决需求采集过程中使用自然语言与用户进行沟通时存在的语义鸿沟，二十八所采用基于作战场景的需求生成方式，构建作战场景设计支撑环境，快速构建作战概念原型，与用户以可视化的方式进行交互。

作战场景设计支撑环境由模型驱动，支持联合作战各类典型场景的快速构建。所用驱动模型包括通信、情报、侦察、指控、火力等装备能力模型，探测行为规则、机动行为规则、对抗行为规则等作战规则模型，联合作战、陆、海、空等作战样式模型。目前二十八所在联合指挥和各军兵种指挥信息系统研制建设过程中已积累了40类300余种模型，有效提高了场景构造的真实性和需求获取的精准性。模型驱动的作战场景设计支撑环境可以更直观、更精确地展现用户需求，提高需求开发过程的便捷性和有效性。

（三）制定模型和场景资源管理机制，保障资源库的准确性与权威性

模型和场景资源是作战场景设计支撑环境的核心，关系到需求开发的规范性和准确性，因此必须建立相应的管理机制，并对其进行严格管理。

二十八所为此建立模型和场景资源归口管理机构，制定《模型资源管理办法》和《数据、模型和研发环境资源使用和运维管理程序》等规章制度，推动各领域项目中沉淀的模型、规则、指标等实行统一规范、统一管理、统一使用，并建立专家评审机制，对模型资源的准入及更新进行严格管控，确保模型资源库的权威性、准确性和先进性。

四、重塑基于场景的需求开发方法，提升复杂军事需求获取和分析能力

（一）协同构建可视化作战场景，提升复杂需求内容精确性

装备体系需求涉及范围广，包含要素多，与之相应的需求采集、建模及分析难度较大，对需求开发过程提出了更高的要求。

二十八所需求开发人员基于需求生成支撑环境，快速构建可视化使用场景原型，军地双方基于可视化场景进行充分的需求研讨，实时交换意见，动态调整可视化场景。场景确定后，在模型的驱动下，直接将场景中的作战节点、作战活动、作战流程等要素映射为需求模型，并进一步生成条目化需求，实现了需求开发环境下用户需求、作战场景、需求模型三者的有机关联，支撑可视化、交互式的需求生成，有效克服使用自然语言描述军事需求带来的模糊性、二义性问题，提升需求生成的精确性及可追溯性。

（二）交互式快速迭代作战场景，提升复杂需求开发敏捷性

由于军事需求的复杂性，需求开发过程需要反复多次迭代，才能实现对用户需求的精准获取，而迭代低效率直接降低了需求开发的敏捷程度。

在基于作战场景的需求开发过程中，二十八所需求分析人员与用户协同快速构建作战运用场景，与用户在统一的语境下进行研讨交流。用户针对可视化场景，不断更改和补充业务流程、关键节点、装备性能等需求内容，需求分析人员根据用户的需求变更，快速迭代作战场景，反复与用户确认，不断逼近与挖掘用户的真实需要，最终准确地获取用户需求。作战场景快速生成和迭代，有效提升了需求开发的敏捷程度，加快了需求生成的收敛。在某信息系统的需求分析过程中，采用基于作战场景的需求开发方式，可将需求迭代次数由每周一次增加至每天一次；需求开发由原来的以月为单位，缩短至以周为单位，加速了需求的收敛。

（三）平行式需求内容同步验证，提高复杂需求开发有效性

装备体系需求的完整性和有效性直接影响了装备的作战能力生成，因此需要及早开展需求验证。

二十八所基于作战场景进行需求开发，其构建的作战场景既是获取用户需求的手段，又是分析用户需求的过程，也是确认用户需求的途径，实现了"需求采集即建模，需求建模即验证"，在需求采集阶段平行进行需求内容验证。该方式提前请用户确认需求分析人员对需求的理解，牵引用户不断补充完善对需求的描述，最大限度地挖掘用户真实需求，提前发现隐藏在复杂需求中的缺陷，确保后续装备研制能支撑作战能力形成，解决复杂军事需求获取的完整性和有效性问题。基于该方式，在体系性项目的需求评审中，需求的一致性、完整性、可实现性、可验证性、可追溯性等相关问题大幅度减少，在战役级规模的系统中，此类问题由平均几十个降低为数个。

五、建立可量化、多方位的需求验证方法，提升体系作战效能

（一）建立需求符合性审核机制，确保满足技术体制统合要求

联合作战军事需求和系统需求具备一定的宏观性和模糊性，给设计人员和研发人员的理解带来困难，特别是对体系性的需求验证造成阻碍。

二十八所为有效验证体系关键需求，确保在装备研制过程中有效落实，一是将联合作战体系能力关键需求细化分解为"统架构""统标准""统产品""统技术"四个方面的量化要求，使宏观的、模糊的体系需求转化为量化的、可检查的审查要点；二是建立技术体制审核机制和系列审查规范，建立专业技术体制审核师队伍；三是修订科研生产管理办法，将体系需求审查要点和相关规范的培训考核作为技术

负责人任命的前置条件,同时在体系性项目技术负责人任命中设立"技术体制审核师"角色,在科研生产全流程验证体系性需求的符合性,切实确保体系关键需求验证的落实,如图3所示。审核机制实施以来,在几十个系统研制类项目中,共审核出百余个问题,有效确保了需求双向可追溯性的真正落实,确保系统能力满足用户使用要求。

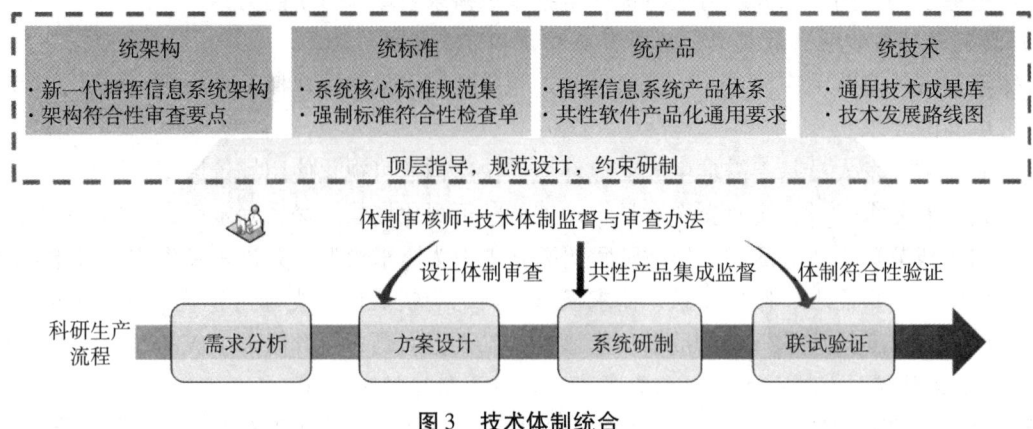

图3 技术体制统合

(二) 构建虚实结合的体系验证评估环境,支撑联合体系作战效能

为了在内场联试阶段验证体系性作战需求牵引效果,掌握装备体系能力差距,需要构建装备体系验证评估环境,以准确把握和牵引装备体系的技术前进方向。

二十八所建立了"云–端"架构虚实结合的体系验证评估环境,统一管理和组织运用各类模型、数据、仿真资源和实物装备,具备对武器装备原型进行体系需求验证评估、装备部署分析、装备组织运用推演、装备体系贡献率评估等能力。将需求研制从现有单装的功能需求和非功能需求验证,逐步转变成对联合作战体系能力支撑作用的验证,通过强化体系作战效能验证推动二十八所由"交付装备"向"交付能力"转型。

(三) 开展实战化体系需求验证新实践,实现需求贴近实战要求

为提升需求验证的真实性,确保装备满足"能打仗、打胜仗"的要求,必须在实战化场景中对需求开展验证。

二十八所制定了年度例行体系性装备实战化技术验证机制,按照网络信息体系的理念,每年制定若干验证科目,采用实装、半实装、仿真相结合的方式,与一线部队深入合作,把装备原型和部队实装环境、模拟器进行体系集成,构建实战化的作战场景,开展技术演习,面向真实的作战场景和组织运用流程对装备体系作战支撑能力进行检验。同时在前瞻性技术演习过程中,二十八所与军方用户共同探讨装备体系的短板弱项,树立指控装备建设新理念,不断开发产生新的需求,推动由"从用户被动获取需求"向"与用户共同开发需求"的转型,提升需求验证的真实性,实现需求引领。近两年,二十八所与用户共同举行的技术演习涉及十余种作战样式,收集各类需求上百余条,其中体系性、引领性需求二十余条,为后续指控装备发展提供了指引。

六、构建管理协同平台,实现全过程管控

(一) 整合已有管理信息系统资源,构建需求和研发管理协同平台

针对需求管理断点多,各管理部门、项目团队间不串联、缺乏协同等问题,二十八所基于已有市场开发系统、项目管理系统、人力资源系统及研发数据,结合场景化需求管理要求,打造并推广需求和研发管理协同平台,提供需求开发、论证设计、产品研制、集成联试、测试检验、仿真评估等服务,贯通"需求分析—体系设计—仿真试验—评估分析"流程,实现需求管理和研发之间的高效协作和交流,为

全军作战需求管理、联合作战系统研发、体系性项目集成联试、部队综合集成建设问题复现与闭环、武器装备体系作战效能测评提供系统保障。

（二）规范需求和研发管理协同流程，实现需求管理与系统研发全过程管控

需求和研发管理协同平台统一提供以弹性、智能、高可靠为特性的研发云服务，采用分布式云数据中心技术，构建高性能的计算、存储、网络等资源池，为需求团队、设计团队、编码团队、测试团队和联试验证团队提供模型、工具、标准和平台共性软件，实现需求分析、软件开发、测试与持续集成系统研发的全过程实施。基于研发管理协同平台，厘清各管理要求，规划并制定符合研究需求管理范畴的业务模型组件，规范其展现形式、属性、使用约束等特性，用平台贯彻流程执行，提升需求开发与评估效率，实现对需求管理与系统研发的高效支撑。

七、培育科技强军的军工文化，打造需求管理高水平人才队伍

（一）弘扬使命担当和奉献精神，强化需求管理队伍的凝聚力和战斗力

装备体系需求管理直接决定了装备的作战能力，工作要求和难度高，需求管理过程需要频繁与军方用户和研发人员交互，工作压力和强度大，需要先进的文化建设赋予强大的精神源泉。

二十八所通过倡导"敢啃硬骨头，甘当燃灯者"的奉献文化，激发需求人员敢为人先、忘我拼搏的昂扬斗志；通过授予需求管理人才二十八所先进个人和十佳青年等荣誉，树立先进模范，发挥示范和引领作用；通过在工程现场建立临时党支部，推动需求人员和工程研发人员进一步紧密联合与协同攻坚。二十八所通过多措并举，构建了一支"秉承军工电子国家队和指挥信息系统总体单位使命担当精神，以提升基于网络信息体系的联合作战、全域作战能力为己任，有强大凝聚力和战斗力"的需求管理人才队伍。

（二）通过"人才强企"战略聚合内外部力量，增强需求管理软实力

人才队伍是建设一流需求管理体系的第一资源。在人才引进上，二十八所聚焦军事需求管理，以举办"人工智能挑战赛""青年创新大赛"等活动为载体，探索高层次需求管理人才引进新途径，在社会和高校中发现、引进高水平团队，打造所本部与控股公司协同一体化的军事需求管理人才引进平台，增强高端人才获取能力。据统计，2017—2019年二十八所共引进院士2名、军事专家40名，并设立院士工作室和实施人才激励措施，发挥军事专家的高端引领和带动作用，打造一流的军事需求管理领军队伍。

在内部人才培养方面，二十八所以营造良好的人才队伍建设生态为目标，在重大领域、重点方向专项培养军事需求管理人才。通过优先提供培训（军事需求局等）、进修、学术技术交流、举办展会等方式，培养了一支"懂需求、懂技术、懂管理"的高层次、年轻化的复合型人才队伍，建立起领军人才、带头人才和储备人才的金字塔型人才梯队，确保了人才培养的可持续性，有效支撑了需求管理能力的构建。

（成果创造人：毛永庆、陈新中、葛　涛、罗　珅、蒋　锴、卞羽生、
　　　　　　　李　蓓、张江涛、庄国献、沈伟平、陈福玉、张政伟）

电信运营商协同创新驱动的 5G 定制应用服务

中国联合网络通信有限公司北京市分公司

中国联合网络通信有限公司北京市分公司（以下简称北京联通）自 2018 年率先实践 "5G NEXT" 计划以来，积极践行中国联通的 5G 战略部署，充分结合地域资源优势、网络承载优势及优质客户资源，在 "5G Captain Plan（领袖计划）" 思路的指导下，与产业链上下游合作伙伴协同创新，加快推进 5G 网络的快速建设部署，打造 IT 支撑平台，并利用 5G 独有的行业端到端切片、MEC（边缘云计算）、增强移动宽带等技术，在 ToC、ToB、ToG 以及社会服务领域构建 5G 定制应用服务的商业模式，聚合自身及合作伙伴的资源，集中产品创新体系，开拓新业务、新领域，助力北京联通 5G 新业务的拓展，取得了显著成效。

一、着力推动企业高质量发展，确定 5G 定制应用服务的整体思路

（一）集中优势，开发 5G 定制应用服务基本模式

相对于 4G 体系，5G 运营在基础语音、短彩信和流量收入竞争的基础上，更多地体现为行业和通信结合的差异化，考验的是运营商的整合和渗透能力。北京联通以新一代信息基础设施建设为己任，率先针对 5G 定制应用服务进行实践，从客户需求出发，联合产业链上下游，协同创新驱动 5G 定制应用服务，构建了 "5G Captain Plan（领袖计划）"，将围绕六大创新解决方案先试先行、四大智慧业务价值兑现以及两大样板点打造，完善 5G 从应用、终端、网络到商业的端到端模式，持续开展 5G 技术创新、快速商用；拓展 5G 智慧业务，总结商业模式，加快新型基础设施建设，在北京全面构建 5G 领域的技术、商业、社会责任三大领导力，打造全球 5G 标杆；把北京打造成全球首个 5G 首都，为消费者提供超乎想象的 5G 服务，以树立一个全球 5G 城市的示范标杆。

（二）整合资源，完善 5G 定制应用服务保障机制

1. 组建虚拟项目工作组

为重点聚焦 5G 定制应用服务领域，北京联通通过组建跨部门虚拟项目组的形式，在公司内部针对重点行业布局形成 4 个项目组，全面推进各项任务。同步设立总体项目办公室统筹协调、全面推进整体任务，组织制定项目组管理与考核激励机制，强化项目组协同联动机制，确保工作目标的顺利实现。4 个项目组由牵头部门明确各自项目组的成员，制定 2019—2022 年分年目标，倒排计划时间点，细化工作任务，常态化开展工作，采取月例会、双周报等工作机制协调解决问题，推进各项工作开展，并定期向公司主管领导进行工作汇报。

2. 实施创新人才工程

为顺应公司 5G 定制应用服务领域的快速发展，北京联通实行了更加积极、更加开放、更加有效的人才政策，强调围绕创新型 5G 建设，加快提升 5G 创新能力，全力打造发展新动能，加大人才创新力度，实施创新领域人才机制区隔管理，围绕 "新机制、增数量、提能力、强使用" 四个工作目标，实施八个具体行动计划，同时配置专项激励资源推动机制建立和计划落地，实现创新领域人才资源和激励资源的硬供给。截至目前，公司创新领域人才达到 726 人，5G 创新业务支撑能力得到显著提升，有力促进了 5G 定制应用服务的发展。

3. 制定 5G 滚动规划

5G 规划作为公司整体规划的重要组成部分，对于公司的经济效益提升和快速发展具有十分重要

的意义。5G定制应用服务在近年来得到了快速发展，人们对5G应用的需求越来越大，中国联通每年需要大量资金来加强5G网络的建设以及5G定制应用服务的开发。因此，近年来北京联通在制定5G滚动规划时，重点探讨了5G网络现状、业务发展方向以及5G定制应用服务的规划目标。2019年5G类立项20.85亿元，占总投资额的50%左右；2020年随着与北京电信共建共享的工作不断深入，解决了部分5G投资需求，截至目前5G类立项11.23亿元，2020年年底立项将达到16.44亿元，占总投资额的40%左右。近几年来北京联通对于5G网络的资金投入，极大地支撑了5G定制应用服务的快速发展。

二、加快推进5G共建共享协同工作，实现5G快速部署

2G、3G、4G时代更多的是基于网络的竞争，但是对于5G而言，业务创新成为一项新的核心竞争要点。为了使公司资产效率、效益实现最大化，北京联通与北京电信积极开展5G网络共建共享合作，共建一张5G接入网络，共享5G频率资源，通过节约网络建设资金，实现在业务创新、生态打造上投入更多的资源。

（一）突破传统，形成5G共建共享合作机制

北京联通与北京电信在双方集团公司的统一领导下，提高政治站位，坚定不移地按照上级要求落实好5G网络共建共享工作，全力以赴将北京地区建设成全国5G共建共享工作的表率。通过开展深度的5G共建共享战略合作，共享发展资源，优化存量产能，提升服务水平，发挥协同效益，促进两家企业的共同健康发展。2019年在北京联通党委书记、总经理霍海峰，北京电信党委书记、总经理肖金学的共同主持下，依托前期搭建的共建共享沟通机制，北京联通与北京电信就5G共建共享展开深入探讨，双方梳理了各自的5G建设需求，分析了宏站和室分站点的建设方式和可能遇到的问题，确定了双方共建共享的合作机制。

（二）提升管理，建立双方合作5G工作小组

为确保5G共建共享合作的顺利推进，北京联通与北京电信设置了各级领导小组，由公司领导挂帅，各单位一把手负责，协同推进，重点对合作过程中的重大事项、合作原则进行指导和决策。同时北京联通与北京电信双方共同建立独立专职的5G共建共享工作组，负责协调北京市内双方的合作，组织统一规划，制定有关制度、规则、程序、流程，协调双方网络建设运营合作，定期评估实施效果并持续优化，落实上级工作组部署的相关工作等。组长由北京联通人员担任，副组长由北京电信人员担任，工作组分别由北京联通和北京电信的专职人员组成。

（三）明确分工，确定5G共建共享技术方案

1. 建设方案

北京为"一城两建"的15个城市之一，联通与电信以6:4的比例进行区域划分，共建一张接入网，坚持"谁建设，谁维护，谁负责"的投资运营原则以及"网间结算，多建多结"的计收政策。北京联通与北京电信采用接入网共享方式建设一张5G接入网络，一套设备系统通过共享载波方式同时连接两家的5G用户。

2. 维护方案

5G网络维护本着一张网的基本原则，北京联通和北京电信完全开放双方5G建设相关基础资源，充分共用双方包括机房、管道、光缆、动力配套、BBU码放机房等在内的所有基础资源。对于涉及双方利益的资源、网络质量、考核管控等方面，双方应遵循公开透明的基本原则。本着共同提升网络质量的原则，双方统一网络优化维护及考核的标准，梳理相关流程，便于开展工作。

三、积极探索 5G CT/IT 融合创新实践，提升 5G 运营支撑能力

（一）数据互通，构建 5G 大数据运营平台

北京联通从系统、技术、数据三方面深度融合 CT 与 IT，在平台稳定高效、数据安全可控、应用多元智能、支撑敏捷迭代方面进行全方位探索，构建了 5G 大数据运营平台，实现了真正意义上贯穿用户、网络、业务的全程全网分析，具备了 5G 精准营销、VOLTE 用户端到端感知分析、5G 栅格化质量评估、4G/5G 网络协同、5G 智能节电等多维度、多样化的智能应用能力。5G 大数据运营平台在 B 域与 O 域数据互通基础上进一步演进，将 O 域用户面与控制面数据进行关联计算，实现从无线网到核心网的数据关联对穿。

（二）智能转型，创建 5G 生产 AI 支撑平台

在 5G 时代，北京联通紧紧抓住 AI 发展规划带来的历史性机遇，创建 5G 生产 AI 支撑平台，提供管理视图、价值选站、精准规划、数字化评审和数字化建站五大功能模块，实现 5G 规划与建设生产流程的数字化转型，助力 5G 价值建网和敏捷运营，打造一个端到端全生命周期的 5G 生产运营支撑平台，实现小前台、大中台，赋能市场和业务创新，规模化推进 AI 智能化场景应用的落地。5G 生产 AI 支撑平台实现了网元设备、基础数据、性能指标以及"规建维优"工作过程的可视、可管、可控，从而达到精准建站及智能维护的目的。通过软件工具自动处理网优工作中大量重复性、基于规则的流程任务。通过大数据和机器学习算法在网优问题预测、问题定位、方案制定等环节实现软件智能决策替代人工判断分析。

四、开展 5G 数字化业务，商业使能解锁 5G ToC 市场

ToC 的需求端为 C，即个人。对于 ToC 用户产品，满足用户需求是第一位的，应基于用户量的增长，逐步提升付费用户的比例和流量变现能力。

（一）5G ToC 权益运营

在 5G 商用伊始，仅围绕消费者提供通信类业务不足以支撑运营商的持续增长。要在业务能力趋同、用户消费需求升级的竞争环境中占领一席之地，权益运营是运营商拉新增、保存量的好选择。北京联通围绕用户使用 5G 网络的各个环节，从 5G 终端、5G 流量、5G 内容、5G 应用等方面全流程打造 5G ToC 权益产品，满足不同消费层次的不同使用需求。

品牌化运营：设计品牌形象宣传定位，提出"让未来生长"的口号，为客户提供更多种类的权益、更多福利，让用户在通信和日常生活中获得更优质的享受。

自有化运营：打造以自有权益为核心的权益产品。通过对互联网访问行为、业务使用量、用户终端使用偏好等数据进行分析，针对终端换机频繁、喜欢尝新的客户，率先邀请其以旧换新，给用户抢先体验 5G 的权益，满足用户优先体验的优越感。并且以自身 5G 核心业务和用户高频应用场景为主，例如，提供有关语音、流量、短信等基础业务的权益，多用多享，让用户在日常使用移动业务之外，享受到实打实的福利。

用户差异运营：根据用户星级，进行用户画像，划分用户群，聚类用户消费行为，差异化提供产品及权益，一方面保障高端品牌用户的体验，另一方面激励低端品牌用户向高端品牌用户转化。

（二）5G ToC 产品运营

在 5G 早期仍将延续 4G 时代的标准模式，流量基于使用量定价。不过在 5G 时代，流量将进一步细分，比如可以划分为实时流量和非实时流量，或者可靠流量和非可靠流量。流量的价值有可能根据数据传输的质量、速度和可靠性，进行评估与定价。

依据此特性，北京联通为客户定制了全新的 5G 套餐，套餐共 7 档，月费从 129 元至 599 元不等。129 元的 5G 套餐中包含 30GB 的国内流量、500 分钟的国内通话，国内通话接听免费。同时作为联通会

员，还将享受5G视频会员包、随心选、优惠购及任性领四项权益内容。除129元套餐外，还有159元、199元、239元、299元、399元以及599元档位的5G套餐，套餐包含的语音拨打分钟数和上网流量依次递增。最高的599元5G套餐可享受3000分钟国内语音以及300GB的国内流量。5G套餐相比同档位4G套餐加量不加价，流量单价下降至少33%。

面对家庭用户，北京联通推出"双千兆"融合套餐——智慧沃家全家福5G版套餐，用户只需订购一款套餐，即可解决全家室内室外通信需求。智慧沃家全家福5G版套餐共分为5档，优惠后套餐月费从166元至509元不等，优惠后套餐月费299元以上便可享受"千兆5G + 千兆宽带"网络服务，299元的合约套餐包含1条1000M的固定宽带、60GB的国内流量以及3000分钟的国内语音。除此之外，每档位套餐均赠送300分钟固话语音以及IPTV业务。相比同档位4G宽带融合套餐，此次新推出的5G宽带融合套餐同样加量不加价，流量单价下降至少50%。

五、深化融合5G开放合作，在ToB市场面向垂直行业全面布局

ToB的需求端为B，即企业。该特性决定了ToB业务必须满足企业的需求，必须为客户提供具有较好效果的产品，实现企业既定的收益目标。ToB业务发展具有很强的经济性，企业成本与收入将是该业务开展的重要影响因素。

（一）抢占先机，提升体验，制订5G赋能ToB行业"三步走"计划

北京联通通过5G广泛地赋能各个垂直行业，切入ToB行业，制订了"三步走"计划。

第一步，继续发挥自己老本行的作用，给ToB行业提供最基础的连接支撑。

第二步，给行业赋能，解决一些行业的痛点问题。为行业解决痛点问题，与行业用户、企业用户进行初步融合，打破产业壁垒、专业壁垒，一起提升整个生态的价值，实现各方共赢。例如，通过对无人机行业的调研发现，其行业的最大痛点就是连接的成本高，要把该成本降下来，显然5G技术是一个非常好的选择。

第三步，建立生态合作联盟。北京联通在生态构建方面正在与产业合作伙伴开展合作，赋能各行各业的转型升级，其目标就是要共同打造5G的商业模式，一起创建创新联盟，一起共享优质资源，一起共赢广阔的市场。

（二）协同创新，做大规模，打造5G ToB创新行业应用孵化器

北京联通5G行业端到端切片、MEC是中国联通5G专网能力的重要组成部分，可以通过提供逻辑隔离、按需组合、紧贴业务的网络能力，形成从无线侧到传输承载侧、再到5G核心侧的端到端定制化网络。同时将5G网络的差异化服务能力与行业客户的个性化网络需求完美结合，为客户提供高价值服务。北京联通依据企业客户特点，协同产业链上下游，依托5G切片及MEC技术特点，通过"合作引入、对接孵化、交付评价"三个步骤，与合作伙伴一起从合作对接、实验室测试验证、产品入库、产品标准化、产品推广落地等全流程进行端到端探索研究，实现"一点创新，全公司复制"，针对不同行业的企业用户提供定制应用服务，实现从产品孵化到推广落地的闭环管理。

（三）做优应用，深入研究，推出用户定制的5G ToB类产品

北京联通针对5G ToB创新行业应用孵化器孵化出的应用产品，深入研究总结，推出了基于客户定制的5G ToB类标准化产品，探索应用与网络融合，赋能垂直行业。目前在教育、医疗、传媒、制造、能源、政务等行业积极进行包括网络切片在内的5G应用与网络融合的探索实践，并且已经取得了一定的成绩。

在交通领域，2018年11月北京联通和百度合作开展基于5G的无人车测试工作，在首钢园区联通5G网络环境下，百度无人车实现了在园区内的无人驾驶应用。同时，北京联通与北汽在顺义水上公园成功完成了无人驾驶三车编队行驶的测试，面向未来应用不断进行尝试。

在制造领域，北京联通与三一重工在北京深度合作，2020年8月北京联通基于5G的SA独立组网已在三一北京产业园正式开通，通过"云网边端业"的模式打造了泛在接入、智能化的5G数字智慧工厂。通过5G专网，为三一重工的设备数据采集、工厂高清视频数据回传、安防机器人无人巡检、AI工业相机质检、工厂物流AGV运输、工业机械臂控制、工厂高精度定位等工业场景提供了生产数据更安全、网络时延更低、边缘算力更强的网络。通过在工程机械及相关工业生产过程引入5G+X元素，实现了绿色、环保、节能、降耗，有效防止出现人员和生产作业安全问题，提升生产环境，推动装备制造企业的5G改造转型和产业升级。

在医疗领域，随着医疗信息化水平及医疗工作效率提升，在提供安全的本地专网、远程和移动医疗服务的同时，5G为我们打破了时空的界限，实现了移动阅片、手术示教、远程B超、院前急救等多种场景应用。2019年5月26日，在延庆世园会，基于北京联通5G应用的远程医疗服务，成功抢救了一位突发急性心肌梗死的游客的生命。

在电力领域，为满足差动保护、视频监控、无人机巡检等多种业务场景的需求，北京联通与国家电网一起，探索5G网络电力切片的应用部署，实现配电网的智能控制，打造安全可靠的智能电力系统。

六、深化拓展5G应用方向，培育壮大5G ToG应用场景

ToG的需求端为G，即政府。ToG一般是政府行政工作的线上化，系统的重点在于高质量完成行政工作的全流程。ToG产品所做的多数决策都是在面向政策，ToG是国家高度重视且关乎民生的重要业务领域。

（一）技术和需求驱动的定制服务

相比前几代移动通信网络，5G网络实现了质的提升，峰值速率可达10Gbps~20Gbps，用户体验速率可达100Mbps~1Gbps，连接数密度每平方公里可达100万，每公里数据流量密度达10TB，支持500km/h运动情况下的通信，这种高速率、低时延、大连接的核心特征，带动很多原来不能落地的政府建设应用场景成为现实。北京联通作为北京地区的主导运营商，积极响应北京市政府号召，结合行业上下游产业链，在需求和技术双重驱动力的作用下，围绕北京市政府重点区域的需求，开展5G智慧医疗、智慧城市、智慧教育、超高清视频等典型场景的示范定制应用服务。

（二）数字政府建设中的应用探索

（1）增强移动宽带是5G应用里最基础也是能最早实现的应用场景，很多技术规范均已成熟，主要应用在提升人们生活质量的关键领域，例如，对带宽要求极高的8K超高清视频、3D视频，以及虚拟现实、增强现实等移动漫游沉浸式体验业务是其代表场景。

北京联通应用5G网络协助打造稳定校园专网，泛终端接入，提升远程教学体验，提供全息投影教学、VR/MR教学、AR安保等多种场景应用，目前已经在北京邮电大学等学校进行了试用。2019年9月16日晚，在北京邮电大学西土城校区和沙河校区，通过"5G+全息投影"技术首次实现了跨校区远程互动教学。通过"5G+全息远程互动"智慧教室，实现了优质课堂资源的远程共享。

北京联通与央视等合作伙伴共同探索沉浸式的新媒体服务，重点聚焦VR/4K/8K直播、AR博物馆、VR游戏等多种业务场景。在庆祝中华人民共和国成立70周年群众联欢游行活动中，北京联通配合央视运用5G+4K移动背包，为观众展现了从自行车和移动花车拍摄的视角，使大家真切感受到了5G为传媒行业带来的变革。

2020年5月全国两会召开期间，进行了国内首次5G+8K实时传输和快速剪辑制作，通过利用5G网络开展直播连线，多角度、全方位报道两会新闻，摄制的8K实时视频也同步在国内各大城市40多万个超清大屏上展示。新华社也在报道中首次推出5G全息异地同屏系列访谈，使用5G网络传输和全息成像技术让身在异地的代表与记者跨越时空进行交流。

（2）海量机器通信因5G的大连接能力而产生，属于5G发展中期应用，能够催生各行业物联网应用，实现多年来提到的万物互联。智慧警务、智慧市政、智能三表、智能物流和智能家居等智慧城市和智能楼宇场景是其典型代表。北京联通与政府相关部门积极探索，通过5G网络协助海淀区政府实现了对部分市政公共设施的综合监控和管理；与交管局联合部署了基于5G专网的道路高清视频监控系统，为城市的道路交通安全保驾护航。

（3）高可靠低时延通信是5G最广泛的中后期应用场景，将催生系列新业务。5G的高质量高可靠传输特性，使其能够成功实现即时数据通信、可靠数据传输、高效数据处理，典型业务场景为智能电网、远程手术等。在中华人民共和国成立70周年阅兵式中，北京联通与北京司南北斗协作利用5G低时延这一特性，对所有受阅部队、受阅装备通过北斗系统进行精度定位，展现受阅部队及装备的行进状态，辅助受阅部队的队形训练；在联欢活动中，北京联通与京东方、北京理工大学利用5G与4G高质量高密度多层组网设计，完成了主题表演区3290块光影屏海量数据更新，组成创意非凡的各式造型画面，向世界呈现了一场视觉奇观。

七、聚焦5G赋能经济新业态，助力疫情防控，服务社会生活

新冠肺炎疫情期间，包括移动电商、无人零售、互联网医院、远程教育、网络办公等在内的经济新业态，在5G技术的赋能下得到进一步推动和升级发展。目前，以跨国界、跨地域的远程专家会诊等为代表的移动技术赋能的众多应用正在得到推广，并且通过移动电子商务解决方案，使人们最大限度地降低疫情传播风险。北京联通相关5G产品应用全面助力企业复工复产，取得了良好的社会口碑。

（一）5G+智慧医疗

北京联通的5G网络将大带宽、低时延的网络能力和大容量、高弹性的云存储作为有力武器，全面助力奋战抗疫一线的医疗机构。在2020年2月27日举行的北京、上海、广州、武汉四地多位院士及专家共同参与的5G远程CT协查诊疗中，借助北京联通5G网络及医疗行业云平台技术优势，对位于武汉雷神山医院的新冠肺炎重症患者进行会诊。为保障本次会诊的顺利进行，北京联通紧急调配力量，对位于清华长庚医院的指挥中心快速进行5G网络建设、测试和优化，同时完成医疗云平台的部署，并配合上海、广州、武汉三地的信号接入。与普通的远程会诊相比，"5G远程CT"还可以直接接入医院的PACS系统，把CT、核磁、超声、各种X光机等医学影像设备产生的原始数据，通过5G网络传输出去，让远程在线的医生能看清病人的CT影像。

（二）5G+热成像体温

曲美家具、顺鑫农业等多家企业向北京联通定制了5G+热成像体温筛查服务信息化平台，该平台基于热成像、人脸识别等技术，运用5G网络，在易发生大面积交叉感染的人群密集区域进行体温筛查，快速提高人群体温检测和通行效率，帮助政府和企业筑起疫情防控第一道防线。目前北京联通已获取全市企业应急通信及复工保障需求150余项，签约热成像人体测温设备100余台。

（三）5G+智慧工地

为全力保障工地安全，实现有序复工，保证施工人员的生命安全和身体健康，北京联通为京东工地二期工程量身打造了"5G+智慧工地"项目。该工地总建筑面积20.5万平方米，开工后，运用5G可移动建筑职业健康分析系统，现场检测入场人员的体温、血压、心电等十多项生理参数，即时出具体检报告，判别人员健康情况是否符合作业要求，并实现多维度记录可追踪。同时，北京联通提供的5G+AI远程协作系统，还可实现远程巡检口罩佩戴情况，远程连线专家，实时进行语音、文字、视频交互，同步指导解决施工技术难题。

（四）5G+美团点评无人配送

北京联通与美团点评合作的"无人配送防疫助力计划"率先在北京顺义区落地，将无人5G配送技术应用在相关业务的配送环节及疫区智能化建设过程中，通过无人车和室内机器人配送服务降低人员接触带来的潜在感染风险。美团无人配送车在室内、园区的真实订单落地后，首次在公开道路进行实际订单配送。配送范围内的居民在美团买菜下单后，美团智能配送调度系统会把订单指派给无人配送车，无人车在美团买菜站点取货，自动行驶到目的地社区的无接触配送点，与取货人交接打开餐箱取出物品，全流程隔绝人与人的接触。无人驾驶每秒需消耗0.75GB的数据流量，需要超高速率、超低时延的传输才能满足，而5G技术恰好可以达到这个要求。

（成果创造人：霍海峰、王传宝、邢志超、杜宇玲、迟　野、齐海乐）

邮政企业践行乡村振兴战略的平台型综合服务体系建设

中国邮政集团有限公司河南省分公司

邮政企业践行乡村振兴战略的平台型综合服务体系建设以服务乡村振兴战略总体要求为导向，坚持"以农为本、为农服务、靠农兴邮"的发展理念，坚持"统筹规划、示范引领、开放共享"的基本原则，以"线上平台+线下渠道"为主要载体，线下念好"建设、管理、服务、复用"八字真经，打造遍布城乡的综合服务平台，线上强化科技赋能，全力打造一体化、数字化、可视化的线上管理体系。在此基础上，充分整合邮政多业态、多场景的资源优势，以积分兑换为主要抓手，叠加多项邮政业务和政府公共服务，并积极融入乡村治理体系，开发"红分"管理系统，构建起以邮政为主导、以开放式综合服务平台为基础的商家、客户、便民站、邮政和政府等多方共享共赢的新型服务体系，取得了源头获客、协同发展，企业经济效益、社会效益双提升的良好效果，实现了"小积分"撬动乡村振兴"大战略"。邮政平台型综合服务体系架构如图1所示。

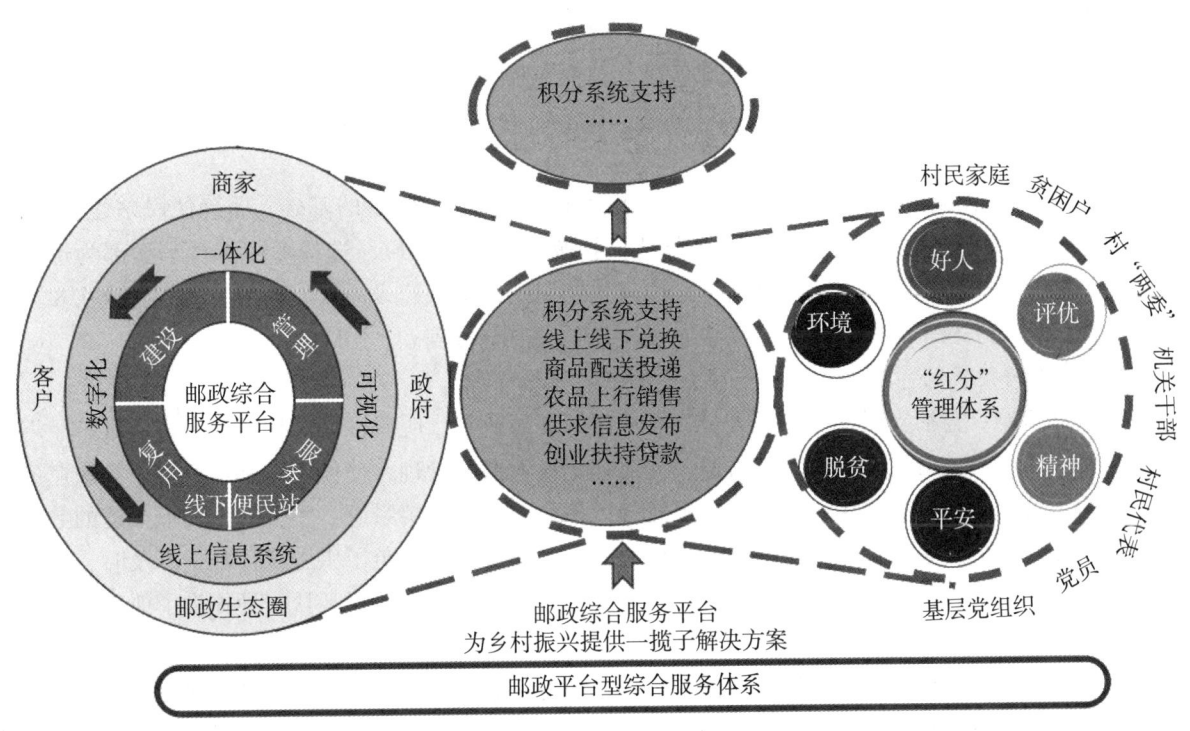

图1　邮政平台型综合服务体系架构

一、邮政企业践行乡村振兴战略的平台型综合服务体系建设整体思路

（一）确立"一个指导思想"

以习近平新时代中国特色社会主义思想为根本遵循，贯彻落实习近平总书记系列重要指示精神及集团公司战略部署，强化平台思维，强化业务协同，整合内外部资源，丰富服务内涵，建立邮政特色的平台型综合服务体系。

（二）明确"一个总体目标"

通过在农村建平台、搭渠道，整合邮政多业态、多场景的资源优势，不断丰富业务功能，创新经营方式，全力打造"一体化、生态化、数智化"的邮政综合服务平台，尽快建成一个网络健全、功能强大、运营高效、政府满意、农民信赖的农村邮政综合服务平台，全面提升邮政综合服务能力和水平。

（三）坚持"三项基本原则"

一是坚持强化组织。省分公司层面设立综合服务平台建设办公室，统筹布局全省建设推进工作，指导各市分公司平台建设运营并协调相关部门开展平台协同、公共服务开发等工作；各地市设立综合服务平台建设办公室，按照上级安排推进平台建设工作。

二是坚持示范引领。以新乡市分公司为示范，总结新乡邮政"建设、管理、服务、复用"八字真经并面向全省推广，通过选择条件较为成熟的基层单位作为试点，实现重点突破、示范引领、快速推进、全面实施。

三是坚持开放共享。通过叠加各类服务帮助平台聚拢人气，让加盟者获得收益，也让老百姓享受优质便捷的邮政服务；以"积分"和"红分"为纽带，通过信息系统、政策激励、协同模式等为乡村治理赋能，构建村民、政府、邮政、社会各界共赢共享的综合服务体系。

二、构建线下综合服务体系，夯实服务转型基础

河南邮政坚持平台思维，通过建设、管理、服务、复用好便民服务站，丰富业务功能，创新经营方式，进一步延伸邮政业务客群的触角，使便民服务站成为邮政在农村地区综合发展的根据地、桥头堡和先锋营。

（一）建设好便民站

坚持量质并重原则，把强化线下便民站建设作为推进邮政服务转型的基础，明确便民站建设标准，不断优化提升便民站质量。农村以行政村为单位，县城以小区为单位，选择商超、村小卖部为选建站点，遵循形象统一、位置优越、人气旺盛、运作有效的原则，确保建设质量。目前，全省建成4.8万个便民服务站，完成了村一级邮政站点布局，基本实现了城乡全覆盖。

（二）管理好便民站

创新体制机制，盘活支局现有岗位人员，组成区域经理队伍，明确区域经理日常巡店、维护、培训等管理职责，做到站站有人管、店店有人巡。同时强化线上系统管理，使便民站基本情况、叠加业务及其他情况均可通过系统查找显示。开发了数据管控、平台获客和营销系统，整合线上线下渠道的数据资源，提升了便民站的经营管理水平；研发了便民站综合管理系统，避免了手工统计数据不及时、不准确的问题，实现了对便民站的全流程可视化管理，为便民站科学经营和支局帮扶指导提供了抓手。

（三）服务好便民站

河南邮政遵循利他原则，帮助便民站创造价值、获得收益。制定了服务费政策，使便民站代理每项业务都能得到相应的收益；建立了常态化培训机制，市、县、支局各司其职、分级联动为便民站提供相应的业务培训、交流学习机会，并帮助建立初期的便民站做好开业工作，帮助便民站聚集人气、增加流量，提升业务办理量和站点收益水平，确保便民站经营有收益、业务学得会、政策悟得透。

（四）复用好便民站

河南邮政充分整合代理金融、电商、集邮、寄递、保险等资源，叠加多种公共服务，开发适宜的邮政服务和产品，加载到平台代理经营，推动各业务板块间的协同发展，实现渠道复用、业务协同、客户共享、品牌共创，最大限度地发挥整体竞争优势。目前已叠加积分兑换、助农取款、收发包裹、代收代缴费、电商代购、农资配送、简易险、农品上行等12项邮政业务。

三、打造线上信息管理体系，充分支撑服务转型

河南邮政立足于将产品服务的核心场景转移到线上，围绕服务转型中存在的痛点难点，持续加大科技赋能力度，着力提升平台服务的信息化、数字化水平，推动邮政服务的线上化转型进程。

（一）依托"邮乐网"和"邮掌柜"系统，构建立体化营销体系

河南邮政以中国邮政集团有限公司开发的"邮乐网"和"邮掌柜"系统为依托，形成了线上线下立体化销售模式。"邮乐网"定位为B2C品牌商品销售平台及B2B品牌商品批发平台，结合了电子商务和传统的零售网络，服务项目包括普通商品销售、手机充值、生活缴费和积分兑换等，为客户提供全方位的订购服务。"邮掌柜"客户端以邮乐网平台为基础，集商品批发、线下代购、进销存管理、会员管理、便民服务5大功能于一体，协助便民服务站掌柜销售。线上依托"邮乐网"和"邮掌柜"系统，线下借助邮政便民服务站实体渠道及物流配送渠道，形成了线上、线下的立体化销售模式，最大化满足了消费者的不同购物需求，提供了更加优质的邮政服务。

（二）开发"智慧营销"系统，推动服务方式线下转线上

为强化便民服务站客户维护管理，提升客户忠诚度和满意度，推进客户营销方式转型升级，河南邮政站位"客户"视角，在集团公司客户管理系统的基础上，二次开发了集存量客户维护、新客户开发、管户流程管控于一体的"智慧营销"系统，推进邮政服务方式从线下转到线上，实现邮政客户的精准维护。

一是依托智慧营销系统分类管理，实现"一对一"精准管户。根据金融资产情况对存量客户进行分类，按照资产高低分到支局长、营业员、理财经理名下，管户人员利用微信开展"一对一"的客户沟通维护。

二是利用数据分析为客户画像，实现精准维护。依托智慧营销系统出台客户星级评定办法，根据客户办理金融业务的情况进行评分。管户人员通过手机App可掌握客户资产构成、星级情况及储蓄、保险、理财等业务办理情况，并根据数据情况制定维护措施和方案。

三是利用管户系统制定精准服务方案，推动服务方式转型。持续完善系统功能，目前系统除基本功能外可通过客户性别、年龄、资产及业务办理情况等进行数据筛选，批量捕捉潜在客户信息，分析客户需求，为金融转型发展提供强大的数据支撑。

（三）加强信息化系统支撑，打造数字化全景展示平台

一是开发渠道管理系统，实现对线下渠道的可视化管理。便民站为客户提供的服务内容和笔数可在系统页面上实时显示，邮政支局人员通过后台可以实时掌握便民站各项服务的办理情况，实现对线下渠道的可视化管控。

二是开发邮件质量监控系统，提升邮政寄递服务能力。开发邮车视频监控系统，制定清晰的邮车运行时刻表，完善落实考核制度，保证包裹运输时限；开发包裹投递质量管理系统，对投递员末端投递地址进行位置比对，确保包裹妥投到户，将快递包裹当日妥投率提升到99%以上。

三是开发各类邮政业务系统，推动邮政业务线下转线上。开发"个性化邮票智能拍照系统"，依托便民站运作"做自己的邮票"项目，促进个性化邮票迅速上量，推动集邮业务实现服务转型；上线简易险扫码出单系统和便民站包裹揽收系统，客户扫码可查看办理业务，推动了简易险、寄递业务快速发展；为更好地服务校园类客户，开发了"教辅线上征订系统"，通过该系统，学生家长在微信公众号上打开"掌上邮政"菜单，选择"点我订报刊"栏目即可在线订阅教辅报刊，且教辅能通过邮政积分进行兑换，让更多的学生家长客户了解邮政积分政策，实现报刊业务与电商、金融业务协同发展。

四、以积分兑换构建业务发展闭环，为客户提供综合服务

客户积分管理体系是打造综合服务平台的关键纽带，也是河南邮政借助自身资源优势服务乡村治理

的重要内容。河南邮政充分发挥协同战略优势，以积分管理打造邮政各项业务协同发展闭环，在此基础上推出"红分"管理系统，为助力乡村治理提供了有力支撑，推动实现"小积分"撬动乡村振兴"大战略"。

（一）以积分管理打造邮政多业务协同发展闭环

为解决线下积分卡手工兑换商品单一、库存积压、临期过期等问题，河南邮政以新乡为试点，将积分兑换从线下搬到线上，依托邮乐网线上积分兑换商城，形成了线上线下均可兑换的便利模式。在满足会员多元化积分兑换需求的同时，实现了对积分兑换的全流程管控，进一步规范了金融营销费用使用，降低了成本支出，提升了企业发展质效。

客户通过河南邮政积分兑换商城或各地市邮政微信公众号，可线上随时兑换积分。会员通过便民站可享受线下积分兑换服务，特别是不会上网的农村老人，可通过便民站老板进行兑换，兑换商品通过电商包裹邮寄到便民站。以便民站为舞台，客户在兑换、取件时都要与便民站老板进行互动，每天开展"情景剧"式真人现场宣传，有利于扩大邮政积分的影响力，吸引更多村民成为邮政会员。从客户维度来看，邮政通过积分来回馈客户，客户存款得积分，积分除兑换商品外，还能兑换其他超值便民服务，无形中提升了邮政储蓄的竞争力，增强了客户黏性。从业务维度来看，积分打通了邮政不同业务之间的壁垒，形成了业务协同联动发展的局面。邮政积分兑换的商品，需要用邮政快递进行寄递，拉动了邮政寄递业务的发展；客户用积分兑换教辅、农资等产品，促进了不同客户之间的自然转换及邮政业务间的良性互动。从便民站维度来看，便民站是兑换积分的线下渠道，通过为村民提供积分兑换服务可赚取服务费，在收益驱动下，便民站将全力以赴发展更多新客户。邮政将不会上网的会员引流到便民站兑换，既满足了客户兑换需求，又为便民站创造了收益，让便民站老板每月都有固定收益进账，相当于开展一项副业，实现不出村"二次创业"，提升了便民站黏性和发展新会员的积极性。三个维度共同发力，环环相扣，以积分兑换为纽带，构成了"存款—积分—兑换—存款"的业务发展闭环，充分发挥了中国邮政"协同"这一最大的战略优势，提升了邮政业务的整体竞争力。

（二）丰富积分兑换项目，叠加多项邮政业务

在线下建好便民站的基础上，河南邮政坚持线上线下相融合的发展手段，以网上积分兑换商城为抓手和纽带，不断完善客户积分兑换体系和业务联动发展模式，打造"存款—积分—兑换—存款"的业务发展闭环，搭建线上线下综合服务场景，对外提升了客户体验度，增强了客户黏性，对内规范了企业成本支出，实现了降本增效。

一是完善积分标准，促进金融业务发展。针对积分管理，河南邮政制定了积分标准。

定期存款：按照会员办理定期存款金额，以一年期为标准，按每年16分/万元积分。

活期存款：按照会员名下活期存款日累计月平均金额，按每月2分/万元积分。

趸缴保险：按照会员办理趸缴产品金额，按一次性5分/万元积分。

期缴保险：按照会员办理期缴首缴保费金额，按一次性30分/万元积分，续缴保费不再积分。

客户可通过积分进行商品兑换。目前积分兑换有两种形式：一是会员可通过电脑、手机到邮乐网积分商城兑换商品；二是不具备上网条件的会员可在便民站兑换，由便民站老板代为操作。邮政为便民站兑现0.2元/分的收益。会员积分不够兑换商品分值部分，可以用现金弥补差价。积分兑换流程为：第一步，会员办理。目前有三种方式加入邮政会员。一是用户持个人有效身份证到邮政营业网点申请办理；二是用户关注"河南邮政微邮局"服务号，点击"会员注册"申请加入；三是用户到便民站扫码加入会员。第二步，积分生成。会员办理存款后，定期存款3天内积分自动计入会员卡；活期存款每月15日前以日累计月平均原则将上月活期积分自动计入会员卡。第三步，兑换销分。会员兑换积分商品后，对应积分从会员卡中实时自动扣除。

二是丰富积分兑换项目，促进渠道业务发展。为保证兑换商品质量，河南邮政整合内部人员，组建专职商品采选小组进行商品采选。采选人员选取商品并进行线下三方比价后，提交电商商品评估小组商议，有异议的不再合作，无异议的进入线上比价核价环节，随后进行资质审核、合同签订、拍照、设计、编码，最后上架到邮乐河南馆。对于采选的产品，一是叠加了邮政渠道批销业务。河南邮政在全省推广邮掌柜批销线上支付，当日付款次日配货，不仅提高了配货效率，也解决了商品配送线下付款产生欠费等管理问题，大幅提升了批销额。2018年实现批销额10.45亿元，2019年累计实现批销额16.1亿元，规模居全国邮政第2位，且实现了零欠费发展。二是叠加了农产品上行业务。河南邮政成立专职采购团队，对本地厂家、省市级总代及农业合作社等进行商品洽谈引进，尤其注重引进推广本地农产品，特别是绿色食品和农业部认证的地理标志保护农产品，积极打造"一县多品""一乡一品"，甚至"一村一品"，帮助农民拓宽销售渠道，稳定收购价格，有效解决农产品销售难题，为助力农民增收和脱贫攻坚开辟了新途径。近年来，先后开展了灵宝苹果、原阳大米等数十个电商扶贫项目，截至2019年年底，累计实现农产品订单453万单，金额1.72亿元。

三是依托服务站点，促进寄递业务发展。一方面，在商品发货和售后环节，邮乐河南馆在全省各地及部分商家设有电商分仓，会员下单兑换商品的包裹信息将推送到邮包裹系统，分仓根据系统订单安排发货。商品以包裹的形式直接投递给会员客户或邮寄到便民站，由便民站通知客户领取，并负责处理商品售后和订单相关问题。

（三）为老百姓提供综合便民服务

通过打造综合服务平台，积极接入政务、公共等综合服务体系，为老百姓提供"购物不出村、金融不出村、销售不出村、生活不出村、创业不出村"的"五不出村"综合服务，方便百姓日常生活。便民服务站可通过邮乐网平台，为农村客户提供平台代购商品、生活缴费等日常服务，同时便民站还提供多项公共服务，满足了农民多样化的服务需求。

（四）通过"红分"管理系统推动乡村治理体系建设

在推进综合服务平台建设的过程中，河南邮政依托完善的积分管理体系和信息技术能力，持续扩大积分管理作用范畴，将积分制管理引入乡村治理体系，以邮政积分兑换为基础，成功研发出"红分"管理系统，为助力乡村治理提供了有力抓手。"红分"管理系统是邮政积极协助地方党委政府破解乡村治理难题的一次大胆尝试，它将党建工作与平安建设、文明创建、改革创新、脱贫攻坚等高度融合，对机关干部、农村基层党组织、党员、村民代表、村民家庭、贫困户等群体进行积分管理、量化考核，根据积分给予物质和精神奖励，以此规范引导广大党员和群众的日常言行，推动农村党建和乡村治理工作的有序开展，形成"党建领航，乡村振兴"的良好发展氛围。

一是充分发挥党员的先锋模范作用。中共中央办公厅、国务院办公厅印发的《关于加强和改进乡村治理的指导意见》（以下简称《意见》）要求发挥党员在乡村治理中的先锋模范作用。"红分"管理系统在积分标准制定上，重点倾向弱势群体。同一事项贫困户积分高于其他群体，村民积分高于党员积分，突出党员干部的模范带头作用。

二是提升村级政务信息化程度。《意见》指出要规范村级组织工作事务，推广村级基础台账电子化。"红分"管理系统推进了乡镇和村级政务信息化进程，村干部告别了原来积分手写登记的情况，通过系统进行信息化管理运算，提升了积分管理效率，让推广复制变得更加方便快捷，有效调动了村两支党员干部、村民代表及广大村民参与社会治理、创建文明乡镇、夯实基层党建工作的积极性。

三是结合乡镇工作实践，科学制定"红分"积分规则。所有的积分事项围绕"乡村振兴"的方方面面，让所有群体因"红分"产生自豪感、成就感，让所有正能量在各层面得到认同。目前"红分"管理系统内共制定积分标准21大类300余项，形成了全方位、多层次的积分量化管理规则。

以上所有群体获得的"红分"可到邮政电商平台兑换上千种商品,以此实现了"红分"管理系统向邮政业务管理系统的有效引流,以"红分"为纽带,让全民参与的"小积分"撬动乡村振兴"大战略",也为邮政实现源头获客、推动各项业务协同发展提供了抓手。

五、以管理手段建设人才队伍,通过创新模式激发团队活力

河南邮政不断创新体制机制,提升各层面参与度,形成对综合服务平台齐抓共管的局面。

(一)创新打造邮政系统平台管理团队

一是全省邮政各级领导高度重视,在省、市、县三级设立综合服务平台办公室。全省各邮政企业单位成立了一把手为组长、相关部门负责人为成员的综合服务平台建设领导小组和专职团队,专门负责综合服务平台项目开展。省、市、县三级机关建立了综合服务平台办公室,将综合服务平台办公室作为职能部门管理,明确其专职负责渠道平台建设运营的职能定位,厘清与渠道平台部的职责分工界限,抽调精兵强将,充实团队力量。各市分公司因地制宜研究制定本市综合服务平台建设规划及实施方案,稳步推进综合服务平台建设工作,确保取得实效。

二是建设区域经理队伍,加强渠道维护。河南邮政根据业务发展需求,研究出台了区域经理制管理办法,各支局盘活现有岗位人员,明确区域经理职责,同时将支局长、区域经理的业绩与便民服务站运营水平挂钩,充分发挥支局一线参与便民服务站建设、运营、管理工作的积极性。

三是创新管理绩效考核模式,凝聚发展合力。县分公司层面,对县分公司领导班子推行"分局制",将支局整合为分局,县公司副总经理分别负责一个分局,实行分组对抗,充分激发发展活力;市公司层面,推行市公司领导包联制度,出台领导包县制度,将经营指挥所向一线移动。同时,将渠道指标纳入对各部门的绩效考核,并在市、县分公司推行"全员绩效考核",凝聚起强大的发展合力。

四是构建"内应外合"模式,调动支局人员参与平台打造。"外合"是由便民站联合支局开展"扫码抽奖"活动,宣传邮政惠民政策,引导客户到邮政办理存款;客户办理存款产生积分,在便民站达标提升和服务费政策驱动下,便民站收益增加,主动引导更多客户到邮政支局,形成便民站渠道获客的良性闭环。"内应"是指由管户人员(支局长、理财经理、营业员)利用智慧营销系统的管户工具,依据客户的资产、年龄及业务开办情况进行画像分析,与客户建立微信好友关系进行精准维护,促使存量客户资产提升和业务办理种类增加。支局长、理财经理、营业员和便民站相辅相成、环环相扣。支局长和理财经理对便民站进行维护,拓展更多新客户,既提升了便民站的达标率和收益,又增加了管户人员的管户数量,管户人员的收益也相应提升。通过"内应外合"共同发力,圈住更多客户,实现了对金融市场的精耕细作。

(二)加强站点服务管理,提升平台效益

河南邮政遵循利他原则,坚持为便民站带来效益、创造价值,让便民站发展更好、收益更高,更好地为邮政所用。

一是加强专业培训,增强站点黏性。建立常态化的培训机制,采用"市分公司桌面会、支局现场会"的形式,每月组织便民服务站到支局参加培训和沟通会议,会议由市分公司统一通过视频形式举办,内容包括重点业务培训、政策宣贯、邀请优秀站点分享经验,各支局再利用现场会进行"经验再分享、方法再讨论",提高便民站发展的积极性。同时,通过建立企业号交流平台,利用新媒体对便民站进行政策宣贯和业务培训,提供各项业务介绍和操作指南,选取优秀便民站进行采访和宣传,供其他便民站学习借鉴。

二是策划专题活动,帮助便民服务站聚集人气。策划开展新建便民站开业及老便民站会员日等各类活动,提升站点流量,开展邮政业务综合推介,提升站点收益水平。比如,在便民站开展"扫码抽奖"活动,帮助便民站聚集人气。村民在便民站门口扫二维码,系统后台自动识别,引导新客户到邮政支局

领取奖品，有效实现了便民站到邮政网点的"源头获客"。

三是开展星级站点评定，激励加盟站点发展的积极性。根据每个便民站的十项邮政业务叠加指标进行综合评价，实施星级管理，对便民站进行画像，清晰掌握每个便民站的总体业务发展情况，有针对性地进行业务指导，提升合作黏度。便民站星级评定针对积分兑换、简易险、我要上邮票、批销、电商代购、有效新客户数、扫码获客户数、包裹揽收、电视宣传播放、助农取款 10 项业务，每完成一项得 1 分，得分在 10 分评为五星便民站，每少两项降一星。将市、县渠道团队和内务人员纳入管站范畴，通过内务和便民站添加微信好友，"一对一"进行业务培训指导，提升便民站的业务发展能力，从而减轻网点人员的工作量，增强便民站的管理力量，形成市、县渠道平台的管理合力。

（成果创造人：杜　福、焦军法、姜文渊、张军政、程　峰、孙东风、董瑞恒、谢卫星、王　华、闫志磊、冯亚磊）

通信企业基于人工智能能力训练和场景驱动的智能客服管理

中国电信集团有限公司

为适应智能化服务发展趋势，推进集团公司战略转型 3.0，中国电信按照"集约建设、分省部署、两级运营、自主可控"的总体原则，搭建适应中国电信的智能客服集约平台，与多服务渠道对接，建立了基于人工智能（AI）能力训练和场景驱动的智能客服管理机制。其集约建设、两级运营形式，实现了知识自上而下集成与自下而上集约的结合，解决了智能客服语义训练代价大的主要挑战，取得了持续降低企业成本、提升客户满意度和企业智能化服务水平的良好效果。

一、建立明确目标，有序实施长中短期计划

中国电信集团公司对智能客服集约平台建设和运营给予高度重视，由王国权副总经理牵头，由客户服务部、云网发展部、云网运营部、采购部、增值业务运营中心、北京研究院多部门负责组建智能客服项目领导小组，同时组建具体工作小组，下发了《关于利用人工智能技术（AI）统一赋能，全面提高10000号服务能力的通知》，在全国31个省份部署了工作目标、建设模式、工作分工以及上线计划。在资金投入方面，先后投入过亿元研发及软件开发费用；在硬件投入方面，在中国电信内蒙古、贵州、北京资源池投入近1.5万核CPU，支持智能客服平台正常运转。

中国电信基于AI能力训练和场景驱动的智能客服管理目标分为三个阶段：第一阶段（2018年）实施智能客服机器人与人工并行服务策略，目标是至少8个省份实现10000号全语音机器人门户，应用场景聚焦于互联网机器人，实现智能客服集约平台年调用量破亿、智能客服服务量占总服务量的30%；第二阶段（2019年）实施智能客服机器人优先服务策略，目标是至少25个省份实现10000号全语音机器人门户，应用场景持续拓展并聚焦于智能语音导航，实现智能客服集约平台年调用量破10亿、智能客服服务量占总服务量的40%。第三阶段（2020年）实施智能客服机器人辅助人工服务策略，目标是全国31个省份实现10000号全语音机器人门户，应用场景持续拓展并聚焦于智能质检，要求100%取代人工质检，实现智能客服集约平台年调用量破50亿、智能客服服务量占总服务量的50%。最终智能客服机器人可面向用户、人工坐席提供全业务智能化支撑。

二、引入并迭代提升语音、语义两大AI基础能力

中国电信以合作方式引入基础语义理解能力（NLP），并持续开展智能客服集约平台建设，提升语义理解及训练能力。2016年语义平台1.0开放训练，实现了结构化知识检索、FAQ聚类学习及检索等功能，但缺乏上下文交互能力，只能线下编写人工导入，训练方式混乱。2017年语义平台升级到2.0版本，采用模糊理解、智能分词、主动服务、答案融合、上下文关联、场景引导交互、错别字处理和敏感分析等技术，确保机器人语义理解的深度和广度，实现了上下文交互功能，初步形成标准的自主训练方式和流程，但仍无法支撑复杂场景的高级功能配置。2020年语义平台升级到3.0版本，实现可视化流程配置、流程化语义训练、对话式语义测试和语义便捷化共享等功能，使得训练流程更清晰，配置更方便快捷，加强了对业务的支撑能力。

从2017年开始，智能客服集约平台引入语音识别（ASR）和语音合成（TTS）能力，打破传统AI语音识别和语义识别功能捆绑的模式，行业内独创语音模型分省加载、语义模型集中部署的架构，实现端点检测、语音转写及合成、话者分离、情绪识别、语速识别、音量识别等功能，可初步实现对中国电信10000号语音业务的支撑，但语音识别准确率较低。2018年平台持续实现热词标注、语言模型标注

及训练、声学模型标注及训练等功能，语音识别准确率得到快速提升。2019年平台实现对多种电话信道的支持，可提供近场语音识别/合成应用场景的接入能力。

三、打造以场景驱动的智能客服集约平台

中国电信基于客户服务原有的"集团－省"两级运营特点，以及不断迭代提升的语音、语义两大AI基础能力，对智能客服集约平台进行"1＋31＋n"的架构设计和搭建，并基于不同应用场景与多服务渠道对接，实现智能交互服务，提升服务效率。智能客服集约平台功能视图如图1所示。

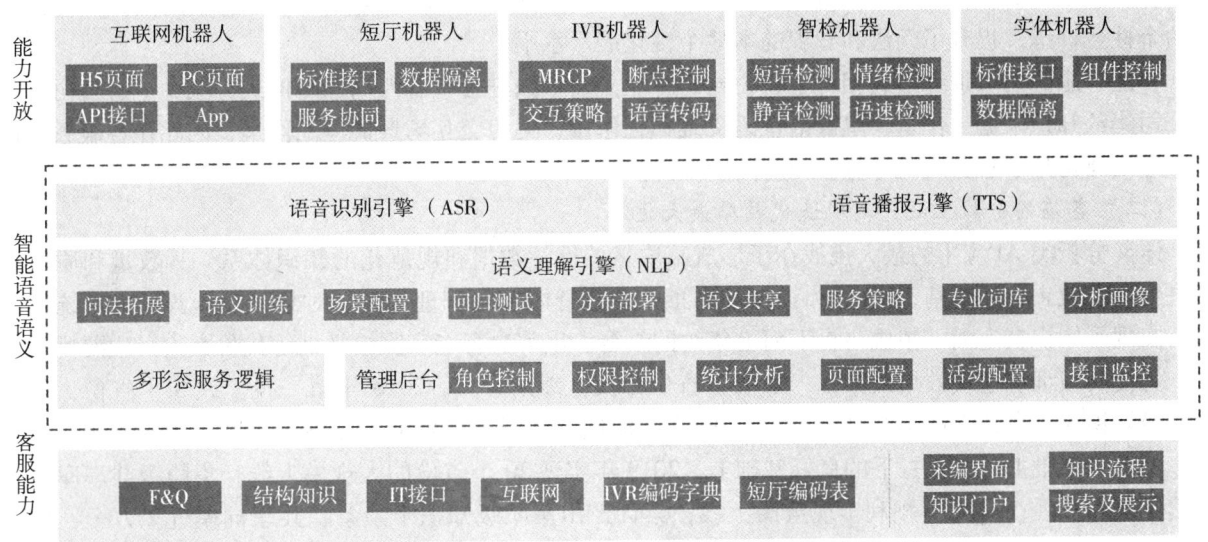

图1 智能客服集约平台功能视图

在技术架构上，智能客服集约平台采用合理的"1＋31＋n"架构，实现了能力下沉、逻辑集中，极大提升了项目实施及运营效率，短期内可实现省份批量上线，有效释放AI能力，快速提升语音识别、语义理解准确率。该技术选型属业界首创，在行业内具有重要的借鉴意义。

在技术细节上，智能客服集约平台将提升用户感知作为关键目标，通过不同应用场景需求驱动技术细节升级。对于互联网机器人，采用灵活的交互场景引导策略，研发了一种基于专家系统与业务逻辑规则的方法，业务人员可以有效结合业务知识，通过图形化界面给出引导交互逻辑，引导不熟悉互联网机器人的客户进行交互，也能引导表达不精确的客户进行咨询，具有很强的交互友好性。对于智能语音导航，采用了基于业务场景的多轮交互及场景跳出技术，用户能够与10000热线智能语音系统进行多轮交互，并能在多场景之间随意切换，大大提升了服务智能化水平，改善了用户感知。

在运营维护上，为降低智能客服集约平台运维中的训练工作量，采用咨询文本聚类方法，将相近的咨询一起处理，避免重复训练；为提高聚类精度，采用语义聚类的方法，将咨询中的词语进行语义抽象，形成词类序列，同时去除无关词语，极大提升了聚类的精度，帮助后台管理人员更好地开展训练。与传统机器人训练效率相比，使用优化后的聚类工具训练效率高出5倍，有效解决了机器人训练技术门槛高、训练进度慢的问题。为便于后台人员运维，平台提供了白盒训练和测试功能，训练人员可以了解机器人内部状态信息、分析的中间结果，这样可方便发现问题，及时纠正。

四、组建两级运营体系，实现精细化管理

（一）建立两级训练模式、实现1＋31＋n个大脑协同

基于中国电信运营的特点，适应以服务场景驱动的智能客服集约平台，中国电信首创"集中学习""分散训练"的领养制机器人训练法，建立两级训练模式：集团负责智能客服集约平台的建设对接、算

法优化、集约业务集中训练和全国共享,省公司负责个性化数据标注、场景制作、语义择优,31个省份机器人智能化水平相互促进。

中国电信业务知识分为集约知识、半集约知识、个性化知识三类。集约知识指集团发布,不允许省份及地市进行个性化的知识;半集约知识指集团发布,允许省份及地市进行个性化的知识;个性化知识指省份或地市发布的知识。1+31+n个大脑的智能语义分析平台有效提升了集约知识的训练效率及个性化知识的训练灵活性。其中,集团负责集约知识及半集约知识的集约训练,在全国进行共享,减少了省份和专业公司的重复训练工作量;31个省份和n个专业公司负责半集约知识的训练优化和个性化知识的个性化训练,提升了问法和知识的本地个性化展示水平。

智能客服的两级训练模式相对于省公司、专业公司单独进行机器人训练的模式,减少了省公司及专业公司集约知识采编工作量、单点语音语义维护工作量、集约交互场景梳理工作量,因此在各服务渠道推广应用时得到了省公司及专业公司的高度支持。

(二)各省份分批上线,实现迭代效率最大化

语义分析类AI应用的最大挑战在于形成高质量的标注数据和规范化的知识体系,其数量和质量直接决定最终效果。通过基于AI能力训练和场景驱动的智能客服管理创新,对管理、运营、技术统筹规划,实现了知识自上而下集成与自下而上集约的结合,以解决智能客服语义训练代价大这一主要挑战。

为使两级训练迭代效果最大化,采取各省份分批上线的方式。2018年第一批上线8个省份,形成集团级知识500余条,产出共享词模超8000个,梳理出集团级高频TOP60场景,初步建立起集团级共享库;在第一批上线省份打下的良好基础上,2019年实现20个省份的大规模上线,集团级共享库得到持续优化和拓展;2020年顺利实现全国上线,累计产出集团级知识千余条、共享词模近2万个,梳理出集团级高频TOP100场景;2020年6月中国电信率先实现智能语音服务全覆盖,成为国内首个将智能语音服务全面深入覆盖到全国的运营商。由此可见,采用两级训练和各省份分批上线的运营管理方式成效显著。

(三)精细化场景设计,实现智能客服与人工客服自然切换

在"以人为本"的核心价值观指导下,中国电信持续提升服务水平,优化用户感知。除为用户提供基础的智能服务外,中国电信根据用户标签、服务需求对服务场景进行优化和改造,实现精细化场景设计,为用户提供个性化、差异化的服务,贴近用户需求,确保不断提升用户感知。如为65周岁以上的老年用户设置人工服务绿色通道,确保特殊人群直达人工专属服务;提供无缝衔接的智能客服与人工客服切换界面,实现服务方式用户可选化,顺利完成人工服务与智能服务之间的平滑过渡。

五、建立智能客服指标评价体系及培训体系

(一)建立智能客服指标评价体系

随着从原来的人工提供客户服务转变为智能机器人提供客户服务,对用户提供服务的模式和渠道发生了巨大变化,为保证智能客服各项业务运营水平,及时监控/预警业务问题和定位问题原因,中国电信对评价指标进行了升级。

结合智能客户服务特点,对客户服务指标进行分类梳理,以可行性、可评测性、可操作性以及数据展示性为原则设定智能客服指标,建立智能客服指标评价体系,目前指标评价体系已涵盖5大类(规模类、效率类、感知类、场景类、营销类)共12个指标(见表1)。与人工客服指标相比,一方面充分结合智能服务特点,在传统指标类型(规模类、效率类、感知类)中新增6个指标,完善了传统指标体系;另一方面扩展了场景类和营销类两大新指标类型,丰富了客户服务评价维度,落实企业对深耕场景和营销数字化转型的要求。

表 1　人工客服与智能客服指标对比

指标类别	人工客服指标	智能客服指标
规模类	人工服务量	智能客服服务量
		智能服务占比
		语音调用量
		语义调用量
效率类	接通率	语音识别准确率
		语义理解准确率
		问题解决率
感知类	人工服务满意度	用户满意度
		转人工率
场景类	—	服务场景数
营销类	—	商机识别率
		商机转化率

通过建立智能客服指标评价体系，开展数据化运营，实现了对智能客户服务工作完成进展及效果的量化，以及对关键目标完成情况的监控，从而起到检验智能客服运营效果及价值的作用，有力支撑业务整体规划。智能客服评价体系开展落实后，全国智能服务规模、问题解决率和用户满意度均得到有效提升，转人工率呈现持续下降趋势，体现出智能客服指标评价体系对业务发展起到良性驱动作用。

（二）建立智能客服培训体系，推动一线人员转型

1. 梳理标准化对接训练流程，建立高效的培训制度

应用客服机器人后，机器人需要持续训练学习，行业上常用的训练方法配置复杂、技术难度高，面临技术人员不足的困难。为使得普通客服人员承担机器人训练工作，团队深入调研社会上先进公司的运营情况，结合语义理解算法和实际运营情况，系统化思考，制定全网统一的智能客服业务运营管理规范，创建全网统一"对接十步法"和"训练五步法"的标准化流程和运营培训制度，通用知识集中训练及共享，个性知识分省份分组维护，制作完整的产品教程、手册，培训一周后，无技术背景人员也可以参与训练，有效提高了工作效率。

（1）对接十步法：省内确定接入集团智能客服集约平台并组建团队后，双方对接上线共需要十步工作，即"测试环境准备、网络调通、测试环境远程部署、技术调通、场景设计及训练、全流程业务测试、生产环境准备、生产环境远程部署、同步生产环境与测试环境、压力测试后最终完成业务上线"，从而快速实现对接上线。

（2）训练五步法：第一步是录知识，省份及专业公司负责集约知识属地化调整、非集约知识结构化采编（4G、宽带、翼支付、天翼高清、省份重点业务等），集团负责集约知识结构化采编；第二步是扩问法，省份及专业公司负责热门业务知识问法提供、用户个性化问法拓展，集团负责初期问题梳理、扩展问法配置；第三步是配场景，省份及专业公司负责场景梳理及配置；第四步是测试，省份及专业公司负责内容、界面及交互、优化建议提出，集团负责功能模块测试及优化；第五步是修正，针对体验中的问题进行分类，内容缺失类的由知识采编部门进行补充录入，搜索不准类的由省公司补充问法、集团进行语义训练，功能及展示类的由集团进行优化改造。

2. 形成智能客服培训体系，推动一线人员转型

除基础的对接训练培训外，一方面，联合电信学院、高校等专业培训机构，形成课程开发、讲师培养、线上线下培训、技能认证等智能客服培训体系，推进智能客服培训标准化、专业化；另一方面，开展智能客服岗位序列认证，组织劳动技能竞赛，评选智能客服内训师，持续开展两级智能客服人才体系建设，推进全国客服坐席人员结构转型。

在智能客服培训体系的作用下，全国已培养业务和技术兼备的语义训练工程师共 800 余名，这些工程师来自一线坐席、采编或者管理运营岗位，通过技术转型，提升了自身业务能力，成为与智能客服紧密配合的知识型、技能型、经验型专业人才。

（成果创造人：董爱刚、陈银星、张建英、王　薇、赵铁山、肖　夏、白东宾、陈　欣、张后力、李方正、刘　杰、蒋傲雪）

铁路企业服务建设交通强国战略的"公转铁"运输管理

中国铁路呼和浩特局集团有限公司

中国铁路呼和浩特局集团有限公司（以下简称呼和局集团公司）肩负交通强国、铁路先行的新使命，立足区域经济社会发展需要，以习近平新时代中国特色社会主义思想为指导，强化责任担当，重点以深化交通运输供给侧结构性改革为主线，以内蒙古中西部地区东胜、准格尔等煤源地为主战场，以推进到港大宗货物运输"公转铁"为主攻方向，按照高质量发展要求，深度契合产需两端运输需求，完善管内物流园、铁路专用线基础设施布局，提高唐包铁路煤炭输出主通道运输组织效率，增强铁路综合物流体系在能源供给中的"造血"和"输血"能力，同步配套完善货运清算、考核激励、应急救援等服务，开展责任目标明确、工作标准清晰、分工合作到位的"公转铁"运输管理，推进"公转铁"运输工作，实现交通运输绿色发展和呼和局集团公司高质量发展。

一、开展顶层设计，明确实施推进路线图

（一）成立实施推进领导小组

为确保"公转铁"能够坚决迅速地贯彻落地，呼和局集团公司成立了由主要负责人挂帅的"公转铁"推进领导小组，定期研究"公转铁"运输重要事项、重要问题，统筹协调、整体推进、督促落实。同时，在"公转铁"推进领导小组下设立配套工程项目建设指挥部，具体推进涉及"公转铁"运输的项目。在项目推进过程中，领导小组形成主要负责人亲自抓、分管负责人具体抓的"高位推动"机制，所有成员主动领取任务，把"公转铁"项目推进工作当作自己的"责任田"，定期深入现场，部署重点任务，破解工作难题，指导项目推进。呼和局集团公司主要负责人亲自与包头铝业集团有限公司对接，加快推进华云新材料古城湾铁路专用线建设，确保项目实质施工；分管负责人多次现场调研博泰马场壕、晋煤物流点石沟专用线，现场解决多项问题；多次深入华通恒泰物流园、华云新材料古城湾铁路专用线和七苏木国际物流枢纽铁路专用线进行现场办公，累计协调解决问题24个，有力推进了项目进展。同时，"公转铁"推进领导小组每周召开"公转铁"重点项目推进会，集中组织制定项目推进具体措施，落实最新工作部署。

（二）制定实施推进路线图

通过推进"公转铁"项目尽快落地，力争实现增量2400万吨。一是用足管内电厂专用线能力，实现管内煤炭"公转铁"增量500万吨；二是拓展区外煤炭小列市场，实现出区煤炭小列"公转铁"增量1050万吨；三是积极组织浩吉铁路运输，实现浩吉铁路增量600万吨；四是大力组织集装箱"公转铁"，实现集装箱增量100万吨；五是挖掘白货增量潜力，实现其他白货"公转铁"增量150万吨。同时，呼和局集团公司通过加快配套工程项目建设，促进"公转铁"运输上量。按照"早规划、早开工、早开通、保上量"的思路，在前期充分论证调研的基础上，协调好运输和建设关系，加快推进与货运上量相关的技改项目（1+11）、当前急推的铁路专用线项目（7+8）、与长远发展相关的大型项目（1+4），形成呼和局集团公司2020年"公转铁"重点项目推进图。

（三）建立实施工作机制

一是严格履行建设程序，坚持依法合规开展建设管理。在项目推进过程中，按照"依法合规、稳步推进、程序不减、质量保证"的原则，确保项目按程序依法合规、高效推进。二是建立服务支持机制。各项目负责人亲自上手，主动深入包保点，上门服务。各部室、合资公司、非运输企业和相关站段

形成协调联动机制,密切配合,高效工作。劳卫部出台推进工作奖惩办法,严格按项目推进情况进行奖惩。三是建立科学开通机制。对于保开通的项目,指挥部按要求组织确定工期,以开通为目标,倒排工期,明确项目实施阶段、验收程序等各个程序和环节的责任主体和节点工期。各业务部室加强开通前的业务指导,主动深入现场,帮助解决技术难题。指挥部在项目开通前一个月,细化初步验收、竣工验收、发布开通电报等验收程序到日。由于计划科学,指导有力,项目均按期开通。

（四）组建推进包保专班

对每个"公转铁"项目实行专班包保,由项目包保负责人统一领导,负责所包保项目建设的推进、协调。在项目推进过程中建立责任落实机制,明确项目建设各个程序和环节的责任主体,明确项目推进过程的时间节点和负责部门、单位,制订"一线一策"推进计划,积极与专用线投资人对接,全面做好铁路专用线接轨管理服务工作；明确新建、改扩建铁路专用线接轨受理窗口,公开透明办理过程,并对铁路专用线接轨办理程序、接轨方案、技术标准、接轨合同、建设推进、合同纠纷等进行监督检查。同时,将呼和局集团公司"公转铁"重点项目推进图分发到各项目包保负责人和有关部门、单位,项目推进图对推进时间要求明确,包保负责人应确保任务期到必成。按照"周碰头、月总结、季汇报"的思路,每周召开一次"公转铁"重点建设项目推进会议,研究项目推进落实情况及解决存在问题,形成"公转铁"重点项目建设工作周报31期,协调解决影响进度和质量的问题49个,有力推进了项目进展,各参与单位及时反馈现场信息,为科学决策提供保证。

二、制定"公转铁"运输规划,明晰货源市场需求

（一）开展地区市场货源分布调研

从地区铁路货运市场看,铁路货运量蒙西地区分布集中在鄂尔多斯,蒙东地区分布相对均衡。其中,蒙西地区3.4亿吨,蒙东地区2.3亿吨,细分到各盟市,蒙西地区鄂尔多斯市3.3亿吨,蒙东锡林郭勒盟、通辽、呼伦贝尔均在7000万吨左右。2019年内蒙古自治区铁路货物发送量6.6亿吨（蒙西地区3.8亿吨,蒙东地区2.8亿吨）,铁路完成煤炭发送量5.7亿吨。从地区公路市场看,公路货运的主要品类是煤炭,主要源头为鄂尔多斯。2019年内蒙古自治区公路煤炭货运量在2亿吨以上（不含各盟市内部短途货运）,其中90%位于蒙西鄂尔多斯地区；另外,策克、甘其毛道口岸公路煤炭运量,以及蒙东锡林郭勒盟公路煤炭外运也占有一定比例。铁矿石公路货运主要围绕包头地区包钢集团,化工产品公路货运主要围绕鄂尔多斯等地煤化工企业。2019年鄂尔多斯出市公路货运量在1.8亿吨左右,其中一半左右供应蒙西其余地区,主要供应乌海、包头、呼和浩特、乌兰察布等地电厂、钢厂、煤化工企业,以及在大包铁路沿线的装车煤炭；一半调出蒙西地区,主要去往东北、华北、中南、宁夏等地。从量级上看,鄂尔多斯中短途供应蒙西其余地区的运量和长途外运出区煤炭运量均达到亿吨级。

（二）施行运输需求清单管理

呼和局集团公司开展铁路专用线建设需求调查摸底工作,组织各货运中心、合资公司,按照运量前景可观、基础条件成熟、"公转铁"效果明显的原则,对接调查辖区内企业、物流园区铁路专用线建设需求,梳理大宗货物年货运量150万吨以上的大型工矿企业和物流园区名单。呼和局集团公司积极协调地方发展改革委、铁路办等主管部门,明确铁路专用线重点建设项目清单,细化项目推进时间节点、实施主体、资金筹措方案等。同步做好新线建设与专用线接入需求调查。在规划新建客货共线、货运专线铁路时,铁路建设单位组织勘察设计单位开展新建铁路专用线需求调查,对沿线企业、物流园区等的建设需求进行核实。

（三）做好需求与新线建设规划的衔接

一是在开展新建客货共线、货运专线铁路建设前期工作时,呼和局集团公司有关部门和单位做好铁路专用线线路走向和衔接条件的论证,鼓励铁路专用线与新线同步设计、同期建成开通。二是做好铁路专用线接轨技术方案研究。新建铁路建设单位具备同步实施条件的，要提供有利的接轨条件，按照铁路专用线能力需要配套建设接轨站；暂不具备同步建设条件的，采取先期插入接轨道岔，提前实施一段尽头式线路等措施做好接轨条件预留。三是盘活既有铁路专用线资源。呼和局集团公司结合新线铁路建设和既有线扩能改造，鼓励根据需要对既有铁路专用线实施相关改造，尽可能盘活既有专用线资源和运能，提高利用效率。

三、实施"公转铁"配套项目，打造个性化配置

（一）明确项目分类设计标准

呼和局集团公司牵头组织审查铁路专用线技术方案时，在保障运输安全顺畅、符合国土空间规划、合理避让永久基本农田和生态保护红线、节约集约用地的前提下，按照《铁路专用线设计规范（试行）》（TB 10638-2019），合理确定新建及改扩建铁路专用线技术标准和建设规模。车站到发线、调车线等的数量宜按初期运量和运输性质计算确定，当到发线等的能力利用率达到80%时进行接轨站改造；易改建、扩建的建筑物和设备按近期运量和运输性质设计，不易改建、扩建的建筑物和设备按远期运量和运输性质设计。在审查确定铁路专用线建设方案时，充分利用既有设施设备。铁路专用线优先采用再用轨、再用枕，牵引供电可采用单路外部电源或单台牵引变压器等。建设煤炭等易产生扬尘污染的煤炭运输专用线时，配套建设绿色环保设施。站后设施设备按经济适用原则配置，不随意采用设计上限标准和配置不相关的设施设备，从源头上降低专用线造价，切实减轻企业负担。

（二）制定项目个性推进方案

呼和局集团公司在组织研究专用线接轨配套时，接轨站改造应优先采用简单引入的方案，通过优化运输组织，挖潜提质提效，解决接轨站能力不足的问题。对新增运量大，确需增加接轨站到发线、调车线的，应充分论证能力适应性，优化建设方案，压缩接轨站改造投资。铁路专用线与京包、包兰、包西、呼鄂铁路接轨时，应按近期运量和运输性质确定设置疏解线的必要性和建设时机；与其他线路车站接轨时，原则上不设置疏解线。同时做好接轨站配套改造工程，接轨站按照顺畅衔接的原则进行适应性改造，原则上以接轨点为界，根据自身需要改造接轨站及相关设施设备并承担其投资。

（三）打造项目专业服务链条

有关企业提出铁路专用线接轨需求时，呼和局集团公司严格按照《中国铁路总公司关于印发铁路专用线接轨管理办法的通知》（铁总货〔2019〕53号）及《中国铁路呼和浩特局集团有限公司关于印发铁路专用线接轨管理实施细则的通知》（呼铁科信〔2020〕34号）规定，各部门、单位按照"最多跑一趟"的目标，精简专用线接轨手续，在了解专用线接轨人接轨意向后，按照"首问负责制"原则及时向专用线接轨人告知国铁集团确定公布的专用线接轨办理程序，实行"四公开""三不得"，即根据各环节工作特点，公开办理条件，公开技术标准，公开责任部门，公开办理时限；不得无正当理由不同意接轨，不得无故拖延办理，不得违规收取费用情况，对于改扩建、简单和小型专用线项目，原则上在可行性研究后直接开展施工图设计。通过合理压缩铁路专用线项目前期周期，简化设计程序，提高项目整体推进效率。

四、开展"公转铁"运输运营，实现专属定制服务

（一）推行"灵敏"运维生产模式

专用线产权单位自主决策，按市场化原则开展运营维护，可采取自营、委托运营等方式，呼和局集团公司结合运营维护方式优化专用线设备开通手续。铁路专用线委托铁路运营维护的，积极研究推进采用车、工、电、供一体化生产组织模式，集中集约设置生产生活设施，统筹检修工装设备，尽可能降低运营支出，同时参照相关作业的内部成本控制定额，在平等协商的基础上，合理确定收费标准。专用线由产权单位自己运营维护的，由呼和局集团公司专业部门加强指导，确保满足国家及行业相关标准和规

定，保障运输安全。

（二）注重"核心"客户服务质量

呼和局集团公司主动上门对接和服务企业，优化服务流程和运输组织，简化作业环节，规范收费行为，提高运输服务效率和品质。同时，牵头构建现代物流企业客户关系管理体系，落实客户等级评价办法，建立"综合评价、优质优先、公正公开"的评价体系，维护好客户关系，培育忠诚客户，挖掘潜在客户。加强与重点工矿企业、物流园区和港口的对接，定期开展上门服务，掌握客户需求，按照"一企一策"原则，开发定制服务产品，制订针对性运输计划。大力发展大宗协议制和煤炭中长协运输，鼓励企业签订长期协议，优先满足专用线运输需求，协调产运需三方关系，动态优化煤矿、港口大宗直达列车开行方案，实现运力资源的精准配置。大力开发集装箱多式联运班列，增加开行密度，满足专用线日益增长的集装箱运输需要。同时，推进铁路全程物流发展。呼和局集团公司各部门、单位鼓励铁路有关企业与专用线产权单位、第三方客户加强合作，协商制定以铁路为主体的全程物流方案，为广大客户提供更经济、更便捷、更高效的服务，推动铁路货运向现代物流转型。

（三）提升"复合"资产资源效益

一是在能力满足的条件下，鼓励多企业共用铁路专用线，鼓励铁路有关企业、专用线办理运输有关企业和地方政府加强合作，按照市场化原则推进铁路专用线共建共享共用。二是优化铁路运输产品，加强产运销协同，开发多层次运输服务产品，提高铁路专用线利用效率和综合效益，更好地发挥铁路运输安全、节能、环保的优势，推动运输结构调整优化。三是规范专用线收费行为。呼和局集团公司企法部修订完善专用线代运营、代维护收费计费办法并向社会公开，规范线路使用、运输服务收费项目和标准，明确清算规则，规范专用线定价行为，建立适应市场变化的运价灵活动态调整机制，增强铁路专用线运输的市场竞争能力。四是深化货运价格市场化改革。依托大数据信息系统，提高货运市场价格调查的精准度。完善整车、集装箱、快运等不同运输方式的价格管理体系和计价规则，构建符合铁路行业特征的市场化定价机制。综合实施运价策略，不断提高企业货物运价决策水平。

五、建立"公转铁"保障措施，确保高效落地

（一）建立项目联席会议制度

协调路地企三方共同加快推进铁路专用线建设，定期召开联席会议（遇重大事项时也可专题召开），邀请地方政府行业主管部门，以及相关合资铁路公司、相关专用线接轨人参加。一是争取政府部门对"公转铁"项目在规划、土地（林草）、环评、水保等要件办理及验收上开辟绿色通道，给予政策支持，确保"公转铁"项目依法合规开通运营，同时争取地方政府联动协调非铁路股东方配合推进工作。二是集中研究并协调解决涉及专用线建设的接轨意向、可研审查、可研鉴修、接轨合同签订、设计审查、工程建设、竣工验收、开通运营等问题。计统部按照要求定期将科信部提供的有关工作推进情况报送国铁集团发改部。充分发挥铁路企业运营管理优势和企业市场主体作用，坚持市场导向，合理确定其在专用线建设中的资金筹措、建设实施、资产管理、运营维护等责任。例如，主动与业主和设计单位对接，缩短审查周期，在四个月内完成新建七苏木国际物流枢纽铁路专用线的前期各项审查、批复工作。

（二）采取项目路企协同措施

打通专用线前后一公里，以管内大宗货物年货运量150万吨以上的大型工矿企业和新建物流园区为重点，"一企一策"对接市场，积极推进铁路专用线建设，持续拓展专用线共用和扩大共用品类。打满铁路能力，积极推动卸车能力无法满足"公转铁"需求的管内电厂进行扩能改造；对于近两年将要开通的专用线，要积极协商，提前开通；对于已经受理的专用线建设项目，要跟进服务，加快推进；对于远期需要建设专用线的企业，要主动上门，强化协调；对于不需要建设专用线的企业，要大力推销敞顶

箱，增加铁路运量。同时呼和局集团公司在项目预可研、可研审查，项目接轨批复等事宜上进一步精简手续，压缩审批时限，强化保障服务。例如，2020年年初，呼和局集团公司重新修订了《铁路专用线接轨管理实施细则》（呼铁科信〔2020〕34号），进一步简化铁路专用线接轨审核程序，压缩接轨协议办理时间，完善铁路专用线共建共用机制。截至目前，呼和局集团公司管内有6家电厂、8家白货企业可接轨建设铁路专用线，潜在"公转铁"运量2180万吨。针对拟开通和潜在建设专用线客户，呼和局集团公司一家一家盯，一家一家推，力争早开通、早立项。呼和局集团公司支持全面开放铁路专用线投资建设、运营维护市场，支持各市场主体按照市场化原则，以股权合作方式共同建设铁路专用线。铁路有关企业与专用线企业加强平等协商和互利合作，积极参与铁路专用线建设。对运量稳定、投入产出效益好的专用线项目，呼和局集团公司可与企业、地方政府合作投资建设，落实合作建设框架协议，明确各方权责、运量保障、出资比例、资产处置、经营管理等事项，积极向国铁集团申请投资补助。

（三）采取项目路地协同措施

树立全局"一盘棋"的思想，各相关部门主动上手协调解决项目推进中的具体问题。呼和局集团公司指定专业管理部门协助企业办理规划、土地、环保等前期审批事项，积极向自治区政府相关部门汇报，争取地方政策支持。例如，在新建铁海多式联运大院东铁路专用线建设过程中去函自治区发展改革委，帮助业主协调解决项目规划事宜。同时要在用足用好既有政策的基础上，根据企业需求，积极争取自治区和国铁集团的政策支持。2020年年初，内蒙古自治区向各盟市印发《关于开展全区铁路专用线建设摸底调研工作的通知》（内发改铁航字〔2019〕330号），呼和局集团公司立即开始会同自治区发展改革委铁航办及规划编制单位陆续赴鄂尔多斯、乌海、锡林浩特等地区开展调研摸底工作，加快推进"公转铁"项目落地。2019年，呼和局集团公司降低专用线代运营、代维护及自备车、路外机车修理3项收费。在原收费标准的基础上，将工务、电务、供电等专业的代维收费标准统一降低16%，并与既有受托专用线产权企业重新签订协议；将所有自备货车和路外机车修理价格降到国铁机车、货车检修费用定额以内。呼和局集团公司为专用线产权企业降低费用约4980万元，有效提升了各类企业修建铁路专用线的意愿。

（成果创造人：柴随周、戴　弘、曹云明、张红光、卢奇文、张利民、骈文波、王志明、李思中、王铁松、丁宇坤、王建强）

以支撑自贸区油气产业发展为重点的供电服务全面提升管理

国网浙江省电力有限公司舟山供电公司

国网浙江省电力有限公司舟山供电公司（以下简称舟山公司）立足"国民经济保障者"的服务定位，聚焦自贸区油气产业用电需求和特点，以支撑自贸区油气产业发展为重点，以提升服务质量、提高服务效率为导向，明确"全业务支撑、全方位协同、全流程贯通"的供电服务提升思路，打好规划、建设、运维、营销等多专业供电服务组合拳，建成"服务横向协同、业务纵向贯通、前端深度融合、后端坚强支撑"的供电服务新模式。深度融入自贸区发展规划，通过技术革新攻克电网建设周期短、建设环境复杂、电网承载能力不足等难题；应用智能化运维技术及时发现安全风险，通过属地化运维提升故障响应效率，建立多方联动的应急处置机制，全面提升供电安全可靠水平；对标国际最高水平，推动油气企业办电"一次都不跑"，缩短客户办电时长，降低客户办电用电成本。成果通过这些措施，实现了供电服务质量和效率的全面提升，有力支撑了自贸区油气产业的发展。

一、制定供电服务全面提升实施思路和原则

（一）明确供电服务创新实施原则

为全面保障自贸区油气产业尽早接电、安全可靠用电，提升办电服务体验，舟山公司经过深入调研及反复论证，明确了以支撑自贸区油气产业发展为重点的供电服务全面提升实施原则。一是坚持需求导向原则，全面围绕自贸区规划、油气产业的用电需求，将满足油气企业需求贯穿于供电服务的始终，提供专项化、定制化的供电服务。二是坚持问题导向原则，最大化消除电网企业内部的组织隔阂与条线摩擦，优化内部服务机构和业务流程，畅通建设、运维、营销各环节协同共享的供电服务链条。三是坚持价值导向原则，围绕供电服务价值最大化目标，深挖潜能，推动条线化、单一型服务向一体化、多元化服务转变。

（二）确立"三全"供电服务提升思路

浙江自贸区以油气产业为核心，先期规划开展年产4000万吨炼油、1040万吨芳烃的鱼山石化和新奥千万吨级的LNG接收站等工程建设，这些油气重点项目选址多处于偏远海岛，地质环境恶劣，电力基础薄弱，电网规划建设难度大，用电安全可靠性要求高，办电营商环境要求高。基于此，舟山公司确立"全业务支撑、全方位协同、全流程贯通"的"三全"供电服务思路，贯通内部服务价值链，畅通电网规划建设、安全运维、营销服务的价值流程，形成服务横向协同、业务纵向贯通、前端深度融合、后端坚强支撑的供电服务模式。

（三）构建供电服务组织体系

依据油气产业用电特点，基于内部专业化、条线化的管理现状，舟山公司着力构建"1+1+N"的"调度大中台、简洁客户端、服务大后台"的供电服务组织体系。一是建立一个服务资源调度中台。在公司层面成立以公司总经理为组长的油气产业服务指挥中台，落实服务指挥棒，统筹调度服务资源、协调共享服务数据，促使各部门围绕客户服务同频共振、同轴共转，快速响应客户需求。二是组建一批专项服务前端团队，围绕油气重点项目成立嵌入式区域经理团队，择优选聘首席区域经理4位，专项服务自贸区四大油气基地；聘任高级区域经理10位，专项服务油气重点工程，实行分区分企包干、专项对接，协调解决涉电重点、难点问题。三是成立多个后台攻坚小组。攻坚小组由规划、建设、运检、调度、营销专业联合组成，强力支撑区域经理解决服务难题。同时由调度大

中台对区域经理进行充分授权，确保对后台攻坚小组拥有调配请求权、响应评价权和简单业务现场办结权，持续提升服务效率。

二、依托技术进步攻克电网规划建设等难题

（一）深度融入自贸区发展，攻克偏远海岛电网规划难题

舟山公司针对油气产业用电负荷增长迅速、项目选址偏远且分散、土地资源稀缺、负荷规划短期内频繁调整的现状，创新提出"区、网、格、块"四级结构规划新理念，根据《舟山绿色石化基地总体发展规划》，及时完成《舟山群岛新区电网发展规划》修编工作，并组织编制《舟山绿色石化基地电网发展》专项规划，加强与基地管委会的衔接，建立电网规划衔接油气产业规划的工作机制，将电网规划纳入自贸区控制性详规和修建性详规，做到变电站、线路廊道与基地其他基础设施统一规划布局、高标准建设推进。针对油气产业可靠性供电的要求，组织电力、油气相关专家开展舟山绿色石化基地等重点项目供电安全性专题评估，确保电网规划满足基地安全、可靠供电要求。针对油气重点项目基地由离岛围垦而成、海底管线路由稀缺等现状，创造性地将电力通道与岛际交通资源进行整合，开展随桥电缆建设，联合交通部门开展安全与技术可行性研究，相关方案通过交通行业专家论证评审后进入实践应用。目前鱼山跨海大桥220千伏高压电缆随桥敷设已建设完成，在国内首次实现高压电缆与高速路桥相结合。

（二）研发智能工艺装备，攻克复杂环境下电网建设难题

专属服务油气产业重点项目的电网建设面临长距离海缆敷设、海中立塔、滩涂复杂地基处理等一系列难题。舟山公司通过自主研发先进施工装备和工艺攻克电网建设难题。一是自主研发国内最大排水量"启帆9号"海缆施工船，配备海底电缆转动电缆盘，解决高电压等级、大截面海底电缆扭力释放技术难题，将国内海缆船装缆量由30公里提升至60公里、抗风能力由7级提升至10级，解决长距离海缆敷设难题。二是针对海缆施工技术特点，研发海底电缆高精度敷设施工关键技术，研制海底电缆主动收卷输送装置，开发海底电缆深埋、水泥连锁块保护等海缆保护技术，成功应用于舟山500千伏联网输变电工程、鱼山220千伏输变电工程等多项国家重点工程，解决复杂海况条件下海底电缆的高精度敷设难题。三是针对变电站建设区域淤泥流动性大、巨石渣土密布的难题，通过改进打桩机重锤，埋设专用钢护筒以保留成孔性解决相关难题。建设周期方面，舟山公司打通项目容缺受理、并联审批的绿色通道，实施多线协作、并行审批、深度融合等建设模式，为工程建设的顺利推进奠定基础。以鱼山220千伏输变电工程建设为例，工程包括20道程序，涉及25个相关机构，传统方式需要22个月方能完成，通过各专业团队高效协同，在确保质量的前提下，工期缩短近4个月，有效保障了鱼山绿色石化一期工程的按期投产。

（三）依托五端柔直工程，攻克末端电网输电技术难题

随着油气产业的快速推进，海岛集聚式大负荷超常规增长，多元化负荷不断入网，海岛电网多元融合态势越发显著，对电网的安全稳定性造成冲击，电网安全承载能力面临考验。舟山公司建立海洋输电重点实验室，通过科技攻关和数据赋能，应用柔性直流输电技术，在全球首建五端柔直输电工程，并以此为基础，利用新一代的智能电网调度控制系统和基于浙江调控云的舟山新能源管理系统，建设数字智能柔性电网，形成数据采集、互联、分析、应用的柔性电网能源大数据平台，研发数据应用典型场景，开展电网运营数据精准分析。通过数智化五端柔直电网，显著解决了风电等新能源并网造成的电压和频率波动频繁的难题，改善了电能质量，提升了清洁能源的消纳能力，提高了电网可靠性和灵活性，有效应对了负荷快速提升对电网的冲击。该项工程技术的突破为直流输电网络发展和交直流电网协调等技术革新提供了指导，也为奥运张北柔直工程提供了借鉴。

三、整合内外部资源，提升供电安全可靠水平

（一）智能化运维，及时发现供电安全风险

输电线路是自贸区健康发展的电力大动脉，一旦发生断电事故将严重影响油气企业的建设、生产以及运营。舟山公司集成雷达光电、无人机航拍、海洋卫星宽带、水下机器人巡航等先进信息化手段，开展输电线路"海－陆－空"三维立体运维。一是打造国内首艘海缆探测船"舟电15号"，对海缆路由走势、海底环境的变化及海底地貌进行可视化"海底"监测，对海缆的辅助安保设施运行状态进行全面感识，识别危险地段的变化，应用人工智能分析环境因素对海缆运行的影响，进行环境缺陷预警。二是运用AIS虚拟航标技术，建立海缆路由电子围栏，设置海上管控或警戒水域，将无形变"有形"，形成智能监测海上电子围栏区域，在海图及导航仪显示系统上自动标识海缆禁锚区，实现海缆"陆地"警戒监测。三是利用无人驾驶飞行器技术、遥感传感器技术、GPS定位技术，开展世界第一输电高塔输电线路"空中"状态监测，自主研发输电1号自主巡检无人机，开展500千伏线路及铁塔精细化巡检任务，利用5G无人机应用方便和信号快捷的突出优势，自动化、智能化、专用化地快速获取空间遥感信息，多角度、全方位地实时感知输电线路的运行状态及周边树障等隐患，精准定位风险点，快速响应，及时处理，提高运维监测效率。

（二）属地化运维，提升故障响应效率

基于油气产业高可靠、高安全的用电需求，舟山公司发挥属地优势，精准开展客户设备安全用电智能化检查。一是将石化行业《临时用电安全管理规范》《安全隐患监管规定》等标准与电力行业安全用电标准进行融合对照，形成自贸区《油气高危重要用户安全用电规范》，每季度开展客户设备安全用电检查。二是应用声学成像技术对主变设备"听诊"，排查隐患及缺陷；应用射频传感手段为高压设备进行"X光"检验，验证设备绝缘性能；应用涡流探伤检测技术对供电电缆进行"核磁共振"检测，检测不易察觉的早期缺陷；通过加装量身定制的稳控装置，提高供电的可靠性，同期为客户动力中心进行七大专业的联合"健康评估"，精细排查用电隐患，全程跟进协助解决。三是基于海缆与自来水管道、通信光缆管道、油气运输管道等并行重合的现状，舟山公司在监测海缆线路的同时对油气企业的自来水管道、通信光缆、输油管道等进行一体监测，加强油气企业用水、通信、输油保障。同时根据客户的经济价值、发展潜力、信用价值和社会价值，免费或折价提供变压器周期检验、电缆代运维、负荷监控、优化用电建议告知等各类增值服务。

（三）协同化运维，开展多方应急联动

舟山公司以"科学合理、全面掌控、动态监测、快速响应"为目标构建指挥统一、预案完备、反应迅速、多方联合的应急保电工作体系。一是联合海洋、海事、海警健全三级动态管控机制，海缆监控人员入驻舟山海事监管中心，推动成立海上电力设施保护联合执法办公室，组建由巡航警戒船队、运维检修队伍和无人机自主巡航机群构成的海缆护卫团队，通过分析船只违章锚泊的历史数据，建立"电力与海警联合防护区"，协调渔政执法船进行现场驻点值守，保障违章锚泊处置的及时性，大幅度减少海缆受到外力损坏事故的发生。二是建立跨区域应急联动机制。基于舟山与宁波之间海域管辖权归属宁波的现状，舟山公司联合宁波海洋局、宁波海事局、宁波供电公司等成立跨区域应急联动工作组。当发现船只违规抛锚造成不可控情况（如船舶出现故障失去动力、渔船发生大距离移锚等）发生时，由应急联动工作组协同进行针对性的处置，其中渔船由宁波海洋局负责处置，商船、施工船舶由宁波海事局负责处置。海缆锚损事故发生后，由应急联动工作组协调宁波海事部门开放绿色通道，简化审批流程，及时发布施工许可通告。三是建立政府、安监、油气企业和供电公司的一体化应急组织体系，整合各方安全保障资源，明确各方供电应急保障职责，突破海岛供电服务交通空间限制，强化高危重要用户供电应急保障，构建预案完备、反应迅速、保障有力的供电应急保障体系。组织编制《国网舟山供电公司鱼

山绿色石化双线运行保供电总体应急预案》及4项专项预案，根据不同情况，分为Ⅰ级战备、Ⅱ级战备、战时三种保电状态，明确各级状态下设备保电的工作标准，组织定期开展多部门联合的供电应急演练。

四、对标一流打造国际化办电服务样板

（一）推动办电业务"一次都不跑"

舟山公司聚焦服务便利、信息公开、工程造价等油气企业重点关注事项，对标国际"获得电力"指标，运用互联网、移动作业等大云物移智链技术，重点提升油气企业的办电体验。一是在"阳光业扩一站通"服务平台的基础上，根据油气产业用电特点，提供典型供电方案、典型设计、典型造价、标准物料，办电过程中可依据油气企业实际，结合典型方案自动生成供电方案、电网配套工程设计图纸、物料清单和其他技经资料，并通过移动作业终端在现场向客户答复供电方案，减少客户现场奔波次数。二是打通"阳光业扩一站通"平台内外部数据接口，外部对接政府投资项目在线审批监管平台3.0，提前获取油气企业客户工程项目，区域经理主动对接，提前开展外部配套工程建设，客户内部工程完工即可立即接电。内部对接电网资源业务中台，从电网资源业务中台获取涉及业扩及相关配套流程各环节时间节点的数据，确保供电方案、设计图纸以及资料清单等内容制定准确、有效。三是全面推广"网上国网"等移动App，将用电服务转移到线上办理，通过办电全过程线上流转，实现油气企业办电"一次都不跑"，评价期内舟山地区线上办电率达到99.63%。新冠肺炎疫情期间，舟山公司应用"区块链+合同存证"技术，开展供用电合同及并网调度协议的线上签订，远程开具电子增值税专用发票，减少油气企业现场办理环节，实现人员业务办理"零接触"，助力抗疫战斗取得胜利。

（二）对标国际，缩短油气用户接电时长

舟山公司对标新加坡、阿联酋等国际先进地区办电服务流程，通过压缩办电环节、减少办电资料、落实服务契约等方式，营造国际化一流电力营商环境，保障油气企业客户按时接电、尽早用电。一方面，打通政府数据共享平台，通过数据共享方式实现油气企业客户电子证照的实时获取，企业仅凭统一的社会信用代码即可获取电子证照信息；配合政府开展无证明城市打造，取消各类证明事项，实现包括油气企业在内的企业用户"一证办电"。另一方面，针对油气企业业扩配套工程较多、投资额较大、建设进度直接影响客户工程的达标投产的现状，前移建设关口，推行服务契约制管理，结合企业意向接电时间和配套工程合理工期，与客户商定配套电网工程投产时间与双方责任界面，与油气企业、工程承建单位以及物资供应单位分别签订服务契约并严格执行。实施里程碑计划，优化审批流程，可研和初设"随到随审"，实现配套工程"快批复、早立项"。依托阳光业扩平台，开展办电全流程监测，采取系统预警、短信催办等方式提升工程建设协同效率，不断压缩流程时限。

（三）延伸投资边界，降低企业办电用电成本

针对油气企业在办电用电过程中成本较高的现状，舟山公司千方百计助力企业降低办电用电成本。一是推动地方政府出台支持电网投资相关政策，鼓励各方共同投资客户外线工程，其中县级及以上园区客户电气投资到客户红线（非园区红线），采用架空线方式接入的客户电气投资到客户红线外第一基电杆，采用环网柜（单元）方式接入的客户电气投资到客户红线外第一电缆分支箱。二是按照"保本让利"原则，推出临时用电设备租赁业务，规范临时租赁模式、设备类型及收费标准，采用箱变或成套配电设施，提供一体化、多元化的租赁套餐，适应不同用户的需求，有效降低企业设备采购时长和投资成本。三是正式发布全国首个"力调电费码"，创新"客户码上查、电力码上帮"的机制，提供客户了解电费组成和无功奖罚机制的便捷渠道，降低客户因无功消耗量过大造成功率因数低于国家标准，从而按电费额的百分比追缴的电费。

五、健全保障机制，推动供电服务持续提升

（一）编制油气产业供电服务标准规范

针对供电服务的重点、难点问题，舟山公司紧跟行业最前沿发展趋势，以技术标准巩固供电服务能力，以服务标准规范供电服务方式。一方面，加强技术标准攻关，依托海洋输电技术研究中心，在海缆线路输送能力提升、超高压和超长电缆试验方法等领域持续布局、深化研究，组织编制《海底电力电缆输电工程设计规范》《海底电力电缆输电工程施工及验收规范》2项国家标准，主参编行业、团体和企业等各类标准累积30余项，形成技术标准迭代更新、平台创新可持续发展和技术人员良性循环的态势。另一方面，组织制定服务标准，针对油气重点客户，量身定制《油气企业供电服务手册》，规范业务受理、方案答复、设计施工、工程协调、竣工验收、投产送电、用电检查各环节的服务流程和标准，细化申报材料提供标准，明确区域经理专项服务机制，打造油气产业供电服务标准。

（二）健全服务人员能力提升保障机制

充足的供电服务人才是全面提升供电服务水平的有效保障，舟山公司通过"请进来、走出去"等多种方式，提升员工服务意识和能力。一是加强业务能力培养，培养区域经理全面熟悉电网规划建设、运行维护、营销服务的全过程及供电业务流程，一口对外、协调解决油气企业涉电各项问题。二是针对国际化油气企业众多的特点，组织区域经理赴上海自贸区进行交流学习，专项提升区域经理的国际化服务意识、英语沟通能力、逻辑表达能力、信息处理能力等，提升综合服务水平。三是建立区域经理业务量、客户满意度、供电服务效率、综合能源服务成效等绩效积分体系。积分按年累计，作为年度区域经理评级、评先、选优的依据，形成多劳多得、奖罚分明的内部激励机制。

（三）建立供电服务过程评价与整改机制

舟山公司以供电服务满意度为落脚点，梳理识别内部各项业务对应的服务要求，落实各专业、各层级供电服务责任制，完善供电服务协同绩效评价体系，将服务指标纳入企业负责人业绩考核，形成分级管理、各负其责、层层落实、齐抓共管的服务长效机制。依托协同监督体系，充分利用营销稽查监控职能，常态开展供电服务明察暗访和监督评价，针对监督评价过程中发现的服务短板，加强问题整改督导，落实整改责任，制订里程碑工作计划，不留死角和盲点。

（成果创造人：葛军凯、黄　炯、俞恩科、周波达、吴国威、陆　凡、沈佩琦、李捍平、叶　军、励力帆、徐良军、张诗婵）

以集团效益最大化为导向的炼油副产品营销管理

中国石油化工股份有限公司

以集团效益最大化为导向的炼油副产品营销管理的内涵是专业化重组原来分散在不同生产企业的炼油副产品销售业务，由炼油销售公司集中销售，统一整合形成品牌优势、规模优势、渠道优势，增强市场话语权，提高市场占有率，实现炼油副产品专业化经营。通过不断创新改革，找准炼油销售公司定位，一方面在"价值引领"上下功夫，切实以客户为中心，从内循环发力，深耕终端需求，强化产业链品质和价值导向，促进国内市场做大做强，增强市场主导权和引领力；另一方面在"资源统筹"上下功夫，立足系统内上下游原料平衡优化，打通国际资源采购销售流程，整合系统内生产企业闲置资产，不断探索推动液化气、沥青、石油焦等产品资源国际国内双循环。

一、制定业务整合原则，设立营销专业机构

（一）确定营销整合原则

一是集中统一原则。将各生产企业炼油副产品销售业务划转到炼油销售公司，实现统一产品销售、统一市场开拓、统一售后服务、统一产品品牌和统一对外合作。二是疏堵保畅原则。炼油销售公司以保证生产企业正常生产为前提，制定营销策略，积极开拓市场，保障后路畅通。三是整体效益最大化原则。炼油销售公司做好市场开拓和服务，充分调动生产企业的积极性，实现中国石化集团总体效益最大化。四是统筹兼顾原则。炼油销售公司与生产企业签订业务交接协议，明确双方的责权利关系并形成合力，统筹考虑内外贸易，发挥外贸的调节作用，充分发挥中国石化的整体优势。

（二）设立营销整合专业机构

中国石化总部层面：在中石化集团的统一平台下，实现产销研用紧密结合，全面提升中国石化产品适应市场、服务客户的能力。炼油销售公司层面：发挥党组织在国企中的政治核心作用，由党委会在公司定战略、做决策、防风险方面起决定作用。实行现代化公司治理，党委会和经理层职责界面清晰，决策机制合理。公司采用扁平化管理体制，组织架构简洁，管理成本较低。营销机构设置上，以经营计划部为营销枢纽，以技术服务部、市场业务部作为技术先导、物流统筹的两翼，设立国际贸易部及上海自贸区子公司负责进出口业务，以六类产品为主线设立产品销售部，负责全国范围内本产品线的销售统筹，并以驻生产企业代表处为触角，直接贴近当地生产企业和客户，做好现场服务。此外，设立价格、预算、计划、风险控制等各个专业委员会，负责各专业条线的跨部门协调决策，发挥组织合力，形成一个点面结合、纵横有序的专业化管理体制。

（三）推进系统内营销业务整合

炼油副产品营销业务顺利整合的前提是在中国石化集团的统筹指导下，统一思想，以集团效益最大化为目标。整合是产销权责利的重新分配，总部通过产销计划、结算价格、绩效考核等主导建立合理的炼油副产品产销协调机制和利益共享机制，生产企业负责产品生产、工艺优化、库容调节等工作，炼油销售公司根据统一营销管理的要求负责产品出厂和市场销售。在产品整合前，液化石油气产品有30家系统内生产企业，石油焦产品有24家系统内生产企业，沥青产品有14家系统内生产企业，硫黄产品有26家系统内生产企业，异辛烷产品有2家系统内生产企业，石蜡产品有7家系统内生产企业。在系统内沥青产品实行集中销售的基础上，2010年1月石油焦产品实行集中销售，2011年4月硫黄和石蜡产

品实行集中销售，2013年1月液化石油气产品实行集中销售，2017年1月异辛烷产品实行统购统销。

二、系统整合客户资源，全力满足用户需求

(一) 充分调研客户信息，注重客户资源整合

炼油副产品客户原先分散在各生产企业，集中销售对炼油销售公司的客户开发和客户服务提出了更高要求。炼油销售公司充分调研客户信息，加强与生产企业和客户的有效衔接，坚持"稳内拓外"，实行统一的客户政策，解决分散经营难题，拓展终端供应销售，延伸产业链优质服务，提升市场占有率，增强客户黏性，塑造良好的企业形象。

(二) 不断细化客户分类，实施精准客户策略

加强客户动态分级管理，培育忠诚稳定的客户群。细化客户服务，巩固渠道基础，通过"扫市场"，全面挖掘潜在客户，完善客户开发体系，提高周边市场、区域市场占有率。加强优质客户开发，与重点客户建立战略合作关系，增强公司在产业链上的影响力。重视并发挥经销商的作用，建立经销型客户定向销售模式，掌控更多终端渠道。更新服务理念，提升综合服务能力，形成系统规范、内容完备、切实可行的整体解决方案。充分利用大数据技术，实现对每一个客户进行快速、精准分析，找出客户痛点，为全方位精准服务提供支撑。加强客户沟通联系，准确把握客户需求，制订有针对性的分层级走访客户计划，邀请企业走进客户，深入客户生产现场，了解客户真实需求，知"痛点"，进而改善产品品质，提升服务质量。

(三) 提供有效增值服务，持续增强客户黏性

中国石化始终以客户为中心，卖产品更卖服务，发挥炼油销售公司资源、市场、技术、品牌等优势，满足客户个性化、多元化需求。面对严峻的市场竞争，以技术交流、投标共同体等形式强化供应链与服务链协同，推进实施"技术+服务+市场"策略，强化"一站式"服务和综合服务，形成独有的差异化优势，既以差异化产品又以增值服务创造价值。不断完善客户投诉服务体系和服务质量跟踪评价体系，优化完善内部流程和考核要求，从客户走访、市场调研、投诉处理效果、需求解决质量、客户满意度等方面全面评价客户服务质量。

三、完善产品销售策略，切实维护各方利益

(一) 深入推进市场调研，持续完善市场研判

积极推动市场研究与营销业务深度融合、互相促进，形成灵敏"雷达体系"，健全商情分析体系，为经营决策提供及时、有效支持。营销人员在各自负责区域开展全覆盖调研，摸清下游生产客户分布、经营状态及主要诉求点，对各产品建立短期和长期市场研判机制，快速捕捉商机，指导资源采购、营销优化和库存经营。打破围墙，开展跨条线、跨区域产品链市场研究，掌握产品链市场行情和行业动态。把市场研判能力作为基本功，对行情变化保持高度敏感，准确分析、快速响应。深化市场和产业链研究，建立产业环境预警机制，形成市场研究引领力，为产品结构调整提供有力支撑。推进经营信息系统建设，利用信息化手段增强对企业生产、市场波动、客户动态等情况收集、整理、分析的能力，为准确研判市场提供数据支持。

(二) 发挥价格引领作用，实现各方合作共赢

按照"内部紧密化，外部市场化"的经营战略，对外销售价格按照"贴近市场、全产全销、量价统筹、整体优化"的原则，结合市场和生产企业销售情况，由炼油销售公司实行统一的营销政策，统筹市场规划布局，向市场要效益，制定产品对外销售价格。中国石化总部制定炼油副产品内部结算定价管理办法，确定每月买断价格并下达给炼油销售公司和生产企业。稳妥推进标杆价格，发挥市场引领作用。统销产品长期在国内处于市场主导地位，在产品价格方面也发挥引领者的角色。在产业链条研究和

市场研判的基础上，稳价价格应对行情波动，引导客户树立市场信心。通过价格标杆的树立，增进与客户及中石化系统外供应商的合作，提升市场份额。

（三）注重产业链布局，强化产业链增效

在销售模式不断创新的基础上，研究产品市场特性，细分产品、细分市场，采取建立前沿市场库点等措施，不断向上下游扩张产品线，由线而面再立体，逐步建立炼油副产品市场生态体系，提升炼油副产品市场占有率和创效能力。在大市场趋向饱和的情况下，积极开展系列化、差异化、高端化产品的研究和市场推广，拓展改性沥青、特种蜡等产品细分领域、高端应用领域，争做细分市场的产品巨人和隐形冠军，通过细分市场确保价格引领，完善定价体系，开拓销售渠道，制定服务策略，取得良好的经济效益。

四、加强渠道整合力度，不断细化资源布局

（一）加强分类施策，拓展营销渠道

统一市场开拓，压实拓市责任，层层分解目标，层层传递压力。液化气销售布局重点市场，拓展终端市场，加大销售代理业务，积极开拓丙烷脱氢等市场，并在液化气进口业务上取得良好效果，提升了市场份额和盈利水平。石油焦销售持续抓好地炼代理，推进产业链合作，发挥堆场调节作用，开展置换、掺配业务，稳固市场主导地位。沥青销售承担炼油产品结构调整重任，抓住国家大力推进基础设施建设的有利时机，做大沥青总量，争做工程项目，提升了品牌影响力；发挥铁路罐车统一运行优势，推进前沿库布局和产品销售；开展代理和进口业务，扩大系统外资源渠道；开展改性沥青等产品深加工业务，持续提升"东海牌"沥青在市场上的主导引领地位，突出整体价值和效益最大化。硫黄销售积极面对市场不利因素，稳固现有代理业务，不断拓展代理网点；同时结合自身品牌和渠道优势，代理进口资源，发挥统一销售优势，不断增强在整个市场的话语权，提升市场影响力和控制力。异辛烷销售持续维护销售渠道，加强与国内同行合作，积极推进自营业务。石蜡销售深入市场前沿，拓展电商等销售渠道，开拓石蜡新用途，积极开发新特蜡产品，始终在细分市场上占有主导地位。

（二）产销衔接，整合系统内产品资源

以整合大平台服务企业，持续加强生产与销售的沟通衔接，把产品市场变化信息快速、充分地传递给生产企业，让生产企业了解市场、理解市场，不断开发适销对路、附加值高的产品来满足市场需求，实现集团炼油板块整体效益最大化。关注企业开工率变化，精准掌握企业生产动态和资源情况，抓好资源和市场对接，畅通企业生产后路。定期召开片区产销衔接会和客户座谈会，面对面沟通解决产销过程中的问题，增进理解，与系统内企业、客户互通市场信息和产销安排。密切跟踪各生产企业装置建设与开工生产动态，及时保证装置原料需求。如面对部分企业大修和干气提浓装置投产打破饱和汽原有平衡的局面，公司合理安排饱和汽互供计划。面对炼油副产品主要生产企业所在地和消费增长最快的区域不一致的现实，及时做好资源平衡，实施跨区域资源调拨，稳定生产地周边市场，开拓增量市场，维护企业效益。

（三）加强自营业务，维护市场主导地位

随着中国石化产业升级，系统内炼油副产品资源量有所减少，为维护市场掌控力，近年来拓展了中国石化系统外资源自营业务。深化自营工作"一品一策"，有针对性地制定各产品的自营策略，做到抓得住重点、抓得到订单。注重"客户体验"，坚持"量效兼顾、量价双收"，提升自营质量，以销定购，采取针对性举措，完善销售网络，提升精准营销水平，做大总量，提升市场占有率和话语权。

五、注重物流体系优化，全面提升服务价值

（一）整合有效资源，优化物流仓储布局

发挥集中资源调配、集中客户管理、集中营销渠道的市场优势，细分各类客户，建设现代物流优化

体系，建立信息化管理系统，加大产品配送力度，增强管理效能和客户黏性。抓好仓储物流工作是公司提升竞争能力的关键一环，公司持续推进物流和仓储设施建设，促进资源和市场有效对接，巩固市场竞争优势。开展全区域资源统筹，加强物流网络建设，优化仓储布局，通过提升物流水平，使物流能力与业务经营配套，增强掌控市场的能力，为公司优化营销策略、提升经营质量提供保障。利用系统内企业闲置资产，提升整体增效水平，2020年仅盘活企业固定资产一项可为企业增加效益约千万元，充分体现了系统内一盘棋建设和营销体制改革的成果。推进公司物流供应链体系建设，以物流供应链的管理优化促进产业链的整合，推动产业链体系向上下游延伸，实现全产业链的合作共赢。

（二）规范物流合作模式，培养战略合作伙伴

强化与铁路部门的战略合作，建立以各路局货运中心、调运处为重点的联络机制，以集中销售后的运量取得路局的政策性支持，实现降本增效。广泛开展多式联运试点工作，推动"公转铁""水转铁"业务。规范以公路为主体的物流配送模式，建立公司物流运输价格评价体系，优化公路水路配送线路价格，降低物流综合成本，提高运行效率。建立完善铁路沥青自备罐车信息化管理体系，对库区装卸现场、储存等相关合作方加强信息化管理，提升管理水平。不断创新采用集装箱敞顶车出厂、多式联运模式等方式，为石油焦、沥青等产品销售解决后顾之忧。积极发挥"前沿库"的作用，重庆"前沿库"对调节沥青市场供需、扩大品牌影响、增强西南市场的竞争力提供了支撑。

六、做好内外贸易统筹，积极开拓国际市场

（一）加强外贸业务，优化市场布局

挖掘和开拓国内国际"两种资源、两个市场"，设立国际贸易部及上海自贸区子公司作为国际化经营桥头堡，加强人才培养，深化交流合作。液化气业务拓宽进口工业气渠道，补充深加工客户原料需求，跟进轻烃基地建设及企业原料需求变化，满足企业补充进口原料需求。石油焦业务利用国内渠道优势，积极开拓碳素焦的进口业务。沥青进口业务建立定向销售机制和存货经营模式，出口业务持续做好"东海牌"品牌推广，加强与系统内工程单位的对接、与"中字头"建设单位的联系，将"东海牌"沥青应用到海外工程中。通过与"中字头"单位建立项目合作关系并联合出海、拓展来料加工业务、独立参加越南等国际市场项目投标等，加强国际市场开发，提高市场竞争实力。

（二）注重精品工程打造，提升产品国际影响力

"东海牌"沥青以优异的品质和稳定的质量获得了海内外的一致认可，已成为国内外最具影响力的沥青产品。2019年，中巴经济走廊最大交通基础设施项目——巴基斯坦PKM高速公路建成，该公路是巴基斯坦南北交通大动脉，是"一带一路"重点工程，是中巴友好合作的典型示范工程。该高速公路采用了"东海牌"沥青，这是中国散装沥青第一次在巴基斯坦大规模使用。2020年2月，"东海牌"沥青成功应用于越南F1赛道，这是中国石化继2003年中国上海F1赛道后供应的第二条F1赛道。

七、发挥产销研用优势，持续深化品牌建设

（一）夯实品牌建设基础，提升产业链综合效益

发挥产销研用一体化优势，成立中国石化炼油特殊产品应用技术中心，与系统内外科研单位联合开展产品提质增效攻关，推动科技转化，提升现有产品的科技含量与炼油产业链价值。坚持创新为先，质量为王，积极开展系列化、差异化、高端化产品的研究和市场推广。与中石化所属科研院所联合开展利用劣质油浆生产优质油系针状焦科研攻关，完成针状焦工业试验及产品应用开发，明确产品分级应用及关键技术指标，推动形成"产品+应用+方案"销售模式，从无到有建立高端碳材料应用渠道，为炼油转型升级提供成功案例。推进催化油浆与乙烯焦油经济性综合利用，以低价资源的高端应用开发实现创新创效，提高炼油产业链整体效益。开展普通道路沥青质量升级试验及定制改性沥青、高标号防水沥

青专用料试验，推动沥青新产品开发和高端产品市场应用。联合石家庄、燕山等生产企业开展沥青质量升级，提升企业经济效益。以焦化液化气作为试点进行组成成分的细化分离，制定焦化液化气组分分离销售方案，实现资源深加工利用和组分销售深度合作，提高工业气比例，改善民用气质量，提高差异化销售创效能力。守住产品质量和企业信誉，不断提升品牌附加值。设计样式统一、信息齐全、检测结果规范、布局美观的产品合格证，开展防伪系统建设。

（二）实施个性化定制，推行全生命周期合作模式

全生命周期合作模式指以炼油销售公司为纽带，与产销研用环节涉及的各单位在产品的设计、研发、试验、市场推介、规模化生产、产品使用后效果跟踪评价等全流程进行合作。北京大兴国际机场高速公路项目和新航站楼设计对沥青的高低温要求极其苛刻，沥青路面抗高温76℃，耐低温－28℃，炼油销售公司联合科研院所和生产企业进行个性化设计和生产优化，确保了改性沥青高低温综合性完全满足北京气候环境和极端气象条件。西藏拉萨至林芝高速公路项目是全生命周期合作模式的成功案例。使用"东海牌"沥青的拉林高速是西藏首条真正意义上的高速公路，炼油销售公司成立专项技术服务团队和物流服务团队，全程驻守在高原上，克服特殊地理环境带来的高原反应，负责各施工点现场的技术对接、指导和服务，不断优化技术指标，提高服务质量，保障项目完美竣工。开发高速铁路专用沥青和专用乳化沥青，先后在京沪、哈大、成绵、京福、沪昆、沪宁等17个重点工程项目成功应用，"高铁服务模式"受到集团公司和行业的肯定。凭着优良的产品质量和完善的服务网络，"东海牌"沥青广泛应用于上海F1国际赛道、东海大桥、上海虹桥机场枢纽、沪宁高速、北京奥运鸟巢主场馆、北京长安街、首都机场高速等项目中。

八、确保依法合规运营，不断强化体系管理

（一）注重运行效率，建立高效管理机制

炼油销售公司本部销售部门人员精干，销售业务分产品、分区域直面市场，代表处在现场协调生产企业、对接客户，形成了快速决策、灵活应对的销售机制。建立和强化"一个龙头、一套制度、一个基础、两个抓手、三条数据流"的内部运行机制。坚持以计划管理为龙头，以制度为保障，以安全管理为基础，以信息化和业财融合为抓手，以物流、资金流、信息流三条数据流为支撑，建立一整套包括产销协调、销售业绩评价考核、营销管理、风险管控、服务管理等在内的管理体系，确保企业运营管理高效合规。

（二）注重合规运营和专业化管理

统一计划安排，匹配资源供应和市场需求，达到"从上至下"和"从下至上"双向的充分沟通，坚持以月保季、以季保年指导合理分配资源，避免经营的盲目性，并根据计划开展清晰的检查评估工作。面对日趋激烈的市场竞争和内部资源的不确定性，为充分挖掘各种资源、稳定客户队伍、维护市场份额，加强计划的统筹协调，从而保证每年各项经营目标顺利完成。始终坚持"制度治企"，持续开展制度标准化建设，明确管理职责及流程，实现管理制度化和规范化。注重财务管理在公司经营中的核心地位，建立全面预算管理制度和经济活动分析制度，为公司经营发展提供坚强的财务支撑。加强信息化建设与管理，实现销售管理信息系统、业务分析系统以及内控管理、合同管理信息系统等上线运行，有力支撑公司经营管理。提高对风险管理重要性的认识和风险防范能力，突出防范化解债务风险，确保预付、应收账款和存货有效受控，推进过程管控常态化，加强经营风险点排查，完善风险管控体系，提高风险管控水平和预防处置能力。强化安全主体责任，推动HSSE管理体系与一体化工作的深度融合。结合公司实际，从源头抓起，对危险化学品运输各环节进行系统优化，构建全过程信息化监管体系。

（三）加强专业人才培养，形成高素质员工队伍

炼油销售公司现有员工近 400 人，专业技术人员占总数的 81.33%，中级职称及以上人员占总数的 56.78%。公司将员工能力、工作年限、岗位要求、业绩以及对公司的贡献程度等与职位等级联系起来，并与相应的激励报酬挂钩，建立清晰的职业发展通道。定期将员工的业绩情况与标准进行比对，实现对员工的动态管理。将公司的企业文化和经营理念融入员工的选聘、培养以及管理等各个环节，实现制度选人、文化育人和事业留人。

（成果创造人：凌逸群、陈尧焕、王净依、马新华、伊光明、郝同乐、杨　勇、王新军、张建成、胡金玉、杨建云、张　曼）

电力高科技企业满足客户个性化需求的精准化客服管理

南瑞集团有限公司

南瑞集团有限公司（以下简称南瑞集团）适应新时代数字技术革命发展趋势，坚持"以客户为中心"，始于客户需求、立于持续改进、终于客户满意。落实"以客户需求为导向，快速响应客户需求，为客户提供高质量的产品和服务"的核心服务理念，为客户创造价值，为企业创造效益。专注于客户对电力设备产品和服务的个性化、多元化需求，推进客户服务要素和服务过程数字化，建立基于智能化辅助决策的协同客户管理体系，为业务决策提供科学辅助。以一体系（全过程客户服务体系）、一平台（数字化客服平台）、一画像（立体化客户画像）、一视图（可视化体验看板）"四位一体"的有效应用为手段，实现客户个性化需求从获取到满足的闭环响应。南瑞集团精准化客服管理有力推动了客服组织体系的优化，实现了客服管理流程的完善，为客户提供了精准化响应、精益化管理服务保障，支撑了集团高质量发展。

一、强化顶层设计规划，构建全过程服务管理体系

（一）构建基于服务触点的全过程服务管理体系

南瑞集团围绕"建设具有全球竞争力的国际一流高科技产业集团"的战略目标，以紧盯客户需求，实现客户价值最大化为抓手，对客户服务管理体系建设进行顶层规划，加快推动服务方式、服务范围和服务内容转型。依托大数据、移动互联网、人工智能、区块链等新技术，构建基于服务触点的全过程客户服务管理体系，满足客户全方位、多场景、多元化的需求，涵盖客户需求、客户跟踪、合同履约和售后服务各阶段，汇总全过程客户服务触点信息，全景跟踪客户个性化需求，从服务质量、价值实现、成本投入方面综合评价服务效能，形成以满足客户需求、实现客户价值、提升企业效益为最终目标的新的客服管理维度。推动客户服务方式由"被动服务"向"主动服务"转型，服务范围由"业务视角"向"客户视角"转型，服务内容由"标准化"向"数字化、精准化、可视化"转型，持续促进客服工作能力、服务质量与运营效益的提升。

（二）打造高效运行机制

"互联网+"时代，产品、知识以及技术的更新速度日益加快，面对瞬息万变的市场环境，企业组织必须做出快速反应和迅速决策以保持企业的竞争优势。摒弃传统的金字塔状的企业管理结构，根据效率优先的原则建立扁平化的组织结构，尽量减少组织层次，及时调整服务职能，保持组织运作的高效便捷，有利于企业快速响应客户需求，提升客户感知，保证客户满意度。南瑞集团坚持以客户为中心，满足客户需求，实现客户价值，建立集团统一组织运作、产业公司主体作用充分发挥的运行方式，实现运行平台化、支撑专业化、营销服务一体化，进一步提高运行效率、运行质量，打造管理统一、资源共享、协同有序、运营高效的客服运行机制。

以客户为中心：统一客户界面，以客户维度开展营销业务，在客户层面消除内部无序竞争。专注客户需求，提升客户服务专业化水平，落实质量营销、技术营销，为客户创造更高价值，成为客户信赖的合作伙伴。

管理统一：建立统一营销服务平台，组建统一营销服务团队，统一利用营销资源，统一开展业务策划，树立统一品牌形象。

资源共享：整合集团优势资源，推动同行业内、不同业务主体间市场信息、营销渠道、客户关系等

资源共享互补，为产业公司提供更宽广的市场舞台，为业务发展提供更强大的营销服务力量。

协同有序：客服体系各要素全面协调、共同参与、各司其职，实现营销、生产、研发多体系有序协同，实现全面可持续发展。

运营高效：突出企业运营效率与效益，平台化运作、集约化管理，推进营销客服一体化，实现资源利用效率高、履约服务水平高、营销工作效益高。

（三）实施客户忠诚战略

企业和客户之间是长期和双赢的关系，双方共同创造价值，确定、争取和保留"忠诚客户"是电力装备制造型企业的头等大事。南瑞集团在售前、售中、售后全过程与客户的接触中，专注客户个性化需求，为客户提供定制化服务，用高专业水准、可持续的服务能力赢得了客户信任，提高了客户认同度。通过为客户提供高标准、定制化的产品和服务，能够有效满足客户个性化需求，提高客户的感知价值。在此基础之上，建立起客户需求满足与企业服务理念高度契合的服务文化，有助于提升企业品牌形象，培养更多的忠诚客户，获取更多的市场利润。南瑞集团积极推进"以客户为中心"的服务文化建设，在服务意识上"想客户之所想，急客户之所急"，在服务技能上崇尚"工匠精神"，积极打造诚信、平等、共赢的客户服务理念，待客户以真诚，与客户交朋友，为客户创造价值，实现双方共赢。南瑞集团将客户忠诚战略融入集团各项业务流程，开展产品满意度和服务满意度评价、NPS（客户净推荐值）关键指标评价、客户需求适应性评估，树立集团品牌知名度和美誉度，鼓励忠诚客户向其他需求商介绍和推荐集团的产品和服务，从而使业务进入良性循环，促进集团长期经营目标的实现。

二、强化三级服务协同组织体系，扁平化处理客户个性化需求

在数字化时代，速度和敏捷成为企业的关键成功要素，以传统科层制为理论建立起来的自上而下的层层下达或自下而上的逐级汇报组织架构不再适应时代要求，亟须打造企业和客户扁平化、端对端的直接联系途径，实现信息在不同组织层级之间快速流畅地传递和共享。南瑞集团依托行业特点和客户个性化需求，基于"触点管理"和"一点、两翼、四要素"，建立健全以客户为中心，追求客户价值最大化的扁平化组织架构，实现多人、多维度、多层级高效协同服务支撑。

（一）强化三级服务协同组织体系

强化集团各业务部门间、总包项目各产业单位间、产业单位各内部部门间的横向协同，全面落实客服工作统筹协调机制，逐步将标准化客户服务向满足客户个性化需求延伸，实现客服管理、商机管理、合同管理、生产管理、服务履约管理、质保管理等相关业务数据的深度融合共享，为客户提供"一站式"整体服务解决方案，确保纵向贯通，保障服务响应。构建"客服中心、事业部/产业单位、项目执行部门"三级服务协同响应支撑，畅通营销服务中心与各产业单位间的双向协同渠道，明确客户个性化需求的响应时长、处理时长、满意度回访等管理要求，确保客户诉求得到及时、规范解决，实现业务管理流程的闭环管理。健全客服岗位设置，在各单位全面配置客服专责、一线服务人员、项目经理等岗位，明确各岗位职责定位，实现客户个性化需求"点到点"传递，支撑客户服务在营销中心和产业单位的全覆盖。

（二）统一客户服务界面

南瑞集团以触点管理为基础，强化客户服务统筹管理，制定统一的客户诉求处理流程规范，结合集团实际业务特点，对客户服务触点进行归类，细致梳理需求管理、商机管理、合同管理、售后管理触点，有效识别符合集团发展目标或能够提供产品与服务满足客户需求的里程碑信息，为客户提供专业化、个性化的服务。以满足客户需求为目标，在集团内部通过物联网、大数据、移动互联网等技术的应用，对信息自动采集、实时传输，实现信息在组织不同层级之间快速流畅地传递和共享，精准指向关键岗位人员，快速响应客户需求。以用户的多维度触点管理为抓手，建设统一对外的电话、网站、公众

号、App 等客户诉求受理渠道，实现客户诉求受理一口对外、全渠道接入、7×24 小时服务，确保客户一次需求、营销一个接口、服务一步到位。

（三）建立需求响应短流程

围绕"一点、两翼、四要素"开展客服工作，"一点"即客户服务售前、售中、售后各环节中的服务触点，"两翼"即客户的诉求与服务，"四要素"即客户、服务团队、合同和产品。以客户个性化需求为出发点，按照统一的程序、规定动作和方法处理业务，厘清和管理好所有主、支流程间的关系，以及流程上下游节点的关系，注重流程中每个节点的效率，确保流程间相互协调发挥应有的作用，实现"管理链条最短化"，增加管理的透明度，保障流程整体的完整性和顺畅性。细化客户需求分类、分级方法，明确工单流转原则，明确服务岗位职责，明确各环节响应时限与处理要求，共享流程各环节数据信息，强化过程监督和评价，促进服务效率持续提升。

三、建设数字化客服平台，深度挖掘客户个性化需求

南瑞集团围绕客户个性化需求，建设统一数字化客户服务平台，利用物联网技术、5G 通信技术，全方位、多维度快速接入客户服务全过程触点信息，实现客户数据的采集、实时分析以及再触达的数据闭环。利用云平台技术、大数据技术，充分处理多源数据，为应用服务提供统一的数据平台支撑，打造"一体化联动""一站式服务"的数字化服务平台。利用移动互联网技术、人工智能技术，推动新应用服务或业务快速上线，有效支撑一线员工及客户，满足客户服务个性化的要求。

（一）打造个性化需求多元服务枢纽

依托数字化技术，多方位获取客户的个性化需求及响应客户需求的服务过程数据，为客户提供个性化、互动化、多元化的综合服务。丰富客服平台（CISP 2.0）功能，结合全过程客户服务触点，优化内部协作，建立一体化的客服管理流程。打造业务融合平台，以客户为中心，推动营销中心、工程中心、生产中心等部门间的客户服务工作有序衔接，实现业务领域间的持续融合与价值共享。打造技术共享平台，利用集团各部门各专业优势，建设客户服务技术交流平台，围绕个性需求、产品信息、技术要点、解决案例等开展知识库建设，实现客户服务工作经验与解决方案的交流共享，支撑各专业知识便捷准确检索以及关联知识精准推送，快速定位与解决服务诉求。

（二）建立统一客服数据中台

南瑞集团通过多渠道、多方式获取相关客户诉求，从中提炼客户信息、诉求热点信息、产品信息等，并与其他业务系统的数据进行交叉融合，逐步形成集团的数据中台，涵盖客户数据中心、产品数据中心、合同数据中心、诉求数据中心等，从而逐步推进由抽象数据能力的共性形成通用数据服务能力的建设，为相关业务提供数据支撑。围绕客户诉求，以客户为中心，围绕多维互动的客户服务视角，积极推进各专业间的业务应用共享与融合，归纳提炼客服管理、工程管理、生产管理、营销管理等业务应用共性点，逐步推进由面向事务的业务流程共性特征形成通用业务协同能力的建设，有序建立集团的业务中台。业务中台中沉淀的业务数据进入数据中台进行体系化的加工，再以服务化的方式支撑业务中台上的应用，而这些应用产生的新数据又流转到数据中台，形成循环不息的数据闭环。通过深入分析客户诉求，加快各专业间的信息共享与业务融合，为客户提供个性化、整体化的解决方案，保障了客户诉求的快速响应与良好的客户体验。

（三）多维应用客户服务移动端

南瑞集团推进客户服务移动端推广上线和应用，增加客户个性化需求反馈触点，推动建立更广泛的客户连接和数据交互。随着移动互联网的发展和智能手机的遍及，移动 App 成为客户服务工作开展的新舞台。基于微信端开发的客户服务程序，具备无须下载安装与"用完即走"的轻应用特点，极大地改善了用户体验。开发客服小程序，通过二维码，实现产品与项目的建设历程、售后服务等信息的追

溯；通过远程视频手段，实现研发人员对一线项目人员的实时技术支持。客户随时随地利用移动客户端与企业进行双向沟通，便捷地向企业反馈个性化需求，方便地查询与自身紧密关联的需求和项目的进展情况，提高信息透明度，减少信息不对称，降低与企业的沟通成本。

四、构建立体化客户画像，精准服务客户个性化需求

电力市场的多元化逐渐形成，不同业务领域、不同类型的客户对服务的个性化需求凸显，迫切需要加强对客户识别、选择、争取、发展与保持的"一体化"客服管理，利用相关的数据模型将抽象化的客户需求进行归纳总结，通过数据模型剥离出最后的结论，形成"源于数据、高于数据"的客户标签，精准分析客户行为和个性化需求，为企业在客户识别、精准营销、拓展市场、提升服务质量等方面提供有效支撑。

（一）多维度采集客户信息

通过员工录入、网络爬虫、与其他业务系统融合等方式开展客户个性化需求收集工作。利用爬虫程序获取内部网站以及重点关注的外网网站数据，及时掌握客户动态资讯，精准推送一线营销人员，提升自有渠道的销售能力和客户感知。结合国家企业信用信息公示系统、天眼查等网站获取准确的企业信息，将企业信息与采集的客户信息相匹配，形成集客户基本信息、信用信息、交易信息、行政处罚信息、经营异常信息、联系人信息于一体的客户数据中心，成功识别5.1万余条真实客户信息。开展客服管理建设工作，有效关联合同、客户、产品等信息，建立客户单位、客户个性化需求动态完善更新机制，实现合同数据与客户信息全覆盖、相一致。定期开展数据治理，建立客户数据定期维护管理机制，提升数据质量，为开展相关高级应用分析提供基础保障。

（二）构建立体化客户画像

基于客户画像形成更全面的客户理解，建立、执行和优化客户选择、产品设计、营销策划、互动体验、关系维系、风险管理和服务运营的相关策略。围绕服务触点，结合服务诉求，还原服务情境，分析客户服务诉求的心路变化及服务诉求的内在动因，遵循科学性、全面性、可操作性及恰当性原则，对电力装备企业的客户进行全方位的梳理和分类，建立健全客户数据模型，从基础信息、内在诉求、行为洞察、客户价值四个维度逐层展开客户画像，形成4个一级标签，16个二级标签。从合同签约、项目管理、安全质量、履约服务、信用评价等服务诉求角度构建立体化的客户画像，准确识别客户，维护好关键客户，培育潜在客户，淘汰无价值客户，记录并维护客户的个性特征和需求偏好，预测客户需求动向。根据客户的行为变化等信息在第一时间实现快速响应，使集团处于客服管理的主动地位。

（三）精准服务客户个性化需求

从客户个性化需求出发，以服务生命周期与客户全方位感知为切入点，归纳不同类型客户的共性与特征。通过客户对产品的应用频率、诉求反馈等指标，判别客户类型和偏好；通过对客户问题和工单数据的分析，了解客户的需求和痛点等。按照客户重要程度对潜在价值进行定级，针对不同类型的客户，从服务范围、响应速度、服务频率等维度开展分级服务受理。通过精准服务客户个性化需求，提升客户体验，优化客户关系，保障资源的高效配置。

五、打造可视化体验场景，动态感知客户个性化需求

在数字化时代，信息每天都以爆炸式的速度增长，其复杂性越来越高，对数据可视化场景的需求越发迫切，最有代表的场景应用之一就是双十一购物狂欢节采用实时数据大屏，带给客户更加准确、震撼和清晰的体验。南瑞集团树立"全员服务、全过程服务、全方位服务"和"在线可评估，动态感知"的理念，在业内提出客户服务过程交互数字化，通过对客户需求原始数据进行个性化、结构化的处理，将数值以图形化方式传递给客户，客户通过人机交互的方式进行反向转换，从而更好地了解数据背后的问题和规律，提升客户服务感知。

（一）拓宽个性化需求接入渠道

开展客服平台与其他系统的集成工作，为客户提供企业微信、邮件、移动 App 等多样化的服务入口，实现客户个性化需求多样接入。丰富个性化需求来源的维度，其中，服务窗口维度是指通过服务热线、企业信箱、传真等传统方式接收客户个性化需求；流程流转维度是指通过集团内部的管理流程识别客户个性化需求（如 OA 系统流转、业务督办等）；专业机构维度是由其他业务部门及第三方单位识别客户个性化需求（如营销市场拜访、满意度调查等）；项目管理维度是指在项目建设过程中识别客户个性化需求（如建设单位的服务质量评价、项目风险识别等）；项目实施维度是指一线项目人员识别或挖掘客户个性化需求；数据挖掘维度是指通过营销、生产、项目管理、财务等相关业务数据的深度融合与挖掘，从中识别客户的个性化需求。南瑞集团利用大数据技术，实现客服平台与集团 ERP、CRM、生产管理等系统的对接，建立客户—合同—产品—服务实施等客户服务全过程的数据融合机制，深入挖掘客户的显性诉求与个性化诉求。

（二）设计可视化体验看板

"运行状态"看板可视化：实时抽取各类应用场景、服务场景中客户个性化需求数据，积极开展运营及决策智能化研究，深入研究大数据分析和应用，利用相应分析手段和分析工具，从业务角度解析结果，展示数据在不同维度下的规律，分析业务发展态势，及时了解各单位客户个性化需求、客户满意度等情况，辅助领导进行客户走访、专项工作推进等方面的决策与工作部署。定期发布客户服务数据分析报告，提出服务运营质量和业务支撑工作质量改进建议，为服务运营决策提供数据支撑。

"质量体验"看板可视化：集成了与质量相关的各类指标与数据，包括相对严重的质量异议事件的统计信息，以及客户的主观体验评分（包括正面评价和负面抱怨）。南瑞集团为所有需要参与质量异议处理的部门提供了一个统一的追踪面板，让各方知道企业在当前的生产运营过程中存在哪些严重问题，并可以通过相关指标监测解决问题的进展。同时将展示客服平台收集的客户质量体验数据，让各个部门得以知晓客户在使用过程中的主观感受，哪怕是对一些小瑕疵的不满。这些数据使相关产业单位能及时发现客户的不满之处，并有针对性地进行干预，为提高客户服务满意度提供风险预警能力支撑。"质量体验"看板是强大的管理工具，它可以为整个组织带来必要的质量透明度，并推动各部门基于数据积极地采取行动。

"服务体验"看板可视化：集成了多渠道收集的客户个性化需求反馈数据，总结出客户对不同触点的整体和具体感受。这种"直达总部"的反馈改变了一线客户人员的心态，由于他们的服务水平会反映在客户反馈中，且数据会在企业中共享，促使他们倾听客户的需求，解决客户关切的问题。另外，这些清晰展示的数据使得企业管理层和市场团队能够对客户个性化需求进行实时跟踪和深度分析，在此基础上设计工具，改造客户旅程并执行后端的改善举措，通过更好地支持一线人员来不断提升客户服务水平。

（三）闭环响应客户个性化需求

为确保客户个性化需求信息能转变为组织行动进而形成闭环，南瑞集团在三个方面部署了组织改进，即团队、流程和激励。在团队方面，组建全员参与的跨部门客户体验团队，市场营销部门牵头，作为企业"以客户为中心"的大脑，由他们设计、监督相应计划的执行，并定期向集团经营班子汇报。在流程设置方面，设计一系列标准流程来处置各种类型的客户个性化需求。以产品质量处理流程为例，一个责任清晰、时间明确的流程图可供各部门单位有序执行；对于服务体验的负面反馈，将通知相关责任单位处理，处理结果将定期发布及通报。在激励方面，调整多项激励规则，嘉奖致力于满足客户个性化需求，提供给客户更合适的产品或者服务的员工，鼓励各部门单位积极向客户获取真实反馈，协作改进客户体验。

六、建立全方位考核评价机制，促进服务水平持续提升

南瑞集团建立了全方位考核激励机制，形成了标准统一的服务培训计划、考核评价体系和质量监控机制，保障客户个性化需求得到满足。

（一）制订统一的服务培训计划

建立统一的服务管理制度，统一"服务受理、业务分类、工单处理、质量检测、客户回访、服务评价"标准，消除了不同专业间的服务差异，形成全集团"自上而下、有序运营"的服务机制。以全员培训与重点培训相结合的方式，定期开展客服代表、客服专责培训，加强客服人员对集团产品板块、产品线、客户定制化需求的认识和理解。选拔有能力、有干劲的员工组建专业客服团队，打造服务客户个性化需求的专业队伍。

（二）打造全方位考核评价体系

建立客户服务评价机制，从客服诉求响应率、履约服务、客户投诉、协同支撑等维度，客观准确评价集团整体服务状况，做到"业务规律抓得住、服务差距找得准、改进建议提得实"。制定《客户服务工作考核评价细则》，细化客户服务综合指标，量化评价客户服务质量，考评结果纳入企业负责人年度业绩责任考核。加大考核结果在薪酬分配、职务晋升、人才选拔等方面的应用，发挥考核激励的约束作用。

（三）落实服务质量监控机制

建立统一的服务奖惩制度，规范处理流程和标准，系统归类各类服务差错，各产业单位按照规范的服务流程与时限要求处置客户需求。建设统一的客户回访平台，从电话、短信、微信、邮件等多渠道对具备条件的单位开展集中回访。连续第九年开展第三方客户满意度评测工作，客观评价分析集团各产业单位、各产品线的客户满意度情况，与同行业企业开展客户评价对标，促进集团各产业单位产品与服务质量的提升。

（成果创造人：张启明、刘　斌、陆建华、陈香平、李守智、胡金坤、
盛祖宝、张　璟、徐嘉鹤、陈照红、崔永艳、张志鹏）

铁路运输企业基于旅客自助实名制核验的智能化服务管理

中国国家铁路集团有限公司

中国国家铁路集团有限公司(以下简称国铁集团)在习近平新时代中国特色社会主义思想指导下,坚持新发展理念,坚持以供给侧结构性改革为导向,坚持人民铁路为人民,聚焦"交通强国、铁路先行"的目标任务,对标国际先进标准水平,以创新发展为动力,以加快推进信息技术与铁路业务深度融合为主线,以构建智能化自助化服务体系、提升运营服务水平为重点,全面打造世界一流的铁路设施网络、技术装备、服务供给、安全水平、经营管理和治理水平。基于旅客的铁路自助实名制核验智能化服务,主要将人像识别技术与铁路客运业务有机结合,以创建的铁路人像识别分析平台为支撑,通过自助核验设备实现人(旅客人像识别)、证(旅客所持身份证)、票(根据身份证号码等信息在客票系统内查询核对其购票记录)的一致性核验;以实名制核验技术为依托,梳理优化客运服务流程,整合客票、旅服和公安等数据资源,实现不同部门、系统之间的数据共享,形成便捷、高效、智能的铁路客运业务体系;完善铁路实名制核验服务自助环节,实现铁路自助化服务闭环管理,构建以旅客为中心的自助化全流程服务模式。铁路自助实名制核验智能化服务的推行,有效缩减了旅客进出站排队等待时间,大幅提升了旅客服务体验和铁路运营组织效率,拓展了旅客服务领域,健全了铁路自助化全流程服务体系,保障了铁路车站畅通工程的顺利实施,适应了时代发展需要。

一、确立智能化服务管理思路

国铁集团主动适应国内经济社会发展需要,围绕供给侧结构性改革,以问题为导向,从人民群众最关心、最迫切的需求出发,以实现客运生产安全稳定、全面提升旅客服务质量和运营管理质量为着力点,对客运服务中的短板问题进行梳理研究。结合铁路运营特点,充分研究应用新技术、新装备,实现与客运业务的有机整合,重构服务流程,确立客运智能化服务管理思路,推行铁路特色服务模式,力争达到世界一流的现代化客运管理和服务水平。

二、拟定实施推广应用方案

国铁集团为确保智能化服务落到实处,通过实施自助实名制核验,积累智能化服务经验和夯实服务信息基础。国铁集团组织对不同行业人像识别技术的应用情况进行分析,详细了解应用场景、技术实现、设备配置等情况,并针对铁路大客流特点,拟定了技术路线和"先行先试、逐步推广、全面应用"的实施方案,确保旅客服务体验。2017年年初,国铁集团组织在部分铁路局集团公司旅客车站试点部署应用基于人像识别的自助实名制核验闸机,实现了旅客持铁路纸质车票、二代身份证进行自助实名制核验,取得了旅客一致认可。通过不断总结,国铁集团2018年组织研发了统一的人像识别算法,在上海虹桥站试点应用无纸化核验方式,旅客仅持二代身份证即可进行实名制核验,效果良好,并形成了相关技术标准。随后,全路推广应用自助实名制核验闸机。铁路车站大面积运用自助实名制核验设备进行旅客实名制核验,为后续开展基于自助实名制核验的智能化服务打下坚实基础。目前,全国地市级以上铁路旅客车站已部署应用自助实名制核验闸机,形成铁路特有的"刷脸进站"模式。

通过前期试点、设备调优,到后期全面推广应用和经验总结,形成了铁路特有的实名制智能化服务模式和技术方案,能够有效支撑日均超过300万的旅客办理自助实名制核验业务。

三、构建自助化全流程服务体系

旅客出行涉及购票、验证、进站、候车、乘车、出站等多个环节。国铁集团自2008年起,在全国铁路车站推行自助化服务方式，部署自动售票机、自动检票机、自助查询机等自助设备，丰富购票渠道和业务办理方式，逐步形成了以自助化服务为主、人工为辅的服务体系，极大地提升了铁路服务品质和旅客体验。随着电子客票的全面应用，全路旅客车站广泛部署应用自动检票机，旅客主要通过自助化的方式进行检票进出站，检票效率进一步提高，车站服务体验和服务品质大幅提升。提升实名制核验效率和体验已成为旅客的迫切愿望，也成为铁路全面自助化智能化服务的制约环节。通过运用相对成熟的人像识别技术，与实名制核验业务进行有机整合，推行旅客自助实名制核验服务，提高了进站核验效率，保证了核验准确率，提升了服务体验，并与购票、检票、延伸服务自助化相衔接，构建了基于实名制的"购票—进站检票—出站检票—延伸服务"的具有铁路特色的自助化全流程服务体系，形成智能化服务体系框架。另外，通过物联网、智能感知、"互联网+"等新技术在铁路的综合应用，建立了车站"人员—环境—设备"等数据实时感知的数字化动态模型，构建了车站智能化服务支撑体系，实现了客运生产组织的智能化、旅客服务的自助化、大功耗设备管理的精细化、安全应急辅助决策的精准化。

四、创建自主实名制核验平台

以为旅客出行全过程提供优质服务为目的，依托多种智能终端，综合运用大数据、人工智能、物联网等新技术，突出"核验方式链由单一机构服务向旅客个人自助的互联网服务模式延伸、服务内容链由纸质证件核验向多种电子信息化媒介横向拓展、信息化链由传统人工核验方式向基于深度学习的自动化识别方式智能提升"，在验证检票业务等环节为旅客提供具有个性化、智能化、协同化等特征的安全、便捷、高效出行服务。

（一）构建一体化实名制核验平台，让旅客"出行更智能"

首次提出铁路基于人像识别的自助核验应用模式，构建线上线下一体化实名制核验平台，实现融合图像识别智能化技术的旅客线上线下自助身份核验服务，引领我国铁路旅客服务技术达到世界铁路领先水平，让旅客"出行更智能"。

搭建基于人像识别的实名制核验业务系统架构，涵盖"国铁集团—铁路局集团公司—车站"三级，服务线上线下两种渠道；建立多种渠道终端统一接入、统一认证、统一管控的管理模式，实现多级网络条件的智能适配，支持业务应用动态加载和扩展机制。

第一，不断调优系统运行模型，充分利用终端设备边缘计算能力。针对不同核验终端，设计不同人像识别模式，充分利用线上手机核验终端的预处理能力，实现活体筛查、多张人脸图片智能选取、加密压缩传输、在线人像比对等功能；充分利用线下核验闸机智能终端节点的分布式计算能力，实现人像捕获、人像识别、离线人像比对等功能。

第二，充分考虑系统各级网络条件的限制，智能适配网络带宽，压缩占用流量。考虑到客票网带宽相对比较紧张，对于线下核验闸机实现人像离线识别比对，大幅降低网络带宽占用率；对于需要获取平台人像资源的业务，核验闸机仅下载人像特征值，进一步保证网络带宽低占用率；对于核验闸机算法、业务逻辑升级，实现天窗时间控制、基于令牌流量控制的智能升级模式，有效控制网络带宽的占用率和对现有业务的影响。

第三，搭建动态可扩展的实名制核验统一平台，为不同的使用场景和环境提供合适的人脸核验服务。针对铁路客运业务复杂，需求多样化、差异化的特征，并考虑到应用软件二次开发周期长、维护难，无法适应业务需求快速增长和变化的状况，设计了业务运行引擎、动态导航应用、多样化服务、多模态算法机制等自助实名制核验体系，实名制核验统一平台、核验终端具备多业务、多算法、多介质的兼容性、扩展性和动态适配能力。

第四，制定跨越多层网络架构的终端在线管理和控制方案，有效减少人力运维成本。根据铁路实名制核验终端数量众多、运行环境异构、硬件条件多模态的特征，建立高效、准确的终端管理控制模型，设计实现终端单点认证、状态收集、实时监控、统一控制的管理方式,拓展核验终端信息化管理方案,极大地提高问题定位与分析效率,有效减少人力运维成本。

(二) 开展铁路实名制数据共享服务,满足多部门业务需要

开展铁路实名制数据共享服务,统一实名制数据交互通道,实现跨部门、跨系统数据共享,保证内外部数据传输安全,统一实名制数据存储和查询出口,满足多部门业务数据应用、管理和监控的需要。

第一,统一内外部数据交换通道,实现系统间的横向集成和纵向贯通,充分利用既有硬件资源,实现跨部门数据共享,确保内外部数据传输安全,实现业务的高效处理。

第二,打通客票系统、旅客服务系统、公安系统等各业务系统之间的数据通道,打破系统间数据衔接壁垒,实现系统之间的数据汇聚。利用基于 SOA 和通用技术架构的接口服务,实现数据有序可控交互。

第三,支持与各业务系统信息共享以及联动,包括采集、加工、发布各信息系统相关生产数据,提供相应数据作业服务;支持用户查看、订阅、发布相关数据服务,提供数据服务授权认证等方面的安全保障。

第四,采用高可用分布式架构,集中式配置管理,在底层应用主流容器管理技术,实现业务按微服务、独立部署、升级管理和自动化运维,满足不间断运营的要求。

(三) 构建多层次安全保障体系,确保实名制数据安全

设计实现涵盖终端、网络传输、访问控制、数据存储的多层次安全保障体系,确保实名制数据交互的保密性和安全性。

第一,实现终端及接入安全防护。"铁路12306"App、闸机的主控程序和算法 SDK 经过程序签名、算法逻辑混淆、调用程序验签、与后台交互通信加签,收集设备指纹上传。针对移动终端,在算法层次进行硬件状态检测、驱动检测,对于不合法硬件拒绝服务,具备活体检测能力,防止活体攻击。此外,采用终端注册激活和授权访问等手段,确保终端接入的合法性。

第二,实现数据传输安全防护。终端传输数据均进行数据脱敏和加密签名,由平台进行解密验签、风险控制、频度控制以及流量控制,防止窃取、篡改和攻击。

第三,实现数据存储和主机安全防护。敏感数据均脱敏、加密和签名存储,后端服务器采用主机安全域隔离和安全代理相结合的防护手段,对服务器异常数据流量进行实时监控,防止数据泄露和被篡改。

五、完善铁路客运生产管理体系

基于旅客自助实名制核验的智能化服务的应用,提高了实名制验检环节的作业效率和准确率,丰富了铁路客运管理手段,完善了客运生产管理体系。

(一) 提高客运作业效率

铁路自助实名制核验模式应用以来,大量人工检验口调整为自助检验设备,辅以少量人工。通过测算,每台闸机每天的工作量相当于 3 个人工实名制核验口的工作量,在减少人力成本的同时,有效提高了实名制验证环节的作业效率和准确率,杜绝了无票人员进入车站、逃票,以及旅客进错车站等情况,规范了铁路车站检验票秩序,为旅客营造了更加安全、便捷的候车环境。

(二) 提高检验票准确率

自助实名制核验设备采用先进的人像识别技术,对持票旅客进行票证人的一致性核验,有效消除了倒卖假票的问题,同时也避免了因作业人员业务水平差异引起的误检、漏检。自动检票机检票时对实名制核验记录进行二次核验,未经实名制核验记录的旅客不允许检票乘车,有效遏制了持不同证件购买"两头票"的逃票行为,充分利用技术手段解决了客运管理难题,为客运管理提供了新思路和技术

支撑。

（三）形成智能化服务运营模式

铁路自助实名制核验的推行，将传统的人工进站验票模式变为旅客自助进站验票模式，车站由复杂的人员管理变为简单的设备管理，缓解了铁路客运管理压力，丰富了客运管理手段，减轻了检票人员作业强度，减少了人工沟通成本，有效降低了铁路运输企业运营成本和生产安全风险。随着实名制核验方式由识读实名制身份证件到识读人脸或手机二维码方式的转变，核验效率将进一步提升，铁路将形成智能化服务运营模式，使旅客获得感进一步增强。

（四）逐步实现精细化管理

基于实名制的智能化服务，从数据源头的采集、分析，为铁路客运管理人员提供决策支持。通过对购票、实名制核验、进出站检票数据进行大数据分析，可实时掌握车站候车区域旅客数量、车站站台旅客数量以及即将进站旅客数量等车站区域人员分布状况，方便铁路车站客运组织策略的灵活调整，为车站客运管理提供了重要技术支撑，实现了铁路车站客运组织的精细化管理。特别是春节、国庆、小长假以及重大活动期间，可实现旅客流量的动态控制，方便车站灵活调整客运组织方式。另外，通过对基于实名制的数据进行综合分析，可以研究客流变化规律，预测不同时段、不同方向的客流动态，从而合理调配资源，解决客流波动给铁路客运带来的极限压力；还可通过检票数据辅助制订列车开行和席位分配计划，不断优化客运组织。

（五）实现重点人员自动监控

实名制核验设备实时将核验数据传至铁路公安预警系统，铁路公安预警系统自动实现重点人员监控，根据重点人员购票信息进行有效布控、抓捕，为公安追捕逃犯、国家反恐控制人员提供重要活动信息，为铁路客运车站的安全运营提供有效保障。

（六）提升旅客获得感

旅客持实名制车票自助通过实名制核验设备进站检票乘车，减少了排队等待时间，提高了旅客获得感，有效缓解了旅客的焦急心理。同时，可为旅客提供基于实名制的个性化、定制化专属服务，满足了旅客不同的消费需求，提高了旅客满意度。另外，针对老人、儿童、残疾人等需要特殊帮助的重点旅客，能够通过实名制信息，提前制定更加人性化、专业化的服务。

（七）推动全面电子客票实施

旅客实名制是全路实施电子客票的基础。电子客票是推动智能客运发展的重要载体，将旅客全部的出行信息以电子化的方式进行存储，实现全行程信息闭环管理和出行信息的有机整合，提高各类资源的综合利用程度。基于实名制的电子客票为旅客提供无纸化的出行方式，免去旅客在出行前必须打印车票的环节，缩短了旅客的出行和排队等候时间，旅客仅需持二代身份证等有效证件即可自助完成进出站检验票、打印报销凭证、查询席位等业务，为旅客提供便捷、高效、环保的出行服务。全面电子客票的实施，为旅客提供了线上线下购票、退票、改签互通的服务模式，当行程发生变化时，旅客无须到车站办理变更业务，为旅客节省了大量宝贵的时间；铁路在票据使用、设备采购和人力资源三个方面也能够节约大量运营成本；另外，为多种旅客运输方式联合运输提供了基本条件。

六、拓展旅客服务业务

基于人像识别的铁路自助实名制核验模式应用之后，旅客从购票、进站、检票、乘车、出站等各个环节都实现了基于实名制的自助服务，减少了旅客进出站排队时间，改善了用户体验；拓展了客票系统的服务范围，能够为旅客提供更多的个性化延伸服务，包括订餐、订车、旅游、酒店预订、信息查询、救助支援等丰富的服务项目；将进出站数据与铁路大规模车流、客流数据相结合，实施了有效的数据校验，提升了数据精度，实现了铁路多元海量数据的动态汇聚，为数据的深度挖掘和有效利用提供了基础，为铁路数字化转型提供了新动能；此外，为铁路智能化发展奠定了基础。

铁路购票实名制的实行，有助于为旅客列车订餐提供人性化的服务。旅客购买了铁路车票，可以按照自己的需求订餐，配送员按照旅客预留的车厢、席位号将餐食配送到指定位置。自助实名制核验平台投入使用后，系统将自动提供位置信息，在规定时间内，准确将餐食配送给旅客。

通过自助实名制核验，可以在商务出差、旅游休闲等方面为旅客提供便捷的服务。通过实名制核验数据，可以获取用户的历史订票信息，通过大数据分析，确定旅客的用户类型和消费习惯，自动匹配旅客需求，为其提供智能化的服务。

铁路实名制核验的实行，有助于为旅客酒店预订提供人性化的服务。铁路实名制旅客通过"铁路12306"App 预订酒店产品后，入住酒店无须再出示相关证件，只需要提供实名制核验结果信息，从而提升了旅客的出行便利性，也解决了旅客因忘记携带相关证件带来的风险。

随着铁路实名制核验的实行，可以更方便地为旅客提供信息服务。通过实名制核验可获取旅客的车票信息，结合客运调度、客运管理、旅客服务等系统的数据，可以精准判断旅客所乘坐的列车是否晚点，以及到站客流是否异常，系统将自动推送相关信息到旅客终端设备，让旅客实时掌握出行动态。

（成果创造人：黄　欣、张艳芳、蔡　云、廉文彬、阎志远、郑　铎、
　　　　　　　刘子宽、游雪松、刘　峰、张志强、牟宏基、李昊光）

大型化肥生产企业以价值扩张为目标的品牌管理

国投新疆罗布泊钾盐有限责任公司

2014年以来，国投新疆罗布泊钾盐有限责任公司（以下简称国投罗钾）在"罗钾精神"的引领下，始终坚持文化引领，确立品牌理念，明确品牌管理主导思想，精准定位产品目标市场，针对不同的市场进行多层次、全维度的品牌创建和推广，多频次、多角度地开放参与节点，设计丰富多样的互动方式，完善品牌标识产权管理，构建二维码质量追溯体系，针对层出不穷的假冒、仿冒品牌产品实施多角度、全方位的精准打击，创新农化服务模式，构建多维度顾客满意度体系，打造以客户为中心的售后服务体系，精准预判、灵活施策，完善销售模式，积极布局国际市场，赋予矿肥高端产品纯天然、绿色、高效的内涵，让"罗布泊"品牌走向世界。国投罗钾善尽社会责任，塑造良好品牌形象，从而获得高密度的忠实客户群体，形成以打造"良心钾""放心钾"为核心的品牌管理模式与经验。

一、明确品牌管理的宗旨和指导思想

"罗布泊"硫酸钾具有纯天然、绿色矿肥的特点，产品生产所需原料来自罗布泊地下天然富钾卤水，通过物理技术工艺提炼出高纯度高效农用硫酸钾，整个过程不存在任何化学物质添加，真正做到了取之于自然，用之于自然。与国内加工型硫酸钾生产工艺相比，"罗布泊"硫酸钾的PH值为中性，不含游离酸，不含重金属，产品所含的钾、镁、硫等在为农作物生长提供所需营养的同时，可以有效保护土壤土质，降低土壤酸化，与用户对高端产品的要求完全契合。

国投罗钾奉行"坚持把良心放在粮食中，打造为中国'米袋子'和'菜篮子'负责的'良心钾''放心钾'，让质优价优的'罗布泊'品牌产品走进千家万户，惠泽'三农'"的品牌理念，将"罗布泊"品牌塑造成有实力、守信誉、负责任的世界级品牌。国投罗钾让产品的特点成为亮点，实现产品品牌的精准定位，向用户全面展示"罗布泊"硫酸钾的价值内涵，提升用户的经济效益，实现以"纯天然矿肥"为主线的品牌价值传递、扩展和延伸。

二、赋予产品纯天然、绿色、高效的内涵

（一）精准品牌定位，凸显产品特色与品牌价值

"罗布泊"硫酸钾的主要特点是：纯天然、绿色矿肥。国投罗钾让产品的特点成为亮点，实现产品品牌的精准定位，向用户全面展示"罗布泊"硫酸钾的价值内涵，让用户对产品特性和品牌特征有足够的认知度和认可度，形成"罗布泊"品牌矩阵，促使用户实现从寻找产品向追求品牌的思想转变。国投罗钾以产品的特点为核心竞争力，对产品品牌进行精准定位，打造以"纯天然矿肥"为主线的品牌管理模式。

（二）加强产权保护，完善品牌标识管理

为了进一步增强对"罗布泊"品牌的产权保护，加强品牌的排他性与唯一性，国投罗钾在"罗布泊"原有图文商标的基础上，注册与"罗布泊"相关的文字、拼音、图形等拓展性商标和防御性商标32个，有效建立"罗布泊"商标矩阵，构建形成"罗布泊"品牌保护管理体系，为品牌价值持续提升奠定基础。

（三）建立质量追溯体系，加强品牌保护

为了让客户全面了解产品信息，国投罗钾通过建设二维码质量追溯系统，将产品详细信息以二维码形式展现，并采用"一袋一码"方式印刷在产品外包装上。同时，在二维码中增设"产品反馈"功能，

客户通过手机扫描二维码可以了解产品信息，及时反馈产品改进建议与意见，从而实现产品的防伪功能，有效促进"客户—产品—厂商"的动态无障碍交流。

三、多样化宣传、多元化渗入，让品牌宣传推广"活"起来

（一）树立品牌培育理念

国投罗钾始终以产品品质为第一要务，以品牌实力为催化剂，坚持"价值发现、价值创造"的品牌培育理念，紧盯市场传播媒介方式动向与变化，积极创新产品推广方式，面向终端用户下沉品牌宣传推广重心。以新旧结合、老旧更替的多元化渠道、创新化模式将"罗布泊"产品"品质高、效果好、不含游离酸、不含重金属、富含微量元素、PH值呈中性"的特质植入用户心中，使"罗布泊"品牌文化深入人心。

（二）聚焦重点靶向宣传，提升品牌影响力

按照"重点区域、重点作物、重点突破"的实施方针，国投罗钾通过加强砂糖橘、香蕉、丑橘、猕猴桃、棉花、苹果、香梨、马铃薯等"地理标志作物"的宣传推广力度，创新"一区一品"靶向宣传模式，并利用优质电视媒体，对特定区域标志性农产品施用"罗布泊"硫酸钾的效果、技巧等进行集中立体推广宣传，以点带面解决农业种植问题，倡导科学施肥方式，让品牌深入人心，不断巩固"罗布泊"品牌的价值和影响力，提升"罗布泊"由品牌价值向商业价值转换的能力。

（三）丰富宣传方式，增强宣传实效

国投罗钾紧贴市场需求，打造"宣传快速通道"，从"互联网＋农业"入手，充分利用微信、抖音等多种新媒体，加大"罗布泊"品牌在新型网络媒介的曝光率，吸引农民对"罗布泊"品牌的关注。国投罗钾贴近农村农民需求，常态化开展"基层经常走，田间常常去"，根据实际需要，增加、改善宣传品的种类，改进宣传品的质量和实用性，以"小物件大作用"为宣传目的，把"罗布泊"打造成为最贴近用户生产生活的"实实在在的品牌"。

（四）打造媒介宣传阵地，传播品牌助农故事

为进一步彰显在助农、兴农事业中的责任央企品牌形象，国投罗钾利用"央视＋市县媒体"的电视媒体宣传组合方式进行深度传播，合理规划品牌传播周期，精准投放至目标农户。同时，选择国内优质媒体为合作对象，依托平面广告和宣传报道，制作系列品牌助农纪录片，以镜头捕捉的方式，讲好国投罗钾助农故事，赋予品牌灵魂与活力。

（五）打假维权，净化市场环境

伴随"罗布泊"品牌效益不断攀升、品牌效应持续扩张，农民对"罗布泊"钾肥的认同感和认可度大大提升。在各种利益诱惑的驱使下，假冒仿冒"罗布泊"产品的现象悄然滋生，极大地损害了农民的利益，扰乱了化肥市场的正常经营秩序。为了最大限度地保护农民权益，维护肥料市场的和谐氛围，国投罗钾组建"打假突击队"，按照一级部署、多层实施的模式，积极联合各地经销商、配合执法部门查封假冒仿冒产品，形成无死角打假高压态势，有力震慑了假冒、仿冒"罗布泊"产品品牌的违法行为，有效地肃清了肥料市场环境，为农民守住了利益，弘扬了社会正气。经过近几年的探索实践，形成一套完整的与政府执法部门、区域经销商、知名打假专家进行全方位联合打假的协作管理机制。

（六）完善农化服务模式，提高农化服务水平

随着我国农业的发展方向由增产向提质转变，国家出台各项农业政策，要求不断减少化肥用量，氮肥、磷肥、钾肥及复合肥等传统肥料市场供需格局正在逐渐被打破，与之相对的是水溶肥、中微肥、生物有机肥等新型肥料格局的形成，一破一立间，体现了我国农业对化肥需求的结构性调整与方向转变。"减量"减少的是化肥产品数量，而"增效"不仅是化肥使用效果的增加，更是与之相匹配的农化服务水平的提高。随着企业间竞争方式逐渐走向多元化，提升服务能力与服务水平成为当前企业提高营运软

实力的重要举措。提供长期、周到、专业的农化服务，不仅有助于企业"稳渠道、促营销"，而且可以获得用户对公司产品的"价值预期"与"指定需求"。

国投罗钾以技术升级与创新为导向，以服务创新为保障，采取主动上门、积极下乡等多种服务方式，与农民交流作物种植中的施肥要领与土地保养技巧，逐步引导农民从"盲目种"向"学会种"转变，实现购买肥料由"随便买"向"挑着买"的理性消费模式转变，从而进一步加强"罗布泊"品牌的农化服务能力，不断优化和延伸"罗布泊"品牌价值链，实现品牌效益与社会效益同步增长，推动"工业生产"与"农业服务"双轮驱动。

（七）构建多维度顾客满意度体系

国投罗钾摒弃以企业为中心的陈旧观念，在市场导向的引领下以获得客户满意为目标，每季度开展客户满意度调查，定期查访客户满意度、客户流失率、客户向心力、客户离心力等内容要素，有效了解阶段性客户对合同执行情况、区域管理、品牌宣传、产品销售服务等关键环节的整体评价结果，广泛收集用户相关建议与意见，及时掌握用户需求变化和品牌价值创造能力水平，并根据客户反馈的问题进行整改，完善用户满意度管理机制。通过持续加强与各级经销商的密切交流与沟通，及时获取终端市场信息，并充分结合国投罗钾目前的市场运营情况，持续改善与创新品牌宣传策略，增强用户品牌认同感，提升企业实力与品牌价值。

（八）打造以客户为中心的售后服务体系

建立健全"售前、售中、售后"服务体系，全程无缝对接用户对产品的反馈。根据用户诉求，及时解决运输过程中出现的外包装更换问题、中转库货物授权调拨问题，精确收集客户流向需求，确保将产品在既定的时间送达、交付客户手中，并对产品品质、保存方式、意见反馈渠道给予明确的指导，让用户买得放心、用得称心。

四、精准预判，灵活施策，构建新的营销模式

国投罗钾遵循市场变化规律，结合各地区、各时间段、各经销商等的不同情况，制定迎合不同需求的市场营销策略，形成适合市场发展的新的营销模式。

（一）规范流程，建立定价机制

国投罗钾成立由市场、销售、财务、技术等多部门联合商议的定价组织机构，创建价格制定六步法：第一步，详细建立营销的各种目标；第二步，编制产品需求表，显示在可供选择的价格水平上每一时期可能的购买量；第三步，估计在不同产量水平上的成本变化；第四步，考察竞争对手各种产品的价格，作为价格制定的基础和依据；第五步，在众多定价方法中筛选适合国投罗钾执行的科学定价方法；第六步，选定定价方法，并结合实际生产成本，形成最终的产品价格。

（二）创建产品定价工具模型

国投罗钾与相关专业科研团队通过收集钾肥发展史上的数据以及密切监测与钾肥价格变化关联的数据，经过反复分析、测算、推导论证，最终创建国内首个前瞻性产品定价机制与计价工具模型，形成一套完备的适用于产品外部综合市场的科学计价体系。

（三）丰富市场运营策略，构建新的营销模式

第一，加强形势研判，密切关注国内外经济发展新动向、行业走势及相关政策变化，认真分析潜在影响，加强对化肥市场全局性、周期规律趋势的预判，敏锐捕捉市场变化带来的新机遇，抓准切入点和突破口灵活施策，全面深入分析市场、收集客户反馈，按照"在发展中解决问题"和"一单一议"的销售原则，及时调整营销策略，积极履行合同，努力提升出口量及市场占有率，不断提升品牌价值扩张力。

第二，坚持以市场需求为导向，以获得客户满意为目标，通过固定的客户群体以及有效的市场调查方法掌握客户需求。根据市场、行业和客户情况，创新提出"分类、分等、分策"的销售策略和"共创、共享、合作双赢"的经营理念，打造出一批愿意紧跟公司步伐的稳定客户群及忠实用户。

第三，深入研究行业、产业链及消费变化趋势，结合各地区、各时间段、各经销商等的不同情况，创新推行量价多元组合策略、针对性供货策略等"参考一揽子营销策略"。同时，坚持"走货为主、量大从优、价格随行就市"的市场化配置原则，根据市场、行业和客户情况，推行联储联销、定储定销等销售策略，实现利益共享、风险共担、合作共赢。

第四，确立"旺季做销售，淡季做市场"的思路，紧盯市场发展变化机遇，在不断改进完善现有技术体系的基础上，通过丰富产品包装规格、提高产品性能、创新产品种类等举措，推出适合于市场新需求的产品，不断巩固提升市场占有率和品牌效应。

（四）积极开拓市场，优化销售区域布局

国投罗钾以优质产品为载体，充分利用自有铁路发运体系及集散仓储设施等资源，按照"分等、分策"原则，划分经销商及区域，有效集中整合及最大化利用市场优质资源，实行"重点区域特色作物重点宣传"的市场拓展机制，持续优化市场布局与销售渠道。

（五）坚持市场和需求导向，开发新产品

国投罗钾主动适应市场新常态，强化市场端和技术端深度融合，提升品牌价值，增强核心竞争力，保持行业引领地位。通过加快新产品开发和布局，尤其是加快全水溶硫酸钾和高钾镁肥的上市步伐，丰富产品结构，以适应市场需求，创造新的利润增长点，提升产品附加值，借此巩固和提高"罗布泊"产品的市场占有率。

五、积极布局国际市场，让"罗布泊"品牌走向世界

长期以来，我国硫酸钾供给结构相对稳定，供应渠道主要由三部分构成，分别是：以国投罗钾为代表的天然水盐体系矿肥，年供给总量约为160万吨，占供应总量的二分之一；另一部分为曼海姆加工型硫酸钾，年供给量约为150万吨；其余小部分来自国外进口。2014年以前，我国硫酸钾出口受到高关税政策的限制，鲜有产品出口，硫酸钾贸易基本以进口为主，且进口量相对较大，进出口主要呈现出"进多少出，稳供给"的格局。

2014年，我国开始调整硫酸钾出口关税，国内硫酸钾出口量开始逐渐攀升，与此同时，随着国投罗钾大型资源型企业的规模化生产，我国硫酸钾供给结构逐步改善，对重塑硫酸钾进出口格局起到推动作用。

（一）拓展出口市场

我国在扩大农化产品对外出口数量与种类的同时，为有效缓解国内化肥产能过剩的局面，2019年1月1日，实施化肥对外出口零关税政策。在出口政策的支持与利好下，2019年，我国硫酸钾对外出口量呈现历史性增长，按照海关数据统计，我国硫酸钾对外出口突破32.64万吨，创下历史新高，同比增长31.77万吨，增幅达到3651.72%，主要目标出口国为韩国、日本、印度等亚洲国家。

国投罗钾凭借自身产品品质及品牌优势，积极参与"一带一路"建设，在拓宽销售渠道，布局东南亚、非洲、大洋洲等国外市场的基础上，大力开拓进口需求较大且具有成本优势的邻国市场。借助硫酸钾特有的产品品质与纯天然产品特性，国投罗钾赢得海外市场的高度认可和广泛关注。

（二）建立合作共赢的销售模式

国投罗钾产品营销市场以国内农业市场与工业深加工市场为主，以适量海外出口为辅助，具有较高的国内外综合竞争力。

国内市场。国投罗钾以大区为单元，秉持持续强化与国内大型化肥流通企业的合作，实现强强联合和效益最大化的原则，寻找相应地区有实力、讲信誉的流通企业开展合作，借助其固有的渠道与平台提升"罗布泊"品牌在该地区的市场占有率，形成以新疆为基点，国内全覆盖的营销矩阵。

国际市场。国投罗钾借助大型贸易公司的贸易链条与丰富的客户资源，积极寻找优质海外客户，让其成为"罗布泊"品牌在海外市场的代言人和宣传者，实现"合作共赢、利益共享"的合作愿景。

六、善尽社会责任，塑造良好品牌形象

（一）开展扶贫帮困活动

国投罗钾作为驻疆央企，始终积极响应国家打赢脱贫攻坚战的号召，依托自身业务资源，通过组织开展"核心客户赴新疆考察捐赠活动"，积极引进外部物资力量，坚定当地人民脱贫决心和信心，全力支持新疆贫困地区摆脱贫困，走向幸福生活。

（二）实施农业帮扶脱困

帮助南疆贫困村村民建立林果示范园，聘请农业技术专家驻村指导种植，援建水利设施，进行高标准棉田改造，为当地农民捐赠硫酸钾、购置农资等，通过"输血+造血"方式，扶到点上，帮到根上，以实干和实效做群众的"知心人""贴心人""暖心人"，切实为当地百姓解决了部分困难，赢得了各族群众的信任和拥护，树立了央企良好的社会形象。

（三）开展科学种植、施肥用肥培训

国投罗钾在帮助新疆脱贫工作上持续采取"物资与农业技术交流双支持"方式，除主动为贫困地区提供物资方面的支援外，坚持"授人以鱼，不如授人以渔"的理念，针对贫困地区农业种植特色与结构，开展农业技术帮扶，实现当地农作物丰产丰收的目标。例如，两次赴和田县喀什塔什乡四个深度贫困村进行考察，确定"引进马铃薯种植"的新思路，实施"增产增收试验田项目"，开展"马铃薯种植技术观摩"等活动，落实"引进马铃薯种植"的新思路，跟踪实测当地马铃薯种植情况，并向当地农民传授科学种植、规范管理等方面的知识，提高种植技能与田间管理能力。通过引进马铃薯种植模式，带动当地村民增产增收增效。

（四）履行产品责任，优化产品结构

国投罗钾紧盯我国农业生产结构及方式变化，充分结合肥料的市场需求趋势，从产品包装上实现规格多样化。针对农业用肥渠道以需定产，配置50千克、40千克、25千克等不同重量的产品，满足近年来农业种植人口老龄化对轻便小包装产品的大量需求，让品牌服务贴近需求、更加人性化，让民族产品更好地服务我国"三农"建设。

（五）抗击新冠肺炎疫情，保障农业生产

2020年，受新冠肺炎疫情影响，全球资本市场动荡加剧，实体经济和供应链受到冲击，大部分化肥企业延迟复工，春季化肥市场告急。国投罗钾作为世界最大的硫酸钾生产企业，坚守"战"位，坚决打赢疫情防控阻击战。疫情防控期间，国投罗钾采取生产基地封闭式管理，从保生产、保能源供应和保物流运输等方面优化组织协调，多方储备原材料以满足生产需要，努力打通钾肥产品运输"大动脉"，畅通"微循环"。进一步强化经营管理，采取以销定产、延长检修时间等系列"硬核"管理手段，保安全、稳生产、降成本，积极应对疫情影响，推动企业经营提质增效。在抗疫情、保春耕夏种的关键时期，切实保障了硫酸钾的稳定生产供应和市场价格的基本稳定。

（成果创造人：李守江、李　琳、冯　立、杨玉明、谷　涛、刘玉磊、马兰华、吕　波、杨羽薇、郭　翔、牛建波、李金柱）

油服企业实现合作共赢的"全风险增气分成"服务管理

中国石油集团川庆钻探工程有限公司地质勘探开发研究院

中国石油集团川庆钻探工程有限公司地质勘探开发研究院（以下简称川庆地研院）依托技术创新、管理创新，走内涵式发展道路，坚持让老井焕发青春的理念，逐步让川庆钻探苏里格项目经理部、华北油田苏里格分公司、华气集团宜宾分公司等气田管理单位与该院达成共识。合作双方秉持"国家建设需要气，通力合作为找气"的宗旨，以油气工程技术服务"科研生产一体化"独特的产业链为优势，以"排水采气"特色技术为撒手锏，以"全风险增气分成"创新激励机制为动力，以"非甲非乙"的合作组织方式为基石，以提升气田开发能力和效益为核心，努力实现以科研为龙头的"科研生产一体化"发展方略。川庆地研院始终坚持以市场需求为导向，不断深化气井"排水采气"业务板块的研发投入，极大推动服务区块老气井"排水采气"业务的发展，促进甲乙方"增气分成"合作共赢管理水平的大提升，使苏里格区块一大批天然气"低效井""停躺井"变成"高产井"，不断探索出双方合作共赢的"新型技术服务模式"，大胆在外部油田闯出一片天地，从而赢得市场、发展市场、站稳市场。

一、明确目标，确定气田合作开采新思路

川庆地研院在长期开展一体化服务掌握区块"大数据"的基础上，结合相应区块现场的需求，以排水采气稳产业务为切入点，开展一体化服务的气田区块积液情况摸排，综合长期工艺实施的经验，在掌握核心技术的前提下，建立起了坚定的信心。在此基础上，甲乙双方经过多次调研、论证，探索推进一种合作共赢的创新商务模式，确定"单井承包，风险自负，合作共赢"的"全风险增气分成"运作思路，实现角度错位后资源重新整合，在依法合规的前提下开展有理有据的管理创新，从而突破制约供需平衡的传统天然气开发制度瓶颈。

川庆地研院作为工程技术服务方，以"立足川渝、走向全国、做强特色、延伸服务、科技兴院"的自身定位投入整个项目的运行。在甲乙方合作目标的指引下，川庆地研院强化工艺技术研究，实现地质、油化、开发等专业技术的集成发展，立足自主创新，打造"川庆地研"排水采气特色技术品牌，持续研发实用技术，专利授权年均增长达20%，产值增长10%以上。与此同时，2012年开始，陆续签订苏75、苏5、桃7、苏59、苏43等区块的全风险增气分成合同。合作范围逐年延伸，通过增气分成业务的带动，甲乙方合作共赢理念更加融合。川庆地研院地质综合研究、动态分析评价、分析试验等业务内容依次进入相应区块，合作深度广度得到全面拓展。

二、树立目标，激发合作动力，确定阶梯计价方式

油服企业天然气"全风险增产分成"服务模式，是指气田管理甲方将合同约定范围的天然气井委托乙方（川庆地研院）实施排水采气作业，川庆地研院通过对老井生产动态资料的分析，制订相应的排采制度和药品配方，按照"一井一策"进行增产措施作业，生产出的天然气以"增产产量"作为计量依据，以天然气市场价格的一定比例进行分成的商务合作模式。在该模式下，气田管理方只负责管理及监督，川庆地研院承担主要的技术分析评价、措施作业，同时负责人员、设备、设施的全投入及管理。川庆地研院以"科研技术+承包服务"的方式进行风险作业，重点突出技术优势，强调服务技术有效则体现产出，有产出则体现收入，产出高、效益高，通过增产分成共同享有收益；技术无效，无产出，则川庆地研院服务投入失败，气田甲方不承担乙方无产出投入气井作业的所有费用。其核心理念

为：川庆地研院采取全承包的形式对甲方低效气井实施排水采气一体化服务，按照增产天然气效益按一定比例获得营业收入。如川庆地研院对低效气井采取技术施工措施后，没有实现增气增产，甲方不向乙方支付费用，所有风险自行承担。

（一）目标一致，激发合作动力

川庆地研院以天然气排水采气业务为"试验田"，开展全风险增气分成承包模式的探索，以点带面，有效整合自身业务链条，以综合研究及服务能力的"金刚钻"承揽了"全风险增气分成"科研生产一体化服务的"瓷器活"。甲乙双方互惠互利，既有效提升了油气田管理方的天然气老井开发效益，促进了天然气生产井精细化管理水平，又实现了油服企业自身的持续发展、转型升级。另外，改变了以往由甲方主导技术方案、工程技术服务乙方单位单纯进行施工的方式，让服务单位与油气田管理方目标保持高度一致，实现服务区域的增产和稳产，有效激发了甲乙方的合作动力。

（二）确定增气分成阶梯计价方式

随着风险分成合作模式的逐步推广，在合作共赢思路的指引下，探索分成比例等商务条款的优化。通过甲乙双方共同协商，将原有的固定分成比例的模式修订为阶梯分成计价模式：对技术难度较大，增气投入逐步递增的区块，探索"按增气量区间、增气分成比例"逐步递增的计价方式；对初期投入较大，后期增气投入逐步降低以及新进入的增气分成区块，采取"按增气量区间、增气分成比例"逐步递减的计价方式。通过该方式的摸索优化，进一步将技术难度、气田管理方对增气稳产的需求情况与川庆地研院的投入产出等商务技术因素完美契合，实现了真正意义的合作共赢。

三、攻坚克难，为全新服务模式的实施奠定采气技术基础

川庆地研院一直站在油气井工程服务最前沿，目前已致力于排采工程研发和服务数十年。该院紧跟市场需求、勇攀科技高峰，坚持"以创新为驱动、以技术为引领"的理念，从气藏研究到动态分析，从方案设计到精细实施，从装备研发到实验评价，不断地通过科技创新做大做强做精排采业务，有力提升了核心技术的竞争力，为全新服务模式的实施奠定了坚实的技术基础。

（一）技术创新，形成了一批独具特色的核心技术系列

川庆地研院坚持"科研生产一体化"的技术研发思路，以生产现场的新问题、新难点为出发点，依托川庆地研院产业链齐备、专业配置齐全的优势，创新性地将开发地质、气藏动态、采气工艺、石油机械、油田化学、实验等学科结合互通，利用各级科技课题成立专项课题组进行联合科技攻关，破解排采工程技术难题。

川庆地研院打破以单一学科为主的传统技术研发模式，多学科交叉进行技术创新，以气井生产规律指导工程作业实施。在开发地质学科方面，通过运用"纵向多层多期河道砂体叠置气藏（田）气水表征技术"精细预测小层砂体和气水分布，筛选出不同级别的有利建产区，在平面上落实重点排水区域，纵向上落实重点排水层位。在气藏动态学科方面，通过摸清目标区块的出水机理、出水类别、生产动态等动静态规律，掌握影响工艺效果的主控因素，精准指导工艺选型及介入时机，优化工艺参数，提高工艺技术应用成效。在采气工艺学科方面，合理运用适当的工艺技术排出井筒积液，优化工艺参数，激活因水淹停产的气井，提高或稳定气井产量。

针对复杂多样的工程条件，川庆地研院研发形成了大量工程配套技术，这些技术的研发落地确保了在复杂流体环境、井筒环境和作业环境条件下的高质量实施。在化学药剂方面，独立研发出了适用于高含凝析油、高盐、低温环境、高温储层、水平井等条件的产品系列；在工艺装备方面，独立自主研发出了自动加注撬、自动投棒（球）器、冬季泡排车、全国产化柱塞、分体式柱塞、智能机器人柱塞、井口自动排采—截断一体化装备等；在工艺技术方面，创新研发或合作引进了"机抽－速度管柱复合采气技术""高压密闭移动强排技术""井口小型化负压开采技术"等。

川庆地研院将各技术集成，形成了一批针对现场具体技术难题的拥有自主知识产权的系列化技术体系，例如"低产低压气井精细化排水采气配套工艺技术系列""低压低孔低丰度气藏泡沫排水系列化技术"等特色工艺技术序列，为低品位储层条件的天然气开采提供了高效技术解决方案。

（二）以系列核心技术为驱动，开展"排采"工程品牌建设

品牌是企业的核心竞争力，而核心技术是提升企业品牌形象的主要推动力。川庆地研院通过持续技术创新及核心技术发展，形成了一批达到国内领先水平的核心技术，而技术大幅进步增强了其信心和底蕴，不断推动该院工艺技术向非常规、低产低效、富含水、特殊井型等复杂应用条件进军。同时，由于掌握的核心技术在复杂条件下实现成功运用，保持了该院在特色技术应用方面的不可替代性，极大地提升了该院在国内采气稳产工程市场领域的品牌形象，有助于该院排采工程品牌建设。因此，该院持续提升了综合技术能力和排采工程领域的竞争力，让核心技术和创新能力得到发展，提升了该院国内排采工程品牌的社会知名度和影响力。

（三）发挥核心技术品牌优势，夯实全新服务模式基础

川庆地研院逐步树立了以特色核心技术为支撑的业界品牌，坚持走内涵式发展道路，注重综合实力持续发展和核心竞争力不断提升，大力实施生产实践过程中的品牌推广战略，通过持续提升工程质量效益，把品牌效应作为新常态发展的重要支撑和进取方向。在品牌推广不断深入的实践过程中，一方面与各气田管理方相互了解、相互融合，逐步建立了互通有无的良好信任关系，且发展了多个战略合作伙伴；另一方面，优良的措施应用成效极大地增强了技术自信，有力地支撑了全新商务模式的实施。核心技术的持续进步和优良品牌的建立为全新商务模式的推行提供了先机，使川庆地研院有底蕴作为国内排采工程领域的先行军，带动该领域合作模式不断优化升级，为风险分成合作模式的实施夯实基础。

四、破除瓶颈、循序渐进，推进"增气分成"付诸实施

川庆地研院结合多年国内外服务经验，探讨分析供需矛盾：一方面，随着中石油国内外主要油气区开发程度加深，天然气开发形势日益严峻，稳产难度日益加大；另一方面，中石油技术服务单位在低油价"寒冬"的持续冲击下，面临技术服务市场量价双降、民营队伍低价竞争的市场困境，国企整体技术服务能力及一体化服务水平难以提升。在这一情况下，传统天然气排水采气业务以"单项服务"为主导的合作及结算方式，成为制约长庆油田业主（甲方）与川庆地研院服务方（乙方）合作的瓶颈。

面对瓶颈，甲乙双方通过对现有招投标及服务方式弊端的剖析，找准了制约合作共赢的制度瓶颈：一方面，气田管理方由于区块开发程度加深，开发难度激增，亟须具有一体化服务能力的服务方进行全方面配合，以提升气田管理水平和最终开发效益；另一方面，在目前按服务井次结算的商务合作模式下，具有较强技术服务能力的工程技术服务企业由于核心技术投入大、科技工程技术人员成本比较高，当面临民营队伍的低价竞争时，中标比较困难。川庆地研院依托自身综合研究技术实力，通过提高技术服务质量，力争突破制约甲乙双方深度合作的瓶颈。

（一）以"三标准一规范"为基础，促进生产、技术管理标准化建设

川庆地研院全面强化基层"三标准一规范"作业队伍建设，完善、固化、推广以"一图一单"为核心的标准化现场、以"两书一表"为核心的标准化操作和以"二七"管控为核心的风险控制。现场配置高质量机具设备，配备高素质技术骨干人员，充分体现一体化服务精英团队的整体素质，展现高素质队伍的形象。全风险增气分成服务合同生效后，前线工程作业人员及时建立现场资料收集、数据整理分析台账，及时上报；后方科研技术支持团队及时指导反馈标准化流程，规范内部周报、月报等总结制度，主动定时向油气田甲方提供分析评价结果，保证高质量服务的可持续性。

通过制定一体化服务流程，保证服务质量，明晰服务过程：一是由油田化学实验室对现场所需药剂进行配伍性及性能评价筛选实验，并指导油化工厂进行药剂生产；二是由开发技术人员进行施工井选井及动态跟踪，并将措施制度发送给施工运行调度人员；三是施工运行调度人员根据开发技术人员的要求安排措施制度及施工车辆人员；四是施工车辆人员到现场施工，另外需将现场的各类药剂用量、油套压数据、产气量计量、施工简况及现场的问题记录或排照发送给施工运行调度人员；五是施工运行调度人员将相应的现场第一手资料通过邮件反馈给数据录入人员；六是数据录入人员统一将相应资料发送给现场开发技术人员和后方技术支持人员；七是后方技术支持人员通过相应资料的日常跟踪分析，提炼分析技术成果，进一步指导现场生产。

（二）提前介入，持续强化新合作方式的宣贯交流

川庆地研院主动向气田管理方提前派驻专业技术人员，与甲方人员联合办公，配合油气田管理方采取相应措施，提高区块开发效益。与此同时，进一步宣贯川庆地研院"全风险增气分成"一体化服务理念，强化一体化服务品牌效应，随时掌握气田动静态"大数据"，延伸服务链条，为"全风险增气分成"机制的实施夯实基础。

（三）以科研合作推动先导性试验，循序渐进、逐步推广

以气田生产"大数据"为基础，把脉气田问题、把握技术方向，将气田技术需求与川庆地研院一体化研究优势充分结合，以气田现场对技术的实际需求为切入点进行科研项目合作，共同研发、共享成果。将科技成果快速转化为生产力，一手抓应用、一手抓评价，取得初步认识和成效后进行循序渐进的逐步推广，进一步降低工程作业投资风险，最终使"全风险增气分成"机制得以稳步实施。

五、因地施策，建立界面清晰的项目运作机制

川庆地研院因地制宜地分析气田管理方组织机构和人力资源的特点，构建甲乙双方合作界面，以分工明确、界面清晰的项目运作机制确保合作项目的平稳高效运行。

（一）强于组织、精于分工，划清合作双方责、权、利

在"全风险增气分成"合作区块，甲乙双方按照合同规定的权利义务默契配合，随时根据现场工作的实际需要，不断调整甲乙双方排水采气工作的分工和界面。在常规情况下：油气田甲方（管理方）只负责管理及监督，包括工作量的安排、措施井井口设施及配套地面设备的管理维护、安全环保管理、措施效果要求、配套措施的支持等；乙方（川庆地研院）承担主要的技术分析评价，措施作业，药剂研发生产，人员、设备、设施的全投入及管理，效果评价及总结，施工过程中的QHSE工作等；甲乙双方共同进行"措施选井"，制定增气生产方案。

通过逐步推广风险分成模式，在服务方增加气田生产管理中的参与程度的前提下，气田管理方摸索重组管理构架，减少气田现场运行维护等具体实施管理职责，缩减气田自有运行维护团队，在现有人员队伍数量的情况下，专注气田管理关键方面，极大地提升管理效率和管理效果。以气田管理方为构架，以服务方技术人员为骨干成立相关研究部室，由甲方统一管理，进一步集中甲方管理人员的管理精力，充分调动川庆地研院人员的技术能力，较快地提升气田的开发水平和开采效益。

（二）科技引领、精益求精，合理化工艺制度

充分利用"一体化"优势，多专业结合为气井生产"把脉会诊"，制定"诊疗方案"，将药剂配方调整精细到区域，动态跟踪分析精细到小时，加注时机精细到点，加注制度优化精细到天，以精细化研究分析支撑精细化工艺制度，一井一策、一时一策。

在排水采气业务实施中，针对技术上面临的气水关系复杂、单井低产低效的难题，由地质人员认识平面气水分布、单井出水机理，气藏工程及动态分析人员认识产气、水剖面及积液生产动态特征，工艺实施人员结合动静态特征制定合理的工艺措施及制度，油化人员根据区块流体性质配合对应的化学药

剂，实现排水采气业务精细化实施，在极大地提升工艺效果、提升区块稳产效益的同时，实现多专业贯通，使技术成果不断涌现。

（三）强化过程控制，保障施工质量

川庆地研院通过建立完善以加注撬液面动态管理、药剂库存管理、车辆定位管理等为代表的配套管理制度，对措施的实施进行动态管理，以管理制度为着力点，强化对工艺实施各个环节的过程控制，确保技术分析结果保质保量地实施，从而切实保障施工质量。

六、强化保障、强力支撑，确保合作模式顺利运行

为保障工作有序开展，甲乙双方共同建立项目管理部，根据工作界面，靠前支撑，缩短技术服务链条。川庆地研院技术人员参加作业区、项目部日常工作，全面参与油气田开发管理工作。通过日常工作和一体化服务团队的长期跟踪，全面掌握油气田富集区分布、气水分布、储层展布等平面地质资料，掌握气井纵向气层气水层发育、测试试油等原始资料，掌握气井生产动态特征、措施情况、生产制度等日常生产管理资料。在风险分成模式及一体化服务方式下，川庆地研院全面参与油气田开发管理，通过掌握油气田开发"大数据"，优化自身工艺实施，建立合理的工艺实施制度。甲方实时掌握服务方服务情况，及时处理配套问题，甲乙双方工作无缝连接，极大地提升了工作效率和工艺实施效果。

（一）破除内部行政界限，以项目为核心建立科研生产一体化精英团队

建立以项目部为核心的科研生产一体化服务团队，统筹调动服务单位内部各专业技术力量，以保障"增气分成"科研生产一体化服务模式的全面实施。

川庆地研院以气田排水采气业务需求为引领，打破内部行政机构界线，从各二级单位统筹调动地质、开发、工艺、油田化学、实验分析等各专业技术人员的力量，根据气田不同阶段的业务需求，灵活调整作业方案。形成以技术核心竞争力为引领，以排水采气为中心，人员可进可退、可增可减的项目组，盘活乙方科研技术人员优势，有效保障气井作业过程中复杂工况的技术支撑。

参与排水采气项目的地质人员开展气田平面纵向的气水分布、水型水性、产水层位等气井出水机理研究。开发专业人员进行气井动储量、生产动态跟踪、生产制度安排、措施选择、措施制度安排、措施效果评价、气井措施效果预测等跟踪分析研究。参与排水采气项目的工艺人员负责现场工艺实施、工艺流程优化、新工艺研发。参与项目实验的人员负责配套药剂研发、配伍实验、药剂筛选评价。凭借川庆地研院一体化团队优势，一方面保证了最终工艺实施的目的明确、效果明显，另一方面实现了以工艺服务为落脚点的全专业链条的真正一体化服务。

在增气分成一体化服务的过程中，各专业人员长期集体办公，多专业长期交流协作，专业人员互相学习提升，在推动工作的同时，促进人员多专业贯通，涌现了一批既懂地质又懂开发工程，既懂技术又懂市场管理的优秀人才，极大地推动了团队建设。

（二）以一体化业务为中心，推进专业化和信息化建设

为保障一体化服务质量，提高服务效率，一方面选取合适地点建立物资储备调剂库，实现统一储备和共享，如在长庆气田乌审旗区域实施集中与联合储备共享；另一方面推动生活服务专业化，如在长庆乌审旗地区试点建设了集中营地，实现一体化团队"拎包入住"，就近支撑，保障团队生活服务。

在施工现场推广智能开关井装置、自动注剂（投棒）装置、现场施工视频实时监控装置等智能化装置，推动前线集中办公基地的网络建设，从而实现后台管理人员可实时远程监控现场施工情况，后台技术人员可实时获取现场生产数据，并通过相应系统及时反馈，指导现场生产和施工组织安排。

（三）夯实企业文化基础，凝心聚气，提高队伍综合素质

先进的企业文化是现代企业生存发展的基础，实践证明，企业要谋求发展的新突破、新跨越，必须

依靠企业文化的引领和渗透作用。石油企业一直有着以"铁人精神"为代表的艰苦朴素、实干奉献的企业文化，川庆地研院继承和发扬石油企业文化，发挥其对团队的强大凝聚作用，增强职工的归属感和自豪感，提高企业的凝聚力和向心力，使员工勇敢面对压力、接受考验。一是持续开展丰富多彩的活动，对职工进行精神文化教育和宣贯，使每个职工深谙企业文化的丰富内涵，促使企业的精神文化成为影响职工的精神拉力，促使职工由"他律"走向"自律"；二是将企业文化精髓贯穿到各项规章制度中，把企业文化的内容转化为企业的规章制度，融入企业管理，形成比较规范、合理、适用的管理体系。

（成果创造人：周瑞华、李香华、谢　军、王　昊、徐赣川、沈志平、魏　磊、彭冠铭、文　涛、祝林权、兰　霞、彭景云）

邮政企业基于乡村营业网络构建的服务能力提升

中国邮政集团有限公司黑龙江省分公司

中国邮政集团有限公司黑龙江省分公司（以下简称黑龙江邮政）为满足农村地区居民邮政服务的需求，经过深入调研，明确问题导向，发挥邮政行业优势，强化乡镇自有营业网点的节点作用，优化网点布局，创新末端投递方式，丰富末端投递网点功能，优化农村运输投递网络，改善农村物流基础设施，与民营快递公司共享邮政网络资源，多种方式实现业务叠加，构建县—乡—村三级农村物流共同配送体系，畅通农产品进城、工业品下乡渠道，提供"点到点"的直供式物流配送服务，打造"邮政在乡""快递下乡"工程，实现乡乡有网点、村村通快递，乡镇、村屯全覆盖，解决农村地区"最初一公里"和"最后一公里"的物流难题，扩展邮政服务渠道，进一步加强农村邮政服务能力。

一、确定总体思路，优化管理流程

（一）明确总体思路

基于乡村营业网络构建的服务能力提升的总体思路为以邮政企业乡镇自有网点为节点，整合农村建制村现有邮政代办网点资源，建设优化邮政农村配送网络能力，为政府、企业提供共享网络资源，实现多方共赢，并运用邮政各项信息系统资源，叠加多项邮政服务产品，提升邮政农村市场竞争能力，充分满足农民用邮需求，助力国家乡村振兴战略落地。

（二）确定基本原则

一是提升服务。黑龙江邮政农村地区邮政服务能力仍然比较薄弱，末端网络资源利用效率不高，服务设施落后，成为影响农村邮政服务质量和物流体系建设的瓶颈。因此，要立足国家乡村振兴战略对邮政企业的要求，提高农村邮政服务能力水平，落实国家赋予邮政企业的职责。

二是转型发展。黑龙江邮政农村网点经营面临着很大的成本压力，国家虽然每年为黑龙江邮政提供1.6亿元的普遍服务补贴，但一些地方的乡镇农村局所普服补贴及业务收入无法弥补运营成本投入。随着农村地区经济的增长，邮政企业传统的函件、包裹、汇兑、发行四项普遍服务业务已无法满足农村地区的需求，农村地区对电商、金融、快递、集邮等各项业务的需求量逐渐加大，农民需要更丰富的邮政服务产品和更高效的邮政服务质量，对邮政提供的产品和服务提出更多的要求。

（三）明确组织架构

黑龙江邮政成立工作领导小组和工作小组，负责工作的落地实施：领导小组由黑龙江邮政总经理牵头抓，分管副总具体抓，各部室负责人协同抓，周密部署工作实施、把控进度；工作小组由黑龙江邮政寄递事业部、渠道平台部、市场营销部、渠道平台部、信息技术局和基层单位的业务骨干构成。

（四）加强直管，试点推进

为开展农业、农村、农民邮政服务市场能力提升工作，黑龙江邮政确定对县（市）邮政企业的直管模式，对县域农村邮政业务能力提升给予资金、政策和业务上的指导支持，以提高整体管理效率；在2018年将双鸭山市饶河县邮政分公司（以下简称饶河邮政）作为农村邮政物流配送体系建设试点单位的基础上，2019年在全省13个地市选择22个示范县推广试点经验，开展建设运营工作。2020年在全省全部地市、县邮政企业全面开展能力提升工作。

二、优化网点布局，扩大邮政服务网络覆盖面

针对现有邮政服务网点只覆盖到乡镇一级，农村地区的建制村虽已实现村村通邮，但基本无邮政服务网点，邮政企业的服务和产品无法进一步深入农村地区，影响了邮政服务水平在乡村进一步提升和邮政服务市场进一步拓展的现状，黑龙江邮政通过整合复用、新建补齐、扩大规模等方式开展建制村邮政服务站建设工作，将邮政服务网点直接延伸到建制村内，所有邮件投送到邮政服务站，由服务站完成最后的投递工作，以满足农村地区的用邮需求，提升邮政服务能力，满足农民的寄递服务需求。

（一）明确建站规范标准

一是统一服务站标准化形象管理。实施五个统一策略，统一规范邮政服务站内外部形象标准；统一店招牌匾、多功能指示牌、背景形象墙、包裹代收代投柜等形象设计；统一站点人员标志服设计；统一制定邮政服务站建设标准；统一配置物品明细及标准。

二是明确服务站管理服务标准。甄选优秀商户，要求店铺面积在 50~80 平方米，宽敞明亮，有意愿与邮政合作，店铺尽量处于村屯中心位置，方便村民出入；配备便民 PC 端，要能实现生活类缴费业务（话费、电费）；安装邮掌柜系统，要为村民提供快消品线上采购服务、农产品进城的线上销售服务；代办邮政快递包裹业务，要能实现邮政快递包裹对农村的全覆盖，同时可在村屯实施包裹代投。

（二）明确邮政服务站建设方式

一是推进"N 站合一"建设模式。即对建制村内现有的村邮站、代收费加盟网点、三农服务站、助农取款点、邮乐购店等实体网点重新优化定位，充分发挥原有实体站点的作用，实现对各类站点的整合复用。

二是对于不适合邮政业务和服务的站点，如设置在村委会内或离村中心较远区域的，适当进行更换，选择在人员流动量大的超市、商店内进行建设。

三是对没有邮政业务和服务合作站点的建制村，重新开展拓店走访工作，在选点方面，以商超、小型仓买、合作社等人口密集区域为主。

四是对已建站点进一步开展盘活工作，激活已建商超类型站点；拓展乡镇地区邮政投递线路上的中小型商超，进一步扩大批销站点规模，为开展"商邮合作"奠定基础。

以饶河县为例，自 2018 年起，按照邮政服务站建设标准，根据本地域情况共建设村级邮政服务站 81 处，其中 50 个邮政服务站建在建制村内的商店，31 个邮政服务站由建制村村委会指定在交通便利、条件较好的住户家中建立。

（三）明确业务合作种类

在推进建制村邮政服务站建设的基础上，与站点以代办形式开展邮政业务合作，并明确业务代办种类。一是基本的代收代投快递包裹业务；二是开办函件、普通包裹寄递、汇兑和发行等邮政普遍服务业务；三是便民服务类业务；四是商品采购、批销和销售服务；五是集邮、报刊、文化传媒类产品服务；六是将站点作为邮政获客宣传渠道。通过明确业务合作种类，创新了农村末端投递方式，有效拓展了邮政服务网络覆盖面和服务深度，为农村地区和农民提供了种类更为丰富的邮政服务。

（四）明确站点管理标准

为加强邮政服务站规范化运作，制定了站点管理规范。在邮政服务站建设上，指定由渠道平台部门进行建设；在邮政服务站人员指导、培训上，指定由市场营销部、寄递事业部、渠道平台部、金融业务部及集邮文传部分别进行业务指导和培训；指定专人对邮政服务站进行管理维护。以饶河邮政为例，为每个邮政服务站设立内部编号，建立电子档案；市场营销部牵头统一组织各专业开展统一业务培训工作；通过建立邮政服务站微信群，定期进行培训和业务指导工作；在渠道平台部配备 3 名专职维护人员，定期到各邮政服务站点检查指导，为邮政服务站人员提供现场培训并开展系统和设备维护工作。在

邮政服务站运营工作实践中，通过有序组织培训，持续提升了邮政服务站点的服务能力，从而更好地推进邮政服务站发展。

三、优化配送网络，构建农村物流配送体系

针对农村地区，特别是乡镇以下建制村的邮件运输时间长、投递承载能力弱、投递班期少、物流基础设施不健全，无法满足农村经济快速发展的需求，农民对邮政服务的要求越来越高的情况，通过调整干线邮路，重新组划农村投递线路，增配汽车投递方式，调整邮路班期，构建农村邮政物流配送体系，畅通农产品进城、工业品下乡渠道，提升邮政农村市场服务能力和竞争力。

（一）优化调整干线邮路

对干线邮路规划不合理，影响服务水平和服务时限的状况进行调整。以饶河为例，饶河县位于中国与俄罗斯边界处，已处于黑龙江省省内邮路终端，铁路、航空线路均未通达，且距离哈尔滨市较远，只可通过汽车邮路进行邮件运输，原省内二级干线邮路规划为从哈尔滨经双鸭山市、宝清县至饶河县，单程运输里程754公里，需经双鸭山市、宝清县两次经转，单程运输时限逾15小时，且到达饶河邮政的时间为17点左右，无法继续下一环节作业。为提高省内二级干线汽车邮路运输效率及服务能力，通过分析运输距离、经转节点、交接时限等环节，2018年，省寄递事业部对通往饶河县的二级干线汽车邮路进行调整，调整后改为从哈尔滨经宝清县至饶河县，减少一次邮件交接频次，时限缩短4小时，提高了整体邮路运输时限，且由于到达饶河邮政的时间为13点左右，可按照正常频次开展建制村投递工作，缩短服务时限。

（二）重新组划农村投递网络

原有农村投递网络组划由于自行车、电动车等投递工具限制，只单一从投递工具承载情况考虑邮路组划，整体投递时效和投递能力均不高。黑龙江邮政决定通过重新组划农村投递网络，提高整体服务时限和效率，采取自办邮路、交邮合作、私车公助、委办等形式。

一是升级农村邮路投递工具，实施汽车化投递。基于现有及未来农村地区特别是乡镇以下建制村邮件进、出口业务量的分析测算，并对比当地民营快递企业运输投递方式后，对邮政现有乡镇到村屯的投递交通工具进行升级，淘汰原有三轮电瓶车、摩托车、自行车等运力低、效率慢的投递交通工具，自行购置并投入厢式货车用于乡镇以下投递，实现汽车化投递。

二是充分考虑多方因素，整合农村邮路。根据乡镇以下村屯分布特点，结合邮政服务站点辐射范围、汽车日行驶里程、运输能力等因素进行测算，按照优先投递时限、其次服务能力的原则，对各县（市）乡镇内、乡镇以下建制村及林场、农场的邮路网络重新规划；将原先以乡镇网点为基础划分的邮路，按照以片区为单位，以公路为依托，并兼顾乡镇网点的网格化投递网络布局，重新缩减规划为新的乡村邮路；每条邮路长度均在100公里以上，每条邮路覆盖10~20个邮政服务站点，投递总里程实现大幅增加。

三是增加投递班期，加大投递频次。按照国家邮政局在普遍服务标准中规定的乡镇以下邮政投递服务班期为每周三班期，为实现对乡镇以下地区提供更高质量的邮政服务，助力农村公共服务均等化，饶河邮政依托投递汽车化及乡村邮路重新组划，将每周三班班期优化为每周五班班期，大大缩短邮政普遍服务时限，提升乡村邮件寄递服务水平，进一步满足农村地区经济快速发展的需求。

四是优化投递人员结构。随着邮路优化减少、投递汽车化，在选取有驾驶技术并且综合素质高的投递人员作为优化后投递人员的基础上，对投递人员按照现有邮路条数进行配备，实现投递人员的减少，将优化后的人员安排到局所担任支局长和营业员，实现投递人员结构优化。

（三）构建农村物流配送体系

以建制村为基本单位，以乡镇自有网点为节点，形成"一村一站、一村一点"的邮政服务站网络

化布局，并通过优化提升邮政投递网络服务能力，构建县—乡—村三级农村物流配送体系。通过此体系，上行可以实现包裹揽收、批销商品返货和调货，帮助农产品进城；下行可以实现邮件投递、工业品下乡、批销商品配送，提供"点到点"的直供式物流配送服务，大大提升邮政在农村地区的服务能力，增强邮政农村市场服务竞争力。

四、共享邮政网络资源，实现"邮快合作"快递进村

针对农村地区快递业务基础设施薄弱，民营快递企业投入成本大、服务能力弱的状况，邮政部门利用农村邮政物流配送体系的富余运能，充分落实国家政策，解决民营快递企业在农村市场无法投递的痛点，发挥邮政网络优势，在乡镇以建制村为单位与民营快递企业开展合作，使其通过邮政网络进行投递，邮政按件收取相关费用。通过与民营快递公司共享邮政农村网络，变竞争对手为合作伙伴，实现邮政、快递企业的互利共赢，也为政府和农民提供更优质的服务。

（一）与民营快递洽谈合作

黑龙江邮政从省、市、县三个层级与快递企业相关机构洽谈合作。根据国家邮政局《关于落实习近平总书记重要指示精神推进邮快合作下乡进村的通知》文件要求，黑龙江邮政与顺丰、中通、韵达、圆通、申通、百世、天天、京东8个主要品牌民营快递省级总部正式签订"邮快合作"省级框架协议。黑龙江邮政在所有农村邮路开展合作，覆盖所有邮政服务站，充分利用投递网络汽车化后的富余运能，开展民营快递公司的包裹下行代投、上行代收工作，实现农民收、发包裹不出村，解决农村地区物流"最初一公里"和"最后一公里"的难题。

（二）明确合作模式

在合作层级上，以县级邮政企业和县级快递企业为最低层级合作单位；在合作范围上，以乡镇以下建制村邮件收投为主；在合作资费上，以不明显低于快递企业上级单位支付当地快递企业投递费用为基础；在操作模式上，以代投代收模式进行操作，对于代投邮件，快递企业邮件不再经由邮政系统进行二次收寄，对于代收邮件，即邮政部门承接的民营快递企业邮件揽收，采取客户自愿的方式，自主选择民营快递企业邮寄快件。

（三）规范快递邮件操作

代投递操作上，对县分公司与快递企业县分公司进行快递邮件交接、邮政处理中心内部处理、转运与投递人员交接、投递人员与邮政服务站点人员交接、邮政服务站点人员投交、投交后信息反馈等环节进行规范。在代收寄操作上，对邮政服务站验视、封装、扫码收寄，站点人员与邮政投递人员交接，投递人员与邮件处理中心人员交接等环节进行规范。

（四）完善信息系统对接

饶河邮政借助集团公司信息系统开发优势，全程使用信息系统进行邮快合作邮件运作。利用信息系统在邮政、快递企业交接时进行扫码接收；在邮件处理中心进行扫码分拣下段；在邮政投递与邮政站点实行系统信息交接；邮政服务站点上柜、投交环节均以电子化形式完成，有效提高整体运行效率。同时，增加投递设备投入，为每个投递人员配备PDA设备。

五、有效开展业务叠加，满足农民服务需求

针对农村地区、农民日益高涨的消费需求，邮政企业充分整合乡镇自有网点、邮政服务站点、农村物流配送、邮快合作、邮商合作等优势，将邮政电商、邮政金融、邮政扶贫、协同发展融入农村地区邮政服务，在实现邮政服务能力提升的同时，满足农村地区消费需求，提高邮政企业竞争能力，助力国家乡村振兴战略实施。

（一）开办邮政自营超市

在乡镇自有网点叠加自营超市业务，主要利用自营超市商品均来自邮政商品供应商和自有商品的优

势，以邮政金融客户可享受低价购买的优惠政策，吸引客户到邮政网点办理金融业务，在满足客户消费需求的同时，宣传邮政业务，提升网点获客和留客能力，增加客户黏性。

（二）搭建农村批销商品配送网络平台

邮政部门引入商品供应商和批销商品，通过农村邮政物流配送网络，为商超类邮政服务站提供商品销售、商品配送、商品返货服务；通过邮乐购平台、邮掌柜系统，搭建农村批销商品配送网络平台；通过配送第三方批销商商品，构建农村批销渠道，同时提升邮政商品销售和物流配送收入水平。

（三）叠加多种邮政业务

在邮政服务站点，除代收代投业务外，可开展邮政函件、包裹、汇兑和报刊业务，同时，按照邮政服务站点建设情况，开办报刊代投、代收费、简易险、车险、助农取款、代办保险、小额贷、掌柜贷、揽储、信用卡、农资分销、邮掌柜、商品配送等各项邮政业务。

（四）实现资金流闭环循环

引导邮政服务站站主、商品批销商、农民办理邮政绿卡，通过"邮支付"扫码支付，村民购物款、包裹揽收款直接进入站主绿卡账户，站主进货款直接进入第三方批销商绿卡账户，形成资金流转闭环，提升活期占比水平，实现业务协同发展。

（五）开展客户信息收集工作

通过乡镇网点和邮政服务站点，将过往多年"走千访万"过程中所采集的信息以村庄、家庭户为单位进行归集汇总和整理。以网点日常活动、节日营销活动、特色经济项目等为抓手，通过活动开展批量采集客户信息；通过外出走访、上门拜访等形式，零星采集客户信息。

（六）助力邮政扶贫工作

通过农村邮政物流配送体系助力邮政扶贫工作，激发站点功能，增加站点黏性。一是邮路沿途设立农产品揽收点，揽收农民山特产品，开展农产品进城活动；二是将山特产品、扶贫产品等引入邮政网络销售平台，通过网络平台推销，增加农民收入，提高邮政包裹收入；三是有针对性地开展精准扶贫工作，可以助力贫困人员开办邮政服务站，通过邮政扶持与自身经营相结合，实现精准扶贫。

六、搭建信息系统，实现科技赋能

利用邮政自有信息技术研发优势，搭建信息管理系统，以技术手段促进农村邮政服务水平提升，实现科技赋能。

（一）利用易邮自提系统提高农村寄递服务效率

通过邮政易邮自提系统，在为邮政包裹寄递提供信息化服务的同时，与民营快递企业的信息系统对接，实现民营快递企业快件信息与邮政系统内的信息链无缝对接；邮政投递人员只需一只PDA，即可准确及时地实现对民营快递企业快件信息的接收、反馈。

（二）利用邮掌柜系统提供农村电商服务

邮掌柜系统是邮政为切入农村电商市场而自主开发设立的线上线下一体化电商平台，方便让更多农村人群购买到合心意的商品。邮掌柜系统可实现商品批发、线下代购、进销存管理、会员管理、便民服务五大功能。

（三）利用邮政网上商城提供邮政文化、商品服务

邮政网上商城是集邮品购买、书报刊订阅、快件寄递、业务查询、文化传媒产品购买和生鲜食品采购等功能于一体的邮政平台，可为农民提供丰富的文化商品网上采购服务。

（四）利用邮政储蓄手机银行提供普惠金融服务

通过中国邮政储蓄银行手机银行，客户可办理账户查询、转账、汇款、投资理财、缴费、手机充值、信用卡还款、手机支付和信贷查询等业务。邮政储蓄手机银行具有随身便捷、申请简便、功能丰

富、安全可靠等特点。

（五）利用邮政客户管理系统（CRM）开展邮政客户管理

通过 CRM 系统建设，整合邮政品牌、客户、营销及渠道资源，实现"以客户为中心、以市场为导向"的转型发展，提升邮政企业渠道管理、产品管理、市场营销、销售管理及客户服务等方面的客户关系管理能力，促进板块联动，支撑交叉销售，实现客户整体价值最大化。

（成果创造人：刘　斌、陈　钊、汤丽丽、谢瑛华、王恩辉、魏　捷、
黄俊光、任　伟、刘信波、曹艳伟、郭洪宇）

对接京津产业转移落地的电力服务提升管理

国网河北省电力有限公司沧州供电分公司

在京津产业转移的背景下,国网河北省电力有限公司沧州供电分公司(以下简称沧州公司)深入贯彻落实国网公司、省公司决策部署,坚决落实政府优化营商环境各项要求,确定以"服务京津产业转移,提升'获得电力'指数"为主导思想的管理理念。沧州公司以定位产业转移客户需求为中心,调研沧州承接京津产业项目现状、客户需求,制定提升策略;以优化组织机构为支撑,建立"供电服务指挥中心""网格化营商专员队伍",通过"一中心、一队伍"主动对接产业转移客户需求,优化服务格局;针对产业转移客户业扩报装提速、能源高效利用、产业资金周转、服务品质提升四个方面的需求,实施业扩提质增速、能源服务拓展、电力金融共建、服务过程管控四大服务提升工程。一是突破客户服务局限,主动对接京津产业转移客户,精简此类用户业扩报装流程,压缩办电时间与成本;二是开拓能源特色业务,开展"五大服务",为京津产业转移客户打造能源优化配置的增值服务;三是创新合作共建模式,与银行共创专项合作项目,为京津产业转移客户提供特色金融服务;四是加强专项管控机制,开展"预警—对接—溯源"的服务过程管控工程,稳抓京津项目全程服务,改善客户服务体验。通过上述措施,提升了服务能力,树立了良好的品牌形象。

一、聚焦京津产业转移,制定营商环境提升策略

(一)跟踪产业转移动态,准确定位提升方向

为深入了解沧州承接京津产业转移现状,由营销专业牵头,发展专业配合,开展了一系列研究工作,形成客户画像。及时跟踪京津产业转移项目,收集相关项目动态,涵盖国家政策文件、官方政策解读、项目类型、电能需求等。建立市、县两级单位营商环境提升研讨机制,结合每季度沧州公司营商环境排名,查找问题,并针对京津产业转移项目进行专项讨论,营销部全员参加,共同研讨面临的形势与提升策略。践行"请进来、走出去"的学习模式,及时掌控服务动态,调研唐山曹妃甸示范区、张承生态功能区、张北云计算产业基地、武清京津产业新城等京津产业转移项目开展情况,了解各试点区域电力服务主体思路和具体措施,及时调整沧州公司优化营商环境的方向和措施,争取提前做好周密安排。

(二)科学分析企业现状,充分发挥资源优势

结合京津产业转移的发展要求,全面分析客户服务需求及公司对接产业转移落地的优劣势,更好地发挥供电企业在人才、资金、产业、技术、客户等方面具有的先发和累积优势,找准供电企业电网发展不均衡、局部区域受限及服务存在短板等问题,有针对性地消除业扩接电超时限、配套电网项目审批环节多、内部协同有待强化等症结。根据优劣势分析,开展营商环境提升策略的制定,进一步提升自身优势,弥补短板。

(三)结合政企服务要求,精准制定提升策略

结合河北省委、沧州市委关于大力优化营商环境、促进企业发展再上新台阶的工作要求,结合产业转移现状及企业服务需求,优化组织机构,并针对接电速度、用能成本、服务质量三个转移企业最关心的问题,开展业扩提质增速、能源服务拓展、电力金融共建、服务过程管控四大服务提升工程,对内加强管理能力,对外提升服务质量。

二、建全柔性组织机构，推进全员优质服务建设

沧州公司主动对接产业转移企业服务需求，加快生产经营、服务模式、管理方式等方面的转型，打破专业壁垒，组建新型组织体系，对内强化市场观念和服务意识，对外把握市场变革过程中的有利时机，推进公司"以客户为中心"的现代营销服务体系建设。

（一）建立专门服务机构，统筹开展对接工作

一是成立"京津产业对接供电服务指挥中心"，由沧州公司党政一把手担任中心主任，下设供电服务工作办公室，明确"服务产业转移，提升营商环境"的工作理念，遵循"定期汇报、信息通畅、协调一致、闭环管控"的工作原则，统筹各部门各单位资源，针对产业转移客户需求开展关于体制、机制、流程、队伍等重大问题的研究，统一组织开展外部市场信息沟通和内控机制建设，总体负责实施产业转移落地的营商环境提升方案，落实供电服务管理体系建设与运转过程中的各项措施与任务。

二是组建网格化营商专员队伍，分别由营销专业客户经理、供电所客户经理、中兴实业公司客户经理组成，成立以联合专员队伍为核心的服务团队，接受京津产业对接供电服务工作办公室的指挥，实行分区划片与全面责任机制，负责为辖区内京津产业转移客户提供一对一的"用电专家指导"服务。主要落实"四大员"职责：切实当好业务代办服务员，全程介入客户工程，主动为客户办理各项业务；当好工程施工辅导员，协助客户做好工程施工，加快工程进度；当好工程进度信息员，多渠道建立客户联系，实时掌握客户工程动态；当好工程质量监督员，主动开展客户工程施工质量监督，及时向客户反馈。

（二）健全内部管理机制，畅通内外沟通渠道

建立外部常态沟通机制、内部定期例会机制、内部信息传递机制、内部绩效考核机制四项机制。

外部常态沟通机制：构建四个联系——沧州公司副总经理以上领导定期联系重点服务区域地方政府，发展部定点定时联系发改、规划和国土等部门，营销部定点定时联系存量和新增大客户，办公室定点定时联系市政府办公室、秘书科，并向政府部门派出挂职人员，各部门及时掌握京津产业转移落地项目的发展趋势。

内部定期例会机制：定期召开例会通报市场动态，研究服务提升策略，确定各项重大问题解决方案，落实重要市场需求的解决途径、资金计划、完成时间，保障京津产业转移落地项目快速推进。

内部信息传递机制：在规定时限内各单位将收集到的外部市场信息汇总至供电服务工作办公室，供电服务工作办公室针对每一项市场需求制定解决方案，相关部门审核反馈意见，确定的各项方案以会议纪要形式下发，实行销号管理和闭环管控，供电服务工作办公室对网格化营商专员队伍执行情况进行督导监控。

内部绩效考核机制：针对网格化营商专员队伍，一是制定绩效评价工作方案，促进内部组织发挥主动性；二是严肃工作纪律，严格工作考核，对于在工作中出现的重大失误，不仅要进行经济考核，还要给予纪律处分或组织处理。

三、突破客户服务局限，细化京津项目前端服务

为满足京津产业转移需要，聚焦产业转移落地，服务生产，保障区域内产业转移客户快速接电，沧州公司针对京津转移客户业扩报装流程环节多、工程复杂、服务模式守旧、高压客户跑路多等问题，开展业扩提质增速服务提升工程，以专属网格化营商专员队伍为载体，落实产业转移"四大办电举措"，优化办电方式，管控办电质量，提升服务价值，降低客户成本。

（一）对接平台数据，扩展办电服务渠道

一是推动产业转移客户线上办电。通过与市政府大数据中心的对接，推进数据互联互通，将电子证照、办事材料等数据资源跨部门跨层级互联共享，网格化营商专员引导产业转移客户通过掌上电力手机

App、95598 网站、沧州政务服务网等线上渠道办理高压业扩用电业务，构建"一证办理、一网通办"的在线服务体系，简化服务流程，拓宽服务渠道，做好前置服务。网格化营商专员充分运用移动作业终端、微信等技术手段开展"互联网+"业扩服务，强化与客户的沟通互动，实现涉及面广、业务量大的环节"移动办理"。

二是实行产业转移客户业务预受理。网格化营商专员及时对接政府联动代办员，认真梳理产业转移项目清单，并根据项目进展情况，建立业扩项目储备清单，提前编制客户供电方案，及时实施配套项目建设，从施工用电开始全过程做好客户受电工程建设、运维等相关综合能源服务。对京津产业转移项目开通"绿色通道"，对于重点工程、新兴产业园区等重要工程，由客户中心客户经理班负责人全程跟踪督办，实现差异化服务。

（二）优化业务受理，细化质量管控流程

落实服务提质增效"一站服务、一标贯通、一刻不拖、一证办理、一网通办"的具体服务要求，优化服务流程，细化服务管控。

一是开展产业转移客户业扩报装代办服务。制定《网格化营商专员业扩代办服务工作流程》。由营业厅受理人员及客户经理提供高压业扩代办咨询服务，在网格化营商专员与产业转移客户签订《高压业扩报装委托代办协议书》后，全程免费为客户代办高压业扩报装从业务受理至验收送电的各项业务，实现"一站服务、一标贯通"。

二是健全产业转移客户代办服务方式。因地制宜在行政审批中心、园区等设立代办点，建立日常工作联系机制，推行代办联系卡特色服务，方便企业凭联系卡享受全程代办服务。

三是实施报装接电专项治理行动。充分利用带电作业等技术手段，坚持以"压环节、缩时间、降造价"落实"一刻不拖"。

（三）畅通服务渠道，提升客户服务价值

一是畅通客企沟通渠道。完善客户走访机制，提供专业服务和可靠保障。网格化营商专员队伍实行售前、售中、售后走访。年初通过走访政府、产业转移客户，提前掌握客户当年用电需求，做好大客户开发、关系维护及信息收集工作。每天开展保有客户、意向客户走访活动，挖掘潜在客户需求。同时对施工在途的项目定期进行走访，了解施工进度及客户最新需求，协同各部门解决施工中遇到的问题。客户工程竣工投运后，一个月内再次走访客户，了解设备运行情况和后续需求，以便进一步优化服务措施，提升市场竞争力与客户满意度。

二是畅通政企沟通渠道。积极对接政府部门，多途径收集掌握本地有重要影响的业扩工程、政府关心的焦点项目清单，如本地"供而未用"企业、"效能监测点"企业，落实业扩储备项目库管理，提供"备单"服务，提早介入潜在市场，开展网格化营商专员全程跟踪、主动服务。培养提升客户经理对于业扩不停电作业现场勘查的能力，确保业扩接电"能带不停"。

三是畅通三维服务渠道。推进基于标准化服务、差异化服务、个性化服务的三维大客户价值工程。根据客户不同的分类，通过网格化营商专员为客户提供标准化的基础服务、差异化的增值服务及个性化的专项服务，如科学用电指数专项分析、专属营商专员一键呼叫等。

（四）制定价格策略，创造供需共赢关系

一是降低客户接电成本。每月召开供应商座谈会，从源头降低客户接电成本。为企业与供应商共同做好"供、需"两个服务，创造和谐共赢的供需关系。每季度服务工作小组组织召开供应商座谈会，向供应商们反馈一季度内供货服务整体情况，对供货价格、质量、速度等方面提出明确要求。并参照市场价格，要求供应商合理降价，以适应市场竞争。

二是加强预算造价控制。全面梳理客户受电工程各类型项目工程造价，主动挖掘客户工程中图纸设计、设备采购、工程施工可降成本空间，对于一般客户普遍申请的 1250 千伏安及以下容量用电，重新核算客户工程整体成本，优惠收费。结合客户不同用电方案需求，分别编制典型工程预算书，使客户充分享受知情权及选择权，对项目各类收费一目了然，进一步促进服务提质提速，让客户得到实惠。

四、开拓能源特色业务，提供京津项目增值服务

为提升京津产业转移项目能源利用效率，满足客户多方面能源服务需求，沧州公司紧紧抓住新一轮能源技术革命、信息通信技术革命和产业融合发展的新机遇，践行国网公司"建设具有中国特色国际领先的能源互联网企业"战略目标，结合医药、汽车、服装等重点产业转移客户需求，开展能源拓展服务提升工程，针对客户类型细分"五大领域"，对应提供"五类服务"，为产业转移客户量体裁衣制定能源服务方案，逐步打造地域特色业务，助力转移产业发展。

（一）针对园区工业客户提供综合能效服务

沧州公司基于电力物联网技术应用，对于北京医药-渤海医药园、天津医药-渤海医药园等医药园区空调能耗较大的企业，实施传统节能方式变革，在医药园大力推广空调系统优化控制、电力需求响应等业务；沧州公司开展高压客户能源结构信息普查，利用电机优化、供配电节能等成熟技术，研发智能无功补偿装置和无功监测终端，推广无功托管服务。沧州公司以提升客户能效、降低用能成本为目标，基于泛在电力物联网技术应用，实施传统节能方式变革，实现由单一设备级节能改造向系统级、平台级综合能效提升转变。

（二）针对大型工商客户提供多能供应服务

以增容及业扩为切入点，针对渤海医药园、黄骅北汽、明珠商贸城等对接京津医药、汽车、服装等产业转移落地的大型工商业客户，深入开展供冷供热供电多能供应、冷热销售、热水直营等业务，推动能源高效转化利用，积极主动满足客户冷热电用能需求，为客户提供涵盖冷热电多种能源协同供应和梯次利用的一体化解决方案，实现多能互补和协同供应。

（三）针对负荷稳定客户提供清洁能源服务

针对明珠商贸城等负荷连续稳定的优质客户，开展分布式光伏项目，通过对分布式光伏及微电网规划评估、接入控制与协调优化等先进技术的研究，解决了分布式电源微电网双向计量、安全运行等运行技术问题，为今后建成商业楼宇微电网、示范应用混合储能系统奠定了基础，同时促进清洁能源消纳，因地制宜地开展分布式清洁能源规划设计、投资建设、运营维护的一体化服务。截至 2020 年 6 月，沧州公司实现分布式光伏推广 30965 户，容量 445.23 兆瓦，其中工商业 1066 户，容量 138.984 兆瓦，上百家服务行业用户实现光伏供电。

（四）针对物流运输客户提供汽车充电服务

对接渤海医药园、黄骅北汽、明珠商贸城等物流、人员集中的客户，采用股权投资、项目投资等模式，探索与集团客户或土地拥有方合作、利用公司闲置土地等方式，建设面向各类专用车辆的充电场站。根据集团客户充电、行驶与停放的行为特性，紧密跟踪市场变化，采用收入分成、利润分成、委托运营等模式，推出定制化、具有价格竞争力、专用充电与公共充电相结合的服务产品，推动充电业务体量稳步增长。2019 年 8 月，沧州公司已与云图科技公司（承接百度 Apollo 自动驾驶车路协同项目）达成合作意愿，预签订 33 个电动汽车充电桩销售合同。

（五）针对专变专线客户提供管家运维服务

以设备代运维为切入点，建立与用户的业务联系，对接京津产业转移落地项目建立用户设备代运维服务信息平台，研发电管家 App，为用户提供全天候的电力设备运行监控分析、能耗水平评价等服务；建立属地化运维团队，依托属地集体企业或社会电力设备运维力量，开展设备周期性巡视、检验、故障抢修等服务；受用户委托开展技术咨询、业扩新装及增容业务办理等业务。

五、开展电力金融合作，提升京津项目服务价值

为满足产业客户的金融需求，沧州公司发挥国有企业的独特优势，与中国银行沧州分行开展"电力＋金融"企业合作服务提升工程，推进"三深化三提升"专项合作项目，以优化营商环境、助力经济发展为目标，打造电力金融共建项目，实现电力与金融行业的深度合作，从能源、资金两个方面服务产业转移企业，实现客户用能快捷、用钱方便，促进客户产业快速发展，为促进京津冀协同发展、服务京津冀产业转移、加快建设"创新驱动经济强市、生态宜居美丽沧州"做出贡献。

（一）开通重点企业"直通车"

联合中行沧州分行，发挥资金优势，为零欠电费企业提供电力贷、惠企贷、分期贷等全新产品，解决部分企业综合能源利用、电能替代方面的资金需求。针对重点企业，构建"电力＋中行"的企业"直通车"服务模式，共同开展"走进企业，提升服务"活动。2019年共建双方代表以优化营商环境为主题，走进重点民营企业20余次，深入了解客户需求，提供贴心服务，获得了广大电力用户的一致好评。

（二）开通小微企业"帮扶车"

优化创新创业环境，打通金融交互渠道，助力小微企业（服装产业）发展。利用企业用电数据、经营数据、工商信息等数据，分析企业能耗水平，为企业融资增信，助力银行优化金融服务，辅助识别客户，进行授信额度评估，为优质客户提供贷款服务。在各大供电营业厅分别安装中行分期付款POS机，推出电费分期付款业务，中行给予优惠利率，减轻用户资金压力。同时中行设立专项费用，对在月末电费回收前10天缴纳电费的用户开展充值返利活动，客户缴费变得更加便捷、高效，协助客户养成良好的缴费习惯。

（三）开通重点用户"增效车"

依托合作共建项目平台，服务广大京津产业转移客户，提高用户办电效率，提供科学用电分析，对重点用户开展用电检查。共产党员联合服务队先后6次走进沧州市明珠服饰小镇，与用户密切交流沟通，实地勘察，帮用户选择科学的用电方案，为用户量身打造适合自己的贷款产品，切实让用户降本增效、体会优质服务，为服务京津冀协同发展和产业转移做出了积极贡献。

六、加强京津项目管控，建立持续改进机制

为进一步提升对产业转移客户的服务水平，沧州公司开展"预警—对接—溯源"的服务过程管控提升工程。针对客户建立风险评估机制，有针对性地加强内部管理，利用典型案例改进服务流程，确保客户服务全过程高质高效。通过收集客户意见、服务风险形成风险数据库，通过"三专"管理提前化解服务风险，通过典型案例不断改进服务方式，持续提升客户服务满意度。

（一）建立服务评估机制

针对医药、汽车、服装三个产业的重要用户进行风险评估。建立二维客户服务工作数据库，包括客户服务工作意见库和客户服务风险数据库两个数据库。结合两个数据库中的内容，对三个产业中客户服务工作存在的问题进行风险评估。风险评估是通过风险识别、分析和评价，及时发现各类风险，深入分析风险因素和管理现状，明确管理存在的风险，提出改进方案。沧州公司通过95598话务、营业厅窗口、一线工作现场、重要客户监测等多种渠道发觉异常信息，建立相关数据库，深入辨析客户需求趋势走向，深入发掘隐藏问题，并分专业进行汇总，分析制定解决方案。

（二）建立案例分析机制

实施典型经验复制推广应用，通过对涉及产业转移客户的"案例事件、人员行为、整改措施"追根溯源建立典型案例库，融合政策解读、案例通报、经验交流等共享优秀成果，坚持服务问题"日通报、周点评、月分析"，抓过程管控，将管理链条逐级延伸至服务最前沿。以满足客户需求为导向，切入规章制度不完善点,推进专业管理方式转变,同时密切同国网客户服务中心的联动,增强地方政策与上级制度在落地中的技术交流,不断修正纠偏,使专业流程及标准更加契合实际。

(三)强化内部管理模式

将专业管理与产业转移客户诉求进行有机对接。深入推进"三专"化内部管理模式,按照"专业管理精准定位""专项管理重点跟进""专人管理私人定制"的思路,实现"管专业必管服务"落实落地。在全公司范围内实行"客户服务专人管理,客户业务私人定制"机制。根据产业转移客户的用电电压等级、用电容量、缴费信用情况等,将客户按重要程度分为A、B、C、D四个等级,设立专人负责不同等级客户的管理工作,对客户进行全面用电服务。

服务过程管控提升工程通过收集客户意见、服务风险形成风险数据库,通过典型案例不断改进服务方式,通过"三专"管理提前化解服务风险,持续提升客户服务满意度。

(成果创造人:王学彬、白学军、李春晓、侯志辉、高建为、焦　伟、
王媛媛、刘伟男、周建颖、张广博、路　成、郑　旺)

助力全球卓越城市建设的"能源管家"智慧服务提升

国网上海市电力公司浦东供电公司

国网上海市电力公司浦东供电公司(以下简称浦东公司)以"管家"为喻,高度概括电网企业新服务模式所倡导的长期稳定的合作、专业高效的服务、全面综合的覆盖、信赖至依赖的关系、客户体验的满足,进而将能源服务领域的"能源管家"定义为:面向政府、能源客户、能源企业、能源服务市场等"全口径"客户,以履行社会责任为宗旨,提供"全能供"的综合能源服务,实现"卖服务、卖数据、卖管理、卖智力"的能源服务生态升级。并依托数智化手段,设计推广新产品、新服务,逐步构建以电为核心的能源生态圈,形成"全能管"服务格局。

浦东公司对外聚焦市场与服务,对内聚焦经营质效提升,以服务重心靠前、公司整体驱动和商业能级提升为整体思路,通过组织创新、业务创新、技术创新、管理创新等举措系统性开展"能源管家"服务提升,重新定位能源服务前台,优化建设后台支撑系统,丰富完善产品服务模式,全面树立能源服务品牌构建配套管理支撑机制,力争实现打造能源服务标尺、深化政企互动合作、开拓新兴能源市场的"能源管家"智慧服务提升目标。

一、重新定位能源服务前台

(一)拓宽服务前台的角色定位

传统供电企业的前台是指直接与客户接触的服务岗位,如营业、监察、工询等,其定位主要是客户需求的受理者、一般事务的处理者。"能源管家"模式下,浦东公司以客户为中心,以市场为导向,以提高对客户的响应效率、市场感知敏感性以及实现能源供需侧精准、精益匹配为目标,参照"全科医生"理念,在前台实施客户经理一岗制,落实客户用能全生命周期闭环管理,减少客户多头对接,提升客户"一站式"服务体验。同时,在传统供电服务基础上拓展客户经理综合能源解决方案、数智化产品服务职责,满足客户多元用能需求。

拓展后的前台定位为:全口径客户需求的发现者,全能管综合服务的执行者,服务资源的组织者,和新市场的开拓者。全口径客户需求的发现者,即突破传统供电服务前台的受理者定位,面向政府、能源客户、能源企业、能源服务市场等全口径客户,在受理业务的同时,通过信息化、数智化手段引导、挖掘并发现客户的"供电+能效"需求。全能管综合服务的执行者,即突破产权空间边界和能源消费时间边界,系统拓展综合能源的规划、建设、运维、调度、交易、能源体系、产业链、生态圈等全方位的"全能管"增值服务。服务资源的组织者,即突破传统客户经理岗位职责边界,将实现优质服务所需的责权全部赋予服务一线,让"能源管家"型客户经理成为公司前后台服务资源的组织者,能够快速响应客户需求,快速组织服务资源,高效完成服务交付。新市场的开拓者,即突破传统单一供电服务市场领域,将综合能源服务、数智化产品服务纳入客户经理岗位职责,嵌入供电服务流程,通过"全能供"满足客户多元用能需求。

(二)拓展客户经理的岗位职责

基于拓宽的服务前台及其客户经理角色定位,形成公司"能源管家"型客户经理岗位说明书。经拓展的客户经理工作职责可整体体现为"90%"和"10%",即在与客户需求强相关的"100%"(所有)业务服务内容中,约"90%"为客户经理可以直接处理或经统筹前台部门内部资源予以解决的业务,涵盖的职责包括:电力接入服务(业扩、代工等)、全生命周期用电服务、安全用电指导等;约

"10%"为客户复杂需求引发的需要协调公司后台资源协同解决的相关业务,如重大保电、复杂抢修等。与客户需求关系较弱的业务则是"100%"以外的服务内容,如35千伏及以上电网规划、基建工程、35千伏及以上电业设备管理等。

(三)优化推广"强前台"服务模式

围绕拓展后的前台角色定位及岗位职责,优化以张江中心为代表的浦东公司"强前台"服务模式,即在能源服务中心客服服务、方案规划、工程管理及设备管理等专业融合的基础上,进一步推进营配末端业务融合,以满足客户需求为中心,着力提升"供电+能源"两类业务的服务水平。

"强前台"服务模式下的新型业务场景为:以能源服务中心为服务前台,基于电力物联感知监测及数据全景监控,通过"电力云"和"能源云"这"两朵云"的大数据分析,由客户经理运用"能源管家"数智化移动终端,实现业务现场受理、方案一键生成、产品智能推荐等"供电+能源"服务。

为进一步推广"强前台"服务模式,浦东公司结合自贸区临港新片区成立的契机,以打响以客户为中心的能源管家品牌、打造国际领先电力营商环境的重要示范为目标,增设了临港能源服务中心,属地化支撑新片区发展,实现了张江模式的复制推广,进一步壮大了"强前台"力量。临港中心结合临港新片区的快速开发节奏和独特发展环境,快速迭代升级,以"能源管家"命名客户经理岗位,进一步拓展了服务角色职能,新增市场与数智化运营岗位,细化全服务渠道管理。

二、优化建设后台支撑系统

(一)优化服务流程与资源配置

梳理"能源管家"服务理念下的四类典型业务运作模式,具体包括:一是客户提出简单服务需求,客户经理即时处理解决;二是客户提出复杂服务需求,客户经理通过协调中后台资源,在专业部门的协同支撑下,满足客户需求;三是信息化系统通过数据分析,为客户经理提供工作建议或指令,客户经理基于建议推进工作;四是客户经理结合工作安排,借助信息化手段,自发地有策略地开展客户服务、市场推广、营销开拓、风险预控等工作。其中,前两种是由客户发起需求,客户经理快速响应;后两种是客户经理依托数字化转型,主动挖掘和引导客户需求,开展主动服务。与传统模式相比,四种模式更加强调"慧中台"和"大后台"的支撑与协同作用,都贯穿了数字化运作和精准营销的内核。

在四类典型运作模式的总体框架下,细化具体业务流程。梳理与客户需求强相关的业务流程近30项,分析业务痛点并提出优化措施;同时,梳理业扩报装、客户运行等传统业务的客户触点,将数据业务、综合能源业务推介嵌入其中,固化流程,形成策略,并开发数智化及综合能源产品智能推荐系统1套。

在优化服务流程的同时,按照客户经理"公司服务资源组织者"的角色定位,积极推进"能源管家"数智化移动应用终端建设,进一步强化服务资源向前端的高效聚集,支撑前端人员短平快地将客户90%以上的需求解决在现场。目前已完成App核心功能的开发,正根据试用反馈优化迭代。

(二)创新组建市场工作柔性团队

相较于传统供电公司"坐商"式营销服务,浦东公司坚持"以客户为中心,以市场为导向"的能源服务方针,集中各专业骨干力量和优秀人才,创新组建市场工作柔性团队,推动"行商"式营销服务,积极开展市场研究和客户需求分析,主动提升客户服务水平。新成立的市场团队以市场调研分析为核心职能,致力于成为为其他部门提供有力支撑的浦东公司业务发展新"引擎"。业务职能方面,市场柔性团队对外负责外部政策收集与分析、市场调研、竞争策略制定、产品策划、拳头产品研发与试运行监控等一系列工作,对内负责为业务前台提供精准营销和精细服务策略支持、为业务中台和后台进行产品研发及交付、提供客户需求分析依据。组织模式方面,市场柔性团队隶属于浦东公司市场营销部,内设市场情报组、产品策略组、营销策划组三个子团队。公司"强前台"的数据组,作为市场团队在前端服务的延伸，在属地化服务中推进产品应用落地。工作机制方面，通过建立成果推广应用责任机制、内部项目机制、外部合作机制与人才流转培养机制，持续优化团队管理模式，提升团队运作效率。

市场工作柔性团队自2020年4月成立以来，已形成常态化工作机制。一是定期制订调研计划并组织实施；二是定期开展团队业务讨论，助力各类项目落地；三是定期召开团队例会，汇报阶段性工作进展并确定下阶段工作方向；四是定期发布周动态及双周报，并向公司智库每周动态供稿输出阶段性成果。

（三）对内打造业务协同、数据贯通、信息共享的"电力云"

围绕"建设为生产、生产为营销、营销为客户"的服务链条，进一步夯实全业务数据质量，打造"电网一张图、数据一个源、业务一条线"的全业务运营管理中台。持续推进全业务运营中台营配调数据贯通，目前已完成浦东区域全量设备台账和地理图形数据向中台生产环境的迁移工作，以此为基础，逐步实现电力物联网高质量发展，支撑"强前台"组织运转模式。

（四）对外完善供需对接、多能服务、产业聚合的"能源云"

深化智慧城市能源云平台建设。编制智慧城市能源云平台数据接入标准和网络安全规范，完善云平台基础建设；推进能源云平台有序运行，确保能源云平台发挥既定功能，全面整合电力、水务、燃气、政府、社会等多方系统平台数据，实现"平台+能源"新业态的速效培育；推进能源云平台服务功能完善，探索面向政府、能源企业、能源客户、能源服务市场四方的更多服务功能，不断迭代完善提升；推进能源云商业应用探索，丰富新型能源服务的盈利模式，根据运行情况进行优化完善和版本更新，不断提高用户体验，将智慧城市能源云平台建设成为浦东数字化对外功能发挥的重要手段和渠道。

目前，云平台核心功能模块开发均已完成，基本具备了正式对外服务的条件，并已邀请数十家客户、多家能源服务商入驻平台，基本形成客户发展策略及流程。

三、丰富完善产品服务模式

（一）开展多层级多维度的市场调查与策略研究

收集各级党委和政府在上海市及浦东新区的相关政策，关注重点区域内国家战略级重点发展区域动态，解读政策所释放的市场信号。围绕企业需求、热门行业的发展方向，挖掘客户需求和潜在项目机会。组织开展能源服务市场潜在竞争对手的信息收集、行业分析和市场调查工作，为公司的市场拓展决策提供研判依据，制定竞争策略。基于业务实际开展需求，参与设计相关信息平台（如智慧城市能源云平台等）功能新增和优化方案，提升信息处理效率及数据资产价值。开展政企联动与生态圈建设研究，为探索公司发展融入地方发展以及能源生态圈建设提出建议。借鉴国内外先进经验成果，结合市场实际情况，依托公司有关技术专长和服务资源，提出公司市场开拓思路，为相关团队提供数据资料和研究分析报告、可行性研究建议、理论支持、资讯讲评等，不断提升公司业务、产品与市场需求的匹配度。

目前，公司市场工作柔性团队已发布《特斯拉带来的机遇与挑战》《电动出租车市场现状》《商飞用户站改造潜力》等8份市场调研分析报告；与国网电商、英大财险、国网电动汽车、综合能源公司、上电实业、东捷集团等产业单位建立长效沟通机制，与浦东公司柔性智库、市大客户中心智库开展联学联建活动；开展政策收集和解读，梳理政策法规145项，聚焦新基建、综合能源等相关领域发布市场信息动态6期，为公司决策提供依据。

（二）基于客户画像提供差异化的多元能源服务

应用大数据技术，分析包括客户用能情况、用能习惯、缴费信息、经营规模、经营能力、所在行业发展等在内的客户信息，形成个性化的客户画像；收集公司在客户画像应用场景方面的需求和策略建议，发现精准营销、精细服务、精益运营方面的不足，为公司现有监管类业务及非监管类业务（如综合能源业务、能源数字产品服务、电能替代服务）提供策略支持，对项目规划、立项、投资提出参考性意见。基于对相关范围内市场环境的认知，根据客户需求的大数据分析结果，结合市场上相关企业经验，以项目制为管理手段，深入开展能源服务产品的开发工作，并对产品的业绩表现、成长性、客户反馈等开展综合分析，提出改进方向，推动公司在新兴业务市场的精品化发展。

目前客户画像形成明细标签480余个，整体覆盖用户约246万户，并在营销业务应用系统中完成客户信息统一视图等19个场景融合建设，在智慧城市能源云平台中形成需求响应、潜力客户挖掘、精准推送、目标客户筛选等应用场景。

（三）打造面向"六个精准"的数智化服务产品

结合"数智浦电"建设目标，从"精准投资""精准建设""精准作业""精准营销""精准运营""精准育才"六方面全面发力，精准施策，构建数智化产品体系，形成数智化产品35项，包括数字画像13项、数字产品22项。同时，依托智慧城市能源云平台等孵化形成ToG、ToB数智化产品共15项，其中面向政府的产品4项，面向企业的产品11项。

（四）推进"两脑融合"，助力智慧城市精细管理

面向上海市政府及其城市建设需求，完善智慧服务内容。浦东公司汇集"两朵云"形成能源大脑，与政府城市大脑融合，为政府促进经济发展、履行公共服务职能、建设智慧城市等提供有力支撑。推进信息融通共享，加强电力运营数据与城市经济社会信息的融合贯通，利用大数据和人工智能技术开展关联分析，推进城市电力安全保障的高效协同，进一步提升政企公信力和用户满意度；推进业务协同共治，利用政府和电力高效协同的平台实体，打造基于城市神经元和能源神经元的感知系统，促成区域能源管理处置流程再造，实现政府与企业电力运行抢修资源的联动共治；推进智慧融合共赢，强化区域政企协作，深度融合集"能源流、业务流、数据流"于一体的智慧城市能源云平台和以"一朵城市云+四个枢纽中心"为框架的社会治理新体系，优化资源配置流程，改善能源利用效率，有效支撑能源多样化监管要求，辅助政府产业布局、能源规划等重大决策，提升智慧城市精细化管理水平。

今年5月6日，浦东公司向国网公司毛伟明董事长和浦东新区翁祖亮书记汇报为新区城运中心定制开发的"浦东城市大脑——智慧能源（浦电云）"专屏，领导对"两脑融合"的工作成效表示了肯定，提出了充分挖掘电力大数据功能的指示。6月28日，浦东公司在新区城运中心向翁书记汇报专屏迭代更新情况，并在7月1日与"城市大脑"3.0系统同步上线。

四、全面树立能源服务品牌

以弘扬电力精神、讲好上海故事为目标，全方位打造"能源管家"高端服务品牌，为提升电网企业能源服务核心竞争力提供有力支撑。

一是品牌设计。进一步提炼服务品牌理念和视觉设计，赋予鲜明的内在灵魂和外在形象，包括服务品牌名称、定位、理念、主张等内容。通过组织开展"能源管家"LOGO创意征集活动，充分调动内外部智力资源，优选"能源管家"LOGO、广告语及对应的品牌内涵等，起到良好的宣传效果，为后续品牌传播奠定基础。

二是品牌传播。充分利用各种媒介，有效运用新媒体，讲好品牌故事。目前，已在主流媒体、国网系统平台发表"能源管家"主题新闻50余篇，并同步推进能源管家形象片制作、专题报道及采访等工作，全方位多渠道树立"能源管家"品牌形象，将品牌核心价值理念准确传递给客户，有效提高品牌的知名度和美誉度。

三是品牌提升。以"能源管家"为主题，完成上海市企业管理现代化创新成果、国网公司管理创新示范项目、上海市第十届公共关系优秀案例等奖项申报；积极筹备上海市质量标杆、"上海品牌"申报认证工作；梳理提炼能源服务相关作业标准、技术标准、管理标准，编制完成《数智化能源管家服

务标准》,并持续推动试点标准上升为市公司标准、国网系统企业标准、行业标准乃至国际标准,在服务质量水准上争创引领者地位,夯实高端服务品牌基础。

四是品牌保护。持续推进品牌注册,严格开展品牌保护,坚持品牌建设与知识产权保护工作相结合。

五、构建配套管理支撑机制

(一)构筑"前中后台"协同运作机制

依托浦东公司正在实施的企业数字化转型,构筑覆盖全公司的"强前台—慧中台—大后台"协同运作机制。张江中心等区域能源服务中心主打"强前台"建设;"慧中台"以"两朵云"为核心,为前台和后台赋智;大后台是公司服务支撑资源的集合,包括公司各个专业职能部门、外部社会资源,以及国网公司系统相关专业单位和组织。通过职能定位调整,强化后台对前端服务的支撑责任;通过业务流程固化,强化后台支撑前端的工作机制;通过前端服务需求的高效传递,强化后台支撑响应机制;通过在后台资源里设置专家角色,强化对前端具体服务事件的精准支撑;通过运用客户反馈信息,推动后台专业技术水平与前端服务质量水平的相互促进、持续提升。

基于"前中后台"协同运作模式,可有效推进落实"能源管家"新型业务体系。按照与客户需求强相关的大部分业务由前端客户经理直接处理或统筹部门后端资源予以解决、小部分复杂需求协调中后台部门协同解决的目标和思路,全面梳理并建立浦东公司各相关部门的业务清单、权责清单与复杂业务流转机制,形成边界明确、职责清晰的业务体系,落实对客户需求的分类闭环管理。

(二)构建新型及复合型人才管理机制

从人才选聘、培训、激励机制等方面强化新型人才、复合型人才队伍建设,激发人才创新活力,打造人才队伍"金字塔"。对于新型机构人员配备,通过组织调配和公开招聘的方式完成。部分岗位人员从浦东公司各相关部门、相关专业抽调,还有部分岗位人员在上海公司范围内公开招聘。对接岗位需求,采用"干中学、学中干"的培训机制开展针对性培训,并组织"能源管家"劳动竞赛,以赛促学培养复合型人才。编制公司各专业、工种的"知识矩阵",为"全科能源管家"培养中所涉及的传统业务融合夯实基础,为新业务、新能力预留扩展空间。创新有效赋能的人才激励机制,在设计绩效评价指标时,除分解的传统 KPI 指标外,对新型业务运用 OKR 工作法设计指标。

(三)构建市场利益相关方的协调机制

"能源管家"智慧服务模式下,将所有用能主体及直接间接相关方都纳入服务范畴。一方面,基于智慧城市能源云平台构建生态圈,充分发挥能源管家的管家职能和协调角色,促进供需对接、数据融合、信息共享,统筹解决供给不匹配、需求不清晰、信息不对称等问题。另一方面,构建业务多方协调工作机制,积极发挥张江中心属地化优势,多次主动向张江管委会汇报沟通电力业务进展,在张江集团业务联络会、周浦电力联席会等积极推荐公司云平台及综合能源业务,联合公司营销部与上海市银行卡产业园等能源客户商讨能源托管合作等。

(成果创造人:潘 博、陈 东、谢邦鹏、万嘉琳、郭 璟、叶傲霜、
刘 凯、秦 玥、赵文恺、吴志炜、钱梅妮、柯洁珣)

管理咨询企业与客户共创价值的战略咨询服务管理

上海君智企业管理有限公司

上海君智企业管理有限公司（以下简称君智）以东方文化中的兵学思想和儒家理论作为底层逻辑，在考察百年战略管理主要研究成果的基础上，借鉴迈克尔·波特的竞争战略理论、里斯和特劳特的心智定位观念、诺曼和拉米雷兹的价值星系理论，以及德鲁克关于企业管理的思想，并融合多年市场一线咨询实践经验，在战略咨询服务管理中形成一套有别于其他管理咨询同行的应用方法。君智的战略咨询服务管理模式将起点定在"机会"而非"问题"上，用提问法帮助客户自己发掘并锚定"价值点"（机会），并以"事业伙伴"身份实施"以整体服务整体"的"护卫舰模式"，为客户提供整体赋能。君智不只提供方案，还通过嵌入式规范化服务体系，参与客户企业战略实施。在此过程中，君智搭建知识管理中心，并联合客户企业和商学院共同打造"活"案例库，以此创建并积累独特的共享知识资源。君智以战略咨询事业为核心联结个人使命、组织使命和社会使命，激发团队形成创新合力，为价值共同体创造出最大化价值。

一、融合东西方智慧，形成具有君智特色的战略咨询理念与方法体系

君智以整体性思考战略制定、全盘性整合战略落地、动态性应对竞争态势为战略咨询理念，并融合东西方智慧自成一套应用方法，最终通过重塑角色与关系等方式，实现与客户共创价值。

（一）东西融合，自成一套应用方法

一方面，君智从中国古代兵法智慧及儒家、道家等传统文化汲取思想之源。君智遵循《道德经》中"道生之，德蓄之，物形之，势成之"的思路，即企业首先以遵循"道"作为生存根本，其次在"德"这个具体方法论层面涵养生长，再作用到自己和客户企业品牌、渠道等有形部门开枝散叶，最后借助适当时机落实战略，与客户共同创造成果。在应对竞争方面，君智借鉴《孙子兵法》"不战而屈人之兵""凡战者，以正合，以奇胜"等思想，通过共识共创，帮助客户制定适合的战略。君智将《孙子兵法》"庙算"中的"道、天、地、将、法"五方面与客户企业战略制定及实施紧密结合，从而进行全局性通盘考虑。比如，从"道"层面出发，让客户企业高管与普通员工就自身经济价值、社会价值以及为顾客带来的独特价值达成共识。此外，在《孙子兵法》动态观的影响下，君智创建有别于其他同行的"贴身服务""全程护航"服务模式，而非提供一份静态报告，以此协助客户企业动态应对变化，既满足客户解决即刻问题的现实竞争需要，又保障客户竞争优势和成果的可持续性。

另一方面，君智在打造服务管理模式过程中融合国外先进管理理念。为帮助客户找准顾客认知中的差异化价值，应用了里斯和特劳特的心智定位观念。为协助客户构建一套围绕战略定位的运营系统并整体赋能客户，借鉴迈克尔·波特竞争战略理论中的战略配称理念。为重塑角色及与客户的关系，共同创造价值，借鉴理诺曼和拉米雷兹的价值星系理论。为释放组织中人的潜力，有效地获取成果，融入德鲁克的管理思想。

（二）重塑角色与关系，与客户共创价值

受诺曼和拉米雷兹价值星系理论启发，君智不再将管理咨询业简单地理解为传统的由上下游和对手构成的线性结构价值链，而是当作一个包括供应商、合作者、战略联盟、竞争对手、员工、客户、顾客乃至客户的客户在内的结构更为复杂的价值星系。在星系内，各方通过"成员组合"方式进行角色与关系的重塑，经由新的角色、以新的协同关系共创价值并共享成果。

第一，对"价值"达成共识。德鲁克强调企业经营的是顾客，里斯和特劳特认为要找准顾客心智中的差异化价值，而价值星系是围绕处于中心位置的顾客而构成的。君智在咨询实践中发现，只有基于"顾客认同"而非"客户企业内部认同"的价值才是真正的价值。君智从竞争维度出发，强化客户企业的外部思维意识，通过寻找潜在顾客认知中的竞争性价值点来确定客户企业与竞争对手的区隔价值，再结合发展趋势及运营优势等重新设计商业模式，最终与客户企业一起找到一个拥有巨大商业价值的竞争机会。

第二，在价值星系中结成"价值共同体"。君智将客户组织中的企业家、股东、高管、职员、经销商等利益相关者与顾客进行价值匹配，从而实现客户企业的价值创造。利益相关者围绕战略目标承担着不同的职责：企业家负责战略方向决策，股东负责知悉并参与重大事项的决策，核心高管围绕战略方向及年度战略要务制订并执行本部门工作计划，职员及经销商负责落地执行并更新迭代战略动作。君智调动利益相关者的做法包括：组织客户高管参加君智竞争战略训练营、优秀企业游学、私董会等活动；为客户一线员工组织专项培训以补齐专业知识；组织战略研究提报会、经销商宣贯会、一线员工宣贯会等系列宣贯会议，让利益相关者理解战略方向；通过组织系列研讨会来共同制定年度及阶段性目标，找到核心战略动作。在为客户企业服务时，也让其利益相关者得到成长及发展，从而让内外部人员都充分发挥效用并获得成就感。

第三，建立双向互动机制。君智与客户的互动遵循"坦诚、共识、成果导向、专业对话"的基本原则，并与客户建立连接不同层级、不同部门的信息互通网络，在实行过程中采用面谈、会议、问卷方式以及利用电话、互联网等媒介，进行专业对话。沟通内容主要包括：针对客户高管层共识战略方向，向客户员工、经销商传递战略逻辑，进行竞争战略方法论培训；依据市场环境的变化，对重大事项进行实时沟通，并设置月度、季度、年度复盘会等。在战略落地过程中，战略研究及反馈自下而上、战略宣贯自上而下；战略方向与客户决策层达成一致之后，采用对下逐级宣贯的方式让各方人员都能够理解战略方向。在确定竞争战略后，由项目团队分析师向客户高层宣贯，接下来由客户高层向下逐级传递战略方向，项目团队及客户各层级都会定期进行一线访谈，并根据战略实际落地情况调整培训频次及内容。

第四，协助客户团队提升能力。主要做法包括：君智战略知识被导入客户企业，并与君智多年实战经验相结合，协助客户管理、人力、传播等领域人才提升战略思维；传递行业分析、顾客研究、产品研究、渠道研究、品牌传播等领域的实战经验；协助客户团队在媒体资源、产品设计、第三方调研等领域提高资源整合能力等。

二、用提问法帮助客户自己发掘并锚定"价值点"

君智将咨询起点锚定在"机会"而非"问题"上。君智发现大多数咨询同行都习惯聚焦企业的问题，然后以行业领先企业（或竞争对手）的动作（或最佳实践）为标杆，为客户企业提供解决方案，结果导致客户企业总是被对手牵着鼻子走，难以胜出。为此，君智对这种服务模式进行了反转，不再从"问题"出发，而是聚焦"机会"，与客户一起发掘价值创新点，将现有资源集中在最有前景的机会上。正如德鲁克所说的"喂饱机会，饿死问题"，使客户企业摆脱"问题"困扰。

传统管理咨询企业服务模式的另一个特点是"单创"和"单闯"，即在客户接受提案前，由咨询顾问"单创"，一旦交付提案并进入实施阶段，则由客户"单闯"。对此，君智改变做法，使客户的"价值点"并非由君智咨询顾问发掘并提交，而是在顾问协助下，客户通过回答问题自己发现。这种通过共创方式发现的"机会"，由于认同度高，在后期实施时遇到的阻力也较小。

（一）用"君智顾客价值四问法"锁定价值

君智采用"顾客价值四问法"来帮助客户企业锁定价值点。这四问概括如下：①当前环境中有哪些竞争者（品牌）？它们已经满足了顾客的哪些需求（价值）？②顾客对各品牌的价值是如何界定的？

你的品牌价值与它们有什么不同？③你的价值未来对顾客有多大？几十年后顾客还会选择你的这个价值点吗？④这个价值是你和团队内心追求和擅长的吗？如果让你用一生去实现这个价值，你是否有遗憾？

（二）用"君智实现顾客价值四问法"盘点客户现状

锁定顾客价值点后，君智采用"实现顾客价值四问法"与客户一起盘点现有资源和不足。这需要从客户企业内外运营系统展开全方位检索。比如，从原料采购、生产管理、技术研发、渠道搭建、供应链、包装系统、选人标准等诸多方面来检视客户是否具有实现顾客价值的能力，如何发挥所长、补齐所短才能使锚定的顾客价值得以实现。这四问如下：①用什么符号来代表未来能够被顾客识别并记忆的品牌名称？②用什么产品或服务来实现顾客价值？③客户各部门如何高效管理？如何让外部的法律、政策的应用与客户业务相匹配？团队的任务如何分解及检核？④客户如何围绕着区别于竞争对手的顾客价值来构建一个核心价值观，并通过核心价值观来约束、筛选、培育核心人才？

三、实施"以整体服务整体"的"护卫舰模式"

（一）以"事业伙伴"身份为客户提供整体服务

咨询公司的传统服务模式是以乙方身份将在某个领域的专业知识作用于客户的某个局部板块，如技术升级、流程优化、寻找定位等。君智并非仅仅由某个项目组或某位专家提供服务，而是将自己的角色定义为客户的"事业伙伴"，以整体服务模式深入客户内部，通过将各个部门和单位合拢、连通，引领和实现各个运营板块在系统中的协同，助力客户获得整体成果。

（二）以品牌为舵，服务客户企业整体

君智的服务对象也升级为客户企业整体，而不只是某个经营或变革项目。君智在服务客户中发现，很多客户内部各个运营部门的动作往往斩不断、连不通、合不拢，内部运营混乱，资源使用缺乏标准，团队忙碌无当，无法作用于创建品牌、获得顾客。为此，君智协助客户将创建品牌提升到企业最核心、最根本的战略高度上，把品牌作为与顾客的连接点，对内统领一切运营，对外调动一切资源，围绕构建品牌在顾客认知里的独特价值，使得企业所有部门、所有工作、所有人力出一孔，使品牌成为创造顾客的高效工具。比如，君智组织专项培训，与客户团队共享品牌打造的专业知识，让客户企业中的每一个利益相关者都明白自己也是品牌的传播者，从而时时处处向顾客传递企业和品牌的价值。君智克服传统模式采用的模块化咨询的局限性，帮企业解决的不是价格问题，而是顾客端选择的价值问题；不是局部问题，而是整体问题；不是时下问题，而是短中长期问题。

四、参与客户企业战略实施

接受君智服务的客户在实施战略时不再是"单闯"，而是与君智携手"共闯"。君智协助客户做好运营配称，使内外的运营节奏相互配合，动态应对竞争，最后留给客户一整套可以长久实施下去的方法论和运营体系，并构建起竞争壁垒。君智协助客户由外而内地形成战略方案，并自上而下地执行战略，最终实现运营的一致性，让客户的一切运营动作都是针对竞争机会而设计展开的，最终达到：对外，品牌在市场顾客端拥有竞争力，赢得顾客的认同；对内，客户经过十年磨炼打造出一个擅运营、懂管理的价值观清晰的团队。

（一）对咨询成果进行三段式管理

大多数咨询服务以咨询报告的方式交付，但咨询方案和最终成果之间仍然道阻且长。即使一些咨询方案被客户认可，但是交付后也被束之高阁；另外一些咨询报告看起来十分完美，然而缺乏可落地的实现方案，客户不知道如何执行。为此，君智提出"咨询公司成果三段论"来重新定义咨询公司的成果，将客户所要的成果分为战略类成果（如市场地位、认知地位）、管理类成果（如团队生产力）、运营类成果（如营收）三大类。君智认为：咨询公司存在的终极目的是协助客户获取这三大类成果；咨询公司的成果不是体现为培养了多少名专家顾问来输出知识（阶段1），也不是体现为输出了多少客户满意的咨询报告（阶段2），而是体现为为客户企业带来真正的成果（阶段3）；输出报告仅仅是咨询公司产出成果的起点，如果客户没有拿到成果，那么前面两个阶段无论做出多少努力都是0，而实现从0到1的跃升则需要"换脑"（打破思维惯性和路径依赖以统一战略思维）、"换手"（调整原有经营策略及方法）、"换脚"（更新工作节奏并提升各运营板块效率）。

（二）以五重角色满足客户多种需求

君智重新定义咨询顾问的角色，认为在服务客户过程中往往有五重角色：①以"专家"角色协助客户洞察消费者潜意识中独一无二的差异化价值。以"战略探寻期"为例，客户企业往往因为长期深陷自身运营之中，难以客观、全面、公正地看清外部顾客对自身品牌与其他品牌的差异化认知。只有站在顾客视角，经过专业的分析和挖掘，才能进一步定义具有更大价值的差异化。②以"老师"角色协助客户打破传统惯性思维，实施新知识的转移。③以"顾问"角色协助客户针对现场问题灵活应对，形成正确的思维方向。④以"教练"角色辅导客户团队，边做边调，及时纠偏，现场示范。⑤以"导师"角色激发企业家，因为一把手是战略定力的关键，君智创始人与企业家之间往往知无不言、言无不尽，不断激励企业家朝着更宏伟的事业理想努力。

五、建立嵌入式规范化服务体系

（一）创立"战略决策三角"模型，多层面嵌入战略实施

为确保战略的精准性、落地的有效性、策略的敏捷性，君智创立"战略决策三角"模型，以项目组为连接单位，并设立竞争战略专家委员会、项目管理中心单元，共同对客户企业进行战略研究、决策会审：①竞争战略专家委员会是"指挥部"和"参谋部"，主要负责协助客户企业发掘并锚定顾客端认同的价值，确定正确的战略，规划战略周期中各阶段应达到的战略目标，制定将战略落地转化为成果的年度关键要务。此外，竞争战略专家委员会以季度为单位定期与项目管理中心、项目组进行项目会审，以帮助客户企业应对动态竞争。②项目组是服务客户企业的"先锋队"和"冲锋队"，主要负责发现前期价值，寻找竞争机会，围绕战略核心协助客户企业团队从产品、研发、渠道、终端、传播等运营板块执行战略，协助客户企业最终构建起一整套运营系统。项目组中的项目负责人（总监级或经理级）负责整体规划、项目统筹及团队搭建；分析师团队（资深分析师、高级分析师、分析师、助理分析师）则根据专业背景在行业分析、顾客研究、产品研究、渠道研究、品牌传播等板块开展协作分工。③项目管理中心是负责项目保障的"联勤部"，主要负责把控客户企业的整体战略执行节奏，并保障为客户企业提供服务的项目团队的匹配度及专业素养。

不同于其他咨询公司的是，君智强调的不是"谁是正确的"，而是"什么是正确的"。在锚定价值、制定战略、锁定关键要务等过程中，不是某一位权威专家说了算，而是形成一个相互对话、不断争辩、最终达成共识的氛围，以使客户企业的整体战略在逻辑上经得起推敲、在落地时能执行到位。

（二）打造项目服务管理系统，多时点嵌入战略实施

君智以客户成果为导向打造项目服务管理系统，构建咨询领域规范化的服务体系及标准，保障每一家客户企业得到系统的、完善的服务保障。君智团队以为客户创造最大价值为宗旨，不断总结经验，迭代服务标准，提升自己的实战水平。君智将项目服务流程分为项目接洽期、项目启动期、战略探寻期、战略落地第一年、战略护航期五大环节。针对每个环节，设立相应的工作事项、标准、执行关键等管控点，并不断优化各板块所涉及的武器（生产工具）。整个项目服务管理系统涉及143个生产工具、213个管控节点，可以更好地协助企业高效导入战略，护航稳定运营，动态应对竞争。

以项目接洽期为例，君智设立相应的项目评审机制，对新项目开发的评审过程进行有效管理，由客户开发中心、财务审计中心、专业决策委员会代表等组成项目评审团，经过多次严谨、专业的探讨，最终形成项目评审报告。如若客户存在严重的财务风险、团队风险、产品风险和机会风险，影响项目的执行，则拒绝与其合作。在接洽项目时君智先自问：我们为何要接这个企业的咨询项目？我们与企业共同完成什么成果才能使得双方共赢？这个合作要持续多久？用什么方式来合作？双方如何工作？由此提出了不同的合作方式、合作期限，以及合作目标。

项目期间，君智则进行合同风险防范，包括：签订十年期战略合作框架合同，保障双方合作的稳定性；合同中明确双方合作的服务范围，如某品牌的某些业务；采取前置收费模式，合同中规定一次性支付年度咨询费后再启动服务；合同中约定服务重心在于共同实现双方共识的市场地位目标等。

在项目质量管控方面，主要做法为：①在项目战略探寻期、战略落地第一年和战略护航期实行分阶段目标管理。在战略探寻期，目标是发现竞争机会并制定战略配称方案；在战略落地第一年，目标是从产品、渠道、价格、推广、人才培育等方面落实战略；在战略护航期，目标是界定战略要务、完善资源配置、优化实施路径、发现新机会等。②在项目执行过程中，君智依据客户企业在应对市场竞争中战略任务的变化，适时调整或增设专家，把控机会与防范风险。③由客户开发中心联合项目团队进行及时复盘，洞察市场经营亮点，规避无效运营。

（三）形成定期检核成果及动态调整策略的机制

为保障与客户共创价值，君智会定期检核成果：①月度市场调研。通过对消费者、客户一线员工、经销商的调研走访，检核战略落地效果。②季度复盘。与客户管理层深度复盘上一季度的战略落地效果，并对接下来的战略做出适当调整。③年度体检。每年与客户管理层进行深度复盘，审核战略设计、落地、调整的效果，为下一年的战略要务制定做准备。

君智与客户一起，根据外部动态竞争环境和战略落地实施效果，综合审视当下各阶段战略任务及运营环节，并进行取舍、分解，定义核心运营动作，边做边调整，以实现双方共识的市场地位目标。君智以三年为一个战略规划期，定义规划期内的核心战略要务并分解每年的核心任务，然后以每年一小步、三年一大步的节奏持续十年，直至客户企业运营能力稳定，实现与竞争环境相适应。

六、创建并积累独特的共享知识资源

（一）搭建知识管理中心

君智知识管理中心是助力员工工作更加专业高效的"武器库"，是助力员工快速成长的"发动机"，是助力君智驶入快速发展通道的"源动力"，也是为客户企业保驾护航的资源保障。该中心聚集内外部智慧与经验，是显性知识及隐性知识的加工厂和生产基地，输出适用性强的知识产品，让知识资产得以最大化增值，为内部员工和外部客户搭建一个开放、共享的知识平台，让人人可获取知识产品，人人可迭代完善知识产品。

君智知识管理中心主要负责组织实施知识产品生产、专业课程培训、咨询顾问培养、人才梯队建设等工作，分为商学院板块、知识产品板块、人力资源板块三大板块。①商学院板块负责实施专业和管理知识培训，其核心目的是面向员工输出专业化、标准化、规范化的培训课程，帮助员工快速掌握所需知识，助力员工成为专业人才和管理人才。目前商学院课程包括入门培训、基础实战、高级实战三阶段24门课程，授课者既有内外部专家，也有项目总监、项目经理等。其中，入门培训及基础实战共15门课程，是助理分析师、分析师的必修课程；高级实战课程主要面向项目总监、项目经理开设。②知识产品板块负责组织和实施公司项目流程所需知识产品的生产、设计、研发及上线。这一板块以各项目组和各部门在岗知识管理员为对接人，收集总结相关知识及经验，通过整合、再加工、评审等流程实现知识的标准化、专业化、规范化，推进隐性知识显性化、显性知识增值化。目前知识产品板块已梳理出项目服务管理中所需的143个生产工具产品，其中，一级产品共计14个，涉及企业访谈、市场调研、案头研究、经销商大会等多个核心咨询板块。③人力资源板块负责组织赋能，实施人才培养、晋升通道设计、训练体系设计等工作，其核心目的是设计科学合理的人才晋升通道及训练体系，让人才培训更加体系化、规范化、制度化。

（二）联合客户企业和商学院共同打造"活"案例库

2018年，在全国MBA教育指导委员会支持下，君智联合中国管理案例共享中心成立了竞争战略教研坊，把来自中国本土的经典商业案例放到竞争战略教研坊平台上来，与国内279所商学院分享。并且，各方通过实战与理论深度融合的方式，探索和总结当下前沿案例特点，让案例开发和教学走得更近、挖得更深、学得更透、用得更活。

竞争战略教研坊不仅是君智的知识资源库，更是助推产学研一体化的实战共创平台。通过打通产、学、研，在向高校输送鲜活中国商业案例的同时，还能使商学院学员所学更适合企业竞争需要，真正帮到自己所在的企业。并且，咨询公司基于服务大量客户的咨询实践所总结提炼出的新知识、新方法能在更广范围内得以普及，最终助力更多中国企业开展差异化竞争，助推中国管理理论发展。

（三）形成闭环式复盘机制

为避免团队出现不必要的重复动作，让团队的成果与失败都更有意义，君智形成一套闭环式复盘机制。君智倡导"谁组织、谁提炼、谁分享、谁转化"，在年度、季度项目战略和项目重大战役等关键时间节点，形成一个"组织复盘会议—提炼干货知识—分享复盘成果—转化为君智及客户成果"的闭环，最终促进知识本身、服务流程和专业能力的三重进化。具体如下：①知识本身的进化。在复盘时，从成功经验、问题所在、系统改进、文件类工作成果、发予客户的规范化文件、项目组工作改进等方面着手，删除不必要的知识，升级既有的知识，拓展新的知识。②服务流程进化。在复盘时，实行前向及后向的双向延展。前向延展包括新增在项目咨询前端的关键知识导入、客户预期管理、目标成果共识、投入成本预判等环节；后向延展方面，为提高客户企业"拿到成果的可能性""实现更大成果的可能性""持续获得成果的可能性"，进行系统的流程升级。最终，删除不必要的环节、调整服务环节的位序、增加能够影响成果的关键环节。③专业能力进化。通过复盘不断迭代出相互关联又层层递进的人才培养三部曲：第一步是构建能力体系，鉴定出能够拿到成果的能力模型；第二步是构建课程体系，将知识管理中心的知识产品与第一步中的能力模型相匹配；第三步是将人与能力、知识三者相匹配，形成一套"谁应该学什么""应该跟谁学什么""应该在什么阶段学"的训练体系，最终实现从理论知识到实践能力的转化。

在闭环式复盘机制保障下，目前君智已结合项目总监、项目经理、高级分析师、分析师、助理分析师等不同层级的要求，明确定义每个职位级别的关键能力特征以及所需掌握的专业知识、管理知识，建立《君智人才梯队岗位职责与胜任标准》，形成一整套涵盖入职培训、在职培训、管理培训、实战培训等阶段的学习考核方式，搭建透明的晋升通道及训练体系，让人才的成长与晋升都有据可查、有路可寻，最终打造出一个开放、高效、创新的学习型组织。

七、以战略咨询事业为核心，联结个人使命、组织使命和社会使命

（一）用君智形式缔造员工与工作的联结

君智注重帮助员工厘清自己的工作与君智战略咨询事业的关系，让内部所有运营动作指向君智的外部成果，并通过整合相关运营活动实现资源的"新组合"，最终形成君智战略咨询事业的竞争优势。反之，如果员工缺乏有效的顾客视角及成果导向，不知道自己的工作和君智外部成果之间的关联性，将导致君智围绕与客户共创价值的配称工作被割裂，使得资源浪费频现，成果大打折扣。君智通过组织系列研讨会、内训班等，使员工明确自身工作对最终成果的影响，明确其责任主体意识，解决管理有效性问题。

（二）通过知识分享缔造员工与他人之间的联结

君智通过分享、提炼、传承等形式让知识流动起来并实现推陈出新，促进员工与他人之间的联结，使得团队上下共同朝着"十年打造 100 个成功经典案例"的目标努力。此外,基于战略咨询服务管理知识不断迭代、持续进化的特点,君智通过与专门研究德鲁克管理思想的机构签署战略合作协议引入定制培训、与专门研究以色列创新思想的机构开办内训班、定期组织精英领导力训练营等系列活动,帮助员工放下以往的经验和模式,突破自己的认知边界,时刻以"新生"身份学习新知,在为公司做出贡献的同时,增加自我生命的厚度和高度。

(三)激活组织的社会使命及创新精神

君智结合儒家所倡导的"修齐治平"士大夫精神及德鲁克所强调的企业家创新精神,确立"新一代战略咨询"定位及使命。君智强调,无论是创始人,还是职业经理人、中高层管理人员、普通职员,都应该并可以拥有企业家精神,成为"企业家型人才",从而帮助更多企业创造顾客。此外,君智创始人还积极领悟、挖掘中华文化的价值,激发团队释放力量,形成创新合力,最终打造立足中国经济发展及商业实践的"新一代战略咨询"。

(成果创造人:谢卫山、姚荣君、徐连政、谢 宏、张 辉、林育强、
谢宏达、陈 继、魏 巍、蒋海天、魏宗凯、王朝平)

省会电网企业基于大数据的客户服务能力提升

国网山西省电力公司太原供电公司

国网山西省电力公司太原供电公司(以下简称太原供电公司)以客户用电感知为核心,以持续提升供电可靠性和客户满意度为方向,以大数据分析为依托,摒除电力企业各个部门不同程度存在业务"自转"的弊端,打破系统间壁垒,整合六大系统数据资源,构建数字化信息平台,实现全专业通道"贯通",对影响客户用电的全环节开展全方位多维度的大数据分析,开展全业务全流程"诊断",构建精准、快速、高效服务体系,细化管理流程,用绩效指标倒逼管理发展,构建客户感知评价模型,通过停电时间偏差率、不停电作业率、停电时户数等指标开展全方位评价,最终实现电网结构不断优化,客户服务水平全面提升。

一、明确供电服务思路,构建精准服务体系

(一)依托公司战略,制定服务目标

遵循"坚强、可靠、智能、绿色、共享"的理念,充分发挥省会城市的示范引领作用,高标准制定服务目标。一是贯彻"以客户为中心"的理念,构建基于数字化的精准服务体系,以精准到户数据分析结果为起点,星级供电所、供电服务中心为窗口,营、配、供、调专业协同配合为后台的服务方式,优化服务资源,建立高质量团队,整合多系统数据,实现跨部门资源共享,做到主动服务停电客户,准确定位故障位置,快速解决停电问题,认真做好客户回访,全面提升服务管理水平,使客户满意率达到98.8%。二是持续优化配网网架结构,应用配电自动化,配网可视化等先进技术,建设一流智能配电网,降低设备故障频率,减少设备停运范围和停电时间。消除线路运行工况不良等可能导致一次停电影响客户数量较大的隐患,实现城区配网供电可靠率达到99.95%,县公司配网供电可靠率达到99.85%。三是提升管理效能,合理高效开展电网各项工作,持续提升检修作业执行率和检修作业按期完成率,进一步规范作业时长,强化考核机制,唤醒员工客户服务意识。

(二)明确专业分工,健全组织架构

一是成立领导小组。由公司主要领导任组长,发展部、调控中心、运检部、供电服务指挥中心、营销部等职能部室分管领导任副组长。小组成员由发展部、调控中心、运检部、供电服务指挥中心、营销部等各专业部门专业技术人员组成。另外,下设保障组重点开展数据分析、服务体系建设、规范制定和运行评价工作。二是推进用电全流程业务深度融合,打破专业壁垒,整合六大系统数据,建立精准到户数据平台,做到分析精准到户、服务精准到户、管理精准到户,全面提升供电服务能力,营造良好的外部环境。

(三)完善工作流程,建立评价体系

一是建立各专业数据互通纽带,解决各职能部门专业管理衔接不紧的困局。构建户—变—线全电网拓扑关系,实现客户停电与设备台账及调度运行全闭环管理。通过日统计、周汇报、月总结,持续优化电网运行,不断提升服务质量。二是开展企业内部评价和客户评价,从供电可靠性和客户服务满意率两个方面开展评价,全方位审视太原供电公司内部运行水平和外部服务水平。具体分解为客户满意率、停电计划执行率、停电时间偏差率、不停电作业率、停电时户数五个方面。通过可靠性分析、损失电量分析等综合评价结果持续改进各环节短板,促进管理水平进一步提升。

二、创建智能数据平台，全流程链条数字化

（一）实现多系统融合，打造"精准到户"平台

在数字化时代，电力生产的发、供、用各个环节都离不开庞大的信息资源。电力企业生产营销的各环节中，PMS系统将电网全部设备的投产信息、运行维修记录、设备间的拓扑关系有序整合，组成电网设备基础台账，是电力企业对运行设备开展全寿命管理的重要工具，是电网设备的"身份证"。OPEN3000数据采集与监视控制系统通过自动化终端对电力系统运行设备进行监视与控制，实现数据采集、设备控制、测量、参数调节以及各类信号报警，汇集电网实时运行数据，是电力设备的"听诊器"。OMS调度管理系统记录电网日常调度运行情况、设备的停送电时间及现场作业人员的工作详情，是电力设备调度运行的"日记本"。SG186系统是电力营销业务在各领域的有机整合，用来实现客户档案管理、电费管理、电量采集等多种功能，为客户提供新装增容、能效管理等服务，是电力客户的户"记账簿"。配网可视化系统及95598工单系统搭建电力企业和电力客户之间的桥梁，通过受理并收集电力客户投诉建议，派发抢修工单，服务客户用电诉求，提升客户用电满意度，是客户与企业间的"传声筒"。

但是，各个系统在原有的企业管理模式下相互独立，数据资源在电力生产、运行、营销环节中长期以来被分割使用，各部门"自转"运行的弊端导致数据未能实现全过程链条，设备运行可靠性、检修工作执行准确性、客户服务满意度等不能有机结合，电力系统运行分析链条无法穿透至客户。

太原供电公司通过创建精准到户数据平台，汇集OMS系统、PMS2.0系统、OPEN-3000系统、SG-186系统、配网可视化系统以及95598工单系统六大系统数据，将数据整合，实现设备基础台账、运行日志和电力客户营销数据的有机结合，形成全过程数据流，开展大数据技术深度应用，反映电力生产、维护、使用的全过程。

（二）开展数据多维度分析，提升专业管理水平

多系统数据整合形成的数据流，打破了原有部门间的应用壁垒，体现了以客户为中心的服务理念，具备了从客户用电满意度倒推电力生产、维护、使用的全过程的数据分析能力。将电网运行情况、设备故障情况、检修工作进度、电网设备运维状况、设备隐患信息、设备实时监控信息等高效关联并重组，实现现场作业、业务运行及生产指挥等数据可视化，将数据与业务相结合，提高数据价值。以多维度数据分析、可视化图片进行直观展现，将电力系统运行分析链条穿透至客户。利用精准到户数据平台，可以实现对每一户客户用电感知进行碎片化分析和归一化处理，研判问题，分析趋势，发现其中存在的突出问题，为生产决策提供直观的数据支撑。以减少客户停电感知为宗旨，将设备运行可靠性、检修工作执行准确性、客户服务满意度等有机结合，由客户诉求倒推电力生产全过程存在的问题，实现标本兼治，最终达到客户服务满意度持续提升的目的。

三、科学管理检修工作，提升客户用电感知

（一）精益管理计划检修

以提升客户用电感知为宗旨，围绕配网线路停运率和配变平均停电时间同比双降低30%的工作目标，精益管理计划检修。一是实现公司停电作业"一支笔"审批、全网设备"一盘棋"管理，将停电计划管理拓展至县域的0.4kV以上设备和10kV双电源客户专变，统一申报、统一平衡。二是树立主观造成客户停电"最多停一次"的理念，全面统筹协调各专业停电需求，编制公司10kV及以上检修计划表，按照"年计划、月平衡、周微调"的原则，合理安排计划停电工作。三是坚持重复停电不放过原则，主观减少停电次数，对2个月内停电2次的线路或台区不再安排检修计划，实行设备检修计划"预警-否决"制度，相关线路或区域内停电次数全年累计达到设定阈值前预警，超过时否决，不再安排检修工作，倒逼各部门优化管理链条，实现用户用电感知根本性提升。

(二) 平衡开展预算式管控

对计划停电开展预算式管控，依托精准到户数据平台，以户为单位开展分析。2018年停电累计影响400万户，围绕配网线路停运率和配变平均停电时间同比双降低30%的目标，2019年按月划定停电工作影响客户数量上限，超过临界值时预警，达到上限时不再安排计划停电工作。促进计划停电精益化管控，一是优化停电范围，杜绝因粗放停电造成客户陪停，减少客户的停电次数和受影响户数；二是合理安排停电时间，分析客户的用电模式，采用凌晨检修等措施，尽量避开客户用电高峰，最大限度地提升客户用电感知。

户均停电次数反映了客户在正常用电期间因各种原因导致供电中断的次数，反映了供电环节工作安排的合理程度和设备的可靠程度，单位时间内频繁停电会严重影响客户用电体验，造成客户经济损失。户均停电次数公式如下：

$$户均停电次数 = \frac{停电户次}{辖区总户数}$$

(三) 精细管控停电偏差

以往电网检修模式较为粗放，在停电、工作、送电各个环节时间观念不强，各项流程衔接不紧密，造成计划检修工作停电晚、开工晚、送电晚，停电时间超出客户停电预想，甚至存在工作时间随意变更甚至取消的现象，导致检修计划执行率和检修计划按时完成率长期偏离期望值。

在精准到户数据平台中，对停电设备的停电时长进行统计分析，发现实际停电时间与计划停电时间普遍有偏差，存在晚停晚送、早停早送、停送电操作和检修工作衔接不紧密的问题。主要原因是运维人员到岗到位时间不固定、设备等人和人机物不到位等。为强化综合停电管理，太原供电公司严格审批停电方案，刚性执行停电计划，确保停电范围最小、停电时间最短、停电次数最少。编制"八个节点管控考核办法"标准化制度，对计划检修工作从"工作单位提前（D-1）确认时间"，到"全部客户复电时间"的八个时间的各个环节进行跟踪分析，严格管控检修停电时间，严控运维人员到岗到位时间，坚决杜绝设备等人和人机物不到位等管理原因造成的取消、顺延等管控不力现象，消除停电—送电全流程中产生的时间延误。

通过制定《八个节点管控考核办法》，精益化安排检修工作，降低工作时间偏差，2019年计划检修工作平均时间较2018年缩短1.3小时，工作时间偏差率降低21%，使客户对计划停电心中有数，停电期间生产生活有序开展，大大提升客户用电感知。另外，以客户感知为出发点，对送电时间按户统计，查找工作各环节造成时间异常的原因，持续改进工作质量。

针对停电中工作各环节缺乏时间标准的问题，利用OMS系统，优化"工作票、操作票"流程，提高信息化、自动化程度，以提高工作效率，减少停电时间。对于倒闸操作，根据运行班组所管辖的变电站的数量、设备、人员等情况，按照操作性质分类，制定个性化的操作时间准则，为减少停电操作时间提供依据。制定模块化工作标准作业时长，对同类工作各项分工时长的历史数据进行"碎片化"分析，突破原有习惯性作业模式，合理压缩作业时间。

如电缆接火工作和绝缘包封工作原申请检修工作时间分别为150分钟和90分钟，通过精准到户数据平台对历史同类型检修工作时间节点进行分析，发现实际作业时间比申请时间短，最终将同类工作检修时间分别优化至90分钟和30分钟。2019年共确定7类共120项典型工作时长，进一步实施停送电操作和施工作业标准化作业时长，有效缩短各项工作时间。

户均停电时长反映了单位时间内客户停电时间累加后的平均值，反映了客户计划停电时的工程推进速度和故障停电时供电公司处置故障的响应程度，停电后未能及时恢复供电会导致客户因停电产生焦虑，引发客户投诉。户均停电时长公式如下：

$$户均停电时长 = \sum_{k=0}^{n} \frac{k\,户停电次数 \times k\,户停电时长}{辖区总户数}$$

（四）全面推广配网"不停电"作业

牢固树立主观造成客户停电"最多停一次"的理念，全面开展配网"不停电"作业及主配网合环校核，将合环倒负荷推广至各县公司，组建保障团队开展配网合环潮流计算，2019年完成412处联络点合环计算，有利于保障配网合环操作安全，并利用配网联络点和手拉手线路，将涉及停电作业的客户尽可能进行转供电，最大限度地提升客户用电感知。2019年城区配网共计合环133条次，带电作业384次，工单量同比减少36.58%。对涉及重要客户、大型居民住宅小区的停电，尽可能通过应急发电车进行临时供电，避免停电带来的不良后果。

四、合理优化电能分配，提升资源利用水平

（一）高效发挥数据分析能力，超前运维设备

利用精准到户数据平台开展大数据分析，形成"一线一档"。对每一条线路多年故障类型占比进行横向分析，对共有缺陷进行归一化处理，提前发现家族性缺陷，提前预判故障出现的可能性，对每一条线路设置针对性的运维计划。推进设备综合治理，做到尽可能将故障掉闸转化为计划检修。超前运维设备，保障设备长期处在较高的健康运行水平。并有针对地对台区设置检修计划，调整运行方式，落实计划停电预算式管控机制，提前制定事故预案，缩短停电后的故障处置时间。

（二）充分利用现状电网设备资源，优化配网网络

利用精准到户数据平台，将电网历史运行数据导入精准到户数据平台后，对高故障线路开展针对性分析。剖析每一条线路近3年故障类型占比，深挖设备故障出现原因，对高掉闸、高投诉敏感台区进行重点排查，查询故障原因，结合周边电网设备资源，有效优化配网网络。

以阳曲地区10kV北留线为例，2018年共发生8次故障停电（1次接地、6次支线故障、1次干线故障），引起1起频繁停电投诉工单、30起95598故障报修工单。通过研究分析发现10kV北留线存在负荷重（2018年最大负载率为90.3%）、支线多、供电半径长、树害严重、线路老旧等问题，虽与泥屯3#线有联络，但泥屯3#线线路本身也是重载线路，起不到转供负荷的作用。针对北留线实际情况，规划由黄寨站轻载线路10kV北山线与北留线小直峪支线相联络。与北郁利支线22#杆连接后，新线路接带原北留线小直峪支线、北郁利支线负荷，解决了北留线重过载问题和网架薄弱问题；北留线北郁利支线和小直峪支线约带负荷5490kVA，切改后，北留线接带容量约7700kVA，北留线最大电流约172A，北留线平均负载率由74%降为45%；北山线接带负荷约2291kW，最大电流约132A，北山线最大负载率为29%，负载率约在50%以下，可实现互联互供，极大地提高了线路的供电可靠性。

（三）合理利用资金资源，有序开展隐患治理

依托线—变—户拓扑，融合电网历史运行数据，开展数据挖掘和大数据分析，剖析引起设备掉闸和引发客户投诉的原因，并可视化展示，形成"一线一档一归一库"，按照轻重缓急列入项目储备库，合理利用资金有序开展隐患治理、技改大修等工作，实现标本兼治。

以古交地区10kV岔口线为例，2018年故障掉闸23次，多为干线故障，重合复掉，故障原因分类中，自然因素占比较高，极端情况下一天重复掉闸5次，全年累计影响供电时户数54300户，为2018年影响最大的线路。各相关部门联合开展一线一分析，查找线路运行中存在的隐患，发现线路路径长，且为架空裸导线，路径内大风、雷击频发，运行环境恶劣，电力客户用电负荷较重，线路载流能力有限。通过技改工程，2019年5月16日将出站400余级杆塔线路全部更换为大截面绝缘导线，显著提升线路运行环境，有效缓解线路负载率高的问题。对岔口线将持续跟踪运行情况，加强分析管控。10kV加乐泉线2018年故障掉闸11次，高足梁支线所带客户报修频繁，通过数据整合，发现故障原因多集中

在鸟害，进一步调查分析后发现，全线均为裸导线，且树线矛盾尤为突出。协调项目管理中心等部门后，预计列入技改大修计划完成整治。现运行环境下，调度、运检等部门协调配合，积极消除故障隐患，加强林区内线路的运行管控，有效杜绝线路故障。

（四）优化人员物资配置，提高处置效率

对电网运行状况滚动分析，通过精准到户数据平台的深度挖掘，可筛查出高掉闸、高故障线路站所，以及线路路径长、故障影响户数多、处置时间长的线路，指导现有的人力资源合理再分配，优化抢修人员驻地设置，差异化配置抢修人员数量，有效提升异常及故障处置效率。通过对电网异常进行标签化细分，分析区域电网日常运维特点，优化分配物资储备，高效利用备件资源，减少浪费，最大限度满足客户用电需求。

五、依托智能数字信息，加快服务响应速度

（一）扩大电网感知范围

持续推进二遥故障指示器覆盖规模，扩大感知范围，深化 TTU（配电变压器监测终端）在配网的应用，改变传统运维模式，缩短故障研判时间，缩小故障查找范围，提高检修人员工作效率。完成 1.7 万户智能电表的安装，通过高速宽带载波信息准确传输客户停电时间，主动研判故障及原因，向网格内的抢修人员发起抢修工单，第一时间修复故障，实现单户停电实时掌握，全面提升客户的智能服务体验，为客户用电服务架起"连心桥"。

（二）准确定位故障设备

依据供电拓扑关系，通过配网可视化平台开展主动召测和链路巡检，实现站—线—变—户停电范围的 3 分钟实时追溯研判，在地图上准确定位变电站、供电路径、客户位置等信息。发生停电时，配网可视化平台会自动定位故障设备的地理位置。供指中心工作人员可根据定位信息，向抢修人员提供准确的故障点，实现故障设备精准定位。

（三）精准推送停电信息

针对计划停电信息未报送或故障停电信息不准确等情况，按照《国网公司 95598 停电信息报送规范》，编制具体的停电信息报送流程，联动精准到户大数据，第一时间向客户发送停电告知短信，同时信息共享至国网客户服务中心，坐席人员根据客户报修地址与停电公告范围匹配核查，对同一停电线路引发的客户咨询做好一次性告知，避免工单重复下派。2019 年，公司受理故障工单 17368 件，同比下降 36.58%。

编写《国网太原供电公司配电设备营配调异动核查业务实施细则》，利用停电信息开展"线—变—户"关系准确性验证、营配数据一致性核查，校核完善拓扑关系。供电服务指挥中心在录入工单信息时可更加快速、准确，支线故障细化至变台以及下级所带相关客户，防止录入工单范围大于实际故障范围，实现客户停电信息推送更加精准、更加快速。

（四）主动抢修，提前服务

通过配网可视化平台，实现客户停电主动监测功能，抢修指挥层级由原先的客户报修—国网坐席受理派单—供指中心接单派发—县调—供电所—抢修人员，压缩为供指中心—抢修人员的精准指挥，层级压缩三分之二。迅速研判造成客户停电的故障设备，自动生成主动抢修工单，第一时间精准派发至相应责任单位的设备主人，与停电客户同步开展抢修，主动处置故障，大大减少客户停电时间。2019 年，公司抢修工单 17658 件，公司故障平均处理时长 60 分钟，同比下降 36.58%。

成立低压末端融合的三个供电中心，实现工单低压一体化抢修。利用 533 台移动作业终端（App），实现故障报修"一级接派"、迅速指挥。实时监测配变五类异常（三相不平衡、重载、过载、过电压、欠电压）数据，超前开展设备故障的主动检修，便于生产单位精准运维。2019 年，主动检修工单 1489

件，抢修平均到达现场时间22.63分钟，同比下降18%。

(五) 试点开展"大配调"建设

随着太原二环线建设的实施，以及大量党政机关、科研院所及企事业单位由中心城区外迁至近郊县区域，在全面分析总结城市配网及近郊县调控中心工作的基础上，开展"六城区"配调业务集中管控，调整配网调度权限，试点开展"大配调"建设，太原城区配网与三郊县（小店、晋源、滨河）配网调控业务横向整合，均衡调控业务承载能力，极大提升配网专业管理水平。

通过一口对外、分工协作、内转外不转服务模式，实现城区及近郊县调控业务"一站式"管理，全面提升供电服务管控能力、响应速度和处理效率。以提升供电可靠性为主线，不断提高配网运营管理和服务质量，推动公司配电运营和服务管理与先进模式接轨，有效提升配电网运营效率效益、优质服务水平和企业核心竞争力。

六、优化配套管理流程，强化优质服务意识

(一) 推进办电模式转型

塑造环节少、时间短、造价低、服务优的办电服务新模式，推进打造全国一流、卓越服务的"六最"电力营商环境，全面实行10kV及以上大中型企业客户省力、省时、省钱"三省"服务，办电环节压减至4个以内，平均接电时间压减至60天以内，集体企业承揽的客户工程平均办电成本明显下降；全面推广低压小微企业客户及低压零散居民零上门、零审批、零投资"三零"服务，办电环节压减至2个，低压非居民客户平均接电时间压减至15天以内，低压居民客户压减至2天以内。

(二) 全面推广网格化服务

以城市供电服务中心、乡镇供电所为基点，按照高压线路为主，乡镇街办、网格片区"三吻合"的原则开展网格化划分，全市共划分网格122个。对应台区数合计9815个，网格经理189人，台区对应的客户经理对网格区域内的营配设备运维管理、低压客户进行对接服务，为客户提供及时、准确、优质的供电服务。

(三) 不断提升工单完成质效

坚持数据未整改不放过、客户未送电不放过、重复停电不放过、隐患未治理不放过的"四不放过"原则，按照日统计、周分析、月汇总对工单进行深度剖析。压缩工单处理时限，在国网公司、省公司工单处理时限基础上，采用"D-2"模式，同时在工单即将到处理时限的60%、80%、90%时，进行三级催督办。2019年业务处理按期执行率完成100%。

(四) 建立"先降后控"的防控规范

降低计划检修期间电网运行风险，强化"先降后控"的防控意识。检修前，首先通过转移负荷、分母运行等手段调整与检修工作相关变电站的运行方式，确保检修期间发生故障时，所有电力客户都可以实现不停电转移负荷。其次提高客户的抗风险能力，对重要客户提前下达风险通知单，告知检修作业期间须采取的管控措施，充分开展事故预想，确保失电后快速复电，减少电网停电对客户造成的经济损失。

(五) 强化停送电考核奖惩

依托智能平台，对临时停电、延时送电等计划外停电进行统计，制定国网太原公司停电损失责任考核办法，公司层面对配网停电损失电量开展日通报、周分析、月总结，以客户为导向，对各部门造成客户损失的电量加权统计，经过免考申诉后，按照排名开展奖惩。上下形成合力，唤醒每一名员工对保供电的意识，实现电网运行由粗放式向精益化转变。

（成果创造人：武登峰、张晓鹏、阴昌华、李瑞琴、郭学英、李国华、郝建强、张　毅、郝莉春、赵　强、马　宁、赵利萍）

基于政务服务平台深度融合的邮政服务功能拓展

中国邮政集团有限公司湖南省分公司

中国邮政集团有限公司湖南省分公司（以下简称湖南邮政）为深入贯彻落实党中央、国务院关于国有企业高质量发展的要求，聚焦"放管服"改革、乡村振兴战略、精准脱贫攻坚战，拓展便民公益服务重点工程。湖南邮政立足"通政、通民、通商"的经营宗旨，深度融合政府"放管服"改革，以政务服务平台为主要载体，聚合政府、企业和百姓三方力量，利用"两网三流"的资源优势，促进邮政业务的横向深度融合，实现邮政服务功能拓展，既在交警、法院、税务、工商等政府部门深化"放管服"改革的工作中进一步发挥了综合服务作用，又为客户提供了"以政务服务平台为基础，涵盖物流、金融、保险、电商等多种增值项目"的一站式服务。湖南邮政在助力便民利民、脱贫攻坚、社会治理的同时，有效推动了各项业务的发展，充分彰显了行业"国家队"的实力和风采。

一、确立总体思路和基本原则

（一）明确邮政服务功能拓展的总体思路

湖南邮政以"服务党政大局、服务社会事业发展、服务百姓所需"为己任，秉承"政企联动、优势互补、合作共赢"及"便民、利民、惠民"的基调，深入对接"放管服"改革，全面承接政务服务，通过系统对接和流程创新，结合政府、企业和群众的潜在需求，对内整合邮政普遍服务、寄递业务、金融业务、农村电商产品资源，对外借力政务中心、公安、司法、税务等政府"放管服"改革推进，加快探索邮政平台整合和渠道复用的最优途径，确立了"一体三横四纵"的经营策略，实现邮政服务功能拓展。

"一体"即以政务服务平台为载体，全面梳理各类政务服务资源和应用，从政府举措和办事群众痛点开始切入，分析全流程各环节需求，打通全程功能和涉及机构，开展政务业务立体式拓展。

"三横"即以政府、企业、百姓为三个横面，以寄递业务为切入点，以省政务营销中心为枢纽，通过组建包括业务营销、技术支撑、运营监控、主动服务等人员在内的项目团队，进行市场画像，设计服务产品，提供整体服务解决方案，并不断叠加增值服务，拓展循环服务需求，发挥"$1=1+N$"的"+"效应，打造新增长极，实现源头获客。

"四纵"即以邮政寄递业务、金融业务、农村电商、普遍服务为四条纵线，进行客户画像，按照行业、产品属性分配至省经营支撑部门，对标行业先进做法，从客户视角、竞争视角、行业最佳实践视角研究制定邮政承接、服务方案，各有侧重，精准发力。

（二）确定邮政服务功能拓展的基本原则

一是坚持践行国企使命担当，做政府的好帮手。邮政作为国有大型央企，始终牢记"人民邮政为人民"的初心，认真履行党和国家赋予的政治责任、社会责任和经济责任。要从政治高度认识"放管服"的重要性，加强与政府部门的沟通，深层次参与各级政府、部门"放管服"改革，以便民服务为出发点，衔接政府改善营商环境、提升群众满意度的需求，整合邮政服务、产品、平台（线上、线下）等资源，致力于打造承接政府、连接百姓的第二政务平台，积极探索邮政服务功能拓展的新模式、新路径。

二是坚持参与便民利民服务，做百姓的贴心人。寄递渠道用便捷高效的服务缩短了生产端与消费端的距离，消除了城乡之间的物品流通鸿沟，并催生着新的寄递需求。同时，在服务民生领域存在着一些短板需要补齐，必须集中精力解决不平衡、不充分问题，从而更好地满足群众日益增长的用邮需求。必须清醒地认识到，邮政服务保障民生没有终点，只有连续不断的新起点。把服务民生放在心头，就要改变传统观念，树立新发展理念，加强基础性建设，多方面同向发力，把民生诉求转化为惠民举措，从民生关切中获取推动中国邮政高质量发展的不竭动力。

三是坚持多元一体创新服务，做企业的改革者。邮政具有公益性、基础性、商业性的多重属性，当前正是发展的关键期、改革的攻坚期，应树立"大邮政"的理念，坚持"大发展"的导向，把握"大融合"的关键，把外部压力转化为深化改革、加快发展的内驱力，以普服为"根"，推进邮政业务创新转型发展。对金融业务应构建金融生态，提高发展质效；对寄递业务应增强竞争能力，提升规模和效益；对农村电商应重塑渠道价值，构建新生态；协同发展要坚持共享共赢，不断加大力度，只有这样才能更好地为实现中华民族伟大复兴的中国梦贡献行业力量。

二、搭建组织构架，明确服务功能拓展职责分工

（一）创建邮政服务功能拓展领导小组

湖南邮政在省级层面成立服务功能拓展领导小组，由总经理任组长，副总经理任副组长，省信息技术局、综合部、市场部领导和机关人员为成员，负责统筹推进服务功能拓展的各项工作。在业务层面，成立了省政务营销中心，负责集中统一对接省级政府各个部委办局，研究市场、系统对接、客户需求，制定落地方案；负责打破内部壁垒，调配业务、人力、财务、技术等各类资源，联系协调板块；负责细化客户营销工作标准，包括合作签约、政策支持、组建团队、制定方案、系统跟进、加强培训、总结复制推广经验。

（二）明确邮政服务功能拓展职责分工

为了有效提升产品服务的供给能力，湖南邮政实施"一点介入，全省联动"的协同推进模式，省级层面"总对总"统一策划、统一服务标准、统谈签订服务协议，各市州落地对接和推广。目前，在现有实践总结的基础上，结合潜在需求，将适合邮政承接的"放管服"改革9大类55大项476个事项，按照行业、产品属性分配至经营支撑部门，进行销号开发。一方面，结合省分公司的落地行动方案与同级政府部门做好对接，因地制宜做好执行；另一方面，发挥邮政"点多面广"的服务触点作用，利用百姓需求和评价互动，倒逼便民服务种类、服务模式、办理流程、运作效率等全面优化。

其中，集邮与文化传媒部负责研究政府文明城市创建、公益宣传等宣贯告知类，企业污染源监督监测、行业监测等调查认证类，"书香进校园"、书信大赛等活动、关爱留守儿童、农民教育培训等便民公用类内容。

渠道平台部负责研究代收交通罚款、养老保险费征缴、代征税/代收社会保险资金等征缴发放类，车辆免检年审、交管服务远程体检、一村一品、农产品销售、益农信息社等便民公用类内容。

金融业务部负责研究城市道路挖掘修复费的征收、农业重点开发建设资金的征收、代发工资、城市生活垃圾处理费的征收等征缴发放类内容，并对接邮储银行、中邮保险、中邮证券等单位。

寄递事业部负责研究法院传票、违章通知单等宣贯告知类，不动产证等证件寄递、劳动仲裁通知书等证照许可类，退休证申领、烟草物流配送等便民公用类内容。

三、推进"三个嵌入"，提升政务服务"三效"

（一）嵌入系统功能构架，提升政务服务平台的建设效率

电子政务服务平台建设不是一劳永逸的，政府需要根据形势、群众需求、问题导向不断进行改进、完善、优化，这也符合互联网产品"逐步接入、小步快跑、迭代优化"的设计思路。在政府对平台不断升级和更新的过程中，湖南邮政指导各市州在现有基于邮寄名址信息交互的系统对接模式上，学习互联网公司的做法，主动参与到政务服务平台建设中，在业务应用层和应用支撑层将双方技术、功能和服

务进一步融合，做到既能资源复用又能激活平台建设"加速度"。

以长沙的"96111"平台为例：2018年，长沙邮政与长沙市公安局共同建设了"96111便民服务桥"微信公众号及"96111便民服务呼叫中心"，这是一个集"认证、预约、受理、支付、寄递、评价、监察、咨询"八大功能于一体的"互联网＋公安政务"平台，可预约办理220项公安业务，包括50余项高频需求的公安业务。

在湖南邮政的信息技术支持下，与公安部门打造了四个"统一"。一是"统一用户"。智能人脸识别确保了用户身份的真实性，很好地解决了"我是我"的问题。一方面，很多原来需要本人到窗口办理的业务，现在只要"刷脸"，就直接在"指尖上"办理完成；另一方面，用户信息共享共用，保障邮寄业务的实名办理，实现共同开展信息资源规范管理。二是"统一咨询"。"96111便民服务呼叫中心"针对408项公安服务事项，搭建办事指南、热点问题、政策规范、专家标签、服务地址五大知识库为来电市民解答相关疑问。邮政合理分担呼叫中心的运营成本，呼叫中心也同时承接了与邮政相关的时限咨询、邮件查询、客诉处理等话务工作，实现双方投入不重复、客户服务一站式。三是"统一支付"。平台由政府指定的长沙银行提供全程支付、结算服务，其中工本费直接进入财政非税缴费通道，邮费实时划入邮政账户，实现平台用户资金安全无虞。四是"统一寄递"。平台产生的证照全部通过邮政特快专递直接寄到群众手中，有效实现排他。

在指导市州嵌入平台建设的同时，湖南邮政积极对接湖南省公安厅，合作建设了"湖南公安服务平台"微信公众号。"湖南公安服务平台"涉及户政、出入境、交警等10个部门，提供369项直接面向全省群众和企业的服务项目；在功能设置上，省公安厅与湖南邮政共同实现查询、预约、受理、审核等各节点流水作业；在"为民服务"具体应用上，湖南省公安厅与湖南邮政携手推出便民邮寄业务，解决群众"最后一公里"问题，助推湖南企业疫情后复工复产的用工人员居民身份证"绿色通道"和为湖南高考考生保驾护航的身份证补办加急"绿色通道"等特色线上便民服务深受社会好评。

（二）嵌入网办模式改革，提升政务服务平台的体验效用

传统的政务服务体系顶层设计重建设轻运营，解决了能办事的问题。而信息化时代政府在设计政务服务体系时，更希望以云计算、大数据、人工智能等先进技术为支撑，通过优化服务模式，让用户办事像"网购"一样方便，将多个事项形成聚合服务。从局部来看，政府的这种改革思路会对邮寄量产生一定影响。但从整体而言，网办模式改革是由供给侧梳理事项维度向需求侧梳理事情维度转变，这意味着大众用户的实际体验将得到更加人性化的改变，平台的活跃度和真实用户数量会持续增长。因此，湖南邮政不断激发各市州邮政主动配合政府改进服务、创新模式，扩大双方的业务体量，并在过程中寻找新的发展机遇，或同步推出新的服务项目，进一步深化双方合作。例如，2019年长沙市公安局提出希望尽快实现群众到公安机关办理多本证件一次性打包寄递。为此，湖南邮政专门为长沙市公安局打造了"公安证照超市"，使政务平台用户实现"同址多人"只收取一次邮费，或"同人多证"只收取一次邮费。

"同址多人"和"同人多证"是一直以来存在的现象：有可能是一家人同时办理出国境业务；或一位用户在办理出国境业务时，同时办理了机动车号牌业务。针对上述情况，大众用户希望享受在超市般的体验，一次性领取多个证照时只缴纳一次邮寄费用，公安也希望将库存未及时领取的证照和新办证照一并寄出，湖南邮政通过共同开展流程创新、系统改造、主动服务等方法，推行"证照超市"运行模式，将仅限在区、县一级公安开展的"政府买单"邮寄工作的范围成功扩大到全市50多家派出所，让更多群众享受到"放管服"改革的成果。原来所有"政府买单"证照邮件均是二次寄递，群众收到证件时间比回执单上的时间要晚两天。改造后，实现了与回执单的领证时间同步。并且不需要再次填写邮寄委托书和面单，直接将收件地址告知公安窗口受理民警，实现了"一窗办结"，统一全市公安证件发

放服务标准，实现群众在公安机关不同警种办理多本证件一次寄递或一次领取的深度服务。

（三）嵌入审批流程再造，提升政务服务平台的社会效应

政务服务平台的作用不仅是在传统政务的基础上给政府提供为公众服务的新手段和新方式，更表现为促进行政效能的提升，最终是要改变线上线下各个部门提供的业务服务散落在各自服务渠道的现状，聚合形成一体化的线上办事平台、区域化协同的窗口服务。要实现政务服务提质提速，政府就必须对内进行配套实物（资料、证照）归集和信息（受理、办结）归集工作的流程改造。湖南邮政把握供给侧的改革需求，充分发挥实物网、信息网和物流、信息流、资金流的"两网三流"资源优势，向上游环节延伸服务领域，提供仓储、物流、档案整理、电子信息传递等新增值服务。例如，全省多地公安在优化机动车档案转出业务时都希望达到服务提速的效果，希望将处理时限从原先的 10 个工作日提速到 5 个工作日，为达到这一效果，湖南邮政将公安所有车管所的物料流转由原先各所自行承担改为邮政统一安排"点对点"同城专车配送，确保档案流转顺畅。服务提质后迅速带来了寄递量的提升，各窗口的受理总量从 2018 年日均不到 120 件提升到 2020 年的日均 300 件。湖南邮政还为湖南省财政厅的会计专业技术资格证书发放量身定制"互联网+政务服务"与证书"仓储+配送+物流"相结合的综合方案，让领证人享受"认证个人身份信息+在线申请邮寄领证"的一站式互联网服务，原先领证人要到现场完成身份认证再等两个月领证，现在实现在家完成身份认证后两天内收到证书，邮寄转化率从原先不足 10% 提升到近 90%。

四、叠加"四类资源"，解决民生服务"四难"

（一）入驻政务服务中心，解决"最先一公里"老百姓办事"受理难"

湖南邮政按照"1+N"团队模式进行入驻营销，建立入驻工作单清，开展多频次窗口走访工作。通过驻点人员听、看、问，详细了解政府业务办理情况，获取各行政窗口的办事数据、办事流程，分析各政府部门的用邮需求、客户分类和办理事项周期，更精准地了解客户。为重点政务窗口提供"信息系统对接+流程改造"个性化寄递服务解决方案，打造"第二政务服务窗口"。一方面，为"互联网+政务+寄递"服务提供绿色通道，实现信息采集、打包、整理、录入等工作现场办公，为政府工作人员减轻负担；另一方面，部分需要等待办理的文书，通过政府窗口人员一句话转介到邮政寄递，节省百姓办事时间。目前，已涉及户政、出入境、政务中心、法院、检察院、税务、人社等领域。

（二）增设邮政网点功能，解决"最后一公里"老百姓办事"跑腿难"

湖南邮政拥有城乡邮政服务网点 2876 个，邮政便民服务站 3.1 万个，基本覆盖全省所有乡镇，通过承接"放管服"改革的服务项目，实现百姓从"只跑一次"到"自家门口解决"的转变，释放政府窗口压力，为居民生活提供实实在在的便利条件。一是警邮合作打造"老百姓身边的车管所"。建成警邮网点数 197 个，办理 25 项车驾管业务，实现线上信息传递和线下实体邮政网点办理的完美结合。湖南邮政开放全省 2000 余个营业网点资源，与湖南省公安厅交警总队联合开通电动自行车登记上牌"网上办"和"就近办"服务，让广大群众除了在车管所上牌外，还可以通过"电动自行车"App 实现"在线申办、号牌邮寄到家"的服务，或是通过邮政网点就近办理电动自行车登记服务。群众到邮政网点办理电动自行车牌时，还能购买到配套的保险，享受到"上牌+保险"一站式服务。二是税邮合作打造"家门口的办税服务大厅"。依托邮政"网点多、服务优、管理规范"等优势，打通办税服务"最后一公里"，共建便民服务点 265 个，实现办税一窗化、自助业务一厅化、缴税方式多元化和业务预约自主化，具体可以办理零散税收委托代征、代开发票、代发放发票、税收宣传等业务。另外，不但能在线上办理，而且还可选择发票线下配送邮递到家，让纳税人像网上购物一样，坐等发票快递上门。

（三）重构物流配送体系，解决农产品"销售难"

在邮政网络中，邮路是连通各地的重要渠道，是邮政网的重要组成部分。邮路遍布城乡，是邮政工

作"走千家、进万户"的重要依托，湖南邮政利用自身行业优势，整合供销、快递、金融、政务等资源，推广"寄递+农村电商+农特产品+农户"产业扶贫模式，更好地服务乡村振兴战略。参与全省36个县电子商务进农村物流配送和电子商务公共服务体系建设，以及6个国家级电子商务进农村示范县创建，在全省建成68个县级电商公共服务中心和3.17万个乡、村"邮乐购"实体店，构建覆盖绝大部分贫困乡村的县、乡、村三级电商扶贫服务体系；累计为全省近5万名农民创业者提供了电商运营支撑服务，免费培训各类农村电商经营主体近10万人次，成功孵化各类涉农电商企业300多家。

（四）拓展邮政金融服务，解决"三农"客户"融资难"

通过政务服务平台获取群众需求，从政府农业主管部门、各类行业协会、农资供应商、农产品收购方、农业产业化龙头企业、专业合作社、第三方公司等多渠道收集农户基本情况、经营品种、种植面积、种植年限、家庭收入、负债等信息。对信息不全面、不完整的，辅以实地调查核实，实现不同维度建档数据的相互交叉验证，为客户量身定制信贷产品，解决"三农"客户融资难题。累计建设"助农取款服务点"6734个，其中贫困村助农取款服务点近400个，覆盖全省80多个县（市）近8500个行政村。

五、延伸"四种功能"，提升源头获客"四度"

（一）延伸"网上办事"功能，提升源头获客力度

通过科学开展用户行为分析，目前"96111平台"为大众用户提供的服务已越来越完善，除常见的二代证、出国境证照、机动车号牌和驾驶证、行驶证等公安业务实现网上办理外，还将居住证、户籍（夫妻投靠落户）等原先必须在派出所受理的公安业务放到了"互联网+公安服务"平台上，网办业务种类从平台建成初期的30余项发展到目前已有50多项，预计到2020年底将达到100项。同时，对于已经办理了公安业务的群众，如果办事当天未及时同步办理邮寄，可在事后再次到"96111平台"的相关通道进行线上补办。身份证、出国境新证的邮寄转化率从40%增长到80%左右；到期换证和机动车号牌的邮寄转换率能够稳定维持在80%至85%之间的水平；居住证的邮寄转化率从原来不足60%上升到85%以上。同时，配合公安加强96111话务中心、网办中心、联合创新研究院等机构建设，在公安政务便民服务、标准地址、物联网防控等多领域持续发力，在29项高频业务全程网办的基础上，新增微信移车、治安养犬登记、高校职院毕业落户、内保设立保安公司等21项新业务，目前共50余项公安政务服务事项实现"全程网办、邮寄到家"。

（二）延伸"社会治理"功能，提升源头获客广度

通过政府的引领带动作用以及调节平衡作用，湖南邮政以长沙为试点，以点带面，参与筹备成立"长沙市互联网群防群治联合会"，改变普通意义上的第三方合作方式，以长沙市互联网群防群治联合会首届会长单位的角色，在平台开发和推广的过程中充分发动市场主体和社会组织力量，发动基层人民群众参与社会治理工作。2019年组织社会各界企业门店1000余家参与"5·28万人巡逻，点亮星城"和"6·26百万人禁毒大签名"等一系列活动，在发挥政府和市场"双轮驱动"强大优势的同时，也在政府改革政策落地、企业产业联盟赋能等方面提供强大的动力之源。比如，在参与中南林业科技大学夜间或特殊情况下安保巡防的同时启动首个"校院智慧邮局"建设，将邮政快递、金融、文创等业务板块与"无人支付""无人送餐""无人借还书"等现代化服务充分结合，在参与社会治理过程中充分拓展市场、挖掘商机。

（三）延伸"积分商城"功能，提升源头获客温度

平台严选一批本地优质合作企业，提供互联网群防群治的商品支撑，目前积分商城已经对接了京东、网易等商城并与本地优质商家合作，精选20余万款商品用于积分抵扣消费。群众参与群防群治任务获得积分后，可以到积分商城进行兑换。目前，平台共收到群众交通违法举报81182起，发放交通违

法举报奖金 22790 笔，共 685040 元，共收到群众反映的"四不"（"不安全""不文明""不健康""不方便"）问题线索 8212 条，已处理 4396 条，积分商城累计消费 1812 单，使用邮政寄递到家率 100%，既让用户享受了优质低价的商品服务，又让企业展示了品牌形象，实现群众与企业的双赢。

（四）延伸"民生服务"功能，提升源头获客深度

一是建设"平安高校"。依托平台在 14 所高校试点护学警力，通过平台管理和调控，敦促就近开展治安巡逻防控，确保警力按时到位、切实履职。二是打造"平安院落"。疫情期间，每个社区依托平台开展"智能车门岗"建设，有效解决院落出入人员的实名实人认证登记、通行身份核验、访客信息追踪溯源、临时车登记等问题，加强了院落安全管理，减少了安全隐患，为院落、业主、访客带来了切身的安全、便捷。三是推广"便民挪车"。车主可在平台申领"挪车二维码"，并将二维码贴在车窗前。如遇到临时停车堵住他人车辆的情况，对方只需扫描该二维码就可在不泄露车主个人隐私信息的情况下通过"星城园丁"平台提醒或电话转接，实现双向号码隐私隔离呼转，同时车主还可设置呼叫次数限制，防止被故意骚扰。四是安装"大钥匙"。出租屋业主可在平台申请安装"免费智能锁"，按照"我要领锁"模块的四个流程，提交申请、签订合约、预约时间、免费安装。出租房屋安装智能门锁需进行实名认证，租户无须换锁即可解决很多安全问题。通过这个平台，各个阶层的人群不仅能够享受到精准、安全、可靠的公共服务，还获得了高质量的社交机会、社交体验和社交回报，目前仅省会长沙市 800 万常住人口中就有 75% 的人都汇聚到了这个平台上。湖南邮政在参与公益活动的过程中将邮政的服务资源、服务能力与社会需求、分众需求进行充分对接和匹配，在帮助政府、企业、百姓提升工作效率的同时，提高了获客转化率。

六、打造"三支队伍"，提供运营保障"三化"

（一）建立"创客"团队，提升项目运营"实体化"

湖南邮政各市州邮政均设立政务团队，依托身份证、出入境等政务类项目，按照"双创"（大众创新、万众创业）的理念，积极实施片区承包，实施"众创众享"工程，鼓励员工共同创业、共同创新、共享经营成果。对"众创众享"团队实施"包保联"制度。"包"是包点、包收入、包利润、包质量，"保"是保证"众创众享"工程实施效果、实施质量，"联"是联合推进、联合开发客户。目前，湖南邮政在全省各级政府政务服务中心、公安机关和法院的入驻率已达 100%，对接各地政府各类部门为群众提供"线上+线下全覆盖"的政务类便民服务。

（二）设立项目拓展团队，提升运营支撑"专业化"

湖南邮政设立项目拓展队伍，主要负责依据项目发展总体规划，以及项目开发和升级需求，协助包括政务中心在内的各经营单位共同对项目进行策划和专业设计管理，推动项目签约落地、系统建设、流程优化、收入增长和成本控制等相关工作的实施。2019 年，湖南邮政"智慧法院"项目与湖南省高级人民法院合作，打造邮政寄递一体化服务平台。在此之前，法院和邮政系统是不同的网络平台，有两套不同的数据。法院在进行文书送达、案宗移送等方面，只能通过自己的数据进行邮递，工作效率比较低，短则需要三五天，长则半个月。而且，由于收件人地址、联系方式变更等，送出去的文书还不一定会被收到。平台上线后，邮政和法院的数据进行整合与共享，运用大数据开展"智慧法院"建设，服务内容包括法律文书一体化送达、法院内部公文交换、案宗移送、案卷扫描传真、审判辅助性工作外包等。比如跨域立案诉讼服务，在以往，从立案、审理到执行的每一个环节，都需要跑到法院办理，费时费力，耽误不少事。等平台投入使用后，当事人没有必要和以往一样从外地跑到当地法院找法官，可以直接在网上进行申请，按要求准备好资料，之后邮政工作人员会上门收取资料，通过扫描、打印等方式，经过核查、签字等程序，邮寄到法院，实现跨域立案。此举也大大减轻了审判队伍的工作负担，有效节约了司法资源，开辟了法邮合作新领域。通过合作，将法院文书送达工作的主动权握在邮政手中，

将法院业务从原先的单一项目管理模式转换为提供一体化服务解决方案的运营管理模式。

（三）成立科技赋能团队，提升功能拓展"信息化"

湖南邮政成立专门的电子政务技术开发团队，配合省、市各经营单位的政务服务人员共同做好与政府各类形态的系统进行对接和个性化开发的工作，建设专门的"邮政电子政务订单管理系统"，统筹管理各个渠道接入的邮寄订单信息，并实现"热敏打印""新一代收寄""收入报表统计"等邮政内部作业"一键式"完成。

（成果创造人：刘俊峰、许名军、刘伟光、邱　彩、古建鸣、
吴辉雄、胡红玉、黄　河、刘　高、蔡　敏）

通信企业基于网格化场景运营的营销服务管理

中国移动通信集团浙江有限公司杭州分公司

中国移动通信集团浙江有限公司杭州分公司（以下简称杭州移动）在移动互联网发展的大背景下，借助大数据精准营销和上级公司网格运营改革的契机，在杭州全市明确了的网格化场景的服务目标，精准把握用户营销服务中门店客流变化，有效解决获客难度和成本加大等难点。该成果明确推进三大市场业务融合、队伍融合、渠道融通，聚成合力促进发展的网格化场景运营的营销服务整体思路；以细分市场颗粒度、全量资源入格为基础，形成了"1+N+N"（1个网格长+N个营销服务经理+N个装维工程师）的网格管理团队架构；利用大数据技术建立网格数据场景地图，抓取高人流、高企业集聚、高业务潜能的"三高"场景，协助实现运营资源的智慧化、精准化投放，打造"一场景一方案"的创新网格化场景运营模式，最终，使杭州移动的网格化营销服务能力、网格团队业务能力和经济效益得到显著提升。

一、统筹网格化场景营销服务管理整体规划

（一）确立网格化场景营销服务管理总体思路

杭州移动以中国移动集团公司"三融"（融合、融智、融通）为指导思想，以"全业务承载""全客户覆盖""全渠道融通""激发内生动力"为目标，从有利于贴近客户、有利于压实责任、有利于融合发展、有利于竞争应对、有利于激发基层活力的角度，渐进式推进网格化经营管理体系的改革；通过搭建智慧网格运营平台，构建网格重点场景画像，打造面向用户、面向场景的网格智慧化运营模式，赋能智慧管理、智能营销、智敏服务，通过重点场景定向服务方式，主动贴近客户，及时发现需求，有效推动用户的维系和拓展，实现服务与营销深度融合，加快推动向"智慧营销"模式转变。

（二）成立推进网格化运营管理改革领导小组和专业团队

为进一步深化网格化基层生产单元经营机制改革工作，推进区域裂变、网格做强，实现"全业务承载""全客户覆盖""全渠道融通""激发内生动力"的目标，杭州移动成立了深化网格化运营管理的改革领导小组。领导小组以柔性组织形式开展日常工作，总经理为组长，各副总为副组长，各部门、分公司负责人为组员，负责深化网格化运营管理经营机制改革的组织领导，明确指导意见，并结合实际情况，规划、部署和协调总体工作，指导、审定网格化运营管理改革各阶段的具体方案和实施计划。

在领导小组的指导下，杭州移动在市场部下成立网格运营专业团队，由市场部统筹管理，综合、人力等各部门协同配合。专业团队负责制定杭州移动网格化运营管理的具体实施方案，推进各项资源入格，制定和优化人员考核激励方案，制定网格考核体系和评价体系，开展网格运营督导及分析，推进智慧网格运营平台的开发、优化、支撑及落地。

二、完善网格化场景服务管理架构

（一）划分并动态优化全市网格

过去，杭州移动在业务发展上主要采取"大营销区域"的营销服务模式，全市划分区域经营部43个，平均每个区域负责服务移动用户24万左右。但由于地域面积大、管理幅度过大，一定程度上存在管理不够精细、对客户需求和市场竞争响应不够及时等难题。

2017年以来，全市推进网格化场景运营改革，在原有区域经营部的基础上进一步细化，将全市190个街道/乡镇划分为69个网格。2020年杭州移动通过参考行政区域设置，以一个网格需要至少包含1

个乡镇或街道的原则，综合考虑用户规模、用户收入、渠道家数、条线人数等因素，裂变为目前的82个网格，网格之间不交叉、不留盲区。同时，根据网格内产业规划和用户发展潜力，动态优化网格设置，在保障组织架构总体稳定的前提下，推动前期规模较大、人力硬件条件成熟的网格适度裂变，确保重点区域重点保障、重点发展。

例如，大江东产业集聚区、萧山钱江世纪城等区块近几年趋于成熟，则单独裂变，增设1个网格。截至2020年，共划分网格单元82个，平均每个网格负责2~3个街道/乡镇，服务用户12.5万左右。

（二）建立网格化管理团队

在网格划分基础上，杭州移动整合前后端资源，网格运营团队由以业务拓展为主，转向"前端业务拓展+后端网络运维"融合模式，形成了"1+N+N"的团队架构，由网格长进行统一协调调度，加强专业条线的融合融通，实现网格内全业务承载、全客户覆盖、全渠道融通，激发基层员工内生动力。

"1"代表网格长，即每个网格设置1名专职的网格负责人，网格长统一竞聘上岗。网格长作为网格营销服务工作的总体牵头人，负责网格内客情维系、业务拓展和人员管理，拥有营销资源调度权、渠道合作及网络建设建议权、装维人员考核权等，享有荣誉、晋升、岗位津贴等个人福利。

第一个"N"是网格内负责用户营销和服务的渠道经理、客户经理、营业厅经理、家庭客户经理，按所负责集团单位、实体门店的物理地址对应至网格，进行管理。网格成员负责网格内客情维系和业务拓展，可享受团队福利。

第二个"N"是装维工程师，负责家庭类产品、部分集团信息化产品的装维工作，按维护区域对应至网格，进一步整合资源，推动"营装维服一体化"，享受装维随销福利。

为实现存量用户看管全覆盖，在用户下沉网格的基础上，将用户从82个网格进一步细分至全市6500余个小区，并建立用户的包干运营服务体系。即根据就近原则，由网格内营业厅负责周边小区用户的日常服务和业务营销，形成了清晰的"用户—网格—小区—厅店"的包干责任关系。

（三）搭建可视化平台

杭州移动从全局出发构建面向网格运营的智慧运营平台，对内部应用资源、数据资源、人力职责进行整合。平台由前、后两部分构成，前台主要搭载网格长看板、运营监控看板、训战平台、智慧绘图平台、移动端公众号、渠道运营工具等。

其中网格长看板以"看—管—干"为核心架构，以"厘清家底、指标关注"为目的，引入高德地图显性化展示核心资源分布及重点指标数据，呈现客户资源、渠道资源、人力资源、网络资源，重点关注弱势指标；包干体系全面覆盖营销需求，纳入目标管理、结对管理、积分体系、短信预热、客群推送等功能，整合线上线下闭环营销流程，指导网格长落地营销。

后台主要由大数据用户分包模块、大数据应用建模模块、运营数据调度中心等构成，作为前端运转提供核心动力体系和高效支撑。智慧运营网格平台通过统一数据、统一入口、统一流程的"一站式"应用，合理打造高能网格长队伍，保障平台健康运营，实现条线之间互补互通、协同发展。

（四）资源匹配实现精准入格

杭州移动建设了智慧网格运营平台，利用大数据技术实现了网格内个人用户、企业用户、实体门店、网络设施及重点业务发展量五大类资源的汇聚整合，精准对应至82个网格，并通过网格数据地图进行集中展示和实时跟踪，高效地支撑网格的日常生产运营工作。

移动用户和营销资源入格，全量移动用户按"基站常驻位置"匹配至13个区县、82个网格，全市3000多实体门店按物理地址落入网格，帮助网格团队厘清资源家底，实现用户就近维系和服务。

政企市场和网络资源入格，将全量企业客户、无线基站（包含4G和5G）和家庭宽带信息点等资源均按照物理地址下沉至网格，建立个人市场、政企市场、家庭市场的数据关联，促进逐步融合。

三、瞄准"三高"场景，实现网格运营精准指引

网格大数据地图基于前后端多维数据整合汇聚后，通过抓取高人流量、高产业集聚、高业务潜能的"三高"场景，对接高德场景 API 数据，进行场景边界绘制，实现地图化的展示和管理，通过建立场景价值评估模型，帮助一线更加精准地找到业务产量高地和业务增长点。

（一）重点聚焦人流集聚的场景：客户在哪儿，服务营销到哪儿

基于大数据人流热力图，以网格为最小单元，分季节、分日夜间、分时段精准分析网格内人流变化，研究有集中性、集聚性的人流运动轨迹，基本挖掘出两类高人流场景：一类是常规性场景，包含社区、商超、综合体等以覆盖用户日常生活圈为主的场景类型，例如城西银泰城日常人流模拟预测为 3100 人次，人气总体较旺；另一类是阶段性场景，包含交通枢纽（车站）、建筑工地、人才市场等阶段性出现人流高峰的场景，以某人力公寓为例，一季度外来务工返杭季最高峰时人流量可达到 2600 余人。截至目前，网格大数据地图已梳理高人流场景 8000 多个，其中阶段性场景占比 35% 左右，每周滚动更新。

（二）重点聚焦企业集聚的场景：加快 2B、2C 市场的融合发展

从外部环境来看，随着杭州加快布局未来产业，信息行业、高端装备制造业、金融业等重点行业带动了各类特色小镇、产业园区、楼宇集群的发展，也形成了巨大的市场蓝海。从企业发展来看，运营商业务随通信技术更迭而发展，在 5G 时代收入模式将迎来下一次转型，国内外领先运营商均向 B 端市场转型，促进 2B 市场行业应用与 2C 市场个人需求的融合发展。

因此，网格大数据地图重点聚焦工业园区、写字楼等企业集群场景，有针对性地建立企业数据画像，进行有效维系和服务。截至目前，网格大数据地图已圈定企业型场景 4000 余个，其中工业园区 2283 个、专业市场 439 个、独立企业 3061 个。

（三）重点聚焦业务高潜能场景：依托大数据分析，分层推荐输出

从场景类型的历史业务营销情况、场景内用户业务可发展空间两个维度，利用大数据量化测算每类场景的发展潜能得分，通过不同色阶打好标签、分层推荐输出。

场景类型评分：基于某类场景的历史营销和业务产出情况，得到该类场景类型的评分。

场景用户评分：输入场景内常驻人群数据、用户当前产品渗透率（如宽带、终端、合约等重点业务的渗透情况）、用户 ARPU 值、用户行为偏好、宽带覆盖情况等数据，聚焦指定业务需求得到场景可营销空间的评分。同时根据业务分类，定向标记用户需求标签，有利于用户目标群的提取。

综合场景类型评分与场景用户特征评分，输出分类分层的重点场景数据，分色阶呈现不同场景营销开展的优先等级，由网格团队重点组织人员进行营销和服务，后续结合闭环运营体系，不断优化场景推荐数据的精准度。

例如，2020 年初新冠肺炎疫情得到有效控制后，杭州迎来了复工复产的高峰时期，外出人员逐步返杭。智慧网格运营平台针对场景内的人流，根据人流增幅变化，评估 13 个区县、82 个网格的复工复产情况，并输出了五色复工地图，指导网格进行定向营销服务。五色复工地图主要基于历史营销情况及业务特征建模，针对春季营销目标人群的返工路线，重点聚焦施工工地、商务楼宇、公司企业、工业园区等高价值场景，自动将市场细分为高等、较高、中等、较低、低等五类复工网格，分色阶突出显示重点营销场景。

四、一场景一方案，打造网格场景模板

在用户营销服务过程中，为进一步提高获客效率，弥补线下客流下降造成的缺口，实现整体业务产量的平稳增长，杭州移动将场景作为最小用户归集划分颗粒，以网格为服务单元，结合营销热点、场景

特性、用户共性等维度，进行场景—用户—业务三位一体的相关性分析，挖掘最优对应关系模式，在此过程中形成了基于社会热点和场景需求的两类场景运营模式，并建立了较为成熟完善的场景化运营流程。

（一）打造两套运营模式

主动打造营销热点：结合节假日、社会热点、发展重心等综合要素，提出"有节过节，无节造节"的主题营销原则，制定阶段性主题营销方案。例如，借助杭州2020年初消费券发放的热点，创新性推出杭州移动5G手机消费券，打造移动5G手机节热点，同步基于智慧网格运营平台，大数据输出全市5G换机需求量较大的场景清单，通过地图打点实现精准营销服务，通过这种方式实现场景和主题的无缝匹配，提升场景运营的效率。

锚准场景服务需求：根据不同类型的场景，结合场景内用户的服务需要和网格自身优势，挖掘和制造场景化服务需求。例如，针对部分宽带用户集中的网格和小区，为改善用户宽带体验，开展"宽带服务进万家"主题活动，以宽带体检、网络测速作为重点服务项目，宽带及智慧家庭产品作为附加推广业务，着力提升网格内客户满意度和价值感知，达成双赢效果。

（二）建立标准场景运营流程

针对社区营销，以培养与用户之间的信任感为核心，打造三步闭环流程，建立面对面、一对一的网格个性化社区服务模式。

事前侧重大数据分析，通过社区定性、用户定量、业务定项的"三定"工作形成社区档案，有针对性地制定营销方案，并利用短信、常客微信等工具开展多维有效的预热工作。

事中注重服务和营销并举，用服务提升价值感知，用体验加强产品了解，实现用户营销的水到渠成。

事后注重细水长流式维系，通过现场建立活动"粉丝"群，以社群运营为主要手段，以"轻业务推荐+生活妙招提醒"持续维系社群活跃度，进一步提升用户服务满意度，为后续持续化的进驻服务打好基础。

针对企业营销：以建立专业高效的形象为重心，通过统一标准化流程加载网格个性化宣传，打造企业终端销售"一团一购"新模式。

服务前期依托智慧网格运营平台数据，对企业个人用户的各类产品渗透情况（例如5G终端、合约、亲情网等）进行诊断，以阶段性主推业务和低渗透产品为核心，辅以政企市场行业产品整合营销方案，个性化定制营销活动主题和宣传材料，结合线上H5传播和线下传统海报扩大宣传辐射面。

服务现场结合阶段性热点丰富体验和互动环节，例如通过5G知识普及、5G终端功能演示、4G—5G终端测速等横纵对比，激发用户的换机需求。

服务后期建立企业服务群，由网格团队安排专人进行集中维护，实现前端接触用户、后端持续刺激挖掘。

（三）创新场景运营闭环管理

场景营销活动成为网格生产和用户服务的必要手段，每月活动场次基本保持在万场以上，活动组织情况和营销效果无法依靠人力进行跟踪和管理。为进一步提升运营管理效率，杭州移动已将场景化营销纳入任务管理体系，通过智慧化、标准化管理，指导一线网格对大数据输出的重点场景进行精准营销。经过多轮开发优化，目前智慧网格运营平台可支持场景任务一键下达、异动场景及时预警、营销结果实时跟踪等多项功能。

支撑场景任务一键下达：智慧网格运营平台自动识别和输出重点场景，每天将场景营销任务单通过智能IVR（互动式语音应答）、短信、邮件等多种方式下发至网格团队，并且支持手机App、办公电脑大小屏同步接收。执行任务单可详细展示任务场景及业务目标，呈现摆摊、短信、走访、电话维系当前进度；并根据每场次营销结果的动态反馈，大数据模型自动调整场景评分评级参数，定期更新重点场景目标，真正实现对高价值场景的精耕细作。

支撑异动场景及时预警：平台对网格内集团展开"红橙黄"预警和新增大势异动预警，从开户渠道、归属集团、驻地信息三个维度来定位市场发展的异动，根据预警紧急程度，自动触发短信及邮件至各层级管理人员。

支撑营销数据闭环评价：建立场景营销数据看板，重点展示网格弱势指标，每日跟踪场景化营销的完成情况，提供督办生产工具，为网格长日常管理提供智慧化的工具支撑。

五、健全网格化场景保障机制

（一）完善网格考核评价体系

在网格团队层面，建立网格百团大战、明星网格评定等竞赛激励机制。每周指定一天为"百团大战日"，82个网格各组织一支战队进行宽带、存量、终端等重点业务的发展比拼，每周评选优秀网格。同时，根据网格用户规模和收入规模，将全市网格划分为五组，根据任务完成情况评选季度和年度明星网格，给予一定的物质和精神奖励。

在网格员工层面，引入业务发展积分体系，积分与个人月度绩效挂钩。根据网格包干用户的业务发展情况，参考"学习强国"建立积分体系，评价网格个人的营销能力，并纳入网格营销人员的月度绩效。

（二）强化网格团队培训管理

开展多专业全场景网格实训，提升网格人员全方位技能。通过各区县分公司结合属地化场景开展训战送课工作，有针对性地提高网格人员在不同场景中的营销技巧与营销话术水平，推进网格人员能力突破；针对政企产品开展营销实训，完善政企产品全流程赋能；对智慧家庭运营能力开展实训，加强对网格一线人员网络知识的普及，在实战中提升网络技能，解决网格内网络难题；同时，按时按期组织网格工作人员参与每周一期的直播课程学习等线上培训课程，并共享网格化运营最佳实践经验，多途径提升网格人员综合能力。

跟踪网格团队培训效果，形成培训流程闭环。通过"理论培训+话术通过+实战营销+复盘总结"学习模式，以场景化实训、最佳实践推广、线上课程直播等培训手段，建立培训档案，记录各成员培训过程及量化成果，同时，总结优秀实战经验并在全网格分享，完成成员胜任力赋能，提升网格成员综合素质，培养实践技能，形成培训流程闭环。

（三）优化网格运营服务流程

为全面促进基层网格运营，建设创新高效的网格化组织管理模式，进一步加强后台对网格运营的支撑保障，杭州移动配套网格运营模式组建了一支流程CEO队伍，同步成立了流程CEO专项工作柔性团队，负责持续推进杭州移动流程改进，建立完善流程管理责任制。

流程CEO，即杭州移动各个流程的负责人，是各流程的直接管理者。通过推行"流程攻坚""最多跑一次""马上就办"等流程穿越项目，不断迭代、优化各项流程，打造敏捷高效的流程体系，可推动解决网格效能问题。杭州移动通过构建"T"型流程CEO工作机制（纵向网格需求快速响应制、横向流程穿越项目制），以流程管理平台和智慧网格运营平台为依托，结合流程CEO专项工作柔性团队，持续开展网格运营服务流程优化工作，助力网格提升能力、形成合力、激发活力。

（成果创造人：郑 杰、王文生、高 琴、屠宇飞、余 倪、陈 勇、张 皞、王 滢、柳 毅、鲁惟翔、王 盼、徐 晨）

农药制药企业打造名优产品的品牌战略管理

华北制药集团爱诺有限公司

华北制药集团爱诺有限公司（以下简称爱诺公司）制定并实施了以打造名优产品的品牌战略为指导思想，通过规划品牌建设总体思路、培育品牌知名度和影响力、增强商标日常管理工作、提升品牌基础管理水平、保障产品质量，加强产品服务、加大品牌认证力度和创建品牌文化的措施，将品牌战略作为企业发展的一大法宝，并将其作为企业文化的重要部分进行传承和发展，旨在提高客户满意度，提升品牌知名度，增强企业的综合竞争力和盈利能力。

一、规划品牌建设总体思路

（一）做好品牌定位

爱诺公司根据客户和市场需求，结合公司的使命和愿景，从自身实际及农药行业发展特点、面临的内外部环境、公司及产品在市场中的表现和影响力、公司内部员工素质及文化素养、竞争对手的特点等多个方面，做好市场调查和分析，做出品牌评估。在此基础上，结合公司自身优势做好品牌定位，品牌定位包括目标市场、经营理念、风格形象、价格档次、销售形式、产品（服务）类别等内容。

（二）做好产品分类

爱诺公司拥有产品登记证号102个，且均进行生产销售。其中，因为爱诺公司直接或者间接拥有原药、质量和技术优势，阿维菌素类和春雷霉素类农药制剂属于爱诺公司的支柱型产品。因此，与这两类产品相关的品牌就要优先发展，奠定公司的市场地位和品牌知名度。其次，对于市场需求量大，爱诺公司有一定优势的重点产品，例如11%阿维·噻唑膦颗粒剂（爱诺诺线）和30%吡唑醚菌酯悬浮剂（爱诺览众）等进行品牌培育，力争让其尽快成为公司销售和利润增长的优势品牌产品；最后，响应国家的农药发展政策，对于市场前景较好的生物农药产品，例如30亿个/克甲基营养型芽孢杆菌9912可湿性粉剂（爱诺标博）进行挖掘和品牌布局，让市场尽早熟悉相关产品，让其成为公司未来的利润增长点。

（三）做好新上市产品的品牌规划

爱诺公司从产品确定之初，就对商标的选择、包装的设计、宣传的方式、宣传投放的区域进行规划，将预先制作的几版包装设计稿通过公司OA办公系统和企业微信进行发布，征求广大职工的意见，择优改进。市场推广人员提前谋划产品上市时间，做到宣传先行，新产品搭乘老产品的宣传途径提前预热宣传，这既能节省专项宣传资金，又能达到产品上市后迅速实现大规模销售的目的。

二、培育品牌知名度和影响力

（一）加强品牌宣传

为了满足市场对于宣传的需求，爱诺公司加强品牌建设支持力度，加大对重点商标的培育和支持力度，提高产品的附加值；在政府采购和种田大户采购中，推介会体现出名牌商标优势。"中国驰名商标"赋予爱诺公司商标法律保护，而河北省市场监督局（原河北省工商局）允许"河北省著名商标"拥有企业进行宣传。通过对相关产品进行宣传，可以增加产品的可信赖度，在投标竞争中，增强了产品竞争力。

爱诺公司要求各部门大力支持宣传公司品牌的推介活动，发挥网络、电视新媒体的作用，通过发布广告、组织会议、组织专家现场指导等形式，普及品牌形象，强化品牌意识，扩大品牌知名度，在打造品牌的过程中，制定一系列宣传措施，将多种宣传方式组合为立体宣传。

第一，持续推进示范店、示范田、技术讲堂的宣传作用。近三年，爱诺公司创建189个"爱诺品牌示范店"，创建503块"爱诺品牌示范田"，开展爱诺主题农业技术讲堂228场，用实际效果来展示爱诺品牌，让爱诺品牌影响力持续扩大。

第二，加大对网络媒体的宣传。近年来，互联网交易平台快速发展，爱诺公司自2015年开始把微信公众平台作为一个新型宣传媒介，坚持每周更新，及时传达爱诺公司的会议、试验、新产品发布、研究成果等信息，让经销商、种田大户、农民快速了解到爱诺公司的新技术和完善的服务机制，知晓爱诺公司的新产品和发展方向，感受爱诺公司强劲的发展势头，增强与爱诺公司加深合作的信心，从更广泛的维度对爱诺公司整体品牌进行持续高效宣传。

第三，电视宣传和报纸媒体宣传。山东寿光地区是我国蔬菜种植规模化、专业化地区，农药市场的竞争比较激烈，爱诺公司联合经销商每年在山东当地电视台进行直通菜农的农资讲堂，树立公司高端产品的形象。类似的地区还有河北的梨区、四川的柑橘区、广西的甘蔗区等。《江苏农业科技报》是覆盖华中地区的重要农业报纸，被广大农户熟知，市场影响力较大。爱诺公司坚持每年在该报纸核心版面刊登爱诺公司的重点产品，进行宣传，巩固老客户，吸引潜在客户。通过媒体及时宣传爱诺公司产品的优势和特点，可让用户直观了解相关产品的独特作用，并从其他用户的成功案例中学习具体的施药方案和处置措施。

第四，重点打造展会。中国国际农用化学品及植保展览会（CAC）和全国植保会是目前中国最大的两个具有国际性影响力的农药原药和制剂展会，可吸引海内外参展商和访客达30万人，覆盖70多个国家和地区。爱诺公司瞄准这两个宣传平台，每年投入巨大人力财力，提前部署，精心打造，充分利用展会的宣传效果，使爱诺公司的好产品走出去，让行业内的人士认识、了解爱诺公司优质的产品和精湛的工艺技术。每次展会上，都会有很多海内外客户对爱诺公司的产品和技术服务产生浓厚的兴趣，前来咨询和洽谈合作的人员络绎不绝。通过精心的准备和热情的服务，每次展会上，爱诺公司都会结识很多新客户，并且能够将绝大部分新客户发展为长期合作伙伴。

第五，对有市场竞争力的优势产品加大品牌宣传力度。爱诺公司增加了对质量过硬、产品新颖和技术含量高的产品的广告投入，增加了宣传补贴和奖励；在公司产品销售过程中，对所有主动对公司产品进行促销宣传、会议宣传的经销商都给予一定程度的宣传品支持、服务支持；销售额达到一定数值的产品，爱诺公司允许从中抽取一定比例的资金作为宣传经费，继续加大市场宣传。"爱诺丰采""爱诺春雷""爱诺诺线"这些产品是爱诺公司目前具有巨大竞争力的重点品种，"爱诺标博"是爱诺公司具有技术专利的产品，品质高端，市场潜力巨大。爱诺公司对这些产品进行专门的策划宣传，印制专门的作物推广手册、宣传单页，并向市场发放产品样品。另外，对于当年新推出的产品，对宣传推广先进、销售先进的个人实施额外奖励，促进新产品品牌的快速推广。

第六，加大对出口产品的宣传力度。充分研究制定出口产品的商标策略，2019年，在中国香港和澳门地区、韩国、法国、墨西哥、加拿大，爱诺公司注册了"爱诺"商标，保护公司产品在这些销售区域的商标注册权，保护公司的知识产权，提高企业在国际市场上的竞争力，积极开展出口产品商标保护工作，培育有影响力的出口品牌。

（二）提升产品形象

第一，加强产品外包装管理。爱诺公司的产品质量过硬，但曾经因为包装不够精美，影响了产品的美誉度和销售量。为此，爱诺公司加大产品设计和包装投入力度，提高包材质量和产品辨识度：将原有的塑料瓶、聚酯瓶更换为阻隔瓶、铝瓶等，提高包材耐腐性和防潮效果；组织爱诺公司产品包装设计人员外出学习培训，增强专业技术能力，提升外包装视觉美感；选择专业大型印刷公司进行包材印刷合作，采用高质量油墨，保证包材不褪色。精美的外观，过硬的产品质量，使"爱诺"产品在众多竞争者中脱颖而出。

第二，以法律手段保证品牌安全。爱诺公司的经营范围涉及农药、兽药和生物肥料。化肥、有机肥类别的"爱诺"商标曾被普宁市某公司抢先注册，导致爱诺公司无法在化肥、有机肥产品上使用该商标。经过认真研究调查，该公司的商标属于无实际使用的商标，占用了公共资源，对爱诺公司的正常注册起到了阻碍作用。经过研究，爱诺公司对这家公司的"爱诺"商标提起了无效申请，并于2015年7月6日被成功撤销。爱诺公司立即申请"爱诺"商标的肥料类别，并成功注册。2018年3月，爱诺公司业务人员接到客户反映，石家庄某厂生产的一次性口罩产品使用爱诺公司的"爱诺"商标，以期提高其产品知名度。由于意识到了问题的严重性，爱诺公司立即成立项目小组，对客户提供的线索进行追踪调查，发现该线索属实。经爱诺公司相关部门讨论决定，在向政府部门投诉该厂的侵权行为的同时，提请将"爱诺"商标认定为"中国驰名商标"的诉求。经过石家庄市市场监督管理局的侵权事实调查和河北省市场监督局及国家知识产权局商标局对申报材料的审理，最终同意将"爱诺"商标认定为"中国驰名商标"，予以法律保护。

第三，实施产品组合战略。在符合品牌内涵的情况下，爱诺公司实施产品组合战略，将防效功能互补的产品做成产品套餐，例如将"耘侠"（杀菌功效）和"根院士"（促生长功能）两个产品做成"侠士"套餐，不仅用于治疗草莓灰霉病，而且可以提高植株的抵抗力，提升综合防治效果，实现"1+1＞2"的目的，帮助用户解决病害难题，提高生产效益，进一步提升爱诺公司品牌产品在消费者心中的印象分值。

（三）升级完善公司 CI 系统

爱诺公司的 CI 系统（企业形象识别系统）始于建厂初期，经过十多年的发展后，社会环境、经营环境发生了一定的变化，需要根据社会和企业经营理念对公司的 CI 进行升级完善。

第一，VI（视觉识别）的完善。在爱诺公司内部进行统一宣传形象设计布置，把办公区和生产区的标识进行分类，以视觉形象规范整齐地展露，彰显公司健全的机构功能和良好的形象，给来访的领导、客户、客人都留下良好的视觉印象。

第二，MI（理念识别）的完善。爱诺公司专门设计制定企业文化手册，并定期进行更新，对宣传爱诺公司的价值观、企业精神等理念系统进行顶层设计，并且经常举办各种品牌知识竞技活动，提升员工对品牌理念的认知水平，激发全体职工参与品牌建设行动的热情，实现全员参与。

第三，BI（行为识别）的完善。爱诺公司先后出台了一系列的管理规章制度，例如《爱诺公司员工行为管理规范》等，要求所有生产、仓储、办公等区域遵循"7S"标准，所有生产设备和办公工具进行标识并定点放置，明确具体负责人。爱诺公司要求主要操作均有相应的标准化操作规程（SOP）支持，并且有专人复核操作，确保每步具体操作的准确性和严密性，保证最终产品的优良品质。同时，爱诺公司要求对主要生产设备进行定期巡检，对所有生产原材料建立严格的出入库台账和使用记录，规范员工的生产行为，保证产品生产各环节的操作稳定性。

三、增强商标日常管理工作

（一）加强商标规范管理和保护工作

爱诺公司有专人负责公司商标的维护工作，对于即将到期的商标，经爱诺公司知识产权部评估后，及时进行商标续展。对于识别度较高、市场知名度较好的产品商标，爱诺公司以争创"中国驰名商标"和"河北省著名商标"为契机，做好对重点产品商标的使用和保护工作，尤其是对于爱诺公司的核心商标"爱诺"，积极寻求法律保护和扩权保护。

（二）完善商标管理制度

爱诺公司制定《爱诺公司商标管理制度》，规范商标管理：从商标的设计到商标的使用、标签的制作审核及印刷等流程实行严格的责任制度，从而使注册商标的日常使用制度化、规范化；从设计到商标授权使用的各个环节，都制定相关的条例和范本。同时，对于转让、许可和授权他人的商标，明确使用范围、相关收益分配和责任约定，确保爱诺公司的商标始终处于监控状态。

（三）规范产品的商标使用

以前，由于爱诺公司产品品规多，存在商标使用不统一的混乱现象。针对这一情况，爱诺公司在包装使用上做出研究和改进：不同品规必须使用"爱诺""青蛙荷叶图形""公司标识"三个商标，再配合其他商标进行不同品种的区分。这样一来，知名度高的"爱诺""青蛙荷叶图形""公司标识"三个商标便强化了各自的地位，在外包装、宣传品和宣传门店，都打造出统一的宣传效果，让用户看到该商标组合，立即联想到爱诺公司的产品。即使有些新产品还未被客户了解，但是由于这三个商标的存在，可提升客户购买新产品的信心和勇气。

（四）注册多样化商标

鉴于企业商标被抢先注册的现象时有发生，导致企业精心培育起来的无形资产白白流失，爱诺公司设置专业部室，由专人负责及时在目标市场的地域范围注册自己的商标，以保护爱诺公司的利益。随着爱诺公司国际贸易的日渐增多，爱诺公司也注册国际商标和防御商标，以防止国外其他企业在同种或同类产品、类似产品上使用与爱诺公司类似的注册商标，从而维护爱诺公司的合法权益。

四、提升品牌基础管理水平

（一）健全商标管理组织

由爱诺公司知识产权部对商标进行统筹管理，包括商标评估、价值分类、续展评定和资质申请等工作；企划部具体负责产品策划、宣传策划、商标注册管理等工作。另外，企划部又细分为设计组和推广组，设计组具体负责商标注册、使用、宣传设计事务，推广组负责品牌的媒体宣传和产品介绍工作。不同部门，各司其职、相互合作，对于维护商标的权益、规范使用商标、争创河北省著名商标和中国驰名商标都起到了促进作用。

（二）确立考核激励制度

第一，爱诺公司明确地将争创品牌的任务进行分解，分配到各部门绩效考核工作中，要求各部门制定明确的年度目标计划和具体实施步骤。每到一定时间节点，由知识产权部牵头对各部门的工作进行评估，择优奖励。

第二，建立商标名称的有奖征集制度。好的商标名称不仅代表一定的含义，而且有助于消费者记忆并留下深刻印象。为了注册到好的商标名称，爱诺公司在内部进行有奖征集商标名称，对顺利注册下来的商标名称提出者给予一定奖励。例如商标"保农时"，让消费者一看到就会直接联系到该产品和农业生产有关，从事农业生产的工作者会对其产生浓厚的兴趣。事实证明，以该商标命名的产品，市场销售反馈较好，属于公司畅销产品之一。

第三，建立荣誉奖励制度。对于品牌建设有贡献的人员，按照《爱诺公司荣誉奖励办法》进行奖励，爱诺公司对获得政府认定的河北省名牌产品、河北省优质产品、中国驰名商标、河北省著名商标、国际高端认证、行业QC小组成果奖和产品资质认证等给予表彰奖励，激励相关部门的工作积极性。

五、保障产品质量，提高产品服务水平

（一）保障产品质量

第一，提高自主研发能力。爱诺公司以建设河北省级企业技术中心和创新中心为契机，通过加强软硬件建设，提高整体研发实力。通过开展农药配方研究，以高效、低毒、绿色环保为研究方向，大力发展生物农药品种，开发新型环保产品，并且确保产品质量指标合格，含量不降解，药效稳定。

第二，加强生产过程控制。为了确保产品灌装量的精度，爱诺公司升级生产线，以较高的自动化程度实现生产过程的精准控制。同时，生产线员工严格按照生产 SOP 进行操作，保证料液的配比、溶解、搅拌、静置等过程符合产品特性，满足产品质量要求。

第三、加大库存产品的检测频次。对于生产后未及时销售的库存产品，爱诺公司质检部门人员，根据产品的特性制定产品检测计划，确保产品的质量稳定。若产品在一定周期内未能及时销售，而产品稳定性发生变化，由生产部门和技术部门进行原因分析，将能够回收的药液，进行回收再加工；若不能再利用的，及时按照相关规定进行销毁，保证所销售的产品均为合格产品。

（二）加强服务能力建设，提高客户满意度

爱诺公司拥有一批集营销知识与相关专业知识于一体的年轻化、高素质市场营销人员，他们能够为客户免费提供及时、准确的售前、售中、售后全方位技术指导，让客户能够随时随地享受来自爱诺公司的专业服务，有效提高客户满意度。为增强经销商与爱诺公司合作的信心，爱诺公司每年都会不定期邀请全国的经销商和主要客户参加爱诺公司举办的座谈会，增加客户对爱诺公司的了解。此外，爱诺公司不定期邀请有关农业专家举办农作物病虫害的预防及治疗等相关知识公益讲座，并亲临田间，现场指导和解答用户提出的相关问题。类似这类公益讲座，爱诺公司每年在全国各地举办约 2000 场，服务 60 万人次，为农业增产增效约 3 亿元。

六、加大品牌认证力度

（一）积极开拓国际高端法规市场认证

爱诺公司生产的阿维菌素原药、伊维菌素原药和乙酰氨基阿维菌素原药均定位于欧美高端市场，但是欧美市场管控较为严格，对产品指标要求苛刻。为此，爱诺公司成立专门的技术和 QA 团队，负责公司产品的国际注册工作，根据认证国家或地区的要求，认真准备每项申报资料，力求一次性通过认证。爱诺公司每年接待来公司进行产品审计的国外客户约 30 批次，凭借过硬的生产技术和管理，获得了客户的赞誉和认可。

（二）推进农药制剂资质认证工作

针对爱诺公司低毒、绿色、环保的生物型农药，开展相关认证工作。例如，对 2% 春雷霉素水剂和 6% 春雷霉素水剂产品进行"中国绿色食品生产资料认证"，对甲基营养型芽孢杆菌 9912 可湿性粉剂、液体菌剂和生物有机肥系列产品进行"有机农业生产资料评估认证"，使其符合绿色、有机生产基地对生产资料的要求，实现在基地上的大规模销售，提高产品销售额，推进我国绿色种植技术的进程。同时，对于一些市场反应较好的产品，爱诺公司还积极推荐其参与行业内举办的各种奖项评比活动。

七、建设品牌文化

（一）提升品牌观念和意识

以华药集团"人类健康至上，质量永远第一"的企业宗旨为指引，爱诺公司对相关部门负责人进行品牌案例培训，增强公司员工的品牌观念和品牌保护意识；对相关部门进行品牌争创工作分工，对涉及部门的职责进行明确，增强相关部门之间的配合意识。通过组织职工参加品牌创建活动，让他们从实际的工作或者活动中，对品牌有更为深刻的认识，在今后的工作中，主动把工作做精做细，立足本专业，为爱诺公司营造良好的企业形象。

（二）提高团队合作意识

爱诺公司不断创新企业文化，让品牌观念时刻扎根于每一位员工的心中，把企业的目标、经营的理念通过企业文化传递到企业的各个领域和每位员工的心中，以此来激发员工的归属感、积极性和创造力。爱诺公司从细节和点滴抓起，加大企业生产理念在员工中的宣传力度，让参与原材料采购、检验、生产过程的每个人员都能达成共识：我们生产的产品是一流产品，每一个环节务必做到100%正确，保障最终产品的合格率。公司职工通过参加产品技术、质量攻关项目，可以体会团队协作的重要性。只有让每个小组都在自己的强项方面献计献策，通过多方共同努力，最终才能成功解决难题。

（三）营造舒适的工作环境

执行"7S"管理标准，为员工创造整洁舒适的工作和生活环境。爱诺公司积极引进上市公司的厨师团队，为员工制造美味可口的工作餐。每逢节日来临之际，爱诺公司总会准备一些小礼品发放给每位员工，并组织大家积极参与娱乐活动，使员工的身心得到放松；当员工生活上遇到困难时，爱诺公司工会总能及时了解到，并第一时间尽可能帮助员工排忧解难；当员工心情不好时，爱诺公司为大家专门准备"心情发泄室"供大家尽情发泄。这点点滴滴，深深感动了每一位员工，让员工充分感受到了家的温暖，同时也激发了员工的主人翁意识，"企业是我家，我们爱护她"已经深深扎根到了每位员工的心中。

（成果创造人：胡晓敏、赵学强、程俊山、王克华、孙耀华、胡卫国、乔　晖、胡照欣、李晓辉、王焰升、张春茂、范学良）

建筑建材企业基于技术创新的品牌建设

北京东方雨虹防水技术股份有限公司

北京东方雨虹防水技术股份有限公司（以下简称东方雨虹）明确企业定位，根据市场需求制定品牌规划，设立品牌管理机构，加强品牌管理领导，加大研发投入，不断开发新产品，狠抓产品和服务质量，构建品牌传播和保护平台，持续提升品牌知名度和影响力，促进企业快速发展。

一、明确品牌策略，根据市场需求制定品牌规划

东方雨虹创立之初选择"做防水"始于中国建筑渗漏之痛，"让老百姓住上不漏水的房子"成为公司最朴素的价值追求。面对防水行业假冒伪劣产品盛行、偷工减料乱象丛生以及建筑渗漏率居高不下之现状，为破解"渗漏"这一建筑物难题，东方雨虹明确提出"不做一平方米假冒伪劣产品"的质量观念，以高标准产品及服务赢得客户认同。经过多年发展，随着业务及服务领域的拓展、对客户需求认识的不断提高，东方雨虹提出"系统服务"理念：防水是项系统工程，应该系统解决防水问题。以主营防水业务为核心延伸上下游及相关产业链，打造建筑防水、民用建材、非织造布、建筑涂料、建筑修缮、节能保温、特种砂浆、建筑粉料等业务板块合力的建筑建材系统服务体系。东方雨虹定位为集建筑材料研发、生产、销售、防水系统设计和工程施工服务于一体的建筑建材系统服务商，力争"成为全球建筑建材行业最有价值企业"。基于"建筑建材系统服务商"的企业发展定位，东方雨虹分析内外部发展形势，重塑品牌认知，并优化品牌体验，实现品牌引领，推出以品牌为导向的、特色鲜明的系统服务，推动从"业务铸就品牌"向"品牌引领业务"转型。

东方雨虹搭建品牌管理体系，通过品牌定位、品牌目标、品牌价值、品牌延伸等，规划品牌管理手册和品牌管理制度，为了支撑"系统服务商"，公司实施多元化品牌发展策略，形成统一品牌、硬背书品牌、软背书品牌和独立品牌多种母子品牌关系，构建品牌架构树状图。东方雨虹根据每五年一次的战略规划，完成公司的品牌战略规划，包括品牌愿景、品牌定位及发展目标等。

二、设立品牌管理机构，加强品牌管理领导

东方雨虹依据公司战略，收集行业、竞争对手、标杆等相关信息，通过差异分析，识别相关方的不同要求，确定品牌管理过程的关键要求，制定《东方雨虹品牌培育管理手册》，编制21个程序文件及15个管理制度并不断完善。组建品牌管理委员会，集中、统一、强势管理，形成特色化"3+1"级品牌管理模式："3"是指三级管理机构，"1"是指一支品牌文化建设队伍。

（一）三级管理机构

东方雨虹针对品牌培育工作专门成立品牌培育试点工作领导小组，其中明确规定品牌培育试点工作领导小组、最高管理者、管理者代表及领导小组办公室的职能，赋予其独立行使权力的权限。一级管理机构为品牌管理委员会，非常设机构，由公司董事长及各品牌第一负责人组建，董事长作为最高领导者直接负责。二级管理机构为品牌管理部，由董事长指派品牌管理部门经理负责。三级管理机构为品牌培育关键部门，与品牌培育直接相关的部门包括市场部门、战略管理部门、风险管控部门、人力资源部门、研发部门、生产运营部门、采购部门、工程管理部门、业务部门等，各部门在品牌培育管理过程中承担对应控制活动过程，并执行相应的工作准则。

（二）一支品牌文化建设队伍

品牌文化建设队伍包括品牌文化大使和专员，由各分子公司负责品牌管理的人员、各部门推选的品

牌文化专员组成，负责日常品牌培育工作的专项对接和落实，推进各分子公司、各部门、各事业部的具体品牌培育工作。

最高管理者负责出台品牌战略方针，确保品牌战略方针的实施。提炼并传播公司品牌价值，为保证品牌管理先进性，高层管理者定期对品牌管理进行评审，并及时完善和改进。公司成立以董事长为主任的品牌委员会，通过搭体系、建阵地、立制度、抓执行，依托各种传播渠道将企业品牌管理持续贯彻到相关方，使企业品牌管理深入人心。通过各类平台和载体，将公司价值理念、发展战略和绩效目标传递给相关方，以谋求理念认同，共赢发展。

三、狠抓产品和服务质量，为打造"东方雨虹的金字招牌"奠定基石

东方雨虹认识到，质量是品牌的核心和基础。东方雨虹追求高质量稳健发展，控股上海东方雨虹、香港东方雨虹、东方雨虹北美有限责任公司等 50 余家分子公司，在北京顺义、上海金山、湖南岳阳、辽宁锦州、广东惠州、江苏徐州、山东德州、云南昆明、河北唐山、陕西咸阳、安徽芜湖、浙江杭州、山东青岛等地建设 28 个生产研发物流基地，拥有 80 余条先进生产线。其中，从美国 R&D、意大利 Boato 引进卷材生产线 50 余条。引入德国克劳斯玛菲高分子防水材料生产设备，采用德国爱立许、西门子技术和拜耳概念设计等技术，全流程自动化生产，实现 300 千米辐射半径，24 小时使命必达。东方雨虹用高质量产品与服务驱动企业价值成长，坚持精益生产、智能制造，行业在内树立高产能、高精度、高稳定性的标杆，用高品质产品构建"东方雨虹金字招牌"。

（一）狠抓产品质量

东方雨虹实施全面质量管理。为加强质量管理，确定"质量第一"的原则，"质量是所有人不得僭越的底线"。董事会下设质量委员会，总裁担任主任，对董事会汇报。在管理层建立质量监督管理中心，负责日常质量管理，通过二维码信息管理系统，实现"单件产品全生命周期唯一身份管理"，确保生产有记录，信息可查询，流向可追踪，责任可追究，产品可召回。

为了提升企业管理先进性、使企业具有持续创新能力和市场竞争优势，东方雨虹于 2012 年开始导入卓越绩效模式，并在五年的摸索和实践过程中不断完善。东方雨虹独创的卓越绩效跑车模型，涵盖领导、战略、顾客与市场、资源配置、过程管理、测量分析与改进六大要素，全力驱动公司稳健前行。

东方雨虹始终恪守产品质量，引进国际先进生产线，通过科研创新、技术革新以及不断进阶的经营管理模式不断提升企业核心竞争力。20 余年来，东方雨虹与时俱进，不断丰富产品线，打造了数百个品种规格的多元化产品体系，广泛应用于奥运工程、市政、房产、高铁、地铁、路桥、隧道、水利、国防、石油化工等建筑领域的 2000 多项重大工程以及千家万户的家装服务中，过硬的产品质量、优质的服务质量、高效的管理质量奠定了东方雨虹的品牌基石。

（二）完善施工服务

东方雨虹不但注重产品质量，更注重服务质量，以顾客为驱动，秉承"以客户为先，全心全意为客户服务"理念，为打造"雨虹"标准化施工服务特色，为客户提供系统的防水技术解决方案，制定《标准化施工手册》《回访保修管理办法》等制度，严格执行标准化施工、升级工程频道服务系统，从质量、安全、环保、成本、效率等方面进行监控。

东方雨虹遵循"培训专业化、施工标准化、装备现代化、安全常态化"的原则，围绕"施工质量为重、安全环保第一、合理控制成本、打造优质一流服务"的要求，将施工服务过程分为方案设计、施工准备、过程控制、变更控制、交付验收、保修服务 6 个子过程进行设计，制定《施工质量检查制度》《项目施工成本和预决算管理办法》《回访保修管理办法》等作为制度保障。

"品牌是公司核心资产，做企业就是做品牌。"随着东方雨虹综合实力的不断提升，东方雨虹品牌价值逐步攀升，公司每年参加由国家市场监督管理总局指导，经济日报社、中国国际贸易促进委员会、

中国品牌建设促进会主办，《中国品牌》杂志社、中国经济网承办的"中国品牌价值评价"工作，2019年中国品牌日东方雨虹凭借品牌强度893分、品牌价值94.21亿元的成绩上榜"2019中国品牌价值评价信息榜"，并以36%的品牌首选率，稳居"2019年度中国房地产开发企业500强首选品牌"榜首。东方雨虹以品牌为旗，以创新为剑，不断拓展企业品牌价值。东方雨虹匠心执守20余年，赢得市场信赖，获评"人民匠心品牌奖"。

东方雨虹的建筑建材系统解决方案，已经成功地为五大洲的100多个国家和地区服务，包括德国、美国、日本、俄罗斯等。在东方雨虹的全球化进程中，其执着坚定，秉持工匠精神，推动中国品牌迈向世界。东方雨虹致力于由龙头企业向领军企业转型，目前已经进入全球防水企业前5名，以品质服务奠定品牌之基，赢得了市场的信任。东方雨虹凭借在质量水平和卓越绩效管理方面取得的突出成绩，荣获第十七届"全国质量奖"，为打造"东方雨虹的金字招牌"奠定基石。

四、不断开发新一代产品，靠技术提升品牌美誉度

东方雨虹始终秉持"以创新推动技术，以技术成就品质"的信念，不断提升科研能力，加快科研成果高效转化，以创新驱动发展，将先进技术支撑品牌在市场中的核心竞争力，坚持国际化发展并广泛利用全球资源，以实际行动赋能行业可持续发展。同时，专注产品品质与服务质量，以客户为中心，通过新产品、新技术、新设备不断完善产品体系，提升生产与供货能力，满足不断扩大的市场需求。

（一）完善产品研发机构

东方雨虹获批建设特种功能防水材料国家重点实验室，拥有国家认定企业技术中心、院士专家工作站、博士后科研工作站等。研发体系日益完备，形成产品研发、生产工艺装备、应用技术、工程施工技术四大研发中心，形成覆盖"防水系统设计、材料研发、施工及技术服务"的系统研发体系。成立职业技术学院，旨在提升标准化施工服务技能和培养具有全球竞争力的产业工人。为使研发与国际并轨，东方雨虹还在美国建立防水涂料全球卓越研究中心。

在人员配置方面，技术中心外聘4位工程院院士，7位国际知名科学家，1位享受国务院津贴专家，25位技术带头人。先后有美国、加拿大、中国香港地区及内地高校与研究机构的10多名客座教授在公司实验室开展研究或不定时的技术交流指导。研发团队拥有22名博士，221位硕士，专职研发人员均具有硕士以上学历，引进留学归国科研人员7人、国外专家4人、院士3人，4名中青年人才获北京市科技新星项目支持，2人获"顺义区优秀青年人才"荣誉称号，2人入选北京市百千万人才工程。

（二）保障投入，完善激励制度

资金投入方面，自主创新是企业获得核心竞争力最重要途径，研发投入对企业的发展以及未来的命运起着决定性作用。自成立起，东方雨虹就不断加强在研发方面的投入，每年研发投入占年销售额的3%以上。

在机制保障方面，东方雨虹制定《东方雨虹创新项目管理办法》《科技成果评审奖励办法》《合理化建议奖励办法》等人才激励制度，组织科技进步奖评审及技术人员职称评定，对申报的专利、发表的论文均给予奖励。鼓励技术人才参与"科技新星""领军人才""劳动模范""战略储备人才"等外部人才培养项目，公司每月进行一次创新项目总结，每年开展生产工人、施工工人技术比武大赛，鼓励工人岗位成才。

（三）开展重点领域产品研发

东方雨虹开展多项创新项目的研究，涉及防水卷材、防水涂料、密封材料、保温材料、建筑涂料、外加剂材料、化学灌浆材料、建筑修缮维修材料、系统配套及特种工程专用材料、砂浆材料及零售渠道系列产品，多项科研成果已实现转化。其中，"地下空间防水防护用高性能多材多层高分子卷材成套技术及工程应用"解决了隧道及地下工程结构"窜水渗漏"难题，荣获2019年度国家科技进步二等奖。

该项目已成功应用于南水北调北京段输水工程、京张铁路、粤港澳深圳国际会展中心、北京地铁15号线、六盘水综合管廊等300余项工程，满足了多个国家重大工程的迫切需求。同年开发的"PCG改性树脂耐腐蚀防水层系统"，通过建模、数据分析等系列研究，解决防腐涂层与混凝土温变系数大、运行脱落和外力破坏脱落等行业问题，并成功用于多个钢筋混凝土结构盛装含腐蚀性物质的结构体的防水防腐项目中。

此外，围绕绿色建筑和节能建筑等国家战略，开展面向屋面工程及重大绿色建筑住宅的防水创新性产品研究。在绿色建筑住宅防水领域，突破了高耐水聚合物防水涂料、水性自修复防水涂料、单组分快干防水涂料、单组分无溶剂聚氨酯防水涂料关键技术，并实现技术成果转化。

截至2019年12月31日，东方雨虹累计拥有有效专利815件（发明255件、实用新型481件、外观设计79件），其中国外有效专利2件（美国1件、澳大利亚1件），为创新技术应用提供了先决优势，并被认定为北京市知识产权示范单位。在科研驱动下，东方雨虹参与的重大创新项目成绩卓著：1项国家863计划项目、2项国家重点新产品技术、3项国家火炬计划项目、31项核心技术、150项自主创新产品等。东方雨虹针对客户的需求，提供了19399个有效的施工解决方案。

五、构建品牌传播和品牌保护平台，提升品牌知名度和影响力

（一）拓展品牌传播渠道

构建包括《东方雨虹报》、官网、官方微博、官方微信等的自媒体矩阵，并采用外部专业会议、电视、广播、平面媒体等宣传载体组合覆盖的品牌传播策略，不断提升品牌知名度和影响力。东方雨虹与万科、金地、大华、中远等上百家国内知名地产企业，中建、中交、中铁等众多总包单位，业之峰、龙发、阔达等家装公司形成全面的战略合作伙伴关系；与万科、金螳螂等行业顶尖优质品牌合作，形成品牌相互借力机制，提升品牌美誉度。

（二）健全品牌保护体系

健全品牌保护体系。东方雨虹依据"事先防范、事中控制、事后打击"原则建立健全品牌保护体系：组建知识管理部，负责知识产权的获取和日常监测维护；打假办负责假冒伪劣产品侵权打击；法务中心负责侵权案件处理。东方雨虹通过健全的品牌保护体系保护品牌形象，维护品牌权益。公司重现知识产权管理知识的学习，全公司深入学习和理解《广告法》《产品质量法》《商标法》《专利法》《商业机密保护法》和《反不正当竞争法》等法律法规，自觉遵守知识产权管理的法规要求，做到不侵犯他人权利，同时积极申报商标、注册专利，保护企业品牌资产。

开展专业化商标管理。东方雨虹制定《商标管理制度》，建立了完善的组织架构，并配备人力资源与资金资源进行商标专业化管理。其中知识产权部负责商标申请，品牌管理部负责商标运维与推广，品牌维权部负责商标保护，通过知识产权管理体系认证（证书编号：18115IP0626R0M），推进商标管理体系持续改进与完善。

注重商标监控与保护。一是在线抢注监控。东方雨虹采用专业监控软件对每月商标公告进行在线监控，为避免遗漏，还委托第三方专业服务机构有效开展国内商标监测与预警，防范商标抢注风险。2019年通过商标监测提交商标异议达43件，有效打击大量企图傍名牌的商标抢注者。二是市场巡查监控。品牌维权部由十多个专业维权打假人员组成，2019年定期巡查周边建材市场与建筑工地超过150个，打假的力度和规模在行业内首屈一指。在全国范围内积极开展维权工作，已经取得了良好的成效。

（成果创造人：李卫国、向锦明、张志萍、刘　斌、聂松林、
　　　　　　　熊　俊、刘绍光、严兴李、徐　萌、丁红梅）

民营中小销售型企业基于全方位技术服务的用户需求管理

北京京海人机电泵控制设备有限公司

北京京海人机电泵控制设备有限公司（以下简称京海人机）基于全方位技术服务的用户需求管理办法，自2015年年初提出目标宗旨、2016—2017年分步实施、2018—2019年初见成效，从明确思路、构建体系到资源配置、多维管控，不断摸索、总结、改进，旨在解决产品和项目开发工作的孤岛状况，全面实现规划、营销、财控、技术、质量等多维职能与产品和项目开发的联动，以精准化的产品和项目开发，同时满足"创造用户价值和支撑经营发展的双重目标"需求，真正做到了"以用户需求为导向，以全方位技术服务为特色"，切实提高了自主创新能力和企业综合竞争力。

一、明确思路，强化基于全方位技术服务的用户需求管理的组织领导

（一）确立以用户需求为导向、以全方位技术服务为特色的管理工作思路

京海人机借鉴先进企业经验，总结自身经验教训，在整合现有资源的基础上，将经营管理思路从过去单纯抓泵产品销售，转变为以用户需求为导向的多维产品和项目开发，并从以下所述的管理架构、项目审查、专业划分三个层面加以落实和强化。

（二）建立战略委员会作为公司级的管理架构

京海人机专门成立由总经理挂帅的战略委员会，委员由各部门一把手组成，主要负责制定和执行公司产品战略、项目策划方案，对产品和项目开发及实施过程中的重大议题或节点进行决策，配置公司资源、协调部门关系、监控目标进展。委员会成员中的任何一方都不能单独做出决定，必须通过共同协调，做到技术、商务、施工等方面都从项目整体和全局考虑问题，从而互通信息，集思广益，共同决策。

（三）实施强矩阵项目管理和主查制

为有效共享资源、提高协作效率，京海人机将原来的组织架构进行合理拆分，成立由总经理直接领导的，由一名工程师、一名销售经理和一名行政助理组成的开发部，建立产品和项目开发的强矩阵式项目管理。开发部是职能和项目的混合体，既有职能组织的特征，又有项目组织的特征；项目组专注于产品和项目开发目标，职能体系为项目组提供持续的知识输入和人力资源等方面的支持，并积累项目成果。强矩阵项目管理对项目实施主查负责制，实时监控过程状态，按时开展关键评审，保证项目顺利进行。

（四）按行业、专业领域分类配置

京海人机不断调整和优化各部门的分工协作模式，以适应业务发展需要，秉承部门承接职能、专业精细划分、管理跨度适度等原则进行安排和部署，具体措施是：结合泵产品特点，按现有人员的经验和能力分出单吸泵、双吸泵两大专业领域；按客户所在行业分为热力、冶金、能源、化工、市政五大领域；按客户需求分为产品购买和技术改造两大类。根据不同的用户需求，配置适宜的销售和技术人员，力求每个项目组的成员在各自的领域内精耕细作，专业覆盖面不断拓展，专业水平不断提高，从而为提供全方位的技术服务创造条件，为客户带来更好的消费体验。

二、构建以全方位技术服务为特色的产品和项目开发体系，优化业务流程

京海人机的产品和项目开发体系是随着产品供货和配套服务活动的不断深化而逐步形成的，能使多维职能同时参与管理、同步完成产品和项目的多维要求，基本满足了"创造用户价值和支撑经营发展双重目标"的需求。

（一）树立和明确"以用户需求为导向"的工作宗旨

重视与用户的沟通和交流，是京海人机从高管到普通业务人员都一直秉持的工作理念和服务准则。在售前与售后、定期与不定期的各种形式的互动交流中了解到的用户需求信息，是每年战略委员会制定产品和项目开发规划时首先考虑的重点因素，也是各相关部门考核工作执行力度的重要依据。

（二）培养和加强"全方位技术服务"的意识和能力

与过去泵产品销售只要求相对简单的业务交流和专业能力不同，京海人机"全方位技术服务"理念的提出和执行，是建立在日趋激烈的行业竞争背景和自身不断增强的技术实力以及逐渐扩大的销售服务队伍基础之上的。人力资源部门在人才招聘、制度激励、岗位培训、业务交流方面，每年会制定详细的工作计划，并定期考核与评估，促进员工整体业务能力的提升，为产品和项目开发的人员配置及技术服务的工作质量提供基础保障。

（三）建立和完善开发管理工作流程

京海人机参考国内外先进的开发管理方法，结合自身特点，由开发部牵头，与技术部、销售部、行政部共同建立一套产品供货与项目开发管理基础流程。该流程将泵产品供货与技术服务项目开发过程划分为八个步骤：宣传交流、现场调查、技术论证、商务谈判、设计研发、供货/施工、投产验收、售后服务。这一流程从结构上划分了产品供货与项目开发过程的各阶段，描述了各阶段的主要工作及职责、权限和相互间的接口关系，明确了各阶段必需的评审、验证和确认活动，给出了各阶段应用的目标设定清单和检查表单，规定了各阶段输入和输出的主要文件和记录，总结了项目从构思阶段到售后服务阶段的任务领域和里程碑，为开发活动提供了基本管理框架。将开发管理范畴延伸到了市场经营阶段，增加了市场、战略符合性、收益等多维管控目标，做到了产品销售、项目开发与相关职能高效协作，实现了满足用户需求和自身经营发展双目标。其中从现场调查到售后服务阶段，京海人机的技术人员始终以用户需求为导向，适时提供设备选型、安装调试乃至其他泵厂家通常不会提供的技术经济分析和节能增效改造服务，实现全天候、全方位的技术服务。

三、基于市场、战略和收益进行产品设计和项目策划，力保产品符合市场需求、项目整体目标合理可行

京海人机的战略委员会每年都会制定产品、项目规划，这一规划会定期进行研讨、重新确认，作为指导各个职能体系工作的纲领性文件下发，由开发部牵头、各相关部门配合执行。

（一）集体讨论，共同策划

在产品设计和项目策划阶段，开发部要与销售部、行政部和财务部共同召开联席会议，共同商讨和确定开发范围、开发方案、开发预算和估算成本，然后交由总经理决策，最终确定是否开发。

（二）细化目标、配合协作

开发部每年根据战略委员会下发的纲领文件，开展目标市场滚动调查，按照技术特性和用户特征两个维度进行再细分，结合历史销量变化趋势和价格走势，为每个大细分市场找到若干个小的目标再细分市场，并清晰地描述出价格、技术参数、配置、销量等未来走势，估算预计的开发周期和开发费用；财务部初步设定财务目标（成本控制、资金保障及预期收益）；销售部进行系统的策略性研究；技术部、行政部、人力资源等辅助支持部门，从各自的专业角度为产品设计和项目策划提供支持性输入和可行性评估。

（三）优选决策、分工执行

在上述工作的基础上，开发部组织大家合议，评估最佳方案，上报战略委员会决策。经批准后正式成立项目团队，制定详细分工，项目团队成员包含产品开发、项目规划、市场营销、财控（含成本和收益管理以及预算控制）、采购、技术、人力资源（负责培训和绩效管理）等领域。

四、多维管控开发设计，确保产品和服务贴近具体用户需求

产品和项目规划一经批准，开发流程就可以进入开发设计阶段。开发设计又分为目标设计和工程设

计两个阶段，目标设计是从项目组管理的市场目标和内控目标细化开始的，现场调研和对标分析是设定产品和项目具体目标的重要工具；工程设计阶段是产品质量形成的关键阶段，质量工具和技术应用的深度和广度决定了产品开发的质量。

（一）现场调研，明确目标

京海人机通过现场调研来细化产品市场目标和技术目标，用产品特征目录来实现市场语言与技术语言的转化，具体指导开发部门的设计工作，即通过内部专家和外部用户在使用过程中对细节的评价，找到泵产品性能关联真因，对关注度和满意度进行打分，再结合拆解对标泵型研究成本和现场匹配度，在泵的性能参数、质量、价格和维修等维度设定可以量化的产品目标，反馈给开发团队并作为评审依据。产品开发团队根据产品特征目录开展具体工作，设定整泵或主要零部件的设计目标和技术创新点，根据以上前提制定实施方案，并进行可行性分析论证，最终决定具体措施。与此同时，各相关部门的工作会同步开展，如销售的泵型组合方案、质量目标措施及技术保证措施制订等。这些工作成果整合在一起后，财控部门会再次根据这些边界条件，通过收益分析，为公司高管提供项目评审依据。

（二）去伪存真，落实新技术应用

工程设计阶段是产品和服务质量形成的关键阶段，"三元流应用技术"是京海人机在产品设计和技术服务过程中最具特色的一环，其采用的"三元流动理论"是我国著名科学家吴仲华提出的、国际公认最先进的流体机械设计理论。利用该理论对离心泵主要过流部件——叶轮和泵壳流道进行优化设计，就能有效提高水泵的效率。然而从泵行业的整体现状来看，该理论的应用效果并没有真正落到实处，往往仅停留在绝大多数泵厂家的宣传资料和各种交流活动的文字报告中，很多泵厂家只是从近几年出版的高等院校的教材中，了解到"三元流"的基本原理及其先进性，绝大多数其实并未真正理解和掌握其用于离心泵制造的具体设计方法，只是打着"三元流"的招牌为其普通"一元流"泵产品的销售做广告而已。用户方面，只要确认水泵运行时能够满足生产供水要求，通常也不会将没有故障的新泵解体核验，深究其真伪。

与众多水泵厂家只停留在"三元流"理论概念宣传阶段不同，京海人机与科研院所、高等学校的科研人员紧密合作，根据用户的用泵情况，利用大数据技术，采用先进的、绝大多数泵生产厂家未掌握的"射流——尾迹三元流动设计方法"针对离心泵叶轮和泵体结构进行优化设计。一方面，完成泵产品的升级换代，并在新产品销售前后，根据现场情况协助、引导用户做好设备选型和技术经济分析及优化工作，确保新产品的优势得到充分发挥和落实；另一方面，对于用户正在使用的、由于各种原因不能或不便整体更换的、过流部件相对较少的单级离心泵，针对实际运行需要，为其重新设计可替换的高效率"三元流叶轮"，换装至原泵内，在不改变泵体、电机、管路的情况下，完成节能增效改造。"三元流叶轮"安装施工的过程，让用户直观地从外观和性能上看到其相对于普通水泵叶轮的区别和优势，这是那些打着"三元流"旗号去销售"伪三元流"产品的泵厂家做不到的。

经过以上两个阶段多维管控的策划和设计，可使产品销售与技术服务符合用户需求、项目开发接近预设目标。

五、在产品销售和技术服务过程中持续改进，实现闭环管理

京海人机在产品供货和技术服务准备阶段，编排周密的检验和评价计划，面对变化的客观实际，通过开展质量确认活动、用户调查活动、成本控制与总结交流活动，进行灵敏、正确有力的信息反馈并做出相应变革，使矛盾和问题得到及时解决，决策、控制、反馈、再决策、再控制、再反馈……从而在循环积累中持续改进、超越自我、不断发展。

（一）定期确认与评估

与多数泵企业传统的以生产和售前服务为重点的运营模式不同，京海人机在开发设计和供货（服务）准备阶段，就编排了周密的用户现场调查和技术评估计划，对每一个具备条件的用户现场，都采集完整的工艺参数并对试生产质量进行严格控制。在试生产阶段通过组织设计人员参加日会议、周会议和专题会议，快速识别漏洞和缺陷。在里程碑节点处召开质量确认会议，对发现的问题进行重点评估，以决策项目是否可以整体向下一阶段推进。

（二）及时与用户沟通，产品销售与技术服务并重

产品投放到市场变为商品，仅是投资收益的开始，商品只有被消费者使用，其价值才能体现出来。通过使用，验证商品价值和质量认可度，收集得不到用户认可的某些功能或性能，都可以指导设计优化。京海人机通过泵产品的运行调查等市场调研活动，发现用户对性能和质量的抱怨点、挖掘用户对性能和质量的新需求，指导产品设计部门进行二次开发，最大限度地减少制造成本和项目运营成本。这样一方面加快了市场响应速度，提高了市场满意度；另一方面积累了工作经验，提升了整体服务水平。

京海人机打破民营中小型泵企业以销售成套泵产品为主的固有思维，采取"产品销售与技术服务并重"的策略，在长期的研发、销售、维护、服务实践中，不断探索解决水泵节能降耗问题的方法和技术，持续投入资金和人力，收集不同管网条件和运行工况下的基础数据，通过对国产水泵的长期研究和数据分析，以及与用户的定期交流，总结出运行规律、实际经验和管理办法。与过去单纯售卖整套泵产品的经营模式相比，京海人机在新技术加持下，更加注重根据用户现场的具体工艺需要来选择服务方式，从而确定采用设备供销还是技术服务、整泵供货还是局部改造、一次完成还是分步进行，最大限度地为客户着想，同时兼顾公司发展利益。

（三）加强成本控制，积极总结、借鉴、分享

京海人机以设计降成本来强化产品的市场竞争力，财务部定期会与开发部一道研究如何通过新材质、新工艺、新结构来降低成本，调动开发体系的主观能动性，加强相关业务人员的成本控制意识。每个产品开发或服务项目结束后，都会组织项目总结会，通过规划、营销、财控、技术等多维职能的联动，对项目总体目标和实际达成效果进行比照，对子项设计目标进行性能、质量、制造性和成本分析，积极总结经验，在各部门及行业协会内部进行宣讲和交流，做到借鉴经验，螺旋式提升设计和服务水平，不断与用户和市场贴近。

六、实施绩效管理和倾斜政策，打造一支高素质的开发队伍

京海人机产品和技术服务项目开发的绩效管理内容包含三个方面：一是开发团队的绩效合同，将责任指标和达标状态公开化、目视化并明确评价权重；二是开发绩效指标定值表，把年度工作按季度分配，工作计划需要明确里程碑节点和输出内容，并需主管副总经理签字审批；三是开发绩效指标解释表，将指标计算公式、评分方法和其他细节问题解释清楚。开发和营销团队中各部门及参与的员工都通过绩效指标捆绑的方式参与到开发项目的各项关键经营和管理任务当中。绩效数据必须经由项目主查或基础开发负责人审核后才能上报，以确保产品开发任务通过绩效指标分解并落实到具体的团队和个人身上。

京海人机为增强核心竞争力，在节约成本的大环境下，在机制和政策上给予开发部门很大倾斜，例如在组织机构编制及人力资源需求数量上、在开发费用上集全公司之力予以支持，在福利待遇上给予倾斜等；为激发开发人员工作热情，针对业务结构特点，设定技术、管理、项目等个人职业发展通道，每个通道中均设计高端岗位，激发员工进取。京海人机通过这些倾斜政策和灵活的机制，提升了吸引力，引进大量人才加入开发体系中共同创业，京海人机产品开发及技术服务专业队伍由2015年以前的3人扩大到当前的12人，极大提升了自主创新能力和水平。

（成果创造人：张　磊、韩玉华、肖桂芬、徐庆东、张向阳、王天宇）

基于"互联网平台"的煤炭生产综合服务管理

陕煤集团神南产业发展有限公司

陕煤集团神南产业发展有限公司(以下简称神南产业公司)提出的基于"互联网平台"运营的煤炭生产综合服务管理,本质上是企业基于线下核心业务能力发展的产业服务体系的转型升级过程,是在数字经济时代下对自身服务价值的重估和提升。企业通过积极创新顶层设计,将传统交易服务模式作为改革提升点,利用线上、线下生产服务相结合的方式,有针对性地向区域煤炭产业链客户提供集"设备物资、生产运营、专业技术、人力资源、现代综合、供应链金融"于一体的多样化服务模式,并利用区块链、大数据、物联网等数字化技术,同步实施平台运营管理下的业务风险控制,形成产业集聚延伸、上下游协同联动、资源精准耦合并循环利用的新型煤炭生产综合服务管理生态圈,为产业链各方主体持续发展赋能助力。

一、明确战略定位与发展方向,搭建互联网运营平台

作为区域煤炭生产服务行业内规模庞大的专业化服务商之一,神南产业公司紧跟煤炭产业链的发展趋势,结合企业发展要求,对"传统煤炭生产服务型企业"的业务定位进行提质升级,积极构建"煤炭生产综合服务方案解决商+互联网平台"的新运营模式,实现从企业端到产业端的业务转型,并扩展到为整个煤炭产业链提供服务。

神南产业公司不断结合产业链各方主体需求与不同用户发展痛点,并基于区域煤炭领域的供产销市场,有针对性地构建以"设备物资交易类服务、生产运营服务、专业技术服务、人力资源服务、供应链金融服务"等为核心内容的全新综合性价值服务体系,形成"轻资产、高科技含量、高附加值"的发展模式。

为了更好地服务区域产业链多方客户主体,增强持续为客户创造价值的能力,推动传统线下业务数字化发展,神南产业公司从2015年开始推进企业内部传统服务业务的线上化进程,利用已成型实体服务经济优势,为煤炭产业链精心打造产业互联网平台——"煤亮子"煤炭生产综合服务平台(简称"煤亮子"平台),通过发展线上线下相结合的全新服务模式,实现资源最优配置。"煤亮子"平台从煤炭产业链上下游切入,直接深入煤矿生产服务领域,通过"实体服务互联网化、集约化、产融一体化、行业标准化"等方式,不断细化平台服务功能,为煤炭产业链各方主体提供一体化、多层次的综合服务,形成产业集聚延伸、上下游协同联动、资源精准耦合并循环利用的新型生态圈。神南产业公司已建设成完整成熟的"煤亮子"在线商城、"煤亮子"商城手机App系统,平台系统整体架构设计基于灵活性与便捷性理念,通过改进线下客户注册、登陆、身份认证、业务线上申请、资料及订单线上提交、线上电子合同签署等流程,将交易业务客户触点全面线上化,方便上下游企业操作使用;通过设置客户管理、额度管理、产品管理、资金管理等线上管理服务的功能模块,在"信息沟通、流程优化、契约形成"等业务方面的取得了明显效果。

二、深化设备物资交易类服务内涵

神南产业公司提供的设备物资交易类服务模式是基于"煤亮子"互联网交易商城渠道,通过自营交易与撮合交易两种方式为客户提供各类交易价值性服务。业务定位致力于提升煤炭生产设备及备品备件全业务链运作效率,为煤炭生产企业、煤炭维修企业、煤炭生产承包商、煤炭设备中间商、煤炭设备主机厂、煤炭设备配件厂等煤炭生产设备产业链主体提供以设备、配件、物资交易为主要内容的价值服

务。产品组合规划包括：基础产品，涵盖备品备件数据服务、备品备件智能仓储监管服务、零配件交易保障服务；贸易产品，涵盖贵重型或低周转型零部件的特件应急零售、非贵重型高周转型零部件的零售及批发、备品备件本地联合储备会员服务、耗材零售服务、二手设备拍卖；租赁产品，涵盖设备租赁调剂、大部件租赁调剂、设备置换、设备代存；加工制造产品，涵盖进口配件国产化、再制造/改造。其中自营交易是直接介入交易链条，成为交易主体，通过交易差额获取利润；撮合交易是通过物流服务、信用服务、数据服务等方式，吸引客户在商城进行交易，在帮助客户降成本、增收益的同时按交易额收取服务费。神南产业公司搭建的"煤亮子"互联网交易商城是纯市场化运作的交易类平台，所有客户均来源于企业外部，商城可提供超过16万种煤炭设备物资类商品，小到螺丝钉，大到整机设备，均可对应找到，完全满足煤炭行业各方面需求，同时在商城交易界面下，商品交易价格绝对真实、可信。为了进一步保证商城运营的核心优势，神南产业公司以"本地化联合仓储"服务业务为切入点，将供应商历史库存、煤矿闲置设备、贸易商现货库存进行整合，建立产业级现货交易平台。"本地化联合仓储"服务平台是由VR数字实体仓、云仓和大数据平台组成，其中VR数字实体仓是基于VR技术建立全景信息监控，让授权用户可以远程巡库，根据需求查询货物相关数据；云仓是基于RFID、电子围栏技术，建立实时的货控监管平台，让货主、仓库管理人员可通过高清摄像头实时监管货物的存放安全，当货物移动超过5厘米时即可触发自动报警系统；大数据平台是基于大数据技术建立的可视化管理平台，让仓库管理人员可实时查看到货物进销存状况数据，让货主可实时查看到资金状况及货物流向，让用户可实时查看所需商品的库存数量及地理分布，实现不同用户对数据的实时掌握。截至2020年6月，神南产业公司已在陕西省神木市部署2个上万平方米监管仓，并在准旗、新庙、榆阳地区新部署3个监管仓，可覆盖榆林、鄂尔多斯周边300千米区域，为区域内各个煤炭企业提供井口现货超市服务，同时联合上游各主要供应商工厂建立云仓，使设备物资一下生产线即可整合至监管仓现货资源中，实现设备物资集约化、互联网化的本地备库管理。对于在监管仓服务中包含的基础服务，如物流配送体系，神南产业公司转变为成本更低、信息更真的智能物流配送，便于交易双方随时了解货物在途情况，预估货物送达时间，提高产业链内生产供应作业的可靠性、安全性。

三、创新生产运营类服务价值

神南产业公司依托已有的线下实体生产运营业务资源与能力，围绕区域内煤炭企业，坚持专业化管理与集约化运营相结合，拓宽服务渠道。通过利用煤炭知识、技术、平台等增量价值要素，按照生产服务高质量、高效率、高技术的清单方法，做细煤炭生产综合服务业务，集成属于神南产业公司特点的高价值服务模式。借助"'煤亮子'平台+产业合伙人"方式，通过先进生产装备的引进、先进生产技术的应用及持续改进、科学生产管理保障体系的建立，连接整合外部优秀的生产运营承包商团队资源，推行集线上服务方式介绍、服务案例展示、交易请求采集、在线交易等煤矿生产运营服务中涉及的系列配套服务，提供给区域产业链客户基于生产运营过程的系统性功能解决方案。服务产品组合规划包括单一功能服务，涵盖搬家倒面、巷道掘进、煤矿设计、设备选型等；总包功能服务涵盖采煤机生产总包、支架生产总包、三机生产总包、提升块效率解决方案总包、提升采掘效率解决方案总包等；全面总包服务涵盖煤炭生产总承包、设备生产总承包等。

四、扩大专业技术类服务外延

神南产业公司开展的煤炭产业专业技术服务致力于提升技术要素在区域煤炭产业链的应用效率，通过联合主机厂等相关方的技术资源，建立行业专家库，形成涵盖矿用采、掘、机、运、通等系统及设备配套、选型、管理、优化，矿井各系统维修改造升级，新技术推广应用等在内的技术服务，为技术研究者、专利所有者、技术销售商、技改工程承包商、煤炭生产企业、维修厂等链上各方主体提供"技术交流、技术交易、技改工程招投标"等专业化服务。形成的服务产品组合规划包括：工程材料检测/试验，涵盖土工、水泥、防水材料、钢材、混凝土、建设用砂石、砌筑砂浆、现场拉拔；煤矿工程质量监督，涵盖矿建工程质量监督、土建工程质量监督、机电设备安装工程质量监督；采煤系统服务，涵盖设备配套选型、技术改造升级、采煤工艺优化；掘进系统服务，涵盖设备配套选型、技术改造升级、掘进工艺优化；机电系统服务，涵盖机电运行管理、设备故障支持、专业检测测试、供电系统优化；运输系统服务，涵盖技术改造升级、运输系统优化；通风系统服务，涵盖技术改造升级、通风系统优化；排水系统服务，涵盖技术改造升级、排水系统优化；检测监控信息化服务，涵盖技术改造升级、检测监控信息化开发等。通过在线技术支持、技术专家专项短时服务、上门技术指导、专家资源共享等方式，实现技术要素在区域煤炭产业链的深度应用。

另外，神南产业公司利用区位、已有技术、试验场地、市场覆盖、合作客户等线下优势，同步设立集"政府+企业+科研单位+金融机构+服务机构"为一体的孵化器业务服务板块，专注煤炭科技成果转化运用工作，进一步加强煤炭产业与新兴技术的融合，延伸专业技术综合服务外延。

五、提供人力资源类专业服务

神南产业公司提供的煤炭产业人力资源服务，致力于开发煤炭产业人力资源，提升人力资源要素在区域煤炭产业链的生产贡献率。企业借助"煤亮子"平台，与多家专业培训机构建立合作关系，形成由社会知名人士、厂家、院校、企业工程技术人员等组成的庞大师资库，通过支持在线人力资源服务需求提交、服务案例展示、在线培训报名、在线培训实施、在线论坛等业务需求，开展认证、安全、技能、管理能力提升、专业技术人员继续教育、学历教育、职业技能鉴定、拓展训练等定制化培训，并配套专业科目培训教材、专业技术资料输出等服务，增加客户黏性。与多家专业招聘及劳务输出机构签订合作协议，共建广泛的人才网络招募服务平台，根据区域内不同企业所需人才职业与职位的差异，提供定制化招聘服务，通过人才发布、猎头服务、劳务输出等管理，节省客户自行招聘人才的准备时间，解决用工难问题。利用已有的管理、业务、技术等方面的咨询专家库，为客户提供管理、业务、技术等方面的支持，帮助不同客户优化生产经营管理模式，制定切实可行的运行方案，给予客户"专注、超值、实效"的业务咨询服务。

六、发展现代综合业务类功能服务

神南产业公司积极对接传统基础工业实体经济，通过"煤亮子"平台引进并实现对大数据等前沿数字经济技术的垂直应用，提供基于现代服务业需求的包含信息技术、信用评价、仓储物流及数据服务在内的配套业务板块，推动企业运营模式创新发展。

信用评价服务方面，支持客户信用数据收集、信用评估模型建设、信用评估等方面的业务需求，包括产业链现货的交易价格信息、库存信息及其他相关信息，实现客户关系管理、分级管理、卖品管理、营销管理、信息管理、意见反馈等功能。

数据服务方面，集聚交易数据、服务数据、配套服务数据，形成服务产业大数据，通过智能分析，实现用户、生产服务商和配套服务商的有机衔接，进一步赋能服务产业链各环节，包括基于自定义维护的数据导出、数据报告多维查询、运营环节数据监控、提供数据预警，实现即时的客户需求收集与服务转嫁。

信息技术服务方面，支持客户对业务数字化、流程数字化、信息数字化的发展需要，通过企业内部IT研发团队自主研发完成各类信息化管理软件，通过"服务交付"方式输出管理、输出资源，建设企业级的信息化服务中心。

仓储物流服务方面，提供数字仓储系统、物流解决方案、配送管理系统等服务。数字仓储系统包括自助查询、自助过户、自助入库、自助出库等；物流解决方案包括保税库出库报关、运输方案、仓储方案、物流信息方案等；配送管理系统包括配送信息查询、配送交接管理等。

七、完善面向全供应链的融资服务

神南产业公司利用"煤亮子"平台创新完善面向全供应链的贸易融资服务，致力于提升区域煤炭产业链的资金流转效率，降低企业主体的资金占用成本，并重点为煤炭企业、销售商、设备厂商、原材料商等提供库存融资、应收账款融资、预付款融资等专业化金融服务。通过将真实交易数据和风控数据共享给银行、基金、保理、资产证券化等资金方，由资金方根据可信交易数据、货控状态等决定融资额度及利率，对在"煤亮子"平台进行各类业务交易的客户提供融资，最终风险由资金方承担。在服务过程中，平台对于融资方的价值是提供直通窗口、精简融资过程、提供增信服务、降低融资成本，融资利息从高往低排列，依次是基金、保理公司、银行、资产证券化等，资产证券化的融资方式甚至可以获取收益，平台依据实际状况，给融资方推荐最优渠道；对于金融机构的价值是实现获客能力、提供基于区块链技术的可信交易数据、先进的大数据风控技术、基于监管仓的货控能力、逾期后货物处置能力等。在促成交易后，通过"煤亮子"平台收取客户交易服务费与金融撮合服务费。

对于开展供应链金融服务，神南产业公司同步设立了限定措施：融资资金必须用于"煤亮子"平台中所发生的交易，通过风控决策智能化与数据化、贸易信息区块链保真等手段，对供应链上的交易状态进行综合评价，针对单笔或多笔交易，依据客户需要匹配定制化的金融产品服务，并对所有融资业务实行黑白名单管控。

神南产业公司搭建的供应链融资服务最大限度地将区域煤炭产业链上的商业体系信用变得可传导、可追溯，金融机构可根据真实的企业贸易背景、实时产生的运营数据开展授信决策，大量中小企业通过供应链金融可获得成本更低、速度更快的贷款融资服务，核心企业信用能触达更高层级供应商，有效将产业链条中各级应收账款调动传递。

八、实施平台运营模式下的业务风险控制

为了保证业务交易链条中所有参与方对"信任、安全、隐私、激励与治理"达成共识，推进跨界融合以及更大范围内的一体化协作，神南产业公司在通过"煤亮子"平台构建煤炭生产综合服务新业态的过程中，始终将业务风险控制作为第一优先考虑因素，实施基于平台运营的业务风控管理。

通过对标大型商业银行风险控制流程，对产业链中多方客户之间的各项交易流程，包括前、中、后各个阶段的流程，进行不同手段或方式的风险联防联控。交易前风险评估：评估指标包括企业线下尽调、信息收集、信用风险审核、企业画像报告、智能风控决策，通过参数化量化风险评估，识别客户信用风险并提供评级及额度参考。交易中资产审核：包括主体真实性审核及资产真实性审核，利用人工智能OCR等工具，对客户注册身份的真实性进行验证，在交易环节对标准化单据如发票的真实性进行识别（支持线上），交易价格评估（线下），在签约环节通过电子签约，实现远程合规的业务合同签署。在交易过程中，神南产业公司同步采用货物控制与信用控制的组合方式，完善风险管理体系，包括控货方式的风险保障措施，建立货物价格评估管控机制，其中对物控风险的保障措施包括四个控制点：一是组织专家进行物资准入评审，保障货物是属于市面流通性较高的品类；二是合作企业必须先将物资存放于监管仓，利用监管仓信息技术防范货物丢损风险；三是合作企业必须提供货物真伪原厂证明；四是监管仓在收货时按照严格的验收程序进行质量验收。对货物价格的风险管控措施包括三个控制点：一是合作企业提供代理产品的过往成交合同及发票；二是对集团内部过往产品的采购及销售价格进行验证；三是对产品的市场价格进行采集和验证，组织专家进行价格评估。交易后预警监控：包括价格跟踪、库存监控、还款预警等。通过价格跟踪及时了解价格波动信息，提前预设处置方案，降低市场价格风险（线下）；通过库存监控及时了解库存变化动态，识别库存波动风险；通过还款预警，对还款到期的客户进行预警提示，并及时关注还款客户动向。

在有效提升业务风险控制能力的过程中，区块链技术也是神南产业公司实现对煤炭生产综合服务管

理业务升级的核心应用技术之一。企业通过对接腾讯云 TBaaS 区块链服务平台，定期把"煤亮子"平台交易、融资环节所产生的数据全部实时上链存储，所有数据均不可篡改，构成交易和融资环节的可信基础数据存证与有价凭证流通。同时业务交易产生的数据直通国家司法鉴定中心、公证处，通过司法鉴定中心、公证处对电子数据的公证、鉴证，保证法律效力；交易数据直通法院与仲裁机构，违约事件可在线上进行司法受理和审结，最大限度地提升违约纠纷的司法处理效率。还与相关保险机构形成业务合作，在违约方没有偿还能力时，保险机构可对货物进行理赔，使得交易风险进一步降低。

（成果创造人：乔少波、王庆川、张文斌、陈星霖、刘　健、黄爱民、李亚安、杨　林、陈　峰、徐　军、谢赞恩）

大型钢铁企业"制造+服务"有效链接的营销管理

邯郸钢铁集团有限责任公司

邯郸钢铁集团有限责任公司（以下简称河钢邯钢）以建设"两化融合"和"两业融合"试点企业为契机，积极适应钢铁行业发展新常态，紧紧围绕"市场"和"产品"两大主题，以开放的思维和理念，积极转变营销服务模式，整合内部生产、技术、销售、服务等业务，全力推进"制造+服务"有效链接的营销体系建设，为客户提供专业、快速、全方位的"一站式"服务，实现与客户无缝对接。通过优化调整组织架构，强化客户分类管理，实施大客户营销策略，拓展产品附加服务，建立剪切配送中心等，不断深化与下游用户的合作，为客户提供更高质量的产品和服务，实现了企业经济效益和社会效益双提升。

一、转变营销服务模式，实现与客户无缝对接

河钢邯钢聚焦差异化竞争战略，瞄准高端客户定制化、个性化需求，深入实施"制造+服务"有效链接的营销管理，逐步建立起以客户为中心、紧贴市场的快速反应机制，实现与客户无缝对接，加快从"钢铁产品制造商"向"钢铁材料服务商"转变。

一是通过优化调整组织架构，将原有各生产厂的生产运行、技术研发和营销服务职能进行整合，成立汽车家电板、薄板、型棒线、中厚板四个产线事业部，实现产销研一体化运行。二是强化客户分类管理，借鉴波士顿矩阵分析原理，从客户订货量和客户价值（知名度、订货连续性、产品档次、售价）等方面对客户进行分类，并提供差异化服务，实现资源的最优匹配。三是实施大客户营销策略，通过常态化开展客户走访调研，创建营销服务小微团队，推行大客户经理制，实施EVI（Early Vendor Involvement）先期介入服务等，构建"为客户创造价值"的新型服务体系，打造高端客户集群，提升高端直供比例。四是通过设立呼叫服务中心、优化质量异议处理流程、提供仓储物流配送服务、开展客户回访等，不断拓展产品附加服务，提升客户服务水平。五是建立剪切配送中心，进一步巩固、深化与用户之间的合作，推动钢铁产业链向汽车、家电制造等行业嵌入式延伸。

二、优化调整组织架构，实现产销研一体化运行

河钢邯钢牢固树立"精品、服务、品牌、创新"的营销理念，以四条精品产线（邯宝炼钢—邯宝热轧—邯宝冷轧产线；三钢—中板产线；三钢—CSP—冷轧产线；一钢—大型产线）为核心，整合原有各单位的生产运行、技术研发和营销服务职能，组建成立汽车家电板、薄板、型棒线、中厚板四个产线事业部，构建起以客户为中心的基于产线事业部的产销研一体化模式，实现部门联动、上下结合、内外衔接、相互协作，在满足客户需求、为客户创造最大价值的同时，实现企业综合效益最大化。产线事业部主要职责包括市场调研与开拓、合同承接与交付、用户信息收集与售后服务、产品研发与标准制定、生产组织与质量改进等，同时按照采购端和销售端两头对市场进行模拟核算，按效益进行提奖。各产线事业部分别下设生产运行中心、营销服务中心、技术研发中心。

生产运行中心：四个产线事业部分别下设一个生产运行中心，负责各条产线的生产组织和运行维护。包括：落实工序间生产的组织优化和合同兑现；负责生产作业的安全管理和设备保障；负责生产过程中各项规程和制度的落实，配合产品质量异议分析处理，落实质量问题改进措施等。

营销服务中心：四个产线事业部分别下设一个营销服务中心，负责协调督导小微团队、大客户经理等营销服务组织进行市场开拓和客户服务。包括：负责市场调研、客户需求识别、产品先期介入服务和

渠道创新；负责市场细分、差异化营销和渠道拓展；负责市场分析、营销服务和顾客满意度测量；负责客户信息收集、反馈和督促落实；负责产品质量异议受理、调查和权限内赔付；负责客户现场技术服务。

技术研发中心：四个产线事业部分别下设一个技术研发中心，负责新产品研发和产线技术攻关。包括：负责新产品研发的技术论证、产品设计和工艺技术规程、产品标准制定和优化；负责新产品试制方案确定和试制过程中工艺监督和质量保证；负责普通产品工艺技术规程和产品标准制定、优化、监督；负责产品质量问题技术分析和改进，并配合做好客户现场技术服务等。

三、强化客户分类管理，提供差异化服务

不同的客户为企业创造的利润也不相同，并且由于企业资源受限，很难对所有客户做到同样的客户服务。河钢邯钢围绕四条精品产线，细化产品、市场和客户定位，建立客户档案和客户关系考评系统，从客户知名度、供货方式、订货连续性、产品档次、产品售价、订货量等方面对客户的终身价值进行评估，并提供差异化的服务，实现资源的最优匹配。

借鉴波士顿矩阵分析原理对客户进行分类管理，将订货量大、价值高的客户作为战略客户（A类客户）；将订货量低、价值高的客户作为重点客户（B类客户）；将订货量高、价值低的客户作为一般客户（C类客户）；将订量低、价值低的客户作为其他客户（D类客户）同时，对不同级别的客户提供差异化服务。

战略客户（A类客户），主要以高端客户为主，是企业最具价值的客户，是企业生存发展的最重要保障，也是企业的命脉所在。因此，对于这一类客户，要进行高标准投入，将最优资源应用在这类客户身上。通过一对一定制服务、配备驻厂工程师、产能优先级、技术交流、增值服务等满足其柔性需求，增强客户忠诚度。通过定期走访、联合共建等方式进一步深化合作，实现互利共赢。

重点客户（B类客户），一般出现在与公司早期接触时期，业务量不是很大，但是潜力很高，很有可能会发展成公司未来的高价值客户。这类客户主要以中高端客户为主，从企业长远发展的角度来看，需全力去培养双方关系，重视日常交流与服务，及时发现客户需求和合作中出现的问题，并采取相应的解决方案，不断提高客户满意度、培育忠诚度。主要通过配备服务专员、价格优惠、定制化生产等手段吸引客户增加业务量，扩大双方合作业务，争取将其发展成为高价值的A类客户。

一般客户（C类客户），主要以中低端客户为主，他们拥有较高的业务量，但由于客户本身的潜力已达到极限，客户利润率很难再提升。因此对于这类客户，重点是付出一定的资源进行客户关系巩固，保持现有服务、政策，避免客户免流失。

其他客户（D类客户），主要以低端客户为主，无论是当前价值还是潜在价值都不高。这类客户以买卖钢材为主，订货产品档次低，主要是与公司发展战略依存度低的三方用户和贸易商，应逐步淘汰，以减少企业服务成本，保证其他客户和市场的资源充足。

四、实施大客户营销策略，提升高端直供比例

河钢邯钢坚持以客户需求为中心，发挥产销研协同优势，深度对接市场和客户，组织实施大客户营销策略，通过开展客户走访，推行大客户经理制、小微团队和EVI先期介入服务，全面构建"为客户创造价值"的新型服务体系，打造高端客户集群，提升高端直供比例。

（一）常态化开展客户走访调研

密切关注市场需求，不断加强公司主要产品和相近产品市场调研和竞争对手分析，结合公司生产线工艺技术装备特点，统筹考虑当期产品开发需求和中长期产品结构调整及研发规划，系统细分产品、定位目标、制定竞争策略，为公司经营决策提供科学依据。公司领导带队走访战略客户和重点客户，建立高层互访机制，促进双方深度合作。中层干部带队定期走访重点客户，建立市场与现场高效、直接服务

通道，充分了解客户需求、解决客户问题、提升客户服务，同时了解竞争对手的情况、行业发展动态等信息。

（二）创建营销服务小微团队

为了适应客户个性化、定制化的需求和市场专业化的发展需要，有效推进高端客户和专业化市场开发，公司将产销研等相关单位、部门的专业人员横向匹配，组建专业化客户开发和服务团队。小微团队成员以营销业务人员为主，产品研发人员、产线技术人员为辅，主要任务是客户开发、区域市场开拓、高端产品上量及合同承接等。同时负责反馈市场价格信息、客户需求变化、产品质量、合同交付等方面存在的问题等，以及定期走访客户，提供阶段性驻点、驻厂服务等。公司已组建37支营销服务小微团队，营销、技术、研发骨干人员达到600余人，成为直面市场、服务客户的桥头堡，为客户提供从订单、生产、仓储到交货及售后的全流程一体化服务。

（三）推行大客户经理制

为了更好地服务大客户（A类客户和部分B类客户），使其专注于主业，河钢邯钢借鉴IT行业和通信行业的成熟经验，在小微团队管理模式基础上，积极推行大客户经理制。通过设置区域大客户经理和战略客户大客户经理，进一步提高市场区域开发和战略客户服务的集中度，提升客户对接能力和服务水平。目前已成功将长城、上汽等多个符合公司产品结构调整、竞争力强、诚信度高、具有行业代表性或较高知名度的客户纳入大客户经理体系。为全面准确地提供客户服务，有效记录、及时响应并反馈客户的需求及问题，公司给大客户经理配置产销研一体化团队，实现产线全覆盖、产品全覆盖、服务全方位，使大客户经理成为连接产线和大客户的重要桥梁。

区域大客户经理主要负责指定区域（主要为B类客户）内所有钢材产品的销售工作，是区域市场及客户开发、维护的第一责任人。负责统筹推进区域内客户开发、品种上量、客户对接和售后服务工作，包括组织开展客户走访、客户需求识别、产品认证、合同评审、订单保障、物流发运、售后服务等各项工作。有权根据客户需求和客户端存在的问题，调配公司产销研力量和资源，快速解决客户端存在的问题，满足客户个性化、定制化、专业化需求。

战略客户大客户经理负责指定战略客户（A类客户）所有钢材产品的销售服务。通过全面掌握客户生产情况，及时了解用户对高端产品的需求，制订新品种需求计划。通过充分协调公司内部生产、销售、研发等各方面资源，为客户提供从合同签订、生产交付到质量问题处理的全流程、一站式、无忧化服务。

（四）实施EVI先期介入服务

EVI（Early Vendor Involvement）供应商早期介入是以客户为主体、以客户为导向的由供应商全面参与的供应链价值创造活动。其目的是参与到汽车主机厂的产品设计、模具开发、现场工艺等各环节中去，通过与汽车主机厂一起对过程中的影响因素进行系统分析，提前制定最有效的控制措施，确保汽车产品质量稳定，成本降低。河钢邯钢以客户需求为出发点，全面介入下游客户从研发到量产的各个环节，充分了解用户对原材料性能的要求，并发挥自身能力和优势，为客户提供更高性能的材料和个性化服务，在为客户创造价值的过程中，也提升了产品的附加值和竞争力。构建专业汽车板数据库，涵盖38个牌号产品，服务上汽、长城等重点客户新车型20个。搭建仿真实验室，与现有实验基础设施形成有机结合，为客户、现场、研发提供实验数据支撑。与长城汽车联合共建"河钢邯钢——长城汽车联合实验室"，开展超高强钢冷成形、O5板高强化、焊接和涂装等应用技术研究。同时参与长城汽车新车型零件设计与开发，为其提供选材方案、材料对比分析、试模料验证和试模调试等服务，已成功为长城汽车提供"长城炮"、哈弗H2等车型轻量化和VAVE方案8个。联合恒大国能汽车开展新车型研发和技术攻关，解决新车型试制应用技术问题；协助大运汽车完成S171车型轻量化项目；与上汽联合开展外板和超高强钢可油漆性试验,助力新车型材料切换,加速从满足客户需求向引领客户需求转变。

五、拓展产品附加服务,提高客户满意度

河钢邯钢以客户满意为向导,坚持一流的服务标准,一流的服务体验,通过设立呼叫服务中心、优化质量异议处理流程、提供仓储物流配送服务、开展客户回访等,不断拓展产品附加服务,提升客户服务水平。

(一)设立客户呼叫服务中心

河钢邯钢借助客户服务热线、微信平台、电商平台等,24小时响应客户咨询、投诉、建议等,及时了解和掌握客户对产品的满意度,认真听取客户的意见和诉求,积极吸纳客户的合理建议,促进服务改进,满足客户需求。同时加大客户反馈信息落实力度,对客户提出的质量、价格、交货期、服务等信息进行分析汇总,并将客户意见及时反馈给各相关单位,督促落实整改,按时间节点将处理结果反馈给客户。

(二)优化质量异议处理流程

河钢邯钢坚持"客户为本、控制有效、持续改进"的方针,深化全面质量管理,改进质量异议处理流程,完善质量异议考核方式,及时解决产品使用过程中的质量问题。制定《产品质量售后服务管理办法》,明确相关职责和业务流程,其中由客户呼叫服务中心和小微团队收集客户反映的质量问题。一般性问题,小微团队24小时内拿出解决方案;需多个部门配合解决的问题,大客户经理72小时内拿出解决方案。对于因产品质量不符合技术标准、供货合同或技术协议,用户无法使用,提出退货或换货的情况,按照《产品质量异议退换货管理程序》,退换货数量100吨(含)以下,由营销管理部、品质管理部等部门直接审批;退换货数量100吨以上,主管部门审批完后报公司主管领导审批。换货一般按"先退后补"的原则进行,由各销售组织按用户实际退货的品种、规格、数量等明细,确定补货数量,并填写《产品退换货审批单》,下达补货合同。当用户急需时,可以申请"先补后退",先行下达补货合同,同时与客户签订退换货协议,明确退换的产品数量、品种、规格等明细,换货期限要求,货权归属和移交,以及货物保管责任等双方责任和义务。

(三)提供仓储物流配送服务

为确保客户连续生产,河钢邯钢不断优化仓储、运输、配送等环节,持续提高综合服务能力。针对需提供仓储配送服务的美的、长城、比亚迪等高端直供户群体,在武汉、保定、西安等区域通过与剪切加工中心、仓储单位签订仓储协议等方式设置厂外库,并根据客户提供的用料明细,对厂外库开具货权转让单,厂外库根据货权转让单发货,降低客户仓储物流成本。同时根据客户对产品包装、运输的不同要求,制定相应的产品包装、标识、存储和防护标准,并通过整车外发(火车运输)、水陆联运等方式为客户提供配送服务。

(四)定期开展客户满意度调查

为监视和测量顾客的满意程度,获得顾客对公司产品和服务的评价,以便针对出现的问题制定相应措施,不断提高、改进产品质量和服务质量,河钢邯钢制定《顾客满意的监视和测量管理程序》。顾客满意度评价主要由主观的顾客满意度和客观的顾客满意度构成,主观顾客满意度包括产品质量、合同交付、服务评价等;客观顾客满意度包括产品顾客投诉量、合同兑现率等。顾客综合满意度=主观顾客满意度调查得分×50%+客观顾客满意度评价得分×50%。分值在85分以上表示客户满意,分值在70~85分表示客户比较满意,分值在60~69分表示客户基本满意,分值在50~59分表示客户不满意,分值在49分以下表示客户非常不满意。在测算出顾客满意度后,通过分析变化趋势和波动原因,综合顾客的意见和建议,明确产品进一步改进的方向及要采取的有效措施,并及时与顾客进行沟通、回馈。

六、推进剪配中心建设，延伸钢铁产业链

钢材的剪切加工是指根据客户要求所进行横切、纵剪等深加工。钢材剪切配送中心是指钢材由钢铁企业销往用户的过程中，根据用户的需要对钢材进行剪切加工和配送的钢材物流节点组织。河钢邯钢按照"纵向更深、横向更宽"的发展理念，以延伸产业链、提升价值为主线，通过构建集剪切、加工、配送于一体的服务网络，推动产业链向汽车、家电制造等行业嵌入式延伸，形成相互融合、协同共赢的发展新格局，加快从"钢铁产品制造商"向"钢铁材料服务商"转变。

河钢邯钢在充分发挥厂内热轧横切、冷轧横纵切等剪切加工产线效能的基础上，加快厂外剪切配送中心项目建设。在河南开封与上海福然德部件加工有限公司合资成立邯钢福然德汽车部件开封加工配送中心，主要对钢材进行加工、剪切、落料（一期项目），以及生产汽车超高强度热成形冲压零件（二期项目），服务郑州上汽，兼顾周边海马、日产等汽车主机厂。在河北黄骅成立邯钢汽车部件黄骅有限公司，利用北汽新能源黄骅基地土地和厂房建设落料及剪切加工线，为北汽新能源提供配套剪切加工服务，同时兼顾周边恒大国能、长城汽车及区域内其他汽车配套厂。在河北邯郸与中恒天汽车集团有限公司联合成立河北邯钢恒利汽车部件制造有限公司，满足中恒天新车型对热冲压和冷冲压成型汽车零部件的装配需求，同时拓展河钢邯钢与国内其他汽车主机厂配套加工业务。依托江苏常熟科弘材料科技有限公司，加强与河钢新材、德之歌等公司的合作，拓展华东区域市场。另计划在青岛建设钢材加工配送中心，主要服务青岛五菱、一汽解放等主机厂，兼顾中集专用车等改装车行业及周边系列零部件配套企业。计划以增资方式入股宝鸡宝锦汽车零部件有限公司，主要服务西安比亚迪、吉利、陕汽、宝能等汽车主机厂，同时拓展西北区域市场。

（成果创造人：郭景瑞、邓建军、朱坦华、唐领强、王保卫、
石宝伟、刘俊毅、温嘉禾、张海明、唐品军）

交通服务企业基于电子不停车收费系统功能扩展的智能客服体系建设

山东高速信联科技股份有限公司

山东高速信联科技股份有限公司（以下简称信联科技）以国务院《深化收费公路制度改革取消高速公路省界收费站实施方案》《山东省加快推进 ETC 应用实施方案》及山东高速集团降本增效理念为指导思想，以"以人为本、客户至上"为基本原则，以全面拓展 ETC 功能应用场景、打造"车支付"体系为发力方向，通过积极运用 AI 技术赋能客服，有效推动客户服务的标准化、高效化和智能化，完成 ETC 业务转型。智能客服体系将客户体验提升为北极星指标，给客户更大灵活度，真正成为"客户至上"的客服中心。利用 AI 赋能，有效降低企业用人成本，将客户服务由劳动密集型转变为智能化、高效化、标准化服务，助力企业降本增效。依托于 AI 技术能力的智能客服系统具有更强业务承载能力、服务适应能力、信息收集能力、即时问答能力、数据分析能力、业务预判和预警能力，能够有效缓解客服人员的服务压力、提升个人能效，更有效增强管理者对团队的把控、调度能力，对 ETC 功能扩展及"车支付"体系打造提供强有力的客户服务能力支撑，是 ETC 业务发展的基石和加速器。

一、立足当前展望未来，探索完善顶层设计

（一）快速推进 ETC 发行，确保目标完成

ETC 发行及高速通行费用结算业务虽然是信联科技的传统业务，但也是基础业务，是开展其他新型业务的基础，能够为各项新业务提供巨量种子用户，有效保障新业务的市场验证，快速获取客户，并以此撬动更大市场。

信联科技组织各部门对交通部《关于大力推动高速公路 ETC 发展应用工作的通知》等系列政策文件进行充分分析、探讨，结合自身前景规划及公司特点，制定业务顶层设计和业务推进方案。积极探索与银行、加油站、汽车 4S 店、保险公司等机构的新合作模式，拓展 ETC 免费发行渠道，探索多种合作新思路、新策略，寻找关联双方核心利益的切入点，以双赢的方式激发合作方的 OBU 热情。拓展线上营销渠道，重点携手影响力广的全国性平台的合作。集中精力、精心打造 App、小程序、公众号，丰富 ETC 互联网发行工具与入口，实现操作最便捷、流程最简洁的 ETC 办理流程。积极探索广告推广渠道，充分利用百度、腾讯、今日头条、阿里巴巴等广告平台的特点与优势，加大宣传力度，加快 ETC 发行量增长。

基于 2019 年全国撤销省界收费站，全面普及 ETC 的背景，营销渠道的拓展、ETC 的广告推广都会提高客户增长速度，ETC 发行业务将会面临巨大客户服务压力。这无疑是智能客服体系的试金石，将倒逼客户服务全方位优化。能够克服 ETC 客户快速增长带来的客户服务压力，才是合格的智能客服体系，才能为新业务发展提供良好支撑。

（二）融合创新，高效推进 ETC 生态圈建设

智能客服体系要为主体业务服务和提供支撑，所以要建立健全智能客服体系，必须完成主体业务发展布局。

信联科技以 ETC 发行业务为基础，凭借互联网发行能力优势及快速反应的市场营销行动快速占领了全国 ETC 市场，实现了 ETC 客户量的指数级增长，保持全国 ETC 客户量第一的地位，并不断拉大与追赶者的差距。通过系统融合与参与智慧停车城市建设，不断加快无感停车业务布局；打造"信联 +

银行+油企+OBU厂商"的业务模式,加快ETC无感加油场景布局;通过自建场景、第三方洗车平台对接两种方式,加快网点布局与业务拓展;发挥E高速App平台作用,上线车主服务模块,为用户提供车辆增值服务。在全国范围内打造ETC生态圈,建立统一的"车支付"体系,为ETC用户提供车辆全生命周期支付服务,提升客户涉车消费支付体验。

(三)精准聚焦,快速完成智能化客服体系建设

智能客服体系是信联科技巩固传统ETC业务及开拓ETC生态圈的重要支撑环节,将生态圈中各种业务场景结合,与新的ETC产品深度融合为一体,使所有业务互联互通,各业务领域信息互通、数据共享,让信联科技所有业务能够成为一个整体,客户享受"一站式"服务。

在客服平台打造方面,智能客服系统将现有的在线客服、话务热线、工单流转、培训考核、舆情监控五套客服服务系统集合为一体,相比原来的各套系统具有更高的智能化,相较于竞品具有更强的适应性和针对性。在智能客服体系建设方面,以智能客服系统为核心,兼容各客户端产品,打通大数据链路,让客服具备自我监测、自我优化的新能力,建设新一代的智能客服体系。

在阶段目标上,以各服务节点为研究对象,深入挖掘"降本点"和"创收点"。全网络、全媒体智能+客服体系要达到明显的"降本增效"作用,客服人员的服务效率提升15%以上,人员替代比例应达到40%以上。通过提高客服质量和效率,树立客服行业标杆,打造"山东高速95011"客服品牌,提升山东高速品牌价值。在长远目标上,通过大数据分析赋能客服,开展"精准营销""场景营销",达到客服机构由"成本中心"向"价值中心"转化的目的。建立客服体系优化升级机制,充分利用新理念、新技术、新场景、新产品不断改造、完善客服体系。

二、面向市场,将人工智能技术与行业特色结合

"工欲善其事,必先利其器"。对于客服机构来说,客服软件系统就是自己的"器"。信联公司在开展ETC营销业务时,即提前谋划,将研发新一代客服软件系统作为重点工作,从业务实际出发,充分利用互联网,结合AI技术进行新一代客服软件系统建设。

信联科技与人工智能和云计算领域头部公司阿里云进行合作,将阿里云先进的人工智能算法、充足的语音识别经验与信联科技丰富的行业知识库、语音服务场景数据、新型客服体系建设经验相结合,采用云部署的方式,快速研发上线智能客服平台软件。按照规划,智能客服平台软件具备高度扩展性,能够快速对接信联科技以外各发行方业务系统,帮助其他发行方快速实现智能客服平台部署。

(一)客服软件市场调研

智能客服项目小组开展为期一个月的市场调研,观摩中国移动、中国联通、中国电信三大电信运营商及互联网巨头蚂蚁金服的客服中心,调查研究银行、旅游、交通等行业近百家企业客服系统运行情况。

我国的客服中心从中国电信、中国移动开始,旨在通过客服中心改善服务质量,增进与客户的关系。典型的客服中心不仅能够处理客户信息查询、咨询和投诉等呼入业务,还能进行回访、服务调查等呼出业务。当前电信、银行、保险、旅游、交通、商业、电子商务等行业都建有客服中心。

在高速公路领域,全国大多数ETC发行方都有自己的呼叫中心,但大多仅限于常见的咨询呼入、回访呼出,业务范围较窄;同时受呼叫中心平台软件限制,信息孤岛、协同效率低下的问题尤为突出;客服系统的智能化水平极低,严重依赖人工处理客服业务,成本高昂且灵活性低也是普遍现象。

(二)项目建设方案制定

建设智能客服软件系统有多种选择方案,包括信联公司完全独立自主研发、信联公司主导设计三方

公司研发、完全由三方公司设计研发等方式；在部署方式上也有云部署和本地化部署两种方案。

不同的建设方式和部署方式各有利弊。智能客服项目小组经过全面、严谨地调查研究，将各种方案的优缺点、与业务结合产生效果预估、公司付出成本等细节全部予以明确。

最后，通过招标方式确定由阿里云公司进行智能客服软件系统的建设工作。信联公司充分利用自身在交通领域的丰富应用场景、巨量车主客户、多年客服经验积累，与阿里云公司强大的人工智能技术、云计算技术、互联网产品开发经验深度结合，双方优势互补，打造客服领域标杆产品。

（三）客服系统需求调研

信联公司智能客服项目小组对客服环节做出完整业务剖析，确定包括硬件配置、网络环境、应急机制、业务承载能力、客户信息收集与展示、多轮对话、知识库、智能辅助、工单生成与流转、智能外呼、数据监测与分析等方面的需求。

为了在保证质量的同时尽可能加快进度，双方采用责任到人、模块化设计、交叉对接，最终再由双方项目负责人整体把控与调整的新方式，使得整个系统的多个功能模块需求同步确认，大幅缩短需求调研周期。

（四）软件产品设计与研发

产品整体设计与研发流程严格按照互联网产品设计开发流程进行，包括需求调研、需求设计及确认、技术选型、功能开发、功能测试几个阶段，并配有专业的项目经理来负责排期和跟进进度，保证智能客服平台的建设质量及上线时间。

（五）软件测试与部署上线

测试计划包含测试启动条件、硬件环境、时间进度安排；测试用例关注的是测试点的准确性以及测试内容是否能覆盖到功能细节。将评审后的问题放在问题列表里进行跟踪。测试结束后提交测试报告，包括测试用例及测试结果，多轮测试后的BUG收敛趋势，压力测试报告等。测试步骤分为技术测试、内部测试、用户测试。最终在有限的时间内发现并解决最多问题，最大限度地降低产品错误带来的负面影响。

（六）智能客服机器人训练与优化

通过对专业知识的整理和学习，挖掘客户语料，提取特征突出的场景并结合业务知识对用户问题进行分类加工、维护和优化，保证业务话术的准确性；建立智能知识库，以结构化框架为基础，方便客服机器人准确、高效地抓取知识库内容并实时向用户输出；收集整理客服机器人上线后的问题，根据拒识率、未解决率、满意度等多方面因素，深挖场景痛点，优化拓展问法、语义训练，以提升问题一次性解决率。

通过对专业知识的分析和完善，完成系统接口对接，根据多轮会话，理解用户意图，完成智能查询、处理、留单、工单流转、回访等流程，实现业务闭环，以提升客户满意度。经过长期训练，智能客服机器人将无限接近真人服务效果，且效率更高、反馈更准。

三、促进技术转化，打造智能客服平台

（一）C端客服产品衔接融合

信联科技在C端，即客户端打造智能在线客服平台，统一在线客服入口产品，使智能客服系统的智慧化能力更好地触达客户，推出"两网三通道，多端全触达"的智慧全能型C端客服产品。"两网"指承载热线电话的电信网络与承载在线客服的互联网；"三通道"指语音咨询通道、图文咨询通道、视频咨询通道；"多端"指发行方的多种C端产品，包括App、小程序、公众号、官网等覆盖PC端与手机端的多种产品形式，涵盖百度、腾讯、阿里巴巴、字节跳动等主流 C 端平台。

（二）打造"山东高速95011"客服产品，统一客服入口

信联科技自研客服小程序及 App，将原有信联公司自有及合作方的营销小程序、App、网站等近40个在线客服入口"化繁为简、兼容并包"，使在线客服平台功能更为强大，客户进入人工客服咨询的比例降至原来的20%以下。通过 C 端客服产品的打造，为客户提供更优质的业务咨询、办理体验，着力打造"山东高速95011"客服品牌。

（三）建立视频咨询通道，打造"面对面"客服

通过视频咨询方式，实现实时的影像传输，达到与客户"面对面"的沟通效果，大幅提升沟通效率与客户体验。视频客服可设置单向视频、双向视频、虚拟双向视频。

（四）研发上线客服培训平台

信联公司充分结合自身实践经验与培训行业的先进理念，研发上线客服培训平台。客服培训平台在直接帮助企业提升"服务绩效"的基础上，根据实际业务发展需要，以全新的设计理念和技术架构，重新定义传统线下培训管理模块，将"服务监管""职工培训""笔试测评""竞岗竞聘"等传统线下流程，升级成为一个集企业员工能力、知识、线上培训+考核+管理培训为一体的平台，并与业务深度结合，提供各种业务场景实训交互学习，直接帮助企业提高新职员培训效率，降低企业培训成本，加强岗中员工业务能力，提升绩优员工的综合发展能力，打造基于移动互联网、手机端、PC 多端互动统一的高效培训管理平台，使职员能够利用碎片化时间掌握知识与技巧，切实做到将"知识能"转化为"职业技能"，全面完成赋能客服团队的工作。

（五）投诉、舆情监控体系搭建

第一，客服系统舆情监控预警。依托于智能客服系统信息监测能力，在客服系统内实时收集高危信息、监测客户行为意图，建立成熟的预警机制。该机制针对系统故障、工单积压、热点难点问题、普通投诉可能升转舆情等潜在风险均触发预警机制，并可根据预警级别和事态发展情况来判断最优解决措施，防止事态进一步恶化。对于已经升级为舆情的投诉信息能够实时自动生成监测报告并同步给管理人员，让公司可以及时响应处理，为公司采取相应措施赢得宝贵时间。

第二，全网舆情监控预警。通过网络爬虫进行全网信息采集，辅以第三方数据合作，进行海量数据归类分级、实时分析，将分析结果即时展现、高危信号实时预警。系统外部通过自主爬虫采集、第三方数据合作、数据高性能采集、海量数据入库分析、预警、展现。对消费者常用的反馈、投诉网站、论坛等平台进行全面监测，并根据监测预警等级向管理人员发送不同等级的提醒，包括系统内消息提醒、微信即时消息/短信提醒、电话提醒等方式，并在客服系统生成工单进行流转，保障售后团队第一时间获取相关信息并进行相应处理。根据各类事件整体检索采集数据，同时极速进行结构化处理。针对舆情事件进行信息自动挖掘、传播脉络溯源、智能舆情跟踪、网民行为分析、情感倾向研判，将全部统计分析信息在监控大屏展示。保障数据准确，减少工作人员数据筛查的工作量。对系统内频繁发生的问题或某机构、某路段出现频次较高的投诉进行智能监管，提早预警。

（六）大数据分析应用

充分利用在客服环节收集到的信息及全网信息爬取的大量客户信息，建立客户信息库，并将其分为客户基础信息库、客户业务信息库、客户网络信息库等多个子库。利用大数据与人工智能技术，通过对数据的深度挖掘和建模分析，有效提升对客户的了解与掌控能力，在营销策略和决策战略上为公司提供有力支撑。

第一,数据收集多维化。通过客户来电、在线咨询、网络舆情监控、工单派发等客服系统渠道,客户注册登录、产品操作、关联账号等C端产品渠道,以及主管部门反馈和网络信息渠道,进行多渠道、多维度的客户原始数据收集。

第二,数据分析实时化。对日常、突发问题进行实时监测,建立完善的数据分析模型,实时分析监控数据情况。在数据出现异常时,同步传达给管理人员,便于及时采取措施。

第三,数据分析准确化。对咨询量激增、超长电话录音或对话记录进行异常话务分析,根据坐席处理方式、超长录音或对话中带有投诉情绪/录音、出现问题的原因等进行情感、业务分析,查找问题根源,向管理员传达分析结果,便于管理员快速解决。

第四,数据分析可视化。通过对某一时间段内热点问题的分析,判断产品或政策是否出现问题,以此促进相关产品改进和完善。通过数据看板将数据收集结果、数据分析结果进行实时展示,并将各类投诉舆情问题做大屏展示,方便客服人员快速识别最新业务趋势及舆情监控结果,提高数据信息的传递效率,保障客服业务的高效进行。

(七)增设客服操作记录与结果追踪,加大客服人员激励

信联科技在智能客服平台中增加客服人员操作记录,并进行结果追踪。系统对客户高度评价和进行主动营销推荐ETC拓展业务成功的结果自动记录统计,根据客服人员的管理需求,生成不同维度的统计报表,并将统计数据与员工绩效工资挂钩,对表现优异的员工进行正向激励,促进业务良性发展,不断提升服务质量与营销效率。

四、紧抓流程管理,优化业务流程

企业原有的客户服务流程是一组共同给客户创造价值的与项目关联的活动进程。优化流程,即从原有的流程当中发现冗杂部分,减少不必要环节,从而达到提高效能、降低成本等目的。流程优化主要涉及问题收集、问题整理分析、问题验证、优化方式设计、优化方案论证、确认实施等环节。

优化流程以问题为导向,重点是解决、避免当前流程中存在的问题。问题收集渠道包括内部人员反馈、投诉内容分析、客户咨询模拟体验、互联网平台爬取等。信联公司通过各种渠道共收集到超过10000条相关问题,这一环节至关重要,关系到流程优化覆盖面及最终优化结果。通过整理10000条问题,将其归结为5大类、36小类,共100个优化项。

通过流程优化,信联公司客服体系初步完成"截弯取直",最终省略取消各类业务的操作环节共8处,改进业务处理方式环节共12处,优化改进业务系统功能15个,设计近40处借助智能化客服平台软件系统优化的流程环节。

五、智能客服赋能智慧服务

信联科技充分利用ETC的车辆身份标识作用与无感支付功能,不断拓展ETC功能应用,在ETC无感停车、ETC无感加油、ETC金融、智能洗车、第三方支付、数据科技等领域布局,实现高效快捷支付。智能客服体系建设优化提升客服能力,充分发挥人工智能技术的标准、高效、快速、智能等优势,让客户服务具备向前端延伸的能力,通过数据监测、知识库支撑、互联网服务、多端互联等方式赋能各事业部及全国五大区营销人员,提供完备的客户服务控制中心能力,提升一线营销人员的"单兵作战能力",辅助他们进行针对性营销和精细化运营。

六、数据为本,深挖客户需求,实现精准营销

(一)客户服务精细化

信联科技让客户服务着手于"精细"并着重于"服务",紧抓自身服务能力建设,立足于当前并着

眼于长远,牢固树立"人是第一要素"的思想,积极发挥人的作用。依托于智能客服系统对客户服务质量进行实时跟踪、精准判断、定向引导、全程监控,培养客服人员的企业认同感与责任感,促进客服人员素质提升,使服务进一步增值,实现服务的优质化、亲情化,让客户接受服务的过程变成客户享受的过程。

(二) 智能精准营销

信联科技充分利用平台对客户大数据的分析结果,制定相应的业务产品、增值服务匹配关联策略。当与客户数据匹配后,直接提示客服人员进行相关推荐营销,客服仅需点击提示产品信息即可,无须客服人员进行思考判断,即使毫无营销经验的客服新员工也能承担营销业务。

(三) 实现结果追踪,不断优化

信联科技向客户提供服务或完成营销后,相关业务信息同步到大数据系统,系统将对此用户进行结果追踪,针对客户是否完成购买动作对推荐逻辑进行自动优化。

(成果创造人:马学东、王邵建、王　宇、冷海涛、王　彬、李　莉、张　鹏、高　睿、姚文娟、李荣光)

基于政企合作的世界一流城市电网建设管理

国网湖北省电力有限公司武汉供电公司

国网湖北省电力有限公司武汉供电公司（以下简称武汉电力）强化与政府的合作，以建设世界一流城市电网为目标，以"试点—推广—攻坚"三步走为实施路径，变"电网攻坚、政府支持"的传统电网建设模式为"政府挂帅、协同推进"的合作建设新模式，变电站建设实施"先土建、后收购、再电气"模式，电力通道由政府建设后无偿提供给供电公司使用。以政府主导的电网组织机构为基础，实施政企联合开展一体化规划，实现城市规划与电网规划全面对接；强化电网建设全过程管控，优化审批核准流程，全面提高工作效率，缩短工作周期；建设内外部协同机制，解除各项建设阻碍；构建政策、信息、舆论三大保障体系，解决电网建设"周期长""投资大""落地难""实施难"等问题，全面缩短城市电网送电周期、提高供电适配度和城市一流电网建设质量。

一、明确政企合作建设的总体思路

（一）明确政企合作建设模式的指导思想

武汉电力以习近平新时代中国特色社会主义思想为指导，深入贯彻党的十九大精神，认真落实习近平总书记在2020年3月10日赴湖北武汉考察时重要讲话精神，坚持以人民为中心，以提升供电可靠性为主线，紧紧围绕建设"三化"大武汉和国家中心城市战略目标，对标世界一流城市电网指标，聚焦当前一流城市电网建设，强化政企合作，切实优化政策支撑，持续完善保障机制，着力破解武汉电网建设瓶颈，以一流发展环境助推电网建设，建成"安全可靠、优质高效、绿色低碳、智能互动"的世界一流城市电网，为满足武汉市经济高质量发展和人民对美好生活的要求提供坚强电力保障。

（二）提出政企合作建设模式的管理思路

武汉电力围绕世界一流电网建设，全面深化政企合作，与政府主管部门签订战略合作框架协议，积极推动政企双方创新电网建设"武汉模式"，改变"电网攻坚、政府支持"的传统电网建设模式，形成"政府挂帅、协同推进"的新模式。一是改变建设模式和投资模式。变电站建设实施"先土建，后电气"，即变电站土建由政府先行垫资建设，供电公司进行收购并启动变电站电气设备安装；电力通道由各区政府负责建设后无偿提供给供电公司使用。二是优化审批流程。电网建设项目行政审批流程"能并则并、能简则简、分类处理"，实施"减环节、减资料、减时间"，政府为电网项目建设提供简约高效的行政审批服务。三是明确实施路径。以"试点—推广—攻坚"三步走为实施路径，"东新试点"先行，验证政企合作建设模式的可靠性；总结推广，明确"武汉模式"，推动城市电网"成片、成网"布局建设；对标克难，以《武汉市建设世界一流城市电网"三年攻坚"计划》为指导加快电网建设项目落地速度，实现武汉全市建成世界一流城市电网的总目标。

（三）确定政企合作建设模式的基本原则

为确保政企合作模式高效运转，形成统一高效、分工明确、顺畅推进的建设机制，必须明确政企合作基本原则。一是坚持领导负责制。武汉市成立建设世界一流城市电网指挥部，由常务副市长担任指挥长，武汉电力支撑，各区也成立自己的指挥部，并由分管区长担任指挥长；二是坚持协同配合制。成立实体化运作的政府多部门、多单位参与的专业组织机构，由市、区供电公司为主要支撑单位，强化成员部门、单位间的协同配合。三是坚持攻坚清单制。围绕世界一流城市电网建设"三年攻坚"计划项目，聚焦项目实施管控，制定问题清单、任务清单、责任清单，推动建设规划、事项责任、施工进度和推进机制等落到实处。

二、构建政企合作建设组织管理构架

（一）成立"一个指挥部"，实现资源统筹调配

构建统一武汉市建设世界一流城市电网指挥部，指挥部由武汉市常务副市长担任指挥长，副市长担任第一副指挥长。指挥部主要负责建设世界一流城市电网的顶层设计，定期召开相关会议，协调解决重大问题并督促落实工作任务。指挥部下设办公室由武汉市能源局专职副局长担任主任，市经济和信息化局、市自然资源和规划局、市城乡建设局、市政务服务和大数据管理局及武汉电力分管负责人担任副主任，主要负责承担指挥部日常工作，上报需协调解决的重难点问题，同时协调将世界一流城市电网建设工作纳入湖北省与国家电网公司签订的战略合作协议。各区参照市成立本级指挥部，承担本区世界一流城市电网建设项目的指挥协调任务。

（二）组建"四个专班"，强化组织横向协调能力

政策研究专班由市经济和信息化局负责人担任组长，市发展改革委、市财政局、市自然资源和规划局、市城乡建设局、市政务服务和大数据管理局、武汉电力等部门为成员单位，主要负责指导电网项目规划制定、实施方案编制，组织拟定推进电网建设的支持政策及跟踪督促落实工作。

规划供地专班由市自然资源和规划局负责人担任组长，市发展改革委、市经济和信息化局、市城乡建设局、市城管执法委、市交通运输局、市水务局、武汉电力等部门和单位及各区人民政府（开发区、风景区管委会）为成员单位，主要负责核实确认电网建设"三年攻坚"计划项目的整体规划，建立项目用地储备制度，督促协调加快办理电网项目用地审批手续并做好土地规划的审批工作。

项目审批专班由市政务服务和大数据管理局负责人担任组长，市人民政府重点工作督查协调办、市发展改革委、市经济和信息化局、市自然资源和规划局、市城管执法委、市交通运输局、武汉电力等部门和单位及各区人民政府（开发区、风景区管委会）为成员单位，主要负责形成项目审批流程"一张表"，明确项目审批的起止时间，梳通电网建设项目审批通道并解决审批中存在的问题。

建设协调专班由市城乡建设局负责人担任组长，市人民政府重点工程督查协调办、市发展改革委、市经济和信息化局、市自然资源和规划局、市城管执法委、市交通运输部、武汉电力等部门和单位及各区人民政府（开发区、风景区管委会）为成员单位，主要负责将世界一流城市电网建设"三年攻坚"计划项目纳入城建计划，协调解决电网项目建设相关问题，将电力管线纳入地下综合管廊并组织验收。

（三）建立专业机构，全力支撑政企合作建设

武汉电力作为建设世界一流城市电网的具体实施单位，对电网建设承担主体责任。一方面成立世界一流城市电网建设办公室和四个工作组。由武汉电力负责人担任主任，成立公司领导班子成员和各部门、各单位负责人参加的世界一流城市电网建设办公室；成立逐一支撑市世界一流城市电网建设四个专班的政策研究、电网规划、前期工作、电网建设工作组，分别由办公室、发展部、建设部牵头，公司各部门参与，确保内外部协调顺畅。另一方面争取国网湖北电力的支持。向国网湖北省公司争取电网项目投资，并做好项目策划、报批、建设、运营等工作，推动国家电网与湖北省、国网湖北电力与武汉市签订电网建设合作协议。

三、实施规划可研一体化，夯实建设前期基础

（一）政企协同规划，助推电网项目落地

基于"指挥部+专班"组织架构，创新开展电网建设项目政企协同规划布局，将申报核准制转变为政府内部审批制，政府牵头规划、电网协同配合，实施城市"规划一张图"、产业规划"三同步"，全面提高电网规划的可靠性。一是实施"规划一张图"。市、区自然资源和规划部门结合城市用地和道路系统现状及建设规划，指导武汉电力完善电力设施布局规划，科学布局电网项目选址和电力线路通

道，并将其纳入市国土空间总体规划和控制性详细规划，形成"规划一张图"，进行统一管控。二是实施"三同步"。各区人民政府（含开发区、风景区管委会）、各部门和单位制订产业空间布局规划、安排重大市政项目建设、新规划产业园区、新引进重大项目、新（改、扩）建道路时，充分考虑配套电力设施布局并预留建设用地，做到同步规划、同步审批、同步建设。三是实施大型房地产项目与电网同步规划。在编制修建性详细规划阶段，建筑面积达20万平方米及以上的房地产开发项目业主单位提前向武汉电力报备并咨询供电能力。对需新增配套电力设施（变电站、开闭所、环网柜等）的房地产开发项目，由市、区自然资源和规划部门征求武汉电力意见后，将配套电力设施项目建设用地作为前置条件一并纳入房地产开发项目规划用地范围，进行同步规划、设计及实施。

（二）可研设计一体，提高规划工作效率

一是可研初设一体化招标。对于已纳入年度建设计划的项目，武汉电力实行可研和设计一体化招标管理工作。招标评标采用"双组双阶制"，由发展、建设部门担任评标委员会"双组长"，发展部提出招标需求，会同建设部门编制招标文件，明确标包划分和"可研""设计"两阶段费用组成等招标原则。设计单位确定后，由发展部负责组织签订可研阶段合同；发展部落实项目核准后，由建设部门负责组织签订勘察设计阶段合同。采取可研初设一体化招标一方面保持了可研、设计单位的一致性，充分调动了设计单位的工作积极性，减少衔接，提高了工作质量。另一方面，采取并行开展的方式，可缩短可研设计总体时间，统计发现时间同比缩短38.7%，极大提高了效率。

二是开展数字化规划项目管理。针对重点电网项目，强化前期"三库两表"管理，即规划数据库、项目储备库、问题风险库、前期计划表和投资计划表对接管理。系统整合内外部信息数据（环境地理信息数据、电网运行数据和外部社会数据等），建立电网规划数据库；强化项目储备管理，建设公司统一的电网投资项目储备库，加强各类项目的统筹性和时序性，强化项目数字化储备与可视化管控；聚焦电网投资建设风险，准确把握问题风险的维度，研判难点问题、关键问题、显性风险、隐性风险等四类风险，构建四维问题风险库，对接电网项目前期计划表和投资计划表，实现对电网项目前期各个关键节点的有效跟踪、落实，确保各项工作"有规划、进储备、有应急、有计划、按节点、抓过程"。

（三）强化科学研判，确保电网精准投资

受传统粗放式管理习惯影响，电网建设项目普遍存在重投入、轻产出，重安排、轻执行等问题，武汉电力为最大限度地发挥电网投资效益，实现更高的投入产出比，针对纳入"三年攻坚"计划中的项目，组织开展项目经济性、合规性交叉复审，提出审核意见，明确投资的限定条件，修正可研报告的投资模型，使其尽量趋于准确，避免投资浪费。

一是电网前期开展电网投资经济性分析。在筹资初期，使用投资估算的方法对拟建项目固定资产投资、流动资金和项目建设期贷款利息进行估算。然后根据项目制定相应的资金使用计划，做好相应的利润分析、项目经济性分析和具体分析评价经济指标，预算项目的投资回收期，做好合理的资金投入规划，测算投资项目盈利率。

二是项目投建后的全生命周期评价。通过构建涵盖前期工作过程后评价、生产运行评价和经济效益评价3个方面的电网单项工程后评价体系和评价模型，对不同电压等级电网工程项目的建设前期工作、建设过程、建成后运营情况进行全面、系统的分析评价，全面提升企业精益化管理水平。

三是电网发展整体评估，持续改进电网投资计划。为全面提高世界一流城市电网建设效率，武汉电力从电网发展规模与速度、安全与质量、效率与效益、经营与政策等方面，系统评估分析城市电网年度发展情况，查找薄弱环节和管理短板，迭代更新电网年度建设计划，提出提高企业资源配置能力、可持续发展能力的建议和措施。

四、全流程节点管控，提高电网建设效率

武汉电力针对纳入世界一流城市电网建设"三年攻坚"计划、采取政企合作建设模式的电力输送和分配等电网基础设施工程，配合市世界一流专班开展围绕项目前期、施工建设、验收与投运的全过程督导，强化节点管控，全面提高世界一流城市电网建设效率。

（一）简化电网前期审批流程，下放权力促提升

按照"谁立项、谁受理"的原则，采取下放、委托、市区联动等方式，实现电网建设项目在市、区两级"全链条"办理。一是简化用地选址审批流程。将建设项目选址意见书、建设项目用地预审合并，由自然资源主管部门统一核发《建设项目用地预审与选址意见书》。二是简化立项、初设审批流程。电网建设项目可行性研究报告和初步设计审批，以供电部门的评审意见替代专家评审意见，相关审批部门不再组织召开专家评审会。三是简化工程规划许可阶段的审批手续。取消规划设计方案部门联审和选址意见书变更审批，在城市一流电网建设过程中，探索实行建设工程规划许可证备案制，并针对重大、特殊、紧急的电网输配线路建设项目，规划许可证可采取分段审批方式。

（二）优化项目前期核准，合并审批提效率

一是简化勘察、设计招标手续。将勘察与设计合并招标，设计单位可以单独或牵头组建联合体进行投标，中标后依法选定勘察单位或自行承担勘察任务。供电部门应向中标设计单位提供电网建设项目"设计规范"，并指导设计单位参照"设计规范"开展施工图设计。

二是合并办理占道挖掘类审批手续。建设单位在取得工程规划许可证后，即可向区行政审批局申请办理"市政设施建设类审批"或"占用、挖掘公路、公路用地或者使公路改线审批"，区行政审批局在征得区公安交管部门对占道施工的意见后，统一核发占道挖掘许可证，建设单位不再单独向公安交管部门申请办理占道施工审批手续。

三是优化消防督查、监理和施工流程。建设单位在取得初步设计批复后，即可发布监理和施工招标公告；变电站建设项目在消防设计图纸送审后即可发售招标文件，取得消防设计审查合格书后，即可组织开标评标。

四是关键流程设置时间限制。图审机构应在 8 个工作日内完成消防设计审查工作，建设单位凭建设工程规划许可证、消防设计审查合格书（变电站建设项目）、中标通知书等材料申请办理施工许可，相关审批部门应在 1 个工作日内核发施工许可证。

（三）电网工程共建共管，确保安全及质量

针对采用政企合作建设模式的电网工程，武汉电力作为项目监理责任部门，以不定期安全巡查、施工过程检查、统一技术标准为抓手，全面提高电网建设项目安全及质量水平。一是开展不定期安全巡查。针对一流电网工程土建阶段的多建管、多队伍情况，武汉电力在土建施工阶段采取不定期现场安全巡查的方式实现共建共管，发现安全问题及时通知土建阶段的政府方工程管理人员，再由其按照正常工程管理流程进行处理。二是强化施工过程检查。由于电力工程与市政工程存在一定的差异，严把工程质量"施工前、施工中、施工后"三道关，提前发现问题，提前整改，全面提高电网工程建设质量。三是统一技术标准。电力工程与市政工程在土建阶段除了共同执行的国标外，还需执行电力公司的工程建设企业标准，在工程实施前对地方政府工程参建队伍进行针对性培训，工程建设过程中保持各方信息通畅，第一时间解答问题，现场配合处理问题，在实践中锻炼一流电网建设队伍。

（四）划分项目施工责任，联合验收做交接

对于变电站采用"先土建、后电气"的政企合作建设模式，即先由各区人民政府按照电力设计标准完成变电站土建设施工程，再由武汉电力完成电气设备安装工程后进行收购。变电站土建设施部分按照建设成本计价，变电站用地部分按照电网项目土地划拨价格标准执行。电力线路的土建工程，由各区

人民政府负责按照电力设计标准进行投资建设，经双方验收后无偿移交给武汉电力使用；武汉电力负责电气设备部分的投资建设。土建工程项目竣工后，建设单位按照"联合验收"的方式，组织相关审批部门、武汉电力或区公司、建设单位在5个工作日内完成联合验收。

五、内外协同全覆盖，推进合作模式高效运转

（一）签订多层级战略协议，夯实合作基础

在湖北省层面，在武汉市政府和武汉电力的推动下，湖北省政府与国家电网公司签署战略合作框架协议。协议商定，政府加强项目对接，提供政策支持，营造良好的环境；国网公司通过全力保障电力可靠供应、全力推进电网升级、全力服务脱贫攻坚、全力支持湖北企业发展、全力改善电力营商环境五项重点工作，加快特高压输电通道建设，实施城市电网改造升级，在高质量发展中发挥更大作用，助力建设一流城市电网。

在武汉市层面，推动武汉市政府与国网湖北省电力公司签订"十二五""十三五""十四五"电网建设战略合作框架协议。协议中明确了武汉市政府与电力公司双方在电力设施建设中的相关职责分工及投资界面，从加强规划管控、建设模式、项目管理、加大支持力度等多个方面明确合作内容，共同推动电网建设。

在区层面，多个区与武汉电力签订战略合作协议，例如武汉电力与高新区管委会正式签订《东湖高新区电网建设项目合作框架协议》，组织修编完成《武汉市东湖高新区电网规划（2018—2025）》，确定"东新三年二十一站"的目标。

（二）内部专业协同，提高效率

一是政府内部科学联动。通过建立科学的市、区审批联动机制和部门联动审批机制，构建了部门与部门之间的审批事项并联、项目建设单位前期工作并联、审批事项与前期工作并联的"三并联"审批机制，打破了部门界限，取消前置条件的约束，彻底解决了审批层次过多、审批职能相互交叉、审批权责脱节、审批权限模糊不清等问题，提高了审批效率。

二是电网内部协同攻关。武汉电力聚焦城市一流电网建设，横向打破专业壁垒，纵向贯穿各个层级，建立了以网格为链条"横向协同、纵向联动"的全方位协同规划机制。从"多头管理"向"专业协同"转变，强化发展部归口、专业部门协同、技术单位支撑的规划管理体系。从区公司"各自为政"向"上下联动"转变，创新管理模式、强化顶层设计，加强上级指导下级、纵向一体的规划设计体系建设，统一发展目标，自上而下分层细化任务落实。优化业务流程，以网格为基本规划单元，自下而上逐级开展规划，充分体现基层发展需求，"多上多下"反复推敲，确保一流电网规划保持为一个有机整体。

（三）属地内外协调，扫除障碍

通过建立"周调度""月协调""季评估"的属地内外协调工作机制，全面提高项目实施工作效率，且通过这种内外协调的方式扫除项目实施过程中存在的一些常见或潜在的问题，为后续其他项目建设奠定良好的基础。

一是"周调度"。指挥部下设办公室组织每周召开一次调度会议，对近期工作情况、下一步工作计划及此阶段重点工作进行审议，保证每周工作均有新的进展，对当前工作中存在的问题进行商榷后及时解决，扫除本周工作中的一切障碍。

二是"月协调"。指挥部指挥长或副指挥长组织每月召开一次工作协调会议，对电网项目推进过程中存在的困难和问题进行协议解决，并制定下个月度的工作计划，对当前工作中存在的问题进行商榷后及时解决，扫除本月工作中的一切障碍。

三是"季评估"。指挥部指挥长或副指挥长组织每季度召开一次评估会，对重点项目的实施情况进

行督导、点评并做好协调工作，根据项目的实际情况进行动态调整，保障重点项目实施的合理性、合规性、高效性，扫除本季度中重点项目实施过程中存在的一切障碍。

六、健全管理标准，完善政企合作体制机制

（一）构建统一标准，夯实政企合作建设基础

为保障政企合作建设一流电网模式常态化运转，武汉电力聚焦电网规划审批、项目建设验收、组织协调支撑等方面，出台了一系列制度标准，夯实政企合作建设管理基础。一是在电网规划审批方面，牵头编制《武汉市建设世界一流城市电网电力设施布局规划—变电站选址规划》《武汉市电力设施布局规划—高压电力通道规划》，主动将电网项目选址和电力线路通道规划纳入城市发展"规划一张图"，进行统一管控，全面提高电网规划与城市规划的适配度。二是在项目建设验收方面，编制并出台《武汉市建设世界一流城市电网实施方案》《武汉市建设世界一流城市电网变电站建设技术细则》《武汉市建设世界一流城市电网变电站通道建设技术细则》，统一电网工程项目建设与验收标准，确保电网建设工程的安全与质量。三是在组织协调支撑方面，武汉电力结合实际情况，发布《关于成立建设世界一流城市电网工作专班的通知》，以电网工作专班全面对接指挥部、协调政府专班，支撑"三年攻坚"行动计划编制，保障政企合作模式常态运转，有效推进世界一流城市电网建设工作。

（二）信息化辅助，提高政企合作建设效率

强化信息系统应用，破除传统模式下的信息壁垒。一是网上审批，提高电网及项目前期审批效率。依托全市政务服务"一张网"和市、区工程建设项目综合窗口，完善市工程建设项目审批管理系统功能，在湖北政务服务网武汉专区提供电网建设项目网上审批服务，梳通电网建设项目网上审批服务渠道，为电网建设项目审批提供一窗受理、并联审批、信息共享、同步办结的全程网上审批服务。二是动态监管，全面掌握一流电网建设进度。开发武汉一流电网项目管控平台，通过后台或手机端录入电网工程基本信息、建设及投资进度，定期输出项目周服、月报，实现对城市一流电网建设项目的动态观察，全面掌握输变电工程建设进度。

（三）舆论引导，营造一流电网建设良好氛围

针对电网基础设施"邻避问题"，依托政企合作新模式，充分发挥政府的公信力，在政府、企业和民众之间建立一个有效的沟通渠道，实现公众的意识提高和有组织的诉求表达，推动"邻避问题"有效解决。充分发挥政务媒体的主观能动性。联合传统媒体和新媒体开展科普宣传和政策宣传，一方面破除谣言，让公众科学理性地看待公共建筑对健康、环境的影响；另一方面从大局出发，及时传达政府补偿和政策利好信息，用舆论的力量潜移默化地影响公众的态度。充分发挥电网网格化管理优势。积极动员居委会和社区内的相关宣传，将电网情谊带入每家每户，推动面向居民侧的电网形象建设使居民理解变电站建设的重要性。同时，依托"低压网格化"片区服务，深入一线感知用户诉求，以点对点的用电咨询服务安抚客户情绪，化解服务风险，有力提升客户对供电服务的满意度。

（成果创造人：明　煦、李新国、刘勇兵、兰　剑、刘　辉、黄庆祥、陈洪胜、江文波、张　帆、薛　琰、赵　昕、马　潇）

烟草商业企业基于数字化平台的零售终端服务管理

江苏省烟草公司南京市公司

江苏省烟草公司南京市公司（以下简称南京烟草）明确发展目标，以服务前移、平台搭建、队伍塑造为抓手，构建数字化零售终端服务管理体系。推进组织机构调整、基层重建、流程完善，优化零售终端服务管理要素配置。聚焦数字化平台建设，通过搭建专有云平台、企业中台，开发面向"消零商工"的基础应用，形成共享共赢的经营生态圈。广泛应用新零售技术手段，整合零售终端服务，提升终端运营管理能力，增强消费者对零售终端的黏性。强化数据分析，以数据驱动售前管理、售中监测、售后服务全面升级。以培育"与客户共创成功"的服务理念为抓手，塑造高素质服务团队，增强企业发展综合实力。南京烟草通过上述有效举措推动零售终端服务管理水平显著提升。

一、制定总体思路，明确实施路径

（一）强化顶层设计，明确零售终端服务总体思路

南京烟草立足高质量发展形成的时代背景、实践基础和理论成果，强化顶层设计，制定了高质量发展战略，明确了"走在前列、追求卓越、领先率先"的战略定位，并将"服务客户更优"作为公司高质量发展的目标、具体表现和评价高质量发展成效的基本标准。一是厘清服务对象。烟草商业企业的服务对象主要分为两类：供应链下游客户（零售终端）和供应链末端客户（消费者）。二是明确服务重心。面向零售终端，要广泛应用新零售技术赋能终端，满足零售终端产品销售、形象展示、品牌培育、宣传促销、信息采集和消费跟踪等功能需求，突出数字化运营的终端管理方式。面向消费者，要聚焦消费需求，提供便民利民服务，增强消费者的体验感与获得感。通过传递社会正能量，树立核心价值观，倡导时代新风尚。同时，要协同烟草工业企业，以工商网上配货为抓手，加快工商交易方式变革，提高市场响应速度，提升服务零售终端和消费者的水平。三是深化服务理念。深化"与客户共创成功"的服务理念，将服务理念融入零售终端服务管理，更加尊重和维护消费者的自由消费权、零售终端的自主选择权。

（二）采取三项举措，明确实施路径

南京烟草以服务前移、平台搭建、队伍塑造三项举措为切入点，推动零售终端服务管理水平高质量发展。一是推进基层服务站标准化建设，不断完善基层服务站的运作方式，通过服务前移使客服人员深入一线、贴近市场，及时掌握客户需求，精准把脉市场状态。二是开发建设数字化支持平台，促进"消零商工"深度融合。广泛应用智慧店铺系统、客户移动服务系统、官方微信公众号等新零售技术手段，为零售终端提供支持服务。通过开展零售终端数据分析，驱动服务管理优化改善，形成共享共赢的卷烟经营生态圈。三是以培育"与客户共创成功"的服务理念，塑造高素质服务团队。构建以客户诉求为导向、以数字化转型为着力点的教育培训体系，强化专业人才培养，施行岗位动态管理。实施考核激励，打通人才成长通道，全面提升客服人员工作效率和服务水平，增强企业发展综合实力。

二、调整组织机构，推进基层标准化建设

（一）改进组织架构，为高质量发展提供机构保障

为保障高质量发展战略落地实施，南京烟草聚焦主营业务，深化资源配置，以"三类合一，市区一体；打开通道，服务发展"为总目标，完成管理部门增设、分公司重设、基层服务站分设，其中机关管理部门增设后共有部门16个，下设二级科室21个；设立9个分公司，并各下设4个科室。

为进一步适应新发展形势，推动现代零售终端网建工作，南京烟草以梳理新环境下零售终端服务流程为基础，以完善部门职能、打造高效专业化客服团队为目的，将原有采供部、数据订单部和市场部3个部门整合重组为采供品牌部、网建客服部、综合市场部和雪茄部（渠道管理部）4个部门，按照专业化分工要求，在规范经营、队伍建设、消费分析、新零售管理等方面进行岗位优化，以快速适应市场变化，响应客户需求。

（二）推进基层重建，夯实高质量发展基层管理

为适应国家发展战略布局与政府行政区划调整，大力推进基层标准化建设。南京烟草对原4个主城区直属分公司进行辖区重设。鉴于南京市区划调整后，主城区行政区划合并为6区，南京烟草按1对2原则，重新划分主城区辖区范围，主城区共设立3个直属分公司，另设立1个直属分公司负责管辖江北新区。

南京烟草根据零售终端与消费者分布情况，因地制宜设立25个基层服务站，统筹市场监管与客户服务，打通客户服务"最后一公里"。同时推进专业化分工，将客户服务按职能分解为基础服务、专业服务、综合服务。基础服务由客户经理承担，专业服务由品牌管理、信息采集等岗位承担，综合服务由现代终端、消费环境、渠道管理等岗位承担。搭建客户经理、市场经理、综合服务专员、客服科长两层四级的专业化岗位分工体系，更好地满足客户需求。

（三）推动流程优化，保障零售终端服务管理转型升级

为充分发挥制度机制对零售终端服务管理转型升级的保障作用，南京烟草坚持问题导向、需求导向和实效导向，全面开展内部管理制度的"废、改、立、并"工作。坚决废除违反公平原则、设置市场壁垒、妨碍有序竞争的制度和规定，加强信息公开公示管理；持续完善工商衔接、卷烟配送、终端管理等制度，建立货源采购、品牌进退、信息公开等集中研究制度和审批流程，并将其导入信息系统；制定现代零售终端3年建设规划，明确建设标准、运行方式、管理标准、流通品牌形象标识、建设协议等相关内容；制定文明吸烟环境建设标准、管理标准、维护标准；健全完善基层服务站的规章制度和考评机制，进一步保障战略落实，规范管理制度，优化工作流程，突出整体效应。

三、开发建设数字化支持平台，促进"消零商工"深度融合

（一）搭建专有云平台，实现零售终端服务"云"上管理

加强基础设施建设，为基于数字化平台的零售终端服务管理提供保障。在硬件方面，通过部署云安全服务器、互联网中间件服务器、对象存储服务器等组成的计算存储资源池，大幅提升对零售终端经营数据的存储和分析能力。在软件方面，聚合云操作系统、弹性计算服务、容器服务、云负载均衡、对象存储、关系型数据库等功能，使应用系统覆盖零售终端建设、运行维护、信息采集、经营指导等多个领域，有效支撑零售终端服务管理顺利开展。通过分布式应用框架构建微服务架构，建设大规模分布式系统，发布和管理应用。运用分布式关系型数据库的分库分表、平滑扩容、服务升降配、透明读写分离等功能，有效满足零售终端服务管理对关系型数据库的要求，提供海量消息堆积处理能力，缓解爆发式访问压力，并以异步方式实现业务能力的解耦和终端数据的管理，信息资源利用水平得到显著提升。

（二）建设企业中台，打通数据与业务之间的壁垒

企业中台是衔接互联网中间件与应用系统的枢纽，是传统信息化建设方式向互联网架构演进的关键，南京烟草全面梳理零售终端服务管理的共性业务和数据，通过将跨业务域、数据域的共性服务功能进行抽象和封装，加速整合企业资源，沉淀企业级共享服务组件，形成企业中台。企业中台包括业务中台和数据中台两个部分：业务中台由一系列良好封装、相互独立的微服务组件构成，采用云化部署，形成面向零售终端的数字化服务能力，改变传统系统建设过程中烟囱式的设计方法，实现应用系统迭代开发、迭代升级。业务中台可细分为两类，一类与零售终端服务紧密相关，如用户服务、商品服务、支付

服务、订单服务和物流服务等；另一类与基础配置相关，如应用服务、日志服务、消息服务和地理信息服务等。而数据中台以大数据加工处理技术为基础，实现全域数据的采集、存储、加工和聚合，为业务系统和分析应用提供数据服务，主要包括数据采集与计算存储、信息萃取与标签管理、知识发现与分析模型、数据资产管理、开放数据服务。

（三）开发面向"消零商工"的基础应用，形成共享共赢的经营生态圈

南京烟草开发面向消费者的基础应用，建设消费者服务互动平台及消费者会员管理系统，运用粉丝经济、口碑传播等新手段，为零售终端提供会员引流、会员运营、积分商城、卡券促销等新零售方式和渠道。通过跟踪消费、锁定消费、分析消费、影响消费、服务消费，增强零售终端的消费黏性；开发面向零售终端的基础应用，运用客户服务子系统制定零售终端拜访服务计划，向零售终端提供新品宣传促销、市场价格查询、证照到期提醒、终端物料领用等基础服务。开发新商盟系统，为零售终端提供网上订货、跨行结算、信息公开等经营服务，并根据零售终端进、销、存数据定制化推送终端经营分析报告，开展专业性经营指导。运用零售终端运维系统建立终端经营情况与经营者信用评估机制，通过对零售终端的经营规模、经营状态、信用积分等方面进行评估，为其提供不同额度的"烟商贷"金融贷款和不同类型的赋能产品，通过增值服务拓展终端经营范围。同时，加强对服务流程的预警监控，实现及时纠偏，不断提升服务质效；开发面向商业企业的基础应用，建设企业经营管理平台，通过需求预测模块收集各区域、各业态零售终端需求，借助订单采集功能及时掌握零售终端订货信息。运用"三面两率"（供货面、订货面、订足面、订单满足率、货源利用率）分析，调整货源投放策略，精准满足客户需求。运用信息公开、货款结算、信息反馈等功能，全方位做好售前、售中、售后服务，有效保障客户利益；开发面向烟草工业企业的基础应用，应用物联网技术，设计开发中烟商务物流网，推进物流数据感知和采集，聚合各类物流数据资源，推动传统物流活动的数字化转型。应用二维码、无线射频识别（RFID）、传感技术和全球定位技术等物联网感知技术，对货物、仓储设施、运输设备、人员等实施全要素、全流程的信息感知和采集，实现对物流各环节关键数据的全程跟踪，提升物流配送响应速度和准确率，打造贯通供应链的完整物流数据链。

四、广泛应用新零售技术手段，为零售终端提供支持服务

（一）基于智慧店铺系统，支持终端运营管理

针对终端运营管理能力偏低的问题，南京烟草面向具备终端转型意识且符合基本条件的零售终端，应用新零售技术提升终端数字化水平。根据不同的终端类型，对零售终端进行有针对性的数字化改造，使用生物信息识别、行为感知、沉浸式多媒体体验、智能支付等信息化技术，实现客流数字化、商品数字化、支付数字化，为终端运营管理提供依据。同时，南京烟草为零售终端打造了多元化商品进货、零售管理、会员管理、促销管理、数据采集、数据分析以及广告展示的"金丝利·通"智慧店铺系统，实现终端的高效管理与运营提升。通过建设移动O2O平台，提升零售终端互联网能力，顺应消费方式升级，拓展用户经营渠道，支持零售终端建立线上线下融合的经营方式，实现线下物流、服务、体验与线上订单、交易、支付的融合，帮助零售终端由传统终端经营向数字化门店转型，提升客户经营水平和盈利能力。

（二）基于客户移动服务系统，便捷终端使用

南京烟草以企业微信为平台，自主开发了"金丝利·家"客户移动服务系统，为零售终端提供在线订货、跨行结算、盈利分析、信息查询、移动盘库、非烟商品团购、在线咨询答疑等全方位、一站式、移动化服务，实现商品订购在线交易、配送信息在线查询、商品库存在线盘点、经营难题在线咨询。通过综合零售终端经营数据和区域消费数据，开展"档级＋市场类型＋商圈类型＋零售业态＋终端类型"的货源扩展投放，解决不同类型零售终端的货源需求问题，不断提升零售终端服务管理数字

化水平。同时，整合南京烟草内外资源，引进第三方供应商为零售终端提供品牌百科、行业资讯、经营学院、保险代理、金融服务、广告投放和非烟商品比质比价等增值服务，协同零售终端开展多元化经营，拓宽经营思路，更新经营理念。在此基础上，向供应链上游延伸，通过线上调查、信息采集，及时将品牌动销、市场价格、终端库存、消费评价等市场信息向上游烟草工业企业反馈，为改进产品质量和研发生产新品提供帮助，促进零售终端盈利水平提升。

（三）经营官方微信公众号，引导消费者合理消费

为了更好地服务消费者，满足消费者日益增长的美好生活需要，南京烟草申请注册了官方微信公众号，致力于将服务向供应链末端客户拓展。一是打造传播正能量、树牢价值观的"窗口"。向消费者推送无偿献血、扶贫助贫、捐资助学、赈灾救灾和关爱社会弱势群体等促进社会和谐进步的公益活动，实行公益积分制并开通公益积分兑换商城，鼓励消费者积极参与，回馈社会。同时，发布有关遵纪守法、厉行节约、环境保护等宣传软文，传播社会主义核心价值观，营造崇尚法治、尊尚文明、和谐共存、共同发展的社会氛围。二是打造关注健康、全民健身的"家园"。公众号内置"戒无忧"功能，将戒烟期划分为12个阶段，消费者每完成一次进阶，公司将授予其不同的荣誉称号并给予一定的积分奖励。消费者还可自行设置、记录戒烟期的每日吸烟量，当超过控量后系统将自动弹出提醒信息。在此基础上，公众号定期向消费者推送竞走、骑行、登山、马拉松等全民健身活动，引导消费者通过运动强身健体。三是打造优质便捷、贴心服务的"驿站"。运用消息留言、投诉举报、网上客服、消费调查等功能，及时收集消费需求，优化完善客户服务。通过条烟溯源、禁烟地图、附近店铺、天气查询等功能，为消费者提供在线便民服务，增强公众号的实用性与便利性。

五、开展数据分析，驱动服务改善

（一）以数据驱动售前管理，实现高效便捷、精准科学的工商网配

坚持"按订单组织货源、按需求衔接计划、按状态调整策略"，以"订单驱动，滚动配货，实时合同"为基本方式，综合按存销比配货、按库存绝对值配货、按投放策略配货、按实时订单配货、按应急需求配货五种类型，形成了高效便捷、科学精准的工商网配方式。以商业存销比、库存绝对值、实时订单量、安全库存、网配前置期等指标为基础，结合货源投放策略，把数据用于量化售前管理指标，通过系统自动测算配货量。按照配货准备、网上配货、合同管理、发货管理四个业务流程，工商双方协同完成市场分类及产品分类、确定工商网配方式及参数等前期准备工作，改进交易方式，降低制度性交易成本。

（二）以数据驱动售中监测，推动货源品牌精准投放

运用智慧店铺系统为客户提供"经营保姆服务"，根据零售终端进销存数据，设置库存预警，及时提醒客户订货。参照历史订单及近30日经营数据自动为客户推送最优订货方案，有效避免库存积压和资金占用。运用卷烟生产经营决策管理系统，及时采集品牌动销、市场价格、终端库存、消费评价等信息，监测品牌市场状态。并以各类指标评估品牌的盈利能力和市场竞争力，根据消费需求变化和品牌市场状态开展货源投放，衔接烟草工业企业实施自动补货，提高市场响应速度。同时，运用商业智能分析工具对采集到的各类信息进行数据整合、数据分析和数据展现，增强数据图表的可视化效果。通过对"品牌、终端、消费者"三个画像的分析，准确把握消费特征、消费变化和消费者行为偏好，为实现货源精准投放、品牌适销对路、增加客户盈利等目标提供科学依据和数据支撑。

（三）以数据驱动售后服务，促进服务水平提升

运用中烟商务物流网及时向烟草工业企业反馈本期订货面、订单满足率、货源利用率和品牌市场状态等信息，帮助其适时调整产品研发计划和配货策略。通过客户移动服务系统对零售终端客户咨询的历史记录进行梳理，按照提问频次、问题类型等对咨询内容进行分类，建立客户咨询在线答疑题库，通过

智能机器人检索关键词，及时向客户推送答疑信息，提供"7·24小时"在线咨询答疑服务，大幅提升客户咨询响应速度。通过官方微信公众号，开拓消费信息采集途径，定期开展消费者线上问卷调查，收集意见建议和消费评价信息，有效保障调查样本类型的多样性、稳定性和调查数据结果的及时性、真实性。运用网上微店功能，根据消费者行为偏好精准推送优质店铺和商品，有效满足消费需求。

六、培育"与客户共创成功"的服务理念，塑造高素质服务团队

（一）培育服务理念，增强企业发展综合实力

南京烟草积极培育"与客户共创成功"的服务理念，用心传递以专业、规范、诚信、快捷为内核的服务品牌价值。同时，牢固树立"事业至上、规则同行、和衷共济、开放务实"的企业理念，坚持"国家利益至上、消费者利益至上"的初心和使命，并将理念转化为砥砺奋进的内生动力、凝聚成自主自觉的行为准则。在服务客户上下功夫，关注供应链全过程的紧密衔接，重视下游客户的利益需求和情感需要，通过拓宽服务内涵、丰富服务产品、提升服务效能，最终实现客户盈利水平和满意度提升，增强客户的获得感和幸福感。在此基础上，立足服务领域，促进企业文化融合落地，将文化融入零售终端服务管理。形成标准化的作业流程、规范化的管理制度、科学化的服务方式，促进服务资源的优化和服务水平的提升。依托现代零售终端服务网络，深度参与终端经营管理，持续深化客我关系，塑造客我发展共同体、利益共同体、文化共同体，不断赢得广大客户的信赖和支持，形成以企业文化影响客户服务、以客户服务彰显文化内涵的良性循环，使客户形成与南京烟草"平等互利、长期合作、共同发展"的价值认同。

（二）强化技能培训，施行岗位动态管理

一是建立竞赛机制，强化服务技能。将各类竞赛作为员工队伍转型升级的抓手，以赛促学、以学促用，根据不同岗位的需求，开展客户服务技能竞赛，制定更具针对性的竞赛方案与流程，强化职业操守和服务技能。二是构建以中心工作和客户需求为导向的教育培训体系，充分利用培训资源，加强课程体系和内训师建设，内训和外训结合，线上与线下结合，按照内训计划有计划地调度内训课程。用好网络学院、青年论坛、学术交流平台，统筹安排教育培训工作，完善员工培训档案。三是实施岗位积分管理，激发队伍活力。全面推行综合事务类和业务操作类员工岗位积分制管理，完善岗位动态调整机制。以全面提升、绩效导向、公开透明、正向激励、简便易行的原则，促进员工素质全面提升，充分发挥人力资源在推动企业改革发展中的支撑和引领作用。

（三）实施考核激励，打通人才成长通道

重点围绕"岗、人、能、绩、薪"五大人力资源管理要素，完善机制，为绩效提升、人才成长提供有利条件。一是将目标管理与绩效管理相结合，出台组织绩效优化方案、绩效兑现激励办法、岗位绩效优化方案等考评方案，完善条线绩效考评方案，围绕岗位职责和重点业绩量化KPI指标，涵盖零售终端服务管理各项工作要求，帮助员工厘清薪酬、福利、非物质激励的全面报酬构成，丰富非物质激励手段，完善员工福利保障体系。二是突出工作质效，定期通报考评。坚持绩效导向，确保绩效管理工具功能正常发挥、结果充分运用。做好客户服务指标的定期通报，突出工作重点和时效，引导基层客服科、基层服务站将各项工作落到实处。三是加强企业专业技术人才队伍建设，推进专业技术资格评定和职务聘任等工作，培养客户服务能手，建立高技能人才库，实施青年人才托举计划，打通人才发展通道，提升人才队伍活力。

（成果创造人：张加成、张　骞、郭　晔、张　璐、孙俊义、芮玉平、刘国涛、郭文卓、杨　鑫、林　骞、徐梦希）

提升客户获得电力水平的智能化供电服务保障体系建设

国网辽宁省电力有限公司大连供电公司

国网辽宁省电力有限公司大连供电公司（以下简称大连供电）积极践行"人民电业为人民"的企业宗旨，以提升客户服务能力为导向，构建智能化供电服务保障体系，全面优化电力营商环境，服务重点项目落地，推行"三减四省"服务模式，助力小微企业经济发展；统筹优化电网结构，提升电网供电可靠性；依托智能物联技术，拓展设备感知能力，率先实现电网精准主动运维，提升供电服务保障能力，建立全方位的安全风险综合保障体系，从而不断提高客户获得电力水平，扶助中小企业发展，确保地方经济社会稳定可持续发展。

一、明确"以客户为中心"的总体工作思路

"人民电业为人民"是国网公司的企业宗旨。大连供电作为责任央企，牢固树立"四个意识"，明确一切"以客户为中心"的总体工作思路，通过构建智能化供电服务保障体系，深入优化电力营商环境，精简客户业务办理流程，着力解决企业和群众"办事难"问题，助力大连新一轮城市建设发展。建立供电服务指挥协同工作机制，提升供电能力和供电质量，压缩客户接电时间、降低客户办电成本、提升服务水平，建成电网坚强有力、供电稳定可靠、办电便捷高效、服务及时到位的供电服务新模式。认真履行央企责任，充分释放国家政策红利，通过实施配套电网建设和一般工商业电价降价，大幅降低客户办电成本和电费支出；在疫情防控及助推企业复工复产期间，主动减免非高耗能企业及定点收治医院的电费和业务费，延长广大客户缴纳电费时限，充分体现"为美好生活充电，为美丽中国赋能"的公司发展使命，有力保障地方社会稳定和经济发展，为广大客户提供优质高效的电能服务。

二、完善顶层设计，构建供电服务保障体系

（一）建立健全供电服务保障组织体系

智能化供电服务保障体系建设是大连供电贯彻落实十九大精神、建设国网公司一流能源互联网企业的重要举措，也是优化电力营商环境，依托智能物联技术加快电网业务融合、提质增效的重要管理变革。大连供电深入领会国网公司建设具有中国特色的国际领先能源互联网企业发展战略，把管理作为永恒主题，把服务作为中心任务，不断完善顶层设计，构建领导有力、界面清晰、齐抓共管的工作格局。

大连供电成立由公司总经理、党委书记任组长的供电服务保障体系领导小组，统筹规划总体方案，协调解决重大问题。下设办公室，负责落实领导小组工作部署和要求，对外与大连市政府各相关部门协同推进优质客户服务；对内协调各相关部门推进整体工作进程，监督落实问题整改情况。成立四个工作组，发展策划组负责公司供电服务保障总体规划，制定优化营商环境计划；专业管理组负责由供电服务指挥中心（以下简称供服中心）牵头，营销、配电、调度、信通等专业配合开展的内部业务流程的优化和数据融合；后勤保障组负责涉及供电服务保障体系安全、物资、培训等的保障工作；风险管控组负责稳定人员队伍、监控舆情及廉政建设。

（二）打造以供服中心为枢纽的一体化工作体系

为进一步夯实用电客户服务基础管理，大连供电将面向现场客户的配网调控业务划转到供服中心，有效提升后台业务处理能力。配网调控业务划转后，与县级调控实施同质化管理，负责市区内62座66

千伏变电站高压侧开关以下变电设备、配网设备的调度计划执行、倒闸操作、设备监控及新设备启动投运等工作，实现配网调控业务的标准化、专业化和精益化管理。通过开展智能电网调度技术支持系统和配电自动化系统设备信号监控工作，实现"调度、监测、遥控"业务的全方位融合。

通过配网调控业务的整合，供服中心充分发挥其枢纽作用，从前台受理客户需求到配电现场抢修，建立一体化的供电服务保障工作新模式。其管理职能涵盖业务协同指挥、配网运维管控、服务质量监测、客户服务指挥等一体化供电服务管控，同时对频繁停电管控、异常台区治理、可靠性预算式管理、业扩线下管控进行集中管理；依托配网末端融合和全息感知进行数据分析，打造"互联网型、主动贴心、高效精准"的供电服务保障新能力。2019年供服中心累计编制执行检修计划701项、开具系统操作票1486张、处理10千伏配电故障368条次，有效提升电网末端客户综合服务能力。

（三）完善内部供电服务保障标准制度体系

修订内部岗位职责和管理制度。在供电服务保障体系中，制定供服中心、营销专业及配网调控专业岗位职责44项，修订工作标准和管理标准72项。梳理传统营销、配网调控业务流程36类108个节点，针对配网调控业务划转重点完善供服中心营销业务与配网调控业务融合交互环节，优化组合后形成业务流程50类201个节点，新增优化电力营商环境业务流程7类。突出供服中心的枢纽功能，调整跨部门、跨专业的供电服务保障业务流程25项，确定《10千伏多回路停电事故处理工作流程》等12项新增工作流程。发布实施《供电服务保障体系考核管理办法》，合理设置岗位考核指标及配套标准，突出岗位绩效管理的针对性和导向性。以岗位绩效工资制为基础，建立与工作岗位、能力素质和工作绩效紧密挂钩的薪酬分配体制。

（四）深入开展面向社会的电网业扩全流程精准管控

电网业扩是供电企业面向社会服务最重要的业务途径，涵盖客户用电报装申请、现场勘察、制定供电方案、设计审查、施工竣工、装表接电等全流程，是优化营商环境的重点。大连供电以供服中心为主导，由发展策划组与专业管理组协同配合，采用自主研发业扩报装监控分析系统，开展业扩报装全流程精准管控，实施常态化监督、预警报装各环节时长及质效，重点跟踪监控协调客户环节，精确分析流程办理时限，与客户及时沟通协调解决现场困难，在压降可控环节时长的基础上，重点压缩公司关联企业所承担的客户环节时长。2019年累计受理客户新装增容户数为12189户，容量为236.51万千伏安，公司业扩时限达标率为100%，协同时限达标率为100%，10千伏高压客户平均接电时长为68.74天，0.4千伏客户平均接电时长为4.56天，较2018年分别压降42.72%及54.40%，成效显著。

三、以客户为中心，全面优化电力营商环境

（一）制定优化电力营商环境计划，服务重点项目落地

大连供电认真贯彻落实大连市营商环境建设工作精神，制定并启动优化电力营商环境两年计划，在参与政策决策、争取上游资金、服务重点项目、转变业务模式等方面，全面提升客户服务能力，提高获得电力指标。针对行业类别，推行大中型企业"省力、省时、省钱"和小微企业"零上门、零审批、零投资"的服务新模式，优化报装接电流程，压降客户办电时间，将高压、低压业扩报装环节分别减少至4个和2个，高压、低压小微企业办电时间分别压降至50个工作日和15天以内，减少客户办电成本6亿元。实施可控环节全程线上管控，2019年累计完成报装5.4万户，新增运行容量167.89万千伏安，同比增加4.9%。

紧密关注辽宁省、大连市重点项目进展情况，积极争取上级资金支持，统筹协调政府相关部门，全力推进配套电网规划建设。投资1.2亿元建设为新机场项目供电的220千伏棋盘山变电站，该变电站投产后不仅可满足新机场远期12.5万千瓦负荷需要，还可使地区供电可靠性提升1倍以上；投资6000万

元建设为体育新城项目供电的 66 千伏体育#3 变电站，该变电站建成后地区供电容量和可靠性将再翻一番；投资 4.6 亿元建设庄河海上风电送出工程；投资 6.6 亿元建设为地铁 5 号线供电的劳动开关站。为欧力士中国总部、万城仓储物流等省市重点项目建立"一对一"服务机制，超前开展电源点规划建设、供电方案编制等工作。

（二）推广网上国网 App 应用，提升客户获得电力水平

利用网络平台、新闻媒体等多种渠道推广网上国网 App 应用，为客户提供线上办电、在线咨询、网上预约、网上告知、实时查询等服务，使客户足不出户即可办理电力业务，实现新装用电等 5 项复杂业务最多跑一次，低压居民新装、更名、过户等 16 项简单业务一次都不用跑。2019 年网上国网 App 使用数量已达 15.8 万户。积极拓展网上国网 App 与大连市政联网，对接大连政务服务平台、工程建设联审平台，通过线上与住房和城乡建设局、自然资源局对配套的电力工程进行联合审批，加快工程建设单位获电速度，全力打造具有大连特色的电力一网通办。

为进一步提升大连市"获得电力"指标，联合大连市营商环境建设局、发展改革委、城市管理局等七部门制定电力营商环境实施意见，走访客户并介绍优化营商环境举措，大幅压降行政审批时间。邀请大连市发展改革委、工业和信息化局、营商环境建设局主要领导以及 15 家重点企业进行"零距离"座谈，就供电可靠性、基本电费、运维委托、业务培训等企业关注的问题进行了交流讨论，为客户解决问题 19 项。

（三）推行"三减四省"服务模式，助力小微企业经济发展

小微企业是现阶段社会经济发展的中坚力量，也是新冠肺炎疫情期间承受经济下行压力最大的群体。大连供电充分履行央企社会责任，在政策导向、资金减免、服务优化等方面，全力助力小微企业，从而确保社会生活稳定和地方经济持续发展。通过小微企业办电"三减四省"服务模式进一步压减办电环节、办电时长、办电成本，实现小微企业办电省力、省时、省钱、省心。细化制定《小微企业低压业扩报装实施方案》，修订完善《业扩报装管理细则》和《小微企业业扩报装管理细则》，并于 2019 年 6 月在大连供电所属的 9 个分公司中全面推行。精简小微企业办电资料，由原来的 7 项减为"用电主体有效身份证明"和"用电地址权属证明或其他证明文书" 2 项；甚至可以凭用电主体有效身份证明办理容缺性的"一证受理"业务，随后供电公司会主动在下一互动环节中一并收齐资料。将小微企业办电环节由原来的 4 个压减为用电申请、装表接电 2 个环节。在确定装表位置后，在现场勘查时直接启动外部工程实施，在装表接电时同步签订供用电合同。将小微企业平均办电时长限定在 15 天以内，远低于国家规定的 25 个工作日以内。

进一步降低小微企业办电成本，将城区小微企业报装接电容量由原来的 100 千瓦提升到 160 千瓦，农村地区由原来的 80 千瓦提升到 100 千瓦，并且供电公司延伸投资界面至客户红线处，大幅提升小微企业的经营活力，使小微企业享受到政策红利，实现单体单户居民低压新装业务零投资，户均减少用户投资 8.19 万元。以线上为基础实施主动服务，利用自有营业厅、社会活动、平面媒体、微信朋友圈、微信群等渠道，大力推行掌上电力、电 E 宝、95598 服务网站等线上办电和交费新模式。通过线上渠道和主动服务，实现了复杂业务最多让客户跑一次，简单业务一次都不用跑。

（四）公开电网可开放容量信息，践行优化营商环境承诺

大连供电主动跟踪服务政府重点大项目，及时发布电网预计可开放容量信息。由供服中心牵头组织各单位主动对接政府重点大项目，将对接后的项目明细表导入供服指挥系统，各单位负责及时更新维护大项目进度信息，供服中心定期发布政府重点大项目进度情况，及时发布电网容量信息。通过主动超前介入项目前期，为客户电力扩容开通绿色通道，提升报装效率，压缩接电时长，营建"大连速度"品

牌，提升"获得电力"指数。通过供服指挥系统对线路设备数据进行实时分析，自动生成负面清单，由公司运检部下达清理计划，由供服中心负责跟踪计划进度、评价工作质量及提出考核建议，全过程闭环管理，确保电网容量信息稳定可靠，全面提升公司客户服务能力和供电保障能力。系统实现中低压供电方案自动生成，有效压缩客户接电时长，赢得政府、大客户及社会的广泛好评。

四、统筹优化电网架构，提高电网供电可靠性

（一）补齐短板，改造老城区及城乡接合部电网

大连供电对老城区开展压降配网故障专项行动，彻底摸清线路薄弱点，对线路附近施工区域进行重点监察，储备高耗能配变更换项目；开展配网供电质量问题整治提升专项行动，对现有影响线路安全树木进行分级，按照轻重缓急，利用计划作业或事故抢修处理修剪树木 2223 棵；对线路裸露点进行绝缘包覆 1103 处。结合技改、大修、配农网改造、专项资金等工程，分批次、分阶段对供电公司所属的线路、设备进行改造。对瓦房店、普兰店、庄河、长海等地区共投入 6200 万元农网改造资金，用于配农网改造，进一步提升了上述地区的供电可靠性。制定异常台区、频繁停电日常管控机制，开展常态化监督治理工作。对 2019 年全年出现的异常配变、频繁停电线路进行逐一排查，按照"先运维、后工程"的原则，优先采取运维手段，运维手段无法解决的通过工程项目治理，梳理了频繁停电线路、异常台区治理项目 55 项，共计 4.2 亿元。

（二）政企联动，协同推进客户电力工程建设

大连供电积极推进营商环境建设局、城市管理局、交通局、公安局、自然资源局等部门联合发布《大连市进一步优化电力营商环境实施意见》，就规划、占掘路、占绿地等审批事项进行了简化和优化，将审批时限压缩到 5 个工作日，针对小微企业试行承诺审批制，满足审批条件的当日即予以审批。为进一步优化低压电力接入工程行政审批，联手营商环境建设局、城市管理局、交通局、公安局共同制定了优化方案，实施并联审批、容缺受理、告知承诺，将小微企业电力接入工程审批总体时限压缩至 2 天。联手优化电网建设工程审批，快速推进工程实施，加强停送电、工程物资供应管理，压缩工程实施时间。联手优化占掘路工程审批，全面压降审批时限，与自然资源局协调将大连供电纳入"三委会"联席会议成员单位，在建设项目前期策划生成阶段参与建设项目的选址论证工作，为后续电力快速审批打下基础。2019 年，大连供电开展停电作业计划平衡管理，针对大范围作业执行作业逐级审批制度，严格控制计划停电报送，合理制定作业计划，将工程作业与检修作业相结合，主网作业与配网作业相结合，减少用户平均停电时间，提高供电可靠性。严格实施停电计划，制定前带电作业现场审查制度，对具备带电作业条件的工程必须采用不停电作业法施工，2019 年每月开展 100 时/户以上作业计划的逐级审批管控，进一步提升带电作业率。对于工程物资供应，采取先接入后改造，先实施后立项的方式，解决物资供应迟滞的问题，进一步加快企业电力接入速度。

为进一步打造具有大连特色的电力业务一网通办，大连供电与大连市大数据中心、住房和城乡建设局合作将一体化服务平台、数据共享平台（电子政务外网）、工程联审平台和"网上国网"App 四个系统进行连通，将供电业务纳入政务服务平台，实现了政府服务平台与国家电网 95598 智能互动网站的对接，实现低压小微企业多口径线上办电、电子证照在线获取、办电一次不用跑，进一步提升获得电力便利度，助力地区经济快速发展。

（三）规范流程，提升配电网故障协同抢修能力

作为大连电网的末端，配电网覆盖面大，涉及客户数量众多，尤其是涵盖大部分中小企业。配电网故障是直接影响居民日常生活和中小企业经营发展的客观因素，也是提升获得电力指标的重要组成部分。传统的配电网因为业务复杂，涉及部门岗位较多，故障抢修工单经常多头管理，所以故障处置能力

不强。为此，大连供电重新梳理抢修指挥流程，依据《国家电网公司 95598 业务管理办法》及《大连供电公司配网故障抢修管理规定》，编制《生产停送电信息报送规范》，有效地优化了故障停送电信息报送机制，从而使生产停送电信息报送规范具有较高的实操性和指导意义。

为满足停电信息的时效性、准确性，大连供电打造微信公众号形式的新媒体停电公告平台，为客户提供更多途径获知停电信息。建立故障传递微信群，提高现场与指挥人员的信息传递效率，有效缓解了公司抢修服务压力，改善客户用电体验。2019 年累计报送停电信息 3552 件，停电信息报送合格率 100%、及时率 100%、停电分析到户率 100%，报送数量及质量同比均有所提升，95598 抢修任务量同比减少 23.59%；停电类投诉事件 120 件，同比减少 68.99%。开展配电网客户工单转派业务互融工作，落实全类型、全渠道工单统一受理及指挥，实现 95598、12398、辽宁省 8890 平台、大连市民意网等媒体工单的转派、督办、审核全流程闭环管理，提升工单处理质效。开展重要服务事项报备工作，实时维护 95598 知识库，助力 95598 坐席人员解释工作，提高客户诉求一次办结率。

五、采用智能物联技术，提升供电服务保障能力

（一）提升设备智能感知能力，率先实现精准主动抢修

大连供电深入开展设备智能感知升级工作，横向拓展设备感知种类，纵向拓展设备感知数据量，对重要负荷线路 42 条、重载线路 15 条、重要跨越线路 206 处、防外破隐患 110 处开展远程遥感、遥测、遥视改造；对 58 条国网公司定性为一、二级电缆线路本体接地电流、测温等开展在线监测；按一流配电网建设标准完成 20 座开关站的智能化改造，171 台变压器的监测改造及台区所属 3660 个分支开关的数据采集、2000 个表箱的智能开关改造。

以感知层数据为基础，开发输变配智能检修系统，通过集成配网自动化、PMS2.0、GIS、用电采集系统、国网芯智能配变终端及采集监测模块等系统数据，自动获取客户的停电信息，并通过站、线、变、户纵向拓扑关系，对客户的停电类型进行智能研判，快速准确定位存在问题的配电网区域、设备层级，掌握配电网运行薄弱环节和风险点，变被动报修为主动抢修，实现配网全业务信息纵向穿透、集中管控和精准主动运维。主动抢修工单派单至基层单位现场处置，同时编译并推送故障停电信息。供电指挥人员通过 GPS 定位系统对抢修车辆移动轨迹进行跟踪，可以确保整个到达现场的全过程始终处于可控状态，根据抢修人员回传的现场抢修影像资料，从而确保现场抢修的质量。在 2019 年达沃斯会议保电任务中，大连供电建设大连东港示范区典型应用场景，实现电网智能监测、运检即时抢修、营配数据贯通，在全省率先打造城市电网输变配主动运维新模式，得到国网公司的高度认可。

（二）依托云存储和计算技术，构建供电服务大数据中心

随着智能物联技术的广泛应用，大连电网设备智能感知能力不断增强，现场采集的量测数据源源不断上传至服务器。为此，大连供电建设以云存储和计算技术为核心的供电服务数据中心，在 IaaS 基础设施层，利用 PC 服务器集群和高速网络设备，采用全融合架构建设基础资源池化、网络高度可靠、资源可管理、平台可扩展、业务高度可靠的企业私有云平台，形成 210 台虚拟主机处理能力，计算能力 VCPU840 颗，内存容量 1792GB，云平台存储容量三副本可用 25.6TB，SAN 存储容量三副本可用 38.4TB，充分满足供电服务海量数据部署需求。在 PaaS 平台层建设中，采用 Gbase 数据库搭建数据支撑平台，按照业务应用涉及的数据范围将供电服务指挥系统、营销系统、用电信息采集、PMS 生产系统、PIS 配电管理系统等省公司二级部署的业务数据向数据支撑平台梳理迁移，满足了本地化应用的数据时效性要求。

制定数据统一存储规范，通过大连供电服务数据中心与辽宁省电力公司全业务数据中心的"云边

协同"，实现信息安全化、应用便捷化、数据可视化、分析智能化，有效支撑输变配生产过程的主动运维与电力保障、面向营销业务过程的精益化智能分析与应用、网上国网App、大连市一网通办业扩业务接口、智慧能源综合服务平台等24项业务场景应用。业务应用建立统一数据交换规约，开展综合应用和微应用改造，打破应用壁垒和信息烟囱，深度挖掘数据共享应用，2019年累计存储数据库16个，数据库表460张，业务数据增量12.6TB，处理数据交换12.4万次，清洗数据45.4万条，脱敏数据项1244项，有力支撑供电服务类数据的高速处理和业务拓展应用。

（三）应用预算式管控技术，提升供电可靠性管理质效

大连供电在国家电网公司系统内率先应用基于数据自动采集的供电可靠性预算式管控技术，依托供电服务数据中心，结合营销业务系统、作业管控平台、PMS2.0等各类系统数据，利用计划停电线上报送、频繁停电管理等子功能，实现供电可靠性计算功能的部署应用。

根据故障种类制定不同的停电策略。针对非故障性的停电，确定合理的停电时间和阶段，采取系统化的综合停电模式；针对故障停电，分析故障原因，加强日常巡视消缺管理，制定科学合理的工作计划，优化设备维护方案。改进传统电网工作中的计划报送和巡视运维方式，并带动以安全作业为前提的带电作业及维修工作，做到尽可能减少用电客户停电时长，避免出现重复性停电送电的情况。以可靠性预算式管理为手段，开展全年停电时户数的预算总控，结合电网投资、故障率与季节作业特点，制定季度、月度时户数管控目标，并按照"先算后停"原则，进行停电事件实际停电时户数核算，按月发布时户数执行情况，构建全量停电信息池，全口径统计、预警线路停运次数，支撑配网计划平衡，辅助停电计划执行偏差率和重复计划停电次数的分析、评价和考核，从而全面提升供电可靠性管理质效。

六、建立全方位的安全风险综合保障体系

（一）预防为主，开展高危及重要客户安全隐患排查

主动开展用电安全检查，切实保障客户用电安全，既是大连供电承担的央企社会责任，也是提升客户服务能力的坚实基础。大连供电认真落实辽宁省及大连市安全委员会安全生产工作要求，深化政企联动，构建供用电安全隐患排查治理长效机制。2019年重点对10个危化品类高危及重要客户进行隐患排查，发现问题及隐患9项，8项已完成整改，1项已向大连市安全委员会报备进行整改。针对机场、医院、商场等人员密集场所完成多次重大政治、经济活动保电前专项检查，出动人员1000余人次，督促指导客户整改隐患120余处。联合大连市安监局对长兴岛恒力石化、天瑞水泥等38个客户开展用电安全培训，消除安全麻痹心理，提高用电安全意识。建立大连市供用电安全风险点事件库，并根据严重等级进行分级管理，制定周期性巡查计划，确保安全风险防范工作全覆盖。

（二）开展异常台区综合治理，确保电网设备安全

台区是电网供电保障服务的末端，台区供电设备的安全直接影响着千家万户的生产生活，是保障客户安全可靠用电的"最后一公里"。大连供电建立异常配变日管控、周排查、月通报制度，每周落实重点问题台区调查现场实际情况，与属地单位共同研讨对策，逐一制定整治方案，逐台开展治理，同时利用95598服务指挥专业各类报修信息，辅助预判异常发生，从源头降低异常数量，提升客户用电质量。通过不断加大治理力度，各类异常台区大幅度减少，配变运行工况不断提升。2019年共监测发现配变低电压1606台、过载96台、重载131台、三相不平衡1572台，较2018年同期低电压降低12.8%，过载降低37.7%，重载降低50.6%，三相不平衡同比降低6.9%，台区设备安全性大幅提升，供电可靠率提升12%。

（三）加大资金投入，改造高频配网故障线路

配电网线路结构复杂并且大部分架设于居民社区，极易发生线路损耗及意外故障，是影响终端客户安

全稳定用电的高危因素。大连供电对城市配网故障建立周分析制度，供服中心负责每周对配网故障进行统计分析，针对问题提出整改措施，并监督整改措施的实施，形成闭环管控。完善配电线路周期性巡视管理，组织各单位从线路跳闸频次和设备运行年限两个维度综合考虑，编制月度、季度巡视计划并全程跟踪计划执行情况。将两月发生3次及以上停电的线路定义为高频故障线路，在公司每周早会通报，优先进行故障处置。2019年通过技改工程、农网工程累计投资1782万元，改造治理11条高频故障线路，储备专项治理线路15条。改造后全市10千伏故障降至1292次，百千米跳闸率下降至0.575次/月，电网末端配电线路可靠率提升25%。

（成果创造人：刘　波、贾宏智、王振南、刘　玉、郭昆亚、赵　东、
王　刚、王旭泽、王　玮、王跃东、史　程、牛明珠）

战略管理与集团管控

民营氮肥制造企业以高质量发展为目标的综合竞争力提升管理

灵谷化工集团有限公司

灵谷化工集团有限公司（以下简称灵谷化工）坐落于江苏省宜兴经济技术开发区，前身为始建于1966年的宜兴化肥厂，2004年改制成为民营控股企业。经过15年的发展，灵谷化工已经淘汰了运行近50年的全部落后产能，拥有两套具有较强国际竞争力的大化肥生产装置，形成了100万吨合成氨、170万吨尿素的生产规模，是江苏最大的合成氨、尿素生产企业。主产品尿素年产量约占全省总产量的70%，排名第一。公司注册资本1.4372亿元，总资产35.5亿元，净资产29亿元，厂区占地78.6万平方米，建筑面积13.14万平方米。现有员工1160人，其中管理人员115人，各类专业技术人员400多人。

一、民营氮肥制造企业以高质量发展为目标的综合竞争力提升管理的背景

（一）顺应行业发展，升级落后工艺的需要

改革开放40年来，我国市场经济逐步成熟，国内企业面临着低水平重复建设、产能过剩等诸多挑战。2007年，我国氮肥产能过剩率达15%，其中尿素产能过剩量就超800万吨，一场行业内的优胜劣汰大整合已经展开。面对行业形势的根本性变化，国内部分企业陷入亏损、关停、倒闭境地，许多企业在通过"上大压小"实施战略转型，寻找自己的生存空间和发展途径。灵谷化工认为化肥被称为粮食的粮食，我国是全球最大的氮肥市场，氮肥占化肥施用总量的2/3左右，越是在同行纷纷退出和转产的时候，越是会有新的市场机遇，只要把技术改造做精，把节能减排做深，把环境保护做好，升级落后工艺，就具备了生存和可持续发展的条件。

（二）培育企业核心竞争力的需要

一方面，灵谷化工地处经济发达的长三角地区，太湖西岸，资源匮乏，环境的空间容量小，劳动力成本高，企业由4万吨尿素生产装置通过10多年的不断改造而来，原有技术和工艺总体落后，煤炭的利用率低、能耗高，不突破技术和管理创新的瓶颈，要实现企业可持续发展很难。另一方面，20世纪90年代，灵谷化工虽然通过率先采用热电联产技术，扭转了6年亏损、70%的职工回家待岗的历史性困境，但公司仍处于低水平重复建设阶段，经济实力相对薄弱。基于对自身优劣势的把握，灵谷化工进一步明确从2007年起实施以高质量发展为目标的综合竞争力提升管理这一成果项目，希望用先进、适用、配套的工艺和技术来改造传统产业，做专做精氮肥主业，通过培育核心竞争力来构建行业一流的氮肥制造企业。

二、民营氮肥制造企业以高质量发展为目标的综合竞争力提升管理的内涵和主要做法

灵谷化工着力整合优化技术资源配置，实现技术创新，力求突围破局；秉持循环经济理念，坚持绿色发展，高掌远拓；优化拓展产品结构，适应市场需要，补链强链；完善企业组织绩效体系，保障人才资源，为企业高质量发展打好基础。

（一）明确综合竞争力提升管理的战略目标和总体思路

1. 分析内外环境，设定战略目标

根据资本、技术密集的行业特点和受限于民营资金实力的企业实际，灵谷化工以"因企制宜，走具有灵谷特色的煤化工发展之路，致力打造科学、安全、节约、绿色、和谐的百年基业"这一公司愿景为出发点，对外部宏观环境、企业内部业绩等因素进行全面分析和评估，运用SWOT等工具进行战

略分析和选择，确定通过先进技术整合、安全绿色发展、产品结构拓展及投资风险控制这些组合拳来积极推进提升竞争力的战略调整，实现企业高质量发展。

2. 转变发展理念，明确总体思路

灵谷化工以标本兼治为出发点，寻找根本解，积极开展联合协同攻关，参与开发了具有世界领先水平、中国自主知识产权的水煤浆气化装置。同时加强"引进来、走出去"，实现集成创新。以"技术国际化、装备大型化、环境生态化、管理现代化"的"四化"为综合竞争力提升管理的实施原则，首先对小氮肥"8万吨/年合成氨、13万吨/年尿素生产线"进行全面技改升级，筹建第一套大化肥装置，确立优势，成为国内最早由小氮肥转型进入大化肥序列的企业，实现跨越发展；其次，在第一套大化肥筹建、运行经验积累的基础上，依靠集成创新最新技术筹建第二套大化肥装置，彻底淘汰小氮肥落后产能，从而实现一期、二期大化肥装置的优势叠加，发挥"1+1>2"的规模效应；最后，通过总结两套大化肥运行经验，及时发现系统潜在隐患，依托局部技改解决制约生产的瓶颈，让灵谷化工真正进入世界一流氮肥制造企业的行列，实现企业高质量发展目标。

（二）整合资源实现技术创新，突围破局

1. 积极谋划，提升技术引进和落地能力

灵谷化工通过不断加大对外合作的力度，在部分关键技术领域，与科研单位、高校及工程公司深化合作，共同开展技术开发和工程化研究，以"敢为天下先"的勇气率先采用具有国产自主知识产权的对置式四喷嘴水煤浆加压气化工艺技术并成功实现商业化运行。同时，依托国内领先的专业工程公司的设计能力和技术力量，推进成果项目顺利开展，在具体技术应用选择和工艺路线设计上，灵谷化工确立了"20年不落后"的目标定位，对原有的落后工艺技术全部进行了升级，淘汰所有落后产能，形成了先进工艺路线全覆盖。先后集成了法国液空、美国KBR、日本三菱、德国MAN、荷兰斯塔米卡邦等一批国际领先的工艺技术，使灵谷化工站到化肥行业的制高点，实现各项经济技术指标在同行业之中遥遥领先。

2. 科学选择，实现工艺和设备提档升级

灵谷化工依托"江苏省技术中心"这一平台，通过吸收借鉴国内外一流技术机构的先进经验，在技术装备大型化、生产流程连续化、工序衔接紧凑化、过程控制自动化等方面不断摸索，科学选择并集成适合企业实际情况的工艺、设备，形成了公司技术资源系统整合优化的明显优势。通过设置中央控制室以及采用DCS系统、视频监控系统、PIMS生产管理信息系统，对生产数据进行实时采集、监控和集中存储，提升生产过程控制的智能化水平；通过建设自动化包装线和自动码垛装车线以及构建智能巡检系统等，对公司设备、工艺、安全、环境、人员行为及业务操作等信息实施数字监控，实现可视化的主动管控。工业信息化部2010年发布的《部分工业行业淘汰落后生产工艺装备和产品指导目录》（工产业〔2010〕第122号）明确提出"淘汰半水煤气氨水液相脱硫工艺技术、一氧化碳常压变换及全中温变换（高温变换）工艺"。多喷嘴对置式水煤浆加压连续气化技术已被列入《国家重点节能技术推广目录（第二批）》。这充分说明技术资源优化整合俨然成为氮肥制造业技术升级的重大举措，也是未来煤化工企业的重大技术改造方向。

（三）树立循环经济理念，高掌远拓

1. 打破传统认知，深化循环经济理念

"一个优秀的企业要给客户提供优质产品和服务，而一个伟大的企业还要竭尽全力使社会变得更美好"。灵谷化工坚持"循环经济、绿色发展"的环保理念，不断推进主导产业技术升级，加大副产物、"三废"资源减量化、资源化技术应用，持续发展"煤、硫、氨"循环经济模式，将资源吃干榨净，实现从末端治理转向综合高效利用，综合能耗持续下降。不仅对接政府，合规处置存量固废，而且大力推进"蓝天保卫战"和废气治理工作。作为一个能耗大户,一个能源转化的大型煤化工氮肥制造企业,专注氮肥制造行业50多年,始终把深化"减量化、再利用、再循环"的循环经济理念灌穿于全过程。在公司每次的创新技改中,环保装置投入占投资总额的10%以上,近3年环保设施共投入4亿元,每年运行费用达到4000万元,实现了重要环保装置双备份,将原材料及废弃物"吃光用尽"、变废为宝,富余能量全部转换再利用,有效解决了废水、废气、废渣的排放问题。

2. 聚焦绿色发展,夯实环境保护基础

凭借前瞻性眼光和责任担当,灵谷化工经过10多年的努力,紧紧抓住重点领域和关键设备的技术改造,深化了从源头减排、过程控制、末端治理,直到综合利用的全过程绿色发展。灵谷化工根据工艺生产用汽和设备动力用汽负荷需求及全厂热平衡综合要求,同时结合热电现有供热系统运行情况,利用存量煤粉锅炉的蒸汽,并结合工艺装置余热回收利用设施,向全系统供出所需的各等级蒸汽,从9.4MPa、3.8MPa、2.5MPa、1.5MPa、0.5MPa到0.35MPa的末端,做到热能动力梯级循环利用,提高热效率,使能源利用达到最大化,与原有的传统动力结构相比,吨肥电耗同比下降900多度,生产方式绿色化升级作用明显。同时对原有设备进行彻底整改,积极实施"机器换人"项目,提高生产连续化、自动化、清洁化水平。公司投资近2亿元的废水"零排放"项目已完成全部设备订货并进入了土建施工阶段,项目投运后原纳管排放清水全部实现自用,这也将进一步夯实灵谷化工环境保护的基础。

3. 转变过程治理,打造灵谷生态链条

灵谷化工在综合竞争力提升中不断创新深化循环经济,由单一企业的点源治理向区域统筹考虑转变,在产业链上既实现了产品上下游的对接,丰富了灵谷的产品系列,同时也基本实现了产业上下游副产品的对接,大幅度降低了主产品的综合生产成本,形成了具有灵谷特色的循环经济链条。

灵谷化工把产业链和产品链的延伸作为转变过程治理、打造生态链条的主攻方向,从而开辟了巨大的发展空间:工业级液体二氧化碳回收装置每年可以回收富余二氧化碳20万吨,最大限度地减少温室气体排放;化工、热电产生的含硫尾气全部回收并经深度加工,生产出高质量、可用于出口的硫磺、硫铵产品,多余尾气送锅炉燃烧,有效降低生产过程污染排放;化工产生的灰渣经压滤后和锅炉用燃煤掺混使用,热电的灰渣则用于水泥和砖的制造,实现了资源的综合利用;化工产生的蒸汽冷凝液通过泵送至精制工段进行处理,达到锅炉补给水的指标要求后送热电锅炉回用;循环水系统采用闭路循环,水资源回收再利用可节约水量逾120万吨;化工废热锅炉产生的1.5MPa、0.5MPa等级富余蒸汽被利用来带动两台15MW余热发电机组,年发电量约2.4亿千瓦·时,全部实现清洁生产,每年可节约煤炭12万多吨。环境保护税法实施后,单纯处理1吨固废要比原来增加1000多元成本,但灵谷化工通过对固废进行再处理并循环利用,不仅不用增加固废处理成本,还给企业创造了巨大的经济效益。目前灵谷化工通过循环经济创造的直接经济效益占企业总效益的比例逐年增加,为企业赢得了生存发展和市场竞争的主动权,为宜兴市建设"全国城市环境综合整治先进城市""国家卫生城市"做出了应有的贡献。

(四)优化拓展产品结构,补链强链

1. 分析市场现状,重设目标客户

灵谷化工"走进市场、对接客户",深入全面地分析了国内外尿素市场。一方面,虽然产品的农业需求受国家种植机构调整及基础肥料使用减少等因素影响在缓慢降低,但仍占主体地位。而工业需求方面,人造板、三聚氰胺和火电脱硝行业在工业需求中的主体地位保持不变,近年来逐年增加,其中环保脱硝覆盖扩增是工业需求增长的主要因素。另一方面,随着汽车尾气排放标准逐年提高,环保督察日益严格,车用尿素溶液需求呈现由中心城市向外扩散的趋势,其他地区尤其是偏远城市尾气排放管理相对宽松,这个细分市场未来仍有较大的增长空间,公司嵌入下游高端尿素溶液经销企业的供应链条,与中国石化、南京可兰素等高端客户无缝对接,培育了一批极具黏度的战略客户群。

2. 依托企业优势，实现多元布局

首先，灵谷化工在提升综合竞争力的过程中对产品结构调整和品种拓展进行了创新性的设计和布局。一期大化肥装置通过造粒塔生产小颗粒尿素，主打国内工业尿素市场和车用尿素市场；二期大化肥装置通过冷料循环生产强度更高的中大颗粒尿素，主打注重缓释效果的国内外农业尿素市场。这样，产品结构的拓展不但兼顾了国内和国际市场，一旦国内市场变化，完全可以调过头来，满足国内需求，保证农业安全；而且对国内农业、工业、车用环保市场进行了细分，逐步做轻农用市场，成效显著。

其次，灵谷化工根据国内尿素出口形势，坚持做好自己擅长的产品和服务，持续增强产品的不可替代性，不断挖掘市场潜力，积极寻找细分市场，创新性地对造粒系统、筛分系统进行改造，解决了国外客户对尿素粒度（2.0~4.0mm，非国标要求）必须达到90%以上，成品筛分工序要求苛刻的难题，此规格产品在国内仅灵谷化工有能力生产。同时灵谷化工还顺利获得了澳肥一级供应链认证，成为国内仅有的三家符合出口澳大利亚标准的生产厂家之一。灵谷化工抓住企业变革的契机，通过多渠道保障供给能力来"稳链"，通过上下游产业链的对接和协同来"延链"，通过创新绿色产品来"补链""强链"。

3. 拓展产品结构，提高供给品质

灵谷化工在坚持于氮肥领域精耕细作的同时，并不满足于一隅一地的领先，不断主动求变，积极寻找新的战略突破，依托技术创新和管理创新，在产品高端化、差异化和多元化上取得了一定成效，拓展了产品结构，提高了产品品质和附加值。在产品转型和提高产品供给品质方面，灵谷化工把市场思维转变成外部客户思维，一切站在外部客户的角度看问题，将提高产品品质的出发点转换到客户需求的精准洞察与快速满足。同时坚持客户为先的业务导向、价值导向、效率导向，使业务更聚焦，更精准对齐客户需求，从而强化了价值服务，提供出解决方案。"灵谷"牌尿素产品，通过ISO9001国际质量管理体系认证，获得了"江苏省重点培育和发展的国际知名品牌"，缩二脲、水分含量优于同行，产品金属离子含量更低，有效降低了农作物使用中引起的环境风险。

（五）完善组织绩效体系和人才制度，强基固本

1. 结合企业发展，完善组织绩效体系

灵谷化工在综合竞争力提升推进初期，对原先实行的事业部制进行了优化，采取总公司职能部门+分公司管理模式，并对公司组织机构进行了重新梳理和调整，完善了部门设置，将煤炭采购从物资供应部分离出来，成立了煤炭分公司；营销部升格为营销分公司，并根据细分市场分设了一部和二部；安全和环保部分离开来，设立安全生产部和环境保护部，进一步增强安全、环保管理力量；增设了工程管理部、总师办等部门，不但合理实现了"去中间层"，缩短纵向沟通距离，加快了信息流速，而且促使企业组织架构和职能界限更加清晰。此外，公司专门成立了招标管理委员会、绩效考核和薪酬管理委员会以及安全生产环境保护委员会等4个专业委员会，完善了决策制度体系，有助于公司管理变革中兼顾生产运行和项目筹建中的各种问题。

灵谷化工在绩效激励方面创新实施"量化分权"，以利润为目标，推动全员绩效考核，来倒逼技术创新、智能化升级、节能降耗，让每一位员工都能成为主角，提高员工参与生产经营的积极性，力争"效益最大化、成本最低化"。公司还实施了岗位期权激励，覆盖中层以上干部，激发管理层将公司做强做大的动力。

2. 紧扣行业特点，优化人才培养机制

为适应高质量发展和现代化氮肥制造的需要，灵谷化工先后将150多名一线员工按不同工段，分期、分批外送到上海焦化、山东国泰、湖南洞氮、南京惠生、山西丰喜、山西天泽、重庆建峰、贵州开阳等兄弟厂家培训学习，培训费用共计240多万元；对新员工实行岗前培训，转岗员工实行转岗培训，各生产车间每月或每季对员工进行岗位培训考核。对从事各类特殊工种的员工，积极组织开展上岗资格

培训，做到特殊工作人员100%持证上岗。分期、分批选送学历高、年纪轻的高层参加中高级职业经理人培训以及北京大学光华学院、清华大学管理学院等国内一流大学的高级研修班培训，有效提升高层人员的管理素质和领导能力。

3. 注重人才选用，确保经营稳定持续

灵谷化工设立了职业发展双通道模式，包括经营管理职能和生产技能序列，为员工提供横纵向职业发展通道。横向上，建立的"双向选择"机制，员工可以调整自己的职业发展通道；纵向上，设立"职务晋升"和"技术晋升"两条通道，员工可以向更高层次的管理职务发展或沿着技能序列发展，这种模式有利于公司培养既懂管理又精技术的复合型人才。普通员工可以通过内部选拔、竞聘上岗等途径踏上中层管理岗位，研究生以上的高学历人员通过担任中层职务、压担锻炼进入职务晋升通道。通过多方面的培养，形成人才梯队，逐步完成新老交替，保障人才资源，为灵谷化工持续经营打好坚实的基础。

三、民营氮肥制造企业以高质量发展为目标的综合竞争力提升管理的效果

（一）企业竞争力得到提升，综合实力壮大

灵谷化工用了12年时间，年产合成氨从20万吨扩大到100万吨，从小氮肥企业步入现代煤化工氮肥企业的行列，2018年入围中国氮肥工业发展60周年"领跑企业"，综合竞争能力位于全国氮肥行业前列，省内同行业榜首。公司参与编制了《石油和化工行业绿色供应链管理导则》，形成相关知识产权24项。作为主要完成单位之一，"CO_2离心压缩机关键技术与应用"获中国机械工业协会科学技术一等奖、"日处理煤2000吨级多喷嘴对置式水煤浆气化技术"获中国石油和化学工业联合会科技进步一等奖、"大型水煤浆气化过程关键技术创新及应用"获国家科学技术进步二等奖。陕煤集团、中煤图克、内蒙古博大、重庆建峰等企业也专门组织相关部门与灵谷化工进行面对面对标交流。

（二）盈利能力显著提升，经济效益可观

2019年灵谷化工实现营业收入34.55亿元，工业增加值16.8亿元，同比增长11.29%；实现税前利润11.12亿元，同比增长18.8%，销售毛利率达36.9%；全年入库税金4.72亿元，同比增长47.96%。2019年灵谷化工全员劳动生产率达170.24万元/人，远高于无锡市规上工业企业平均值31.15万元/人；人均创利从2007年的6.79万元提高到2019年的117.99万元，增幅达到了1637.7%。

（三）社会地位得到提高，生态效益显著

灵谷化工充分重视生态保护和绿色发展，提前18个月达到了国家规定的锅炉超低排放指标要求，做到了环保治理领先一步；完成了项目污水处理扩能、中水回用改造，废水排放达到国际领先标准，企业废水排放量低于$4m^3$/吨氨，氨氮含量低于2mg/L，COD排放量100mg/L以下，远低于国家对太湖流域企业废水排放的要求。2019年灵谷化工对上财税贡献达4.18亿元，名列宜兴市企业财税贡献第2位，无锡市企业财税贡献第43位。2019年公司员工的人均年收入已经超过10万元，最近5年出现了持续增长，复合增速达到13%，员工流失率低于3‰。公司获得了氮肥行业第一批（10家）AAA级信用企业及江苏省工业企业质量信用AA级企业。并连续5年被评为石化行业"能效领跑者"标杆企业，入围工信部重点用能行业"能效领跑者"、荣获工信部"重点行业清洁生产示范企业"称号、中国氮肥工业协会"节能减排先进单位"、石油和化工行业"绿色工厂"。

（成果创造人：谈福元、谈成明、钱林明、吴国均、吴昌祥、左勇春、芮　群、徐　鹏、许小峰、王正寅）

大型国有企业基于产业协同发展的多元化战略实施

中国航天科工集团第二研究院

中国航天科工集团第二研究院（以下简称航天二院）创建于1957年11月16日，是我国空天防御技术总体研究院，我国重要的导弹武器装备研制生产基地，国防科技工业的中坚力量。近年来，航天二院大力实施"创新驱动、人才强企、质量制胜"等四大战略，坚持"集约集聚集群"的产业发展模式，构建"企业总部+区域总部+区域公司+产业园区（生产基地）"的集团化产业经营架构，打造形成多元化的产业发展格局。航天二院下属19家单位，共有员工21000余人，其中两院院士5人，中央直接联系专家12人，正高级以上专业技术人员1000余人，共获得包括4项国家科技进步特等奖、4项国家技术发明奖、2项国防科技进步特等奖在内的各类科技奖励2500余项。2019年营业收入突破500亿元，利润总额突破40亿元。

一、大型国有企业基于产业协同发展的多元化战略实施背景

（一）转变发展方式，推动企业高质量发展的需要

航天二院作为传统大型军工企业，军民产业结构比例一直不均衡，军用产业占比远高于民用产业。进入"十二五""十三五"以后，军用产业的增速逐步放缓，长期以来靠军用产业增长维持整体经济规模增速的发展模式迫切需要转变。但航天二院民用产业规模占比仅30%左右，比航天一院、五院、八院等兄弟单位都低，更是远远低于航天科工集团，产业要素之间的协同关联度较低，迫切需要通过实施基于产业协同发展的多元化战略，构建"实体产业、综合创新、资本市场、人力资源"协同发展的产业体系，向市场体制、要素协同、产业化的发展模式转型，推进军民产业结构逐步优化，切实推动高质量发展。

（二）提升核心竞争力，打造世界一流安全防务企业的需要

航天二院贯彻中央和国有资产管理委员会要求，深入开展世界一流企业建设研究，从战略影响力、科技创新力、市场竞争力、价值创造力、人才成长力、经营管理力6个方面开展对标分析，研究确定2025年初步建成世界一流的安全防务企业。但是航天二院在产业化领域还存在很多问题：一是产品链核心不在手，部分产业偏重于系统集成，缺乏核心技术产品，尤其是缺少高附加值、商业化、规模化的拳头产品；二是产供销不衔接，没有打通从采购到生产再到交付的全链条，全产业链竞争优势不明显；三是重研发、轻营销，对市场需求研究不透，营销资源、人力资源投入不足，没有真正"跨入市场"；四是"走出去"不充分，随着北京市"经济中心"定位的逐步弱化，国家一体化经济区域的快速发展，北京地区的发展成本、人力成本将成为产业高质量发展的瓶颈，"走出去"战略迫在眉睫；五是技术、产品、市场、供应链、人才、资本等产业要素不协同，产业链上下游衔接不充分，全要素生产率提高存在薄弱环节。

二、大型国有企业基于产业协同发展的多元化战略实施内涵与主要做法

航天二院聚焦主责主业，以提升产业化能力和产业链水平为目标，针对"技术强、产品弱，研发强、产业弱，军品强、民品弱"等短板，按照"多维度延伸、立体式关联、交叉式协同"思路，实施基于产业协同发展的多元化战略，主要围绕"实体产业、综合创新、资本市场、人力资源"4条主线，着力抓好"市场、产品、供应链"3个环节，通过聚焦信息技术、高端装备制造、科技服务业等高新技术产业抓实实体产业，依靠科技创新、模式创新、管理创新构建技术领先优势、产品竞争优势和产业生

态优势,依靠现代金融、资本运营解决产业资金需求和产业链协同问题,依靠高层次领军人才引进和多元化薪酬模式激发人才活力,建设形成协同发展的产业体系,有效推动"战略地位、发展质量"双提升,取得了良好的政治效益、经济效应和社会效益。

(一)科学论证,制定基于多元化战略的整体规划

航天二院认真研究产业化发展的理论和实践,研究国际、国内和行业发展态势,分析"实体产业、综合创新、资本市场、人力资源"在产业体系中的不同定位、不同作用和相互支撑关系。实体产业方面,航天二院主要是防务装备产业、航天产业、信息技术产业、高端装备制造业、现代服务业等领域的细分产业,能够引领技术、资本、人才配置,牵引产业体系建设。综合创新方面,航天二院要从突破式创新和渐进式创新两个维度入手,大力推动技术创新、商业模式创新、管理创新,尤其注重强化有产业化前景的技术创新,强化颠覆产业发展格局的商业模式创新,强化优化人力资源体系结构和资本运行效率的管理创新,有力推动产业体系建设。资本市场方面,航天二院要充分发挥资本市场投融资的灵活性和媒介性,强化从全社会配置资源,快捷高效拓展产业链能力、抢抓核心技术资源,通过收并购高端人才团队打造核心竞争力,提升资本流动效率、资源利用效率,有效降低创新创业风险,有效激发产业体系活力。人力资源方面,航天二院要通过强化劳动力和人力资本两个属性来提高全要素生产率:劳动力方面,主要通过数量扩张驱动实体产业发展,人员层次相对不高但确实是产业规模化增长的需要;人力资本方面,主要通过高端人才培养、效率效益提升来驱动技术创新、资本运作、实体产业等发展,人员层次相对较高而且是提升全领域核心竞争力的需要。

在此基础上,从定量和定性两个维度制定产业发展目标。定量目标方面,包括产业规模总量要按照"十四五"期间至少4项重点产业达到100亿、重点产业增长速率至少高于企业增长率5个百分点、军民产业结构可以适当调整、空间区域布局适当向成渝地区拓展等;定性目标方面,包括科技创新能力和经济运行能力居于国内航天研究院前列、成为我国航天装备与空间技术领域的生力军、成为新一代信息技术领域的中坚力量等。同时,进一步明晰协同发展路径,从产业、创新、资本、人才等入手,细分市场营销、技术产品、供应链、生产能力、国际化经营、资本运营、人才队伍、生态构建8个重点环节,每个环节明确发展路径,从而推进整个战略目标的实现。

(二)瞄准机遇,分类推动骨干产业集群建设

1. 找准实体产业发展方向

航天二院深入分析中央和国家近期的重大政策,研判产业发展态势,结合自身基础、市场情况从中挖掘机遇、寻找着力点,主要从以下两个方面切入:一是聚焦科技创新、自主安全等战略必争领域。这些领域,国家会陆续出台各种支持政策,加强技术创新,强化战略科技力量攻关,实施"攻尖"项目,持续推进产业体系自主完整,将会推动整体产业基础能力和产业链水平不断提升。二是注重在自身基础较好的产业领域和国家支持的政策领域之间寻找契合点。航天二院在雷达与电子信息产业领域、信息技术应用创新产业领域、空间工程领域、智慧产业领域等国家重点发展产业领域积累了一定的资源优势,具备良好的发展基础。

2. 分类推动多元化骨干产业集群建设

航天二院强化顶层设计和全局观念,以打造世界一流的骨干产品和产业集群为目标,推进"1+4"的产业发展格局。"1"是防务装备产业,定位为"基业""引领型产业",是航天二院生存与发展的根本。按照习近平强军思想和新形势下军事战略方针,遵循体系化、实战化、智能化的发展思路,按照体系设计、装备建设、技术发展的路径持续深化。"4"是指4个骨干产业集群,即雷达与电子信息产业、信息技术应用创新产业(以下简称信创产业)、空间工程产业、智慧产业,重点深化"要素协同发展"机制,经集团公司党组审定发展路线图后,从产业发展资本金、股权投资项目立项、固定资产投资项目

立项、工资总额、高端人才推进等多个方面给予政策支持，具体推进路径如下。

一是雷达与电子信息产业领域，通过采取技术创新与资本市场的有机结合、智能化规模化的生产能力建设和质量管控、融入地方政府规划和社会资本投入等举措，大力推动"预警业务、气象业务、空间态势感知与测控业务、先进材料与高端芯片业务"四大板块快速发展，围绕京冀地区、湖北地区、环太湖地区打造大三角产业集群，2019年突破70亿元规模。

二是信创产业领域，着力突破总体设计、产品研发、系统迁移、适配优化、测试验证、信息安全防护等核心技术，打造以"天玥""天熠"为代表的终端、服务器、存储等软硬件核心产品，通过推动营销体系优化和建设柔性敏捷供应链，快速抓住当期市场、抢占市场、提高整机开箱合格率，形成年产数百万台终端的生产能力，2019年突破40亿元规模。

三是空间工程领域，着力打造低轨卫星平台、卫星互联网、货物返回舱等系列核心平台产品，同步布局卫星应用与服务领域，实施低成本、差异化创新领先战略，采取社会化总体部的发展模式，打造形成新型产业生态，构建空间全产业链体系布局，2019年突破30亿元规模。

四是智慧产业领域，按照"基础+平台+应用"的发展思路，建设航天智云平台，构建覆盖"感、传、知、用"的软硬件产品体系，全力推动平台化转型和核心产品自主可控，实现由系统集成商向"产品供应商+系统集成商+服务提供商"的转变，2019年突破30亿元规模。

（三）从技术、商业模式、管理三个维度强化创新驱动

1. 强化技术创新，确保产品链核心在手

一是强化核心技术掌控。突出颠覆式创新、原始创新、跨界创新，构建结构合理、先进实用、开放融合、自主安全的专业技术体系，着力解决制约产业发展的重大核心技术问题，实现"性能不变，成本降低50%以上；成本不变，性能提升50%以上"的创新目标，有力支撑产业化发展。信创产业领域研发推动4型21款产品进入《党政机关安全可靠应用信息类产品采购名录》，并基于飞腾2000研制出通用服务器、基于龙芯3A4000研制出15.6寸笔记本电脑，为信创领域全面替代工作奠定了坚实基础。雷达与电子信息产业额外获得原子雷达、高功率微波等技术创新项目立项和固定资产投资项目立项，确保了技术上的领先优势。

二是强化专业化、货架化产品开发与应用。研究建立技术成熟度和产品成熟度评估模型和数据库，以"新三化"、微系统为核心牵引，瞄准高可靠、低成本、国产化需求，加速推动计算机软硬件、原子钟、高端芯片等产品性能、质量、工艺和通用化水平提升，实现成熟技术和公共货架产品的工程应用。雷达与电子信息产业瞄准5G领域发展，结合50余年来积淀的铁氧体材料基础，开发出适应5G宏基站需求的铁氧体环形器，实现成熟技术在新兴领域的产业化应用。

三是强化前沿技术探索培育。紧跟世界科技前沿，围绕人工智能、光量子、太赫兹等技术方向，构建基础理论研究、共性技术研究、应用技术研究和原型产品体系，瞄准改变未来产业体系格局的颠覆性技术创新，抢占高端前沿领域发展先机。雷达与电子信息产业强化太赫兹技术研究，研发出太赫兹雷达产品，能够对重点区域进行快捷高效搜索，有效弥补光学、红外等传统雷达探测的不足，构筑了安防领域的市场核心竞争力。

2. 强化商业模式创新，构建良好产业生态

一是坚持以用户需求为导向，实施差异化市场营销策略。航天二院针对国家部委、地方政府、重点行业、军方机关等制订差异化的营销策略，主动对接国家部委，与湖北、四川、云南、江苏、广东、浙江等省政府建立长期良好的沟通合作关系，市场营销领域取得显著成绩，信创产业领域市场占有率保持第一。

二是完善供应链管理，采取服务"投资换市场"的营销策略。航天二院在信创产业领域构建"区

域公司+本地 OEM 厂商""区域公司+自建产线""与本地 OEM 厂商合作"等多种新型合作模式，在国有资产监督管理委员会压减法人户数的大背景下额外获得航天科工集团公司给予的 9 个独立法人公司立项支持，有力支撑了云南、四川、广西、重庆、陕西、江西等地区的市场拓展，一定程度上也带动了地方经济社会发展、科创能力提升和人员就业。

三是注重整合利用社会资源，完善构建产业生态。航天二院在信创产业领域牵头组建"航天科工信创信息技术应用联盟"，汇聚集团内外百余家单位，通过产业协同持续涵养产业生态；在智慧产业领域，充分利用社会化资源，与各地集成商、产品商、运营商形成合作态势，定期召开生态伙伴大会，提升产业生态凝聚力；在网信产业领域，成立智能协同云技术与产业联盟，吸纳中国电子信息产业集团、中国信息通信研究院、中国科学院计算技术研究所、360 安全集团、科大讯飞、清华大学等 20 余家单位，深入开展技术产品合作，协同打造网络信息产业新业态。

3. 因地制宜，完善管理机制

一是实施基于全要素、全流程的综合经营管控机制。针对产业化重点任务，航天二院构建基于"一本计划"的产业发展目标责任体系和预先承诺奖励机制，按月度管控、季度兑现的模式实行任务经费和工资总额挣得制，打造年度目标与规划目标相衔接、院属单位计划与院级计划目标互锁的经营管理模式。

二是搭建新型产业经营管理架构。围绕国家空间战略布局高地，构建"企业总部+区域总部+区域公司+产业园区（生产基地）"的集团化产业经营管理架构，着力打造统筹市场、研发、设计、生产、制造、试验等要素协同发展的区域性经营管理平台。企业总部设在北京，定位为总部运营管理中心、科技创新中心、对外交流中心、战略性新兴产业的策源地；同时在成都、西安、南京等区域论证设立研究分院，打造数字技术、微波技术、材料芯片等领域的产业聚集区，同时一体化争取地方政府的优惠政策。区域总部方面，武汉地区定位为空间产业、网信产业的区域总部，南京地区定位为信创产业的区域总部，已经分别设立公司，切实实现区域性的一体化管理、一盘棋发展。区域公司方面，在荆州、无锡等地设立雷达与电子信息产业区域公司，在云南、四川、广东等地设立信创产业区域公司，在杭州设立空间产业区域公司，在苏州、宁波、广州等地设立智慧产业区域公司，有效推动各项产业发展。产业园区方面，在荆州打造预警板块和高端器件研发生产的产业园区，在无锡打造气象雷达板块研发生产的产业基地，在武汉建设年产 240 颗卫星、集聚产业链上下游的卫星产业园区，多区域构建柔性化、智能化、规模化的供给能力。

三是基于航天智云平台，构建新型数字化企业运营管理新模式。围绕航天智云平台迭代研发，打造企业"通用底盘""平台的平台"；着力打造以协同研发、智能制造、智慧管理为代表的各类云端应用平台，构建"基础+平台+应用"的新型产业发展模式；构建企业经营发展的 KPI 指标体系，贯通业务领域之间、院所两级之间的经营管理链路，实现 100% 数据动态抽取，全面提升企业数字化运营能力。

四是实施院长令等新型激励机制。强化战略性、全局性的重大产业化项目竞标、重大产业领域拓展、重大产业发展管控与推进，发布实施院长令并配比任务经费，激励重大产业化项目发展。2019 年共实施 10 项院长令，涉及经费 1400 万元。

（四）丰富资本运作手段，支持实业发展

1. 稳步开展股权投融资，发挥好资本市场的媒介作用

一是坚持纵向一体化协同，提升全产业链掌控能力。为了掌控产业链的更大范围、更多环节，航天二院运用资本手段沿产业链上下游进行产权扩张，控制产业链的原材料、核心技术、关键产品、市场等多个环节。为加强信创产业的全产业链能力，航天二院收购上游公司龙芯梦兰，构建基于龙芯处理器主

板和整机的自主产品化能力，并借此与上游芯片公司龙芯中科形成深度战略合作，全产业链发展态势良好。

二是坚持横向一体化协同，推进产业做强做优做大。为了提升整体规模、巩固行业地位、提高竞争优势，在产业链某一环节进行同业整合，航天二院收并购荆州南湖机械厂、无锡无线电研究所，成立新的航天南湖、航天新气象，大大提升在预警雷达、气象雷达等领域的竞争力。2019年航天新气象高溢价完成重组，公司估值提升至15亿元。

三是坚持生态化协同，提升产业链竞争力。为构建全要素多领域的产业生态，联合外部企业、政府、高校、金融公司等机构，战略性参股一些公司，打造利益共同体，构建资源共享、利益协同的产业生态。

四是拓展公司设立模式，推进科技成果转化。航天二院新设航天拓维公司，着力于芯片产业发展，首次采取先参股后控股的整体设计思路，先行利用外部资源推动科技成果孵化升级，之后回归国企序列，完成控股收购，创立技术创新成果向市场效益转化的新模式。在保障核心产业能力的条件下，首次在公司新设阶段高溢价引入社会资本助力产业发展，同时为有担当、有激情的科技人员持股创业提供了新路径。

2. 发挥上市公司的平台作用，推动产融互动发展

一是强化内外部协同，提升上市公司资本化水平。航天二院重点围绕智慧产业、信创产业等信息技术领域，推动院内厂所加快重点产业培育、孵化、剥离和整合，通过并购重组、定向增发股票、置换资产、引入战略投资等途径注入上市公司，同时锁定外部优质企业，推进上市公司收并购，以"内部优质资产注入+外部优质资产并购重组+产业板块整合"的方式，稳步做优做大上市公司。智慧产业领域，航天二院将原三级控股子公司航天朝阳电源整体注入上市公司航天长峰，推动航天长峰收购柏克和精一两家公司，补齐了航天长峰在安防和电源领域的技术短板，提高了公司盈利能力和市场竞争力。

二是围绕重点产业项目，打造上市公司新板块。围绕信息技术、高端装备制造等领域，通过内部产业整合、外部优质企业收购等手段，打造上市公司新板块，形成产业发展和资本运营相互驱动、产融互动、融合发展的良性循环。新冠肺炎疫情期间，航天长峰紧紧抓住呼吸机等市场机遇，联合航天二院内部优势单位推进现有呼吸机产能提升，联合航天科工内部优势单位推进国产化高端呼吸机研发，打造高端医疗装备产业新板块。

3. 拓展资金募集渠道，支撑产业规模化发展

一是积极申请国有资本经营预算支持。充分发挥雷达与电子信息、信息技术应用创新、空间工程等战略性新兴产业的比较优势，申报国有资本经营预算15亿元，目前已经落实近5亿元。

二是出台产业化发展专项优惠贷款政策。针对产业发展资金需求，航天二院向空间产业承担单位提供低息贷款超过3亿元，协调航天科工财务公司提供"三创新"专项贷款近5亿元。

三是设立重大产业发展资金池。航天二院设立专项资金，对已通过集团审查的重点产业项目提供贷款支持，每个项目5年内提供10亿元免息资金保障。

（五）优化人才引进培育和激励机制，激发发展活力

1. 丰富人才引进培育手段，优化人才结构

一是结合业务工作开展，深化培养高素质专业化技能人才、宽口径复合型经营管理人才，推动符合产业化导向的人才队伍结构不断优化。例如，航天二院将近两年来的产业化经验成果进行总结凝练，打造8期近300分钟的产业化教育培训精品课程，着力提升全院产业化从业人员的经营管理能力和理论水平。

二是实施引才引智机制。强化产学研合作平台建设，围绕重点产业领域，分类制订人才引进方案，

利用市场化手段引进职业经理人和高端专业人才，成功引进一批成熟型和领军型顶尖人才。空间产业领域，航天二院为掌握宽带卫星通信网络技术，引进长期在知名卫星通信公司工作的领军人才，辅以清华大学、北京邮电大学等高校通信领域的专家教授和来自华为、三星等企业实践经验丰富的尖端技术人员，力争两年内掌握先进核心技术，形成先发优势。

三是实施高端创新人才推进计划。航天二院以培养院士为代表的高层次人才队伍为目标，建立领军人才推进机制。围绕高层次人才队伍建设，落实高端人才成长计划，畅通发展通道，做好人才储备库建设，培养和造就一批经营管理理念先进、实操经验丰富的领军人才。推荐雷达与电子信息产业主导实施者为2019年航天科工集团唯一的"管理创新重大贡献奖"获得者。

2. 实施多层次的薪酬激励

一是实施高层次人才薪酬"提升计划"，打破平均主义，薪酬激励向高层次核心人才倾斜，在100%完成年度产业化任务的前提下，确保薪酬不低于100万元。

二是实施一线骨干人员"两高薪酬计划"，推动重点产业领域一线骨干人员年收入增幅高于本单位平均增幅3%以上，院属主要产业单位10%的专业技术骨干收入增幅高于10%以上。

三是采取谈判工资制、固定工资+绩效奖金、年薪制等高效灵活且多元化的薪酬体系，按照不同维度、不同力度对不同层次、不同领域的人员实施差异化薪酬激励。信创产业、空间产业额外得到航天科工集团人员单列、工资总额单列的政策支持，大大激发干部职工的积极性。

3. 实施骨干员工股权激励

一是大力推进混合所有制企业开展员工持股。推动航天芯锐、航天龙梦、航天极创、航天拓维、航天虹云网络技术公司5家公司实施骨干员工持股工作，有效提升骨干人员的主观能动性、创新创业活力和价值创造力。

二是大力推进科技型企业股权激励。推动航天南湖实施股权激励，共有近40名骨干参与现金出资，成为航天二院首家依据财资〔2016〕4号文件实施股权激励的科技型企业，探索出人才激励新模式。

（六）强化支持保障，确保多元化战略落地

1. 强化组织保障，落实责任

一是成立领导小组，航天二院院长为组长，党委副书记、副院长为常务副组长，相关院领导为副组长，相关部门和重点产业单位主要负责人为成员。领导小组负责研究协同发展思路，提出产业体系建设路径，指导产业化工作开展，决策部署产业化推进过程中的重大问题。

二是成立"1+4"产业化推进工作组，即1个总体论证实施工作组和4项重点产业推进工作组，航天二院本部牵头部门和重点产业单位主要负责人任组长，负责提出产业化实施路径，推动市场营销、产品研发、供应链管理等重点工作开展，按照边研究论证、边实施完善的原则推动深化。

三是成立管理协调组，牵头部门主要负责人任组长，负责贯彻落实领导小组决策部署，督促工作计划执行，每周向领导小组报告工作进展，及时协调解决论证实施工作中存在的问题

2. 完善工作机制，确保执行力

一是会议协调机制。按需召开全体会议、专题会议、对口会议，传达学习中央和上级关于建设协同发展产业体系的重要决策部署，听取工作进展汇报，部署重点任务，研究解决重点难点问题。

二是请示报告机制。及时向领导小组报告论证工作的进展情况和重要事项，研究提出意见建议，请示需要协调解决的重大问题，呈报需要院党委决策的相关政策制度建议。

三是计划调度机制。按照产业化工作计划，各工作组分别制订工作计划，明确责任人体系，明确各产业推动的方法步骤、时间节点、成果形式，按周计划、按周报告，按天部署、按天推进。

四是检查督导机制。及时向领导小组通报情况，督促工作落实，将相关工作纳入各部门、各单位年

度工作计划,必要时纳入航天二院督办事项,督导推进。

五是专项激励机制。瞄准年度新增营业收入目标,将产业化发展工作纳入"责任令、责任书"任务开展专项考评与激励。

三、大型国有企业基于产业协同发展的多元化战略实施效果

(一)推动了多元化产业快速发展,创造了显著经济效益

航天二院自2018年底开始推动产业多元化发展战略实施以来,多项产业纳入航天科工集团"三创新"特区建设,打通营销链—产品链—供应链、产业链—创新链—资金链—人才链等多个关键链路,形成了预警雷达、气象雷达、卫星平台、信创国产化单机和服务器等一大批核心产品,构建了"总部+区域+代理"的市场营销体系,建立了一大批分子公司和产业园区,有效提升产业化能力。四项骨干产业争取到多个投资项目立项、10个独立法人的区域公司设立、近千名计划外引进人员(工资总额单列)、近5亿元长期低息贷款、2.5亿元产业化发展资本金等多项航天科工集团突破性政策支持,实现了集群式的市场突破和规模化的产业增长。

2019年,航天二院实现营业收入513.7亿元,增长率为12.7%,其中4项骨干产业营业收入175亿元,增长率为32.1%;尤其是信息技术应用创新产业和空间工程产业,增长率更是超过120%。可见实施多元化发展战略,建设协同发展的产业体系,有力推动了航天二院重点产业实现规模化、集群化增长,经济效益大幅提升。

(二)带动了行业发展,取得良好的社会效益

航天二院四家主体产业单位2019年度经营业绩考评结果均获得"优秀"。信创产业领域市场占有率持续保持第一,中共中央办公厅给予其"市场占有率最高、整机质量最稳、服务保障最好、负面评价最少"的高度评价,推动了四川、云南、江苏等多个地区的国产化替代工作,同时与当地合作建设产线、成立公司、带动就业,有力推动了当地经济社会发展;空间产业领域,提出基于低轨卫星星座构建天地一体化信息系统——虹云工程,成功发射首星并稳定运行1年多,验证了低轨卫星互联网技术,实现了5个"国内首次"并入选新中国"150个第一",在湖北省征地400亩建设卫星产业园区,吸引产业链上下游多家产业入驻,有力带动了当地经济社会的发展。

(成果创造人:宋晓明、费海伦、门 杰、焦 珣、徐 鹏、卢 宁、杨 曦、贾云庆、肖海潮、江德宇、史燕中、梅光宗)

电网企业面向能源互联网的战略转型升级

国网江苏省电力有限公司

国网江苏省电力有限公司（以下简称江苏公司）是国家电网公司系统规模最大的省级电网公司之一，现辖13个地级市、53个县（市）公司及10余个科研、检修、施工等单位，服务全省4400多万电力客户。拥有35千伏及以上变电站3200余座、输电线路10.1万千米，江苏电网规模超过英国、意大利等国家，已全面进入"特高压、大电网、高负荷"时代。2019年，江苏全社会用电量6264亿千瓦时，公司售电量5421亿千瓦时，全省调度最高用电负荷10716万千瓦。公司实现营业收入3258.55亿元，资产总额3105亿元，业绩考核连续8年保持国家电网公司系统A级第一名。

一、电网企业面向能源互联网的战略转型升级背景

（一）促进江苏省域经济高质量发展的迫切需要

江苏省是"一带一路"、长江大保护、长江经济带、长三角区域一体化四大国家战略的交汇点。近年来，江苏省委省政府秉承高质量发展思路，高起点开启现代化建设新征程，加快推动"强富美高"新江苏建设。作为能源消费大省、能源资源小省，在经济发展从高速增长阶段转向高质量发展阶段，江苏省能源供需紧张形势相对缓和，但结构性矛盾、体制机制等深层次问题仍然突出，特别是化石能源高排放、高污染对生态环境建设带来较大压力，各种能源之间集成互补程度不高，能耗强度与国际先进水平还存在较大差距。电网是能源资源输送配置和转换利用的基础平台，处于能源体系的中心环节。江苏公司从服务国家、地方战略大局出发，牢牢把握高质量发展对能源安全高效供应和优质服务的根本要求，主动调适发展战略，通过数字技术与能源生产消费各环节的深度融合，持续提升能源资源配置效率和能效利用水平，以更加清洁和绿色的方式服务江苏省经济高质量发展，是江苏省当前的迫切需要。

（二）建设国际领先能源互联网企业的必然选择

国家电网公司党组在深入学习习近平总书记关于国企改革发展、党建和能源革命重要论述的基础上，明确了建设具有中国特色国际领先的能源互联网企业的战略目标，为企业长远发展指明了方向。江苏公司作为国家电网公司系统的排头兵，电网发展保持领先、管理水平走在前列，具备在推动国家电网公司战略落地中当标杆、站排头的坚实基础。江苏公司在向战略目标迈进的过程中，迫切需要抢抓能源转型带来的新机遇，面向能源互联网企业建设推动战略转型升级，以更高标准、更高站位加快转换发展动能，在建设具有中国特色国际领先的能源互联网企业新征程中奋勇争先，以实际行动践行央企"六个力量"定位，切实发挥"大国重器"和"顶梁柱"作用。

二、电网企业面向能源互联网的战略转型升级内涵和主要做法

江苏公司主动融入地方经济社会发展大局，以推动传统电网向能源互联网转型升级、促进企业战略目标落地实施为主线，明确"一体两翼"业务布局和电网向能源互联网转型、业务向用能服务转型、管理向高效智慧转型、经营向质量效益转型的实现路径；深耕能源互联网建设与运营核心业务，实现能源资源优化配置；做优能源互联网支撑业务，提升价值贡献能力；拓展能源互联网新兴业务，提升综合能源服务能力；建立一体化数据资源体系，以数字化提升战略转型发展能力；加强战略实施管控，保障战略举措扎实落地。通过实施一系列创新举措，在构建以电为中心的能源互联网方面迈出坚实步伐，显著提升了企业核心竞争力和经济效益，探索走出一条具有中国特色的能源央企发展道路，为其他省级电网企业提供了可复制推广的经验。

(一) 确立战略转型升级的指导思想和实现路径

1. 制定总体目标，明确战略发展方向

江苏公司紧密承接国家电网公司战略目标，综合考虑内外部形势和发展条件，坚决贯彻国家电网公司党组"五个领先率先"、打造"江苏样板"的指示精神，滚动修订发展战略，确立了争当建设具有中国特色国际领先的能源互联网企业、推动能源高质量发展、服务"强富美高"新江苏建设的"三个排头兵"的战略定位，科学规划实施步骤，建设区域能源互联网和公司级智慧能源综合服务体系，建成具有中国特色国际领先的能源互联网企业，将公司打造成以安全高效、绿色智能、开放共享为特征的能源高质量发展的重要力量，打造成全球能源企业可持续发展的典范，打造成服务江苏经济社会高质量发展的坚强支撑。

2. 明确业务布局，制订转型升级路径

江苏公司从战略全局出发，经过深入研究、系统思考，提出构建"一体两翼"战略业务布局。"一体"，即以能源互联网建设与运营核心业务为主体，顺应能源革命与数字革命融合发展趋势，全方位改造升级传统电网，建设以电为中心，以坚强智能电网为基础平台，深度融合应用"大云物移智链"等先进信息通信技术，支撑多能互补、源网荷储协调互动的区域能源互联网；"两翼"，即以能源互联网支撑业务和能源互联网新兴业务为两翼，对传统能源行业及其他相关行业进行优化、提升、赋能，形成包括支撑能源互联网建设、开发、运营业务及依托能源互联网开展的相关新产业、新业态、新模式。

打造能源互联网企业，不仅是推动电网技术、功能和形态全面升级发展，更是以互联网思维和技术对企业进行全方位、全链条改造，增强价值创造能力，实现能源网络建设运营、经营理念、企业治理、质量效益、产业发展、优质服务等全面转型升级。江苏公司广泛调研国内外前沿理论和能源企业先进经验，深入探究能源互联网的特征内涵和运作机理，制订"四个转型"战略升级路径。推动电网向能源互联网转型，即利用现代信息技术改造提升传统电网，增强配网智能化、数字化水平，提升电力系统感知和控制能力，支撑电网与其他能源系统互联互通；推动业务向用能服务转型，即坚持市场导向，优化完善服务体系，以电为中心探索构建全能源生态链，提供多元化、个性化、定制化的能源增值服务；推动管理向高效智慧转型，即深度挖掘数据价值，用数据驱动管理变革、智慧运营，实现效率更高、业绩更优；推动经营向质量效益转型，即将价值导向、开源节流和精益管理要求贯穿全业务、全流程，建立适应监管要求、注重投入产出的稳健经营模式。

(二) 深耕能源互联网建设与运营核心业务，优化能源资源配置

江苏公司充分发挥以电为中心、以电网为平台的能源互联网在新一轮能源变革中的枢纽作用，有效汇集各类能源，促进能源资源，尤其是清洁能源的大范围优化配置，实现风、光、水、火多能互补，持续提升能源利用效率。

1. 建设坚强智能电网，提升能源柔性传输能力

发挥电网在多能转换利用中的基础平台作用，建设以网架坚强、安全可靠、绿色低碳、运行灵活的智能电网为基础，多种能源网络互联互通、多种能源形态协同转化的现代能源传输网络，全力促进清洁能源发展、保障电力安全可靠供应。构建区域交直流混联主干网架，加快形成以特高压交流电网为核心、500千伏电网为基础的受端电网，满足苏北及沿海大规模清洁能源和核电接入消纳需求，确保苏中特高压直流与500千伏电网高效衔接和潮流安全疏散，持续提升苏南地区电网的供电能力和抵御严重故障的能力。优化220千伏电网分层分区方式。合理控制短路电流，提高重要电源及时接入、分区间事故快速支援和用电负荷即时转供能力。打造广域智能互联优质配电网。推动装备提升与科技创新，加快形成强简有序、标准统一、智能高效的配电网，试点推广交直流混合配电网，提高故障自动检测、隔离和网络重构自愈恢复能力。

2. 构建多能互补体系,实现能源互联互享共济

充分利用各类能源间的时空分布特征差异及互补耦合特性,推动多类能源供需整体平衡,并以广泛互联的坚强智能电网为载体,与燃气、供热管网进行多能协同、互补互济,实现能源资源优化配置和综合能效全面提升。推动多能互补微网建设,试点建设多种能源综合传输体系和微电网,通过风电、光伏规模化发展以及屋顶光伏、燃气等分布式发电,满足区域用电、供热、取暖和制冷各类用能需求。推动能源综合服务站建设,通过电与冷、热等能源间的高效转换,促进多种能源互联互通、综合转化和利用,降低能源生产和消费过程中的能耗,大幅提升综合能源利用效率。加快智能配网建设,为清洁能源、分布式能源、储能和交互式用电设施大规模并网和消纳提供坚实基础,促进能源行业转型发展。

3. 优化能源利用结构,促进能源生产清洁高效

在政府的统一规划指引下,促进非化石能源优先开发与化石能源高效清洁利用,推动清洁高效低碳优质能源逐步成为增量能源贡献主体,逐步降低煤炭、石油消费比重,大幅提升可再生能源和核电消费比重,保障能源与经济、社会、生态环境健康可持续发展。推进化石能源节约高效利用,积极服务满足容量和煤量等(减)量替代要求的大型清洁高效煤电机组建设并网,开展20蒸吨/小时以下的燃油工业锅炉电能替代,呼吁政府因地制宜发展热电联产、有序发展天然气调峰机组。加快非化石能源优先开发,积极配合抽水蓄能开发建设,优化机组运行方式,保障可再生能源规模化发展与全额消纳;积极开展连云港千万千瓦级核电基地和连云港、盐城、南通等海上风电基地配套电网送出工程建设。积极引入区外清洁优质电力,推动±800千伏雁淮、锡泰直流送端电源建设,实现现有输电能力"可用尽用";加快推进特高压白鹤滩水电入苏,提高外来清洁能源比例。

4. 打造先行实践样板,加快建设城市能源互联网

坚持顶层设计和基层首创相结合,根据全省各地市资源禀赋、经济发展水平、产业结构特点、区域能源基础等,以南京、苏州、无锡、常州、盐城为重点,以点带面、精准施策,建设5个各具特色的城市能源互联网。立足南京长江经济带重要中心城市、江苏省会城市的定位,围绕南京能源资源禀赋不高、能源消耗多、能源清洁化率较低的"痛点",依托江北国家级新区建设,以规划协同、用能高效和服务优质为重点,在南京打造综合能源高质量的城市能源互联网;针对苏州能源对外依存度高、能效挖潜空间大的特点,把握苏州建设国际能源变革发展典范城市的机遇,充分发挥500千伏UPFC、大规模源网荷友好互动系统、同里区域能源互联网等一批世界一流电网示范项目的作用,在苏州打造智慧能源高效能的城市能源互联网;依托无锡集成电路、物联网技术和数字经济产业优势,加强数字化技术在能源生产、传输、消费等环节中的应用,在电网升级改造上发力,以新能源汽车及充电设施监管等能源数字平台为纽带,提供多元增值服务,在无锡打造数字化高效智慧共享型的城市能源互联网;发挥常州作为"工业智造明星城"工业互联网的基础以及智能制造和智慧能源产业基地的区位优势,全力构建全绿色能源供给、全电化能源消费的高铁新城,带动新材料、新能源等上下游产业链升级,拓展光伏、储能、氢能、碳纤维及石墨烯等一批前沿产业的新布局,在常州打造绿色能源高品质的城市能源互联网;立足盐城"风、光"资源丰富的自然禀赋,结合长江大保护产业转移,抢抓沿海大发展良机,在能源生产侧风光电储多能并举,在能源消费侧创新商业模式,率先实现清洁能源占一次能源比重超过50%、电能在终端能源消费中的比重超过50%的目标,在盐城打造清洁能源高比例的城市能源互联网。

(三)做优能源互联网支撑业务,提升价值贡献能力

能源互联网支撑业务是支撑和服务能源互联网建设、运营的产业链上下游业务。江苏公司以设备修试、信息通信、物资储检配为重点,充分整合内外部资源,为能源互联网建设提供全方位的坚强保障。

1. 建立高效运维体系,提供智慧运维服务

推广应用源网荷储精准控制、智慧运维等创新技术,加快提升以无人机、先进传感器等为代表的巡

检装备和技术应用水平，构建"信息多源化、诊断智能化、运维高效化"的现代设备检修体系，实现输变配设备状态监测、安全评估、灾害预警、风险控制、信息管理的高度自动化。构建输变电智能立体巡检体系，组建公司系统首个无人机智慧管控中心，完成8386千米500千伏及以上线路通道规模化巡检；实现500千伏及以上变电站巡检机器人全部署、在线监测数据全接入、智能辅控系统全应用，实时掌握设备运行状态，形成以无人机、运检车、站房机器人为架构的"空—地—站"配网立体智能巡检体系。开发配网供电故障智慧抢修系统，大规模、全方位、多手段实时采集设备及现场数据，进行多维统计分析、精准定位，全景展示配电网运行信息、设备状态信息、运行环境信息、基础地理信息等，实现故障主动发现、主动报告、主动分析，工单主动派发，有力支撑配网抢修由被动向主动转变。强化应急体系建设，升级省市县三级应急指挥中心功能，构建应急指挥技术支撑系统，提高应急指挥"可视化、智能化、互动化"水平，增强电网抗灾减灾能力。推动检修管理的信息汇集中心、过程管控中心、预警研判中心和指挥协调中心建设，持续提升设备状态掌控能力和检修管理渗透能力。

2. 构建高速通信网络，助力业务高效协同

建成各级通信系统协同发展的端到端一体化通信网络架构，推进大容量传输系统建设升级，优化网络数据传输性能，加强网络资源调配控制能力，拓展末端网络泛在接入提升。建设高速可靠的骨干网，应用可靠、先进的信息通信技术，增强骨干网带宽，持续提升核心设备自主化率，实现万兆到市、千兆到县、百兆到站（所）。构建泛在灵活接入网，建设"有线+无线、公网+专网"融合的泛在灵活接入平台，提升无线专网覆盖率，加快终端接入应用，打通末端接入最后一公里。持续推进业务场景应用，深化"营配调"业务融合，在基础设备层面实现生产管理系统（PMS）、调度管理系统（OMS）、电能量管理系统（EMS）、用电采集系统数据互通。实时开展停电影响范围的可视化分析，对停电影响用户的通知精准到户。智能识别用户停电位置和原因，合理安排抢修资源，在减少用户停电感知的同时，有效提升用户满意度。

3. 建设智慧供应链，实现物资高质量供给

建设以智能采购电子化、数字物流网络化、全景质控可视化、内外协同便捷化、运营中心智慧化为特征的现代智慧供应链体系，规划搭建64个供应链应用场景，实现供应链管理高效精益运营。打造项目物资供应管控平台，整合项目物资在ECP、ERP等系统的信息，以工程项目为主线，建立涵盖项目预留、采购申请、计划审查、招标采购、合同签订等项目物资供应全链条的数据平台，实现全过程实时监控、分析和预警。推行配网物资供应储检配一体化，利用配网物资统购统配优势，深入分析配网物资各品类的供应特点，选取配变、水泥杆等物资开展"储、检、配"一站式服务，通用标准物资"先入库检测、后按需储配"，采用预约领料、限时供货、送货到站的方式，精准对接物资供应需求，形成物资统一储备、先检后用、周领周配周结的良好局面。全面推广运用实物ID，统一实物ID赋码标准，贯通项目码、物资码、生产码及设备码，对内加强业务部门协调联动，对外加强供应商信息交互，在物资生产出厂、供应商运输、仓储管理、物资配送、质量检测、质量抽检等供应链全过程实现数字化、可溯源、可视化智能管控，全面提升装备全寿命周期管理水平。

（四）拓展能源互联网新兴业务，提升综合能源服务能力

坚持客户导向，创新服务模式，积极推动以电为核心的水、电、气、冷、热等能源资源综合利用。通过搭建综合能源服务平台，构建综合能效评价体系，积极发展多能互补、协调控制等技术，提供能源规划、设计、建设、运营等全过程一体化服务，促进社会能源服务供给和需求高效对接，引领能源行业发展方向。

1. 健全综合能源服务体系，加强核心能力建设

充分发挥电网基础设施、客户、数据、品牌等独特优势资源，突出客户为中心、市场为导向，构建

开放、合作、共赢的现代市场服务体系框架。完善业务体系建设，建立省公司全面统筹，省综合能源公司及其属地机构、地市公司、产业单位、科研单位各司其职、协同配合的立体化组织构架。打造自主灵活的前端业务拓展团队，广泛应用"大云物移智"技术，建设具有"客户聚合、互动智能、业务融通、数据共享、架构柔性、迭代敏捷"六个特征的坚强后端支撑，建立服务协调配合机制，强化业务拓展协同，培育综合能源服务市场核心竞争力。

2. 构建综合能效评价体系，助力提升社会综合能效

加强与政府其他数据的对接与互联互通，组建综合能源服务产业联盟，连接政府、用能对象、服务商等多类主体，系统科学地评价综合能效，着力打通能效提升价值链，降低用户能源消费总量和综合用能成本。构建综合能效评价体系，建立省级综合能效研究机构和监测机构，开展社会综合能效评价体系模型研究，依托多维数据、标准算法和仿真平台科学评价全社会综合能效水平，进一步细化钢铁、化工等九大行业能效评价体系，面向社会提供综合能效评价服务，推动综合能效评价体系成为政府和行业标准。上线江苏综合能源云网，利用大数据技术，构建以开放、融合、共享为主要特征的综合能源服务系统，联合能源领域各利益相关方，共同为园区、工矿企业、楼宇等各类用户提供能效服务等定制化能源服务。

3. 拓展综合能源服务业务，培育新产品和新业态

开发多能互补协控系统、楼宇能源管控系统等高附加值的核心产品，提高公司综合能源服务核心优势。稳妥布局能源供应领域，重点配置能源供应领域，投资建设、参股风电和光伏等优质新能源发电项目，确保公司的综合能源业务产生稳定收益。开拓客户能源消费领域，以综合能效提升为核心拓展客户内部能源服务，以客户站线代维、设备修试和售电等高黏性业务为基础，同步提供节能改造、分布式能源建设等一揽子服务。抢占园区能源服务领域，以规划设计为重点开拓园区能源服务，为新建园区提供能源规划设计服务，整合设备供应商等社会资源开展基础能源设施建设。

（五）建立一体化数据资源体系，以数字化提升战略转型发展能力

融合利用"大云物移智链"等现代信息技术，加快推动以"感知智能化、运营智慧化、发展生态化"为特征的数字化转型，为战略落地实施注入数字化新动力，为公司发展打造数字化新引擎，形成数据驱动的发展新模式，支撑江苏公司转型升级。

1. 以中台赋能为核心，夯实数字化转型根基

以云平台建设为基础，建立统一的服务标准和资源协调机制。建设一体化云平台，开展存量IT基础资源整合，提高计算能力、物联接入能力、音视频识别能力、应用构建能力，推动技术资源供需匹配，提升数字化建设的基础技术资源利用效率，支撑业务应用快速便捷上云部署。强化数据中台建设，提升共性数据服务能力。以应用需求为导向，提升数据中台基础技术组件支撑、数据服务快速构建、实时数据计算处理和数据资产统一管理等关键能力，面向公司各专业、各单位和外部合作伙伴提供数据分析和共享服务。对内支撑多维精益管理、供电服务指挥等应用需求，对外支撑综合能源服务等新兴业务应用需求，提升公司智慧运营和业务创新能力。深化业务中台建设，提升内外部业务水平。完善并沉淀电网资源业务中台共享服务，实现规划、调度、运检、营销等源端系统与电网资源业务中台的数据一源维护和应用，通过共享服务为各类前端提供快速灵活应用调用。推进客户服务业务中台建设，聚合公司营销、交易、产业等领域客户、服务和渠道资源，实现多业务板块间资源共享、交叉赋能，建立与用户、供应商、社区等多主体的连接互动关系，进一步拓展共享服务新价值。

2. 以智慧物联为手段，形成共享智慧物联生态

提升对电网及客户的全息感知能力。大力提升业务信息采集能力，提高感知终端覆盖率，实现对电网发、输、变、配、用、调各环节关键设备信息的识别、采集和控制。利用移动应用、智能监控、数据

智能采集等手段，构建互联互通、标识统一、动态控制、实时协同的智能感知体系，实现能源电力生产、传输、消费等全过程设备、客户的状态全感知、业务全穿透。提升网络实时连接传输能力。着眼满足低时延、高可靠、广覆盖、大连接终端接入需要，加快推进终端通信接入网建设和5G网络在能源电力领域应用，发挥北斗系统在应急通信、高精度定位、时钟同步等方面的优势，构建"有线+无线、骨干+接入、地面+卫星"的一体化电力通信网络，全面覆盖、实时连接能源电力全环节基础设施，支撑终端设备泛在接入、网络资源弹性调度、云端业务智能管控。推动形成共建共享的智慧物联生态。建成公司统一物联管理平台，实现各专业、各单位终端设备的统一接入、管控和应用，推动电网感知测控边界向电源侧、客户侧和供应链延伸，提升泛在连接、终端智能和边缘计算水平，促进物物连接泛在互联，推动跨专业数据同源采集和感知层资源共享共用，支撑业务即时处理和区域能源自治，通过泛在连接重塑物联生态关系。

3. 以智慧管理为重点，全面提升企业运营质效

提供数据驱动的智慧决策支撑。以管理与运营流程数据作为量化分析、智能研判、仿真推演的基本载体，实现多部门并发、协调决策，建设企业级数字化决策体系，为企业战略决策、电网投资决策、经营决策和管理决策等领域提供全面智能支撑。深化设备资产数字化管理能力，对设备资产状态进行全景式监控，建立资产画像，持续提升设备台账完整性、即时性和准确性。依托数字化技术实时共享设备运行状态，开展智能分析应用，最大限度地发挥设备资产价值。打造企业多维精益管理体系，以推进数据深度共享、资源最优配置、业务高效协同等为目标，推动管理部门业务协同，持续优化组织协作方式。加强全面风险管理，提升全链路资金流的数据化、结构化程度，做到全环节、全周期可查可追溯，实现资金风险管理及供应链全链路成本监控与在线管理。

（六）加强战略实施管控，保障战略举措扎实落地

为确保战略目标扎实落地，江苏公司成立战略管理委员会，作为战略管理的领导和决策机构，形成以本部战略管理部门归口管理、各专业部门为推动战略实施主体、各单位为落实战略执行主体、省经研院为战略研究和推动战略落地支撑主体、"刚性机构+柔性组织"相结合的智库组织体系为辅助的战略管理体系。从理念传导、行动传导、责任传导三个维度出发，层层落实战略任务，确保战略"学进去、讲出来、干精彩"。

1. 进行战略理念宣贯，强化战略理念传导

江苏公司构建全员参与、全过程落实、全方位覆盖、全面保障、重点内容传输的"四全一重"战略传导体系，从公司内外两个维度宣贯战略理念。对内创新战略宣贯模式，以战略培训、访谈对话等形式实现战略理念进专业、进基层；运用互联网手段强化战略学习交流，利用公司网站、新闻App等各类媒介，为广大员工提供全方位的战略培训；定期组织以公司战略为主题的员工大讨论、群众创新大赛等活动，激发员工自发承接和理解公司战略要求，同时为基层员工创造沟通交流的窗口，实现战略理念入脑入心。对外注重价值传播。连续19年开展年度优质服务主题活动，向社会各界宣扬"一体两翼"业务布局和企业履行社会责任、服务江苏经济社会发展的理念，介绍公司在安全供电、优质服务、电力扶贫、电力知识科普等领域的履责行动，增进公司内外的价值认同，凝聚社会各界共建能源互联网的强大合力。

2. 细化分解战略目标，推进战略行动传导

企业战略的落地需要将其分解为可被各个部门、员工执行的具体工作任务。江苏公司通过构建"专业式+属地式"混合的战略分解模式，将公司总体战略分解为中短期目标，细化为各阶段、各部门及各员工可传导的内容和可落实的具体任务。江苏公司印发年度战略指南，组织省公司各专业部门结合自身业务开展重点，制定公司推进新时代发展战略年度重点任务，保障区域能源互联网等创新变革举措

落地。督促市县基层单位结合实际和自主创新需求，确定各自的战略年度重点任务，有效承接公司战略要点。

3. 加强战略过程管控，深化战略责任传导

江苏公司构建了权责明晰的协同运作机制，以规章制度的形式明确公司内部各部门、各员工的职责分工，将战略目标和行动映射到职责、流程、制度、标准、考核等管理要素，从管理机制层面明确各方责任分工，提前疏通战略执行堵点、消除战略落地痛点，实现跨专业部门战略任务的协同推进、管理要素和战略目标的有机统一。构建全面覆盖的运营监测机制，搭建集全面监测、运营分析、协调控制、全景展示于一体的综合管控平台，依托战略评估指标体系，实现对各方任务成果和责任评价的溯源，为战略评估、分析等各项工作提供数据支撑。建立广泛参与的会商协调机制，构建以务虚会、研讨会和分析会为主要形式的战略协调统筹机制，以季度为节点出具战略评估报告，研判分析外部经济政策环境以及战略执行中的重大问题，出台协同解决方案并跟踪推进。

三、电网企业面向能源互联网的战略转型升级实施效果

（一）打造了能源互联网的先行样板

江苏公司充分发扬"五个领先率先"精神，推动江苏区域能源互联网成为国家电网战略落地实践的先锋模范。在南京，构建了与地方经济社会发展相匹配的电网发展方式，实现能源总体规划、供给、消费、技术、管理等领域的全过程优质服务，投运了国内最大规模的电动汽车智能充电综合服务楼宇，促进供能可靠性和能源综合利用效率全面提高。在苏州，探索出能源变革领域国际合作的有效路径，在园区建成智慧能源高效能利用的城市能源互联网系统，在能源供应、配置、消费和服务全环节实现效能提升，成为国家电网公司首批能源互联网示范区。在无锡，实现各类能源基础设施统筹规划、协同运行，促进了城市能源信息互联、智慧应用，城市数字化发展指数位居国内领先水平。在常州，建立了以电为中心的全绿色能源供应体系，有效促进了新型基础设施建设与能源互联网产业"双升级"，能源互联网与工业互联网、产业发展与城市建设"双融合"。在盐城，建成了滨海港工业园等一批智慧用能示范项目，实现水、电、冷、热、油、气"6供1体"新用能模式，清洁能源占一次能源的比重、电能在终端能源消费中的比重居于全省领先水平。

（二）形成了企业战略转型升级的有效方法

江苏公司通过构建"战略感知—战略制定—战略传导—战略评估—战略保障"的闭环管控体系，形成了完备的战略管理方法论，有力促进了集团公司战略落地见效。一是管理系统性显著提升。促进了"一体两翼"业务布局有效传递，减少了管理意图层级衰减的情况，各层级执行力显著增强。通过强化战略管理本身以及管理体系的诊断评价，优化资源配置，减少过程波动与非增值性活动，有效防范各类风险，确保了企业运营的系统性和连续性。二是工作协同性显著增强。有效保障了战略落地实施过程中各项任务之间相互关联、相互配合、紧密衔接，改变了以往工作分割、追求各自利益最大的管理模式，既消除了部门间的业务壁垒，又大幅增强了管理层和专业层次间的协同能力，实现整体效益最大化。三是干部员工主动性显著提高。企业战略目标与员工目标一致，管理层与员工上下同心、责任共担、成果共享，企业氛围更加和谐。严格进行绩效考核，将考核结果运用到薪酬分配、岗位调整、培训发展等方面，促进员工关注自身业绩水平、自觉提高能力素质，充分激发企业活力。

（三）大幅提升了企业核心竞争力

通过实施面向能源互联网的战略转型升级，江苏公司综合实力大幅增强。在安全生产方面，企业安全局面总体平稳，连续44年未发生电网瓦解、稳定破坏和大面积停电事故。在经营业绩方面，2019年售电量5421亿千瓦时，同比增长2.34%；完成综合能源服务业务收入22亿元，同比增长176%；全年电力直接交易规模突破3000亿千瓦时，同比增长58.1%。业绩考核连续8年保持国家电网公司系统A

级第一名。在绿色发展方面，全省新能源装机由2015年的834.7万千瓦提升至2019年的2196.9万千瓦，清洁能源占全社会用电量的比例提高至19.54%。区外来电能力达到3700万千瓦，完成电能替代电量221亿千瓦时。"十三五"以来，共消纳新能源发电907.7亿度，减排二氧化碳9331.4万吨，二氧化硫280.8万吨；助力江苏单位GDP能耗由2015年的0.55吨标准煤/万元降低至2019年的0.47吨标准煤/万元。在营商环境方面，高压、低压用户平均接电时间分别压缩至45天、10天，全省户均容量达到5千伏安，客户满意率保持在99%以上，在省内服务行业第三方测评中排名第一。"十三五"期间获得国家科技进步二等奖3项，国家管理创新一等奖1项，省部级科技奖励108项。相关工作得到国务院领导同志以及江苏省委省政府、国家电网公司主要领导批示肯定。

(成果创造人：肖世杰、张　龙、何大春、卞康麟、高昇宇、徐建军、刘晓东、吴习伟、颜休嘉、肖　晶、徐荆州)

软件企业面向工业互联网平台服务商的战略转型管理

朗坤智慧科技股份有限公司

对朗坤智慧科技股份有限公司（以下简称朗坤公司）来说，由用20年发展历史的工业软件企业向工业互联网平台服务商转型势在必行。这种业务转型的内涵包括如下三个方面：一是商业模式的转型，从一次性的项目交付，变为工业互联网平台租住模式。降低了客户的一次性投入成本，增加了朗坤公司持续和稳定的现金流，可持续盈利。二是生产方式的转型，传统工业软件的交付方式都是靠朗坤公司不断加大项目交付人员规模来提高产能；工业互联网平台方式，通过链接，可以广泛建立生态，在平台上集聚各方面的资源，如咨询机构、设备制造厂商等生态伙伴，可以共建、共享和共赢。三是产品和技术的转型，传统工业软件是用流程驱动的思想帮企业提高内部管理效率，而工业互联网平台更多强调数据驱动，通过动态感知、大数据建模、动态预测来进行生产控制，提升工业企业绩效，取得直接的效益。

一、明确战略方向，制定实施策略

（一）明确企业战略发展方向

秉持"让工业企业更智慧"的理念，朗坤公司明确以下战略目标：聚焦流程工业领域，以工业应用软件为基础，以建设工业互联网平台为核心目标，打造产业和创投（产品资本化、资本证券化）两项核心业务，服务于能源、建材、化工等行业领域，积极融入"双循环"新发展格局，力争三到五年内达到营收规模20亿。

（二）制定战略实施策略

公司业务转型从2016年开始，拟经过三个阶段3~4年的时间来完成。第一阶段是找到价值点，成功立足。主要是开发工业互联网技术平台，全过程一年左右的时间。第二个阶段是在公司核心能力的基础上，抓住流程行业核心痛点——设备可靠性，以远程诊断为主要场景，开发应用。以标杆示范效应为爆点，辅以各种方式的平台导流，强化互联网线上营销。第三个阶段强化渠道销售，实现线上和线下一体化，完善生态体系，增强平台的核心优势，时间约2年。

二、调整组织结构，建立人才队伍

（一）调整组织结构

朗坤公司传统的工业软件业务模式现阶段运作良好，并趋于稳定，在工业互联网业务新模式没有全面替代传统模式前，还需要同步发展。考虑到这种特殊的转型需要，要设计一个混合式的二元组织架构（如图1所示）去适应公司业务战略。

二元组织对应的是两个事业部，两个专业事业部分别负责传统业务和创新业务。两个专业事业部中，工业互联网事业部的特色部门有两个，一个是运营部、一个是生态部。因为互联网业务客户服务更强调线上，所以独立成立运营部，负责工业互联网云平台的维护，生态部强调广泛资源的链接。

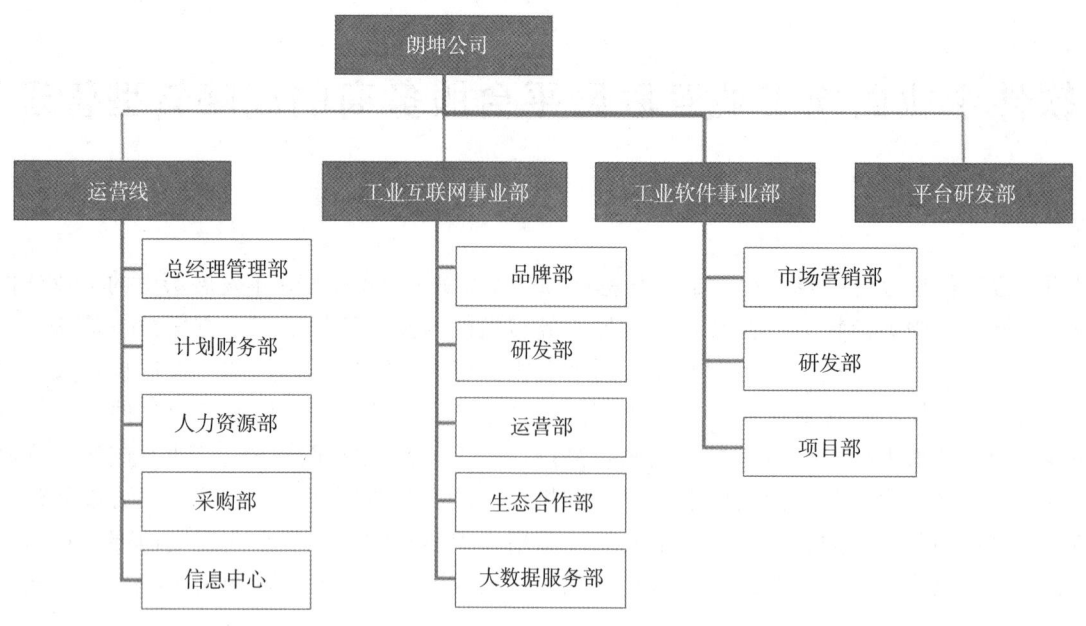

图 1 朗坤公司二元组织架构图

这样的组织架构既考虑了两个事业部各自业务考核的独立性，又考虑了业务间的协同和配合，资源的整合和复用。这种架构有如下特点：

1. 二元组织实现了公司战略上的一致和协同

二元组织是朗坤公司的两个并行发展的组织单位，是在一套决策指挥机构下的两个单位。作为朗坤公司的高层必须对公司的业务战略认识到位，董事会对高层的考核指标必须考虑到新老业务的协同发展，公司高层要坚持不懈地向员工灌输企业战略发展的愿景，防止组织上的分离变成组织分裂。要认识到二元组织是实现公司一体化业务战略的"两翼"。

2. 二元组织保证了传统业务和创新业务的隔离

朗坤公司将创新业务和传统业务进行了有效隔离，实现"一个公司，两种制度"。

（1）实现文化和思维模式的隔离。工业互联网业务要遵循互联网思维和业务发展规律，事业部制保证了同类思维模式的人在一个事业平台上发展。创新业务发展需要创新型人才，选拔创新业务员工要按照互联网公司的要求，提交人员选拔标准，尽量不由朗坤公司传统业务员工来经营创新业务，而要面向企业内外部招聘真正有互联网特质的人才。

（2）实现考核政策的隔离。事业部作为一个独立考核的责权利主体，可以将两个考核主体业务指标区别开，实现考核的隔离。这种隔离，责权利划分比较明确，能较好地调动大家的积极性，保证两个并行主体都能往正确的方向上发展。

（3）实现运营的隔离。工业互联网业务除了对部分客户和传统业务中的核心技术有依赖外，基本靠自身的发展，完全可以从现有朗坤公司业务体系中解放出来，独立运营。

（二）建立人才团队

工业互联网业务团队，不仅是 IT 团队。为了促进互联网技术在工业领域的应用深度，团队必须是一群复合型人才，有前瞻性视野，了解技术和业务，懂项目管理，精于沟通协调，能够翻译技术语言和业务语言，推动 IT 团队和 OT 团队的融合，保证目标和成果的一致性。这些人才是具备公司传统人才特质和互联网人才特质的综合体。

第一，工业互联网事业部的领导来自朗坤公司传统业务线。因为朗坤公司的转型还是围绕传统客户，围绕传统流程制造行业，只是商业模式发生变革，在这种情况下，事业部核心领导还是选自传统业务线，因为他们对行业有着深刻认识，对制造业设备管理的业务很熟悉，在激烈的市场竞争中，他们已体会到传统业务增长的压力，转型愿望强烈，对商务理解深刻。另外作为新业务，还需要和公司传统业务协同，来自朗坤公司传统业务线的事业部领导具有先天优势。

第二，技术型人才，采用外包形式。工业互联网在信息化平台上采用SaaS软件模式，这种模式的软件设计架构和传统管理软件设计架构差异很大。另外，O2O方式下App开发也要用全新的技术，技术跨越比较大，公司原IT技术团队的转型挑战大。在这种情况下，一种选择是重建团队，另一种选择是技术外包，朗坤公司选择了后者。

第三，市场策划人才，进行外部挖猎。平台营销有别于传统市场的开拓，必须引进互联网公司的专业人才，以期得到新思想、新观念。

第四，引进技术专家，工业互联网业务模式下，基于大数据的专业服务，需要一批高水平的行业技术专家。他们需要在大数据基础上，分析制造企业设备的运行状态，给目标客户提供高附加值的专业服务。朗坤公司2017年前后招聘了一批这样的博士和专家，享受了南京市政府的"高端人才引进"政策。

三、全新技术升级，开发全新平台

实现工业互联网的转型，首先要开发全新的工业互联网技术平台。新平台不仅是物联网、边缘计算、大数据、人工智能等技术的"新"，更是模式的"新"、架构的"新"和IT（信息技术）、MT（算法技术）、OT（运营技术）融合的"新"，也是解决问题对象的"新"。

当然，开发新平台并不是万丈高楼平地起，而是需要朗坤公司20年的工业软件这个技术底座。图2为朗坤苏畅工业互联网技术平台架构图。

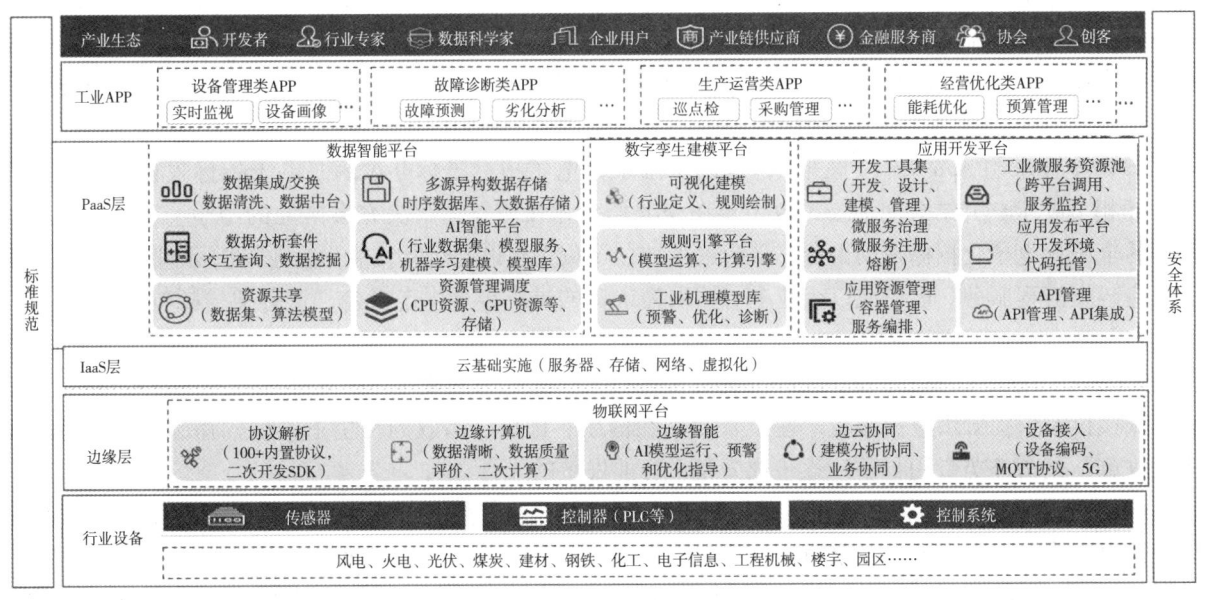

图2 朗坤苏畅工业互联网技术平台架构图

朗坤苏畅平台具有"泛连接"能力，凭借公司20年行业应用积淀和上百种工业协议库，可高效解决海量多源异构数据接入问题，实现人、机、物的全面互联，打造现代工业企业泛在感知能力；朗坤工业互联网平台具有"强边缘"能力，提供云网边端一体化分层架构，对工业现场的高实时计算、精准数据分析和优化决策提供平台支撑，其中边缘智能网关平台内置设备故障预测、节能优化、安防预警等

30余种AI模型，可全面提升工厂安全生产、节能减排和智能决策能力；朗坤工业互联网平台具有"易扩展"能力，各组件间松耦合、能扩展，可满足企业业务发展过程中对数据存储、算力等技术资源的扩增需求，提供长期领先、安全、稳定、可靠的技术服务。朗坤工业互联网平台以数据智能为核心，聚焦智能化场景应用，提供故障预测、能耗优化、销售预测、质量检测等AI服务，同时以苏畅数据智能平台为载体，实现对数据、算法、模型的全过程管理，提供可视化建模，全面提高企业生产、管理的智能化水平。经过2年的努力，2018年成功开发出朗坤工业互联网平台，平台品牌名为"苏畅"，寓意起源江苏、畅行全国，并在江苏互联网大会上重磅发布。

四、以工业需求为基，优化服务内容

工业互联网核心交易模式是服务交易，工业互联网和工业软件解决问题的对象实际上没有变化。朗坤公司传统的工业软件是对流程企业的投建营进行全生命周期的管理。公司必须在此业务基础上将传统的工业软件功能进行云化，开发出相应的工业App，提供可交易的服务。

（1）企业建造App——"织巢鸟"，是朗坤公司和中信集团联合打造的建造云平台，其利用互联网、BIM、大数据、云计算等技术，以"开放、服务、互联"的技术架构为指导，搭建起建筑产业用户、应用软件供应商、平台运营商、供应商、建筑单位、设计单位等不同层面的"互联、共享、服务"平台，以智能构件为核心，工程项目管理与BIM高度融合，实现从设计、采购、施工到生产和运维的全过程、全要素、全参与方的数字化、网络化、智能化，聚焦于企业间交易合作与共享，构建起建筑产业互联网+BIM+EPC的"开放共享、产业赋能、共创共建、共生共赢"生态新体系。智能建造云平台对建筑产业链进行"纵向整合、横向扩展"，连通直接产业链与间接产业链，形成产业生态圈，实现建筑产业的多方共赢，协同发展。平台以"织空间、巢极采、贝商城、应用汇、工程宝"五大特色板块为核心，打造工程建造产业生态闭环。

（2）企业管理App——"由你飞"，是一款面向企业的互联网综合管理平台，为企业信息化提供所需要的网络基础设施及软件、硬件运作平台，并负责规划、实施、运维等一系列服务，企业无须购买软硬件、建设机房、招聘IT人员，只需要根据实际需要，从"由你飞"应用市场租赁软件服务即可使用。

（3）企业采购App——"旺采"，是依照国家《电子招标投标办法》《电子招标投标系统技术规范》的相关要求，并结合朗坤公司数十年在企业信息化领域整体解决方案落地的经验，完全自主设计研发的全流程电子化招标采购平台。平台由朗坤公司负责建设并运营，能为企业提供可知、可视、可控的供应链全流程服务。已形成以企业电子招采为入口的供应链全生态平台，业务覆盖招标采购、仓储、物流、金融、内控管理。

"旺采"，通过数字化手段，使企业提高采购效率、降低采购成本、引入适度竞争、严控交易行为、健全汰换机制、提升供应商质量，使招采活动在健康、优质、高效的环境下开展，在国家"供给侧结构性改革"的战略方针引导下，逐步成为整个行业发展的先行者。

（4）产融平台App——e企汇，是朗坤公司通过将工业互联网平台与互联网金融相结合，面向社会，聚集交易企业、个人、专家团队以及证券公司、物流公司等，一方面为注册企业提供融资、投资、抵押、担保、保险等服务；另一方面，为注册金融企业提供金融产品服务，同时作为一个开放平台，为各方提供金融服务。朗坤公司基于大数据技术对平台参与方进行授权管理，提供在线融资、在线支付、交易保证金等服务，结合互联网金融在此平台上实现产融结合。

（5）远程诊断和精准运维App。通过设备状态分析、设备预警及诊断，使设备检修费用降低15%、设备寿命提升20%左右。系统投用后能够有效降低人工巡检工作量、节约人力成本，同时提升运行效率、降低设备电耗、减少非停降出力成本、降低维护和检修成本。该App储备了丰富的各行业、各类

型的设备模型，对于设备故障频繁、能效劣化、维修费用高、亟须提升生产智慧化水平的企业具有极高的应用价值。

五、平台运营引流，推广工业 App

平台运营引流是加强服务的市场化推广，扩大企业营收的关键。增加平台的流量是平台运营的重要指标，是平台生命力的指标。

（一）爆品引流

平台在进入期，用户入口控制是最关键的一个环节。用户入口是直接接触用户的端口和界面，是吸引客户的关键。朗坤公司的策略是：先依靠公司在工业软件领域的传统经验，打造了一款智能化、可扩展的掌上设备云 App。这是一款极致体验的、具有互联网思维的新产品，以云端的工业互联网平台为基础，附加一个短小设备，这款设备能大大提升现场设备管理的水平，功能强大，使用简单，设备的后台是工业互联网平台。这款产品特点是短、平、快，可快速实现加速现金流回笼，不存在长尾现象，导流效果非常好。

此外，前面所述的"由你飞"等 App，也为系统的导流发挥了重要作用。

（二）战略引流

为加大平台的业务流量，朗坤公司和部分央企展开合作，分别发挥技术和市场的优势成立了合资公司，如和国家电力投资集团成立河南中能智慧大数据科技有限公司，和中信集团成立中信数智有限公司，和中国建材集团成立上海凯盛朗坤信息技术股份有限公司，这些资本层面的战略合作都可以为工业互联网平台业务进行引流。

（三）区域引流

朗坤公司构建了两级运营服务体系，包括总部运营团队和区域运营团队。总部运营团队负责整体平台的运维，面向全国用户提供高质量服务，并制定整体的运营流程和服务标准，向区域运营团队输出标准的服务体系。区域运营团队在总部运营团队的指导下，专注于所负责区域客户的服务。朗坤公司分别在山西、内蒙古、宁夏等地建立了区域化运营公司，提供本地化服务，大幅提高了客户响应速度和服务质量。尤其是初步发展阶段，面对面的本地化服务，能够提高客户对服务的感知度，也能够建立用户对平台的信任度，用户满意度持续提升。

（四）生态引流

朗坤公司汇集了一批传感器、采集器、网关等硬件合作伙伴，为客户提供软硬一体化的物联网解决方案。通过与中国电信、中国移动等运营商的战略合作，共建"5G+工业互联网"场景化应用。通过集成工业 AR、工业机器人等场景化服务，为客户提供全面的行业解决方案。

六、前中后台整合，支撑平台运营

朗坤公司在确定了为目标客户提供工业互联网服务来实现企业价值的空位后，一定要从过去封闭的产品和企业思维中跳出来，在新定位的价值系统中，重新定义运营模式对商业模式的支撑能力。

首先，前台以客户为核心的服务体系管理，必须从产品模式向服务模式转型，以客户为中心，塑造全方位为客户服务的意识和能力，客户数量增长是平台企业发展的基础。平台需要围绕客户全生命周期提供服务，响应细分客户需求、加强个性化的服务，增加与客户的线上交互，线下回访，加强关怀，通过大数据为客户创造意想不到的价值。然后是生态的链接能力，强调合作开发新业务，为制造业客户创造价值。其次是中台对前台创新业务进行支撑，技术中台是核心能力体系，是服务的基石。最后是后台，强调传统管理对运营的支撑。

七、企业文化引领，文化促进转型

（一）现有企业文化的不足

1. 现有文化价值体系中崇尚创新文化的精神不足

公司现有价值观体系强调"重用文化认同的人、重用追求事业的人、重用做事努力的人、重用开拓创新的人"，但互联网企业中，重视的不是被动式、螺丝钉式的员工，提倡互联网精神中的平等、开放、协作，员工之间是平等的，员工既是跟随者，也是领导者；鼓励员工打破现状，大胆行动起来，允许试错。

2. 现有文化价值体系对员工保持"互联网＋"创业激情的精神驱动力不足

在工业互联网企业中，如果没有快速的创新能力，如果没有长久的创业激情，结果就只有死亡。对朗坤公司来说，转型也是一次创业，建立一支创业激情永驻的团队非常关键。

3. 现有文化价值体系对工业互联网企业的开放价值观支撑不足。

朗坤公司发展20年，强调的是"自主受控"，是打造自主竞争优势。而工业互联网提出的是如何做加法，要达到"1＋1＞2"的效果。要抱着开放、合作、互补的心态，在帮助对方实现转型升级的同时，实现自身利益的最大化。在本次转型中，平台吸引了大量战略同盟军、第三方服务提供方，朗坤公司和它们实现共赢共生。

4. 现有文化价值体系对互联网企业平等、开放、协作的价值观支撑不足

目前朗坤公司的企业文化体系中强调的是管控，特别是风险管理，组织架构不太扁平。另外，发展近20年的基于强管控思维、全面预算思想的管理架构，限制了企业的创新能力，这一点也必须改进。

（二）朗坤公司文化价值体系的重建

着眼于朗坤公司转型发展的目标任务，公司必须加强文化体系建设，抓理念更新，在思想引领中体现文化魅力。随着业务转型战略的全面实施，朗坤公司要逐步形成以"创新、共赢"为核心的企业文化体系。朗坤公司需要将企业价值作为衡量各项工作的标准。公司需要确立"成为一流的工业企业服务平台商"的新愿景，在此基础上形成五个方面的具有朗坤公司特色的企业文化体系。一是创新文化。要求全体员工用互联网思维，跨界整合的思想，永不懈怠，不断进取。二是包容文化。两种业务模式下全体员工要协作，相互支持；工业互联网模式是新生事物，要鼓励其小步快跑，允许其不断试错。三是平等文化，强调"人本"的互联网价值观，在提供平台、创造条件让员工充分施展才干的同时，也要视员工为企业的主人、亲人和朋友。四是开放文化，鼓励员工解放思想、打开心胸，合作共赢，通过多边资源合力建立工业互联网平台，共赢发展。五是极致文化。在公司内部强调卓越、面向客户的极致体验服务，从而全面实现由产品型公司到服务型公司的转变。

（成果创造人：武爱斌、魏小庆、陈　松、毛旭初、马淑艳、方　琼、刘敬虎）

基于海洋装备生态链的产业创新试验平台构建与实施

中国船舶工业综合技术经济研究院

为促进科研单位创新发展,中国船舶工业综合技术研究院(以下简称船舶综合院)积极营造鼓励创新创业环境,解决员工积极性调动不够、创新活力不足、深化改革效果不明显等问题,围绕产业创新与发展环节,通过大胆尝试股权激励、知识产权运营、混合所有制试点、容错机制等有效激发产业创新的机制措施,整合科技资源,构建产学研用结合、人财物协调配套的产业创新工作平台,打通内外部科研壁垒,充分发挥创新资源的利用效率和效益,努力形成技术经营、资本对接、产业孵化及机制保障四位一体、内外双向互动全要素参与的创新格局,助推持续创新的系统能力不断增强,牢固占领行业创新制高点,推动传统领域技术和产品升级换代速度明显加快,新兴领域形成若干具有相当规模与竞争力的产业方向及实体机构。

一、打造海洋装备产业生态链共享协同体系,促进产学研用一体化发展

(一)建立市场需求牵引的科研协同工作模式

合理配置内外部创新资源,充分发挥船舶综合院在海洋装备产业相关业务渠道、品牌等方面的优势,凸显行业智库地位,加强与地方合作,建设中船军民融合创新创业中心,在集团公司统筹管理和领导下,淡化行政色彩,按照市场规律逐步完善公司治理体系,运用市场手段和灵活的体制机制推动业务发展。加强科研院所之间、科研院所与企业、企业与企业之间,以及与高校、外部科研机构的协同,通过优势互补、资源共享、利益分成,实现一体化发展。

(二)打造文化品牌牵引的创新孵化模式

船舶综合院有效利用闲置场地与设施,积极与外部合作,建设符合产业发展方向的特色众创空间,引入产品孵化、投融资、法律及知识产权咨询、商业运作等专业化服务,促进信息、人才、技术、资本等要素高效集成,加快新创意、新技术的培育孵化。

2017年,船舶综合院依托"舰船知识"文化品牌与部分低值场地打造"舰船知识+海洋文化空间",为创意孵化、产品孵化等提供场所、设备等资源服务,并与腾讯网等平台合作,共建创意空间。自空间开放以来,年均为超过800个创新创业团队提供服务,孵化项目超过200个。

(三)发挥资源聚集效应,相关主业走出转型发展路径

船舶综合院结合自身多专业、跨平台、强渠道的优势,坚持试点先行,2017—2019年间坚持以"军民融合"发展战略为引领,将具有丰富国防资源的专业与地方海洋装备产业发展需求对接,通过创新服务思路、丰富服务产品等方式,推动军地合作,孵化广东军荣知识产权运营有限公司、中船青岛人因研究院等多个产业运营实体,逐渐形成院主业转型发展的新途径。

例如2017年在国家大力推进"军民融合"深度发展的形势下,船舶综合院依托海洋装备产业领域的技术成果归口管理平台,积极对接广东省海洋科技创新与产业发展需求,开展广东省"军民融合"知识产权运营平台项目的建设运营工作,与地方民营企业合作成立广东军荣知识产权运营有限公司,全面负责平台建设与运营工作。公司结合国家"军民融合"战略实施及知识产权运营的顶层布局要求,依托院知识产权专业技术、渠道、人才、数据等优势资源与能力,重点开展"军民融合"知识产权交易、军工技术成果数据库建设、知识产权专业增值服务、"军民融合"战略发展规划与相关咨询服务等业务,深化探索社会效益、经济效益与专业发展统筹兼顾的发展新模式。

2018年，船舶综合院以人因工程专业为先导试点，与青岛市科技局、西海岸新区在青岛古镇口"军民融合"创新示范区合作，建立中船青岛人因工程研究院，探索开发智能交互、健康监测、人体防护、生命维持等产品，提供人因工程测试验证与设计服务，围绕深远海人因工程基础研究、应用技术开发、成果转化和产业化等打造国际领先的海洋人因工程科研机构，为未来人因工程产业发展打造科研、产业、金融发展平台。青岛地方为项目配套近1亿元的建设运营经费，并按成本价划拨土地70亩左右，过渡期免费提供6000平方米场地。

二、构建制度与工作组织架构体系，规范引导平台有序发展

（一）争取国家与集团政策支持，营造良好外部政策环境

努力争取国家产业创新工作在财税、金融、服务等方面的政策支持，落实成果转化、知识产权保护、股权及分红激励等要求，积极对接地方政府在土地、资金和财税等方面的优惠政策；贯彻落实集团公司发布的《中国船舶工业集团有限公司中长期激励指导意见》，从制度层面为单位的劳动、资本、技术、管理等要素按贡献参与分配提供了依据，有效调动了员工积极性及成员单位的创新活力和市场竞争力，为船舶综合院产业创新工作营造良好外部政策环境。

（二）建设体系化管理制度，提升产业发展决策科学性

为推动院产业化平台发展，提高对公司平台评价和分配的科学性，船舶综合院出台了《院产业化平台评价与分配暂行办法》，给予不同发展阶段的公司化平台培育期、工资总额、鼓励业务与平台合作等政策支持；并以经济技术开发公司为平台，探索事业部模式，积极实践事业部建设与运营，制定并下发《院产业化平台事业部管理暂行办法》等制度，调动业务部门、平台公司、事业部积极性，有效促进科技创新与技术孵化进程；建设院投入机制，进一步明确投入的总体思路、基本原则、投入资源与方式、回报要求等方面的内容，建立包含多元化投入、分期回报、投后管理、考核评价等的全过程管理机制，为下一步更好助力创新试验平台发展打下基础。

（三）规范公司治理与激励，实现效益导向

规范完善院属公司法人治理结构，依据股权层级、院属公司功能定位，分类建立董事会、执行董事、监事等法人治理结构框架和方案；规范外派董监事有关程序及要求，依实发挥派出董监事人员的作用，保障院的核心利益。调整优化院属公司考核评价体系和方案，通过依据功能定位分类考核、依据股权层级分层考核，引导院属全级次公司注重效益导向。同时，院内设立"创新实验平台—产业突破奖""产业优秀团队和个人奖"等奖项，围绕产业领域开拓、专业发展、地方政府合作、业务拓展、产品与技术、影响力与经济效益等方面组织开展评奖工作，以激励产业创新工作的开展。

（四）优化工作组织结构，实现多职能联动配合

在船舶综合院领的导领导下，院产业处牵头推进制度机制建设、股权投资管理及院属公司管理等工作，院股权投资流程逐步成熟、公司管理体系逐渐优化、各部门协同合作机制趋于完善，进一步促进投资管理与公司管理规范化，提升管理效率，为各项工作的开展提供一定保障。在平台建设及实施推进过程中，顶层策划专项工作协同攻关机制，形成了以产业处牵头协调、各职责部门协同推动、业务部门专业谋划、公司平台全力保障的合作局面，各主体职责清晰明确、人员团结高效，形成了良好的工作作风和氛围，为平台建设的具体论证、落地实施等过程提供了良好的工作机制保障。

三、规范创新孵化流程，构建链式产业孵化模式

（一）创意培育和筛选

（1）通过完善协同创新机制，强化市场导向的创新，促进形成船舶综合院与社会创新主体之间的产学研用一体化协同创新模式，激发科研主体的创新活力，提升集团公司的创新供给能力。

（2）建立创意筛选机制，通过开展创客大赛、创意论坛等活动，充分挖掘和引进内外部优秀创意，

筛选出具有较强实现价值、符合产业发展方向的优秀创意进入集团公司"创意库"。例如2018年3月31日,船舶综合院在广东举办了主题为"协同创新,合作共赢"的技术成果对接会。参加对接会的项目涉及人工智能、绿色环保、信息安全、先进材料及智能制造等多个社会热点领域。来自中船投资公司、深圳军民融合研究院、中美融易等单位的投资人与深圳艾迪宝公司的传感器集群网络、纳米氧化锌等项目签署技术产品孵化合作意向书。

(3) 入选"创意库"的创意项目可共享线上各类免费创新资源,并申请相关基金支持,为创意项目的初始论证提供必要经费。同时充分利用集团公司众创空间开展创意交流,进行深化分析论证和实现方案验证,形成可操作的创意实现方案。

(二) 技术育成

(1) 对于入选"创意库"的项目,定期组织评审,选取符合产业发展方向、具有较高市场价值的创意开展技术育成工作,形成技术实现方案。充分利用信息化平台的技术需求发布与资源整合、共享功能,在外部寻求创意实现所需的权利归属清晰、法律状态稳定的专利技术或专有技术。对于具有相应成熟技术的创意项目,可直接进入产品孵化阶段,获取相关资金支持,完成后续产业化过程。不具有成熟技术的创意项目可先形成初步的设计方案、商业计划书等技术实现方案。

(2) 上述两种方式筛选出的技术实现方案可进入"技术库"。同时,可筛选报送通过自身技术积累产生、具有自主知识产权的先进技术,进入技术筛选环节,最终进入"技术库"。

(3) 进入"技术库"的成熟技术方案可申请创新基金支持或获取基金平台汇聚的天使投资或风险投资,推动技术进入具有试验、研发等能力的众创空间,培育形成较为完善的技术或产品方案,或形成证明其项目价值的原理样机、服务模型等成果,并通过专利、技术秘密等方式加强知识产权保护。

(4) 技术开发团队认为该技术方案具有应用价值和市场潜力的可申请产业基金,继续产品研发和市场推广工作,最终形成新产业,获取产业收益。也可将技术方案通过信息化平台进行供需对接,转让给技术需求方;或寻求合作伙伴,共同开发。

(三) 产品孵化

(1) 组织遴选"技术库"项目,使符合产业发展方向、具备产业化前景的项目进入"产品库",进行产品孵化。

(2) 让遴选出的成熟项目进入众创空间,接受创业辅导、产品推广、市场营销、知识产权及法律服务等全方位、专业化的创新创业服务。相关商业洽谈、产品策划与发布活动同步开展,加快新产品孵化上市。

(3) 国家与地方政府和集团公司科技创新基金、天使投资及风险投资等,为新技术产品化提供必要的资本支持。

(4) 通过信息平台整合资源,为产品提供宣传、对接的线上渠道。

(5) 对于具有市场潜力的产品,符合产业发展方向的可入驻产业平台进行产业孵化;与主业异较大的产品可通过作价入股与其他企业合作,获取股权收益,或直接对外转让。

(四) 产业化推进

对于符合主业方向,产业前景好的产品或项目,引导入驻产业基地,推动形成新产业,孵化新企业;对于与海洋装备产业领域主流业务方向有较大差异的技术或项目,如果产业前景好,也可通过非主导参股、转让或售出等方式获取收益。对新产业形成过程中产生的新技术,及其带来的新效益,要积极引导其支撑和带动传统产业发展,并支持科研和产业前端的技术创新工作,形成创新与创业良性互助的发展模式。

四、强化信息化支撑手段，提升知识管理能力

（一）打造资源整合、共享合作的信息化平台

依托工业和信息化部专项工作组织建设包含信息发布、需求对接、投融资、知识产权运营、技术成果孵化、产业培育等功能的信息化平台，打造众创信息化空间，发挥互联网信息共享、互联互通优势，实现对基金、成果、智库资源、设计制造资源和知识管理的信息化，为海洋装备产业提供创新创业服务。引导海洋装备产业生态链的企业充分利用信息化平台，积极发布技术、设施设备、研发及生产能力等方面的供需信息，主动对接相关主体和渠道，推动形成创新创业全要素聚集、多方主体联动协同，实现创新创业项目的线上对接交易和线下孵化培育。

主要功能模块有以下6个方面。

（1）研制众包信息化。支撑产品研制协同创新工作机制，建立用户管理、任务发布、方案评估管理、任务管理等众包信息化功能，促进众包项目快速高效实施。

（2）产业孵化信息化。规范产业孵化相关业务活动，支撑产品策划及发布、媒体展示、商业洽谈、项目众筹、投资管理等业务需求，实现对创业池、种子池、产品池的信息化管理。

（3）基金库管理信息化。建立创新基金、产业基金信息库，实现基金与创客的快速对接。

（4）成果管理信息化。建立科技成果信息库，提供方便快捷的搜索查询功能，具备向目标用户推送成果信息的能力。突出推广服务、融资服务、产业化服务、知识产权服务、政策法规服务，打通科研与市场的信息壁垒，促进产业政策落地，提高成果转化率。

（5）智库资源管理信息化。建立技术专家库、研究成果库、创意资源库、政策法规库、创业培训库等系列智库，提供在线学习、快捷检索的功能，具备向需求方推送信息的能力。

（6）设计制造资源管理信息化。建立设计、制造资源信息库，支持供需双方有关设计、制造资源的对接，实现研发手段、设计工具、制造装备、物资物流等资源的共用。

（二）构建数据服务中心，实现知识共享应用

在信息化平台架构中，以知识计算为核心，重点收集工业大数据、科技情报大数据、知识模型大数据、供需市场大数据4个方面的数据资料，为各种创新主体提供产业培育、创客服务等方面的服务。基于SaaS、工程中间件、众筹、知识伴随等模式，达到研发、工艺、制造和维护等环节的知识数据化与共享。

随着信息化平台的建设运营，目前注册用户超过1.5万人，企业用户200余个。促进了集团内部的成果共享与交易，例如集团内六厂、两所已利用双创平台实现了船舶三维体验平台CATIAV6模型的共享与交易，有效提高了设计效率，降低了设计成本。

五、稳步推进混合所有制，发挥平台体制机制试验作用

（一）开展军地合作，推动混合所有制探索

依托创新试验平台，积极与地方尤其是改革开放前沿地带及"军民融合"政策高地开展院地企合作，探索建立适应创新型发展的公司化运作机制、模式和投资管理机制与流程，培养一批掌握市场规律和资本运作经验的团队，形成适应市场化的自主创新和产业运作发展能力，充分激发内部创新活力与动力。一是以科技产业公司人因工程事业部为基础，参股投资成立安徽中船璞华技术有限公司，通过与地方政府、资本方、市场方、运营团队的优势结合，促进智能视频分析和设备智慧运维方向的产品发展；二是院知识产权中心与民营企业合作，控股投资成立广东军荣知识产权有限公司，率先在广州地区开展"军民融合"知识产权运营工作，探索院、地、企合作的新模式、新路径，将传统优势专业能力向地方市场应用端延伸；三是依托文化产业平台，与教育领域具有丰富经验的顶尖团队合作，以合伙人方式参股投资成立中船舰客教育科技（北京）有限公司，共同推进国防科技教育新领域业务。

（二）实施创新激励措施，实现集体与个人的共同成长

院、平台及项目公司三个层面逐步实施激励机制。前期激励机制实施主体主要为院及平台的管理团队、基础研究团队、项目团队及下属项目公司等。院及平台各团队主要通过岗位分红、项目分红、期权、股权代持、科研成果转化收益分配和作价入股等方式实施激励，促进个人绩效与院业绩共同成长。项目公司主要由平台科研成果、知识产权作价入股，社会资本、产业基金及团队持股平台等相关方组建成立，平台"宜控则控、宜参则参"，从项目公司设立起即为混合所有制模式，激发调动各方积极性，团队持股实施货币资金分期实缴，将团队与公司业绩绑定。

（成果创造人：温振宁、范 蕾、陈 旭、李 晨、任超超、何 新、蒲文军、宋 磊、朱晓璐、吕春艳、栾 硕、董素沫）

打造高端煤机装备制造服务商的"五位一体"产业构建

山东能源重型装备制造集团有限责任公司

山东能源重型装备制造集团有限责任公司(以下简称山能重装集团)牢固树立创新、协调、绿色、开放、共享的新发展理念,以建立现代产业体系、转变发展方式为方向,以微笑曲线的价值提升理论为依据,改造提升现有产业,加快培育新兴产业,在制造、再制造一体化发展的基础上,向上下游服务产业延伸,建立研发、制造、租赁、再制造、服务"五位一体"产业,实现企业高质量发展。按照这一战略目标,明确主体产业和主体延伸产业,有序退出辅营产业,调整优化产业结构;调整集团组织结构,建立与之匹配的管控体制,明确职责,优化机构,推动各产业相互补充、相互支撑、协同发展、协同创效,确保企业高质高效发展,建设持续成长的国内一流装备制造集团。

一、明确"五位一体"产业构建目标及原则

(一)构建目标

立足煤机制造和再制造产业基础,改造提升传统产业,培育新兴服务产业,推动产业链条向微笑曲线两端延伸,建立设计研发、制造、租赁、再制造、服务"五位一体"产业,确保产业布局更加合理、生产技术更加先进、发展后劲更加充足,探索建立具有企业特色的产业升级、转型路径,全面提升企业核心竞争力。

(二)构建原则

一是政策引领。以国家政策方针为引领,以市场需求为导向,大力发展国家产业政策鼓励的新产业、新技术、新业态、新模式,淘汰落后产能,融合发展传统产业与现代服务业,积极争取新旧动能转换项目,调整产业体系,转变发展方式。二是改造升级。推动传统产业改造升级与新兴产业培育发展、发展速度与质量效益、发展基础产业与延伸产业链各项工作有机融合,做到产业布局思路清晰、目标明确,符合科学发展的本质要求。三是创新驱动。把科技进步作为产业升级的第一动力,促进自主创新、集成创新和引进、消化吸收再创新,推动科技创新和技术进步,提升自主研发能力,努力实现发展方式的根本转变。

二、按照"五位一体"调整产业结构

(一)明确煤机装备制造和再制造产业为基础产业

把制造、再制造产业作为基础产业重点培育和发展,坚定不移、心无旁骛做强做大。

一是在制造产业发展方面,以智能化、信息化和实现"两化"深度融合为方向,建立起从铸锻造、机加工、焊接到装配、检测、试验的产品制造工艺流程,形成采掘、支护、运输、提升、洗选、装运全系列煤机装备产品系列,建成省内新汶、宁阳、泰安、枣庄、莱芜5个工业园区和新疆、内蒙古、陕西工业园区,拥有各类加工、检测设备6400余台,新建成10余条高端智能加工生产线,拥有专利600余项,9家省级企业技术中心,制定千万吨综放工作面设备配套选型等国家标准3项,产品综合配套能力逐步提升,是国内综合配套系列最全的矿山装备制造商和服务商。

二是在再制造发展方面,建设了机械产品再制造国家工程研究中心,成立了激光技术及应用工程研究所和中德高功率半导体激光器技术合作研究中心,获得再制造授权专利65项,国际专利8项;承担国家发展改革委、工业与信息化部及省级科研项目10余项,建立了以激光熔覆、熔覆粉末制备及授权专利为核心的技术研发应用体系,形成集"装备生产、材料研发、标准制定和技术应用"四位一体的

产业链，率先建立了国内最大的矿山设备激光熔覆再制造生产线，并分别在新疆、内蒙古等地建立了再制造基地，与神华集团等国内大型企业建立了合资合作关系，达到年熔覆各类再制造零部件5万平方米规模。再制造逐渐成为延伸制造产业链条的优势产业，激光熔覆、激光电弧符合焊、激光清洗和激光增材制造技术加快发展，建成产业化示范基地，成为国家发展改革委批复的再制造试点单位。

（二）把设计研发、设备租赁和现代服务业作为延伸产业

把现代服务产业作为构建"五位一体"的主体延伸产业，加快培育、发展壮大。

发展研发设计产业。抓住中共中央、国务院、省委、省政府鼓励各类企业通过股权、期权、分红等激励方式调动科研人员创新积极性的政策机遇，2015年11月，山能重装集团以70名工程技术人员为基础，采取"集中管理、分散服务"的方式，成立了恒图科技公司，采取混合所有制方式，通过"梦想+收益"驱动创新，让研发人员拥有研发、成果、资本三块收益，提升自主创新能力。

通过科技公司，一是攻关核心技术。牢固树立"创新是第一动力"的理念，围绕质量提升、降本提效等重点工作，把创新融入生产经营全过程。自主研发能力得到提高，转弯刮板输送一体机通过国家安标中心检测，为国内首家。完成新型电动罐帘门和阻车器研制，可无线遥控。完成硅酸镁专用立式压滤机研制。垂直提升带式输送机研发抢得先机，完成煤炭行业标准起草。完成两种型号国三防爆柴油机研制，适用于无轨胶轮车、单轨吊等辅助运输设备。80千克级无镀铜焊丝、1000兆帕锚杆研制启动。产品智能化逐步取得突破，采煤机交流变频牵引控制系统可实现记忆截割、自动割三角煤等功能，满足智能开采需求。皮带机具备关键部位状态监测、故障诊断、设备状态提前预知等功能，完成了智能化升级。高端智能化绞车集智能远程监控、在线检测报警、画面实时传送为一体，可实现无人值守。智能注油器和高速圆盘给料机研发成功，完成样机制作。加大研发投入，2019年归集研发费用2.19亿元，实体经济占比4.4%，确保每年新增10%以上。加大核心技术攻关，强化煤矿综采智能化、电液阀及控制系统、支护单元少人化新型搬运方案、智能刮板机、绿色智能单轨吊、万吨级高端智能装车系统及智能清扫系统、防冲型液压支架、高速高效智能调速带式输送机、活化给煤机、高端胶带、永磁电机等15个重点项目攻关，力争早日突破，转化为生产力，提高竞争力。

二是打造产品特色。围绕增加产品"卖点"，开展小改小革、小发明、小创造，确定了20余项技术攻关项目。单轨吊起吊梁降低起吊高度18厘米。装车站70%的部件实现了模块化设计、产品通用。不锈钢产品合格率提升近2个百分点，增加板型仪设备后合格率会进一步提高。围绕提高刮板机质量，开展了刮板、槽帮钢轻量化，转载机头与皮带机尾配合降低，机头机尾、转载机机身和破碎机高度降低，刮板机与转载机距离调整机构、过渡槽防飘溜装置和刮板光滑度处理等8个方面的改进和创新，效果明显。掌握了3毫米花纹带生产技术，成为国内第2家掌握该技术的生产厂家。EBZ系列掘锚一体机完成样机制作。永磁直驱电动滚筒完成性能测试，正在进行工业性试验。国内首台井下水仓自动清挖机交付客户使用，运行情况良好。巷道修复机完成样机制作，猴车座椅优化正在取煤安标识，井下支护台车、水力切割机、罐笼、箕斗设计优化、皮带机自动化改造、单轨吊机车锂电池动力革命等项目积极推进。智能加压过滤机、快速定量装车系统获"国家首批煤炭装备制造行业高端品牌"称号。莱芜装备自主设计制造的环焊设备，使油缸修复率提高20%以上，节约设备投资40余万元。新汶分公司减速机电子数显装置检测工装，实现了齿轮轴组各项参数配合的终端前移判定，避免了重复拆解维修问题，节省工序环节2人工8小时。塔高公司采用共边切割方法，通过数据测绘优化切割工艺，提高材料利用率，可节材5%、提效30%，年节约成本100万元以上。泰安煤机改进罐笼帘子门驱动技术，安装电驱动装置，实现了自动化、智能化，每套售价约18万元，年可增收1800万元。

三是发展融资租赁产业。投资3亿元成立了恒信融资租赁公司，搭建融资平台，变"卖设备"为"租设备"，开展对矿售后回租业务，有效解决市场需求与设备供应连接不畅的问题，解决再制造产业

发展遭遇的设备所有权问题，解决存量资产盘活的问题，同时开展对外融资，提供低成本的外部流动资金支持，推动企业持续健康发展。2016年，山能重装集团与新矿集团伊新煤业签订融资租赁合同，涉及液压支架、刮板运输机、采煤机以及运输能力2500吨皮带机等设备，合同总额达到1.68亿元，使山能重装集团继成套装备制造、成套装备再制造后又实现了成套装备融资租赁。恒信租赁公司年利润3000余万元，成为谋发展的有效支撑。

四是发展生产服务产业。构建基于产品生命周期的"保姆式"服务链条。首先是管理咨询。以咨询顾问方式提供生产诊断评估，提供系统改进、效率提升的综合解决方案。其次是技术服务。以工作面支架安撤、综掘机维护维修、生产系统组建等业务为主。最后是生产承包。直接组织骨干生产队伍，实行承包运营，通过为客户创造超额价值赚取利润。通过细分市场、创新商业模式，推动由"生产型"向"服务型"转变，构建多元化服务方式，实现了竞争优势的多节点转化、多节点盈利。

山能重装集团对中煤集团平朔煤炭公司安家岭、安太堡两个洗煤厂加压过滤尾煤系统实施反承包运营，将销售两选煤厂的加压过滤机进行承包运营、服务和维护，从而实现产品或系统的增值。目前，在平朔公司运行的加压过滤机已由原来的4台发展到12台，年产量达到600万吨，为平朔公司年创经济效益10亿元，实现年运营收入700余万元。塔高公司为安徽皖北煤电公司设计9000/20/38矸石充填支架一套，完成了卖图纸的突破。泰装公司发挥支架搬运车制造和专业化驾驶操作优势，为客户提供支架运输服务，形成了新的经济增长点。莱芜煤机洗选厂总承包服务，实现了"交钥匙"工程。

五是发展物流贸易产业。紧紧围绕集团总体布局，坚持"大营销、大市场、大合作、大流通"的理念，统筹国内国际两个市场、两种资源，以煤炭、钢铁贸易为主体，推进其他物流贸易为补充，建立物流贸易产业。在上海自贸区成立了上海分公司，在香港成立了恒通机械产品进出口公司，同时依托原有的金元贸易公司，积极搭建更多双边、多边贸易平台，拓展国内和国际贸易市场；把香港公司作为实施"走出去"发展战略的重要平台。上海分公司、香港公司、金元公司年贸易额达30亿元。泰装公司与山东交运集团合作，成立了运输项目部，年收入近5000万元。

六是提供优质售后服务。牢固树立"用户至上、服务就是效益、服务就是品牌"的意识，转变服务理念，超前预判可能会出现的问题，全力保障产品的安全高效使用，提供优质、快捷、贴心的服务。持续做好产品质量"回头看"、编写使用手册及加强营销人员培训等服务工作，建立快速反应机制，遇到问题确保省内单位12小时、省外单位24小时到达服务现场，及时了解掌握客户的使用情况、服务需求和优化建议，解决问题。推动由售后服务向超前服务转变，强化现场服务管理，服务内容表格化，服务人员必须深入产品使用现场，根据用户生产现场条件变化提供切实可行的服务方案，全面掌握产品使用过程中遇到的问题，并通过视频设备适时传输到集团总部和生产单位，让集团总部和生产单位适时掌握服务情况，确保服务到位。同时，在实施服务的过程中，帮助用户处理其他煤机产品存在的问题，提供解决方案。建立服务数据库，避免同类问题重复出现。通过强化现场服务，按照用户提出的意见、建议和需求，结合现场服务发现的各类问题，建立大数据库，让数据成为指导新品制造的重要资源，坚持问题导向，提高产品的设计能力，在后续生产过程中克服同类问题，提高产品质量。

（三）有序退出不符合发展战略的辅业

通过市场化手段，把那些不符合企业发展战略、没有竞争力的低效、无效资产和非主业企业有序退出或转让；对部分优良资产和项目，加快推进资本证券化，抓好培育。完成"僵尸"企业处置，明润特装实现扭亏为盈，延安物流项目加快对外装让或合作步伐，盘活资产。将医疗卫生、供电、供水、供暖等企业进行社会职能分离移交，实施社会化管理。加快非主业清理步伐，环美墙材与和家置业2家非主业企业注销或退出。

三、调整集团组织机构，建立与产业相适应的管控体制

(一) 确定集团管控基本方式

山能重装集团确定实行战略管控，主要通过宏观调控、资源整合和管理改革等手段实现各企业的协同发展。

宏观调控就是通过战略规划、项目审批、投资决策、资金统管、信贷担保等方式对权属二级企业的发展进行调控，以保证其按照集团既定的战略方向发展。例如在战略规划方面，集团健全完善战略引导下的目标传导管理体系，建立形成战略规划→年度经营计划→全面预算管理→绩效评价→薪酬管理等环环相扣的管理循环链条，完善制度化、流程化的执行体系，紧密衔接，保证企业战略的有效执行，形成以战略规划引领企业发展的工作机制。例如在资金统管方面，山能重装集团实行"统一领导、集中归集、收支两条线"的资金管理体制，对所属二级单位的货币资金和承兑汇票等资金资源，实行集中统一管理，实现资金统管，盘活资金存量，实现了资金资源的运作安全、结算快捷、监控有效。

资源整合就是搭建集团统一的财务集中平台、人力资源管理平台、研发设计平台、物资供应和市场营销平台为各权属二级企业提供服务，一方面通过资源整合体现集团总部的价值创造作用，另一方面也发挥协同效应。例如在财务共享管理方面，山能重装集团建立了财务共享中心，依托信息技术，以财务业务流程处理为基础，以优化组织结构、规范流程、提升流程效率、降低运营成本或创造价值为目的，将不同地区、地点的实体的会计业务，包括应收账款、应付账款、总账、固定资产、存货管理、费用报销、资金集中支付、档案管理、财务报告统一出具等基础性工作，拿到一个共享服务中心来统一处理、记账和报告，分离集团成员单位共有的、重复的一些会计职能，采用内部市场化的运作模式，为集团成员单位提供会计服务，解决财务职能建设中的重复投入和效率低下问题，将"分散独立核算"改为"集中统一核算"，使会计业务实现会计政策执行统一、业务处理流程统一、会计核算标准统一、会计操作统一，优化财务流程，强化内部控制，实现信息集成共享，提高标准化水平。目前，新汶片区的12家二级单位实现了财务集中共享。例如在人员统一配置方面，山能重装集团建立了人力资源共享服务平台。分区域、分工序统一梳理整编现有人员，摸清人员区域、岗位、用工分布和年龄结构，设立人力资源一卡通管理信息库。在此基础上，建立人力资源共享平台，利用集团权属单位所处泰安、枣庄、莱芜3个区域用工成本、生产成本、生活成本趋同的优势，建立人员流动灵活、即需即到、谁用谁偿的动态配置机制，促进人力资源高效流动、高效配置，控制人力成本，杜绝资源浪费。梳通员工退出机制，积极与山东省社保部门沟通协调，对符合条件的特殊工种人员，及时办理相关退休手续，2015—2016年为794人办理退休手续。对权属单位的组织架构、管理层级进行优化设计，定编、定岗、定员，规范机构设置，精简机关人员100余人。推行劳务派遣管理制度，规范用工程序，通过劳务派遣20余人在企业上岗服务，满足了生产单位的用工需求，规避了劳动用工纠纷风险。

管理改革指为了实现集团管控目标，山能重装集团为各产业板块的发展设计相应的制度和管理模式，并选择有关企业进行试点运行，不断改进，积累经验，成熟后再逐步推广，以减少重复投入，发挥协同效应。例如在生产上，山能重装建立了生产统一协调机制，成立价格委员会，本着公平、公正、实事求是的原则，对各单项产品成本价格进行审核论证，共梳理测定液压支架、刮板机、采煤机、掘进机等20大类、641种产品的制造价格。在此基础上，价格委员会采取"一事一议"的方式，建立月度和临时价格会议制度，建立产品价格调整制度，当市场材料价格发生较大变化时，24小时内给予调整制造价格。通过产品制造价格测算，用价格统一管理意志、提高管理水平、促进生产统一协调，加强内部控制，降低生产成本。同时推行专业化生产，按照销售、品牌、设计、工艺、质量"五个统一"的原则，对液压支架、皮带机、刮板机和再制造成台（套）产品进行专业化生产管理，明确生产主体单位和配套单位，消除产品重叠浪费和内部竞争，凝聚发展合力，形成"拳头"产品，推进集团公司融合

发展。新汶分公司是刮板机专业化生产主体单位，鲁南装备是皮带机专业化生产主体单位，塔高公司是液压支架专业化生产主体单位。

（二）合理界定集团总部的职能定位，科学建立总部机构

建立服从战略管理，服务转型升级要求，遵循现代企业制度、符合自身实际、调动二级企业积极性的管控体系。强化集团总部战略发展中心、资金运营中心、资产监管中心、人力资源交流中心、企业服务中心的职能，明确各生产经营单位成本管控中心、人力资源培训中心、创新成果转化中心和利润贡献中心的职能，合理界定母子两级管控架构的权责边界。

建立扁平化的集团总部组织结构，成立"七部一室四中心"，即纪委（监察部）、党委组织部（人力资源部）、党群工作部、规划经营部、财务部、生产技术部、安全监察部、办公室、人力资源服务中心、审计中心，承担规划、安全督导、生产协调、业绩考核、融资管理、党务、宣传、工会、纪委、组织、人力资源、审计等管理职能，从战略规划、投资管理、兼并重组、研发和运营、供应、营销等方面，建立统一的、标准化的管理流程、规章制度和任务标准体系，使各级单位的行为与集团的战略方向保持一致，以实现一体化运营、协同创效。

四、牢牢抓住质量和交货期两个关键环节，夯实"五位一体"产业构建基础

（一）全面强化质量管理

对于企业，质量便是生命；对于职工，质量便是尊严。山能重装集团全面对标国内外先进企业，从产品设计、工艺优化、原材料采购、生产过程管控和出厂检测等全流程入手，从最容易产生质量问题的关键环节和细节入手，完善质量管控体系，持之以恒抓质量提升，确保不合格产品不出厂。

一是遵循质量管理的"三不原则"，即不接受不合格品、不制造不合格品、不流出不合格品。"三不原则"是对全面质量管理的认真贯彻，导入"供应商—客户"的市场关系，每个人既是供应商又是客户，既是产品的使用者又是制造者，推崇"下一道工序是客户"的理念，以"零缺陷"的观念去打造生产卓越产品，实施"精品工程"，打造"精品装备"。二是正确处理质量和安全的关系。安全是天字号的大事，对于煤矿生产来说安全更是头等大事。不是企业消灭事故就是事故消灭企业，一次安全事故足可以关闭一座矿井，一次装备质量引发的安全事故足可以消灭一家装备制造企业。这对煤机装备的安全性能和可靠性提出了更高要求，绝不允许因装备问题引发或诱发安全生产事故。作为煤机装备制造企业，必须深刻认识装备对安全生产的重要作用，千方百计提高产品质量，以装备的高可靠性为煤矿安全生产保驾护航，为自身的持续发展奠定基础。三是正确处理质量和发展的关系。当前煤机产业市场竞争日趋残酷，部分煤机企业不惜打价格战，以此来获取订单，维持生存发展。这也说明，煤机装备制造企业是订单式发展模式，发展必须依靠持续不断的市场订单保证，而持续不断的获取市场订单必须依靠持续不断的质量提升做保证。因此，必须正确处理好质量和发展的关系，把产品质量上升到关乎企业生死存亡的高度来认识，加强产品质量管控。四是正确处理质量和品牌的关系。深刻认识到"100 - 1 = 0"的道理，即1次产品质量问题足以破坏99次努力树立起来的好形象、好品牌。必须正确处理好质量和品牌的关系，从维护企业品牌形象的高度来落实管控措施，提高产品质量。五是正确处理质量和效益的关系。效益是企业发展的出发点和落脚点。处理好质量与安全、发展、品牌的关系，归根结底是要提高企业效益，而保证产品质量是最基础、最根本的举措。在当前充分竞争的市场形势下，没有产品质量保证，企业发展就举步维艰，没有企业发展也就谈不上企业效益。因此，加强产品质量管控，必须处理好质量和效益的关系。六是改变检测方式。变过去产品30%抽检为产品100%全部检测，建立产品检验检测数据库，完善采煤机、刮板机、液压支架、单轨吊等产品维修数据库，积累数据，指导新产品制造，确保产品出厂合格率达到100%。

(二) 全力保证交货期

牢固树立"订单就是命令"的意识,抓住材料供应和生产过程两个关键环节、两个效率提升,全力以赴保工期、满足客户需求。一是在材料供应方面,抓好材料库存和资金保障,缩短采购周期,保证生产工期。合理安排材料库存,满庄仓库保持1万吨左右常用钢材库存,确保材料及时供应。积极开展清仓利库,盘活利用积压材料,2019年以来盘活库存3000余吨,减少了积压占用。建立生产专项资金,累计投入7亿余元,保证了资金需求。二是在生产效率方面,抓住设备开机率、工装改进、装备升级和程序化、标准化生产三项重点工作,发挥最大生产能力和最高生产效率,保证生产工期。加强设备完好率和开机率管理。设备完好率基本上达到了100%,开机时长大幅提升,提高了生产效率。优化改进生产工装。塔高公司应用液压支架总装平台,单架组装减少行车使用次数26次,操作工减少3人,效率提高约40%。应用国产液压支架焊接机器人,顶梁、底座等结构件焊接全覆盖,缓解了焊工缺乏的问题。应用中轴式液压支架翻转工装,翻转时间由39分钟缩短至15分钟,效率提高60%,检验时间由45分钟缩短至10分钟,效率提高80%,焊接产能提高了15%。结构件焊接自动翻转工装投用,工效提高3倍以上。加快装备升级步伐。塔高公司智能化喷漆流水生产线的喷涂效率提高5倍以上,减少岗位工8人,实现了高效环保生产。莱芜装备高端胶带生产线和油缸生产线安装投产;泰安煤机结构件联合自动焊接生产线投用,具备月产4台装车站的能力。完成高压胶管生产线升级,高压胶管日产突破2000米;新上4台大功率熔覆设备,激光熔覆日产突破140平方米;70千克无镀铜焊丝生产线投产,新增皮带机生产线设备15台套,提高了生产能力。

(成果创造人:张圣国、冯 军、刘孝利、付国龙、公 冉、白宪莺、
褚红艳、潘立强、刘方新、高荣惠、宋佳佳、刘 鹏)

大型发电企业以世界一流为目标的能源结构战略转型管理

华能江苏能源开发有限公司

华能江苏能源开发有限公司（以下简称华能江苏公司）以创一流为引领，以发展增量转结构、调整存量转方式（"两转"）为路径，以加强改革创新、党的建设和队伍建设为保障，坚持以"全面领先"为目标，以提升竞争力为总抓手，全方位创新开展工作，并不断总结、改善，努力完成各项创一流主要分解指标：推进转型升级战略，实现低碳清洁能源装机占比达一流指标；推进科技创新、绿色发展战略，保持行业技术领先，实现存量燃煤机组平均供电煤耗达一流指标；推进人才强企和谐发展战略，拓宽人才成长通道，加强社会责任建设，劳动生产率达到国际行业先进水平，着力打造集团战略转型区域样板。

一、规划能源结构调整目标

按《中国华能集团有限公司创建具有国际竞争力世界一流企业"十三五"规划》的"七大战略""三大保障"和2018年年初"五个坚定不移"的工作目标，华能江苏公司制定区域创一流工作规划，重点围绕转型升级布局开篇，在公司2019年年初工作会上提出"六个新提升"（深刻把握能源转型变革带来的新机遇，在绿色发展上实现新提升；深刻把握深化改革带来的新机遇，在卓越运营上实现新提升；深刻把握能源科技革命和数字革命带来的新机遇，在科技创新能力上实现新提升；深刻把握"一带一路"建设带来的新机遇，在国际化经营发展上实现新提升；深刻把握安全环保新要求，在本质安全上实现新提升；深刻把握新时代党的建设总要求，在党建工作质量上实现新提升）和"两大突破"（"结构调整""处僵治困"）的战略目标后，全面对照创一流目标，绘制集团公司提出"用3~5年时间进入国有资产管理委员会确定的具有较强全球竞争力的世界一流企业行列"的区域规划目标。把调整结构、优化布局作为推动高质量发展的战略性任务。按照集团公司"大力发展新能源，积极发展水电，突破核电发展，优化发展煤电，择优发展天然气发电"的方针，实施多元化发展战略，做强做优电力主业，加快绿色低碳发展步伐。华能江苏公司是东线战略的领头羊，重点围绕集团"两线""两化"的战略布局，结合江苏资源禀赋，着力打造有质量有效益、基地型规模化、投资建设运维一体化的海上风电发展带。近期建设成3个百万千瓦级海上风电基地，中期建成5个百万千瓦级海上风电基地，远期打造千万千瓦级海上风电基地。

二、发展增量转结构，加快绿色清洁能源布局

（一）全力获取海上风电资源

华能江苏公司深入推进集团公司"东线"战略落实落地，加快建设千万千瓦级海上风电基地。在海上风电补贴退坡、国补取消形势下积极开展技术经济研究工作，制订后续海上风电开发规划。加强外部合作，创新商业模式，加快优质新能源资源获取，通过与地方政府、林洋能源等的数次沟通、协调和商谈，合作开发启东H1、H2、H3共计80万千瓦海上风电资源，已开工建设。同时公司加强与省发展改革委、能源局的汇报，加强与盐城、南通、连云港等各级政府的合作联系，积极谋划"十四五"海上风电开发建设。与射阳县、亨通集团签订合作协议，初步锁定射阳300万千瓦近海资源。计划与盐城市政府签订"十四五"海上风电产业发展战略合作协议，进一步锁定射阳地区近海300万、远海500万风电资源，为"十四五"期间建设千万千瓦级海上风电基地奠定坚实基础。积极与中船集团商谈，协调产业园落户事宜，有望锁定大丰、滨海500万~800万千瓦海上风电资源。

（二）助力新能源高峰论坛，展现华能良好形象

2019年9月6日，华能江苏公司参与承办江苏盐城2019中国新能源高峰论坛，集团公司与会领导发表题为《把握能源转型变革趋势 打造世界领先的海上风电基地》的主旨演讲。建议我国东部沿海省份应当立足自身实际，发挥资源优势，推进海上风电规模化、基地化开发，加大新能源发展机制创新，积极发展大规模储能技术，提高本地区能源电力清洁化水平和可持续发展水平。

（三）全力高效推进项目建设

落实华能江苏公司基本建设管理的主体责任，规范建设项目的安全、质量、进度、造价和环保管理工作。明确节点目标，倒逼任务和责任落实，强化外部协调，着力解决建设项目的送出工程、设备供货、施工船机、现场协调和合规手续办理等难点重点问题，保证计划进度的刚性推进。泗洪光伏项目10万千瓦已全容量并网。2020年在建项目7个（如东H3项目40万千瓦，灌云项目30万千瓦，射阳H1项目30万千瓦，启东H1、H2、H3项目共80万千瓦，江阴燃机项目80万千瓦）。金坛盐穴储能项目（6万千瓦）完成监理工程、安装工程等开评标工作，已开工建设。苏州燃机获2020年度中国电力优质工程奖。

（四）布局战略性新兴产业

紧密跟踪储能、节能等技术发展趋势，研究布局氢能、储能、节能环保等新兴产业。积极推进金坛盐穴压缩空气储能国家示范项目建设，掌握大规模储能关键技术，适时主导推进金坛盐穴压缩空气储能二期项目，逐步建成百万千瓦级储能示范基地。结合现有电网、储能配置政策，进行"海上风电＋储能"商业模式的研究，探索盈利模式、技术路线，在启东、大丰、灌云等地区配套建设1~2个具备商用运行价值的储能项目，总规模约500兆瓦/1000千瓦·时。开展基于弃电的风电制氢示范项目研究。积极融入包括充电桩、储能在内的电动汽车产业集群。深入研究人工智能、智慧能源、分布式能源等对未来发电有重大影响的电力技术投资机会，探索"互联网＋智慧能源"建设。联合能交公司，积极发展新业态，在盘活存量资产、多经管理等方面加强合作，打造新的利润增长点。加强与地方政府对接，盘活苏州热电、太仓电厂闲置土地资源，建设大数据中心。

（五）加快国际化发展

在"一带一路"沿线国家寻求项目机会，继续深化细化对相关地区基本情况、能源规划、投资环境的了解和研究，争取海外项目投资和开发建设机会。持续关注阿曼杜库姆煤电项目投标工作，做好乌兹别克斯坦燃机项目、哈萨克斯坦光伏项目投资机会研究工作。联合国内领先的风机主机制造商组建综合性海上风电运维公司，引进海洋工程和海上风电技术服务企业，建成业务覆盖江苏、辐射全国、面向世界的海上风电工程施工、运维和技术服务基地。提升江苏海上风电产业"走出去"能力，依托"一带一路"沿线国家海上风电项目开发，联合海上风电产品、技术、施工和运维等产业链上下游"抱团出海"。总结提炼火电、风电、盐穴储能等领域的技术、管理经验，制定专业技术标准和管理标准，积极参与国家标准和国际标准制定，增强在电力行业的话语权和影响力。

三、优化存量转方式，推动传统煤电向综合能源企业转型

积极推动各火电厂由单一火电向火电、风电、光伏、供热、污泥耦合等综合型能源企业转型，拓展生存空间，提升盈利能力。

（一）提升火电清洁生产水平

持续优化结构，做好淘汰煤电落后产能工作，积极推进30万等级煤电等容量、等煤量替代，在江苏南通、连云港沿海地区发展高效清洁煤电项目，提高大容量、高参数、低排放燃煤发电机组的比重。通过节能降耗改造、精细化管控、应用新技术等手段，持续优化存量机组的运行方式，实现机组性能对标最优。开展煤电机组灵活性改造和集中供热改造，优化机组深度调峰能力。有序布局中心城市和网源

一体化供热项目，重点发展地级市及以上城市中心城区、化工园、产业园等热负荷集中区域的热电联产项目，深挖存量机组的供热潜力，努力拓展供热市场，提升供热效率效益。抓好南通、苏州国家首批燃机国产化创新示范项目建设工作。加强全省电力平衡需求和电网调峰需求测算，布局有效益的燃机调峰机组。

（二）积极推进生物质等多种方式发电

加大力度推动生物质、垃圾发电项目的多点布局，合理优选，扩大在全省各市、县的布点。积极争取南京江北垃圾发电项目，在全省范围内广泛开展垃圾发电项目前期工作，争取在"十四五"期间取得3~4个项目，实现垃圾日焚烧能力5000吨，积累开发业绩和经验，具备了独立投标资质。积极推广应用污泥耦合发电技术成果，开发污泥耦合发电项目。

（三）推进综合能源服务企业建设

积极适应电力体制改革要求，加强电力市场和交易机制研究，深化电力营销管理体制改革，推进营销管理转型。创新市场理念，率先注册成立华能江苏能源销售公司，摘得全省第一块售电运营牌照，构建与市场竞争相适应、灵活高效的市场开拓机制，着力打造差异化竞争优势，连续三年取得发电背景售电公司销售业绩第一名。完善电力现货应对机制，率先组建电力运营中心，统筹公司市场交易、优化机组运行，加强生产、燃料和市场营销的协同，加强创新型电能产品开发。完善与市场相适应的激励考核、薪酬分配、风险防控机制。探索市场化用工机制，建立专业化营销队伍。开拓能源服务市场。推动发电产业链向下延伸，打造面向终端客户的"电+"服务体系。按照"审慎、择优、协同"原则，有序发展新增配电项目。根据用户用能需求，提供多能互补的能源供应项目，大力开展增值服务。抓住长三角区域一体化发展机遇，因地制宜，优化配置，提供发电、供热、调峰、配售一体化综合能源服务。创新发展供应链新技术、新模式，深耕能源供应链、电力物资、工程配送等大宗商品领域，着力打造数字化平台支撑、网络化交互、智能化管理的能源产业智慧供应链。立足服务公司系统，逐步开拓外部市场，提供智慧物流、供应链金融、电商交易、大数据应用等一站式、平台化集成服务。

四、加强技术创新，为推动能源转型提供动力保障

华能江苏公司坚持聚焦能源发展新趋势、聚焦集团公司重大发展战略、聚焦传统煤电的多元化转型，不断创新体制机制，加大重大项目攻关，提升技术创新能力。

（一）加快海上风电技术研发应用

在海上风电发展过程中，将科技含量作为重要考量因素，多次率先应用新技术，在项目的设计、施工、运维等多个领域取得突破。依托千万千瓦级海上风电基地建设，开展《机组及部件智能运输、现场批量安装调试运行工艺技术和检测装备及应用验证》《海上风电全生命周期闭环智能管理方法及系统研发》等课题研究，撰写论文3篇，形成发明专利4项、实用新型专利3项、软件著作权3项。聘请行业内知名专家院士，为华能江苏公司发展战略规划、千万千瓦级海上风电基地建设、科技创新等提供咨询指导。

（二）牵头成立海上风电科技研发中心

会同华能清能院在盐城成立海上风电科技研发中心，积极推动科技项目落实落地。在海上风电规划设计、定制化风机关键部件国产化、智能运维方面凝练形成3个重大专项，研发合同额预计逾1亿元。提交风电场布机优化软件、风电场多工况并行计算软件等4项软件著作权和3项发明申请。完成江苏省科学技术奖的申报工作，申报江苏省重点实验室。委托中国电机工程学会对海上风电风能高效利用与低冗余高可靠性桩基关键技术及应用进行成果鉴定，鉴定委员会认为，项目在海上风电场尾流模型建模、风资源计算平台研发、风电机组及风电场智能控制管理、桩基设计与施工方法等方面实现了关键技术的突破，整体技术达到国内领先、国际先进水平，其中在海上风资源计算评估方法、海上风电机组与风电场智能控制管理技术方面达到国际领先水平。

（三）提早布局风电场智慧运维

华能江苏公司采用虚拟化、超融合和 Hadoop 技术，搭建基于国产实时历史数据库的大数据平台，形成区域火电、风电生产实时数据的集中存储。率先实现对清洁能源所有风电场数据进行实时采集，为产业转型提供宝贵的风机系统的实时数据资源，建成华能江苏公司智能化管理信息平台。与西安热工院等科研机构紧密合作，自主构建风电场"数字化风场＋智慧运维"平台。平台于 2019 年 11 月正式上线运行，已实现虚拟围栏、船舶管理、电子"两票"、远程故障诊断、绩效排名等多项具体功能，初步实现风电场运维全过程的数字化、智能化、可视化，为后续海量数据接入及机组状态精确诊断等科技课题的研究奠定了扎实基础。移动"两票"解决了远程集控运行模式下工作负责人与工作许可人无法共同到工作现场进行开工许可、工作终结的实际问题，实现区域清洁能源"无人值班、少人值守，远程监控、区域维护"的管理模式。

新冠肺炎疫情期间，华能江苏公司采用网络安全加密和隔离技术实现在家或移动过程中的远程办公，有力助推复工复产，将疫情影响降到最低。

（四）积极开展储能项目研究

华能江苏公司与清华大学、中盐集团合作开发的金坛盐穴压缩空气储能国家示范工程是世界首个大型非补燃压缩空气储能项目，是压缩空气储能领域唯一国家示范工程，也是江苏省 2019 年、2020 年重点项目。基地规划总容量约 100 万千瓦，一期示范项目（6 万千瓦）已完成集团公司科技项目立项工作，一期工程已开工。

（五）加强燃机关键技术攻关

华能江苏公司积极争取燃机国产化创新示范项目，2019 年南通 9H 燃机项目列入国家能源局首批燃机示范项目。H 级重型燃气轮机是当今世界最先进、效率最高的燃气轮机，单机容量 745 兆瓦的重型燃气轮机填补了我国燃气轮机技术领域的空白。致力于燃机自主运维，为打破进口燃机厂家技术封锁，克服"卡脖子"技术难题，在金陵燃机电厂开展燃机自主维护试点。利用长期的技术和数据积累，通过全程参与 GE 公司机组检修工作、独立开展故障诊断等方式不断提高人员技能水平。除主机定期检修和抢修外，电厂已经完全具备燃机机组日常维护能力。同时，加强与科研院所合作，与东南大学共同开展国家级燃机科研项目"重型燃气—蒸汽联合循环机组性能评估方法研究"；与西安热工院开展燃机技术交流工作，已就燃机状态检修、故障诊断、燃机控制系统国产化等课题达成合作意向。

五、加强与地方政府的战略合作，推进海上风电产业链提档升级

2019 年 5 月 19 日，中国华能集团公司与江苏省委就加快江苏海上风电开发、推进能源结构转型、创新生态环境治理等深入交换意见，并签署《战略合作协议》。根据协议，双方将按照"平等互利、优势互补、长期合作、共同发展"的原则深化能源领域的战略合作。以加快海上风电开发和加强装备制造产业建设为中心，投入 1600 亿元打造华能江苏千万千瓦级海上风电基地；建设研发、制造、施工、运维一体化的海上风电产业基地，积极推进沿江沿海生态环境治理，助力江苏省低碳清洁绿色发展；合作开发能源项目，建设自主创新的江苏省新能源产业体系，共同应对生态环境治理和能源结构转型升级的双重挑战，按此建设规模估算，华能江苏千万千瓦级海上风电基地建设将拉动 GDP5200 亿元，全生命周期上缴税收 1200 亿元，增加就业岗位 2000 余人，推动华能集团和江苏省高质量发展。

积极开展盐城射阳智慧风电产业园前期工作，已完成规划编制，与射阳经济开发区签订战略合作协议，协助引进艾尔姆叶片制造厂等企业落地射阳产业园。

六、推动体制机制改革，保障新能源项目高效实施

华能集团公司设立新能源事业部，按照总部职能部门的角色定位，与总部其他部门一起承担总部新能源产业管理有关职能。

2020年3月，为加快推进华能集团在江苏区域新能源产业发展，进一步强化区域公司主体责任，集团决定将中国华能集团有限公司江苏分公司改设为子公司华能江苏能源开发有限公司（简称华能江苏公司），由中国华能集团有限公司独立出资。

完善以创新能力、质量、贡献为导向的科技人才评价体系和激励机制。加强科技创新工作的制度化、规范化建设，制定科技创新配套管理制度，有力保障和推动科技创新工作。将知识产权、科技成果和新技术应用等指标纳入年度绩效考核，制定奖励制度，2019年共兑现创新发展专项奖励101万元。鼓励员工立足本岗位开展创新活动，工会牵头组织开展职工技术创新成果项目评审和展示，对获奖项目和单位进行奖励，提升基层企业和广大员工的积极性和创造性，夯实科创工作广泛的群众基础。

华能江苏公司坚持把职工队伍建设作为兴企、强企的根本依托，主动顺应能源转型变革趋势，认真落实中央关于新时期产业工人队伍建设改革要求，结合公司实际，提出5个方面73项具体措施，大力推进产业工人队伍建设。为更好地担负起"东线"战略重任，华能江苏公司及时优化基建管理机构设置，将基建办改成基建部，选聘4名基层企业中层干部担任基建各专业主管。抽调精兵强将，全力以赴推进海上风电建设和人力资源配置，选派4名厂长、助理到4个海上风电基建项目负责协调工程建设，成立海上风电建设技术组和海上风电设备催交组，负责项目技术工作和设备监造催交工作，从各企业选拔优秀青年骨干组建海上风电建设青年突击队，为推进"东线"建设提供有力的组织保障。

（成果创造人：罗海光、孙孜平、高鹏里、吴　强、张　成、郑　权、许文峰、郑　枫、孔进粮、钱开荣、苏新民）

电网企业以国际领先战略为引领的对标一流管理提升

国网天津市电力公司

国网天津市电力公司（以下简称国网天津电力）认真贯彻党中央、国务院关于国企改革和培育具有全球竞争力的世界一流企业决策部署，加快建设具有中国特色国际领先的能源互联网企业，以战略目标为统领，以价值为核心，以对标管理为手段，构建电网企业对标一流、管理提升的"六个一"路径模式，有效支撑短期战略升级落地和长期培育世界一流企业、实现管理"螺旋式"持续提升的目标。

"明确世界一流企业标准"，研究一流企业核心特质和发展趋势，确定对标基线，从世界一流高度谋划管理变革与对标提升工作；"绘制对标一流核心能力框架"，以世界一流企业标准与国际电力行业通用标准为依托，对标国际国内领先企业实践，把握能源行业前瞻发展趋势，搭建核心竞争能力体系。"制定一流企业标杆优选方法"，以构建长效管理提升机制为追求，广泛扫描一流企业，在同业对标的基础上，开展方式方法的异业标杆遴选，便于长期跟踪国内外引领发展、管理前沿、持续创新的领先企业。"开展对标一流管理成熟度诊断"，对标东电、法电、华润等国际国内领先企业实践，从"硬实力"与"软实力"两个维度，采用定量与定性相结合的方式，对企业全要素管理领域进行诊断，明确分阶段提升路径举措。"实施创建一流重点管理提升工程"，统筹实施战略管理、服务品质、科技创新、组织管控四大公司级对标提升"巨石"领域和12项管理提升工程，确保重点领域率先突破、公司全局持续提升。"健全持续一流配套保障机制"，建立健全全员宣贯、考核评价、组织保障机制，形成精准纠偏、迭代优化、执行有力的世界一流企业创建闭环管控机制。

一、明确世界一流企业标准

为实现国际领先战略目标，国网天津电力以对标世界一流企业为抓手，通过分析一流企业的标准，定位国际领先的目标方向，开展全要素对标诊断与管理提升。

（一）研究一流企业通用标准

国网天津电力研究发现，世界一流企业存在的意义是价值实现。价值不仅包括企业自身的经济价值，还包括企业为产业链、生态圈、利益相关方以及整个社会创造的价值。权威机构调研表明，世界一流电网企业发展的趋势是"社会型企业"，在战略规划上不局限于商业价值领域，而是作为"社会型企业"将收入增长、盈利与尊重和支持其环境和利益相关者的需要相结合，平衡商业价值与社会价值，随着政治、经济、科技、社会的趋势变化，创造更大、更持久的社会价值，实现与客户、价值链合作者共享价值。因此，以价值为核心的国际领先企业全要素管理框架能更好地体现"硬指标＋软能力"的层次，可在价值统领、价值实现、价值创造、价值驱动四个层级上具体分解。

（二）构建一流企业全要素框架

国网天津电力通过对世界一流企业的经营业绩与管理模式的长期观察与积累，深入分析国有资产管理委员会"三个三"的核心内容，将世界一流企业的核心特质归纳为十大通用要素。其中"三个领先"的核心内涵聚焦于"经营业绩"，需要在效率、效益与产品上达到全球领先，是"世界一流"硬实力的体现；"三个领军"的核心内涵聚焦于"行业领军"，主要包含了企业在战略决策、经营管理、国际化、创新管理、资本运营、人力资源、公司治理以及组织管控等全方位，构建"软实力"要素；"三个典范"的核心内涵则聚焦于"社会典范"，即在"硬实力"与"软实力"兼具的基础上，践行社会责任、树立品牌形象，实现可持续的绿色发展。总结归纳，形成经营业绩、品牌与客户、战略决策、经营管理、国际化、创新管理、资本运营、公司治理、组织管控 10 个核心要素，构成"一流企业全要素框架"，作为衡量一流企业的通用标准。

二、绘制对标一流核心能力框架

国网天津电力基于上述 10 个通用要素，以价值为核心，结合能源互联网行业属性与自身能力特点，对要素进行调整拆分，形成省级电网企业全要素对标框架，作为"以国际领先战略为引领的对标一流管理提升行动"的"底图"。

（一）以价值为核心，明确一流要素层级

国网天津电力基于一流企业通用标准，结合电网企业的企业属性（公用事业企业），将整体框架分为四个层次。价值统领：公用事业企业担负的对国家、社会以及利益相关方的责任，包含经济责任、政治责任、社会责任等。价值实现：企业自身实现的价值，包含战略价值、财务价值、品牌价值等。价值创造：企业的价值创造活动，包含企业价值链上的业务活动，体现企业的核心能力。价值驱动：企业的内生动力和活力，包括企业的体制机制、人才团队与文化等。四个层级中，价值统领是外部要求，后三者是企业自身属性，依次为企业外在表现、直接能力、间接动力，呈现由外到内、由表及里的关系。

（二）基于一流企业标准，制定核心能力框架

基于世界一流企业通用要素和价值层级，国网天津电力从四个方面入手，综合分析提炼国际领先企业核心能力，形成对标框架。一是明确新时期发展要求，深入理解全球能源互联网、"三个领军、三个领先、三个典范""六个力量"等要求，融入框架顶层设计。二是总结国内外领先企业核心特质，从经营实力突出、业务可比性高、领先实践力强三个维度广泛遴选世界一流区域电网企业，分析总结其关键要素。三是参考业内广泛使用的指标体系，如新加坡电力智能电网指数（SGI）、智能电网成熟度模型（APQC）等，有选择地吸收关键要素。四是结合自身实际调整完善，结合企业本身价值链结构和技术特点，通过与系统内外 54 位专家的 25 次调研访谈，得到完备互斥的要素全集，最终确定世界一流省级电网企业对标能力框架，包括 12 个一级要素和 34 个二级要素。各关键要素的内涵和外延界定清晰，能够全面涵盖世界一流企业的普遍特征，且相对独立，具备清晰、科学的层次结构和内在逻辑关系。

其中，价值统领层面，以"社会型企业，共享价值"为国际领先电网企业的内涵。价值实现层面，以央企属性鲜明、经营实力领先、品牌价值突出，体现电网企业全球行业影响力。在价值创造层面，综合分析能源互联网包含的关键要素，提炼国外领先标准共性特征，根据电源侧到用户侧的价值链结构和技术特点，提炼出绿色能源、规划发展、生产运行、模式创新、服务品质、核心技术、数字智能七项要素，该七要素也是各类国际领先电网企业评价模型的共性要素。价值驱动层面，将治理管控成熟度高，人才团队培育能力强作为培育世界一流企业的能力底盘。

三、优选一流企业对标对象

对标对象选择是否合理关系到后续对标活动的有效开展，国网天津电力基于内部与外部、国际与国内、同业与异业相结合的原则，综合研判选择对标对象，收集标杆信息。

（一）放眼国际国内，遴选同业、异业标杆企业

根据"国际领先"的内涵，综合考虑企业规模与业务特点，以国际化视野，广泛扫描全球领军企业、隐形冠军企业、综合或局部竞争力处于全球同行业最先进水平的潜在对标企业。一是结合能源电力行业特点，遴选同业对标企业。明确与东京电力、法电 EDF、ENEL、意昂等一批国际领先的大型电网集团和新加坡电力、澳大利亚 JEMENA、中国香港港灯集团等一批以配网为主的国际领先区域型企业，进行全要素同业对标。结合国内行情，对处于跟随或落后阶段的领域，重点与南方电网等竞争性企业进行对标。二是打破行业瓶颈，优选异业对标企业。在行业特性不明显、需要突破机制壁垒的领域，重点与华为、华润、联通等跨行业的国内领先企业进行异业跨界对标，以激发具有创造性的经营管理思路。

（二）依托能力框架，收集标杆企业领先实践

基于一流电网企业核心特质，通过公开资料查询、调研走访、第三方数据库查询、专家研讨等方式，全面获取对标企业的最佳实践信息，形成"世界一流电力企业对标案例库"，并持续完善充实。一是全面收集同业标杆企业领先实践。依托能力框架，分12个一级要素和34个二级要素，对东京电力公司、德国意昂、法国EDF、南方电网等同业标杆进行信息数据的全要素收集。如在一级要素规划发展方面，重点收集法国EDF"基于可靠性和经济性平衡的电网规划和投资管理"等领先实践；在二级要素营商环境方面，重点调研南方电网某公司在获得电力方面推出的"五优服务"。二是有针对性地收集异业标杆企业创新做法。对治理管控中的组织管控、核心技术中的创新管理等行业特性不明显的领域，重点针对异业标杆企业创新实践，通过专家研讨论证等方式，有针对性地收集华为公司IPD跨组织科技创新项目管理体系、华润"6S"战略管理模式等典型做法，拓展思路、寻优补差。

四、开展对标一流管理成熟度全面诊断

（一）开展现状诊断，构建全要素管理成熟度模型

管理对标的难点是需要每个要素都有一套系统、科学、全面的基于整体国际领先企业最佳实践的管理成熟度模型，和第三方专家以专家打分法，客观评价企业现状与差距。2019年年初，国网天津电力对34个二级要素开展管理成熟度全面诊断，通过定量与定性的诊断，一方面，了解经营实力、治理管控、服务品质等每一要素中国际领先企业的通用管理模式；另一方面，系统化地明确各个领域的管理差距。

（二）实施全面诊断，定位关键补差

通过分析标杆企业，国网天津电力发现：世界一流电网企业在关键领域具备共性的领先特质，这些特质帮助企业在长期引领行业发展，并实现良好的经济与社会效益，较为突出的共性特质主要体现在以下四个方向：在央企属性（发展导向）上作为"社会企业"平衡业绩增长与社会责任，着眼于差异化竞争优势，占据产业链中的高端位置；在规划发展上，以基于可靠性和经济性平衡的投资管理和以延长资产寿命为核心的运维管理为核心，通过精益化的电网规划和专利投资建设，追求平衡式发展；在模式创新上普遍对可再生能源电源化、新型用电器支持及数字化综合能源服务升级等领域不断加大投入力度，推动多元化新兴业务蓬勃发展，形成持续增长支柱与竞争壁垒；在数字智能上不仅关注后端管理、生产的信息化升级，数字化技术更是不断催生出新的业态与服务模式，逐步形成数据驱动下的能源管理服务闭环。

对标标杆企业，国网天津电力通过访谈调研等手段有针对性地对自身管理现状与管理差距做出了系统诊断，引入第三方评价机构，采取定性定量相结合的方式，依据能力框架对现状进行评估。其中定量评价从能力框架12个维度打分，每个维度5分，共60分，主要体现业务和经营结果，反映过去和当前状态；定性指标主要体现业务和管理的成熟度，反映当前和未来的可持续发展能力及未来提升方向。通过定量评估，国网天津电力具备建设世界一流企业基础（得分41分，与一流企业相差约10分），多数要素已经形成了优势"点"，经营实力、品牌价值、规划发展、人才团队4个方面水平已经与一流企业接近。在定性分析上，"点"背后的核心能力有待提升，优势的持续性和可复制性不足，如服务品质上，虽已确立"客户为中心"的理念，但离全方位落实该理念、实现一流的客户满意度还有较大差距。

（三）聚焦关键补差，分阶段制定提升策略

综合考虑各要素的战略重要性、当前差距、要素提升的客观周期和难度，国网天津电力制定"三步走"提升策略，形成分阶段、有重点的管理提升路线图。

一是起步实施阶段（2019年3月至2019年6月）。建立健全创建世界一流示范企业的组织机构，制订工作方案，确定重点攻关任务，形成全面推进、营造共识、攻坚破局的工作格局。二是重点提升阶段（2019年7月至2020年12月）。全面开展世界一流企业对标工作，在关键领域初步具备国际领先企业显著特征。重点从四大领域进行综合式补差提升：强化战略管理，优化战略管理组织机构、工作机制，增强战略执行力；提升服务品质，强化对政府、企业、居民客户能源管理需求洞察，主动提高共享价值与品牌影响力；打造可持续创新机制，基于能源数据中心等搭建开放式创新平台，强化多元创新机制；优化组织效能，建立流程型、敏捷、透明、协作组织。三是持续改善阶段（2021年1月至2023年12月）。持续进行一流企业对标，建立调查研究、顶层设计、落实督导、总结评估、对标提升的闭环工作机制，针对提升周期较长的重点补差领域进行持续提升，基本建成具有中国特色国际领先的能源互联网企业。

五、实施创建一流重点管理提升工程

为切实推动"对标研究"与"管理提升"紧密衔接，国网天津电力紧扣国际领先差距分析结果，围绕电网企业核心竞争力体系（对标框架），横向协同、逐级分解，形成战略实施地图，以国际领先战略为引领，推动实施12项对标一流管理提升工程（对应能力框架），形成156项具体任务集群。重点对战略管理、服务品质、科技创新、组织管控四大"巨石"领域集中发力，落实了以下管理提升举措。

（一）以战略目标为引领，构建战略管理闭环体系

强化战略引领作用，优化战略规划管控流程，建立重点环节"刚性机制"，强调战略规划与投资融资、计划预算、考核评价等管理体系环环相扣，实现以战略管理为主线贯穿各个管理体系，关键举措、指标、资源以战略为核心进行分解和配置，形成推动企业向前发展的自发动力。一是建立专业化的战略分析机构和机制。强化企业智库的外部分析和内部诊断功能，进行持续深入的战略分析，在国家电网公司整体战略基础上结合天津市创建能源革命先锋城市的本地化要求，提炼"天津特色"的定位目标、能源互联网特色和发展路径，并构建结构合理、多梯次、可持续发展的业务组合。二是制定战略指标体系，加强战略向年度计划预算的分解。充分体现战略导向，梳理、精简、优化考核指标，形成战略指标制定和更新方法，包括指标与战略目标的因果关系分析、指标对战略目标的贡献度和权重分析、合理的目标值设定方法，最终形成一套适合省级电网企业的战略指标库。三是建立构建战略任务集群并配置资源。聚焦战略关键领域，梳理、精简、优化工作任务，以战略地图、平衡计分卡为基础，建立任务重要性评价表，明确各项任务对战略目标的支撑度、识别重点优先任务、精简冗余事务性工作，形成任务集群，绘制战略路线图。从任务集群出发，从任务目标、组织权限、流程活动、信息系统、数据分析、人才团队六个维度分别明确战略任务所需资源，并逐一匹配，确保资源支撑战略任务的执行。四是建立战略评价复盘机制，通过回顾目标、评估结果、深入分析偏差原因、总结成功经验、动态优化目标和任务，构建战略管理闭环，推动战略落地。

（二）以市场化为导向，打造以客户为中心的服务模式

着力推动"以客户为中心"的服务理念在全公司深化落实。一是持续升级服务标准，2019年、2020年持续出台"获得电力2.0、3.0版"，实施《持续优化营商环境提升供电服务水平两年行动方案（2019—2020年）》，指导公司各部门、各单位持续提升供电服务水平，降低社会获得电力成本。二是完善服务渠道、加强智慧服务，充分利用移动作业终端、营业厅智能终端等设施，升级线上办电业务，为客户提供多种增值服务，推行"阳光业扩服务"，缩短客户接电时间，提升服务体验。三是优化内部流程和协同机制，实现内部纵向穿透、横向贯通的端到端服务流程；从以"职能部门"为核心的管理模式，转向以"业务流程"为核心的管理模式，打造"小前台、大中台"，提升服务效能。四是建立全流程、全业务监督评价机制，加强第三方客户满意度的应用和分析，构建以客户为中心的全员考核评价体系、培训机制，确保客户服务管理举措实施到位。五是强化数字化支撑，建设数据中台，深度融合各专业管理系统，打破原有专业间的数据与信息壁垒，实现多源业务系统的数据共享，加强内部业务流程协

同联动、提升客户分析与洞察。

（三）以强动能为追求，健全科技创新机制

围绕战略承接与前沿感知、创新组织与决策、内部创新能力培育、外部创新协同与创新考核与激励六大维度，持续打造系统化创新能力。一是成立专家咨询委员会，在技术布局、质量把控、成果评价等方面建立咨询机制，提升公司科技工作的战略高度和技术深度。二是率先成立科技创新中心，发布科创"双八举措"，从科技管理和人才激励两方面提升科技创新动能。三是加大科技人才培养力度，实施高端人才引领工程、电力工匠塑造工程和青年人才托举工程，设立科技奖励专项资金，建立完善领导职务、专家人才、职员职级三条通道并行互通机制，多措并举激发科技人才积极性。四是积极探索开放式协同创新模式，与天津市科技局联合出资设立电力联合项目，与中国工程院等科研、产业单位深化合作，搭建产学研用联合平台。五是打造均衡、全面的科技创新考核指标体系，打破唯学历、唯职称、唯论文的评价体系，从可靠供电、优质服务、高效经营等方面建立实用实效评估标准。

（四）以激发活力为目标，优化组织管控体系

对外按照快速响应市场与项目、高效协同作战要求，对内按照"客户导向、敏捷、透明、协作"管理要求，深化细化、分级分类管控模式，打造符合战略导向的组织体系。核心做法为"三优化"，即优化关键能力，优化组织架构，优化运营模式，全面激发公司发展活力。一是强化战略统筹，以战略管控能力提升为"破局点"，打造跨组织"战略执行委员会"，强化多专业协同配合，从战略承接、职责定位、领导班子建设、干部队伍作风、考核激励、业务流程等方面综合施策，确保措施有效、改进见效。二是深化"三项制度"改革，打通"能上能下"的通道，对处级干部试行聘任制，在试点单位推行中层干部全体起立，以契约管理为核心指导基层单位全面开展岗位聘任，推进岗位聘任常态化、规范化；健全"能进能出"的机制，市场化单位通过社会招聘引进业务拓展、资质建设等亟须的高端人才，工资总额增幅、企业负责人薪酬与经营目标、人工成本投入产出效率直接挂钩；创新"能增能减"的途径，聚焦效益挖潜，建立电量增供扩销、子公司利润贡献等专项任务考核，结果直接与工资总额增幅联动，最大影响±25%，激发员工从"要我干"向"我要干"转变。三是深化"放管服"改革，提高内部审批效率，按照"一诺四减两强化"（承诺制，减事项、减环节、减材料、减时限，强化履责、强化服务）的总体思路，以"承诺制"推进"放管服"改革，建立"审批主体服务承诺"和"服务对象信用承诺"机制，建立信用积分档案，做到"清单之外无审批""责任之内必践诺"。

六、健全持续一流配套保障机制

聚焦核心能力建设，建立闭环管理机制，在统筹规划上把好关，通过协同联动、过程跟踪、成效评价、迭代优化，强化过程管控，及时校准方向，提高工作的系统性、整体性和协同性，确保各项任务在任务期内顺利完成。

（一）构建内外联动机制，强化协同发力

对内强化统筹协调、横向协同，改变重点任务由牵头部门直接分解下达的模式，发挥"能力框架—战略地图—任务集群"聚合作用，增加省公司层面的统筹协调，将业务创新同管理创新紧密连接，对所需人力、财务、基础设施、物资、信息技术、数据等资源，以世界一流示范企业创建目标为导向进行精准匹配，保障高效执行力。

对外实现联络协调、宣传推动"一口统筹"，将项目实施与相关方的利益诉求有机融合，保障成果成效的最佳输出、政策环境的最大争取，将管理提升成效转化为关键利益相关方的共享价值与战略升级落地。同时，根据内外部环境、资源和企业运转情况的变化，对管理提升方向和实施计划进行动态调整。

（二）构建考核评价机制，强化迭代优化

将督察督办作为推动项目实施、提高执行质效的有效方法和途径，建立关键补差事项督办、关键绩效指标动态调整机制，更强调核心竞争力培育与过程性指标的结合使用，避免所有绩效考核仅围绕业绩结果考核，保证业绩优异的同时投入一定资源持续强化管理能力。

定期开展回顾分析评价，通过回顾目标、评估结果、分析原因、总结经验，与战略解码相呼应，客观评价管理提升专项行动执行质量，动态调整战略目标方向，及时解码关键成功因素，迭代更新实施方案和重点任务，实现 PDCA 管理提升闭环。

（三）构建组织保障机制，确保执行有力

聚焦战略目标高效落地，强化战略统领和执行，成立由主要负责同志任组长的战略执行委员会，在综合分析宏观环境、行业发展、市场需求、竞争态势和自身核心竞争力要素的基础上，聚焦战略支撑能力提升重点，统筹部署战略升级落地与培育世界一流企业整体工作。战略执行委员会下设战略执行策划组、战略执行办公室及专项实施小组，强化统筹规划、协同发力，利用"对标一流，管理提升"中明确的一流管理工具，进行有效的战略目标分解，使中长期战略发展规划有效分解至年度综合计划，并明确重组资源，保证核心竞争力培育，将各专业部室的重点任务统一到战略落地任务与关键机能建设上，同时量化管理提升效果，优化相应的绩效指标体系，确保高效执行。

（成果创造人：赵　亮、杨新法、于晓辉、陈竟成、王志毅、杨永成、周　群、刘德田、王　琰、张春晖、刘　涛、赵剑慧）

大型建筑施工企业提升核心竞争力的
工程总承包关键能力建设

中铁四局集团有限公司

为适应我国建筑行业从施工总承包向工程总承包的政策转变，中铁四局通过工程总承包系统分析，围绕提升企业在工程总承包方面短缺的关键能力，明确企业工程总承包关键能力建设重点，发挥传统施工建造优势，延伸到其他价值链环节，并深入开展工程总承包项目管理实践，提升了工程总承包经营开发和市场采购能力，增强了工程总承包设计管理能力，优化了工程总承包组织结构，提出了工程总承包相关制度和管理措施，克服了施工企业在传统项目管理中的惯性做法，积累了丰富的工程总承包项目管理经验，形成了独具特色的中铁四局工程总承包核心能力，通过探索、创新、总结、提升，补齐了中铁四局工程总承包关键能力短板，推动了中铁四局工程总承包业务的稳步发展。

一、系统梳理，明确工程总承包关键能力建设方向

随着我国工程总承包步伐明显加快，2017年以来，中铁四局中标的工程总承包项目越来越多，同时受施工总承包惯性思维的影响，在投标经营、设计管理、生产建造、资源组织等方面，仍沿袭传统做法，遇到了不少困难，走了不少弯路，也交了不少学费，在建筑行业推行工程总承包的大形势下，急需找到症结，补足短板，提升能力。

（一）全面分析，找准企业开展工程总承包的短板

为了更好地适应工程总承包管理的需要，2018年上半年，中铁四局通过多项目调研、多次研讨、专题会议，系统分析了企业在施工总承包向工程总承包转变的过程中既有的优势和存在的短板：一方面，中铁四局有70年发展历史，具有强大的履约能力，在建筑行业信誉卓著，施工建造（包括物资采购，因为中铁四局有自己的物资工贸公司）已形成中铁四局传统优势，但多年来施工板块和施工利润率处于建筑产业链微笑曲线的最底端。另一方面，工程总承包不同于施工总承包，要求建筑企业必须具有"设计+采购+建造"综合能力。对照工程总承包管理要求，中铁四局关键能力缺失，存在以下短板：一是工程总承包市场营销能力不足，工程总承包市场开发投标不同于传统的工程总承包，必须与设计紧密协同，必须适应工程总承包发展的新特点、新需要，依靠企业综合能力，预估、预测并控制投标风险，拿到更多、更优质的工程总承包项目订单；二是工程总承包设计管理能力较弱，中铁四局虽然有自己的设计研究院，但设计人员不多、设计专业不全、设计能力不足，设计及设计管理仍是弱项，不能适应当前工程总承包设计管理的需要，有必要加强设计管理在工程总承包全过程的核心作用；三是组织管理能力有待优化，中铁四局一直沿袭传统的施工总承包组织模式，局、子分公司、项目部都没有设计概念，也没有设计管理机构，组织能力无从谈起，急需调整原有的施工总承包组织结构，适应工程总承包管理的需要；四是综合管理能力亟待改进，由于习惯于施工总承包管理，中铁四局缺乏工程总承包管理的相关配套制度，缺乏风险总承包风险意识，缺乏现场管理经验等。

（二）明确方向，重点提升工程总承包关键能力

工程总承包是指承包单位按照与建设单位签订的合同，对工程项目设计、采购、施工阶段实行全过程或者若干阶段承包，并对工程质量、安全、工期和造价等全面负责的工程建设组织实施方式。在工程总承包模式下，建筑企业的角色和定位发生了根本变化。在建筑行业推行工程总承包的大形势下，中铁四局要想在工程总承包方面有大的发展，必须依托施工建造（包括物资采购）优势，在强化施工建造

优势的基础上，补短板、强弱项，向施工建造的上下游延伸，根据工程总承包业务的特点，通过项目管理实践，着力补强与施工总承包不同或缺失的市场投标、设计管理、组织变革、项目运营及风险控制等弱项，促进企业工程总承包全过程能力的整体提升，为业主提供工程总承包一揽子解决方案和一站式增值服务，才能提高企业市场竞争力，取得更好的经济效益。

二、抓住源头，持续提升市场经营开发和招标采购能力

营销是施工企业活动的起点，是施工企业发展的前提和基础，在企业运行中处于龙头地位。近年来，随着我国建筑行业越来越多的传统发包方式被工程总承包模式所替代，中铁四局克服了施工总承包时按施工图阶段投标的习惯做法，突破传统投标方式，创新经营开发方法，重点根据工程总承包特点和需要，加大工程总承包市场（在可研或初步设计阶段招标）的经营开发和招标采购力度，已形成一整套行之有效的做法。

（一）掌握投标项目相关情况

一是熟知业主关心、关注的招标工作重点，按照住房和城乡建设部《关于进一步推进工程总承包发展的若干意见》及相关政策，分清适用与不适用工程总承包模式的项目，选择业主适用的工程总承包项目，有的放矢做好工程总承包项目的投标工作。二是评审投标项目是否符合企业发展目标与经营宗旨、是否符合业主资信与资金落实情况、是否有足够时间或资料、是否对地下工程内容进行调查、支付比例是否过低或支付条件是否苛刻等因素，做好标前评审，做出跟与不跟和投与不投的决策。

（二）与设计单位开展战略合作

根据项目需要和设计难易程度，确定设计解决方案。一是企业满足投标项目设计能力的，由中铁四局设计院组织设计；二是在企业设计能力不足的情况下，提前对行业内知名设计院进行摸底调查，做到知己知彼，通过与其建设战略合作关系，针对总承包项目特点，及早确定当地有工作关系、有业绩能力和有专业特长的设计院，以"总承包+设计院"模式组成联合体，实现专业技术互补，共同参与工程总承包项目投标。

（三）响应业主招标文件要求

一是根据工程特点和当地自然地理条件，组织经验丰富的技术人员，深入现场勘察，研究招标文件，重点关注工作范围说明、图纸、规范等文件，估算并复核工作范围内设备选型、材料选择、土建工程量。二是在通读合同通用和专用条件后，重点分析有关合同各方责任与义务、设计要求、检查与检验、缺陷责任、变更与索赔、支付及风险条款的具体规定，归纳整理出容易忽略的问题清单。三是在投标过程中，对遗漏、差错、表述不清等缺陷提出质疑，不以不确切的信息进行投标报价，产生大偏差，带来大隐患，蒙受大损失。四是理解和把握关键技术标准，收集市场信息，掌握当地实际的技术、经济水平，进行必要的现场踏勘，严格按照"投标须知"要求编制工程总承包项目投标书。五是根据招标文件规定，遵循覆盖全面、不漏项、不重复计算的原则，考虑完成项目所需的全部费用，并按照招标文件的报价格式要求正确填报。六是运用概算指标法、投资估算法、近期类似工程价格、项目预算等多种方式，对标价进行评估，相互验证，做到心中有数，并据此做出报价决策。

（四）增强工程总承包项目咨询能力

发挥中铁四局多年来在铁路、公路、市政、房建和水务环境等多面的施工建造优势，借助局内部设计研究院和已成立的投资运营公司的力量，提前介入南京南部新城、南京江北健康城及九江芳兰湖等工程总承包项目的前期规划设计，协助建设单位做好项目可行性分析，为业主提供增值服务和相应解决方案，为项目中标赢得更多机会。

三、突出重点，加快建设企业工程总承包设计管理能力

推进工程总承包，最重要的是实现设计、采购、施工等各阶段工作的深度融合，其中，设计处于核

心地位，并发挥引领作用。中铁四局虽然在施工建造（包括物资采购）方面具有比较优势，但必须针对企业设计人员不足，专业设计人才遭遇瓶颈，设计策划、设计协调、设计质量、设计优化的管理不到位，企业设计咨询能力不强，设计与施工无法深度融合，设计方案的可施工性、可操作性较差，设计工作质量把控不到位等问题，在投标阶段、施工建造阶段，有组织、有计划地改进和提高工程总承包设计管理能力，在工程总承包中发挥设计与设计管理作用。

（一）发挥中铁四局设计研究院的作用

发挥中铁四局持有铁道、建筑行、市政、公路、测绘五项设计甲级资质，及铁路工程监理甲级、建筑工程监理甲级、工程勘察甲级、风景园林乙级、城市规划乙级、人防工程乙级等优势，支持中铁四局设计研究院提前介入和全面参与局内工程总承包，鼓励走包括"前期规划、施工工艺设计、结构检算、造价咨询"在内的全过程设计咨询服务道路，规定以局中标的工程总承包项目全部交由局设计研究院设计，并统筹全局投资项目、工程总承包项目前期策划、设计咨询和设计管理服务。

（二）整合利用社会设计资源

第一，借水行舟，借梯登高，发挥联合体设计方优势，联合中铁二院、中铁四院、上海城建院、苏交科等优势设计院共同投标，借助设计院设计优化，依靠设计院实现需求。第二，对于非联合体中标的工程总承包项目，对于设计任务重或非局设计研究院专长的业务，进行专业设计分包，并加强设计分包方的管理，总体协调，强化合作，管出效益。第三，充分利用已建立的局勘察设计专家资源库，根据项目需要，邀请有关勘察设计专家，对设计文件进行评审、审核，达到优化设计的咨询效果。

（三）推进全局设计人才建设

一是明确工程总承包人才培养目标，培养和引进并重，以培养为主。培养100名适应工程总承包管理的项目经理、200名具有创新能力的技术专家、科技带头人和科技骨干人才队伍、300名适应工程总承包发展需要的设计人才队伍、若干名在业内有较高认知度的技术干部和局级以上的优秀设计大师，满足企业在工程总承包不同发展阶段对各层级设计人才的需求。二是采取"请进来、走出去"的方式，加大人才培养、开发力度，通过网络平台社会引进，公开向社会招聘企业所需的设计人才。三是提升现有技术人才能力，通过内部培训，有目的、有计划地安排到在建工程总承包项目锻炼，不断提高技术人员的设计管理水平。四是举办"卓越人才"培训班，选派100名政治思想素质过硬、业务能力强的技术人才到同济大学，每年进行2期脱产培训，加强合同商务谈判知识、造价知识、采购知识的积累学习，培育风险意识、合同意识、造价意识，提升工程总承包专业素质。五是建立设计联动机制，开展全局优秀设计师的评选活动，促进优秀设计人才脱颖而出；鼓励技术人员取得注册建筑执业资格，并与个人职务晋升挂钩，真正体现设计价值。六是每年有计划地派遣所属各子分公司技术人员到中铁四局设计研究院轮岗交流，打造一批既懂现场又懂设计的复合型人才。

（四）强化工程总承包项目设计管理

第一，强化设计进度控制，通过设计进度控制，利用设计同施工交叉，加快项目建设进程。第二，强化设计质量控制，重视方案评审、文件评审、环境和职业卫生安全评审、可施工性评审和设计成品设计评审等设计质量评审，对设计输出的图纸和文件、采购技术文件和试运行文件进行验证和评审，满足设计需要。第三，强化设计可施工性控制，发挥中铁四局现有技术和管理优势，实现设计与施工、设计与采购的深度融合，减少返工和避免设计变更。第四，强化设计过程控制，分阶段提前介入，做好设计成果内外部评审，提前沟通、协调业主，争取下达设计任务书，为设计文件审查做好铺垫，提高设计审批通过率。第五，根据"投资总量控制、专业限额设计"的原则，按照批准的可行性研究报告及投资估算控制初步设计；按照批准的初步设计总概算，控制技术设计和施工图设计，各专业设计在保证达到使用功能的前提下；按照分配的投资限额控制设计，严格控制初步设计和施工图设计的不合理变更。

并在不断实践的基础上，总结形成《中铁四局工程总承包设计管理工作指南》。

四、优化结构，构建适应不同层级管理需求的组织体系

组织要适应环境变化，变化将带来新的发展机遇。中铁四局针对传统施工总承包问题，根据工程总承包新要求，实施工程总承包组织变革，及时调整施工总承包组织结构，着力加强设计管理和设计力量，以文件形式明确各层级组织的设计职责，形成具有工程总承包控制能力、满足不同层级需求、面向客户的组织体系。

（一）在局总部层面，成立设计机构

在原组织机构的基础上，突出设计功能，成立设计管理部（设计管理处），负责统筹全局总承包项目的设计管理工作，发挥全局技术资源优势，做好内部设计咨询，服务全局工程总承包项目。主要是制定总承包项目全过程勘察设计管理办法，明确管理制度、工作流程和工作标准等；督促开展总承包项目的勘察设计管理工作，并进行业务指导；建立勘察设计单位、技术评审专家资源库，组织总承包项目外部勘察设计单位的确认工作；开展总承包项目中重大项目的前期阶段研讨，组织重大项目的可行性研究技术方案论证工作；组织总承包项目中重大项目的初步设计、重大设计变更的技术方案评审工作；检查总承包单位的勘察设计管理工作。并按照"精前端、强后台"原则，由局组建设计管理支持团队，配置专业能力强的技术管理人员和专家顾问，建立不同专业、不同规模的工程总承包设计专家库，形成集中与分散相结合的专家支持系统（虚拟组织）。同时，鼓励做强做大中铁四局设计研究院，积极推动并购地方设计院。

（二）在局属子公司层面，加强设计管理

业主对总承包商企业的组织管理能力提出了更高要求，中铁四局项目总承包部的经验能力又比较薄弱，需要依靠上级职能部门（纵向）提供支持，以形成项目总承包部层面的知识和技术积累。中铁四局在现有施工组织体系的基础上，所属子公司成立工程总承包项目领导小组及工程总承包项目推进小组或设计部，明确相应职责和任务，组织进行现场调查、前期策划，形成项目管理方案及实施计划；收集项目立项文件、招标文件、澄清文件、会议纪要及补充文件、投标文件等，研究文件条款、设计图纸、合同文本草案，提出合同修改意见并跟踪合同签订；研究合同文件，熟悉业主要求、设计规定等，收集项目"立项、可研、概算"批文，对接规划设计单位，初步测算项目投资控制总额；进行经济技术比选，从而优化设计方案、设备选型、材料标准及相关专业技术方案，做到"技术可行，经济合理"，提出深化设计及限额设计思路；与业主、设计单位沟通对接，确定深化设计方案的可行性，根据设计进度计划、深化设计及限额设计思路，与设计分包单位进行设计分包合同谈判或设计合同评审。跟踪设计进展及优化设计等情况；根据合同文件、设计图纸等编制工程量清单并与业主沟通确定认质认价及验工计价模式；梳理工程物资、设备等的需求计划和质量标准及技术要求等，编制市场调查报告、物资设备技术规格书及招标采购计划，并跟踪落实；对劳务分包方式、范围等进行策划，制定劳务分包招标计划，并跟踪落实；结合初步设计，测算预期项目成本和预期目标利润；梳理并提出变更、索赔及反索赔思路；根据合同文件、重大节点计划、设备采购计划等编制资金筹划方案、税务筹划方案，并制定风险防范措施。一旦工程总承包项目中标，即抽调业务骨干成员帮助工程总承包项目共同做好前期工作，特别是加强设计管理工作。所属的二公司、四公司、钢结构公司等工程总承包业务较多的三级公司，还在中铁四局指导下，分别成立了设计院。

（三）在工程总承包项目层面，配齐设计人员

在工程总包部配齐设计岗位，在工程量大、设计任务较多时，增设项目设计控制部/设计管理部，

明确其工作责任：学习设计及报建工作流程，熟练掌握每一步设计工作的前置条件及后续工作，厘清逻辑关系，为做好设计协调工作打好基础；协助设计单位收集和催要前置资料，并配合做好现场细部测量和探测工作，联系产权单位，收集其对设计的需求信息；参与方案设计阶段的研究工作，尽可能使方案设计内容满足施工及效益的需求；做好初步设计和施工图设计的内部评审工作，优化设计内容，核对设计资料，确保外审前初步设计和施工图设计完整性和准备性；做好设计咨询、审计、图审等专家的沟通和协调工作，为设计文件审查做好铺垫，确保审查过程中利润不损失，维护企业利益。并把（联合体）设计方现场人员纳入项目总承包部管理，由总承包部直接领导，以协调和联系业主、代建方、规划方，加强项目设计管理。对于业主在可研阶段招标、项目前期报建、拆迁任务量大的工程总承包项目，总承包部另设置协调部，协调各方关系，督促或配合业主，加快拆迁进度。提出企业在工程总承包发展的不同阶段，分别按照"施工组织体系＋总承包管理部""施工组织体系＋工程总承包事业部"及工程总承包公司等路径进行组织变革，以适应企业在工程总承包不同阶段组织发展的需要。

五、系统推进，全面提升企业工程总承包整体管理水平

工程总承包是有别于施工总承包的管理模式。中铁四局根据工程总承包项目特点，克服传统施工总承包的惯性做法，制定工程总承包配套措施，整合工程总承包资源，积累经验，持续改进，提高了工程总承包整体管理水平。

（一）制定工程总承包相关管理办法

中铁四局在总结前期工程总承包管理得失的基础上，制定了《中铁四局集团工程总承包管理办法》《中铁四局集团总承包项目勘察设计管理办法》《中铁四局集团总承包项目内部技术咨询服务管理办法》，明确局总部各部门涉及总承包的各项职责权限、重点任务和全过程管理的工作流程，规范局内工程总承包方面的全过程、全业务管理，使此前的工程总承包管理从无到有，从无序到规范，形成符合中铁四局实际的工程总承包制度管理体系。

（二）建立全局工程总承包设计资源库

中铁四局在近几年工程总承包实践的基础上，建立了工程总承包资源库，包括26家设计单位（含营业范围、资质等级、地址、联系人等信息）和49名局内外建筑、结构、电气、给排水、道路、桥梁、隧道、工程经济等专业专家，并定期更新充实设计资源库。要求所属单位在开展总承包项目设计咨询、相关评审及战略合作时，必须优先从以上资源库中选择。

（三）有序组织配置项目生产资源

中铁四局吸取以往工程总承包项目中标后，由于产权关系、土地许可等问题，不少项目的报建、设计仍需要准备较长时间（比如南京南部新城EPC项目的前期报建、设计等工作花了2年时间），施工生产暂无法启动，跑步进场也无法形成大干的教训，改变以往项目中标即快速进场的施工总承包做法，调整为根据前期进展情况，先配置必要的设计技术人员，待报建、设计初步完成后，项目管理人员、协作队伍、机械材料再有序进场。避免管理人员、协作队伍、机械设备等生产资源长期闲置、等待，形成资源积压浪费。

（四）增强工程总承包风险控制能力

由于业主对工程总承包采取费用包干（不变更）方式，工程总承包商将承担更大风险，并贯穿中标后的项目全过程。第一，中铁四局在投标时，总结推广使用"十字检查法"，即先由投标责任人针对招标文件或合同中含糊不清、措辞不当、有歧义的内容，向业主进行澄清。第二，在合同谈判前，研究、分析、评估合同条款，包括双方责任、权利、变更与索赔、专用条款、补充条款等，准备充实资料，在合同谈判时进行协商。第三，在协商不一致，又必须妥协中标时，再制订有针对性的风险控制措施。第四，在承担工程总承包业务时，通过举办专业培训、召开专题会议等形式，提高从业人员工程总承包风险意识，增强工程总承包项目协调各相关方的能力，积极主动控制风险。第五，在执行阶段，动态识别和评估项目存在的风险因素，及时发现风险隐患，列出风险清单，针对不同风险类别，制定相应的风险应对方案，分别采取风险预防、风险转移、风险分散、风险自担等措施，化解相应风险。制订了《中铁四局工程总承包全过程各环节系统风险控制清单》。

(成果创造人：李新生、庞洪巾、王新民、于大猛、陈宝其、邹昌东、吴　超、张　倩、廖江培、庄　严、陈　波、杨　红)

园林企业面向中小城市生态环境整体提升的一体化经营管理

金埔园林股份有限公司

为响应国家"生态文明"和"新型城镇化"发展战略,在园林行业激烈的竞争中脱颖而出,金埔园林股份有限公司(以下简称金埔园林)把握生态文明建设发展机遇,践行绿色发展理念,充分发挥自身优势,调整企业的经营理念,提出了园林企业面向中小城市生态环境整体提升的一体化经营管理。明确"立足南京,布局全国"的战略。通过"集技术研发""规划设计""建设施工""苗木种植"及后续养护一体化的"四位一体"全方面控制,建立全生命周期产业链,充分融合"水、路、绿、景、城"五大要素,开拓潜力市场,把握城市需求痛点,有效治疗城市病,严控项目各环节,产权部门提供技术保障,多平台保障信息化,拓宽人才输入渠道,提升人才专业化水平。一体化经营管理的实施打造出社会生态格局,充分发挥社会效益,同时提高了管理水平,获得了良好的经济和生态效益。

一、明确企业发展战略,建立全生命周期产业链

(一)明确企业发展目标,打造新型园林企业

金埔园林始终关注企业与客户、股东、员工等价值主体的可持续发展,完成了从传统园林景观建筑企业到生态环境整体提升一体化综合服务运营商的升级,以生态城市实践者为己任,积极助力中国新型城镇化与生态文明建设,推动行业及整个社会生态的健康发展。直至成为在世界范围内极具影响力的、行业领先的一流园林企业。

(二)"四位一体"全方面控制,建立全生命周期产业链

园林绿化行业具有门槛低、集中度低的特点,且大多数企业处于绿化施工领域。面对高涨的市场需求和激烈的市场竞争,为了提高企业竞争力和利润率,必须拓展企业的产业发展链条。金埔园林自成立以来就从事园林绿化建设项目的施工,并经过长期的实践和积累,逐步建立了集"技术研发""规划设计""建设施工""苗木种植"及后续养护一体化的"四位一体"经营能力,各项业务之间实现了优势互补、协同发展,实现了项目成本控制能力增强、经营方式及效率升级和质量品牌影响度提升等多重目标,覆盖了园林绿化行业的全产业链,具有较好的发展基础和条件。

二、突出城市特色,开拓潜在市场

(一)了解政府管理需要,争当城市运营抓手

在政府对城市的管理过程中,城市生态环境管理是一个重要的环节,城市生态环境代表着城市的面貌与精神,与城市的文化底蕴、发展进程和管理方式紧密相关。但由于专业性原因,许多地方政府在进行城市管理的过程中,对城市生态环境的提升是分散式的,即路网建设、水系建设、绿化建设等分别由不同的单位负责,导致城市生态环境整体缺乏一个核心理念,各个建设风格不同,无法融为一体。金埔园林准确找准定位,争当政府城市运营的抓手,把握城市生态环境提升的需求,结合自身的设计院与研究院,设计了以"城"为核心,从"水、路、绿、景"四个方面进行系统提升的方案。以自身的专业性,帮助城市管理者进行顶层设计与规划,凸显每个城市的特色,使城市风貌及街景形态均契合城市的实际情况。

(二)融合五要素突出城市特色,打破"千城一面"风格

一个城市的风貌彰显着这个城市的文化底蕴。金埔园林以城市的历史、文化与发展为立足点,充分融合"水、路、绿、景、城"五大要素,五个板块齐发力,量身定制,打造具有城市特色的城市生态环境提升方式,打破"千城一面"的尴尬局面,五个要素的提升方式如下。

(1)"水"是城市的血脉、海绵城市的载体。金埔园林用"理水环城,汇水润城"的理念,保护水源,尊重水体,重修河道生态系统。

(2)"路"是城市的骨架、展现城市品质的主要通道。金埔园林梳理交通体系,保证交通顺畅,结合规划定位,打造一路一景,创建视觉绿廊,展示地域风貌。

(3)"绿"指公园绿地,生态防护绿地及风景区等,是城市的绿肺氧吧,应该转变"城中建园"的观念,建立"园中建城"的绿色生态幸福宜居的理念。

(4)"景"是城市文脉的载体,可增强城市的辨识度,建立完善、个性化的景观标识体系可以强化城市的印象、提升文化品质。

(5)"城"是指城市风貌,针对"千城一面"的现象,制定个性化提升策略,为每个城市打造一张专属名片。

三、依据城市特点,规划设计方案

(一)实地深入调研,做好顶层设计

金埔园林研究院联合设计院依据政府意向性的建设内容,有针对性地做深入调研;在自然环境方面,结合当地的气候特点、地形特点、水体污染、大气污染、声光污染、土壤污染等方面进行调研;在人文历史方面,深挖当地的民俗特点、历史典故、名人墨客等内容;在产业特点方面,结合当地的矿产资源、农作物种植特点、工业制造、传统技艺等内容;在建设目标方面,依据政府意向打造智慧城市、园林城市、全域旅游城市,有针对性、全面性地开展调研。

(二)研究城市病,把握需求痛点

当前城市生态环境遭到破坏,城市发展患上了严重的"城市病"。首先,人与自然的平衡关系被破坏,居民生活质量下降,发展成本变高。其次,市政基础设施规模与品质相对滞后。最后,城市历史文化和特色在大建设中严重丧失,出现了发展失衡的问题。

金埔园林对城市生态环境进行了详细调研分析,找准城市绿化需求痛点。

(1)水——水生态污染、水形态硬质化、水功能单一、水品质差。

(2)路——道路定位不明、交通系统混乱、街道品质参差不齐、道路绿化单调、道路节点缺少特色亮点。

(3)绿——绿地系统不完善、绿地功能弱、绿地特色不突出、绿地植物杂乱。

(4)景——建筑立面缺少统一规划、标识标牌不成体系、环卫便民设施不健全。

(5)城——生态环境破坏、宜居家园建设缺乏、城市特色塑造不显著、城市功能设施待改善。

(三)五要素融合发力,有效治疗"城市病"

城市问题是一项综合性难题,各类"城市病"相互交错,往往牵一发而动全身,单独解决某一类问题并不能真正起到提升城市品质的作用。金埔园林在"统筹规划,分步实施"的科学引导下,围绕特色提升目标,针对中小城市自身特色提出"城、水、路、绿、景"的城市生态环境整体提升方式。

(1)以"城"为核,统领全局塑风貌。通过对"城市病"的问题进行梳理分析后,从城市统筹、多规合一的思想高度出发,全盘考虑城市生态环境整体提升问题。

(2)以"水"为魂,重构水乡现风情。城市的河道湖泊既要保护其生态环境,又要将其充分利用融入城市景观与居民生活之中。这就要求必须把握好保护与利用之间的平衡,最大限度地发挥出水系的生态景观效益。

(3)以"路"为脉,通畅顺达展风采。第一,梳理优化城市交通脉络,构建城市快速外环路;优化城市内部路网,合理确定道路等级,确保主干路畅通,并加强与城市外环高效连接。第二,优化功能,规范停车,新增共享车位。结合绿地建设及商业开发,新建地上、地下及立体停车场;禁止主干道停车，确保主干道畅通，城市次干路及支路规范停车；第三，结合城市总体规划中的片区风貌定位，将城区道路进行归纳梳理，根据道路等级结合区域风貌特色为每条道路明确定位，并有特色地树种，一路一树，打造风景宜人、特色鲜明的高品质道路空间。第四，强化道路及节点人文特色，擦亮城市文化名片。第五，完善城市慢行系统，引导绿色出行，打造具有城市特色的绿道系统。

（4）以"绿"为肺，绿色宜居造幸福。对标国家生态园林城市要求，以打造绿色生态宜居城市为导向，梳理规划，错位发展，明确绿地定位与特色；打造多元城市空间、融入历史文化，凸显绿地景观特色与文化品质；结合绿地系统布局，加强防灾避难公园建设；路绿交融，优化城市的整体界面，加快精致城市发展。

（5）以"景"为媒，融入文化显品质。注重文化细节，改进景观形式，形成地域文化品牌；结合规划，明确特色，优化城市街区风貌；结合用地建设和使用需求，完善设施，合理布置城市家具；打造绿色节点，融入生态元素景观小品；系统研究城市照明，打造"亮点""亮线""亮环""亮片"。

四、严格把握环节，实施项目管控

（一）做好前期准备，筑牢管控基础

1. 项目部的组建

项目中标后进行项目立项，工程管理中心根据项目实际情况通过项目比选或内部竞争上岗的方式，将项目安排给合适的区域公司进行施工。区域公司组建项目部，研读相关文件并进行现场踏勘，编制项目表及项目实施方案等，进行开工前的各项准备工作。金埔园林实行垂直式管理方式，六大职能中心（工程管理中心、行政人资中心、成本核算中心、资源采购中心、财务中心、市场中心）相关人员分别向下分解到各区域公司以及各项目管理公司，各职能中心人员实行归口管理。

2. 设计方案的过程把控

首先，在业务拓展阶段，由市场中心负责，设计院介入，市场中心通过各种渠道获取业务信息；设计院由设计院长和主任设计师分别做企业的宣讲及相关案例的分享；设计院长依据双方座谈内容确定设计方向，主任设计师依据设计方向与业主方进行沟通，了解规划内容、领导意图、投资强度、建设周期，并收集资料、进行现场调研。设计团队依据前期调研资料开会组织项目分工，完成后进行内部图纸会审。其次，商务洽谈阶段，设计院根据政府意向性的建设内容，做深入调研；并对可实施的项目做有针对性的方案设计；方案深化阶段，设计院根据可实施性和落地性进行方案的初步设计调整，设计院组织相关部门进行方案讨论，材料采购中心依据设计方案提供资源采购方案，尤其针对新材料的推广与应用，专项方案材料的提供与实施；工程管理中心负责检查设计方案中是否有技术壁垒以及评估项目部是否有能力按设计方案施工，成本核算中心根据材料清单对施工成本做整体把控，设计院根据各部门意见调整细化初步设计。

3. 施工图的五方会审

工程管理中心组织施工图会审工作，采购中心依据设计图纸提供材料货源清单、班组等优势资源；核算中心依据设计院提供的材料清单，编制预算清单，对项目成本进行总体把控；工程管理中由土建专家、植物配置专家等审核把控施工图方案；项目公司根据对现场及方案的了解，熟悉设计图纸，领会设计意图，找出需要解决的技术难题。设计院最后依据上述各方提出的问题及技术难题修改图纸。

4. 项目的技术交底

在建设单位组织图纸会审前，由工程管理中心组织项目管理公司全体施工管理人员、设计院进行技术交底。首先，设计院对项目部进行技术交底，根据工程特点，针对重点和大型工程，由设计院的技术负责人将主要设计要求、施工措施以及重要事项对项目主要管理人员进行交底。其他工程施工组织设计交底由项目技术负责人进行交底。对于专项施工方案，由项目专业技术负责人负责，根据专项施工方案对施工员进行交底。其次，项目部对施工班组进行项目交底，针对园林中的园林建筑、园林小品等将图纸内容分类精细化。

5. 施工组织设计的编制

方案先行是施工的关键，项目管理公司的项目负责人主持编制施工组织设计，依据工程特点编制施工组织总设计，包括总体施工组织布置及规划、主要工程项目的施工方案、方法与技术措施、工期保证体系及保证措施、工程质量、安全及文明施工、水土保持环境等各方面内容。同时，针对季节、气候对施工的影响、重要的分部分项工程及危险性较大的分部分项工程等，还要编制专项施工方案。经工程管理中心技术专家进行论证，修改后交由项目部技术负责人和监理工程师签字实施。

（二）实施现场控制，保障施工安全

1. 进度控制

工程进度控制是指对工程项目各建设阶段的工作内容、工作程序、持续时间和逻辑关系编制计划，并将计划付诸实施，在实施过程中经常检查实际进度是否按计划要求进行，对出现的偏差分析原因，采取补救措施或调整、修改原计划，直至工程竣工并交付使用。进度控制包括施工前进度控制、施工过程中进度控制及施工后的进度控制。

2. 质量控制

质量管理是实现工程质量目标的保证。在工程项目确定后，项目部按照ISO9001质量管理体系标准，结合内部施工标准，对现场质量管理进行策划。首先确定工程质量目标，要求项目一次性验收合格率必须达到100%，工程质量等级达到优良。同时建立以项目负责人为首的现场质量管理组织机构，明确质量管理人员的工作职责和权限，使工程质量管理工作规范、有序地进行。

园林绿化工程质量是靠管理人员和施工人员共同努力控制的，所以他们的质量意识以及责任感、技术水平等直接影响着工程质量。项目部组建后，要通过各种形式宣传贯彻企业的质量方针，强化各责任人的质量安全意识，提高施工人员的施工技能和安全操作水平。

同时，金埔园林严格控制工程原材料的质量，因为绿化工程材料的质量直接影响着工程质量，是创建优良工程的基础。项目部在资源采购中心的指导下，严格筛选供应商，从源头上确保采购的设备和材料的质量，对进场物资进行绝对严格的检验和验收，做到不符合要求的绝不使用。

除此之外，全面控制施工过程中的施工工艺及重点工序质量也是工程质量得到有效保障的关键。全面控制施工过程，使每一个分项、分部工程都符合质量标准，每一道工序都严格按照工序要求进行施工，并按照质量标准严格检查。每一项工序完成后，由质检员按照检验标准对每个分项工序进行检验，不符合要求时，不允许进入下一道工序施工。

3. 安全控制

金埔园林坚持"安全第一、预防为主"的方针。施工安全管理是工程项目管理中最重要的任务，因为安全管理密切关系到产品生产者和使用者的健康和安全以及人的生存环境是否会遭到破坏。由项目管理公司安全负责人、施工负责人组织对施工安全进行有效的管理和控制。包括通过建立施工安全组织机构，制定安全目标，识别施工现场的危险源，进行风险评价和分析，对重大危险源采取相应的管理方案、运行控制及应急响应措施，对危险性较大的分部分项工程在施工前编制专项方案（超过一定范围的危险性较大的分部分项工程要组织专家对专项方案进行论证），以确保施工现场安全得到有效的管理和控制。

（三）重视养护过程，确保按期移交

工程项目施工完毕后，各项目管理公司要及时申请工程管理中心组织相关职能部门进行项目预验收工作，企业制定了内部验收标准体系，验收内容分为3类6项及40多子项，依据内部验收结果，工程管理中心出具书面验收报告,详细列出整改内容、具体要求以及限期整改时间。整改完毕后必须进行再验收,完全合格后才能正式申请外部验收,并取得竣工验收报告。

金埔园林实行"建养"分离的管理制度,各区域公司组建养护公司(养护部),由一名区域副总经理牵头,搭建养护公司(养护部)组织架构,配备专业的养护经理和养护专员及多名班组长和带班人员。养护公司需提前派人对在建项目施工期间的工程进度、质量进行跟踪,对苗木数量进行初步统计,了解并掌握工程的概况以及工程周围的自然资源和社会资源等,为下一步的养护移交做好准备。并且建立建养交接流程,对相关部门的区域公司、工程管理中心、项目部、养护公司进行职责和分工的明确划分,做到精细化管养。

养护过程中,依据内部养护标准编制养护方案,并且制定切实可行的奖惩机制,养护负责人签订养护目标责任书,参照《绿化养护季度绩效考核管理办法》和《金埔园林养护标准等级》管理制度,每季度进行一次评分排名,对评分优秀的养护项目相关人员给予绩效加成奖励,对于评分不合格的养护项目相关人员予以绩效扣分处罚。

养护期满,养护负责人依据内部移交验收标准,做好养护移交的各项准备工作,并向工程管理中心发起项目预移交申请,成本核算中心、采购中心按养护标准组织内部移交预验收,发现问题立即限期整改,移交前文件准备及移交的内容必须充分完整,确保按期移交。

五、设立产权部门,提供技术保障

(一)设立知识产权部门,保证全周期工程管理

金埔园林在金埔研究院下设立知识产权部,基于"研发—设计—施工—养护"全生命周期园林工程管理开展知识产权工作。部门设知识产权专员,负责园林工程全生命周期中涉及的商标、专利、著作等知识产权方面的管理工作。目前金埔园林拥有国家专利51项,致力于形成涵盖"水、路、绿、景、城"五大元素的全方位专利布局,参与制定行业标准3项,制定省级优秀工法4项,并且通过了国家知识产权管理认证体系。

(二)加强研发平台建设,突破园林工程新技术

金埔园林积极开展研发平台建设,落实了企业创造驱动发展战略。"生态环境友好型材料及新技术"工程研究中心将一些原先不能被有效利用的材料纳入再利用的范畴,是实现我国循环经济和可持续发展的必然选择。"江苏省湿地生态保护与修复工程"研究中心在湿地生态保护与修复领域,瞄准与发达国家的差距,通过"科技攻关、应用研究、工程实践、产业推广"的过程,为我国湿地生态保护与修复做出杰出贡献。

(三)聚焦四大产品研发,积极打造生态新产品

金埔园林确立"植物新品种研发""生态修复""智慧园林""海绵城市"四大产品研发领域,在领域内深耕技术改进和管理创造,形成"金边杂种胡颓子""耐寒型香水莲花""水系统修复技术集成"技术、"新型智慧园林管理平台""海绵城市施工技术要点"等极具新颖性的产品与技术,为推动金埔园林向更高更好更强发展做出了重大贡献。

六、多平台助力,保障信息化

(一)成立设计院资源库,保障技术人员工作需求

随着设计团队的不断壮大,为了提高设计院的高效工作,设计院委托开发了"技术中心数据库"系统,该系统分为5大模块,包括培训、考察、评优、资料图库、项目照片等内容。设计人员可以充分利用"技术中心数据库"系统,共享设计院的研究资料,为高效设计提供有力支撑。

(二)搭建知识产权管理平台,保障企业权益

金埔园林从2016年开始实施企业知识产权规范化管理,2017年通过GB/T 29490-2013第三方认

证。设立知识产权管理机构，配有专职兼职管理人员，建立企业知识产权管理手册、知识产权程序文件及知识产权管理规章制度等。在资金支持上，加大企业知识产权工作经费投入，设置专门账户用于管理知识产权经费管理及风险防御。

（三）完善专利平台建设，服务生产经营活动

金埔园林自2016年实行知识产权贯标以来，建立多种专利信息平台，为金埔园林的生产经营提供帮助，主要分为如下两点：

一是金埔园林在OA系统建立内部专利信息平台，提供专利法律知识的沟通交流与分享，同时将拥有专利的情况及专利信息发布到OA系统中。

二是金埔园林发行内部刊物《阳光金埔》，将近期授权的专利公布在《阳关金埔》上，为项目及金埔园林职能部门人员提供项目或技术上面的帮助。

七、加强团队培训，提供人才保障

金埔园林在成立之初，人力资源管理体系较为简单。新形势下，多要素全周期园林工程管理对金埔园林的人才队伍建设提出了更高的要求。为此，金埔园林从人才引进、内部培训及评价激励三方面入手，推进人才强企战略实施，保障金埔园林工程项目人才充足供给。

（一）拓宽人才输入渠道，打造专业化人才队伍

金埔园林与江苏高校合作设立"博士后创新实践基地""江苏省研究生工作站""生态环境友好型材料及新技术工程研发中心"及教研实习基地。为了开展校企之间的深度专业合作，设立由金埔园林冠名的"金埔杯"国际城市景观设计大赛，截至目前已经连续举办六届，在国内外高校和设计机构中已具有一定的影响力和知名度，对于推动我国当代景观设计教育发展，促进培养优秀景观设计人才，以及企业品牌的宣传和人才的吸引起到了积极的作用。另外，金埔园林积极搭建企业与高校双向对接平台，聘请科技副总经理、设立外部专家委员会，推动了产学研深度融合，让金埔园林的产品研发能力得到很大提升，新产品研发思路更为清晰，充分发挥"科技大使"作用，增强校企人才交流。

（二）加强团队内部培训，提升人才专业化水平

为了持续提升金埔园林工程管理人才的专业化水平，金埔园林于2018年成立了金埔商学院。金埔商学院是金埔园林战略落地的人才保障机构，是员工学习园林工程管理知识的重要阵地。金埔园林力求将其打造为园林工程管理行业的一流学习平台。

面向园林工程管理实战需要，金埔商学院积极引进内外部优质资源，聘请企业内部专家与学校专业老师，从实践到理论，综合提升企业员工技能水平。金浦商学院设立系统的人才培训规划和专业课程安排，将理论教学与园林工程项目实践经验相结合，实现金埔园林工程管理的持续知识赋能。

（三）注重团队绩效管理，建立考核及奖励机制

为适应多要素全周期园林工程管理发展需要，近年来金埔园林建立健全了绩效管理制度，并使之逐渐向科学规范靠拢。金埔园林在薪酬设计上引进了"宽带薪酬"的设置，用宽带的方式增加员工薪酬提升的空间，打破原来只有晋升才能提薪的做法，提升了薪酬对金埔园林员工的激励性和凝聚力。

为了鼓励科研人员的创造热情，金埔园林出台了科研成果奖励管理办法，将专利、工法、科研项目奖励等纳入创造奖励考核范围。根据科研人员完成考核指标的情况，对科研人员给予物质奖励、精神奖励以及职称评定考核的加分奖励。

（成果创造人：王宜森、刘殿华、窦　逗、刘雁丽、庄　凯、张志南、顾梅琴、张永辉、胡　娟、冯　燕、顾亚兰、汤阳泽）

大型企业集团围绕两大主业的战略调整

首钢集团有限公司

首钢集团有限公司(以下简称首钢)以可持续发展为目标,将高质量发展理念贯穿始终,通过打造全新的资本运营平台,钢铁业和城市服务业两大主导产业并重和协同发展。钢铁业打造质量、产品、成本、服务和技术五大优势,不断提升"制造+服务"的能力。城市服务业聚焦园区开发与运营管理、新产业培育,形成新的效益增长点。坚持产融结合,发挥金融的"扁担"作用,围绕集团主业及相关资源,通过"产品经营+资本运营"方式开展产业布局,成为首钢转型发展的资本动力。突出主业、深化改革、完善治理、强化激励,调整集团管控结构,重视经营计划,创新体制机制,增强产业发展内生动力。通过质量变革、效率变革和动力变革,推动企业实现高质量发展,不断提升活力、创新力和竞争力。

一、坚持战略引领,聚焦两大主业发展

(一)围绕两大主业,构建"2+6"业务板块

2014年9月,《首钢关于全面深化改革的指导意见》出台,提出"一根扁担挑两头"发展战略,通过打造全新的资本运营平台,钢铁业和城市服务业两大主业并重和协同发展。在钢铁业领域,构建钢铁、矿产资源两个业务板块,打造"制造+服务"的综合竞争力,实现从产品制造商向综合服务商的转变。在城市综合服务业领域,探索构建城市基础设施、节能环保、健康医疗、文化体育、金融服务、房地产等六个潜力业务板块,大力进军北京市及其他区域的城市服务业。业务板块按生命周期和市场竞争择优汰劣、动态调整,对发展未达预期的业务,按照市场化原则适时调整。

(二)结合企业资源禀赋和行业发展前景,确定"2+6"业务板块聚焦领域

2016年7月,集团公司董事会审议通过《首钢集团"十三五"发展规划》,将企业定位为打造有世界影响力的钢铁产业集团和有行业影响力的城市运营服务商。结合首钢大型国有企业的资源禀赋,综合考虑外部机遇及自身竞争力、发展阶段与增长潜力、产业风险等因素,选择进入资本、资源(矿权)门槛高,已形成一定规模优势和较高技术壁垒的行业,确定集团"2+6"业务聚焦的业务领域。目标模式下集团内部开展某一业务的板块或企业原则上只有1个,各家企业聚焦主业发展。

(三)推进业务聚焦,构建可持续的健康业务组合

2018年7月,首钢"十三五"规划中期评估,根据内外部环境变化及产业经营情况,有进有退,推进业务聚焦。采用"吸引力—竞争力"矩阵、母合优势和业务组合周期性匹配相结合的方法,分析各业务单元吸引力与竞争力,综合考虑集团能否为该业务创造价值,是否能在业务优势、内部资源与市场、融资平台等方面为该业务带来竞争优势,对集团"2+6"业务板块项下业务进行判断分析,坚定发展钢铁、战略性矿产资源、静态交通、环境、房地产等业务,发展不及预期的投资性矿产资源装配式建筑、城市工程、文化体育等不再列入聚焦业务,将发展前景较好的园区开发、高端物业纳入新增业务,聚焦钢铁业、园区开发、新产业培育、金融服务四个业务板块。

(四)明确具体目标、实施路径和重点举措

钢铁业核心业务是钢铁制造。园区开发与运营管理包括北京园区、曹妃甸园区和首秦园区。新产业重点培育高端物业、环境、静态交通、房地产业务。产融结合是产业金融服务,包括首钢基金、财务公司、香港首控。重点发展纳入集团主业的重点业务,集团投入核心资源、能力予以支持。坚定退出不符

合集团主业定位、与集团主业关联度不高、长期亏损扭亏无望的业务领域。根据不同业务成熟度和市场吸引力情况，采用战略重组、整体出售、资产剥离、清退（注销）等方式剥离。

二、做优做强钢铁业，提升企业竞争力

钢铁业坚持做优做强，围绕打造质量、产品、成本、服务和技术五大优势，建设高质量钢铁产业链，坚持极低成本运营，低成本生产高附加值产品，不断提升"制造+服务"的能力。

（一）优化调整产业布局和钢铁产品结构

钢铁业保持年产3500万吨钢规模。2017年以来退出落后粗钢产能500万吨；京唐二期一步工程已于2019年建成投产，并实现达产达效。优化钢铁产品结构，增加高附加值产品比例，汽车板、电工钢、镀锡板等战略产品市场占有率均达到全国前三，高端领先产品比例达到37%。

（二）实施科技创新体系改革

首钢适应钢铁业"一业多地"布局特点，创新建立了"一院多中心"技术研发体系，以技术研究院为基础，在钢铁基地成立分中心，目前已组建迁顺技术中心、京唐技术中心。按照"同一个队伍、同一个目标、同一个任务、同一个机制"的工作推进思路，技术研究院协同多个技术中心，贴近生产基地，聚焦当期的、产线上的"热工作"，着眼长期的、基础性的"冷工作"，开展科研攻关，服务钢铁基地生产。

（三）提升营销服务能力

升级营销体系，与下游龙头企业共建联合研发平台22个，建成13个加工中心及2个汽车板贸易公司，同步建设完成工贸一体化产销、第三方物流管理系统和智慧营销平台。

（四）加速推进智能制造

股份公司硅钢一冷轧智能化示范工厂、京唐烧结、球团等智能化控制项目等投入使用，迁顺、京唐基地完成产销一体化管控平台系统建设，合同下发效率提升60%，合同处理时间由2天缩短至0.4天。

（五）提升绿色制造能力

加大环保设施投入和升级改造力度，股份公司被评为河北省唯一环保A类企业、钢铁行业唯一一家通过全工序超低排放评估验收的企业，京唐公司获评"全国绿化模范单位"，顺义冷轧荣获国家级绿色工厂称号。

三、发展城市服务业，培育企业新动能

首钢坚持"园区+新产业"模式大力发展推进城市服务业。园区开发以搬迁腾退土地开发为契机，做好北京园区、曹妃甸园区、首秦园区的开发，形成园区投资、建设、运营全产业链解决方案，远期可推广复制。新产业在城市发展、政府所急、百姓需求、生态环境等方面寻找机遇，整合首钢原有钢铁生产服务的设计、建设、材料、信息化等资源，延伸拓展到环境、房地产、静态交通、高端物业先导业务，构建城市综合服务业务板块。

（一）加快园区开发建设

北京园区、曹妃甸园区、首秦园区是首钢发展城市服务业的重要载体。北京园区打造城市复兴新地标。冬奥组委和冬训等重点项目竣工交用，并已建成林荫步道、地下通道、空中管廊等立体慢行交通系统。冬奥组委办公区、冬奥集训场馆入驻园区，累计举办各类活动200余次，参与人数超过10万人。围绕"体育+"、数字智能、文化创意、高端商务金融服务等产业领域招商引资，优质产业项目开始落地，腾讯体育、安踏、京东无人超市、美团无人超市、泰山体育健身房、武界格斗体验、全民畅读艺术书店、墨甲音乐机器人剧场相续落户首钢园。曹妃甸园区建设京冀曹妃甸协同发展示范区，承接非首都功能产业疏解转移。聚焦产业先行启动区和产城融合先行启动区，开展基础设施建设和招商引资。完善城市功能配套，导入教育、医疗等优质公共资源。首秦园区打造中国汽车运动文化示范基地，初步形成

赛车谷的品牌和社会影响力。完成核心区规划调整。首钢赛车谷开园运营，举办多场系列赛事活动，累计接待游客5万余人。

（二）大力培育新业务

新产业培育聚焦发展环境、房地产、静态交通、高端物业，形成新的增长点。环境业务复制推广垃圾焚烧发电项目。生物质项目在山西长治推广复制，中标河北永清静脉产业园项目。建筑垃圾再生材料应用于大兴国际机场高速公路等重点工程，土壤修复为首钢园区及贵钢厂区开发提供有力保障。房地产业务加大市场开发力度，加快在手市场项目去化速度，加快资金回笼。盘活集团土地资源，建设铸造厂南区等政府保障房项目。推进贵钢、二通两个园区建设，打造产业地产核心能力。静态交通业务采用内生式与外延式商业模式发展。城运公司专注设备研发和制造，建成北京静态交通研发示范基地，承揽建设二通公交立体停车楼项目。首程控股通过股权投资和经营权购买方式，累计运营车位10万个，业务覆盖京沪四大国际机场，成为中国领先的机场停车楼运营商。高端物业围绕北京园区开发建设，利用集团酒店、公寓等持有性物业，与拥有丰富客户资源和成熟管理经验的洲际集团、香格里拉等合作，发展园区高端物业，现已为冬奥组委提供高品质物业服务。

四、坚持产融结合，助力集团产业发展

发挥金融板块的"扁担"作用，推进产融结合，利用社会资源助力集团产业发展。加强资本运作，通过"产品经营＋资本运营"方式开展产业布局。

（一）构建"双轮驱动"发展模式

基金公司与香港首控一体化运营，构筑以核心产业为基础的"融资—投资—运营"新产业投控平台，财务公司打造金融综合服务平台，围绕两个平台搭建多业态金融服务体系。基金公司服务集团产业转型。2019年，基金公司管理20支基金，管理规模600亿元，累计出资及撬动外部资本217亿元。陆续完成了水钢、首钢医院改制重组；药明康德、北汽新能源等投资项目顺利退出；投资找钢网与欧冶云商等，获得良好收益；2019年，基金公司入围中国风险投资年度大奖·金投奖影响力PE机构五十强。香港首控为集团产业发展提供境外融资平台。改善旗下上市公司资产质量，五家上市公司首次实现全部盈利。其中，首程控股注入停车业务，并通过募资发债补充资本，引入新的战略投资者；首钢资源定位精品矿产资源开采及大宗资源配置平台，着眼战略资源储备。首程控股、首钢资源市值双破百亿。财务公司为集团成员单位提供全方位金融服务。财务公司协同基金公司，搭建多业态协同发展的综合金融服务体系，归集集团内部资金，降低集团融资成本，开展产业链金融，深耕核心产业，为上下游提供高效、便捷的融资与结算服务，促进产业链协同发展。置换各单位高息贷款，降低财务费用，为集团提高资金使用效率和京唐二期一步工程建设发挥了重要作用。

（二）加强资本运作

股份公司持续资本运作，通过资产置换注入京唐51%股权，京唐公司引入战略投资者，集团公司回流现金50亿元。引入宝武集团作为战略投资者，实现北汽股份与集团公司钢贸公司股权置换，减少关联交易，优化股权结构。通钢公司实施债转股，司法重整计划执行完毕，创近十年国内司法重整案例最快纪录，实现资产夯实、业务整合和债务优化。环境公司对接资本市场，探索股权融资新模式，启动生物质能源公募REITs项目，已获得国家发改委基础设施公募REITs首批试点资格。

五、加快瘦身健体，夯实产业发展基础

瘦身健体是企业实施发展战略，实现高质量发展的基础。首钢在"退"上下功夫，以战略为导向，按照突出主业、精干主体、应退尽退的原则，剥离企业办社会职能，化解钢铁过剩产能，退出不符合集团战略定位和发展方向的业务，轻装上阵，公平参与市场竞争，集中资源做强主业。

（一）推进剥离社会职能的进程

首钢作为拥有百年历史的大型国有企业，一直承担着"三供一业"、退休人员管理、医疗教育、社区管理等多项社会职能。首钢抓住国家和北京市政策窗口期和机遇期，积极推进剥离企业办社会职能的进程，解决历史遗留问题。剥离企业办社会职能坚持分类实施、稳步推进。在组织形式上，成立一个领导小组及四个专项工作小组，专项工作由牵头单位统一谋划、统一组织。在改革方式上，遵循政府相关政策，结合首钢实际情况，针对复杂问题创新改革。针对北京地区"三供一业"情况复杂，移交任务量大的情况，集团领导高度重视，措施有力，按照"整体移交，现状接收"的原则全部完成移交。在剥离外埠企业"三供一业"补贴标准方面，由于北京市政策与外埠属地政策差异，创造性提出外埠企业按股比对应补贴，取得市国资委的同意，并在政策文件上明确。在剥离教育机构方面，受限于市教委的接收能力，首钢提出对首钢工学院、首钢矿业公司职工子弟学校采取政企共建共管的新模式。在医疗机构改革方面，首钢集团所属首钢医院、矿山医院和泰康医院改制后，由基金公司旗下的首颐医疗公司统一构建医疗健康平台。

（二）积极化解过剩产能

2016年首钢被列为国家去产能工作第一批试点企业，顺应国家供给侧结构性改革要求，发挥示范带头作用，积极主动开展去产能工作。水钢公司、通钢公司安排退出低效钢铁产能。首秦公司受京津冀协同发展规划纲要的刚性约束和城市发展战略功能定位影响，从秦皇岛整体退出钢铁产能。首黔公司考虑实施破产清算，退出煤炭产能。截至2019年，首钢共化解生铁产能787万吨、粗钢产能500万吨、煤炭产能30万吨，关闭全部去产能的产线，完成设备拆除，并通过国家验收。

（三）大力退出劣势企业

首钢坚定退出不符合集团主业定位、与集团主业关联度不高、缺乏市场潜力、长期亏损扭亏无望的业务领域。建立退出标准，提高工作的指导性和可操作性。出台退出奖励考核办法、退出企业人员安置等相应配套政策，通过关停、注销、转让、破产、吸收合并等方式处置低效和无效资产。2016—2019年累计退出企业172家，闭合失血点58项，剥离不良资产约76.46亿元。首钢连续四年被评为北京市国资委专项工作优秀企业和工作成绩突出单位。

（四）坚决退出非战略业务领域

根据不同业务成熟度和市场吸引力情况，采用战略重组、整体出售、资产剥离、清退的方式剥离。对于经营效果不佳，业务定位及商业模式仍不清晰的培育业务，集团不再投入资源培育。对于盈利能力和发展前景良好，但缺乏母合优势的业务，因获得集团内部的资源配置有限，不纳入集团主业发展，通过产业培育、价值注入、资本运作路径实现增值退出。

加大战略退出力度。退出首矿大昌、东钢、首黔等重大钢铁项目，退出市场化程度较高的配套耐火材料辅业。首钢体育、文化业务，集团不再匹配资源业务培育，保留公司自谋发展。如安川首钢机器人业务，首钢主动让渡控股权，保留参股权，按照合资公司管理模式，继续参与和支持公司成长壮大，长期享有高额稳定的投资回报。京西重工汽车零部件业务考虑采取整体出售或换取股份方式退出，沟通国内重点整车厂商，由其上市公司对首钢集团公司发行股份购买京西重工资产，以构建钢铁业下游资本纽带。

六、加强投资管控，实现资源优化配置

2016年起，首钢逐步构建战略驱动型投资管控体系，以"集团战略—中长期投资规划—年度投资计划—项目生命周期管理"为业务主线，搭建横向协同、纵向贯通的数字平台，实现集团整体资源配置与优化，以利于集团的长远发展、核心业务能力的培育和整体竞争优势的发挥。

（一）投资规划落实集团战略规划

投资规划与集团战略规划同期编制，从集团全局对投资方向、规模，重大投资项目进行统筹，确保有限的资源优先布局在集团发展战略的重要领域。不符合集团发展战略和各企业主业定位的投资项目原则上不予安排。集中开展规划期项目储备，从经营、投资、筹资现金流估算规划期投资能力，与投资需求合理匹配。按照项目与集团战略的契合度、对集团产业转型升级的影响程度、时间紧迫程度等维度综合考量，全生命周期优先配置资源。

（二）年度投资计划落实投资规划

年度投资计划以中长期投资规划为导向，对集团年度投资项目、投资总额、项目进度做出安排。按照"收支平衡""量入为出"的原则，在考虑各成员单位当前资产负债率的前提下，评估各单位的经营现金流净额、股权筹资、投资收益、偿还债务本金、利息支出、上交利润等因素，对年度投资规模实施总量控制，确保重大产业投资项目所需资金。

（三）项目决策与实施落实年度计划

依托权力清单、管理制度、风控手册三位一体的架构，基于穿透式数字平台，对投资项目实施全生命周期管理。权力清单依据"二八"法则设计，在集团管控战略方向与激发企业活力方面取得科学平衡。2016年以来集团审批的固定资产投资项目数量不足10%，但投资额超过80%，既有益于提高项目决策效率，激发企业活力，也有益于集团对投资方向和结构的总体把控。通过建立权力和责任对等的闭环体系，形成有效制衡的运行机制，提高资源配置效率和要素流动性。

（四）建立穿透式投资管理信息化系统

基于"集中不集权，分权不分散，放权不弃权"理念，横向穿透投资，财务预算、核算、资金，项目管理、资产管理等业务域，借助主数据、协同办公等信息化基础设施，实现数据一致、业务贯通，避免专业壁垒和数据孤岛。纵向穿透应用至集团所有并表企业，所有业务在线操作，并通过协同办公平台实现项目在线审批，确保数据真实，流程贯通。通过投资平台监控企业项目储备率、规划实施率、计划完成率等指标，引导企业逐步形成战略驱动的投资模式。与集团相关业务系统集成，实现数出同源的基础上，减少集团成员单位数据重复报送。与财务预算系统集成，实现集团年度投资计划直接推送至集团年度预算；与核算、资金系统集成，确保项目不立项不能发生财务业务、资金支付不能超出批准项目总投资，以及投资完成直接获取财务数据；与项目管理系统集成，直接获取项目概算、开工、竣工验收等环节信息；与资产系统集成，直接获取项目转资相关信息。

（五）资源优先布局核心产业

通过集团投资管控，确保有限的资源优先布局在集团发展战略重要领域，推动产业聚焦。"十三五"期间，将钢铁业产品结构调整、服务能力提升、安全环保设施改造、战略资源保障及园区开发等项目确定为集团重大产业投资项目。钢铁业建成京唐二期、马城铁矿、秘铁扩建项目，保障产品结构升级与资源供给。建设产销一体化系统实现业务流程优化整合，促进管理变革。建设MCCR、高强镀锌线、高强酸洗线等产线、新能源汽车外板产线，提升战略产品综合竞争力。马建设硅钢一冷轧智能化示范工厂有序建设，京唐烧结、球团等智能化控制项目，提升智能制造水平。加大环保设施投入，实施绿色制造。园区开发加快建设产业空间载体，冬奥组委和冬训等重点项目竣工交用。截至目前北区已经完工投用面积23万平方米。2020年年底大跳台中心、五一剧场制粉车间、金安桥一体化等项目主体结构完工，可新增35万平方米。逐步完善基础设施，改善生态环境，优化交通组织，构建林荫步道、地下通道、空中管廊等立体慢行交通系统。增强金融服务产业能力，增资基金公司，助力集团新产业培育和园区开发。增资财务公司，做强金融综合服务平台。成立融资租赁公司和商业保理有限公司，打造产业链金融能力。完成华夏银行增资，保持第一大股东地位。通过集团投资管控，确保有限的资源优先布局在集团发展战略重要领域。"十三五"期间城市综合服务业投资占比达到46.2%，较"十一五"的15.5%、"十二五"的27.5%有显著提升。2016—2019年，集团对核心业务的投资金额664亿元，占集团总投资金额的92%。重大产业项目投资占集团全部固定资产计划的70%~80%。

七、持续深化改革，完善战略管控体系

首钢作为北京市唯一的深化改革综合试点单位，及入选国务院国企改革的"双百企业"，按照"突出主业、完善治理、强化激励"的要求，全面深化改革，提高效率，提高国有资本效率，创新体制机制，激发企业活力，提升转型发展质量和效益。

（一）实施板块专业化管理

适应新产业发展，搭建平台公司，强化总部能力，明晰管理界面，制订权力清单，推进决策重心下移，逐步实现由工厂化管理向板块专业化管理变革，全面调动各业务板块经营的积极性，充分释放板块活力。

（二）做实产业板块

2015年起，首钢按照管理关系组建产业平台公司。2016年1月，集团公司下发《关于规范成员单位管理关系的通知》，明确了"4+11"的管控架构，即股份公司、股权投资公司、首建投公司、曹建投公司4家平台公司，环境公司、矿投公司、首控公司等11家单位，因产业类别、功能定位、发展阶段不同，由集团公司直接管理。结合产业发展，加强动态调整，首秦公司钢铁产线停产，实施转型发展，划出钢铁板块，纳入直管单位，组织体系更加清晰。

（三）强化总部能力

将原来的"条块分割式、分段管理式"部门管理转变为流程化管理，打通业务流程，简化业务程序；重点打造集团总部五个方面的能力；确立《首钢集团管控权力清单》，建立分层授权治理体系，充分传导压力，下放权力，注入动力，激发活力。

（四）定制管控模式

适应集团产业板块化建设发展需要，按照"管住、管好、管活"的原则，建立和完善新型管控体系。首钢采取"战略型管控为主的复合型管控模式"，建立符合各业务板块特点和行业规律的管控模式，强化授权，提升集团整体和各企业的经营效率，增强企业活力。钢铁产业的钢铁和矿产资源两大板块，是集团战略中重点打造的主导产业，集团对其采取战略型管控模式，重点管控其重大战略及投资方向、钢铁产业链协同及重大经营风险，并为钢铁向"制造加服务"的转型提供支撑。北京园区和曹妃甸园区开发是首钢落实国家京津冀协同发展战略的重大举措，集团采取战略偏运营型管控，重点关注开发规划、产业布局、重大战略合作及战略协同等关键领域。集团股权投资项目纳入股权投资平台管理，集团总部对其采取战略偏财务型管控，集团重点关注并管控股权投资平台的投资组合策略、板块总体投资回报目标和重大资产处置风险，同时授予股权投资平台更加灵活的经营自主权。

（五）强化经营计划管理

首钢建立相应的执行体系，真正把战略规划与年度经营管理紧密衔接，彻底改变长期以来形成的"规划是规划、干是干"的规划与实施脱节现象，将年度经营指标做成分解落实规划的迭代过程。建立"规划—计划—预算—绩效"四位联动协同管理体系，年度经营管理体系的构建与实施以战略规划为输入，年度经营计划承接规划，同时也是年度预算的输入，是战略规划和年度预算的"桥梁"。绩效评价则以战略规划、经营计划、年度预算为依据，一方面与经营结果联动，评价各企业年度经营目标完成情况，与薪酬激励挂钩；另一方面与年度经营指标及预算联动，制订年度绩效任务书，并与年度工资总额挂钩。"规划—计划—预算—绩效"四位联动，形成协同管理体系，落实企业规划。建立基于行业的外向型经营结果分析评价体系，年初下达年度经营指标后，做好经营结果评价分析工作，并通过经营分析

结果促进集团和企业提升各方面经营能力这是至关重要的。在持续跟踪集团和各企业经营结果走势,定期总结分析、自我审视季度、半年度、年度经营指标完成、规划目标完成的基础上,重点通过以行业为标杆,建立各企业相关行业的发展规模、竞争态势、典型企业数据的积累和分析方法,构建基于行业、面向市场的外向型评价体系,引导企业面向外部市场找差距、寻标杆、定措施、补短板。

(六)推行混合所有制改革

在子公司层面,灵活合理选取引入外部战略投资者、员工持股、挂牌上市等方式,发展混合所有制经济,全面提升企业活力和效率。建立市场化机制,减少行政管控,合理授权分权,注重投资回报,根据经营效果实施股权进退,以促产权流转倒逼经营业绩提升。2016—2019 年,共完成 24 项集团下属企业混合所有制改制,其中新设混合所有制企业 15 项、增资扩股 4 项、投资入股 5 项。首钢朗泽新能源公司以增资扩股和股权转让方式,成功引入具备资金实力和相关技术的投资方,通过公司股权主体多元化导入业务发展所需的各类资源,实现企业快速发展。推行项目跟投激励机制,房地产、基金公司采取项目跟投机制,对项目的风险控制和投资决策具有重大影响的人员可跟投项目,包括项目投资经理、投资助理及主管投资业务的分管领导等,激励核心员工为公司创造更大利润。加大新产业投资授权力度,培育发展静态交通产业,下放投资审批权限,提高决策效率,抢抓产业发展机遇。

(成果创造人:朱启建、马力深、甘小青、陈 宏、胡欣怡、张祎婧、张 千、李彦辰、陈松林、郄 芳、王瑞祥、王建新)

轨道交通企业基于托管的转型升级管理

中车成都机车车辆有限公司

中车成都机车车辆有限公司（以下简称中车成都公司）坚持发展是第一要义，抢抓区域轨道交通产业发展的新机遇，紧跟集团公司"四个带动"的新战略，聚焦全面融合与协同发展的新理念，探索深化托管模式，推动转型发展，通过实施股权重构、加快退城入园、夯实管理基础、引进高端技术、推进产业转型、深耕人力资源、重塑文化内核，企业经营效益显著提升，管理基础逐步夯实，产业结构逐步优化，资源配置效率持续提高，企业影响力不断彰显，最终实现"凤凰涅槃、浴火重生"，走出了一条质量更高、效益更好、结构更优、优势充分释放的高质量发展之路。

一、明确目标，确立托管模式下的转型升级总体思路

中车成都公司以"经营、转型、建设"为三大目标任务，坚持"担当、提效、突破"主题，秉承"创新、务实、重效"作风，从四个方面提出转型升级目标思路：一是实施增资扩股、业务重组，由集团公司内部"龙头企业"中车四方股份公司入股，注入新业务，带动转型升级；二是统筹推进产业园建设、整体搬迁及退城入园，同步推进老厂区土地处置、"三供一业"分离移交，以及剥离历史遗留问题等工作，确保生产经营有序衔接、遗留问题同步处置；三是优化调整产品结构，实现从传统机、客车检修业务升级到行业中高端的城轨和动车组领域，从单一检修转型为"新造+检修+服务"全寿命周期模式，增强企业可持续发展能力；四是全方位对标中车四方股份公司，重构运营管控模式，提升研发创新能力，坚持人才强企战略，重塑企业文化内核，加快提升核心能力，实现全要素全链条的转型升级目标。

二、股权重构增活力，业务重组增动能

中车成都公司牢牢把握集团公司"四个带动"的战略契机，通过中车四方股份公司的增资入股，重构了股权关系，组建"新公司"；通过退出机车业务、剥离电机业务，注入新的地铁新造、动车组高级检修等高端业务，增强了企业发展动能。

（一）重构股权关系，组建新的公司

按照集团公司战略决定，公司牢牢把握这一历史性发展机遇，以时不我待的紧迫感，依法合规、高效有序推进改革重组工作。通过与中车株洲电机公司等签署电机业务重组资产转让相关事项备忘录、电机业务重组人员管理权移交备忘录，完成了电机业务资产所有权、移交人员管理权全面交割。通过中车四方股份公司增资入股，以中国中车持股64.52%、中车四方股份公司持股35.48%的股比，共同出资成立新的中车成都公司，这是公司业务重组、产业升级工作的重要里程碑，标志着公司在股权结构、治理体系、管理模式上迈入了新的发展阶段。

（二）推动业务重组，增强发展动能

一是剥离电机业务。将公司电机制造业务剥离给中车株洲电机公司，划转移交654人，实现集团内电机业务专业化发展。二是退出机车业务。2017年8月31日，公司在完成最后一台检修机车合同交付后，退出了机车检修业务，并通过培训转岗、内部退养等方式，妥善安置475人。三是开展地铁新造、动车组高级修等高端业务。开展了成都地铁7号线（四川省首列铝合金A型地铁车辆）、成都地铁6号线（四川省首列8编组A型地铁车辆）、成都地铁18号线（全国首列140千米/时地铁车辆）等项目，研制国内最高速度等级的160千米/时新一代全自动市域车，同时还开展了新制式低地板有轨电车研发及悬挂单轨列车研制。另外，公司通过积极沟通，争取各方资源支持，开展了高速动车组高级修试修及资质获取工作。

三、退城入园，建设新厂区

中车成都公司积极抢抓区域轨道交通产业发展布局，高效推进成都轨道交通产业园项目签约、开工建设、投产达产等工作；统筹谋划整体搬迁退城入园，实现生产经营有序衔接；一体推进老厂区土地处置，为筹建产业园提供了资金支持；同步推动企业办社会职能剥离和历史遗留问题，确保企业轻装上阵。

（一）加速推进投资建园

中车成都公司结合各业务市场发展趋势，系统谋划项目工艺布局，深入研究建设计划，统筹开展厂房设计施工、工艺装备购置、公共辅助配套等各项工作，依法合规、扎实高效地推进产业园建设。公司秉持"高标准、快节奏"的干事创业激情，成立产业园建设指挥部，有效整合优质资源，全力推进项目建设，项目报建报批符合预期，资源平台稳步搭建，规划设计推进有序，招标采购依法合规，项目建设安全高效，产业园建设成功实现了项目签约一年内开工建设，项目开工一年内正式投产，项目投产一年内全面达产的"三个一年"目标，新厂区铁路专用线建设创造了成都铁路局局外单位专用线建设最快速度。通过统筹谋划新增业务技术准备、有业务资质申领、利旧装备搬迁入园等工作，同步研究园区文化传承、员工餐厅、交通通勤、绿化美化等工作，各项工作齐头并进，实现了整体搬迁、资质获取、批量交付等的无缝衔接。

（二）全力推动土地处置

为盘活老厂区土地不动产资源，中车成都公司退城入园和老厂区土地处置同步实施。广泛调研地产置业模式，认真开展土地收储研究，深度测算收益获取方式，创新设计"政府收储+自主改造"的土地组合处置新模式，探索形成"地随房走"的土地流转方式。政府收储区域，分别于2016年及2017年与成华棚改公司签订了《成都市房屋搬迁补偿安置协议》，获得了土地收储款；自主改造（开发）区域，2017年与中车科技园公司签订了《资产转让合同》，获得了土地转让款。这为中车成都公司转型升级提供了资金支持。

（三）剥离历史遗留问题

中车成都公司在搬迁新厂区后，同步推进老厂区历史遗留问题。一是强力推进改制企业搬迁腾地，快速有效地解决了2003年以来的主辅分离改制遗留问题。二是高效推进家属区"三供一业"改造移交。以"有机更新+社区治理"理念，按照"先改造、后移交"方式，历时两年，全面完成"三供一业"改造，顺利实现管理职能、实物资产划转移交，家属区"三供一业"改造荣获了中国中车最美家属区赞誉，被评为成都市"国企家属区改造典范工程"，并入围国家2019年民生示范工程。三是有序推进退休人员社会化移交。按照"统一规划、分步实施、分类移交、稳步推进"工作思路，与地方政府签订了《退休人员社区管理服务、社会保障管理交接协议》《退休人员人事档案交接协议》《退休人员社会化管理党员组织关系转接协议》，完成了3776位退休人员（含中共党员）社会化移交管理，在保障退休人员晚年生活、提高生活质量的基础上，加快剥离国有企业办社会职能和解决历史遗留问题，让中车成都公司轻装上阵，助力高质量发展。

四、重构运营管控模式，实现管理转型

中车成都公司按照"复制四方模式、兼顾自身实际"的原则，以构建业务主导型运营模式为思路，通过重塑组织架构，优化职能职责分工，实施制度流程平移，系统推进运营管控转型，实现了管理系统的全面对接。同步引入项目管理，充分发挥事业部的市场主体和利润中心作用，建立了从市场开发到客户服务的全过程项目管理模式。

（一）重塑组织架构，优化管理职能

深入学习中车四方股份公司的日常内部管理体系，实施组织机构与职能重塑，实现资源共享、高效利用，支持规划发展。中车成都公司原有的组织机构与职能不能满足新业务专业支撑、项目协调、快速反应的管理需要，难以支撑转型升级。为确保完成地铁车辆、城际动车组、有轨电车、关键系统零部件等优势产业落地，实现转型升级的发展目标，本着"支撑新业务落地、专业系统管理、流程顺畅高效、符合内控要求"等原则，重塑组织机构与职能，坚持以适应业务发展为目标，调整组织架构。一是成立事业部，建立从市场开发到客户服务的全过程项目管理模式；二是构建总部，强化对事业部和生产现场的服务职能，加强对业务开展的支持；三是建立技术中心，将研发、设计、试验验证、制造工艺、科技管理、知识产权和计量检测等统一在技术中心，加强协作和知识共享，实现产品技术全面管控；四是组建制造本部，将与产品制造过程强相关的部门和生产单位进行整合，以提高制造资源利用和管理效能；五是成立制造分厂，构建节拍拉动式精益生产模式，确保形成批量生产能力，支撑新产业落地；六是组建委员会，形成专业评审与决策机制。

（二）实施制度流程平移，健全管理体系

中车成都公司深度学习中车四方股份公司管理体系，梳理出需要完善改进的16个管理职能共60个管理项点，通过对各项点实施制度流程平移、建立沟通机制、明确管理要点，形成标准化、模块化的管理机制，共计完成了240余项管理标准、制度体系与中车四方股份实现全面对接平移，优化并固化了管理体系，实现了中车成都公司相关专业管理体系的全面覆盖、有效落实与持续改进。

（三）引入项目管理模式，促进业务发展

以实现新业务落地为目标，对标中车四方股份公司，搭建了以项目交货期、质量、成本、范围管理为主要目标，职能管理与项目管理相交错的矩阵式结构，形成了职能管理和项目管理相互协调、目标一致的组织保障体系，促进能力形成和高效协同。项目管理有效发挥了跨职能的统筹、协调和沟通作用，形成快速解决问题，满足用户需求的能力。实现了资源利用最大化，保证了项目的按期交付，兑现了用户承诺，为提高市场占有率提供有力支撑。促成了地铁车辆制造、动车组高级修、零部件专业化检修等业务落地，中车成都公司从传统机客车修理迈向高端轨道交通研发设计、制造和维保。

五、夯实研发创新能力，实现技术转型提升

中车成都公司以技术创新驱动市场拓展为目标，充分发挥中车四方股份公司的科技研发优势，集成公司本地化资源优势，为创新研发注入了新的活力。

（一）引进提升技术创新能力

中车成都公司通过引进中车四方股份公司轨道交通领先技术，以公司在西南地区的战略地位、优势资源、产业环境为平台，以支撑区域轨道交通装备创新研发为目标，组建轨道交通西南研发中心，立足区域市场订单获取、工程化设计、运维服务、试验验证等功能定位，着力提升公司技术创新能力和内涵，推动区域轨道交通产业由本地化制造、本地化配套，迈向本地化创新研发。通过引进、消化、吸收，自主完成了成都地铁6号线、7号线、10号线、11号线、17号线、18号线等项目的整车制造，成功实施地铁车辆转向架、铝合金司机室、操纵台等大部件试制，以及地铁车辆空调等大部件试修；形成铝合金型材、板材等重要原材料复验能力；顺利获取客车轮对组装、气路控制箱、"三阀"（高度阀、差压阀、空重车阀）等关键部件厂修维修资质；全面形成客车改造能力，具有厨房车、会议车、宿营车、旅游车等13种整车和7种部件专利。同时，积极响应"大众创业、万众创新"号召，实现中车轨道交通"双创"园区（成都）成立挂牌。

（二）全面搭建试验验证平台

运用5G、人工智能、大数据和工业互联网等先进信息技术，推进国内首个智慧型全自主行车试验平台建设，搭建形成车辆系统、试验线路、试验平台三个维度系统性技术架构；形成基于城轨地铁、动车组等的网络设计和维保能力，以及具有车辆网络组件故障诊断、仿真测试和二次开发功能的网络控制实验室；建成西南地区唯一时速140千米超长3千米直线动调试验线，形成城轨车辆与信号、低压逆变、屏蔽门等大部件综合调试系统，持续提供车辆异地调试，有效缩短正线调试时间，助力成都地铁加速成网。中车成都公司持续保持国家高新技术企业、省级企业技术中心认定；先后通过了EN15085焊接管理体系与DIN6701粘接管理体系认证；通过了ISO 17025国家实验室认可，取得了CNAS资质，建立企业最高计量标准26项，具备四大类金属原材料分析、硬度检测及拉伸、弯曲、剪切、压缩等试验能力，以及整车、部件静强度、刚度和疲劳强度仿真分析计算能力；建立了完善的设计制造试验流程，提高了产品全寿命周期内的安全性及可靠性。

（三）推进信息链赋能建设

在中车四方股份公司成熟数字化制造技术基础上，推动技术资源少投入、互联通、轻资产、高效能，实现技术平台端口接入、图纸共享、信息互通，深入推进技术平台数字赋能，实现技术标准检索系统、图文档发布系统应用。同时，着眼于轨道交通产业生态圈建设、工业互联网发展方向，从项目管理、技术平台、造修平台、管理流程等几个方面全面推进数字赋能建设，完成动车轮对检修SAP系统应用，实现了PDM系统优化、KMIS轴承检测系统数据接入、转向架CAA线网络建设、MDM中车主数据贯标二期提升，全力推动动车组高级修项目SAP、MRO系统应用，启动实施BPM项目。

六、跨步高端业务平台，实现产业转型升级

中车成都公司以市场为导向，深度融入省市轨道交通产业生态圈建设规划，优化调整产品结构，确立"做强城轨制造、做优客车检修、做精动车检修、做大地铁检修、做实城际新造"的发展目标，顺利实现城轨车辆新造"六个首列"、地铁车辆检修和维保、CRH380A型高速动车组检修、25T型客车检修等新业务落地。同时，积极发挥轨道交通产业生态圈头部企业作用，引领带动区域轨道交通全产业链集群式发展。

（一）优化调整产品结构

2015年10月中车成都公司推进实施地铁车辆制造技术平移；2016年7月1日城轨地铁车辆新造业务投产；9月22日首列A型铝合金地铁车辆下线；目前中车成都公司已顺利完成成都地铁6号线、7号线、10号线、11号线、17号线、18号线等项目车辆制造交付；2019年，城轨板块营业收入占到中车成都公司总营业收入的三分之二，成为公司主营业务支柱产业。中车成都公司通过在成都动车段联合开展动车组三级修业务积累经验，现已顺利承接动车组轮对换修项目，成功获得CRH380A型高速动车组四级修检修资质，动车组高级修业务实现了"从0到1"的突破，动车组部件本地化检修再添新品种。中车成都公司紧跟新一轮市场需求，换挡提升客车检修业务，获取了时速160千米的25T型客车检修资质，形成全谱系化检修能力，为后续进入动力集中型动车组检修领域奠定坚实的基础。

（二）培育发展优势产业

公司全面融入区域产业发展，加快推进产业升级，培育发展优势产业。通过深度融入省市轨道交通产业生态圈建设，先后实现"六个首列"落地，即成都首列时速80千米A型地铁7号线车辆落地，成都首列时速100千米地铁10号线车辆落地，成都首列时速140千米地铁18号线市域车辆落地，成都首列8编组地铁6号线车辆落地，成都首列储能式有轨电车落地，成都首列时速160千米新一代智能化无人驾驶市域列车落地。CRH380A型动车组120万千米检修资质的成功获取，使公司成为西部地区唯一一家具有动车组高级修资质的路外企业。同时，公司还发挥属地化资源优势，以实现后市场再发力，存量市场再开拓为目的，着眼用户需求，主导承接区域维保服务业务，构建维保服务一体化模式，承接成都地铁7号线、10号线售后服务，承揽成都地铁17号线、18号线维保服务和成都东动车组售后服务，全生命周期服务体系加快建设，后市场业务逐步担当。

（三）带动区域产业链发展

中车成都公司积极把握省市轨道交通产业生态圈建设规划，发挥在新都现代交通产业功能区的整车制造"龙头"效应，引领带动60多家配套企业落户园区，助力实现轨道交通电动车组"九大关键技术和十大核心零部件"集群式发展。同时，紧跟各地政府轨道交通线网研究规划，推进成都市新都氢燃料有轨电车示范线网规划获批，成德眉资同城化市域轨道交通规划落实，为政府提供系统的解决方案。

七、激发人力资源活力，打造转型升级承载力

中车成都公司将实现人力资源转型作为实现转型升级的最重要目标，坚持人才强企战略，按照"严控总量、优化结构、提高效率、提升能力"的原则，打造了转型升级承载力。

（一）逐步优化人员结构

一是用工总量方面，通过灵活、高效配置和整合人力资源，实现用工总量严控在指标范围内。通过稳妥有序的分流安置和转岗培训，协商解除劳动合同272人，办理内部退养331人；随电机业务划转移交610人；通过转岗培训，妥善完成机车业务475人转岗安置。2019年年末员工总量2217人，员工总量减少20.7%。二是结构优化方面，通过定员定编、外部招聘和内部竞争上岗，提高工程技术人员、技能人员占比，降低管理人员、辅助人员占比，人员结构持续优化。

（二）实施素质提升工程

中车成都公司坚持战略引领和业务导向，通过内部培养、外部借力引智，利用引进的先进产品和技术平台，全方位开展新增业务、项目管理、核心人才、技能转岗、班组长等项目培训，加强多能工培养和技能等级提升，不断优化人力资源体系，打造高绩效人才队伍。中车成都公司5人获评"成都工匠"，8人获评"香城工匠"，搭建了业务重组产业升级人才队伍，为推进实施技术水平和标准要求更高的地铁车辆造修、动车组检修业务提供了有力的人才支撑。

（三）加速人才梯队建设

中车成都公司以"筑基、臻优、攀峰"为主线，持续深化人才发展管理体系、人力资源管理效能评估等项目实施，先后选拔49人进入高层级发展通道，先后选拔106名优秀的年轻员工进入中层后备队伍，选拔公司级核心人才50人、中国中车级核心人才24人，完成22名中国中车副职后备干部初步人选推荐。通过三年一轮的中层领导公开竞聘上岗，中层管理队伍逐步优化提升，平均年龄下降2.17岁。同时，中车成都公司实施中层领导、后备干部、核心人才动态管理，健全能上能下、能进能出的用人机制，不断向公司级后备干部、青年干部、核心人才等压担子，以项目历练促进能力提升和履职担当，全面提升人才队伍综合素质能力。

（四）激发薪酬激励活力

中车成都公司突出价值创造原则，以"控员、增效、提薪"为目标，不断完善薪酬福利机制，将分配制度与岗位体系、通道体系、绩效体系、任职资格体系、劳动定额、产品产量、过程质量、人才培育等密切关联，构建了以岗位绩效工资为基础的差异化分配模式，实行针对不同业务的差异化分配策略；推行以工资总额预算为基础、以业绩贡献为导向的"工资包"模式，引导员工履职尽责和价值创造，提升人力资源效能。六年来，员工个人收入稳定增长，福利水平不断提升，共享了企业转型升级和改革发展的红利。

八、重塑企业文化内核，凝聚转型发展合力

中车成都公司积极贯彻落实中国中车文化和品牌建设工作要求，以软实力成为硬支撑为目标，从落地有根和引导有力两个重点力推文化建设和转型。

(一)积淀发展优秀基因,树立高端品牌意识

面对转型升级新起点、新机遇、新要求,中车成都公司倡导文化引领理念,坚持"担当、提效、突破"主题,突出"创新、务实、重效"作风,确立形成了"勇于担当、追求卓越"的企业精神,以及"质量优先、客户导向、创新发展"的经营理念。公司将这条文化主动脉贯穿中车成都公司业务重组转型发展的始终,通过积淀发展优秀基因,树立高端品牌意识,引导全体员工凝心聚力,不断谱写高质量发展新篇章,不断地将软实力打造成企业基业长青的硬支撑。

(二)打造精益管理文化,引导履责担当精神

通过持续弘扬工匠精神,营造劳动光荣和精益求精的敬业风气,践行"把标准刻进骨子里,把规矩化到血液中"的精益工匠精神。通过强化制度执行,树立严格按制度、按流程办事的原则,严格制度执行和考核管理,督促员工按标准要求做好每一件事,尽职尽责做好自己分内的事情,积极协同做好部门、公司的事情,在全公司形成上下团结一心干事业、齐心协力谋发展、群策群力保安全的良好氛围。中车成都公司坚持严管厚爱的思想,把明责、履责、验责、问责作为狠抓管理实效的关键点,以日常监督、绩效考评为抓手,强化履职问责;通过持续开展领导干部"庸、懒、散、浮、拖"专项治理,着力培养和提升领导干部的责任担当意识和勤勉履职能力。

(三)倡导优质的质量文化,弘扬高铁工匠精神

从检修企业转型为造修企业,中车成都公司借鉴高铁动车品质管控思路,确立了"质量优先"的经营原则,制定了"心系顾客、诚信服务赢市场,精心修造,持续改进促发展"的质量方针,通过开展"提升全员质量意识"宣传教育活动和专题警示教育,促进思想观念意识转变,筑牢质量安全思想堤坝。中车成都公司持续弘扬"高铁工人精神",以质量安全为主线,通过质量文化建设,总结形成了"敢于求真、禁止作假"的求真文化,"万无一失、一失万无"的敬畏文化,"技术、管理双归零"的归零文化,"暴露问题不追究、隐瞒问题必严惩"的责任文化,"细节决定成败"的细节文化,"主机企业履行主体责任"的担当文化,着力提高规范化、标准化造修理念,聚力打造全生命周期的质量保障能力和文化。

(成果创造人:张在中、王成龙、兰玉贞、杨 松、张 敏、高 恒、林 杨、陈鹏宇、王 洪、刘佳薇、尹 兵、孙 强)

大型军工企业全价值链一体化管理

重庆长安工业（集团）有限责任公司

重庆长安工作（集团）有限责任公司（以下简称长安工业）全价值链一体化管理体系是以打造"国际一流防务企业"的愿景为牵引，全面落实"以客户为导向、以产品为载体、以价值为主线"的企业经营管理核心理念，围绕价值创造核心活动，以价值创造过程为主线，对企业各项业务活动、业务流程、制度规定、管理标准、组织机构、职能职责配置等管理要素进行梳理、优化和整合，形成的覆盖企业所有经营活动，规范企业所有管理行为，实现企业所有经营活动真正围绕价值创造开展的管理机制集合的管理体系，即"长安C1体系"。其中"C"指以客户关注为焦点，即 Customer；"1"指企业确立的指导企业运营管理的唯一管理体系、执行体系和评价体系。

体系的内核为："创造犀利的武器、争取国防的安宁""客户、产品、价值"运营理念、"一流管理"发展目标、端到端价值链思想、一体化管理方式。

体系要素包括：业务活动、业务流程、制度规定、管理标准、组织机构、职能职责配置。

一、全面重构价值链和运营理念，理顺企业管理逻辑，促进管理回归初心

长安工业以客户关注为焦点，以提升价值创造能力、运营效率效益为目的，系统谋划、前瞻设计，研究并制定了满足战略需求的价值链，并形成了一套适合自身的运营理念和管理逻辑，促进管理回归初心，并作为持续性管理规划和传承基础。

（一）重构企业价值链，强化企业使命

长安工业作为大型军工企业，其使命是"创造犀利的武器、争取国防的安宁"，而实现使命的根本途径和载体就是创新，制造国家需要的高技术、高性能、高质量产品。基于使命初心和发展需要，企业重新构建了企业价值链。

参照波特价值链模型，对企业组织的主要功能及其活动进行全面梳理，重构企业价值链，实现业务活动从块式业务属性定义向链式价值属性定义转变。一是突出客户导向，以满足客户需求为出发点梳理调整各项业务活动的定位和关系，重新优化模型布局；二是突出价值流向，将产品实现过程的主体活动作为价值创造主线和企业主要功能板块，将与产品实现没有直接联系的相关活动作为支持功能板块；三是突出企业特点，建立起从市场到研发再到制造直至交付与服务等的直接创造价值的连续核心价值流；四是突出业务功能，根据与核心价值流的关系和影响，分类构建功能及物资支撑、人力及队伍支撑、基础环境及综合事务保障、运营策划及管控等价值支持功能板块。最终形成以产品为载体的、客户价值实现与企业价值增值相统一的价值链模型。

（二）建立"客户、产品、价值"运营理念，促进管理回归初心

基于科技先导、研制一体的企业发展方向和特性及"一流管理"目标，按适应市场需要、创造市场需求、引领市场走向等"客户满意""超越客户期望"的未来发展趋势，提出并明确了"客户为导向、产品为载体、价值为主线"的运营理念，形成客户价值实现、企业价值增值、员工价值分享相统一的体制机制和企业核心价值观，并将其作为管理体系建设的指导思想。

一是以客户为导向，客户是企业经营管理行为的价值动因，是决定企业产品或服务价值的关键，是企业价值增长和持续发展的前提。核心是正确定义客户价值、高效满足客户需求、不断超越客户期望。

二是以产品为载体，产品是联系企业与客户的纽带，承载客户期望和企业目标。其核心是始终以产

品承载企业使命、始终按产品配置企业资源、始终以产品承载企业价值。

三是以价值为主线，价值是企业所有业务活动的初心，是企业创造利润并借此聚集最多的资源、实现技术（产品）和管理创新、实现持续健康发展的基础。其核心是要求突出企业价值追求、强化价值创造功能、优化价值支持系统。

（三）构建"治理、管理、办理"管理逻辑，实现治理一体化

在推进管理体系建设过程中，对企业顶层治理规则和运行规则进行了统筹策划、设计，梳理并搭建了从治理、管理到办理的企业治理层级和管理逻辑。按业务管控功能和定位，将主体分为治理主体、管理主体和业务主体三类，形成企业的治理、业务管理、事务办理的分类分层的管理责任，实现从决策到管理，再到执行的一体化贯通，并为从全局审视企业存在的系统问题、制订系统性解决方案提供途径支撑。

一是治理主体及企业治理，企业董事会、监事会、党委、纪委、高级经理层等（治理主体）代表集团企业整体利益，履行领导、决策、监督、执行的责任和权利，是企业治理的责任主体，重在规范企业治理结构、治理机制建设。二是管理主体及业务管理，各职能部门（管理主体）按治理主体授权，代表治理主体行权，按授权执行管控、服务和监督，是业务管理的责任主体，重在业务及管理方式的调整优化，以及各项业务体系和制度流程的建设。三是业务主体及事务办理，企业全资/控股子公司、参股子公司、分公司、模拟法人单位、研发单位、生产单位等为业务主体，分别按各自属性及授权开展业务，是事务办理的责任主体，重在规范执行治理体系、管理体系。

按治理、管理和办理，重新梳理并建立各主体行权及管控方式，规范各主体的行权和管控方式，通过集中梳理，将行权和管控方式归集为四类：一是事项报告类，只保留"申报、报送"两种被控单位事项报告上行方式，删减原来的"申请、上报、报告"等内涵重复的称谓；二是事中管控类，保留"审核、审议、备案"三种方式，删减"审定、审查"等内涵重复的称谓；三是事项决定类，只保留"决定"，删减"批准、审批"等内涵重复的称谓；四是专用管控类，明确并细化了"任命、推荐、聘任、批复"等专用管控行为内容。同时，对各行权管控方式进行了明确定义，并按管理层级和事项类别，对各主体单位、长安工业及兵装集团的行权管控方式和权限分别建立了相应的标准，形成了主体行权管控清单。

二、重构企业管理体系，形成管理格局一体化

基于全价值链理念和运营管控逻辑，破除多年来多体系、多方式的管理方式，实施管理体系重构，确定以业务为主体（含核心业务和非核心业务），牵引建立流程、制度、标准、组织及权责等统一管理体系（长安C1体系），并明确其作为企业顶层唯一体系的功能定位，形成了全方位管理、全流程贯通、全组织协同的一体化管理格局。

（一）搭建长安C1体系架构模型，建立一体化管理格局

全面导入客户（市场）、价值创造的理念，以核心价值流为主线，理清价值在企业内部的流动路径，明确价值动因（客户）、价值形成（研发）、价值实现（制造）、价值体验（服务）四大企业价值增值核心功能，通过流程、组织、制度的一体化设计，拉动企业功能支持、资源支持、环境支持等职能要素向价值增值核心聚集，全面统筹和重构业务、流程、组织、功能、权责等企业管理要素，建立保证企业各项功能高效运行的四大评价机制，真正促进企业从客户需求到满足客户需求的端到端的连续价值流动，形成全价值链一体化管理体系（长安C1体系）模型架构。

（二）确定长安C1体系管控功能和定位，真正形成企业唯一管理体系

为体现管理体系的统筹性、统一性，实现管理简单、高效，明确长安C1体系作为企业运营管理的唯一体系的功能定位，其也是企业整体的效率提升、效益增加、风险控制的唯一评价体系。

两对关系：第一对关系即"体系、业务、决策"的相互关系，管理体系指导业务开展，支撑经营决策，决策者通过体系对业务施加影响，业务的效率效果作为决策者进一步提出改进要求的基础；第二对关系即"相关政策、专业体系、长安C1体系"的相互关系，各专业体系按照相关政策要求，不断实施自身的改进，并融入长安C1体系，长安C1体系运行结果作为各专业体系审核的证据支持。

四个统一：即统一架构、统一流程、统一标准、统一格式。用一个体系的范式，全面规范各业务管理的逻辑、规则、要素等，形成统一的支撑关系，确保专业要求衔接紧密、业务操作执行有力、各项管理控制到位。

（三）实现多体系融合，有效提升整体管理效能

充分考虑多体系融合，逐步将各专业体系对业务及其过程的相关要求融入业务制度和流程，按各专业管理要求统筹识别各业务流程的具体环节的风险点，统一细化到各业务流程、标准中。而各专业管理体系，根据要素融入情况，建立专业管理指引，明确与C1体系之间的管理映射关系，建立信息、数据传递途径，以满足专业体系自身管理及外审需要。实施以来，长安工业已初步实现质量体系与C1体系融合，完成了18个原质量体系中的文件融入C1体系，同时，将质量手册文件调整为质量管理指引文件，并整合质量管理自身管理业务以及通用性管理程序文件，作为长安C1体系的重要组成部分。多体系融合将降低多体系冲突带来的资源浪费、效率影响、效益制约，有效提升企业整体管理效率效益。

（四）完成体系要素建设，实现体系一体化管理

围绕业务开展和管理的需要，从执行、驱动、约束以及表现等方面分别梳理和明确了价值导向和体系结构，以国家或上级相关专业管理要求为依据，结合业务开展过程中的质量、安全、保密等专业体系要求，进一步细分、明确了长安C1体系要素的构成，最终建成并完善了业务活动、管理规定、业务流程、管理标准、组织机构、职能职责等C1体系构成内容，并实现一体化管理和运行，形成互相支持、协同发力的管理体系。

同时，长安C1体系对六大要素的定义分类、管理目标、管理重点、途径方法以及呈现要素的具体内容规范了要求，明确了各要素的具体建设、完善实施过程及相关要求标准，突出了各要素围绕价值创造、效率效益提升及风险控制的核心功能。

三、重构业务管理方式，实现业务目标、结果、价值的一体化

业务作为企业运营活动的主体，也是管理基本单元。为确保所有业务围绕企业价值创造和战略开展，长安工业以业务为着力点，通过重构业务管理方式，对业务必要性、有效性开展分析和论证，精简、整合低效和无效业务活动，并实施结构化管理，从源头消除无效的管理供给，实现业务目标、结果与价值的一体化和一致化。

（一）重构业务开展及管理方式，明确业务围绕价值开展

业务作为企业运营的基本活动及管理单元，其开展必然消耗企业资源。为解决长期以来企业各项业务开展的目标、结果、价值分离的现状，长安工业重构了业务开展及管理方式，基于客户需求在企业内部的实现途径，即以价值流为主线，重新对业务、业务价值进行了定义，明确了业务活动与价值的关系，确保业务活动必须创造或间接支持创造价值的基本属性。在实际业务及职能管控中，将业务归口及费用归口分离的管理方式转变为以业务归口为优先的管理方式，即由各业务归口单位对所属业务最终目标效果和价值性负责。同时建立了业务资源配置、业务开展过程控制、业务效果评价等全过程的业务开展管理机制，从业务与流程的逻辑关系和业务的必要性、资源性、支撑性、价值性等方面开展业务分析，并以价值性、重要性的高低将业务活动重新进行定位，逐步建立、修正、完善业务分析方法和标准。

（二）厘清业务现状，精简优化低效和无效业务

以全价值链理念为指导，以业务活动为基本单元，组织各单位按主体业务、辅助业务、临时业务三类对企业所有业务活动进行梳理和分析，摸清了长安工业现有业务活动，并理清企业战略、职能和业务之间的内在联系。用时近一年，完成了所有业务活动的梳理，形成了企业当期所有业务活动现状清单：梳理出32个二级单位承担的一级主体业务共计149项，二级主体业务共计536项，三级主体业务共计1028项；所有单位承担的一级辅助业务共计317项，二级辅助业务共计514项；所有单位承担的一级临时业务共计132项，二级临时业务共计343项。实现了对企业内部各项业务活动的准确掌握，为后续开展管理体系建设、管理方式调整优化及运营管控效能提升等奠定了坚实基础。基于业务活动现状清单，采用取消、合并、重排、简化、强化的方式（ECRS+S），对业务流及业务进行调整，并对低效和无效业务活动进行重点清理，从源头消除无效的管理供给，避免无效劳动、重复作业和资源浪费，实现根除形式主义，降低管理成本。

（三）实行结构化管理，促进业务开展聚集核心

在优化和精简后的业务基础上，将核心业务、专用类支持功能业务和通用类支持功能业务，逐项分解为一、二级业务，并分别明确各项业务的工作内容、交付，理清业务先后及包涵关系。对于支持功能业务，按对核心业务的功能支持情况，细化其支持功能、触发点及交付物，建立与核心业务的映射关系，明确各业务的定位、关系、管理范围和权责分布。经过不断优化和完善，已搭建和完善了企业业务谱系，共计确定了一级核心业务38项，专用支持业务映射247项（一级），通用支持业务27项（一级），并纳入长安C1体系统筹管理，实现目录化、定置化管理。建立业务调整（新增、变更、减少）的管理流程，明确审批程序，有效解决了各单位业务开展的随意性和无序性。业务活动的结构性管理，不仅能让企业和各单位真正认清所承担的各项工作具体内容，还能促进业务责任单位真正明确工作重点、聚集核心主体，真正突出价值创造导向及业务和管理初心。

四、重构端到端流程体系，打通从客户需求到客户满足全过程

流程是价值流动的主线渠道，也是企业管理体系组成的核心要素。长安工业以价值流、端到端为指导，在原来分散、无序的业务流程基础上实施了流程体系重构，对顶层架构、业务网络及单个流程环节都进行了调整和优化，真正突出价值流动主线，实现了从客户需求到满足客户需求的贯通和一体化管理。

（一）搭建端到端流程总体架构，贯通客户到客户的内外端到端

基于业务属性和功能，充分结合企业作为制造型企业的特点，梳理并明确了价值在各项业务中的流动途径，以及与交付的关系，将所有业务活动按核心、支持进行分类分级，理清了从客户开始到客户结束的流程衔接关系，并按核心、支持（包括业务支持、管理支持和监控）建立了企业端到端流程总体架构。

核心业务流程是企业价值链中最重要的组成部分，直接决定企业的价值创造能力和客户需求满足程度，由市场、研发、制造、交付和售后等主体活动构成。

支持业务流程是核心业务流程实现过程的必要支撑，直接影响企业价值创造的效率。业务支持流程是采购、设备、成本、人力等支持价值创造的一系列活动链条；管理支持流程是对核心业务流程、业务支持流程实现过程进行必要评价、改进和控制的一系列活动链条；运营监控流程是对企业整体（核心业务流程、业务/管理支持流程）运行质量和效率的监控和评价，涉及目标制定、分析评价、考核奖惩、整改优化等系列活动链条。

（二）形成核心业务流程主线，确定企业核心价值流动路径

按产品形成过程，从产品策划到售后服务，搭建并形成业务活动、推进阶段和交付三者之间的关系

网络图，以外部客户对企业产品的需求为输入点，以产品交付给外部客户并满足外部客户需求为输出点，明确了直接影响产品形成过程的主体业务（即产品策划、研发、制造、交付、售后）和网络图主线。同时，按各业务板块的流程主线、交付，进一步分解、细化，形成了主体交付及二级业务，最终形成了核心业务主线。

端到端核心业务主线中，从获得外部客户需求开始到满足外部客户需求结束，分别以科研和生产两条主线展开，组成科研主线的主体业务流程有产品策划（科研）、产品开发、试制、试制交付、试制保障等，组成生产主线的主体业务流程有市场营销（商品）、制造、试制、商品交付、售后服务等。其中，试制业务同时与产品开发和制造关联。其他业务围绕一级核心业务，按科研和生产两条主线再次展开，直到分解到单个执行流程为止。

（三）绘制并建立端到端流程网络图，理清业务流程的功能及定位关系

网络图以价值创造核心业务为主线，强化体现非核心业务对核心业务的支持和服务关系，并基于业务间的定位关系，由业务定位决定流程定位。下层的业务板块流程、单个业务流程网络图等均遵从总图的关系定位和布局要求。同时，基于总图三大业务板块的功能和定位划分，对纳入各板块的业务流程进行分析，合理拆分、归类、组合，形成具有一定内部逻辑关系的流程网络关系图。其既是总图的组成部分，也能独立呈现各业务板块流程网络关系及全貌。

各板块所属一级流程如下：

一是核心流程网络，包括市场、研发、制造及交付、售后等4个子项流程。二是支持流程网络，由功能及资源、党建及人力、基础保障3个子板块构成。功能及资源板块包括工艺技术、采购、质量、物流、固定资产投资、工具工装、理化计量、信息化、资产管理、能源等10个子项流程；党建及人力板块包括党建、人力资源、纪检、工会、企业文化等5个子项流程；基础保障板块包括安全、保密、保卫、知识、行政以及其他6个子项流程。三是监控流程网络，包括战略、财务、运营监控、管理体系、对外投资、风险等6个子项流程。

经过近两年的建设和不断完善，目前长安工业端到端流程体系完成31个子项流程网络，共405单个流程的汇编管理，包含各具体业务的流程图、流程说明和表单，形成了完整的端到端流程体系。

（四）完善单个业务流程图，进一步提升流程运行效率和规范性

一是细化建立单个业务流程图。按业务职责及分工，由各单位基于业务开展过程和管理需要开展管理显性化提炼，按效率优先、兼顾风险控制原则，重新固化、制订业务流程，细化输入、输出、活动、关系、标准等流程要素，形成完整的流程图、流程说明以及相应的支持标准、表单组成的单个业务流程，作为端到端流程网络结构中的基本单元。二是细化和显性化相关环节标准。落实专业体系、规章、制度的红线底线，量化流程环节的操作标准、要求，提升端到端流程的效率和规范性。同时，通过对工作过程中的隐性知识持续进行显性化、固化和改进，形成执行、管理和能力三类标准，嵌入相应流程。三是开展业务流程整合和精简优化。整合同业务流程文件，原则上一个业务只建立一个子项流程网络，并对单个业务流程环节的必要性进行分析，消除非增值环节或活动，整合和精简没有交付的流程、没有价值的交付、过度管控环节、多头责任交叉环节，进一步缩短流程，提升流程执行效率。同时，减少对活动无约束、无指导的管理要求，减少过度管理和交付浪费。经过近三年的整合和优化，流程环节从原来的5200余个下降到2950余个，降幅达43%。

通过上述措施，长安工业建立了覆盖企业所有经营活动的流程，理清了流程间的端到端连接，打通从外部客户需要到满足客户需要的外部端到端流程，建立客户价值在企业内部流动的畅通管道，建立了客户到客户的内外端到端流程体系，实现业务全覆盖、过程全管控，初步形成流程化的业务开展方式，使所有工作都面向客户，使全员围绕提高客户满意度、价值流动效率、价值创造能力开展工作。

五、重构、整合制度体系，消除多头、交叉管理

按照"红线、底线不破，利于效率提升"的原则，长安工业从根本上考虑和设计，以业务为纲，分类分层推动制度重构，通过全面整合制度文件，明确制度定位，实行结构化管理，建立了一套既满足风险控制，又利于发展的制度体系，形成了以效率效益优化为主、风险可控为辅的双轮驱动管理方式，实现以法治企。

（一）按业务整合企业所有制度文件，实现制度、流程差异化管理

按业务谱系一级业务类别对已有各制度文件进行归类，依据管理效率和专业分工的原则，对业务及所属制度进行梳理，将同类业务的制度合并形成面向管理层的制度文件。同时，在内容上，面向差异化需要进行要素分离，提升用户需求反应速度，将面向管理层的要素与面向操作层的要素（纳入端到端流程）进行分离，建立适用于管理层对业务进行控制、指导、监督、检查、评价和改进的制度，与未来端到端流程匹配使用，同步切换。

一是相关相近制度的合并。按照红线、底线不能突破的原则，由业务所属部门牵头，组织相关单位合并同类业务的各个制度文件，原则上一个业务保留一个全局性制度，属此业务范围的所有业务活动或分子项业务管理，均纳入此文件进行规范和约束，避免交叉，业务的具体执行过程转化为流程进行管理。二是转化成业务流程。以质量、安全环保和保密等专业管理体系为依据，将与程序文件有关的制度文件转化为业务流程，将各专业体系的要素要求全部移植到业务流程执行环节中，结合风险控制措施形成流程执行标准。三是废止对实际管理活动无约束、无规范、无指导作用的制度文件。比如重复的制度等，对于已经超过两年的暂行或试行制度文件，必须废止或者合并。

长安工业原495个制度文件经整合后，减为100个，降幅高达80%，新制度体系按业务分为31类（与子项流程分类一致）。

（二）建立制度分层管理机制，有效兼顾管理规范性、效率性

按制度所规范业务对企业生产经营的重要程度，将制度文件分为基本制度、业务制度（分重要和一般）、操作制度三个层级，并建立分层管理机制。

基本制度是规范企业决策机构权责和议事规则、重大事项决策权限和程序，涉及企业改革发展全局性、方向性和基础性的规定、流程或标准，作为企业治理、权利配置和重大经营管理事项的管理规范依据。如：董事会议事规则、"三重一大"决策实施规定、经济事项审批权限管理规定等。

业务制度是规范企业具体业务活动所涉及的权限和工作规则的规定、流程或标准，主要作为企业生产经营业务的开展过程的管理规范依据。如：固定资产投资管理规定、固定资产管理规定、技术开发项目管理规定等。

操作制度是规范企业具体工作执行中的操作过程行为的规定、流程或标准，以及不涉及企业资金资产资源使用、影响企业与外部的权责利关系和员工利益的制度，主要作为部分具体业务的执行、操作指导和管理规范依据。如：会计报告管理规定、保险管理规定、证照印章管理规定等。

根据层级对制度发布、变更分别设置了不同的审批主体和权限，充分兼顾了管理效率和风险控制的平衡性，其中：基本制度的发布和重大变更由董事会审议、批准；业务制度的发布和重大变更由总经理办公会审议、批准；操作制度的发布和重大变更由业务所属分管公司领导审批。

（三）实行规章制度结构化管理，实现体系管理标准化、结构化

一是固化规章制度（含流程）目录。制度和流程体系确立后，对公司级规章制度文件按谱系和目录进行固化管理，严格管控规章制度文件的新增和随意发布，各业务可根据管理需要进行修订完善，确需新增的规章制度文件必须经企业管理体系办公室审核通过才可发布，以控制规章制度文件总量。

二是规范规章制度文件结构。统一规章制度文本格式，包含管理范围、术语定义、管理权责、管理

内容、异常管理、管理约束、奖惩规则七部分主体内容，以及业务流程的流程图、流程说明、表单及管理标准的范式，并细化完善了编码管理、版本控制等日常维护管理的方法和要求。

三是规范规章制度发布和变更管理。所有规章制度必须严格按发布流程履行审查和签批程序方可生效。发布过程必须经过相关专业部门审核，确保相关专业管理融入制度和流程。规章制度经规章制度管理办公室统一进行规范性、合规性、效益效率性审查后，再根据规章制度管理范围和重要程度，报公司级会议决议，方可正式发布生效。同时，完成规章制度发布流程上线运行，实行了全信息化审批和发布，大大提升了工作效率。

六、重构组织功能及形态，打破部门墙，统一权责利

基于流程运行的需要，长安工业按照"以流程定职责、以职责定机构"的原则，逐步推进流程型组织建设和职能调整，优化重构组织功能及形态，将业务开展方式从"以职能为中心"转变为"以流程为主线"，促进职能部门由管控型向服务型转变，实现打破部门墙，统一权责利。

（一）重构并明确组织功能和定位，实现向服务型组织转变

围绕产品创新和价值链主线，改革企业组织功能和职能结构，突出客户导向、价值流向、业务功能和企业特点，结合企业属性、业务定位及关联关系将组织功能归结为五大板块。

在市场、研发、制造、交付及服务等方面直接与客户联系、直接形成产品、实现价值的业务作为企业核心业务归于价值创造板块。

根据价值创造板块价值实现的需要，突出对核心业务的支持保障作用，按其与核心业务直接关联方式和程度，将其他支撑、支持及服务业务全部归结为如下四大板块。

将为核心业务提供直接功能支撑、设备物资条件保障的业务归到产品保障板块；将为核心业务提供人力资源支撑、干部员工队伍保障的业务归到员工发展板块；将企业运营发展涉及的发展策划、运营和财务监控等业务归到运营监控板块；将为上述业务开展提供基础环境、综合性事务保障的业务归集到综合保障板块。

以产品创新、市场开拓、产品制造为核心，明确了各板块的功能定位，即价值创造板块为企业核心功能，其他四个职能板块的主要功能为价值创造核心活动提供支持、服务，从基本上明确了相关职能部门功能定位，推动各职能部门的管理方式由"职能管控型"真正转变为"支持服务型"。

（二）以功能最优实现重构组织形态，进一步提升组织效能

根据功能板块及定位，长安工业按满足价值创造板块功能的最优实现设置市场、科研和生产的组织机构。同时，在满足板块功能要求的基础上，按服务支持业务的功能属性，尽量精简职能支持组织机构数量，提升价值创造板块与其沟通协调的效率，降低协调成本和难度。

具体实施过程中，分类分步实施组织机构改革。第一步是梳理并设立市场、研发、制造等核心价值板块的具体构成单位，将原来按工序切分的机加一分厂、机加二分厂、热表分厂、火工分厂、总装分厂、车辆分厂等制造单位，按产品进行调整和整合，分别设立三大产品制造厂，打通产品制造全过程，将订单和售后从间接联系转变为直接支持；整合科研市场和商品市场管理，强化科研成果和市场需要的紧密匹配，确保研发和市场一致性；设置研发组织机构，强化研发功能定位和专业化、系统化研发集成能力。第二步是聚合与产品研发、制造过程有直接关系的职能管理机构，基于功能、资源支持效率最大化，设立制造保障部、采购部、质量部等部门，纳入产品保障板块，以价值创造流程运行为主线明确其核心功能和业务定位，提升支持保障效率。第三步是基于管理效率，兼顾底线红线和管理简单化的原则，对综合保障、员工管理以及运营监控等按充分精简单位数量、利于业务开展要求设置相关职能部门，提升价值创造板块与其沟通协调的效率，降低协调成本和难度。

(三) 优化职能职责设置，实行自主管理，进一步激发组织潜力

一是明确业务及职能管理权责，业务层面围绕产品创新和价值创造匹配权责利，明确界定职能部门的职能管理权利和支持服务职责，更加突出价值创造板块（研发、制造业务单位）承担包括交付、质量、安全、成本等的主体责任和监督评价权。二是梳理和明确操作层权责设置，基于流程和管理需要，细化明确各岗位的具体权责及标准，并融入流程环节，形成了适应流程高效运行、风险有效防控的权责界面，明确从企业治理顶层到流程环节岗位的权责。三是优化职能职责界面，将组织机构职能职责、制度权责与流程职责整合优化，以业务流程工作内容、权责配置为主，将组织机构职能职责和制度权责内容逐步融入流程，形成以流程职责为主的管理方式，减少不同管理机制下的权责设置冲突、交叉。

七、以点及面落地应用，促进管理聚焦价值、回归初心

一体化管理体系建设，落地应用并真正支撑企业生产经营是最终目标。为了让体系真正落地并取得效果，并真正促进整体管理能力和水平提升，在两年多的管理体系建设过程中，长安工业通过点面结合、先易后难的方式，一边建设一边应用，逐步实现了体系与实际管理的融合应用。同时，在未来结合企业发展需要，持续优化升级长安 C1 体系。

(一) 完成制造、固投、售后等业务管理方式调整，实现重点突破

做业务的同时必须强化做管理，长安工业积极推动各业务单位开展业务管理方式调整和提升，以制造、固定资产投资、售后服务等业务为突破点，逐步调整和优化业务开展方式，将新的管理模式、体系要求进行落地。一是开展"四全"制造体系建设。以企业特种产品为核心，以产品全生命周期管理（产品研发、制造、交付等产品形成全过程及售后管理）为主线，实行全寿命周期下全计划管理、全技术状态管理、全质量管理、全成本管理，形成各制造单位承担主体责任、全过程自主管理的新机制。二是推进固定资产投管理模式优化。通过从体系层面进行调整设计，进一步做实职能型项目制，优化资源配置方式，健全项目激励约束机制和优化过程管理及流程。从机制上确保各项工作更加规范高效，权责利对等统一，提升固投业务准确性和效率。三是开展售后管理模式调整。统一产品生产与售后主责承担单位，按产品类别由各制造单位分别建立专业的售后服务团队，完善售后服务评价考核体系和效益激励分配机制，有效地激发了售后服务质量和效率提升。四是推进企业价格体系建设。以科研、生产业务为基础，首次将成本、价格管控落实到市场到售后的全过程，理清了企业竞标价格、目标成本和实际成本之间的相互影响关系，初步建立了价值管理专项机制和核算模型，为支撑企业实现全过程精细、精准成本测算、分析与控制奠定了有效基础。

(二) 优化经济事项审批权限管理方式，实现决策统一化管控

为解决各项管控及审批权限分散、标准不统一及责任不清的问题，在体系建设和融合中，将各经济事项的最终审批和决策权限及标准从各业务管理制度和流程中抽出，按事项类别集中整合、统一管理。一是明确了业务决策审批、执行审批、合同审批以及财务审批四大审批过程，根据业务分别细化具体任务审批责任主体、权限标准，并明确支撑要件明细；二是统一相近业务的审批表单，对各经济事项在业务决策时的共性要素和特殊要素需求进行分析，尽量整合建立通用性表单，减少需要填写的审批表单种类；三是优化调整审批层级，基于效率优先、红线底线不破的原则，减少执行过程的核对和审查等环节，进一步提升审批效率；四是信息填写结构化、责任明确化，对流程中的各审核、审批主体责任进行了明确细化，促进履职尽责。调整后，所有经济事项的审批要件总数精简率 63%，非表单要件减少 65%，表单要件减少 61%；精简后要件表单化率 59%。

(三) 自主设计建立长安 C1 体系管理平台，方便执行

为促进体系快速落地，方便执行，长安工业专门设计并建立了体系管理平台。这是用于存放长安 C1 体系文件的信息化管理平台，展示所有公司级规章制度、业务流程和管理标准，业务活动谱系、组

织机构和职能职责内容，以及其他与长安 C1 体系相关的信息。用户通过公司内网可直接进入平台界面，按平台导航指示，可方便、快速地浏览、查询长安 C1 体系所有要素内容。而平台文件内容由专人负责定期更新，以确保其始终处于最新且有效状态。

自平台建立以来，长安工业全员对长安 C1 体系的接受度明显提升，平台平均每日访问量达到近百次，为规范、高效开展业务提供了有效支撑，形成了按制度和流程办事的习惯和氛围。

（四）做好体系运行评价，持续推进长安 C1 体系 2.0 建设

针对管理体系运行，基于业务，建立了体系建设、运行、维护、评价及改进的管理体系业务链全过程的运行管控和评价机制，设立了 5 类 3 档 5 级评价指标体系（"5 类"指流程、标准、制度、组织、职责，"3 档"指具备、应用、适用，"5 级"指 L1~L5 级），基本建立了体系评估的工具方法，确保了体系运行可测可评。2019 年 12 月，长安工业开展了首次 C1 体系运行评估，针对 50 项一级职能管理业务，经各单位自评、评估小组复评，形成了体系运行年度运行评估报告。从最终的统计结果来看，L3 和 L4 级业务占总业务数的 75%，长安 C1 体系运行基本规范、有序，促进了各项业务的持续改善。

长安 C1 体系是一个基于客户、产品、价值运行理念的开放体系。未来 5 年，长安工业将按体系建设总体规划，进一步以产品为核心，围绕影响运营管理效率效益的运营方式、业务过程、体制机制、组织机构、评价导向以及创新等因素，结合企业治理及运营具体需要，持续完善体系要素和内容，促进体系不断优化升级，3 年内力争升级长安 C1 体系到 2.0 版。

（成果创造人：唐茂志、肖永友、刘宝平、张　健、涂　荣、骆彩霞、
谭瑜婧、聂小丰、彭亚梅、谢岑曦、罗华静、姜俊恒）

基于互联网技术的大型钢铁集团一体化集中管控体系构建

河钢数字技术股份有限公司

河钢数字技术股份有限公司（以下简称河钢数字）充分发挥大数据、云计算、物联网等新一代信息技术优势，围绕河钢集团数字化转型战略发展规划，结合下属河钢唐钢、河钢邯钢、河钢宣钢、河钢承钢等钢铁子企业区域分散特点，以建设工业互联网为抓手，持续提升集团化集中管控能力，打造生产管理智能平台、质量管控平台、产业链协同平台、中央数字中心，构建钢铁企业一体化运营管控体系，推进全要素、全产业链深度整合，打造内部联通生产运营、外部融合采销合作伙伴的全新钢铁工业生态系统，具有较强的创新性和推广价值。

一、加强组织规划，实施定制化开发

（一）加强组织保障

集中河钢集团数字技术能力资源，组成项目研发团队，并成立由河钢数字主要领导任组长的项目领导小组，下设领导小组办公室、专家组、方案组、综合组、公共服务业务组、人力资源业务组、销售业务组、采购业务组、资金业务组、数据标准业务组、IT基础设施组、软件基础组12个组织机构，形成完善的组织架构。明确各小组职责，加强对项目实施过程的监控和评估，及时反馈并处理出现的问题。明确时间表、倒排工期、挂图作战，并细化责任至个人，确保全面完成平台建设。实地调研各业务运作情况，细化形成单项功能实施方案，全面推进项目平台建设。

（二）加强协作保障

在项目实施过程中，河钢数字一方面细化工作措施，加强对河钢集团核心流程和关键点监督管理，及时发现问题，修正错误和偏差；另一方面完善制度体系，修订完善各项规章制度，固化组织优化和流程优化成果，严格执行质量体系文件，确保质量体系的有效运行，为平台建设提供依据和保障。此外，加强纵向、横向协调沟通，强化协作推进，河钢集团确定了总部各职能部门、各子分公司主管领导和责任部门，定期或不定期召开项目例会、项目启动会、上线动员会、阶段评审会等阶段性汇报会，统筹协调日常性系统建设问题，并及时形成正式会议纪要，建立健全完善的沟通协调机制，保障项目组成员间就项目问题及进展情况及时有效沟通交流，高效处理过程问题，确保项目按期完成。各子分公司按照资源共享、公开透明原则，积极配合完成平台数据标准统一、平台与已有信息化系统对接等工作，有效保证项目顺利实施。

（三）实施定制化开发

紧密结合钢铁制造企业信息化、数字化、智能化需求，立足河钢集团生产经营业务板块特点，通过对已建各信息系统技术的详细分析研究，逐个开展系统评价，分析优缺点，梳理系统对接难点，完善推进措施，全面实施系统定制化开发，形成具有河钢集团特色的、自主可控的一体化运营管控平台，实现业务流与信息流融合，推进产业链全面协同发展。

强化技术支撑，制订项目进度计划，以项目管理为基础，编制进度计划前，开展详细的项目结构分析，系统剖析整个项目结构构成，通过项目WBS方法，将项目分解到相对独立的、内容单一的、易于成本核算与检查的项目单元，明确单元之间的逻辑关系，每个单元项目责任具体落实到责任者，并开展各部门、各专业协调。

加强目标导向。在业务上，实现支持多元化业务，促进产业链上上下游有机整合。在管理上，瞄准

河钢集团发展战略和集中管控要求，特别是实现河钢集团内财务、人力资源、物资采购等业务的统一管理。在运营上，实现支持异地分布的企业机构，开展快速有效的沟通，同时开展异地协同工作，提高运营效率，实现业务运作协同。在决策上，实现及时采集各类业务数据，并进行有效综合分析，使河钢集团决策层能够及时获取科学准确的基础数据和信息，为宏观决策提供支撑。在信息和知识上，实现在河钢集团范围内信息资源共享和知识管理。在信息化建设上，对河钢集团已有IT资源进行合理利用、有效配置，消除传统大型企业系统的异构性和标准规范的差异性等现象。

二、建设生产管理智能平台，实现集团生产集中调度

针对企业生产应用和生产管理问题，不断优化提升河钢集团生产制造工艺，实现业务平台一体化、数据标准规范化、信息流转业务化，实现生产进度、生产质量、库存、成本和生产设备损耗的实时监控，打造有序、高效、低成本、可控的生产过程，全面提升生产计划、车间生产监控、生产流程跟踪、生产过程物料信息等信息化管理水平。

以河钢集团五级自动化体系为基础，应用互联网、物联网、大数据、人工智能等技术，建设面向全集团的生产管理智能平台，完善集团生产管理体系，进一步优化提升集团生产制造过程，达到业务平台一体化、数据标准规范化、信息流转业务化，形成统一、高效、准确的业务管控体系。同时，以数字化方式为集团高层用户提供决策支持及经营风险预警，满足多领域的中基层用户日常数据统计与分析需求。简化报表体系，聚焦关键问题及风险，让管理人员从数据处理角色逐渐转变为数据分析角色。

生产管理智能平台将采集处理河钢集团全部钢铁主业公司的设备管理层、质量管理层、能源管理层等生产数据，有机整合已有资源和业务系统产生的数据，并通过数据治理、建模、分析，最终以图形化的方式展示，直观有序地展示出生产数据信息，进一步挖掘数据价值，实现数据资源持续利用，建立统一开放的共享数据平台，使管理决策者不仅从宏观角度及时了解生产情况以及与同期对比情况，也从微观角度了解具体生产部门、产品情况，快速生成各种分析报告和汇报文件，为实现智慧化决策提供数据支持。一是科学开展生产系统智能化分析。以铁钢产量、能源介质、原燃材料消耗等主要生产数据为基础，依托各子分公司生产制造系统，建设统一的主数据系统，并利用数据挖掘、数据分析、可视化展示等手段，实现生产数据智能化分析。二是全面加强能源集中管理。整合各生产单位能源数据，建成实时、可视、具备大数据分析能力的支撑体系，建成风、水、电、气等能源介质管理数据库，为生产管理决策提供动态依据。三是实施生产制造线上可视化管控。采集各子分公司生产制造、销售、设备管理等过程数据，实施优化整合，实现统一、可视化的综合管控。四是开展安全环保高效管控。建设重大危险源及重大风险的体系化管控平台，整合各子分公司内、外部环保数据，形成快速响应、协调联动的预警与管理机制。

三、建设质量管控平台，强化质量保证功能

以钢铁冶炼为具体应用场景，充分运用工业大数据集成，形成质量预测、关联分析、参数寻优等数据模型，提供产品在线质量判定、在线监控，优化产品过程质量控制，实时开展质量控制、质量分析及改进，大幅提升产品整体质量。

利用5G、物联网、区块链等新一代信息技术，建立基于大数据、网络协同和智能计算的钢铁生产质量控制相关技术体系和方法，开发产品质量预测、智能控制、参数寻优等智能模型，构建基于工业大数据的质量管控平台，形成集团化数据资源体系，打通生产过程中各工序之间的数据流，推动生产全流程数据有效采集、数据应用全面推广、数据安全保障能力稳定提升，为河钢集团和各子分公司的质量管控体系提供数据服务支撑。这促使河钢集团从业务驱动运营向业务与数据融合驱动运营转变，形成以大数据、智能分析、标准服务为支撑的集团数字化发展新格局，开启数据驱动高质量发展新模式。

一是结合钢铁冶炼生产流程，用过程、节点、物料、变迁四个对象，实施数据流分析和精准建模，

构建物质流、能量流、信息流、成本流、控制流"五流"网络优化协同，及物质、能量、成本信息表多"流"耦合模型，实现工艺控制模型与物流跟踪、能源管理、成本管理等关键业务智能化管理，产生多目标寻优方案，实现钢铁冶炼生产全流程能耗、质量、效率与成本的优化配置。

二是优化物质流、能量流以及信息流间的协同机制，打通钢铁生产全流程不同工序间数据流，挖掘产品质量和运行水平的影响因素，建立质量追溯、智能控制的耦合关联模型，推演不同原料、设备工况、人工操作对生产过程的影响，通过模型分析与知识积累，实现面向工序的网络协同生产智能控制，达到生产过程预测和控制目标。

三是建立多工序物质流与信息流的演化模型，实现基于工业大数据分析与挖掘的参数寻优和质量预测。挖掘钢铁生产过程工艺参数、设备工况与质量性能参数之间的关联关系，将过程统计和非线性预测方法相融合，实现关键质量参数的高精度预测。

四是通过大数据驱动的协同智能计算方法，实现资源高效配置、多工序优化组合以及定制化智能控制。采用区块链技术实现数据安全治理、安全共享和控制。

四、打造产业链协同平台，推动钢铁产业上下游互通融合

发挥大数据、云计算、物联网等新一代信息技术优势，以供应链系统为支撑，整合线上、线下交易模式，通过电子商务等方式，整合流通企业上下游产业链资源，以标准化要求，对工业品进行统一采购、展示、交易、物流配送，推进商品垂直化供应，提升供应链效率。

河钢集团以探索行业转型新功能，共同促进钢铁行业的协同发展为目的，结合工业互联网和相关技术在整合、调配各方资源方面的强大优势，建设产业链协同平台，通过整合、优化钢铁产业链上下游的巨大资源和关键要素，面对上游供应商建设工业品电商超市平台，面对下游客户实施产品任务共享制造。产业链协同平台以钢铁制造企业为中心，全面实施从企业生产制造到仓库码头、贸易、加工、配套各节点数据化整合，有机关联产品需求与产量计划、供应链各环节状态库存，智能预测客户潜在需求，实现在产品管理、需求智能计算、库存风险监控、物流追踪可视化等全过程协同管理，有效满足大客户的供应链体系需求，推进整个供应链条提质扩容。面向钢铁产业链的上下游企业或相关服务业，动态纳入合作伙伴，形成动态联盟，实施完善产品的采购、生产、销售、服务等全生命周期管理，充分释放聚合效应，实现合作共赢发展。

（一）实施工业品电商超市建设

金融在服务实体经济、促进经济发展中起着至关重要的作用。河钢集团在做强做优主业的同时，引导优势资源向金融产业集聚，系统谋划由传统制造业向现代金融服务业的融合发展，将金融与贸易板块打造成创效的新支撑。充分发挥互联网的流量、黏性特征，推动传统业务的产融结合与商业模式创新，建设河钢集团工业品电商超市，面向钢铁行业上游客户提供商务服务，对河钢集团产业链、供应链进行更加有效的整合、优化与协同，以线上商城为载体，建成集供应商库存管理（VMI）、多订单合并、一站式采购、信用保障体系等功能为一体的高度集成化工业品网络交易平台，有效保障买家端、供应商端、创业团队端和运营端实时便捷交互操作，有力降低运营成本，提升经营效率，全力构建"互联互通、共享共赢"产业生态圈，激发产业链价值创造功能。

依托河钢集团庞大的产业链资源，推动线下优质渠道资源进线上，系统串联采购需求方和供应商，实现买家、运营方、创业团队、供应商、保险机构、银行机构六方要素聚焦汇合，实现订单、仓库、物流、配送、服务等一体化运作。采购、供应双方通过平台信息实时分享、业务数据实时传递功能，实现订单管理、供应商执行管理、质量管理、供应商关系管理等全过程线上管理，完成资料资质、检测报告传递，交货周期、货品数量等查询，订单预警追踪等业务往来，实现上下游企业互联互通，推进供应链金融创效。

（二）实施产品任务共享制造

服务于钢铁行业下游客户，结合集团内部各产线产能存量实际，共享产品任务详细信息，统筹集团内部各企业产线富余生产资源，根据产品信息，建立找订单、找工厂、找协作、交易保障服务等多个平台业务模块，实时整合资源、优化配置、共享产能，扩大有效供给，提高生产资源利用率，提高产业组织柔性、灵活性，推动大中小企业融通发展，促进产品制造向服务延伸，提升产业链水平。

为实现实时状态的跟踪查询，开展订单追踪管理，用户可以快速实时了解订单产品信息、客户信息、处理结果、物流详情等，大幅提升交易效率。充分发挥大数据智能分析功能，实现订单、商家自动匹配，根据订单信息、商家信息，系统自动整合平台订单信息，开展接单方与订单双向精准匹配，进一步提高客户满意度。按照共享经济理念，强化生产协作，整合接单方协作信息，其他商家可作为协作伙伴实时响应，共同完成订单内容。

五、建设河钢集团中央数字中心，大力推进新一代信息技术应用钢铁工业场景

以大数据、云计算、人工智能为基础，基于河钢集团综合管控的信息化系统，自主建设以河钢云平台、内部公共服务平台、主数据平台等子平台为核心的河钢集团中央数字中心，建立健全以技术架构、基础标准、运维管理、安全管控为核心的数字化标准体系，有效解决信息孤岛、应用孤岛、资源孤岛等大型钢铁集团信息共享难题，形成自主可控的、以智能化为主要应用场景的工业互联网体系。

（一）建设河钢云平台

以已有河钢集团信息化系统为基础，发挥华为公司公有云平台优势，建设河钢集团混合云平台，在保证数据、信息安全的基础之上，解决内网、专网、外网信息化系统的通信问题，解决数据互通共享的资源限制问题，为河钢集团中央数字中心建设提供计算资源、网络资源、存储资源等基础保障。

（二）打造公共服务平台

按照河钢集团平台化建设战略发展需求，建设统筹日常办公业务的公共服务平台，包括"河钢在线"智能办公系统和人力资源共享中心，实现综合智能办公，打造统一门户管理体系、统一应用体系、统一流程管理体系、统一用户中心体系，满足河钢集团全范围的平台化办公要求，实现一站式办公。完善权限管理体系，实施安全管理员、系统管理员、审计管理员三权分立，保障系统运行中数据独立性和安全性。

一是建设"河钢在线"智能办公系统，实现员工一站式办公平台。"河钢在线"智能办公系统，作为河钢集团在业务系统之外的公共业务管理平台，集成河钢集团已有信息化系统，以人力资源为核心，在不改变原有信息化系统的基础上，实现公共管理应用的集成化管理，完善公共服务体系，统一平台、统一认证、统一审批、统一应用管理，形成基础业务统一规范，扩展和细化公共应用，逐步扩大范围，将更多的共性内容纳入平台，为各专业应用子系统提供完善的半成品和标准化服务，形成一站式平台办公界面，全方位提升集团化管控与智慧经营能力。

河钢数字依托大数据、AI、IoT等技术，建设内容涵盖身份认证、应用集成、文档管理、流程中心、移动办公等多个方面业务，着重加强统一规范，全面提高管理效率，保障河钢集团管控有效实施。建立统一门户，基于统一集群技术构架建立河钢集团网站群，实现河钢集团及各子分公司门户的统一标准、统一规范、统一规划。基于河钢集团企业文化开展个性化设置，各子分公司基于模板标准化实施，打破原有各网站之间的数据壁垒，提高数据交换共享水平。完善个人工作台功能，个人用户可根据自身需求实现内容自定义设置，形成千人千面的个人门户。建立健全河钢集团统一身份认证体系，基于河钢集团人力资源平台，整合用户信息，实现统一用户管理、统一角色管理、统一应用管理、统一授权管理、统一认证服务、统一集成服务等功能。统一管理集成到公共服务平台的各应用系统功能和应用权限，支持分级授权、智能代理、权限委托等多种权限分发管理，为系统各应用提供统一认证服务，实现

用户、认证和权限整合。实施移动办公，包括统一移动门户、在线审批、实时沟通等功能，打破空间限制。支持移动端与电脑端的门户、信息的实时同步，在移动端可进行审批流程的发起以及流转，随时随地开展业务审批。完善移动办公管理，有力支持即时信息、智能电话、在线视频等会话功能，为员工远程协作提供便捷高效的即时沟通平台。

二是建设人力资源共享中心，实现人力资源统一管理。结合河钢集团及各子分公司的人力资源业务信息化情况，建设支持多组织参与的人力资源共享中心，开展人力资源战略规划、人力资源制度的共享和执行，以及关键员工管理与发展，薪酬福利管理与监控，实现"信息共享、业务协同、流程优化、决策支持"的人力资源管理目标。人力资源共享中心实现企业业务经营的基础性管理，并且完成对下属企业的多层次、跨地域组织，为人力资源规划的制订和实施提供数据支持和有效基础参考。

（三）构建统一标准数据体系

利用大数据技术，建设河钢集团主数据平台，围绕采购、销售等业务建立全集团统一的数据编码标准体系，形成全集团产品、原燃料、供应商、客户、组织等各类主数据统一编码，加强主数据编码、录入、抽取、清晰、稽核、修复等过程管理，强化主数据管理和运维，实现完善的主数据统一管理，有效支持河钢集团总部和各子分公司在统一的平台上开展各项业务，并为其提供基础数据高效智能化统计分析服务。

（成果创造人：于　勇、李毅仁、王宇辉、申　培、张晓康、
　　　　　　　李宏鹏、张　楠、宋　涛、孙利民）

省级电网企业以打造示范标杆为目标的战略管理

国网宁夏电力有限公司

国网宁夏电力有限公司（以下简称国网宁夏电力）在战略管理中融入标杆理念，从战略指标和战略任务两条主线开展战略决策、路径选择、战略实施、战略监督和评估、战略保障全过程管控，完善"战略目标—战略任务—年度任务—综合计划—督查督办—战略监测—战略评价"管理链。通过目标指标化和指标值预测，确保战略目标的精准量化；通过构建战略任务矩阵、责任体系、对接综合计划机制，确保战略路径科学合理；通过战略宣讲学习、年度任务分解和督查督办确保战略执行到位；通过数字化战略监测和评价、考核，确保战略动态优化；针对战略决策、战略管理、战略执行三个层级构建组织、管理、队伍保障机制，提升全维度保障能力。国网宁夏电力设定"两个标杆"的战略目标，分解出100项指标，确定100项战略任务，形成以标杆示范为引领，以指标支撑目标，以战略任务映射指标，以年度任务推动实施，开展全过程的管控、以能力建设保障执行的战略管理新格局，有效提升企业核心竞争力，助力国网宁夏电力高质量发展。

一、确定示范标杆目标，构建量化管控模式

（一）确定以打造示范标杆为目标的战略管理思路

国网宁夏电力在战略管理中引入标杆理念，全面对接宁夏回族自治区发展要求，承接国家电网公司战略落地的要求，确定打造推动国家电网公司战略目标落地落实的"西北标杆"、打造推动自治区经济社会高质量发展的"宁夏标杆"的战略定位。一方面，将战略定位分解为战略指标，测算战略完成值，以标杆示范激励各部门、各单位持续提升经营业绩和管理水平；另一方面，将战略指标分解为战略任务，通过"战略目标—战略任务—年度任务—综合计划—督查督办—战略评价"这一环环相扣的管理链来推动全过程管控，推动实现打造示范标杆这一总体目标。

（二）构建战略全过程量化管控模式

国网宁夏电力以战略指标数字化管理为主线，在战略决策、路径确定、战略实施、战略监督和评估等阶段全面应用指标量化管理模式来开展战略全过程管控。一是在战略决策阶段量化设定战略指标值。对接战略目标，以指标形式实现责任分解、压力传导，测算明确各项战略指标目标值，调动全员参与战略任务执行，解决战略目标认识不清楚，落实不到位，层层衰减的问题。二是通过量化评价年度任务科学谋划战略实施路径。通过量化评价年度任务的战略一致性，实施综合计划的全面对接，确保战略有效落地。三是通过"学讲干督"推动战略实施。通过战略学习、宣讲、实施、督办"四位一体"，通过信息平台强化战略任务的执行、落实。四是量化实施战略监测和评价。对战略指标和任务进行数字化监督和战略评价，开展实时监测、预警和评估，实现战略闭环管理，提高战略管控力、执行力。

二、明确"两个标杆"定位，逐层分解战略目标

（一）承接宏观发展战略，明确"两个标杆"定位

国网宁夏电力全面对接宁夏回族自治区和国家电网的战略要求，2018年提出了"两个标杆"的战略定位。

一是全面对接宁夏回族自治区发展战略。宁夏回族自治区明确发挥农业、能源、旅游三方面资源禀赋优势，落实黄河流域生态保护这一重大国家战略，2012年开始，宁夏回族自治区开始创建国家级新能源综合示范区，推动产业转型升级。国网宁夏电力将自身战略与宁夏回族自治区的发展相结合，系统

谋划在深化改革大形势、"互联网+"大时代、西部大开发新格局、努力建设黄河流域生态保护和高质量发展先行区的新任务、能源转型新局面下的发展方向，牢牢把握电网区位优势，合理布局电网架构，持续升级电网，充分发挥大电网调节能力和配置作用，服务清洁能源基地建设，提高全社会电气化水平和能源利用效率，解决"新能源消纳难"和"电力外送难"两个难点。

二是全面承接国家电网战略。国家电网确定"建设具有中国特色国际领先的能源互联网企业"的战略目标。国网宁夏电力以此为基本遵循，充分研究国家电网战略落地的目标、行动路径和行动重点，与宁夏回族自治区的能源转型发展决策相结合，积极探索能源互联网的实践应用，将国家电网"六个领先"目标融入公司发展，支撑宁夏回族自治区在能源领域建立发展优势，实现经营实力、核心技术、服务品质、企业治理、绿色发展、品牌价值"六个提升"，实施新能源外送通道和主网架建设，提高新能源消纳能力，推动源网荷储协调发展，推动电动汽车产业发展，服务乡村电气化发展，优化电力营商环境，拓展综合能源服务等一系列举措，对接国家电网"八大战略工程"，切实将推动国家电网战略目标落地转化为服务自治区稳定发展、满足各族人民美好生活用能需要的实际行动。

三是确定"两个标杆"的战略定位。在深入分析内外部形势、上级要求、面临的挑战和优势后，国网宁夏电力确立打造"两个标杆"的战略目标。一是打造推动国家电网公司战略目标落地落实的"西北标杆"，在国家电网系统中，立足西北、放眼全局、争先进位，各项工作、各项指标均走在西北区域前列，大部分指标进入国家电网公司系统前列，打造推动国家电网战略落地的"省级示范"。二是打造推动自治区经济社会高质量发展的"宁夏标杆"，在自治区层面，根植地方、融入大局、模范履责，带头推动西部大开发、黄河流域生态保护与高质量发展先行区等国家重大战略落地见效，各项工作在自治区各行各业勇争第一，为"继续建设经济繁荣、民族团结、环境优美、人民富裕的美丽新宁夏"做出更大贡献。

（二）三维四级逐层分解，设计战略指标体系

按照"指标化、显性化、数字化"思路，以战略可执行、能落地为原则，围绕着战略目标指标化的思路，从"具有中国特色""国际领先""能源互联网"三个维度，分解出10个方面、26个重点方向、100项战略落地指标，构建全景战略指标地图。其中，"中国特色"维度体现党建引领和职工当家作主等央企特点；"国际领先"维度体现电网企业在经营实力、核心技术、服务品质、治理管控、绿色发展、品牌价值六个方面的领先程度；"能源互联网"维度从电网水平、数字智能、创新发展三个方面体现电网企业发展方式转变的成效。通过构建战略指标体系，强化数字化技术、大数据应用与电网的深度融合，从市场拓展上引领清洁能源、电能替代、综合能源等新兴业务等发展，从内部管理上聚焦数字化转型、智能技术应用、核心科技创新等核心竞争力打造上，为客观准确评价国网宁夏电力及下属单位战略实现程度提供基准。

（三）设计四级水平标准，构建战略目标蓝图

以"指标导向明确、指标目标细化"为原则，逐一落实战略指标体系目标值，以指标目标蓝图来引领战略实施。一是设计"四级水平法"，确定战略指标水平。应用标杆对比的方法，通过与国家电网26个省公司进行指标对比，设计"四级水平法"，明确"领先、先进、中游、落后"四级指标水平，采用正态分布和四分位法来确定指标四级水平的范围，按照数据逐一判断当前指标战略所处水平。根据数据分析，2019年国网宁夏电力在国网系统中有22项指标处于领先水平、6项处于先进水平、31项处于中游水平、10项处于落后水平，还有31项新指标缺少数据无法排名。二是测算战略指标数值，预测指标提升成效。根据"符合战略目标、符合管理实际、符合发展前景"原则，在分析指标历史数据、当前具体情况的基础上，测算出2025年指标领先水平、先进水平、中游水平、落后水平的范围，明确各项指标2025年需要达到的目标值。按照测算，预计到2025年，国网宁夏电力在国网系统中将有43

项指标处于领先水平，26项指标处于先进水平，85项指标在国家电网西北领先，战略指标完成值和所处水平均有较大提升，实现"西北标杆"的目标。

（四）确定战略阶段目标，明确企业发展重点

通过测算指标，国网宁夏电力确定到2025年，基本建成具有中国特色国际领先的能源互联网企业。在制度机制、行为模式、发展方式、价值追求上具有鲜明的中国特色优势，党的领导融入公司治理各个环节。经营实力、核心技术、服务品质、企业治理、绿色发展、品牌价值进一步增强，大部分指标达到国家电网层面和西北区域领先或先进水平。宁夏电网结构更加坚强，各级电网协调发展，城市农村电气化水平大幅提升，能源资源配置效率、清洁能源消纳能力等持续提升，"大云物移智链"等新技术与电网深度融合，以电为中心，以数字化转型为手段，以坚强智能电网为基础平台的能源互联网企业初步建成。实现可再生能源装机占比、发电量占区内售电量"两个50%"目标，满足区内售电量、外送电量"两个1000亿"电量目标需求，电能占终端能源消费比重超过30%。在此基础上，到2035年实现全面领先，与国家电网同步全面建成具有中国特色国际领先的能源互联网企业。

三、构建战略任务矩阵，明晰战略实施路径

（一）构建战略任务矩阵，有机衔接战略目标

国网宁夏电力坚持以"承接战略目标保持一致性，结合公司实际强调适应性，着眼长期发展体现前瞻性，坚持求真务实确保可行性"为原则，与国家电网"八大战略工程"有机衔接，以实施战略工程、分解战略任务为手段，细化国网宁夏电力战略落地重点任务100项，形成以100项战略任务支撑100项战略指标的格局。国网宁夏电力编制战略任务方案和清单，针对每项任务确定任务内容、阶段目标、对应战略指标实现情况、责任部门，确保战略有效落地。

（二）战略引领综合计划，构建战略实施路径

国网宁夏电力建立了"战略目标—战略任务—年度任务—综合计划"相互衔接的实施路径，构建"两级管控"（省公司和地市公司）年度综合计划管控模式，将战略任务分解为年度任务，纳入综合计划和预算管理。以战略任务管工作、管指标，以综合计划管资金、管预算，确保每年将战略任务层层分解落实到每项业务中，确保战略任务的资金和资源保障，推动战略任务的落实，助力战略目标的实现。

（三）构建五级责任体系，确保任务分解到人

国网宁夏电力以战略指标和战略任务为主线，打造"省公司—基层单位—基层单位二级机构—班组—责任人"五个层级的多级联动战略实施责任体系，确保责任落实到人、量化清晰。一是设计战略指标责任树，实现责任到人。纵向分解指标对应执行单位，明确需要承担该指标的地市公司、省级支撑机构、县公司、班组、岗位（员工），将指标层层落实，责任到人，与各层级签订战略指标目标责任书，合理传递战略指标的压力。二是设计战略任务"一表两图"，推动责任精准分解到人。编制《战略任务责任分解表》，设计《战略任务责任管理图》和《战略任务责任组织机构图》两张图，将战略任务责任进行横向纵向分解，直观展示战略任务责任层级关系，确定牵头部门、配合部门之间的协作关系，责任权重量化分解到人。

四、学讲实干全面结合，推动战略落地实施

（一）强化战略学习领会，提升员工战略意识

国网宁夏电力建立战略"学、思、鉴、融"学习模式，推动员工在战略上思想同心、目标同向、行动同步、执行同力。一是多形式学战略。通过各级领导班子参加战略研修班、开展战略专题课、战略纳入员工培训必修课、开展联学战略专题行动等形式，推动全体员工学习战略理论指引、核心要义和落地路径等内容，深刻理解领会战略内容。二是结合本职工作思考战略。开展"头脑风暴"研究、网络直播战略学思分享活动，推动员工从专业角度更深刻理解战略。三是强化借鉴推动战略落地。在经验借

鉴、优势借鉴基础上，组织召开以战略工程、指标、任务为主要内容的经验交流会、亮点展示会，及时总结经验，引导基层单位在战略实施中锚定目标、互学互看、互比互赛、共建共享。四是坚持战略统领，融入工作实践。依托"实干争先、电靓梦想""服务基层、五联共进"等主题实践活动，针对不同专业、不同岗位，结合"四个一流"本部和一流班组（乡镇供电所）创建，提出战略目标学习实践的具体要求，将战略落细落实。

（二）构建内外传播渠道，实施多级战略宣讲

国网宁夏电力联系实际，全方位、多视角将战略讲清楚、讲明白、讲透彻。对内统一思想和行动，推动战略在广大员工中入脑入心，激发干事创业的积极性和创造力；对外展现责任担当，塑造良好的企业形象，努力为实现"两个标杆"营造和谐发展环境。

对内，以"人人都是宣讲员"的行动思想自觉，加强组织领导，大力开展全员、全系统宣贯。一是公司领导班子站在公司高度利用党委理论学习中心组、年中工作会、季度工作会等重要会议宣讲战略。二是各党支部利用"三会一课"、主题党日等组织生活进行战略宣讲。三是在内外部网站、融媒体平台等发布《一张图看懂公司战略》，推动战略展板进营业厅、变电站、供电所、施工围挡、职工活动室，营造浓厚氛围。

对外，区分外部受众需求，保持宣贯热度、传播广度、报道深度，提升战略宣贯辐射范围，提升宣讲效果。一是加强向自治区党委宣传部、地方政府的汇报、沟通，了解听取其对公司战略目标的评价和反应。二是在对外业务活动、商务活动中加强战略目标宣讲，通过口头交流，印制、赠送战略目标小册子等资料，适时适度开展宣传。三是邀请中央电视台、《人民日报》、新华社、宁夏电视台、《宁夏日报》等中央及自治区内主流媒体、网络媒体广泛参与战略落地精彩故事报道，为战略落地营造良好的舆论氛围。

（三）分解年度任务清单，推动战略落地实施

国网宁夏电力每年年初根据战略任务对全年重点工作进行谋划，结合财务预算和资金安排，将战略任务分解为年度重点工作任务，并通过年度工作会议进行部署。一是开展年度任务评估，开展优先排序。国网宁夏电力构建年度任务量化评估模型，对其进行评估、选择和排序，遵循两个原则。一方面进行战略一致性评估，任务必须和战略目标、战略任务相统一，体现其必要性；另一方面，资源分配要实际反映任务必要性、紧迫性、贡献度、可行性、复杂性、创新性等，从而明确实现任务的优先顺序。二是编制"年度重点任务分解表"。一方面，每年年初编制形成年度重点任务分解表，各部门根据任务制订工作方案、重点措施和节点计划，明确任务的量化目标。每季度根据新形势和新要求，对年度重点任务分解表进行修订；另一方面，结合年度重点任务，编制"二十四节气表"，实现各层级年度重点任务和常规工作全景展示，有利于增强年度任务计划性、衔接性，确保战略压力传导到位。

（四）开展内外全面对标，引领战略比学赶超

国网宁夏电力充分发挥对标战略引领作用、激励作用，实施内外部对标推动战略落地。一方面，开展多角度外部对标，精准提升战略短板。通过与国家电网或自治区其他企业、国外企业对标，确定指标上的差距，学习借鉴领先企业的典型经验，优化管理流程和制度，推动战略指标的提升和战略任务的落地实施。国网宁夏电力针对配网管理指数这一薄弱战略指标，以国网银川供电公司作为试点与澳洲 Jemena 和法国 Enedis 两家企业对标，形成配网资产国际对标管理经验集、实践案例集、业务评价指标体系和管理办法等四项成果，通过应用成果，报修话务量减少90%，抢修派单准确率基本达到100%，用户年平均停电时间减少30分钟，为银川城区电网取消计划停电奠定基础。另一方面，搭建内部四维对标平台，推动战略比学赶超。从地市供电公司、县供电公司、直属单位、产业单位四个维度搭建多层级、多类别的对标平台，对内部的同类、同级企业的战略指标业绩和对应业务管理水平开展横向比较、

评价和诊断分析，指导和激励各级单位确立标杆，寻找差距，实施改进，打造"以对标促战略实施"的工作格局。

（五）实施任务督办机制，确保按时按质完成

国网宁夏电力以年度任务管理信息系统为技术支撑，应用现场督办、跟踪督办、联合督办、现场督办四种模式，建立以"督办立项、督办通知、检查催办、定期反馈、情况通报"五个环节为核心的督查督办流程，通过事前导入、事中监测、事后通报，实现对年底任务目标、进度、成本、质量等全要素的多维度管控，确保任务按时按质完成。

五、实施二维数字监测，实现战略评估跟进

（一）建设大数据中心，同步监测指标任务

国网宁夏电力集成营销服务、电网设备等59套业务系统数据，建成包括数据中台、全业务数据平台、智能分析模块的大数据中心，从战略指标和战略任务两个维度开展同步监测、预警，强化战略过程管控。一是同步开展"指标+任务"双重监测。一方面，通过指标进行实时监测，设置指标阈值，实现对指标绩效偏差、异常的即时预警和对短板指标的及时识别；另一方面，监测年度战略任务完成质量和计划时效。二是针对异常情况进行预警。分解战略指标季度和月度目标值，对实际值与目标值的偏差进行预警，按照偏差等级实施一、二、三级预警，向责任部门发出红、橙、蓝色指标预警卡，要求其加以改进。对预警级别持续为一级或连续提升的指标，进行约谈督办。三是应用大数据开展指标因子分析。针对指标出现偏差的情况，运用大数据挖掘技术，分析海量数据，捕捉战略指标背后的规律性、趋势性数据信息，提取出指标背后的因子数据，构建指标监测数据模式，通过源数据监测对战略指标可能存在的前端业务风险做出预警。

（二）构建数字化模型，精准开展战略评价

每年年初，开展上一年度战略目标评估和战略任务评估，系统检验战略任务执行成效，查找偏差、发现问题、反馈建议，提升战略实施质量。一是开展战略目标数字化评估。依托大数据中心，建立战略指标体系评估模型，并植入大数据平台，可以按照全局、分维度、单指标进行评价。单指标评价能反映单一战略指标情况；分维度评价由相关指标组成，用来反映某一管理维度指标情况；全局评价则按照模式可以综合反映公司整体战略实现情况。国网宁夏电力应用战略指标体系评级模型，针对公司、部门、单位、个人开展四个层级评价，开展战略目标与战略结果值的一对一比对，评估其完成度，分析异常情况，出具公司《年度战略目标完成分析报告》提交战略管理委会员决策。二是进行战略任务执行全面评估。每年针对战略任务执行情况进行全面评估，梳理指标目标、规划边界条件、项目和主要工作任务的偏差，分析工作任务调整情况，提出加强战略实施管理、提高战略任务适应性的相关建议，指导战略滚动修编，客观评估目标实现程度，有效引导各专业围绕整体目标开展工作，确保战略决策部署准确传递、有力执行、落实到位。三是开展工作报告分析评价。企业年度工作报告是企业战略部署的重要载体，反映各部门、各单位对战略部署的理解和把握。国网宁夏电力应用深度智能学习技术，对部门、地市公司、支撑机构、县公司的年度工作会议、年中工作会议报告进行智能分析，开展定性评价和定量评价，编制工作质量反馈报告，强化战略对工作的引领作用，确保战略能够精准引领下一年工作计划、综合计划和预算编制。

（三）实施差异化考核，强化战略结果导向

坚持围绕战略指标目标这条主线，实施分层管理、以战略结果为导向的全员绩效考核。一是分层级实施差异化考核。按照各级单位企业负责人（战略决策层）、机关员工（战略管理层）、一线员工（战略执行层）三层开展绩效评价。其中：对企业负责人突出对单位核心战略指标绩效指标结果评价；对管理人员实行战略指标目标和战略任务完成情况相结合的目标任务制考核，兼顾过程评价和结果评价；

对一线员工实行工作积分制考核,以战略指标完成度为辅,以工作规范性、工作量为主来衡量绩效。通过对各类人员的考核评价指标权重差异化设置,引导其发挥在战略实现中的不同作用。对企业负责人的关键战略业绩指标的考核权重占总得分的80%,引导其关注所在单位的战略完成情况;管理机关战略任务的考核权重占50%,突出战略任务的执行成效。二是开展部门、单位考核计算。按战略实现度计算每个指标,加上部门责任系数算出部门考核分,通过各指标累计,加上奖、扣分,算出部门年度绩效考核分值,通过季度、年度奖金予以兑现。

六、建设三大保障机制,提升战略保障能力

(一) 构建三级管理机构,强化组织保障

国网宁夏电力成立包括战略决策层、战略管理层、战略执行层的三级柔性化矩阵式管理组织机构,发挥"指挥棒"正确导向。一是打造三级战略管理机构。成立由董事长担任组长的战略管理委员会,负责确定战略目标、战略途径、战略任务,研究重大战略问题,做出决策和部署;成立办公室牵头、各部门参与的战略管理层组织,以总体战略为指引,承担业务战略目标和任务的研究、编制、实施、评估工作;成立以八大工程执行组和下级单位横纵结合的矩阵式战略执行组织,主要负责战略在本专业、本单位的贯彻落实。二是建设内外部智库,支撑战略决策。国网宁夏电力积极构建智库平台,强化与国家电网、宁夏社科院、高等院校合作,全面支撑公司的战略决策。打造兼具权威性、专业性的外部智库,为战略决策提供热点分析、政策解读、数据调研等支撑,确保战略决策正确。另外,在内部由国网宁夏经研院牵头,整合专家资源,成立内部智库,为战略决策提供人力保障。三是强化与政府主管部门沟通。与宁夏党委、政府及发改委、能源局等决策部门建立常态战略沟通汇报机制,确保战略发展与自治区发展同频共振。

(二) 构建持续改善机制,强化管理保障

国网宁夏电力以"放管服"为契机,以"问题+效能"为导向,着力解决制约发展的突出问题。

一是梳理优化业务流程,厘清责任界面。以业务流程为主线,开展流程全要素的优化,全面梳理岗位、职责、制度、指标、信息系统、数据,理顺业务环节,厘清责权界面和管理分工,形成层级清晰、责任明确、高效协同的流程、制度、数据管控体系,实现业务流、资源流、数据流"三流合一",共梳理、优化1038个业务流程,完善1309份岗位工作手册,整理汇编578个制度,确定3895个数据的权责关系,为战略实施奠定坚实的管理基础。

二是实施专项改进攻关,有效提升关键指标。以"问题"为导向成立年度重点难点指标攻关团队,对战略短板指标进行诊断分析,开展专项改进攻关,确保指标提升。一方面,精准深挖要因。利用《指标要因及措施责任分解表》全层级、全业务、全方位开展指标提升要因分析,细化指标提升措施和计划,促进了专业管理与战略指标的高度融合和同步提升。另一方面,确定"八定"改进计划。按照"定内容、定措施、定进度、定责任人、定责任部门、定配合部门、定质量考核人、定分管领导"的"八定"管理要求制订指标提升措施和工作计划,确保指标提升措施到位。2017年、2018年、2019年国网宁夏电力分别实施5项、7项、11项指标专项攻关提升活动,91.3%的指标当年获得较大提升。

三是开展提质增效专项行动,实施精益管理。一方面,实施提质增效专项行动,向管理要效益,坚持将精益管理理念贯穿于经营全流程,聚焦价值创造工作,减少管理浪费。将挖潜增效目标细化分解到每项战略任务中,取得良好成效。另一方面,拓展新兴业务发展。按照主导、支撑、新兴、省管4个产业布局,向市场要效益,结合国网宁夏电力实际精准施策、定点突破,采取"试点+清单"模式,推动每一个产业培育出新的增长点。

(三) 加强战略队伍建设,强化人才保障

一方面是强化"四个一流"本部建设,打造战略管理队伍。以创建"一流职业素养、一流业务技能、一流工作作风、一流岗位绩效"本部为目标，以建设"忠诚型、实干型、服务型、创新型、表率型"管理团队为抓手，以本部流程梳理优化为手段，以战略指标分解任务完成目标，打造具有卓越战略领导力和管控力的本部。将"四个一流"纳入业绩考核，每季度评选"模范之星"，营造争先成为"干事创业好部门""担当作为好干部""履职尽责好员工"的良好氛围。另一方面是强化基层管理质效，提升战略执行能力。强化战略引领，以激发班组活动为出发点，持续开展一流班组建设和班组减负，向一线基层员工赋能，提升战略执行能力。一是开展"一流班组"评比。对照战略指标分层细化到不同类别班组的末端指标，按照专业评比占比60分，通用能力占比40分的比重，设置"一流班组"通用考评和专业评比标准，以提高基层战略执行力为核心，通过专业评比方式，打造兼备一流管理、一流技能、一流业绩、一流服务的"一流班组"，有效释放基层工作效能。2019年，国网宁夏电力共评选出113个"一流班组"，有效激发了一线职工的战略执行力。二是开展班组减负及创新实践。对照基层承担的战略指标和战略任务，采用整合班组信息系统、优化移动终端和App、提升班组智能技术应用、优化基层业务流程等方式，充分发挥劳模创新工作室、QC小组等双创载体作用开展创新，定期开展"创新大讲坛""服务下基层"等活动，有效激发全员创新潜能，围绕基层"解绑"，减少无效工作，切实减轻班组负担，激发班组活力，推动基层员工将精力聚焦于战略执行这一核心价值创造过程上。

（成果创造人：马士林、赵大光、马志伟、王国军、汪 瑾、项 丽、陈迎光、胡 静、刘国敬、钱海龙、胡光泽、田凤廷）

以"油公司"为导向的油气田企业业务归核化管理

中国石油天然气股份有限公司青海油田分公司

中国石油天然气股份有限公司青海油田分公司（以下简称青海油田）紧密围绕加快千万吨高原油气田建设目标，以勘探与生产业务为主导，创新生产组织模式，集中优势资源做强主营业务，推进专业化重组转型升级，逐步退出非主营、非优势、低端低效业务，实现业务布局更加优化，结构调整更加合理，发展后劲更加充足。系统规划油田发展战略目标，保持油田业务适度相关多元化，使业务结构既满足油田当前生产建设需要，又符合油田长远发展要求，为保障国家能源安全及集团公司创建世界一流示范企业做出更大贡献。

一、明确指导思想，确立工作原则

（一）明确指导思想

以习近平新时代中国特色社会主义思想和党的十九大精神为指导，贯彻落实集团（股份）公司三项制度改革、"油公司"模式改革和提质增效的总体部署，紧紧围绕加快千万吨高原油气田建设目标，打破"大而全、小而全"业务结构，集中优势资源做强主营业务，推进专业化重组转型升级，适度保留与油气生产密切相关的生产保障业务，逐步退出非主营、非优势、低端低效业务，业务布局更加优化，结构调整更加合理，发展后劲更加充足，为保障国家能源安全及集团公司创建世界一流示范企业做出更大贡献。

（二）确立工作原则

一是坚持效益优先。以勘探与生产业务为主，深入开展提质增效专项行动，创新生产组织模式，推动油田发展升级，提高油田公司"两利三率"，增强高质量发展能力。二是坚持强主精辅。做强油气勘探开发主营业务，做精生产辅助业务，有效提升主营业务能力、创效能力和资产收益，确保实现经营目标。三是坚持适度关联。系统规划油田发展战略目标，保持油田业务适度相关多元化，既考虑业务结构满足油田当前生产建设需要，又符合油田长远发展要求。四是坚持依法合规。严格遵守国家法律法规和集团公司有关政策要求，在推进业务归核化过程中，既尊重历史，又实事求是、积极进取，充分维护油田和员工的合法利益。五是坚持稳步推进。正确处理好改革与稳定的关系，把握好改革力度、推进速度和干部员工的承受程度，进退有序，确保各项改革任务有序推进，油田和谐稳定。

二、细分业务板块，强化组织保障

（一）细分业务板块

青海油田在发展过程中，受自然环境、社会环境及历史条件等因素的影响，形成了较为全面完整的业务布局，主要分为油气勘探开发、炼油化工、工程技术、生产保障、后勤服务等五个方面。其中：主营业务包括石油天然气勘探开发、炼油和化工产品等；辅助业务包括井下作业、测试作业、地面建设、自动化维护、供水供电、装备制造等；后勤业务包括离退休管理、学前教育、工业物业等。

（二）强化组织保障

建立科学严谨的决策保障机制，成立业务归核化管理领导小组，设立业务归核化管理领导小组办公室，建立月度例会和专题工作协调制度，将年度任务按月分解，月度挂账通报工作进度，季度召开协调推进会，年度总结评估，形成可复制、可借鉴的成功经验。

三、做强做优主营业务

按照"优先、有效、加快、协调"发展定位，立足长期低油价和柴达木油气资源禀赋实际，集中精力做强油气勘探、油气开发、炼油化工等主营业务。

（一）实施专业化整合与管理

对油气生产单位的基建工程、供电线路巡检、数字化信息化运维、生产保障等生产辅助业务进行剥离，上移至油田公司层面实施专业化整合。将食堂公寓、安保、保洁、绿化、工业物业、行政服务等同质化后勤服务业务从油气主业中剥离，实施专业化管理。

（二）创新生产组织模式

在现有"油田公司—采油（气）厂—采油（气）作业区"组织架构基础上，在油气生产单位创新施行"油田公司—采油（气）作业区"生产组织模式，在格尔木炼油厂推行联合车间生产组织模式，加快推进业务"归核化"发展，主营业务单位生产运行效率显著提升。

（三）构建勘探"4334"对标管理体系

围绕科研、生产、技术和成本四大指标系统，建设组织、运行和制度三大保障体系，把握年初立标、年中达标、年底考核兑现三大关键节点，强化结合实际立好标、制定措施保达标、严格考核硬对标和总结完善再提高四项措施，在勘探重要环节和关键节点设置具体指标及目标值，实现勘探快速发展。

（四）开展高效勘探

随着柴达木盆地勘探的不断深入，地质目标和井筒环境愈发复杂，由盆缘转向盆内，由构造油气藏转向岩性油气藏，由常规油气藏转向非常规油气藏，由浅层转向深层—超深层，由常温转向高温—超高温，由常压转向高压—异常高压，同时酸性气体、多压力系统逐渐显现。面对复杂的勘探局面，积极转变勘探工作思路，从追求数量向注重质量转变，以提交更多经济可采储量为目标，以顶层设计为抓手，坚持实施集中勘探、精细勘探、风险勘探和综合勘探，在以下方面实现重大突破。

（1）突破理论，实现资源储量快速增长。创立咸化湖盆有机质"多成因类型多峰式"生烃模式，改变咸化湖盆有机质丰度和成熟度相对较低、油气油气资源潜力有限的片面认识，明确油气勘探方向，大幅提高了柴西原油、东部天然气的资源潜力，夯实了油气勘探持续发展的基础。

（2）整体部署，获得英雄岭构造带勘探新进展。针对英西—英中碳酸盐岩油藏特征，英西按照"预探开发一体，预探谋突破，开发快建产"的思路，在英西地区陆续发现5个油气富集区，探明石油地质储量超6000万吨，溶解气60亿方；英西勘探成功后，持续向英中地区扩展，新增控制石油地质储量超3000万吨；干柴沟柴9井于N1地层见到活跃油气显示，整体评价认为，干柴沟浅层N1油气藏，具有压力大、油气产量高的特点，展现了干柴沟良好的开发前景。

（3）风险预探结合，落实阿尔金山前规模气区。按照"主攻尖北、落实基岩规模；突破冷北，谋求高断阶、中斜坡、凹中隆新发现"的思路，尖北基岩风险勘探获重大突破，探明含气面积超18平方千米，天然气地质储量超200亿方；冷北斜坡区高、低断阶利用昆特依一号构造老井昆2井进行加深，发现基岩块状气藏，新增控制含气面积超20平方千米，天然气地质储量超400亿方。该井的成功，实现了盆地腹部深层勘探的重大突破。

（五）突出勘探现场管理

坚持靠前指挥，突出组织协调，积极引进渤海钻探、西部钻探的技术力量，推行"三级干部驻井"制度。在认真落实"三抓、四查、五到现场"工作制度的基础上，创新形成了"一个坚持、两个联动、三个明确、四个及时"项目管理模式，勘探效率得到大幅提升，钻井进尺同比提高17%，平均单井试油周期同比减少8.57天。

（六）转变开发举措

面对稳产基础不牢、油气上产乏力、开发成本走高等不利因素，油田公司党委审时度势，及时召开专题会议，研判开发形势，寻求解决措施，及时制订了油气开发"33353"管理模式。通过科学组织、优化部署、狠抓落实，油气产量连续9年稳在"七字头"，其中2019年生产油气当量产量738万吨，同比增加5万吨；在切16、切4和红柳泉矿权流转至辽河油田的情况下，原油产量同比净增13万吨，创历史最高水平。突破原有管理方式，组建稳产、上产、复产、综合治理、产能建设、试采评价等项目组。按照"统一研究、统一部署、统一实施""包安全、包工期、包质量、包成本、包产量"的"三统五包"管理模式运行，项目组组长全面负责项目的工作量、费用、指标、物资采购、合同签订与组员考核，项目组下设开发地质组、工程技术组、地面建设组、经营管理组、安全环保组、综合协调组，各专业组之间既有明确的独立分工，又有相互的协作联系，实现指令快速上传下达。项目组针对计划、合同、招标等流程烦琐的工作，简化审批流程，由原来的报批制改为报备制，即项目组独立组织审批后向公司管理层报备，大大减少了审批时间，真正做到再造流程、简政放权，工作效率得到了大幅提升。

（七）强化炼油化工业务平稳运行

牢固树立"大平稳就是大效益"理念，强化日常生产运行管理，形成了"检查—通报—整改—验证"闭环管理。开展技术攻关，优化生产运行，常减压、催化、加氢改质、催化重整等主力装置全年实现平稳运行。实施工艺防腐攻关，完善防腐体系建设，集中开展盲板、报警、联锁等专项管理提升。开展工艺卡片、操作规程修订和设计参数比对排查，收窄工艺操作指标，实施调节阀限位操作，积极应用MES2.0系统监控波动，开启"互联网+巡检"新模式，炼化生产实现"安稳长满优"运行。2019年装置操作平稳率逐月提升，全年达到99.76%，在板块26家单位中排名第11位，高于板块平均水平。

四、做精做细辅助业务

坚持问题导向和市场化发展方向，坚持以效益为中心和低成本发展理念，结合油田地域位置、业务结构、人员状况等综合因素，分类施策，不断提升科研水平，提升生产保障能力。

（一）专业化重组提升管理效能

精简内部管理机构，将井下作业公司与涩北作业公司重组整合为井下作业公司，将诚信服务公司与劳动服务公司重组整合为诚信服务公司，将机械厂与工程建设公司重组整合为地面集输工程公司。建立一对多、多对多的服务模式，提升发展质量和效益。整合业务链条，将天然气管道与计量结算业务划转到管道处实施集中管理，加强天然气管道完整性管理，提高运行效率；将井下作业公司泡沫排水业务按属地调整到采气单位自行管理，强化气井日常维护管理，提高产量；将输配电系统运维业务划转至供水供电公司集中管理，发挥专业化管理优势，提升发展质量和效益；将诚信服务公司电气开关厂划转到地面集输工程公司，实现抽油机、油气集输撬装设备和控制柜生产、配套、售后服务一体化管理。

（二）巩固自我保障服务能力

适度保留与油气生产密切相关的生产保障业务，推进专业化重组转型升级；适度开展油水井作业、大修、测试、测井、供水供电、管线防腐保温、设备维修、压力容器制造、机械加工、通信服务等业务，构建"管理+内部专业化队伍+外部市场化服务"的运行模式。

（三）强化高附加值业务

优化提升压裂酸化、试油试气、连续油管、化学助剂、调堵施工、监督监理、信息服务、信息化基础网络等业务，构建"管理+市场化队伍"的运作模式，形成符合油气田需求的施工技术和产品序列。

（四）提升创效能力

强化油气田地面集输建设，实施油气田土建工程市场化运作，实现从"施工安装"向"施工管理+技术"模式转型。围绕一体化集成装置走"高端化"，加快撬装化产品设计定型，强化数字化协同与数字化移交，提升产品生产制造集成撬的工厂化预制能力和数字化程度。

（五）建立生产大运行体系

完成生产指挥中枢建设，创新运行管理模式，强化前线指挥部统筹协调功能，加大生产事项现场督办力度，构建了责任明确、任务清晰、指令统一的一体化生产组织格局。强化水电路信综合保障和应急处置，创新油气场站、电力检修组织模式。建立油气产销常态化沟通与信息共享机制，突出天然气外输压力调控，最大程度激发生产潜能。

（六）实施地面调整改造

开展提高油气集输处理系统密闭率，提升尕斯伴生气深度处理回收附加值，优化简化尕斯常温集输、推广乌南及南翼山环状掺水密闭集输，实施油田采出水就地回注，尕斯 E31 减氧空气重力驱"三次采油技术"实验项目。气田开发技术淘汰多种"砂敏低效"工艺，形成了以高抗盐泡排、集中增压气举为主的特色排采技术系列。排水方式由"间歇"向"连续"转变，治水工艺由"泡排"单支撑向"泡排、气举"双支撑转变，支撑了涩北老区的持续稳产。精细化管理泡排工艺，确定不同类型泡排工艺的适应范围，维持轻微积液井的稳定生产；规模应用撬装气举，水淹井治理及作业后气井排液得到有效治理。同时加强标准化设计、数字化油田建设，不断完善提高地面配套工艺技术，为进一步提质增效，提升地面工程技术，为油田高效开发奠定坚实基础。

五、转型发展后勤业务

坚持以效益为中心，控投入，减存量，树立低成本、高质量发展理念，分类采取多种方式，持续优化业务结构。

（一）全面提升矿区环境

全力打造平安、和谐、美丽矿区，投入数亿元用于矿区基础建设，实施项目 23 个，改建道路 8 条，新建住宅 2794 套。全面实施老旧小区改造，涵盖外墙保温改造及水电暖气管网、基地餐厅建设等民生项目，矿区环境和功能配套得到全面改善。

（二）实施企业办社会职能剥离移交

全面推进企业办社会职能的剥离移交，8 个基地 33 项"三供一业"业务实现资产、职能 100% 移交。社区管理、医疗卫生业务实现平稳移交和有序接续。宝石花物业、热力地区分公司、海西州青海油田社会事务服务中心在油田基地相继挂牌成立，矿区业务专业化重组、民用"明收明补"等改革措施稳步推进。

（三）同质化重组市场化运作

进一步减少后勤服务单位机构数量，将职工活动中心和敦煌、花土沟、格尔木三个社区管理中心等 4 个处级单位重组为油田综合服务中心，发挥专业化管理优势，服务质量和服务效率持续提升。发挥集中管理优势，将油田生产单位、工程技术服务单位的同质化后勤服务业务剥离，交由油田综合服务中心统筹实施专业化管理，高质量、高标准解决油气生产单位"吃住行"问题，集中精力保障油气生产。加快后勤服务业务市场运作进程，将重组整合后的矿区后勤服务业务按照委托管理、业务外包、租赁经营等多种方式实施市场化运作，逐步退出非主营、非优势、低端低效业务。

（四）推行"大部制"管理架构

按照优化协同高效和职能综合化的"大部制"方向，摒弃上下对口设置模式，实施职能科室整合，设置"四室四中心"。"四室"侧重于党的建设、经营管理、运行管理和对上联系、对外协调等，"四中心"侧重于指挥控制及现场工作组织等，管理交叉、职责重复现象得到有效治理。

（五）扎实推进降本增效

制订切实可行的实施方案，围绕"开源增收、严控成本、管理创新、改革增效"核心任务，研究制订切合油田发展实际的后勤业务增效措施。针对每项增效措施分别设置具体目标、具体措施和责任部门，为开源节流、降本增效各项工作顺利实施提供了组织保证。

六、建立规范有序的市场运行机制

一是构建运行机制。坚持市场化原则，推行经营性生产运行模式，构建主营业务与地面建设、生产测试、工程技术等辅助业务之间规范有序的内部市场机制，优化内部市场交易流程，规范内部市场运作制度，促进工作效率、服务质量大幅提升。二是完善价格体系。全面梳理公司内部产品、服务价格，在信息网页开辟专栏及时公布，确保价格执行到位。研究分析水、电、井下作业目前结算价格与市场价格差异，测算价格差异对各业务损益的影响，为推进相关业务市场化提供决策支持。以市场价格为导向，制订下发调驱调剖堵水业务、锅炉加热炉燃烧器检测价格，修订完善地面建设常规项目指导价，完善高温高压、超高温超高压井射孔、三相流射孔等8项特殊工艺的市场价格，进一步完善了内部价格体系，价格在市场资源配置中的"指挥棒"作用进一步发挥。三是优化采购模式。大力实施集中招标，统筹安排工程技术服务、设备维修等17个项目的集中招标采购，充分发挥规模优势，稳步提升招标采购的效率和效益。大力推进二级物资目录式采购，两级集中采购度99%，物资招标率92%，年平均库存降幅10%。

七、建立灵活多样的人员安置机制

修订完善《青海油田公司结构调整中人员分流安置实施意见》，完善配套机制，多渠道分流安置富余人员。一是内部调剂盘活。严控用工总量，规范用工管理，开展全面定员，建立岗位流动运行机制，通过竞聘上岗退出一批、扩建项目新增一批、清退外包安置一批、承包经营流转一批等方式，有效盘活岗位退出人员。二是外部转移分流。"三供一业"、矿区公用设施、医疗卫生和公益服务职能分离移交工作中，按照"人随业务走"的原则，协调承接方企业，让相关人员以人力资源输出方式继续从事现有工作，最大程度减轻安置压力。三是有序退出岗位。考虑油田恶劣的自然环境，坚持依法合规，通过提前退休，内部退养，离岗歇业，短期离岗，育儿假，协议保留劳动关系及终止、解除劳动关系等方式，畅通人员安置渠道。

（成果创造人：张明禄、李战明、高云建、吴晋文、张国栋、常发杰、黄　勇、徐　刚、吴　栋、王　毅、杨　阳、陈艳波）

轴承科研院所科技领军使命驱动的转型升级

洛阳轴承研究所有限公司

洛阳轴承研究所有限公司（以下简称轴研所）转制后，逐步确立了打造轴承行业科技领军企业的使命，并以此全面驱动业务转型和管理升级。以服务国防军工建设、国民经济重大装备制造为指引，兼顾轴承行业技术升级与企业持续发展需求，将企业发展嵌入轴承行业技术进步之中，不仅要求自身技术领先，更强调通过行业内部的合作创新与技术转移，带动轴承行业整体技术水平提升。

轴研所通过贯彻使命，从聚焦业务、调整结构和机制革新上改造组织；通过基于"分类技术市场匹配"逻辑的业务转型，打造中国轴承工业科技领军企业，实现技术正向升级；通过基于"资源能力决定竞争力"的管理升级，对标世界滚动传动领域一流企业，推动市场竞争力的稳步提升。业务转型和管理升级的交融联动，可双向交替推动轴承行业技术水平和企业市场竞争力同步升级。

一、需求驱动，明确企业发展使命

1999年轴研所完成科研院所转制，首要任务是明确企业未来定位和发展方向。轴研所多次组织公司全员开展深入对话和大讨论，逐步达成共识。轴研所1958年成立时的初衷就是服务国家和轴承行业需求，经长期技术积累和团队打造已具备持续服务国家需求、行业技术进步的能力。转制成企业之后，应继续坚持"急国家所急、想用户所想"，勇于承担行业重托，全心全意为国民经济和国防建设服务，为轴承工业技术进步服务。进入新时期，轴研所所面临的行业生态环境更加严峻：中国轴承企业技术基础薄弱，在为国民经济先导领域重大装备配套时有心无力，无法与国际轴承集团开展竞争；国防军工所需的大量高端轴承，一直处于被"卡脖子"状态，国外实施技术封锁，国内配套上由于研发难度大、技术门槛高，生产属于多品种小批量组织方式，普通轴承企业难以承担重任。

经过充分讨论与审慎决策，轴研所提出了"引领轴承工业科技，推动世界装备发展"的使命，明确了对国家、轴承行业所肩负的历史责任，并将成为"中国轴承工业科技领军企业、世界滚动传动领域一流企业"作为与使命对应的愿景。

二、贯彻使命，改造组织运行机制

（一）以科技领军使命聚焦主营业务

一是聚焦重点产品方向。轴研所坚持以军品、高端民品及制造服务为三大产业发展方向。其中，军品重点发展以特种轴承为核心，拓展轴承组件、动量轮组件、特种轴系等精密零部件产品；高端民品专注高端制造，重点发展精密机床主轴轴承、磨用电主轴、风电轴承、盾构轴承等核心产品；制造服务则面向轴承行业生产企业，提供轴承技术转移、轴承材料研发、轴承质量监督检验等综合服务。通过聚焦三大重点产业方向，实现由单一产品制造向"产品+服务"的转型。

二是聚焦关键客户开发。围绕三大重点产业方向，轴研所确立关键客户的开发策略。第一，针对军品产业，采用"稳定航天、开发航空、扩大兵器"的客户开发思路。"稳定航天"即持续稳定配套做好国家航天项目；"开发航空"即积极参与最新航空项目，为国内乃至国际航空客户提供轴承产品与服务；"扩大兵器"即扩大搜寻兵器产业中轴承使用场景，提供性能匹配的轴承产品与服务。第二，针对高端民品，采用紧跟前沿制造的客户开发思路，即时刻准备为时代最前沿领域提供轴承产品与服务，如近年来将高端民品客户聚焦在高端数控机床、3C制造、机器人、新能源汽车等领域。第三，针对制造服务，采用重点服务与批量服务结合的思路，即一方面为长期合作的军品和高端民品客户提供重点轴承研制相关的技术咨询服务，另一方面也针对轴承行业各生产企业提供基于专利授权、技术转让、孵化为核心的批量技术转移与质量监督检验服务。2017年轴研所在山东临清面向聊城轴承产业集聚区，成立山东洛轴所轴承研究院公司，服务与赋能当地中小轴承企业，帮助其系统提升技术水平。

(二) 以科技领军使命调整组织架构

一是集中管理技术资源，提高研发能力。轴研所依托国家级企业技术中心建设，将散布在全所的200余名研发人员、196台套科研装备、年均投入近亿元的科研资金进行集中管理，实施全周期、全过程、集约化管理，开展关键共性技术攻关和新产品预研，以技术中心作为承担国家重点工程和国防建设配套轴承研制任务的核心部门，作为组织基础科研、争取国家重大研发项目的内部管理平台。

二是打造专业制造基地，强化量产能力。为打破科研单位传统"散研发、小生产"格局，轴研所除本部集中建设研发基地外，在洛阳不同区域分别建立了三个产业园，总占地600多亩（约40多万平方米），高规格投入，建设不同种类轴承产品量产的专业化生产线和智能仓储物流基地，全方位提升高性能轴承产业化生产能力和质量水平。

三是下沉职能管理服务，提升运行效率。轴研所将总部的人力资源、会计核算、市场营销、生产管理等职能下沉到产品事业部，贴近服务生产一线，直接服务用户，提升职能与业务的结合度，增强服务敏捷性，提升一线管理效能。

(三) 以科技领军使命深化机制革新

科技领军使命的贯彻，为组织带来大量多品种、小规模、技术难度大的新项目，不确定性和交付压力空前增强。轴研所积极开展了系列以打造敏捷化团队为导向的运行机制变革。首先，面向客户交付，将项目组作为对外沟通合作的窗口。项目经理作为流程经理和项目第一责任人，既能横向调动各事业部人员，也能纵向调动集团高管与职能部门负责人，一切面向客户交付服务。公司原有管理制度面向项目组运行模式修改，如明确项目经理责任制、项目组考核奖惩细则。公司激励也重点向项目组倾斜。在研制项目立项前，将项目交付物按技术创新程度进行分类，分为全新型、替代进口型、更新换代型和改进扩展型，设置明确的项目组激励奖金总额，对于重点项目，项目经理年度激励总额可超过30万元。其次，增强总部领导及平台化部门如技术中心对项目团队的赋能。按照"项目与领导责任挂钩，项目与管理责任挂钩，项目与专家支持挂钩，项目与研发绩效挂钩"的原则，将项目考核与相关管理人员挂钩，全方位调动公司与事业部领导、责任专家（负责项目督导、技术指导、研发辅导）、技术主管等人员的科研能动性，分工负责，确保投入足量资源与时间，保障项目目标如期顺利达成。最后，面向全体员工透明沟通，促进个体对组织的高度信任。轴研所高度重视思想统一，每逢重大管理变革、战略行动计划出台前，领导与员工以正式方式充分沟通，多渠道收集反馈意见。正式定稿的管理制度、项目可研报告及领导会议讲话，都进行内部公示和网络化存储，方便职工在OA系统中随时调阅，全方位增强员工对公司使命的认同和信任。

三、业务转型，打造中国轴承科技领军企业

(一) 承担国防军工尖端研发，实现高端技术引领

做强做深国防军工，强调主动对接尖端主机研发。国防军工项目技术难度高、生产批量小，但往往能够形成技术领先的高度。轴研所在转制前主要接受国防军工项目委托，被动开展配套轴承研制，转制后积极主动梳理相关客户资源，分别依托产品和技术特性，进行成片化拓展、链条化延伸，并依托主持的国家重大科研项目，集中开展"自主可控"类攻关研发，成套突破其中关键技术。2016年，轴研所

将飞机导航系统用陀螺仪轴承产品进行全新改型升级，推广应用到导弹用精确制导系统，快速开拓了相关领域业务。

建立项目预研机制，提前瞄准未来尖端配套需求。轴研所每年定期邀请技术专家评估国际最新轴承技术发展趋势，梳理性能需求与技术演化方向；内部技术中心也主动规划研究前沿尖端技术，评估相关技术研发可行性，将部分发展潜力大、可行性强的项目提交公司战略委员会审核，由公司战略委员会决定是否预研立项，规划如何整合资源实施。近三年来，轴研所面向尖端轴承的研发总投入达4.2亿元（其中国家拨款1.26亿元），相继建立了"动量轮产品低阻尼""轴承组件微振动""轴承组件寿命试验"等基础研究项目，并重点开展弹性箔片轴承、重型火箭涡轮泵轴承、导航陀螺电机轴承等尖端产品的预研。

制订有效激励办法，鼓励员工承国家重点科研项目。一方面，轴研所对申请国家纵向科研项目的团队，给予到账经费3%的直接奖励，项目未获批的，也可以获得一次性奖励；另一方面，加大对获批科研项目人员激励间接经费的预算额度，轴研所规定间接费用实行总额控制，按照不超过项目直接费用扣除设备购置费后的一定比例核定间接费用额度，其中500万元及以下部分可最高按照20%比例提取，500万元以上、1000万元及以下部分可最高按照15%比例提取，超过1000万元的部分可最高按照13%比例提取，极大调动了内部开展基础技术研发的热情。

（二）追踪服务重大装备配套，推动先进技术国产

瞄准行业重大装备关键零部件的国产化，是实现轴承技术从中低端向高端跃迁的关键。轴研所在科技领军使命驱动下，主动提升服务重大装备配套的自觉性，通过系统规划、市场调查与客户分析，找准高端市场技术突破方向，积极培育关联、交叉的上下游技术，高效推动技术成果产业化。首先，分类贴近服务高端民品主机。轴研所整合资源建立服务国民经济先导领域重大装备的两大产品事业部：精密部件事业部和重型轴承事业部，实现贴近服务和全程跟踪，为重点主机厂做好轴承配套研制生产。其中，精密部件事业部主要为数控机床、汽车与轨道交通、3C行业等领域服务，实现进口替代是业务重点；重型轴承事业部主要为风力发电、医疗器械、工程机械等领域服务。其次，体系化推动先进技术国产化，如针对高铁市场的轴承技术，轴研所以动车组轴箱轴承、牵引电机绝缘轴承为技术基础与依托，加强对动车组齿轮箱、大功率机车、大轴重货车、城市轨道交通等轴承的国产化研发和市场开发，目前相关轴承产品的制造、检测和试验水平，已达到国内领先水平。

（三）引导行业技术成果扩散，带动主流技术转化

带动行业技术进步是轴研所科技领军使命的重要内涵，为此，轴研所面向轴承行业开展了卓有成效的工作。

一是长期实施专利评估转让。轴研所依托大量技术专利储备，定期组织事业部与技术中心对公司技术专利进行综合价值评估。首先，事业部依据技术产品的市场竞争情况进行价值评估；其次，技术中心依据技术成熟度进行技术价值评估。当事业部判定某技术产品的市场竞争激烈且利润较低，技术中心判定该项技术的成熟度较高，且即将会被市场普遍使用时，轴研所将该技术专利列入市场转让序列。2016年，经第三方评估，轴研所一次性向投资方转让发明专利8项、实用新型专利14项，合同总金额高达9956.55万元，促成投资方凭借转让的专利技术成功筹建中浙高铁股份有限公司，并依托专利技术快速发展壮大。此外，轴研所还通过牵头组建的"国家滚动轴承产业技术创新战略联盟"，向行业主机厂商或轴承行业其他生产企业定期批量转让相关轴承技术。

二是技术入股投资。2018年，轴研所筹备成立国创（洛阳）轴承产业技术研究院公司，并基于该平台以孵化器和技术公司模式实现技术成果转移转化。一方面，吸引轴承相关创业企业入驻平台，对具

有发展潜力的创业企业，轴研所主动给予技术扶持，实施技术资源入股；另一方面，剥离轴研所长期"休眠"的大量专利，鼓励内部员工在新平台上创业，采用内部孵化方式帮扶新的中小轴承企业。

（四）推进行业科研公益服务，实现共性技术分享

一是办好行业科技期刊和学术会议。第一，轴研所坚持主办全国性学术期刊——《轴承》，该期刊自1958年创刊以来，持续聚焦轴承行业科技发展的新理论、新技术以及新态势，已成为轴承领域最新成果发布的前沿阵地。第二，轴研所主办的《国外轴承技术》专业杂志，通过系统整理国外轴承技术相关理论技术与发展动态，及时向行业公开报道国外轴承研究进展。第三，轴研所还根据行业需要，编辑出版了《国外轴承动态性能研究》《轴承用钢》《滚动轴承保持架制造技术》《滚动轴承分析计算与应用》《航空航天轴承技术专辑》等20余种技术专辑，极大推动了行业技术发展。另外，自2000年起，轴研所坚持每两年举办一次"中国轴承论坛"，将其打造为我国轴承行业最具影响力的高端交流平台，促进产学研用的有机结合。

二是做好行业标准和质量监督检验。轴研所是全国滚动轴承标准化技术委员会的承担单位、ISO/TC4中国秘书处的技术对口单位，还组建了国家轴承质量监督检验中心，具有众多行业服务职能。依托轴承标准化技术委员会，轴研所组织行业相关单位，全面承担轴承行业标准制修订工作。自2001年以来，先后主导制定国标50项、行标10项，主导修订国标85项、行标63项，以高质量的标准制修订工作，有力推动了中国轴承行业的高质量发展和与国际的接轨。轴研所还依托雄厚科研实力和先进检测实验设备，组建了国家轴承质量监督检验中心，接受行业第三方委托的检验与分析任务，年轴承送检量从2001年的500余批次发展到2019年1000余批次；同时，中心接受各级政府市场监督管理部门委托，实施全国轴承产品抽检，负责为各地人民法院开展鉴定，多领域、全方位推动我国轴承产品质量水平稳步提升。

四、管理升级，对标世界滚动传动一流企业

（一）以绩效目标的循环控制，夯实可持续发展的财务资源基础

经营过程安全可控是国际大型轴承集团的显著优势，轴研所以科技领军使命驱动，全方位对标国际轴承集团，完成内部绩效产出过程的控制，即以战略规划为蓝本，以经营活动计划为主线，抓住全面预算指标，通过绩效考核保障目标实现，逐步形成"战略布局、预算牵引、绩效推动"的绩效目标循环控制体系。

轴研所战略规划以三年为一个周期，围绕公司目标的达成，按年度分解重点工作和策略行动；经营活动计划则以一个财年为长度，详细制订年度行动计划，落实战略规划年度目标。轴研所每年编制经营活动计划都要组织专项评审，评审重点在于以计划落实目标的可信性和严谨性；全面预算指标是目标控制载体，轴研所通过考核体系，层层分解控制指标以保障总体目标实现。

在绩效目标循环控制中，轴研所做了以下突出工作：一是引入商业领先模型，通过有效开展市场洞察与差距分析、创新焦点选择、业务设计、运营设计四阶段工作，完成以目标为导向的业务运营体系设计，建立了绩效目标过程控制体系；二是引入全员绩效承诺制度，建立起"公司有目标、人人扛指标"的绩效承诺文化，年度考核不仅评估目标完成情况，还考核业绩承诺兑现情况；三是推行双向承诺机制，即下级对上级进行目标承诺，上级对下级进行奖惩承诺，既提高了下级完成绩效目标的动力和主动性，又培育了内部和考核相关的信用文化。

围绕绩效目标循环控制体系的实施，轴研所还注重提升相关实施人员能力素质、工作作风和责任意识，建立常态化的交流培训、检查指导、评价奖惩机制，打造出一支能快速部署绩效目标循环控制的团队，充分适应轴研所多生产基地、多异地子公司情况下的高效管理需要。

（二）以人才开发的循环运转，培育可持续发展的人力资源基础

人才是科技领军企业的核心资源。轴研所坚持以"引智、育才、用人一体化"为人才开发理念，打造服务竞争力提升的人才开发循环。

一是做好高端人才的引进和培养。在引进方面，轴研所建立高端人才"绿色通道"，大力引进高层次管理人员、专业技术人员和优秀营销人员。轴研所通过内外结合模式打造卓越人才队伍。在企业内部，构建合理的人才梯队，建立骨干员工数据库，对专业人才进行集中信息管理；在企业外部，注重全社会范围选才用才，从"为我所有"转向"为我所用"，建立外部合作专家信息库，形成开放的人才生态圈。在培养方面，轴研所通过实施重大研发项目责任制、技术专家聘任制、技术专家首问制以及优先安排出国考察、鼓励参加国内外学术会议等措施，强化科研人才队伍建设，尤其注重对科技领军人才的发掘和培养。

二是注重青年人才培育和使用。轴研所将培训与青年员工的定岗、考核、晋升等有机结合，将自学与培训相结合，将在职培训与脱产培训相结合，将"引进来"与"送出去"相结合，以短板能力、紧缺课程培训为重点，实施"精准培训""即时培训"，全面构建青年员工培训体系；在技术创新团队打造中，尤为注重优化老中青人员梯队结构与建立"传帮带"机制。对富有创新能力的青年骨干技术人员，公司直接给予更多职务晋升和历练机会。

三是畅通各类人才的成长通道。轴研所在技术研发、市场销售、职能管理、生产技能四个不同领域，分类建立了晋升通道，设计了明确的晋升标准和评估机制，引导员工开展职业生涯设计，逐步建立起多序列人才成长通道。轴研所以绩效贡献度为导向，建立项目和岗位的 KPI 考核体系，打造薪酬与绩效挂钩的管理机制，注重保障企业绩效提升与人才成长目标同步实现。

（三）以技术创新的循环增益，奠定可持续发展的创新能力基础

技术创新是科技领军企业的核心能力。轴研所通过搭建高水平技术创新平台、打造技术创新团队、深化技术创新管理制度改革，构建"以平台为先导、以团队为抓手、以制度为保障"的技术创新循环增益体系。

在技术创新平台搭建方面，轴研所先后组建国家滚动轴承产业技术创新战略联盟、高性能轴承数字化设计示范型国际科技合作基地、博士后科研工作站、河南省机床主轴单元工程技术研究中心、河南省高性能轴承技术重点实验室等研发机构。轴研所还联合行业内企业、高校组建高端轴承摩擦学技术与应用国家地方联合工程实验室、盾构及掘进技术（轴承）国家重点实验室等创新平台。基于以上平台，由轴研所牵头组织联合攻关科研团队，解决新兴产业轴承配套面临的多学科、多领域交叉难题。2017—2019 年，相继实现了"机器人用精密轴承研制及应用示范""多维融合感知智能轴承样机研制及验证"等新兴产业轴承核心技术的突破。

在技术创新团队建设方面，轴研所依托产品类别和科技专业，先后组建了航天航空精密轴承、精密机床主轴及主轴轴承、重型轴承等产品创新团队。围绕高性能滚动轴承研发、轴承数字化设计及仿真分析、润滑及密封技术研究、轴承材料及热处理技术开发等组建了技术创新团队。轴研所为各类创新团队设置首席专家，实施科技成果奖励机制，并在工程技术人员队伍中设置十个岗位层级，进行分级晋升管理，打通技术人员成长通道，有效调动了技术团队研发热情。2014 年 8 月，轴研所"高性能滚动轴承研发创新型科技团队"获河南省科技厅批复设立。2020 年 3 月，轴研所、河南科技大学和中科院兰州化物所共同组建的"航天航空精密轴承国防科技创新团队"获国防科工局批复成立。

在技术创新制度改革方面，轴研所全面修订了科研项目管理、科研经费管理等相关全流程制度规

范，为员工承担国家科技支撑计划和重大科技专项打下坚实基础；全面实施"重大项目揭榜挂帅制""重大项目公司领导督导制"，实施课题后评估与补助机制，将课题评估结果与薪酬津贴、奖励评先、职称评聘相结合，形成项目综合评价管理体系；完善畅通技术人员成长通道，梳理定位各学科重点研发人才，规划其成长路径，加强研发人员内训制度建设，全面实施"导师制""周五业务学习制"等培养制度；改革现有研发人员考核与薪酬晋升制度，建立创新容错机制，使研发人员敢想敢干，逐步形成"积极研发、踏实研发、创新研发"的良好氛围。

（成果创造人：蒋　蔚、梁　檩、高元安、江　玮、罗　彪、谷文辉、李文超、王科贝、温朝杰、张春雨、鲍晓华、方文培）

军工院所基于价值创造导向的技术与市场循环联动战略的构建

中国船舶重工集团公司第七一三研究所

中国船舶重工集团公司第七一三研究所（以下简称七一三所）为更好地适应市场需求，加强技术创新与市场开拓的循环联动，夯实价值创造能力，促进军工科研院所实现"支撑国家战略、引领行业发展"的发展目标，运用系统思维与市场经济理论相结合的管理创新理念与方法，按照机制体制与战略匹配、产业布局与能力匹配、内外部资源效率协同等组织设计原则，推进产业化平台公司实体化运作，充分考虑外部行业形势与自身能力情况，定位产业发展方向，强化能力与市场需求协同，在"互为主体、互利共生"的基础上，整合内外部资源，通过对各种资源最大程度的开发、利用，实现提升价值、创造能力的目标。

与客户建立"彼此支持、共同成长、共创价值"的共生体，连接技术端与需求端，围绕为客户创造价值的目的，以资源协同、效率协同、价值共享的共生模式解决技术与需求不匹配、市场资源缺乏、技术与产业升级难等问题，促成企业与客户共同完成技术创新与市场开拓，实现互利共赢、共生发展。成果实施以来，军工院所沉淀多年的军用技术快速在民用市场上发挥价值，创造了效益，为军民融合产业发展奠定了坚实的基础。

一、搭建集团化管控机制，为战略构建提供组织保障

（一）建立集团化管控的组织体系

七一三所依据军民融合战略，为推动两翼齐飞，需要加速军民融合步伐，加速技术转换与价值创造。总结七一三所前期实践经验，按照原有研究院所管理模式和军品定向营销的经营模式，军民融合产业发展规模小、速度慢，远不符合现代企业市场化经营的要求，因此，七一三所集中精力推进其科技产业化平台公司——中船重工海为郑州高科技有限公司（以下简称海为高科）实体化运作，并创新性地提出实施"一所两制"管理模式，即"一套班子、两块牌子"的管理模式。通过实现资源共享与集团化管控，加速技术向市场孵化，提高军民融合产业运行效率。同时，根据市场化运行特点，为确保集团化管控体系的有效实施，新组建了综合管理部、经营开发部、军民融合部，全力推进现代化企业集团建设，为战略目标的落地实施奠定基础。规范产业平台公司对下属出资企业的权属关系，强化了集团公司的战略引领作用，先后设立了4个事业部、3个控股公司、2个参股公司。

（二）成立战略投资专项工作组

2017年3月，七一三所组织成立了战略投资专项工作组，主要开展产业发展战略研究、重点任务和重大决策的落地，审议项目工作计划、投入方案等事项。成员为七一三所所长、主管副所长和相关业务职能部门管理者。工作组下设多个专项办公室，其中智能装备产业办公室由产业部主任负责重大项目的市场推进，集团高级专家负责重大项目研制进度的实施，成员为各职能部门业务骨干、相关专业科技委委员和学科带头人。

通过明确工作机制，经营、技术、财务管理人员各司其职，形成了产业发展的专业智囊团，同时也为以价值创造为导向的技术与市场循环联动战略的构建提供了有力的保障，促使产业转型发展迈出了坚实的一步。

二、开展产业前景评价，定位产业发展方向

（一）建立行业吸引力矩阵

七一三所已有机电产品研发重点围绕智能交通保障装备展开，主要涉及轨道交通、智慧停车领域。面对国家大力倡导智慧城市建设，"铁、公、机"领域的重大基础建设项目投入力度加大的外部环境，结合集团公司充分发挥企业核心技术能力，聚焦主责主业发展的原则，公司依据"有限、相关、多元"的战略发展思路，建立行业吸引力矩阵，筛选进入领域。

1. 明确内外部影响因素评价指标及其权重

智能装备产业办公室运用两个维度搭建行业吸引力矩阵。其一，调研国家及智能交通保障装备行业近十年发展情况，选取市场规模及增长率、市场竞争强度、市场机遇、技术要求、资金需求、利润率、社会政治与法律7个要素组成行业吸引力评价指标体系来判断行业的成长性；其二，选取企业近五年的发展指标，由研究与开发能力、市场营销能力、生产能力、财务能力、管理能力和利润获取能力6个要素组成市场竞争力评价指标体系来判断企业从事该项业务的基本竞争能力。通过两个维度的组合评价搭建了行业吸引力矩阵来筛选企业可进入的行业。各要素的权重由智能装备产业办公室结合产业的实际情况，召集会议讨论后确定。

2. 编制行业吸引力指标和企业竞争力指标的五级评分级数

行业吸引力评分等级如表1所示，市场竞争力评分等级如表2所示。

表1 行业吸引力评分等级

分级	很不吸引人	有些不吸引人	一般	有些吸引人	很吸引人
赋值	0	25	50	75	100

表2 市场竞争力评分等级

分级	无竞争力	竞争力较弱	一般	有些竞争力	很有竞争力
赋值	0	25	50	75	100

（1）用权重乘以级数，得出每个因素的加权数，汇总得到整个行业吸引力的加权值。将该加权值放入行业吸引力矩阵上。矩阵坐标纵轴为行业吸引力，横轴为企业市场竞争力。每条轴上用两条线将数轴划为三部分，使坐标成为网格图。两坐标轴刻度均为高、中、低。

（2）评价结果运用：按照行业吸引力矩阵的位置，判断七一三所可进入的行业以及发展策略，把握当前新技术、新产业、新业态，分析发展的优劣势，为后续实现技术创新与价值创造提供基础。

（二）分析产业发展前景

七一三所选取科技委委员、学科带头人、行业分析师、咨询机构及高级管理专家等20人组成产业评价委员会，采用专家打分法对行业吸引力和企业竞争力进行评分，根据评分结果绘制行业吸引力矩阵。

通过行业吸引力指标体系的评价结果发现，民航智能保障装备和高铁智能保障装备具有较高的行业吸引力；通过市场竞争力指标体系的评价结果发现，企业现有技术资源与民航、高铁智能保障装备的市场需求有较高的匹配度，但仅凭现有的营销能力，很难进入上述两个行业。依据行业吸引力矩阵理论，民航智能保障装备可以优先考虑积极的大力发展策略，高铁智能保障装备可以采用稳健的细分市场策略。

（三）搭建合理的产业产品结构

围绕新的产业方向，明确传统产业与新产业的布局与发展重点。基于传统优势产业的良好规模效

益，推进新产业的技术孵化与成果转化，由投资拉动向核心技术驱动转变，以高端化、绿色化、智能化、融合化为方向，打造产业链和整体竞争优势，培育新的经济增长极，形成更加持续、更加均衡的多元产业发展格局。

七一三所在巩固发展新能源产业的基础上，发挥科研与装备集成、配套技术齐全的优势，着力培育以智能装备、电子信息为主导的现代产业体系，在民航、高铁智能装备领域着重发力，不断孵化新产品、新技术，形成智能旅客安检系统、高铁接触网施工装备、基于5G的车路协同系统等一批明星产品，军民融合产业产品结构日趋合理，为技术打开市场、推动军民融合产业持续健康发展打下了良好基础。

三、组成共生体模式，搭建价值协同创造的基础

七一三所创新性地打破了传统的单线竞争模式，以理解和创造顾客价值为核心，与真正了解客户、行业需求的企业，组建了共同成长的共生体，消除了技术与市场的边界和行业壁垒的限制。共生体中的企业，共同开展技术创新与市场开拓。

（一）确定共生体组建原则

由智能装备产业办公室组织技术、管理、经营等领域共11人开展专题研讨及评审，经战略投资专项工作组召开专题会议审批后，明确了"互为主体、互利共生、柔性灵活、效率协同"的共生体组建原则。

（1）互为主体。共生体模式下的企业都是相互独立的，合作企业各方都有独立的主体需求，组成共生体后，对方的需求也是我方的需求，形成共同的需求。

（2）互利共生。通过共生体模式，合作企业各方发挥各自优势，共创价值增长空间，进而为参与各方带来可共享的利益。

（3）柔性灵活。共生体合作企业可灵活应对市场需求与变化，并在适应过程中共同优化合作模式和管理手段。

（4）效率协同。共生体合作企业既需要统筹内部效率，又要协调外部效率，进而实现整体效率协同。

（二）识别重点战略合作伙伴

战略合作伙伴可以是关键用户，也可以是竞争对手，按照有利于达成价值协同创造目标的思路，公司选择有资质、有行业影响力的战略伙伴组成利益共同体，采用共生模式开拓新进入领域，从而实现协同创造价值的共生环境。重点选择对象包括专业设计院、关键用户及行业龙头企业。

1. 专业设计院

聚焦产业领域内知名的专业设计院并合作，从源头把握行业发展脉络，从顶层获取一定的行业话语权。

2. 关键用户

聚焦产业领域内国内排名前10位的关键用户，以及在地域内具有绝对领先优势的关键用户并合作，了解关键用户需求迫切性，明确市场关键痛点。

3. 行业龙头企业

聚焦产业领域内排名第一的配套企业并合作，掌握行业前沿技术需求及特点，通过资源共享，快速获得行业准入资质。

（三）组成共生体模式

七一三所先后与专业设计院、关键用户、行业龙头组成了三类共生体，并根据共生体的发展诉求，设计了不同的发展路径。

1. 技术企业 + 专业设计院

通过协同创新，创造市场需求，并接受市场用户反馈，推进技术升级及适应性转化，促使技术需求与市场需求循环联动，最终实现技术创新与市场应用循环联动。七一三所与航科院、铁四院先后组建了共生体，基于两大设计院对行业的理解与前沿技术需求的把握，开展联合研发，组建了核心技术攻坚团队，重点围绕民航、高铁智能保障装备开展联合研发，并适时编制行业标准。

2. 技术企业 + 关键用户

瞄准用户亟待解决的需求，通过定制开发、定向适用、技术升级、系列化应用，促使技术创新与市场应用循环联动，最终实现价值协同创造。七一三所与北京航空安保公司、北京空港赛瑞安防科技有限公司、河南机场集团、河南航投集团、中铁建电气化局一公司、三公司先后组建了共生体，以提升协同效率为原则，组建了核心技术攻坚团队、技术成果转化团队、产品系列化团队。

随着共生体合作规模的不断扩大，基于合作企业间形成的良好工作机制，逐步推进实体化合作平台的搭建。通过与关键用户组建合资公司、联合实验室等方式，以资本为纽带，将合作企业间独立的主体需求在一个平台上呈现出来，更加有效降低了共生体间的协同成本，更加有利于推动合作项目的系列化、体系化发展，最终实现合作各方的利益最大化。

3. 技术企业 + 行业龙头

通过技术创新、市场开拓同步推进，在满足用户现有需求的情况下，不断创造新的市场需求，实现顾客价值创造的倍增效应。七一三所与首都机场股份有限公司组建了共生体，围绕满足现有市场需求与创造新需求的思路，组建了技术攻坚与市场策划联合团队、业务发展规划团队。

四、开展共生体资源协同，实现技术与市场循环联动

（一）抓准行业切入点

运用共生体模式开展合作，首个项目的示范作用意义重大，一方面涉及顾客价值能否顺利实现，另一方面也是对共生体模式有效性的验证。基于此，七一三所以"突破国外技术壁垒、填补国内技术空白"为合作发展思路，对已建立战略伙伴关系的合作对象进行了系统调研，结合企业在伺服控制、自动驾驶、智能传输等方面的技术优势，重点摸清该行业长期依赖进口的机电类关键核心设备的技术现状，同时对照行业发展需求进行深入研究分析，瞄准产品关键技术痛点，最终在民航智能保障装备领域选取了核心设备依赖进口、配件成本居高不下的智能旅客安检系统，在高铁智能保障装备领域选取了完全依赖人工、作业效率低下的高铁接触网施工装备为切入点，布局谋划民航、高铁智能保障装备产业。智能安检系统在首都机场工程验证时，获得国家民航局的高度赞誉；高铁吊弦标定装备在汉十高铁施工现场工程验证时，获得中铁建电气化局的高度评价。

（二）集聚创新资源

1. 建立内部共生组织

打破军民品研发团队的组织界限，搭建"军品研究室 + 民品研发中心 + 事业部/子公司"的项目联合团队，建立需求调研、技术开发、试验验证的全过程合作体系，在企业内部打通军品技术与民品技术、技术团队与市场团队的衔接通道，既提高了项目研发能力，又增强了技术创新适应市场需求的能力。七一三所先后成立了15支项目联合团队，项目研制水平与市场开拓速度大幅提升，受到了客户的高度认可与赞誉，为推动技术与市场联动发展提供了良好的内部组织体系。

2. 开展内部协同创新

通过整合军民融合产业的知识资源，聚焦重点领域技术融合，集中精力突破技术难点和共性通用技术，在人工智能、自动驾驶、智能传输、大数据、物联网等方面形成"模块化""标准化"可复制的核心技术。为推动民航智能保障装备产业体系化发展，在全所征集可转移转化的军、民品自有核心技术。

结合市场需求，共梳理形成了覆盖智能旅客出行、智能行李处理、智能安全管控、智能航空器辅助保障、智能机场大数据运行、智能机场物流六大领域的技术体系，以及大负载空间多自由度高精度控制技术、机器视觉引导技术等关键核心技术，为企业高端智能装备领域的纵深发展奠定了坚实的基础。

核心技术在特定行业应用的突破，一方面推进民用产业的发展，另一方面支撑军用技术发展，形成了军民技术转移转化的良性循环。全向传输技术、柔性转运技术等无人车核心技术获得迅速突破，在民航智能行李传输系统实现应用，后又在军用自动化仓储中实现应用，军民技术互相验证与转化，推动七一三所整体技术实力快速提升。

3. 加强外部协同创新

为充分满足客户价值实现的需要，共生体建立了从设计输入、方案设计、技术设计到试验验证的全流程管理路径。依托双方组建的共生体组织开展实时互动，确保客户需求准确落地、项目进度准时响应、技术创新精准对标、产出成果标准共享。

同时，七一三所借助共生体模式的溢出效应，积极参与战略伙伴系统内部其他科研课题研究，进一步筑牢公司在该行业内的话语权，合作双方按贡献度多少，协商确定知识产权分配比例，既弥补了合作方的技术创新短板，又提高了企业的技术成果质量，达到了双赢的局面。

目前，北京安保公司、首都机场集团、中铁建电气化局全程参与了智能旅客安检系统、智能行李输送系统、高铁接触网施工装备等项目的立项与研制工作，为项目研制的顺利实施发挥了重要的作用；七一三所作为技术支撑单位，先后承接了首都机场股份有限公司、中铁建电气化局就智能行李输送系统、高铁接触网施工装备的内部研发课题，有效夯实了共生体的合作基础。

4. 推动知识积累与"科技+"协同发展

依托企业自立项目的研究成果支撑共生体完成客户需求，在行业发展的过程中，客户需求不断转化，共生体通过对新需求的认知判断，利用地方重大专项支持，推动产品技术升级与系列化研制，为产品持续发展补充新的能量，既增加了共生体内技术端企业的技术积累，为满足价值创造需要提供了源源不断的动力源泉，又为共生体内关键用户实现行业领先的服务提升起到了重要的促进作用。海为高科智能旅客安检系统系列化升级研制，获得了郑州市重大科技专项支持，因技术成果转化效果显著而被评为河南省创新示范项目；智能行李输送系统获得郑州市重大科技专项的支持；智能行李输送系统的子系统之一——基于5G的车路协同系统获得郑洛新国家自主创新示范区创新引领型产业集群专项支持。

通过知识积累与"科技+"协同发展，共生体快速攻克行业关键核心技术，品牌力有效提升，对后续技术成果的转化实施具有重要的促进作用。七一三所研制的机场行李智能传输系统，攻克了多数据源补偿的高精度导航定位技术，达到国内先进水平；研制的行李智能引导机器人，攻克了激光SLAM地图构建技术、机器人多传感器融合避障技术，实现安全自主运行，达到国内领先水平。作为共生体内的合作企业，首都机场应用的智能旅客安检系统过检效率、安全保障水平一直处于业内领先，并因实现了机场无人装备的首次应用而受到民航局的高度关注。

（三）开展协同营销

借助共生体内战略伙伴的市场应用资源，完成示范项目建设，逐步树立技术端企业在行业内的品牌形象。北京大兴国际机场首台国内智能旅客安检系统上线运行后，获得央视等多家主流媒体报道，中国民航局、美国运输安全局、加拿大蒙特利尔国际民航组织、德国法兰克福机场等先后派人到大兴机场现场参观学习，产品在行业内的知名度迅速提升。

借助共生体内战略合作伙伴的渠道资源，联合开展多点营销，逐步扩大产品的市场占有率和品牌影响力。2019年12月中旬，组织召开智能旅客安检系统用户及合作伙伴交流会，邀请北京、大连等8家机场用户及30多家合作伙伴，会后1个月的时间即收到大连、石家庄、福州、厦门四家机场的订单，达到了协同营销,互利共生的目的。高铁智能施工装备在京雄高铁展示应用的过程中,邀请中铁建电气化局三公司业内合作伙伴参观交流,中铁建电气化局集团下属单位、中铁建第四勘察设计院、金鹰重工等高铁行业龙头企业高度关注,纷纷提出合作意向;双向光电缆车敷设车在洛阳地铁1号线应用后,中铁建电气化局集团高度肯定,提出了采购意向。

(四)挖掘和创造客户需求

1. 开展全链条服务

借助已转化应用产品的示范效应,积极推动为客户提供从产品定制、产品升级到技术延伸应用的全链条服务,逐步深化与战略伙伴间的合作关系,增强客户黏性,形成了"客户需求—定向研发—定向适用—推广应用—新增需求—新技术研发"的良性循环,初步实现了技术与市场循环联动发展的局面。

2018年2月,在与大兴机场合作开展智能旅客安检系统项目过程中,首都机场集团对七一三所技术实力大为肯定,提出了解决机场行李提取时间长、效率低等问题的需求。共生体结合项目自身情况,找准智能输送系统的应用需求及技术瓶颈,完成了国内首创的机场行李智能输送系统研制工作。国内机场的首台无人传输装备于2020年5月成功亮相首都机场。后续又开展了湖北鄂州机场智能飞机牵引车、智能跑道清洗车、智能摆渡车等装备的核心技术攻关,现已取得了阶段性成果。目前,正协同北京航空安保公司共同开展智能旅客安检系统三代产品升级研发;协同中铁建电气化局一公司开展双向光电缆车敷设车二代产品升级研发;协同中铁建电气化局三公司开展高铁智能施工装备二代产品升级研发。

新技术成果转化应用进一步丰富了七一三所在民航、高铁智能装备领域的产品线,推动七一三所的行业地位日益提升,形成了技术成果转化与新领域开拓的良性循环,技术、经济价值创造效应明显。

2. 协助客户策划未来发展方向

以共生体形式积极参与关键用户的未来发展策划,从行业技术升级、竞争对手潜在威胁研判的角度,深度挖掘客户需求;同时,围绕国家引导方向、行业发展需求,创造新的客户需求,实现与客户的共生成长。七一三所与河南机场集团全面对接,深度挖掘客户需求,共同编制了《智慧机场智能装备研制论证报告》,梳理了智能旅客出行、智能行李处理、智能安全管控、航空器辅助保障、智能大数据融合、智能机场物流共六大领域32个民航智能保障装备项目。为保证项目有序推进,海为高科与河南机场集团就项目分批推进达成了一致意见,将项目按需求紧迫性与海为高科技术的成熟度,划分为三个梯队,有序实施,既满足了客户的实际需求,又为海为高科后续技术创新指明了方向。

同时,七一三所全面参与《郑州机场智慧机场建设方案》的编制,并参与了首都机场《"十四五"智慧机场规划》的编制,结合国家"四型"机场建设目标,提出两大机场的建设重点,为"十四五"期间海为高科民航智能保障项目的落地实施提供了强有力的保障,实现了创造客户需求,与客户共同成长的目标。

五、创新激励方式,提高战略实施的内生动力

(一)实施首台套奖励

为引导研发人员增强七一三所技术装备研发计划的前瞻性和针对性,增强企业技术实力,提升首台套产品供给能力和市场认可度,制定了《新技术应用首台套奖励办法》。在研制周期内完成新产品研制,并经过工程验证,顺利通过共生体组织验收的国内首台套设备,提取研制经费的3%作为其研发团队的奖励,激励研发人员深入分析产业发展趋势和市场需求,围绕用户痛点,加强关键核心技术的攻克,真正形成市场需求与研发创新相互促进、良性互动的格局。制度实施以来,国内首创的智能安检系统仅用7个月的时间就完成首套样机研制,国内首台吊弦标定装备仅用半年的时间就完成样机研制,产品性能得到用户的高度称赞,七一三所收到了业内众多企业新项目研制需求的订单。

（二）实施技术要素参与分配

实施了《技术成果转化实施办法》，按照技术成果转化速度和转化效益规模，给予项目团队不同比例的奖励，技术成果转化快、转化效益高的项目最高奖励额度可达到项目净利润的5%，有效激发了军品研发人员参与民品项目研制的积极性和创造性，提升成果转化效率，为智能保障装备产业发展提供了良好的内生动力。2018—2019年，民航智能旅客安检系统项目团队获得年度项目成果转化奖励近60万元，是海为高科近年来获得奖励最高的项目，对军民品科研人员参与研发、支撑民品产业发展起到了积极的带动作用。

（三）实施骨干员工持股

在合资公司组建方案中，制定经营层、核心专业技术人员、核心高技能人员等骨干员工持股条款，按照技术股、管理股等形式1:1分配总计不超过5%的员工股；明确了不同类型岗位的不同年龄限制，确保核心员工持股的连续性；核心员工持股与外部投资者同股同价；约定员工股退出方案，确保员工股切实发挥对在职骨干员工的激励作用。员工持股方案得到了共生体合作企业、骨干员工的一致认可，对激励骨干员工全身心投入合资公司经营发展、坚定合作企业对合资公司未来发展的信心具有重要的促进作用。

六、创新管理体系，形成战略管理长效机制

（一）建立高层领导工作机制

高层领导带头，集中全所智慧，推动军民融合产业持续健康发展。七一三所产业化平台公司——海为高科的董事长由七一三所所长担任，总经理由七一三所主管军民品技术创新、管理创新的副所长担任。海为高科每月召开两次总经理办公会，各职能部门主管领导参会，不断总结技术与市场循环联动战略执行情况，分析军民融合产业面临的形势，下达军民融合项目研制计划，跟进重大项目执行进度，协调解决军民融合产业发展中遇到的问题。高层领导工作机制运行以来，七一三所军民融合产业管理效率显著提升，现代化企业管理理念日趋完善，进一步提升了军民融合产业的经营活力，对企业实现与市场接轨、充分发挥价值创造效能具有极为重要的意义。

（二）完善考核评价体系

每年年初与各事业部、子公司负责人签订年度目标责任书，明确年度经济目标和管理目标，将技术创新与市场开拓重点工作任务纳入其中，建立了《经济实体考核评价体系》，每半年对各事业部、子公司科技创新、市场开拓工作进行考评，并将考评结果纳入年度单位绩效考评体系中，鼓励各经济实体加大技术创新力度，提高成果转化效率。通过在各经济实体间建立良好的竞争激励机制，强化技术与市场循环联动战略的落地实施，助力军民融合产业实现更大的发展。

（成果创造人：庞国华、刘　萍、李莎莎、王建楹、马　悦、刘浩江、张　强、张　刚、王旺球、李龙昊、浦梦堃、赖　坤）

以创建一流能源企业为目标的战略实施管理

华电山西能源有限公司

华电山西能源有限公司（以下简称山西公司）以助力集团公司"创建世界一流能源企业"为战略目标，秉持"企业有规模、管理无界限"理念，站在企业发展全局视角，以"1+1X"工作法为基本路径加强企业发展战略实施管理。在此基础上，按照企业发展战略要求，确立创建一流能源企业、清洁能源转型发展、综合能源服务业务、提质增效、人才强企等不同领域不同层级"1"项重点工作；及时总结工作经验，形成"1"份分享体会；加强"X"事项统筹协调，确保各项工作有力有序协同开展。通过施行这一战略实施管理举措，企业内部资源得到有效整合，团队向心力和战斗力有效凝聚，各级干部科学分析问题、有效甄别主要矛盾的思维方法有效建立，贯彻执行上级指示精神的抓落实能力显著提高，有力保障了企业发展战略的顺利实施，显著提高了企业社会和经济效益，探索形成了科学的企业管理体系和管理方法。

一、明确战略定位，确立战略实施基本路径

（一）对标对表一流，谋定战略方向

山西公司深度结合区域发展实际和阶段特征，牢牢抓住山西省能源革命综合改革试点历史机遇，以对标世界一流为出发点和切入点，以加强战略实施管理为主线，致力构建清洁低碳、安全高效的现代能源体系，确定"煤电优化创新、清洁能源大力发展、综合能源勇于领先"的战略布局，努力打造一流的可持续发展能力、一流的价值创造能力、一流的国际化运营能力、一流的科技创新能力、一流的企业治理能力、一流的品牌影响力。

（二）创新管理方法，建立实施路径

为确保既定战略有效实施，山西公司深刻领悟习近平总书记"踏石留印，抓铁有痕"要求内涵，积极践行"马上就办、办就办好"工作作风，以推进战略目标和高质量发展规划落地为目标，不断提高区域系统整体工作效率和管理效能，建立并全面推行突出"重点""落实"和"提升"的"1+1X"工作法，并以此为确保发展战略得以有效实施的管理工具和抓手。

第一个"1"，确立1项重点工作。企业在围绕战略落地统筹安排各项工作中应当区分重点与非重点工作。山西公司指导各单位、各部门紧紧围绕公司发展战略目标，结合自身管理职能找准主要矛盾，确立各自的"1"项重点工作，设定里程碑时间计划。每周更新进展情况并及时通报，持续聚焦，不得中断，直至重大问题得到彻底解决、重点工作圆满完成，以此增加责任部门压力和动力。

第二个"1"，进行1份经验总结分享。经验在实践中产生，是认识的开端。将经验不断深化总结，上升到理论，用理论去指导新的实践，工作能力和管理水平就能得到快速提升。山西公司要求管理人员在日常管理工作实践中做好经验总结，在各项重大工作推进过程中及完成后做好思考复盘，以检查工作中各项措施的优劣与得失关键。基于月度例会、周例会搭建分享平台，在月度例会、周例会上，要求各部门、各单位将经验总结分享与重点工作进展情况一同汇报、一同评价，以便区域系统共同借鉴优良办法，吸取经验教训，减少错误成本，把个体智慧变成集体智慧，把个人经验变成团队经验。定期对经验分享进行整理，把其中优秀的经验编入《感悟集萃》并在区域系统内推广学习，逐渐形成开展工作的理论指导和积极向上的企业文化。

"X"，强化工作统筹兼顾、协同推进。山西公司始终坚持平衡长短期计划目标，短期的、局部的工作计划必须服务于长期性、全局性计划安排，灵活确立"X"事项，与"1"项重点工作一起谋划、一起汇报、一起考核、协同推进，发挥两者相辅相成、相互促进的作用，大事抓突破，小事无遗漏，做到忙而不乱，有条不紊推进各项工作。引导各部门、各单位根据工作轻重缓急有效整合资源，统筹协调、有序安排；同时也根据工作轻重缓急，分层采取不同的手段进行督办管控，实现目标、进度、成本、质量等全要素多维度有序协调，实现对企业战略目标横向跨越各个部门、纵向贯穿全部专业的落实和管控。坚持区域系统"一盘棋"，统筹配合、通力协作，始终心往一处想、劲往一处使，推进一个又一个重大工作取得突破，确保各个阶段目标任务圆满完成。

二、聚焦创建一流，制订完善的战略实施计划

（一）注重顶层设计，强化保障机制

在促进战略实施方面，将创建一流能源企业确立为当前乃至今后一段时间内的"1"项重点工作。明确提出以"华电山西"母品牌为主体，以创建集团公司一流新能源示范单位品牌、行业一流知名监理品牌、区域一流燃料品牌、区域一流售电业务品牌、一流青年管理论坛品牌为支撑的一流体系；组织召开"创一流"启动大会，迅速统一思想，认真研究集团公司创建世界一流能源企业发展战略在晋实施路径，制定《贯彻落实集团公司"六个一流"目标，全面推进公司高质量发展2019—2020年实施计划》，细化23项具体目标，拟定96项落实措施，形成公司推进"六个一流"在晋落地指导书；成立"创一流"工作实施保障机构，制订创建方案，提出规划引领、对标管理、创新驱动、精益管理四个方面创建路径，并指导各基层企业结合自身资源禀赋和行业实际，制订适合本企业的"创一流"实施方案；设立"创一流"专项奖励，实行对标联责奖惩，强化以业绩为导向的激励机制，大力营造对标一流、持续创新、奋勇争先氛围，充分调动广大干部员工干事创业的主动性和积极性，确保创一流战略目标顺利实现。

（二）注重过程评价，提炼创建经验

在推进创建措施落地实践过程中，山西公司认真收集总结创建经验，指导创建工作更好开展。根据阶段性创建成果，客观评价创建措施优劣，并将阶段创建经验总结升华，提炼形成公司党委署名文章《深入贯彻集团公司加快创建世界一流能源企业在晋落地的实践探析》，在《中国华电》杂志发表。

（三）注重统筹推进，谋划"十四五"发展

在谋划好创建一流能源企业实施计划的同时，统筹开展公司"十四五"规划的制订。系统研究国家推进能源革命大政方针，密切关注内外部发展环境变化，着手编制公司"十四五"规划和中长期发展规划纲要，加强与山西省发改委、能源局等相关部门的汇报沟通，充分了解山西省清洁能源发展规划和相关政策，争取更多项目纳入规划篮子。

三、聚焦清洁能源，增强一流的可持续发展能力

持续打造清洁低碳发展优势，坚持质量效益优先，按照基地式、规模化开发思路，积极发展风光电，提升风光电竞争力。

（一）力拓清洁能源，调整电源结构

在贯彻清洁低碳发展，促进清洁能源规模化开发利用方面，将狠抓清洁能源项目建设确立为"1"项重点工作。

一是全力推进在建风电项目建设。扎实做好石槽沟、泽州一期、汾阳三个风电项目建设；举全公司之力推进五寨、平鲁、泽州二期、应县、定襄五个风电项目开工建设。一方面，多措并举推进工程进度。紧盯节点目标，强化倒计时管理，与时间赛跑，节假日期间项目建设不断档，最大程度利用工程建设窗口期，减轻新冠肺炎疫情不利影响，工程进度与外部手续办理超预期。推广项目指挥部模式先进经验，增强项目统筹协调能力，深入研究施工技术措施，坚持每日统计通报风机吊装效能和设备排产供货

情况，在保障安全的前提下，有效提高风机吊装作业效率。深入开展劳动竞赛，制订专项奖励办法，即时奖惩，极大激发一线员工的工作热情。采取周盯办、月通报、领导蹲点等措施，构建上下联动、高效推进的工作机制。定期组织五大风电工程协调会和高层联席会，加大与总包方高层协调力度。另一方面，千方百计攻克项目难关。坚持公司上下一盘棋，举全公司之力投身项目工程建设，成立五大风电项目建设重点攻坚专项协调领导组和指挥部，预判项目建设难点堵点，遵循市场规则，勇于担当，快速决策。设立主设备催交、叶片运输和送出线路专项工作组，采取重点跟踪、密切协调、专人盯办等措施，及时排除主设备供货、送出工程、征林征地过程中的"拦路虎"。创新三级联动机制，集中省、市、县专家集中审核林地报告，提高工作效率。

二是大力推进晋北清洁能源基地项目落地。强化与集团公司战略协同，以清洁能源为主攻方向，加快绿色发展，按照基地式、规模化风光电开发思路，紧抓"晋电外送"机遇，积极开展晋北能源基地规划工作。尤其是在新冠肺炎疫情期间，坚持以项目发展速度为先，针对晋北基地推进方案，党委会开展专题研究，抽调专人成立朔州、忻州两个工作组，待政府允许复工，迅速进驻地方开展工作，走在其他竞争者前面，赢得了发展先机。与华为技术有限公司深度合作，协同开展储能应用技术研究，助力"光伏＋储能"能源基地一体化开发。

（二）总结先进事迹，凝练精神文化

在推进清洁能源项目发展建设中，及时总结提炼项目建设文化。将五个风电项目视为山西公司的生命工程、质量工程、安全工程、效益工程、干净工程、信任工程，大力宣传表彰在项目建设中涌现出的先进个人和先进事迹，总结攻坚克难过程中的典型方法和优秀成果，注重提炼"不畏艰险、攻坚克难、百折不挠、敢于胜利"的大无畏精神，进一步丰富了山西公司企业文化内涵，为推动公司高质量发展提供强大的精神动力。

（三）统筹要素协调，凝聚发展合力

积极服务和保障项目建设，统筹协调多项要素有序供应。协调各种社会关系，保障资金和人员接续，为项目建设扫清一切外部障碍。开展部门对口服务项目工作，为项目一线参建人员送上组织关心和温暖，及时解决其生活和工作困难。协调区域系统各基层企业对风电项目予以人员和技术支持，凝聚发展合力，树立"责任共同体、荣誉共同体"意识，形成全面动员、全体参与、全员奋战的工作局面。

四、聚焦综合能源，增强一流的创新驱动力

（一）积极发展新业态，拓展增长新动能

在延伸新领域方面，将积极发展综合能源项目确立为"1"项重点工作。大力落实集团公司综合能源服务业务行动计划，成立公司综合能源服务业务推进工作组，广泛开展各区域同业调研，依托相关科研单位，深入研究、跟踪综合能源发展前沿技术，为综合能源服务业务提供技术支持。积极推进所属基层企业广宇煤电 AGC 储能辅助调频技改项目，紧盯排产工期，千方百计克服时间紧张、设备到货慢、工程协调难度大等过程困难，先后完成了土建施工、电缆敷设、控制逻辑改造、储能系统吊装、远动装置改造、高压电气试验等多个建设项目，从施工到投运仅用时五个半月，并在项目投运后认真研究制订适合的机组运行技术方案，保障项目投产后调节性能良好、综合收益可观。紧盯雄安新区外迁忻州市工业园区项目建设，大力拓展工业用气项目。积极打造综合能源服务精品示范项目，以打造"绿色校园""绿色医院"为主要方向，积极探讨与山西医科大学等单位推进绿色能源综合开发可行性。

（二）总结攻坚成果，共享建设经验

在攻坚克难过程中，认真总结项目建设经验和精神。广宇煤电党委班子在推进 AGC 储能辅助调频项目过程中，积极克服时间紧、任务重、内外协调难度大等困难，顺利完成项目按期投运任务，在公司系统分享"在规定时间内认真做好策划，遇到困难也要坚定不移按计划顽强拼搏"的项目建设经验，形成了在矛盾面前敢抓敢管、绝不回避，在责任面前敢作敢为、绝不推诿的"突击队"精神。

（三）统筹多方资源，推进项目落地

多方位推进综合能源服务项目落地。积极协调集团公司、地方政府，努力寻求政策支持，为工作推进创造良好条件。在推进项目发展的同时做好综合能源服务理念及新业态宣传，先进技术、示范项目及成效展示，组织开展公司系统推进综合能源服务"金点子"、合理化建议征集、评审等活动。

五、聚焦提质增效，提升一流的价值创造能力

（一）狠抓降本增盈，增强竞争能力

在大力提质增效方面，将提升价值创造能力确立为"1"项重点工作。

一是全面开展设备综合治理。扎实开展设备综合整治和技术改造，开展火电机组"降非停"、防磨防爆专项行动和风电设备利用小时提升专项行动，制订专项措施和考核激励方案，机组效能明显提升。

二是多渠道全方位拓展市场。发挥专业部门、报价中心、发电企业"三位一体"营销优势，争取更大的电量电价优势；持续拓展热力市场份额，着力开发周边地区移动供热项目；指导所属华电和祥工程咨询有限公司围绕主营主业大力拓展业务范围，先后奔赴十几座省外主要城市，不断开拓新业务新项目；在综合利用市场方面，着重在石膏、粉煤灰处置上发力，减小处置成本，争取产生效益。

三是采取积极措施压降成本。强化煤炭市场研判，合理调整采购策略，所属华盛燃料公司积极协调煤源，科学制订采购建议，在新冠肺炎疫情期间价格大幅上涨且运输障碍的不利影响下，化解燃煤告急风险，保障了供热机组稳定运行和民生保供工作；积极运用财税政策助力效益提升，财务费用较同期预算大幅下降，积极取得居民供热增值税等各项税费减免等补贴。

四是大力推进低效无效资产处置。面对持股证券重组上市新机遇，公司高度重视，组成专门工作组研究论证，把握时机，及时请示，果断决策，成功盘活长年持有股权。坚持久久为功，通过实施党员带头挂牌攻坚，强化"三会"和外派人员管理，力推参股煤炭企业股权处置。

（二）总结创新成果，指导工作提升

在开展提质增效工作过程中，认真总结其中成体系、可借鉴、可推广的经验方法。认真提炼技术改造成果和管理创新成果，成为公司系统进一步开展实践的理论指导。《发电机组 LVDT 阀门位置反馈装置改造优化》《双水内冷发电机转冷水处理系统改造》分获集团公司第四届职工创新创效优秀成果二、三等奖；《资产并购整合发展中的企业文化建设实践与思考》《基层发电企业班组基于提高抓落实本领的管理创新实践》分获 2020 年山西省电力创新成果一、二等奖。

（三）统筹各项工作，促进全面增长

提质增效是一项系统工程，必须统筹谋划、协同推进。制订提质增效专项行动实施方案，细化 6 个方面 28 项具体工作，统筹做好提质增效与结构调整、安全环保、改革创新、防范风险等工作的协调，不断提升管理效能，确保经济效益稳定增长。

六、聚焦人才强企，构筑高质量发展有力支撑

（一）加强队伍建设，提升能力素质

在打造高素质专业化队伍方面，将人才队伍建设确立为"1"项重点工作。大力实施"人才强企"战略，努力营造识才爱才敬才、人尽其才的良好氛围。

一是加强领导班子能力建设。结合全国党政领导班子建设规划纲要，研究制订"践行九讲、提升九力"实施意见，进一步加强基层企业领导班子建设。

二是狠抓干部队伍素质培养。统筹兼顾人事平衡，依据集团公司企业领导人员综合测评标准，创新推进干部"12 维度"综合能力圈拓展；扁平化实施干部培训和年度述职，实现厂级领导人员述职评价全覆盖。

三是畅通员工职业发展通道。创新开展"创一流"青年管理论坛，形成一流的青年成长成才服务品牌，为公司"创一流、建示范"培养合格建设者和可靠接班人；大力表彰、及时奖励先进典型，选聘基层一线技术优、本领高、能力强的青年员工任"技能匠才"，有效激发一线员工争先创优和创新创效工作热情。

（二）深刻总结提升，形成特色办法

不断总结公司人才队伍建设经验，指导企业管理用人与治事统筹平衡。通过总结提炼公司各方面工作中卓有成效的思路和做法，形成"践行九讲、提升九力"实施意见，向基层企业领导班子推广试行；公司系统副厂级以上干部积极开展"12维度"综合拓能，累计发布成果性文章70篇，取得初步拓展成效，并积极向基层企业中层干部拓展；68人通过专业技术职称等评审，创近年来最高纪录，10人入选山西省"三晋英才"支持计划，公司系统三名"90后"一线青年技术人才先后被聘为"技能匠才"。

（三）统筹人事平衡，协调事业与人才

在"人才工程"建设过程中，统筹协调抓好"业绩工程"。注重在推进事业过程中人才发挥的作用，同步在事业发展中培养和使用人才，领导班子学习力、认知力、决策力显著提升；干部队伍学习能力、创新能力显著增强，领导干部上讲台成为常态，能力素质明显提升；"敢担当""突击队""集装箱"等满满正能量汇集，"技能匠才"评聘引领一线员工创新创效工作热情空前高涨。区域整体呈现出团结进取、务实担当、昂扬向上的精神风貌。

七、健全完善相应工作机制和保障体系

结合自身实际，建立健全配套的约束、监督、评价及有效激励机制，不断提升自觉动力与组织效率。

（一）加强组织领导，建立高效运转的组织体系

界面清晰、职责分明的组织体系是确保目标任务管理有效实施落地的坚强保障。根据管理职能，山西公司选定办公室（法律事务部）（以下简称办公室）为战略实施管理的归口部门，以"1+1X"工作法为具体操作抓手，负责战略实施管理框架建设、总体实施与督导落地，制订工作计划、部署督导建设进度，研究决策相关重大事项。鼓励各基层单位结合实际丰富战略实施内容，不断将其中优秀的、可复制的操作流程标准化，不断在区域系统各级组织推广应用，积极营造"立足岗位、突出重点、善抓善为"的干事创业、攻坚克难的良好氛围。

（二）健全工作机制，确保各项工作落地落实

一是建立重点任务督办制度。根据公司党委会、总经理办公会等重要会议或专项组织机构领导小组下达的任务安排拟定重点任务督办事项，办公室负责印发督办单，及时跟进、把控被督办单位的任务完成质量和效率，并定期对督办结果予以通报。督办过程中采用办结事项销号管理，强化督办任务刚性执行，确保各项重点任务目标落地。

二是建立项目迅速决策机制。坚持"特事特办、急事快办"的原则，建立以推进工作进展为导向的决策机制，根据重大项目或重要事项需要，及时召开决策会议，加快决策速度，提高办事效率，抢抓利好政策和市场先发优势，为公司高质量发展节约每一分钟。

三是建立成果总结交流制度。以月（周）工作例会为抓手，各部门就阶段性重点任务完成情况进行汇报，突出要点、紧盯措施、交流总结、激发思考，汇报内容层次更加清晰，重点安排工作针对性更强，有效提升了工作效率。

四是建立每周协调盯办制度。重点项目、重大事项固定每周召开专门协调会议，紧盯工作执行落实，直接汇报进展，说问题、谈思路、讲方法，协调好短期和中长期任务安排，结合重点任务督办体

系，以"钉钉子"的精神，蹄疾步稳推进工作。

五是建立通报表扬宣传制度。及时总结每周重点工作成效，通报表扬重大贡献、优秀管理经验及工作方法、好人好事等，将每周通报表扬结果作为评比表彰、选树典型的重要依据。

六是建立及时奖惩激励机制。根据重点任务取得成效情况对实施单位或人员予以及时奖惩，以激励广大干部员工担当作为，勇于创新实践，狠抓工作推动落实。

（成果创造人：徐建伟、王慧勇、周　波、邢效雨、刘少龙、高　欣、梁礼飞、寇　娜、程　裕、王楚娟）

大型国有冶金矿山以能力提升为目标的
企业综合管控体系建设

河北钢铁集团矿业有限公司

河北钢铁集团矿业有限公司（以下简称河钢矿业）发挥党组织领导作用，在企业战略思路引领下，完善风险防控体系、运行机制体系，积极构建大型国有冶金矿山企业系统完备、科学规范、运行高效的治理体系。在实践中坚持结构调整、提质增效，安全生产、绿色环保，技术创新、加快研发，搭建平台、智能管理，深化改革、优化配置，建好队伍、用好人才，着力提升高效矿山的竞争力、绿色矿山的生产力、科技矿山的创新力、智慧矿山的建设力、新型矿山的发展力、活力矿山的执行力，全面提升企业的管控能力，企业整体运营稳中有进，呈现出结构更优、质量更高、效益更好的良好态势。

一、坚持高质量可持续发展理念，构建现代矿山治理体系

2018年以来，河钢矿业结合实际，针对发展面临的问题，公司战略发展委员会多次组织召开发展战略研讨会，提出"两个坚持、两个并重，打造一个群，成本实现新突破，本质安全再上新台阶，将公司打造成为集团主业之外的一张名片"的发展战略，推动公司转型发展。2019年，河钢矿业在此基础上进行深化，提出在安全生产、绿色发展的基础上，继续坚持"质量、规模、效率协同发展"的发展路径和"增产降本、提质增效；效益为先、适度发展；开拓非矿、优化资产；创新驱动、科技引领"的"32字"生产发展方针，坚持非矿与主业并重、矿山开发与生态修复并重，打造非矿创效群，实现成本控制新突破，本质安全再上新台阶，将公司打造成为集团主业之外的一张名片。河钢矿业发展战略思路的主要内涵是"高质量、人性化、重治理、能创新、敢担当、有活力"。"高质量"指坚持新发展理念，按照高质量发展要求，推动质量、规模、效率协同发展，建设具有持续盈利能力和可持续发展能力的现代新型矿山；"人性化"指践行安全发展理念，坚持时时刻刻查隐患、分分秒秒抓整改；"重治理"指践行环保理念，坚持"资源开发规划与生态环境保护同步、矿山开采利用与生态修复治理同步"；"能创新"指践行创新理念，不断推进理论、制度、科技、文化创新，实现依靠创新驱动的引领型发展；"敢担当"指增信心、鼓干劲、出实招，奋发有为创业绩，干事创业谋发展；"有活力"指培育发展新动力，优化资本、技术、管理等要素配置，激发企业高质量发展活力。

为发挥战略思路引领作用，广泛凝聚干部职工发展共识，河钢矿业围绕公司"32字"生产发展方针，大力推进"凝心工程"，不断深化"十强化、十提升"，即强化意识形态责任制，思想引领力不断提升；强化理论武装，思想政治水平不断提升；强化舆论正向引导，形势任务教育成效不断提升；强化对内宣传，新闻报道工作水平不断提升；强化对外宣传，公司美誉度、知名度不断提升；强化活动策划，品牌塑造力不断提升；强化企业文化建设，文化软实力不断提升；强化思想政治研究，政研成果水平不断提升；强化精神文明和统战工作，职工向心力不断提升；强化宣传工作管理，队伍综合素质不断提升。通过坚持突出主线抓重点，打造精品出亮点，全面提升增活力，融入中心出实效，"外树形象、内聚合力"的作用得到了有效发挥，为公司转型发展提供了强大的思想支撑和精神动力。

通过高质量可持续发展的理念引领，基本探索建立了集党的领导融入公司治理，有效防范风险，完善运行机制，提升管控能力等于一体的现代矿山治理体系。在实践过程中，以提质增效为目标，以安全环保为保障，以技术创新为支撑，以信息平台为手段，以深化改革为举措，以队伍建设为抓手，实现以增强企业现代化治理能力为根本的管理提升。

二、坚持党的领导，完善现代企业治理结构

办好国有企业，党的领导、党的建设在企业精神、领导力、队伍建设等方面发挥着重要作用。推动国有企业深化改革，增强国有经济竞争力、创新力、控制力、影响力、抗风险能力，为做强做优做大国有资本提供坚强政治和组织保证，使国有企业成为党和国家最可信赖的依靠力量，国有企业党建大有可为，也必有作为。河钢矿业党委深入学习贯彻党的十九届四中全会精神，发挥党组织"把方向、管大局、保落实"的领导作用，把党的政治优势、组织优势、群众优势转化为国有企业创新优势、发展优势和竞争优势，为企业安全环保、生产经营、技术创新提供坚强政治保证，凝聚公司转型发展的内生动力。

（一）坚持把政治建设摆在首位

河钢矿业党委不断加强各级党组织的政治建设，深入学习理解习近平新时代中国特色社会主义思想，进一步树牢"四个意识"，坚定"四个自信"，做到"两个维护"，在生产经营、建设发展各环节切实发挥好党组织领导作用。

（二）坚持落实党组织法定地位

将党建工作要求写入公司章程，明确党建工作总体要求，写明党组织的设置形式、地位作用、职责权限，写明党务工作机构及人员配置、党建工作经费保障等内容和要求，明确党委研究讨论重大问题的具体内容、基本程序和运行机制。完善"双向进入、交叉任职"领导体制，推行党委书记、董事长由一人担任，实行董事长、总经理分设，推进企业党员总经理兼任党委副书记并进入董事会。符合条件的党委领导班子成员通过法定程序进入董事会、经理层，支持董事会、经理层中符合条件的党员依照有关规定和程序进入党委领导班子。

（三）坚持将党的领导融入公司治理

组织对公司所属独立法人单位"三规则一办法"进行修订完善，明确了党委研究讨论重大事项决策的前置程序，进一步厘清党委会、董事会、经理层的议事范围和权责边界。研究编制公司"三重一大"事项决策清单，整理重大决策事项69项，为党委常委会、董事会、经理层规范行使职权提供了依据。

（四）坚持推动党建工作与生产经营深度融合

河钢矿业党委始终坚持落实全面从严治党主体责任，持续推进党的建设与生产经营深度融合，坚持抓党建从生产出发、抓生产从党建入手，创新基层党组织和党员发挥作用的载体平台，探索党建工作和生产经营有效联动、同向发力的方式方法，推动公司改革发展和党的建设同频共振、相互促进。聚焦党建工作存在的关键问题以及制约中心工作的瓶颈问题，精准施策，靶向发力，组织开展"转型发展齐争先，扮靓公司新名片""六破六立六解决"解放思想大讨论"创建党员精品岗位"等主题实践活动，在全公司上下营造勇于攻坚克难、奋力开拓进取的浓厚氛围，推动形成"改革再深入、实践再创新、工作再抓实"的思想共识，进一步促进党组织战斗堡垒作用和党员先锋模范作用的发挥，为推动公司转型发展提供了重要保障。

三、完善运行机制建设，确保管理体系有效运转

围绕转型发展战略目标，河钢矿业将完善运转机制作为构建国有企业现代治理体系、推动公司转型发展的第一驱动力，激活内部管理效能，切实推动矿山转型发展，保障矿山健康持续运行，担当起打造集团主业之外一张名片的重要角色。

（一）健全完善企业党委与董事会、经理层协调运转机制

健全党委领导班子成员与董事会、经理层领导人员沟通协商制度，需要党委研究讨论后提交董事会决策的事项，党委领导班子成员与担任董事的党委委员、其他企业内部董事充分沟通对接，同时听取企

业外部董事的意见建议；需要党委研究讨论后提交经理层决策的事项，由党委书记或党委书记委托负责相关工作的党委领导班子成员与经理层进行沟通对接，并协调抓好落实。

（二）实施"清单化"+"攻关队"+"专班"的重点工作推进机制

围绕战略目标，构建"清单式"管理模式和考核督导机制，全面提升推进效率。重点工作"清单"由公司统一发布，企业管理部负责清单维护、工作督办和考核奖惩，公司各单位、各部室按照"清单"推进工作。进展情况纳入经济责任制考核范畴，与领导班子的绩效收入挂钩，奖优罚劣，切实把压力传导到各单位，把"软任务"变成"硬指标"。针对"清单"内的重点工作明确了牵头部门、协同单位、公司的分管领导，同时将工作任务分解到月，责任落实到位，构建起主体明确、任务具体、责任清晰、全程可控的重点工作推进体系，对重点工作实现公司领导牵头、各单位协同配合。2019年在坚持和完善"清单化"重点工作推进模式的基础上，成立由公司领导牵头，跨部门、跨业务范围的"攻关队"和"工作专班"进行集中攻关，确保一系列制约生产经营的重点、难点工作得以有序推进。

（三）建立制度保障体系

围绕法人治理结构、发展规划和重大固定资产投资项目管理、安全生产、财务管理、资源开发、企业文化建设、生产经营协调管理等核心职能及各项日常管理工作，河钢矿业组织确立近300项规章制度，构建制度体系框架。2019年由企管部牵头各部室对公司组建以来发布的各项规章制度重新梳理、修订和完善，编辑形成《河钢集团矿业公司制度汇编》，累计辑印公司现行制度292项，为进一步规范公司制度管理提供保障。

（四）强化督导检查

经常性开展制度建设情况督导，组织检查各二级单位制度建设及执行情况，并由企业管理部牵头，组织资产财务部、发展规划部、机动供应部、工程管理部对石人沟、黑山、柏泉、庙沟、北区、南区、机电检修（矿建）7家单位进行现场督导检查，提出问题及相应整改措施，并通过周例会进行通报，切实发挥制度的约束作用。

（五）持续健全完善

在推进落实省委巡视集团反馈问题整改过程中，针对省委巡视反馈的4个方面、14个问题、28个具体表现，深入查摆自身存在的17个突出问题，有针对性地制订整改措施，建立完善各类规章制度22项，进一步健全党的建设和经营管理制度体系。与此同时，持续深入加强招投标等关键领域和关键环节监督工作，建立健全招投标报备制度，认真实施招投标抽查制度，不断健全完善制度体系。

四、构建有效风险防控体系，防范重大风险

河钢矿业将全面风险管理与生产经营紧密结合，把风险管理融入企业管理和业务流程中，按照管业务必须管风险的原则，公司建立以董事会主导，职能部门和子分公司为责任主体，纵向业务到底，横向组织到边全员全覆盖的风险管理组织体系；构建以管理层级、风险范围、影响程度为维度的四层三级风险管理架构，编制风险管理清单。组织内部以风险管理清单为载体，实施月监控、季诊断、半年督导汇报、全年总结报告的动态风险管控运行机制。2019年年初制定公司重大风险判断机制及判断标准，组织开展风险收集评估，形成2019年风险管理清单，全年列入公司风险清单风险事项共计43项，其中A级风险16项、B级风险21项、C级风险6项。涉及省国资委新的六大领域36类风险分类中的4个领域13类风险，截至2019年底，风险化解完成销号14项，风险降低不再纳入公司风险管理清单21项，纳入2020年清单继续管控的8项，有效防范化解企业生产经营风险，保证企业生产经营目标的实现。

例如，在防范化解法律风险方面，以合同管理为抓手，规范合同文本及条款，开展合同管理检查专项工作，对全公司各单位合同印章管理，合同签订、履行等情况进行全面检查，对检查情况进行分析，提出问题及整改意见，组织《合同法》专题法律培训，提高职工法律风险防范意识。制定并印发《关于进一步防范化解外协法律风险的安排意见》和《加强诉讼案件管理的规定》，明确了案件管理的主体责任、管理流程、督导与考核，强化了协调处理机制，为进一步规范法务管理提供了制度保障。在防范化解财务风险方面，受当前金融环境影响，近年来公司资金形势非常紧张，公司融资、倒贷任务异常艰巨。对此，公司提前筹划，制订了详细的融资倒贷计划和资金应急预案，并积极与金融机构沟通协调，拓宽融资渠道，弥补银行抽贷造成的资金缺口，确保融资倒贷的正常进行，保证生产和建设所需资金，截至2019年12月底融入资金4亿元，有效改善了公司长短期借款比例失衡状态。

五、多措并举，持续提升企业管控能力

面对安全、环保、财务、法律、维稳等多方面风险交织的客观形势，河钢矿业以精细、精益、精准管理为手段，坚决贯彻执行安全生产、项目建设、质量管控等方面的规章制度，着力打基础、强管理、补短板、消弱项，积极推进公司治理能力提升，夯实企业转型发展的根基，提高企业经营效益。

（一）调整结构，提质增效，提升高效矿山的竞争力

河钢矿业突出抓好提质、增效两大中心任务，千方百计提高产量、摊薄成本，发挥现有生产要素的最大潜能，在现有的装备下，提升产品质量，实现质量创效，积极发挥质量保障体系作用，最大程度地提升产品价值。

一是持续加强生产管理，开拓工作思路，深挖产线潜力。积极破解司家营矿区采剥难题，加快产能释放，加快推进司家营采场东帮和研山采场西北角等重点位置的剥岩进度，确保完成剥岩任务；调整采场内部道路和破碎站位置，优化采场布局，减少矿体压制，改善供矿条件。充分挖掘老矿山潜力，实现高效生产。以提高供矿能力为突破口，确保老矿山高效稳定运行。二是持续加强非矿管理，坚持"非矿与主业并重"理念。强化非矿工作基础管理，建立非矿工作月总结报告制度，确保非矿重点工作及重点项目有序推进；理顺外部创效奖励实施流程，进一步激发非矿单位外部创效积极性；通过强化日常生产销售管理，加强业务支持及协调，提升传统机加工产业竞争力，在提高内部市场占有率的同时，部分产品及服务打入外部市场。三是持续加强工程管理，从完善制度、理顺流程、加强招标合同管理、规范解决遗留问题等八个方面进一步提升工程管理水平。持续开展平巷、斜坡道、硐室掘进与治水和工程基础管理对标工作，促进了相关施工指标优化。四是持续加强成本管理，严格对各单位的成本完成情况进行督导考核，切实发挥经济责任制考核的导向作用。积极开展"精准对标"，2019年，公司122个重要指标中，71个同比提升，占比58%，吨精粉降低2.43元。进一步加强资金预算管理，严格控制非生产性支出，按照"量入为出、以收定支"原则，对资金收支进行流量控制；加强与集团内行、供应链管理平台对接，强化资金归口管控，实现了从严监管，追责到人；紧跟金融市场变化，适时调整融资方案，降低融资成本；创新资本运作模式，积极开拓融资渠道。五是持续加强质量管理，将产品作为增值的手段，实现经营创效。持续推进质量支撑体系建设，严格质量管控，提升精粉质量。实施营销创新，形成全员参与的营销格局。持续推进并完善大客户经理制，为客户提供"一站式"优质服务。根据钢厂实际需求，动态调整发运计划，积极发挥销售团队作用，开拓销售新渠道。

（二）安全生产，绿色环保，提升绿色矿山的生存力

实现安全生产、绿色发展是国有企业不可推卸的责任，也是实现健康持续发展，顺利完成各项阶段性任务和实现长期发展目标的必要保障。在安全管理方面，河钢矿业始终围绕"消除隐患、伤害为零"这一目标开展工作，建立安全生产"一岗一单一档"机制，两级安委会成员306人、一般技管人员966人，根据自己的安全职责清单，建立了安全履职档案；根据各阶段安全工作重点，不定期向各安委会成员部门和各二级单位发放安全履职尽责提示卡，督促其履职尽责。积极推进风险分级管控与隐患排查治理"双控"机制建设、隐患排查"四个机制"建设和集团"示范点"建设，进一步夯实安全管理基础；通过月度培训、现场实操、结对帮扶、建立考核奖惩机制、开展应急演练、事故案例警示教育和隐

患"随手拍"等,提高职工风险辨识、隐患排查、安全操作、应急处置"四项能力",促进矿山本质安全再上新台阶。在环保方面,全面推进绿色矿山建设,以"两个同步"理念为指导、以现代采矿技术为支撑、以严格考评机制为保证、以生态文明建设责任清单为抓手,建立完善矿山生态文明建设体系。持续推进生产环节环境深度整治、资源节约与高效利用、生态修复、生态经济、智慧矿山建设、生态文明矿地共建等六大工程建设。在点上,新建矿山全部达到绿色矿山标准,生产矿山加快改造升级,逐步达到要求;在线上,绿色理念贯穿勘查、规划、设计、建设、生产到闭坑的全过程;在面上,以国家级绿色矿山单位为引领,按照"一矿一策"要求,带动其他单位逐步实现绿色矿山建设标准。结合《生态文明建设规划》,逐步构建符合生态文明建设要求的矿山发展新模式,形成"点、线、面"立体式绿色矿业发展新格局,打造冶金矿山行业生态文明建设示范企业。

(三)创新技术,加快研发,增强科技矿山的创新力

持续推进技术支撑体系建设,不断加大技术攻关力度,围绕生产经营中的技术难题和薄弱环节,建立科研与技术课题攻关常态化机制,促进矿山技术质量指标升级。2019年,结合矿山实际,以科技创新创效为目标,确定20项公司技术攻关课题,分别组建攻关组,各攻关组按进度计划完成攻关任务,全年创效1820万元;按照精干高效的原则,优化公司科技工作管理组织机构,进一步明确工作职能;成功申报河北省科技厅重大科技成果转化项目1项、重点研发计划1项,共获得财政专项资金支持140万元;实现数字档案管理系统上线试运行;全面对接集团科研平台,持续推进与河钢—东大产业技术研究院、河钢—北科大协同创新中心、伍伦贡大学、昆士兰大学的产学研合作;加强知识产权管理和科技成果申报,2019年,专利申请受理率达到95%以上,共获得授权专利39项,计算机软件著作权在版权局登记7项,申报各类科技进步奖13项,获得省级以上科技进步奖2项;公司4项专利以普通实施许可方式授权外部公司使用,首次完成技术创新成果的市场转化。

(四)搭建平台,智能管理,提升智慧矿山的建设力

按照"统一规划、标杆引领、分步推进"的原则,河钢矿业紧紧依靠技术进步,推动科技创新,依托信息化建设平台,将"智慧矿山"作为公司未来发展的一大亮点,形成新的效益增长极。通过对井下安全监测技术、无人值守技术、现代安全防护技术的综合运用,实现矿山本质安全。建设数字化矿山生产设备,远程遥控自动化采矿,电机车无人驾驶,作业面无人装矿;实现选矿自动化控制,减少劳动定员,降低人工成本。构建网络化、可视化、集成化管理系统,形成采选智能管理模块。通过采用矿石预选、尾矿再选、废石资源化利用等新技术,实现资源高效利用。继续扩大零库存范围,推进备件超市建设,减少库存资金占用。通过利用无线遥控传感技术、云计算、人工智能、机器视觉、虚拟现实、无人驾驶、工业机器人等先进技术,丰富智慧矿山建设手段,解决了生产、设备、人员、安全等制约矿山未来发展的瓶颈问题。

(五)深化改革,优化配置,提升新型矿山的发展力

落实国有企业改革的一系列重要决策部署,主动承担推进国有企业混合所有制改革的重任,建立适应市场竞争需要、有利于长期发展的体制和机制平台。建立有效的法人治理结构,完善现代化企业治理体系和市场化管理机制。以打造具有持续盈利能力和长远竞争能力的现代新型矿山为目标,以国际化的视野和市场化的思维,建立适应新时代要求的生产经营新模式和资源配置新方式,向改革创新要动力,向体制机制变革要活力,向管理提升要效率,向转型发展要效益,在集中一贯制、作业长制推行、司家营北区整合、人才队伍建设等方面取得实效。集中一贯制、作业长制经过前期制订方案、机构设置、完善相关制度、人员培训、竞聘作业长上岗,现已全部进入实施阶段。司家营、研山两矿强强联合发挥整合优势以适应铁矿石市场新常态,增强了两座矿山的发展活力、激发内生动力、提高企业运营的效率和效益。在总部机关体制机制改革方面,实行专业管理主管主办负责制,人力资源部、机动供应部、资产

财务部实行集中统管，实现横向瘦身、纵向扁平。持续深化企业三项制度改革，加快形成干部能上能下、人员能进能出、收入能增能减的机制。

（六）建强队伍，用好人才，提升活力矿山的执行力

制度的生命力在于执行，制度要取得良好效果更在于执行，对此，河钢矿业在推进国有企业治理体系和治理能力现代化进程中，在明确职责权限、构建治理机制的同时，把领导干部"执行力建设"作为提升企业治理能力的有力抓手，确保各级领导干部不折不扣贯彻执行各级各项决策部署，把现代企业制度落到实处。各级领导干部围绕增强"五种意识"、提升"五种能力"持续发力，有效增强了责任意识和担当精神。一是增强政治意识，提升维护矿山平稳发展的能力，坚决贯彻落实中央、省委、省国资委党委和集团党委的各项制度规定和工作要求，高度重视重大风险的防范和化解，切实做好关键时期和重要节点的安全、环保等工作，维护矿山平稳发展，把国有企业的政治优势转化为企业的核心竞争力。二是增强开拓意识，提升推动矿山改革创新的能力，聚焦公司"两个坚持、两个并重，打造一个群，成本实现新突破，本质安全再上新台阶，将公司打造成为集团主业之外的一张名片"的工作思路，积极探索，大胆创新，推动矿山发展水平不断迈上新的台阶。三是增强责任意识，提升落实各项目标的能力，积极化解各种复杂矛盾，努力突破制约企业发展的瓶颈问题，坚定不移地落实公司各项决策部署，全力以赴完成好公司下达的重点工作和任务指标，不断开创公司各项工作的新局面。四是增强团结意识，提升发挥班子整体功能的能力，形成干事创业的强大合力，推动矿山各项事业不断取得新的突破。五是增强廉政意识，优化政治生态环境，激浊扬清、正本清源，为矿山发展营造风清气正的良好环境。

（成果创造人：黄笃学、张国胜、朱华明、胡志魁、郑卫民、王大成、刘炳智、霍顺生、王宏剑、李学锋、张春艳、李　新）

以核心竞争力提升为目标的创新型轮胎企业建设

贵州轮胎股份有限公司

贵州轮胎股份有限公司（以下简称贵州轮胎）在"绿色化、国际化、智能化"发展战略的统领下，以增强质量、成本、服务三大核心竞争力为核心，通过树立全员创新理念，培育创新基因，构建创新型企业文化，加强创新组织领导，制订企业创新活动规划，再造创新体系管理流程，加强员工业务技术素质和管理理论培训，确保全体员工长期参与企业经营活动、拥有创新激情，精益求精，持续改进，进而推动企业在转型升级发展过程中实现高质量、健康、可持续发展。

一、制订总体规划，明确发展目标

（一）制订引领企业和员工发展的创新规划

贵州轮胎以创建善于学习、勤于思考的创新型企业为最终目标，设计创新思路，明确现阶段创新发展方向和重点，形成系统的创新规划；整合现有创新资源，设计、更新创新要素及管理流程，建立和完善创新管理体系，建立创新长效机制，建立相应的保障和激励机制，推动贵州轮胎创新工作规范、有序、健康发展；大力推进新理念、新技术、新工艺和新设备的推广和应用，在创新平台的搭建、创新机制的设计、创新目标的确定、保障机制的建立等方面明确规划，促进企业现有资源得到有效整合和优化，提升创新管理能力。

（二）明确创新体系构建的主体和原则

贵州轮胎认为，广大职工既是企业产品创造的主体，也是企业创新活动的主体。创新活动要坚持以下原则。一是系统性原则，不孤立评价单项的创新活动，把每个提案、建议、实施方案、实施效果放到企业投入产出的价值链中去衡量取舍，目的是综合有效解决公司生产经营中的全局性、关键性、制约性问题。二是实干实效的原则，创新不能玩虚的，不能奇谈怪论，必须紧紧围绕公司生产经营的关键实际问题，讲求实用，注重实效，真正成为企业发展的助推器。三是基层基础和全员参与的原则，要求从大量的、可操作的基层工作和基层岗位做起，夯实企业创新活动的基础。四是精神奖励和物质奖励相结合的原则，制定奖励制度标准，大力宣传表彰创新实践的先进人物和事迹，全面激发员工创新热情、创造热情，养成精益求精、创新不止、持续改进、尽职尽责、争先创优这样一种创新文化氛围。

二、建立创新机制，加强组织领导

（一）加强创新活动的组织领导

为了能够调动公司创新活动的各种资源，贵州轮胎组织成立创新管理委员会，由公司党委书记、董事长任主任，公司其他领导班子成员任副主任，负责对创新管理的关键环节和重大资源进行指导和决策，负责创新成果的评审、实施决策和协调，成果经济效益的评估鉴定，创新总结与奖励。在领导小组下，设立"一办四部六单元"：创新委员会办公室负责产品研发与工艺创新；企管部负责管理创新和合理化建议；质量部负责QC成果；设备资产工程部负责设备技改创新项目；信息部负责信息化创新项目；炼胶分公司、载重子午胎分公司、工程子午胎分公司、特种胎分公司、前进公司、动力供应公司等六大生产单元负责内部10万元以下创新项目的评比、鉴定、审批。

（二）明确创新活动的部门职责和管理制度

针对企业过去在创新工作中经常出现的"一哄而上""你推我躲"的现象，贵州轮胎主要有两项举措。一是加强创新工作的主动性引导，按各部门工作性质，明确各部门创新工作的重点：职能部室着重机制创新，生产单元及班组着重合理化建议和技术创新，服务部门着重提高服务能力、提升服务水平，党建工作部门着重企业文化建设和开展增强凝聚力、服务大局的党建工作创新。创新工作由过去的分散性向系统性转变，创新活动覆盖企业的方方面面。二是加强创新活动的制度建设，制订、修订《贵州轮胎股份有限公司关于优化公司创新管理流程的通知》《贵州轮胎股份有限公司QC小组活动管理办法》《贵州轮胎股份有限公司技术奖励办法》《贵州轮胎股份有限公司党建+合理化建议App运行通知》等，把企业管理创新活动纳入日常管理，进一步加强创新工作的管理力度。

三、再造三大流程，促进创新活动有序开展

（一）构建合理化建议管理流程，促进全员合理化建议活动有序开展

合理化建议是创新活动的起点，其质量的高低直接决定创新工作质量的高低，只有让员工全部参与到合理化建议活动中来，才能保证员工对创新的热情和积极性。为此贵州轮胎推出党建+合理化建议App管理平台，吸引全员参与合理化建议活动。在职能部室层面，由企业管理部收集处理管理人员的合理化建议；在分公司层面，由各分公司自行收集处理员工的合理化建议，跨部门的提交企业管理部进行推荐处理，同时以绩效管理为抓手，通过绩效方案设计设定各部门每年必须提出的合理化建议不得少于考核数量。

（二）构建技术创新管理流程，促进企业可持续发展

技术是企业的生存之本，贵州轮胎一直以来非常注重技术创新。为使技术创新工作落地，开展了如下工作。首先，认真分析企业的特点。轮胎制造企业虽然是以技术应用为主，但由于每种技术推广使用特点是普及性强、针对性不强，因此要充分发挥技术的优势就必须增强其针对性。其次，重新梳理技术改进、技术革新流程。再次，针对原来某项技术改进、技术革新一完成就束之高阁的现象，贵州轮胎根据"个体知识组织化，组织知识资产化，隐性知识显性化"的原则创建创新知识库，提高知识资源的利用效率，极大方便员工学习消化吸收，提高知识资源的反复利用效率，有效促进企业的可持续发展。为此，贵州轮胎下达《关于要求各部门规范开展科技进步、管理创新项目立项申报的通知》（贵轮股企管字〔2019〕62号），根据通知要求，公司创新管理办公室每年年初下发公司级《设备、技术改进项目汇总》，各部门根据项目汇总表进度要求和审核的资源需求组织实施，项目完成后组织验收、评奖。

（三）构建企业创新活动的管理流程，提升企业现代化管理水平

管理成果创新与技术创新有一定的区别，为了让管理流程更加适应管理创新成果的特点，贵州轮胎构建企业管理创新成果审定领导小组，党委书记、董事长任组长，各有关专业管理部门负责人为评委，每年定期对各部门上报的管理创新成果进行评定，对优秀管理创新成果进行表彰奖励，并推荐申报行业、省级和国家级企业管理现代化创新成果奖。各部门根据公司经营实际和部门工作短板，提出创新改进方案，并组织实施，促进企业管理水平不断提升。

四、成立多层级创新成果评估小组，定期表彰效益型创新成果

广大员工的新技术或研发的新产品等是否具有创造性、创新性和效益性，需要按照一定的评价标准和方法进行客观、公正的评价，引导广大员工进行科学有效创新，提高创新成果的转化率。为此，贵州轮胎结合实际制定一套行之有效的多层级创新成果评价体系。

一是部门内部评价小组。由部门一把手、技术人员组成，负责对内部员工提出的合理化建议的合理性，QC小组活动课题的代表性，创新成果的创新性，技术创新领域或成果的前瞻性、先进性等进行初步评价。

二是公司专业评价小组。由专业管理部门一把手、专业技术人员组成，负责对各部门上报的合理化建议、QC成果、管理创新和技术创新成果按照评价办法进行再次评价。

三是创新领导小组评价。由公司领导、各专业部门领导、各专业领先人才组成，负责对重大合理化

建议、前瞻性管理理论及突破性技术创新成果进行终审评定，确定奖励等级及成果转化推广。

四是建立物质奖励和精神奖励相结合的激励机制。贵州轮胎每年都会召开表彰总结大会对优秀QC成果、技术和管理创新成果按照获奖等级进行专项奖励。此外，对获得较高经济效益的创新创造成果按照"个人拿小头，公司拿大头"原则按比例进行重磅奖励，以鼓励全员积极参与创新，每年创新奖励金额高达300万元。

例如，全钢技术中心研发项目组通过创新工艺设计，提高公司炼胶瓶颈工序产能，经财务部核定，每年为公司创造效益784.85万元，公司一次性奖励该项目团队39.24万元；工程子午胎分公司项目组创新重卡工程轮胎新工艺路线布局，经财务部核定，每年为公司节约能源成本485万元，公司一次性奖励该项目组24.25万元。

此外，也会以员工姓名命名创新创造成果，营造浓厚的创新氛围。例如，技术服务部员工魏小淞设计开发"三包"轮胎查询系统，该系统工作原理为只需要将"三包"理赔轮胎号输入系统，系统能自动识别该轮胎是否由贵州轮胎生产，是否属于正常理赔轮胎，有效拦截市场上出现的造假骗赔轮胎，每年为公司节约数百万元，大大降低公司轮胎退赔率，贵州轮胎除对个人奖励外，还将该系统命名为"小淞查询系统"。

五、开展业务技能培训，营造创新氛围

（一）开展创新培训，提升员工创新技能水平

现代管理创新方法有很多种，其中被人们普遍认同和推广应用的创新方法和技巧却不多。为此，贵州轮胎企业管理部、人力资源部每年通过各种形式对各级员工组织各种类型的培训。通过培训，员工对创新活动规律和原理有了比较深入和系统的了解，为更好地创新提供坚实的理论和方法基础，对推进贵州轮胎创新工作起到积极有效的作用。

例如，贵州轮胎人力资源部与重庆远发国际精益道场联合举办共6期、120人次参与的精益生产培训；特种轮胎分公司通过"自由库席位"的管理理念对模具库进行优化改进，大大节约空间，降低模具更换时间，提高生产效率；载重子午胎分公司利用作业工票的理论知识，组织对各工序动作的标定，设备自动化带来的设备利用率及人的利用率的数据展现及分析和使用。通过精益思想指导和精益工具的运用，每年可降低现场制造成本220万元以上。

（二）以多种形式营造尊重创新、鼓励创造创新氛围

激励企业的创新活力和提高自主创新能力是一项复杂的系统化工程，需要全体员工的大力协同和积极参与。近些年，贵州轮胎每年都会定期举行QC小组活动、创新成果交流发布会，为大家提供更多的展示自我价值的创新平台，逐渐让自发、自觉、自主的创新基因在企业内部落地生根，开花结果。

六、加强企业价值观管理，增强全员创新意识

（一）以企业文化为载体，根植全员创新基因

企业文化是企业的灵魂，是推动企业发展的不竭动力，是企业在生产经营实践中逐步形成的、为全体员工所认同并遵守的、带有本组织特点的使命、宗旨、精神、价值观。贵州轮胎明确"团结、严谨、创新、前进"是公司的企业文化，创新基因深植于贵州轮胎几代人的血液中，推动着贵州轮胎风雨砥砺60余载，并迈向"国际化、绿色化、智能化"发展新征程。贵州轮胎积极参与全员质量管理改进活动和管理创新活动，完成1000余项质量改进活动，创造近600余项管理创新成果，部分成果获得贵州省现代创新成果奖一等奖和国家现代企业创新成果奖二等奖。

（二）加强宣传引导，培育创新基因

长期以来，大家认为创新就是自发的非程序化工作，不可能纳入企业日常管理，有人甚至认为创新就应该是科技单位或上级部门、技术人员、领导干部的事情，我们只要按部就班制造轮胎就可以了，在

企业基层搞创新不可能有大作为。因此，贵州轮胎从改变全员理念入手，破除认识误区，树立新的创新理念。

一是树立系统的创新理念。创新活动要讲求整体效应，全公司各级管理者在创新活动中都应该树立系统观念，根据系统的观念去认识企业创新活动，从创新的整体性出发去处理活动中的各项事务，把全公司各类创新活动看成一个有机的整体，充分调动大家的力量，让创新变得更有效果。

二是树立持续、全员的创新理念。贵州轮胎认为，必须让创新工作在企业内部持续推进，让其成为一种常态行为，成为一种基因文化，鼓励员工持之以恒、全员积极参与创新实践，把《礼记·大学》"苟日新、日日新、又日新"的革新理念和要求贯注于企业持续创新的活动中。

三是树立按照科学、规律进行创新的观念。创新不是天方夜谭，创新活动是有规律可循的，有其理论和方法依据和基础，掌握创新的方法和思维方式，顺应创新活动科学规律，就可以大大提升创新效率和创新创造性。

为使创新基因在员工中入脑入心，贵州轮胎充分利用内部刊物《前进报》《贵轮宣传》《OA协同办公系统》、宣传栏等多种载体宣传创新理论和创新文化，向全员反复阐明创新工作对于贵州轮胎生产经营的重要性，并将创新理念通过绩效设计融入战略规划、日常工作和各项规章制度中，将创新意识和改进能力作为干部队伍选拔的重要依据，为创新工作有效开展奠定坚实的思想基础。

（成果创造人：黄舸舸、王卫忠、张国翔、蔡庸猛、何红、高慧颖）

生产运营与基础管理

基于多元作业方式协同的海洋油气集约化勘探管理

中海石油（中国）有限公司

中海石油（中国）有限公司（以下简称中海油）是中国海洋石油有限公司的子公司，是中国海上最主要的原油及天然气生产商，主要业务为石油勘探、开发、生产及销售。中海油以中国海域的渤海、南海和东海为核心区域，截至2019年，拥有剩余可采储量4.12亿吨油当量，平均油气日净产量18.3万吨油当量，资产总值约4162.1亿元。自2005年以来，中国海洋石油有限公司已连续15年获得国资委中央企业经营业绩考核A级，在2019年"世界500强"中列第63位。

一、基于多元作业方式协同的海洋油气集约化勘探管理背景

（一）保障国家能源安全的必然选择

我国海洋油气勘探始于1959年，大规模勘探始于1979年，经过30多年艰苦卓绝的努力，于2010年实现年产5000万吨油当量，建成了"海上大庆"。近些年随着我国经济的高速增长，能源需求逐年快速攀升，过高的油气对外依存度对我国能源安全构成重大威胁。面对国家能源安全需求，大力提升海洋油气勘探开发力度已成为必然选择，中海油积极制订行动计划，以油气增储上产为己任，以保障国家能源安全供给为使命，提出到2025年国内海域油气产量向亿吨级规模迈进的目标。但随着勘探程度的提高，埋藏浅、技术需求低、易发现、勘探开发效益好的整装大中型油气藏几乎已全部被发现，进军"双深"（深层、深水）、"双高"（高温、高压）、"双新"（新区、新领域）等世界公认的更高风险、更高难度、更高技术、更高投入的复杂勘探领域势在必行，以"产量"为目标的传统勘探模式转变为"产量+质量+责任"的集约化勘探模式，成为中海油勘探必然的战略选择。

（二）破解海洋油气勘探瓶颈难题的内在需求

海洋石油勘探面临深层潜山、高温高压、深水三大世界级难题。在渤海深层潜山领域，深层变质岩潜山是否存在规模型优质储层、晚期构造活动区天然气能否规模化富集、如何实现高温储层保护和高效钻探都是未解难题；在南海高温高压领域，地层压力超过75兆帕，温度超过190度，钻井工程事故频发甚至井眼报废，造成单井钻探成本高达2亿元，雪佛龙等6家国外公司历时20余年耗资49亿元，铩羽而归；在南海深水领域，陆坡崎岖海底深层地震成像差、盆地生烃机理和优质储层分布模式认识不清，深水区地层新、成岩性差，井壁易垮塌，钻井工程安全隐患巨大。面对以上挑战，急需突破传统的各专业串联作业方式，以创建串—并联的多元作业方式协同为导向，自主攻关制约油气勘探的成藏理论与勘探技术难题，建立基于多元作业方式协同的集约化勘探管理，引领规模油气发现。

（三）建设中国特色国际一流能源公司的迫切要求

中海油是国家海洋石油工业的龙头企业，在战略目标与发展愿景中明确提出到2035年"建成中国特色国际一流能源公司"，宏伟的战略目标对海洋油气勘探提出了更高的要求。既要担当"我为祖国献石油"的使命与责任，追求企业持续的高利润增长，以最经济有效的方式勘探质优量大的油气储量；又要坚持绿色发展、以人为本的管理理念，大力推进生态文明建设，为企业高质量可持续发展奠定坚实的基础。改进链条式的精细勘探作业管理，持续提升勘探作业效率和质量，创建基于多元作业方式协同的海洋油气集约化勘探管理，是中海油履行中央企业的三大责任、提高国际影响力、创建中国特色国际一流能源公司的迫切要求。基于以上背景，中海油自2015年开始积极探索构建基于多元作业方式协同的海洋油气集约化勘探管理。

二、基于多元作业方式协同的海洋油气集约化勘探管理的内涵和主要做法

中海油针对海洋油气勘探新阶段的要求和挑战，立足自身高风险、高投入、高科技的特点，坚持全链条资源优化配置的跨领域、跨学科、多主体的多元协同集成管理，推动"决策＋监管＋服务"三位一体的勘探管理制度建设；以搭建突出科技成果"终端化"的协同攻关创新体系、实施多向联动的人才培养路径、营造共建共生商务环境为保障，利用大数据技术提升信息价值，建立基于"风险—收益"的勘探目标研究与作业动态管理；以整合共性资源、提高整体效率为导向，推进作业技术创新和作业流程变革，创建多元作业方式，开展钻井全过程零污染的环保管理，构建基于多元作业方式协同的海洋油气集约化勘探管理体系，提升企业科技、信息、人才等内在价值，提高勘探管理各关键环节的工作效率和成本管控能力，推动中海油中国特色国际一流能源公司建设，为保障国家能源安全提供优质规模储量。

（一）明确基于多元作业方式协同的集约化勘探管理实施方案和基本原则

1. 确立实施方案

围绕中国特色国际一流能源公司建设，从海洋油气勘探实际出发，提出"统一部署、动态管理，突出重点、协同变革，科技创新、共建共赢"的集约化勘探管理实施方案（见图1）。统一部署、动态管理是统领，中国海洋石油有限公司勘探部（以下简称总部）负责构建勘探管理制度，统一制定勘探管理机制和技术规范，明确工作原则、目标、职责与程序，并在生产过程中根据变化动态调整；突出重点、协同变革是中心，突出勘探目标决策、勘探作业实施和钻井作业防控三个重点环节，变革传统的工作模式，统筹整合信息、设备、人力等各类资源，再造集约化勘探新模式；科技创新、共建共赢是保障，以科研攻关破解勘探理论与技术难题为理论技术支撑，推行共建共生为理念的多元商务模式和多措并举的人才培养，为海洋油气勘探提供各类人才和优质服务，保障集约化勘探高效实施。

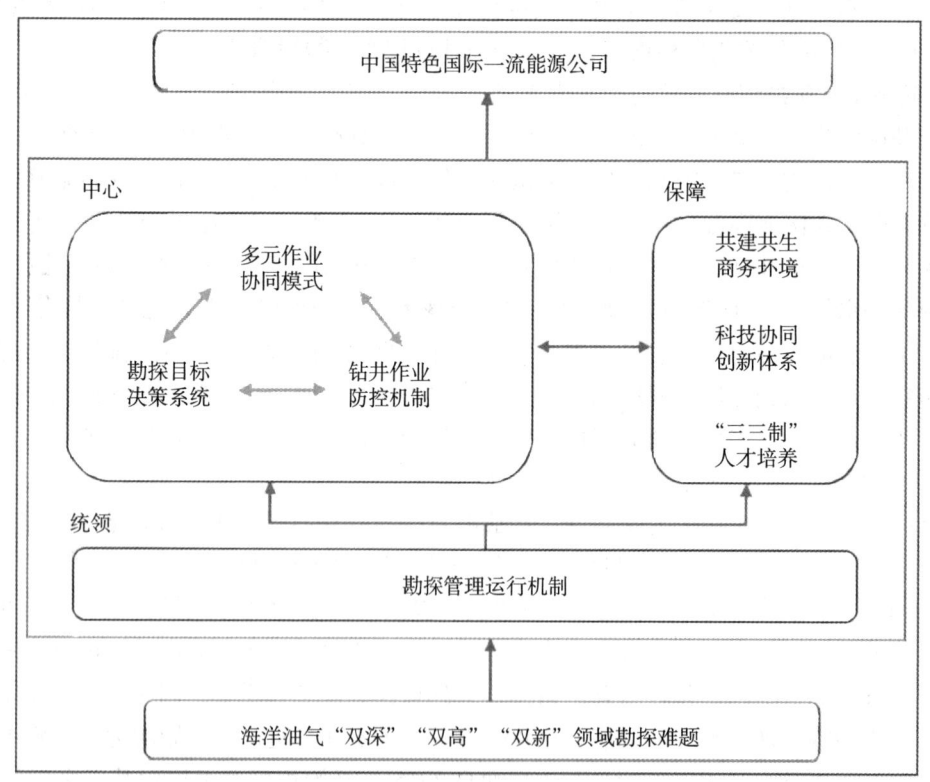

图1　海洋油气集约化勘探管理实施方案

2. 制定基本原则

一是目标导向原则,以发现大中型油气田、持续提升企业储量替代率与增加储量寿命为目标,保证油气安全供给和企业高质量发展,强化中海油的国企责任与发展根基;二是协同集约原则,以提质增效为牵引,以新技术应用和作业资源优化管理为依托,变革传统模式,充分发挥资源要素的集合增值效应;三是创新引领原则,以科技创新体制为抓手,整合行业优势资源,攻关勘探理论、技术,以科技价值提升企业发展动能;四是和谐共生原则,通过建设"资源共享、优势互补、共同发展"的共生价值体,实现企业、社会、生态和谐发展。

(二)构建"决策+监管+服务"三位一体的勘探管理制度

通过建立"决策+监管+服务"的决策、评估、协同三位一体的管理机制,形成涵盖勘探部署与动态调整、科研攻关与勘探目标评价、作业实施与环保管理等勘探全过程的项目化管理制度,实现总部主导、两级联动、跨专业协同的集约化管理。

1. 建立动态调整的集中决策机制

集中决策是总部统一制定勘探管理制度和技术规范,明确工作原则、目标、职责与程序。总部遵循国家政策与企业发展规划,结合行业运行规律、经营环境分析,综合各油田(二级单位)建议和集团级(一级单位)专家组意见等,确立涉及勘探方向、科研攻关,投资计划、勘探节奏等重大勘探事项的整体部署方案和运行计划,并由各油田和相关任务承担单位负责具体实施。在实施过程中,总部通过"周例会、月总结、季回顾"的动态回顾机制,紧密跟踪勘探形势、行业运行环境,及时协调解决勘探科研、生产、作业中的问题,提出调整方案,确保整体勘探高成效。

2. 建立两级联动的纵向评估机制

两级联动评估机制是指采用总部和油田两级评估机制,以集团专家组和油田专家组为主体,对科研攻关项目、钻探目标评价、勘探作业方案等进行勘探全过程的评估。

一是强化科研项目立项评估与质控协调。一把手牵头的集团专家组全程参与重大项目的立项评估,突出"顶天立地",既要创新理论方法,形成一批专利技术,又要解决企业生产难题,为增储上产做贡献。油田专家组主要负责科研课题的执行和质量控制,并定期向集团专家组汇报进展情况。两级专家组共同评估、协商制定不同专题间的规范标准、约束条件、数据接口,充分整合科研力量,高效推动科技攻关进程。

二是建立钻探目标分类评估流程。在钻前评估阶段,对于新区新领域预探目标,由勘探风险委员会和集团专家组联合评估风险;对于成熟区评价及滚动目标,由油田专家组评估风险。在钻探过程分析阶段,以油田专家组为主,会同科研人员进行随钻分析,并依据权限实施过程调整;在钻后评估阶段,油田专家组按季度组织钻后分析会,总部不定期(每年至少2次)组织两级专家组对重点目标开展钻后评价。

三是建立多专业的勘探作业方案评估流程。建立地震采集、钻井、测井、测试等不同专业的集团专家组(风险委专家)和油田专家组两级评估机制。根据不同作业方式建立相应的评估流程,重点评估施工前设计方案、跟踪施工过程及施工成效。

重点井及高难度井由总部组织集团专家组(含风险委专家)评估,常规井由油田组织油田专家组评估。施工过程依据权限动态调整,重大问题由总部组织评估并决策。钻后分析由各专业专家组不定期组织。

3. 强化跨专业的横向协同机制

在勘探作业过程中,实行地质研究—作业管理—现场施工一体化的协同机制,实现各环节无缝对接。以联合早会、钻前交底会、随钻分析会等多种形式,建立研究院、勘探部、作业中心、协调部及施工现场跨部门的协同管理机制。一是建立不同作业方式的协同管理流程；二是通过随钻分析，动态调整地质作业（录井、测井、测试）及钻井计划，实现勘探成效最佳；三是在各项作业质量控制过程中，优化作业流程和资源配置，根据施工环境、作业需求等，对钻井、地震采集、测井、测试等作业资源进行动态调配，最大程度地挖掘资源潜力，降低作业成本。

（三）建立基于"风险—收益"的勘探目标研究与作业动态管理体系

构建集专家知识、勘探数据、管理信息为一体的，突出"风险—收益"多条件约束的勘探目标研究与作业动态管理体系，深度挖掘数据信息的潜在价值，实时跟踪作业动态，及时调整作业方式，实现对勘探目标从定性到定量、从静态到动态的研讨决策，降低油气勘探不确定性。

1. 建设勘探资料大数据库与人工智能

一是建立勘探成果数据与资料数据库，涵盖勘探目标研究、作业等全周期的各类数据、图表、历史决策等信息，涉及物探、钻录测井、分析化验、地质和岩石物理等专业，建立各专业间的互联互通，形成 2 项管理制度和 7 项企业标准，年访问量达 31 万次，数据规模达 105TB；二是开展基于大数据的勘探智能分析技术攻关，集成创新多视角分段、超像素、循环神经网络等关键技术，构建适应于勘探多专业的通用机器学习应用平台，包括分析化验、岩石物理、测井评价、取样测试等专业人工智能应用场景，岩石矿物识别精度达 80%，测井评价精度达 81%，促进人工智能技术和勘探研究与作业的融合。

2. 建成基于"收益—风险"多条件约束的勘探目标优选体系

在勘探目标"大数据"的基础上融入"数学地质"的管理概念，针对勘探目标"收益—风险"同时存在的两面性特点，以经济评价指标（内部收益率、投资回收期等）和风险评价指标（经济风险、作业技术风险等）为约束，利用数学及计算机技术，对地质与作业参数进行优化组合，构建出融合地质条件、油气类型、作业方式、经济评价等多条件约束的评价体系，对勘探目标进行优选排队。克服传统的单凭储量规模和人工筛选统计的不足，进一步推进勘探目标部署决策工作的定量化、科学化、系统化、智能化。

3. 推行勘探目标与作业动态管理

基于业务模型、数据模型和勘探大数据库，按照研究、审查、上钻及钻后评估 4 个阶段，将勘探目标全周期的各类数据、专家经验进行智能分析和提炼，建立勘探目标动态决策管理系统。海上钻井涉及海底调查、泥浆调配、地质录井、测井取样、油气测试等多专业、多工序的复杂作业技术。勘探目标动态决策管理系统可以实现钻井过程海、陆信息化实时传输，在线分析钻探数据并进行作业动态调整。在业界首次实现勘探目标管理和决策流程的全周期实时动态追溯，有力提升勘探目标在井位论证、钻探部署、钻探过程等各环节的决策时效。

（四）构建以资源整合利用为导向的多元作业方式

针对海洋油气勘探时间窗口窄、作业空间小、专业技术多的特点，以多元作业方式协同为导向，通过地质设计与工程设计相融合的设计理念创新，开展"三井合一"的勘探评价设计；推动基于多专业联合作业的技术攻关及跨部门协同管理，创建"1+N"复杂断块集束钻探、"工厂式"集成化作业、"N+1"滚动勘探等多元作业方式，提高作业各环节控制能力、资源利用率，实现低经济门槛的、区域资源共享的勘探作业集约化管理。

1. 开展"三井合一"的勘探评价设计

传统深水石油工程管理模式中的勘探、评价、开发三阶段是相对独立的，各作业环节缺乏协同，勘探开发周期长，整体效益亟待提升。中海油以系统工程理论为指导，创新深水油气勘探开发一体化理念，打破勘探、评价、开发工程间的壁垒，充分考虑油气田总体勘探开发效益最大化方案，改变"三阶段"环节间歇式接力模式，优化深水探井设计，在井位部署、井筒设计等方面具备预探井、评价井、开发井"三井合一"的功能，减少50%的钻井工作量，缩短开发周期，实现深水油气勘探开发价值最大化。

2. 推行"1+N"集束钻井作业方式

对于构造破碎、油气成藏规律复杂、单井控制储量小的复杂断块构造，通过丛式井安全快速钻井技术攻关，提出以定向井、多底井实施1个井口兼顾N个断块（即1个井口+"N"个井底）的钻井方式，减少钻井平台动复员次数，节约进尺，同时优化地质作业项目，缩短建井周期，实现降低单井作业成本、提高单井储量探明率、缩短储量评价周期的目的。2019年实施"1+N"集束钻井作业模式钻井24口，实现2500米当量钻井周期比传统单井方式缩短了44%，建井周期缩短了30%，费用节省了35%，已成为复杂断块和岩性圈闭集束评价的重要手段。

3. 实施"工厂式"集成化作业

昂贵的综合日费（超过500万元/天）是深水探井成本居高不下的主要原因。通过钻井平台拖曳隔水管移位、井壁强化及耐温抗压防冲蚀测试模块化工艺等关键技术攻关，推动作业流程变革，实施表层批钻、模块化测试等"工厂式"集成化作业模式，提高平台使用效率，缩短作业周期，大幅降低深水井作业成本。"工厂式"作业是通过集约化管理，将某一勘探作业项目按照生产线方式设计、组装各生产要素，完成流程化作业。

一是表层批钻"工厂式"作业。在同一区带实施多口深水井钻探时，在完成一口探井表层钻探后，上提隔水管和防喷器，由平台拖曳二者移位到下一个井点，接连钻探另外一口探井表层的作业方式，逐次类推，直到完成所有设计井点的表层钻探。该作业方式相对于完钻一口探井再钻另一口探井的传统钻井作业方式，可以减少起放隔水管和防喷器次数，缩短整体钻井周期。在陵水17-2气田勘探评价过程中应用表层批钻作业模式，每批次节约工期10天以上，节约成本5000万元。

二是测试模块化"工厂式"作业。针对海上探井油气测试准备周期长、费用高的现状，通过优化地面设备和流程的布局，将原来分散的设备集成到五大设备模块中（井口高压模块、加热器模块、分离器模块、缓冲罐模块及泵组模块），并在陆地组装，形成耐温、抗压、水合物预防、出砂和振动监测、紧急关断几大功能为一体的"小型工厂"。深水油气测试模块化工艺的应用，使得海上单井测试设备安装拆卸时间从46天缩短为14天，节约测试成本1.8亿元。

4. 实施"N+1"区域滚动勘探方式

"N+1"区域滚动勘探方式就是以在生产油气田（N个油气田）稳产增产为目标，根据"油田周边找油田、油田内部找油层"的滚动勘探策略，在研究新的勘探目标时（1个目标），充分利用已有N个油气田的数据资料、生产设施、油气水处理、电力供应等资源，建立多部门协同管理机制，开展勘探评价、开发评估和工程准备，达到集约化各类资源、提高效益的目的。研发单筒三井钻井技术、海底油气输送软管制造及铺管技术，设计建造生产平台群讯电复合缆组网系统，推动"N+1"区域滚动勘探模式应用于涠西南油田，实现油田设施周围10千米范围内、50万~300万方原油地质储量的小油藏可经济有效动用，大幅降低单独开发至少2000万方探明储量的经济门槛，使涠西南油田群从濒临停产逐渐发展为年产400万方以上的南海西部主力油区。

（五）开展钻井作业全周期"双零"环保管理

1. 完善井控风险管理制度

平台井控是海上安全环保工作的重中之重。依托国家海洋石油井控应急救援基地建设，积极落实井控应急处置资源，围绕安全防护、清障、井口重建、压井、救援井等六大方面，完善井控风险管理制度。一是设置专职井控管理机构，配备专职井控管理人员与技术专家；二是建立井控技术智库，开展三级井控处置过程所涉及的关键技术研究；三是完成国内首个关于水下应急封井装置行业标准，提升井控应急能力;四是建立钻完井井控巡视管理细则,实现对中海油一线作业现场存在井控安全风险的作业类型及作业机具的全覆盖巡查,防范遏制井控应急事件发生。从2015年至今,中海油井控事件防喷控制迅速有效、措施得当,实现井喷和环境污染事故"零记录"。

2. 建立钻井全周期集约化环保管理体系

针对海洋油气钻井产生废弃物的回收处置难题,以集约化、绿色环保为导向,开展井身结构优化、钻完井液再生处理、海上移动中心处置返输的多专业跨部门联合技术攻关,建立"源头优化、过程循环、末端回收"的全周期环保集约化管理体系。

一是通过采用更经济、更安全的小尺寸井身结构,减少钻井过程中的钻井液、套管、固井水泥的消耗,从本质上降低钻屑排放率;二是行业首创可重复利用的老旧油基钻井液再生处理、批钻技术,加大钻井液循环利用力度;三是国际首创海上移动处理中心技术,实现海上原位批量处置,并返输平台循环利用,使钻井液减量80%,钻屑减量40%~60%,液体在海上100%循环利用;四是采用"水泥窑协同处置和热解制砖"技术,实现钻屑资源化无害化处置,形成一套海洋特色的末端处置体系,实现钻完井含油钻屑、泥浆全部回收与处置。

(六)推行以共建共生为理念的多元协同勘探商务模式

面对复杂的勘探领域,需要更具有针对性的特色技术以及多种技术组合,势必要打破甲、乙方一维合作模式,形成集约化多元协同模式。通过实行"切块总包+费率""伙伴式""技术直通车"共建共生的多元化商务模式,建立资源共享、优势互补、共同优化、共同发展的多元协同技术服务,实现多方都无法单独实现的高质量发展。

1. 实施"切块总包+费率"合同模式

将探井作业划分为钻井、测井、录井、测试等单项服务,综合考虑不同的作业井深、作业内容和作业条件等,利用大数据技术确定单井单项服务的作业时效及成本标准,签订"切块总包+费率"合同,并在此基础上确定奖励条款,激励高效低成本作业,既有助于甲方控制作业质量、成本及时效,也激励服务方提高工作积极性。该模式应用于渤中19-6气田,两年内完成超4000米钻井11口,提效120%,节约工期850天,甲方实现了油田快速高效勘探评价,服务方得到了市场和奖励,达到了双赢的目的。

2. 推行"伙伴式"合同模式

针对测井作业中多种测井技术由于服务商不同而需要单独作业,导致测井成本高的问题,制定"伙伴式"合同模式,以一家服务公司为主签订合同,各服务商为合作伙伴。技术上,研发利用"互联互通"技术实现几家服务商的仪器共用同一个传输通道的多种仪器组合作业;管理上,由甲方统筹管理,对服务商分别进行管理及考核。"伙伴式"合同实现了多方协同作业模式,减少占钻机时间,降低作业成本,尤其在深水、高温高压测井中效果显著。

3. 确立"技术直通车"商务模式

针对地震资料处理技术要求高、处理周期长的特点,确定"技术直通车"商务招标流程,即资料试处理和优秀服务商"直通车"相结合的地震资料处理项目商务管理方式。试处理就是项目对所有具备资质的合格技术服务商开放,技术服务商在规定时间内提交试处理成果,并组织专家进行评审,效果最优的服务商获得项目服务资格。"直通车"指针对依据年度项目后评估结果评选出的优秀服务商,在其特长领域可采用"直通车"模式,不再参加试处理等评标环节,直接获得下一年度项目。这样既确保了技术服务质量,又提高了工作效率。

(七)构建科技协同创新体系与"三三制"人才培养机制

1. 建立"一二三四五"科技创新体制

贯彻落实"创新驱动"战略,建立"一个整体、两个层次、三大体系、四支队伍、五大工程"的科技创新体制，确保科技创新与成果及时转化（见图2）。一个整体，就是发挥企业集团化、一体化管控优势，统筹创新规划、集约科技资源；两个层次，指建设完善总部（企业）和所属单位（油田）两个层面的科研组织体系；三大体系，为建设完善勘探理论、核心技术、生产工艺三大支撑体系；四支队伍，即建设前瞻基础研究及技术研发攻关队伍、技术应用研究队伍、科技创新管理队伍和技术转化与服务队伍；五大工程，包括深水/深层油气勘探理论、地球物理采集与处理、高温高压钻完井、勘探数字化/智能化转型、勘探开发一体化。

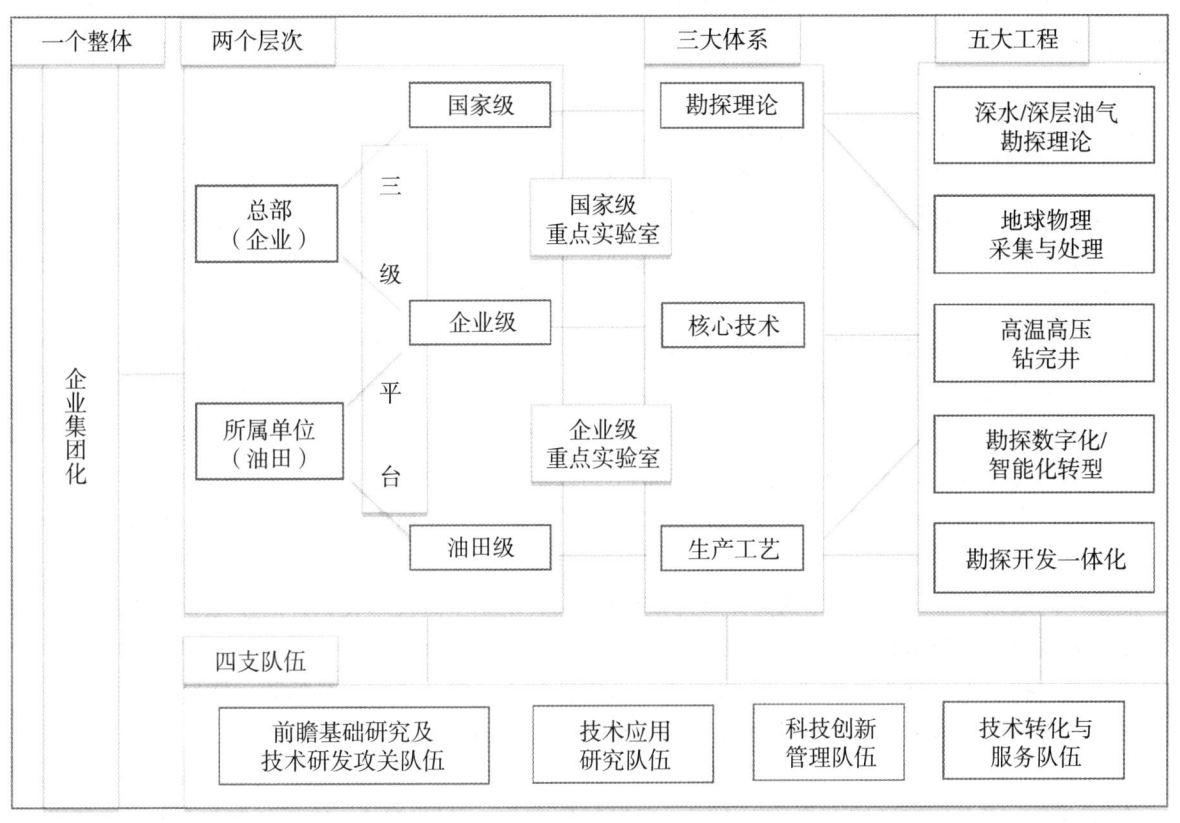

图2　海洋油气集约化勘探科技创新体制

2. 搭建以重点实验室为核心的"三级"协同创新平台

整合行业优势资源，突出跨学科、跨领域的集约化联合攻关，创建以国家级/企业级重点实验室为核心的，包括工程技术研究中心、科研机构、高校、系统内研究院所等超过50家科研单位、多学科的联合研究体，形成以国家、企业、油田"三级"科研项目组织为主导的大型协同创新平台。实验室建设围绕重点发展型、海油特色型、资源整合型"三型"开展。建成北京未来科学城中海油园区并投入使用，已有海洋石油勘探国家工程实验室、研究总院实验中心等8家科研单位入驻。中海油与中国石油大学等高校共建的6个联合研究院挂牌成立，进一步实现科技创新资源的集约配置。

针对科研攻关的勘探理论、核心技术、生产工艺三类难题，分别由国家、企业、油田"三级"项目承担攻关。国家级科研项目主攻深水/深层油气勘探理论、油气战略选区等关系到国家、行业持续发展的基础性、前瞻性科研课题；企业级科研项目以跨油田联合立项的形式主攻地球物理采集处理、高温高压钻完井等核心技术；油田级科研项目由油田专家牵头成立项目组，解决勘探生产实施进程中遇到的各种技术工艺性难题。"三级科研攻关项目"涵盖从战略部署到技术实施的各层级内容，为勘探提供技术组织保障。

3. 建立"终端化"的技术成果转化机制

在成果转化上，一是"靠前作战"，将科研前移到生产一线，设立现场成果转化试验示范区，打通重大瓶颈技术成果转化的工作流程；二是设立转化协调平台，开展技术成果转化效益评估与投资管理，建立一批促成果产业化"孵化器"，提升创新技术带来的增量收益。例如，在攻关深水气藏抗高温高压测试技术的过程中，除理论设计和材料实验在重点实验室完成外，井口高压模块、加热器模块、分离器模块等五大模块的组装和验证全部转移到湛江前线，模拟南海实际海况和气藏地质条件，进行耐温、抗压、防冲蚀测验。同时，邀请相关专家与投资机构，对新技术工艺开展效益评估和市场预测，加速深水高温高压测试模块化工艺的推广应用。

4. 建立"三三制"的人才培养及激励机制

海洋油气勘探业务链复杂，专业多，过去人才培养由基层三级单位根据工作需要通过"师带徒"为主的方式进行，标准不统一、工作效率低、地区差异大。为此，中海油从"统"字上下功夫，将人才按照管理、科研和操作分为三个序列，初级、中级、高级（专家）三个层次，实行总部规划、油田统筹、基层实施的三级集约化培养，纵向上贯通勘探各业务环节，横向上整合中海油培训专家、场地、设备等各类培训资源。

在培养方式上，通过编制人才培养与科研生产联动的培养方案，建立以科研生产助力人才培养和以人才培养助推科研生产的"双向联动"模式，搭建研究院所和生产一线、科研机构和生产部门、生产现场和机关职能部门、海外和国内、勘探专业和开发专业及勘探专业内不同岗位间的多渠道多层次交流网络，培养复合型人才。依托协同创新平台，利用高校院所高端资源优势，坚持系统引进、专项培养相结合的方式，引进培养专家型人才。形成海洋油气集约化勘探技术研发、技术应用、技术服务和技术管理四支人才队伍体系。

设立不同层级员工创新激励机制。针对初级技术人员设立小微技术奖，针对中层技术人员设立勘探专项技术创新奖，将小微技术奖和勘探专项技术创新奖与企业级科技进步奖相衔接，明确不同奖励间换算方法，并与技术人员技术系列晋升直接挂钩，形成针对不同梯队科技人员的阶梯激励机制。

三、基于多元作业方式协同的海洋油气集约化勘探管理的效果

（一）高效发现了大规模优质油气储量

中海油作为国内油气增储上产的主力军，通过科研攻关、目标优选、多元作业方式协同、环保施工等全过程的集约化勘探管理，2015—2019年陆续在国内"双深""双高""双新"等领域获得了29个大中型油气田的发现，为我国新增18亿吨探明油气储量，为保障国家能源安全做出重大贡献。其中，渤海发现渤中19-6气田，是我国东部第一个大型、整装、高产、特高含凝析油的凝析气田，探明油气地质储量3.4亿吨油当量，三级地质储量8亿吨油当量；南海北部浅水区发现6个大中型高温高压气田，天然气地质储量3100亿方；南海北部深水区发现6个大中型商业油气田，实现了我国深水油气勘探历史性重大突破。创新成果应用到海外区块，陆续取得巴西深水、圭亚那、英国北海三个世界级勘探大发现，新增7.6亿吨权益地质储量，加速了中海油优质资产全球配置，更为"21世纪海上丝绸之路"沿线油气勘探提供了"中国方案"。

（二）破解了海洋油气勘探关键理论技术难题

经过五年的探索实践，构建了集新型科技创新体制、一流协同创新平台、高效成果转化机制为一体的科研协同攻关创新体系。创新了中国海域深水、深层、高温、高压等复杂地质条件烃源岩生烃机理、深层潜山控储机制、原位天然气规模游离成藏等理论认识，研发了海上小缆距高密度与犁式缆地震采集、扭矩自适应提速高效钻井、测试模块化工艺等勘探作业技术，相关成果授权发明专利76件、授权实用新型专利128件。渤海湾盆地深层大型整装凝析气田勘探理论技术、南海高温高压成藏关键技术和

南海北部陆缘深水油气地质理论技术分获 2019 年国家科技进步一等奖、2017 年国家科技进步一等奖和 2016 年国家科技进步二等奖。创新技术中的犁式缆地震采集技术帮助中海油服物探公司成功抢获俄罗斯 1200 平方千米地震采集服务合同，为进军国际市场提供技术保障。

（三）有力支撑了中国特色国际一流能源公司建设

基于多元作业方式协同的海洋油气集约化勘探管理的成功实践，支撑中海油忠实履行了国有石油企业"我为祖国献石油""创新增效""绿色发展""以人为本"的庄严承诺。在企业经营业绩上，2019年中海油新增经济可采储量 1.1 亿吨油当量，实现储量替代率 140%，实现净利润额是 2015 年的 302%，达到 610.5 亿元，在全球石油公司中排名第六。在绿色发展上，五年来中海油未发生一起海上钻井污染事故；渤海、南海深水的天然气工程新突破，为京津冀协同发展、粤港澳大湾区和海南自贸区建设提供了更加安全、绿色低碳的能源保障。在抗风险能力上，2020 年上半年，尽管受到新冠肺炎疫情和史无前例低油价的双重影响，中海油仍然实现产量增长，上半年原油新增产量占全国新增产量的 83%，同时桶油成本降至 25 美元，抵御风险能力显著增强。

（成果创造人：谢玉洪、施和生、刘振江、张功成、高阳东、黄志洁、
孙东征、袁全社、赵启彬、杨海长、赵　钊）

大型油气田企业突破制约瓶颈的页岩气规模效益开发管理

中国石油天然气股份有限公司西南油气田分公司

中国石油天然气股份有限公司西南油气田分公司（以下简称西南油气田），是中国石油天然气集团有限公司（以下简称中国石油）的直属分公司，地处我国天然气开发利用最早的四川盆地，主要负责该盆地内的油气勘探开发、天然气输配以及川渝地区的天然气销售和终端业务，具有天然气上中下游一体化的完整业务链，拥有首个百亿方气区，是以生产天然气为主的千万吨级大油气田和西南地区最大的天然气生产供应企业。西南油气田现资产总额近千亿元，用工总量3.2万人，年经营收入达500亿元。辖川中、重庆、蜀南、川西北、川东北五个生产单位，已发现气田114个，投入开发气田110个，现有生产井1600余口，历年累计生产天然气近4900亿方。2019年天然气日产量迈上9000万方新台阶，年产量达268.6亿方，跨入2000万吨油气当量行列，位列中国石油第四位、全国第六位。自2012年开始建立国家页岩气开发示范区，到2019年川南页岩气日产量突破3000万方，年产量达80.4亿方，年生产能力达到100亿方，历年累计生产页岩气达198亿方，建成了国内最大的页岩气生产基地。

一、大型油气田企业突破制约瓶颈的页岩气规模效益开发管理背景

（一）突破页岩气开发制约瓶颈的迫切需要

与常规天然气相比，页岩气具有资源禀赋差、开采工艺技术复杂、单井产量递减较快、生产周期较长等特性，是典型的非常规天然气。这些特性决定了页岩气产业属于高投资、高成本、高风险、技术密集型产业。尤其是在起步阶段，页岩气开发面临四大制约瓶颈：一是因地质条件、装备能力、技术水平的制约，面临提高单井产量和采收率的瓶颈；二是因开发成本高、依赖财政补贴、行业整体处于边际效益水平的制约，面临开发效益的瓶颈；三是因初期经济技术条件仅能支撑3500米以浅页岩气的规模开发（这部分资源仅占总资源量的20%左右），而大体量3500米以深的深层资源的开发要求更高、难度更大的制约，面临大规模开发的瓶颈；四是因缺乏国家级页岩气数据库、完整的产业链、配套的政策等的制约，面临产业发展环境的瓶颈。面对这些制约瓶颈，符合中国页岩气特点的开发管理模式亟待探索建立。2012年4月，国家发改委、国家能源局在四川盆地南部（以下简称川南）设立"长宁—威远国家级页岩气示范区"，这也是我国首个国家级页岩气示范区。这些年来，西南油气田以此为契机，紧紧抓住页岩气开发的制约瓶颈，持续推进技术和管理创新，探索了一条页岩气规模效益开发之路。

（二）推进企业可持续发展的重要举措

为适应国内不断增长的天然气消费需求，中国石油始终把天然气作为成长性、战略性工程，加快业务发展战略布局，明确提出打造"西南增长极"。西南油气田作为中国石油主要的天然气生产供应基地，认真落实中国石油的决策部署，牢牢把握天然气发展黄金机遇期，加快推进四川盆地天然气增储上产，加大页岩气勘探开发力度，经过近些年来的不懈努力，川南页岩气储量产量规模不断扩大，发展态势持续向好，在规模效益开发上取得了实质性进展和成效，但仍存在一些差距和不足，主要体现在以下几个方面。一是降本增效难度加大。虽然近些年来在页岩气规模效益开发方面取得了显著成效，但随着开发难度的增加，特别是受新冠肺炎疫情影响，油气消费需求萎缩，国际油气价格持续低位运行，降本增效面临新的重大考验。二是技术攻关应用力度仍需加大。3500米以深页岩气开发的主体技术还需攻

关集成配套，水平井、储层改造、生产装备等关键核心技术与装备的应用，需要加强与整个产业链的精准对接，增强技术的适应性，更好支撑提产增效。三是管理效率提升力度仍需加大。需要加强梳理总结，并根据形势的发展变化，把这些年来探索积累的开发管理经验做法逐步上升到制度层面，更好地指导实践、推动工作，助力企业可持续发展。

二、大型油气田企业突破制约瓶颈的页岩气规模效益开发管理内涵和主要做法

西南油气田紧紧围绕页岩气规模效益开发这条主线，着力突破制约瓶颈、推进管理创新，明确规模效益开发总体战略要求，构建市场化开放管理体系，转变传统生产组织方式，加强技术攻关和标准化建设，促进资源开发与环境和谐发展，强化开发配套措施，在页岩气全产业链建立一套资源合理配置、技术管理有效、激励措施精准、业务协调发展的体制机制，推动规模效益开发，促进企业可持续发展。主要做法如下。

（一）顶层设计，明确页岩气规模效益开发的思路与实施路径

1. 开发思路

西南油气田坚持新发展理念，遵循页岩气开发规律，开发部署坚持目标导向、重点突破、先易后难、由浅及深；开发技术坚持自主创新、引进消化、集成应用、形成特色；开发管理坚持优化体制、完善机制、规范制度、建立标准。通过各方面工作的统筹谋划、协调推进，实现页岩气规模效益开发，为保障国内天然气安全稳定供应、优化能源结构、促进地方经济社会发展做出积极贡献。

2. 主要目标

在已经建成国家级页岩气示范区的基础上，锁定一个区层、实现四个跨越、建成两个基地、打造一个新的增长极。锁定一个区层，即锁定四川盆地页岩气埋深 4500 米以浅的五峰组—龙马溪组；实现四个跨越，即页岩气产量 2020 年达到 100 亿立方米，2025 年达到 245 亿立方米，2030 年达到 350 亿立方米，2035 年达到 450 亿立方米；建成两个基地，即建成我国最大的页岩气生产基地，建成我国最大的页岩气综合利用基地；打造一个新的增长极，即把页岩气打造成中国石油新的增长极，占据国内页岩气勘探开发主导地位，助力西南油气田全面决胜 300 亿方，加快上产 500 亿方大气区规划目标的实现。

3. 实施步骤

首先，优先动用 3500 米以浅资源，实现页岩气平稳起步、加快发展；推进 3500~4500 米资源有效开发，实现有序接替、高质量发展。其次，按照长宁、威远、泸州、渝西四个区块进行部署；区块内由浅及深，由核心区向外围拓展；确定合理产量规模，区块均能保持稳产 20 年以上。最后，按四轮安排建产，保持工作量和上产节奏相对合理，确保每轮次和每个作业主体均具有一定稳产时间。

（二）积极运用市场化机制，构建页岩气开发管理体系

在川南页岩气开发中，打破传统油气上游项目的"油田模式"，积极运用市场化机制，通过加强国际国内合作及混合所有制改革、推行"油公司"管理模式、开放工程技术服务市场等途径，构建起市场化的开发管理体系和运行机制。

1. 探索多种开发合作模式

川南页岩气开发中，主要采取四种合作模式，即国际合作、国内合作、自主经营和风险作业服务（见图1）。

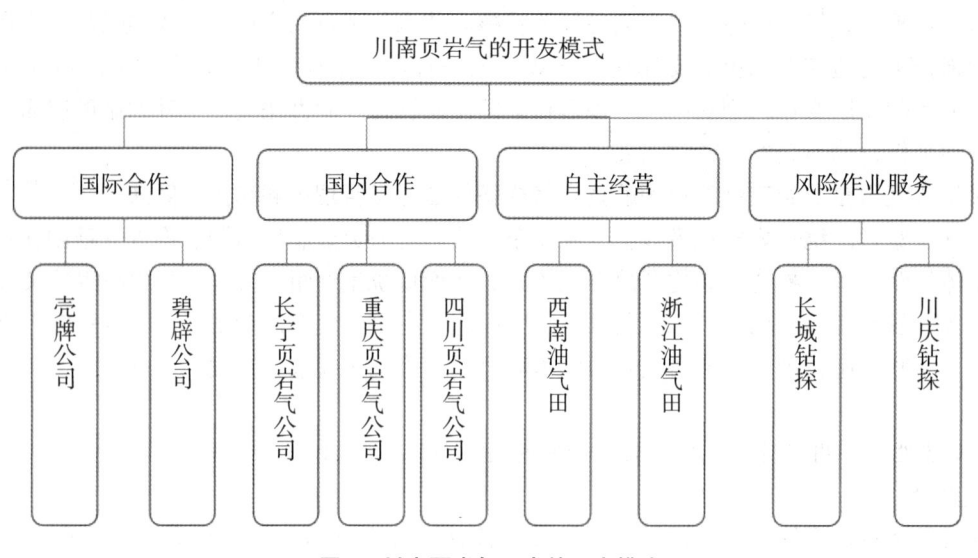

图 1　川南页岩气开发的四大模式

一是开展国际合作。2012 年与壳牌公司签订"四川盆地富顺—永川区块天然气勘探、开发和生产合同";2016 年与碧辟勘探中国有限公司(以下简称 BP)签订"四川盆地内江—大足区块页岩气勘探、开发和生产合同""内江—大足区块、荣昌北区块页岩气产品分成合同"。荣昌北项目创新"外方出资、中方作业"的合作方式,开创了中国石油对外合作历史上首次采用勘探评价阶段由外方全额出资、中方担任作业者的模式,双方建立联管会、联技会和作业团队,实行"两块牌子,一个团队",两个项目共用一个联管会、联技会及作业团队。对外合作项目的成功实施,对于引进国外先进技术和管理模式、积累国际化作业经验、探索 3500 米以深页岩气开发技术,都产生了积极深远的影响。

二是推进国内合作。川南页岩气以企地合作模式为主,采取成立页岩气国内合资合作开发公司的方式。2013 年以来,先后与资源地政府共同成立了四川长宁天然气开发有限责任公司、重庆页岩气勘探开发有限责任公司、四川页岩气勘探开发有限责任公司,参股企业 11 家,涉及地市 7 个,累计注册资本 120 亿元,合作区块总面积约 2.9 万平方千米,约占页岩气探矿权面积的 75%;近期四川页岩气公司又计划在泸州设立独立法人的页岩气子公司,长宁页岩气公司计划在云南省昭通市设立独立法人的页岩气子公司。通过成立合资公司,引入各类社会资本,合作各方按认购比例出资,实行股权多元化,建立完善的公司治理结构规范运作,实现风险共担、利益共享。这也是页岩气开发在推进混合所有制改革方面的有益探索。

三是引入风险作业服务。2014 年年初,中国石油页岩气业务发展领导小组果断决策,在川南页岩气开发中引入风险作业服务模式,即由未上市工程技术服务企业负责投资建设和生产运行,发挥其较低资金成本和技术优势,挖掘降本增效潜力。由中国石油长城钻探工程有限公司(以下简称长城钻探)和中国石油川庆钻探工程有限公司(以下简称川庆钻探)两家钻井工程技术服务企业同时开展风险作业服务,在相同区块同台竞技,并辅以与产量挂钩、倾向前线人员的业绩激励政策,加快了页岩气示范区建设进程,实现了工程投资和管理成本双双下降。此外,西南油气田、浙江油气田,各自开发渝西区块、昭通区块,实现自主经营、自我发展。这些都进一步丰富了页岩气开发的合作模式。

2. 推行"油公司"管理模式

"油公司"是国际通行的惯例,主要是石油企业上游板块以采油厂为生产主体、实行市场化运营的一种管理体制模式。在川南页岩气开发中,推行"油公司"管理模式的主要做法有以下几点。一是职能定位明晰化。实行核心业务专业化运营、通用业务社会化服务、公共业务实现共享。二是组织机构扁平化。公司采用"大部制",油气矿采取"小机关、大服务",基层变革为老区"管理+技术+核心操作"、新区"管理+技术"。三是要素保障市场化。运用市场化机制,构建"央企主体保障+市场补充保障"的生产要素保障体系,提高服务质量和施工效率。四是甲方主导高效化。建立健全油公司技术评价体系、技术标准、控制流程,形成具有"油公司"特色的科学高效决策机制。强化"工程设计、技术政策、关键工具"等重要环节的主导作用,引导和规范工程服务企业按照甲方要求,按进度高质量高水平完成工程施工。加强监督队伍建设,提升综合素质和专业技能,完善监管体制,切实增强监督在现场的权威性和话语权。"油公司"管理模式促进了利益共同体的形成,实现了整体效益最大化。

3. 开放施工作业服务市场

过去油气田工程建设、技术服务大多采取中国石油内部企业"一对一"的服务方式,难以通过竞争机制实现优胜劣汰,增强竞争能力,提高服务质量和施工作业效率,降低作业服务成本。在川南页岩气开发中,采用市场化手段,构建规范有序的市场运行机制,健全完善市场准入管理、招投标管理体系,按照公平、公正、公开透明的原则开展工程技术服务、工程建设、物资采购招投标,优选中国石油外部管理水平高、技术能力强的服务队伍。探索日费制管理模式,长宁H21平台3口井采用"技术日费制",节约钻井成本533万元,"技术日费制"试验井总体效益达2600万元。这些年来,川南页岩气开发物资采购和工程建设公开招投标比例超过了90%,工程建设和工程技术服务内外部承接比例保持在7:3左右,既发挥了中国石油的综合一体化优势,又有效降低了建井成本,同时也促进了中国石油内部服务队伍市场竞争力的进一步提升。

(三) 推进页岩气一体化开发,降本增效确保勘探开发经济性

页岩气开发对单井产量和成本的控制要求更高,需要在作业模式、上中下游各环节、开发层系布局等方面,加强统筹协调,实现业务链一体化发展。

1. 推行地质与工程一体化作业模式

相较于常规天然气,页岩气的勘探开发不适用于"预探—评价—试采—整体开发"的阶段划分。川南页岩气开发采用多学科融合、多技术集成的快节奏,打破勘探与评价、试采与开发的界限,以"地质工程一体化"模式组织运行,推广"四个好"做法,找到提高单井产量和采收率的有效路径。地质工程一体化作业模式就是通过打造一体化团队、实施一体化管理、建立一体化平台,打破技术条块分割,实现地质与工程的换位思考和无缝衔接。一体化团队包括具有一体化理念的地质、地质力学、钻井、压裂、气藏模拟、试井等多学科团队。一体化管理即构建协同作战的管理构架,既有一体化的整体目标,又有各尽其责的针对性目标。一体化平台是以多学科数据为基础,具有整合性和兼容性的软件平台和工作流程。地质工程一体化的主要特点就是组织地质研究人员和工程设计人员同步工作,共同确定开发部署方案,在开发区域选择、目的层段确定、平台部署、井眼轨迹和压裂设计等环节同时考虑地质因素和工程因素。既以资源品质因素作为基础,对工程设计提出要求,又要结合工程设计的可实现性和经济性,划定资源品质边界,同时通过优化工程设计弥补资源品质的不足,深化地质研究,提升工程设计质量,最终实现资源与技术、规模和效益的有机统一。

大力推广实施"四个好"的做法。一是以"定好井"为目标,持续优化井位部署,有效提高资源动用程度。实施之后,储量动用率提高10%~15%。二是以"钻好井"为目标,持续优化钻井工艺,实现提速提效。实施前后对比,机械钻速同比提高35%,钻井周期同比缩短18%,且Ⅰ类储层钻遇率保持在95%以上。三是以"压好井"为目标,进一步优化完善压裂工艺,提高单井产量。实施之后,入井材料合格率100%,井筒完整性大于95%,压裂时效平均提高至2段/天,最高达到4段/天。四是以"管好井"为目标,及时开展产能维护,提高开发效果。实施之后,产量月递减率由36%下降至

9%，单井产量提高 8%~10%。

2. 推进上中下游各环节一体化发展

西南油气田经过 60 余年的发展，具有天然气上中下游一体化完整业务链。页岩气产业参与主体多、产业链长，勘探、开发、生产、集输、销售每个环节都有投资和工程建设内容，参与主体各不相同，专业跨度大，分工细致，上下游衔接要求高。川南页岩气开发建设坚持上中下游一体化发展，即以勘探、开发、输送、储存、销售、利用等产输销主要环节为对象进行多环节间要素的组合协调，通过多方面的互动、协调与优化，实现产业链整体价值的最大化和功能的最优化。

在上中下游一体化发展过程中，资源基础是关键。通过勘探开发一体化的实施，勘探与开发结合成一个整体，降低了勘探的盲目性，缩短了建产周期，提升了页岩气资源向产量转化的效率。完善基础设施建设是市场开拓和保障供应安全的最重要手段。通过输送储存一体化的实施，统筹管网和储气调峰设施的建设和运行，提升了管网的安全水平和资源的调配能力，保障了气田平稳生产和用户稳定用气。合理有序开发和布局高效的页岩气利用产业集群是促进页岩气产业一体化发展的重要路径。通过销售利用一体化实施，把页岩气销售向利用端延伸，积极打造黄金终端，培育高端利用产业，增强了页岩气的市场竞争力，稳固了市场份额，推动了页岩气利用价值的增值。

3. 统筹中浅层和深层页岩气开发一体化布局

四川盆地五峰组—龙马溪组页岩气 3500 米以浅有利资源量占比约 20%，大体量优质资源的埋深介于 3500~4500 米之间。国内目前的技术和成本仅能支撑埋深 3500 米以浅页岩气资源的有效开发。深层页岩气开发是世界性难题，国内外可供借鉴的经验很少，康菲公司和赫世公司对川南深层页岩气进行联合研究之后决定不再进入，壳牌、BP 公司因作业效果不佳宣布退出，这也表明北美页岩气开发技术不完全适应川南深层页岩气的开发。在实现中浅层页岩气规模效益开发的基础上，西南油气田以战略眼光统筹布局深层页岩气开发，通过近年来持续攻关，形成了川南深层页岩气高产富集规律新认识，优选了有利富集区；探索川南深层页岩气工程技术，实现了水平井的打成和压成；初步形成高产井培育模式，支撑了高产井的批量复制。2019 年垂深 3892 米的泸 203 井测试产量达 138 万方/天，为国内首口测试产量超百万方的页岩气井，树立了深层页岩气的新标杆，标志着川南深层页岩气实现了由点到面的突破，开辟了我国深层页岩气发展的新场面。

（四）建立开放式研发组织，攻关形成勘探开发的主体技术

1. 建立开放式技术研发体系

在川南页岩气开发中，西南油气田始终把科技创新作为核心理念和重要抓手，建立开放式科技研发体系。一是注重创新平台的打造，成功创建国家级重点研究机构——国家能源页岩气研发（实验）中心，四川省级重点研究机构——页岩气评价与开采四川省重点实验室、页岩气产业技术发展研究院。二是注重"开放式"创新管理体系建设，依托国家能源页岩气研发（实验）中心，联合中国科学院和工程院成立院士工作站、联合中国石油科研机构和高等院校成立技术研发中心，聚集了 7 名院士、数千名科技工作者，涵盖勘探、开发、工程等十大专业方向，构建起开放合作、内外联动的科研体系，全力攻关页岩气勘探开发的前沿技术、关键性技术和清洁生产技术。三是注重保持研发投入的强度，通过国家级科技重大专项、中国石油科技项目、西南油气田科技项目的开展为技术创新提供足够的资金和项目支撑。

2. 攻关形成勘探开发的主体技术

针对国内页岩气特点，坚持业务主导、自主创新，攻关研发、发展完善和集成配套形成页岩气勘探开发六大主体技术。一是多期构造演化、高成熟页岩气地质综合评价技术。利用该技术优选的建产区层最有利，井位目标全部有效，优选了长宁、威远、昭通、富顺、永区等有利区。二是复杂地下、地面条件页岩气高效开发优化技术。能够满足提高单井产量、资源动用率和提高作业效率的需求。三是多压力系统和复杂地层条件下的水平井组优快钻井技术。完成了"从学习到打成，从打成到打好"的转变，正在向"钻得更深、钻得更长、钻得更快、钻得更省"的目标迈进。四是高水平应力差、高破裂压力储层页岩气水平井体积压裂技术。解决了改造体积小、加砂困难等难点，当前分段更短、簇数更多、加砂强度更大的新一代改造技术正在推广应用。五是复杂山地水平井工厂化作业技术，实现了钻井压裂"工厂化布置、批量化实施、流水线作业"和"资源共享、重复利用、提高效率、降低成本"目标。六是页岩气特色高效清洁开采技术，形成具有页岩气特色的地面采输技术和数字化气田建设技术。本土化的页岩气勘探开发技术整体达到国际先进水平。

3. 加强标准化建设管理

针对国内页岩气开发初期相关标准不完善、不统一，甚至不少领域根本就没有标准，标准化工作十分薄弱的情况，西南油气田在川南页岩气勘探开发实践中，把标准化建设作为实现规模效益开发重要抓手，不断推动各类标准的建立健全和配套完善。重点是建立完善各类技术标准，先后制定7项国家标准、44项行业标准、20项企业标准及30余项规范等，为川南页岩气可持续发展提供了坚实保障，也为国内页岩气产业的规范化和标准化发展奠定了基础，发挥了标准示范引领作用。

强化管理制度、流程、标准体系建设。根据业务发展和生产经营实际需要，新建制度117项，完善配套流程157项。特别是注重完善页岩气作业的QHSE标准体系，制定完善安全环保制度16项。大力推广地面标准化建设，实现规模化采购，缩短施工周期。加强班组站队标准化管理，系统构建管理标准，推进"管理、现场、操作"三个标准化转型，并健全完善岗位责任制和运行考核机制，基层基础建设工作不断夯实。

（五）采取清洁技术，促进资源开发与环境和谐发展

实现资源开发与自然环境和谐发展，始终是资源型企业的不懈追求。在川南页岩气开发过程中，西南油气田针对关键制约因素，创新清洁开发技术，抓好重点事项落实，实现了清洁生产、绿色发展。

1. 系统梳理关键制约因素

通过广泛开展调研，从资源使用和环境影响两方面系统梳理出制约绿色发展的关键因素。一是土地资源占用。川南页岩气区块主要分布在四川、重庆人口密集地区，人均耕地少，单井永久征地量约1.5亩（约100千平方米），大规模上产占用较多土地资源。二是水资源占用。单井压裂用水量在2万~3万立方米左右，可能威胁某些区域特定时段的水资源可持续利用。三是固体废弃物。单井平均产生200~350立方米油基岩屑，900立方米水基岩屑。四是压裂返排液。单井平均返排率30%~52%，单井平均返排液产生量约1.0~1.5万方。五是施工噪声。钻井过程中钻机、柴油发电机组等设备产生的噪声，压裂过程中压裂车产生的噪声，以及测试过程中产生的燃烧噪声等，都对环境产生影响。围绕这些制约因素，创新技术，制定预案，狠抓措施落实。

2. 实施四大清洁开发技术

学习借鉴北美页岩气开发成熟的环境保护技术，形成并实施四大环境保护技术。一是土地保护技术。创新井场平台化设计技术、土地恢复技术、水土保持技术，破解土地制约因素。二是地下水保护技术。创新岩溶区电法勘探技术，浅层气体、清水钻井技术，多层套管固井保护技术，地下水监测技术，破解地下水制约因素。三是地表水保护技术。创新水资源论证技术、清洁压裂液技术、钻完井用水调配技术，破解地表水制约因素。四是循环利用技术。创新水基岩屑无害化处理技术、含油岩屑常温萃取技术、压裂返排液处理回用技术，破解岩屑和压裂返排液污染制约因素。

3. 抓好重点事项落实

一是不与民争地。采用平台化批量部署、土地复垦、执行水土保护法等技术措施节约用地，减少土

地占用70%以上。二是不与民争水。依法取得取水许可、建立专门管线取水、加强压裂返排液处理回用，保护水资源。三是防止地下水污染。采用电法勘探、多层套管固井和水质监测等技术，防止地下水污染。四是防止地表污染。对水基岩屑与含油岩屑不落地收集后进行无害化及资源化处理。五是降低噪声影响。优化平台选址、钻机电代油、设置隔声屏、减少夜间作业，尽力降低噪声。

（六）强化企地协同，构筑共建、共享、共赢页岩气开发新局面

1. 着力强化企地协同联动

西南油气田充分发挥川渝协调组职能，研究建立企地协同机制。主动加强与地方各级政府的沟通衔接，搭建沟通平台，联合成立工作协调领导小组。每年度定期向所在省市主要领导汇报，年中向省市分管领导汇报，一年两次协调组内部沟通，及时通报、协调重大事项。加强宣传教育，主动回应社会公众疑虑，印发页岩气科普知识宣传手册，开展页岩气知识"进课堂、进村庄、进家庭"活动。积极引导舆论，安排专人了解公众关切，利用各种媒体及时澄清认识误区。自2015年开始，西南油气田还与地方政府合作开展了页岩气开采区地震监测台网建设，加强与省地震局的沟通联系，合作开展压裂与地震关系研究，现场实施地震波监测和预警，实时开展压裂施工优化。

2. 建立健全共建共享利益分配机制

在川南页岩气开发中，坚持开放合作、利益共享、风险共担、互利双赢，积极加强与资源地政府等各类投资者合作，强化企地协调发展，共同组建多方合资公司，有效实现了发展成果共享的企地协同发展新模式，推进了国家级页岩气示范区项目建设。合资公司充分发挥新体制优势，整合并发挥各股东的资源优势，合力推动公司业务发展，切实维护各方合法权益，充分体现了"科学开发、优势互补、互利共赢、共同发展"的页岩气开发宗旨。西南油气田充分利用现有天然气勘探开发研发体系和生产管理体系，全方位支持合资公司业务发展；四川能源投资集团公司积极协调电力企业，全力以赴做好现场用电保障；宜宾市国有资产经营有限公司积极开展地方协调，努力解决征地和阻工阻路等问题。各股东还千方百计调动各种社会资源，优化资源配置，争取更多政策支持和帮助，为合资公司加快页岩气勘探开发创造了有利条件。通过合资各方的共同努力，建立健全了科学高效的管理制度体系和市场化运作机制，打造了一支精干有力的经营管理团队和专业技术队伍，成为川南页岩气勘探开发的排头兵和企地合作互利共赢的典范。

（七）完善配套措施，确保各项部署落地见效

页岩气开发涉及多领域、多专业、多队伍，管理幅度大、跨度大、难度大，需要强化措施配套，加强各方协调配合，确保各项部署落地见效。

1. 建立三级组织管理体系

为使各层级联系更加紧密，资源利用效率更高，通过项目管理方法的创新，建立川南页岩气开发三级组织管理体系，实行统一决策、统一指挥、统一协调、统一考核，实现了从决策部署、前线指挥到组织实施的统筹协调，统筹了资源配置，充分发挥了中国石油整体优势。一是在中国石油层面成立页岩气业务发展领导小组，负责对重大方案、重大技术措施、产能建设年度建议计划进行统一决策，对产能建设的进度、投资、效益进行统一考核。二是成立川渝页岩气前线指挥部，包括勘探开发部、生产运行部、工程技术部、地面工程部和综合管理部，负责对生产运行和参战装备队伍调配进行统一指挥，对实施主体间的协作和企地关系进行统一协调。三是由油公司和工程服务公司组成的实施主体，负责具体的组织与实施。目前已形成了百台钻机万人会战的局面，每年可完成钻井压裂500口，具备每年上产30亿方以上的能力。

2. 构建信息化支撑平台

在自动控制、移动网络、大数据等技术快速发展的大背景下，川南页岩气开发努力推进"两化"

融合，积极建设信息化生产组织管理平台，建设"SCADA（数据采集与监视控制）、油气生产物联网系统"，运行"作业区数字化办公平台、页岩气地质工程一体化平台"，形成了"平台无人值守、井区集中控制、远程支持协作"的管理新模式，打造智能气田。一是构建"自动化生产、数字化办公、智能化管理"的新型生产运行模式。通过采用工业视频监控系统和SCADA系统，实现了气田自动化控制与信息化管理。其中，工业视频监控系统具有实时监控和语音喊话功能，SCADA系统具有流程监控、各生产曲线生成、参数报表导入和警示报警等多种功能，为生产监控与管理提供了便利。二是自主开发"数字化储层、数字化井筒、数字化地面系统"，实现了地质工程一体化分析管理，提高了运行效率和安全管控水平，节约了人力资源和生产成本。三是创新无人值守采气管理，实行"电子巡井+定期巡检+周期维护"的无人值守采气管理方式，依靠自动化控制系统和巡检平台，打造巡检大数据库，借助互联网实时传递巡井信息，提高了时效性。通过后台大数据分析，还可以根据气井问题的频发率找出气井管理的薄弱环节，并有针对性地采取措施避免问题的重复发生，有效减少了用工，提高了生产效率和采气管理水平，基本实现了生产管理数字化。四是开展三维高精度航测，精确测量地形地貌和坐标，为工程建设和生产管理提供辅助决策支撑。五是开展无人机巡线，提高管道管理效率。同时，还搭建了集操作维护、水电讯运、物资采购、企地协调于一体的页岩气专业化运维保障平台，有力支撑了勘探开发各项工作。

三、大型油气田企业突破制约瓶颈的页岩气规模效益开发管理效果

西南油气田页岩气规模效益开发管理的成功实践，有效促进了开发技术和经济指标大幅提升，支撑了川南万亿方储量、百亿方产能页岩气大气区的建成，为保障国家能源安全贡献了川南页岩气力量。

（一）支撑了川南国内最大页岩气生产基地建设，助力我国天然气供应保障能力提升

一是高效探明川南页岩气中浅层万亿方特大型气田，战略突破深层，开辟了非常规新领域。川南页岩气已累计提交探明储量1.06万亿方。2019年泸203井测试日产量138万方，实现了3500~4500米深层页岩气勘探的重大突破，开辟了深层页岩气的新战场。二是建成国内最大的页岩气生产基地，迈入工业化开采新时期。日产量迈上3000万方新台阶，年产能力突破100亿方，历年累计产气达198亿方。三是提高了国家天然气安全供应保障能力。2019年川南页岩气产量约占全国天然气总产量的5%，占川渝地区天然气总产量的17%，2020年之后每年可替代天然气进口量100亿立方米以上，川南页岩气规划2025年达产245亿方，2035年实现450亿方目标，将有力提升天然气供应保障能力。

（二）促进了我国能源消费结构转型升级，助力国家打赢蓝天保卫战

天然气供应保障能力的提升，对于加快国内能源消费结构转型升级、实现绿色发展意义重大。2019年，川南页岩气产量80.4亿立方米，替代标煤用量1069万吨，减排二氧化碳1065万吨，粉尘727万吨。川南页岩气历年累计产气达198亿立方米，替代标煤用量2633万吨，减排二氧化碳2624万吨，粉尘1789万吨，在页岩气开发过程中确保了安全环保"三零"目标的实现，对于落实四川省"推进绿色发展、建设美丽四川"的要求和创建清洁能源示范省发挥了重要作用，为国家打赢蓝天保卫战、加强生态文明建设做出了积极贡献。

（三）探索了页岩气规模效益开发模式，助力国内页岩气产业高质量发展

在探索川南页岩气规模效益开发管理的实践中，积累了成功的经验做法，取得了显著的技术经济成果。一是形成全产业链一体化管理模式，有效降低成本，钻完井成本从1亿元降至6500万元，井均地面配套投资由1200万元降低到700万元，钻完井和地面配套投资下降近一半。二是推动形成页岩气勘探开发6大主体技术系列和20项关键技术。应用六大主体技术，实施三轮优化调整，井均测试产量由10万方/天提高到21~26万方/天，平均单井最终可采储量（以下简称单井EUR）由0.5亿方提高到1.0~1.2亿方，单井产量和EUR提高了1倍以上。三是多项标准化成果填补国内空白，技术标准规范

体系不断健全,发挥标准示范引领。先后制定了 7 项国家标准、44 项行业标准、20 项企业标准及 30 余项规范。四是建成一批页岩气产业化示范基地。2020 年将建成"长宁—威远"100 亿方产量示范工程,远超国家页岩气示范区项目设计的 45 亿方;建成六大勘探开发技术、标准体系示范基地,推广工业化规模应用;建成标准化、数字化、自动化、智能化的现代页岩气田管理示范基地;建成低碳、环保的页岩气绿色开发示范基地。这些示范基地,对于引领和促进国内页岩气产业高质量发展,已经和正在发挥重要作用。

(成果创造人:马新华、谭敬明、谢 军、张道伟、陈景富、乐 宏、李 仲、戴晓峰、谢敬华、胡俊坤、方 健、李勇军)

发电企业以数字化技术为支撑的设备全生命周期管理

华能国际电力股份有限公司日照电厂

华能国际电力股份有限公司日照电厂（以下简称华能日照电厂），现有装机总容量2060兆瓦，分两期建成。一期工程为2350兆瓦机组引进型亚临界燃煤机组，两台机组相继于1999年和2000年并网发电；二期工程为2680兆瓦国产超临界燃煤机组，两台机组于2008年12月同时建成投产。截至2020年6月底，员工805人，设备资产总额42.57亿元。2019年完成发电量100.85亿千瓦时，供热量659万吉焦。

一、发电企业以数字化技术为支撑的设备全生命周期管理背景

（一）提升设备数字化管理水平的需要

发电企业在推动数字化技术与设备管理融合发展及应用方面还存在短板和薄弱环节，在设备状态实时管控以及使用维护管理等方面还缺乏有效手段。深化应用数字化等新兴技术，创新设备资产管理模式，促进现代信息技术与设备采购投运、运行巡检、状态检测、维护检修等关键环节的深度融合，持续提升设备健康运营，具有十分重要的意义。

（二）提升设备使用效率的需要

发电企业设备采购前期投入大，投入回收速度慢；设备实物管理复杂，设备种类多，分类杂，改造、维修引起设备的变化较为频繁；如果设备出现长期闲置，需要投入大量人力、物力和财力对设备进行维护保养，设备老化折旧也会加速；在设备启用前期，设备的维修费用也相对较高。同时，生产设备管理技术及数据分析缺乏相应有效支撑，在设备检修、异常定位、异常消除及报废处理方面亟待改进提升。传统的ERP系统无法实现各类设备数据信息的整合，统一管理存在很大困难。因此，需要从设备资产管理全过程视角出发，统筹考虑设备在选型、采购、投运、使用、维护直至报废等各环节的管理和技术要求，细化各个关键节点的管理职责及要求，构建适合自身发展需要的设备管理体系。

二、发电企业以数字化技术为支撑的设备全生命周期管理内涵与主要做法

华能日照电厂着眼构建实施以数字化技术为支撑的设备全生命周期管理，以安全、效能、成本综合效益最优为目标，以创一流工作为引领，以提升设备健康水平、提高设备利用效率为着眼点，坚持技术创新与管理创新双轮驱动，将"全系统、全流程"数字化精益管理贯穿其中。通过实施一系列创新实践，提升了设备数字化管理水平，显著提高了设备利用效率，有力促进了企业高质量发展，为提升企业经济效益和节能减排成效发挥了重要作用。主要做法如下。

（一）明确设备全生命周期管理目标，建立健全组织体系

1. 明确设备管理总体目标与基本原则

确立安全、效能、成本最优的设备管理总体目标。华能日照电厂从设备管理"安全、效能、成本"三个维度，明确管控内容及评价标准。安全维度，强调设备管理首先要满足人身、设备等安全强制性要求的约束条件；效能维度，强调利用数字化技术，提高设备运行质量，提升设备利用效率，充分发挥设备资产全寿命期间的使用价值；成本维度，强调从设备管理的整体性、全局性、系统性出发，统筹优化设备采购、运行维护、故障处置、退役报废等全生命周期各环节成本结构，提高设备整体运行效率，促进企业运营管理效率效益的提升。

提出"全系统、全流程"数字化精益管理基本原则。全系统，旨在打破部门职能界限，统筹考虑

设备管理各个阶段工作，以设备总体效益最大化为出发点，寻求设备全生命周期的最佳方案；全流程，统筹考虑从设备采购、投运、巡检到报废的整个寿命周期，避免决策局限于某个时间段或某个节点，从机制上实现贯穿各个阶段的整体优化。聚焦"全系统、全流程"，华能日照电厂以创一流工作为引领，坚持数字技术与管理创新双轮驱动，注重提质增效，注重优化结构，围绕设备全生命周期管理抓设备、抓安全、抓技术监督，提升设备可靠性、机组设备检修标准，进一步提高设备健康水平，确保机组设备长周期连续运行，实现企业提质增效。

2. 建立职责清晰、高效运转的组织体系

科学划分管理界面，确保各司其职。着眼于保障设备全生命周期管理有序推进，华能日照电厂根据管理的合理性、相关性及延续性要求，将物资站、生产技术部、安全监察部、运行部、检修部、燃供部、燃料部、财预部、纪审部、人资部等部门的管理职责与设备全生命周期管理各环节对接，科学划分组织管理界面，并对职责进行细化和分解，确保各司其职、各负其责。其中，物资站负责设备采购及废旧物资回收管理；生产技术部负责设备分工、技术管理与技术监督；安全监察部负责设备安全监督与考核；运行部负责设备巡检、运行控制与分析；检修部负责设备维护与检修；燃供部负责设备燃料供应；燃料部负责煤场管理与配煤掺烧；财预部负责设备全生命周期的资金管理与相关会计核算等工作；纪审部负责对设备采购、保管、处置、会计核算进行全过程监察与检查审计。

建立专项组织机构，层层压实责任。在充分依靠部门职能管理的基础上，打破行政管理界限，以设备全生命周期管理链条为出发点，按照自上而下的原则，成立专项推进组织机构。统筹考虑生产技术、物资、安全、运行、检修、燃料等部门管理职能，吸收汽机、锅炉、电气、热控、燃料、化学各专业专工及班组技术人员等骨干力量，统筹设备全生命周期管理的人、财、物等核心资源，按计划管控各项工作进程，确保环环相扣、高效运转。

健全制度标准体系，实现有章可循。按照设备全生命周期管理要求，进一步明晰设备全生命周期管理体系业务范围，形成设备管理工作手册，对《设备划分管理标准》《设备缺陷管理标准》《设备标示管理标准》《设备技术台账管理标准》《设备维护管理标准》《设备检修管理规范》《安全生产考核管理规范》《15项技术监督管理标准》进行评估及修订完善，细化设备全生命管理工作流程、职责、制度、标准、考核、风险等要求，编制发布设备全生命周期管理规章制度、技术标准和管控标准，确保各项标准符合各项导则的管理要求，设备全生命周期组织实施有章可循、科学规范。

3. 统一思想强化监管，确保工作有序推进

全面宣贯培训，统一全员思想认识。编制宣传手册，以"百问百答"形式阐述设备全生命周期管理的理念、日常工作内容及要求，按照"分层级、分阶段"的培训原则，对设备全生命周期管理相关知识开展普及性培训，确保各层级人员思想认识到位、知识学习到位、实践操作到位，切实提高各级人员认识水平，推动设备全生命周期管理理念深入人心。加强设备全生命周期管理体系建设的宣传力度，采用内网专栏、周报等方式进行广泛宣传，营造良好工作氛围。

强化监督管理，扎实推进各项工作。在工作过程中，始终坚持目标和结果导向，通过明确日常运行管理制度要求和工作流程，分层级建立例会制度，强化会商、监督落实机制，定期总结工作成果，明确下阶段工作目标和任务，为工作开展提供坚强保障和有力支撑。围绕推动解决各阶段重难点问题，通过召开专题会、讨论会等方式，跟进研究工作执行中存在的问题，督促各专业查找原因，制定切实可行的解决措施，及时纠正偏差、拾漏补缺，确保各项实施工作按照计划顺利推进。

（二）构建设备全生命周期数字化管控平台

着眼加强设备全生命周期实时在线闭环管理，提高设备全生命周期管理精益化水平，华能日照电厂基于数字化技术，建立大数据管控平台，推动各关键节点数据信息融合共享，实现设备全生命周期管理

的科学化、数据综合集成及业务协调统一。通过对设备各阶段的关键参数进行专业化处理分析，利用"深加工"实现数据"增值"，不断加强设备状态控制、进度控制、成本控制，强化设备管理监控职能，提升设备管理效率。

1. 统一设备身份编码，整理完善设备基础数据

遵循《华能集团电力设备技术台账标准化管理实施导则》和华能日照电厂设备技术台账管理相关规定，成立设备台账编码小组，开展设备分类，整理设备台账上线数据。经过设备台账小组集中开展工作，基于对设备清册数据收集表、台账设备清册数据收集表、设备 BOM 数据收集表、历史检修记录收集表等 4 个设备台账的系统整理，整理完成 6 类、88462 条设备台账数据，并编制完成设备清册和 KKS 编码，经编码公司审核，为全厂各系统设备建立起全生命周期管理的唯一设备编码 ID，为开展设备全生命周期管理奠定坚实基础。

2. 利用先进信息技术，实时采集存储设备数据

实时采集设备数据。着眼实现设备数据"实时采集、全面覆盖"，利用先进信息技术采集电厂实时数据。系统数据采集服务器通过电厂内网连接，以自定义接口与 SIS 镜像数据库进行通信，以加密文件方式存储于本地，以便后续解析使用。数据传输通过文件摆渡系统进行，应用服务器接收到加密文件流，通过一定算法对加密文件流进行解析，第一时间获得电厂状态准确实时信息。

动态发布设备数据。在移动终端上，采用 html5 技术实现数据发布，提供多元化数据展示方式，为不同用户提供一致体验。发布数据时，根据当前实时数据进行展示，以保证快速正确的展示质量；以固定频率（小时、分钟、秒），根据接口，将实时数据库中负荷等关键性数据进行采样存储；建立差异化展示工具包，在结果展示时，可以根据需要以曲线、饼图等多样化方式进行展示。

3. 合理设计功能模块，构建数字化管控平台

利用"大云物移"等现代信息技术，科学设计平台功能，有力支撑基于数字化的设备全生命周期管理。数字化管控平台具体包含六个功能模块：设备采购（物资采购管理信息系统）、设备运行（厂级监控信息管理系统）、设备巡检（设备在线巡检系统）、设备排查（设备缺陷管理信息系统）、设备检修（设备标准化检修管理系统）、设备报废管理（设备实物资产管理系统）。设备采购模块，主要包括调拨管理、采购计划管理，招标管理，评标专家库管理、合同管理等内容，提升设备利用率。设备运行模块，将感知设备信息实时采集，对相关的业务数据进行上传，利用平台进行辅助决策、统计分析和风险管控等，主要包含设备状态监控、风险预警和管控、进度管理、质量管理、工序分析等内容。设备检修模块，主要包括故障库维护、工器具管理、日常保养、预测性维护、备件库管理等内容。设备报废模块，主要包括报废计划、设备及管件部件状态评估，设备残值登记等内容。总的来看，设备全生命周期数字化管控平台能够及时监测、预警、推动解决发电企业设备管理面临的突出问题，为企业提供设备全生命周期管理、分析诊断和数据报告等决策支撑。

（三）健全完善设备全生命周期管理流程

华能日照电厂以集团公司设备资产管理规范为依据，建立以设备采购、投运、巡检、排查、检修、报废六个环节为核心的设备全生命周期管理模型（Equipment Life Cycle Management，ELCM）全面有效指导设备全生命周期管理实施与应用。进一步明晰设备全生命周期管理体系业务范围，制定设备管理工作手册与文件，细化设备全生命管理工作流程、职责、制度、标准、考核、风险等要求，确保体系建设及推广实施有章可循、科学规范。

1. 建立设备全生命周期流程

与五个核心业务部门充分沟通，全面梳理设备全生命周期管理业务流程，明确设备资产形成过程中的关键管控点，建立设备资产管理信息流，完善流程横向协同，补充部分缺失的业务流程，将设备采

购、投运、巡检、排查、检修、报废各个阶段的设备、信息统一到业务管理流程中，形成闭环管理机制，实现设备资产管理在整个全生命周期的优化。在实践中，从流程结构和流程运转两个方面进行设备资产全生命周期管理的分析诊断。

2. 深入开展流程诊断分析

根据计划采购、运行检修和退役报废各阶段的业务内容，基于全生命周期管理模型，对照企业资产管理主要业务流程，对企业资产管理总体流程进行诊断和分析，及时发现业务流程中需要改进之处。根据流程运转情况及工作需要，开展流程运转分析，从流程管控、信息共享、管理方法、制度标准等四个维度对总体流程的运转进行诊断和分析，发现问题，寻找差距。

3. 健全完善业务流程体系

建立涵盖设备采购、投运、巡检、排查、检修、报废六大环节，横跨物资、安全、生产、财务、纪审五大业务领域，包含29个纵向贯通、横向协同、信息完整流程节点的54个业务管理流程。进一步明确设备资产形成过程中的关键管控点，定义设备全生命周期管理的构成及形成过程；建立设备资产管理信息流，明确各流程节点定义完整的信息清单；根据设备资产管理策略，设备资产管理业务活动要求，实现各项信息的融通共享及有序衔接。

（四）优化设备采购管理，强化源头质量管控

设备采购属于资产的形成阶段，包括设备选型、设备采购、监造验收、入库领用等多个环节。把好设备采购质量关，对设备安全稳定运行和降低运维检修成本具有关键作用。华能日照电厂深度挖掘积累的设备大数据价值，结合供应商管理和质量监督，将设备质量管控延伸到生产端，从源头上发现问题、解决问题，实现智能采购与全景质控的闭环管理。

1. 依托实物ID，打造数字采购链

供应链业务与设备实物交互密切，通过实物ID连接物理世界和信息系统，对内实现与各业务部门协调联动，对外实现与供应商信息交互，优化物资资源的全程开放共享，实现设备物资数字化信息互联互通。在实践中，华能日照电厂按照设备系统编码规则，为每台设备赋予唯一标签信息，纳入实物资产信息管理系统进行管理，贯通项目码、物资码、生产码及设备码，实现设备全生命周期内的信息溯源。借助实物ID生码、绑码以及后续数据关联的全过程，实现对设备计划提报、供应履约、到货验收、抽验检测等信息的全链关联。在生产出厂、供应商运输、仓储管理、物资配送、质量检测、质量抽检等环节取得明显成效，达到采购链全过程数字化、可溯源、可视化智能管控的目标。

2. 全程在线可视，推动智能监造

设备制造过程中，针对重点关注部位和节点，利用数字化技术跟踪监造设备，随时掌握设备的制造质量和指标。以实物ID、远程监控、工业视觉为基础，突出"全程在线可视化"。以数字化管控平台监造PC端数据为基础，连接现场监造人员移动终端，发挥实时监造过程信息、关键节点影像信息的优势，对设备供应商生产制造、出厂试验、业务信息等数据及相关视频监控信息进行实时采集，第一时间获取供应商生产线生产状态数据、工业控制数据、视频检测数据、设备监测数据，实现对生产及检验流程实时监控，并依据设定的参数阈值对制造过程自动监测及预警。

3. 强化数字仓储，优化物资调配

一方面，实施数字化仓储管理，实现设备物资精细化管控。设备入库通过条码技术，扫码、录入、系统关联等方式，保证设备物资位置、材质、规格等数据的精细化，实现设备大数据管理，实现设备入库、出库、移库、盘库、自动补货等精细化管理功能，保障设备物资"有源可查，有位可定，有物可用"，提高设备物资的仓储作业能力以及仓库智能化、自动化程度。另一方面，强化数字化仓储管理实现数据共享和库存物资共用。以设备编码唯一性，与物资管理平台协同，通过可编程无线扫码对仓库到

货检验、入库、出库、调拨、移库移位、库存盘点等各个作业环节的数据进行自动化数据采集，及时准确掌握设备库存物资的制造、质保、批次、保管等信息，形成覆盖全面的信息大数据库，实行设备库存物资的共享共用。各部门、单位可以通过调拨、借还、交易等方式，按照区域范围、物资类别、物品属性等条件，共享、公用设备库存物资，从而最大程度地提升仓储管理效率效益。

4. 开展科学评价，优化选择供应商

华能日照电厂通过优化设备采购策略，量化评估设备购置成本、运行维护成本、故障惩罚成本、报废处置成本等全寿命过程成本，全面调研掌握供应商公司规模、商务资质、生产能力、市场业绩、业界评价等，对设备供应商进行量化评价考核，科学选择优质供应商，有效提升设备质量。在实践中，通过各个量化维度的权重设置，最终形成供应商的评价分级信息，作为评标专家评分阶段的参考依据之一，最大程度地弱化专家评审的主观倾向性，有效筛选出优质供应商。此外，组织专家通过评标系统获得供应商不良行为处理信息提示，自动定位黑名单供应商，从而提高供应商的准入策略应用效率。

（五）强化设备运行管理，优化提升机组性能

综合运用数字化手段，实时监控设备状态，收集运行数据，对数据进行统计分析、深度挖掘，结合历史数据对各类设备进行诊断研判，科学掌握主要设备的经济运行特性，强化设备预管理。跟踪电、热、气市场变化，动态获取涵盖成本、大用户、售电等信息在内的大量外部数据，利用辅助服务，确定机组最优运行方式，拓展数据价值。

1. 在线监测设备运行指标

对负荷数据进行实时在线监测，针对重大负荷变化即时推送预警，为迅速采取措施提高电量计划完成率提供决策参考。开展生产指标实时监测、指标异动报警和原因追踪分析，及时掌握机组设备运行状况，实现生产运行可控在控；针对环保排放指标，进行实时在线监测、指标越限分级预警、越限考核结果统计分析。

创新利用新兴技术，拓展设备在线监测深度和广度。例如，利用红外在线监测技术，定期对电气设备、各控制设备、运转设备进行红外监测，通过红外图像横向比较和对历史图片纵向比较，结合设备不同缺陷在热图像上的不同反映，综合判断设备健康状况，为调整完善检修周期进行状态检修奠定基础。针对变压器不同内部故障和缺陷会在变压器油中产生不同气体和气体组合，通过开发变压器油内气体在线监测系统，在线不间断监测变压器中油各气体含量及成分变化，实现变压器健康状况在线监测。

2. 优化机组运行调度管理

将运行设备实时数据全部导入厂级监控信息系统管理，围绕厂级性能、锅炉性能、汽机性能、电气性能、加热器性能、凝汽器性能、空预器性能、辅机性能等八个方面，测算机组和设备性能，对全厂各机组进行经济性分析评估，对影响机组性能的供电煤耗率、热耗率、厂用电率、主蒸汽压力、主蒸汽温度等各项主要参数进行耗差分析，提供包括优化运行曲线和优化操作指导等的相关策略，提升机组运行稳定性和经济性。

3. 大力提升智能巡检效率

开发上线"移动辅助决策系统"（App名称"手电"），将智能巡检功能内嵌在无线移动终端。在实践中，按照规程标准要求预设巡检点，定制巡检路线，路线关键点、重要设备区域安装无线蓝牙，运检人员运用无线手持终端进行便捷式巡检，以无感签到替代传统的人工签到，将巡检人员关注点集中到巡检设备上，实现巡检智能化、信息化管理。人员进入设备现场前只需打开"手电"App，即能够自动记录巡检时间，随时通过移动终端上传现场设备图片、视频等资料信息，实现巡检记录数据实时汇总、统计分析，管理人员动态监督巡检情况，进一步根据巡检质量和成效统计排序，奖优罚劣。

4. 推动生产经营深度融合

综合应用"大云物移"数字化手段,逐步将智能辅助决策延伸至整个设备全生命周期价值链。深化日、月、年电量数据的对比研判,滚动分析交易计划完成情况,为后续发电、检修计划以及营销策略安排提供决策依据。实时核算脱硫、脱硝、除尘效率以及入炉煤硫份等数据,科学制订配煤掺烧方案,动态调整设备运行工况,找准环保要求、安全生产和经济运行最佳结合点。对全网未来7天的用电负荷进行精准预测,科学把握燃料时机及倒运进厂时间进度,最大程度地利用低谷及停机期间进行缺陷处理,确保机组发得出、顶得上、运行稳。

(六) 实施隐患排查及检修技改管理,提高设备健康水平

应用数字化技术,深化缺陷全流程管理,健全完善标准化检修体系,用数字化技术"赋能"设备升级改造,提升设备健康水平。

1. 加强缺陷全流程管理

运用设备缺陷管理信息系统,在缺陷的提报、消除、验收环节加大监控力度,提高检修快速响应和精准处置能力,使整个流程管理即时可控。对设备巡检过程中发现的缺陷,结合无线手持终端实时填报,及时推送缺陷信息,提高缺陷提报效率。利用大数据分析深入总结、掌握缺陷发生规律和特点,对缺陷管理过程进行实时分析,采取针对性管理措施,确保及时发现缺陷,发现后及时消缺,消缺后保证质量,降低消缺的平均成本,提高设备运行可靠性,有效避免设备缺陷造成的电量减发。

开发机组仿真系统,对潜在缺陷故障进行模拟演练。利用仿真系统针对一、二期机组的机、炉、电、脱硫、脱硝、供热系统进行完整模拟仿真,并实现对升压站3D仿真。热工逻辑由现场机组热工逻辑直接转换,与现场保持一致;仿真系统画面、操作窗口与现场实际应用画面完全一致。通过仿真系统,能够实现机组在各种工况下的启动、停止、正常运行操作,科学设置锅炉、汽机、电气、供热故障累计700多个,针对现场可能发生的各种故障进行模拟演练,编制相对应的故障处理操作标准,持续提升缺陷处理能力。

2. 科学开展"主动检修"

通过数字化技术支撑,推动"被动抢修"转向"主动检修"。结合设备台账、设备异动信息管理系统,自动采集设备例行试验、监测信息、家族缺陷等多维度数据,对设备发生的历史问题追踪回溯,辅以同类设备历史大数据进行聚合对比分析,建立设备综合价值、设备损失程度及设备故障概率的评估模型,评价设备状态和绩效,科学确定检修项目,及时检修或更换设备。

3. 强化检修标准化实施

采用设备标准化检修管理信息系统,预设各检修等级涉及的检修项目、检修工序、验收标准、所需备品备件、工器具、人员组织,对设备检修进行精心准备。完善检修工艺纪律,加强对检修过程的监督和指导,提高机组检修精益管理水平和检修质量,抓质量、保工期、控费用,有效提升设备健康水平,确保机组检修后长周期连续运行。

4. 持续推进设备升级改造

根据国家产业政策要求和发展需要,实施机组灵活性、燃料耦合、DCS升级、电除尘、脱硫扩容、脱硝等一系列技术改造,融入最新指标监控、状态监测、趋势分析、故障报警、统计分析、信息推送等数字化应用,机组的适应能力、操作稳定性和数字化控制水平进一步提升。

(七) 健全设备退役报废管理,规范设备后续处置

设备退役报废处置处于资产管理末端,主要包括技术鉴定评估、处置方案研判和退役处置过程等业务环节。华能日照电厂通过数字化技术应用和管理理念、管理流程创新,实现废旧物资的综合利用和科学处置。

1. 严格评估设备退役条件

实时盘点设备资产，对纳入佳克实物信息管理系统的设备资产通过无线手持终端，扫描仓库物资设备ID二维码，进行盘点清查，对需要退役报废的资产进行鉴定和分类统计。按照设备退役制度规定，组织人员对待退役设备进行评估，评估设备是否满足退役条件。组织编制设备退役的有关措施和方案，确保运行和检修人员有章可循。

2. 规范设备报废退出程序

经鉴定无再利用价值的退役设备，移交物资站统一管理，并启动报废管理程序。按照设备报废程序进行报废鉴定、上报，经上级公司批准后竞价处置。报废资产经处置后，在资产管理系统中退出，财务进行资产减值处理，并同步更新设备、物资管理台账，确保账卡物相符。

3. 发挥退役设备再利用价值

资产退役处置是众多企业资产管理的薄弱环节，退役设备技术鉴定缺乏科学、客观、量化的统一判别依据，退役设备再利用率普遍较低。华能日照电厂在满足安全、环保、技术等约束条件下，创新应用设备技术状态的评价结果及残值量化评价方法，统一设备退役技术和经济性鉴定标准和流程，对退役的设备组织技术人员进行鉴定分析，确定是否有部分再利用的价值，对有再利用价值的设备编制技术方案和替代措施进行再利用，最大程度地发挥设备残余的利用价值。

三、发电企业以数字化技术为支撑的设备全生命周期管理效果

（一）提升了设备数字化管理水平

华能日照电厂通过实施以数字化技术为支撑的设备全生命周期管理，将数字化融入设备采购、运行、维护、报废各环节，实现设备资产数据实时上传和及时提取，为生产、采购、报废等决策提供数据信息支持，推动各专业系统设备实现全流程在线监测和管控，形成了规范、高效、精细的设备管理工作体系，以设备数字化、智能化为支撑的智慧电厂建设初见成效。通过数字化仓库建设，实时掌控设备资产运维、库存数据变动情况，科学优化采购策略，2019年单位库存降至5.2元/千瓦，达到行业领先水平。依托锅炉受热面3D立体模型，集成管子位置、规格材质、历次检修测厚等上万条受热面数据，动态掌握受热面状态，科学规划检修项目，锅炉四管泄漏逐年减少，2019年四台锅炉全年无泄漏。作为国家级"两化"深度融合示范企业和华能集团公司工业互联网试点单位，企业通过深化应用数字化平台，推动各专业系统智能化管理水平持续提升，"供热站无人值守系统""燃煤电厂燃料智能化管理实践"分获2019、2020年全国发电企业信息技术与应用优秀成果一等奖，被中国设备管理协会授予"全国设备管理优秀单位"。

（二）显著提高了设备利用效率

在日趋严峻的电力市场环境下，华能日照电厂通过开展设备全生命周期管理，逐渐形成了以设备管理为核心的采购、运行、检修、营销协调管理机制，实现了设备利用效率、管理效率最大化。通过深入挖掘电网负荷、机组运行数据，结合平台中大数据推送的有关市场信息，专业人员及时调整营销策略和机组调度运行方式，使机组始终保持最佳运行状态，为企业安全生产和经济运行提供了重要保障。2019年，设备可靠性达到99%，同比提升5%；设备利用率同比提升8%，平均利用小时同比增加260小时，等效可用系数同比增加3.1%；综合供电煤耗完成296.46克/千瓦时，同比降低1.35克/千瓦时；综合厂用电率完成4.53%，同比降低0.26%。在行业对标中，机组供电煤耗和用电率等主要指标连续多年保持行业领先水平，3号机组获2019年全国火电机组能效水平最优奖；4号机组荣获第一届燃煤发电高峰论坛5A级奖牌，并连续3年荣获全国火电机组能效水平对标一等奖。

（三）有力促进了企业高质量发展

在保障安全、提高效率的基础上，数字化技术支撑设备全生命周期管理推动了企业高质量发展。通

过践行绿色发展理念，将湿式除尘、低低温省煤器、脱硫脱硝自动控制等技术融入节能环保技术更新和设备改造，节能减排各项工作取得显著成效，体现了央企的责任担当。华能日照电厂作为山东省第一家完成烟气超低排放改造并通过环境厅验收的企业，机组烟气脱硫效率大于90%，四台机组烟气氮氧化物、二氧化硫、烟尘排放浓度优于超低排放标准，废水综合利用率、粉煤灰回收利用率达到100%。企业积极融入精致城市建设，将物联网、大数据等信息技术与先进供热技术深度融合，稳步推进智慧供热平台建设，实现了供热系统自感知、自分析、自优化、自决策的智慧化决策与控制，智慧供热成为服务民生新亮点。企业先后获得中国美丽电厂、低碳山东行业领军单位、山东省节能先进企业等荣誉称号。

（成果创造人：孙即涛、林兆灵、张义政、李贵春、王成华、李玉平、冯玉民、刘　斌、刘　玮、牟　林、王肖嵬、卢占桂）

高端装备制造企业基于"三层四链"的数字化质量管理

中车青岛四方机车车辆股份有限公司

中车青岛四方机车车辆股份有限公司（以下简称中车四方股份公司）以基于数字赋能的质量持续改进为目标，依据 ISO 9001、ISO/TS 22163、中车 Q 等先进的标准体系要求，通过质量文化构建，促进管理理念的优化，夯实企业竞争基石；通过梳理核心管理要素，按照以体系保过程、以过程保质量的原则，构建体系（公司质量管理/通用质量管理要求 Quality Management，QM）、项目（项目质量保证 Quality Assurance，QA）和产品（产品质量控制 Quality Control，QC）三个质量业务层级架构及运转机制，不断促进中车四方股份公司质量管理成熟度的优化提升；按照业务健壮化、过程显性化、数据互通化、改进自主化、决策科学化的工作思路，以信息化手段实现管理赋能，通过质量管理信息系统（QMS）、质量管理健康度评价（QHM）、质量指挥中心（QCC）等质量管理信息化系统的建设，打通产品信息收集、分析、反馈数字流，协同技术、制造、供应、服务价值链建设，实现业务由人为驱动向数据驱动、绩效由人为评价向数据评价的转变，促进中车四方股份公司质量管理升级换代；通过数字赋能实现基于数据、事实和理性分析的实时管控，为中车四方股份公司提升企业核心能力、推动高质量发展、创建世界一流示范企业提供有力支撑和可靠保证。

一、优化提升质量文化、职能职责和技术手段，夯实企业质量管理基础

中车四方股份公司通过质量文化构建，为企业营造良好的质量氛围；通过职责归位，提升内部协同效应；通过资源效率提升，为产品质量提升提供保障；通过信息技术应用，为产品质量提升提供支撑。

（一）构建质量文化，为产品质量提升营造氛围

企业文化是企业的灵魂，渗透于企业的一切经营管理活动中，是推动企业持续发展的不竭动力。质量文化脱胎于企业文化，并与企业文化互相融合。要塑造员工良好的质量意识，需要构建适应企业发展的质量文化，应用文化的力量去提升员工的质量意识。中车四方股份公司基于企业使命、企业精神，打造并强化公司"品行四方质造未来"的质量文化理念，建立敢于求真、禁止作假的文化，树立万无一失、一失万无的理念文化，倡导暴露问题不追究、隐藏问题必问责的文化，建立技术、管理双归零的文化，树立细节决定成败的文化，倡导主机企业的主体责任文化。通过六个方面的质量文化建设，引导员工塑造良好的质量意识，营造企业良好的质量氛围，为践行"追求卓越、诚信四方"企业精神和树立中车品牌"金名片"提供有力支撑。

（二）提升资源效率，为产品质量提升提供保障

资源的利用效率是企业提升管理效益的关键，中车四方股份公司通过职责回归、发挥管理的协同效应，通过少员提效提升资源效率，为产品质量提升提供保障。

职责回归。质量管理体系回归经营管理体系、质量要求回归管理流程、质量职责回归流程所有者的"三个回归"思想系统阐述了质量管理与企业经营管理的关系。中车四方股份公司对标 ISO 9001、ISO/TS 22163 和中车 Q 标准要求，全面贯彻"三个回归"思想，推进工艺、质量策划一体化工作，通过调整职能，推动质量与工艺的高效协同；通过提升检验结构重用度，提升质量与设计的高效协同；通过系统识别中车四方股份公司标准要求未响应、现有活动未覆盖的管理活动，系统整合优化企业流程机制，建立一体化业务流程管理系统，系统性提升管理工作效能，为产品质量提升提供管理保障。

少员提效。充分利用专业机构、中车大学等内外部资源，培育中车四方股份公司质量领军型人才、

质量专家型人才，打造梯次化、均衡化的人才队伍；开展"一专多能、多能工"培养，组织89名员工考取了"机车车辆检验工"职业资格证书，"跨工序"培养368人，"跨工种"培养209人；大力实施质量人才培训，开展一专多能，不断释放人力资本效能，满足中车四方股份公司高质量发展的人员需求，为产品质量提升提供保障。

从全价值链的视角深入推进企业提质增效，将精益理念延伸到设计源头、供应链系统，发掘整个链条的价值，全过程降浪费、提效率、增效益；秉承"每一件事都要有人管，每一件事都要有标准，每时每刻都要有人管"的原则，全面推进精细化管理，提升中车四方股份公司整体管理的精细化水平和经营实效，充分挖掘、释放管理效能，为产品质量提升提供保障。

（三）应用信息技术，为产品质量提升提供支撑

信息技术是高效的现代化管理工具，信息技术的使用极大提升了管理效率。中车四方股份公司统筹策划、积极打造与企业发展进程相适应的数字化应用平台，以信息化促进管理提升，为产品质量提供支撑。

数据贯通。建立了以PDM、ERP、QMS、MES、MRO五大核心系统为基础的信息化架构，全面应用并优化以最小作业单元为基础、工艺设计和质量策划合一的工位制精ободной工艺设计模式，初步实现数据同源，为产品制造数据的贯通提供源头保证；通过线上项目质量监管和供应商线上数据交互的试点，打通产品研发、制造、运维和供应链全流程的数据链，通过集成信息化平台实现设计、工艺等关键节点的一体化运作，促进企业向集约化、协同化、精细化管理方式转变。

智慧决策。推动云计算、大数据、人工智能等新一代信息技术与质量工作的融合，打造基于大数据的"集约化管理协同平台"，以质量管理、智造链和供应链质量管理为重点，发挥现有质量数据价值，通过数据中心/质量指挥中心建设，打通信息壁垒，实现内部资源共享，推动形成数据分类合集，提供全面、及时、准确的数据支撑，逐步形成大数据资源聚合、分析应用新机制，基于标准数据实施决策。

二、创新层级架构，提升质量管理成熟度

中车四方股份公司结合公司实际经营管理状况，借鉴层级理论，从体系（公司质量管理/通用质量管理要求QM）、项目（项目质量保证QA）、产品（产品质量控制QC）三个层面构建公司质量业务层级架构，为不同的质量管理阶段、管控层级、管控对象提供规范、并发挥各自不同的作用，其关系结构如图1所示。

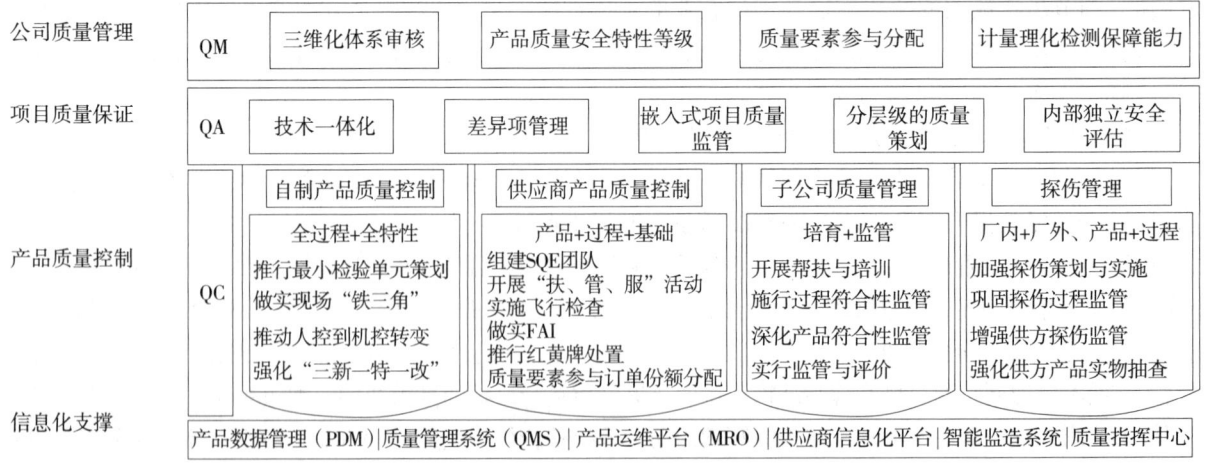

图1 质量管理体系层级架构

（一）体系层面（公司质量管理/通用质量管理要求 QM）

中车四方股份公司基于世界先进的质量管理理论和方法——ISO 9001、ISO/TS 22163 质量管理体系要求以及中车 Q 标准体系要求——建立了质量管理体系，以体系要求为规范开展公司层级的质量体系管理，通过过程管理方法对质量管理的过程要素（涵盖从确定顾客需求、研发设计、生产制造、检验、交付到销售的全过程）的策划、实施、监控、纠正与改进活动进行控制协调和系统管理。

体系层级是普适性的通用质量管理要求，为公司质量管理工作提供先进的管理方法、管理范式和高效的管理机制，为提升质量管理效率、实现质量目标、适应高质量发展要求奠定基础。

（二）项目层面（项目质量保证 QA）

先进的项目管理方法与质量管理方法的有机融合，是从项目管控层面建立的质量管控机制和方法，适用于项目管控范围。当体系通用的方法不能满足顾客要求（项目管控需求如 TSI 认证、产品质量评估等）时，需要基于合同的特性化要求，从项目管理层面策划项目质量管控的方法和措施，运用项目管理手段、方法实施质量管控，通过项目的质量策划、质量监管、质量改进，在项目实施过程中依据中车四方股份公司质量体系要求，针对项目特点和用户特殊要求采取有效措施，促使项目实施过程符合项目质量要求，降低项目质量损失成本，实现项目总体目标。

通过项目实施，证明项目质量管控机制、方法有效并具有普适性后，这些机制和方法就被纳入体系管控层级，丰富体系层级的内容与要求。

（三）产品层面（产品质量控制 QC）

产品质量控制是基于项目质量管理要求进行策划的产品检验规则、方法等，是企业为生产合格产品、提供顾客满意的服务和减少无效劳动而进行的控制工作，围绕产品质量形成全过程的各个环节，对影响工作质量的人、机、料、法、环五大因素进行控制，并对质量活动的成果进行分阶段验证，以便及时发现问题，采取相应措施，防止不合格重复发生，尽可能减少损失。质量控制应贯彻预防为主与检验把关相结合的原则，是质量管理的最基本工作，致力于满足质量要求。

被验证有效的产品检验规则、方法，将作为通用检验规则被纳入项目质量管控或质量体系管理要求，为今后的质量检验工作提供指导。

（四）质量体系成熟度

建立涵盖三层架构的质量管理体系成熟度进行定量评价，确定组织的质量管理体系成熟度等级，识别组织的改进和创新机会。持续改进质量管理体系，强化竞争优势，提升顾客满意度，引导组织追求卓越，提升企业整体绩效。通过公司主营业务过程、管理过程和支持过程，基于中车 Q 及 ISO/TS 22163 标准要求实施量化打分评价。评价结果可用于发现系统性问题，确定组织质量管理体系存在的优势和劣势，受评价方针对不足与劣势制订整体提升方案并实施改进；横向对比，确定与对比对象的差距制订改进计划并实施；纵向自我对比，对不同层级不同维度进行薄弱分析，确定管理体系成熟度目标、改进行动及优先级，并持续改进；利用评价发现问题，进行持续改进，如对评价项点等级低于 2 分的内容或目标要求制订有针对性的整改方案并实施。

从体系到项目再到产品，管理范围越来越聚焦，管控手段越来越有针对性，而体系/项目的普适性机制和方法，来自被验证有效的项目管理机制/方法或产品质量控制手段/方法。质量业务层级架构为不同质量管理阶段、管控层级、管控对象提供规范，并发挥各自不同的作用，三个层级横向开展 PDCA 循环，纵向"以上率下"，又"自下而上"反馈、改进，形成大的 PDCA 循环，通过螺旋状上升不断优化质量管理机制和方法，丰富体系层级的要求，促进中车四方股份公司质量管理成熟度的提升。

三、依托数据赋能，提高核心管理能力

以数字化、网络化、智能化为特征的信息化浪潮加速催生新模式，中车四方股份公司提出建设数据驱动型企业，积极推动互联网、大数据等技术的应用，以先进的技术、手段推动中车四方股份公司管理的升级。针对管理中的重点难点问题和薄弱环节，按照业务健壮化、过程显性化、数据互通化、改进自主化、决策科学化的工作思路，以信息化手段实现管理赋能，通过质量管理信息系统（QMS）、质量管理健康度评价（QHM）、质量指挥中心（QCC）等质量管理信息化系统的建设，解决信息碎片化、渠道"梗阻化"、基础管理数据缺失、管理效率低下等较为突出的问题，打通产品信息收集、分析、反馈渠道，实现信息的集中利用、成果的有效共享和管理的精细化。通过业务流程在线化、结构化，保证有效管控模式落地，提升执行力；通过标准显性化实现共知、并行处置来提高效能；通过数据分析发现改进机会，打破自我封闭；通过建立数据互通的流程网络，提高整体管理效能，为企业核心能力提升提供支撑。

（一）搭建质量管理信息系统（QMS），提升质量管理效能

1. 以信息化手段规范数据，促进渠道畅通、数据共享、效率提升

中车四方股份公司依据公司质量管理、项目质量保证及产品质量控制三层架构，针对各层级管控要素，建立了涵盖体系审核、首件检验、进货检验、过程检验策划、过程检验数据等模块，嵌入了管控节点的会签审批、问题闭环、申请进展、正反向追溯、变更记录、证据传递等流程的质量管理信息系统（QMS），实现了履历信息实时查询（动车组方面已实现各车型160余类新造部件100%扫描采集，检修按修程进行更新、按部件序列号批量追溯装车号），进行首检、入库、制造、运营各环节的结构化检索。借助系统实现各类质量问题/信息的准确收集、快速查询、规范分析和持续改进，信息综合查询效率明显提高，提升质量追溯能力，进一步提升质量改进效率。

QMS实现了质量体系全过程数据获取、问题跟踪、结果评价的规范化，主要质量指标的可视化和质量改进过程自主化。在项目质量保证（QA）层面，实现了项目计划及执行进展的实时获取，项目执行中质量异常及关闭状态的适时跟踪和嵌入式项目质量监管进展的实时获得。在产品质量控制（QC）层面，实现自制产品制造过程质量参数和业务数据的可视化，现场质量异常的及时报警，确保过程的合规性和产品质量的符合性；在采购物资方面，实现了与供应商的点对点沟通、数据的交互及共享，供应商质量管理流程及数据可视化监控、定制化分析及供方订单份额的分配及调整。

2. 以数据赋能夯实基础，促进精细化管理和质量管理效能的提高

质量问题的处理是质量管理体系中最常见、最基础的工作，也是QMS系统中的基本信息，处理质量问题的能力决定了质量工作效能。中车四方股份公司从基础做起，基于质量问题处理过程的基本属性和迭代式闭环管理的要求，对过程管理要求进行细化、优化，将质量问题处理流程分为问题描述、问题分析、问题处置和问题改进四大环节，根据每个过程环节的特性构建相应的数据分类体系，确保该分类标准更清晰、快速，精准定位产品质量问题，为质量提升提供参考标准。

（二）构建质量管理健康度评价系统（QHM），引导质量管理健康发展

1. 以业务过程评价构建模型，提升质量管理评价能力

为提升中车四方股份公司质量管理的整体效能，公司以业务过程评价为导向，通过QM、QA、QC 3个层级，梳理22个强制过程和20个推荐过程，厘清质量管理要素，根据管控需要选取关键管控要素（这些管控要素分布在质量业务的不同层级），构建了全价值链质量管理健康度评价模型（以下简称企业评价模型）。企业评价模型由业务板块、业务过程及量化指标构成三级结构：第一级为中车四方股份公司五大业务板块；第二级为业务过程（涵盖业务板块15个、综合板块20个）；第三级为量化指标，共157个，依据成熟度量化标准进行指标打分，发挥质量指标导向作用。

为确保企业评价模型的科学性，中车四方股份公司通过应用专家咨询法、因子分析法、层次分析法等多种方法形成QHM研究的基础数据，进一步利用统计学算法设计各层级权重，进而保障企业评价模

型的有效性。

2. 以信息化落实评价机制，引导专业管理协同发展

中车四方股份公司对质量管理的管控要素和管控过程从"核心业务流程""支持业务流程""经营目标"等维度，明确评价内容、评价方法和评价要求，建立评价机制。通过质量管理健康度评价（QHM）信息化系统，收集评价数据，落实评价机制，开展健康度评价，精准定位中车四方股份公司质量管理总体、各板块及过程间的优势和不足，实现中车四方股份公司质量管理水平的动态监控，促进各板块及时补短板、改不足，引导专业管理协同发展。同时，通过数据沉淀形成系统化的研究方法论和经验，为中车四方股份公司相关经营管理体系量化评价奠定基础，最终为中车四方股份公司质量管理评价、质量改进和决策、探索经营管理体系量化评价提供支撑。

（三）创建质量指挥中心（QCC），实施业务数据驱动

1. 加强异常管控，建立分级管控机制

中车四方股份公司以异常状态管控为核心建立质量指挥中心（QCC），通过职责细化建立分级管控体系：指挥中心设指挥层和状态管理层两级管控。指挥层又分为公司级异常中心和部门级异常中心：公司级异常中心展示 QM、QA、QC 业务中的全量异常，公司各部门均可查阅；部门级异常中心展示部门异常，由部门根据需要对涉及本部门异常进行线下协调及处置。状态管理层分为公司质量管理、项目质量管理、智造链、供应链四级，切入业务，实施管控。

2. 建立预警逻辑，实现异常状态显性化

对重点管控要素、项点，在指挥中心建立预警逻辑，设立时间类、指标类、趋势异常类、超限类等预警值，通过互联网技术在各终端显示、预警，以简单直观的方式便于各级管理者快速反应、适时管控。中车四方股份公司领导可从管理视角对当前的主要异常和业务状态进行快速总览，便于快速决策；部门领导可对所负责业务的异常和总体状态进行分析、判断；班组及具体负责人可及时获取并处置所负责业务的异常和总体情况。

质量指挥中心通过业务数据的异常预警及显性化，实施基于数据、事实和理性分析的实时状态管控，实现公司管理层与业务层的快速沟通与有效决策，实现由人力驱动业务到数据驱动业务、由人力评价绩效向数据评价绩效的转变，促进中车四方股份公司质量管理逐步走向端到端的数字化管理，质量管理方式从定性走向定量，为中车四方股份公司建设数据驱动型企业奠定基础。

（四）应用数字化技术，实现全链条整体效能提升

质量管理体系涵盖了中车四方股份公司价值增值全过程，覆盖了主要专业系统，质量管理效能的提升需要各专业、各板块的协同发展、共同提升。中车四方股份公司基于高质量发展的需要，从 QM、QA、QC 三层建立三大质量信息系统，对公司的技术链、制造链、供应链、服务链进行统筹规划、数字赋能，提升质量管理效能，促进协同发展。

1. 技术链——搭建数字化平台，实施研发全过程管控、数据一体化管理

技术是产品质量的源头，为从源头保证产品质量，中车四方股份公司搭建数字化研发平台，基于 QM、QA 及质量成熟度要求，以 PDM（产品数据管理系统）为核心覆盖产品研发、工艺设计、检验策划，集成虚拟现实平台、试验验证平台、工艺仿真平台，以项目管理为主线，管控产品研发全过程。产品研发、工艺设计、检验策划基于 PDM 平台开展，统一数据源，实现研发数据一体化管理。图纸、工艺文件、通知、检验文件由下游图文档发布系统推送至现场终端，结构化检验策划信息在 PDM 内进行策划，推送至 MES 或 QMS 执行。PDM 实现了产品研发、工艺设计、检验策划，集成虚拟现实平台、试验验证平台、工艺仿真平台，以项目管理为主线，管控产品研发全过程；实现了产品技术数据的同源，提高了溯源的效率，大大提升了技术变更的管控质量能力。

2. 制造链——借助数字化技术，提高制造过程管控能力、制造效率

制造是产品质量形成的关键，中车四方股份公司根据管理现状逐步在制造过程推进数字化技术应用，以提升制造过程的管控能力和效率，为产品质量提升提供保证。

焊接过程数字化管理系统焊接，是动车组车体制造的关键工艺。为了对焊接过程进行实时监控，中车四方股份公司利用数字化技术，建成了国内首个动车组焊接过程数字化管理系统。通过布设在焊机上的数据采集器，焊接管理系统能够实时采集焊接过程中的所有焊接参数，如焊接电压、电流等，每0.5秒记录一次，并自动与标准参数比对，一旦出现超差自动报警，信息化检测代替人工检验，有效提高了产品焊接质量。

转向架数字化装配线制造"履历"对产品制造过程的追溯具有重要意义。转向架是动车组的关键核心部件，由400多种零部件构成，从上线装配到完成制造，产生近万项制造数据。为提高履历记录的准确、适时及效率，中车四方股份公司建成了转向架数字化装配线，借助物联网、智能传感、无线通信等技术，将以数控机床、扭矩采集以及辅助装配为主的智能设备进行联网联控，实现了转向架制造数据的自动采集、自动判定和自动归集，更好保障了转向架的装配质量。同时，基于装配大数据，对产品一次交检合格率、工序能力指数、质量稳定性等进行分析，指导生产流程和制造工艺的优化，提高制造效率和产品质量。

调试是动车组产品出厂前进行例行试验的关键工序。中车四方股份公司对调试线进行数字化升级，建成了动车组数字化调试线，实现了动车组试验记录文件100%电子化交档、试验全过程数据100%存储上传。同时，借助数字技术和智能化装备，开发了十余种自动化调试设备，使动车组的部分调试项点实现了"自动化调试"。这些自动化调试设备，能够根据任务指令自动采集试验数据，自动判断试验数据，并自动生成试验结果。目前，实现自动化试验的调试项点已经达到3000多个。数字化调试线投入应用后，提高了检测质量，动车组的调试效率大幅提高，一列8辆标准编组的动车组，调试周期缩短了2天以上。

从车体焊接、转向架装配履历再到总装调试，数字技术大显身手，为动车组制造赋予了"智慧"，提高了产品的制造效率、产品质量和服务水平。

3. 供应链——应用信息化手段，优化提升供方质量管理功能

供方产品质量是影响中车四方股份公司产品质量的重要因素，为提高供方产品质量，中车四方股份公司通过信息化手段优化提升供方质量管理功能。

建立供方质量管理系统。通过梳理供方质量管理的主业务流程，以中车四方股份公司产品13大系统及供方为主线，将融合供方基本信息、技术文件传递数据、供方制造过程数据、首件检验、入库检验、过程检验、售后服务、供方惩处、供方日常管控、供方质量评价等10类数据向供方进行点对点的推送，实现双方的适时、快速交流，适时、快速传达公司要求；同时通过网站收集供方执行、整改情况，根据供方执行情况、其产品及制造过程特点，细化各项管控措施要求，制订针对性强和可操作性好的工作表单和指导文件，对供方过程质量控制和质量问题整改进行指导。

供方质量管理系统打通了主机企业与供方的管理壁垒，促使供方质量管理活动与公司步调一致、信息共享。将供方协同融入主机企业的管理流程中；同时通过系统与专检点的匹配关系，实现智造链与供应链监控信息的互通共享。

以信息化手段落实供方质量评价机制。通过信息化手段实现对供方质量进行全面、客观量化评价，将参与评价的质量要素和分析计算规则，纳入信息化系统，实现质量要素基础数据的自动汇总和分析，如自动核算某供方产品的质量、售后在具体竞标/竞谈项目中的评标/评价得分，自动核算某供方的年度供应商评价质量得分，提高质量评价打分的客观性和时效性。将评价结果与其订单份额关联，充分发挥

评价结果的导向性作用，引导供方按照中车四方股份公司的期望和要求，强化质量管理内生动力，不断完善其质量管理体系，规范生产过程，提升产品质量，助推中车四方股份公司产品实物质量提升和质量健壮型供应链的搭建。

4. 服务链——基于"大数据"技术，改变运维模式，提升运维效率

中车四方股份公司有1300多列动车组运行在全国各地，为保证车辆安全顺畅运行，中车四方股份公司基于大数据技术建立了动车组智能运维平台，每列运行的动车组上设有数千个数据测点，传感器实时采集列车的运行状态数据，监测运行状况，每10秒向地面发送一次。中车四方股份公司利用动车组运行实时数据，融合列车的制造履历数据、线路数据、运用数据、维修数据、自然环境数据等，应用大数据挖掘技术和人工智能算法，建立动车组关键部件故障预测模型，对故障进行预测、预警，提供维护建议，将传统被动式的故障后维修或定期维修，变为主动的预防性维护，有效降低了列车故障率，更好保障了行车安全，提高了运维效率。目前，动车组智能运维平台已上线应用近100个故障预测模型，利用大数据技术，每年成功预防故障数百件。

（成果创造人：马利军、梁建英、徐 磊、刘 彩、李亮亮、李彦林、李 艳、张 剑、刘 荞、王西山、褚 娜、董旭琪）

国防企业基于信息化平台的物流安保体系建设

中国兵器工业集团有限公司

运用系统性思维、总体动态化管理及精益管理理念、安全保密等管理理论与方法，利用信息化管理手段，融合现有分散的物流管理体系，通过实施物流运输的周密计划与严格审核、在途任务的实时监管控制、创新技术的充分融合应用、严格的事后溯源追责及持续改进、企业化管理与市场化运作等方式方法，形成"物流+安保"的一体化运作模式，建立"1+N+X"的国防军工物流安保体系。其中，"1"指以线上管理支撑"一个平台"（国防军工物流与安保信息化平台）、资源整合"一张网"、线下"一支专业力量"为中枢；"N"指整合军工物流、军事物流、警用装备物流、社会特资物流等业务需求；"X"指统筹军工系统和社会化优质物流与安保资源。为国家国防科技工业局及各级管理单位提供平台化的管理抓手，为各军工单位提供线上线下相结合的专业化整体解决方案及市场化业务支撑服务，统一管理任务，降低各级管控风险，逐步形成"平时保工、战时保军、兼顾应急"的保障模式，确保军品运输全流程安全保密、专业可靠。

一、明确指导思想和基本原则，厘清安保体系构建和运行的思路

针对传统军品运输中存在的专业化水平差、整合程度低、响应速度慢、沟通不及时、保障机制单一、应对突发事件能力较弱、缺乏有效监管手段等关键性问题，物流与安保中心组建了专门的项目团队，通过开展广泛的调查研究，统一思想与认识，形成了构建物流安保体系的"四个必须"和五项基本原则。"四个必须"：一是必须站在国家安全战略的高度来思考和筹划；二是必须站在融合发展、军地共用的前提下来思考和筹划；三是必须站在国家利益和企业利益共赢的基础上来思考和筹划；四是必须站在国防科技工业现实需求与未来发展的角度上来思考和筹划。五项基本原则：一是安全保密第一，国家利益至上的原则；二是融合发展、军地共用的原则；三是军工物流与安保紧密结合的原则；四是军品为主、重点推进的原则；五是企业化管理、市场化运作的原则。

为针对性解决军工物流与安保管理工作当前存在的问题，落实上级管理单位"抓牢安全保密准绳，明确各级管理界面，培育专业支撑力量"的具体指示要求，物流与安保中心以服务国防工业为主，坚持安全第一，通过引入信息化手段，在标准体系建立、安全保密管理、事前任务计划及合规管控、事中行动支持及过程监控、事后溯源评价及统计分析，以及线下业务管理支撑等方面进行整体设计和实施。通过创新线上线下相结合的管理运作方式，线上搭建综合管理和北斗指挥调度平台，线下建立指控中心及地区运营中心，整合物流与安保服务资源，统筹军工物流需求，针对性地解决部队客户及各军工单位的安全、保密、应急等管理需求，构建"1+N+X"的国防军工物流安保体系，为各级归口管理单位提供有效的管理模式和管控工具。

二、对物流全过程精细管理，确保军品运输安全保密

物流与安保中心先期主要辅助各级管理部门落实军工物流相关安全管理要求，提供线上管理支撑服务，选取重点领域、典型企业先试先行。后期通过统筹各方资源，积累经验，推进线下业务管理支撑服务，并逐步向军事物流领域延伸。

（一）前期备运周密计划、严格审核，消除物流的安全隐患

针对当前军工物流与安保管理各成体系、管控力度弱、缺乏统一标准，以及通行证照审批的办理效

率低、制式多样等问题，物流与安保中心融合现有军工物流管理体系，研发信息管理系统，搭建顶层信息化管理平台，优化业务审批流程，利用信息技术手段，建立供应资源审核机制和核验标准，将原有流程平台化、规范化、标准化，为军工单位和管理部门提供安全管理工具，消除由于运输任务事前管理不到位造成的安全隐患。

1. 严格审核物流相关单位、人员资质和能力，确保运输力量合规

物流与安保中心按照国家运输有关规定搭建信息化管理平台，建立运输企业、车辆、人员的审核机制，并通过公安部智慧内保信息系统比对核验；按照国家管理部门及各军工集团的供应商准入标准，审核入网的供应资源，确保资质合规。一是审核从事军工物流与安保业务的单位或经营实体，确保企业"资信良好，有据可查"；核验企业所被许可的经营范围，避免"弄虚作假，越权经营"。二是审核入网从业的驾驶员、押运员的从业资格、背景履历、犯罪记录、信誉评价等，确保人员"持证上岗，专业可靠"，对已经失效或不具备作业资质的人员予以提醒复训更新资质或清除。三是审核入网车辆的运输资质，驳回不符合要求的车辆，确保每一辆车"证件齐全，信息透明"。

2. 加强对运输产品技术性能的安保合规审查，确保待运产品自身安全

针对运输过程中从业人员对产品安全特性掌握不到位、操作方式不规范、应急处置不当等问题，物流与安保中心创新产品安全技术管理方式，利用信息系统提前督促各单位预制"产品安全技术说明"。在运输任务执行前，协助各级归口管理部门对运输产品的装载加固方案、包装方案、安全防护及应急处置预案等进行审核，做到"一物一审"，并形成军品尤其是危险品道路运输安全卡（内容包括危险性、泄露处理、灭火方法、储运要求、急救措施、防护措施等），消除由于产品自身安全问题带来的隐患。

3. 智能规划运输路线，降低违规事件发生率

针对军品运输车辆违规屡次进入国家重大活动管控区域等问题，物流与安保中心自主研发了路线规划系统并应用于信息化管理平台，利用智能导航引擎快速、准确落实公安部、国家国防科技工业局等部门下达的区域临时管控要求，对军品尤其是危险品运输路线进行智能规划；在有效避开重大活动期间禁行区域的同时，避开人流密集场所、水源保护地等，遵守桥梁、隧道、临水临崖通行条件差的山区公路等限行规定，对沿线安全风险和限行政策等信息事前提示，消除不合理的运输路线带来的隐患。

（二）对在途任务实时监管控制，24小时支持服务保安全

针对目前军工物流过程中存在管控盲点、突发事件指挥滞后、事后调查取证缺乏有效依据等问题，物流与安保中心搭建北斗指控信息化管理平台，优化物流过程中的监管模式，通过运用北斗卫星、地理信息、数据挖掘等技术，对在途执行的任务进行跟踪、监管、应急响应，并与各主责单位建立信息反馈机制，及时通报，弥补传统监管方式"看不到、管不到"的短板。

1. 对运输车辆、仓库、从业人员、产品等物流资源实施可视化管理

物流与安保中心建立资源可视化管理模式，通过线上备案的方式对运输车辆、仓库、从业人员、产品等资源信息进行整合，建立树形结构和层级关系，划分资源管理权限，实施分层级、分区域、分状态的可视化管理。一方面，各级管理部门可通过信息化管理平台落实管控要求，实现政策落地监管及责任划分；另一方面，便于统筹资源、优化配置，提高资源利用率，降低物流成本。

2. 构建北斗卫星定位及通信系统，智能化监控运输全过程

物流与安保中心利用北斗定位和通信、物联网、地理信息、大数据等技术，构建北斗指控信息化管理平台。在平台端，通过国家标准协议与政府监管平台连接，为管理部门提供管控依据；在设备端，通过传感器、北斗定位与通信终端、VPN网络等采集数据和下发指令，建立运输全过程监控体系，实现对运输路线、运行轨迹、车辆行驶状态、货物状态等的实时管控。通过先进的视频人脸识别、行为分析

等技术，实现对现场人员的智能化监控，为军工物流在途任务监管提供工具。

3. 及时做好危险预警，提供应急指导

在途任务遇到突发事件时，物流与安保中心借助信息化管理平台，根据主责单位在任务前预置的"产品安全技术卡"，通过通信系统及时对潜在危险进行预警，对已经发生的灾害进行专业化应急处置指导，提供防护措施、减灾处置方法等指导，辅助现场人员及时正确处置、防止二次伤害。截至2020年8月底，平台指控系统已累计接收在途预警34000余次，包括超速预警、疲劳驾驶预警、离线预警、SOS预警等，指控人员参与处置预警180余次，其余为系统自动处置，预警处置率达100%。

4. 建立专线，24小时提供服务、解决难题

物流与安保中心结合军工物流与安保业务特色，建立7*24小时服务专线，并设立平台运维组、业务审核组、业务运营组、监控指挥组和业务咨询组，执行日常运营和咨询以及突发事件应急处置等。其中，平台运维组负责信息化平台运行过程中的系统管理、数据库维护、安全维护等线上工作，以及网络部署、设备维护等线下工作；业务审核组负责物流与安保业务的审核工作，包括对用户资质、物流资源、设施设备、物流需求、运输任务和押运任务等的审核；业务运营组负责运营过程中的线下物流业务，包括运输、仓储、安保等服务方案的咨询、设计和执行，以及保险办理、数据统计分析、费用管理、车后服务等；监控指挥组负责对在网车辆和任务的监控指挥、实时政策宣贯、应急预案制订以及报警应急处置等；业务咨询组负责解答客户、供应商在日常物流与安保业务过程中的问题，提供解决方案咨询服务。自物流与安保中心运行以来，业务咨询组已接听热线5000余次，解决问题超过5000个。

5. 利用区域化联动机制，对在途任务实时管控，协调地方处理突发事件

物流与安保中心通过对在途任务实施区域化管理，实现对某时间段内通过某区域的车辆状态、运行轨迹、预警信息等实时管控，并与地方行政主管部门建立信息互通、部门联动的区域化联动机制。当危险品或重点产品在某一区域遇到突发事件时，物流与安保中心的监控指挥人员可通过指控平台及时获知任务预警状态，迅速与现场人员联系，第一时间掌握事件动态，并通过综合分析确定事件预警等级，启动相应应急预案。同时，通过指控平台预置的各区域行政主管部门联络信息，及时沟通与反馈，借助相关部门的力量，有效控制突发事件态势，消除或降低由此给公共安全带来的影响。

三、应用新技术，提高物流安保体系的运行效率和管理水平

（一）利用中心业务管理平台实现业务线上审核，提高效率

物流与安保中心搭建线上业务管理平台，为各级管理部门提供管控抓手和审批依据，各单位可按照国家有关规定和自身管理要求创建审批机制，对道路运输所需的介绍信、专用标识等证照进行管理，对所辖单位运输产品安全性、证明材料有效性、承运力量合规性、行驶路线合理性、应急处置预案可行性等进行审核，做到"一事一议"。一方面，有效解决了原有线下审批时效性差的问题；另一方面，为任务审批提供了线上辅助核验的手段，将安全风险管控前置。业务管理平台上线运行前，各单位需到各军工集团总部或地方工办现场申请办理，平均办理时间超过5个工作日；平台上线运行后，每次任务平均节省差旅费用2000余元，平均办理时间降至不足1个工作日，极大提高了任务办理效率，降低了信证办理成本。

（二）通过创新电子章管理功能和应用防伪技术，解决信证安全管理问题

为便于各军工单位顺利通过信息化手段开展军品运输安全管理工作，一方面，物流与安保中心在业务管理平台上创新电子章管理功能，并将业务审核与用印权限分离，确保用印安全；另一方面，通过防伪劈线、防伪浮雕、防伪版画、防伪微缩、防复印等防伪技术的应用，自主设计、制作了防伪防复印纸，辅助各军工单位解决信证安全管理问题。建立防伪防复印纸的管控机制，在纸张"制、领、用、

存、销"全周期的各环节实现台账管理，消除信证伪造、滥制等带来的隐患。

（三）开发专用电子地图及围栏管理，落实行业管控要求

物流与安保中心基于基础数据开发电子地图管理系统。一方面，通过电子地图加工能力，针对定制化要求开发地图图层，便于军工单位及时获知限行信息，辅助路线智能规划；另一方面，将国家管理单位发布的行业临时管制政策通过信息系统转化为电子围栏，提供基于军品、危险品、超限大件等特种物资的货运地图和路线规划支撑，快速有效落实国家道路法规要求，保障重大活动安全。截至2020年8月底，物流与安保中心累计通过电子地图管理系统设置POI点（如安全点、保障点等）320余个，落实限行电子围栏20余个。

（四）研发部署军工物流App，便于中心与相关单位的沟通、联系

物流与安保中心自主研发并独立在互联网云平台环境下部署"军工物流App"，为军工单位提供货物装载起运和收货确认、专用标识管理、新闻动态查询等功能服务。各单位在装货起运及收货确认时获取密钥，通过填写军工物流App内置的结构化数据备案任务信息，以触发指控平台对在途任务的实时监控。此外，各单位通过App实时获知最新行业动态和限行信息，及时调整任务安排，减少违规导致的安全隐患。目前，军工物流App已在苹果App Store和各大安卓应用市场上线，累计下载次数2000多次，并将快速在整个军工系统实现全覆盖。

（五）构建专用标识管控体系，实现运输证照动态管理

物流与安保中心通过物理防伪技术，支撑公安部和国家国防科技工业局制作及配发"产品运输车辆专用标识"，与各主责单位开具的"道路运输介绍信"配合使用。同时，自主研发专用标识信息管理系统，并与军工物流App相结合，实现对在途任务信息登记备案、货物装载起运和送达接收、专用标识延期申请等。同时，公安机关等执法部门可通过扫描二维码，查验专用标识归属和任务情况，实现专用标识跨层级、跨区域、跨部门的动态识别与管理。

四、认真做好事后溯源追责及统计分析，持续改进军工物流安保体系

任务执行结束后，针对传统监管方式备案少、取证难等痛点，物流与安保中心创新管理方式，将任务执行与考核相结合，构建评价体系。此外，物流与安保中心对全过程进行数据统计分析，实现任务可追溯，为各级管理单位提供事后调查取证、溯源追责的抓手，为主责单位提供持续改进、总结提升、合理决策的支撑。

（一）搭建信息化管控抓手，实现任务全过程可追溯

物流与安保中心通过信息化管理平台对军品运输全过程进行管理和备案，所有数据在满足安全保密管理要求的前提下，备份存储一年以上。当遇到突发事件或运行异常时，可协助相关管理机构对被监管的运输任务过程进行追溯，包括任务信息、运行轨迹、预警信息、人员状态等，根据过程记录内容，厘清责任归属，形成分析报告，为事后溯源追责提供判断依据，确保有据可查、有据可依。

（二）建立资源考核评价体系，推进供应商规范化管理

任务结束后，信息化管理平台将对在途运输情况（包括每次运输任务中人员行为、车辆行驶状态、在途停泊信息以及预警信息等）综合分析，识别潜在风险点，并结合预置的评价算法自动给出考核分数和意见。军工单位根据物流与安保中心出具的考核意见对从业企业和人员进行综合评价。累计评价不符合管理要求的供应资源，管理部门可冻结相关责任方的运营权限，责令其在一定期限内整改，整改后重新进行准入审核。

（三）优化费用结算模式，共享管理优化收益

为降低军品运输中在途信息不对称、费用明细不透明、结算流程复杂等突出问题的发生率，物流与

安保中心研究开发"物流与安保业务费用智能算法",初步实现运价标准化。信息化管理平台根据每次任务实际运行里程、沿途行驶情况(山区、高速公路等不同路段)、任务执行情况,为任务单位出具"物流与安保费用指导清单"。指导清单审核通过后,借助信息化管理平台实行线上费用结算。减少由于物流执行过程和费用结算环节信息沟通不及时造成的隐患,共享优化收益。

(四)综合分析全过程数据,辅助任务智能化管控

物流与安保中心引入数据挖掘等技术对长期运行积累的大数据进行综合分析:一是挖掘运营数据的潜在价值,有效激活供应链各环节的数据价值及利益点,并将其转化为生产力;二是应用平台的大数据建立模型,对任务中的车辆、货物、人员、天气、政策等在途信息进行综合分析,深耕新业务运营和管控模式,为传统物流行业赋能;三是运用行为分析等技术,对物流过程中的驾驶行为、事故疑点、异常报警等进行分析,逐步建立机器智能化管控中枢,以辅助管控人员对在途任务进行调度指挥和做出应急决策。

五、多措并举坚持企业化管理、市场化运作,融合发展、军地共用,确保安全保密

针对目前军品物流与安保任务中运输资源缺乏标准化、专业化管理,安保押运人员应急处突能力较弱,培训程度、教育水平参差不齐等问题,物流与安保中心从军工领域业务特点出发,对任务进行分级、分类管理,完善从业人员培训和考核认证机制,自主研发应用于军工物流与安保的培训系统,培育自有保障力量。通过"线上+线下"的管理模式,推进线下业务管理的规范化、标准化、专业化。

(一)整合优质资源分级分类管理

物流与安保中心坚持以"政府指导、企业化运作"的方式推进军品专业化运输安全管理工作,为各级单位提供标准化的技术支撑服务和业务整体解决方案。一是统筹管理现有保障力量。通过需求引导、任务分派等方式整合军工系统和社会优质运输与安保资源,提升物流资源利用率,激活潜在经济价值,共享优化收益。同时,通过全流程的过程跟踪、数据积累,对平台企业、车辆、人员进行综合考核评价,通过不断完善考核评价体系建立"退出机制",优中选优,确保供应资源可控。二是任务分级分类管理,培育专有保障力量。按照行业特点和产品特性对保障任务进行分级分类管理,一般任务借助社会优质资源,国家重大专项任务依靠自主保障力量。

(二)健全军工物流与安保从业人员培训和考核认证机制

为确保军品物流业务的地方从业人员具备保密意识及必要的应急处突技能,物流与安保中心与中国兵器工业集团有限公司人才学院合作,建立国防军工物流与安保从业人员综合培训体系,线上搭建了"国防军工物流与安保培训系统"(简称培训系统),线下组织了有经验的讲师队伍设计培训课程。一方面,培训系统通过线上对各单位的押运人员提供在线学习、考试、证件发放等服务,对押运人员的实施动态管理(截至2020年8月底,培训系统已累计为各军工单位培训12000余人次,考核6300余人,制作并为考核合格的押运员下发押运证6000余件);另一方面,定期开展线下培训、演练,建立考核机制,确保每一位从业人员"专业可靠",逐步发展成为国防动员力量培育的重要支撑。

(三)确保物流全过程的数据安全与保密

物流与安保中心通过"机制+标准+技术"的多重管控手段,落实保密安全管理要求。

一是保证业务流程在网络环境中的数据安全。采取"互联网、监控内网、涉密网"三网隔离的方式解决军品运输信息涉密问题。涉密网用于各军工单位军品运输任务的申请,互联网用于运输企业、车辆和人员的管理;监控内网用于车辆在途过程中的安全监控和指挥调度。

二是制定标准协议，引入先进的安全技术。运用单向传输、国密算法等技术，制定信息传输标准和协议，实现不同密级网络间脱密数据的传输，防止"高密低流"。

三是建立数据访问权限管理机制。在满足国家保密相关标准的基础上，严格进行定密与分保测评，并在系统中根据自身业务管理要求指定"三员"，"三员"之间权限分立，通过建立数据访问权限的分密级、分层级管理机制，防止关键信息被"越权访问"。

（成果创造人：郦　林、李照智、白长治、张　勇、王　伟、孙　岭、王柄俨、傅楚寒、李再伟、闫妙思、顾剑桥、许　珝）

提高企业核心竞争力的大型船舶及海洋工程装备建造精度管理

上海外高桥造船有限公司

现代化造船模式下的大型船舶及海洋工程装备建造精度管理是以精益、系统整合理论为指导，以提高顾客满意度、降低成本、提高质量、加快流程速度和改善资本投入为目的，实现公司价值最大化。其强调采取科学的主动精度管理，组建标准的精度管理队伍，基于策划体系、设计体系、反馈体系和考核体系，建立保证精度的管理体系；应用先进的精度测量设备，实现过程管理的数字化；关注企业内部从研发设计到生产车间各部门按照工艺策划和标准方法执行，创造客户满意的完美精度品质。

上海外高桥造船有限公司（以下简称外高桥造船），为适应日益激烈的国际造船业的市场竞争，增强企业的核心竞争力，满足其对效率提升、转型升级的高质量发展的内在需求，推进大型船舶及海洋工程装备建造精度管理，以大型船舶及海洋工程装备建造精度标准为基本原则，通过科学的管理办法和先进的工艺技术手段，从精度管理组织结构、精度管理规划、精度管理方案、精度管理标准、精度管理过程、精度管理考核和精度数字化方面，对大型船舶及海洋工程装备零部件、分段和舾装件进行尺度精度管控，减少平台总组以及船坞搭载修正量，实现搭载精准一次到位，达到缩短建造周期、降低建造成本的目的。

一、构建组织保障体系，明确精度管理实施策略

（一）成立组织机构，明确目标

外高桥造船成立了精度管理推进委员会，由公司总工艺师担任精度管理推进组组长，各生产、设计、研发等部门主要领导为精度管理管控小组的成员，统一推进公司精度管理工作。领导小组通过前期调研、研讨，明确了推进精度管理要有专业的精度管理队伍、有专业的精度测量和分析设备；要建立一套精度工艺策划、精度过程管理、精度考核、精度标准和数字化精度管理的流程体系，并有精度管理技术和管理方法。具体推进目标的步骤：一是成立专门部门推进精度管理，培养一支精度管理人才队伍，引进先进测量设备和软件，建立精度管理体系；二是逐步完善建立一套数字化精度管理体系，促进船坞搭载效率实现逐年提升；三是通过精度管理实现结构舾装装配阶段前移成功，各项指标逐年提升。

（二）注重整体规划，分步有效实施

精度管理规划是外高桥造船整体发展战略在精度管理工作中的体现。为了推进大型船舶及海洋工程装备建造精度管理，实施两步走策略。一是2008年在国内船舶行业率先成立精度管理部，翔实推进过程精度管理，建立稳步的适应外高桥造船发展的精度管理体系。2008年外高桥造船结合国外精度管理发展现状及公司产品建造实际，建立了国内首支专业精度管理队伍，实施全过程中间产品控制与数据结合的管理体系，开创了国内现代造船模式下的精度管理先河。二是逐步优化精度管理组织结构，将工艺技术、焊接技术、精度管理和信息化技术融合，实施有工艺技术支撑的数字化精度管理。通过对标日韩先进船企，确定了分段精度无余量制造率、原始坡口保留率、无余量下坞率和降低开刀率阶段规划目标，旨在通过逐年的稳步发展，使精度管理工作达到更高的水平。在这期间，外高桥造船借鉴韩国造船精度管理经验，结合自身造船实际，通过几年的发展，已经建立一整套完备的精度管理体系。

二、重视顶层设计，持续优化精度管理体系

（一）强化精度管理系统设计

精度管理是一项系统工程，是企业核心竞争力之一，涉及企业的原材料消耗、劳动力耗时、施工安

全性、船舶建造质量、企业的效率、新工法新工艺推广等，是现代造船企业不可或缺的管理体系。做好精度管理系统设计，就是要明确设计、加工、组立及总组搭载等都在同一个精度管理维度，各阶段的管控标准一致，才能达到最终管控效果，实现提质增效。因此，在细化前期，要在精度体系、规划管理、人员组织、管理程序、管控项目流程等方面进行设计；在策划执行方面，明确监控的标准载体，以大型船舶和海工建造产品的设计图纸为依据，明确各流程阶段精度建造工艺和监控点；在标准化模块方面，以重点产品叠加确定各监控点作业标准，优化升级管理标准，确保后续船型精度管控标准化；在数据模块方面，配备数字化测量工具全站仪等设备，系统收集各阶段的问题点、处理方法、数据等，促进数字化船坞技术高效实施，同时优化升级后续船型的余量补偿量和工艺，促进精度管理细化开展，环环相扣，以期实现完美精度品质。

随着精度管理工作的稳步推进，精度管理部紧跟世界先进精度管理技术发展趋势，持续优化精度监控项目、要求，根据基础数据的积累和分析，深层次剖析影响精度的因素，并将精度管理向舾装、内装方面深度延伸，推动了公司大型船舶及海洋工程装备建造"壳舾涂内"一体化精度建造。

（二）落实过程精度管理标准

1. 编制精度管理实施标准

精度管理标准是在公司设计标准的基础上，由精度管理团队负责，充分调研船东、船检要求，借鉴世界先进船企的经验，结合外高桥造船生产现场实际而编制的。外高桥造船组织公司内外部专家评审标准，确保标准的权威性，并对企业员工进行培训，确保精度管理标准的知晓率，为现场实行精度管理提供支撑。精度管理标准是推进精度制造的重要依据，要想做好中间产品的精度管理，必须依据不同工序、不同作业产品标准、不同的精度作业标准，规范现场作业，精度管理团队在过程管理中，总结现场控制标准经验，依据设计标准，编制单船精度管理标准、类型构建精度标准等。为了更好地指导现场精度控制，精度管理团队依据现场精度控制难点，编制作业指导书，指导现场实施标准化精度控制，保证中间产品的建造精度。

2. 不断优化精度管理标准

精度管理部根据精度管理员反馈的现场问题的分析、精度数据的收集和整理，不断优化大型船舶及海洋工程装备建造各阶段精度控制标准，既保证了现场施工人员对于大型船舶及海洋工程装备精度建造的积极性，增强了现场工人自主精度意识，又满足了船东、船检的要求，提升了大型船舶及海洋工程装备建造质量，缩短了大型船舶及海洋工程装备制造周期。近六年，精度管理部通过工艺类精度管理标准的优化，提升了现场精度制作水平及现场工人作业技能；通过管理类精度管理标准的优化，确保了生产现场和精度管理部门以及生产前后道之间的数据有效连接，统一了生产现场和精度管理员的分析、评判标准；在优化精度监控项目的基础上建立了"背烧精度管理标准"，明确了大型船舶及海洋工程装备的背烧位置及背烧标准，从源头上满足了PSPC要求；探索建立了"舾装精度标准"，开创了国内舾装精度管理的先河。

（三）细化精度过程管理

重视过程管理是大型海洋工程装备建造企业精度管理与传统品质管理的一项重要区别。外高桥造船精度管理首先明确了过程管理流程，规范了公司相关产品建造过程中的精度检验、问题处理工作，并且随着精度管理工作的深化而逐步细化过程管理流程，保证了公司"合格产品给下道"精度管理理念的顺利推行，同时通过前期精度管理策划，事先明确过程管控要点和方法，确保过程管理实效。

随着精度管理项目的优化，精度过程管理项目也在不断优化，以使过程管理更贴近现场实际运行情况，过程管理中精度管理部还建立了"分段重大问题处理流程"，对精度管理有关问题的分析更全面、系统，问题处理更清晰、透明，增加了现场班组和各级管理人员对问题的预知性。

三、强化策划和考核,确保精度管理有效实施

(一) 详细开展精度策划交底

精度策划是开展好精度管理的前提,随着精度管理的深入推进,精度管理部对原有策划模式改革创新,联合生产部、设计部成立策划团队,全面梳理新船规范和标准,制定关键建造工艺。聘请现场各生产部门经验丰富的师傅和技术员作为策划顾问,全面细化壳、舾、涂精度控制方案,预先定位建造过程中可能出现的精度问题并制订解决方案。组织召开策划书发布会,分别对管理人员和现场施工人员进行技术交底,使策划有效落地。对于重点项目,细化开展分解策划,加深现场施工人员对重点项目精度管理的认识,提升了现场精度制作水平。在数字化精度管控方面,重点以数字化船坞技术为依托,明确数字化监控的标准载体,明确各流程阶段精度监控点和数据上传模式,以期实现完美精度品质,目前此框架还在不断优化升级。

(二) 深化动态精度管理考核

精度管理部在开展精度管理考核时,首先围绕精度系统规划设计,充分考虑现场实际,在经过现场充分调研、研讨后编制精度管理考核方案,确保证在考核的可操作性,并结合精度过程管理展开。精度管理考核结合造船现场生产部门与劳务队施工的特色,在部门和劳务班组两个层面同步开展:在部门层面,从精度合格率、工艺执行、项目推进角度打分,每月上报公司经理层,直接与部门绩效挂钩;在劳务施工队层面,针对现场施工班组的建造产品设置评分,达标奖励,不达标直接扣款,奖罚直接落实到生产制作班组,让"好的精度产品好价钱"的理念深入员工心中。过程中,精度管理团队通过信息化手段,设置产品精度各阶段放行标准,合格品才能放行,不合格品无法进入下一道工序。通过严格考核,保证了公司各项精度管理要求的落地,调动了现场施工人员和生产部门精度管理工作的积极性。

精度管理考核具有指导性、导向性和强制性的属性,随着精度管理工作的深入开展,在完善加工、组立、搭载考核方案的基础上,逐步将涂装和舾装纳入考核,深化了精度管理内容。同时,为辅助现场精度管理的推进,精度管理团队设定了精度优秀班组、精度星级员工、精度示范班组的评选流程,通过评优,树立标杆,发挥示范引领的作用。近六年,精度管理部在深化精度管理考核中,改变了初期以考核代管理的模式,灵活的考核机制"服务"理念贯彻到每一位精度管理员,鼓励精度管理员更多参与、指导和服务现场,将数据考核转变为过程考核,有效提升了精度管理推进生产的作用。

四、拓展精度技术,提升精度管理水平

近几年,一系列自主精度技术的创新及新测量设备的投入使用,促进了现场精度管理的高效实施,形成了数字化模拟搭载技术、镗孔精度控制技术、数字化船坞技术、数字化重力变形分析技术、模拟仿真技术、"5G+精度技术"等成果。这些技术成果,在精度管理矩阵下高效运行,有效的促进公司生产效率的提升。

(一) 配置专业的精度测量和数据分析设备

精度管理工作,很多国内企业都在研究、开展,但受仪器、理念、方法等限制还停留在二维的模式测量和分析模式上,没有取得突破性的成果。如何转换思维,变二维的精度管理成三维的精度管理,建立一套精度管理的数字化测量、采集、分析的控制管理体系是精度管理部必须解决的问题。因此,外高桥造船的精度管理部结合国外先进船企精度管理经验,引进了全站仪、扫描仪等测量仪器,以及 Eco-System、SEM、ECO – BLOCK、OTS 等三维测量分析软件,确保精度管理数据采集和分析的及时性和准确性,完善了精度测量仪器设备的管理。同时,根据对设备原理的分析,结合现场精度作业实际,精度管理团队自主研发了 20 余件工装,有效的保证了测量精度。

(二) 推进大数据精度管理平台建设

造船精度管理的各个过程不是独立的个体,而是一个有机整体。只有将各阶段有机结合,才能输出

满足精度要求的产品。大型船舶及海洋工程装备建造的精度管理，正是结合这个理念，通过全站仪测量和数据分析，将精度数据与生产实际结合起来，统筹管理各阶段实测精度数据，形成后续船舶建造精度优化的数据库，切实做到在精度数据流通层面的前后统一、互相关联，确保各阶段数据可视化，各阶段以数据为基础，推进中间产品精度管控，确保最终的精度管理效果。

（三）建立数字化船坞精度管理系统

通过长期的技术积累和管理矩阵的建立，数字化船坞精度管理系统在实践中不断完善。通过数字化船坞精度管理系统的建立，实现分段在搭载过程中的快速、精确定位，并在此基础上推进众多工序的前移，实现总组搭载数字化定位率达到96%以上，不仅提升了造船品质，也培养出一流的精度管理人才团队，成为船舶行业的数字化建造的标杆。

在外高桥造船JU2000E自升式钻井平台建造中，数字化船坞技术充分展现出精度管理优势。该项目精度定位100%使用数字化定位方法，在桩靴、围井、升降装置等复杂特殊结构中的精度控制效果良好。在大型海上浮式生产储油装置（FPSO）上通过数字化连续模拟搭载精度技术的实施，最终满足精度控制要求，提升船坞建造效率，缩短船坞建造时间10天。

（四）推进分段无余量制造技术持续创新

无余量制造是在大型船舶及海洋工程装备分段装配工艺水平不断提升和建造流程不断优化的基础上，通过持续不断的经验数据累计和分析而形成的综合性技术手段，从而在设计阶段就形成完善的无余量建造方案和明确的精度管理目标。

为了最大限度地减少曲型外板加工余量，减少后道总组搭载的修割工作量，满足外板冷热弯曲加工和分段制作的要求，精度管理部组织开展了17.6万吨散货船、20.6万吨散货船和31.9万吨油轮的曲型外板加工余量的优化研究工作。近六年，在建船舶的曲型外板加工余量减少了50%左右，达到了预期目标。曲型外板无余量加工率从58.5%提高到96.3%。同时根据现场建造过程中的精度数据分析，逐步优化精度补偿量和精度管理图。精度管理部在精度管理工作中收集、整理、分析、积累数据，根据公司经营生产计划，定期优化全船精度管理图，通过优化，分段无余量建造比率大幅提高，由此钢板利用率也有所提高，现场修割打磨工作量减少，达到了提高大型船舶及海洋工程装备建造质量和降本增效的目标。

五、推进现场改善，夯实精度管理基础

（一）推进精度主动管理

一般来说，精度管理分为主动管理与被动管理。主动管理指通过在过程中的控制及事先的预防来达到精度要求，被动管理则指通过利用后期测量所得到的数据来对产品进行修正达到精度要求。在精度管理初期，受到管理和技术的限制，精度管理部只能从被动管理入手，通过被动管理收集数据，研究规律，但被动管理不能从源头解决效率提升问题，为此，外高桥造船探索开展有工艺支撑的主动精度管理，通过前期编制精度管理图，指导设计进行余量补偿量加放，保证设计精度；通过编制精度策划书，确定过程精度主动管理点和预防措施，保证中间产品的建造精度；通过精度技能培训，提升现场施工人员精度造船技能，一系列举措很好地推进了精度主动管理，促进了中间产品建造效率的提升。

（二）创新基础设施管理模式

创新切割机精度管理模式。切割是大型船舶及海洋工程装备制造的源头，切割精度直接影响后续分段等精度。精度管理部通过实行切割机开机精度试板管理提升了切割精度，切割试板精度标准要求在±1mm。目前切割整体精度合格率控制在96%以上，相对2017年提升了3%左右。创新胎架精度管理，改造了公司胎架模式，推行了活络式胎架管理，节省了公司成本提升了精度水平。通过对胎架高度、垂直度和地线的检查，提高胎架合格率，目前曲型胎架的一次合格率稳定在95%以上，有力促进

了分段精度的提升。

（三）深化变形工艺研究

推行基准线施工工艺，统一公司大型船舶及海洋工程装备的作业基准，提高作业精度，节省定位时间。目前精度基准线施工的准确率达到95%以上，后道基准线的应用率达到90%以上。

在焊接方面，推行焊接反变形技术，通过日常数据积累对焊接变形位置事先设计变形量，确保焊接后达到精度标准要求。对散货船的小甲板分段、舷侧分段和挂舵臂分段等实施反变形施工，此类型分段的精度合格率提高到85%以上，相较2017年提升了10%，相较2008年提升了4倍。研究焊接顺序对分段变形的影响，联合技术部门制定焊接顺序工艺，降低因焊接导致的变形概率，提高了精度。在新型箱船建造上得到应用，焊前精度合格的分段在焊后的合格率达到95%以上，焊接变形影响得到有效控制。

（四）践行新发展理念，推进绿色造船

推行背烧工艺，利用背烧释放分段整体的应力，保证分段整体精度控制在精度管理标准内，为后道快速搭载做好基础，减少分段涂装后火工矫正对涂层破坏带来的空气污染。根据统计，2017年以前同类型结构船背烧在1000米以上，而该船型背烧控制在100米以内，效率提升近10倍。制定了焊接保留标准，对后道经常出现问题的区域事先进行焊接保留设置检查，减少后道的开刀修正及涂层破坏。目前分段焊接保留的合格率在96%以上。制定了涂装保留工艺标准，减少涂层破坏，节省油漆使用，满足了PSPC要求，符合绿色造船理念。目前对分段的涂装保留进行抽查，抽查合格率在95%以上。

六、加强实践培训，不断提升人才队伍素质

外高桥造船精度管理工作卓有成效地开展，得益于公司十分重视通过实践培训不断提升精度管理人才队伍素质。公司扎根现场的精度管理专业人才近百名，人才队伍结构合理，富有朝气。为提升精度管理人才队伍素质，公司结合发展实际，不断优化教育培训体系，精心培育核心人才，全力打造适用人才，满足了公司精度管理工作发展的需要。

（一）立足精度管理实践，培养新时代精度管理队伍

1. 加强精度管理理念培训

公司多次邀请世界先进造船企业精度管理专家开展精度管理技术交流，并对精度专业人员开展世界先进造船企业精度管理最新发展理念和最新技术应用等方面的专业培训，通过持续技术交流和培训，保持了精度专业人员在发展理念上的较高水准。

2. 加强精度管理技能培训，丰富精度管理培训层次

在先进测控仪器应用方面，邀请测控仪器研发专家为精度管理员深入开展几百人次的专业培训，提高精度管理员在先进测控仪器操作、维修、保养等方面的技能。在先进精度管理软件应用方面，邀请世界最大的精度管理软件公司高级技术人员对精度管理员开展了50批次的专业培训，通过EcoSystem、SEM、S-3D等先进软件应用培训，有效提升了精度管理员应用先进精度管理软件分析精度管理数据和挖掘原始数据价值的能力。同时，公司非常重视通过丰富精度管理培训层次加强精度管理人才队伍的梯队建设，积极组织公司设计、生产等部门技术骨干为精度管理员开展了70批3000人次的各层次专业化培训，盘活了公司培训资源，提升了培训成效。

（二）立足造船生产实践，提升作业人员技能

1. 强化公司新进员工的精度造船意识

为加强公司新进员工的精度管理意识和精度造船意识，精度管理团队组织编写了新入员工培训教材，开展了59批2115人次的精度管理专业化培训，使公司每位新进员工树立了精度造船意识，掌握了基本专业理论知识，为公司精度管理持续提升打下基础。

2. 开展精度专业知识培训

近年来,精度管理部加强精度管理理念和精度管理技能的培训,开展了45批3125人次的精度管理专业化培训;丰富精度管理培训层次,培养了800名精度划线师,200名背烧操作工,逐步培养现场自主精度管理队伍,有效地保证了中间产品精度自主管理水平;开展了57批3762人次的涂装保留专业化培训,为公司高起点、高标准推行涂装保留完成了人才技能准备,并在工作推行中取得良好效果,涂装保留考核指标完成率达到100%。

(三)塑造精度文化,统一精度管理思想

1. 明确精度管理理念

先进理念塑造先进文化,先进文化熏陶先进人才。近年来,精度管理团队着力营造以"打造国内领先、世界一流精度管理团队"为人才队伍建设目标的工作氛围,着力树立"团结合作、精度造船、基本作业、从我做起"的精度管理员作业理念,着力营造"创造客户满意的完美精度品质"精度现场管理氛围,强化了公司全体员工的精度意识,激发了精度管理员的事业心和责任感,为提升精度管理人才素质、提升公司精度管理水平发挥了积极作用。

2. 丰富精度文化建设载体

精度管理团队十分重视通过创建各种载体推动精度文化的建设落地。围绕当年精度管理工作重点,精度管理团队每年都会明确年度精度管理方针。另外,部门还以精度"主题月"活动为载体,每月围绕一项重点精度管理措施,开展生产现场精度管理工作的再培训、再强化。精度管理团队还以开展"帮、学、促"活动为载体,把精度管理与服务现场相结合,以服务促进现场技能提升,以服务促进现场改善。精度管理团队还组织精度划线师技术比武和开展"精度管理信得过班组""精度管理优秀员工""精度管理优秀班组"的评选,提升现场作业人员的自主精度管理意识,营造各级管理者重视精度管理、生产现场落实精度管理的良好氛围。

(成果创造人:陈　刚、刘建峰、曹　岭、孙建志、宋金扬、陈　思、
王　华、刘　迪、王传何、王镇浩、孙明轲、沈银雷)

以提升综合效能为目标的航空结构件柔性线运作管理

成都飞机工业（集团）有限责任公司

航空工业成都飞机工业（集团）有限责任公司（以下简称成飞）立足强国强军战略和公司发展规划，开展以提升综合效能为目标的航空结构件柔性线运作管理（综合效能 OEE = 设备完好率 × 完好设备使用率 × 单位时间产出率 × 产品合格率），形成了一套以提升"综合效能"为目标、以"流程"为牵引、以"数字化管理系统"为载体的自动分析及预警的高效柔性线运作管理系统。

运用流程化管理方法和 OEE 指标分解法，找出影响柔性线综合效能的关键因素，建设柔性线综合效能提升数字管控平台：精准实施基于大数据驱动的设备全生命周期状态监测及故障预警、快速维修的设备管理方式，提升设备完好率；建立生产负荷由静态评估向动态预警转变、传统生产排程向智能调度管控决策转变的生产管控机制与矩阵式柔性线生产组织，提升完好设备利用率；推进基于柔性切削效率基线数据库的工艺设计与模块化知识管理，提升单位时间产出率；强化全流程质量风险预测与管控能力，提升产品合格率；构建精细化成本管控机制，保障资源匹配最优。最终实现了综合效能提升至 86.87% 的目标（其中设备利用率为 90.97%），达到国内数控机加行业领先水平，并形成一套以综合效能为核心指标，集自动监控、分析与预警为一体的高效柔性线运作管理系统，为智能制造奠定了坚实基础。

一、以柔性线加工问题为导向，编制综合效能提升方案

围绕柔性线现有运行状态，依托主轴功率实时监控（DNC）FMS 日志等信息化手段及现场跟踪，开展全业务流程端到端分析，查找影响综合效能的关键要素，构建综合效能 OEE 指标树，通过指标匹配对应提升措施，形成可实施的柔性线综合效能提升方案。

（一）开展业务流程端到端分析，查找关键影响因素

梳理柔性线端到端流程，分析和梳理主价值流程和使能流程，查找流程中的盲点、断点及慢点。

通过倒班跟踪现场实际应用情况，利用 DNC 实时记录并对跟产记录进行补充，并用 FMS 日志分析机床运行状态及订单执行情况，查找影响柔性线运行效率的关键因素。

（1）设备管理对设备完好率的影响。主要表现为：刀库卡顿、精度下降、润滑失效等常规故障发生频率高，维修效率因人而异；非常规性疑难故障解决周期长；主轴损坏、轴承失效等涉及备件采购等待周期长。

（2）生产管理对完好设备利用率的影响。主要表现为：生产计划管理粗放，资源等待及工序衔接停工时间较长；生产过程中部门间问题协调周期较长；组织模式不合理，问题处理周期长。

（3）工艺管理对完好设备利用率、单位时间产出率的影响。主要表现为：自动化程度低，加工过程人工干预过多；资源管理不规范，刀具、工装、装夹准备时间及机换产时间长；切削效率因人而异，单位时间产出率波动大；人机交互的过程质量监测环节多。

（4）质量管理对产品合格率的影响。主要表现为：产品加工前工艺准备及评审、加工过程的质量监控、加工后的首件鉴定，较传统模式没有显著改变，缺少对人机交互风险以及柔性、自动化的控制及评估措施。

（二）匹配业务指标对应关系，设计柔性线运作方案

综合效能指标 OEE = 设备完好率 × 完好设备利用率 × 单位时间产出率 × 产品合格率，能客观反映

柔性线运作效果，前述影响要素及对应改进方向与OEE指标匹配关系如下：

$$F(x, y, z) = x_1 \times x_2 \times y \times z$$

$$x_1 = 1 - \frac{\Sigma_{i \in V} N_i NT_i + F_i FT_i}{\Sigma_{i \in V} B_i}$$

$$x_2 = \frac{\Sigma_{i \in V}(B_i - N_i NT_i - F_i FT_i) u_i - c_i - h_i - p_i}{\Sigma_{i \in V} B_i - N_i NT_i - F_i FT_i}$$

$$y = \frac{\Sigma_{i \in V} f(r_i, w_i) / \alpha}{\Sigma_{i \in V}(B_i - N_i NT_i - F_i FT_i) u_i - c_i - h_i - p_i}$$

$$z = \frac{\Sigma_{i \in V} q_i}{\Sigma_{i \in V} d_i}$$

式中，$F(x, y, z)$ 为柔性线的综合效能，x_1 为设备完好率，受设备预修与保养时间、设备故障时间影响，这两个要素客观反映设备管理力。x_2 为完好设备利用率，客观反映设备完好的情况下生产管理水平，主要受生产计划排程、生产组织方式和生产保障等方面的影响。y 为单位时间产出率，决定于工艺程序的效率和柔性过程中的无人干预水平，包括柔性线应用前沿技术开发、无人工干预的推进程度。z 为产品合格率，主要取决于质量控制技术的应用和质量控制体系的健全，包括首件鉴定评审和质量问题的纠正。相应指标关系及实施方案，V 代表设备集合，N_i 为单次维修周期，NT_i 为运行期内维修次数，F_i 为单次预修周期，FT_i 为预修次数，u_i 为设备班次系数，c_i 为在机换产停工，h_i 为生产衔接停工，p_i 为非技术停工，B_i 为设备设计能力，r_i 为工艺进步率，w_i 为无人工干预系数，q_i 为合格产品数，d_i 为总产品数。

二、以设备完好率提升为目标，创新设备监控运维模式

柔性线设备具有技术复杂、信息集成的特点，为了提升柔性线综合效能，必须保证设备在生产计划内性能完好。以柔性线设备运行状态大数据为基础，建立"柔性线运行状态智能管控平台"，以设备维修成本最低、故障发生频率最低、故障修复周期最短为约束条件，以"设备完好率≥95%"为目标搭建完好率模型，挖掘影响因素，重构设备管理流程，搭建数字孪生设备管理系统，实现维修模式从事后维修向监控预修转变，备件管理由临时采购向精准保障转变等，从而减少故障发生频率、缩短维修周期，形成一套柔性线设备监控运维模式。

（一）建立多目标规划模型，挖掘影响运维的关键因素

通过建立多目标规划的设备完好率模型算法，分析影响设备完好率的关键因素，通过历史数据训练计算，挖掘约束条件，构建了一个以设备完好率、维修费用及可靠性为决策目标的多目标规划模型。

$$\begin{cases} V = \min[P_1(N, T), \ldots, P_n(N, T)] \\ g_n(N, T) \leq 0 \end{cases}$$

式中 $P(N, T)$ 为每台设备的完好率，N 为设备运行周期内的故障发生次数，T 为故障维修周期，$g_n(N, T) \leq 0$ ($n = 1, \cdots, n$) 为约束条件，N 和 T 为影响设备完好率的因素。将历史设备运行大数据在模型中进行数值验证，设定目标设备完好率最小，利用规划模型求解找到影响设备完好率提升的根本原因。围绕设备故障发生频率、维修周期两个关键指标，开发柔性线设备智能运维管理平台，以状态监控、故障预测等方法控制计划外设备故障发生和无效维修时间，实现设备完好率提升。

（二）开展设备监测预修管理，降低设备故障发生频率

计划外的设备故障严重影响设备完好率，开展设备部件的全生命周期状态监控管理，预测设备各部件的故障时间，转计划外的故障维修为计划内的设备预修。

利用特征解析的机械部件监控方法，提高预修能力。成立专项的状态监控团队，通过分析多源状态

数据识别异常状态设备。梳理设备高频故障部位的特征信息，对其参数进行监控，形成部件全生命周期状态信息，对数控机床及各传动系统的异常状态预警。状态监控团队通过技术评估找到预警原因，制订计划对设备进行快速预修。例如，在设备精度快速评估及补偿方面，开发精度快速评估及补偿管理系统，提高精度检测效率。周期性误差补偿可以降低精度故障发生的频次，精度研究团队从机床误差建模和辨识方法入手，提出误差辨识及快速补偿十三线管理法。在获得几何误差值的基础上，开发了误差快速补偿软件，解决传统误差补偿耗时长、计算量大的缺点，提升了几何误差补偿效率。同时，编制《柔性线安全隐患排查规范》《柔性线专业保养指导手册》《机器人安全操作规程》等标准，在生产操作、工艺技术及设备保养方面规范技术人员标准化作业，降低设备事故的发生概率。

（三）推进设备保障模式变革，缩短设备故障停机周期

分析历史故障数据，找出影响维修周期的因素：疑难故障处理难、备件准备耗时长和维修响应流程慢，通过以下方式推进设备保障模式的变革。

一是联合多部门技术人员成立专项攻关团队，解决疑难长周期故障。通过状态监控发现异常问题，对异常部件进行评估及试验锁定故障原因，通过专项技术攻关，缩短故障维修周期。

二是运用层次分类法实现备件精准保障，缩短备件等待周期。柔性线备件品种范围广、采购周期长，根据易损部件故障历史数据及其关键性、易得性、经济性的属性，建立由目标层、准则层和方案层构成的备件层次分类方法，制订易损件备件需求的最优采购方案，并寻求国产化备件，提高备件管理的针对性和有效性。

三是采用知识工程驱动设备维修流程，提高设备维修能力。梳理维修流程中长耗时步骤，利用知识工程引入专家库和行业规范，建立设备智能运维管理平台。通过知识库迭代更新，强化设备维修指导，实现设备维修知识共享化。例如，故障诊断环节具有费时不准确等特点，通过历史数据回溯和特征信息搜索，快速计算可能引起故障的部件和原因，智能提供维修方案，实现故障快速处理及知识迭代，达到闭环管理的效果。

通过创新柔性线设备监控运维模式，以设备大数据作支撑，开展设备监测预修管理，推进设备保障机制变革，达到降低故障发生频率和缩短停机周期的效果，实现柔性线设备完好率的有效提升。

三、以完好设备利用率提升为目标，优化动态生产管控机制

为提高完好设备利用率，对生产管理业务流程进行梳理，通过建立负荷管理和节拍管控模式，优化生产组织模式，实现信息化资源管控，构建以完好设备利用率提升为目标的柔性线生产动态管理机制。

（一）建立动态计划管控机制，实现智能排程动态预警

柔性生产最典型的特征是单件流，生产计划管控需要从计划组织、生产负荷、生产排程、管控制度等方面进行改进。

生产负荷由静态评估向动态预警转变。在策划层和指导层分析规划柔性线能力负荷，平衡生产任务与生产资源，建立动态负荷管理机制，实现生产任务动态管理和风险预警管理。将生产订单进行标准化处理，从不同角度分析生产能力构成要素及各类资源约束条件，建立基于约束理论（TOC）的制造过程能力平衡模型和生产能力平衡模型，确保能力平衡措施落地。排程模型以最短工期为目标函数，经济批量和交货期为约束条件，考虑各个任务包的优先级以及各资源约束条件，基于各工序能力，结合正排法和倒排法，实现生产计划自动排程。最后，通过信息化手段，建立一套由产能核算、负荷分析到智能决策的生产能力平衡系统，提高柔性线能力评估的效率和准确性。

生产排程向智能调度管控决策转变。针对柔性线建立智能排程系统，实现线外的生产任务排列和线内的生产过程仿真，集成ERP系统、车间MES系统、工艺资源系统、生产保障系统等生产管理系统，实现生产滚动计划自动排产和管控决策。同时，生产期量精细到工步，系统通过DNC数据统计分析，

按照正态分布自动过滤异常数据，再进行生产现场人工比对，实现生产期量的动态迭代，实现期量精细化管理。

（二）推进生产组织模式创新，提高柔性线设备利用率

采用矩阵式生产组织和生产、质量、成本、安全、保密等全方位的绩效管理模式，实现以柔性线为中心的生产组织变革。

组建全业务服务的柔性线大团队。将工长、工艺人员、设备维修人员、计划员、调度员和物流保障人员纳入同一个大团队，促进专业设备和人员的充分利用。

优化柔性线现场团队管理模式与人员配置。根据柔性生产模式特点与现场人员技能水平，对团队成员分级与分工，建立以人机分析为基础的设备班次，实验"2+2+1"的现场操作模式，即2名熟练操作人员、2名装夹人员和1名晚间值守人员，将柔性线的检验、装夹和维护工作安排在白班完成，晚班只需安排值班人员即可正常生产。

创新柔性线人员绩效管理与综合素质培养模式。采用矩阵型组织模式，针对不同职能部门的人员建立一套涉及生产、质量、成本、安全、保密等方面的绩效评价体系。开展一系列基于综合素质提升的人员培养措施，实现柔性线人员一专多能，提升现场设备自主保障能力、工艺问题解决能力以及生产计划协调能力等。

（三）构建生产资源保障机制，实现生产资源智能管控

梳理柔性线生产要素配置，识别生产过程中各项生产资源。通过分析柔性线零件加工特性，梳理材料、工装信息、工艺程序、刀具品种、检验计划和工序说明书等生产资源，按照重要性将生产资源分为强相关资源和弱相关资源，强相关资源包括材料、工装、刀具、程序，弱相关资源包括工序说明书、检验计划。同时，编制柔性线生产资源保障计划，建立相对通用的刀具、工装资源库，提升柔性线产品的应变能力。

通过建立生产资源辅助系统，消除生产过程信息孤岛。由于各项生产资源特点及保障部门不同，管理水平差异较大，通过问题分析，优化生产资源管理机制，实现生产资源精细化管理。开发生产计划智能排程系统，实时动态获取生产计划信息，结合生产资源电子台账，建立生产资源辅助系统，编制相应的生产准备计划，将材料、工装、程序、刀具、工序说明书等生产保障资源嵌入生产排程系统，实时动态触发生产资源保障，实现以生产计划为牵引，各项资源保障计划稳步推进，促进生产资源保障。

通过开展生产资源考核评价，固化生产资源保障机制。制定《柔性线现场备产方案》《柔性线的材料库存方案》《柔性线现场物流周转方案》等管控方案，依据生产计划排程结果，将各项生产资源准备计划自动下达至各保障部门，依据各部门完成情况，系统自动记录考核数据，联动各相关部门保障生产计划完成。

四、以单位时间产出率提升为目标，整合柔性工艺知识资源

柔性生产环境下的零件加工工艺更强调加工过程的无人工干预和资源配置的柔性化。柔性工艺设计管理需充分考虑传统加工过程中需人为干预环节和工装、刀具等资源柔性化，以提高生产过程的柔性和单位时间产出率。

（一）规范柔性线工艺资源管理，提升生产线柔性化

为解决生产线柔性与单位时间加工效率的矛盾，需要从柔性工装、刀具品种、柔性装夹三个方面进行重点管理。

一是设计柔性工装。统一零件装夹方式，设计柔性工装，解决柔性线工装品种繁多及利用率低的问题，实现柔性装夹；通过工艺文件明确柔性工装的装夹方案及结果，实现零件快速、准确定位，整体提升生产线的柔性

二是减少刀具品种。统一上线刀具品种，形成上线刀具选用标准库，为零件的持续上线奠定基础，缩减刀具数量；制定《柔性线刀具命名标准》，实现柔性线刀具命名规范，实现刀号、刀具图号、刀具工作长度和接长杆的"四统一"，并将数据集成进工艺在线管理系统进行实时调用和管理，提高刀具的柔性及加工效率。

三是实现柔性装夹。通过自动物流系统，采用可调零点定位系统自动夹紧并反馈数据，实现探头自动检查机床的最终装夹状态。基于TRIZ理论中的分离原理实现主程序与子程序管理，实现探头自动找原点。对零件装夹完成后，需要调换位置装夹自动找原点时，建立坐标系自动旋转逻辑程序，与工艺主程序进行关联，实现自动精度补偿，避免由于零件定位或基准问题等原因引起的停工。

（二）建立加工基线测评系统，迭代最优化工艺方案

航空结构件加工类型主要分为粗加工和精加工，粗加工的加工策略是追求更高的材料去除率，精加工的加工策略为追求更高的表面成形率。统计数据表明，由于零件类型不同、工艺员不同，加工效率是随机离散的效率标准差 σ 大，细化零件分类后，效率标准差 σ 减小，效率波动趋于平稳，但试用范围也随之变窄，影响工程实际推广应用。通过基于专业化分工的零件分类原则，在保证合理波动情况下兼顾工程实践需要，构建一种基于表面成形率的飞机结构件数控铣削加工效率评测系统。

（三）建立柔性线知识模块化模型，实现切削效率最优

为减少柔性线加工过程的人工干预，减少非增值时间，开展系列的柔性线自动化工艺技术研究，并集成应用，例如，将探头自动找原点、刀具检测、刀具防错程序等集成为子程序指令，通过自动程序调用，实现加工过程自动化、柔性化。

同时，为保证柔性线资源组合全局最优，使所有任务以最优的性能（时间、成本、质量和可靠性等）完成，开发柔性线模块化知识管理平台，实现柔性线工艺知识模块化管理。通过柔性线加工高效率的基线数据库和柔性线知识模块化管理模型，利用切削效率基线库与工艺准备最优化模型建立柔性线知识模块化模型，实现零件加工方案、工艺资源的系列化、规范化、标准化，保障柔性线高效运行，最终提升设备单位时间产出率。

五、以产品合格率提升为目标，强化全流程质量管控能力

结合柔性线设备使用率高、生产能力稳定、产品应变能力大等特点，柔性线的质量管控重点发生转变：零件加工前，工艺方案评定在原有加工稳定性评价的基础上重点关注刀具管控、自动化加工等评审要素；加工过程中，将原有的人工检测转变为刀具测量（BLUM）、切削状态监控（ARTIS）等数字化管控；零件加工后，首件鉴定除实物质量与工艺方案外，更关注可操作性、运行灵活性等柔性特征的实现。

（一）实施精细化工艺评审方案，转移质量风险至源头控制

在工艺方案评审中从柔性线运作的全局出发，根据PFMEA方法分析的风险等级，在零件毛坯的装卸、缓存与运输、刀具的管控、自动化加工、加工的稳定性等方面设计工艺评审方案，形成柔性线零件工艺方案评审报告与柔性线工艺细节评审报告模板。严格控制工艺源头，确保上线零件工艺资料及程序完全符合柔性线质量管理目标要求。

（二）推行数据化过程质量管控，提升柔性化加工过程质量

通过数据统计和分析明确识别加工潜存的问题、零件的加工状况，为零件加工过程质量管理的决策和改善提供有效依据。

一是开展工艺准备全过程数据化质量管控，提高工艺质量。通过开发柔性线质量管理平台，建立上线零件工艺准备全过程跟踪库，对上线零件在工艺策划准备与实施阶段、工艺策划后的设计更改及交接单等变更控制阶段进行数据化跟踪，建立面向柔性线的工艺准备全过程数据化质量管控模式，保障工艺

准备质量。

二是开展生产加工全过程状态的数字化监控，稳定加工过程质量。通过开发柔性线在机检测软件及机床子程序，优化切削状态监控、主轴功率实时监控功能等，建立柔性线设备关键维度的全监控数据库，实现加工前防错，加工中探头实时测量零件厚度、位置度检测等，以及全过程零件状态检测和机床加工监测。同时，通过过程跟踪质量数据库进行统计过程分析和加工过程自动化技术应用来管理实施过程质量。

（三）建立柔性线首件鉴定准则，确保全流程质量柔性稳定

为保障柔性线加工零件全过程的质量，将切削状态监控、激光测刀、数字化检测、主轴功率实时监控等系统运行情况纳入首件检查内容，完善柔性线首件鉴定报告，实现零件开工前准备、加工中控制及出柔性线后的首件检查等全过程质量鉴定，并根据柔性线首件检查反馈的情况，在柔性线质量管理信息平台上建立零件全流程质量档案，动态跟踪、评估及归零。

六、以成本效益最大化为目标，构建精细化成本管控机制

运用数据分析法（DEA），从柔性线生产、设备、工艺、质量、能耗及人力、在制品占用等成本投入，产品种类及产量等成本产出，开展综合评价，确定柔性线上生产产品资源最佳组合方案，使柔性线上成本效益最大化。

（一）借助数据包络分析法，寻找成本效益最优资源组合

数据包络分析法主要从生产函数的角度来判定管理的有效性，判定内容包括生产函数是否获得最大产出以及规模收益是否最佳。传统成本评价对物资、刀具、设备、在制品等的成本管理较为孤立，而包络分析法则将柔性线通过细化在制品资金、刀具成本、能耗成本等方向的统一管控，筛选出使线上成本效益最大化的产品组合生产决策方案。

利用包络分析法选取 5 种类型的零件进行测评，得到 5 种零件柔性生产效能。其中，零件 D 取得的效能值最高，为柔性线生产最优组合。依据"边际效应"，将以柔性线效能提升为目标的设备改造优化、加工技术攻关或管理模式变革等成本纳入 DEA 数据成本分析，防止在成果实施过程中出现因为连续增加某一种投入，新增产出或收益反而不足以弥补成本开支的情况。

（二）集成柔性成本管理系统，提升生产运作指标控制能力

梳理涵盖全部生产要素信息，以标准成本、设备信息、作业及资源类别信息为基础的信息数据库，搭建集成预算管理、成本计算及成本分析等为一体的成本管理平台。同时，开发系统安全管理、系统权限设置及各支撑系统接口管理等模块，保障系统实时获取成本变化数据，并能依据生产计划计算周期内的成本总和，最后固化成本计算和分析方法，将成本数据纳入系统统一管控，推动柔性线最优成本管控。

七、以执行决策一体化为目标，搭建数字化运作管理系统

通过细化作业流程，采用微服务系统架构策略，开发执行功能模块，并面向业务域组集成为业务系统，实现工作高度简化和数据精准采集；整合并对比现行和历史工业数据，实时映射现场运行状态、预测未来指标走势和提供最优解决策略；最终形成一套覆盖全流程的柔性线数字化运作管理系统。

（一）开发微服务功能模块，推动流程活动高效执行

从生产计划编制到产品出现交付，分层拆解柔性线全运作流程，将流程细化至刀具选取、参数确定等具体的可执行事件，开发对应微服务功能模块，简化操作难度，保障流程活动高效、准确执行和数据精准采集；依据各业务特征和实际需求，对模块进行集成，为客户提供一套工艺在线应用系统、设备运维管理系统等面向业务域的数字化集成软件系统，满足策划、设计、生产等工作需求；同时通过标准化接口实现数据共享，保障数据一致性和准确性，为后续整体决策分析提供高可靠性的数据支撑。

（二）整合柔性线工业数据，实现数字化运作管理

为保障柔性线各项运行指标稳定可控，通过数据整合和映射，搭建虚拟数字空间，实时反映现场加工状态及计算反馈设备利用率、产品合格率等关键指标，并且与历史指标曲线和运作目标进行对比，预测后续走势，对异常指标实时预警；依据生产目标，整合现场物料存储、设备健康状态等加工信息，自动生成现场物流调度路线、资源保障计划和设备维保策略等，并通过人机交互界面推送至各业务执行系统，实现决策执行一体化的数字化运作管理系统，保障各级流程活动高效执行，提高柔性线的综合效能。

（成果创造人：周显峰、车文平、宋智勇、刘大炜、宋　戈、龚清洪、文　远、陈学林、高　清、李　颖、尹珩苏、俞鸿均）

锂电池研制企业全要素精益化管理

飞毛腿（福建）电子有限公司

飞毛腿（福建）电子有限公司（以下简称飞毛腿公司）以数据为总线，涵盖企业产品"创意—设计—计划—制造—运行—服务"全要素，以工业互联网为手段，以信息化为支撑设备自动化运行，构建以数据为量化形式执行企业管理的精益管理模式。内部打通从采购、计划、排产到生产出库的信息流，结合标准化、精细化的方式实现数据采集，透明化各环节的业务数据交互，根据采集的数据，实现全过程的可追溯，为供应商材料品质、生产效率、制造成本、设备故障情况等提供数据分析依据；外部通过 SCM 和 CRM 的建设，联通供应商和客户，实现信息的上下游的联动，能够迅速接收市场变化信息并及时做出反应；商业智能平台将所有系统和设备的汇总数据进行统计分析，辅助公司经营决策的确定，并为行业提供可参考的运行数据和管理范本，促进行业发展与进步，最终使各生产要素达到最佳结合状态，实现生产车间布局管理的科学化、规范化和标准化。

一、依托"三体""三级"刻画精益化蓝图

精益生产管理的核心是持续改善，主要手段是彻底消除浪费。通过精益生产飞毛腿公司实现价值最大化。以企业现有的 6S 精益制造生产管理体系为基础，通过创新性引入工业互联网理念，依托企业三大管理体系（质量管理体系、职业健康管理体系、环境管理体系，搭建"车间级、工厂级、企业级"的三级管理体系，通过企业服务总线，建立贯穿生产全生命周期互联互通的管理平台（包括产品设计开发 PLM 管理系统平台、智能运营管理 ERP 平台、生产制造执行管理 MES 平台、仓储管理 WMS 平台、运营决策/数据分析 SCADA 系统），全面提高企业生产运营全过程的业务协同能力，提高生产过程产品质量控制，提升设备管理能力，缩短研发周期，提升生产效率。

通过不断优化的 6S 管理、TPM 管理、价值流、PDCA 等精益工具，借助大数据、工业互联网平台等信息化手段，有效控制了锂电池制造全过程的决策、质量、设备、运营风险，推动企业实现数字化、标准化的精细管理，精益化管理提升了企业价值流分析的效果，实现了实时的现场管理，提高了库存周转率，保障了企业生产的安全性和产品的稳定性，实现了企业的全面生产管理。同时的，通过有效的人才机制、激励机制和绩效考核机制，鼓励人才参与管理和创新，为精益管理提供源源不断的动力。

二、构建全生命周期全要素精益化模型

一是建立工控系统、华为云平台、AI 视觉系统与装备、软件等高度融合的工业互联网，实现企业内部各环节物理层面和信息层面的互联互通，既提高各环节自身的运营效率和管理水平，又提高各环节之间信息沟通的效率，增强各环节之间的协调性，提升全环节的运营效率和管理水平。

二是建立智能运营管理体系，以 ERP 为核心，系统涵盖工艺管理、生产排程、生产上料、产线作业数据采集、产线补料请求、维修管理、设备管理等，实现仓库和生产线的物料、作业、质量和人员的全面管理与控制，实现生产全过程可追溯化、透明化、高效化和柔性化，提高客户满意度和生产效率，从而充分提高企业的核心竞争力。

三是创造性地将工业互联网平台引入生产制造全生命周期，包括产品设计、原辅料供应、生产制造、仓储物流、运营决策等产品实现的全路径，使用企业服务总线将 ERP、PLM、MES 等管理系统间的数据进行信息交互，做到数据的实时互联、互通，实现全程、全面、全线的数据共享，确保数据真实

性、可靠性和完整性，推动精益制造管理从传统经验管理向数据驱动转变，推动企业数字化、标准化精细管理的实现。

四是按照"公司层顶层设计，子公司层/车间层各体系有机协调"的管理架构，突出生产制造全生命周期主线，优化配置管理资源，集聚管理优势，通过各互联网管理平台将产品设计管理、生产计划管理、工艺设备管理、生产过程管理、质量管理、成本管理、人力管理等要素进行集成、融合，形成管理合力，实现生产制造全生命周期精细化、数字化、智能化管理，有效提升精益管理水平。

三、绘制战略地图分解关键要素

飞毛腿公司善用平衡计分卡和价值链，绘制战略地图。价值链强调从利润目标开始对能够创造价值的活动或者因素进行分解，以找出价值的真正来源和关键环节。企业的战略地图绘制、战略规划及实施是一个"自上而下"的过程，它增加了两个层次的内容：一是颗粒层，每一个层面都可以分解为很多要素；二是动态的层面，也就是说战略地图是动态的，可以结合战略规划过程来绘制。

基于管理现状，飞毛腿公司建立了专业的精益化生产管理团队，搭建了横向到边、纵向到底的精益化生产管控平台，实现对人、材、机、工艺、成本、生产过程、物流等全要素精益化管理。

（一）产品设计与工艺数据管理

以项目为主线，管理所有产品设计的全过程以及过程中交付的各项文档、表单、产品结构等数据，记录产品数据全生命周期过程中的审核、发布、版本更替的具体过程，确保整个产品开发过程资料的完整性，设计变更的可追溯性。

以物料为核心，管理所有相关数据（如图纸、工艺、产品规格书及其他相关文档等），实现以物料为中心的数据关联集成，并理清物料、图纸、工艺文档之间的版本关系。在此基础上建立产品的物料组成关系（BOM）并构成产品全息图，以便使用者能够快捷、方便、准确地查找到与产品相关的所有资料。

（二）生产过程管理

聚焦在生产车间等工业现场，现场生产通过智能制造执行系统（MES）进行管理。在工艺方面，通过 MES 系统设计标准化的流程，并使之有效地执行下去；在生产排程方面，合理安排工单，进行资源最优分配；在车间数据采集方面，数据自动采集，实时监控生产状况，为后续数据分析、生产排程业务决策等提供数据支撑；在数据追溯方面，采集产品各个环节的数据，打通各个环节的数据关联，实现产品的整体数据追溯。

主要亮点如下所述。

（1）通过将车间移印检测、焊点检测、包裹膜焦点检测和将 AI 视觉程序结合到公司工业互联网系统，减少产线人员数量，提升产品品质和综合提高产品的生产效率。

（2）通过导入工业互联网 MES 子系统对生产现场进行有效管理，如快速合理的生产排程，实时监控车间的电、气、温度、湿度，对车间生产状况异常报警，控制生产流程，综合提升了车间产能，降低损耗。

（三）质量管理

飞毛腿公司拥有自成体系的 QC 管控流程。近年来，通过工业互联网的应用，将工艺文件做了标准化的归集，每款产品都有独立的产品标准库，课长/班组长/工人可根据相应权限查阅相关文件，依照作业指导书、操作规程、产品规格书要求进行生产，减少工人操作的随意性。量产阶段不良品率由 0.21% 提高至 0.18%，一次产品直通率由 95% 提升至 97%。

（四）物流管理

飞毛腿公司通过应用仓储系统（WMS）完成物料出入库、调拨、盘点等工作，有效控制并跟踪仓库业务的物流和成本管理全过程，完善了企业仓储信息管理。

实现仓库智能监控及业务的有效管理，通过物联网技术采集仓库环境数据，联动仓库空调、加湿机等设备，对仓库环境实施实时有效监控，并根据联动数据合理使用设备资源，大幅度节约生产运营成本。

主要亮点为：更高效地提升仓库业务管理水平，实施了一套行之有效的仓库智能亮灯系统，实现了作业任务自动下达、最短距离作业，节约了时间成本，提高了工作效率等，并监控设备运行状态，作业状态能够实时反馈。

（五）设备管理

工业互联网系统（SCADA）可用来管理车间、仓库和办公室的设备。将车间的生产设备、智能电表状态正常、空压机气压检测阀接入工业互联网系统，用于监控设备运行状态和环境参数，以保障生产环境状态正常、设备正常运转。将监控仓库环境的温湿度检测设备通过工业互联网系统与仓库加湿机、空调联机，仓库温湿度低于管控标准时，工业互联网系统接收到检测值后自动发信号给加湿机、空调，动态调整温湿度，保证物料存放环境合格。

（六）办公管理

办公自动化的应用，其中OA的流程审批，可以集成ERP、MES等系统进行业务流程的同步审批，打通各个系统的审批环节，将其紧密连接在一起。为了实现OA流程化，审批功能扩展至移动端的办公系统，同时辅助其他业务系统实现指定业务的预警及提醒，导入了"钉钉"的应用，不仅满足了公司内部交流，还可以实现公司多样式考勤管理，并且与OA相结合，高效快速完成审批流程。

四、原创"QQTCST"工业互联网综合管理平台

全要素精益化管理按照管理平台类型划分，产品设计开发（PLM）可分为管理系统、经营管理平台系统（ERP）、仓库管理系统（WMS）、生产制造执行系统（MES）、工业互联网系统（SCADA）、经营决策/数据分析管理系统（BI）。通过各精益管理平台实现产品设计、生产计划、工艺设备、生产过程、质量、成本、人力等全要素精益化管理。

（一）产品设计开发（PLM）管理系统

（1）通过PLM实现以产品为核心的标准化、集中化和科学化产品设计流程管理，并建立企业标准化的编码体系，保证设计BOM作为产品结果数据的唯一来源，实现一体化的图文档保存、查找、归档、版本管理功能，与研发设计工具紧密集成，实现多人协同设计，提高设计工作效率。

（2）通过PLM与ERP系统对接，实现物料编码和BOM数据来源唯一。通过ERP系统BOM模块与PLM设计版本对接，同时车间E-SOP系统、QMS品质来料检验系统与PLM对接，使生产、品质各业务单位及时了解产品设计变更和产品设计标准，避免物料规格混淆和人员生产操作错误，起到有效防呆作用。

（二）经营管理平台系统（ERP）

通过MES接收ERP下达的车间生产计划和仓库备料作业指令，并进行详细作业计划和任务分配；同时通过MES实现对生产制造过程信息的实时采集、管理和反馈；进行批次跟踪，实现质量追溯，提高企业的生产效率，改进产品质量，对物料进行管理，对关键设备进行有效监控，并实现生产过程与管理决策的高效集成。

将数字化技术运用于企业生产现场管理，规范了现场操作，提高了管理者的管理效率和水平。在工业互联网的精益化管理推进过程中，企业通过AI视觉识别系统，将生产作业现场进行视频采集与现场管理的要求与规范进行比对，实时6S标准的监督执行，通过明确的现场标准和责任分工，保持生产现场干净整洁，问题及时暴露并得到及时解决。通过 PDCA 运行机制，不断发现问题、解决问题，有效解决了生产现场的混乱问题和设备的不规范操作问题，规范了现场人员的操作标准和操作习惯，大大降低现场问题出现的频次，使得生产过程更加规范和高效，进一步促进生产效率的提高。

同时，企业设立了生产现场看板、设备实时监控（预警报警）、JIT 送料看板、发料看板（根据优先级排序）、紧急送料异常处理、出货排序看板、供应商送货计划可视化等多系统融合的大数据看板，实时展示生产信息、质量信息、出入库信息、车辆运输信息等，实现运营管理可视化，既保证了生产管理信息的及时交流和互通，又便于各层级管理者随时随地掌握所有场景的运营状况，提高管理者的管理水平和效率。

（三）生产制造执行系统（MES）

1. MES 系统流程卡管理

导入前：每一在制品附一张流程卡片，作业员完成一制程需要将日期、人员、生产信息填写在流程卡上，在成品包装前，流程卡片收集起来，以备日后维修查询使用。

导入后：每一流程卡附上该在制品序号条形码，作业员完成一制程后，利用条形码输入序号及生产数据（不良代码也印制成条形码），MES 系统自动并入时间、工作站、人员资料等，并存入流程卡数据库中。

2. 制令追踪管理

导入前：利用每日生产窗体，生产单位组长填写各制令投入产出、人员出勤等资料，再汇总计算出各制令进度。然而组装生产线流程快，生产主管无法及时得知各制令目前的进度。

导入后：每站需刷流程卡序号，计算机可自动计算出其所属制令在各生产单位详细过程及最新状况，通过主管办公室的计算机可得知全厂一分钟前制令的最新状况。

3. 在制品追踪管理

导入前：常有一堆不良品、待修品积压在现场。每年盘点时经常清出千万元成本的在制品。

导入后：利用流程卡完整数据，MES 系统可追踪每一件在制品的最新位置，统计整理后，可以根据制令别、产品别或现场区段，追踪在制品的分布情况。

4. 包装监督

导入前：相同产品，因不同地区客户，需配置不同的文字手册、电源等材料，但因混线生产，易发生错误。

导入后：可立即给予包装人员明确的包装指示，避免错误发生，或者进一步整合防呆系统，当错误时立即发出警示。

5. 品质监控管理

导入前：品质资料由品管站输入品质窗体中，但因是人工填写，或资料有限（完整的检修资料是填写在流程卡中），或少有工厂立即使用计算机输入资料信息，因此多是事后整理品质报表作为未来品质改善的依据，但又因情报不完整、不正确，不容易找到品质不佳的真正原因。

导入后：检测、修护资料可通过扫描条形码获取，或计算机立即输入，现场可连接品质看板，实时显示最新品质状况，并可做完整详细的统计分析，有效找出不良品的问题。

6. 出货管理

导入前：利用人工记录出货序号客户，以便售后服务的开展，但缺乏实时核对能力，常在出货之机种及数量上发生错误，造成不小的损失。

导入后：出货时，刷读外箱序号条形码，可立即核对信息，如不符合出货条件，可立即告知出货人员。

7. 自动化设备整合

导入前：信息厂必用的 SMT、AI、ATE 等设备多独立运作，效益不高，设备管理不佳。

导入后：将 MES 系统软件与 SMT、AI 整合，可自动获取生产信息及设备状况，与 ATE 整合，可自动获取测试资料。

8. 现场物料管理

导入前：因混线生产，企业无法掌握实际生产状况，常发生缺料停线。

导入后：MES 系统软件可以随时掌握最新制令，各机种组装数量，可以实时计算出现场物料使用情况，提前做好供料准备，有效降低这方面人力及原材料缺乏现象。

9. 售后服务

导入前：产品回修时，须花费相当大的人力找出其原来的流程卡，如果不知其何时出货，很难提供有效的售后服务。

导入后：MES 系统可以掌握每一成品完整流程卡资料及出货时间，为客户提供较好的售后服务。

（四）仓库管理系统（WMS）

（1）WMS 能够按照仓库运作的业务规则和运算法则，对物料信息、物料资源、收发货行为、存货和分销运作进行完美的管理，使其最大化满足仓库对车间的物料配送，同时满足时间和物料数量精确性的硬性要求。

（2）仓管人员能通过亮灯指引，实现最短距离作业，缩短物料收料及备料至车间的操作时间。

（3）每个栈板上架前扫码后方可进行堆高车上架、下架需叉下来后操作人员再从叉车下来扫码，无法在堆高车上进行操作，浪费人力。拟计划引入"亮灯"系统，仓管人员能坐在叉车上面，通过叉车上定制的平板电脑和扫描枪，可在"单人"不下叉车的条件下实现物料上库位和备料出库，解决目前仓库双升位货架物料收发需要双人操作的问题，大大提升物料配给的时间效率。

（4）在使用 WMS 和亮灯系统的基础上，将部分（多联纸）备料单、超领单、调拨单和报废单予以取消，每年为公司节省纸张费用。

（5）人员流动率大引发盘点效率慢，影响备料、发料进度。仓库备料员离职率高且新人培训周期长的问题一直存在，飞毛腿公司拟通过"亮灯"系统，减少仓库物料收发操作对老员工的依赖，同时缩短新人培训周期，以及适应仓管员工作的周期。

（五）工业互联网系统（SCADA）

（1）实时采集生产过程中的各类数据，代替人工作业的同时，避免了一定的因人员工作失误所带来的损失，不仅提高了工作效率，也能实时监测到生产过程中的所有不正常数据，为产品的质量提供了保障。

（2）SCADA 系统提供每台设备的生产数据，使得生产情况直观明了，方便管理层人员分析生产情况，同时帮助企业优化生产，使生产计划变得科学与合理。

（3）改善了产品、生产进度、生产效率、质量信息、设备运行等管理过程的数字化与智能化，优化生产过程的数字化管控能力。

（4）将车间的生产设备、智能电表、空压机气压检测阀接入工业互联网系统，用以监控设备运行状态和环境参数，保证生产环境正常、设备正常运转。

总体来说，作为智能制造的重要帮手，工业互联网综合管理平台能够支持实现平滑生产、透明物流、平衡产能及品质控制；帮助工厂实现从被动响应模式转向主动的预测性维护和服务模式；为全体员工赋能，系统能为员工提供所需数据，支持他们快速做出明智的决策，快速有效应对意外事件；基于精准需求的大规模定制，达成更高效的用户与产品间的精准互动，并搭建覆盖全产业链的工程支撑体系来扩展价值链。

集成与融合产品设计开发系统、经营管理平台系统、出产制造执行系统、仓库管理系统、数据采集与监视控制系统，塑造并达成为"QQTCST"行业标杆：品质领先（Quality）、规模效应（Quantity）、精准时效（Time）、最优成本（Cost）、服务支撑（Service）、技术迭代（Technology）。在此基础上，飞毛腿公司的精益理念是精益求精，持续探索与应用"更快、更简单、更持续地精益求精"的措施。

（成果创造人：江志成、陈含桦、吴建忠、朱金鸿、连秀琴、
冯明竹、陈耀书、罗　颖、陈琛琛）

电网企业服务区域经济高质量发展的配电网规划精益管理

国网山东省电力公司

电网企业服务区域经济高质量发展的配电网规划精益管理的基本内涵是：全面落实党和国家重大战略部署，立足新时期高质量发展要求，以"四个革命、一个合作"的战略思想为根本遵循，以建设"具有中国特色国际领先的能源互联网企业"为战略目标，聚焦配电网发展规划管理体系创新，基于配电网未来发展需求，在电网投资压力加大，满足政策项目投资要求居高不下的严峻外部形势下，以构建涵盖现状问题精准诊断、规划方案科学制订、规划成效精益评价及规划过程信息化支撑等内容的精准规划体系为核心，以调研研究、机构革新、标准制订、精准投资、监督落实、技术进步、高效支撑为主要途径，在全面保证重大政策性项目落地实施的同时，以强化本质安全、提高规划投资精准性为导向，以满足安全、可靠、经济用电用能需求为要点，以配电网规划管理质效提升为目的，推动山东电力经营区域内配电网精益规划，充分服务区域经济高质量发展。

一、系统调研，确立配电网规划精益管理思路

（一）对标一流水平，明确目标方向

放眼世界，对标一流，以国际一流城市配电网建设发展经验为指导，促进规划先进性。一是系统研究世界一流配电网发展情况。详细分析了以法国巴黎电网为代表的各电压等级网架"强—简—强"协调发展结构，重点分析了配网直供地铁供电模式的优缺点。以欧盟和法国为代表，重点分析了供电可靠性核心理念在配电网管理中的作用及借鉴价值。二是深入分析国内以雄安新区为代表的一流配电网发展情况。从电网发展定位、发展基本原则、发展目标等角度分析了雄安新区配电网规划典型经验，为山东电力配电网规划提供最新理念。三是全面摸底山东省配电网规划发展需求。通过现场调研、座谈交流等方式，全面摸清市县公司配电网规划发展工作的痛点和堵点，系统调研地市公司配电网发展现状及发展态势，以"知己知彼"作为配电网规划开展的前置条件。

（二）立足创新理念，攻坚重点难点

创新管理理念，提升研究水平，坚持从国际化和建设国际一流水平的现代化配电网视野来审视配电网规划管理，促进规划补短板。一是采用最先进的规划理念。依据山东省配电网发展实际及所处阶段，贯彻城市电网发展新理念、新思路，突出安全、质量、效率、效益、服务，落实以可靠性为中心、资产全寿命周期管理、差异化规划、标准化建设等先进理念和要求，形成500千伏立体交叉双环网；按照"分区运行、区内成环、区间联络"的原则，构建220千伏分区环网结构；依托220千伏变电站布点，110千伏电网构建双侧电源链式结构；10千伏电网主城区采用双环网、单环网、多分段适度联络结构。充分应用"大云物移智链"等现代信息技术、现代通信技术，实现电力系统各个环节万物互联、人机交互，大力提升数据自动采集、自动获取、灵活应用的能力。二是创新重点研究专题机制。组织国网电科院、国网经研院、浙江电力等8家单位，开展国家电网公司课题"面向智慧配电网的网格化规划方法及典型网格配置方案研究"的研究工作。组织各市公司开展"十三五"220千伏及以下电网规划执行情况评估、"十四五"配电网发展重点研究、配电网远景目标和智慧配电网发展框架研究等12项配电网规划专题研究工作，确保规划理念最新，研究成果最好。

（三）强化适配适用，促进规划融合

将电网规划纳入政府规划，促进规划适用性。一是做好规划与地方发展规划、电网提升行动计划等

已有规划成果的衔接，将山东电网发展目标、建设重点、相关政策建议等最新成果纳入地方能源规划。二是适应外部环境变化，与地方发展多层次联动。与规划联动，提出"电网规划对接城市发展规划、土地利用总体规划、市政道路建设配套计划"三项对接措施，按照通道充裕、结构坚强、互联互通、智能高效、清洁环保、信息实时、便利接入的目标，依托规划平台，做好配电网规划滚动修编，做深方案论证，做实项目储备，科学固化规划项目库。发挥规划的龙头作用，创造良好开局。

二、整合资源，完善配电网规划组织机构

（一）成立规划管理委员会，建立规划决策机制

完善顶层设计，高水平组织协调山东电力配电网规划管理工作。一是高规格设立规则管理委员会（以下简称规委会）。规委会是国网山东省电力公司（以下简称山东电力）设立的高级别电网规划审核机构，主任由山东电力总经理担任，副主任由分管规划、建设、运行的同志担任，发展部、财务部、设备部、营销部、科技部、建设部、互联网部、调度中心等主要负责人为委员。二是明确规委会工作职责。规委会主要工作职责是研究确定电网发展战略、方向和主要思路，明确电网规划的基本原则、技术标准和主要内容，审定电网规划工作方案和重点任务。三是制订规委会工作制度和工作流程。制订了规委会会议制度、调研制度、督导制度，从会商协调、电网规划、重大问题和重大工程几个方面制订了工作流程，确保规委会高规格开展电网规划工作。

（二）成立专家咨询委员会，建立质量管控机制

吸纳高端才智，邀请行业内外高水平人才指导山东电网规划工作高水平开展。一是明确专家咨询委员会（以下简称专委会）人员组成。专委会是山东电力设立的高级别电网规划咨询机构，主任由分管电网规划的领导兼任，名誉主任由山东电力院士工作站签约院士兼任，副主任由协助领导开展电网规划工作的总经理助理兼任；成员由山东电力长期从事电网规划、建设、运行等专业工作的有关同志，以及政府有关部门、有关高校、相关行业协会、电力行业权威咨询机构等有关专家组成。二是明确专委会主要职责。专委会负责对电网规划重大边界条件、技术标准和基本原则提出意见建议；对电网规划报告提出咨询意见，对电网发展重大问题、骨干网架构建和重大工程建设方案提出咨询意见，为电网规委会决策提供技术支持。三是确立规委会指导下的专委会工作制度和工作流程。专委会在规委会的指导下开展咨询事项、组织专家开展调研并开展电网规划咨询工作。

（三）健全省、市、县配电网规划编制机构，确保发展理念统一

守住一个目标，建立了上下协调编制机构和分层分级工作开展方式。一是建立顶层协调机构。山东电力发展部总牵头、总协调，主要负责城市配电网发展管理机制的建立、相关工作的发起与过程监督等；山东电力设备部、营销部、调控中心等部门协调配合，参与城市配电网技术标准制订与评审等工作。二是建立智力支撑机构。省经研院技术牵头，对省级公司配电网发展业务提供技术支撑和服务，主要负责编制与实施城市电网技术规程和技术纲领，开展城市电网前沿技术研究，完成配电网规划信息系统的应用与维护。三是建立属地负责机制。地市公司保障投入业务骨干力量，贯彻差异化规划、资产全寿命周期管理等先进理念，并与地方政府沟通和协调，落实配电网发展规划与地方规划的衔接。四是明确基层工作定位。区（县）公司做好相关基础数据收集，统筹制订10千伏及以下电网建设改造方案，提出城市电网110（35）千伏电网规划建议，并与区（县）政府沟通和协调，将区（县）配电网规划内容落实到区（县）总体规划和控制性详细规划。

（四）强化经研院所支撑，保障智力资源支持

以实干促成长，通过提升业务能力和技术水平，加强经研院所规划力量和人才梯队建设，培养一批善于思考、勇于实践的高素质业务骨干。一是优化人才评价机制。理顺职业发展通道，激励和调动规划人员的积极性，为规划人员提供更大发展空间，培养一批专业、专注的规划"大师"和"工匠"。二是

完善培训学习机制。充分发挥省市经研体系规划支撑作用，积极开展省、市、县一体化培训，利用"上派下挂"的培养模式，努力培养一批专家型人才。不定期组织开展规划设计人员适岗能力考试，促进规划设计人员业务能力提升。三是健全工作参与机制。落实"四级规划、五级参与"的常态化配电网规划工作体系要求，推动基层班组深入参与规划工作，上下联动，提升基层班组的规划水平，开拓基层班组的视野。

三、制订标准，健全配电网规划管理制度

（一）健全配电网规划管理制度体系，促进明责履责

以配电网规划管理制度体系建设为纲，建立配电网规划通行约束规则。一是组织编制8项配电网规划管理标准、制度和流程。构建了以"一套评价指标体系、两项规划指导原则、关键三环节有力管控、省市县所四级联动"为支撑，以"一个总体目标和指标、技术、管控、组织四项业务体系"为核心内容的"1+4"配电网精益规划体系。二是编制并印发"功能区、网格化、单元制"城市配电网规划与"一图一表"村镇配电网规划指导原则、工作手册等9项配电网规划管理标准、制度和流程。构建了配电网发展的"四梁八柱"。形成网格化规划成果397份，村镇规划成果1790份。逐一研究审定了山东省到2040年3665项110（35）千伏输变电工程规划方案。三是制订和修编多项配套保障制度。制订了《国网山东省电力公司项目评审专家及专家库管理办法》《国网山东省电力公司中低压配网基建项目管理实施细则（试行）》《国网山东省电力公司220千伏及以下电网规划项目库管理办法》等多项配套保障制度，指导各单位全面开展各项工作。

（二）优化配电网规划管理业务流程，提升工作效率

以配电网规划管理业务流程顺畅为要，建立配电网规划标准业务流程。一是建立连贯流畅的配电网规划管理业务模式。创新打造项目需求提报、边界方案确定、规划成果编制"三上三下"工作机制，构建"省公司统筹决策、市公司主体落实、县公司深度参与、经研院所技术支撑"的工作模式，实现了主网规划与配网规划、电网规划与专项规划、电网规划与政府规划的统筹衔接，提高了需求预测准确性、规划方案科学性、落地实施可行性，全面保障了电网健康可持续发展。二是科学划分管理界面，明确各层级业务分工。按照"整体启动，专项论证，专业审查，项目储备，投资计划"的流程开展配电网规划管理业务，实现规划精准管理目标。省公司负责省级电网规划，组织评审市县电网规划；市公司负责市域电网规划，组织初审县域电网规划；赋予县公司电网规划职责，县公司负责县域电网规划。形成省、市、县"三本"全电压等级规划报告，促进电网规划完整纳入各级政府国民经济和社会发展、国土空间（城乡发展、土地利用）、能源电力等规划，层层落实，切实保障电网规划顺利实施。三是明确配电网规划业务重点工作内容及流程。以饱和负荷下目标网架为引领，结合电网发展新情况和运行过程中出现的新问题，每年开展电网滚动规划，深化计算分析，加强多方案论证和安全性分析，系统开展过渡期主网架多种运行方式计算和严重故障校核，提高规划的科学性、权威性，形成工作常态，主要工作固化到月。充分发挥电网规委会例会作用，加强专业沟通协同，建设、调控、设备、营销等部门全程参与，在电网规划阶段，对重大问题和建设方案提出意见。

（三）完善配电网发展技术标准体系，提高发展质量

以构建完善的配电网规划技术手段为目，创新建立一套配电网发展技术标准体系。一是建立"1+2+4+30"技术标准体系。构建配电网规划技术与实践专著、电网规划设计技术原则，配电网规划技术规范、配电网规划管理规范制度，共36项技术标准，为配电网建设提供了全方位技术支撑，也为引领今后一段时期配电网规划提供了技术方向和标准。二是构建配电网规划典型案例库。围绕配电网规划质量、配电网规划项目准确率、配电网项目可研评审通过率、110（35）千伏项目可研管理、10千伏项目可研管理等考核指标，建立典型案例数据库。

四、强化管控,精准落实配电网发展投入

(一)建立多维评估机制,判定发展短板

坚持问题导向,多渠道、全方位摸准配电网发展短板和弱项。一是科学界定,构建配电网薄弱环节指标体系。以强化电网本质安全、提高投资精准性为目标,统一电网发展衡量标尺,按照系统化、标准化、精细化的原则编制电网安全隐患与薄弱环节界定标准,规范电网薄弱环节梳理标准。经过指标体系构建、细化问题编码原则和完善诊断指标释义三阶段完成配电网诊断分析指标库的界定工作。二是全面梳理,扎实开展配电网现状诊断评估。深化大数据应用,采用指标分析法、对比分析法等评估方法,构建配电网发展诊断评价体系,精准诊断配电网发展短板,科学辅助投资决策。以指标体系为手段,以基础统计数据和派生指标数据为基础,采取定性与定量分析相结合的方法,多维度系统评估电网现状,逐站、逐线、逐台区摸清设备健康水平,掌握配电网的供电能力和潜力,发现配电网及其设施存在的安全隐患。三是深入分析,提前开展配电网薄弱环节预警。通过分析电网现状问题,预演电网发展规律,超前预判现状电网在未来时间窗内的适应性,对照现状问题短板、电网未来薄弱环节与潜在风险进行预警,坚持逐站、逐线、逐台区分析与总量分析、全电压等级协调发展分析相结合,对电网安全稳定、事故隐患、过载等问题逐一分析,充分利用山东电力大数据资源,深入挖掘调控、生产、营销业务以及基建管控、规划计划信息管理系统等数据信息,加强数据之间的衔接和逻辑分析,提出具体诊断意见和预防控制措施,超前针对性地提出未来可见的问题治理与电网改造建设方案,保障电网的安全稳定运行。四是落实措施,制订薄弱环节治理考核机制。按照分级分类原则,逐项制订薄弱环节解决措施,建立薄弱环节治理销号机制,按月统计通报薄弱环节治理情况,确保解决措施能够落地实施。通过上述做法全面消除配电网薄弱环节,以 2019 年上半年电网运行数据为基础,摸清全省 3033 座 110(35)千伏公用变电站、5925 台 110(35)千伏主变、5502 条 110(35)千伏线路运行状况和健康水平,全面梳理不满足设备 N-1、过载、单线站等 1036 项薄弱环节,结合电网规划方案逐项落实解决措施,形成治理项目 260 项,按月调度推进项目前期进度,全面消除单线单变供电可靠性问题。

(二)开展需求趋势预测,识别发展方向

坚持目标导向,多手段、宽途径构建配电网发展愿景目标。一是精准预测电力需求。开展空间负荷预测研究,构建"地块—供电单元—供电网格—功能区"四层预测模型,结合规划区域用气情况、产业发展情况,推算省内饱和负荷总量。二是推演负荷过渡趋势。基于用户用电大数据信息,全面分析各类典型数据随时间演变过程,建立典型用户负荷曲线和负荷特性推演参考模型,提出考虑多元化负荷的网格过渡年负荷特性预测方法,实现过渡年负荷的精细化、精准化预测。三是构建电网目标网架。按照"远近结合、分步实施"和"差异化、强支撑"的原则,科学构建强简有序、标准统一的电网目标网架,以目标网架为引领,合理确定规划项目建设时序,全面提升电网供电安全水平。

(三)注重投资回报评价,提升发展质效

坚持经济高效,多角度、全流程分析配电网投资质效水平。一是分层分级构建配电网投资效益评价指标体系。科学选取典型指标,从安全水平、经营水平、服务水平三个主要关注点全方位、全过程、全要素地反映配电网投资效益水平。改变过去单纯从经济效益角度评价配网投资收益的方式,综合考虑电网投资产生的电网技术水平提升、优质服务带来的社会贡献,突出了电网企业作为公共事业单位的社会责任;依据产出与投入之比,既关注配网发展的绝对"成绩"和"效果",也关注配网投资的相对"效益"或"效率"。二是统筹内外部需求,科学合理制订投资策略。充分利用大数据,分清主次,突出重点,对影响投资策略的相关因素进行分级、分类和排序,统筹规模、需求和效益三者的关系,根据电网规模初步确定投资分配,根据负荷增长的外部需求和安全的内部需求,明确投资效益增长点,建立投资模型,寻求在规模、需求约束下配电网投资效益最大化最优解,实现配电网投资策略优化。三是建立投资闭环评估机制，提升投资的效率效益。以提高配电网投入产出效益评价为目标，建立环环相扣、有机循环的事前事后评估管理机制。建立投资效益挂钩机制，以效益评价管控投资，杜绝违规投资，减少低效投资，提升投资对效益的正向促进作用。反向分析过去投资安排的合理性，改进未来投资计划和项目管理，实现投资管理机制与投资效益挂钩机制的协同联动。

五、落实监督，保障规划刚性执行与动态优化

（一）健全各层级配电网规划审查机构，确保标准制度执行

盯紧规划制度执行，建立协同监督、专项审查、限期整改的配电网规划审查机制。一是制订山东电力配电网规划审查办法。山东电力发展部组织开展高压配电网结构审查，拟定审查计划和审查原则，按月通过高压配电网结构审查工作进展。二是充分发挥经研院技术支撑作用。经研院规评中心负责具体开展高压配电网结构审查工作，科学制订审查技术原则、审查重点、审查模板、工作方案，对全省各地市高压配电网巡回审查，提出审查意见形成会议纪要并报省公司。三是地市公司负责落实审查意见整改办法。地市公司结合经研院意见建议，加强与运检、营销、调控等各部门沟通，统筹考虑问题解决、负荷增长、网架优化和用户电源接入需要，优化规划方案，组织研究制订审查会议纪要整改措施，并报省公司发展部审查。

（二）"四库"联动统一管理，高效保证规划落地

坚持问题导向，聚焦电网安全和效率效益等问题，隐患排查科学界定配电网薄弱环节，构建电网安全隐患和薄弱环节问题库。方案论证，刚性管理项目规划库，规范电网规划项目库管理权限，强化"三划两库"管理，联合建设部抓实抓细市公司在电网规划、项目前期计划、工程前期计划、电网规划项目库、投资项目储备库五个环节的衔接管理工作，做好规划、项目、投资的精准落实，实现项目前期与工程前期的精准对接，为项目顺利落地创造条件。合理压控电网投资规模，坚持"保安全、保市场、保专项"的原则，扎实开展项目梳理，按轻重缓急排序，有保有压有缓，有序分批下达投资计划，高效管理利用项目计划库。

（三）开展规划后评估，实现对规划的闭环管理与动态优化

建立"规划—前期—计划—统计—后评估"全过程闭环管控机制。通过规划后评估工作，深入分析投资效益、利用效率及影响效益的关键因素，对配电网规划与建设的科学性、合理性、经济性进行跟踪与追溯，有针对性地提出网络优化、解决电网冗余问题、设备利旧等提升规划效益的措施，指导规划及项目建设，实现配电网规划评估诊断—改进提升—发展提高的闭环管理。在保障规划刚性执行前提下，根据评估结果，有针对性地实施规划动态优化。严格执行"规划编制—规划项目库—完成可研—项目储备库—投资计划"的原则，通过规划指导具体项目安排，加强规划的刚性和严肃性，实现电网发展由目标网架引领。规划方案更加切合实际，注重解决配电网发展中存在的问题，能够有针对性地提出规划建设重点。规划项目能够按轻重缓急优选排序，合理选择，优先安排可研完成、前期工作充分的项目，确保规划落地。

六、完善配套，建强配电网规划管理支撑体系

（一）强化信息系统支撑，保障工具手段充足

以全面消除山东电力规划各业务间信息交流障碍为目标，从数据、技术和应用三方面推进省域电网数据资产的集中管理和高度共享，奠定配电网规划精益化管理的基础。一是贯通融合数据资源。提升企业信息流的效率和质量，实现企业数据的高质量利用和高效流转；集成运检、营销、调控各相关专业和省、市、县各电压等级电网现状数据，形成横向集成、纵向分层的业务数据融合模式。二是深挖数据资源潜在价值。高效接入与深度融合海量数据，实现设备数据库、运行数据库、图形数据库、规划数据库的"四库合一"，形成集数据融合、存储、挖掘、建模、计算及分析于一体的电网规划综合数据库，为

省域电网规划发展提供全链条数据支撑和信息咨询。三是拓宽数据业务应用场景。结合规划业务架构融合内容，对各业务线条进行梳理，并结合各专业工作进度，采用逐步推进、分布落实的策略，实现以电网大数据为依托、电网规划各核心业务间的数据共享和业务集成。

（二）建设数据互联平台，充分挖掘电力数据价值

"工欲善其事，必先利其器。"建成贯通配电网发展数据平台，提高规划资源利用效率。一是构建功能完备、兼容高效的配电网数据资产集中管理与高度共享平台。通过先进技术手段，实现了关系型数据、文件型数据、分布式数据、空间型数据等的高效接入与深度融合，可完成设备数据库、运行数据库、图形数据库、规划数据库的"四库合一"，有力支撑城市电网的数据资产的集中管理与高度共享。二是实现配电网电力资源高端智能分析与决策支持。基于平台海量数据云计算功能，建立能源电力"统一规划平台"，对接山东电力系统各业务数据库，实现对未来不同投资主体电网存量与增量资产的统一管理，实现城市电力资源的高端智能分析与决策支持。基于平台提出精益化、集约化的电网发展全过程闭环管控体系，建立多级联动协同规划机制，有力支撑电网规划精细化、电网项目精确化、电网管理精益化和电网投资精准化。三是聚焦中低压配电网规划落地全链条信息化管理。依托能源大数据、云计算、物联网、移动应用等现代信息网络技术，横向集成融合山东电力 PMS、GIS、EMS、智能配网监控、用电信息采集等业务系统数据，纵向梳理贯通规划专业的电网诊断分析、规划可研管理、经济技术评估等业务，结合国家电网网上平台、山东电力设备部中低压项目建设全过程管理平台和省经研院电网规划综合信息平台，选择试点，力争率先取得突破性进展，形成可复制、可推广的中低压配电网先进管理平台。

（三）实施友好互动工程，打造智慧配电网

依托数据融合与深度应用，提升规划智能化水平，打造智慧配电网典范。一是深化数据互动融合，助推精益化管理。以同步联动、同步更新、无缝衔接的电网图形管理架构为基础，形成多层级协调的电网图形管理体系，实现了基层单位独立绘制、各层有效衔接、成果序列化统一管理的电网精准规划模式。利用 GIS 空间异构数据集成技术，对电网信息、气象信息、敏感点信息等多元数据进行融合，完成了电网薄弱环节可视化再现、空间负荷增长精准预测、项目实施效果的科学评估，并以电网规划 GIS 系统为载体，实现了规划评审业务基础资料的全方位展现，建立了"智能化、无纸化、远程化"评审模式。二是开展智慧供能服务，打造典型示范区。为更加有针对性地指导电网建设，深化研究各电压等级电网结构、建设标准在典型供电区的适用性和匹配性，积极开展电网典型供电模式研究。结合各类供电区域（行政区、商贸区、居民区、开发区、高新区、工业园区、农业生产区等）的可靠性需求、电源结构和负荷特性，提出典型区域负荷密度、供电可靠性等主要技术指标，优化组合，构建电网典型供电模式库。三是推动源网荷储协调，促进绿色低碳发展。贯彻落实新发展理念，聚焦新产业、新业态、新模式，配电网规划充分考虑源网荷储综合能源协调发展。注重科技进步推动源网荷储技术模式升级，注重管理模式变革推动源网荷储友好互动，注重源网荷储应用路线中长期统一规划，注重综合能源服务个性化定制规划。

（四）持续优化能源结构，推动重大示范落地

践行人民电业为人民的宗旨，以电力规划发展先行圆满完成党和国家的重大部署，服务社会用电用能需求。一是持续完善能源安全结构。推动能源"四个革命、一个合作"，促进新能源开发利用，山东电网接入光伏、风电、生物质等新能源发电 3289 万千瓦，积极助力构建清洁低碳、安全高效的能源体系，保障电力充足供应和国家能源安全。二是深入推进乡村电气化示范。全面实施乡村电气化提升工程，打造乡村电力服务"齐鲁样板"。完成 646 个省定贫困村、21.26 万户"煤改电"配套电网改造任务，有效保障电采暖设备、智能家电等新型用电需求。新建改造 10 千伏线路 4.02 万千米、配变 2.27

万台,全面完成17个小康用电示范县建设,7项工程获评国网"百佳",入选数量"五连冠"。提前完成黄河滩区迁建扶贫工程53个村庄配套电网建设,完成23项西藏日喀则35千伏及以上新一轮农网改造升级工程建设管理任务。三是重点支撑军民融合示范建设。为边防海岛部队通上大网电,为青岛军港提供第二回专线供电,超前完成山东省8项第二批边防部队电网建设任务;完成26套全景式智能保电指挥系统,巡视工作量减少54%,设备状态感知数据增加40%,实现"智能态势研判、全景状态可视、现场穿透指挥",圆满实现中国人民解放军海军成立70周年多国海军活动保电"六个零"目标。

(成果创造人:刘志清、王 飞、王春义、李文升、张兴友、梁 荣、冯 亮、郑志杰、吴奎华、张晓磊、杜 鹏、卢志鹏)

供电企业以提质增效为目标的线损管理

国网河北省电力有限公司邢台供电分公司

为落实国家节能减排政策及国家电网公司"建设具有中国特色国际领先的能源互联网企业"战略目标，以线损精细化管理为原则，以解决电网高损问题、提升经济运行水平为主线，实施了以提质增效为目标的线损管理。通过搭建市、县两级线损监控平台，开展同期线损率、实时线损率两项指标监控，实现全电压等级、全影响要素、全业务层级三个方面覆盖；创新线损督导机制，坚持问题导向，常态化开展线损督导帮扶；多措并举，开展高损设备问题治理行动；创新量化评价机制，以多维度开展治理成效评价为抓手，发挥激励约束作用，促进线损管理水平和线损指标的"双提升"。

一、推进同期线损专项治理，优化组织管理体系

从企业高质量发展战略高度出发，以提质增效为目标，强化企业级线损管理理念，全面梳理各级各部门管理职责，加强基础管理，促进线损管理措施落地，推动各项降损重点工作顺利推进。国网河北省电力有限公司邢台供电分公司（以下简称国网邢台供电公司）成立了以总经理为组长，相关专业分管副总经理为副组长，发展部、运检部、营销部、调控中心和互联网办公室等部门主要负责人为成员的加强线损管理工作领导小组。小组的主要职责是贯彻国网邢台供电公司的决策部署，建立线损工作机制，编制专业网络与考核细则，保障国家电网公司通用制度与国网邢台供电公司工作方案有效运转。召开线损工作例会，监督、检查线损指标执行进度与线损文件落实情况，协调解决存在问题，部署重点工作安排，研究并确定线损专项考核建议。推进一体化电量与线损管理系统建设工作，建立线损管理体系。

二、搭建线损信息监控平台，实现线损监控全覆盖

为确保线损指标持续下降，国网邢台供电公司应用数字化管理，从线损数据实时监控入手强化过程管控，成立了市、县公司两级线损监控中心：市级线损监控中心并设在互联网办公室，由1名专职运营监控人员、4名兼职线损专业人员、2名技术支撑机构（计量专业）人员（兼职）组成；县级线损监控中心设在发展建设部，由发展建设部、营销部、运检部、调控中心线损管理人员，2名技术支撑机构（计量专业）人员（兼职）组成。市、县公司两级线损监控中心充分发挥各专业层级管理主动性、积极性，建立"监控—排查—治理—反馈"闭环工作机制，明确开展同期线损率、实时线损率两项指标监控，实施全电压等级、全影响要素、全业务层级三个方面覆盖要求，完善了各项管理、评价、考核等制度，确保了线损监控工作的有序开展。

截至2020年8月，国网邢台供电公司通过线损监控平台，强化日常数据监控，共派发工单1081个，及时发现和改进了线损管理中存在的不足，涉及35千伏母线98条、10千伏线路320条、高损台区663个，线路高损占比和台区高损占比分别同比降低80%和65%，高损设备治理取得明显成效。

（一）构建"三全"线损监控模式

国网邢台供电公司依托现有管理机构与专业人员组建市、县两级线损监控中心，编制了线损监控工作方案实施细则，实施线损管理集中管控，改变以往的分专业监控为多专业综合监控。一方面，纵向上实行垂直监管，通过上级督导下级强化责任落实；横向上集中办公，加强专业融合，深化企业级管理，提高问题处理效率，构建"覆盖全电压等级、包含全影响要素、贯穿全业务层级"线损监控模式。另一方面，线损监控中心专业人员通过研究、学习国家电网公司、省公司相关文件、技术标准，提高对线损监控工作的认识，完善监控手段和监控方法，提高线损监控质量。

一是以指标为核心明确监控内容。国网邢台供电公司围绕线损及其影响要素，明确开展同期线损率、实时线损率的监控内容，明确线损监控的具体指标、平台与方法，提升监控质量。二是确定"监

测—统计—分析—考核"的监控闭环流程。进一步完善监控流程，实现跨层级、跨专业闭环管控，各类指标实行周、月统计，通过分析通报、考核兑现等手段把控全局质量与进度。三是确定重点监控对象，实施精准管理模式。对于线损异常、高损等重点监控对象，开展实时监控，认真定位原因，及时下发工单，通过精准督导，推动高损问题及时解决。

（二）制订线损管理目标

国网邢台供电公司运用鱼骨图、SWOT分析法，梳理线损管理关键成功因素，对标国网领先企业的线损管理实践，明确线损管理年度目标，并将其分解至各层级、各单位，加强线损监控中心人员的专业培训，一方面能够掌握全天候线损监控各项业务技能，实现人员培训与达标率100%；另一方面能够第一时间发现线损监控问题，第一时间下发工单，并在规定时间内完成问题整改工作，实时线损异常发现及时率达到100%，确保公司综合线损率年度下降率0.2%目标的实现。针对供电范围的不同，分别判订市公司、县公司、供电所三级线损考核指标，实现400伏～220千伏按电压、按线路、按台区层层分解指标目标，逐一落实到具体责任人。

（三）确定线损管理指标体系及目标值

线损管理指标体系主要包括指标监控和对象监控两方面。指标监控是按照规定的公式、周期与数据来源计算所得的指标结果，按性质可分为线损指标与辅助指标两类，监控周期与统计周期一致（一般为周或月）。对象监控指由于高损或窃电等原因，对线路、台区或用户等具体对象进行的实时监控，监控周期原则上不大于日。两个体系的目标值如下所述。

第一类指标体系主要是线损指标，以同期统计为基础（用于计算线损的输入、输出电量为相同统计周期），并按自然月计算得出的分区、分压、分线及分台区线损。

辅助指标用于监控线损的主要影响因素，其选定原则要实现一方面数据自动获取，与源端业务系统保持一致；另一方面指标自动计算，及时发现异常。

第二类指标体系是对象监控，原则上以10千伏及以下电网为主，实施三类重点对象监控，包括10千伏高损及负损线路、0.4千伏高损及负损台区和重点窃电嫌疑用户。

（四）优化线损监控流程

一是明确监控流程触发标准。各级线损监控中心重点针对以下三种情况编制监控工单。第一，监控指标连续排名落后，且指标长期未见明显改善，每类指标选取前30个；第二，已纳入监控对象库的三类监控对象，每类对象选取前30个；第三，上级单位针对线损管理部署的降损任务或整改工作。

二是明确监控流程步骤。当监控工单触发后，线损监控中心进行登记，注明发现的问题、工单单号、受理单位（或部门）、管理责任部门。属于市公司问题的，由线损监控中心向相关线损业务部门下发工单，业务部门对问题进行排查治理，确定解决措施和时限；属于下级问题的，下发工单至下级线损监控中心，对问题进行排查治理，确定解决措施和时限。

三是明确监控工单处理时限标准。各级线损监控中心、线损业务部门及相关单位在接到监控工单2个工作日内，应完成问题排查，明确问题原因、责任部门、处理措施及完成时限，处理各类原因的监控工单不得超过时限（自接到反馈之日起开始计算），并向监控工单下达机构反馈，原则上由监控工单下达机构确认注销工单。

四是明确监控工单督导及备案标准。一方面按时间催办。临近办理规定时限，各级线损监控中心负责催办相关责任部门或单位，按时完成受理或下达监控工单。如果办理时限小于1周，催办时间为时限前1天；如果办理时限大于1周且小于2周，则催办时间为时限前3天；如果办理时限大于2周，则催办时间为时限前1周。另一方面，及时验证、备案。到达办理规定时限后，各级线损监控中心检验监控工单完成情况，按期完成的，对监控工单进行销号，未按期完成的，计为超期工单。各级线损监控中心每周汇总监控工单处理情况（包括办结、在办、超期工单的数量，各单位工单数量排名等），并以短信方式通知下级单位主要领导，同时按月对超期工单提出考核意见。

（五）完善线损管理责任体系

建立区、高压线路、配电线路、台区承包责任制，制订"一线一台一人"承包台账清单，对全部区、高压线路、配电线路、台区进行梳理摸排，并按发生异常次数、线损率高低开展星级评价，明确重点管理监控对象，逐线逐台明确两级责任人，直接对账到人，考核到人，真正将降损指标分解到部门、供电所、线路、台区、人头。

（六）构建线损管理信息平台

国网邢台供电公司在营销综合数据管控平台的基础上，开发了线损管理信息平台，构建"基于负荷特性异常线损识别模型"，建立高损台区识别等9大数据分析场景，依托监控中心开展异常线损大数据分析，建立精准定位异常清单，做到"一线一策""一台一策"，实现台区精准降损。

三、建立线损帮扶督导机制，着力督导解决重点问题

为提升县公司线损管理水平，促进专业部门对县公司的垂直管理，国网邢台供电公司对所属县公司开展常态化帮扶活动，及时解决县公司在线损管理工作中发现的问题，加快提升弱势指标。

（一）组建内外勤工作专班，开展线损督导帮扶活动

推行市公司大局把控、县公司细化管理、供电所主体实施的三级梯阶分层管理，组建基于发展、运检、营销、调控同期项目组的"4+X"柔性专家团队，建立"内外勤"双轨运行工作专班，实行"督导+帮扶"模式，采用层层递进的专家会诊模式有效解决线损管理中的难点、痛点。对指标长期落后的单位开展定向帮扶，每周开展1~2次督导帮扶活动，分析管理中存在的问题，制订有效解决方案、理顺管理机制。

（二）明确帮扶督导对象

国网邢台供电公司常态化开展帮扶督导工作，每月选取线损异常问题整改进展缓慢或者持续没有改进的单位作为帮扶督导对象，尤其是示范县或达标县创建难度较大的县公司、单项或部分指标存在较大弱势的县公司以及线损管理相对薄弱的县公司。坚持县公司是线损管理问题责任主体的原则，通过发现"某一个"问题，督促县公司举一反三，发现并整改"这一类"问题。通过问题收集和现场督导，针对线损率指标相关的计量管理、采集维护、系统档案、模型配置、电费管理、内部协调机制等管理进行深度挖掘。一是对督导发现的具体问题限期整改；二是举一反三，对县域内类似问题全面排查整改；三是针对管理薄弱方面建立治理有效机制，杜绝问题重复发生。

（三）创新帮扶督导形式

对于指标落后、进步缓慢或者指标提升遇到瓶颈的单位，国网邢台供电公司先对其开展帮扶活动，组织专业部门及指标优势单位对其进行对口帮扶，通过召开专业座谈会，讨论分析指标弱势单位存在的问题，提出整改建议或者改进措施。通过开展一对一帮扶的形式，针对性地提出落后原因，促进被帮扶单位制订整改措施，不断提升管理水平和指标。

对于帮扶后指标仍未有提升或者管理仍未有改进的单位，组织开展专项督导活动，专项督导采取固定督导和动态督导相结合的形式。固定督导采取承包方式，由市公司发展部、运检部、营销部（农电部）、调控中心各承包一个对应专业帮扶对象，负责帮助分析协调解决县公司相关专业存在的问题，并指导指标提升。动态督导采取现场协同方式，市公司适时组织相关专业部门、单位对县公司开展现场督导，以问题为导向开展现场勘察、讨论、分析，确保问题得到有效解决。

2020年，国网邢台供电公司共组织开展五期线损管理"精准结对、技术提升"专项活动，安排相关人员赶赴新河县供电公司开展为期一周的结对技术提升活动。其中，柏乡县供电公司和新河县供电公司是邢台供电公司第一组结对帮扶单位，参与活动后，柏乡县供电公司线损管理水平迅速提升，连续三个月作为国网邢台供电公司第二家单位入围国家电网公司同期线损百强县公司，同时隆尧经济开发区供电所、巨鹿小吕寨供电所均取得历史性突破，首次入围国家电网公司同期线损管理百强供电所。专项活动成效显著。

（四）注重帮扶督导成效

督导帮扶实施闭环管理，即"检查—反馈—验证—总结"的模式。一是下发帮扶整改通知单。根据现场检查情况，给县公司下发线损管理帮扶整改通知，明确整改问题和时限，要求被帮扶县公司要积极落实市公司提出的解决措施，定期反馈治理进度和成效，要举一反三，积极发现并解决类似问题，促

进相关指标和管理水平的双提升。二是建立线损管理问题库。发现的问题要纳入问题库，常态化开展跟踪验证，并将验证结果与治理进度在公司周例会、线损管理周报中实时通报，进一步督促相关县公司加快治理进度。三是严格落实"说清楚"问责机制。对于帮扶后，相关指标或降损成效仍没有取得明显改善的县公司，要深入分析原因，并向市公司"说清楚"。

截至2020年6月，国网邢台供电公司共对17个县公司组织开展了26次督导帮扶活动，现场核查问题269项，其中10千伏线路72条、高压用户196个、公变台区173个，促进了线路和台区同期线损合格率的提升和高损占比指标的下降。

以新河公司为例，其通过督导活动，制订了"1+5+6"方案，将百强县、百强所指标按工作要求分解至线损监控中心、各相关责任部门和6个供电所，并签订《冲刺同期线损百强县责任状》，明确奖罚标准，带动全员参与，最终新河公司在2020年5月在国网公司所有1900多个县公司中排名第三，为省公司系统首次进入国网公司前三名的单位。

四、多措并举，消除高损设备

为确保高损设备治理成效，国网邢台供电公司依据部门职责分工，通过对计量采集、窃电、三相不平衡、功率因数、运行方式、临时用电等方面的问题开展降损治理，开展内部检查考核通报，积极开展政策宣传，消除高损设备。

（一）计量采集问题的治理

存量计量问题限期消缺。变电站：运检部负责梳理站用变缺失计量装置明细，各级调控中心负责梳理其他计量装置缺口明细，营销部牵头组织开展项目可研，制订整改专项计划，经公司决策后，研究出资方案，列入正式计划。配电网：发展部、营销部、运维部研究制订计量点设置和优先顺序原则；营销部依据安装原则梳理设备明细，牵头组织开展项目可研，制订专项计划，经履行决策程序后，研究出资方案，列入正式计划。网间关口：运检专业组织梳理市、县公司10千伏互供线路无计量问题，营销部组织完善计量关口。农排表：关于三芯电缆供电的农排表不能自动抄表问题，营销部加大与国家电网公司沟通力度，把具备采集功能的抵押三相三线表列入标准物料并完成安装，尽快实现对农灌全覆盖、全采集，堵塞管理漏洞。新增考核计量装置同步投运，营销部组织建立计量、采集装置同步接入、同步验收、同步投运制度。梳理与考核表及相关的互感器、采集装置、通信通道、信息系统等基建、技改、大修管理流程，补充完善流程和各节点责任部室，相关部门组织做好建设、调试、验收工作，投运前运检部把好签字检查关，确保考核表及相关设备同步验收投运。建立计量、采集装置维护常态机制。营销部组织建立计量、采集故障信息发布机制，在故障发生的一个工作日内发布影响线损同期统计、实时监控的故障信息，故障消缺时间原则上，不超过2周。

（二）配变三相不平衡问题的治理

运检专业、营销专业协同，建立配变三相不平衡分析、治理常态工作机制。组织建立配变三相不平衡周期性检测机制。对存在的配变三相不平衡设备进行周期性排查、统计，建立配变设备三相不平衡台账。开展三相不平衡分析、治理工作。对存在三相不平衡的配网设备负荷性质、用户报装情况等开展全面分析，协调相关专业制订治理方案，2016年年底前完成了存量问题治理。在营销专业配合下，运检专业按月对治理结果跟踪统计，发现问题及时解决，确保治理成效。

（三）功率因数越限问题的治理

调控中心组织开展主网功率因数越限问题的治理，运检部组织开展10千伏及以下公共线路问题的治理，营销部负责用户问题的治理。第一阶段，依托用采系统对全网功率因数越限问题进行普查，完成普查报告，报送各专业管理部门、线损管理领导小组办公室。各专业部门按职责分工组织对电网无功补偿设备配置、健康运行、自动投切装置进行检查，对无功补偿容量不足、运行缺陷问题提出治理方案。第二阶段，由专业管理部门督导落实专业管理措施，保证无功设备合理投切，确保无功设备可用率满足要求，实现各级功率因数达标。

（四）电网运行方式问题的治理

调控中心牵头辅助平衡指标管理常态化，通过辅助指标的管理，保证主网设备与各系统中档案参数一致，实现母平、线平、变平指标可用率100%。规范配网调度权，按照国网新调规要求，规范10千伏联络开关运行管理，并规范运行方式，变更信息发布渠道。运检部负责做好调度权移交工作。统一建立轻载变压器停备方案，对负荷季节波动较大的变电站，协同营销部，结合供电负荷性质和供电可靠性要求，统一研究提出轻载变压器停备方案，经公司决策程序后下发基层单位实施，并监控各单位实施效果。

(五) 窃电问题的治理

建设反窃电及用电稽查体系。市、县公司加强稽查监控人员力量，深化用电信息采集、营销业务质量管控等系统中的异常数据应用，进一步拓展营销稽查范围，加强实时线损异动监测，推进营销稽查专业管理，强化用电稽查体系建设。构建由线损、稽查、反窃电专业牵头，其他专业配合联动的反窃电管理体系，结合国网技能竞赛，开展多种形式的专业技能培训，建立高素质的反窃电人员队伍。

提高查窃电装备水平。对反窃电人员现场检查设备进行升级，推广手持终端、掌上查窃仪等设备的应用，增强现场取证、人身保安等装备的配备，拓展用户计量监控设备安装范围，加强对用户侧监控数据的比对分析，深化远程反窃监控平台等技术手段的应用，加大对职业窃电人员和行为的打击力度。

提高配电网反窃电能力。提高城中村或县域窃电高发区域的电网防窃电能力，营销专业组织梳理需要重点改造的区域；协同运检部制订改造方案，优化低压线路走径，对重点低压线采用套管或铠装电缆方案，居民户表计外迁集中装设，纳入年度配网新建、改造计划实施。提高新增商场、酒店、物业等窃电高发户的计量反窃电标准，在业扩方案中，明确把计量点设置为产权分界点，满足查窃电要求。对存量的重大嫌疑户，按照以上原则进行计量改造。

(六) 临时用电问题的治理

全面加强临时用电管理，提前准备，及时跟进。一是督查到位。针对临时用电的分散性、隐蔽性等特点，以供电所为单位，组建用电稽查服务队，走村串巷，对违反临时用电管理规定，尤其是针对使用临时变压器出现的私自接线、不装表计、不按规定安装漏电保护器等行为，下达《安全隐患整改通知书》，并限期整改。二是管理到位。加强业扩报装管理，做好电费预付工作，及时拆除设备，不留隐患。三是服务到位。注重便民服务，开辟绿色服务通道，简化手续，做好跟踪服务，通过"零距离"服务客户，及时为客户解决实际用电困难。

(七) 内部检查通报机制

严肃公司系统经营纪律，强化一线员工责任意识，建立内部不定期检查通报机制，各级成立联合检查组，根据同期统计数据、实时监控、投诉举报等信息，对本级和下级重点营业区域开展突击检查或组织下级单位交叉互查，特别对内部人员职责不到位、弄虚作假、关联窃电等问题严肃处理，并在公司系统通报处理结果。

(八) 强化降损意识的宣传

国网邢台供电公司积极组织员工利用走访企业客户时机，详细讲解节能减排相关政策，加强了客户对电机高频技术、锅炉改造、余热余压利用、中央空调改造、蓄热（冰）技术、热泵技术、绿色照明等高效节能新技术和产品的认识，加快节能服务体系的建设，强化电力需求侧管理，加强社会节能减排意识，降低电网能耗，实现节能减排。通过节能宣传周活动，有效引导客户选择节能低碳的生产、生活方式，树立了承担社会责任、开展节能减排的电网企业良好形象。

五、建立多维度治理成效评价机制，促进线损管理水平不断提升

通过建立同期线损系统，应用省公司"示范县"、国网公司"百强供电所"、国网公司"百强县"等多维度的线损评价机制，多角度对县公司线损管理水平和指标治理成效进行评价。对排名靠前、指标长期保持优势的单位，通报表扬和绩效奖励，而对排名长期靠后，且指标弱势无明显提升的单位，严格考核，促进县公司整体线损管理水平不断提升。

(一) 同期线损系统评价机制

一方面，通过对模型配置、电量接入、同期线损计算、专项治理、理论计算等指标评价打分，综合评价县公司同期线损；另一方面，通过对发展、运检、调控、营销等分专业评价打分，分专业评价县公司同期线损。

（二）构建同期线损分析模型

采用大数据分析方法来开展线损分析，构建基于三层分析模型的线损异常分析模型。首先，搭建一个由 Hampel 抗差算法、加权皮尔逊算法和随机森林算法三种不同算法构成的三层线损异常分析模型；其次，通过该模型，结合不同用户用电量大小不一的特点，自上而下分析大电量异常用户和小电量异常用户；最后，将该模型嵌入公司已有的线损监控平台中，实现对全省线损数据的实时监测、有效挖掘、深度分析、精准定位和工单管控，形成基于三层分析模型的线损异常分析及处理新方法。

（三）开展多维度多层级评价

一是开展"示范县"评价。一方面，通过对分区、分压、分线和分台区等"四分"指标评价打分（连续两个月得分高于 100 分，且无一票否决项，则满足示范县验收标准，视为创建示范县成功，低于 80 分，不满足达标县标准，视为不达标），综合评价各县公司"示范县"创建工作；另一方面，通过对全省 98 个县公司评价打分，排名比对国网邢台供电公司所属县公司与其他地市公司的县公司得分，查找差距和不足。

二是开展"百强供电所"评价。通过对各县公司全部供电所 0.4 千伏台区同期线损有效率和台区关口全采集情况进行评价，得出综合线损率，然后进行排名。

三是开展"百强县"评价。通过对 10 千伏线路同期线损有效率、0.4 千伏台区同期线损有效率、供电关口、高压用户和台区关口进行评价，得出各县公司的综合线损率，然后由高到低进行排名。

截至 2020 年 8 月，国网邢台供电公司利用月度例会、线损专题会等平台，根据每次评比后的评价结果，以"不看得分看失分"的原则去找差距、定措施、补短板，通过周计划、月提升不断夯实各项指标管理基础。2020 年共发布多维度评价 65 次，全部兑现了 17 家县公司的奖励和考核，营造了浓厚的线损管理氛围，促进了线损管理水平和指标的"双提升"。

（成果创造人：郭建彬、李　征、焦永军、侯志辉、靳　伟、李会彬、
　　　　　　　郑永强、王文宾、陈　岩、王杉杉、曹立志、李泽卿）

基于在线仿真技术的天然气干线输配优化调度管理

河北省天然气有限责任公司

河北省天然气有限责任公司（以下简称河北天然气公司）充分依托现有信息化发展现状及业务需求，从根本上解决资源浪费、数据分散、业务系统联动困难等难题；充分利用云计算、大数据、物联网、地理信息等新一代信息技术，开展数据标准规范和安全保障体系建设，统筹河北天然气公司燃气监测数据、业务数据、地理信息及其他重要燃气数据资源，实现燃气数据资源共建共享、互联互通；构建完整的一体化燃气管控体系框架，为河北天然气公司燃气数字化、电子化、信息化、智慧化运营提供科学、高效的决策，提高监测预警和指挥调度的支持能力。

一、明确总体思路

河北天然气公司为了打通生产数据之间壁垒，提升天然气输配的预判能力，实现天然气输配的自动化、智能化以及科学化，将现有的离线仿真升级为在线仿真，并打通仿真系统与 SCADA 系统、生产管理系统、GIS 系统等业务系统之间的数据链路，实时对管线运行进行预测、计算、推演与判断，实现进销气量、管网压力的智能调度，不断提高调控的预判水平和管网控制能力。对管网仿真系统与其他业务系统进行优化整合和数据分析，建设智能调控管理平台，实现管网实时动态监控、统计分析、预测预警等功能。以多种技术手段提高调控中心的信息化、自动化水平，以智慧调度建设为目标，为领导决策和应急调度提供依据，逐步实现安全可靠的自动化集中管理。

二、搭建支持最优调度决策的数据平台

智能调度管理平台的数据建设，充分利用云计算、大数据、物联网、地理信息等前沿技术，统筹河北天然气公司燃气监测数据、业务数据、地理信息及其他重要燃气数据资源，开展数据标准规范和安全保障体系建设，实现燃气数据资源共建共享、互联互通，构建完整的一体化燃气管控体系框架。在数据安全的前提下实现燃气大数据的引接、处理、分析及可视化展示的业务运营模式，升级并完善燃气 SCADA、场站自控及视频监控、GIS、生产运营管理、工商业用户远传、客户管理等系统，实现河北天然气公司燃气业务系统三个层级的跨平台联合应用，同时建设在线仿真系统，进行管网的自动预测和条件辅助预测，为燃气调度提供输气优化参考。智能调度管理平台以丰富的立体图表形式进行可视化展示，读取各业务系统数据，对进气量、销气量、用户用气趋势、计划完成情况、用气性质、管网进销存等数据进行多维度统计分析，以二三维 GIS 平台加图表的形式直观呈现，为河北天然气公司燃气数字化、电子化、信息化、智慧化运营提供决策支持，提升了数据监测预警和指挥调度能力。河北天然气公司本着"资源整合、创新应用、智能感知、统规结合"的具体建设思路，开展平台建设工作，平稳、快速地推进项目。

（一）以资源整合为核心推动燃气大数据汇聚

智能调度管理平台是河北天然气公司信息化建设的核心平台，项目建设的重点侧重于燃气信息资源管理、整合与共享协同。建设目标是实现部门之间的海量数据汇聚，并充分挖掘燃气信息资源的综合利用开发效益，突出数据资源在燃气信息化建设中的重要地位，进而形成公司燃气运营管理中心，为燃气的精细化管理提供有力的基础数据支撑。通过整合与汇聚燃气业务数据、GIS 数据、CRM 等数据资源，采用云计算、大数据等先进技术，加快各部门之间燃气数据资源共享与整合，促进燃气数据资源良性应用，不仅为多个部门的联合应用提供基础，还为后续河北天然气公司燃气信息化快速推进提供有

力的数据支撑。

（二）以创新型应用为目标引导公司应用大协同

燃气信息化发展需要在跨部门应用上加大建设力度，创新燃气业务发展和部门协作模式，如联合运行、市场、客服、行政等部门开展的燃气突发事件管理。智能调度管理平台作为河北天然气公司各类业务应用的公共性支撑基础，重点面向各个部门的业务需求，结合大数据技术手段，形成数据分析与整合方法，带动部门间业务协同应用开展，改变与优化各部门业务流程，提升燃气业务综合指挥与调度协作能力，以协同应用引领燃气管理应用的发展，有效优化原有燃气运营管理模式和服务手段。

（三）以智能感知为手段提升燃气综合管控能力

燃气信息化的建设离不开实时传感器、移动终端的支持，智能调度管理平台充分依托云计算和大数据技术手段，将各类燃气传感数据进行有效聚合，增强燃气信息汇聚与感知能力，丰富海量燃气数据信息的多样性，打破传统数据采集手段的局限性，并对海量实时传感数据进行快速定位、高效分析，对燃气运营状态进行实时预测和预警，实时监测燃气综合运行状态，从而有效提升燃气的综合运行管控能力，为后续全面、科学、合理制订综合运行管控及事故处理方案提供客观、全面、准确的实时数据支撑。

（四）以"统规分建"为原则循序渐进、有序推进

智能调度管理平台涉及范围广泛，建设内容繁多，根据平台总体定位要求，其将有效支撑河北天然气公司未来燃气监测中心、指挥调度中心、决策情报中心和事故处置中心的运行，在此定位要求下，河北天然气公司必须采用统一规划、顶层设计、试点应用的建设思路分批次、分重点地逐步推进智能调度管理平台的建设。首先，采用搭框架的建设思路，引接汇聚相关数据资源，完成燃气大数据基础平台框架设计；其次，开展智能调度系统建设，选择具有代表性的分公司作为试点，完成平台—应用—试点多位一体全面融合；最后，开展由点及面的试点推广，逐步推进系统在整个公司的实施，强化燃气运营管理，提升公司燃气信息化能力。

三、构建仿真优化模型

为了合理生产和输送天然气，在保证安全的前提下实现有效的调度和管理，河北天然气公司需要对管网系统实行动态分析。根据天然气管网流动基本方程，建立管网系统的动态仿真数学模型。引进德国PSI公司开发的专用于油气管道的模拟仿真软件，并对常用特征线进行改进，建立的管网动态模拟分析数学模型和所采用的数学求解方法可以分析天然气管网系统的动态运行过程，完成评价管道的过去、解释管道的现状和预测管道的未来等任务。模型以真实管道为基础，按照实际输气工艺、设备设施参数构建虚拟管道模型。通过与智能调控系统深度融合，实现应急状况下的多用户、多通道同时进行优化预测。结合长输管道实际生产运行控制方案及气量资源，在在线仿真模型中设置虚拟管道模型输气工艺和气量资源数据，达到实现以下功能的目的。

（一）实时仿真

实时仿真模块与生产调度系统深度融合，实现气量调配及工艺控制的无人化。实时仿真模块以实时工况图层为基础，加载管网实际运行工艺，通过读取SCADA系统压力、温度、流量等实时数据进行实时仿真测算，利用实时交接压力和温度、接气瞬时流量、用户用气瞬时流量，模拟计算沿线管段压力和管存，并将压力管存数据反馈至实时工况模型图层。河北天然气公司通过图层查阅仿真数据，并与SCADA系统实时数据进行对比分析，监测管网工艺设备运行情况。当管网中某一环节设备出现故障，如调压器出现故障，该监测点通过SCADA系统传输至调控中心的压力数值出现突变，实时仿真模块根据工况图层中上游供气参数以及下游用户用气参数实时模拟出的压力数值与SCADA系统监测到的实时压力数值出现较大偏差，系统通过报警装置提醒设备出现故障。该模块可有效判断工艺设备所处的运行

状态，及时调整控制工艺设备，保证管网运行安全。

（二）自动预测

自动预测模块可预测管网未来24小时压力运行情况，以实时工况图层为基础，加载管网实际运行工艺，通过读取SCADA系统压力、温度、流量等实时数据进行实时仿真测算，利用实时交接压力和温度，读取客户管理系统日制订的接供气计划，结合前日用户用气规律、当地天气因素等，模拟计算未来24小时的沿线管段压力和管存数据，并将压力管存数据反馈至实时工况模型图层，拟合压力管存变化曲线，管道任意点的仿真预测数据可通过图层调阅。自动预测模块的温度数据，采用河北省气象局的专业气象数据，通过接口实时读取，数据具有实时性高、准确可靠等特点。例如，未来三天某地区将有一次大风降温天气，原来未实现自动预测时，根据SCADA系统传输的实时数据发现该地区燃气用气量突增，一方面紧急联系上游进行资源增量，一方面对下游用户统一压减，这样不仅给管网运行带来隐患，还可能影响当地民生供气。实现实时仿真后，系统通过对接河北省气象局天气数据，结合该地区用气性质和用气规律，可预测未来24小时燃气用气量将出现大幅增长，调控中心提前制订运行控制和气量调配方案，提前与上游协调气量，并对非居民用户进行有针对性地压减，提前24小时调整管网运行工况，保障管网压力运行平稳。

（三）条件预测

条件预测模块主要用于调整管道运行控制和气量调配方式的预测，以实时工况图层为基础，加载管网实际运行工艺，根据需要模拟预测的运行工况，在VOS条件预测模块设置未来管网工艺控制和气量调配方案，以此为基础条件进行仿真预测，模拟计算未来24小时的沿线管段压力和管存，并将压力管存数据反馈至条件预测模型图层，拟合压力管存变化曲线，管道任意点的仿真预测数据可通过图层调阅。通过对比分析仿真预测结果和管网运行压力要求，判断未来管道运行控制和气量输配方案是否合理，具有提前制订输气管道运行控制和气量输配方案的能力，以保障长输管网在最优的运行控制和气量输配方案下平稳运行。例如，河北天然气公司京邯线共有六个气源点，分别接自中石油、中石化、中海油、新天国化等气源，不同气源接气一方面价格不同，影响公司利润，另一方面管网运行压力的均衡性也影响了不同气源的接气量。条件预测模块解决了两者之间的矛盾，系统通过实时工况图层监测整个管网任意点的用气情况，通过设定不同气源点接气量，模拟管网任意点的压力变化趋势，在保证管网安全运行的前提下，制订最优接气方案。

（四）消费预测

消费预测是在线仿真系统根据采集的SCADA实时数据，结合输送计划变化情况和影响用气消费的其他因素，对用户或用户群未来用气情况进行预测分析，并对供气方案进行优化的专业化模块，可预测用户气量需求，优化气量资源申报数据，提前调整长输管网生产运行工况和气量输配方案，有效保障民生用气安全。

对于影响预测的假期、合同变化、季节变化、天气变化等因素，可以提前在模型中进行相应设置，从而使得预测结果更加精确。同时，消费预测模块运用回归分析、外插法、时间序列等方法进行计算，在进行用户或用户群用气负载特征分析时使用具有长期适应性的趋势修正法，分析用户用气规律，使得预测结果更加准确。

用户用气规律可分为连续性供气用户和间断性供气用户。对比每个用户的日用气量和气量消费预测模块预测的日供气总量，对比每个用户的历史小时数据和预测小时数据，结合日用气小时曲线表，分析验证气量消费预测模块预测结果的准确性。通过分析每个用户历史用气规律，预测未来用气趋势，及时优化供气方案，保障民生供气。

（五）清管预测

清管预测模块具备清管器跟踪功能，可以进行在线清管器跟踪和离线模拟清管作业。清管器实时追踪可在实时状态下查看清管器的位置和运行速度，减少传统的需要大量人员沿清管管道盯守的工作量，增加清管器跟踪的精度，协助生产管理人员精准地、科学地调整管网运行工况，及时调整清管方案，保障清管作业顺利进行，用户平稳用气。

离线清管模拟可根据清管方案，在未来清管工况状态下提前模拟，通过查看清管器运行数据，判断清管方案是否合理，可有效协助生产管理人员提前调整管网运行工况，优化调整清管方案，保障清管作业顺利进行。

（六）气源追踪

气源追踪模块可以根据气体组分追踪任一用气点不同气源的占比情况。由于上游气源不同，其气价和组分含量也不尽一致，高低热值存在差异，在天然气贸易计量的过程中，重烃组分直接影响超声流量计的体积计量，导致贸易计量偏差。使用在线仿真系统的气源追踪功能对各交接点进行气源组分追踪，监测管网中天然气组分的突变，可确定不同组分气源的混合位置，依托自动预测模块，调整气量资源分配和输气工艺，在保障民生用气的前提下，制订最优的气量资源分配方案，增加气价较低的优质气源，提升天然气热值和燃烧热效率。另外，按照国际当前通用以天然气组分计量的惯例，未来我国燃气行业也将以组分进行能量计量，基于在线方针技术的智能调度管理平台通过组分追踪、气源调配，实现河北天然气公司天然气贸易利润最大化，提升公司经济效益。

四、实现管网调度的智能决策

搭建管网仿真模型，在线仿真模块通过 OPC 接口将 SCADA 系统数据实时输入仿真系统。以 SCADA 系统输入的数据为基础，在线仿真模块可以动态模拟计算管网运行工况，与实际管网并行运行，计算出全管网中各个节点的压力、流量、温度、气质等参数，并以这些参数为基础计算热值、管存、输差等参数，模拟调节阀、压缩机等重要设备的工作状态。计算时，在线仿真模块可以对 SCADA 系统所采集的数据进行分析，过滤掉偏差过大的数据，使用时间、距离曲线等直观方式将仿真软件的计算结果与 SCADA 实时数据相比较，既能够直观展现计算结果与实际值的偏差范围，也能够对数据偏差进行分析处理，必要时自动报警，提醒管道操作员可能有故障、泄漏发生，协助监测实际管网运行工况，识别提示故障隐患。

在线仿真系统工艺图层就是长输管网工艺设备布置的虚拟缩影，根据管网实际运行工况，调整在线仿真系统工艺图层，使其预测基础工况与实际工况保持一致，仿真系统以当前时刻管网运行工况为基准点，自动调用客户管理系统气量资源数据进行仿真测算，输出未来24小时的管道沿线各管段压力、管存数据，根据选择的时间步长拟合压力变化趋势，并将预测数据推送给智能调度系统进行数据汇聚和组态，拟合24小时分输站点压力波动趋势、长输管线管存波动趋势，设定2.8兆帕、2.5兆帕、2.2兆帕三级压力预警线，当站点压力触发压力预警线时，自动统计压力越线时间，输出相应等级的压力越线报警。通过增加临近压力越线接气站的气量资源，再次测算，直至站点压力控制在合理运行范围内，并将气量资源调整信息通报市场部，提前介入调整气量资源，保障长输管线压力运行平稳。

正常情况下，市场部按照仿真计算结果针对接气口进行资源增量，提升管网压力保障供气。非正常情况下，市场部无法协调上游资源对接气口进行资源增量时，需要采用释放长输管线管存、用户用气计划进行减量、下游用户错峰用气等方式，按照单一方式或组合方式进行仿真测算，直至压力稳定在可控范围之内。根据仿真测算结果调整生产工艺，有效控制管网压力，保障民生供气。具体决策过程如下所述。

第一，输配需求。根据各地各用户年度、月度以及日用气计划，结合管网运行情况，向各上游气源申请资源量，实现供输气的计划平衡，并录入智能调度管理平台。

第二，关联数据收集。确定供输气需求，仿真系统通过管网各地区实时工况、用气规律、并结合天气因素等收集、整理数据，并调取历史数据进行对比。

第三，仿真推演预测。通过系统仿真推演预测模块集合关联数据，结合输送计划变化情况和影响用气消费的其他因素，预测分析未来用气情况，优化供气方案进行，使得预测结果更加准确。

第四，拟定可行方案。依托关联数据结合仿真推演预测结果，拟定管网资源调配及工艺控制可行方案，并尽可能提出可供选择的方案，供决策者选择。

第五，分析方案。备选方案拟定之后，决策者认真分析每一个方案的可应用性和有效性，评估每个备选方案的系列可能结果，运用第三阶段确定的标准比较这些备选方案。根据决策所需的时间和其他限制性条件，层层筛选。如果所有备选方案都不令人满意，决策者必须进一步寻找新的备选方案。在这一阶段，依靠可行性分析和各种决策技术，如决策树、矩阵汇总决策、统计决策、模糊决策等方法，科学比较各种方案的利弊。

第六，选择方案。选择方案时，权衡各种可供选择方案的利弊，然后选取其一或多种各有利弊的备选方案进行优势互补，或者重新设定边界条件重新模拟，至找到最优方案。

第七，实施方案。选择满意方案后，决策过程还没有结束，决策者还需使方案付诸实施。系统通过数据交互实现方案各级命令的自动下达、自动实施。决策者只需在关键时段、关键时点，加强监督控制，保证组织内实施决策方案的及时性、可操作性和准确性。

第八，评价决策效果。决策者最后的职责是定期检查计划的执行情形并将实际情形与计划结果进行对比，根据已建立的标准来衡量方案实施的效益，通过定期检查评价方案的合理性。这种评价是全方位的，在方案实施过程中要不断追踪。若在新方案运行过程中发现重大差异，在反馈、上报的同时，决策者应查明原因、具体分析，根据具体情况区别处理：若是执行有误，应采取措施调整，保证决策的效果；若方案本身有误，应会同有关部门和人员协商修改方案；若方案有根本性错误或运行环境发生不可预计的变化，使得执行方案产生不良后果，则应立即停止方案的执行，重新分析，并结合运行环境重新制订最优方案并执行。评价应体现在每一阶段的工作上，而不仅是在方案的实施阶段，特别是重大决策，必须时刻注意信息的反馈和工作评价，以便迅速解决突发问题，避免造成重大损失，最终形成一套闭环的决策过程。

五、为应急抢险提供科学指导

依托数据中心将所有管道数据、仿真结果、卫星影像以及现场实施数据进行汇聚与融合，自动关联事故点上下游阀门状态，调整各气源点接气计划以及影响用户的压减气量，实时反馈管存信息以及管网压降趋势，实现提前 24 小时预测事故影响管段的管存趋势及压降趋势，根据预测结果实时调整供气计划，优化管道事故状态下的保供需求，为资源调配提供科学指导，保障应急抢险过程中管网安全运行。

当管网中某一位置出现事故，系统自动关联事故点上下游阀门位置以及事故管段影响用户信息，通过仿真系统预测事故管段压降趋势，优化放空方案，并实时预测事故上下游影响管段的管存趋势，结合抢修进展，提前调配资源，快速处置险情，最大限度保障用气需求。

六、充分利用多技术手段为干线输配提供保障措施

融合在线仿真技术的天然气干线智能管理模式，突出可控性、可靠性、科学性、高效化、智能化的特点。从燃气管网灾害预防—运行监控—生产调度—预测预警—应急指挥，梳理和打通现有各个环节，全面提升生产、调度能力，节约人力成本，保障燃气安全生产，保障民生安全用气，降低燃气调度导致的经济损失。系统通过多种数据监控手段，进行提前识别与有效预警，提升对管道的安全管理效率和事故预警能力，实现多维探测数据的融合与综合评价，进而大幅降低事故的发生概率，并将生产数据与应

急车辆和装备、应急资源、应急预案、社会资源等进行整合,提升突发险情的应急处置、应急响应水平,全面提升防灾、减灾、应急指挥水平,从而减少燃气事故的发生,减少人员伤亡,保障人民生命财产安全。

通过开发移动端 App 应用,利用移动互联网,可以摆脱 PC 端的束缚,实现对管网运行情况的实时查看,使管网运行决策智能化、便捷化。

利用网络通信、视频数字压缩处理和移动视频监控等技术,实现管线抢险处置现场的应急力量调度、可视化远程监控,并生成应急抢险预案,制订有针对性的抢险方案,指导现场抢险。

充分利用云计算、大数据、物联网等新一代信息技术,搭建中间数据库(中台),统筹河北天然气公司资产大数据资源,从根本上解决资源浪费、数据分散、业务系统联动困难等难题,实现数据资源共建共享、互联互通,为调度决策提供基础地理、管网基础、生产经营、SCADA 监控、管网仿真、应急抢险、气象等数据支撑。

(成果创造人:丁　鹏、张卫东、许　钊、张国强、林　浩、
冯文奇、崔世界、容昭海、袁建伟、樊　勇)

基于周期管控和状态牵引的舰艇军地一体化保障管理

中国船舶重工集团公司第七一九研究所

基于周期管控和状态牵引的舰艇军地一体化保障管理内涵：按照军民融合要求，以周期管控为驱动建立新的预防性维修体系，以状态牵引为驱动建立新的规划改换装体系，并应用信息技术实现"舰艇、基地、远程"军地一体化管理。

新保障模式下的预防性维修体系与以往不同，通过科学的用装分析确定了合理的周期，并在非用装周期内安排更加充分的预防性维修、开展针对作战任务的用装风险分析，保证用装周期内装备较高的可用度和作战效能。新的规划改换装更加突出对技术状态、需求及装备问题信息的全寿期管理，建立"效能—成果"的联系，建立可用于改换装的成果库，在工程实施之前已完成必要的技术准备工作，从而充分利用修理窗口期完成改换装和修后评估工作，稳步提升舰船的固有能力。

一、加强保障模式的顶层设计

中国船舶重工集团公司第七一九研究所（以下简称七一九所）、舰艇使用部队不断丰富和贯彻"深度融合、总体统筹、技术牵引、体系推进"的管理理念，以舰艇系统效能为优化目标，提出周期管控、状态牵引两项方法，以"综合化、精确化、信息化"为技术途径，签订军地一体化保障框架协议，成体系构建实施了更加主动、科学、一体化的新型舰艇保障模式。

（一）强化顶层设计，从战略和组织上聚焦构建新保障模式

七一九所从政治使命、国家安全、企业发展的高度来认识舰艇装备保障的重要性，将从"靠前保障"向"主动、科学、一体化保障"转型作为一项战略任务。围绕该战略强化顶层研究，进一步优化组织结构和保障力量，并确定了基本方法。

所内加强行政、技术队伍建设。在所党委的统筹部署下，由一名副所长分管军地一体化保障组织领导、统筹规划、政策制度研究及考核评价等工作；在科技部、总师办、质量部等部门设置专职副主任具体负责进度、技术状态、质量等管理工作；组建由总体研究室、可靠性中心、技术保障中心及系统设备专业保障组共同组成的核心团队，负责舰艇维修及改装方案论证设计、问题处理等工作；成立现场工程技术部，承担"靠前保障、快速响应"任务。对外，七一九所与舰艇使用部队签署了新版军地一体化保障战略框架协议，在海军和中国船舶集团的支持下成立由七一九所首席专家担任保障总师、跨行业跨建制的技术指挥线，组建了涵盖舰艇各系统及专业的主任设计师队伍，负责舰艇装备保障重大问题处理及技术支持、决策等工作。

七一九所在"十二五""十三五"期间安排了多项关于保障模式的课题研究、情报研究和部队调研工作，经过内、外部的深入广泛论证和讨论，聚焦到周期管控、状态牵引两项方法和一体化信息管理技术，整套方法体系本质上是构建了一种基于周期管控的预防性维修和基于舰船效能评估的规划改换装的方法体系，并结合军地协同管理和大数据等手段实现"主动、科学、一体化"的舰艇装备保障。

（二）注重机理研究，着眼舰艇系统效能制订合理技术途径

从影响舰艇系统效能的要素确定新保障模式的中远期技术途径。

在役舰艇的系统效能是舰艇可用性、任务成功性及固有能力的综合反映。可用性表示舰艇开始执行任务时所处的状态，与可靠性、维修性、预防性维修频度及时间、备品备件供应情况、人力及素质、保障设备情况等要素相关。任务成功性表示舰艇是否能持续地正常工作，与任务可靠性、任务维修性、安

全性、生存性等要素相关。固有能力是执行任务结果的度量,是舰艇的设计性能。

实施该新保障模式,主要有以下三个技术途径。

(1) 综合化。采取军地一体化管理、用装需求管理、改换装需求管理、预防性维修、效能评估、技术状态评估、用装风险管理等多方面融合的综合保障措施,实现舰艇用装周期内的战备完好性和任务成功性目标。

(2) 精准化。以舰艇效能为目标科学制订维修大纲及规划改换装项目,采用舰艇状态健康监测系统提高故障检测、隔离能力,积极发展舰艇智能检测技术,提高维修精准性,健全保障信息系统,采用状态评估和效能评估的方法,实现舰艇维修优质、高效、低消耗,牵引舰艇效能与作战需求适配。

(3) 信息化。体系化构建基础数据、综合保障数据及问题库大数据中心,实现岸基、舰艇、基础数据的一体化管理。

(三) 坚持体系推进,规划军地一体化保障管理体系

军地一体化保障管理,采用周期驱动的"航间检修+计划修理+专项巡检巡修"的预防性维修模式,基于需求库、成果库、问题库实施规划改换装并开展修后效能评估。该模式包括组织管理、维修管理、改换装管理以及作为支撑的信息管理体系。

二、军地一体化保障组织体系建设

以军地一体化保障为核心,聚焦军地深度融合,形成军地多方合力,发挥总体统筹的优势,建立保障技术指挥线,依托七一九所组建现场工程技术部以加强现场服务,率先建立适应新军改体制下的军地一体化保障组织管理体系。

(一) 多方合力,形成军地融合维修体系

强化开放共享观念,推进军内保障力量、军工企业及优势民营企业由粗浅式协作向嵌入式融合转变,依托七一九所搭建、运维军民融合保障技术对接平台,军地各单位协同推进、深度融合。探索实施七一九所航间修理总承包、改换装工程总承包、重大问题处理总负责等形式,实施军地用装、管装一体化协同管理。构建改换装成果库,加快科技成果向舰艇保障领域的辐射应用,以技术引领在役舰艇装备改进升级。

(二) 技术牵引,建立总体及现场技术支持体系

以七一九所总体技术抓总为核心,以科学的保障体系设计和周密的状态牵引管理等技术工作,配套信息化体系建设,统筹短期效果和长远效益,加强点与面的协同发力,构建周期管控预防性维修体系,构建全寿期问题库和改装成果库,建立状态评估和效能评估的方法,支撑舰艇维护维修、保障资源、器材供应等工作的精准实施。

依托七一九所组建的现场工程技术部,在实践"主动保障、精准保障、高效保障"工作理念基础上,开展全天候保障工作。建立起远程、现场"两地联动、快速响应"的工作模式,对装备使用部队提出的保障需求快速反应、全天候响应,在临抢修、计划修理、改换装、技术问题处理、老化管理及保障资源建设等方面发挥技术把关作用,制订保障标准,及时解决技术问题,有力保障各项任务的执行。

(三) 有效决策,畅通保障技术指挥线

不断完善保障技术指挥线,调整加强总师队伍,发挥有经验设计师的作用和年轻设计师的积极性,强化技术责任,建立考核机制,明晰各方技术职责和工作关系,促进保障工作的有序开展。技术指挥线负责全寿期技术管理,实行跨单位跨行业的技术会商和协调机制,强化重大技术问题处理和技术归零,强化保障技术文件对工程实施的刚性约束和执行力度,促进周期管控和状态牵引方法落地。

三、基于周期管控的预防性维修管理

确保舰艇在出航期间顺利完成任务,是新保障模式的核心目标。通过科学分析、综合研判确定合理

的舰艇用装周期，按照周期有效组织预防性维修工作，有效开展风险管理、技术评估工作，实现周期管控。

（一）周期需求管理

科学确定用装周期，是驱动维修保障模式不断变革的基础。

舰艇用装周期与作战需求、装备条件、保障条件、资源筹措等方面息息相关。军队研究执行任务周期等作战需求，装备数量、改换装计划、可用度状态等装备条件，船坞、检测装备、人力资源等保障条件，以及备品备件等资源筹措。七一九所开展需求分析，基于需求建立用装周期计算模型，开发计算程序，推演需求驱动的修理周期、修理方案，结合周期管控维修实际情况进行验证、模型修正，开展需求分析、设计、变更、记录、模型修正等管理。

（二）周期驱动的预防性维修体系

基于周期用装需求，建立周期管控预防性维修方式、维修资料体系，实施器材及寿命件信息化管理、舰艇智能监检测，强化重要物项及安全分级维修保障理念，保障舰艇可用度和任务成功度不降低，稳定舰艇性能。

1. 周期管控预防性维修方式的构建与实施

军地协同构建并实施周期驱动的"航间检修＋计划修理＋专项巡检巡修"预防性维修方式，基于安全分级和影响作战任务重要程度分级思想来制订维修策略。

舰艇每个用装周期设置航间检修，制订装备在线健康监测与问题输入分析、现场勘验、智能检测分析、修理方案与工程单制订、修理施工、使用风险管理、状态评估等主流程。航间检修以重要及安全一级、二级物项作为修理对象，加强重要项目与频发故障设备的预防性检修，重点发展在线健康监测和智能检测分析技术，解决影响安全及执行任务的技术问题，开展出航风险评估与技术状态评估，保持和恢复舰艇系统性能，保障舰艇顺利完成出航任务。

计划修理包括坞检、小修、中修，结合修理实施规划改换装。依据舰艇装备服役时间、工作小时以及故障、腐蚀、磨损、老化等规律制订计划修理方案及工程单。计划修理着眼于解决装备到寿更换、定期维护保养，全面实施预防性维修，强化寿命件管理，开展修理总结和修后效能评估，全面保持和恢复舰艇系统效能。

专项巡检重点针对影响舰艇安全和任务完成的关重系统开展深度预防性维修，制订了系统专项检修方案、年度规划、装备在线健康监测与问题输入分析、智能检测分析、修理施工、使用风险管理、总结与状态评估的专项检修主流程。专项巡检巡修按年度制订专项检修规划，结合航间检查分批有序实施，巡检巡修与航间修理互为补充，缩短计划修理周期，充分消除重要系统隐患。

2. 建立周期管控预防性维修资料体系

建立基地级、艇员级预防性维修资料体系，特别是建立数字化的艇员级维修资料体系，是周期管控的重要一环。预防性维修资料体系包括预防性维修大纲、修理技术要求、航间检修共用工程单、等级修理标准工程单、设备修理标准工艺、艇员级维修手册、电子交互式手册、寿命件清单及档案、海上应急抢修器材携带标准及器材筹措目录等。

3. 器材、寿命件管理

舰艇维修器材及寿命件管理是周期管控的基础。

新保障模式下的器材、寿命件管理以周期为输入，以全寿期信息化建档管理为核心，专项开展寿命指标完善、器材通用化与模块化设计，并强化寿命件监检测管理与维护保养。其中，器材与寿命件的管理阶段包含订货、建档、安装、试验、存储、保养、更换的全流程、全寿期。安全级寿命件管理定期采用专用设备进行检测，发展在线监测功能，根据运行状态判断故障或预测寿命。开发器材、寿命件信息管理系统，设置寿命件编码、器材数字化标签，包括器材与寿命件配置清单管理、器材存布置信息管理、岸基与舰艇器材系统的交互管理、器材盘点与查找、寿命件存储与更换管理等。

（三）用装风险管理

在预防性维修的基础上，基于风险思维，加强用装风险管理。

风险管理一般内容包括风险管理策划、风险识别、风险分析、风险评估、风险监测、风险处理等。七一九所针对舰艇的每个任务周期开展风险管理策划，组织相关单位针对舰艇执行任务期间安全及重要物项开展用装风险识别、风险分析，对各种风险事件进行定性判断和定量分析，确定风险等级，编制风险处理措施、监测方案与应急预案。用装部队根据风险报告实施用装风险监测，一旦出现风险情况即执行风险处理措施与应急预案，化解或降低舰艇执行任务的用装风险。

（四）综合性的技术状态评估

舰艇航间检修后、出航前技术状态评估以在线健康监测数据、航间智能检测数据、故障数据及处理情况、勘验数据、预防性维修信息、专项巡检巡修信息、用装风险评估等作为评估输入，七一九所按"设备—系统—总体"三个层级基于可用度、任务成功度指标及风险评估来开展舰艇技术状态评估。

四、基于状态牵引的规划改换装管理

以军事需求为主导，有序提高舰艇的作战使用效能是新保障模式的另一个核心目标。突出改换装需求管理；实施成果库管理，强化总体统筹和技术牵引，建立"效能—成果"双向关联，实现技术状态驱动规划改换装；实施改换装效能评估，强化舰艇改换装效能与军事需求的融合管理。

（一）改换装需求管理

改换装需求管理包括需求收集、需求分析、需求分发规划三个流程，配以需求库来实现信息化管理。用装部队研究舰艇作战任务改进、效能提升、军队使用、装备问题信息等需求，七一九所将各类需求进行统筹分析，统一到改换装效能上，进行"总体—系统—设备"效能分解分配，从时间维度按产品改进维修保障阶段进行所有舰艇产品的效能需求分发规划。

（二）改换装成果库管理

七一九所从预先研究、型号研制、装备保障相关科研项目中识别可用科技成果，建立技术资源成果库，通过规划改换装稳步引入科技成果，提升舰艇效能。

改换装成果库管理流程包括成果收集、分类、标识、成熟度评价、效能提升评价、应用效果评价、构建改换装成果基线及更新成果库等。七一九所从成果来源、系统划分、专业方向、成熟度等多个维度进行成果分类，对所有入库成果进行标识、成熟度评价和效能提升评价，并结合装备改换装应用效果进行成果应用追踪评价；对舰艇效能需求开展分发规划，进行效能—改换装成果分配，生成舰艇改换装成果应用基线，并结合舰艇改换装任务规划需求进行成果库定期动态更新。

（三）修后效能评估

舰艇规划改换装任务结束后，按总体、系统、设备三个层级开展效能评估，从可用度、任务成功度、固有能力与效能提升四个维度评估舰艇改换装效果；开展舰艇隐身性能、作战能力、观通导航能力等方面的评估；开展舰艇实际改换装与用户关于舰艇效能提升需求和期望的符合性评估。

五、军地一体化信息管理

推动军地一体化信息管理，构建大数据中心，打通舰艇保障与科研、设计、建造试验之间的信息反馈渠道，实现舰艇、岸基、远程及基础数据库的一体化管理。

（一）问题管理

在全工程范围内规范舰艇问题分类、报告、处理、举一反三、归零、科研申报、设计反馈、修理改换装等工作全流程，实施舰艇全寿期问题一本账管理，建立故障模式库，识别产品关键特性并完善设计特性，提炼设计准则，加强统计分析，建立问题处理与科研申报、新研产品设计、改换装之间的反馈渠道。构建问题信息系统，将问题系统与舰艇、岸上综合保障系统、研发设计平台互联互通，传递反馈问题信息。

（二）数据管理

舰艇保障数据包括舰艇基础数据、状态数据、运行数据、业务数据、故障信息、维修信息、改换装信息等信息数据。舰艇数据管理采用大数据技术，针对海量、多样化的数据采用新的采集、存储和处理技术实现数据统一录入、快速处理及个性化展示，建立新的分析机制，开展跨业务、多类型的数据关联分析。

（1）数据采集。数据采集主要解决数据获取问题，通过规范末端信息采集方式，采用装备内置传感器、射频及二维码识别设备、装备自动测试设备、维修终端设备以及相关试验数据采集设备等对舰艇保障活动中的使用状态、性能指标、使用环境、检测情况、维修数据及部分试验数据进行采集。

（2）数据存储。数据存储主要解决海量数据的抽取、集成、组织和保存问题，通过数据预处理、数据清洗、数据转换和加载、分类编目等初始化手段，并采用多种数据存储技术集成方式进行存储。

（3）数据分析。利用数据挖掘、机器学习、统计分析等技术对装备技术指标、装备故障处理信息、装备维修履历信息、试验任务保障调用信息等进行关联性分析，找出数据的相关性，提取有价值的信息。

（4）数据可视化。通过交互式视觉表现的方式帮助用户探索和理解复杂的数据，基于并行算法设计高效处理和分析特定数据集的特性，最终在显示终端以友好、形象、易于理解的形式呈现专业分析结果，为用户提供决策信息支持。

（5）数据连接。通过"线下摆渡"和"线上同步"两种模式，实现舰艇、岸基和基础数据中心之间数据的双向传递，各数据中心内部采用"中间表"方式实现保障信息、问题信息及研发设计平台、项目管理系统、质量管理系统间的信息集成。

（三）编码体系

编码是信息管理的基础，保证信息表述的唯一、准确、规范，避免对信息的命名和描述不一致，使各业务系统能够共享资源、并行工作。七一九所根据舰艇保障数据管理需求，统筹构建了产品结构、软件、物资等编码体系。

（1）产品结构编码。各类保障信息以产品结构形式进行组织管理，通过产品结构编码建立各类数据与舰艇及其系统、设备之间的逻辑关联，可实现对任意设备或系统技术状态、运行状态、故障信息、维修及改换装信息的全寿命周期追踪。产品结构编码可分为逻辑码和数据码两部分。

（2）软件编码。通过软件编码建立软件不同版本与型号、系统、设备间的关联，实现对软件变更过程的追踪管理。

（3）物资编码。通过将装备物资（设备、管路、电缆、附件、备件、工具及供应品等）与管理系统中的信息进行关联，实现对装备物资信息采集、存储、处理、传输、检索和显示的自动化处理。物资编码按物资的基本属性和附加属性组合产生一个字符串，以此作为物资的唯一标识。

六、军地一体化人才培养

建立一支高水平的舰艇装备保障人才队伍是新保障模式行稳致远的基础。

七一九所结合保障改革，加强保障人才队伍建设的顶层设计，以装备技术保障行政指挥线、技术指挥线两线为骨干，联合拓展人才培养通道，构建金字塔形人才培养机制。一是构建完整的人才培养知识体系，管理人才培养知识包括卓越绩效管理、系统工程、项目管理、知识管理、管理制度等知识，技术人才培养知识包括舰艇总体知识、系统专业知识、专业技能、项目管理等，制订人才培养规划，建立考核评价制度，落实导师制。二是组建保障人才培养专家库，管理专家依托所部统筹组建，技术专家领域涵盖舰艇总体、舰艇系统及关键重要设备等。三是依托现场工程技术部，拓宽保障现场人员培养渠道，按队长、驻现场专业人员、业务主管三个类别，结合现场保障业务工作实施定期现场轮训制，与所级人才培养、考核及晋升挂钩，实现现场业务管理与人才培养双赢局面。四是开创设计师随舰艇出航制度，积累实战补足、实操经验，增进军地交流，掌握装备运行实际情况和一线作战使用需求，增强技术人员面向实艇使用、保障能力和新技术装备论证设计的能力。五是打通保障管理、技术岗位的晋升任职通道和人才交流通道，实行同级别不同岗位轮岗交流和交叉培训机制，结合岗位业务培养保障复合型人才。六是面向一线部队用装需求灵活开展舰艇操作使用系统知识培训和专题任务培训，构建艇员培训知识体系与虚拟仿真操作平台，制作舰艇交互式电子手册与多媒体教材，建立考核评价体系，共用七一九所技术培训专家库成员，提升部队装备保障技术人才和一线艇员的专业技术技能。

（成果创造人：吴鹏炜、黄文华、梁伟锋、陈　刚、伍　莉、王锁泉、吴　冰、王祖华、吴　昊、郑海斌、陈小邹、张文金）

特大型油气田企业适应高温高压环境的井完整性管理

中国石油天然气股份有限公司塔里木油田分公司

中国石油天然气股份有限公司塔里木油田分公司（以下简称塔里木油田）以"不发生重大井喷安全事故、不因井完整性问题导致停产"为战略目标，提出以"全生命周期、三道独立井屏障"为核心的高温高压井完整性管理理念，健全井完整性管理的组织架构、责任体系和工作流程，配套四大保障措施，探索形成贯穿于油气井"设计—建井—生产—修复—弃井"全生命周期的井完整性管理体系，重点对"油管柱、套管柱、井口"三道井屏障部件进行科学设计、质量控制、精细管控、分类治理和安全弃置，达到"算好井、建好井、护好井、治好井、封好井"的目标，实现高温高压油气井的"优生优育"，支撑了塔里木3000万吨世界一流特大型高温高压油气田的效益建产和安全生产。同时，建立了全球首部高温高压井完整性指南、设计准则和管理规范，开发了国内首套井完整性管理软件系统，提升了高温高压井完整性设计、操作和管理水平，对开发我国高温高压油气资源、获取海外油气权益、保障国家能源安全具有重大战略意义。

一、系统深入调研，明确井完整性管理两大理念

（一）系统调研世界井完整性管理做法

2013年，塔里木油田认识到井完整性管理重大需求时，我国井完整性管理还处于空白，为此塔里木油田组织专门人员开展国际井完整性文献调研、专家咨询工作，累计调研外文文献2000余份、300余万字，咨询专家50余人，系统学习国外最新的井完整性管理标准、制度和流程，涵盖典型事故、管理理念、技术进展和生产操作等方面。同时，塔里木油田连续于2013年、2014年和2015年组织高温高压井完整性国际研讨会，国内首次邀请挪威、英国、美国等国家的井完整性管理专家，就我国井完整性管理体系建设进行专题研讨，使塔里木油田掌握国际井完整性管理体系，明确井完整性管理需求。

（二）明确我国陆上井完整性管理理念

通过调研和研讨发现，国际井完整性管理主要发源于海上高温高压油气田，特别是自墨西哥湾深水地平线井喷事故之后，全世界掀起井完整性管理创新的热潮，并将井完整性管理水平作为评价油气能源企业核心竞争力的关键指标，挪威、英国等国家的石油公司建立完备的井完整性管理体系，有效控制了高温高压油气田的安全风险。相较于海上，塔里木盆地高温高压环境更为典型，再加上企业组织管理模式和国内外法律制度的不同，国外的井完整性管理体系不能满足塔里木油田兼顾安全生产与效益开发的现实需求。为此，塔里木油田围绕"不发生重大井喷安全事故、不因井完整性问题导致停产"的战略目标，结合我国陆上高温高压油气地质工程特征，明确了"全生命周期、三道独立井屏障"的两大井完整性管理理念。

第一大理念：时间维度贯穿全生命周期。塔里木油田明确井完整性是贯穿油气井"设计—建井—生产—修复—弃井"全生命周期的系统工程。在设计阶段，基于油气井未来产生的效益，综合全生命周期需求和实施经验，设计安全可靠、技术可行和经济有效的井屏障部件，实现"算好井"；在建井阶段，严格执行设计，强化井屏障部件质量控制和验证，实现"建好井"；在生产阶段，实时精细管控环空压力，最大限度使油气井处于健康生产状态，实现"护好井"；在修复阶段，针对井完整性失效的井，通过科学风险评估，分级分类治理，恢复井完整性，实现"治好井"；在弃置阶段，对于风险无法管控或"寿终正寝"的油气井，进行严密封堵处理，避免发生次生伤害，实现"封好井"。

第二大理念：确立三大独立井屏障为管理对象。塔里木油田明确以井身结构为基础，建立井底到井口、由内向外的油管柱、套管柱、井口3套独立的井屏障，其中井身结构是井完整性的基础，井身结构决定了油管柱、套管柱、井口的尺寸、材质等；油管柱是地层油气的"血管"，直接接触高温高压强腐蚀的油气介质，是全井筒的第一道屏障；套管柱是井筒的"骨架"，是防止地层油气外泄的第二道屏障；井口是油气井的"龙头"，是连接井筒与地面系统的枢纽，是高温高压油气井的第三道屏障。

二、健全组织体系，夯实井完整性管理的基础

高温高压井完整性管理涉及的业务部门众多，完善的管理体系是实现高效有序管控的重要基础，塔里木油田立足"职责清晰、齐抓共管"的管理目标，建立了完备的井完整性管理体系。

（一）建立井完整性三级管理架构

塔里木油田对井完整性实行三级管理：第一级为塔里木油田设立的井完整性管理委员会，由公司领导班子、首席专家和相关二级单位的主要领导组成；第二级为业务管理部门，设立系统的井完整性岗位，明确井完整性岗位职责并配备相关人员；第三级为技术支撑单位、建井单位和生产单位，技术支撑单位设立专门的井完整性研究机构，即油气工程研究院井完整性研究室，相关建井、生产单位设立井完整性管理和操作岗位，纳入采油气工程部或钻完井工程部管理。

（二）明确井完整性管理职责

井完整性管理委员会负责统一协调、指导公司的井完整性管理工作，直接对接中国石油天然气集团有限公司的相关管理部门；日常管理机构设在工程技术业务管理部门，即工程技术处，负责井完整性管理体系的设计审核、整体运行及决策管理；井完整性具体业务部门包括技术支撑单位、建井单位和生产单位，其中技术支撑单位主要为油气工程研究院，负责设计阶段的"算好井"；建井单位主要包括勘探事业部和油气田产能建设事业部，负责建井阶段的"建好井"；生产单位包括克拉、塔中等九大油气开发部，负责生产阶段的"护好井"、修复阶段的"治好井"、弃置阶段的"封好井"，并对所辖区块内井完整性的状况负责。

（三）建立井完整性管理流程

塔里木油田在井完整性管理职责划分的基础上，进一步细化工作内容、做好工作衔接，设计井完整性管理流程图，形成闭环管理，进一步提高管理运行效率。

建井单位发起井完整性管理需求和目标，技术支撑部门编制井完整性的设计，经业务管理部门设计审查、油田公司设计审批后，再由建井单位实施，最后交由生产单位验收并负责油气井的日常管理和生产维护，如果油气井一旦出现异常，技术支撑单位进行井完整性评估，制订处理措施，并交油田公司审批，生产单位负责分级分类处置。

三、多专业交互优化，实现设计源头的"算好井"

油气井设计是建立目标、检验目标并且对所优选的技术方案进行书面记录的一系列过程。塔里木油田坚持以井完整性理念为核心，以井屏障为基本设计单元，兼顾高温高压风险管控和技术经济可行性，按照最低、合理、可行的ALAR原则，建立针对油气井多专业交互优化的方案设计管理模式。

（一）多学科交互优化井完整性设计

井完整性涉及钻井、完井、采油气等不同专业，塔里木油田在推行井完整性管理之前，钻井、完井、采油气三大专业自成体系、接力进行，各自优化方案设计，经常出现系统能力不均衡、前后工艺不匹配、技术兼容性不佳等问题。为此，塔里木油田通过"统一目标、统一路径"将三大工程紧密结合起来。一是聚焦统一目标，即以井完整性管理中的井屏障单元为基本设计对象，采油气专业回答"需要建设什么样的井屏障"，钻井和完井专业回答"怎样建成所要求的井屏障"，三大工程聚焦同一设计对象，相互结合、同步设计、整体优化。二是执行统一路径，即按照"逆向思维、反向设计、正向施

工"的路径，基于生产阶段的井完整性需求，倒推建井阶段设计，采油气专业重点优化井屏障的性能和参数要求，钻井和完井专业按照相关参数和要求，优选建造材料、工序和工艺，全过程系统优化。

（二）等强度设计实现安全与效益双赢

井屏障设计基本要求为阻止地层高温高压油气不可控的泄漏，防止发生井喷爆炸等突发事故。国外通常按照井屏障强度逐级递减原则进行设计，一级井屏障失效后，直接进行弃置作业，但由于塔里木油田高温高压油气井建井成本远高于国外，屏障失效后要进行修复并继续生产，以收回建井成本，实现效益开发。为此，塔里木油田从全生命周期安全生产和单井效益最大化角度出发，提出三级屏障等强度设计原则，要求油气井在全生命周期内有三道独立、等强度的井屏障，即使一级屏障失效，二、三级屏障仍可阻止高压油气外泄，为屏障修复提供安全作业环境。

（三）"三个一"有序推进井完整性设计

塔里木油田重点从设计队伍、设计平台、设计流程三方面推进高温高压油气井完整性设计，即"三个一"建设。

一是组建一支队伍，建立以企业首席专家、企业二级专家、一级工程师为核心，以钻井、完井、采油气专业技术人员为骨干的跨部门井完整性设计团队，从油气井全生命周期考虑井完整性需求，强化井完整性技术攻关和科学计算，交互优化井完整性设计，确保安全可靠、技术可行和经济有效。二是搭建以软件建模、实验数据、科研成果、现场跟踪反馈信息为基础的一体化井完整性设计平台，为井完整性优化设计奠定坚实基础。三是制订一套流程，建立超前组织、设计编制、严格内审、现场跟踪、后期评估的井完整性设计质量控制闭环，确保井完整性设计的质量和时效，并通过后期评估形成学习曲线，不断优化下轮次井完整性设计。

四、强化建造质量控制，实现建井阶段的"建好井"

塔里木油田高温高压建井属于国际公认的世界级难题，经业界权威专家认定，国际通用13项建井难度指标，塔里木油田7项国际第一，其余6项处于前四的水平。针对世界级的建井技术难题，塔里木油田组织开展管理与技术攻关，集成创新四大井完整性要素质量控制和检验技术体系，创建"订货、制造、监造、商检、使用"五大关键环节质量控制闭环，形成一套高温高压油气井井完整性评价方法，实现高温高压条件下建井由"建不成"到"建得成、建得快、建得好"的重大跨越。

（一）攻克四大世界级建井技术难题

塔里木油田整合内部技术力量，携手国际一流科研院所和技术服务企业，成立联合攻关组，从组成井完整性屏障的四大要素入手，启动50余项研究课题，通过原始创新、集成创新和引进消化吸收再创新，攻关配套井身质量控制、油管柱完整性、套管柱完整性和井口完整性四大技术体系。

井身质量控制技术体系。针对高温高压油气井钻井周期长、井斜超标、套管磨损、井眼报废等难题，塔里木油田自主研发井身结构设计技术，引进并发展垂直钻井技术和套管防磨技术，制订相关技术标准体系，填补国际空白，实现6000米以上超深井钻井周期由2012年的516天降至2019年的299天，有效避免套管柱磨损，为提高全井筒质量奠定基础。

油管柱完整性技术体系。塔里木油田从油管柱全生命周期安全可靠服役的要求入手，确定防腐、密封和强度三个油管柱完整性控制要素，集成配套"耐蚀油管+高温缓蚀剂+工艺优化"的油管组合防腐控制技术，联合宝钢设计国内首个抗压缩效率100%的气密封接头，创新建立"工况+部件"全覆盖的三轴力学校核方法，成功推进耐蚀油管国产化，油管泄漏比例由进口产品的25%降低到0%，单井油管费用由国际上的2000万元降至600万元，大幅度降低建井成本，为高温高压油气田的效益开发奠定了基础。

套管柱完整性技术体系。从井口到井底，不同深度的套管柱面对不同的地层环境，必须建造不同性质的套管柱。为此，塔里木油田将全井筒套管柱分为三段，集成配套相应技术体系：一是上部地层套管柱，自主创新降密度固井技术，实现7000米长段地层一次全封固，合格率达到100%；二是中部盐层套管柱，联合中石油钻井院、天津钢铁公司等单位研发耐高温抗盐高密度水泥浆体系和高抗挤厚壁套管，满足了高蠕变盐层封隔需求，成功率由71%提高至100%；三是下部储层套管柱，联合西南石油大学、宝武钢铁公司等单位研发防气窜水泥浆体系和气密封套管，解决了储层段气窜难题，成功率由50%提至100%。

井口完整性技术体系。塔里木油田针对井口"三百工况"的服役环境，联合中石油宝鸡石油机械厂研发超高压采气树，并邀请国外知名认证机构进行第三方评价，达到符合行业标准要求的性能指标，成功破解进口产品成本高、供货周期长的难题，同时，创新建立专业化、标准化的作业程序，有效保障井口安装质量，故障率明显下降。

（二）建立入井产品五大质量控制闭环

针对井屏障工具材料主要由外部企业供货的情况，塔里木油田坚持所有入井工具的全过程质量控制原则，围绕"订货、制造、监造、商检、使用"五大关键环节，严格把控入井材料的质量，实行闭环管理，建立入井工具可追溯体系，有效提升井屏障质量，确保入井工具万无一失。

一是在订货期间，塔里木油田创新订货方式，在商务合同的基础上，增加订货技术协议，该订货技术协议的指标均来自油田油套管安全服役研究成果以及现场应用经验，并要求制造商的产品不仅要满足实际工况，还要超过国际标准要求。二是在制造期间，产品必须通过ISO 13679 IV级试验和特殊工况试验，针对油套管产品，建立"有限元分析＋部分IV级试验"的新型气密扣认证流程，完成8种特殊螺纹油套管认证，认证周期由100天降至30天，费用由300万元降至100万元，同时弥补实物试验无法模拟动载等工况的缺陷。三是在监造期间，每年飞检1—2次，对监造队伍进行履职能力评估，对制造商过程质量进行突击检查。四是在商检期间，技术部门与采购部门联动商检，及时处理不合格产品，并通过开具罚单的方式，警示警告产品供应商，对连续违规的供应商坚决清除供货市场。五是在使用期间，制订井场维护和入井操作规范，推行工房和现场两级清单检查制度，现场跟踪指导，及时分析评估问题，确保入井工具万无一失。

（三）开展完井后井完整性的验证评价

现场验证井屏障"薄弱部位"。油气井油管柱、套管柱和井口施工均为一次性永久作业，为此，塔里木油田要求作业方必须在施工结束后立即验证井筒屏障的建造质量，及时采取针对性补救措施，确保创建一个"健康"的井筒。通过系统总结分析以往失效情况，明确油管柱接头、套管柱喇叭口和井口密封件三个薄弱部位，创新形成气密封检测、喇叭口负压验窜、密封件试压三项质量检验体系，制订行业标准，模拟实际工况，验证薄弱部位的安全性和可靠性，一旦发现问题立即补救，目前该体系已成为国内外高温高压油气井完井评价的必选动作。

系统开展井完整性安全评价。油气井完井后，由建井单位交付生产单位开发生产，在此过程中塔里木油田独立的研究单位对井完整性进行评估，出具井完整性评估报告，只有通过井完整性评估的油气井才能完成交井工作，有效保证后期生产的安全性。为了有效评价井完整性，塔里木油田以高温高压油气井井屏障分析为基础，针对地层、井筒和井口三个单元开展完整性状况分析，形成一套高温高压油气井井完整性评价方法，确保井屏障服役条件安全可靠。

五、精细管控关键指标，实现生产阶段的"护好井"

环空压力是反映油气井生产状况最直接、最关键的参数指标，"护好井、不生病"的关键就是精细管控环空压力，将其控制在井屏障能够承受的范围内，避免井筒内部超压导致高压爆裂等恶性事故。为此，塔里木油田在科学指导油气井投产和实时监控油气井生产两方面开展工作。

（一）创建控制图版，科学指导油气井投产

创新关键指标计算方法。国际上普遍采用2016年发布的APIRP90-2标准计算油气井环空允许压力值，但仅限于一个压力值，现场操作性不强，当油气井环空压力发生变化时，就没有了操作依据。为此，塔里木油田打破国际常规做法，提出新型环空允许压力计算方法，使环空允许压力值由国际常用的单点控制变成范围控制，提高现场可操作性。

制作标准控制图版。基于环空允许压力的计算结果，塔里木油田对所有高温高压井绘制目视化、标准化、傻瓜式的环空压力控制图版，张贴在油气井井场，指导现场工人操作。同时塔里木油田要求设计人员对图版进行现场宣贯，使操作人员充分掌握图版的具体内容，及时研判环空压力变化趋势，开展合理的操作程序和上报程序，确保环空压力在合理范围运行。

（二）实时远程监控，科学保障油气井生产

配套系统。塔里木油田对高温高压油气井生产监控提出明确规范，投产前对各级环空均安装远程控制系统，配套具备预警提示功能的环空压力监测系统，保证24小时实时监控。

日常维护。制订井屏障部件测试、维护、保养办法，定期对井口部件试验维护，及时更换井口已损坏的部件，确保井口始终处于安全可控状态。

定期总结。每年开展井口在线检测，建立"日跟踪、月分析、季总结"制度，及时确定油气井生产状态。

六、分级处置安全风险，实现修复阶段的"治好井"

生产过程中，油气井不可避免地会出现"生病"的情况，即井屏障受到破坏，直接表现为环空异常带压，环空压力超过正常范围，处于"带病生产"状态。如果不及时采取科学的诊断和修复措施，就会使得"小问题"酿成"大麻烦"，甚至导致井报废或者高压爆炸等恶性事故，造成企业财产损失。塔里木油田针对环空压力异常井，形成"风险评估—分级管理—分类治理"的应急修复方案，有效控制安全风险，实现高效修复。

（一）定量评估，判别油气井安全风险等级

"四看"准则判定环空异常带压。一看压力，看环空压力是否超过最大允许工作压力；二看产量，正常生产过程中油气产量平稳，但环空压力出现波动；三看关井，关井初期环空压力不降反升或下降后持续上升；四看开井，开井后环空压力上升后缓慢上涨，不能稳定。

"五步"流程判定风险及后果。一是明确泄漏通道，绘制油气井潜在泄漏通道图，结合进一步的诊断分析，判断异常压力的来源；二是测试可靠性，根据需要开展井屏障部件的可靠性测试；三是重新评估，重新评估各环空允许最大工作压力；四是计算风险，建立风险矩阵和可接受准则，确保分析的一致性，并提供决策依据；五是划定等级，根据矩阵图确定气井风险等级。

（二）分级管理，确保所有井安全可控

塔里木油田基于风险评估结果，对油气井按照"红、橙、黄、绿"进行分级，并制订相应的管理措施，确保环空压力异常井安全可控。同时，建立高风险井快速响应机制，提前储备应急物资、编制应急预案并强化演练。克深501井环空异常带压后，从评估、完成应急压井到消除井控风险仅用3天，相比常规流程减少10天，抢占控制风险的"黄金时间"，避免发生更严重的次生事故。

（三）分类治理，恢复产能和井完整性

塔里木油田通过梳理井屏障失效类型和规律，提出"能不修则不修、能小修不大修、能带压不压井、能一次不多次"的治理原则，形成高压油气井井屏障修复方案，及时恢复井完整性和产量。

一是井筒堵塞井以小修为主。塔里木油田形成以"两种方法、两套体系、四种工艺"为核心的井筒解堵小修方案，制订技术标准，成功率100%，有效恢复油气井完整性和井筒流动通道，平均井口油压增加24兆帕，日增气618万方，日增油305吨，相当于新建一个年产230万吨的大型油气田。

二是油管柱错断井以大修为主。塔里木油田形成超深高温高压小井眼修井标准化处理工序，重新建立完善的井屏障，使气井重获新生。截至2019年年底，已成功完成14口高温高压井大修作业，修井成功率达到100%。

七、建立永久封井规范，实现弃置阶段的"封好井"

对于井屏障无法恢复或"寿终正寝"的油气井，要进行严密的封堵处理，避免发生次生伤害。塔里木油田基于保护淡水层、保护地表土壤、隔离残余高压流体和放射性物质或其他危险物质的目标，建立高温高压油气井永久性弃置封井规范，明确"五字方针"，有效指导70余井次作业，成功率100%。

"定"，即界定关键层段，塔里木油田综合分析地层温度压力条件、化学和生物环境及地震和构造作用力，识别由于油气藏压力恢复导致弃置阶段潜在的流体来源，识别潜在的泄漏路径并建立永久的井屏障。

"选"，即选择封堵屏障，塔里木油田要求永久弃置井具备长期完整、非渗透、无收缩的封堵屏障，能够承受各类载荷冲击和化学物质腐蚀；封堵屏障一般为水泥塞，对于所有打水泥塞作业，要求设置桥塞或高黏液支撑，防止水泥浆下滑或发生气侵。

"严"，即严格现场封井作业，塔里木油田在具体封井作业过程中，严格执行标准要求，精细封井施工，严格进行负压测试，对于不满足测试要求的情况，重新实施封堵作业。

"绘"，即绘制井屏障示意图，塔里木油田绘制每一道典型工序的井屏障示意图，直观描述永久弃置作业过程中的各级井屏障部件类型、性能参数、服役时间、试压状况等信息，张贴于弃置井井口，便于维护人员随时查验。

"存"，即保存弃置井所有数据，塔里木油田要求保存弃置井最终的地面位置、井眼轨迹、井屏障部件信息、检测记录等15项数据资料，上传至井完整性管理系统统一管理。

八、采取全方位保障措施，为井完整性管理保驾护航

塔里木油田探索形成科研经费、井完整性软件系统、成果固化、推广应用等四大保障措施，确保井完整性管理工作落到实处。

（一）四级科研经费保障

面对世界级的井完整性管理难题，塔里木油田坚持以管理创新带动技术创新和制度创新，积极争取国家、集团公司和板块公司重大科技专项经费支撑，自主配套井完整性专项资金，"十二五"以来，累计利用各级科研经费0.9亿元。通过国家重大专项《超深超高压高温气井优快建井与生产技术》、中国石油天然气集团公司科技重大专项《超深高温高压气井井完整性及储层改造技术研究与应用》、中国石油天然气股份有限公司勘探与生产分公司科技支撑项目《塔里木超深高温高压高酸性气田完井投产技术及气井完整性评价技术研究与应用》以及塔里木油田《超深高温高压井完整性管理与技术研究》，持续保持与国内外同行及科研院所的密切合作关系，以高温高压油气井全生命周期安全与效益生产为出发点，重点对组成井屏障的"油管柱、套管柱、井口"三大核心部件的设计、质量控制和生产维护进行攻关，配套完善相关技术标准，形成完整的管理规范体系。

（二）井完整性软件系统保障

塔里木油田高度重视高温高压油气井数据资料管理，要求保存全生命周期内与设计、施工、运行、维护和永久性弃置有关的数据及档案资料。但随着塔里木油田高温高压油气井投产井的增加，井完整性数据资料越来越多，生产上需要一套集成管理、评价、分析功能的系统软件，应用于井完整性管理。

塔里木油田自主开发了国内首套高温高压井完整性管理系统V1.0，以"采集存储—监控管理—分析评估"为核心线索，设计开发采集、统计、监控、图形、计算、评价等各类功能模块，覆盖井完整

性管理的各项工作，使高温高压井完整性的管理更加流程化、系统化和智能化。该系统获得国家发明专利1项、软件著作权11项，具有完全自主知识产权，关键性能赶超国外同类软件，但成本仅为国外软件的1/9。

（三）典型做法固化保障

生产现场是井完整性管理的主战场，塔里木油田特别注重生产现场典型做法的固化，通过三方面措施，有效推动井完整性管理工作在生产实践中的不断完善。一是开展典型经验交流，每年召开井完整性管理专题工作会，进行井完整性典型做法的总结、交流、分析和评比，对先进单位表彰奖励，积淀形成一批可推广、可复制的先进经验和典型做法。二是推广经验做法并固化为制度机制，坚持把制度建设贯穿于井完整性管理工作，系统梳理各单位形成的井完整性管理典型经验做法，固化为管理制度和标准规范，有效缩短井完整性工作的学习曲线，实现螺旋式上升。三是组织技术成果申报知识产权，科技管理部门统筹知识产权申报，配套专项资金，及时组织探索与实践过程中形成的新技术、新成果申请技术专利和软件著作权，特别注重形成技术专利群，重点奖励核心技术专利的发明人，为塔里木油田掌握井完整性管理体系奠定坚实的基础。

（四）成果推广应用保障

为确保井完整性管理体系的有效推广运行，塔里木油田建立合理且具有挑战性的考核体系，推动生产科研联动，保障井完整性管理协调顺畅、高效运转。一是纳入绩效考核，坚持井完整性管理任务随公司年度生产经营计划同步下达，层层签订业绩合同，每年年底按照指标完成情况考核，考核结果与领导干部和员工的业绩兑现挂钩，使井完整性管理效果与员工切身利益紧密相联。二是科学设立指标，对油气工程研究院等技术支撑单位下达井完整性设计符合率、井身质量达标率等技术指标；对产能建设事业部和勘探事业部等建井单位下达新井完好率等质量指标；对克拉油气开发部、塔中油气开发部等生产单位下达环空压力异常井比例、环空压力异常井处理时效等生产管理指标。

（成果创造人：杨学文、刘洪涛、骆发前、何江川、郑新权、胥志雄、
邱金平、王永远、刘　炯、何新兴、周理志、曹立虎）

航空企业以柔性排产为核心的均衡生产管理

陕西飞机工业（集团）有限公司

陕西飞机工业（集团）有限公司（以下简称陕飞公司）面对多品种、小批量，科研与批产交织生产组织的复杂现状，以满足型号研制及装备批产任务需求为牵引，按照精益思想理念，以集团精准化管理战略思想为引导，确定多机型在两条装配生产线柔性排产、组部件混线制造、产品均衡生产和交付的原则；运用靶向思维，对现有能力和流程进行分析、梳理，对标均衡生产识别制约因素；精准化承接市场需求，统筹安排顶层柔性排产计划，确定两线排产方案；精准化识别能力瓶颈，通过优化资源配置突破多机型两线混线制造的能力瓶颈，以顶层柔性排产计划牵引生产作业计划；精准化施策生产管控，应用信息化手段重构满足混线制造的柔性装配、零件等详细排产计划，强化均衡生产管控，深化一般能力社会化配套工作提升，以生产作业计划牵引供应链准时配套，采取信息管控多重手段提高生产管控精度、精细量化作业管控；优化组织保障机制，确定关键绩效指标精准靶向考核，推进构建协同生产环境。通过以柔性排产为核心的均衡生产管理实施，实现流程稳定、计划可控、调整及时、准时交付的均衡生产管理。

一、立足均衡交付，确定生产目标和实施思路

（一）确定均衡生产目标

面对多品种、小批量，科研与批产交织生产组织的复杂现状，陕飞公司以客户需求为导向，以流程梳理和技术改进为切入点，以提高生产系统快速应变软、硬件能力为手段，实现面向用户需求的多机型柔性排产、混线制造、均衡交付的目标。加强顶层策划和能力统筹，军工能力建设模式逐渐由任务能力型向体系效能型转变，推动能力协同发展，优化资源配置，实现能力建设的系统化、专业化、集约化和社会化；充分发挥能力建设形成的数字化制造能力优势，充分挖掘制造能力内部潜力提高使用效能，信息化、数字化、柔性化生产排产，提高供应链准时配套能力，现场作业管控力求精细、精准、敏捷、高效，以关键绩效指标评价实行精准靶向考核，构建协同生产环境，提高零件、部装、总装的均衡生产运行落实能力。

（二）识别制约瓶颈因素

以解决航空制造企业多品种、小批量，批产与科研均衡组织生产与准时交付难题为目标，通过梳理涵盖工艺设计、计划排产、生产准备、生产管控、零件制造、部件装配、总装集成等全业务流程，识别主要制约瓶颈因素。

装配生产线不具备柔性制造能力，无法实现生产资源最大化利用。陕飞公司现有两条部装、总装生产线，非数字化部、总装生产线主要承担"运八"三类平台及后续特种飞机的科研生产，机型多、批量小；数字化部、总装生产线主要承担数字化"运九"系列飞机的批生产，机型少、批量大。两条生产线分别为二三维两种设计状态，对应机型固定，生产线制造能力无法共享以实现生产资源最大化利用；装配工装换型周期长，两线存在装配瓶颈、生产节拍不一致等问题，影响装配过程的均衡生产。

零件供应链管理粗放，科研批产任务量不断增加，各生产线满负荷运转，零件连续生产、配套压力大。"运八""运九"系列飞机单机需配套六万余项零件、上百万项标准件，"十三五"以来零件需求增幅大，从2011年至2017年达174%，自有零件配套能力有限，供应链紧张；已经形成批产规模的数字化生产线仅承担数字化"运九"系列飞机的研制任务，其他特种机研制均无法继承其成果。

生产计划和调度管控方式无法满足型号科研计划带来的不确定性和紧迫性要求，计划管控、生产组织、资源保障等方面的兼容能力和协调性较差。传统生产计划模式缺乏高效管控手段，刚性生产计划与现场脱节，存在计划调整难度大、生产响应速度慢等缺点；受制于资源能力和生产管控能力，无法随年

度交付任务快速、灵活地开展生产组织实施，难以保证均衡交付；科研与批产高度交织、相互影响的复杂情况无疑又增加了生产组织的复杂程度。

针对以上问题，深入分析问题产生的原因，得出影响以柔性排产为核心的均衡生产管理的核心要素，进而开展系统策划与设计，从源头生产资源的配置优化、调整做起，提升顶层混线柔性排产能力，提高现有生产线均衡生产的管控能力。

（三）确定均衡生产工作重点

根据产品领域、均衡交付目标、多机型混线柔性排产诊断的结果，陕飞公司制订生产运营规划，在产品状态梳理、业务流程梳理、产线能力配置与优化、生产运作信息化建设、计划管控等方面做出统筹安排。当排产计划或交付任务与原配置生产资源发生冲突时，大到机型、架次，小到部件、组件都可以敏捷、及时调整为利用相对充足的生产资源（另一生产线）进行制造，并在高效、有力的生产管控下实现连续生产、准时交付。实施思路如下所述。

首先，聚焦强军使命，统筹安排军品任务。根据军品任务五年计划、滚动计划、年度计划，在与军方充分沟通、协调，平衡好公司内部资源，并充分利用资源的基础上，统筹做好各年度排产计划，实现均衡排产，确保任务全面完成。

其次，加大创新力度，重点解决科研生产突出问题。针对排产困难、配套过程不流畅、均衡生产水平低等突出问题，对产品研制生产全过程进行系统梳理，准确识别问题症结，从技术和管理两方面入手，运用精益管理理念，应用分族、成组技术以及信息化技术等，创新现有工艺方法，优化生产管理流程，以创新思路解决关键问题。

再次，持续扩大军民融合，快速提升配套能力。聚焦航空主业，统筹顶层规划，重点建设提升自身核心能力，坚持一般能力社会化配套能力建设。持续扩大军民融合，依托社会化配套满足公司一般能力快速增长需求，保障满足装配节点需求的零件准时配套。

最后，精准化管理，推进技术改进和管理提升。精准化承接市场需求，确定制造能力提升目标、统筹均衡排产计划；精准化识别能力瓶颈，通过优化资源配置突破多机型两线混线制造的能力瓶颈；精准化施策生产管控，以虚拟顶层MBOM数据为核心重制零部件生产计划，深化一般能力社会化配套工作提升供应链准时配套，采取信息化生产计划管控、分层管理、三级作业计划、可视化现场管控、矩阵式管理、精准靶向考核等手段；推进技术改进，提升制造能力，建立科学高效的企业体制机制，稳步提升管理水平。

二、优化产品工艺和资源配置，突破产能瓶颈

针对能力瓶颈，以技术改进为切入点，结合精益思想，运用分族、成组技术，改造提升生产线，重构生产布局，优化资源配置，装配单元快速转换，培养多型机混线柔性制造能力，消除两条生产线固有能力瓶颈，降低柔性排产计划前置条件的复杂性，奠定多机型混线柔性排产基础。

（一）创新产品装配工艺模式

"运八""运九"系列飞机是以"运八"三类平台为原准机，为满足不同任务需要而发展起来的系列改进、改型机型，因此运用精益思想，根据确定的生产线制造能力建设目标，分别以两线基本机型为基础，结合排产机型，按通用结构加差异结构模式统型产品装配单元。以基本机型为基础梳理各机型通用结构，在此通用结构基础上，通过不同机型装配单元的差异结构部分换型，装配生产线从而具备多机型的柔性装配能力，实现两线生产资源可共享调配，实现最大化利用。已实现8个机型、6大部件、71项组件混线制造，共计涉及113项/131台装配工装。

针对两条生产线通用结构定位基准不一致问题，应用成组技术，在分析产品结构和工艺特征基础上，对两条生产线通用结构的工艺定位孔系和外形定位基准面二三维状态进行统型、固化，统一和固化产品/零件定位的工艺状态、制造依据，同时对装配工装定位基准进行统型改造，并对非数字化生产线局部进行适应性工装数字化改造，使两条部件装配生产线通用结构部分的装配能力达到一致。已按数字化状态先后对11个型机进行统型，涉及零件共计1760项，模线样板、工装共计1113项，装配工装105项，后续按此思路逐步将后续机型一并统型。

以产品装配单元通用加差异统型模式为工装改进思路，应用模块化理念，装配工装采用"基础＋差异"的模块化达到快速换型设计、制造，并通过工装数字化设计、制造、检测等手段的拓展应用，推进工装快速换型，具备多个机型装配单元的快速转换和装配能力，并大大缩短各机型转换期间装配工装的换型周期。

（二）优化配置生产资源

对生产线中的工序瓶颈进行梳理、识别后，采取调整工序分工、优化工艺分离面、增补瓶颈工序工艺装备等技术改进措施，进一步协调两条装配生产线的生产节拍。

将研制机型在原总装阶段的机身部件对接、起落架安装、一次气密淋雨试验等部分工序调整至部装阶段进行，进一步缩短总装周期，均衡部、总装装配周期；推广数字化生产线已取得的批产机型优化工艺分离面成果，提高其他机型产品装配的并行作业面，进一步均衡非数字生产线各阶段制造周期节拍；针对数字化生产线批产产能需求较高，部分工序仍存在瓶颈短板的现象，通过工装复制实现双流水作业。

优化、调整工艺布局，应用精益理念，针对原外尾翼生产颈瓶，将两条生产线的外尾翼生产单元工艺布局进行调整、集中布置，以数字化生产线能力为基础，补充改造涵盖所有三类平台外尾翼部件的装配能力，统一零件、装配状态，并整合生产单元人员，固定工序人员，优化和固化组、部件加工过程，建设形成外尾翼一体化制造精益生产单元，实现生产效率的大幅度提高和产品质量的高度稳定。

采用成组技术，形成壁板类、框类、门类、舵面、翼面等具有相似特征的组件族，据此将装配单位复杂多变的生产线划分成若干相对简单、稳定的生产单元。以组件族为基础，在两大部装生产线，建立基于产品对象专业化的生产单元，成立壁板类、框类、门类等生产单元；继承数字化装配成果，固化通用结构组件生产单元，均衡调配通用结构组件生产资源。

引入通用件管理，统一各机型通用结构零件产品的制造依据，整合、统筹零件制造资源。应用成组技术，全面梳理主力投产的多个机型设计、工艺状态，将各机型通用结构件按数字化"运九"系列飞机的三维设计、工艺状态进行统一，提高通用零、组件按数字化状态进行统一设计制造的占比。以此为基础，集中管控、利用通用结构零件制造资源，进行生产流程和资源梳理，合理安排通用结构零件排产计划，减少各机型的工艺准备工作，减少原各机型间的工装转换准备、吊装周期，实现通用零件连续生产，提升零件配套能力。已完成26项通用结构组件，共计5591项相同零件统型。

三、确定产能提升目标，统筹年度均衡排产计划

根据军品任务计划，与军方充分沟通、协调，平衡并充分利用公司内部资源，确定产能提升目标，统筹规划各年度内任务机型，实现均衡排产计划，并重制零部总装排产计划，强化均衡生产计划管控，确保任务全面完成。

（一）确定柔性排产目标机型

综合运输系列、特种机各机型设计结构及装配工装能力差异，结合"十三五"科研生产任务，统筹后明确生产线基本机型，确定生产线制造能力提升目标，为后续各年度均衡排产计划提供支撑。数字化生产线以数字化"运九"系列为主，先后确定扩展6个机型能力目标；非数字化生产线以某特种机系列为主，先后确定扩展7个机型能力目标。

（二）制订年度均衡排产计划

根据军品任务五年计划、滚动计划、年度计划，在与军方充分沟通、协调，对"十三五"科研生产任务进行统筹安排，平衡好公司内部资源，并充分利用资源的基础上，结合生产线制造能力提升目标，并对两条生产线年度排产能力综合评估后，制订各年度均衡排产计划。每年度提前按照公司下一年度排产计划，提前策划确定工作内容，进行滚动推进、管控。

（三）重构MBOM结构制订装配生产计划

根据年度均衡交付需求和年度排产计划，重构装配顶层MBOM结构，虚拟设计出同一机型包含两条生产线装配信息数据的顶层MBOM结构树，以此重构顶层MBOM数据为核心，按年度排产计划要求，在MES系统中自主选择MBOM树中的某一生产线数据以制订部总装的排产计划，从而实现向各生产单

元下达可以满足科研或批产各型机在两条生产线进行混线制造的部、总装柔性排产计划。当因型号科研任务突发变化，生产线原机型任务变更时，或者生产过程中原配置生产资源与生产计划发生冲突时，生产管理部门可以结合生产现状并以顶层 MBOM 数据为核心及时调整排产计划，取消或增补其他任务机型，明显提高排产计划的自由度，增强生产计划的灵活性。

（四）MBOM 装配数据拉动零件生产计划

以 MBOM 数据（装配顺序、零件配套）为基础，构建部件装配网络顺序图，按照生产交付节拍采集装配期量标准，制订零件主生产计划；以部件装配网络顺序图中装配需求节拍为牵引，制订零件配套月份滚动计划，并针对零件生产准备，结合飞机设计、工艺状态变化情况进行资源平衡，识别配套风险项目，下达"断线计划"，实施精准管控，拉动零件准时配套，建立部装需求拉动零件生产、零件需求拉动原材料和工装配套的生产组织模式，解决生产计划对生产作业的指导性和管控。

四、统筹供应商管理，提升供应链精准响应能力

按照集团军民融合工作总体部署，聚焦航空主业，统筹顶层规划，改变"纵向一体化"的供应链管控模式，通过对企业能力的定义和划分，形成更加精准的一般能力清单，完善一般能力配套体系的整体管控机制，在保留一般能力的最低生产能力基础上，提高供应链社会化配套能力。

（一）确定一般能力社会化配套项目

通过识别、分析企业自身能力、社会大分工发展趋势，以及生产过程中涉及技术与产品的关联程度等，综合考量自身能力发展、成本、周期、质量等因素，筛分出钣金、机加零件制造以及组部件装配的一般能力 48 项，形成长期有效的一般能力社会化能力清单，在保留一般能力的最低生产能力基础上，结合社会大分工发展要求，将一般能力中的增量任务优先进行社会化配套。

（二）完善一般能力社会化配套体系

通过流程再造，重新梳理制订项目管理流程，对配套项目分类管控，建立双流水管控机制；通过对各企业能力的定义和划分，以企业技术、质量管理体系为基础，完善供应商评价机制，管控资质、技术、质量、人员、生产等范畴；实行质量、交付和服务等量化考核，技术质量问题分类快响处理，强化人才队伍建设和技术保障。通过完善一般能力配套体系，提高零、组部件供应商能力，2019 年一般能力社会化配套率达到 65%，2020 年计划达到 70% 目标，从而达成稳定生产、按时配套的目标。

五、精准管控制造过程，提高管控精度和协调能力

针对均衡生产管控瓶颈，通过优化管理流程和管控手段，统筹上下游资源，提高计划管控、生产组织、资源保障等方面的兼容能力和协调性，对变化的任务需求快速做出反应和调整，实现对现有资源效率的最大化利用。

（一）强化管控中心职能

推动生产管控中心平台应用，以生产过程全流程计划管控为主线，建立涵盖生产计划、物料配套、问题处理、监控预警、绩效考核全过程的信息平台。通过生产管理系统、质量信息系统、采购信息系统、设计工艺信息系统的关联贯通，实现同一平台下各层级生产管控信息共享，按权限进行指挥调度，实行精细、敏捷、高效的混线柔性排产管理，统筹两条生产线的制造资源、装配周期和排产计划，从而全面提升飞机生产的管控能力。

（二）推进分层例会制度

深入推行分层管理，强化风险措施执行管控。按照"日检查、周评价、月考核"原则，及时发现问题、及时纠偏、及时管控，对于重点偏离事项及时上浮，利用班组会、分厂每日生产例会、现场管控会、军机型号周例会等实行分层例会管控，建立协同生产环境，形成基层管控具体问题、公司管控组织风险的机制，从而提高生产保障效率，最终实现面向用户需求的均衡交付目标。

（三）精细三级作业计划

装配单元发挥作业计划管理的龙头作用，通过完善自身三级作业计划的管控制度和标准，承接年度作业生产计划，细分单机计划、工段计划、工序计划，将装配作业的计划编排、计划执行、计划保障、赶工措施、计划调整等，使其更加精细化、合理化、标准化，并制订量化考核指标，精细化管控执行过

程，确保计划准时完成，实现均衡生产。当年度任务机型变化时，紧盯目标，及时调整三级作业计划。

（四）实现可视化现场管控

按照可视化管理实施细则，制订现场可视化管理看板，通过直观可视的方式展示生产现场的所有信息，包括物流标识、标准工作流程、生产计划与进度、现场异常问题（如质量问题、设备故障、物料问题）警示、问题处理进度等，实现生产单位生产现场所有问题显性化、生产过程信息透明化，并使管理人员一目了然地发现生产现场的异常问题，促进问题的快速解决，同时促进生产绩效的持续改进。可视化管理看板按分厂级、工段级、班组级划分并被赋予不同的作用。分厂级生产绩效看板，用于显示分厂生产制造过程出现的各类问题跟踪情况；工段生产控制看板，显示工段管理生产计划、生产进度及偏差、生产进度的动态更新信息等；班组自主管理板，用于班组建设，展示的内容包括班组基本信息、班组每日生产动态、影响生产的各类问题和绩效指标差距等。

六、优化组织架构与考核体系，助推均衡生产

（一）开展矩阵式项目管理

行政总指挥牵头组建专项项目团队，运用靶向思维、靶向施策，对项目进行纵向到底、横向到边的矩阵管理。面向实施，纳入陕飞公司基础管理年度计划中推进、管控，并按照公司三级计划管理体系实施年度、月度管控，公司、主管部门、实施单位三层落实责任、细化措施计划，确保任务完成；面向专业，型号专业总师解决产品技术和工程技术问题，引领专业发展方向；面向用户，型号副总工程师作为型号负责人直接面对客户，对整个项目进行跨职能的协调，对项目研发、制造全流程负责，形成以顾客需求为驱动力迅速解决现场技术、质量问题的快速响应机制。

（二）精准靶向考核

按照三级计划，将工作纳入关键绩效指标评价考核体系。在 MES 系统中从产品、组织、时间三个维度进行生产单位生产关键绩效指标统计，为合理排产、进度管控和调整、绩效考核提供依据。实施任务导向多层次的绩效考核，突出过程驱动性指标的考核力度及导向作用。以计划目标为导向，以考核激励为抓手，全面落实计划承接单位的主体责任，针对不同的任务单位采取差异化的考核方式，重新设置考核指标和权重，将考核指标细化，实行精准靶向考核，以刚性量化考核强化任务单位聚焦交付意识，助推科研、批生产等任务均衡生产目标的实现。

（成果创造人：韩一楚、吴军豪、彭 飞、徐建辉、刘建平、罗喜东、丁 琳、黄官平、范 斌、侯志鹏、韩 波、冯栓义）

基于"三三制"循环迭代的渤海边际油田开发设计管理

中海石油(中国)有限公司天津分公司

面对渤海油田持续稳产形势严峻,边际油田比重日益增大,地质油藏条件日趋复杂,降本增效不断深入,桶油成本严格控制等系列困难的挑战,为攻克渤海边际油田经济有效开发难题,渤海油田上下主动思考,积极探索,创新建立了基于三维组织保障、三效管理理念和三级研究模式的"三三制"循环迭代研究管理体系:一是创新建立三维组织保障,包括专业质控架构(研究院总师—研究所首席工程师—科室资深工程师)、研究项目组(横向专业间协调管理)、协助推进组(快速评价组、技术攻关项目组、资料录取一体化组等)三个维度的组织机构,为边际油田开发研究提供全方位组织保障;二是有效践行三效管理理念,项目管理注重组织效能、工作效率和项目效益,有效应对边际油田油藏特征复杂、研究难度大、工作易反复、开发效益差等挑战;三是创新提出三级研究模式,分别从集成成熟理论技术,攻关创新瓶颈技术,探索新型商务模式三个层次开展研究,设计边际油田开发方案;四是循环迭代推动项目运行,着眼油田勘探开发全周期利益最大化,以PDCA循环为基础,推动油田评价和项目研究的有效迭代改进,持续提升项目效益。

通过创新"三三制"循环迭代研究管理体系,从组织架构、管理理念和研究模式三个方面有力保障了边际油田开发研究的顺利推进,丰富创新了一体化管理理念,全面提升了研究和管理融合创新能力,同时大幅缩短研究周期,显著提升项目效益,全面建设创新技术体系和人才队伍,有效推动边际油田动用开发,为公司高质量发展和中长期战略发展奠定了坚实基础。

一、创新建立三维组织保障,从出发为攻关保驾护航

(一)加强纵向专业质控,提供前期研究技术保障

在渤海油田"优化机关、强化基层、健全研究院、做实一体化"的改革思路下,研究院增设钻完井、采油工艺和海洋工程专业,健全了专业结构,构建了全专业框架格局。同时,将管理模式优化为"院—所—室"三级质量把控管理模式,形成了纵向"研究院总师—研究所首席工程师—科室资深工程师"的专业质控架构,充分发挥各层级专家作用,严把研究成果质量关。该科研、设计和技术体系,改变了原有科研链条不完整的状况,为一体化研究寻求最优的整体解决方案提供了有力条件,为系统集成多学科专业技术、锤炼核心技术体系提供了组织保障。各专业总师对所辖专业的技术成果和人力资源整合情况负责,形成强有力的纵向专业成果质控流程。

(二)提升横向协调能力,强化多专业一体化融合

经过摸索锤炼,逐步完善专业研究和协调队伍,加强专业间的横向沟通协调力度。推动制度建设,发布《渤海油田开发前期研究管理办法》及相应细则,明确前期项目实行项目经理负责制,项目经理代表公司实施项目管理。根据项目特点和难点,配备相应的项目副经理,承接项目管理任务的同时,负责本专业的技术攻关和难点突破,完成对外管理和对内攻关的工作。前期项目研究组由各专业安排专业责任人,负责前期项目的具体研究工作,对项目研究技术质量把控,并负责常规跨专业成果对接和协调事宜。项目工程师协调各专业联络沟通。在共性问题方面,推行项目管理标准化,建立定期例会和不定期信息通报制度,发行项目管理文件的标准模板,使前期项目管理趋于规范,完成并发行了备忘录、业务联络函、信息单、会议纪要、月报、重大事项报告单、风险跟踪表单、校审卡等标准化管理模板。

（三）创建第三维度组织，提供项目研究有力支撑

对于常规油田开发前期研究项目，采用二维弱矩阵式管理，基本上可以有效应对。然而，边际油田储量品质差，开发难度大，难以达到收益率要求，迫切需要技术和管理双重创新。在管理统筹方面，明确副院长对前期研究项目的制度建设、立项管理、商务采办等工作负责。科研生产管理部主要统筹协调研究进度、方案审查及预算计划等。在技术支持方面，为有效改进勘探评价和资料录取、潜力目标快速评价筛选、边际油田开发策略等相关研究工作，整合各专业骨干力量组建未动用储量研究小组、资料录取"一体化"工作组、快速评价小组、边际油田技术攻关小组，以及各专业技术委员会、商务采办委员会等，为项目组提供全周期的支持，在第三维度上为边际油田攻关保驾护航。

二、有效践行三效管理理念，推动项目优质高效运行

（一）发挥组织效能，一体化融合攻关油田开发瓶颈

边际油田开发前期研究工作相关组织机构包括：纵向专业线的院所室、横向管理的项目组、第三维度的各类协助组织。三个维度的组织积极发挥相应职能，加强一体化融合，共同推进项目运行。在专业线方面，院层面由各专业总师负责整体把控，所层面由专门首席负责审核指导，科室层面主任牵头安排精兵强将攻关研究，严把质量关。项目组负责横向协调管理，根据项目特点，提升项目经理权限，扩大管控范围和加强能力提升，便于经理有效行使管理和决策权力。协助组织聚焦边际油田经济有效开发，全方面协助项目研究：资料录取"一体化"工作组探讨井位部署和资料录取；未动用储量研究小组积极寻找潜力研究目标；快评小组初评各边际项目并指导研究方向，针对潜力项目提供立项依据；攻关小组提出创新性技术和开发模式解决瓶颈制约因素；各专业委员会随时对疑难杂症集中会诊。自2015年自主承担前期项目研究以来，历年均超额完成了考核目标。

（二）提升工作效率，快速推进边际油田开发进度

秉承"效益为本、效率优先"理念，采用一体化管理模式，将勘探评价、储量评价和地质油藏方案三个研究阶段科学整合，将原本"列车式"调整为"嵌入式"研究模式，大幅缩短整个项目的开发研究周期。在前期研究阶段，地质油藏专业与其他专业深度融合，根据各专业需求和经济评价结果，适应性调整油藏方案，从而实现油田价值评价、高效研究、快速开发的"优快模式"。项目运行上，针对不同项目特点，建立不同管理模式，打破过去"预可研—地质油藏方案—可研—总体开发方案（ODP）"的分阶段研究流程。以渤中34-1油田F平台外挂项目为例，油藏方案审查后，工程方案比较明确，直接进入ODP，有效缩短研究周期，从项目最后一口评价井完钻到项目通过有限公司审查，仅历时78天；通过井槽置换将两口开发井调整至老平台剩余井槽，利用老平台钻井船就位契机完成钻完井作业，实现油井提前20个月投产，树立了渤海边际油田开发的优快标杆。

（三）聚焦项目效益，各专业协同优化降本增效

边际油田开发的核心是经济效益，研究院将经济评价工作贯穿边际油田项目的全寿命周期，始终以开发效益最优为主线，经济专业全方位参与边际油田前期研究各个阶段，多角度、多方面地进行投资估算及经济评价，评价结果为项目决策提供参考。另外，针对各种设计方案甚至概念想法，经济专业积极配合评估，做到方案设计以经济效益为核心，力求方案优化方向的正确性、投资估算的合理性以及经济评价的效益性。

旅大6-2项目以少井高产为目标，尽可能增加可采储量，提高储量动用程度，将1/5井区相邻南高块A12、A5井控制储量动用20%纳入推荐方案，4/6井区增加2口推荐井和1口先期排液注水井，较原方案增油23万方；工程专业充分发挥区域规模效应，采取组网供电，共享备机，新增电站规模从4台10.5兆瓦机组优化为3台9兆瓦机组，促成了绥中区域的电液统筹开发方案。经济评价始终贯穿各方案比选、技术对比、设施选型等方面，推进多轮方案调整，最终达到公司内部收益率要求。

三、创新提出三级研究模式，确保方案优化

（一）集成成熟理论与技术，夯实方案成果质量

研究人员着眼关键点，深化融合，充分集成已经应用于在生产油田的成熟理论技术，优化方案。

1. 基于大数据集成及高效决策的参数最优法

在项目研究前期，油藏方案各项参数的合理预测是其他专业研究的重要基础。基于渤海油田多年勘探开发经验，研究人员收集在生产油田 4000 余次流体分析、测试、相渗等资料，开展大数据分析，实施大数据集成及高效研究决策的管理模式，建立地层原油粘度预测、比采油指数确定等新方法，保障新项目各项参数的可靠性。开展影响因素与采收率相关性的大数据研究，重点分析 150 余个水驱砂岩独立开发单元开发规律，建立了基于测试比采、注采井数比及油水密度差等参数的渤海油田采收率经验公式。基于大数据集成及高效决策的参数最优法，准确预测了油田开发规模和效果，减少后续专业的反复工作，大大提高方案研究的效率和质量。

2. 注水技术集成优化，打造渤海油田注水设计标杆

研究人员收集整理渤海注水井现场问题，统筹考虑油田实际生产需求，针对在生产油田注水水质达标率低的问题，通过逐级技术优选、初期投资、生产操作费等方面的经济对比，节约前期成本，首次在渤中 34-9 油田开发方案设计中开展提高注水效率的 31 项优化措施。针对渤海油田分注井调配率及合格率低的问题，开展分注工艺研究工作，设计同心测调分注工艺，单井测调时效由传统分注工艺的 4 天提高至 1 天，单井测调期间增注 1000 方/井。同时研发了海上平台注水井远程测调一体化控制技术，单井测调时效提高至 4 小时，调配率由 75% 提高至 100%。

（二）创新攻关瓶颈技术，开创提质降本增效新思路

为突破各专业技术壁垒，推动边际油田开发项目跨过经济门槛，引入技术成熟度等级划分制度，通过专业委员会对新技术评估，突破以往开发方案研究中只考虑成熟技术的做法，各专业综合开发需求和生产实际，推动多项新技术、新方法率先在开发方案中应用。

1. 大位移井钻井技术

大位移井技术在渤海油田应用前景广阔，能够减少平台数量，大幅提高油田开发效益。渤中 34-1 油田 F 平台外挂项目，由新建平台方案逐步优化为外挂一排单筒双井方案，改造修井机满足后续修井作业，节省直接投资约 2.6 亿元，每年降低修井费用 2000 余万元，降本增效效果明显。

2. 远程遥控无人注水开发方案

新建边际油田距离被依托油田较远时，采用无人注水开发模式，可减少一条长距离注水海管的钢材及铺设费用，提升项目效益。旅大 29-1 油田距离被依托油田 16.1 千米，创新性首次采用无人平台就地注水方案，解决复杂流程远程控制、海管远程置换等专业难题，节省工程费用 1.2 亿元，为小体量复杂边际油田的开发提供了新思路。

3. 集束海缆输送供电技术

渤中 26-3 油田扩建项目采用集束海缆供电技术，取消新建无人平台所有房间，最大限度依托已建老平台，减小新建平台规模，优化平台重量，降低船舶资源，实现降本增效的最大化。同时，优化电网负荷，大幅减少新建无人平台故障点，方便后期的运维管理，真正做到平台极简化、无人化。集束海缆输送供电技术的运用为项目节省投资 2380 万元，对项目效益的提升起到了决定性作用。

4. 其他新技术新方法

渤中 34-9 油田首次在设计方案中大胆采用软管设计，南堡 35-2 油田 S-1 井区项目创新应用单柱三桩无人井口平台，渤中 26-3 油田扩建项目首次将投捞式电潜泵人工举升技术应用于开发方案，旅大 29-1 项目首次应用采油速度反算产能应对产能不确定性风险。一系列的创新技术与新方法的应用有

效降低了开发成本，提升了项目效益。

同时，注重前瞻性技术的攻关研究与技术储备。渤海油田近年需要热采开发的稠油油田增多。热采作业过程中，电潜泵机组及电缆现阶段无法实现耐注汽高温，需要注采两趟管柱作业。换管柱作业对油层产生冷伤害，也造成热量损失，延误生产时间。针对这一问题，开展蒸汽吞吐射流泵注采一体化技术的研究与应用，目前已完成 LD27-2-A22H 井一体化工艺方案设计、配套设备研制以及海上试验。该工艺可大幅压缩海上作业时间及成本，单井单轮次降低操作费 150 万元，降幅达 40% 以上，有效提高热采井效率，有望推动渤海油田近 6 亿吨特稠油的经济开发。永久弃井的回接技术正在攻关，成功后可推动海上探井转生产井，大幅降低开发成本。

（三）践行命运共同体理念，探索新型商务合作模式

在深化石油天然气体制改革，完善并有序放开油气勘查开采体制，提升资源接续保障能力的背景下，渤海油田坚决贯彻落实党中央决策部署，践行命运共同体理念，探索新型商务合作模式。面临相关经验缺乏、渤海对外合作模式单一等困难，项目组查阅大量法律法规、政策文件，详细分析探索新型的商务合作模式。针对新项目开发特点，探索出不同的商务合作模式。针对效益较好，但用海矛盾突出、短期无法实现开发的项目，探索混合所有制开发的模式；针对现有经验和技术难以开发，且关键技术短期内又难以突破的项目，探索新型合作开发模式。

在国家油气改革逐步放开上游勘探开发的背景下，渤海新油田开发的过程中面临的众多用海矛盾的形势下，开展了以垦利 16-1 油田开发项目为试点的混合所有制改革工作。中海油以第三方评估的油气资产价值作为资产、合作方（东营地方企业）以现金资产共同成立合资公司，进行垦利 16-1 油田的开发。通过混合所有制改革项目，为解决用海矛盾提供新方案、推动了地方政府新项目审批等给予支持；以混改项目为突破口，实现税收和统计的属地化，实现了中国海油与地方政府的共建共赢；以混改项目为模板，设立合作公司，实现中国海油与地方政府、民营企业的合作，打造新型合作的模式，形成具有海油石油特色融合经济的新模式。

以旅大 5-2 北项目为例开展商务模式思路研究。研究在建设期内，承包商通过降低总包价格来减少投资方项目的开发投资，在项目投产以后，双方以项目每年的实现油价为基础，在项目的经济年限内，通过油价上涨带来的溢价收入支付承包商前期的减收的服务费。同时经济专业以目前的不同类型的稠油油田情况，针对其效益特点在保障公司收益率的前提下进行了利润分成模式、租赁模式、租赁与利润分成模式的深入研究。通过新型的商务模式，实现甲乙双方风险共担、利益共享，为边际油田开发打开了一个新的思路。

四、循环迭代推动项目运行，逐级实现经济有效开发

（一）PDCA 循环管理，实时调控研究进度和攻关方向

PDCA 循环由美国质量管理专家休哈特博士首先提出，是全面质量管理的思想基础和方法依据。其含义是将管理分为四个阶段，即计划（Plan）、执行（Do）、检查（Check）、处理（Act）。在管理活动中，要求把各项工作按照做出计划、执行实施、检查效果和结果处理四个阶段划分，成功纳入标准，不成功的留待下一循环去解决，如此阶梯式上升。在边际油田开发研究中全面引入 PDCA 循环管理理念，指导边际油田前期研究工作。2015 年以来，每年并行开展的前期项目约 10 个。在运行过程中，根据各项目研究需要实时调控预算，在开发研究阶段提出订单式勘探需求，优化井位部署及资料录取，各专业以效益为本，多轮次循环调整攻关突破口。

以垦利区域开发项目为例，为统筹垦利 9-5/6、垦利 9-1 和垦利 16-1 三个前期项目，成立垦利区域开发研究项目组，对三个油田的开发方案统一整合，开展方案大思路研究。后期因垦利 9-5/6 和垦利 9-1 油田位于生态红线区难以解决用海矛盾，项目一时难以整体推进。经过多方案多轮次的快速

评价和筛选，为加快开发步伐，提升项目效益，提出垦利16-1油田先行开发的思路。通过平台场址移出生态红线区，简化设施数量和规模，采用单平台开发，预留后期接入的模式，项目IRR提升2.8%。

移出红线后，平台位置距离原最优位置约2千米，带来较多大斜度井、大位移井。由于水垂比大，较远区域储量无法动用，造成项目经济效益较低。钻完井大胆创新，充分结合地下油藏状况，精细模拟充分论证，逐井优化不断提升可实施水垂比，从最初的可钻遇17口井提升到23口井，提升累产55万方，项目IRR提升4.58%。通过整体部署分步实施，利用PDCA循环管理把控合理研究范围，突破用海环境制约，在不同轮次研究过程中，寻找项目制约点，优化攻关方向，提升项目效益。

（二）立足快速评价，指导勘探评价和开发策略研究

边际油田开发的核心问题就是经济效益问题，而快速经济评价是寻找项目攻关方向，决策项目可行性的有效方法。针对边际油田开发建立快速评价小组，通过地质油藏、钻完井、采油工艺、海洋工程、经济等多专业协同，对边际油田开展全专业链评价。2018年渤海油田通过勘探新发现和老油田滚动评价方式，新发现边际油田项目10个。快评小组迅速开展边际油田评价，确定开发概念设计、钻完井及海洋工程方案，计算出各边际油田项目内部收益率，推荐优先攻关相对较好的边际油田，为渤海油田制订前期研究计划提供决策依据。

快评小组积极开展专题研究，以在生产油田ODP设计数据为基础，开展"大数据"全专业研究，形成了具有多因素分析的边际油田快评方法及开发策略智能决策体系。该方法通过将渤海在生产油田按油藏类型分为四类，总结不同类型油藏的开发经验，得出不同类型油藏在不同开发阶段的开发规律参数。根据目标油田油藏类型及动用储量，快速确定油藏开发指标。在此基础上，从海上边际油田不同储量规模匹配的海上平台规模为出发点，结合依托距离远近，考虑钻完井埋深变化、采油操作工作量变化等，根据不同类型油藏产量特征研究成果，将4种油藏类型分别开展72种方案下的经济评价，得出6种不同埋深、4种依托距离、6种不同油价下的内部收益率及能达到开发条件所需的临界储量，最终形成边际油田快速评价图版。根据图版，边际油田快速评价可依据待评价油田的油藏类型、埋深及依托条件快速查询出油田开发内部收益率。同时，该图版也可以显示目标油田在动用储量、依托距离等条件发生变化时的内部收益率的变化情况，从而有效指导勘探目标的有效评价和开发策略研究。

渤中26-3油田2015年进入滚动扩边阶段，油田主体区周边钻探9、10D两口井，增加探明石油地质储量251万方。但这部分储量规模较小，距离油田中心处理平台较远，开发困难。采用定量化快速评价方法进行测算，35美元油价收益率仅4%，开发经济效益较差。

油田若要经济有效开发，需要临界油价达到50美元/桶，或动用储量达到388万方。由于公司坚持低成本高质量发展战略，35美元抗风险油价不做调整，只能通过"油田周边潜力挖掘策略"对油田周边的潜力储量进行有效挖掘，才有可能推动边际油田投入开发。项目组提出油田周边"订单式"勘探需求，挖掘边际油田周边潜力。2016—2018年，通过加大周边勘探力度，渤中26-3油田相继在油田周边完钻了5口探井，新增探明原油地质储量217万方，使油田具备了进行开发攻关研究的物质条件。通过项目组的持续研究，将油田临界开发油价降至32.5美元/桶，开发方案顺利通过有限公司的审查。

（三）确保有效迭代，专业协同持续提升项目效益

油田开发方案研究是一个产业链。对于常规油田，勘探评价结束，完成地质油藏方案后，由钻完井和采油专业开展钻采方案设计，再由海洋工程专业进行平台、管缆等设计，最后开展投资与经济评价计算收益率，以上即为一个完整研究周期。对于边际油田，要进行多轮次的优化，各专业全力协同降本增效，甚至要部署探井评价增加可动用储量，研究过程须全力避免无效循环，保证有效迭代，逐步提升油田开发效益，达到公司内部收益率的门槛要求。

曹妃甸6-4油田项目初期，考虑与南堡35-2油田S-1井区统筹开发，共6个井区，通过对储量品质快速评估，分区研究开发经济门槛，考虑优先动用1、2井区作为一期开发方案，并做工程预留，进入下一轮次研究。考虑1井区高部位储量潜力，推动勘探部署CFD6-4-11D井，使全油田推荐方案动用储量共增加606.63万方，新增4口水平开发井，累产油增加114.38万方，经济效益提升2.3%，可研推荐方案35美元油价IRR超14%，成功跨过经济门槛。

(成果创造人：赵春明、苏彦春、王永利、戴国华、陈国成、罗宪波、曲兆光、尚洁、钱欣、韩耀图、王少鹏、万宇飞)

轮胎企业基于全流程信息化的全价值链质量管理

赛轮集团股份有限公司

赛轮集团股份有限公司（以下简称赛轮集团）将传统的产品质量、制造质量，引申到企业的经营质量，建立起全价值链全流程的质量管理体系以满足市场和客户对质量的需求，赋予质量管理新的内涵。通过打通从端到端的横向的质量价值流程及纵向的企业经营价值流程，构建企业的质量管理模型。通过端到端的横向的质量价值链收集和识别市场端客户需求，从市场端的客户需求中寻找和提炼客户的价值点，将客户的价值点转化为对产品的功能/性能的要求，来实现产品的精准定位。再将精准定位的产品分解到产品设计要素上，来实现设计产品的统一化、精细化，避免设计不足或过盈设计带来的产品质量问题及成本问题。再将产品设计要素分解到各生产制造过程中，识别出生产制造过程中对设计要素有影响的人、机、料、法、环、测等因素，并针对这些因素建立质量管控的要求及标准，实现对过程的精细化管理，来实现交付给客户的产品就是符合客户要求并成本最低的产品。同时，全价值链质量管理通过利用信息化、大数据、云计算等先进信息化技术手段，结合全价值链质量管理的理念，将产品设计开发过程中的设计要求及设计经验及模拟测试及产品测试结果之间的关系进行分析，形成产品设计标准和准则，来支撑产品设计，并将产品设计要素传递到制造环节，分解形成制造过程中对质量管控的要求，并通过自动控制、在线测量等先进手段、建立摒除人工干预的质量管控平台，该平台包括针对理赔病疵及内部检查发现的病疵的大数据分析、关键过程工艺数据的监控与云计算、分析等功能和机制。

一、规划全价值链质量管理的战略目标与总体框架

面对完全竞争的行业特点，日新月异的顾客需求赋予产品质量新的内涵，赛轮集团转变管理思路和经营逻辑，打破以往以产定销、以销带动发展的固有模式，重新确定了企业的使命和战略愿景。即以"做一条好轮胎"为使命，以实现制造智能化、品牌国际化、技术自主化为目标，到2025年，赛轮集团将初步实现技术自主化、制造智能化、品牌国际化，以一线的产品、一线的营销、一线的竞争力，进入国际一线品牌行列。

基于这一新的企业战略目标，公司开展基于全流程信息化的全价值链质量管理提升。全价值链质量管理区别于传统的质量管理概念，着重理解并满足客户需求，以实现产品从需求线索收集到产品策划、产品研发、产品制造、产品销售以及物流与服务保障全过程的精益管理。全价值链质量管理的业务流程从客户需求这一有价值的线索开始，到满足客户需要的有价值的产品的销售和服务结束。

全价值链质量管理可分为经营质量、产品质量和过程质量三部分。经营质量是对企业战略目标的分解、实施和达成，作为质量管理的目标来源，决定了产品质量和过程质量的方向和基本原则，可以理解为全价值链质量管理的根基。产品质量以产品的全生命周期管控为主要对象，重点对产品实现的策划、研发、验证及售后等八个维度进行管控，是企业实现价值的主要载体。过程质量，专注于制造过程，通过不断的实施新技术和新工艺，打造持续稳定的过程能力，降低产品质量波动。

二、推进全价值链质量管理的组织架构

为了实现和贯彻全价值链质量管理系，赛轮集团建设了与管理体系相匹配的质量中心，并对集团各工厂实现质量强矩阵管理，以实现质量标准统一、管理同步。在整体体系策划端，设置质量企划部，负责质量体系的整体策划与全价值链质量管理和发展规划；在过程管控端，设置质量保证部，负责对过程质量进行控制和优化提升；在市场服务端，设立质量服务部，负责解决和分析市场端产品质量问题，倒

逼和促进内部质量改善；在工厂端，设立工厂质量保证部，负责制造端的产品质量检查、改善等传统质量工作。另外，在质量中心下设 OE 质量管理部，负责研发过程管理与 OE 配套相关的质量策划、实施、改善、审核等工作，是实现赛轮集团整体质量体系持续优化和适应产业发展变化的接口部门，是赛轮集团质量中心的特别行动队。

在此组织架构的基础上，赛轮集团将质量管控工作分为内外两块业务。对内，以业务、体系为主要着力点，以搭建预防性质量管理体系为目标，逐步提升全面质量管理的水平，夯实内部质量管理基础。对外，打通市场与公司内部提升改善的通道，提高顾客满意度，保障客户投诉能够得到快速处理。

在信息化建设方面，赛轮集团自成立之初即为信息化融合工业化的示范基地，十余年来，坚持以信息化技术带动提升轮胎制造过程管控和企业管理，积累了丰富的实践经验和技术，同时，培养和建设了一支 200 余人的高素质、高学历的工程师团队，吸引山东科技大学、西安交通大学等科研院所的专家教授加入赛轮集团的智囊团，帮助和支撑先进信息技术在轮胎制造过程和企业质量管理中的应用。

三、全价值链质量管理的模型构建与分析

对企业运营而言，质量管理体系就像企业的神经系统，它深入企业管理的方方面面，通过一个个关联过程形成的过程系统网络，有效确保企业各项活动的顺利进行，对企业产品和服务的实现起到非常重要和关键的作用。

赛轮集团质量管理体系经过不断更迭和优化，对集团质量管理体系进行过程优化、合并、分解、上提下沉至各业务过程并进行融合贯通的控制管理；将标准与过程分级匹配并进行标准上提下沉的过程文件优化，整体策划 9 方面主输出原则和要求，实现集团质量系统过程由 35 个瘦身优化到 25 个，标准与过程分级匹配，过程文件优化。调整后的体系更便于实施，过程关系性更强，有效解决部分共通过程（风险、知识、产品安全、相关方需求、纠正及预防）管理要求悬浮不落地问题，统一策划明确管控原则及要求，最大限度保证输出的一致性、符合性及有效性。

在质量管理的模型构建上，集团以克劳士比的质量理念为基本方略，搭建起全价值链质量管理体系。结合 IATF 16949 质量管理体系的要求，从产品的实现维度、经营支持维度、以及业务流程和人员能力维度，将战略要求和战略目的贯彻融合到质量管理中，从而实现全面质量管理的提升。

全价值链质量管理主要从价值选择、价值实现和价值传递三个维度开展。价值选择就是公司的战略选择，价值实现在经营活动的开展中实现，最后通过品牌提升和营销实现价值传递。全面从价值提升和体系角度，对价值链上的质量体系所涉及的业务进行梳理优化。

四、实施全流程信息化，支撑全价值链质量管理

轮胎产品开发验证周期长，产品制造工艺复杂，产品实现过程中涉及大量的信息传递。传统的轮胎制造强调人、机、料、法、环对产品质量的影响，对基层管理的要求颇高。受限于冗长的信息链和对管理人员较高的质量意识要求，过去的生产经营方式在企业发展到一定规模后，陷入了一些困境：产品开发不能精准地落实到制造过程中，最终制造出的产品无法完全满足客户的需求。产品制造过程受限于人员技能和设备管理等因素影响，产品质量波动，导致一定的理赔损失。同时对于造成质量问题的因素分析存在盲目性，无法通过数据分析去解决问题等。

全价值链质量管理的重点之一就是，通过利用信息化、大数据、云计算等先进技术，结合全价值链质量管理的理念，将质量管理与信息化、智能化结合起来，形成先进的、摒除人工干预的质量管控平台。

（一）应用物联网新技术，显著提升了数据采集效率、准确性和完整性

系统创新性地把 RFID 技术应用在轮胎生产数据采集环节，在信息集成处理方面实现"人工物流"到"自动物流"的转变，实现企业生产的可视化管理，促进企业生产向"精益生产"以及"敏捷制

造"的柔性化生产模式转变。首次研发基于 RFID 和条码技术的轮胎身份证制度，实现轮胎全生命周期质量追溯管理，形成从原材料、轮胎成品、轮胎销售、三包理赔直到轮胎报废的完整质量追溯体系，真正实现业务流、信息流与物流的统一，为轮胎企业赢得市场起到了决定性的作用，该项技术在国际上领先。

该项技术实现了生产实时数据采集、传输和共享等关键技术，在生产工装上安装 RFID 电子标签，在工位上安装读写器，通过读写器与现场工控机之间的 TCP/IP 协议通信，解决了生产信息人工数据采集不及时、影响效率以及易出错等问题。在工艺追溯方面，通过自动采集、记录轮胎生产各工序的标准工艺设置和实际执行工艺，保证工艺路线执行的准确、可控；在批次追溯方面，只要部件进入生产线或到达完工区，将自动记录工序、设备和操作者编号、加工时间，避免了后期人工数据输入、条码扫描等操作产生的不精确数据或误差，准确记录每批物料的消耗和使用信息，实现物料使用的事前防误、事中控制和事后分析；在质量管理方面，通过质量检测系统实现物料与质量的自动关联，在生产过程中进行控制，通过信息化管控网络系统实现了全面质量管理；在生产管理方面，信息化系统自动记录生产时的设备、人员、能源消耗等数据信息，在实现生产追溯的同时，建立起员工工作绩效和批次成本分析的基础数据。

（二）通过集成应用，实现了上千种规格的轮胎智能仓储管理

通过光学、电气控制、计算机技术等多学科、多领域技术的集成应用，运用智能仓储技术，让管理更加高效、快捷，实现了普通仓储的"人工找货"向智能化"导向定位取货"的转变。全智能按先进先出自动分配货物的上下架，避免人为错误，合理保持和控制企业库存，实现上千种规格的轮胎自动入库、自动存储、自动定位、自动出库，降低成本，提高仓储物流效率，成为全国轮胎领域规模最大，信息化程度最高，与工厂制造系统联系最紧密，运行效率最高的综合半钢轮胎的仓储、物流、分拨中心之一，形成轮胎仓储、物流、分拨中心先进管理模式。

（三）应用视觉和环境感应等技术深度嵌入装备，实现了装备智能化管控

将 RFID 技术、条码识别、激光传感技术、视觉检测技术等无线感知技术以及视觉环境感知、闭环控制、自主学习、自主决策等全方位智能控制技术深度嵌入轮胎装备，开发具有自感知、自诊断、自适应、自决策等功能的轮胎智能工厂全套智能装备，实现轮胎制造全链条的智能化管控。从自高精度缠绕供料式挤出机、全自动新型帘布压延系统、全自动集成化智能成型系统，到智能硫化系统、智能检测系统，打造轮胎生产全流程智能装备的轮胎企业智能工厂。

（四）通过对研发全过程的数据采集，搭建了智能仿真模型体系

智能研发涵盖从产品概念、设计、试制到量产以市场推广、服务、成熟及退市的全面地对产品数据信息进行管理的理念，且它需要与企业其他核心信息系统（SRM、ERP、CRM）紧密集成，面向客户和市场，快速重组产品每个生命周期中的组织结构、业务过程和资源配置，从而使企业实现整体利益最大化。

高级仿真模型一直是中国橡胶轮胎企业缺失的高端功能。突破性地建立了完整的智能仿真模型体系，针对橡胶轮胎产品研发过程中的轮胎的生产制造过程（质量均一性）和基本特性（滚阻、湿滑、噪声、生热）以及仿真组装整车后的性能（冲击、碰撞、操控性、轮辋疲劳、刚度、稳态）等进行技术仿真模型的建设，缩短研发周期，结合真实实验场地数据采集的验证和有限元分析模型，形成逼真的仿真模型，有效提高研发效率，缩短研发周期，提高产品安全性。

（五）围绕产业生态链条，打造以客户为导向的供应链服务平台

以企业资源计划管理 ERP 为核心系统，打造以客户为导向的、快速响应内部供应链的服务体系，结合客户关系信息系统 CRM、B2B、采购供应平台 SRM，实现销售自动化、营销、服务、渠道、团队

的统一管控，以及采购供应的寻源、商务规则自动化和外部供应链业务执行监控和协同体系，并与制造工厂进行信息实时有机集成。

在上游供应商管理方面，通过建设 SRM 供应商管理平台，形成供应商评价与竞标制度，完善了供应商管理机制与先进的管理手段。其中在 SRM 完成供应商确认后，通过接口形成 ERP 系统中正式采购订单，经批准后，订单反馈到 SRM 供应商平台，发布给供应商，供应商根据确认的订单组织生产并制订发货计划通知用货工厂，用货工厂按照计划组织接收货物，ERP 同步将收货记录传递到 MES 系统，触发 MES 批次条码的产生以及质检，经质检后进入生产物流流程。

在生产执行方面，根据销售预测、月均销量、库存策略确定的需求计划，由系统根据需求计划、评审通过的销售订单算出主生产计划，并根据粗产能计划测算调整主生产计划，最终确定主生产计划，运算 MRP 确定各规格与成型机台能力及标准工时，SKU 与模具对应能力及标准工时，形成生产工单和物料需求计划，物料需求计划对接 SRM 系统，生产工单按照排产计划导入 MES 系统，实现物料的及时采购和部件的按单生产。

在对下游客户关系管理方面，通过实施内部流程优化，建设客户下单平台，提升了对客户信息管理、订单处理，以及产品交付的效率，目前公司整体产品交付水平达到同行业国内领先水平。其中通过客户下单系统下单，公司销售订单信息从 CRM 批量获取月度任务量，并在接单时判断是否接单或调整交货期，同时可以维护物料替换关系，接单时判断是否替换。由此带来的改变需求端的明确势必会减少订单执行过程中的变动，减少定价控制的人为干预因素，相关部门的评审及信息共享可以提升订单执行效率，降低信息的不对称风险。

目前，赛轮集团对客户的承诺反应周期 $QR<72H$，承诺订单及时交付率 $C-OTDC>80\%$，生产计划达成率 $P-OTDC>90\%$，超期库存占比 $<7\%$，成品库存周转 <32 天。供应链整体运转效率、供应链管理模式及信息化实施整体水平均处于国内同行业领先地位。

（六）应用大数据分析模型，搭建了轮胎智能制造云服务平台

轮胎智能制造云服务平台将轮胎企业信息化建设的基本要素（如网络、主机、数据库、中间件等）在云计算架构下形成面向服务的具有安全和运营管理保障体系的有机整体。云服务平台融合与发展了轮胎企业现有的信息化制造技术及云计算、物联网、面向服务、建模仿真、高性能计算、大数据等信息技术；将与各类轮胎智能制造相关的制造资源和制造能力虚拟化、服务化，构成制造资源和制造能力的服务云池，并进行优化管理和经营，通过移动终端、PC 端、设备端随时按需获得轮胎相关制造资源与服务，实现基于云平台的轮胎全生命周期智能制造管理。

轮胎智能制造云服务平台在实现基于云平台的设备在线监测、远程升级、故障预测与诊断、健康状态评价、运行效率评价等增值服务的同时，运用大数据采集、分析、建模，将轮胎智能制造相关运行及应用状态根据各需求方的具体需求形成相关报表，通过云端推送给各环节的设计人员、使用人员、维护人员的移动端、PC 端及装备端，使轮胎智能制造的服务能与其生命周期的相关设计人员、使用人员、维护人员形成实时有效的互动，将移动互联技术、大数据技术、云计算与轮胎智能制造全生命周期服务有效集成。

（七）解决传统轮胎企业经营管理和制造单元信息连接的技术难题

基于传统的经营管理，轮胎制造企业无法及时获得生产制造环节提供的准确信息，同时生产制造环节也无法及时得到经营管理的指令来调整工作状态，形成了企业、工厂、车间、工序、机台等管理的人工孤岛、自动化孤岛、单机作业、企业决策定性化等管理、生产和技术的断层现象，无法保障产品质量的稳定性、生产的高效性和管理的集约化。项目实施后，将企业经营管理和生产制造环境有机结合，实现了生产制造的数字化管理和智能化控制，通过搭建标准信息的自动下传、制造过程信息的自动采集、

轮胎全生命信息的追溯等信息控制系统，实现了可视化数字工厂管理、工艺参数的智能控制、设备运转参数的智能控制。

五、建立全价值链质量管理持续改进机制

为了实现和贯彻全价值链质量管理体系，并不断优化和改善全价值链质量管理机制，在全价值链关键业务节点上设置了质量门管控机制，并结合质量门管控的内容和目的建立各质量门管控绩效，通过绩效指标的设定推动业务的运转，提高业务效率。同时，针对绩效设置的合理性进行定期的管理评审，确定绩效设置的合理和有效，不断拉动业务的提升及业务流程的优化。在企业管理方面不断对标国际轮胎企业管理方式，通过引进国际轮胎高端人才来完善全价值链管理机制。

在过程方面，重点关注于缺陷的管理，内容主要包括两方面：一方面为生产制造过程中的故障，同样通过对生产过程中的故障进行全面的剖析，找到导致故障发生的人、机、料、法、环、测等方面的因素，并针对故障因素进行措施管理，不断建立及完善制造标准，提升过程稳定性；另一方面为市场使用过程中出现的故障，通过对故障进行全面的剖析，找到故障发生的真正原因及改善措施，再将故障发生的原因及改善措施反馈到设计标准和准则以及制造过程的标准上，不断完善和提升产品质量设计能力和制造，再通过信息化手段将这些经验汇总到数据库中。

在信息化方面，一方面通过处理和分析监测市场产品所产生的大量数据，寻找数据中的价值和改善点，预测市场趋势及客户需求变化，以及产品在使用过程中的数据差异，推动产品及过程的改进。另一方面在制造过程中，通过对制造过程中各工序加工过程参数及部件尺寸数据的监测和采集，再通过对数据的全面分析寻找制造过程中的差异，针对差异进行改善和提升。

（成果创造人：王建业、周天明、延　凯、周　毅、丁明玉、刘进威、
王海峰、潘文莲、任玉学、程　李、谢　意、张保永）

油田咨询企业基于一体化经营管理平台的计划管理变革

河南油田工程咨询股份有限公司

河南油田工程咨询股份有限公司（以下简称油田咨询）的前身是成立于1993年的中国石油化工股份有限公司河南油田分公司石油工程技术研究院工程咨询中心，油田咨询于2006年3月经改制注册成立，并于2018年7月在全国中小企业股份转让系统挂牌，现有2家全资子公司。

油田咨询是一家集安全技术服务、安全技术咨询、安全评价、消防安全评估、环保技术服务、环保技术咨询、环境影响评价、工程咨询、工程设计、安全环保信息化及"互联网+"等业务为一体的高新技术企业，市场网络遍布全国，现有客户主要是大型国有油田企业，数量超300家。油田咨询长期坚持"产、学、研"一体化发展，不断加大研发投入，注重技术创新，提升技术实力，打造特色业务，每年形成各类技术成果10余项，技术实力日益雄厚，处于行业的领先水平。近年来，油田咨询聚焦安全、环保及信息化业务，通过与知名大学共同培育核心技术，成功转型为一家高技术服务公司。截至2019年，油田咨询注册资本1700万元，资产总额9417万元，合同总额超一亿元，员工总数130余人，每年承接项目500余项，连续三年净利润增长率超50%。

随着市场竞争日益激烈，以及内部管理的问题越来越突出，油田咨询原有的计划管理模式已经不能适应内外部环境发展的需要，为了实现"培育行业一流队伍，打造行业一流公司"的经营目标，油田咨询一直努力寻求突破、进行创新。经过近几年的不断探索，终于创建出一个适合油田咨询的计划管理新模式：基于一体化经营管理平台的计划管理。基本内涵是：以发展战略和经营目标为指导，综合考虑油田咨询不同业务类型的特点，通过自主开发的一体化经营管理平台实现了油田咨询计划制订、计划分解、计划执行、过程监控、绩效考核以及能力鉴定计划管理全过程的"可视化""可量化""可提醒""可检查""可考核""可提升"。提升了油田咨询的计划管理水平、工作效率及考核的公平性，增强了油田咨询在市场中的竞争力。

一、基于一体化经营管理平台的计划管理变革系统性设计

（一）依据战略目标，科学制订企业计划

油田咨询制订的传统计划较为片面，以经营计划为主，重视收入、利润等业务指标，忽视项目管理、科研管理以及其他日常管理类工作的管理等。此外，制订的各项计划仅对结果进行要求，未对工作过程进行明确，给计划的过程管控及考核带来很大难度，无法有效支撑油田咨询战略目标的达成。为解决这些问题，油田咨询对原有计划制订方式进行改革：以企业战略目标为核心，在经营计划的基础上，增加了科研计划、项目计划、重点工作计划等内容，同时细化计划内容，统一计划形式，为实现企业计划的全面管理做好第一步。具体做法如下所示。

油田咨询根据内外部最新形势变化，制定3—5年的阶段性战略目标，并滚动制订配套的各项工作计划，包括经营计划、科研计划、项目计划、重点工作计划（简称四本计划）。其中，经营计划主要包含收入计划、利润计划以及合同签订计划等；科研计划包含各业务板块的重点科研项目及详细计划；项目计划包括油田咨询公司整体层面拟重点推广的项目计划及项目管理计划等；重点工作计划区分油田咨询公司层面重点工作计划及各部门、各委员会重点工作计划。每类计划详细列明工作类别、工作内容、阶段性工作节点、具体时间进度安排、达成结果、完成时间、主管人、负责部门等。

四本计划涵盖了油田咨询各方面的工作安排，对技术及管理工作进行统筹，不仅体现了油田咨询短

期的经营目标以及管理目标，也体现了油田咨询长期培育核心竞争力的目标；同时，详细的计划安排也为计划的过程管理及标准化考核提供了可能。科学制订四本计划是计划管理的第一步，为油田咨询计划的落地实施奠定了坚实的基础。

（二）结合不同工作特点，分解各项计划

计划分解是计划管理中至关重要的一环，计划分解得越详细、越清晰，计划就会越明确、越容易执行。油田咨询以往每年年度制订的计划只停留在公司层面，计划的分解实施仅依靠主管人员的安排，公司不能系统了解每项计划工作的详细安排，无法实时跟踪计划工作的进展，不能识别风险、发现问题、及时纠偏，针对这些问题，油田咨询在四本计划的基础上，结合不同工作的特点，对计划进行详细分解，能够对计划执行过程进行跟踪和管理，从而确保企业各项计划工作能够按时完成。

首先，主管人员需拆分整体计划，确定某项计划涉及的配合部门、配合人员以及其负责的具体工作内容、完成时间等；其次，配合部门和配合人员根据需要再制订此项配合工作需要的参与人员、各参与人员的工作内容及完成时间等；最后，主管人员将所有配合人员、参与人员的详细计划进行汇总，形成某项工作的详细计划。逐级分解各项计划时，都必须按照固定格式详细列明工作类别、工作内容、阶段性工作节点、具体时间进度安排、达成结果、完成时间、负责人等，如此一来，每项计划都落到了实处，计划更加明确，提高了计划的可执行性，同时也为计划的监督管理提供了依据。

（三）根据阶段性计划节点，制订考核标准

鉴于工作性质，管理类工作往往难以量化，这给传统的考核工作带来了一定的难度，考核很难做到客观、标准统一。为解决这些问题，油田咨询基于一体化经营管理平台的计划管理，通过计划的逐级分解，在标准和形式上进行了统一，使计划工作能进行量化变为可能，改变了原有的考核模式，实现了基于统一标准的量化考核机制。

油田咨询根据对每项工作阶段性工作节点的划分，结合工作目标对每一阶段节点制订考核标准及考核权重。以此为基础逐层分解，根据每项计划涉及的配合人员及参与人员的工作内容，逐一确定其考核标准及考核权重，最终形成详细的计划考核标准。每一个岗位的员工都可以清晰地掌握其主要负责的工作、协助完成的工作、一般参与的工作等，以及每类工作下每项工作详细的工作目标、工作内容、阶段性工作节点、时间要求、考核依据以及考核权重等信息。计划的分解以及分解时形式上的统一使得每项工作完成程度可量化，为计划工作的考核提供了标准。

（四）根据岗位职责，设定岗位能力；根据计划工作，制订能力标准

油田咨询传统的考核结果仅用来衡量员工的绩效，不能将考核与人才的成长、企业的管理结合起来。油田咨询基于一体化经营管理平台的计划管理在考核工作之后增加了能力测评的相关内容，使得考核的作用更加广泛，充分发挥了考核的管理作用。而能力测评之前，需要设定岗位能力。

人事管理部门定期会根据不同层级、不同类别的岗位职责对所有岗位进行分类汇总。首先，针对每类岗位分别制订该类型岗位的整体能力需求项，如领导能力、执行能力、团队协作能力、学习能力、市场开拓能力、沟通能力、成本控制能力等，并将能力项划分为六个等级；其次，根据同一类型岗位的不同层级精准定位每个具体岗位的能力需求项以及每项能力需达到的最低等级；最终形成油田咨询标准的岗位能力需求矩阵。当然，每年人事管理部门会根据油田咨询下一年度的工作计划、岗位职责的调整以及外部环境的变化及时复核并更新岗位能力需求矩阵，为能力测评奠定了基础。

每年年度的四本计划制订并分解后，人事管理部门会以油田咨询标准的岗位能力需求矩阵为基础，区分负责的工作、协助完成的工作、一般参与的工作等将各岗位相关的每项计划工作匹配相应的能力项，并确定不同能力项所占权重，形成计划工作的能力标准，为绩效考核后进行能力测评提供了衡量的标准。

二、结合油田咨询业务特色，自主开发一体化经营管理平台

ERP（Enterprise Resource Planning）即企业资源计划，指建立在信息技术基础上，集信息技术与先进管理思想于一身，以系统化的管理思想为企业员工及决策层提供决策手段的管理平台。相比ERP，OMP就是一套以油田咨询的业务为基础，以经营计划管理为核心的小型ERP系统。

OMP（OCSE Management Platform）即油田咨询一体化经营管理平台，企业内各级管理者和员工利用信息化管理平台开展基于计划管理的经营活动，实现企业管理的科学化、自动化、便捷化，目的是将公司的各个方面包括人、财、物、供、产、销等要素进行有机整合、集中管理，打造油田咨询的数据中心和一体化管理平台，为经营分析提供数据支撑，强化管理执行力，提高管理效率。

OMP系统彻底改变了油田咨询原有的经营计划运行与管理模式，由"人工驱动、文件管理、线下运行"的传统模式转变为"数据驱动、系统管理、线上运行"的信息化、自动化管理模式，充分解决了油田咨询之前存在的诸多计划工作滞后、工作流于形式、员工工作积极性不高、工作效率低下等问题。第一，油田咨询的各项工作计划能够以OMP系统为抓手，通过流程驱动、数据分析、预警与提醒等方式，随时发现计划执行过程中的问题，提醒相关人员采取措施，及时纠偏，从而确保工作计划按期完成，解决了工作计划滞后、工作流于形式等问题；第二，计划任务的责任人通过OMP系统的个人办公桌面，能够明确自己的工作进度、关键数据信息和考核指标，从而十分明晰自己的工作重点和工作目标，极大提高了工作积极性，实现了员工工作态度由"领导安排"到"自我驱动"的转变。第三，OMP系统已成为油田咨询各级管理者和员工日常工作过程中必不可少的工具和助手，解决了工作效率低下的问题，一体化经营管理平台通过流程引擎驱动、移动应用等手段，将原本的线下工作程序通过OMP系统线上实现，员工能够随时随地办公，极大提高了油田咨询的管理效率和员工的工作效率。

OMP系统由油田咨询公司自主研发，拥有完全自主知识产权。按照"总体规划、分步实施、急用先行"的原则，系统自2016年开始规划，历时2年多逐步建成，OMP系统采用云计算、移动应用、大数据分析等信息技术，按照"一平台两线八中心+岗位办公桌面"总体规划进行设计。

OMP系统共分为10个子系统、92个功能模块。"一平台两线八中心"指基于OMP系统，实现电脑端和移动端应用，以电脑端系统为主全面支撑日常办公应用，以移动端为辅支撑实时预警与提醒、各类流程审批、关键数据指标分析展示等应用。按照合同和人才两条主线建立市场、项目、核算、人事、科技、计划、保障和流程中心，从而全面支撑油田咨询的生产经营管理业务活动。

"岗位办公桌面"主要包括总经理办公桌面、副总经理和分子公司经理办公桌面、财务总监和经营中心经理办公桌面、市场总监办公桌面、部门经理和项目负责人办公桌面、普通员工办公桌面，通过权限控制、数据分级等手段，支撑不同岗位职责下的办公应用，每个岗位所见所得都是该岗位关心的数据和信息，做到应用和数据的"千人千面"。

三、利用一体化经营管理平台，监督计划执行

油田咨询原来是通过文件下发计划，展示内容仅停留在每个人自己的工作上，每个人仅能在自己的桌面上看到，无论是从单项工作整体还是从部门管理角度来看都不能实现互通，不能从全局的角度进行计划管理，是简单的"平面计划管理"。而OMP系统对"平面计划管理"的不足之处进行了改善，不仅实现了管理者本人工作的可视化，也实现了同级管理者工作汇总的可视化，以及油田咨询整个四本计划工作的可视化。无论是以人为主线，还是以部门为主线、以工作为主线都能直观展示，将"平面计划管理"升级为"立体计划管理"。OMP系统能全方位地展现计划运行的全过程，进而在计划执行过程中起到了非常好的监督作用，解决了传统计划管理过程难控制的问题。

首先，OMP系统可以根据每项工作的时间安排及重要程度将所有工作进行先后排序，并能够提前一个月对即将到达计划截至时间的工作发送提醒信息给相关负责人；OMP系统对市场、项目、人事、

计划等各个数据中心的数据信息自动对比、分析，对到了计划时间节点仍未完成的工作，OMP系统将对该项工作单独预警，并通过OMP系统流程中心提醒上级管理者及时关注协调；当某项工作连续两周处于预警状态时，该项工作在进行考核时基于OMP系统核算中心将直接自动扣除及时性方面的权重分值。OMP系统切实实现了"可提醒""可预警"的功能。

其次，各级管理者每周工作结束后需要上报本周计划工作完成情况及下周工作计划，上级管理人员可以实时查看下级管理者的工作进展情况，不再需要在会议室举行例行的周会，减少了各级管理者的开会时间，也避免了开会时管理者出于自身利益考虑有选择性地汇报工作。月末，OMP系统依据市场、项目、人事等各个数据中心的数据信息来源自动进行汇总、分析，可对每项工作进展情况进行检查，自动生成每项工作的检查报告，清晰地展示出已按时完成的工作、滞后的工作。滞后的工作可能是由于内部或者外部原因出现了计划外的情况或者影响计划工作的其他情况，通过系统预警以及自动生成的检查报告，可以帮助上级管理者以最快速度掌握当期的实际情况，便于上级管理者做出对油田咨询最有利的决策，对计划工作进行优化调整，做到了计划工作的"可调整性"，大大提升了管理效率以及工作的灵活性，在一定程度上降低了影响计划工作的风险。

四、创新考核机制，提升考核效率及考核效益

油田咨询基于一体化经营管理平台的计划管理打破了原有的每年一次的考核模式，根据需要可以将考核周期缩短为一个季度或者一个月甚至实现实时考核。出于管理工作与考核效果的双重考虑，油田咨询采用月度检查、季度考核的全新考核模式，每季度终了对所有的管理人员考核。OMP系统依据市场、项目、人事、科技、计划、保障等各个数据中心的数据信息自动进行汇总、分析，根据每位管理人员的实际工作进度及计划考核标准进行比对，自动生成每位管理人员各自的考核得分。根据考核得分区分四个等级：得分在95分以上的属于"优秀"，得分为85—95的属于"良好"，得分为70—85分的属于"合格"，得分低于70分的为"不合格"。考核结果为"优秀"的，按照绩效的110%兑现；考核结果为"良好"的，按照绩效的100%兑现；考核结果为"合格"的，按照绩效的90%兑现；考核结果为"不合格"的，不兑现绩效。财务部门根据每位管理人员的考核结果及上一季度已发放的绩效调整发放本季度的绩效工资，将每位管理人员的工作成绩及时反映在薪酬中，增强了考核的及时性、透明性、客观性及公平性。创新的考核模式做到了真正的"责、权、利"对等。

五、科学测评管理能力，焕发企业活力

传统的计划管理程序以制订计划为起点，以绩效考核为终点，依次循环。油田咨询基于一体化经营管理平台的计划管理对传统的计划管理程序进行了创新，在绩效考核之后、在制订计划之前增加了一环：能力测评。扩充了考核作用，使得考核不仅是衡量绩效水平，也可以科学评价管理者的能力，为油田咨询进一步的定制培训计划、员工等级评定以及岗位调整等提供依据。

首先，以油田咨询标准的岗位能力需求矩阵为基础，以计划工作的能力标准为依据，通过将每季度考核结果与标准的岗位能力需求矩阵进行比对，自动计算出该季度每位管理者的每项能力相对标准能力的比重，根据计算结果OMP系统可以自动生成每位管理者的能力雷达图，能力雷达图可以对管理者的能力进行综合评价，清楚、直观地展示出每位管理者的能力强项和能力短板。

其次，通过OMP系统生成的每位管理者的能力雷达图，可自动汇总每位管理者的能力强项及能力短板，对比同级别同类型能力项情况以及每位管理者逐期能力测评情况并简要分析。人事部门会根据测评结果有针对性地制订下一阶段的培训计划，充分发挥能力强项管理者的作用，组织小型的培训讲座或者交流会，培训指导需要该项能力的管理者，一方面有针对性地弥补了管理者的短板，提高了培训效率，另一方面也节约了培训成本，创造了培训效益。对于各位管理人员都有所欠缺的能力项，人事管理部门会聘请更专业的培训师到油田咨询或者组织管理人员到专业的培训机构进行培训，针对性更强，培

训效果更好，节约时间的同时快速提升管理人员所欠缺的管理能力，不但提高了管理人员的管理能力，也提高了油田咨询的整体管理水平。

最后，油田咨询将管理岗位分为多级，年终，根据每位管理者当年四个季度测评的能力结果，OMP系统可以自动将同级别的管理者的综合能力进行先后排序，人事部门可以以此为参考对每位管理者进行定级，依据新的级别调整每位管理人员下一年度的薪酬待遇及福利水平。除了岗位评级之外，人事部门也可以根据每位管理者的能力测评结果进行岗位调整，可以更合理、有针对性地为每位管理人员匹配工作，对个人来说可以从事更擅长的工作，对油田咨询来说，可以充分发挥每位管理者的优势，最大程度挖掘团队的管理优势。

以市场总监为例，市场总监岗位所需的一部分能力属于市场相关的专业能力，同时也需要一定的高级管理能力，经过几次的筛选、讨论，结合油田咨询的实际经营需求，人事部门目前将市场总监的标准能力项定为六大项：市场开拓能力、执行能力、领导能力、学习能力、团队协作能力、成本控制能力。根据四本计划，市场总监年度工作计划包括新市场区域开拓数量计划、新市场新签合同额计划、老市场完成既定的新签合同额计划、区域市场管理计划、专业知识学习计划、市场费各项指标控制计划等。然后将四本计划工作逐项匹配六大能力及其权重，例如，新市场区域开拓数量计划及新市场新签合同额计划匹配市场开拓能力、领导能力、团队协作能力，权重分别为80%、10%、10%；区域市场管理计划匹配领导能力、团队协作能力，权重分别为70%、30%；专业知识学习计划匹配学习能力，权重为100%；市场费各项指标控制计划匹配成本控制能力，权重为100%；各项计划完成的及时性匹配执行能力、领导能力、团队协作能力，权重分别为45%、35%、20%；以及其他计划的匹配等。随着季度考核结果生成，市场总监能力雷达图可自动形成，比如其市场开拓能力连续多期可达到标准，说明其市场开拓能力较强，人事部门可安排市场总监给其他市场开拓能力弱的市场人员进行培训。比如其成本控制能力较差，首先，财务部门可以给市场总监提出建议，分析其具体花费超标的方面及超标的原因，以及其他控制成本较好部门的做法；其次，人事部门可以安排内部交流，相互学习或者组织相关外部培训提升欠缺的能力。如果市场总监多期考核各项能力都不达标，经过内部学习或者外部培训仍不能达标的，人事部门会提请公司进行岗位调整，选取更合适的人员担任市场总监。随着油田咨询的业务发展以及外部形势的变化，每年会对市场总监的标准能力项再确认，更新不合时宜的能力项，增加新需要的能力项，从而选择更适合油田咨询实际情况的能力项对下一年度的考核提供支撑。

总之，通过"制订标准能力项—岗位能力需求矩阵—测评管理能力—定制培训/岗位调整—完善标准能力项"循环（简称能力提升循环），在持续快速增强每位管理人员管理能力的同时，油田咨询团队整体的管理水平也在持续提升。实现了"可提升"的功能。此外，完善调整能力项的循环也为油田咨询制订下一年度的四本计划在一定程度上提供了方向。能力提升循环在油田咨询内部增强了"优胜劣汰"的竞争性，为油田咨询选择了与之快速发展更匹配的管理者，为增强油田咨询的综合管理实力奠定了强有力的基础，为焕发油田咨询的企业活力注入了一剂强有力的催化剂。

六、配套专业资源，支撑计划管理变革

为了能有效发挥油田咨询基于一体化经营管理平台的计划管理最大效能，油田咨询专门设置了系统管理员对OMP系统进行管理，在信息化业务板块中专门成立了开发组，同时配备了主管内部经营管理工作及人事工作的领导，成立了工作组，专门开发OMP系统。随着外部环境的发展以及油田咨询内部管理的变化，OMP系统需要不断更新升级，以适应油田咨询管理的需要。OMP系统的开发采用"自上而下与自下而上相结合"的模式进行更新升级：OMP系统每月会对各模块的使用情况自动生成用户使用报告，对于运行不畅的情况及系统漏洞进行汇总，工作组以用户使用报告的内容为指导，安排部署OMP系统下一步的更新升级计划；此外，在日常使用过程中开发组会实时收集各用户的反馈及最新需求，定期汇总提交工作组讨论，对于审核通过的需求，正式进入开发阶段，开发完成后会定期对OMP系统进行更新。系统管理员岗位的设立及工作组的成立为油田咨询基于一体化经营管理平台的计划管理变革提供了必要的人力资源支撑。

此外，油田咨询针对基于一体化经营管理平台的计划管理专门修订了内部管理制度，针对包括组织机构、组织方式、制订四本计划、OMP系统管理、人事能力项的更新管理、培训管理、考核方式等在内的各项工作进行了详细的规定，为油田咨询基于一体化经营管理平台的计划管理的实施提供了制度政策方面的支撑。

无论是人力资源的安排，还是政策规定的发布，都为油田咨询基于一体化经营管理平台的计划管理提供了必要的条件，为其健康、有效、持续发展奠定了坚实的基础，从而确保OMP系统长期为油田咨询的计划管理变革提供信息化支撑。

(成果创造人：李向敏、张瑞玲、史翰征、赵崹合、史传坤、张卫卫、刘正江、李杜康、裴欢欢、任泓樾、田　政、孙吉芳)

以世界一流为目标的高端装备制造企业管理标准体系建设

中车戚墅堰机车车辆工艺研究所有限公司

在国家的制造强国、交通强国战略的指导下，中车戚墅堰机车车辆工艺研究所有限公司（中车戚墅堰所）面对新的内外部环境，以创建世界一流示范企业为核心目标，分析企业发展战略，设计管理标准体系规划蓝图，对企业业务架构和管理标准体系进行顶层架构设计，以一体化、流程化、数字化为目标，推进规章制度和各体系文件的有机融合，推进总部职能条线管理标准与各生产单位顺畅衔接，建立一套全面系统、科学合理、分类明确、层次清晰、格式规范的管理标准体系，同时建立企业管理标准全生命周期管理机制，并实施数字化集成管理，确保企业运行科学化、规范化，提高企业运作效率和经营风险控制能力，为企业高质量发展提供有力保障。

一、制订支撑战略实施的企业管理标准体系建设规划蓝图

（一）制订企业管理标准体系建设总体目标

企业管理标准体系建设是企业获得高质量发展的重要基础。中车戚墅堰所基于"为全球客户提供高端装备和系统解决方案的国际化企业和世界一流企业"的愿景，确定企业管理标准体系建设总体目标——以企业发展战略为指导，全面推进企业管理标准体系的一体化、流程化、数字化建设，构建形成全面系统、层次清晰、格式规范、精益实用的管理标准体系和端到端的流程体系，提高企业运作效率，有效防范经营风险，为企业发展成为轨道交通装备制造行业标杆，创建世界一流示范企业和国际化公司提供有力保障。

（二）构建基于业务模型的企业管理标准体系框架

业务模型设计是企业管理标准体系框架建设的前提和基础。中车戚墅堰所从战略到业务策略进行系统分析，基于"端到端"的流程思维和设计思路构建业务模型，将业务划分为战略类、业务类和支持类三大类，两级架构，56个模块。第一类是战略类，包括企业策划、规划与运营等；第二类是业务类，包括市场营销与服务、研究开发、供应链管理等；第三类是支持类，包括科技、质量、资产、人力资源等。基于该业务模型，企业结合实际运行情况，建立企业管理标准与业务模块之间的映射关系，形成中车戚墅堰所企业管理标准体系架构。

（三）确定企业管理标准的管理职责和决策权限

中车戚墅堰所作为一家多业务、集团型的企业，除了总部之外，还有子公司、事业部、技术工程部、专业中心等各种属性的生产经营单位。为了保证企业管理标准体系得到有效管理，将管理标准划分为公司级和单位级，并分别细分为一级、二级和三级、四级。

（四）设计企业管理标准体系建设四步走的实施路径

企业管理标准体系建设是一个复杂的系统工程，中车戚墅堰所将该项工作划分为四个阶段：第一阶段是系统规划和管理标准管理机制建设；第二阶段是全面推进各业务领域管理标准的梳理优化，初步构建形成管理标准体系；第三阶段是对管理标准进行运行跟踪、优化提升与IT固化；第四阶段是设计开发管理标准数字化集成管理平台。

二、设置企业管理标准体系建设组织机构

按照"统一领导、归口管理、责任到人"的基本原则，建立中车戚墅堰所管理标准体系建设组织机构，包括决策层和实施层两个层面。

（一）设立企业管理标准管理委员会

建立企业管理标准管理委员会，主任为总经理，副主任为负责企业管理的副总经理，委员单位包括运营管理部、质量部、科技管理部、审计和法务部等主要职能部门，主要负责企业管理标准体系管理机制建设，企业管理标准重要事项的决策、协调和资源支持。

（二）设立企业管理标准管理办公室

企业管理标准管理办公室设在运营管理部，主要负责企业管理标准管理委员会的日常工作，包括管理标准的计划、评议审核、宣贯培训、检查改进、评价考核等，并组织企业管理标准信息化开发。

（三）构建企业管理标准工作网络

在各单位设立企业管理标准管理员，形成企业管理标准工作网络。企业管理标准管理员在企业管理标准管理办公室的指导下，负责组织本单位作为企业管理标准责任人的管理标准的策划、起草、修订、反馈等工作。

三、构建企业管理标准全生命周期管理机制

企业管理标准管理机制的建立是为了规范企业管理标准制订活动，提高企业管理标准制订质量，发挥管理标准的引领和推动作用，同时，管理标准管理机制建设也是管理标准体系建设的有机组成部分。构建基于全生命周期的管理标准管理机制，涵盖管理标准从计划到起草、意见征询、评议审核、发布、宣贯培训、测试、监督检查、复审、管理评审及废止等所有环节，确保管理标准管理的有效性和规范性。

（一）设计企业管理标准制修订和发布主流程，规范统一标准

公司级和单位级管理标准的制（修）订包括计划、起草、征求意见、评议审核、审议、发布等程序，一方面使业务主责部门和相关部门的管理思想和工作要求得到充分表达，另一方面使风险防范前移，将风险防范措施嵌入业务流程中。

为了提高企业管理标准的规范化和标准化，按照国家企业标准 GB/T 15498—2017《企业标准体系 基础保障》等，设计统一的企业管理标准模板和编码规则，便于员工查阅管理标准，增加企业管理标准可追溯性，提高企业管理标准管理规范性。

（二）梳理优化企业管理标准核心管理流程

基于企业管理标准制修订和发布主流程，进一步梳理优化计划审批、意见征询、评议审核、正式发布以及外来标准导入等核心管理流程。

1. 计划审批流程

计划是企业管理标准全生命周期的起点，包括"自上而下"和"自下而上"两种方式。"自上而下"的动因主要包括内外部环境变化、政治巡视、上级单位新要求、效能监督、内外部监督审核等情形，由企业管理标准归口管理部门统一组织。"自下而上"则是企业管理标准执行过程发现问题时实时提出制（修）订计划。

2. 起草及征询意见流程

起草单位要按照计划审批意见，组织起草及征询意见，同时对反馈意见逐一分析，确定取舍。

3. 评议审核流程

根据企业管理标准涉及的业务领域、部门范围、复杂程度等，组织相关人员进行评议审核。评议审核的内容主要包括是否符合上级单位文件的有关规定和要求、职责分配是否合理、接口是否清晰、与现有企业管理标准的协调性和一致性等。

4. 正式发布流程

发布流程是企业管理标准在企业内部合法化的过程。中车戚墅堰所企业管理标准发布基本程序如

下：起草单位发起—管理标准归口管理部门审核—相关单位会签—分管领导审核—企业主要领导审批签发—企业管理标准归口管理部门赋予编码并分发。

5. 外部管理标准导入流程

外来管理标准作为外来文件,首先需要对其进行评审,判断是否适用中车戚墅堰所,当不需要转化可直接使用时,则将外来标准直接导入中车戚墅堰所企业管理标准库;当需要进行内部转化时,则按照企业管理标准新制订流程进行内部转化。

(三) 设计企业管理标准培训宣贯与测试机制

为了进一步提高员工对企业管理标准的认识和理解,提高企业管理标准执行力,设计企业管理标准培训宣贯与测试机制。在企业管理标准发布后,由起草单位组织该管理标准的执行人员进行宣贯培训,内容主要包括制修订的目的、工作流程、管理内容、所需知识和技能等,为了评价相关人员对管理标准的理解和掌握程度,需要对培训效果进行测试,测试方式包括在线测试、现场测试等。如果测试没有通过,则需要重新组织培训,直到所有人员全部通过为止。

(四) 构建企业管理标准检查与绩效考评机制

为了提高企业管理标准的执行力,中车戚墅堰所构建了企业管理标准检查和绩效考评管理机制。企业管理标准的检查采取日常检查和专项检查相结合的方式,推行多方位、多角度、多轮次检查:一是各职能部门负责本部门管理标准执行情况的日常检查、监督;二是管理标准归口管理部门定期或不定期组织开展企业管理标准执行情况的监督和检查;三是审计、监察部门对企业管理标准进行监督评价和效能监察,同时将检查与绩效考评相结合,共同促进企业管理标准的执行力。在绩效考核指标体系设计上,主要从企业管理标准管理机制执行,履职执行和改进提升,适宜性、充分性和有效性等方面进行。

(五) 建立企业管理标准综合性评审机制

企业在经营管理过程中,面临的内外部环境不断发生变化,企业的目标、工作程序、管理要求、工作标准等也会随着环境的变化而做出相应的调整,这就需要对企业管理标准的充分性、适宜性和有效性进行综合评审。管理评审从上年年度目标完成情况与下一年年度目标制订建议、拟采取管理措施、必备资源需求情况、内外部环境变化情况分析等方面充分论证,最终对其适宜性、充分性和有效性进行综合评价,并提出改进措施,由企业管理标准委员会审批后进行整改。

复审周期为2—3年,复审结论分为有效、修改、修订、废止四种情况。一是有效确认,即企业管理标准内容不作修改,仍能适应当前需要,给予确认继续有效;二是修改,即企业管理标准的大部分内容适用,仅对企业管理标准的条文等作少量修改或补充;三是修订,即企业管理标准的主要内容需要作较大幅度的改动,标准编码不变,只改变年代号;四是废止,即企业管理标准的大部分内容已不适应当前的需要或为新的管理标准所代替时,该管理标准应废止。企业管理标准的废止由企业管理标准归口管理部门统一办理。

四、以流程为导向全面梳理完善企业管理标准

(一) 设计基于端到端理念的核心价值链高阶流程地图

基于端到端理念,构建了中车戚墅堰所核心价值链高阶流程地图,以实现客户需求提出到客户需求满足。在该地图中,客户需求是业务启动的源头,在对客户产品、技术、质量、交期、价格、服务等需求充分识别分析的基础上,启动生产制造和物质采购,以主计划为主线,进行物流、信息流、资金流的全过程控制。在业务推进实施的过程中,实时进行财务数据的提取和成本的控制,实现财务与业务的深度融合,满足客户的多重需求,实现企业业务活动的增值,提高企业价值创造能力。

(二) 打造端到端样板流程,塑造流程管理理念

为了改变长期形成的职能化的工作惯性,建立以流程为导向的工作思维,选择两个业务比较复杂、

跨部门协调多、管控模式调整变化较大的订单类产品试制流程和固定资产投资流程作为端到端样板流程进行打造，经过流程优化团队详细的调研分析、文件解读、头脑风暴、情景模拟、场景建模等，最终编制完成流程族文件包并正式发布执行，包括流程图、流程说明文件和流程梳理优化报告等输出成果。通过样板流程的梳理优化，确立流程图和流程说明文件的编制规范，对面向流程梳理优化团队开展针对性的培训、实战训练，并在工作中进行专业指导，提升企业核心人员流程管理理念，从而培养一批具有全局观并且掌握流程梳理、优化方法的人才，为企业进一步开展管理标准全面梳理优化工作奠定基础。

（三）完善企业管理标准制度建设

以端到端流程为核心，以企业管理标准体系顶层架构为指导，以"业务导向、问题导向、精益导向"为原则，开展横向和纵向上的一体化企业管理标准体系建设。

在横向一体化上，以企业业务模型为基础，同时将各种外部要求与企业经营管理要素深度融合，制订流程层层分解、责任到人的流程梳理清单，以流程清单为指引，制订梳理优化工作计划并有序推进实施，经过分拆、组合、增补、修订、废止等多种方式，企业管理标准总数由原来的442项（包括党群系统）调整优化为466项，其中新增82项，废除58项，大幅修订105项。

在纵向一体化上，以中车戚墅堰所管理标准体系为指引，对子公司、事业部等业务单元共1560余项企业管理标准进行梳理分析，识别出母公司对不同管控模式下子公司的流程衔接，将集团化管控意志、管控权限、工作职责嵌入管控流程中，对各子公司共283项管理标准进行制修订，推进子公司职能条线管理标准与母公司之间的顺畅衔接。经过两年多的努力，初步建成一套全面系统、科学合理、分类明确、层次清晰、格式规范的企业管理标准体系，实现了集团型科技企业管理边界的"横向到边、纵向到底"，为企业的健康快速发展奠定了坚实基础。

（四）全面推进企业管理标准的落地执行、绩效考核和优化提升

按照"全员参与，自查为主，以查促改，查改并进"的基本原则，主要从企业管理标准体系适宜性和充分性、履职执行、管理机制建设与执行等三个方面对企业管理标准体系进行执行情况专项检查，共发现378条问题，其中不充分、不适宜的有283条，执行不到位的有95条，并制订了相应措施进行整改和优化提升，采用月度滚动计划、月度工作简报点检通报等多种机制全面推进。其中对执行不到位的，要求立行立改；对管理标准本身不充分、不适宜的，则组织制订优化提升方案，采取小组讨论、专题研讨等方式群策群力，及时制修订相关企业管理标准，实现企业管理标准的优化提升。

五、全面推进企业管理标准的信息化建设和系统集成

（一）设计企业管理标准体系数字化架构模型

数字化架构设计是对企业管理标准体系进行数字化建设的前提和基础。中车戚墅堰所企业管理标准体系数字化架构分为三个层次：第一层为基础层，包括企业服务总线、流程引擎、用户管理与安全以及主数据管理等；第二层为企业的核心价值链层，包括客户与供应链端、生产制造端、设计开发端，分别对应CRM/SCM系统、ERP系统和PDM/CAPP系统，其中为了支持生产制造业务的实施，又建立面向制造车间的现场执行管理系统，包括生产执行系统MES、供应商协同供应K3、仓储管理体系WMS；第三层为经营决策与绩效管理，包括全面预算管理TBM、企业流程管理BPM、集团报表BCS等。其中第一层是企业管理标准体系数字化系统的基础设施，是构筑企业神经系统的必要元素，同时保证了企业业务数据的一致性、完整性、相关性和精确性。

（二）全面推进企业管理标准的IT固化和系统集成

根据企业管理标准体系数字化架构模型，分阶段全面推进各项信息化系统的开发与集成，完成30余项流程的开发与应用，实现订单下达、产品报价、费用预算管控、付款报销控制与合同管理等流程的系统集成；推进产品三维设计工艺制造一体化，完成典型产品研制过程的三维数字化产品设计PDM、

工艺设计CAPP、无纸化制造，实现一体化平台中设计工艺的全MBD（基于模型的设计）编制、审批及发放；组织物料、客户、供应商及财务主数据梳理并制订统一规范，建立主数据管理平台（MDM），为各类系统建设提供数据保证；建立以ERP系统为核心，MES、K3、WMS、MDM和BPM等专业系统为支撑的集成信息平台，覆盖主要经营管理业务，基本实现业务数据"横向到边、纵向到底"的管理，显著提升企业运营管控能力和执行能力，为企业经营运作和决策支持提供有效支撑。

六、设计开发企业管理标准全生命周期管理的数字化集成平台

为了进一步提高企业管理标准的管理质量和管理效率，设计开发了中车戚墅堰所管理标准集成平台信息化系统，以实现企业管理标准全生命周期的信息化管理。信息化系统开发以"高效务实、稳定易用、有机融合"为原则，分为系统功能分析、系统设计开发、系统运行与优化提升等三个阶段。

（一）设计企业管理标准集成平台的功能框架

中车戚墅堰所企业管理标准集成平台系统分为数据层、应用层、业务层和用户层四个层次。数据层主要包括企业管理标准库、外部标准库、词条库、课件库、试题库、Q&A问答库等数据库；应用层主要包括身份认证、主数据管理、流程监控、部门标准、自动编码、在线编辑、统计报表、通知提醒等内容；业务层主要包括核心流程、核心管理功能等内容；用户层主要是集成平台的门户以及与企业门户的链接关系。平台可同时与SAP、BPM、HCM、腾讯通等系统链接、互通信息以及提供功能支持等，避免信息孤岛。

（二）集成平台信息化开发、测试及上线运行

在总体方案设计的基础上，中车戚墅堰所组织了4名软件工程师和2名技术支持专家进行信息化系统的开发，经过四个半月的努力，信息化系统最终顺利上线运行。集成平台开发中，以H3BPM流程系统为引擎，以微软动态服务页面ASP.net为开发平台，采用HTML、JS、AJAX等技术进行功能展示和交互，流程之间无缝连接，使整个企业管理标准生命周期全部打通，实现业务和信息流转的自驱动；在开发企业管理标准集成平台专业门户中，将流程和各种功能有效集成，实现流程和各种功能的便捷登录；在数据库方面，采用基于结构化查询语言的关系型数据库管理系统（SQLSever），其具有使用方便、可伸缩性好、可配置性强、与相关软件集成程度高等优点，为企业管理标准未来的数据平台愿景，如动态开发、关系数据和商业智能等，提供了良好的基础。

七、全面推进企业管理标准的宣贯培训和员工能力的提升

（一）系统策划企业管理标准宣贯培训和员工能力提升工作

企业管理标准的理解和认知是企业管理标准得到有效执行的前提和基础，为此，中车戚墅堰所进行系统的策划工作。在内容维度上，企业管理标准的宣贯培训包括三部分：一是企业管理标准的编制规范，能力要求与技巧培训；二是专业管理标准所展现的管理思想、职责定位和工作标准要求培训；三是数字化信息系统实际操作规范与要求培训。在时间维度上，整个工作分为三个阶段开展：一是整体策划；二是推进实施；三是考试测验，整个周期持续八个月。

中车戚墅堰所主要从企业管理标准理解认知和授课能力两个方面7项能力对讲师进行遴选，人员主要来自公司内训师、企业管理标准主要起草人或重要参与者，形成一支含有47人的讲师队伍。先后组织累计超过100人次的课件和试题的开发，按照管理内容进行分类，确保培训课件和测试时试题100%覆盖所有一二级企业管理标准，共开发培训课件91个、测试试题64套，并建立培训课件库与试题库，供后续培训宣贯使用。上述工作为企业管理标准宣贯培训工作的全面开展奠定了良好的基础。

（二）全面推进培训宣贯工作

按照"全员参与，以学为主""以测促学，以学促用"的基本原则，面向不同层次人员和不同群体，全面推进宣贯培训计划的实施，采用专题培训、网上培训、工作指导、员工自学等多种方式进行宣

贯培训并组织各单位转训,其中组织专题培训17场,共计696人次参加。同时,将所有管理标准分为16个不同的考试业务模块,先后组织4场公开考试,累计1047人次参加,确保每个岗位的员工都通过所需要的考试。通过大规模的宣贯培训和测试工作,极大提升员工对企业管理标准的理解和认知,培养了员工标准执行意识,营造了标准执行文化氛围。

(三)建立知识学习与交互共享机制

为了营造学习氛围,激发广大员工投身管理标准体系建设的过程,为企业的发展贡献自己的智慧,中车戚墅堰所搭建知识学习与交互共享机制,包括公开课、专题研讨 seminar、小组交流、一对一辅导、在线问答等,多种形式综合实施。针对共性知识,邀请专业咨询公司和优秀企业的资深管理专家不定期地公开授课,针对专业性强的复杂问题,采取专题研讨 seminar 的方式,针对操作性问题采取小组交流等。为了在企业管理标准体系执行与维护过程中及时发现问题并及时反馈和修正,在企业管理标准数字化集成平台中建立了"一问一答、一问多答"的交互式沟通机制,鼓励员工积极参与,对每项企业管理标准中不易理解、容易出错的问题进一步解释和阐述,并对问答进行整理和归类,形成问答知识库,向公司全员开放,供员工随时查询,以保证企业知识的沉淀和传承。

(成果创造人:金国宝、卢广彦、刘晓峰、李文轩、陶祉杰、倪旭澜、桑子雷、沈　皓、王　敏、徐彩萍、傅冀苏、王秀红)

钢铁企业以客户需求为导向的质量管理

湖南华菱湘潭钢铁有限公司

湖南华菱湘潭钢铁有限公司（以下简称湘钢）近年来把握国家供给侧结构性改革和高质量发展的战略机遇，找准湘钢内部生产质量过程中存在的痛点、难点问题，面对市场中的风险和挑战，坚持走高质量发展道路。

建立健全以顾客为导向的质量管理体系。充分识别用户需求和利用顾客数据，进行分析改进。构建以质量"零缺陷"为核心的精益生产体系，强化"品种质量优先"和客户标准优化的理念引导，围绕品种质量开展攻关，聚焦提质增效。建设快速反应市场的"销研产"一体化体系。实行高质量、定制化"销研产"一体化研发体系（IPD），以"超越客户预期要求"的理念，着力解决客户生产痛点，提升市场竞争力和产品档次，形成一批自己的拳头产品。发挥装备优势和信息优势，快速响应客户需求。以一流的生产、检测设备为保障，极力保障用户和市场需求，推进信息化系统建设，实现生产过程的自动化和智能化，为湘钢产品质量长期稳定提供了有效支撑。构建全面质量管理的支撑体系，通过质量绩效导向，实施"一把手"管质量、经济责任制等绩效模式，突出以人才为基础，提升企业的质量水平和管理水平。

一、建立健全以顾客为导向的质量管理体系

树立围绕着更加突出以顾客为中心的质量理念，真诚倾听顾客内心的声音，关注用户需求，实施"定制化"研发生产，利用顾客数据进行分析改进产品质量，长期以来形成了以顾客为导向的质量管理体系。

（一）倾听顾客内心的声音

收集顾客意见的方式主要包括：每年定期组织召开的用户座谈会；每年服务计划组织举办专项技术交流会和开展走访交流活动；在处理用户抱怨过程中收集相关意见；客户技术服务代表开展贴身服务收集意见；开展顾客满意度调查收集意见；访问顾客网站收集相关信息；同时给用户开通湘钢销售在线系统，用户可直接反馈意见。

对于战略用户、重点用户、重点工程用户等，主要通过派驻客户技术服务代表及时收集意见；同时湘钢定期组织高层管理者代表登门拜访听取意见。对于一般用户和代理商，主要通过区域性座谈会、走访交流、满意度调查等收集意见。

通过开设湘钢网站，适时发布产品营销服务信息，以及新产品、新技术、新工艺和服务质量改进等信息。

（二）关注用户需求，实施"定制化"生产

湘钢以"顾客要求就是湘钢的标准"为基础，实现了从"我们生产什么产品顾客就买什么产品"到"顾客要什么产品我们就生产什么产品"再到"主动了解顾客的使用要求生产顾客真正需要的产品"的转变，实现了"定制化"生产。

湘钢已建立了以IPD研发为核心的"销研产"一体化体系，针对同一品种的不同的顾客，其工艺装备及使用要求的不同，确定质量要求、工艺路线和工艺控制标准，通过MES系统将"顾客要求"切换成"生产指令"，以代码形式传递到各个生产环节，指导生产组织和岗位操作。同时通过生产调度系统、MES系统对生产过程实时监控，强化工艺纪律执行，保证各项生产指令的执行。通过销售服务在

线系统，订单用户可以直接看到产品在何流程、何工序。如对三一、卡特等用户专门生产适合他们特殊需要的钢种，开通了销售服务在线系统，增进相互的合作，加强了顾客对湘钢产品的依赖性。

（三）分析和使用顾客数据

湘钢制订《顾客满意监视和测量管理制度》，从产品的特性和用途出发，结合顾客的要求和期望，确定顾客的主要关注点，采取问卷调查的方式进行用户满意度测评。调查的内容主要包括两个方面，一是产品质量；二是服务质量。产品质量的调查内容包括：外形尺寸、表面质量、内部质量、包装标志四个方面。服务质量的调查内容包括：订货程序、票据处理、合同履行、供货周期、价格政策、运输防护、发运周期、仓储保管、货物安全、运输方案、受理程序、快速响应、处理周期、处理结果、信息沟通等15个方面。

市场部负责评价顾客满意度测量结果，将评价结果与湘钢质量目标进行对比、分析，找出其中存在的问题，形成顾客满意度测评报告，并提交给湘钢高层领导、技术、质量管理部门和生产厂进行改进。

（四）形成以顾客为导向的质量持续改进方式

湘钢始终将"以顾客为关注焦点"的顾客导向质量文化建设作为不断创新的动力和目标。最主要的就是在强化制度保障的基础上，把顾客导向融入企业文化建设中，使之成为企业文化的核心。以顾客为导向，不断改进流程；把顾客满意度作为绩效考核的重要指标；内部生产工序、流程引入内部顾客概念，增强以下道工序用户为关注焦点的服务意识，并由相应部门负责，有相应的制度作为保障，从不同层面出发推进以顾客导向的质量持续改进。

积极与顾客建立合作伙伴和联盟关系，通过技术联盟等方式，积极研究开发新品种，突破了企业规模对技术创新的限制，利用整合知识，激发创新灵感，分散研发成本，缩短研发时间，提高技术创新成功率，降低技术创新风险。对顾客不同生命周期区别对待，对国家鼓励的新兴产业、节能环保型企业顾客，湘钢加强前期技术介入和技术交流；对要淘汰的产业群顾客，湘钢采取逐步退出战略。正是通过这种合作伙伴和联盟关系，湘钢不断开发新顾客，生产出不断满足顾客需求并超越其期望的产品，顾客对湘钢产品更加认可和信任。

二、构建以质量"零缺陷"为核心的精益生产体系

构建以质量"零缺陷"为核心的精益生产体系，提升产品实物质量，采用项目制积极推进"零缺陷"质量管理工作，强化"品种质量优先"和客户标准优化的理念引导，围绕品种质量开展攻关，聚焦提质增效。

围绕湘钢"构建高质量的1300万吨精益生产体系"战略，主要通过质量宣讲和案例教育，提升全员的质量意识；狠抓过程质量控制，建立三级工艺纪律督查体系；同时，不断完善质量管理体系，持续优化体系文件、开发供方第二方审核、通过各项认证；推进质量"零缺陷"项目，以项目制的方式针对质量问题开展系列攻关改善、改进；强化关键质量指标监控力度，针对关键质量指标落实情况实时监控改进。

湘钢在抓好产品研发的同时，采用项目制积极推进"零缺陷"质量管理工作，强化"品种质量优先"的理念引导，围绕品种质量开展攻关，聚焦提质增效，不断提升各级管理人员的质量意识和管理能力。针对现场存在的技术、设备、工艺及管理问题，通过项目攻关推进解决，持续改进产品质量，确保湘钢内部质量吨材损失和外部质量异议吨材损失逐年降低，产品综合合格率逐年提高，内外部质量损失逐年降低。产品质量大幅提升，得到了客户的一致认可，湘钢品牌在细分区域市场的影响力不断提升。

湘钢每年设立10个以上公司级质量"零缺陷"项目，整体提升产品质量，其中炼钢厂整体水口在四条连铸线的推广应用基本实现钢水在浇注过程中的"零烧氧"；1#、2#、3#铸机品种提质攻关全面提

升了钢坯内外部质量,并为部分品种产线转移创造了条件;卡特彼勒钢板表面质量攻关将钢板非计划率由5%~7%降至3%以下;高线厂盘条表面质量零缺点攻关大幅降低了盘条表面划伤、折叠等缺陷;棒材厂磁粉探伤线项目提升了棒材表面质量,外部投诉下降75%。

三、建设快速反应市场的"销研产"一体化体系

湘钢IPD项目团队整合优化关键生产要素,以"超越客户预期要求"为理念,着力解决客户生产痛点,为其研制开发"私人定制化"产品,大幅提高了其制造效率,降低不良率和生产成本,进而提升了其市场竞争力和产品档次。强化科技创新和基础研究,湘钢把科技创新放在核心位置,持续推进以IPD为基础快速反馈的"销研产"一体化攻关。为提升产品竞争能力,湘钢实行高质量、定制化"销研产"一体化研发体系,实现重点品种销量提升,逐渐形成一批自己的拳头产品。

(一)强化科技创新和基础研究

科技创新是企业永恒的主题,湘钢把科技创新放在核心位置,持续推进以IPD为基础的"销研产"一体化攻关,加大高端技术人才的培养和引进,全力打造拳头产品,巩固湘钢品牌优势,拟采取以下措施:一是加强企业发展战略与科技发展规划的融合;二是建立科技投入稳定增长的长效机制;三是推进科技基础条件平台建设;四是加强技术创新体系建设;五是加强科技人才队伍建设。力争在产品质量控制上更上一层楼,进一步提升湘钢钢材的知名度。近年来,湘钢围绕品种研发、工艺优化和对标挖潜组织研究,取得了显著成效。一是开发了降低客户能耗的易球化合金冷镦钢,实现批量供货;开发了国家速滑馆用超宽Q460C,不平度达到6mm/m以下,性能良好,合格率100%。二是在纯净钢生产技术方面,组织低S低B抗酸管线钢冶炼工艺攻关,实现S控制在15ppm,B控制在5ppm以下,命中率达到99%以上,轴承钢平均全氧含量达到6.7ppm。三是针对板二线探伤合格率低,通过系统分析和工艺优化,探伤合格率达到99%以上。四是深入研究方钢偏析,在大方坯中投入二冷电搅并优化参数,实现了大方坯圆钢硬度控制在HB30以内;优化X60SiMnA、X82B拉速、电搅参数、二冷参数,实现将X60SiMnA、X82B等盘条碳偏析A或B类不大于2级。

(二)推进以研发为核心的"销研产"一体化体系

为提升产品竞争能力,湘钢实行高质量、定制化"销研产"一体化研发体系,随着IPD集成产品研发模式逐渐完善,快速反应的"销研产"一体化不断推进,实现重点品种销量占比35%以上。到2019年,板材力争成为行业领先品牌,并在能源、工程机械、海洋工程等行业打造2—3个拳头产品,国内市场占有率达到前三;线棒材力争成为区域领先品牌,并实现齿轮、铬钼、轴承三类产品销量占棒材总销量的50%。2017年、2018年开发新产品个数分别为20个、37个,重点品种占比从30%提高到37.4%、38.6%。

板材依托装备及技术优势,以市场需求为导向,把握行业发展方向,调整产品结构,具备逐渐形成一批拳头产品的趋势;线棒成功开发了20CrNiMo、40CrNiMo高Ni合金结构钢棒材,高层建筑结构钢Q345GJC、保淬透性40CrH、美国戴姆勒汽车转向节用钢42CrMoDML、高强钢绞线XSWRH87B、线材38CrMoAl、高强度LX86A等38个新钢种。湘钢弹簧钢X55SiCrA-Q在2017年荣获湖南省冶金科学技术奖,并成功获得冶金产品实物质量认定金杯奖。棒材系列产品中,CrMo钢系列在华东地区达到区域领先,汽车用系列产品如42CrMo1、42CrMo2、42CrMoQ、50H、C45、C50等在湖北区域达到区域领先,锚杆钢在南方地区达到区域领先,耐磨钢在西南地区达到区域领先。2017年,湘钢棒材总销量为140万吨,其中铬钼钢总销量为19万吨,齿轮钢总销量为11万吨,轴承钢总销量为7197吨,齿轮钢、铬钼钢和轴承钢销量占棒材总销量的22%。

四、发挥装备优势和信息优势,快速响应客户需求

以一流的生产、检测设备为保障,极力保障用户和市场需求,依托装备及技术优势,以市场需求为

导向，把握行业发展方向，调整产品结构。推进信息化系统建设，努力实现"智能制造"，湘钢经过十多年的信息化建设，通过大量采用智能制造技术和信息技术，实现生产过程的自动化和智能化，为湘钢产品质量长期稳定提供了有效支撑。

（一）以一流的生产、检测设备为保障，极力保障用户和市场需求

1. 生产设备

湘钢拥有 5000mm 宽厚板和两条 3800mm 宽厚板生产线，年生钢板能力 500 万吨。主体设备包括：铁水预处理、120 吨顶底复吹转炉、LF 精炼炉、双工位 VD 真空脱气装置、RH 真空循环脱气装置、直弧型板坯连铸机、步进式加热炉、高压水除磷装置、四辊可逆双机架粗轧机、四辊可逆高刚度精轧机、测厚仪、MULPIC 加速冷却装置、全液压式矫直机、翻板机、双边剪、定尺剪、剖分剪、辊底式常化炉、回火炉、在线标识机、在线电磁超声波探伤装置等。

2. 检测设备

为满足用户的质量检测要求，为顾客提供准确参考数据，促进产品质量的提高。湘钢设有理化检测中心，检测中心拥有中高级技术人员 16 人，拥有光电直读光谱仪、X-莹光分析仪、红外碳硫分析仪、ICP 光谱仪和氮氧联测仪等国际先进水平的检测仪器，为生产提供快速、准确的检测数据。同时，湘钢已获得 CNAS 国家实验室认证，获得省重点实验室等荣誉称号。为了满足中低合金钢化学成份及氧化物夹杂含量测量要求，采用美国 ICP（电感耦合等离子体原子发射）光谱仪测量时间从 10 多天缩短至几个小时，并拓展了测量项目和含量范围，从而进一步满足顾客个性化要求。为了快速、精准测量钢中化学成份，满足炼钢在转炉、精炼站、LF 炉、连铸中包快速分析的要求，采用光电直读光谱仪 3 分钟可同时出具 16 个元素分析数据，同时增加 As、Ti 等有害元素指标，满足国外用户产品技术标准要求。

（二）推进信息化系统建设，支撑产品质量水平提升

湘钢经过十多年的信息化建设，构建了完善的信息系统技术支撑体系，2016 年湘钢通过了两化融合管理体系认证。一是通过持续推进智能制造项目的实施，为提升湘钢智能制造水平，减员和降本增效提供了有力支撑；两年共计减员 400 人，每年创效 6000 多万元。2016 年，湘钢通过了工信部"两化融合管理体系贯标"认证。2018 年 4 月，通过了湘潭"市智能制造示范企业"项目验收。二是通过实施线棒 MES 系统改造，高一线和棒二线实现了按订单组织生产的新模式，同时，棒二线精整 MES 上线后，实现了对客户个性化需求的全程跟踪，提高了线棒精益生产水平，为提高线棒材质量和新产品开发提供了有力支撑。三是通过移动应用技术研究，开发了高炉监控 App 平台，实现对高炉工艺参数的实时监控；开发营销管理 App 平台，使客户服务更加方便快捷。同时，扩展 EDI 应用，实现了同三一集团的系统对接，对板材业务和财务信息实时交互，大大提高了业务处理效率和客户服务水平。四是通过对虚拟化技术研究与应用，逐步形成了湘钢的虚拟化平台，先后完成了线棒 MES、综合管理平台等十余个系统的迁移，有效降低了湘钢信息化的投入和运行成本。

在产品质量管控建设方面，为保证产品质量长周期稳定，湘钢先后建设了 ERP、MES、LIMS 和原燃料管理等信息系统及生产过程自动化系统，同时，通过对关键设备进行智能化改造提升，实现了从原燃料进厂—生产制造过程—产品检化验—发运全过程的质量跟踪管理。2016 年，湘钢共投入资金 3630 万元，实施 53 个项目，实现创效 4880 万元。其中，高线厂精减操作台改造、炼钢厂 1 号铸机出坯自动化改造等 14 个项目已完工验收。2017 年，湘钢继续加大智能制造项目投资，投资金额 1550 万元。其中，线棒 MES 系统、炼钢环保车间集中控制改造等项目已竣工验收，创效效果显著。2018 年，湘钢继续投入 1 亿余元对线棒 MES 系统、ERP 系统、产销系统等进行改造。通过大量采用智能制造技术和信息技术，实现生产过程的自动化和智能化，减少人为干扰因素，提升了产品质量，降低了工序成本，有效保证制造过程质量的稳定性，为保证湘钢产品质量长期稳定、实现精益生产提供了有效支撑。

智能制造是中国钢铁企业迈向高端的"催化剂",同时也是整个产业转型升级的一个新方向。湘钢根据《湘钢智能制造工作推进方案》进度要求,按照"立项一批,审批一批,验收一批"的工作思路,集中精力抓好值守性、辅助性岗位的自动化、智能化改造,力争通过视频化、信息化、自动化改造,提升产品质量,降低工序成本,实现整个产业流程的智能化升级,努力打造湖南省"智造谷"示范基地,使智能制造真正成为湘钢高质量发展的"催化剂"。

五、构建全面质量管理的支撑体系

通过质量绩效导向,充分发挥领导作用,实施"一把手"管质量、经济责任制等绩效模式,形成了湘钢特色。突出以人才为基础,广泛运用先进的质量管理方法和工具,通过人才培养,大量应用"五大核心工具",提升企业的质量水平和管理水平。

(一)充分发挥"领导作用"

为实现高质量发展道路,湘钢将"环保、安全、质量"设定为"三条红线",明确生产单位"一把手"管质量。湘钢把重点放在生产操作过程的每一个环节上,落实到生产流程的各个岗位,促使全体员工认识和理解"质量零缺陷"的深刻内涵,并化解在实际工作中。湘钢通过广泛的质量宣传和质量意识教育,将全新的质量理念传达到每一个员工,让每一个人知晓湘钢狠抓高质量的决心。

(二)质量绩效导向

湘钢根据目标要求选择日常运作和整体绩效的测量指标,建立了湘钢质量绩效测量系统,内容包括:营销服务指数、外部质量损失、内部质量损失、重点品种综合命中率等技术经济指标。湘钢在《湘钢绩效管理办法》等管理制度中规定了绩效测量的其他要求,并制订了《经济责任制》《质量管理考核办法》等专项考核条例,为湘钢日常运作及整体绩效有关数据和信息的收集、处理和利用提供了制度上的保证。

一是绩效测量。提升质量绩效指标的比重,由原来的10%提高至30%,对各类数据、信息的收集工作是由各职能部门和生产厂完成的,生产厂和湘钢各职能部门在收集这些数据、信息后,按照工作标准要求对这些数据和信息进行整合、分析,一方面用于自身日常运作的决策和工作调整,另一方面将整合分析后的数据和信息传递到湘钢管理创新部,用于湘钢整体绩效的测量。管理创新部对这些数据和信息进行整合分析:第一,运用数理统计方法进行分析,将反映湘钢整体绩效的数据与湘钢目标数据、历史数据、竞争对手和标杆水平进行对比分析;第二,开展方针目标检查并实施动态管理,湘钢按季度开展方针目标检查,每半年进行一次方针目标诊断,将湘钢各方面的绩效与年度目标进行对比分析,这些信息传递到湘钢管理决策层后,决策层根据这些信息对下一阶段的工作进行决策;第三,运用BSC方法,对湘钢整体绩效进行测量,其结果作为湘钢战略制订和战略调整的依据。

二是绩效分析。湘钢对这些指标通常进行三个方面的对比分析:第一,与历史数据对比分析;第二,与目标对比分析;第三,与湘钢的竞争对手和标杆对比分析。为确保湘钢绩效测量系统能够适应湘钢发展战略的需要,并对内外部环境的变化保持一定的敏感性,湘钢采取的主要做法是:通过对绩效测量工作中发现的问题进行反思,并采取相应的改进措施,实现湘钢绩效测量系统的自我纠正和改进。通过主动学习和对比,对湘钢绩效测量指标的变化以及新的测量方法进行研究,并进行系统的评价,对其适宜性、充分性和有效性进行评估,对存在的问题和不足提出改进措施。充分利用先进的信息技术。例如,随着计算机技术及互联网技术的发展以及在信息、统计领域等方面的应用,湘钢加快了对这些新技术的推广和使用,大大提高了湘钢对信息的收集、处理、传递与共享的能力和程度,确保了湘钢绩效测量系统数据的及时性、准确性和可靠性。另外,每年湘钢开展综合管理体系内审、管理评审等,对湘钢绩效测量系统进行评价并持续改进。

三是绩效改进。湘钢绩效分析结果主要是以文件、报表、报告、会议纪要以及内部局域网等形式进行传递的，各级信息接收单位根据这些信息做出自身的管理决策及调整，并将这些信息以及管理决策指令传递到下一层级，最终到达作业层。具体表现为几个层次：第一，在湘钢管理层面上，主要以经理办公会、生产经营分析会、工作会以及领导批示等形式向湘钢各职能部门和生产厂传递；第二，在部门、生产厂管理层面上，各部门和生产厂通过部门例会、厂长办公会以及其他专业例会和协调会，由部门和生产厂向作业层传递各类信息；第三，作业层在接到各类信息或指令后，一般直接组织作业人员实施作业，并将作业实施情况向上一个层级传递，为上一层级的决策提供反馈信息。每一个环节的绩效改进都按照PDCA原则予以持续改进。

（三）重视人才培养

公司把人才培养、科技创新作为深化改革管理的主攻方向，进一步增强了企业发展的软实力。一是人才强企迈出重大步伐。以打造高质量人才队伍为目标，选派了118名处科两级管理人员参加领导力提升培训，选拔了101名工程技术人员参加公司与武汉科技大学联合举办的同等学力申硕班。邀请郑强、史晋川教授等国内知名专家学者来公司讲座，进一步拓宽管理人员视野。公司作为全省唯一一家企业代表，参加了湖南省新时代产业工人队伍建设改革推进会和高技能人才交流会，并作经验交流发言，受到省领导肯定。二是创新发展取得丰硕成果。恢复了湘钢"科技周"活动，召开了公司历史上规模最大、规格最高的科技创新大会，与北京科技大学、东北大学签订院士工作站协议，与钢铁研究总院、中南大学、湖南大学、湖南科技大学等重点科研机构、高校建立了产学研战略合作。

例如，湘钢每年开展科技活动周，2019年5月28日召开湘钢历史上规模最大、规格最高的一次科技盛会，大会有幸邀请到中国科学院周国治院士、浙江大学党委副书记郑强教授，以及湘潭大学、湖南科技大学、湖南工程学院等众多学术界、科技界知名专家学者，充分体现了湘钢对科技活动周和大会的高度重视，对科技创新和科技工作者寄予的殷切期望。

（四）利用先进工具方法提升问题分析和管理能力

湘钢不断导入先进管理工具和方法，通过广泛应用"五大核心工具"，推进湘钢问题分析和管理能力的提升。在日常工作中，广泛应用六西格玛、FMEA等方法系统分析问题；应用FMEA、SPC评估过程的参数与结果，对问题进行有效整改和预防，关键工序能力指数$CPK \geq 1.0$的比例逐年提高。

湘钢技术质量部每年对SPC实施情况进行总结、更新，按照计划组织工序质量管理点的实施控制，按月分析小结，完成数据记录、控制图和月分析报表，每年进行年终总结更新。2018年根据不同生产单位的工序情况确定了14个关键工序质量管理点，根据不同钢种的特殊特性，采用相应的统计方法进行监控、改进。

（五）体系思维管理企业

湘钢一直强调用体系思维管理企业，近3年，湘钢不断导入先进管理体系和方法，推进管理能力的提升。2016年，新建信息化和工业化融合管理体系、新建能源管理体系均顺利通过第三方认证。2017年，开始启动质量、环境、汽车用钢体系转版工作。2018年，湘钢通过了ISO 9001：2015、ISO 14001：2015、IATF 16949：2016转版认证，目前湘钢已建立质量、测量、环境、职业健康安全、IATF 16949、GJB 9001、APIQ1等九大管理体系，湘钢管理体系建设取得了重大进展，湘钢体系管理不仅在适宜性、充分性、有效性方面得到保证，在符合性上进步更大，湘钢方针、目标适宜有效。体系的优化、整合每年还在进行，并通过日常检查、年度体系内部审核发现和解决问题，不断增强湘钢持续改进能力。

（成果创造人：李建宇、郑生斌、吴清明、刘吉文、何　航、姚建华、
杜　江、刘明华、陈章红、谭武祥、赵岳龙）

以提质增效为目标的天然气"一站式"脱硫管理

中国石油天然气股份有限公司西南油气田分公司川西北气矿

中国石油天然气股份有限公司西南油气田分公司川西北气矿（以下简称川西北气矿）在对传统脱硫模式与历史经验充分调研与总结研判后，借鉴最新天然气贸易计价方式，以"科学开发，建设绿色矿山"为指导，从方案设计、施工作业、运行管理三大过程管控入手，依托低含硫气井干法脱硫生产工艺，改革多责任主体、分步设计、分散施工的传统脱硫模式，重塑管理流程，整合服务商资源，开展施工安装及运行管理的整体化与便捷化改造，实现脱硫设备整体拉运更换、脱硫富剂密闭运输、撬装化快速拆装、脱硫富剂直接返厂无害化统一处置，施工过程无缝衔接，从根本上消除危险作业安全隐患，缩短工艺流程，降低生产成本。同时，通过信息化手段进行可视化协同设计与全过程安全管控，对服务商开展严格的能力评估与绩效考核，全方位培育管理人员与专业操作人员，最终推动脱硫管理达到高效、安全、环保的目标，为气矿含硫气井的快速投运、西南气大庆的建设打下坚实基础。

一、建立专项改革组织机构，确立管理新模式总体思路

（一）成立改革领导小组与项目管理小组，明确职能权责

为推动管理变革，川西北气矿成立专门的改革领导小组，矿长为小组组长，主要分管领导为小组成员，负责整个改革总体规划、统筹与方案设计，同时，充分吸取类似工程建设的先进经验，针对脱硫管理的特点，成立以技术业务管理科室主要负责人为项目组长，以工程项目建设管理科室主要负责人为项目副组长，工艺、材料、加工、自动化、安全等专业人员为成员的脱硫管理专题项目组，具体负责改革落地与运行管理。

（二）确立脱硫管理新模式总体思路

川西北气矿在对传统脱硫模式与历史经验充分调研与总结研判后，经改革领导小组分析讨论，确立管理改革的总体思路：在科学开发、建设绿色矿山的基础上，以标准规范化、流程科学化、生产标准化为内生动力，从方案设计、施工作业、运行管理三大过程管控入手，针对脱硫生产工艺，重塑管理流程，调整职能责权，整合服务商资源，将传统多承包商、多责任主体，界面交叉复杂的流程管理改革为权责明晰、处理快速、安全便捷的"一站式"脱硫管理，大幅提高脱硫服务质量，实现安全、高效、清洁生产。

二、重塑管理流程，确定设计方案

（一）整合服务商，转变管理方式，确定无缝运行的设计方案

川西北气矿在充分调研分析过去多个服务方、承包商的基础上，调整分散环节多方参与的传统模式，整合服务商资源，将脱硫管理全过程划分为属地管理方与技术服务方两个责任主体，气矿全面退出脱硫剂更换、处理环节，主要承担管理者职能，以管理监督为主、技术辅助为辅，服务方由多个整合为一个，承接全部服务内容，简化交接过程，更直观全面地开展工作。

基于新思路，川西北气矿组织专家团队，与技术服务方（服务商）协同开展集成化一体式脱硫装置设计与流程设计：以气体含硫量指标为对照参数，整合传统原料气处置工艺，缩短工艺流程，进行施工安装及运行管理的整体化与便捷化改造，要求脱硫设备整体拉运更换、脱硫富剂密闭运输、撬装化快速拆装、脱硫富剂直接返厂无害化统一处置，从根本上消除脱硫剂现场装卸，杜绝废剂自燃和粉尘污染等隐患，促进脱硫管理达到快速、安全、环保的目的。

在方案设计阶段，川西北气矿建立三维协同设计程序，即利用计算机技术编制与现场一致的、三维立体的可视化场景，进行实景模拟，以实施对象的气质条件、工艺管道设备需求、腐蚀与防护及安全环保附属设备设施作为原始参数输入，生成预制、装配具体方案，直观演示建设过程，引导生产、安装人员快速施工。设计方案编制过程定期汇总，根据反馈的问题进行优化，以确保单元模块、整体模型的准确性。

（二）确立以快建试运为目标的施工安装方案

根据设计思路，川西北气矿打破"建设初期分步设计、采购，建设后期分段施工、试运投产"的传统管理模式，推行"工厂化预制、一体化集成、橇装化安装"的施工方案，以实现事前、事中、事后全过程无一错、漏、碰、缺。

工厂化预制整体成橇：脱硫装置由服务商预制、整体成橇和直接返厂，预制阶段川西北气矿安排专业人员驻厂监造，把控工艺流程和技术标准，按照三维设计方案在预制现场和设计对比上实行全过程监管，在管件组装、压力试验等关键环节特邀专家入厂指导。

现场整装无缝链接：从天然气气井开发生产地面集输工艺整体布局上考虑，将脱硫整装橇镶嵌至天然气集输工艺流程上。为提高运输效率，快速反应因气量变化导致的工艺调整，推行模块化安装工艺，即工厂先按平台集成小单元散件，再在生产现场将平台连接为整装，平台模块可根据需求随意增减组合。同时，优化工艺链接管理，减少现场焊接作业，提高单体设备安装调试等环节的建设速率，实现无缝衔接。配置三维协同辅助人员，协助服务商按照模拟现场开展施工，并设置过程管控节点，在方案成型30%、60%、90%时，组织服务单位的工艺、控制、安全环保等专业人员集中对气井现场实际参数进行核对、调整，确保整体成橇运行流程无误，达到快建试运的目标。

（三）确立以清洁高效为目标的生产运行方案

一是改变脱硫塔现场装填料传统方式，采取小单元整体装卸新剂、富剂，脱硫旧塔吊装切出后，备用橇装设备可就地立即更换，降低员工操作强度，缩短现场操作暴露时间；二是围绕脱硫服务更换重点环节、关键部位，厘清一站式脱硫管理界面，明确交接内容，将传统模式的放空泄压、氮气置换、设备打开、装卸料、升压验漏、富剂处置等多个环节优化整合，消减"人"在工艺流程切换中的不安全行为；三是实施属地管理单位与脱硫服务单位合体同责的管理制度，实现双方监督管理与现场操作人员相对独立，保证设备设施装置能效最大发挥，提高固定资产使用率，推动脱硫服务、产品质量的提升。

三、制订技术管理规范，更新计价体系

（一）制订技术管理规范，确保设计、施工方案落地

制订发布《三维协同设计管理规范》，对总图、结构、机械、电力、自控、通信等专业的工作程序和信息建立统一的管理要求，并全部归口至专题项目组管理。

基于新模式特点，川西北气矿针对从图纸设计到工程验收全过程和可能出现的问题，制订《一站式脱硫橇制作技术管理规范》《一站式干法脱硫橇装装置安装技术管理规范》《一站式脱硫服务操作与技术管理工作质量标准》等，详细规范了过程技术要求、安全管理要求及处罚条例，后期运行的操作保养及维护维修，保障施工作业的质量、工期要求以及各方信息沟通的顺畅。

（二）改革工艺服务计价方式，填补结算漏洞

在传统模式中，川西北气矿结算脱硫处理费用时，是以脱硫剂使用量为标准，对不同的生产环节、不同服务商和不同的施工人员分开结算，程序复杂、波动较大、存在信息不对称等隐患，常有误差、脱节问题发生。推行一站式脱硫改革后，气矿针对含硫天然气的脱硫处理与天然气交接贸易计量类似的情况，借鉴我国最新的天然气能量热值计价方式，合理利用经济杠杆，探索出以天然气硫含量为基础，处

理原料气量为标准的新型计价模式。该模式以一定时期在线监测硫化氢的平均值对比基准价气质条件的差值百分比进行折算，计算参数较传统模式更科学、易获取，一次脱硫整体结算，有效解决传统模式导致的计价难题，加深服务商参与度，提高服务商积极性，在科学结算的同时确保服务效果。

四、强化服务商管理，全过程监督管控

（一）转变审查方式，严格控制服务商准入

一站式脱硫管理模式对服务商的制造安装、施工作业能力有更高的要求。川西北气矿在整合服务资源的基础上，转变准入审查方式，将传统的资质审查向能力评估方向延伸，筛选和培育更符合一站式模式与气矿未来发展的服务商。

在准入审查工作中，气矿制订《服务商施工作业前能力准入评估表》《服务商队伍市场准入 HSE 能力评估调查表》等，对服务商开展全面的能力评估，以设备预制安装能力、现场 HSE 管理能力以及施工队伍水平为考察重点，调研服务商设计能力、生产能力，比对服务商 HSE 管理制度、规程和应急预案，确认其是否严格落实风险防控措施以及条款是否具备可操作性，设备清单中的救援、防护用具是否符合气矿要求，指挥人员与操作人员是否证照齐全、专业素质是否过硬等。通过评估打分，筛选分数较高、能力较优的服务商进入准入名单，建立技术服务资源库，作为招投标及采购的重要参考。

（二）深入指导帮扶，提升服务商管理能力

对合作的服务商，川西北气矿定期开展指导帮扶，使服务商更好适应气矿转型升级，共同成长与提升，开展更紧密的共赢合作。

一是评估指导管理人员。邀请第三方专业评估机构，与服务商负责人、现场管理人员等进行能力访谈，评估管理人员安全技能和履职能力；指导管理人员细化梳理项目施工作业活动，逐项辨识危害因素，评价风险等级，完善防控措施，将其步骤和安全措施编制成操作卡，引导管理人员一步一步确认，提高 HSE 管理意识。

二是培训帮扶作业人员。川西北气矿以第三方评估机构的评估结果为基础，在作业风险、施工问题等方面编制专门的培训课件，对服务商作业人员定期培训，特别是高风险作业环节，以气藏开发涉及的事故、案例为突破，详细分析讲解不规范、不安全操作的后果与应对机制，引导作业人员重视安全，激发他们积极学习的动力。培训结束后，项目组开展考核，特别是对员工关键安全能力、操作能力进行现场考核与不定时抽查，考核不合格的服务商，要立即更换或停工培训，待考核合格后再上岗。定期组织开展现场应急演练，通过实训提升应急处理能力。

（三）全过程监督管控，保障服务质效

施工投运前，川西北气矿组织编制脱硫服务全过程应急专项管理方案，开展安全风险识别，做好安全交底，明确应急处置措施，方案签字盖章后放至实施井站、作业区技术室及 HSE 管理办公室。对服务商编制的设计文件、施工作业方案、应急预案等进行审查，对服务商采用的新工艺、新技术、新材料、新设备进行安全性评估和审核，签字后方可开工。项目管理部门监理单位签字确认，并督促承包商将审查通过的关键岗位人员和工器具审查表报属地管理单位 HSE 办公室备案，便于属地管理单位对关键岗位人员资质和工器具进行现场核实。

施工现场安排专业人员进行投运前安全检查，对服务商关键岗位人员资质进行两级核实，确认安全条件全部达标后签署交接条件确认单方可允许运行。基于新的脱硫装置和运行模式，编制详细的橇内工艺流程倒换操作规程和操作手册，指导操作人员不混乱不遗漏，确保流程切换过程安全。安排至少一名专职人员现场跟踪脱硫剂装填与脱硫塔整体吊装、切换，监控脱硫数据，同时对装置进行日产巡检和记录。

对脱硫塔更换服务过程严格把控，完善脱硫更换业务作业器具、施工人员交接手续，实行严格安全证照管理，要求参与生产运行的管理人员、操作人员应具备相应的硫化氢防护证、压力容器操作证、HSE 资格证、吊装作业证等资质、证书，并按规定上报气矿备案及进行现场公示，必须一人一证，完全对应。在脱硫塔前后端增设硫化氢在线监测设备，开展在线实时监测，脱硫塔整体更换后，安排环境监测单位人员现场取样开展硫化氢含量分析，比对监测数据，辨识工艺漏洞，严格把控服务商的服务质量。

（四）完工后开展HSE考核，严格查处问题

项目完工后，专题管理项目组负责对服务商进行HSE绩效评估，开展专项管理检查，填写《施工作业过程中监督检查表》《项目完工后HSE绩效评估表》，每年分两次将上半年承包商HSE管理情况、全年承包商HSE管理情况及业绩考核结果报质量安全环保科备案。地方政府、上级单位开展的各级、各类监督检查中发现的问题，也要纳入考核，最后由气矿QHSE监督管理委员会进行汇总和综合考评，考评分值由服务商当年度所有作业项目与HSE管理体系审核情况两部分组成，分别占70%和30%。

考核结果直接与项目合同费用结算、准入评估挂钩。对各级监督检查、HSE考核中发现的问题，由项目管理部门责令服务商限期整改或停工整改。得分率60%以下的，给予"红牌"处理，取消单位市场准入，服务商主要负责人、责任人员列入气矿"黑名单"。

五、提升员工技能素质，适应管理新要求

（一）提前开展岗位要求梳理与人员技术能力状况分析

施工前，对整个一站式脱硫开发工艺技术及各项配套措施、方案提前梳理准备，明确岗位具体的技术要求、掌握程度等。项目组对照岗位要求和技术清单，逐一摸排井站员工和安全管理人员的技术能力状况，通过调研统计、考试考核等多种方式，对参与新工艺试验员工的安全环保意识、防护理念、专业技术水平及应急处置能力等调查摸底，找出各类人员掌握的技术与实际生产管理需求的差距，明确培训重点，按照"全局思维，专业精准"的原则制订专门的培训计划和各项配套措施。

（二）多元化、多渠道、全方位提升员工专业能力

川西北气矿基于新工艺实践应用，结合含硫气藏开发的重点、难点以及工艺特点，提出"稳定人才队伍，提升综合素质"员工队伍建设要求，有效利用多渠道的培训资源，设计、优化多种培训方式，合理安排培训周期，全方位提升员工综合素质，确保员工思想到位、意识到位、技术到位。

一是集中培训与现场指导相结合。对于大多数员工都需要培训的普适性内容，采取编制阶段性培训课程、定期集中学习方式进行，包括集中现场培训和技能提升"师带徒"研修班。对于需要结合实际生产、管理状况的内容，邀请设备厂家、企业技术专家、技术骨干到生产一线现场讲解，定期选送人员到设备生产厂家学习。

二是开展形式多样的网络培训。建立企业内部信息化学习平台，针对不同工种、岗位，集成视频、图片等音像资料，编制网络学习课程。员工根据自己工作情况，合理安排学习时间，在网络培训系统中完成学习、答题、考试等内容。同时，充分利用网络平台、新媒体，推送行业最新资讯和技术动向，开阔员工眼界，紧跟行业发展趋势，激发内生创新能力。针对井站员工工作地点分散、流动性大、不便于集中的特点，聘请专业讲师开展直播教学。对于学习过程中出现的问题，员工可以在线提问，专家在线解答和视频实时指导，更加直观、灵活、便捷地完成培训工作。

三是常态化职业技能鉴定，打造专业人才队伍。脱硫操作涉及众多工艺，专业化程度较高，对熟练技术工种需求大。制订《川西北气矿职业技能鉴定考评管理办法》，将职业技能鉴定常态化、制度化，通过能力评估、系统培训、理论实践考试、综合考评等环节，全面评价鉴定对象的职业技能。除了对企业内部员工进行鉴定，还对服务商、派遣单位劳务人员进行鉴定，将职业能力考核、职业道德评价、创新创优能力有机结合起来，着力打造一支专业的施工作业队伍。职业技能还与绩效考核直接挂钩，技能获得较大提升者，气矿与井站都给予奖励，以不断提升员工自主学习动力，激发创造潜能。

六、信息化实时监控，提高管理效率

（一）升级信息管理系统，构建高效管控基础

委托专业软件公司，开发体量轻、易操控的小型工艺计算软件，作为原有的整体工艺系统集成软件的辅助与支撑，弥补集成系统体量过大、计算繁复、调整麻烦的缺陷，将系统与局部相对独立，开展集成—模块化设计，不同模块设置不同专业管理人员，在整体设计与局部工艺之间实现即时线上比对与方案调整。依托三维协同设计程序，搭建属地管理方与服务商的意见交互渠道，除现场沟通外，还可全时段线上交流问题。

依托中油系统ERP物资管理平台，整合传统模式多环节、多渠道物资采购程序为统一采购，面向采购部门和供应商动态发布物资采购计划和采购清单，在三维设计程序基础上实现物资双通道管理。设置物资到货、出入库、物资消耗动态统计、余料、平库和利旧物资管理模块，与井站和供应商建立信息互通链接，实时更新物资使用、需求、库存和供应情况，实现物资全动态管理。

（二）信息快速处理，辅助决策与及时响应

在三维协同设计平台下搭建工程管理程序，实时监控现场作业情况。在现场施工期间，由施工单位将施工成果、安全生产数据、日工作状况通过服务商端口进行上传，与场站内的生产调度信息、气象信息、产量信息、天然气硫化氢含量、管网信息等各类重点数据一起由系统集成整合，传输至作业区级、气矿级调控中心，快速处理分析，形成日工作报告，结合三维实景模拟，为下一步施工作业提供及时的方案建议，为应急指挥调度和辅助决策提供依据。

（三）可视化全时监控，保障施工安全与服务质量

建立场站数据采集与监视控制系统、公用及辅助工程实时生产系统，充分利用电子摄像头，无人机实现远程监控、主动监测、识别作业人员资质、入场资格、违章行为，上传数据至在线系统，管理层和生产人员可以通过报警信息和三维实景方式进行查询，定位风险发生位置，同时通过现场语音报警、无人机对讲等及时控制不安全行为、不安全状态。对三维设计模型引导的施工，按不同工艺从安装到运行管理都可在系统上进行全时查询，通过模拟、现场实景以及两者的对比，找出隐藏的安全漏洞和不规范操作，及时整改，保障施工安全与服务质量。

（四）数据共享，动态提升

实施严格的资料归档制度，从项目方案设计、过程审查、合规选商、设备清单、现场施工、员工培训到后期投产试运等数据资料，均在信息系统后台实施统一管理。按照气矿数字化移交规范标准，要求数据按照过程渐进式上报和归档，保障数据的完备性和准确性。对协同设计、物资采购、设备安装、脱硫工艺、富剂处理等信息，川西北气矿与服务商、供应商实时共享，及时反馈存在和可能出现的问题，建立更高效的连接，商议改进措施，推动工程服务质量动态提升。

（成果创造人：方　进、罗召钱、刘奇林、杜　诚、李旭成、彭　武、
赵晓琴、肖智光、马仕刚、刘　鹏、邓亚雄、景芊荃）

以高质量发展为目标的电力结构优化管理

华能国际电力股份有限公司德州电厂

华能国际电力股份有限公司德州电厂（以下简称德州电厂）创建以高质量发展为目标的电力结构优化管理模式，以企业高质量发展为目标导向，在科学开展电力产业高质量发展评价的基础上，紧扣电力行业清洁高效和节能减排发展趋势，大力推进传统煤电产业提质增效，大规模拓展城市供热产业，积极推进与园区企业开展工业供汽联动，因地制宜开展风电项目建设并进行智能化运行与维护，前瞻性布局水上光伏等新能源项目，推动企业电力结构不断优化与升级。同时，大力推进设备技术改造，全面加强清洁生产与节能减排，强化企业知识产权保护，大力开展"风—光—储"样板项目建设与调度创新探索，不断夯实产业结构优化的技术基础、知识产权基础、绿色化发展基础和产业一体化管理基础，为企业电力结构持续优化提供强大支撑。从纵向来看，管理模式以高质量发展为目标导向，借助科学的产业评价和选择体系，通过装备改造、技术进步、节能减排、绿色发展等关键举措提质增效，持续提升产业内部结构。从横向来看，管理模式强化电力产业新技术、新业态、新模式、新产业应用与布局，不断理顺产业间的关系，推动多业态一体化管理，持续提升产业素质和产业协同效应。

一、科学开展电力产业评价，确立企业高质量发展目标与产业结构优化方向

德州电厂从电力产业的技术装备、节能减排、创新能力、财务指标、政府补贴、产能状况、市场营销七个维度出发，构建了企业产业综合评价与选择模型。该模型依据分层综合评价原理，着重处理好以下关键环节。

一是对定量指标采取无量纲化处理，将其转化为 0~1 之间的数值。

二是对定性指标直接采用专家评分法，由来自企业、咨询公司、设计单位、政府部门、外部专家等多方专家人士根据项目的实际情况打分，取其平均值作为指标值。为便于数据处理，统一将分数值设定在 0~1 之间。

三是采用层次分析法确定指标的权重。分两级构造指标层次结构，由一级指标体系和二级指标体系构成；对同一层次的各指标构造两两比较判断矩阵，用以比较同一层次各指标对上一层次相应指标影响的程度；开展层次单排序及一致性检验，对每个判断矩阵按照计算特征向量、计算特征值、开展一致性检验的步骤进行；开展层次总排序及一致性检验，在计算出各个指标最终综合权重的基础上，要求通过层次总排序的一致性检验。

借助上述评价模型，德州电厂确立企业高质量发展目标与产业结构优化方向。企业高质量发展目标是依托电力领域新技术、新业态、新模式、新产业，打造现代大型新能源供应商。企业产业结构优化方向是在依靠科技进步挖潜、增效做强做优发电主业的同时，坚定不移地向新能源、综合能源转变，形成"热电联产、风光并举、综合能源"的发展新格局，开创多产业高质量协同发展新局面。

二、开展重大装备自主技术改造，促进传统煤电产业提质增效

德州电厂对 700 兆瓦汽轮机开展以自我技术攻关为主的通流提效改造。在改造中，德州电厂依据美国机械工程师协会《汽轮机性能试验规程》（ASMEPTC-2004），组织改造前汽轮机全面性能摸底试验，分析汽轮机存在的问题。根据性能摸底试验结果，结合运行中出现的影响安全可靠性和经济性问题，组织专家深入分析论证，立足德州电厂实际运行情况，确定了通流提效改造边界参数，制订了适应电力新形势的通流提效改造技术路线，重点在兼顾宽负荷运行经济性、改善调峰性能、改造机组持久经济性、供热可靠性及安全稳定性等方面提出了明确的、有针对性的技术要求。在具体技术改造项目建设过程中，德州电厂改变传统以包代管的方式，在改造方案论证、设计、安装、调试等环节中发挥全过程主导作用：一方面，通过公开招标确定东方汽轮机厂有限公司为项目改造单位；另一方面，积极组织各大设计院、西安热工研究院及各大电科院等单位的专家全程参与，特别注意发挥企业自身的技术攻关优势，把握技术改造的主动权。

在对汽轮机通流提效关键技术深入调研和反复论证的基础上，企业实施了对5号汽轮机（700兆瓦）高、中、低压缸实施通流改造，采用新型叶片、新型汽封、新型保温等一系列创新技术，攻克了多个技术难关，关键技术与核心技术创新点包括基于机组实际负荷系数、调峰需求的调节级优化选型；阀序优化中调节级叶片安全可靠性评估技术；基于机组实际负荷系数、排汽背压、供热抽汽等影响因素的低压末级叶片优化选型；大容量机组通流密封性能优化技术及气流激振预防技术；兼顾机组宽负荷经济性的通流优化技术及性能考核方法等。

从机组技术改造的效果来看，经过改造的机组运行明显优化，实现了冷端运行优化、汽轮机配汽特性试验和滑压运行优化，增强了滑压运行方式对机组背压、供热量等参数发生变化时的适应性，达到显著挖潜增效的效果。改造后机组热耗率为7760.8千焦/千瓦时，优于设计目标7777千焦/千瓦时，经济性提高约4.68%，年节约燃煤成本约2628.5万元。由于改造成效显著，该改造为华能集团系统内外大量火电企业提供了宝贵的实践经验和示范典型，为相关设备科学提质增效改造提供了技术线路图和技改经验，显著促进了国内汽轮机技术从引进消化吸收到再创新发展的进程。

三、大规模拓展城市供热产业，不断提升供热服务价值

德州电厂6台发电机组的运行热效率均在92%以上，具有显著的热电联产优势。近年来，德州电厂发挥技术装备优势，积极推进热电联产，大力拓展城市供热产业，迅速成长为德州唯一大型热源基地，承担德州城区80%以上的热负荷，在供热保民生方面发挥着举足轻重的作用。2019—2020年供热采暖季，德州电厂累计对外供热649.5万吉焦，同比提高15%，成为区域热网的中坚力量。在此基础上，企业不断深耕供热市场，不断提升产业服务链价值。

一是做好供热应急预案，防范和化解热网风险，为社区提供安全、稳定、优质的热源。德州电厂与德州市热力公司、新源热力公司等热网公司通力合作，推进热网线路联络运行，积极主动消除事故隐患，防范供热风险。仅2019年供热采暖季，先后进入社区完成设备消缺30余次，有效保障供热安全。

二是深耕小区供热专业化服务，不断开拓供热市场。2019年，德州电厂在过去供热服务小区的基础上，增加5个地热井改造小区及4个新建小区，累计达到32个供热服务小区。同时，根据用户的诉求，在小区增加安装50个专业测温表，累计到达200个专业测温表，确保供热安全稳定。

三是提升"热到家、暖到心"等服务品牌价值。为更好服务低保群众，2019年，德州电厂组建低保年审微信群，缴费、申报实现一键办理，共为辖区内46户低保家庭节省资金21800元。企业热力公司34名干部职工自发捐款，为特困家庭支付取暖费，购买米、面、油等生活用品。对敬老院、学校、幼儿园、医院等特殊单位、人群，开展爱心活动，实行优惠政策，践行"热到家、暖到心"的服务承诺，确保提前供暖、及时供暖。

四、积极与园区企业联动，推进工业供汽

2017年2月，德州电厂与德州运河恒升化工产业园的龙头企业华鲁恒升公司签订战略合作协议，标志企业迈出工业供汽的重要一步。近年来，企业不断强化与园区企业联动合作，积极破解工业供汽领域中的难题，为行业内煤电机组开展工业供汽闯出了一条新路。已实现稳定供应工业蒸汽300吨/小时，力争2021年年底供汽达到1200吨/小时，企业正朝向"全国最大最优的工业供汽企业"迈进。

一是加强与园区企业的对接性联动技改。为做好对华鲁恒升的工业供汽，德州电厂对相关机组进行了对接性改造，从2号、3号、4号机组的高温再热蒸汽管道上各引出1路支管接到各自的减温器，减温器的出口管道接到供汽母管上，再送到分界点处。考虑到减温器后厂区及厂外供热蒸汽管道的温降，减温器将高温再热蒸汽减至315℃，实际运行中可通过调整减温水量调整蒸汽温度。厂区内供热母管走向分别从二期主厂房煤仓间扩建端引出，通过管架向西侧敷设至三期工程煤场附近后转向西至铁路专用线东侧，再沿铁路线向北敷设至厂界围墙外1米（之后由华鲁恒升负责）。管道采用高、低支架结合方式敷设，在跨越道路时采用高架方式，管道支架为独立基础。2018年7月14日，通过改造，蒸汽管网正式通气，年内实现工业供汽300吨/小时的目标，有效保障了华鲁恒升50万吨乙二醇等高端项目的投产运行。

二是积极破解与园区企业联动合作的瓶颈性难题。2019年，华鲁恒升新上百亿级150万吨新材料化工项目，该项目带来每小时上千吨的蒸汽需求，为德州电厂工业供汽带来巨大的发展机遇，但也带来企业机组低谷深度调峰阶段无法保证供汽量和供热品质等瓶颈性难题。为突破瓶颈，德州电厂一方面加快机组电热灵活性调度改造，从技术上满足合作企业需求；另一方面，积极寻求相关政府机构帮助与政策支持。通过召开专题协调会议等形式，在山东省能源局、国网山东省电力公司等单位大力支持下，组织开展了"用灵活性调度保障华鲁恒升150万吨绿色新材料项目工业蒸汽稳定供应科技项目"等一系列科技攻关，成功解决了工业供汽稳定性难题。

此外，德州电厂积极开发其他工业汽用户，为北新建材公司等其他用户全月平均供汽量合计高达40吨/小时，对外工业供汽实现量价齐升，为实现华能集团公司提出的"今后三年供暖面积从8亿平方米跃升至20亿平方米的奋斗目标"积极贡献力量。

五、大力推进风电项目建设，推动智能化运维

德州丁庄风电项目在各参建单位的共同努力下已顺利完成建设并成功并网发电。在风电机组实际运行中，在环境风力9.1米/秒的情况下负荷达到4056千瓦，成功实现满发目标。

一是动态优化机位选址设计。本项目风机机位最初国土部门预审机位47个，后因德州市东部新区规划、马颊河生态半岛及生态红线等因素影响，机位缩减至34个。再结合地方政府对风电机组集约性布局要求，最终确定机位为25个，实现集中布置。风机覆盖区域由最初设计的85平方公里减少至约50平方公里，大大减少占地面积。

二是不断优化风机选型。以高可靠性、高发电量、低运维成本为标准，并要求与丁庄风资源和地理环境相匹配，按照货比三家的原则优化风机选型。最终确定采用4兆瓦风机为MySE4.0-156半直驱技术机组，投运后风机可利用率达到99%以上，高于国内同行业一般水平约4%，年可利用小时超过2170小时（可研目标值2108小时），非调度原因全场弃风率小于1%，风机传动链20年内免维护费用，可有效降低运维成本。

三是强化项目建设管理。其一，强化项目建设安全控制。建立双重预防体系，坚持违章零容忍，切实做到"防风险、除隐患、遏事故"。成立安全生产委员会，对风险分级管理。充分发挥监理单位职能，做好预防管控。加强现场基建安全管理工作，充分发挥三级安全网作用，同步做好环保、舆情防控工作。加强人员安全培训，2019年累计完成安全培训41批次、共培训586人次，累计完成应急演练1次，参加演练人数15人。其二，强化项目建设质量控制，打造"高效、标杆、示范、可复制"精品工程。成立专门质量管理组织机构，完善规章制度，重视对隐蔽工程的管理，严格按照质量监督标准做好工程质量监督工作。定期召开工程质量例会，查出问题及时整改。2019年5月，项目完成了在山东电力建设质量监督中心站和华能集团监督中心站的注册工作，并已开展质监站（包括华能中心站和山东中心站）监督检查3次，共查出问题398项，以一问题一验收的形式逐项完成整改。其三，强化项目建设工期控制。通过科学、合理制订项目建设周期，提高施工效率，降低不可抗力因素影响；建立闭环工

作机制，细化目标任务，精准管控项目进度；风机采用1600吨的汽车吊进行吊装，大幅缩短转场安装时间。

四是搭建智能化运维管理系统，提高项目整体运维效率。主要包括：采用无人机，基于机器视觉的叶片健康评估，对叶片裂纹进行识别；采用基于无人机图像的叶片裂痕自动检测的数据驱动框架，应用Haar样特征描述裂纹区域，用于通过从一组基本模型、Logit Boost、决策树（DT）和支持向量机（SVM）中选择的阶段分类器执行裂纹检测；通过在叶根螺栓加装多组应变监测传感器，配合数据分析算法，结合风机运行工况，实现对叶根螺栓断裂状态识别；采用机舱式激光雷达测风技术，对偏航误差进行校正，进而给风机带来发电量的增加，实现功率曲线的优化及风机载荷的改善；采用机组全生命周期健康状态评估及智能故障诊断系统，依据机组运行数据和历史损坏记录，通过机器学习训练模型，以及实时数据的计算，针对部件损坏提前预警；通过在升压站内配置巡检机器人，实现对升压站各设备的无人巡检及监控，将巡检数据及分析结果及时上传到运维管理系统。

六、紧扣关键环节与要素，前瞻性布局水上光伏产业

德州电厂在德州丁庄水库规划建设容量为320兆瓦的水上光伏项目，项目分两期。一期规划容量为200兆瓦，二期规划容量为120兆瓦。该项目属于水上漂浮光伏项目，建成后将形成可浮动的、壮观的太阳能面板阵列，成为德州市新的"地标性"景观，催生光伏观光等新业态。

在水上光伏产业项目建设中，德州电厂紧扣光伏发电系统、浮动控制系统、升压站、防雷接地、道路码头、围栏及观光设施等关键环节，强化相关设备设施供应招投标管理，力争将最优的质量、安全、环保、性能、价格等相结合。其一，在光伏发电系统中，突出光伏组件、逆变器、35千伏箱变、集电线路等要素的匹配组合，以及组件清洗系统的配备。其二，在浮动控制系统中，突出所有浮体、箱变浮台及锚固系统等设备匹配组合与建筑安装工程及调试要求。其三，对升压站，突出SVG、GIS、主变、接地变、高压开关柜、光功率预测装置、气象监测装置、二次设备等其他升压站设备安装和调试要求；突出站内构筑物、建筑物施工要求；突出电缆沟、电缆及桥架、站内道路、消防、暖通工程及站内视频监控设备供应与施工安装要求；突出国家及地方政府相关要求，对临时用地进行复垦。其四，对防雷接地，突出光伏场区主接地网、设备接地的安装要求，以及接地扁铁、接地线的保障。其五，对道路码头，突出场内道路、进场道路、围栏及观光设施等建设与施工要求，妥善处理相关民事问题。

七、构建产业结构持续优化支撑体系，为产业协同高效发展提供强大动能

一是始终瞄准关键技术与核心技术，有计划设立技术攻关储备项目，为产业持续技术进步提供强大支撑。以700兆瓦进口汽轮机通流提效改造为例，在该项改造中紧盯汽机本体结构重新优化设计的最前沿领域，采用先进合理的技术方案，确保汽轮机改造后具有较高的经济性和运行可靠性。其关键技术与核心技术突破在于，应用高效调节级、宽负荷叶型及全新优化的宽负荷高效低压模块，使机组工况性能转为优异，在额定负荷及较大的负荷范围内均有高效表现。同时，立足自主研发，利用全三维数值分析方法并结合试验验证等多种方法，建立高效冲动式汽轮机设计体系，全模块应用新一代通流技术，进一步减小叶片损失，提高叶型的气动性能。优化调节级及各压力级焓降分配、调整通流级数，使通流效率达到最优。优化汽封配置，隔板及轴封采用DAS+刷式汽封；叶顶汽封采用成熟、可靠自带冠叶片的高低齿汽封，大幅降低漏汽损失。对原机组轴系的稳定性及动力学特性进行优化，提高机组振动响应安全等级。制订汽封系统最适化调试试验方案，实现轴封效率与轴系安全性的最优配置。研究考虑密封动力特性与转子之间的动态关系，优化密封动力特性、试验特性与结构的设计，在保障经济性的同时提高了轴系—密封系统的安全性。此外，德州电厂有针对性地储备一批技术攻关项目。比如，围绕华鲁恒升150万吨绿色新材料项目工业供汽，德州电厂拟进一步开展"用灵活性调度保障华鲁恒升150万吨绿色新材料项目工业蒸汽稳定供应"科技攻关，拟进一步开展#2-6高旁技术改造、#3机组低压缸切缸改造，通过系统化的技术攻关，解决工业供汽中的关键技术与核心技术问题，为企业工业供汽产业规模化发展提供强大技术支持。

二是加强知识产权保护，确保对关键技术与核心技术的自主掌控，为产业发展提供持续创新动能。德州电厂高度重视工业供热改造等项目核心技术掌控及知识产权保护工作，持续加强创新点的辨识、凝练、系统规划、提炼重要技术突破点并申请专利。德州电厂已获发明专利授权1项、受理10项，实用新型专利授权5项、受理12项，注册软件著作权5项。正在申请的相关专利包括：一种应用于高低压旁路联合供汽的减温水系统，一种有效提升工业供汽机组深度调峰能力的系统，一种实现大型燃煤发电机组停机不停炉的应急工业供汽系统，一种应用于燃煤供汽机组停机不停炉模式下的工业蒸汽余压梯级利用系统，一种关于高背压供热循环水与纯凝循环水切换的系统，一种用于减少管网热质损失的储气装置、系统及储气方法，一种有效避免背压供汽机组频繁启停的储气系统，一种能够实现全时段热电联产的超超临界煤电机组，基于中联门参调的热再工业抽汽煤耗成本计算软件，基于高压旁路参调的热再工业抽汽煤耗成本计算软件等。

三是创新性推进清洁生产与节能减排，为产业绿色化发展提供强大支撑。德州电厂坚持创新驱动，在全面开展清洁生产与节能减排工作的基础上，强化以创新为引领，为产业绿色化发展持续注入动能。其一，组织成立环保数据质量提升攻关小组，创造性开发环保参数超限、异常情况报警手机软件，辅助运行、检修、第三方相关人员及时发现并处理环保参数超限、异常等问题。该环保科技攻关项目成果"污染物排放数据实时监控系统研发及应用"获"全国电力行业设备管理创新成果一等奖"，为适时便捷化追踪环保情况和处理异常状况提供了有力支持。其二，创新性开展煤场封闭改造项目。该项目针对高难度、大跨度门型螺栓球节点网壳问题，创新性开发门型大跨度螺栓球节点网壳安装施工工法。该施工工法依托"井字架支撑、高空散装"法进行网架安装，符合网架安装的科学管理及节约资源和环保等要求，具有操作相对简单、安装速度快、节省人力、技术先进、质量可靠、安全有保障等优点。采用该工法后实际达到每天每个作业面约拼装65个球和260根杆件，约合65个成品锥件，是采用普通方法的6.5倍。经过改造，德州煤场封闭项目成为目前国内体量最大、跨度最大、高度最大门型螺栓球、焊接球混合节点结构煤棚，综合抑尘效果达到100%，对周边空气环境改善、减少风损雨损带来的煤炭流失成效明显，年平均节煤达到33413.3吨。

四是打造"风—光—储"产业项目样板，推动一体化管控，促进产业高效协同发展。对丁庄风电和水上光伏产业，德州电厂统筹谋划配置一定容量的储能系统并共用一个升压站，应用远程集控、智能感知、智慧决策等多项创新技术，同时采用世界先进储能系统，实现"风—光—储"同场，高标准打造"风—光—储"一体化新能源样板。2020年2月10日，"风—光—储"一体发电项目正式列入山东省2020年重大项目名单。项目建成投产后，可实现年发电量4.17亿千瓦时，节约标煤13.27万吨，减排二氧化碳约37.52万吨，减排二氧化硫0.76万吨，减排粉尘5.95万吨，减排氮氧化物0.497万吨，综合效益显著。在"风—光—储"一体化发展的基础上，德州电厂进一步优化发电生产调度，不断创新灵活调度、精益调度新技术，统筹发电、城市供热、产业园联动供汽、"风—光—储"等各种形式的发电出力状况。不断完善产业技术规范与标准，理顺产业协同关系，大力推进产业一体化管理，确保取得良好的产业协同效应。

（成果创造人：王　栩、冯　春、朱振涛、黄玉伟、陈建亮、吴子根、
张　军、马东森、宋维尧、渠富元、任晓明）

大型流域水电企业多目标一体化的梯级调度管理

贵州乌江水电开发有限责任公司

贵州乌江水电开发有限责任公司（以下简称乌江公司）负责开发建设和经营管理乌江干流贵州境内的七座水电站。乌江公司充分利用流域水电站群独特优势，通过管理机制、制度和流程的不断创新，围绕公司高质量发展方向，做好流域生态调度管理，发挥水电清洁能源优势，创造水力发电经济价值，满足流域水电多目标综合利用，通过开展顶层设计，构建多层次一体化管理体系，实现一体化梯级调度管理；通过建设流域水电综合调度平台，实现流域水电站调度优化；实施流域内梯级发电优化调度，实现梯级水电增效目标；制订跨流域优化调度机制，确保乌江至北盘江整体安全经济；建立电网源网闭环互动协同调度，实现水火电在线交互优化；建设流域一体化联防联讯，确保沿岸人民生命财产安全；建立调度经济运行技术指标，有效进行利用效率效益成效评价；提升一体化梯级调度的效率、效益，实现乌江流域生态经济可持续发展，形成"大型流域水电企业多目标一体化梯级调度管理"。

一、开展顶层设计，构建多层次一体化管理体系

为充分发挥流域水电企业、梯级电站及各级调度主管部门在水库防洪、经济运行、生态保障和兴利调度中的作用，通过设立水电企业梯级调度管理机构、建立相应工作机制，实现多层次一体化梯级调度管理。

一体化安全生产体系。乌江公司安全生产管理构建"2+1"模式，即"两个体系+一个中心"。"两个体系"包括以生产技术管理为核心的安全生产保障体系和以安全监督管理为核心的安全生产监督体系；"一个中心"即乌江集控中心。安全生产保障体系包括公司生产技术部和电厂生产部门，负责生产技术、设备管理、技术监督、水工建筑物管理、防汛设备设施管理、技术改造、检修管理、节能减排、科技管理等工作；安全生产监督体系包括公司安全环保部和各电厂安监部门，负责安全生产监督、环境保护监督、防洪度汛管理、流域环境监测管理、清洁发展机制建设等工作；集控中心是公司水电调度运行的归口管理部门，承担水电站远程控制、梯级优化调度、洪水联合调度、电量集中营销等工作。

一体化生态保障体系。乌江公司生态保障体系主要包括水生态恢复和生态流量泄放的双重保障体系。水生态恢复是通过保持乌江梯级水库鱼类资源恢复和水生态系统结构功能的完整性，采用鱼类增殖放流站循环水养殖系统、珍稀鱼类在循环水系统中的人工繁育技术管理，定期开展增殖放养，以保护和补偿乌江流域的鱼类生存环境、改善水生生态，显著改善流域水电工程对水生生态的影响。生态流量泄放是通过建立职能管理和运行管理两个层面的生态流量保障工作，安全环保部负责对接上级环保管理部门，负责政策把握、制度宣贯执行和奖惩考核等工作；集控中心对接流域水资源管理部门，负责生态流量保障执行、应急情况报备处置和逐月评价上报等工作；乌江梯级各电站负责维护管理生态流量保障设施设备，执行集控中心实施管理要求，保证生态流量调度方案有效实施。

一体化运行管理体系。乌江公司梯级运行管理实行远程集控方式，由乌江集控中心在贵阳市对梯级九座电站直接进行远程操作，负责公司水电与新能源电力运行、远程控制管理和运行风险管理等工作。

一体化兴利调度体系。乌江梯级兴利调度体系包括流域优化意图、电网计划安排、运行跟踪执行三个环节。乌江公司调度人员负责全流域优化调度计划安排建议并上报，电力调度机构负责采纳建议并结合全网进行发电计划安排，乌江公司运行人员根据调度计划执行并实施跟踪建议。优化调度方案的制订必须考虑流域来水、电站调节性能、发电设备状态、电网整体需求、航运相关事宜、生态流量保障和沿

岸百姓生产生活用水等多个目标及相关约束，在满足多目标需求的基础上，实现乌江梯级一体化调度管理。

二、建设流域水电综合调度平台，实现流域水电站调度优化

乌江梯级水电站综合调度平台是集数据采集、传输、优化计算、远程监视、集中控制和调度管理等功能于一身的综合性自动化系统平台。该平台包括流域计算机监控系统和流域水调自动化系统，同时包括工业电视系统、电能量计量系统、保护信息子站系统、卫星通信系统等。该平台集成径流预报、发电优化调度、防洪优化调度、跨流域优化调度等功能，解决优化调度高级应用与水调自动化系统基础平台的无缝集成问题。其中，应用中长期径流预报软件，提供较为准确的梯级各电站坝址及区间径流预报，为运行方式编制、流域优化调度决策提供可靠的基础数据；防洪优化调度系统研究应用，大大地缩短防洪调度方案、发电计划方案的编制时间，为梯级水电站安全防汛和洪水资源化利用提供有力保障；发电优化调度规则和系统的应用明显提高梯级水能利用效率。该平台在以中国工程院院士为组长的专家评审中，张勇传院士和王浩院士组成的专家组鉴定认为，在梯级调度效益评价体系、优化调度算法、径流预报模型等方面创新显著，研究成果整体达到国际领先水平。

三、实施流域内梯级发电优化调度，实现梯级水电增效目标

流域优化调度是梯级水电实现提质增效的重要手段，乌江公司建立多种梯级优化调度工作模式，通过实施优化调度策略，实现流域水能资源最大化利用。

（一）建立梯级蓄能调度图的联合调度管理，实施节点优化

乌江公司率先提出的梯级蓄能调度图是行业内调度方法的重要创新成果，为国内梯级调度管理的蓄能控制提供理论依据和管理方法，对行业内相关工作推进发挥范例作用。该梯级蓄能调度方法主要通过明确汛前、汛末、年末蓄能节点，做好汛前均衡有序消落蓄能、汛期来水合理抬升蓄能，汛后优化调整年末蓄能。

（二）建立梯级优化调度分段协调管理，确保流域整体优化

乌江公司提出梯级分段协调管理的方法，极大程度上解决了上下游电站来水时空分布不均、入汛时间不同、调节性能差等问题，是一种切合实际情况、科学合理的优化调度纠偏工作方法。该方法主要以梯级龙头洪家渡电站和中下游构皮滩电站两个多年调节水库为关键水库，将梯级七座电站划分为上游"洪东索乌"和下游"构思沙"两个分段。

（三）建立第三方复核机制的汛限水位动态管理，向洪水要效益

汛限水位动态管理就是通过协调地方政府、防汛机构和长江水利委员会调度部门，在主汛期洪水入库后，超过汛限水位安全拦蓄洪水，并通过发电降低到规定范围，从而实现"少弃水、多发电"的目标。汛限水位动态控制是洪水资源利用的主要方式之一，汛限水位以上防洪库容的使用必须服从有管辖权的人民政府防汛指挥部的统一调度指挥或者监督。第三方复核机制是乌江公司提出的洪水资源化利用建议，对防洪库容、对应水位和水情趋势等，长江水利委员会防御局要求第三方专业机构进行复核，然后才同意采纳乌江公司的意见建议。第三方复核机制的形成有效解决了防汛管理部门和流域水电企业之间的信任问题，使防汛机构决策同意某水库水位超过汛限水位时有依据保障，从而实现"决策部门无风险、发电企业获效益"的节能目标。

（四）建立跨主体洪水联合调度机制，确保少弃水、多发电

一是建立乌江公司与大唐重庆公司之间的联合调度机制，解决构皮滩、思林、沙沱和彭水之间的联合调度问题，主要包括信息互联、意图互通、发电互补和洪水互调等几个环节，各环节分别需要协调贵州中调和重庆市调、贵州防办和重庆防办、长江委防总办等单位，最终实现发电调度和防洪调度的多主体利益均衡管理与协调。

二是建立猫跳河—索风营洪水联合调度机制。猫跳河属于国家电投集团旗下的红枫发电总厂，上游猫跳河一级、二级电站具有多年调节性能，三级至六级电站均是日调节水库。每当汛期猫跳河出现集中降雨，建立猫跳河—索风营洪水联合调度机制，通过一级、二级电站进行有效拦蓄，可以使索风营可以多发电。

三是建立平寨—普引—东风联合调度机制，平寨电厂属于黔中水利枢纽管理局，普定、引子渡属于贵州黔源电力，在汛期降雨集中时段，通过平寨—普引—东风联合调度方式，使上游水库为下游水库拦蓄错峰，确保梯级几座电站都能够多发电、少弃水。

四、制订跨流域优化调度机制，确保乌江至北盘江水电安全经济

贵州省内最大的两条河流是乌江和北盘江，分别由乌江公司和黔源公司开发建设，乌江公司和黔源公司的水电站群均接入同一电网，汛期两大流域集中来水，发电效益与防洪风险控制需要协调。2014年，由乌江公司立项、黔源公司参与，开展乌江—北盘江跨流域优化调度研究工作，以此解决存在的矛盾与冲突问题。

（一）建立非汛期蓄能消落均衡机制，确保两流域蓄能一致性节点目标

为避免发生水库提前消落枯竭和到期消落不到位的情况，乌江公司探索实践以一致性为目标的非汛期跨流域调度均衡约束机制，通过制订梯级蓄能消落方案，进行均衡性和一致性对比沟通，报贵州中调、南网总调会商确定，并向全网水火电企业以正式文件的形式明确，确保消落意图执行到位。

（二）建立汛期洪水概率均衡机制，确保弃水风险一致性目标

一方面，在乌江、北盘江两个流域无同步洪水的情况下，尽可能考虑梯级内部和梯级之间整体错峰安排，弃水风险大则优先发电，弃水风险小或调节能力好则暂缓安排；另一方面，当两流域同时发生洪水时，需要进行大方式发电前，先根据防汛指挥机构意见进行洪水调度，确保洪水资源化利用。然后，通过协调贵州中调在省内进行平衡，安排全网火电最小方式发电。最后，向南网总调提出申请，在贵州省内的错峰调节能力已经达到最大时，建议进一步向广东省提出增加低谷曲线外电量计划，确保全网水电少弃水。

（三）建立跨流域调度多方会商机制，实现全网水电整体优化

一方面，乌江公司与黔源公司建立雨情、水情和发电等信息互换共享机制，并每日互通生产短信，确保跨流域调度中双方决策者、管理者和技术人员的信息对称，能够尽快达成共识。另一方面，乌江和北盘江所有水电信息全部上送南网总调、贵州中调、省防办和流域防总，确保洪水调度决策和洪水资源化利用时，发电公司、上级调度和防汛机构间信息对称，能快速达成共识。建立乌江和北盘江调度策略分层会商机制。制订年度、月度运行方式前，集控中心管理层先沟通蓄能、电量及主要水库消落目标；每周由调度部沟通气象、来水和调度意图。

五、建立电网源网互动协同调度，实现水火电在线交互优化

在设立流域集控中心之前，电网调度部门对电站的调度管理信息来源主要是电站直采，除实时信息之外，对发电企业均采取广播式发布，并不在调度系统中接收发电企业的发电调度建议计划和方案，相关电网运行安全信息也不对发电企业开放，导致调度管理更多采用电话联系协调的方式。为此，乌江公司通过多年努力，解决了这一系列问题。

（一）建立"直采+集送"双传输机制，确保电网实时数据可靠性

乌江梯级各类系统与电网调度之间长期形成"指令单向、信息直采"的调度自动化控制模式，数据信息共享和系统互联互动功能不足。乌江公司通过建设自己的调度数据网和综合数据网，信息安全满足国家和电网有关安全要求，获得电网认可后，实现将乌江集控中心相关数据直接上送电网调度系统的功能，推进电网调度和集控中心密切联系。

（二）建立优化方案在线提交功能，调度软件系统直接读取引用

乌江公司通过建立与调度机构之间的系统方案发送功能，并协调上级调度同意，在调度机构的高级应用软件中，开发直接引用乌江公司调度方案的计算功能。该功能实现贵州中调与乌江集控中心优化方案在线协调，兼顾中调与集控中心控制目标，并可将最终协调优化方案传至中调节能发电调度计划生成系统，供贵州中调参考使用。

（三）建立电网安全约束下发功能，推进梯级 AGC 站间优化协调

通过乌江梯级水电站综合调度平台，搭建与电网调度机构安全Ⅰ区、安全Ⅱ区、安全Ⅲ区数据传输通道，通过电站运行上下限带宽数据的上传和梯级上下限计划带宽数据、分区负荷过程数据、安全分区或联络线上下限计划带宽数据、电站上下限计划带宽数据的下达，实现源网安全约束的共享。通过梯级 AGC 对接收到的梯级负荷计划过程，在满足电站和电网安全约束的前提下进行电站间的分配，指导运行人员开展实时协调优化控制；并在充分考虑电网安全约束的基础上，对实际运行中偏离计划方式的电厂自动纠偏与校正，实现各电厂实发电量逼近计划方式电量，同时，可自动避开振动区运行，制订滚动建议计划并反馈到调度主站端系统，进行实时滚动修正和优化调整，实现站间优化目标。

六、建设流域一体化联防联汛，确保沿岸人民生命财产安全

一体化防汛调度体系是以乌江梯级洪水调度为核心，通过建立流域洪水集中调度管理、企地联合防汛指挥、跨省洪水调度协调机制和明确三级调度机构职责，达到防汛调度统一指挥，协同作战，形成防汛救灾的工作合力，确保流域防汛安全。

（一）构建洪水集中调度管理机制，确保梯级电站群安全度汛

乌江公司通过集控中心对乌江梯级水电站群进行集中统一调度，根据《中华人民共和国防洪法》《贵州省防洪条例》等法律法规及乌江梯级各水电站设计文件等，出台《乌江梯级水电站洪水调度管理》规程，规程明确梯级电站的洪水调度职责、泄洪预警流程、洪水调度流程及应急调度管理等方面内容，对开展梯级电站洪水调度具有十分重要的指导作用。集控中心汛期强降雨后进行实时水情会商，研判流域水雨情形势，并根据洪水预报情况及时协调调度调整梯级方式安排，编制洪水调度方案，对梯级电站提前做好泄洪预警、对上级防汛调度机构提前备案等工作。

（二）构建企地联合防汛指挥机构，确保电站及周边地区安全度汛

每年汛前，梯级各水电站在地方政府的组织下，联合电站上下游、周边乡镇召开地区联合防汛会，会上成立地区联合防汛指挥部，明确各方职责，并就涉及电站泄洪、发电放水预警、抗洪抢险及防汛宣传等关系群众利益、安全的问题进行沟通协调，确保电站及周边地区防洪度汛工作顺利开展。

（三）构建跨省洪水调度协调机制，确保干流上下游安全度汛

跨省洪水调度是乌江梯级洪水联合调度的一大难点，乌江公司积极推动与大唐重庆公司构建跨省洪水调度协调机制，以实现梯级安全度汛。

一是建立水情信息和发电计划共享机制。将乌江公司梯级电站的水位雨量、调度信息，构皮滩、思林、沙沱的日发电计划、周发电计划传送至大唐重庆集控中心，便于彭水电站发电计划安排匹配运行。二是建立梯级调减发电拦蓄协调机制。彭水电站遭遇洪水，下游彭水、武隆城镇防汛压力较大时，在构皮滩、思林、沙沱有一定拦蓄能力的情况下，调减发电量为彭水拦蓄，同时利用洪水资源多发电。

（四）构建三级调度职责体系，确保乌江配合三峡统筹防汛目标

长江水利委员会根据实际情况考虑沿岸城镇防汛安全和长江中下游防汛目标任务，在每年批复的构皮滩、思林、沙沱《汛期调度运用计划》中均明确各级防汛主管部门和电力生产企业的三级调度职责，乌江干流梯级洪水调度工作实现规范化、标准化管理。当汛期水库水位不高于防洪限制水位且不需要防洪调度时，由乌江公司负责调度；当水库水位高于防洪限制水位或贵州省境内需要防洪调度时，由贵州

省水利厅负责调度，报水利部长江水利委员会备案；当需要配合三峡水库分担长江中下游防洪任务或分担乌江下游重庆境内防洪任务时，由长江水利委员会负责调度。

七、建立调度经济运行技术指标，有效进行利用效率效益评价

在没有成熟案例参考的情况下，乌江梯级联合优化调度效益评价体系是国内起步较早且考评指标丰富的大型梯级电站考评体系，包括评价内容 43 项，其中，基础指标 11 项、调度工作评价指标 31 项、效益评价指标 1 项。

（一）明确水电经济运行管理标准，推进优化调度管理规范化

乌江公司建立以梯级水电站群为对象的节水增发电考核办法，实现水电站考核方法从单一指标考核向综合指标考核的转变。同时，根据华电集团水位控制考核管理办法，提出基于水位控制的梯级水电站群效益评价指标，获得优化调度效益评价的一般规则和指标体系，建成自动考评专家系统。以梯级水电站群效益评价指标作为效益评价的关键指标之一，基本可以合理评价梯级水电站群调度效益，为生产调度决策提供及时、准确、规范的评价数据。

（二）明确梯级综合水能利用提高率算法，科学评价流域整体水能利用效率

水能利用提高率是乌江效益评价的一项综合指标，也是评价体系中最重要的一个指标。乌江公司对原有水能利用提高率的计算方法从 K 系数的反向率定方法和基于水位自动判别机制的调度图使用方法两方面进行改善，解决传统水能利用提高率评价指标只适用于单站的局限问题，实现梯级水电站群优化调度效益的科学量化评价。

（三）明确梯级发电能力评价方法，实现水电提质增效过程管理

为逐月评价梯级优化调度效果，乌江公司创新地提出"天然来水发电能力"的概念，将流域来水和区间来水按规则从龙头电站依次分配至梯级最后一级电站，并折算成蓄能和电量。通过综合比较当前实发电量与梯级可发电量差值、当前梯级蓄能与年初蓄能差值，准确、直观地反映出梯级优化调度成效，实现提质增效过程管理。

（成果创造人：何光宏、彭　鹏、吴　玮、朱　江、高　英、戴建炜、
陈桂亚、裘　峰、李崇浩、王永刚、李成俊、贺亚山）

冶金矿山企业基于深度数据挖掘的同业对标管理

首钢集团有限公司矿业公司

首钢集团有限公司矿业公司（以下简称首钢矿业公司）以目标导向为前提，进行系统谋划，创建起多维度、广覆盖、深挖掘、可延伸、易落地的全方位对标管理体系；以打造全业务链精细化数字矿山为依托，通过设计与分解落实需要，科技创新和管理创新双轮驱动，信息技术与现代化管理深度结合，做实对标管理工作，将对标挖潜、指标创优和目标升级，建立同业对标工作管理机制；构建冶金矿山指标管理体系，打造冶金矿山指标云平台，通过对指标体系的搭建及指标数据的深度挖掘与应用，实现企业指标水平提升、同行业排名进步、市场竞争力提升，以及"真对标、对真标"的目标，同时带动整个冶金矿山行业对标管理变革，达成企业带动行业进步的目标。

一、明确目标、系统谋划、全方位创建对标管理体系

（一）明确目标、系统谋划，形成同业对标管理整体思路

首钢矿业公司分析同行业企业目前的对标管理，发现主要存在两方面不足。一方面是同业对标管理把更多精力放在指标数据的本身，而忽视了如何通过指标差距分析出管理、技术、设备、人才、技能水平等方面的不足。另一方面是部分企业广泛开展了内部对标管理，但内部对标管理体系相对粗糙，没有通过对标调动起广大基层员工的积极性，没有真正实现对标管理的功能。基于上述两方面问题，首钢矿业公司实施同业对标管理，打破了传统意义上的对标模式，形成了全面强化对标管理工作的总体思路：以增强企业竞争实力、提升集团地位、行业地位为追求，以公司规划发展目标为引领，坚持问题导向、目标导向、结果导向，统筹规划四大产业指标设置和提升目标。以效益、效率为重点，打破传统对标模式，把指标按涉及要素彻底打开，层层分解到专业、厂矿、车间、班组、机台和岗位，打通指标"最后一公里"，构建科学、系统的对标指标体系。坚持内外对标并重，强化基层对标、专业对标，找准对标系、明确对标点，形成具体的技术、管理攻关措施，真对标、对实标，营造全员对标氛围。明确责任分工、强化责任落实、完善激励机制、构建管控评价体系，制订对标工作规划，形成管理制度，将对标挖潜作为增强企业综合实力的一项长期性、常态性工作来抓，一年一个目标，实现指标水平持续提升，推动公司高质量发展。

（二）全方位创建同业对标管理体系

如何构建起全方位的同业对标管理体系，既能覆盖各个专业，又能调动全员对标积极性，是构建同业对标管理体系的具体问题导向。首钢矿业公司通过多次组织研讨会，构建起外部对标与内部对标相结合、竞争性对标与功能性对标相协调的同业对标管理体系，体现出以下特点。

一是构建起多维度的同业对标管理体系。多维度主要是从专业涉及范围方面，在构建同业对标体系的时候，不能顾此失彼、厚此薄彼，必须遵循企业发展的组织战略、经营战略，构建起涵盖所有关键职能部门、所有关键业务绩效指标的对标体系。首钢矿业公司在构建的同业对标体系中，按行业细分涵盖了矿产资源主业、资源综合利用产业、物流运输产业、相关产业；按指标涉及专业细分涵盖了设备管控类指标、技术类指标、能源类指标、经济类指标等。

二是构建起广覆盖的同业对标管理体系。广覆盖主要是从涉及的单位范围角度，在构建同业对标体系的时候，尽可能涵盖所有有代表性的同行业企业，有利于对标结果的客观性、代表性和真实性。首钢矿业公司构建的同业对标体系，外部对标借助中矿协平台支持，将70多家较大型以上的矿山企业全部

纳入同业对标管理体系中，涵盖了各类指标；内部对标则结合首钢矿业公司实际，将矿产资源主业、资源综合利用产业、物流运输产业、相关产业四大产业涉及的全部厂矿单位和专业部门纳入同业对标管理范围。

三是构建起深挖掘的同业对标管理体系。同业对标的一个特点就是具备深挖掘性。深挖掘是从同业对标管理的深度而言的，不能将同业对标工作仅停留在各矿山企业之间的指标数据对比排名上，更要从指标数据之间的对比差距上分析出企业在设备、技术、管理、人才、技能等各方面的差距，明确短板，同时，要围绕短板和改善方向实施一系列的改善措施，逐步缩小与先进企业的差距，甚至超越先进企业。首钢矿业公司构建的同业对标体系，根据阶段性的对标结果，分别从人、机、料、法、环五个维度，分析制约指标提升的瓶颈问题，通过实施改进提升措施，促进对标指标不断进步。

四是构建起可延伸的同业对标管理体系。可延伸是从同业对标体系的延伸层次角度而言的，不仅要构建专业层面、厂矿层面的外部同业对标体系，更要能使同业对标体系继续向下延伸至车间、班组，甚至是机台，形成自上而下细化分解、自下而上支持保障的同业对标管理体系。首钢矿业公司此次构建的同业对标体系，就是将80项由专业负责、厂矿负责的大指标逐步分解到车间，再到班组，甚至到机台的小指标，真正将同业对标体系一直向下延伸至最小核算单元。

五是构建起易落地的同业对标管理体系。易落地是从同业对标管理体系运行角度而言的，指同业对标管理体系必须符合企业实际需求，通过建立一系列运行保障机制，保证同业对标管理体系能够顺利运行，真正落地到班组、岗位、机台，与班组、岗位、机台的日常工作有机结合，形成指标提升带动业务工作进步的良好氛围，有力调动基层职工积极性。首钢矿业公司此次构建的同业对标管理体系包括领导带班组、指标竞赛、挂钩考核等一系列同业对标管理体系运行保障机制，有力保证了同业对标管理体系的顺利运行、落地执行。

二、深度挖掘数据价值，搭建对标管理信息平台

（一）基于深度数据挖掘建立对标管理系统

以首钢矿业公司对标指标体系为基础，结合国内冶金矿山企业对标工作现状，为强化指标数据的深度挖掘与应用，搭建了首钢矿业公司对标管理云平台，涵盖露采对标、地采对标、选矿对标、球团对标、烧结对标五大专业，涉及116项具体指标，涵盖首钢水厂铁矿、首钢杏山铁矿、首钢大石河选矿厂、首钢球团厂、首钢烧结厂、首钢矿业公司六个对标单位，以及采矿、选矿、烧结、球团四类单位的通用性相关对标数据。通过建立首钢矿业公司对标管理云平台，在对标管理方面主要体现以下特点。

一是实现指标数据的离散化。改变以前Execl表指标管理模式，将指标数据进行离散化，实现首钢矿业公司116个指标完全数据化并形成历史数据，促进指标管理业务的深度融合，提升企业智能化生产能力和指标服务能力。

二是分阶段实现数据采集统一化。针对首钢矿业公司对标云平台数据基础采集，分为三步组织推进。第一步实现指标数据网络化填报，提高数据填报的真实性；第二步实现指标数据逐层分解，共分解基础数据272项，保障指标基础数据的可用性；第三步实现部分基础数据的自动采集，减少指标数据的人工干预。

三是实现指标各项基础数据的集中存储。建立"数据中心"，对各类应用系统的数据进行有效整合、集中存储、安全共享，为首钢矿业公司对标云平台的数据运行提供了有力支撑。

四是利用系统深度挖掘指标数据价值。首钢矿业公司通过对标管理云平台，深度挖掘指标数据的预测价值，做到管理前移，实现了数据辅助管理者决策，让决策更加智能。

（二）对标管理系统的模块功能分析

首钢矿业公司对标云平台包括四大模块。其中，对标管理主要实现数据的标准化与数据的采集，把

每一个指标数据形成过程的基础项进行离散化；报表管理获取基础指标数据，按照单位指标管理体系和评价方法自动生成需要的报表对比格式，减少了人工对指标数据的干扰，实现指标数据随机组态分析和报表直观分析；数据分析实现多维度的指标分析并对关联的问题进行动态跟踪闭合管理；指标穿透与综合分析实现企业指标数据的追根溯源，通过系统可以对问题指标进行穿透性查询，最终找出问题指标的基础数据点，并形成整改建议。

（三）建立冶金矿山行业云对标管理平台，推进同业对标指标标准化、数据化、精细化管理

借助中国冶金矿山企业协会管理平台，结合国内冶金矿山企业对标工作现状，由首钢矿业公司作为技术支撑，推进外部同业对标指标标准化、数据化、精细化管理，搭建冶金矿山企业对标云平台。冶金矿山行业云对标体系集成了首钢矿业公司云对标平台的优点，结合外部企业对标管理存在的问题，进一步进行优化，功能更加完善、使用更加便捷、运行更加安全，为70多个大中型矿山企业对标管理提供了便利。同时，在技术指标运行的基础上构建财务指标云上报及安全体系。利用用户安全及数据安全判断、数据脱敏与数据加密等技术，提升财务数据安全保障，强化财务指标数据的时效性与准确性，扩展了原有平台的数据分析范围，为财务指标、技术指标综合分析建立了有效的数据基础，为改变传统对标方式提供了高效的信息化工具。

三、健全完善同业对标工作组织流程

按照闭环管理原则，建立了同业对标工作的组织保障和管理流程。

（一）建立对标管理机构，明确职责权限

对标管理机构是矿业公司同业对标管理工作的组织保障。矿业公司为抓实同业对标管理，真正抓出成效，从组织保障角度建立了领导小组和工作小组。领导小组组长由公司领导担任，主要负责围绕公司发展战略确定对标方向。工作小组由计财部门作为主牵头部门，生产、技术、机动、能源、人资等各部门协作配合，共同组织日常同业对标管理工作。

（二）确定同业对标主题

围绕矿业公司组织发展战略、经营管理过程中的短板或关键因素确定同业对标主题。同业对标主题主要考虑几个方面的因素。其一，影响首钢矿业公司发展的最关键结果因素，包括产品质量、市场竞争力、盈利水平等。其二，首钢矿业公司拥有的资源中影响发展战略实施、经营管理的瓶颈因素，包括设备、人员、原材料等。其三，首钢矿业公司目前所感受到的最大的竞争压力。其四，首钢矿业公司改善的方向和空间或者手段。围绕上述问题及因素，首钢矿业公司确定了四条对标主题的主线，分别是经营效益类对标线、生产技术类对标线、设备控制类对标线、人才能力类对标线。

（三）拟定对标计划，高标准选定同业对标标杆

围绕发展影响因素，在确定同业对标主题基础上，首钢矿业公司在露采、地采和选矿三个方面，按照四条对标主线分别拟定了具体的同业对标指标，指标种类能够充分反映出首钢矿业公司目前在露采、地采和选矿三大方面的技术、管理水平和盈利能力。同时，在部分短板指标、关键指标上，选定同行业中先进的标杆企业进行对标，拟定了具体的对标计划。

（四）按月实施同业对标管理

借助中矿协管理纽带作用及冶金矿山云对标信息平台，按月对对标指标实施对标，明确每个月对标指标的排名情况及进步、退步情况，找准首钢矿业公司对标指标的自身定位，明确指标自身优势、差距与不足。

（五）实施同业对标结果分析

在对标指标结果分析方面，遵循两个原则。第一，对标指标的进步是基于本企业管理的进步，还是对标标杆企业的退步，找准真正原因。第二，对标指标的退步是本企业管理退步，还是对标标杆企业进

步更快。按照上述两方面原则，首钢矿业公司针对对标指标结果，按月分析影响指标结果的因素，同步与标杆企业建立沟通联系机制，既为对方提供对标指标相关信息，也为首钢矿业公司对标指标提供对标指标变化信息，真正找准指标变化的影响因素，为后期改进努力指明方向。

（六）实施改善措施，缩小指标差距

针对同业对标指标分析结果，围绕查找出的设备、技术、管理及人才等方面的差距与不足，制订出一系列改进措施。例如，围绕设备效率指标的退步，明确是设备运行方面出现的问题、操作人员操控能力水平的问题，还是设备管理方面出现的漏洞等。针对具体的影响因素，制订具体的改进措施，促进同业对标指标的不断改进和提升。首钢矿业公司与标杆企业也建立了良好的互动交流和竞争氛围，推动了管理和技术的不断进步。

四、健全完善以班组承接为基础的内部对标工作责任体系

（一）将厂矿级、专业级对标指标分解至班组进行承接

首钢矿业公司同业对标管理体系的可延伸和易落地特征，主要表现形式就是将厂矿级、专业级对标指标按照纵向层层进行分解至班组、岗位甚至机台，构建起由广大基层职工广泛参与的同业对标工作，真正聚焦广大基层职工的智慧和力量，共同抓好同业对标工作。例如，首钢矿业公司的物流运输产业，目前制约的最大因素就是运输效率问题。"运输效率"作为物流运输产业的一个重要对标指标，影响因素有很多，逐层分解至某一负责火运调度组织的班组，针对影响物流运输效率的重要环节，建立了班组"火运直发率"指标，意在减少装车、平车环节时间，提升直发效率。通过将80项由专业负责、厂矿负责的大同业对标指标，逐层分解至班组，300多个相关班组细化分解出866项小对标指标，支撑80项大对标指标的完成。

（二）利用鱼骨刺法分解班组小指标，形成岗位责任和业务标准

一是因素分解，追根溯源。针对班组分解承接的小对标指标，将指标子项、母项采取"剥洋葱"的方式打开分析，按照人、机、料、法、环各影响因素，以及班组具体业务流程，进一步查找影响指标子母项构成的因素，一直查找到能够通过行为控制的关键因素。例如，对于"火运直发率"指标，人的因素主要是人员装车、平车技能水平；机的因素主要是装车工具的运用；料的因素主要是装车物品的种类；法的因素主要是装车、平车、绑车等操作方法；环的因素主要是铁路运行线路周边环境等。针对每项因素，分析是否可以通过具体的行为措施加以有效控制。

二是按照业务流程，建立岗位责任和业务标准。在查找出影响小对标指标的所有因素后，按照班组业务操作流程，对影响因素与岗位职责进行匹配，然后制订岗位职责，以及高绩效的业务操作标准和提升措施。例如，"火运直发率"指标按照业务流程分为行车调度、货运调度、装车岗位、质检岗位、调车员等，不同的岗位或多或少都直接、间接影响着"火运直发率"指标的提升。按照岗位分工职责，逐岗位明确与"火运直发率"指标有关的提升措施和业务标准，为高绩效的"火运直发率"指标奠定基础。

（三）高标准制订班组对标指标提升目标

首钢矿业公司以往确定指标年度目标时采取了上下结合、广泛参与的方式，客观上造成由于基层职工担心完不成而定低目标的倾向。首钢矿业公司借助对标指标激励机制，对照指标年度计划以及历史完成最好水平，鼓励班组职工围绕指标主动提出更高标准的指标目标，指标结果与职工收入正相关，充分调动了基层职工主动提升指标目标水平的积极性，避免了指标制订过程中的"天花板效应"和"地板效应"。通过这一措施，班组普遍对标指标提升幅度在5%以上，少数指标甚至提升了20%以上。

（四）多维度构建班组指标对标体系

由于班组类型较为复杂，班组业务性质、工作时间等差异较大，首钢矿业公司没有一刀切，而是结

合实际情况构建了多维度的对标体系。

对倒班作业班组实施四班三运转或三班两运转等劳动组织方式，工作环境、任务要求等完全一致，以车间为单位，采取倒班班组间相互对标评比。对单体设备班组采取各机台间指标对标评比。各单位内部同质性班组，只是工作区域不一致，其他工作性质和任务基本相同，在单位内部实施同质性班组横向对比的对标评比。对各单位内部非同质性班组，采取班组与历史比、与目标比的自我纵向对标评比方式。

五、建立健全同业对标工作管理机制

（一）与创新工作建立协同推进机制

同业对标指标的进步离不开创新。利用首钢矿业公司实施的一系列创新管理平台，将同业对标指标绩效纳入创新管理平台，建立协同推进机制。

一是给予"对标攻关项目"立项鼓励政策。对有利于提升对标指标水平的一些技术改造等项目，给予项目立项鼓励政策，可以"不受固定资产投资项目计划"限制，随时提出、实时立项。

二是在管理创新、科技创新、合理化建议、创新工作室、职工提建议等创新成果评定方面，突出"对标指标绩效"导向。鼓励通过开展对标方式，促进管理技术进步和经营效果提升。

（二）建立一系列同业对标推进机制

一是建立了工作月度总结评价机制。即首钢矿业公司组织专业部门、厂矿单位及班组按月制订计划，并分析、评价对标指标完成情况。

二是建立了专业检查管控机制。即专业部门、厂矿单位按照职责分工，将对标工作纳入监督检查、定期讲评分析范围，强化日常过程管控。

三是建立了对标的宣传交流机制。开辟"对标挖潜"工作宣传专栏，为专业、厂矿对标交流搭建信息平台。分级做好对标挖潜工作的成果总结、现场交流，实现上下联动、条块互动，共同建立全员主动对标先进、协同攻关挖潜、奋力实现赶超的工作习惯和对标文化。

四是建立了领导带班组机制。针对班组对标指标的内部对标，建立领导带班组机制，300余个对标班组全部由各单位不同级别的领导承包，亲自指导班组研究工作、制订措施、解决实际问题，督导对标工作落实。

（三）营造氛围，激发班组争先创优热情

一是开展指标竞赛，激发职工争先创优热情。首钢矿业公司组织各单位开展以班组劳动竞赛、指标擂台赛、红旗机台等不同方式的指标竞赛，每月评选优胜班组和指标贡献优秀个人，张贴光荣榜，同时，在指标竞赛过程中，对指标提升贡献度大的优秀职工以其名字命名"最佳操作法"，予以鼓励，充分调动基层职工参与指标对标的内在动力。

二是开展指标"挂图作战"，营造指标对标氛围。首钢矿业公司组织各单位围绕班组对标指标建立对标指标完成情况看板，看板中解释了对标指标的含义；指标相关岗位的关键控制点；甲、乙、丙、丁四班每班次指标完成情况；与计划比、与目标比、四班横向比的情况等，营造出赛指标的浓厚氛围和对标环境。

六、建立和完善同业对标工作评价考核体系

首钢矿业公司同业对标管理工作不仅关注过程组织，同时也更加关注对标结果对企业的影响。因此，从以下几个方面建立工作评价考核体系。

（一）建立同业对标工作过程评价机制

过程评价主要采取按月小评价、按季大评价的方式。

一是按月对班组对标开展情况进行评价。重点从班组对标工作组织情况及班组对标指标阶段性效果情况两个维度，建立班组对标工作评价标准，并将评价结果纳入班组收入的一部分，与收入直接挂钩。通过按月密集评价的方式，促进班组对标工作的有效、有序开展，真正做到专业级、厂矿级对标指标的基础支撑。

二是按季对专业级、厂矿级对标开展情况进行评价。重点从专业、厂矿对标工作组织情况、对标指标提升情况、指标提升带来的其他外显效果三个维度，建立对专业部门、厂矿单位的整体评价。评价结果以绿脸、黄脸、红脸的方式直观显示，并将评价结果与专业部门、厂矿单位的整体收入挂钩。

（二）建立同业对标绩效结果评价机制

绩效激励机制是一般企业常用的管理机制。首钢矿业公司在同业对标管理方面打破常规，建立了系统性的同业对标绩效激励机制。

一是个人绩效方面。在年度对领导人员、管理人员进行绩效评价时，将对标指标绩效作为重要的评价依据，并写入《领导年度经营目标责任书》《专业管理人员年度个人绩效评价表》等。

二是组织绩效方面。组织薪酬收入水平的高低，一部分与该组织同业对标指标的完成情况挂钩，增加同业对标指标绩效薪酬的收入占比，包括在厂矿级、专业级、车间级和班组级四个层面组织绩效薪酬结构的调整。

（三）实施有效的绩效考核激励机制

一是实施包保核考核激励机制。矿业公司在专业包保核、厂矿包保核及车间包保核考核方案中，将同业对标指标完成情况纳入其范围，针对同业对标指标的完成情况进行相应的考核和奖励。

二是实施个人考核激励机制。对领导个人，在其《经营目标责任书》中完善同业对标指标完成情况的考核激励标准；对职工个人，在其岗位责任制中完善同业对标指标完成情况的考核激励标准。同业对标指标完成情况与职工个人收入挂钩，充分调动职工对标挖潜工作的积极性。

（成果创造人：黄佳强、张金华、张立成、徐　军、陈洪海、杨　健、
刘　军、李立波、郭永杰、史永超、高　军、王玉辉）

铁路施工企业基于"三化联动"的试验检测管理变革

山西华诚工程检测有限公司

山西华诚工程检测有限公司（以下简称华诚公司）为中铁六局集团有限公司全资子公司。华诚公司在优化内部资源配置、满足国家政策要求、持续提升检测能力和智能管理水平的指导思想下，以"组织机构与模式集约化、业务体系标准化、管理手段智能化"为核心，以集约化为标准化创造基础、标准化支撑智能化、智能化践行标准化的同时助力集约化为底层逻辑和联动关系的"三化联动"，实施全面变革。在组织架构与服务模式上，由华诚公司对全集团同类试验检测机构进行全面整合，变原来由集团内各工程公司分别管理为华诚公司集约管理、统一派遣服务。在业务体系上，破解原有标准不统一问题，设置两级模块对所有业务内容、工作标准和流程等实行标准化。在管理手段上，建设检测系统管理平台，既对试验检测管理全流程事项进行智能管理，又与既有施工管理系统有机衔接，补齐施工全要素智能管理体系中试验检测的缺口。同时，在人员培育、经济关系、标准化监督检查考评方面构建保障机制，确保变革效果。通过变革，统筹了资源配置，顺应了政策要求和内外趋势，检测能力、检测效率、检测质量等均得到大幅提升，有效保障了工程质量，匹配了集团快速发展态势。

一、确立"三化联动"变革的指导思想和实施原则

（一）确立变革指导思想

启动变革前就统筹研究政策导向、发展态势、内部资源和优劣势、外部风险和机遇，确立统领变革的指导思想。即以系统解决制约试验检测管理效能的政策法规、资源配置、业务标准、管理手段问题为出发点，以集约化、标准化、智能化为主导方向，联动推进组织变革、模式变革、业务变革、手段变革，构建资源集约配置、定向派遣服务、统一业务标准、全面智能管理的试验检测体系，全面提升试验检测能力、全面促进系统管理水平、全面赋能自主发展，为施工生产提供优质服务和坚强保障。

（二）制订变革实施原则

试验检测变革涉及集团公司、工程公司及集团指挥部、项目部三个层级，以及组织机构、服务模式、业务体系、管理手段等类别，层次多、事项多、关联多，必须确立一个指导思想高效落地的实施原则指导各项具体变革工作。为此，明确"三化联动"原则，既要分类推进组织机构和资源集约化、业务体系标准化、管理手段智能化变革，又要充分梳理相互之间的联动关系，保障各层级、各系统变革的整体统一、协同配套。"三化联动"从管理链上构建闭环发展生态，对试验检测机构和资源的整合必然需要业务体系的标准化，也为标准化奠定基础和创造条件，业务体系的标准化又为智能化提供业务内容、业务模块、业务流程等支撑，管理手段智能化又通过系列信息技术提升标准化效能，也更突显集约化优势。

二、实施集约化的组织机构和模式变革

（一）提升华诚公司层级地位

华诚公司股东由中铁六局太原铁建公司变更为中铁六局集团，层级提升一级。华诚公司由太原铁建公司下属的试验检测公司变更为中铁六局集团下属的对内统筹全集团试验检测业务、对外独立拓展市场的法人企业，内部业务代表性更强，外部自主性更多。

（二）整合内部同类管理机构和资源

将中铁六局下属的11家工程公司管理的试验检测机构统一划归华诚公司管理，统一进行业务管理。

华诚公司同时承担集团试验检测中心的管理职责，行使系统管理职能。将各工程公司自主管理的试验检测人员归属、证件、社保注册单位统一转移到华诚公司，实现"人证合一"管理；划转各工程公司相关设备仪器，整合部分办公及试验场所，满足资质要求和发展需求。

华诚公司在各工程公司所在行政区域分别设北京分公司、太原分公司、呼和分公司、天津分公司、石家庄分公司、长沙分公司、广州分公司，替代工程公司原试验检测机构，属地化管理各工程公司的试验检测业务。

（三）构建对内定向派遣服务与合署办公的模式

为应对内部集约管理、外部独立拓展的形势，华诚公司在集团内部将原有工程公司对试验检测的自管模式转变为华诚公司定向派遣服务模式。一是服务工程公司，由华诚公司依托在各区域成立的分公司，将来自该区域工程公司的试验检测人员定向派遣到该工程公司，整体服务于该工程公司所有工程项目。二是服务集团直属工程指挥部，由华诚公司派出试验室团队，负责建设标准化中心试验室，为其提供全流程的、专业的试验检测服务，对试验检测质量自控、诚信建设负直接责任。三是统一标准体系与经济关系，所有试验检测业务的组织开展全部按照华诚公司统一标准、统一系统实施。华诚公司与工程公司、集团直属工程指挥部以签订服务合同的形式，收取试验检测服务费，用于支付检测人员的工资奖金、缴纳社保等。定向派遣服务既由华诚公司统一制订标准体系，能够确保试验检测质量，又放权授权工程公司和工程指挥部以激发管理主动性，更好服务施工管理。

实行中铁六局试验检测中心与华诚公司"一套人马、两块牌子"的合署管理，将系统管理与业务管理分别实施的状态改为职能分离、一体实施的状态。利用华诚公司实体资源为体系建设、人才培育、规则标准等系统管理提供资源与实力保障，检测中心的职能、职责又促进华诚公司更好地开展试验检测业务，检测中心统筹、华诚公司实施又可更好地基于全局进行资源优化配置，充分体现合署优势。

三、推进标准化的业务体系变革

随着试验检测机构与资源的整合不断深入，要从全局出发，对原有的管理标准进行整合再造，建立一套管理标准统一、执行有力、覆盖广泛的试验检测标准化流程，指导全局试验检测业务的开展。为此，广泛借鉴原有标准体系，结合集约化管理需求，构建起以"试验室建设、质量管控与行为管理"三类一级标准化管理模块为基础，十二项具体二级模块为细分的全新"三类两级"标准化管理体系。

（一）建立试验室基础建设标准化模块

针对以往项目试验室设施建设尺度不一致、配置不合理、要求不统一等管理短板，将国家统一标准、工程业主普遍需求与自身补短板需求充分结合，建立试验室建设硬实力标准，进一步向下细分为"硬件配备、室内建设、布局规划、外形外观"四项二级模块。"硬件配备"模块结合工程类型、工程规模明确试验室房屋面积、功能室配置、仪器配备等建设标准，特别针对复杂地质、气象条件对房屋基础、加固措施、排水消防等要求进行细化说明；"室内建设"模块明确试验室内操作台、仪器基础、混凝土搅拌池、标准养护架、三级沉淀排放池等的具体尺寸；"布局规划"模块结合试验操作流程与不同功能室设置，科学规划室内门窗尺寸、方向，仪器设备、辅助工具的摆放布局；"外形外观"突出管理文化与管理要求，明确管理标识的设置标准与摆放位置，对关键操作环节与安全卡控点进行全面提示。

（二）建立试验室管理要素标准化模块

为促进试验室运行质量，确保技术工作有效开展，建立管理要素标准化模块，归纳建立"人员管理、仪器设备管理、对接机制"三项二级模块，细分成"人员、仪器设备、监督、文件、安全环保、接口部门"六大管理要素。"人员"管理模块以试验检测人员的管理与监督为核心,从管理架构、技术档案、培训考核、能力确认和监督整改等方面明确人员层级管理标准,为试验室主任、技术负责人、质量负责人等关键岗位职能的发挥制订职责准绳;"仪器设备"管理模块通过设置作业指导书,规范各类试验仪器设备的台账管理、检定/校准、期间核查的计划与实施,明确仪器设备的管理标识、状态标识、确认发布要求;"接口"管理模块结合国家认可认证监督管理委员会对派出试验室定期上传检测数据的要求,建立试验、物资、工程三方数据核对机制,明确分项数据收集分工与数据上传节点。

(三)建立试验室业务流程标准化模块

华诚公司以交通运输部发布的《公路工程工地试验室标准化指南》和国铁集团发布的《铁路建设项目工程试验室管理标准》为基准,结合集团工程项目标准化流程体系建设要求,建立了规范、完整的试验检测工作业务流程标准化模块。模块细分为"首份检测报告审核管理、试验室能力验证管理、混凝土配合比备案、委外检测机构备案管理、工程实体强度档案管理"五项二级行为管理模块,为每个管理模块规划清晰、规范的流程路径。首份检测报告审核、试验室能力验证管理,一审一验,对试验室整体检测能力进行确认;混凝土配合比备案、委外检测机构备案管理,一内一外,对内明确混凝土配合比设计标准,对外规范委外检测机构选定;工程实体强度档案管理,优化在建工程实体质量动态监测范围与流程。

四、推进智能化的管理手段变革

在实现全局试验检测资源集约化整合与业务体系标准化构建的基础上,华诚公司依托先进的智能化技术手段,自主研发建立"华诚检测系统管理平台",推动试验检测管理上线运行。

(一)远程规划控制试验室建设

在试验室建设方案制订方面,推进试验建设方案的智能匹配与远程审批,根据试验室建设标准,编制《试验室标准化建设图册》并导入检测系统平台。项目部试验检测人员根据工程类型、工程规模、项目要求等选择个性化数据标签,平台自动匹配,生成备选方案。经过二次筛选,选择相应分项规划,关联到试验室建设方案模板中并上传至华诚公司即可进行远程审核;在试验室验收与授权方面,推动试验室审核验收电子化记录与线上授权,通过网络流程实施分级审核辅助验收及授权管理,将各类审批、验收、整改等输出资料形成电子记录及档案。通过集团检测中心与中心试验室两级验收审核后,由集团检测中心通过检测系统管理平台进行线上授权,实现资质授权的电子化。

(二)统筹管理资源要素数据

利用信息收集、数据分析、移动应用等技术手段,实现试验检测人员、设备仪器、检验样本等关键要素信息的实时数据展示,便于管理人员清晰掌握要素运行状态。

一是推动仪器设备统管优用。利用检测系统管理平台,将各类仪器设备分类建账,建立涵盖"购置、调拨、档案、量值溯源、标识、使用、维护"七类信息的详细电子档案,通过二维码标识实现管理信息"一键获取"。在此基础上实现设备量值溯源与周期性检定/校准的动态管理,并形成大数据信息,保证仪器数据的科学、准确。

二是优化人才管理调拨机制。建立检测人员技术电子档案库,根据学历、职称、执业证书、工作履历四个指标实施专业技术人才四级阶梯式管理,对不同层级,采用定期网络培训、线上答题、远程实作等模式开展人才培养与考核,平台根据个人培训完成度、绩效完成度、考核优胜率等指标,对标人才评定标准自动生成人才评分,并将评价结果科学应用于试验室人员选拔、配备、调拨之中。

(三)规范能力验证管理

利用现场管理App、执行终端、后台服务器实施能力验证过程监督、信息收集、考核评价的全流程规范。一方面,将验证审核形成的过程数据、验证报告及时上传至检测系统平台,平台根据预设标准对验证报告的上传及时性、数据有效性、能力达标度进行评价分析，确保检验报告的及时、有效。另一方面，通过对数据的高效分析，推动检测系统质量内控体系持续改进。对涉及混凝土配合比、地基处理试桩配合比等主体质量和关键工序的检测项目，通过管理平台实行"二次优化、一次验证"。在设计阶段，将配合比设计计算书、原材料检测结果汇总表等初步设计资料录入平台，对相关数据的合规性和准确性进行一次优化；在室内试验阶段，将试验记录、试验数据录入平台，结合配合比的工作性、力学性、耐久性、经济性进行二次优化；根据二次优化确定的配合比，进行现场验证，上传《配合比验证记录表》，同时上报监理、建设单位审批。

（四）实现知识信息互联共享

一是构建信息互联机制。将检测系统管理平台与中铁六局智能化工程管理平台有机衔接，实现物资系统录入的原材料进场数量、批次与工程管理系统录入的主体、构件施工情况同试验检测系统录入的试验报告种类、数量及编号一一对应，形成可互证、可追溯的数据链，填补集团智能化工程管理平台中试验检测系统方面的空白，有效规避试验报告与施工部位、时间、数量不对应，编号有误，漏检等问题。

二是构建知识共享机制。在检测系统管理平台上搭建知识共享数据库，在平台端实时更新法律法规、标准规范、操作演示、报告模板等基础技术资源，帮助一线技术人员及时掌握行业动态，指导完善日常试验检测工作流程机制；在用户端搭建业务交流平台，开发业务难题一键上传、技术指导直播等应用功能，便于基层检测人员针对日常难点、重点及共性问题组织线上交流，提高项目试验室解决问题的能力。

五、建立"三化联动"变革的保障机制

（一）建立人才规划与培育机制

针对标准化体系变革与智能化手段变革内人员带来新的素质需求，从规划与培训方面双管齐下，持续提升。一是有的放矢地制订人才队伍建设目标与规划、"四新技术"课题研发和专家能力拓展计划，形成覆盖各层级和专业类别的整体部署。二是利用智能化平台突破地域与时间限制，采取1对1培训、屏对屏培训、面对面培训、每日一题培训四类培训方式，有针对性地开展人员培训与考核，确保企业检测人才队伍的能力匹配行业更新迭代与市场竞争变化。"1对1培训"指到现场检查、帮扶、解决问题，在试验室和施工现场组织有针对性的培训工作；"屏对屏培训"指通过管理平台开展直播、录播、滚动回播等方法，快速传达最新的试验技术和管理新动向；"面对面培训"指组织试验室副主任级、主任级人员集中培训，对技术标准、行业动向等大的方面指引方向；"每日一题培训"指让所有检测人员互动起来，将每个人员的知识都汇总起来，定期定量向管理平台录入检测试题和答案，通过手机微信端每日发布，实现业务素养的点滴积累、量变提升。

（二）建立审核督导机制

为保障标准化管理的落地实施，建立项目试验检测标准化管理监督检查考评机制，按年度对各试验室开展监督检查。一是梳理出三大类考评标准、16个考核项目、54个考核条目，总分数设置300分。第一大类为关键考核项五项，包括试验室授权合法性、检测范围合规性、试验人员在岗符合性、仪器设备配置规范性、试验数据真实性；第二大类为标准考核项八项，包括组织机构及人员管理、仪器设备及标准物质、过程控制管理、搅拌站试验管理、接口管理、信息化管理等；第三大类为抽检考核项三项，包括实际操作考核、原材料抽检、理论考试。二是采取"双随机一公开"的方式检查，工作程序按照首次会、查看试验室、检查资料与抽检考核、交流意见、末次会的形式，与资质认定评审全面接轨。三是考评结果由原先的定性评价变为定量评价，对排名前五名及后五名单位均进行通报，并给予奖惩。对违反诚信规定的表现恶劣的单位给予撤销授权处分，严肃考核评价纪律。

(三) 建立经济运行机制

为保障试验检测系统的有效运行，梳理华诚公司"三化联动"改革后与集团其他下属工程公司的内部经济关系，提升集团试验检测业务创效能力，配套建立一整套经济运行保障机制。在合同管理方面，全面规范对内对外业务合同。对外合同统一制式，明确权利和义务，锁定业务风险点；对内合同明确华诚公司与集团工程指挥部、工程公司、项目部的经济责任，对各层级业务往来详细约定，梳理内部管理流程。在财务管理方面，制订内外部收费管理标准。对内坚持"微利运行"原则，以服务项目、保障质量为核心，确保工程施工组织高效实施；对外秉承"创效创誉"理念，收费标准充分结合市场价格，实施差异化定价策略，发挥华诚公司试验检测业务的核心竞争力，充分参与市场竞争，打造中铁六局在试验检测市场上的新品牌。

(成果创造人：李俊宏、李林杰、李 勇、霍志刚、徐 静、贾建兵、刘艳龙、高 山、张超兵、郝利斌、杨培勇、胡云飞)

油公司以可持续发展为目标的精细化油藏经营管理

胜利油田东胜精攻石油开发集团股份有限公司

胜利油田东胜精攻石油开发集团股份有限公司（以下简称东胜公司）将油藏经营管理视为从管理油藏向经营油藏的一大跨越，这既是管理理念的变革，也是企业回归本质的必然。油藏经营管理是合理应用各种资源（人力、财力、设备、技术），通过制订和实施科学的经营策略，以实现油田开发的利润最大化。采用"扁平式"组织结构，打破部门之间的工作界限，组成多专业、多学科（包括物探、地质、油藏、采油、钻录测井、化工、地面、经济、环保、法律等）的油藏经营管理团组，协同作战，用资源的最优组合创造油藏的最佳效益。也即，油藏经营管理是将储量视为油气资产，通过资源的优化配置，即人、财、物的优化组合，技术与经济的有机结合，达到效益产量最大化的一种管理方式。这种方式强调效益产量，强化油藏工程、钻井工程、采油工程、地面工程、生产管理、财务资产、计划经营、安全环保的多专业协作，将效益贯穿于项目的全过程，突出技术与经济的最佳匹配，全面实现油藏的高效开发。

一、针对产能建设项目的全生命周期，明确精细化油藏经营管理的总体思路

在产能建设项目的全生命周期以优化投资、降低成本、增加效益为方向。结合投资、成本、国际油价等因素，围绕优化百万吨投资费用结构，牢固树立"今天的投资就是今天的成本""花一元钱是责任，赚一分钱是担当"的理念，先算后干，算"盈"再干，边干边算，干完再算。方案制订坚持"双重论证"，在产能建设项目技术论证可行的基础上进行经济评价，在达到油田评价标准（油价50美元，内部收益率8%）的前提下，提高效益标准（油价45美元，内部收益率8%），前五年利润为正，满足公司扭亏脱困的需要。项目决策坚持"三不一否决"，观念上不经过系统化的洗礼不推进，管理上不经过多维度的优化不定型，方案上不经过多轮次的打磨不落罄，效益不过关的坚决否决。项目实施坚持"业财融合早介入、方案把关慎投入、全程论证算产出、评价提升避失误"，把每一分钱花在刀刃上，集投资成本联合之力，做看准的事、做长远的事。在运行过程中转变传统产能建设"串联式、接力式"的运行模式，测井、钻井、采油、集输等专业坚持油藏价值最大化的理念，齐向效益看、紧盯效益算、围绕效益干。在系统化的进程中，采取项目组、节点化的方式，超前为下一环节考虑，主动向其他专业反馈信息，关键要素彼此关联、彼此支撑、彼此成就，纵向统筹兼顾、横向交叉互补、不断迭代提升，从"点、线、面、体"不断优化组合，寻求产能高效建设的最优解，全方位提质、提速、提效、提产，实现专业衔接零等待、油藏经营无缝隙，创造投资优化的极限可能。

二、完善市场化运行体系，打造合作共赢典范

东胜公司坚持全方位地融入市场、全开放地利用资源，在有利于油田高质量发展方面、有利于油藏经营管理提质增效方面、有利于合作单位互利共赢方面，不断优化市场运行体系，规范市场运行秩序，为油藏生产经营创造更好的市场环境。

（一）提高内部市场服务质量

公司机关部门、科研院所与管理区建立甲乙方市场关系，厘清公司与管理区的职责界面，制订服务定额价格体系，签订内部服务框架协议，与服务质量、效益挂钩，加强监督与激励，探索优质优价模式，进一步做实管理区油藏经营和风险管控的主体责任，提升服务中心、科研单位的服务质量，充分激发内部市场的活力和效力。以"措施挖潜与措施培养相结合""质量与效益相结合"为原则，东胜公司将各类措施方案汇总并形成数据库。管理区可根据需求，在超市中自主"选购"，科研单位做好"售后服务"，在单井设计、现场施工、技术分析等方面给予服务，管理区支付技术服务费。2019年，建立120口井的措施库，并按效益进行排序，根据效益和油价确定实施时机，对达不到预计效益的措施井实施先期培养，确保最低投入前提下的增油效果。管理区充分利用好内部市场平台，多算效益账，多干效益活，通过探索"优质优价"结算模式，对实施效果跟踪评价，进一步提升管理区油藏经营水平。

（二）扩大外部市场合作力度

探索实施"优质优价、优速优价"的风险合作模式，完善甲乙方互信的市场体系建设，优化选商方式、质量标准、奖罚条款、测算工期，注重安全和廉洁风险防控，建立负面清单，打造利益共同体，用抱团取暖、共赢发展的战略关系抵御低油价。围绕风险共担、合作共赢的原则，研判市场形势，与采油工程院开展风险承包，签订风险协议，将增油量作为硬指标进行考核，倒逼乙方提升服务质量，在共同突破开发技术瓶颈、推进公司效益发展的同时，实现互利共赢。与科研院所联起手来，以区域风险承包为突破口，将先进的技术创新实力与开发单位的资源潜力相结合，促使理论技术从研究院进入公司，解决不同类型油藏面临的开发矛盾，提升技术服务创效能力，推动科研成果迅速转化为生产力，形成利益共同体。分别在井下作业（含大小修）、设备维修、油井热洗、四化运维及信息服务、电路线路维护、油水井工艺等方面与专业化队伍展开合作，精简外委工作量。

三、创建地质工程运行模块，精准定位地质储量

胜利油田地质构造极为复杂，断层密布，落差悬殊，囊括了世界油藏类型的三分之二以上，被誉为"石油地质大观园"，业内人形象描述其"像一个盘子摔在地上，摔得粉碎，又被踢了一脚"，开发难度之大国内外公认。地质工程作为产能建设的龙头，是油藏经营价值最大化的关键，也是控投资规模、优投资结构的关键，对产能实施精准预测、开发投资优化调整起着决定性作用。东胜公司在常规探储的基础上，结合低渗透、稠油、复杂断块等油藏特点，精准定位地质储量。

（一）注重"靶向研究"

找准劣质低品位油藏的"病灶"和"痛点"，在做好"常规研究"的同时，坚持"静态与动态并重、宏观与微观并重、定性与定量并重"，开展对油藏多维度、全过程的研究。配伍不同油藏类型，对标常规研究的28种宏观参数，对劣质油藏新增17种靶向研究要素，全方位地增强地层、构造、储层、流体、油藏五大模型的"3D"效果，最大程度呈现地下油藏"真容"，为钻井工程、采油工程、地面工程提供最准确的技术指导。

（二）注重"精细评价"

针对油藏区块埋藏深、识别难、风险大、投资高等特点，力求通过多元多轮技术攻关，挑战评价储层和产能、规避地质风险的极限。第一轮论证以沉积规律为指导，立足层序地层学开展储层精细评价，判断储层发育有利位置，戴上"瞄准镜"瞄准地质储量；第二轮论证在地质研究的基础上增加科研经费，地质研究所与外协单位"背靠背"研究论证，精细物探识别，拿起"放大镜"放大地质储量；第三轮论证以先期部署开发准备井进行验证，物探与地质深度融合，使用"显微镜"精准定位地质储量。

（三）注重"统筹规划"

一是选准开发方式。以提升初期产能、增加累计产量、扩大动用储量为目标，从低渗透油藏渗流特征入手，根据采油技术的最优能力，确定油藏开发的最优方式，提高单井产能及储量动用程度。对牛25区块低渗透油藏原油流动困难、压力维持困难等特点，反复论证、优中选优，最终确定"增能缝网压裂+先期注水开发"的最佳方案。

二是布好开发井网。井网井距设计突破以往油藏"单打独斗"的设计理念，向前融合油藏地质特征，向后融合储层改造新方法，推进思维和技术双突破。设计方案时，充分考虑"前置CO_2增能+同

期注水开发"可以增加技术驱油半径、增能缝网压裂能够增加压裂改造半径，从而极限扩大注采井距、单井控制储量实现翻倍增长。通过巩固井控储量、缝控储量与极限井距的"油藏效益三角"，开发方式和开发井网井距相互结合、相互支撑、相互促进。

（四）注重"迭代提升"

充分发挥系统化的反馈功能，建立"完钻—认识—优化—实施"的迭代流程，紧跟钻井反馈，优化方案井部署，稳步提升钻遇率。例如，牛25-斜72井完钻后，发现钻遇厚度与预测误差超过20%，立刻重新组织反演描述砂体展布；牛25-斜73井完钻后，又发现该砂体可细分三小层，再次对油藏砂体进行精确刻画，有效提高了后续井位的实钻符合度。通过迭代提升，实现砂体认识的"螺旋性上升"，钻遇油层相对误差越来越小，为高效开发奠定坚实的物质基础。

四、以"四个改善"为抓手，优化钻井工程技术、装备

钻井是重点，钻井投资在产能建设投资中占比最高。东胜公司通过"思考→学习→探索→实践→再实践"的过程，建立钻井工程优化的学习曲线，以"四个改善"为抓手，降低钻井投资比例，不断优化百万吨投资费用构成。

（一）改善钻具组合

全井采用"高效螺杆钻具+高效优质PDC钻头"模式。地层软，选用大尺寸切削齿PDC钻头提高破岩效率，防止泥包；地层硬，选用小尺寸切削齿PDC钻头提高吃入地层能力。根据地层硬度，优选合适的钻头均能提高机械钻速，同时搭配使用寿命200h以上的优质螺杆，以达到一趟钻目标，减少起下钻次数，降低非生产时间，提高钻井时效。如牛25-斜74井，该区块地层硬度一般，采用215.9毫米四刀翼PDC钻头，破岩效率高，该井井深为3427米，中途只起钻1次，钻井周期比较2018年同类型井降低了50%。

（二）改善钻井液体系

根据油藏特点优选钻井液体系（MEG钻井液体系、复合盐钻井液体系、聚合物钻井液体系、KCl-聚合物钻井液体系等）。例如，潍北油田水敏地层，井深超过2000米，不适合采用MEG钻井液体系，优选复合盐钻井液体系；在金家油田，针对油藏埋深较浅（小于1500米），地层敏感性强，优选MEG钻井液体系；大芦湖油田地层敏感性较弱，无特殊需求，采用常规聚合物钻井液体系，既可以节约钻井费用，也可以达到保护油气层的目的。根据地层分层优化不同层位钻井液性能，上部地层平原组至馆陶组，采用氯化钙钻井液体系，优化$CaCL_2$加量、PAM稀胶液加量与浓度，达到低粘、低切、低固相，提高机械钻速；中部地层对转换钻井液体系的深度进行优化，尽量在靠近油层的井深进行转换；优化复合盐钻井液体系加盐方式，利用现有钻井液处理经验，推算加盐量，一次转换成功。如牛25区块，氯化钙泥浆体系从馆陶组优化到沙一段，扩大了快速钻进的井段长度，进入沙一中段后，加入氯化钠、氯化钾30-33吨，一次转换体系成功，在进入油层前稳定钻井液性能，满足了保护油气层的需求。

（三）改善钻井一开表层深度

有异常压力层的井，表套下至明化镇组，根据实际需要进行调整。如车408块，按以往设计，表套下深800米，根据地质研究认为地层压力经过释放已经降低，表套下深降至600米也可以满足施工需求，该区块两口开发准备井车408-斜8、车408-斜9均顺利完成施工。

（四）改善水平井轨迹控制

针对稠油底水油层，通过使用近钻头地质导向工具MRC，严控钻井轨迹，避免填井侧钻风险，避免底水锥进，延长低含水降低开发周期，同时实现一体化测量，节省测井费用，减少钻井投资。

通过以上措施，东胜公司钻井周期优化30%以上，钻井费用优化20%~30%。钻井质量也得到了

保障，近三年无井身质量问题，2020年固井优质率达到60%，取得了良好的开发效果。

五、优化采油工程运行模式，全力挖掘油藏潜力

地质工程选准储量、钻井工程保护储量，采油工程的任务是精致激活储量，最大程度释放油层潜力。东胜公司在采油方案设计、效益评价、技术提升等方面，转变传统思维，构建创新模型，取得了良好的效果。

（一）上下联动，打磨方案

从顶层设计出发，打破原有的"技术分割，管理接力"模式，利用地质经营工程一体化信息反馈矩阵，着眼于采油工程与上、下游环节的有机融合，实现技术工程"无缝衔接"，做实多学科融合，多技术集成。根据地质提供的基础研究、地震测井解释、储层预测信息，油藏提供的精细油藏描述信息，钻井提供的井位实钻、录井完井信息，采油工程采用联动机制，多方联合定制，将采油工程方案做到有据可依、有理可循、有法可行。

（二）建档分区，效益预判

秉承"油藏经营"的理念，坚持"极限平衡油价"的原则，按区块进行不同油价下的效益预判，找出适合该区块的工艺技术类型。档案库主要内容为所在区块采油技术类型、现场实施工艺参数、措施有效期等，从而对区块油井进行效益预判及工艺技术适应性评价。单井效益预判系统及单元库对可实施井进行效益评估，利用"两类三档四区"的措施经济评价模型，划分单井效益区间，通过单井设计方案的再优化进一步提高增油效果，优化作业工序及施工参数，降低成本，从而达到从无效向有效的转化。

（三）技术组合，学习提升

通过"借外脑""练内功""敢突破"，用动态提升的思维及方法不断提升采油工艺方案，勇创新、敢突破，在不断的技术升级中，实现产能新的突破。以压裂工艺技术为例，面对低油价的新形势，针对低渗透"深、细、薄、贫、散"的油藏储层特点，在常规压裂的基础上，优选机械分层、水溶性暂堵剂分层、高速通道（纤维脉冲加砂）及其组合作为低油价下的主要增产工艺，并配套压裂工艺参数优化，以求达到储层改造最优、增产效果最佳。同时，根据已经实施的情况，进一步动态优化方案，应用学习型曲线，不断改善"最"短板，如根据前期牛25-斜72井、斜73井的成功经验及牛25-斜76井实施进度，动态优化方案，牛25-斜74井、斜75井将缝控储量最大程度逼近单井控制储量，实现区块开发"少井高产"的目标。通过技术升级、机制调整，追求油层潜力释放、再释放的极限，单井采油工程投资提升1.6倍，投资占比由最初的15.5%增至24.9%。单井缝控储量提升了1.8倍，由5.32万吨增至9.72万吨，在低油价下依然保持稳健的投资收益率的同时，区块产能被极尽释放。

六、开发信息平台，转变传统生产模式

加强信息化建设，统筹PCS系统运行，由传统的生产指标性多点管控转变为油藏经营系统化运行，人工资料录取转变为实时自动采集、人工巡检转变为电子巡检、人工现场操作转变为远程自动管控、事后处置转变为超前预警，提高了生产时效时率。

（一）优化供排关系

在油井全部进入工况合理区的基础上，应用PCS实时数据，多次精细优化油井参数，油井泵效达20%~85%，沉没压力达1~8兆帕都可以进入合理区。针对合理区内部分油井冲次偏大或偏小，间开井时间过长或过短等问题，根据PCS实时功图继续优化，确保有效冲程到达在1.6~1.8米，同时依据有效冲程制订最合理的间开时间。依托PCS系统实时监测和工况运行系统日分析，双管齐下，实施综合分析和措施实施，后期跟踪效果评价，做好油井工况动态管理，保证工况调整后持续稳定，2018年5月至12月累计调参99井次，泵效提高11.4%。

（二）优化地面配套

结合单井生产参数的需求，实施统筹优化、分类降耗管理，严格执行"按车选马"，杜绝"大马拉小车"的情况发生。高产重点井（≥7吨/天），产液量较高，配置YX3-250M-8或Y250M-8电机，冲次在4次以上，日耗电均控制在100千瓦时以内。常开有效井（3~7吨/天），井占比最大，将所有TYC280M-16永磁电机全调拨至此类油井，配置变频柜和皮带轮，日耗电均控制在70千瓦时左右。低效井间开井（<3吨/天），安装Y280M-12型电机，摸索最合理的间开时间，实施23：00—7：00间开，削峰填谷，有效降低电费，效果显著。特殊井况低效井（<2/吨/天），结垢及偏磨严重，实施间开容易导致卡井，应用Y280M-24电机，将油井冲次降至最低。例如，2018年牛25区块5月至12月调整电机27井次，实施间开11井次，产液量保持稳定的基础上，平均单井日耗电下降26.8千瓦时，百米吨液耗电下降至0.8千瓦时。

（三）优化平衡运行

充分利用信息化平台，结合"日观察、周对比、月分析、季总结"动态分析制度，实时监控油井示功图、井口回压等变化，分析油井产能递减情况，及时进行注采调控，形成多维对比、统筹分析、措施制订、宏观调控、效果跟踪的闭环管理模式。根据油井工况制订合理的生产参数，参数变化后通过PCS系统实时监控功图，待液面、功图稳定后，对抽油机调整平衡。通过PCS实时数据，做好日分析、周对比，每周选取平衡率最差的油井（2井次/站·周）进行预制工作量，遇到重点井或特殊井，再追加工作量，调整后及时跟踪生产情况。平衡优化后，管理区采油工程管理有了新的提升，在油井工况提升、电力节约的同时，皮带使用寿命大幅延长，设备故障率有效降低。

七、超前规划地面工程，有力缩短建产周期

面对新井临时用地手续办理涉及地方部门多、资料收集难度大、办理周期时间长等问题，油地协调工作成为制约快速建产的"难点"之一。为此，东胜公司地面工程超前谋划，由各专业反馈、商议达成一致，共同调整，实现方案最优，促进地面工程由"被动接"向"主动推"，由"链条式"向"系统化"转变和提升。

（一）油地关系超前协调

一是超前谋划部署，落实井场用地。东胜公司生产部门与地质、计划部门紧密沟通结合，超前掌握新井上报审批、资金落实的进度，对地质方面预勘确定的井位，提前办理用地手续。国土系统确定，地方政府同意施工后，及时与地方签订协议，准备勘测定界图、环评报告等16项资料，编制《土地复垦方案》，经专家论证审批后下发批复函，递次推进办理时间节点、办理批次。通过与地方政府等相关部门密切联系和沟通，在依法合规的前提下，尽可能简化流程节点程序、缩短审批周期，切实提升临时用地办理时效，保障早开钻、早施工。通过超前协调、内外协调，东胜公司临时用地手续办理时间由原来的50天缩短至35天以内。

二是细化工农协调，消除过程问题。油地协调人员前期全面了解方案需求，在定井位前，到现场落实村情、民情、土地现状和地类地貌，为井位布局提供现场优选方案。现场摸底的同时兼顾后续地面建设配套优化，在选定井位后结合现有区块生产配套布局，落实电力线路、管线走向地面情况，提出建议，指导设计方案编制时避开复杂路线，确保后续井位部署、地面配套等方面的可实施性，为钻机搬上及投产提早做好工农保障。

三是统筹井场布局，扫除后续障碍。油地协调先难后易，将硬骨头先啃掉，扫除后续施工过程中的障碍。在新井选址和地面配套办公时，对前期摸底拿出的多套方案中结合各方意见，选出最优方案。新井选址时尽可能利用老井场，并择优选取面积较大、道路状况良好、靠近交通主干道的老井场，充分考虑老井场位置的现有布局，新井完钻后，新老抽油机位置合理、不冲突，电器设备位置不影响后续作业

施工，减少作业期间的工农纠纷。

（二）物资供应超前保障

为有效缩短供货周期，实现物资保障供应与生产实际无缝匹配，物资保障从源头高效调配、提速运转入手，达到所供即所需，用时已到位。

一是源头高效调配。面对公司区块一远、二散、三不靠的地域特点，以及所需物料种类多、单项数量少、调配运行复杂的现状，物资管控部门主动将触角前伸，与需求单位建立沟通协调机制，大力强化信息资源共享、技术互联互通、需求高效响应的"三强"策略，从源头上加快物料调配节奏，实现"厂—供—建"三家强化信息共享、新技术融合应用，高效集聚内外部资源和数据信息，提高物资需求预测精准度。通过量身定做物料采购方案，做到"三明确"，即明确工程所需物料种类、规格型号、总需量、单价等内容；明确甲供及自行采购的物资具体要求、审批程序和质量承诺；明确工程监理、实验室对主要物资试验的性能标准。通过这些信息的掌握，使采购方案更加科学，提报时间更加合理，实现物料保供与运行需求的极致匹配。

二是供应提速运转。改物料保供垂直单向作战为交叉深度融合、协同推进，提升供应链运转效能。计划下达按物资供货周期提前规划部署，计划提报实行每一环节运行不超两天，监造周期长的物料重点监控，积极发挥协调职能，介入生产领域，抢进度、抢出厂，打通"原材料—生产装备—物资供应"链条。

三是过程保供到位。物资保供每月一次协调会、每周一次汇报会，每天一次动态会，核计划、追到货、报分析，追踪每一笔物料的运行轨迹，确保不超期、不延误。将物资供货周期由原来的三个月降为一个半月，有力保障未动用储量开发早投产、早见效。加强计划审核管理，确保不提报过剩需求、不合理需求，保证资金合理分配和使用。构建全息多维价格参照体系，寻求物资价格最优方案，发挥EPC平台采购及万元自购的快捷辅助作用，寻求优质优价服务厂商。

（三）地面方案与施工管理兼顾

一是工艺流程极简。主动提前介入方案编制、提前调研周边已建设备设施、提前结合外单位可用资源，以工艺流程"短小简串"、施工方便快捷为原则，实现快速见产。

二是工程费用极省。考虑采油工艺方案的要求，统筹全盘工作量，不做重复功；考虑油藏方案的产能数据，以产能精确匹配地面规模，不做无用功；就近接入已建地面集输系统、充分利旧，将地面方案投资降至最低。

三是后续管理极便。在地面方案设计时，充分考虑后续管理的便利性及运行成本。首推单井串联管输方式，节省拉运费、人工费，且无油气挥发，可实现密闭输送，更加绿色环保。推行标准化施工、标准化井场，为管理区后续"三标"建设与现场管理打牢基础、提供便利。

通过超前运行，无缝衔接，地面工程投资占比下降至10%，设计变更率降低15%，同比建设周期缩短20%，实现交井即投产、见产即见效。

（成果创造人：牛栓文、李　山、刘小波、袁　燚、王世秋、王云川、
盖利波、任泽宇、苏永强、齐光峰、林　国、许洪刚）

化工企业基于两化融合的生产异常管理

甘肃银光化学工业集团有限公司

甘肃银光化学工业集团有限公司（以下简称银光集团）以提高生产效率，减少生产线非计划停车，建立快速诊断、解决生产异常管理为目标，通过建立异常管理标准、明确异常管理方法、健全异常管理考核制度，基于工艺异常、异常管理等智能化技术手段识别异常，规范应用"四不放过"表单诊断分析异常，利用管理创新、技术创新、赛马机制、对标管理等手段消除异常，构建识别异常、诊断分析异常、消除异常、持续提升的PDCA循环动态管理方法，提升企业异常识别的能力，进而推动企业基础管理水平的提升，实现生产效率的提高。

一、厘清思路，规范生产异常管理机制

（一）转变观念，打破思维定式

银光集团在各层级广泛深入开展管理理论的学习研讨，让员工吸收先进理念，解放思想，打破固有思维；组织各级各类人员分批次赴标杆企业开展实地对标交流学习，并分阶段制订对标学习自查改善计划。银光集团结合生产线实际运行情况，重点从生产线"异常"管控入手，学习异常管理的理念、方法等，同时撰写《异常管理心得》，厘清管理生产异常的思路和方法。

银光集团以"生产异常问题"为导向，分析170余次生产异常，其中，自动化控制及设备异常占55.5%，工艺波动异常占34.5%，质量异常占3.8%，公用工程异常占3.6%，人工操作异常占2.6%，从而进一步分析出主要是自动化控制不高导致工艺、设备异常占90%以上，导致2016年生产线非计划停车达到3642小时，因此，企业在2016年年度工作会上明确提出"建立生产异常管理"的指导思想，并建立相关生产异常管理办法。

（二）制订生产异常管理办法，做到有章可循

为进一步加强银光集团异常管理，规范异常处置程序，吸取教训，实现由管正常到管异常转变，银光集团编制下发《生产异常管理办法》，明确异常管理的原则、标准、处理程序和方法。各分子公司按照银光集团要求细化了异常管理办法，明确了异常管理程序、工作时限等。

生产异常管理原则：及时汇报、限期处理原则；责任明确、分级管控原则；"四不放过"闭环管理原则。

生产异常判定标准：明确设备异常判定标准（机械、电气、仪表）；工艺技术异常判定标准；质量异常判定标准；人员异常判定等各类异常的判定管理标准。

异常处理的流程：异常管理按集团、各分子公司级两个层级进行管理，制订异常管理处理流程。

异常管理方法：应用信息化技术等管理实现异常管理。

建立异常管理考核标准：量化异常，建立考核标准。生产异常按照"公平、公正、公开，严格生产管理、以考核促提升"的原则考核，开展月考核、季度兑现的方式开展，实施奖罚结合。

二、开展软硬件建设，自动识别异常发生

实施黑屏操作新模式，即无报警时屏幕不亮，报警时屏幕高亮显示。打通DCS各回路的控制程序，安装黑屏软件，在没有报警或者不需要调整参数的情况下，监视器黑屏；在有报警时自动亮屏，显示报警页面，待报警处理完成恢复黑屏状态。

（一）在 TDI 二次分离工序首次成功实现一键启停

项目组从 TDI 二次分离工序实施开始就贯彻自动化、无人化、智能化的设计理念，生产线对信息化技术操作为项目开发研究的主要方向和重点内容。在基于现有条件 DCS 系统对标先进企业经验自主开发应用的工业管理操作系统，实现生产线连续化、自动化、无人化操作。安装黑屏软件信息技术，开发语音报警系统，生产进入异常管理模式，生产线实现了一键启停，进一步提升生产管理水平。

银光集团在 TDI 二次工序上自主开展实施信息化技术，将系统运行步数设置为四大步，27 小步自动化控制，生产线的黑屏运行时长达到 239 小时，在生产上实现了从进料至出料的自动控制，产品纯度由 98.7% 提高至 99% 以上，产品全部达到优等品水平，生产线自控率由 20% 提高至 100%。生产线自动化程度大幅度提高，生产线操作人员由 14 人降至 1 人，基本实现生产线全自动无人值守的生产状态。

银光集团首条信息化技术实现成功运行，标志着企业完全具备信息化技术能力，应用信息化技术推动生产线由管正常向管异常转变具有主要现实指导意义。

（二）真空浓缩生产线，实施自动控制

真空浓缩生产线借鉴 TDI 分离工序信息化技术模式，在整条生产线实施自动控制，打通了所有工艺技术参数与仪表的控制回路，打破员工固有思维模式，引导员工将更多的精力转移到管理异常，生产线操作人员由 85 人降至 60 人以下，改变了每天员工盯着显示屏，让员工把更多精力放在关注异常、解决异常上。

真空浓缩生产线成功实施信息化技术，并上线运行，通过优化工艺参数，使废酸生产线自控投运率达到了 100%，确保了工艺稳定运行，信息化技术通过在整条生产线的推广应用，实现了信息化技术由点向面的推广，具备了技术储备和管理能力。

（三）完成首条智能化示范线

DNT 生产线是平战结合的生产线，随着企业民品的发展，和平时期是 TDI 生产的原材料，战争时期直接转化为 TNT 生产。该生产线是 1964 年建设的，原料工序、中和工序各岗位均为盘装仪表，盘装仪表控制点较多，工艺阀门全部为人工手动操作，开停车及工艺调控时由盘面操作工与岗位操作工现场操作相互配合完成，需要操作人员较多，劳动强度大。因部分设备厂家已经停止生产和提供相关技术服务，给后续的生产维护带来极大困难和不确定性。

在前期成功案例的基础上，银光集团主动创新，在 DNT 生产线实施并取得 DCS 智能化改造创新成果。开展 DCS 系统改造，分别开展安全报警系统改造，温度、压力、液位、计量检测系统改造，工艺管线两位阀的改造，工业监控系统改造，电气改造系统、原材料自动化领料、外送废酸自动输送改造等。

实施后，新增 DCS 系统控制点约 2880 个，累计安装 230 余台两位阀，原材料（甲苯、硫酸、硝酸）领用和外送废酸的输送实现连续化，成品槽收料、送料实现远程控制，实现了各类现场仪表 DCS 远程自动操作，数据自动采集、填报。全部部署应用人员定位、手持巡检、视频联动等系统，实现集散控制系统，全面提升 DNT 生产线智能化控制水平，提高生产线本质化安全程度。实现 DNT 生产线生产组织、原材料加料、工艺调控、动力能源等集中管控。达到岗位生产现场无人化目标，减少员工进入危险场所频次，有效保障员工身心健康。减少管理人员和工程技术人员的日常性、重复性工作量，使管理人员和工程技术人员有更多的时间和精力投入生产线异常问题管控。

项目实施后，产能由 540 吨/日提升至 570 吨/日，工艺平稳率达到 100%，每班可减少 15 人（岗位人员四班三倒），DNT 生产线减少岗位人员共计 68 人。建设成银光集团首条智能制造示范线，对火炸药企业具有借鉴和推广意义。

在积累大量成功经验的基础上，已向 101 生产线为代表的离散型生产线进行推广，同时在一硝生产线、PVC 生产线为代表的流程型生产线进行全面推广，对每一类工艺影响范围进行梳理、定义。生产异常时系统自动弹出界面，精准定位故障点，帮助操作人员进行应急处置，把每一个发生异常的系统第一时间推送至生产盘面人员，指导盘面人员进行规范操作，解决了操作人员疲劳操作，减少盘面人员，提高管理效率。

三、异常指标可视化，为生产管理决策提供有效依据

银光集团利用信息化技术开发"工艺异常管理信息系统"等，将 DCS 数据集成至工艺异常信息系统，实现异常指标的可视化。以工艺技术管理为核心，以 MES 信息平台为支撑，通过构建工艺管理信息系统，开发了工艺异常报警、理化异常报警、工艺异常处理、工艺异常问题库和指标趋势分析等模块。对工艺、质量等各类生产相关信息进行数据收集、汇总分析，在 DCS 不具备的功能基础上，利用信息化的手段将 DCS 系统的报警信息统一进行可视化，利用信息化手段提升工艺技术管理水平。

打通基础数据。利用现有 MES 数据，实现工艺理化基础信息互通。利用信息化系统实现工艺指标的维护和管理，依托该系统对各指标进行增、删、改、变更等操作，实现各单元工艺参数的数据查询、展示功能。理化指标管理就是对 MES 报表系统中显示超出指标范围的理化分析点进行展示，并显示具体超出范围的指标名称、数值，系统把超出范围的理化分析结果与设定的相关工艺参数进行对比，并提供历史趋势、对照图表等。

细化异常报警管理。工艺异常报警管理就是利用该系统提供实时的工艺参数指标异常报警记录。当发现有新的指标实时值超过标准范围时，系统会自动插入一条报警记录到此模块中，某个异常指标恢复正常后，系统会从该模块中将该指标消除。同一个指标在此模块中只会有一条记录，但通过报警历史可以查看其历史上的每一次异常记录。理化异常报警就是当发现有新的指标实时值超过标准范围时，系统会自动插入一条报警记录，当某个异常指标恢复正常后，该指标消失，通过报警历史可以查看其历史上的每一次异常记录。

识别异常问题。工艺异常系统实时地将问题总数、已处理数、剩余数、处理率等异常按照工序、指标类型进行自动统计归类，识别出生产运行过程中的工艺异常，为下一步技术创新，工艺控制物耗、能耗控制奠定基础。

通过识别无效报警，解决生产线异常报警 7000 余项，通过对无效报警点的验证、取消、闭环，实现生产工艺平稳运行，降低仪表备件消耗费用 380 余万元，既节约成本，又确保生产线平稳运行。

处置异常。利用工艺异常信息化管理系统，按照班组长、厂长、公司级领导分层次进行异常问题的处理和分配。异常报警出现且尚未处理之前，会自动提示。现场处理异常后，异常关闭，形成闭环管理，实现了信息化技术中报警问题的解决，有利于安全生产和工艺控制，真正实现了由管正常向管异常的转变。

工艺异常信息化管理系统实施后，数据实时采集、各种产品产量等关键的生产数据通过汇总分析，为各级管理人员进行生产管理决策提供了有效的依据。通过对生产现场的实时监控与预警，预防问题的发生，降低不合格的数量，生产线工艺平稳率达到 99% 以上。通过信息化管理，实现了工艺数据的实时储存，结束了纸质的盘面记录的历史，每年节约纸张费用 10.5 万元。采用本套系统后，减少盘面人员 28 人，节创效益 280 余万元，同时为全面实现信息化技术提供了数据支撑和依据。

四、搭建"四不放过"诊断平台，分析异常

"四不放过"为安全事故处理的原则，即事故原因未查清不放过，事故责任人未受到处理不放过，事故责任人和广大群众没有受到教育不放过，事故没有制订切实可行的措施不放过。银光集团将"四不放过"纳入异常管理是从严从细进行管理异常，为异常管理搭建诊断、分析平台，做到异常管理的

前置管理。银光集团借鉴安全"四不放过"安全事故处理原则,规范异常"四不放过"整改表单内容,做到异常管理制度化、制度表单化、表单信息化。

(一)制订生产异常"四不放过"的管理方法

发生异常后,应用《生产异常"四不放过"整改单》工具分析问题,搭建异常管理分析平台,做到全集团所有的生产异常在一个平台上进行分析、总结、提升。

(二)明确生产异常"四不放过"的表单内容

《生产异常"四不放过"整改单》平台的主要内容包括:问题描述、原因分析、采取措施、责任人处理及员工受教育、举一反三五部分内容。

(三)分类分析解决异常问题

工艺质量异常主要表现在工艺技术参数运行不平稳,同时产品中带有杂质、产品纯度不合格等问题较多,造成物耗能耗较高。设备异常主要表现在设备泄漏、设备堵塞、设备前期设计等问题突出,人的变化主要表现在对岗位熟知度不够,对信息化技术驾驭能力不强。外部异常主要表现在对外部供电不稳定造成生产线异常问题的发生。通过分析企业制订了整改措施,在工艺质量方面利用技术创新、工艺技术提升等方式解决。在设备异常方面通过设备统型管理、设备全寿命周期管理等方法解决。在人的方面开展岗位应知应会编制、外培和内训结合的方式解决。在外部异常方面采取联系单方式传递异常等方法解决。

(四)组织编制《生产异常"四不放过"分析汇编》

银光集团编制《生产异常"四不放过"分析汇编》,分析银光集团生产异常管理工作,汇编了异常管理机制运行以来导致生产线停产的典型案例,对异常发生的根源进行固化,提高管理效率。

五、工艺技术和管理优化,改善、消除异常

开展以工艺和组织管理优化为主线的流程分析,采用 ECRS 改善法则,进行管理流程优化、工序检测分析优化、工艺技术优化、设备预知性维修等。

(一)优化管理流程,提高管理效率

压减管理层级,提高管理效率。银光集团在实施集团化管理以前管理层级分别为集团级、公司级、分厂级、车间级、班组级五级。通过加大信息化投资力度,信息化、连续化、自动化、智能化推动企业整体管理架构的转变,使管理更趋扁平化、集约化和现场无人化。银光集团重点从精简管理层级、优化组织机构设置,突出精干高效、整合岗位设置,做好定员定责、修订管理制度和流程等方面入手,积极推进组织机构优化工作。在精简管理层级、优化组织机构设置方面,对生产、辅助单位的车间和班组进行整合,实施扁平化管理,取消车间一级组织机构,实行分厂管理到基层班组、班组管理到具体岗位的直接管理模式。在管理岗位的设置上,着力突出精干高效,严格规范管理和技术岗位的设置,对业务相似、任务不饱满的岗位进行合并整合。整合优化各班组员工的工作职责和分工,积极探索"多能工"的培养,实现班组内部各岗位员工的工作内容交叉和互补,提高工作效率。在做好定员定责、修订管理制度和流程,组织各单位对现行班组和岗位设置、人员配备情况等进行再优化、再设计,严格压缩管理人员、辅助人员和保障性人员。通过全面整合并实现各类数据的集中管理和共享,补充完善生产线自动化设备和控制系统,提高装置运行的自动化水平,进一步优化组织机构,提升运行效率。

(二)应用 ECRS 改善法则,减少工序检测

在质量体系文件、工艺规程等文件指导下,以历年工序检测分析数据为依据,梳理所有工序检测项目、频次,开展工序检验检测 ECRS 课题研究,无必要工序检测直接取消,无法取消但又必要的工序检测进行合并,取消、合并后持续开展重排、简化、提升工作。积极研究快速分析方法,通过在线分析、减少分析频次等手段,降低劳动强度,提高工作效率。各分子公司分别下发技术决定,减少或取消对生

产无指导意义的工序检验，先前由于样品数量较多也造成分析较为滞后，对生产指导作用不太明显，通过减少或取消工序频次，减轻了人员强度，节约理化分析费用。银光集团取消、合并、重排、简化工序检测取得明显成效，含能公司工序检测由9.9万批次降低至8.1万批次，减少1.8万批次，聚银公司工序检测由15万批次降低至13万批次，减少两万批次，每年仅理化费用节创效益达240余万元，同时保证了质量体系的有效运行。

（三）利用异常数据，开展工艺优化

利用"工艺异常管理信息系统"建立"工艺问题库"，在"工艺问题库"中列出所有异常现象及处理办法。各级人员通过"工艺问题库"开展工艺异常分析，解决工艺异常问题。例如，在工艺异常系统中发现脱硫后煤气中H_2S指标超标频繁且波动较大，分析脱硫塔脱硫压降大，实施脱硫塔一段式改为三段式，改变进料方式后工艺运行平稳。工艺异常系统经常出现保护反应器进出口温差大的问题，频繁报警，导致光气合成系统频繁出问题，技术人员分析后发现光气吸附放热无法及时移除及杂质气体富集，通过保护反应器由夹套式改型为列管式反应器，减小保护反应器体积、增加换热面积，各项工艺控制参数在控制范围之内等。该系统建立后共发现工艺异常1000余项，其中，重点表现在工艺参数波动较大、反应器温度高、液体流量不足、塔底部压差高、排气温度高、泵压力高等。企业对上述异常进行分析并建立《异常处理操作手册》，对每个异常现象进行分析，开展工艺优化，并制订固化措施。通过发现工艺异常，解决工艺异常问题，工艺平稳率由94.5%提高至99%。

（四）全面推行设备全寿命周期管理体系，保障工艺稳定

建立设备在线监测系统，识别故障。关重设备实现在线分析，通过自动采集振动值、温度值等运行参数，实现运行状态监控，预判设备运行趋势，开展预知性维修。同时，不断完善设备档案信息，制订设备预检预修作业标准，不断提高设备使用效率，设备故障率由2016年的2.5%同比下降至2019年的1.8%。

建立设备全寿命周期管理体系。重点明确设备全寿命周期管理的目标、方针、体系策划等，重点规范集团、各分子公司、各部门及各级人员设备管理职责、评审时限、内容等方面的要求，并为设备管理体系的运行、检查、审核提供依据，理顺全寿命周期设备各环节管理的要求。企业对设备全寿命周期管理的选型、采购、安装、验收、调试、移交、运行、点检、润滑、自主保全、专业保全、停用、更新，直至报废33个环节进行规范管理。关口前移，完成三大类136小类设备统型工作，进一步提升设备本体质量，引入全寿命周期设备成本管理方法，实现设备效益最佳化。

六、固化措施，持续提升

（一）处理生产异常，完善企业管理制度

银光集团反思管理过程中存在的异常，每年下发《内控制度及流程制（修）订计划》，对制度的制订、修订、流程优化、培训、评价等进行统一规范和要求。2017—2019年，企业共完善管理流程30余项，完善管理制度100余项，推动企业管理模式变革，有效化解了企业管理的问题，实现企业循环持续提升。

（二）开展ABCD分级考核，推进管理提升

建立《银光集团生产异常考核细则》，明确生产异常管理考核内容，重点规范主要生产线降负荷异常管理及主要生产线计划外停车异常管理等考核内容。同时，在总部和分子公司之间，总部各业务部门之间，部门负责人与员工之间，进行双向ABCD考核评价，考核结果与绩效薪酬挂钩。通过多维度ABCD考核排名，突显异常问题导向，促使管理提升，强化各级各类人员发现异常、解决异常的责任担当意识。

(三) 文化引领，推动全员管异常

银光集团通过开展对标专题培训、对标改善成果交流等活动，引导全员进一步找差距、找不足，明确学习改善目标，广泛吸纳先进的管理理念、方式方法和运行模式，"对症下药"抓改善，为实现生产线连续化、自动化、无人化、智能化目标达成思想共识。

通过年度工作会、生产调度会宣贯"异常管理"理念，打破各级人员的思想定势；通过异常管理，便于从中发现内部经营和管理上的问题与盲点，便于全员追根溯源，让异常管理文化外化于行、内化于心，使异常管理的文化理念渗透到各个环节，实现由管正常向管异常转变。

（成果创造人：程仕鹏、苏　强、马卫东、王进军、谷克宏、杏世韬、李　钊、颜　博、吴明生、王　櫺、麻小利、李　鹏）

电网企业基于多专业柔性融合的设备管理

国网山东省电力公司青岛供电公司

国网山东省电力公司青岛供电公司（以下简称青岛公司）秉持"人民电业为人民"的服务理念，坚持"守正为本、融合为先、创新为魂"的变革思路，聚焦新形势下电网设备管理问题，以优化资源配置、提升设备管理水平、提高效率效益为着眼点，以创新打造强互补、可转化的"柔性团队—柔性机构—常设机构"为路径，坚持贯通融合导向，强化设备管理组织体系建设，全面推广多维专业柔性团队设备管理模式，打破传统组织架构模式的束缚；应用现代信息技术，开发智能化设备管控平台，夯实设备信息化管理基础；大力推进物联网建设，深化智能化设备管控平台应用，挖掘大数据的价值，实现设备状态"全景展示"；实施"柔性工作组＋远程监视"，再造设备运检流程，高效推进管理模式转变。在此基础上，全面盘活存量人力资源潜能，加快推进设备主人制的复合型人才培养，优化和完善设备故障应急处置、网格化设备管理、第三方监督等保障机制。通过实施一系列创新举措，电网设备管理多专业协同更高效、运转更灵活，促进了设备管理传统模式的有效蜕变，有效解决了跨专业、跨单位协调效率低等传统问题，持续激发了设备管理团队的活力、战斗力和竞争力，实现了多专业柔性融合设备管理体系的高效运转。企业设备运维管理水平大幅提高，供电服务保障能力持续增强，内部资源配置质量与效率实现双提升，有力保障电网高可靠性运行。

一、以促进贯通融合为导向，强化设备管理组织体系建设

青岛公司聚焦电网设备管理过程中的重大事项、核心技术、关键环节、管理短板和急难险重任务，着眼更好地整合内部资源、提高工作质效，通过创新柔性团队管理方式、工作模式、机制建设，集中精锐力量推进重要任务、解决重点问题。

（一）建立多专业柔性融合的组织架构

着眼解决跨专业、跨单位协调效率低的难题，青岛公司打破传统组织架构模式的束缚，以优化资源配置、提高效益效率为主线，创新打造强互补、可转化的"柔性团队—柔性机构—常设机构"多维组织机构体系，全面推广多专业柔性团队组织模式，提高团队的活力、战斗力和竞争力，为电网设备进行精益化管理，助力高可靠性供电，确保高质量、高效率完成急难险重任务，快速响应市场和客户需求。柔性团队是为高效完成特定项目或任务组建的阶段性柔性组织，分为科研技术攻关、产品研发、工程建设、生产作业、营销服务、管理提升、应急响应等类型，可跨专业、跨部门（单位）、跨班组组建，不占用机构编制，具有响应速度快、资源整合能力强、工作方式灵活、按任务聚散等特征。

建立党委统一领导、归口管理分级负责的柔性团队组织体系。组建以企业主要负责人为组长的领导小组，负责审议柔性团队组织的功能定位、发展目标，明确建设内容，审核总体规划及实施计划，协调解决柔性团队建设实施中的重大事项。组织部门突出"主抓两头、全程监控"，归口管理柔性团队建设工作，负责研究制订公司柔性团队管理策略，健全柔性团队管理制度与标准，牵头组织推进柔性团队深化应用，做好柔性团队建设重点环节的备案管理和绩效考核，并指导柔性团队管理工作，形成贯穿柔性团队成立、运行、绩效考核的闭环管理。专业管理部门突出"审核评估、专业指导"，负责柔性团队组建审核评估，结合柔性团队工作目标提出审核评估意见，加强针对柔性团队的专业指导和资源配置，参与柔性团队验收评估，结合工作成效提出验收评估意见。柔性团队牵头组建部门突出"牵头统筹、优化运转"，负责根据业务需求，组织申报组建柔性团队，编制柔性团队建设实施方案，明确工作方向和内容；结合业务运转需求，动态优化柔性团队的工作模式，提高柔性团队运转效率，承担申报柔性团队验收评估、撤销等工作。柔性团队突出"重点参与、协同配合"，负责配合申报组建柔性团队，参与柔性团队建设实施方案的编制，结合业务实际加强对柔性团队的专业协同和资源配置。

（二）构建多专业柔性融合的设备管理机制

建立适应多专业柔性融合的差异化设备管理机制。青岛公司实践多维专业柔性团队管理方式、工作模式、运转机制，根据设备管理任务实际需求、设备专业属性，科学划分设备管理等级，分级分类开展设备的差异化管理，确保设备运维管理的人、财、物核心资源实现最大化利用。一方面，大力推进输电智能巡检专业化、变电运维检修一体化、配网一二次运维融合化，打造"全科医生"型的设备管理队伍，建立健全设备主人任职资格鉴定评价机制，优化提升队伍的能力和素质。另一方面，设立安全贡献奖等八种奖项，奖励设备主人在设备运维检修、隐患排查治理、应急处置、隐蔽缺陷发现等方面做出的突出成绩，发挥激励引导作用，实现权责利匹配。与此同时，根据设备主人设备巡视到位率、缺陷处置及时率、运维线路年度跳闸率、设备运行分析报告质量等对设备主人进行业绩评价和业绩排名，切实提高设备主人的工作认同感、责任归属感、业绩共享感。

二、盘活内部人力资源，搭建跨专业柔性团队

充分发挥多维专业柔性团队在高效整合资源、快速响应电网设备运维管理等方面的优势，通过深化应用柔性团队组织模式，制订《国网青岛供电公司柔性团队管理实施方案（试行）》，实施多维专业设备管理的激励约束机制，优化内部人力资源配置，有力助推多维专业融合设备管理高效实施。

（一）强化市、县一体化管理，解决结构性缺员难题

青岛公司创新实践多维专业柔性团队管理方式、工作模式、机制建设。根据设备管理任务实际需求，柔性团队按任务聚合启动工作，任务结束即时解散，不打乱现有组织构架，不调整人事关系，集中精锐力量推进重要任务、解决重点问题，有力解决专业间人力资源配置不均衡的问题。通过跨专业面延伸管理优势和技术优势，简化管理环节，打破市、县公司人员交流壁垒，全面激活市、县同质化设备管理在制度、标准、流程等方面的内在潜力，有效调动各类专业人才参与复合型作业、提升自身技能的积极性，促进核心资源的优化配置与核心业务的融合管控，实现多维专业管理流程科学、界面清晰、管控有力，推动企业整体运营效率和设备管理质量全面提升。

（二）融合各专业管理界面，实现网格化设备管理

为解决"多专业负责同一设备，多岗位接触同一设备，多环节串行同一流程"的问题，青岛公司成立网格化供电服务机构，统筹多专业营配资源，有效打破以往同一区域多专业"离散负责"的管理方式。通过集约营销、运检、调控三大专业人力资源，整合调控中心、营销部、运检部等各专业服务、信息资源，集合配网资源，实时调控配网运营，推动业务流程更优化、人员更精简、协同作战与末端响应更高效，大大提高故障处置效率。依托多专业柔性融合设备管理平台，以全景视图透析设备停电区域与停复电抢修、服务事件分级预警响应、业务关键环节与异常用能监控、停电信息汇总与公告发布、报修工单进度、配网规模情况、各梯队抢修人员到岗进度、客户满意度分析等情况，通过开展全设备、全业务的实时在线监视和管控，汇集和督办客户服务诉求，协同指挥配电运营，全面监督与管控供电质量。

（三）优化管理末端人员配置，促进提升管理效率

青岛公司以"人员集中、信息集成、管理集约"为主线，优化调整设备管理事前"超前感知"、事中"快速响应"、事后"问题聚焦"的人力资源配置方式，变"被动抢修"为"主动运维"，促进提升设备管理效率。例如，在"不停电二次接线"多维专业柔性工作中，工作人员通过提前熟悉工作中需要进行"角色转换"的部分，确定由检修人员进行现场安全措施布置，运维人员进行二次安全措施拆接线，双方共同进行电缆敷设、二次接线、装置调试和信号核对的工作。采取严格的保障安全措施，提前将工作中涉及的二次装置全面梳理，制订完善的二次安全措施票，确保工作安全顺利进行。在电缆敷设阶段，检修人员向运维人员详细介绍备投装置的电源回路、电流电压采样回路、信号回路及跳闸回路，并讲解所敷设电缆的具体作用。在调试阶段，双方通力合作，进行备投采样及开入检查、逻辑试验及出口测试，核对装置遥信、遥控信息，在确保备投装置及二次回路的可靠性与正确性的基础上有效提升工作效率。再如，在原有配网设备管理模式下，配网运检一次工作和二次工作分开，带来工程建设效率低、抢修出动人员多等问题；同时，配网运检人员只掌握一次或二次工作内容，缺少对设备整体状态的监测掌握、综合研判。在配网一二次融合运维一体模式下，10千伏线路及其一二次附属设备的运维、检修、抢修、调试实现统一管理，有效提升配网大修技改等工程的全过程管理效率。同时，运检人员能够综合设备的一二次状态信息，对设备状态进行精准研判，及时开展消缺。当设备发生故障时，开展"五个一"抢修，出动一次即可全面完成一二次设备故障抢修，抢修效率大大提升。

三、开发智能化设备管控平台，夯实设备信息化管理基础

青岛公司坚持"本质安全、先进实用、面向一线、运检高效"的原则，以业务需求为导向，整合不同系统的关键数据，有效化解数据壁垒，从提高设备感知能力、状态管控能力、主动预警能力、精准检修能力、管理穿透能力五个方面入手，提升电网设备智能运检管理水平。

（一）融会贯通专业数据资源，搭建智能化设备管控平台

集约整合信息系统，实现跨专业领域数据的集成融合与信息共享。强化电网感知层基础建设，应用智能传感技术、边缘计算、趋势预算、智能识别技术，实现感知层数据的全面采集；打通OMS2.0（调度管理）、PMS2.0（生产管理）、EMS（调度自动化）、用电信息采集、智能巡检系统等跨专业数据系统，实现跨专业数据与信息共享，有效解决数据"汇聚、融通、分享、应用"难题，提高数据利用率，为输变配专业提供精准设备信息数据，并为实现对站内人员行为、设备状态、环境信息的全面感知奠定坚实基础。

加强电力物联网建设，打造集"实时监测、资源保障、预测预警、综合分析、统一指挥"五大核心功能于一体的智能化设备管控平台。一是实时监测，突出自动主动，对设备运行、人员分布、车辆工作、气象状况等相关信息实时汇集监测；二是资源保障，从设备、资源、辅助等多个维度全面掌握设备运行的整体情况，汇集设备、人员信息，提升感知能力，为统筹优化配置各类资源提供决策支撑；三是预测预警，利用人工智能技术，构建电网设备健康模型，根据实时大数据开展运行状态评价，预测设备健康趋势，综合展现设备"现在和将来"的状态，增强故障预判能力；四是综合分析，实现数据深度挖掘钻取、专业报表分类定制、跟踪场景提取信息、总览任务汇总数据等，为科学安排各项工作，提高供电可靠性提供辅助；五是统一指挥，通过多种信息交互渠道，即时向一线服务人员下发指令，柔性派发工单，实现信息各层级、全覆盖、实时多向通信，确保传递高效快捷，提升指挥管理的穿透力。

深度应用现代信息技术，实现智慧变电站状态全面感知、信息互联共享。充分应用通信数据网和人工智能、移动互联等现代信息技术，建设状态全面感知、信息互联共享的智慧变电站，开发变电站"操作一键顺控、设备自动巡检、主辅设备智能联动"等智能应用，实现变电站一次设备"防火耐爆、本质安全、一键顺控、智能巡检、状态感知、智能表计、免（少）维护、标准设备、绿色环保"，二次设备"就地采集、就近保护、冗余测控、信息专网、智能应用、智能计量、方便一线"，辅助设备"一体设计、精简层级、数字传输、标准接口、远方控制、智能联动、方便运维"，全面提升设备智能化管理水平。

（二）深度挖掘电网设备信息，提升设备精益管理水平

通过数据资源整合和需求调研两种方式，挖掘数据分析的新需求，进一步强化与研院所、高校及企业深度合作，构建数据分析模型，促进电网数据分析由实时态监测向未来态预测转变，辅助构建投资改造建议、检修策略建议等智能化功能，提升电网设备智能化管理水平。在实践中，以调控、运检、营销等核心业务系统现有数据为基础，整合各类智能终端、设备状态感知终端、客户电能表等采集的数据资源，对电网"站—线—变—户"全回路的供电状态、电能质量进行分析和展示，通过高压、中压和低压数据比对，实现对突发停电、电压越限、频繁停电等问题的智能化分析，形成实时计算、无人工干预、涵盖各电压层级的供电可靠率、电压合格率等关键指标的运维管理指标评价体系，提升设备精益管理水平。

四、大力推进物联网建设，实现设备状态"全景展示"

（一）建立设备健康档案，强化设备状态在线实时管控

建立设备全寿命周期档案，实现设备管理数字化。设备健康档案由静态和动态两部分组成，按照"一设备一档案"的原则，青岛公司对每一台设备建立全寿命周期档案，完整记录设备的出厂信息、检修信息、日常巡检报告等静态信息，滚动更新设备缺陷档案、检修档案、专项治理等动态档案，在建立支撑设备全过程管理基础的同时，实现设备管理集约化和数字化。

开展大数据技术深度应用，强化设备状态在线监控。基于智能化设备管控平台和电网生产联合作战指挥系统，进行设备在线监控，支撑业务决策。深入挖掘大数据在设备状态分析、预测预警及故障研判等方面的价值，围绕设备状态分析、风险预警、设备故障研判、绩效评估设计四个主题，构建设备"分析—预警—研判—评估"闭环管理模式。通过对设备历史数据和实时数据的存储、融合、计算和分析，滚动更新涵盖历史信息、设备本体信息及环境信息在内的设备"健康档案"，全面掌握设备的实时状态。

（二）应用智能运检技术，推进设备可视化、无人化管理

综合应用新兴智能技术，多措并举提升设备运检水平。打造输电"可视化+无人机"立体巡检、变电"无人值守+集中监控"的运维管理新模式，提升设备监控强度；深化设备全寿命周期管理，加强带电检测、在线监测等技术实用化应用，强化设备状态大数据分析，准确掌握设备状态，提升设备管理细度；加快无人机、一键顺控、在线智能巡视、移动作业等智能运检技术的应用，提升设备管理信息化水平。

建立在线分析预警模型，实现设备异常和故障主动预警。应用电力设备智能一体化监测、变电站智能辅控系统等12项新技术，应用室外巡检、室内轨道、电缆巡检、海缆巡视、消防五类电力机器人，完成22种8360台物联终端接入，实现示范区重要客户服务的"智能态势研判、全景状态可视、现场穿

透指挥"。依托电网精准感知的"末梢神经"网络，建立在线分析预警模型，加强对各类电网设备、保障资源及物联终端的全要素监测，实现故障和异常主动预警。

（三）精准定位故障信息，助力支撑抢修决策与应急指挥

根据物联终端故障信息定位故障设备、确定故障产生原因；根据网络攻击信息定位攻击源、获取影响情况及影响范围；及时获取气象灾害告警信息、电网告警信息；定位相关电网设备、将告警数据实时推送指挥中心及相关保障人员。辅助人员决策指挥，开发应用停电事件分析到户、抢修工单精准研判、热点抢修区域研判、快速恢复动态决策等功能，助力实现日常生产指挥、应急状态快速恢复、辅助决策及应急指挥。通过人员日常管理、巡视单派送、灾损情况上报及现场人员与指挥中心实时视频交互等，开展对重要负荷供电可靠性、地区灾损情况、处置决策效果、重要客户供电可靠性的评估等，及时进行柔性派单，提升工单派发现场的穿透力。

五、构建"柔性工作组+远程监视"设备管理模式

青岛公司在多专业柔性融合设备管理体系下，成立变电运维一体化柔性团队，创新"柔性工作组+远程监视"的设备管理模式。在实践中，继电保护及安全自动装置改定值等现场工作仅需柔性团队中一名变电运维人员和一名变电检修人员开展。其中，变电运维人员担任工作票许可人、工作班成员、操作监护人，变电检修人员担任工作票签发人、工作负责人、操作人，专业技术人员通过视频对现场工作进行远程监视。

（一）再造设备运维检修流程，大幅精减中间环节

"柔性工作组+远程监视"模式依托多专业柔性融合设备管控平台，纵向贯穿公司、部门、单位、班组等管理层级，横向打通检修、运维、营配等专业壁垒，全面梳理优化变电运维、设备检修、应急抢修等业务流程，确保流程相关业务活动及环节细化到角色，层层压紧压实责任。新的流程对原串联环节进行"并行化"改造，大幅缩减不必要的中间环节，促进电网设备巡视维护和缺陷消除流程在跨专业协同、配件获取等方面有效简化，实现流程耗时压缩50%以上。业务流程优化管理并不是短期性、阶段性的项目，而具有长期性、持续性特点，在后续变电运维检修一体化工作中的作用将更加突显。

（二）高效推进管理模式转变，充分挖掘资源潜力

青岛公司基于国网公司定员标准，结合设备管理工作开展及人员技能水平的提升情况，充分挖掘现有人员潜力，按照"资源配置最优化"的原则，根据工作人员技术水平与工作难易程度，在公司范围内配置工作组成员，提高劳动生产效率，促进人力资源配置持续优化。根据多专业柔性融合设备管理需要，开展变电运维、变电检修、一次故障分析、二次缺陷处理等大量有针对性的培训，为员工提供专业知识和技术能力支持，促进员工在适应新模式的基础上不断提高操作效率。同时，对员工技能培训结果进行考核，并将其与薪资挂钩，通过发挥考核"指挥棒"作用，确保员工能够在最短的时间内适应工作模式的转换，真正掌握多维专业设备管理相关的知识与技能，高效匹配管理模式转换过程中的专项要求。

（三）动态优化完善标准制度，适时匹配管理模式

青岛公司在"柔性工作组+远程监视"工作模式下，制订了一套相对完善的标准化作业指导书和安全管理制度，全面涵盖新模式下运维检修工作流程的各个环节、各项要素。在实践中，通过整合制度、标准、考核等各管理因素，便捷实现各体系管理优化。同时，在各环节之间建立网状联系，当某项内容需要变更时，能够及时根据逻辑关联，对其他相关内容进行动态调整。

六、强化设备主人制管理，加快培养复合型人才

（一）强化"全科医生"型设备主人制管理

依托高素质专业化队伍，确保设备管理工作安全。依托柔性团队打造"一专多能、精一会二"复合型员工队伍，全面保障设备管理现场工作安全。运维人员作为变电站内设备的主人，对现场设备的工作环境、运行状态、接线方式等情况更加熟悉，能够保障全过程的安全风险得到有效管控。在工作准备过程中，由运维人员明确现场工作中的危险点，确保需要采取的措施，不发生遗漏、错误，并在工作票上得到体现。在现场工作中，对操作人的行为及时提醒，避免发生误操作事故；保障工作过程中不发生误碰、误动运行设备的行为，确保严格执行现场安全措施，不发生超出作业范围的行为。在工作验收中，运维人员全面细致检查工作情况，确保设备"零缺陷"投入运行。同时，运维人员负责协调站内各种工器具、仪器仪表等资源的使用，确保工作过程中的需求得到及时、有效的专业支持。

细化设备周期管理颗粒度，强化柔性融合管理下的精准管控。在时间维度上，将具体工作任务落实到每台设备的设备主人。深化应用"日比对、周分析、月总结"设备管理机制，设备主人每日在全景在线监测系统实时监控设备运行数据，对比所辖设备与其他设备的差异，及时发现设备运行异常；每周分析比对设备运维数据、状态曲线的变化趋势，密切跟踪设备渐变隐患；每月对各类设备运行参数、健康状况进行分析总结，客观评价设备主人的工作开展成效。通过日数据比对、周数据分析、月数据评价，形成设备全周期管理"体检"档案，强化多专业柔性融合管理下的精准管理。

（二）构建复合型专业人才的成长成才路径

为保障多专业柔性融合设备管理高效运转，青岛公司印发《国网青岛供电公司复合型人才激励实施方案（试行）》，通过实施多元化激励措施，促进员工主动扩展业务技能宽度、提升个人业绩，促进业务前端融合，提高专业业务效益和人力成本效率。在具体工作中，统筹考虑专业管理需求、岗位职责分工、人员能力素质等因素，明确选定条件、激励标准、管控流程等关键事项，实现对复合型人才的精准激励。复合型人才在聘期内根据工作性质不同，实行工作积分激励或周期激励模式。工作积分激励模式主要侧重于工作的任务数量、工作质量、工作效率等方面的综合考核激励，适用于从事非常态化业务的复合型人才。周期激励模式主要侧重于对日常整体工作情况的考核激励，可根据需要选择按月、半年或年为激励周期，适用于从事常态化业务的复合型人才。青岛公司通过加强对复合型人才的培养和管理，将专业管理要求和员工成长成才相结合，有效提升专业管理指导力、穿透力和协同力，为多专业柔性融合设备管理提供源源不断的人才支撑。

七、强化保障机制建设，促进设备管理水平持续提升

（一）构建设备故障应急处置机制，实现快速响应

电网设备从制造到投运，历经设计、制造、安装、调试、检修等主要环节，构建多维专业融合柔性设备管理体系下设备故障应急处置机制，是确保管理体系健康、正常运转的必要保障。设备主人作为设备故障应急前期处置的关键人员，其应急处置能力将直接影响设备故障处理的速度与质量。通过"柔性工作组＋远程监视"模式发现设备异常故障或者产生缺陷时，及时通知柔性工作团队的设备主人，设备主人及时发起联络，共同分析、研判、定位设备故障类型、缺陷等级，会商制订防范和应急措施，提出处置建议并反馈至多专业柔性融合设备管控平台，同步开展设备故障前期处置，隔离故障点，降低故障设备对电网运行的影响。同时，在沟通联动机制运作下，利用"柔性工作组"工作机制，变电运维、变电检修和厂商相关人员及时组成应急处置团队，快速进行设备故障应急处置。

(二) 强化设备可靠性过程管控，实施溯源分析

为加强电网设备日常管控，青岛公司创新应用设备状态"日监测—周分析—月总结"机制。建立日管控机制，将停电时户数和可靠性指标变化纳入供电服务日报，每天通报前一日的停电时户数变化，对停电超过 100 时户的单位重点核查通报原因。建立周分析机制，每周定期分析各单位完成情况，为当月的停电计划调整及周带电作业计划、业扩计划编制提供数据支撑。强化"一事一议"，对青岛市主网、配网临时停电、故障停电造成的停电超过 100 时户数的情况进行重点分析，对出现管控失误的单位进行原因剖析，发布典型问题及整改措施，进一步细化管控颗粒度。紧盯可靠性关键指标变化，以"用户平均停电时间"关键业绩指标、"城、农网用户供电可靠率"评价指标为抓手，每月底进行指标计算和下月度指标预测，对指标异动进行深入分析。

(三) 引入第三方监督机制，凝聚协同合力

引入供电服务指挥中心、调控运行监控室、安全督查队等第三方设备管理监督机构，明确现场作业类型，对各作业项目从工作现场停电范围、保留的带电部位、作业现场的条件、需要落实的反措、设备遗留缺陷等方面进行现场作业勘查，绘制停电范围内输变配电一次设备电气接线图，对停电范围，作业现场条件、环境，应采取的安全措施进行图示标注；对交叉跨越、临近带电部位、同杆架设等复杂环境条件做到远景、近景拍摄，精确反映设备周边环境、状态。通过无线 + 有线的网络组合方式，将布置在各作业现场、站点的监控点，全部连接、汇聚到指挥部，对现场监控视频进行实时分析，实现远程巡查、危险点监测、现场安全监督、隐患排查的可视化管理，大幅提高现场作业管理的主动性和及时性，让现场监控更贴近基层的作业管理需求，有效缩短监控信息采集、反馈、解决流程。

(成果创造人：孙旭日、卢　刚、杨天佑、邱吉福、陈　明、安树怀、栾春朋、于海峰、孙晓兰、魏　振、周荣臻、吕宏媛)

以国际一流为目标的高含硫气田安全高效的开发与运营管理

中国石油化工股份有限公司中原油田分公司

中国石油化工股份有限公司中原油田分公司（以下简称中原油田）为达到气田技术一流、管理一流的目标，通过开展坚强有力的技术攻关和集成创新、推进以效益为导向的精细管理、建立以安全为导向的生产运营保障体系、建立气田绿色低碳发展管理模式、实施人才队伍培养计划、建立运行高效的项目外包管理体系、助力地方经济发展、履行央企社会责任等，实现了普光气田高效开发运营、全方位安全受控、绿色低碳发展、全面践行央企的社会责任，为保障长江中下游清洁能源供应和国家能源安全做出了重要贡献。普光气田开发井成功率100%、腐蚀速率0.04毫米/年、天然气净化率99.99%、硫黄回收率99.99%，主要技术指标均超出世界前两大高含硫气田（俄罗斯阿斯特拉罕气田、法国拉克气田），达到国际一流水平。

一、以攻克开发运营技术难题为目标，大力开展科技攻关和集成创新

针对高含硫气田开发与运营管理的困难和技术难题，中原油田积极向国家科技部申请并通过科技立项，在大型油气田及煤层气开发国家科技重大专项中，设立了《高含硫气藏安全高效开发技术》科技攻关项目，项目获国家科技重大专项连续支持，累计获得中央财政资金支持6.3亿元。同时，依托中国石化集团"十条龙"科技攻关平台，大力开展科技攻关和集成创新。

（一）组建培养科技攻关团队，提供人才平台保障

以高含硫气田安全高效开发技术为攻关平台，组建了中原油田为组长单位，北京大学、中国石油大学、西南石油大学、华东理工大学、天钢等10余家专业院校、科研企事业单位为成员的一体化联合攻关小组，千余名研究骨干参与的产、学、研、用人才队伍，涵盖气藏工程、钻井、开采、集输、净化、安全环保等技术领域，成立了高含硫气田安全高效开发与运营管理科技攻关团队。2011年以来，培养了高含硫气田学术带头人和专家42人、博士硕士生63人等专家队伍。以普光气田为创新应用推广平台，建成了国内首座高酸性气体现场实验室、抗腐蚀管材实验室等，先后建立了天然气开发、净化研究所等多个专业研究机构，为科学研究提供了技术先进、数据可靠的实验基础和平台，有力保障了高含硫气田科研攻关、技术试验、推广应用和跟踪评价。

（二）创新科技攻关管理模式，提供组织管理保障

中国石化和各级油田领导亲自带领团队集智攻关、协同攻关，保障专项顺利实施。建立了多学科、跨部门协同联动的大科技攻关体系，创新了以项目管理为核心的科技攻关管理模式，集思广益，不断凝练成果，提升成果水平，加快科研成果转化。逐步完善项目管理制度，先后制订了项目管理办法、经费管理与会计核算办法、项目绩效考核办法等，规范了项目运行，确保了研究经费合规合理使用及攻关目标任务顺利完成。产、学、研、用多方位结合，总结形成了可大规模推广的高含硫气田理论与技术方法，直接指导普光气田的开发与运营管理。积极与斯伦贝谢、哈里伯顿、俄罗斯天然气工业股份公司、加拿大硫磺研究所、卡尔加里大学等十多家国际知名石油公司、科研院所、大学开展技术交流，扩大了我国高含硫天然气开发的国际影响。

（三）持续开展基础科技攻关，提供技术理论支撑和物质保障

通过持续开展基础科技攻关，建立了高含硫气田多相渗流理论、集输管道腐蚀速率预测理论、抗硫高钢级套管变形失稳理论等各类开发数学模型，创新发展了高含硫气田安全开发的理论支撑。持续进行

资金投入，逐步建立并完善了高含硫气田气井安全钻井技术、气藏开发动态模拟与评价技术、天然气集输管道安全风险预警技术、非水相湿法氧化脱硫深度净化工艺等安全开发技术，为普光气田高效开发提供了技术动力。持续进行自主研发，国产化天然气焚烧炉、抗硫采气井口、大口径抗硫集输钢管等一系列高含硫气田安全开发关键装备工具，为普光气田稳产、高产运营管理提供了物质保障。

（四）坚持以问题导向开展科技攻关，解决气田开发经营技术难题

普光气田科技攻关团队以扎实的技术理论基础，结合气田在地质、钻井、采气、集输及净化工艺等关键技术上的难题的解决，坚持以问题导向开展科技攻关。攻克了气藏储层精细描述及开发优化技术，解决少井高产难题，使气田优质储层钻遇率达到100%，产能预测符合率达到87.3%，动用储量2579.15亿方。通过自主研发防掉落空气锤，引进创新集成空气氮气钻井工艺，以及高强度抗硫射孔枪等配套工艺技术和设备，解决了钻完井及采气工艺技术难题，使钻井时效提高至95%以上，创超深水平井一次射孔井段1215米纪录。通过创新"腐蚀监测+智能检测、抗硫管材+缓蚀剂+阴极保护技术"双层腐蚀管控、段塞流高效捕集与水洗脱氯技术等，攻克酸性湿气高效混输+集成智能防腐技术，解决了天然气输送和防腐蚀难题，使系统平均腐蚀速率控制在0.033毫米/年以下（标准：0.076毫米/年）。攻克硫化氢深度净化技术，建成酸性气综合处理规模世界第二、亚洲第一的天然气净化厂，天然气和硫黄产品质量优于国标最高标准，综合商品率高于85%、硫回收率高于99.9%，均处于行业一流水平。攻克生产运行安全控制关键技术，建立四级关断联锁控制及火炬快速放空系统、地灾自动监测系统，解决了高含硫气田安全生产难题。创新高含硫气田环境保护关键技术及应用，SO_2排放浓度与国内外典型高含硫气田相比处于领先地位；气田水回注率100%；钻井固废全部实现资源化利用。

二、以效益为导向，精细管理气田开发运营各重要环节

气田开发运营包含气藏的开发（通过勘探确定气藏范围，通过钻井建立井筒，将地下天然气开采至地面）、天然气集输（通过地下井筒、地面采气井口、集气站、集气管道将天然气集中输送至天然气净化厂处理）、天然气净化（通过一系列工艺技术将含硫天然气中的剧毒物硫化氢脱出，使含硫天然气成为清洁能源供企业和居民使用，脱出的硫化氢生产成附加产品硫黄）三个重要环节，是一个极其庞大的运行系统。由于普光气田的特殊性，对各个生产运行环节的要求极高，中原油田集全油田之力，凝心聚力抓精细管理，确保气田高效开发运营。

（一）精细开展气藏全生命周期开发管理

开展气藏全生命周期开发管理，精化气藏描述，优化调整部署，盘活储量资源，增加可采储量，稳定气田产能，持续提升开发水平。针对普光气田礁滩相储层厚度大、非均质性强的特点，不断深化气藏认识，建立全区等时地层格架，细化沉积微相研究，分单元厘清储量动用状况，明确气田挖潜方向。深化有利储量挖潜层位和区域研究，完善气田稳产方案，优化部署调整扩边井，增加气田可采储量，实现SEC资源替代率由负转正，老井挖潜取得突破。强化气藏监测、产出剖面研究和动态分析，根据开发动态不断调整优化气井生产方案，合理调控生产压差和采气速度，气藏压降得到均衡控制，边底水推进得到有效控制。强化采气工程精细管理，优选酸压和井筒解堵工艺，提高了井筒效率和单井产能。52口气井日产混合气达到3100万立方米，实现了"少井高产"；气田预计采收率70%，弹性产率29.1亿立方米/兆帕，全面超过了方案设计指标。

（二）精心组织天然气集输生产

精心生产组织，优化天然气集输配产，加强集输管理，开展工艺技术研究，保持最大开井时率；加强集输系统检测评价、技术分析和运行管理，优化污水处理站预处理流程和除硫工艺，开展集输系统积液规律和硫沉积研究，优化实施集输管道清管和站场检维修作业，确保集输系统安全平稳运行，运营效率由46.2%提高到50.4%。加强腐蚀监测与防护，优化缓蚀剂加注方案，缓蚀剂防腐成本下降20%，

集输管道腐蚀率由 0.059 毫米/年降低到 0.04 毫米/年。采输系统开足马力保生产，建立"以时保日、以日保旬、以旬保月"的产量考核工作制度，采取措施增产、清洗解堵、流程优化等措施，精准管理、精心协调，努力释放气藏产能，提高气田生产效益。

（三）精细实施天然气净化处理

精细组织天然气净化处理净化装置日常运行维护和检修，不断优化装置运行指标和脱硫工艺，净化厂联合装置实现满负荷运行。检修周期由一年一次延长到两年一次，净化气、硫黄质量达到国家一类产品标准。优化 20 万吨级克劳斯反应炉工艺，在 130% 酸性气负荷情况下运行正常，提升了生产调峰能力。完善硫黄储运工艺，实现了特大规模散装硫黄的安全储存与高效转运。天然气净化系统保持高效稳定运行。实施"最优负荷 + 调峰"模式，创新开展关键仪表不停机消缺工作，推进关键设备"三年更新计划"改造及修复，加大装置预防维修和深度检修，系统生产效率及长周期稳定运行能力大幅提升，产出效率达到历史最佳。

三、以安全为导向，健全生产运营保障

普光气田因其独特的高含硫特性，天然气硫化氢含量高达 15%，是名副其实的"毒气"，且硫化氢对集输管道、生产装置具有很强的腐蚀性，导致气田在开发、集输、净化等生产环节中安全风险高，防控难度大。普光气田牢固树立"安全高于一切、生命最为宝贵"的理念，持续强化安全管理，确保气田自开发建设以来生产零事故、人员零伤亡。

（一）加强安全标准制度建设，提升本质安全水平

针对高含硫气田开发运营的特点，在参考国内外相关标准要求的基础上，制定了国内首套超深高含硫气田规模开发 7 大业务领域的 51 项标准，填补了企业标准体系的空白。建立了高含硫气井、集输站场、集输管道、天然气净化厂安全管理规范 5 大类、99 项，形成了一整套高含硫气田开发运营管理的 HSSE 制度体系，实现了气田开发生产、检修作业的安全受控，为中石化高含硫气田开发标准的制定奠定了基础。

（二）建设全方位安全应急体系，提高安全应急处置能力

结合高含硫气田剧毒、易燃易爆、易泄露的实际情况，制订由分公司、厂、车间三级应急预案组成的应急预案体系；成立由分公司、厂两级应急指挥系统，配备专职应急管理工程师，实行 24 小时值守。建立普光分公司与地方县一级、厂与乡镇二级、站与村组三级应急联动机制，在天然气集输站场、净化厂附近乡镇设立应急疏散广播系统，定期组织召开企地应急联席会议，每年开展应急联动演练，提升应急联动效率。组成由分公司应急救援中心与地方应急救援机构的联动救援队伍；与地方医院签订医疗救护协议，强化应急救援保障。由采油气工程技术服务中心等 8 家单位组成应急抢维修体系，明确各家单位职责，完善抢维修程序，确保迅速处置生产突发事件。中原油田普光分公司应急救援中心配置消防坦克、涡喷、充气等国内一流抢险设备 63 台，各类抢险器材 217 种、1 万余台套，救援人员 218 人，建成了国家油气田救援川东北基地，是中石化第十一应急联防区域组长单位。

（三）建设覆盖全气田的四级自动关断系统，实现气田安全受控

针对高含硫气田开发运营安全等级要求高的特点，在国内首次组织设计安装了从采气单井、集气站场、集输管道到整个气田的四级自控联锁关断系统，既可实现一个生产环节的独立关断，又可实现气田的一次性整体关断。采气、净化、输气首站三大控制系统采用硬线连接，任何环节的一级关断都能触发全气田关断，实现气田全方位安全受控。

（四）确定气田安全防护距离，确保人民生命财产安全

针对气田高含硫化氢、高压、山区地形复杂、人口稠密等特点，建立了含硫天然气泄漏山地扩散模型，开展了硫化氢在不同气象、地形条件下的扩散规律研究。模拟结果表明：发生高含硫天然气泄漏

时，1000ppm硫化氢烟羽最远扩散距离集输管道为110米，集气站为286米，净化厂为401米。根据硫化氢扩散模拟结果，综合考虑泄漏监测、紧急关断等安全保障和应急处置措施，参照加拿大EUB标准高标准设防，普光气田酸气管道、集输站场、天然气净化厂分别按100米、300米、800米设防，对设防距离内的2603户民居全部拆迁。

（五）强化全员安全培训，提升全员安全意识

牢固树立"培训不到位是最大安全隐患"的理念，编写实用教材，创新培训方法，共组织各类培训617期、培训13876人次，职工安全取证率100%。教育员工不断增强安全环保意识，努力追求"五个零"，即执行制度零折扣、设备状态零缺陷、操作过程零违章、工艺流程零失效、环境保护零污染，消除了员工的"恐硫"心理，逐步实现了从"谈硫色变"到"处硫不惊""控硫有法"的转变。

四、大力推进低碳环保管理，贯穿气田开发运营全过程

普光气田在严格执行国家环境保护法律法规的基础上，充分吸收、融合国际先进环保设计理念，将"绿色""环保"贯穿于气田开发运营全过程，投入57亿元环保资金，建成了达到国际先进水平的污染治理设施和环境风险防控系统。不仅带动了地区经济，造福了当地群众，也保护了地方环境。

（一）强化水污染防治，提高气田污水综合利用水平

首创高含硫气田产出水"氮气气提、溶氧气浮、化学氧化、混凝沉淀、两级过滤"复合工艺，在解决了气田水高含硫、高悬浮物处理难题的基础上，2019年建成投用气田水蒸发利用深度处理工程，处理后的水可回收利用，地层回注水量下降约65%，每年可节约清洁水资源30多万吨。天然气净化厂工艺废水实现100%综合利用。净化装置工艺废水采用酸水汽提工艺，经处理后全部回用于循环水系统，实现工艺废水零排放。

（二）强化大气污染防治，废气指标处于世界同行业领先水平

优选大规模硫黄回收尾气深度处理技术，天然气净化率达99.99%，总硫回收率≥99.91%，SO_2排放≤$300mg/m^3$，优于国家$960mg/m^3$的标准，与俄国、法国、加拿大等国外同类气田相比处于领先地位。创新研发尾气热氮吹硫新技术；实施液硫池、液硫罐废气治理项目，实现尾气SO_2浓度降至$200mg/m^3$以下、液硫罐区无硫蒸气逸散的治理目标，为打赢蓝天保卫战奠定了坚实基础。

（三）强化土壤污染防治，固废资源化成效显著

持续推行环保钻井成套技术。采用国际先进的空气钻井和网电钻机技术，单井减少泥浆用量30%，降低能源消耗约46%。新钻井采取"泥浆不落地+烧结资源化处置"的治理方式，从源头上消减了固废产生量，提升了清洁化生产水平。遗留钻井固废实现资源化利用，联合地方企业研发了烧结资源化技术，变固废为"宝"。

（四）强化环境应急管理，进一步提高风险防控水平

通过对极端事件的风险评估，各集气站设有污水应急池，净化厂建立了覆盖装置区、应急池、污水处理场的三级水污染防控系统，有效容积达3万立方米，满足各种恶劣情况下水体污染应急处置要求。强化环境应急演练。定期开展水体污染防控、危险废物泄漏等突发环境事件应急演练，全面提升综合应急处置能力。2018年12月，普光气田承办了四川省年度突发环境事件应急演练，通过"水、陆、空"三维并举，"政、企、民"协同配合，填补了国内高含硫天然气开发H_2S气体泄漏环境应急演练的空白，受到了国家生态环境部、四川省生态环境厅的高度评价。

（五）强化环保基础管理，促进气田绿色发展

通过对国家现行有效的环保法律法规进行逐条梳理，整合成19大类193个环节，形成了具有普光特色的《普光气田环保手册》《重点环节环保指南》，成为普光气田环保管理的"工作手册"、环保人员的"新华字典"，有效提升了环保人员的业务能力和环保基础管理。大力实施生态恢复建设，先后投入生态建设资金3000余万元，栽种夹竹桃等抗硫、吸硫植物27万株，恢复林地、草地、耕地1784亩，气田植被恢复系数达98.1%，临时用地复耕、绿化率达100%，气田集输管道已经成为一条"绿色走廊"，净化厂已被打造成花园式工厂。

五、培育高素质人才队伍，常态化服务员工

在气田开发建设和运行过程中，倡导"在学习中成长，在实践中成才"的人才培养理念，创新选才、用才、育才、聚才和畅通人才成长通道的"4+1"人才管理模式，构建基于ISO 10015标准的培训管理体系，为气田的安全高效开发提供智力支持和队伍保障。

（一）实施"专业精英"培育行动计划

加强专业人才素质培养。以"政策通、视野宽、专业精，熟基层、熟规则"为导向，分专业开展专业精英人才专项培育，依托国内知名高校，持续加大"走出去"的培训力度，坚持集中培训与在职学习、课程教学与课题研究相结合，不断提升员工专业知识、专业素质。注重专业人才能力提升。搭建竞技平台，坚持每两年举办一次业务竞赛活动，与持证上岗考核挂钩，以赛促培、以赛育人，促进专业人才快速成长。支持专业人才参加行业发展论坛，参与重要方案制订、管理创新研究、专项工作调研，鼓励专业人才获取国家权威职业资格证书，提升专业精深度，推动内部优秀业务人才跨界转型发展，着力培养复合型专业人才。适度增加高级主管、主管层级专业职位设置和选聘力度，畅通专业人才职业发展通道，扩大选人视野，优选专业精英加入相应业务团队，为相关业务发展提供专业人才支撑。

（二）实施"普光工匠"培育行动计划

突出拔尖人才选拔培养，实施"普光工匠"培育行动计划，以技术理论研修、创新案例分享、技术难题会诊、工匠精神传承为重点，对有潜力的高级技师，量身订制、跟踪培养，强化实践实战，突出绝活绝技，成就技术"大拿"。建设技师工作室，创办普光气田《技师交流》期刊，搭建技能革新和技艺传承平台，支持技术革新攻关、技艺技能交流。建立"双师型"人才培养库，对人才进行重点培养，鼓励人才积极参加各层级的业务或技能竞赛，参加集中培训、岗位锻炼、成果展示，提高实际操作技能。加强班组长队伍建设，深化"五型"班组创建，推进管理手册、操作手册的应用，落实岗位责任制。全面推行班组长岗位竞聘，每三年对班组长轮训一遍，激发班组活力。强化全员基本功训练，落实岗位练兵制度，因人因岗制订基本功训练计划与实施方案，将练兵时间、内容、标准、考核细化到岗、到人；强化对新知识、新技能、新工艺的学习和应用，建立跨工种、跨岗位学习取证激励机制，培养一岗多能的技能人才；加强培训基地建设，建成集采气净化于一体兼具仿真模拟与实操训练功能的高含硫采气净化专业培训基地。

（三）实施"储备人才"培育行动计划

着眼国际市场对高含硫人才的需求，在普光现场工作人员中，择优选拔40人纳入国际化人才储备库。结合所在岗位和培养方向，采取师带徒、岗位锻炼等方式，强化技术技能培训，提高人才综合能力，储备和培养国内市场高含硫人才。立足国内天然气大开发对高含硫人才的需求，发挥"中原普光"品牌的技术优势，培养储备高含硫采气、净化专业技术人才，满足油田"轻资产、重技术、高端化""走出去"的战略需要。

（四）创新气田"油公司"管理下的用工模式

普光气田设置14个机关部室和4个直属单位，核心用工1522人，生产保障等业务外包给中石化系统内34支专业化队伍，约3000余人。按照"班子共建、队伍共管、安全共抓、责任共担、效益共享"的管理理念，以党建区域一体化管理为手段、工会建设为桥梁，协调推进安全环保、队伍管理等工作。完善"服务职工常态化"长效机制，开展"送温暖、送关爱""帮扶慰问"等活动，为职工做实事、解难事、了心事，解除远离家乡职工的后顾之忧，营造凝心聚力、拴心留人的良好氛围；理顺危急重症患者应急医疗救护程序，畅通就医渠道，推进"普惠制"文体活动和EAP建设，丰富职工的文化生活，促进员工身心健康；推进共建共享，持续增强职工的获得感、安全感、归属感、幸福感，实现了工区"一家人、一条心、一股劲"的和谐稳定局面。

六、优选项目承包商，严格管控外包项目

（一）建设信息化管理系统，强化承包商管理

坚持承包商强势管理，依据项目需求核定承包商用工岗位和人员要求，对在岗或拟进入普光工区现场的承包商人员严格审核把关，坚持持证上岗管理。建设承包商管理信息化系统，对承包商单位及人员信息进行实名认证，实施岗前培训取证、逐级核查认证等信息化手段，保证了承包商人员资格达标和相对稳定。承包商管理系统对安全证书复审或换证可以做到提前预警，避免了漏复审、延期换证现象，提高了安全管理与培训工作的计划性与精准度。可实时查询承包商用工总量和人员到岗情况，业务外包主管单位对承包商人员新增、减少、取证等审核或维护工作进度，也可以实现对承包商人员违章情况的考核。通过信息化管理，促进了普光分公司承包商人员管理制度的落实，方便了业务外包主管单位对承包商人员用工情况的监管和考核。

（二）推行"五个一"外包项目管理模式

在气田外包业务承揽项目中，推行"五个一"的管理模式，规范承包商管理，促进甲乙双方的融合，实现共赢。一份业务合同：严格按照规定程序组织招标、签订业务合同，明确承包商业务承揽范围、工作内容和工作界面、项目应遵守的标准及双方的权利和义务，做到权责明晰、履约有据。一套工作标准：编制外包项目工作标准，明确项目各项技术指标、管理指标、工作程序和工作准则，为员工在岗制订"规定动作"，使各项业务管理规范化、精细化。一份考核办法：依据甲乙双方签订的项目承揽协议，制订承包商业务考核管理办法，考核指标主要包括基础工作、服务质量、生产技术、HSE管理及重点考核指标等。一份考核公报：成立外包业务考核机构，对业务承揽项目开展考核，考核结果与合同履约评价、费用结算挂钩。一体化党工建：建立普光分公司和业务外包队伍党组织党工建工作区域化管理新模式，促进管理融合，实现资源共享、优势互补，共同推动气田安全高效开发和油田持续、有效、和谐发展。

（三）强化业务外包项目和承包商评估分析

培育市场管理机制，参考市场价位，完善业务外包费用定额标准，强化对外包项目收益和成本支出的考核评估，分析外包项目的必要性，优化外包项目。强化承包商资质管理，加强对承包商人员素质、设备能力、资质条件、业绩等考核评估，把信誉好、服务能力强的承包商列入名录。细化外包项目考核验收标准，加强对业务外包项目合同执行进度、承包商服务质量的考核评估，分析承包商的服务能力，优选承包商。

七、建立、维护良好企地关系，助力地方经济发展、履行央企社会责任

普光气田秉承"办好一个项目，推动一方经济，造福一方人民"的发展理念，多年来累计投资14.4亿元，援助有利于失地农民就业、有利于改善生活环境和出行条件、有利于地方经济腾飞等的重点项目建设，促进了社会稳定和地方经济发展，切实履行了央企的社会责任。

（一）建立企地高层联席会议制度

实行普光分公司班子和宣汉县委、县政府班子"一连一"联系，根据班子成员业务分工，与地方政府班子定期对口联系，支持地方社会经济发展。依托油田油地工作部，成立普光分公司油地工作分部，与地方政府相关部门保持联动，建立良好沟通关系，实现互促互进发展。

（二）妥善安置气田建设拆迁群众

普光气田的开发建设，共完成征地5400余亩，拆迁房屋50余万平方米，涉及农户3400余户、1.5

万余人,切实实现了"群众得实惠,社会得稳定,地方得发展,工程得保障,企业树形象"的总体目标。普光气田投入大量资金,帮助地方政府科学规划、合理布局,建成了极具现代气息和特色风貌的"普光新区",1.5万多人搬入新居,成为四川省社会主义新农村建设的典范。

(三) 助力地方社会经济发展

支援地方文教卫生事业,补偿1000万元、投资1000万元建成标准高、功能完善、设施齐全的土主中学,为当地1100余名学生提供了一流的教育条件。开展"献爱心助学活动",组织职工和参建单位向普光小学一次性捐款16.729万元。投资1220万元,援建达州市烧伤科病房及人员搜救、环保监测、消防云梯、消防车、救护车等;投资800万元扩建宣汉县医院土主分院,大大改善医疗设施,有力推进了地方医疗卫生事业的发展。立足长远,解决失地农民就业问题,根据当地特色,兴办见效快、技术含量低、劳动密集型企业,投资1340多万元援建编织袋厂、制砖厂、石材厂,安置失地农民160人就业;聘请当地470余名劳动力承担普光分公司物业保安、卫生保洁、绿化、散装硫黄装运等工作,解决了部分失地农民长久生计问题;在抗洪救灾、公益性事业中投放资金400余万元,帮助重建灾区。为实现税费落地,助力地方经济发展,与达州市合资成立中国石化达州天然气净化有限公司,累计实现落地税收126亿元。向达州地方8家企业、近5万户居民累计供气1.5亿立方米,工业用气执行中国石化内部结算价格,低于国家规定的四川省门站价格,为地方经济和社会发展做出积极贡献。

(成果创造人:孙　健、张庆生、夏宇飞、张　毅、王　飞、
张　勇、刘建亮、李国平、秦冬林、安　剑)

适应复杂地形与负荷特性的差异化配电网规划管理

国网重庆市电力公司市区供电分公司

国网重庆市电力公司市区供电分公司（以下简称重庆市区电力）以国网公司建设能源互联网企业战略发展方向为指引，以提升供电服务能力为目标，结合管理实际、供电区域的地形地貌特征、负荷空间分布和用户负荷特性，搭建差异化配电网规划管理组织体系，提出差异化配电网规划管理总体思路，划分适应复杂地形的配电网管理网格，建立适应差异化负荷特性预测分析管理模型，设计标准化的供电网格差异化组网典型模式，实施差异化配电网规划，建立"两联三优"规划落地机制，制订用户接入配电网络规范，构建配电网规划管理的支撑保障机制，最终形成适应复杂地形与负荷特性的差异化配电网规划闭环管理新模式，提高了配电网规划的精准度和精益化水平，助力坚强智能电网建设，实现企业与客户的合作共赢，支撑重庆经济社会快速发展。

一、健全管理机制，搭建差异化配电网规划管理组织体系

（一）完善管理组织机构

重庆市区电力建立由领导小组、办公室、工作组共同组成的配电网规划管理组织机构。各级机构共同推进配电网管理工作，确保各项任务落到实处、取得实效，做到目标明确、要求明确、任务明确，形成组织有力、责任明确、分工协作、运转高效的工作局面。配电网规划领导小组由重庆市区电力党政一把手任组长，分管领导任副组长，发展部、建设部、运检部、营销部、调控中心等部门负责人为成员，办公室设在发展部。工作组由发展部牵头、专业部门参与，形成常态化、闭环工作机制。

（二）优化工作职责分工

重庆市区电力建立完备的组织机构分工体系，优化各小组的职责。领导小组负责规划理念、策略、原则的制订，协调跨专业讨论、论证，组织总体方案编制工作。规划办公室负责开展配电网规划工作，统筹协调配电网规划启动、编制、评审、上报等各工作环节。工作小组负责落实推进配电网规划工作，其中，营销部提供用户负荷、用户报装容量等基础数据，并提出相关需求与建议；运检部提供设备运行类基础数据、近期亟待解决的问题和改造建议；建设部提供现场建设条件评估和方案调整建议。公司系统等各专业部门是规划管理提升和完善的配合保障部门，负责本专业范围内的沟通、协商、审核、改进等，并对下级单位的工作进行检查、评价和考核。

（三）建立沟通协同机制

集中优势资源，打破传统部门界限、专业壁垒及层级界限，建立配电网规划跨部门、跨专业、多层级联合实施机制。

一是建立集体攻关机制。以重点难点项目为突破口，建立集体攻关机制，做好分工协作，建立专家论坛、组织研讨会等多方式的内部经验交流平台，做到信息共享、成果共享，避免各自为战、重复劳动。

二是完善例会管理机制。建立工作例会制度，每月召开一次规划管理推动会，由各项目组向工作小组汇报各规划项目阶段的工作进展，会议协调解决跨部门、跨专业问题，按照里程碑节点计划加快推进项目建设；对于重大的、难以解决的问题，组织召开领导小组会议予以解决。

三是建立简报发布机制，在重庆市区电力内部网站增设配网规划项目落实情况专栏，每月发布工作信息和工作计划，通报各责任部门的工作进展和主要问题。

二、以问题为导向，明确差异化配电网规划管理总体思路

（一）分析配电网结构现状

重庆市区电力构建符合直辖市大型供电企业特点的多维度指标体系，从网架结构、装备水平、供电能力等方面对公司配电网现状进行深入分析和系统诊断，查找制约配电网发展的主要问题和薄弱环节。通过分析，发现公司配电网存在负荷不平衡、东西部容载比两极化、间隔资源紧张等问题。应用RCA模型、鱼骨图等方法和工具，发现传统规划方法未能充分考虑"山城"重庆地形地貌的特殊性，造成电网协调性不够、负荷转移能力较弱等问题；在负荷预测、用户接入时未能发挥差异化负荷特性的重要作用，造成预测结果不准确、电网效率较低等问题。

（二）设计差异化配电网规划管理总体思路

重庆市区电力深入了解一流配电网的规划实践，综合借鉴巴黎的"三环式"结构、新加坡的"花瓣"结构，结合重庆市区电力及配电网实际情况，采用"自下而上"的规划方式，以地块用电需求为导向，设计差异化负荷需求预测模型、合理划分适合复杂地形的配电管理网格、构建配电网规划典型组网模式、建立"两联三优"电网建设工作模式，设计形成了适应复杂地形与负荷特性的差异化配电网规划管理总体思路。该规划思路在规划导向上强调对行业用户负荷进行精细化预测，满足差异化用户需求。在规划方法上，强调充分考虑"山城"地形地貌与负荷分布特征，建立标准化组网模式，优化变电站之间馈线层的联络结构，应用标准化的供电模型构筑高水平的中压配电网；在规划落地方式上，强调考虑负荷时序特征的互补性，将峰谷互补的用户接入合理的供电点，减小馈线日负荷"峰谷差"，提升馈线利用率。

三、结合用户负荷特性，设计差异化负荷特性预测分析模型

（一）建立负荷特性分析数据库

准确的负荷预测是配电网规划的基础和前提，根据重庆用地规划，将用地分为居住、工业、农业、商业金融、行政办公等14大类，细分为44种用户类别，选取"科学城"典型样本200个，通过安装非侵入负荷监控终端，开展负荷识别，积累居民用电行为和用电设备运行数据，总数据量超过50000条，为供电企业实现精准负荷预测和精准规划提供依据。以配网GIS平台为核心，横向贯通生产管理系统、营销用电采集系统、调度系统等各系统平台，从中提取用户年最大负荷数据、典型日负荷数据、用户投运年限、用户受电容量等数据。采用大数据分析技术和数据挖掘方法，对用户数据进行有效整理，建立用户负荷特性分析基础数据库。

（二）分析行业负荷特性

将基础数据库中的配电用户分为工业用户、商业用户、行政办公用户、居民用户四大类，针对年负荷特性曲线与日负荷特性曲线统计分析，总结配电用户负荷及负荷特性。其中，工业用户年负荷特性曲线较为平稳，一年四季负荷波动不大；典型日负荷特性曲线的特点为"上午高峰、下午高峰"（中午负荷落差较大）；商业用户年负荷特性曲线的特点为"夏季较大高峰"和"冬季较小高峰"；典型日负荷特性曲线的特点为每日"单高峰"。行政办公用户年负荷特性曲线的特点为"夏季高峰"；典型日负荷特性曲线的特点为"上午高峰"和"下午高峰"（中午负荷落差较小）。居民用户年负荷特性曲线的特点为"夏季、冬季双高峰"；典型日负荷特性曲线的特点为"中午小高峰"和"晚上大高峰"。

根据分析结果，10千伏工业和居民混合线路、10千伏商业和居民混合线路、10千伏行政办公和居民混合线路的日负荷特性曲线较为平滑，有利于降低电网的峰谷负荷差，改善负荷曲线、保障有效平稳用电、改善电网的运行，提高电网的安全性和经济性。

（三）设计差异化负荷特性预测分析模型

采用聚类分析算法制订发展过程中配电网用户负荷需用系数。分析样本为电力用户采集系统导出的

近 10 年负荷数据较为完整的公用配变和专变，其中，公用配变有效样本数量为 4078 个，专变有效样本数量为 5176 个。将上述数值带入负荷需用系数计算公式，即可得出不同类型用户、不同需用级别的平均负荷需用系数。分析结果，工业用户几乎没有负荷发展过程，从一开始投运就能稳定输出额定容量六成以上的负荷，因此只有负荷发展饱和期一个发展阶段。典型商业用户负荷有负荷发展期（配变投运 1~3 年）和负荷发展饱和期（配变投运 4 年及以上）两个发展阶段。行政办公用户几乎没有负荷发展过程，从一开始投运就能稳定输出额定容量三成以上的负荷，因此只有负荷发展饱和期一个发展阶段。居民用户负荷有负荷发展期（配变投运 1~4 年）和负荷发展饱和期（配变投运 5 年及以上）两个发展阶段。在进行符合预测时，针对不同类型用户和不同发展阶段，符合需用系数级别根据经济社会发展的不同、政策情况、具体用户特性等分为高、中、低三挡。在完成数据统计分析的同时，以国内其他同级别城市为参照，对天津市、杭州市、广州市、南宁市典型配电网用户的负荷需用系数发展趋势进行校验，进一步修正结论，确定配电网用户负荷需用系数推荐值。之后，以用户的负荷发展信息为基础，根据负荷调整及负荷阶段，计算新报装用户置信度负荷。同时，结合城市总体规划，采用"自然增长＋大用户""空间负荷预测"方法，对供电网格（单元）的用电需求进行精准预测。

四、合理划分网格，编制差异化配电网规划方案

（一）划分适应复杂地形的配电网供电网格

重庆市区电力供区位于长江与嘉陵江交汇处，四面环山，江水回绕，城市傍水依山，层叠而上，山地、丘陵、平地交织在一起，划分为渝中区、沙坪坝主城、九龙坡主城、九龙坡西部、沙坪坝西部、大渡口区 6 个供电分区。通过对重庆市区电力 6 个供电分区地形特性的分析，将地形形态分为狭长形、环形、棋盘形和不规则形四类。基于城市布局的复杂地形形态分类，对重庆市区电力供电区域进行盘点，共分为 54 个供电网格，其中，狭长形供电网格 32 个，不规则形供电网格 14 个，棋盘形供电网格 5 个，环形供电网格 3 个。

（二）设计供电网格差异化组网典型模式

统筹考虑配电网现状、负荷需用系数、通道资源等要素，以及配电网规划技术导则及配电网典型接线模式，结合市辖区山地、坡陡路窄的地形、负荷呈块状和带状分布等特点，建立多目标的网架优化模型，通过配置上级变电站供电区域及供区网格规模大小，设计 18 种标准化的适应复杂地形与负荷特性的差异化组网典型模式，解决网格之间及网格内部的联络问题。如对于狭长形高需用系数供电网格，如果区域内通道走廊顺畅，若该区域宽度只能容纳一座变电站，则该区域内所布站点考虑选择带状供电布局，"变电站—主变"组合模型一般为 2×2、2×3。对于环状形高需用系数供电网格，如果变电站布点适中，区域内通道走廊顺畅，且该区域某一宽度足以容纳两座变电站，则该区域可选择三角形供电布局，"变电站—主变"组合模型一般为 3×2、3×3。对于棋盘形高需用系数供电网格，如果区域呈现两头窄、中间宽的形状，且区域内通道走廊顺畅，中间区域宽度足以容纳两座变电站，则该区域可选择菱形供电布局。如果变电站布点较多，区域内通道走廊顺畅，且该区域东西南北均足以容纳两座变电站，则该区域可选择矩形供电布局，"变电站—主变"组合模型一般为 4×2、4×3。对于不规则形高需用系数供电网格，可参考变电站布点情况，灵活选择"变电站—主变"组合模型。

（三）开展配电网网格化规划

以供电网格为单位，充分利用"规划计划信息管理系统"、电网规划辅助系统，逐片区、逐站、逐线梳理和分析配电网，全面统计 10 千伏线路型号、"N－1"情况下的供电能力及已接入的配变容量，评估 10 千伏线路剩余供电能力。综合考虑供电网格供电能力，工业用户、商业用户、居民用户、行政办公用户四大类用户的负荷特性，确定负荷需用系数。根据供电网格地形形态、负荷需用系数等特征，按照适应复杂地形与负荷特性的差异化组网典型模式，开展配电网规划编制工作，指导和约束重庆市区电力配网新建和改造项目的实施。深入运用供电网格差异化组网典型模式，优化改进市区公司所辖范围内 6 个供电分区的配电网网格化规划，使负荷预测更为科学准确、配电网接线模式更为清晰、设备利用效率更高。

五、大力推进电网建设，确保差异化配电网规划落地

（一）建立"两联三优"电网建设工作模式

为保障差异化配电网规划顺利落地，解决主城核心区电网建设难题，实现电网建设可持续发展，满足城市经济社会发展需求，提升主城核心区域城市品质，重庆市区电力创新政企协同机制，提出"两联三优"电网建设工作模式。以城市发展为导向，将电网建设与城市经济社会发展建设有机衔接，建立政企联动机制；在政府主导下将变电站建设纳入大型房地产整体开发、市政综合项目，由开发主体和市区供电公司共同完成变电站本体建设，将电力设施建设融入城市发展整体布局，形成工程联建机制；通过工程联建，优化电网建设工程管理流程，将联建变电站的进出线路走廊与城市开发项目同步实施，实现变电站的优先布点、优先建设；在工程联建的同时，充分搭接客户与营销部门的友好桥梁，为开发企业提供更为优质的电力供应服务；充分利用联建项目与片区开发同步修建的优势，实现变电站点与输电网络同步规划、配合实施，充分优化区域电网规划，实现地方经济社会与电力网络共同发展，当前与长期发展结合，电力资源与社会资源统一。

（二）规范用户接入配电网络装接标准

明确 10 千伏线路装接配变容量控制值标准。按照负荷特性将 10 千伏线路分为工业线路、商业线路、行政办公线路、居民线路等 16 种装接方式，根据不同接线模式的 10 千伏线路供电能力、配电网用户负荷需用系数和同时率，进一步细化计算不同负荷发展阶段、负荷性质、接线模式的 10 千伏线路装接配变容量控制值，避免用户接入、负荷切改的"乱拉乱接"。

负荷发展期按照电缆单环网、电缆双环网、架空多分段单联络、架空多分段适度联络的 10 千伏线路负载率为 0~40% 考虑。负荷发展饱和期按照电缆单环网、电缆双环网、架空多分段单联络、架空多分段适度联络的 10 千伏线路负载率为 40%~50% 考虑。

（三）优化用户接入配电网络流程

根据电力客户负荷特性和容量对用户接入模式进行深入分析，优化配电系统用户接入方案的统一流程和依据。在用户接入方案决策中考虑负荷时序特征的互补性，将峰谷互补的用户接入合适的中压馈线，减小负荷日峰谷差，在提升设备长期运行利用率的同时，大幅提升了线路的可装接容量，在不增加配电网投资的条件下，满足更多客户就近接入的需求。

在业务受理阶段，根据用户报装情况，确定新增用户的报装容量和负荷性质，比如，是工业负荷还是商业负荷等。在现场勘查阶段，确定新增用户的地理位置，分析可接入网格的网架结构。在接线模式设计阶段，根据新增用户的地理位置及可接入网格的网架结构，确定可以接入的 10 千伏线路和 10 千伏线路的接线模式。在负荷预测阶段，确定新增用户的置信度负荷。在供电能力评估阶段，结合线路供电能力评估结果，确定可接入的 10 千伏线路的最大负荷。在校核新增用户接入的适应性、安全性和可靠性阶段，如果新增用户的置信度负荷加上可以接入的 10 千伏线路的最大负荷使该 10 千伏线路的负载率小于 50%，则可以接入，并从接入后 10 千伏线路的适应性（是否就近接入）、安全性（是否负荷较重或者过载运行且不超过 10 千伏装接配变容量规范值）、可靠性（是否满足 N-1 运行要求）三方面进行评估。如果新增用户的置信度负荷加上可以接入的 10 千伏线路的最大负荷使该 10 千伏线路的负载率大于 50%，且周围有新建 10 千伏线路，则接入新建 10 千伏线路。如果周围无新建 10 千伏线路，则暂时接入已有 10 千伏线路，并且做出负荷预警，安排下一年度的配电网规划项目解决。在确定接线模式阶段，根据可以接入 10 千伏线路适应性、安全性和可靠性的评估结果，选择最优的 10 千伏接入线路。

六、完善保障措施，提供有力支持

(一) 健全人才保障

一是推动招聘质量提高。以"为公司招优秀的人才"为目标，采用加强宣传力度、提前校园摸底、扩大招聘生源等方式，做好高校毕业生、集体企业聘用员工招聘录用工作。

二是推动人才选育提升。开展优秀专家人才培养选拔，完善公司人才梯队建设，构建人才培养选拔、考核激励的"一体化"管理体系，从根本上激发员工的工作热情和创造力。

三是制订劳动定员管理策略和定员二次分解标准。综合考虑年龄、学历、技能水平等因素，细化制订定员分解标准，合理核定各部门、车间定员数。

四是制订操作性强的实施方案，建立例会制度，加强专业横向协同，上下紧密衔接。

五是大力推进分级分类人才培养体系建设，培养高素质的人才队伍。

六是组织举办标准宣贯培训班，提高专业人员对相关技术标准和工作要求的理解和把握能力。充分消化吸收各项研究成果，及时了解电网的发展经验、发展理念及最新技术趋势。

(二) 健全信息保障

整合地区社会、经济发展，政府规划等城市数据，以及规划、运检、营销、调度等部门电网数据，构建"规划计划信息管理系统"、电网规划辅助系统等，为电网规划工作提供有效的数据支撑和技术支持，深入挖掘配电网薄弱环节，有针对性地提出解决方案，做到规划项目有的放矢，确保管理及时到位、有效落实。通过信息平台，解决传统规划模式存在的"决策难、评审难、编制难"的问题，提升规划方案的品质，改善网格项目评审效果，提升投资决策精益化水平。

(三) 动态优化

每半年组织各专家团队全面开展电网供电能力评估，充分利用"规划计划信息管理系统"、电网规划辅助系统，逐片区、逐站、逐线梳理和分析配电网，全面统计10千伏线路型号、"N-1"情况下的供电能力及已接入的配变容量，评估10千伏线路剩余供电能力，为规划方案设计、业扩报装服务提质增速工作打下基础。每年度运用适应复杂地形与负荷特性的差异化配电网规划方法，对所辖范围6个供电分区的配电网网格化规划进行优化调整，使负荷预测更为科学准确、配电网接线模式更为清晰、设备利用效率更高。

(成果创造人：陶时伟、张　捷、洪　涛、钟家华、谢　兵、杨　军、许晓川、肖文浩、何张凤、付　友、刘会灯、谢颜斌)

基于智能制造的纸包装全链质量管控

浙江大胜达包装股份有限公司

浙江大胜达包装股份有限公司（以下简称大胜达）以"精心设计、精良选材、精工制造、精诚服务"的"四精"理念为核心，从战略层面进行规划管理，构建大胜达特色的"智能制造背景下的纸包装全链质量管控模式"，形成大质量观的质量文化。从研发质量、采购质量、制造质量到服务质量，实现全面质量管理的深化落地。具体而言，依靠强大研发实力，构建研发质量管理体系；基于全生命周期管理，实现生态绿色设计，打造绿色供应链；通过仓储物联网，实现采购智能化控制；基于智能质量分析，打造纸包装智能制造协同体系；通过全要素质量控制，实现物联网智能控制；以在线检测为基础，建立全过程质量追溯体系；引入车联网系统，实现精准快速服务；以客户需求为导向，实现智能客户服务。

一、确立组织架构，明确创新基本原则

（一）确立组织架构

公司成立了以总裁为组长，行政副总为副组长，各部门负责人为成员的领导小组。下分3个组：综合组具体负责项目推进、协调、支撑；技术组具体负责项目开发、系统维护及数据分析；业务组具体负责项目业务需求、业务测试、操作培训和模式推广。

（二）明确创新基本原则

一是以快速响应用户需求为导向。

建立以快速响应用户需求为核心的企业运营模式，构建企业研发、生产、供应链条、销售部门、研发中心、生产制造部门（物流系统）、工程实施部门、客户服务部门等紧密结合的现代纸包装协同制造体系等，实现基于网络的知识及信息资源共享和协作。公司通过"装备智能化、管理智慧化、物联一体化、全链协同化、创新平台化"等一系列环环相扣的管理与技术手段，将顾客至上的理念融入管理流程，探索出"基于客户需求的'智能运营+智慧管理'创新服务模式"。

二是聚焦转型所需。

为应对制造业面临的数字化、自动化、智能化和协同化等迫切需求，新型工业物联网技术在工业领域的应用日益得到重视。2020年7月，中央全面深化改革委员会第十四次会议审议通过了《关于深化新一代信息技术与制造业融合发展的指导意见》。

在此背景下，大胜达实现了从制造型企业向服务型企业转型，从粗放型管理向精细化管理转型，从传统式运营向智能式运营转型，打造了服务型企业，构建企业研发、生产、供应链条、销售部门、研发中心、生产制造部门（物流系统）、客户服务部门等紧密结合的现代纸包装协同制造体系。

在智能制造背景下，提升质量管理体系运行的有效性，需要在管理技术和管理方法上进行创新，利用信息技术的优势，建立系统化的质量管理体系运行系统。在质量管理技术的覆盖方面，企业质量管理涉及的范围越来越广，深度不断加大，质量系统与相关系统的集成度要求越来越高，需要面向过程的多功能业务管理和跨部门的多点协作。在资源和流程优化上，质量管理信息化的改造配合企业整体业务资源的重组和流程优化，通过新型管理模型的探索和过程控制方法的研究，利用计算机网络与企业集成平台，为质量数据仓库建设与数据挖掘提供强大支撑。

具体而言，公司建有ERP、APS、MES、WMS、I-DMS等管理信息系统，实现了对车间作业计划

管理和调度、工艺执行管理、物流与仓储管理、质量分析管理与跟踪、设备运行管理、能耗管理等数字化功能，提高制造过程的透明化和精细化；基于大数据与人工智能技术进行数据计算、数据建模，采用先进的物料技术和管理手段，实现了生产制造现场物流与物料的协同、精准管控，通过集中排程、可视化调度及时准确掌握原料、设备、人员、模具等生产信息，提高了生产排程效率，实现了柔性排程，适应个性化订单需求；实现研发设计、生产制造、供应链、物流等的协同，全面实时监控工厂经营生产状况全貌。

二、在产品研发中控制质量——精心设计

（一）依靠强大研发实力，构建研发质量管理体系

大胜达具备强大研发实力，拥有国家级博士后工作站、省级重点企业设计院、浙江省企业技术中心、省级企业研究院、省级工业设计中心等。公司与北京大学信息研究院、上海海洋大学、东北大学、浙江理工大学等多家科研单位开展广泛的技术交流与合作开发。

大胜达具备先进的设计系统，采用ESKO（雅图）、Artios CAD、Auto CAD、Photoshop、Illastrator等设计软件，对包装设计进行有限元分析。公司与浙江大学、江南大学、上海海洋大学、浙江理工大学等十余所大学签订了合作协议，建立产学研的模式为客户开发定制高端设计，水溶性胶带纸、防窃启纸箱、电磁屏蔽纸箱、养鱼纸箱、纸质家具等新产品应运而生。

在设计包装产品时，综合考虑产品质量属性、环境友好属性、重复利用和可回收性等方面，并结合产品的全生命周期绿色发展思想，自主开发了多种具有较好环境友好性的绿色产品。如绿色无胶带快速封箱快递包装，解决了传统包装过度使用胶带、封箱速度慢、美观度不够、环境友好度较差的问题。绿色无胶带快速封箱包装盒整体由1张纸板组成，结构包括侧板1，A端板2，侧板3，B端板4，内摇盖5、7，外摇盖6、8，底板9-12，制造商接头13。正确连接及胶黏封闭后，此包装至少可以循环使用三次，每次密封使用一道胶条。除了该产品，公司还开发了快速对折式可回收快递箱、坐凳包装箱、免胶带易开启再利用纸箱、卡扣式防盗手提自充膜快递箱等产品。

公司在包装材料相关方面也开展了深入的技术研究。国内流通的物流包装普遍采用充气袋或泡沫塑料作为缓冲包装，这类有机聚合物多数为不可降解或难降解物质。包装封箱措施，普遍为多层胶带对纸箱进行缠绕包裹，容易造成浪费材料，且胶带自身也属于难降解物质，对环境造成危害较大。在纸箱回收时，需要单独分拣出封箱胶带和内部缓冲包装，消耗大量人力。针对上述情况，公司自主开发了水溶性胶带纸技术，其内衬缓冲材料采用可充气式水降解抑菌薄膜，纸箱内外表面涂布抗水防霉液，封箱胶带以基材为可降解的抑菌材料制成。该包装产品内衬与胶带具有高温水溶性的特征，放入水中可快速溶解，纸箱自身通过内外涂布的抗水防霉液，可有效防潮，不发霉，尤其是对江浙地区空气湿度较大的环境，使用效果较好。公司对包装材料的研发设计，实现了包装产品安全无污染、使用寿命长、回收成本低等优化目标。

近几年开发的瓦楞峰尖与峰尖精确对接技术、同质多层复合实时起楞技术、纸塑实时复合多级涂布技术、高抗水高抗温胶黏剂复配制备技术、重型包装箱载运结构性能分析系统、Artios-cad设计系统，从新材料与结构成型理论两方面奠定了以纸代木、节材代木的实施基础。研发的多层复合瓦楞纸板，使瓦楞纸板层数可达到10层，复合的3A瓦楞纸板的边压强度达到了28000N/M，从理论上奠定了以纸代木的实施基础。研发的抗高温防水复合胶粘剂，确保高克重面纸与高强瓦楞原纸的粘接强度。公司年产AA、AAA、CBA、AAB、复合AB等多种重型瓦楞纸板720万平方米，占公司总销售面积的3.6%。公司通过自身的技术创新、新工艺新材料的研发，包装物流共用系统的开发，载运性能分析系统、有限元结构分析等多方面开展节材代木包装的研究，在绿色包装领域独领风骚。

（二）基于全生命周期管理，实现生态绿色设计

近年来，公司共参与7项国家标准、3项行业标准的制定。公司牵头制定《绿色环保快递用瓦楞纸箱》浙江标准，该标准在多个方面比国标要求更高，处于国际领先水平。尤其是在精心设计、精心选材等方面，原辅材料、运输条件、包装、存储条件、可循环回收等方面，突出了绿色生态的特点。2017年，公司参与制定《GB/T33764-2017 绿色产品评价通则》，对绿色产品，即在全生命周期过程中，符合环境保护要求，对生态环境和人体健康无害或危害小、资源能源消耗少、品质高的产品，进行评价提供了指标参照值。

公司从战略高度落实产品全生命周期理念，把推行绿色生态发展作为企业实现战略目标的重要抓手，提升绿色低碳发展意识，培育和发展产品生态设计能力。公司基于"整体理念"，构建了"源头绿色原材料设计、模块化设计、循环再生化设计、减量化设计、结构组合与可拆卸化设计、绿色制造工艺等"系统化的生态设计技术体系。

通过生命周期评价，公司明确了瓦楞纸箱对环境影响的关键工序和关键物料。通过采集并补充LCA评价数据，建立了瓦楞纸包装制品环境影响评价数据库，明确了企业供应链绿色管理方向。

三、建立采购管理质量保证体系，保证企业的物资供应活动——精良选材

（一）全生命周期管理，打造绿色供应链

为了从源头确保产品质量，公司选择与行业内前五名的龙头企业合作，并从欧洲、东南亚等地区进口原材料。在开发新的供应商时，参考供应商上报的产品指标标准及公司内部标准确定质检标准，每一次供货根据该标准对每一批次的每一个规格进行抽检。进货物资经检验或验证为不合格品时，按《不合格品控制程序》进行处置。出现重大不合格品，品质保证部开具《物料质量反馈单》交采购部，向供方反馈质量问题，采用限期整改或现场分析等方法解决问题；若到期无明显改进，连续三批出现严重不合格，报总经理取消合格供方资格。

公司使用环保印刷油墨，使用无毒害、无氟化材料。此外，为了满足客户的需求，通过研究开发使用纸箱水性泼水剂、水性上光油代替过去的覆膜技术。由于纸箱泼水剂、上光油几乎不含溶剂，有机挥发物排放量较少，因此降低了生产成本，减少对空气污染，改善了工作环境。纸箱的防潮、防水、防油等效果不亚于其他传统上光覆膜，且工艺先进成本低。目前公司正在纸包装印刷中全面推广无污染的液体净化技术柔性印刷版，在满足要求的情况下，尽量减少传统上光、覆膜等工艺的使用，并应合理减少包装材料，得到大量客户的高度认可。

大胜达不断提升生产用助剂，如油墨，淀粉，胶水，催化剂、涂料等辅料的质量和环保水平，将全球知名辅料生产企业纳入供应链，同时开展探索生产辅料进一步绿色化的路径与措施。大胜达从欧洲进口高端纸品并从东南亚（如越南、泰国）进口木薯淀粉用于制作环保胶水。

大胜达加强对供应商的管控，尤其是对产品RoHS控制达标、质量保证等，新增供应商需要经过资质审查、样本检验、小批量试机、评价审核、批量使用五个环节。资质审查阶段，除了基本的三证，还需要提供STS环保报告，必要时采购部会同品质保证部组成调查小组对供应商的供货能力、质量管理体系、产品环保达标情况进行现场调查并填写《供方调查表》。

（二）通过仓储物联网，实现采购智能化控制

公司通过多种手段实现采购智能化。ERP可自行计算物料订单需求、下达（月度）采购计划/申请；针对配套产品/工单、明确供应商和价格、物料（油墨等）；按生产排程、机台汇总生成采购申请/订单、集成供应商。供应商即时生产、打印采购单条码和物料条码，扫码自动入库。

公司在原纸仓库和成品仓库实行二维码管理，每桶原纸和每托盘成品都赋予唯一的二维码身份标识，实行一桶一码、一托盘一码。仓库细分仓位，完全实现仓位管理，基于无线PDA技术，在入库和

移库时精确实行产品库位定位。仓储计算机系统读取发运方的发出单，形成原始入库记录单存入数据库，发出单记录了出厂日期。仓储计算机系统根据入库记录单中的属性生成二维码，根据位置图编号生成位置二维码，将位置二维码对应张贴于位置格架。原纸抵仓库门口，将原纸二维码张贴于对应的原纸上并通过PDA对入库的二维码进行识别，利用5G网络泛在连接、强透传能力，将识别信息直接传送到云端服务器，当原纸运送到仓库二维格架时，用PDA扫描该格架条码，至此该原纸完成了入库操作。待所有入库原纸及位置扫描完成后，PDA系统生成一张入库单。最后，PDA与计算机同步提取PDA中入库单信息并与计算机原始入库单比对，更新计算机入库单数据，同时更新计算机系统库存，这样就完成了真正意义的入库操作。

四、协同化制造，实现质量智能分析——精工制造

（一）基于智能质量分析，打造纸包装智能制造协同体系

通过以机器换人、智能联动为主旨的现代化智能制造体系，建立以快速响应用户需求为核心的企业运营模式，构建企业销售部门、研发设计中心、生产智能制造、供应链管理、能耗管理、数据中台管控等紧密结合的现代纸包装智能制造协同体系，并与产品全生命周期结合，以国际领先的智能化产线、集成物流链为平台，融合ERP（企业资源管理）、APS（智能生产排程系统）、MES（制造执行系统）、i-DMS（智能车间物料配送系统）、WMS（智能仓储管理系统）、OMS（智能物流管理系统）、PLM、SPC，以及智能检测、能耗智能管控等信息化技术和互联网平台，软硬件集成、数字化管控运营。

公司通过物联网系统业务终端安装在设备上与数字化装备控制系统相连，对生产节拍自动实时采集，以监控生产过程是否在受控的条件下进行，偏离即产生报警或提示。通过监控采集的节拍时间，统计监控现场作业人员每日的工作完成情况，能够核算产品加工工时，比较不同产品的加工差异，并可通过节拍分析来为不同产品核定标准工时，为排程及产能分析、预估生产周期提供基础数据。

（二）通过全要素质量控制，实现物联网智能控制

公司通过物联网，对"人、机、料、法、环、测"全要素进行控制，可以实现对"作业计划、设备监控、节拍监控、事件管理、质量管理"的联网操作。

公司将物联网平台与BoxERP融合，建立完善计划调度控制中心，通过智能控制中心，完成生成生产计划单、优化排程到各工序和机台，并可在系统中实时查看计划加工进度，通过视频监控系统实时查看生产实际状况，及时了解并处理生产的异常状态，监控仓储及发运物流情况，确保产品及时、准确地交付给客户。

公司通过系统排程、电子看板、实时视频、智能预警，动态一体化调度和管控。数字化中央控制室，以OMP智能化生产排程管理系统（APS）为主平台，通过电子看板、工业平板、视频、显示、监控实时的生产状态，实现对整个工厂生产过程的监控和统筹调度，实时显示工厂的运营数据和图表，展示设备的运行状态，通过APS生产指挥系统实时洞察工厂的运营，实现多个车间之间的协作和资源的调度，并可对视频监控中发现的问题自动报警。

（三）以在线检测为基础，建立全过程质量追溯体系

公司通过智能化手段实现在线检测。综合运用图像处理、光学、模式识别、人工智能等技术的无损检测法，连线品检机/在线实时检测系统集成ERP产品检验项目和标准检测，即时判定产品品质、剔除不良品。

如5G智能视觉识别检测系统基于最先进的人工智能算法和高清摄像头，在5G网络赋能下，可实现印刷图案、位置、品质的自动识别检测，及时对出现的印刷质量错误予以识别。根据外包装检测要求的需要，首先要对系统的硬件结构进行设计。主要包括照明设备的选择、照明方案的设计、相机的选择、采集卡的选择、电平转换电路的设计、传送带速度设定。通过对各设备的合理选择和设置使系统能

够采集到合格的、可以用来进行质量检测的清晰的图像，并达到检测速度 50 个/秒的要求。根据系统的需要设计用于缺陷检测的软件算法。由系统设计要求可知外包装存在多种缺陷，实现了图文印刷错误、印刷瑕疵、包装破损、包装封口处的不重合度、边缘裂口褶皱等缺陷的检测算法。基于 5G 实现印刷、包装等场景的数字检视，并在云端进行实时数据分析和数模比对。

建立全绿色产业链及追溯体系，制订《批次号管理规定》《标识和可追溯控制程序》等，有效实现产品的可追溯性，建立全产业链质量追溯体系。公司采用标识的方法主要有：生产记录单（BoxERP 程序）、标签、标牌、标识卡、划区域等。追溯的路径为：针对纸包装生产企业普遍存在原纸积压、库位管理不到位等问题，公司在原纸仓库和成品仓库实行二维码管理，每桶原纸和每托盘成品都赋予唯一的二维码身份标识，实行一桶一码、一托盘一码。在入库和移库时精确实行产品库位定位。出库时通过扫描唯一的二维码来保证出库与发货精准，查找货物时间缩短了 60%，正确率达到 100%。在成品仓库、车间及原纸仓等部署可漫游、统一加密及认证 WiFi 无线环境，为条码扫描与打印设备提供网络环境。从订单到发货流程的优化，缩短客户从发货到出门的等待时间，并且客户可通过条码得到成品相关信息。完善全自动立体仓库、仓库管理系统、出库及全自动装车系统、储物柜、托盘、料箱等信息并与企业 ERP 系统结合，实现生产管控一体化。

五、应用互联网平台，提升服务质量——精诚服务

（一）引入车联网系统，实现精准快速服务

引入物流车联网系统，及时掌控运输车辆的状态、道路的状况并进行实时管控，提醒运输车辆因突发状况及时变更线路，确保客户的正常生产。

建立完善售后服务体系，建立 12810 服务响应机制，即 1 小时需求响应、2 小时接单、8 小时产线投产，10 小时订单交付；1 小时投诉响应，2 小时部门联动、8 小时问题回复，10 小时问题解决。

（二）以客户需求为导向，实现智能客户服务

通过开放客户端客户可跟踪查询订单状态，供应商第一时间接收订单并反馈交付，同时共享原纸供应商生产排程，实现产业链上下游高效集成，缩减采购周期、降低采购成本；通过 ERP 客户端/App、集成客户订单系统，客户可轻松查询订单状态、有无排产、计划下线时间、库存状态、送货计划、在途位置、计划送达时间；ERP 自动计算物料需求和申请采购，供应商第一时间可接收工厂采购订单、生产、交付。产业链上下游集成，效率高、成本低。

同时，跟随"一带一路和积极拥抱互联网"公司借力物联网，打造"互联网+传统包装"大平台，上线"大胜达包装商城"平台（域名 packmall.net）。

"大胜达包装商城"是基于互联网的平台，该平台整合国内包装印刷行业资源，推行包装印刷行业更有效率的运行模式，打造集包装设计师、包装供应商、包装需求商为一体的设计服务平台。通过招纳全国甚至全世界最优秀的包装设计师，将资源有效整合起来，形成包装设计产业集群构建，实现包装行业创新设计能力提升。平台对产品及设计师进行细分及标准化，即使对印刷设计一窍不通也可以通过线上下单，集众多设计师灵感于一体，发掘出优秀的设计方案。同时，为解决中小商家分布广、定制包装订单散的问题，采用互联网线上平台为客户提供定制包装服务，让客户直接在线上根据自己的需求定制包装设计方案，既能拓宽包装企业的客户资源，抢占新的细分市场，又能为双方节约成本，并可以有效推进中国包装行业绿色设计能力，逐步形成合作共赢、绿色可持续发展的包装全产业链生态圈。

（成果创造人：方能斌、孙俊军、方聪艺、王火红、舒奎明、朱民强、黄煜琪、田亚利、刘海群、零　萍、石义伟、於玉祥）

大型石化企业以提升价值创造能力为导向的体系化精益管理

北方华锦化学工业集团有限公司

北方华锦化学工业集团有限公司（以下简称华锦集团）为应对复杂多变的市场形势，以价值创造为导向，坚持全员参与、系统思维和体系推进原则，深入实施和构建具有华锦集团石化企业特色完善的精益管理体系，实现华锦集团全方位深化治理和管理变革。融合战略，科学规划设计精益管理顶层组织体系；落实落细，建立条块结合网格化精益管理责任体系；完善标准，建立全员全系统精益工作行为体系；搭建平台，锻造专精结合梯队合理精益人才发展体系；集成推进，构建多层次、全流程价值精益改善体系；动态优化，建立一体化和闭环精益管理体系。通过"六位一体"（顶层组织体系、全员责任体系、标准行为体系、人才发展体系、价值改进体系、一体运作体系）纵横协同、体系推进精益管理，加快动能释放和优势集成，效率效益与价值创造能力持续提升，竞争能力显著提高，推动华锦集团高质量发展。

一、目标引领，构建"六位一体"的精益化管理框架

面对日益严峻的内外部环境和产业竞争格局，华锦集团进一步解放思想、改革创新，提出"基础再建、动能再造、优势再创"的三大目标，全面深入实施管理变革，内外兼修提升软实力、攻坚克难推动高质量发展。在此基础上，华锦集团系统梳理、深入分析经营管理存在的主要问题，以"提升行业竞争力，建立质量效益型可持续发展模式"为指导思想，坚持系统性和计划性思维，坚持"价值创造导向、融入中心、融入日常"工作思路，以"纵横协同、全员参与"为指导原则，以体系推进、过程控制为重点，以落实责任为主线，以完善标准为基础，以平台建设为支撑，以创新示范为切入点，以动态优化为关键，通过重构顶层组织体系、建立全员责任体系、规范工作行为体系、优化人才发展体系、构建价值改善体系、实施一体运作闭环管理体系，充分应用精益管理理念及方法论，全面解决束缚华锦发展的"量的扩张和质的提高"问题。通过理念导入、达成共识、体系形成，摒弃狭隘和传统思维，建立精益完整动态的系统思维模式，打造一套具有华锦集团特色，完善的"六位一体"（顶层组织体系、全员责任体系、标准行为体系、人才发展体系、价值改进体系、一体运作体系）精益管理体系，实现华锦集团全链条价值提升和全方位深化治理，加快动能释放和优势集成，持续提升运行效率效益和价值创造能力，打造核心竞争优势。

二、融合战略，科学规划设计精益顶层组织体系

华锦集团以企业愿景、文化及"十二五""十三五"发展规划为依托，结合经营改革发展实际，找准精益管理在华锦集团生存、发展过程中的定位及使命，明确通过精益管理提升价值创造能力的战略目标。

（一）班子牵头，构建各级参与、全面覆盖的领导小组

组建精益管理工作领导小组，由一把手担任组长，监事会主席、总经理担任副组长，班子副职及各职能部室（业务中心）、分子公司正职担任组员，负责精益管理工作的全面领导和组织协调，研究、审定精益管理中长期发展战略及重要决策事项，为华锦集团精益管理发展总基调把控方向。

（二）专兼融合，构建信息速达、业务共知的组织架构

构建包括子集团级、分子公司级、车间班组级在内的三级精益管理组织机构，子集团级为专职机

构，其余为兼职机构，专职机构整合领导班子领导理念及中长期发展需求，制订精益管理战略目标及实施路径，传导、组织兼职机构学习相关理念、执行相关要求。通过明确三级精益管理组织机构职责权限、信息传递渠道、业务内容及执行标准，实现全范围业务快速响应、工作标准统一、思想交流充分的精益管理组织体系。

（三）体系推动，构建统筹协调、内外兼修、自主提升机制

围绕"基础再建、动能再造、优势再创"三大目标、"创效、改革、发展"三大使命和"安全、环保、廉政"三条底线，系统梳理各业务领域及线条工作内容的缺失和不足，体系化提出工作方案，成立专项小组、迅速组织整改，将精益工作理念、内容、标准固化到具体工作中，并持续优化完善，形成统筹协调、内外兼修、自主提升机制，推动精益管理与日常工作的全面、深度融合，实现由点及面开展本单位、本系统工作业务及流程精益化，将精益管理向更深层次推进。

（四）基层发动，构建指标导向、全面提高的精益班组机制

围绕深入开展班组机制建设、安全管控、生产与质量管控、现场管理、改善活动、员工素养与培训、班组文化与士气、管理成效八个方面，以不断提升班组长素质、班组精益管理水平、员工业务技能水平、员工思想文化道德素养为建设目标，开展精益星级班组建设工作，成立班组建设工作业务系统管理组，制订星级精益班组达标工作考核评价细则，并定期进行考核评定和奖励激励，确保班组成员的自主管理、创新、学习、协作能力不断提升，推进班组逐步走向精、准、细、严的自主管理模式。

三、落实落细，建立条块结合的网格化精益管理责任体系

华锦集团落实落细责任管理，从横向到纵向，从线条到板块，从范围到实物，从组织到个人，实现全覆盖、网格化，有规定、有标准、有检查、有激励，有效实施精益管理责任体系，促进全员践行精益管理，实现人与事完美结合。

（一）纵向落实各业务线条分管领导、部门、管理人员的责任，梳理相关制度和流程，推进各业务线条的高效运转

各级领导亲自主持或参与精益改善活动，定期深入现场调研并解决问题，做精益管理的倡导者、组织者和实践者，以上率下发挥引领示范作用。各级责任部门强化配合，统筹谋划，梳理问题、制订计划和措施，加强监督指导和考核。各级管理人员深入基层发现问题、解决问题、推动工作，形成精益管理的整体合力。

（二）横向进行行政责任区划分，全面推行楼长制、包机制等管理方法，将每一台设备、每一条管线、每一栋办公楼的责任细化到人，层层压实管理责任，推动工作持续改善

一是区域责任划分，推行区域责任制，明确行政责任及管理标准。重新划定各分子公司行政责任区，以界区围墙为限，包括门前广场、空地等区域，相邻单位以中间为界。责任单位对责任区内所有事项全权负责，并将管理责任分解落实到车间、班组，明确行政责任区内主辅路、绿化、亮化、雨排、污排、卫生保洁及目视化管理标准，检查组依据标准开展巡视巡察，收录影像资料，并在微信群组发布，提示整改整顿，形成争创一流的良好范围，确保每个场所、每项事务"事事有人管、时时有人管"，厂区面貌焕然一新。

二是办公责任分配，推行楼长制，明确归属物品及管理标准。对全厂157栋办公楼实施楼长制管理，以办公楼为单位，设置楼长、区块负责人、办公室负责人及办公用品负责人的四级责任管理模式；办公楼内所有各类资产登记造册，完善台账，目视化标牌；将办公楼内6102台电脑、打印机，21791个照明灯，1199个水龙头管理责任落实到具体人；配合出台成本精细化管控工作通知，明确各类资源消耗物使用标准，从细微处培养全员良好的精益管理习惯，同时有效降低办公成本。

三是生产责任分配，推行包机制，明确责任设备及管理标准。重点开展设备、设施责任管理工作，以人人有事做、事事有人管、工作有标准、异常有流程为指导思想，梳理全厂设备、设施台账，明确各类设备、设施管理标准、巡检要求、安全须知等内容，按职工岗位、能力素质有针对性、相对均衡地将69569台设备、96.2万米管线管理责任落实到具体人，实行设备交接制，车间设备、技术、安全专员将设备状态维护至最佳，现场交付给责任人，作为管理责任的交割点，建立设备、设施异常台账，明确记录异常状态，跟踪异常处置情况，职能处室每周检查责任人履职情况，检查结果与绩效挂钩，奖励、处罚直接到人，有效提升了设备、设施运行效率及员工专业技术能力。2018年以来，累计解决各类设备问题5000余项，设备维修费较预算减少1000余万元，异常停车次数减少7次，全员TPM管理能力显著提升。

四、完善标准，建立全员全系统精益工作行为体系

华锦集团将标准化管理工作作为全面实施精益管理工作的基础，建立包括人的行为标准、区域管理标准、业务实施标准几个方面的标准化工作体系，规范全面行为，践行标准化工作模式，并在管理、生产领域全面铺开。

（一）知行合一，塑造员工行为标准化

将精益管理理念和认知引入员工行为模式培养、塑造工作，制订4大类26项员工行为标准，涵盖日常行为、职务行为、办公行为、会务行为各环节要素，以文件形式公示相应内容，辅以内部宣传、宣贯、培训及不定期检查评价，实现员工从周知到践行再到习惯的行为模式转变。

（二）统一要求，塑造区域管理标准化

一是办公区域标准化。以各类型办公室房型为基础，以敞开式办公、物品整洁有序为基本原则，进行办公区域管理标准化设计，制订12类办公区域布局图，60项物品5S及目视化标准，涵盖办公桌、电脑、打印机、办公用具、空调等要素，以文件形式公示相应内容，辅以内部宣传、宣贯、培训及不定期检查评价，通过营造舒适的标准化的办公环境，增强员工对精益管理的理解和认识，促进员工效率的提升。

二是生产区域标准化。实施生产区域全要素的5S及目视化管理，制订《5S管理办法及执行标准》《生产现场目视化管理实施标准》，以生产相关、定位定量、卫生整洁、有物有区、分类标识为基本原则，进行生产区域管理标准化设计，涵盖设备设施选用、定位、定量、卫生等5S要素及颜色线条、设备及工具管理、作业场所、生产管理、库房管理等目视化要素，以最直观、快速的方式，传递一切过程信息，为生产现场精益管理提供基础保障。

（三）规范动作，塑造业务实施标准化

一是管理流程标准化。修订、完善现有502项制度和205项工作流程，实施业务流程信息化管理，将工作程序由传统员工面对面办理，转变为信息系统线上办理，业务逻辑导入ERP、综合管理平台，明确各业务环节工作内容、标准表单、时间节点、业务操作及审核人员，实现全部业务环节全程可追溯，大幅提升业务执行效率。

二是生产操作标准化。实施生产操作岗位全流程标准化管理，推行编制"三书一卡"（生产操作岗位作业指导书，包括单元作业指导书、设备作业指导书、异常处置卡和检修作业指导书）工程，共计5945份，即以实用化、高效化、简单化为原则，将复杂的工艺技术规程、检维修规程按工艺、岗位分解固化，覆盖各生产单位全部生产单元的所有转动设备，所有重要、典型的作业单元，为规范员工的作业行为、提升工艺操作、检维修和应急处置能力提供有益的指导，提升生产一线员工的操作能力和作业标准化管理水平。

五、搭建平台，锻造专精结合梯队合理人才发展体系

华锦集团畅通员工发展通道，加大人才平台建设，以管理、技术、技能三支队伍为基础，组建包括精益带头人、精益专家、精益骨干、精益能手及精益指导员的五级精益人才队伍，建立精益人才素质模型，明确素质能力要求，加大培训和考核评价，为华锦集团发展提供人才动力支撑。经过近四年的培养、选拔、考核、退出工作，逐步建立起一支300人的精益人才队伍，真正实现人才定向孵化、考核有据可依、队伍能进能出的良性"精益人才队伍生态环境"，为华锦集团精益管理持续深入推进、实施奠定坚实基础。

（一）畅通通道、搭建平台，实现人尽其才、整体优化配置

坚持以"人的精益化"为核心，营造实现自我价值的浓厚学习气氛和人才成长环境；建立竞争机制，强化岗位动态管理，畅通职业通道建设，加快青年人才培养，提升员工整体素质和对新时代、新目标、新挑战的应变适应能力，打造素质优良，结构合理，充满活力的技术、专业和管理人才队伍，有效促进华锦集团与员工的共同发展。

（二）建立集中、分散的培训管理模式，强化分层分类培训

一方面，按照不同层级、专业领域需求，编制年度精益培训工作专项计划，聘请行业内部和华锦集团内部专家对华锦集团精益骨干进行课堂式和体验式培训，由参训的精益骨干对本单位精益专职人员进行培训，再由精益专职人员对其他职工进行培训。形成知识由上至下的有效流动、问题由下至上的持续反馈、技能由上至下的有效指导、改善由下至上的持续体现。另一方面，将精益理念融入教育培训管理工作，重点关注知识的有效性和知识的流动性。在知识有效性方面，以各业务领域生产经营需求为导向，筛选符合华锦集团各层级实际的精益管理理念和工具，有针对性地开展教育培训工作，帮助员工加强对精益管理理念的认识，提升实践能力；在知识流动性方面，注重知识的识别、传导和转化，加速知识的流动速度和提高知识的转化效率。形成"识别知识→传导知识→理解知识→掌握知识→应用知识→改善企业→识别知识"的机制。

（三）建立优中选优、能进能出的精益人才选拔和退出机制

一是建立标准化、显性化的选拔程序，每年实施精益人才选拔工作，选拔程序包括任职资格审核、笔试考试、业绩评分三部分，综合确定选拔人员，通过笔试考试、业绩评定，每年淘汰5%~10%固定比例人员，保证精益人才队伍的流动性，引导、激励员工学习、践行精益管理。

二是加大人才考核评价。以责任书为基础，加强精益人才履职考核工作，年度考核结果分为优秀、称职、基本称职和不称职四个等级，不称职和连续两年基本称职的人员直接解聘。

（四）建立全方位、多维度、立体式的精益人才激励体系

一是薪酬激励。精益人才在聘期内，按人才类别每月发放精益津贴，精益带头人1000元/月、精益专家800元/月、精益骨干600元/月、精益能手400元/月、精益指导员200元/月，年发放精益津贴超过100万元。对承担重大精益改善项目并取得突出成绩的精益人才，依据项目创效程度给予专项奖励。

二是职业生涯通道激励。将精益管理知识、能力作为职业生涯通道的必要条件，一方面精益人才在晋升时给予一定加分政策，另一方面将精益管理履职情况作为各级领导人员的考核内容之一。

三是技能、荣誉激励。精益人才参与职称评审、个人评先等给予适当优先。

六、集成推进，构建多层次、全流程价值精益改善体系

坚持集成推进，全过程降本增效，通过示范引领和灵活激励政策，激励全体员工自觉自发实施改善，改善贡献经营目标，推动华锦集团有质量、有效益发展。

（一）坚持全流程改善，推动体系化降本增效

2015年以来，华锦集团领导班子在每年岁末年初都要逐一听取各单位精益管理、全面预算等方面的汇报，对采购、生产、营销、研发、资金与资本运作、政策与资金争取、基础管理等全链条各环节进行系统梳理，坚持供应链成本最小化，从效益释放不充分环节入手不断挖潜，体系化制订精益管理的指标和措施，并分解落实到各单位的绩效责任书中，实施专项考核，保障当期经营目标。2018—2019年，华锦集团分别制订149项和197项重点降本增效等精益管理措施，不仅在当期取得明显成效，而且为持续提升盈利能力发挥了重要支撑作用。

（二）坚持示范引领补短板，实施精益生产线建设和示范企业创建工作

一是按照主体优先、上下衔接、聚焦重点、提质增效的原则，实施精益生产线优化完善工作，组建工作小组，围绕提升生产线整体运行协同效率及生产计划达成、产品质量提升、综合能耗下降、产品收率提升等指标开展分析研讨，准确把握问题，设定工作目标及实施计划，按照方案—执行—纠偏—总结的循环工作模式，确保实现既定工作目标，提升生产线管控能力。2015年以来，累计22条生产线实施精益改善，其中3条生产线通过集团公司评审，作业人数减少500余人、OEE持续提升、生产成本持续降低。特别是炼化分公司和乙烯分公司，以提升"四化"作为精益生产线发展的战略和方向，结合装置特性，引入APC先进智能控制系统，把效益目标直接落实到控制变量，预设参数的最优状态及调节轨迹、实时监控、自动评估生产线状况，对异常情况，智能规划解决方案，快速、精准消除异常状态，通过异常智能调节及日常智能"卡边操作"，真正赋予生产线智慧，有效提升效率、质量、产量，降低成本。炼化分公司常减压、延迟焦化装置轻质产品收率分别提高0.54%和0.78%，增效433万元、降低能耗1.32%和1.14%，节本59万元；乙烯分公司双烯收率提高0.47%，增效1700万元、降低能耗0.69%，节本581万元。

二是坚持短板转优树典型、优中选优立标杆，开展示范企业创建工作。建立了"分子公司为示范创建主体，总部职能部室对口指导，全过程管控、工作成果与绩效挂钩"的工作机制，针对不同单位的薄弱环节或关键环节确定18家示范创建单位。对优势业务，充分梳理、总结相关经验，并在集团范围内广泛推广应用；对劣势业务，充分分析原因、查摆问题，明确目标，制订实施方案，改善业务状况，消除管理短板、解决关键问题。通过优势推广、劣势改善，实现横向单位同类型业务的快速复制，有效提升华锦集团整体管理能力。

（三）坚持改革探索，深化管理创新工作

将改革创新与精益管理融合发展、交互襄助，激发内生动力和活力，提升企业价值。一是建立以专题研究为源头的管理创新模式，以管理变革、长远发展、发散思维、大胆畅想为指导思想，帮助各业务领域确定管理变革方向，科学研判预期成效及实施可行性，鼓励优秀的专题研究"变现"，进一步形成"专题研究—精益课题—创新成果—评价推广"工作链条，极大激发职工价值创造积极性，有力地推动了管理创新工作。

二是重新梳理、定义华锦集团改善管理工作，明确立项审核的三项基本原则（经济性原则、必须性原则、管理性原则），显性化课题立项流程，表单化课题方向及成效内容，各领域专家综合评审，确定立项课题，每季度评价改善课题实施情况，对完成的精益课题进行成果验收，将获奖课题编制《华锦集团精益管理改善课题汇编》，提供内部交流和学习平台。2015年以来，累计完成改善课题638项，其中增效类289项、解决生产连续性问题类160项、解决安全环保问题类51项、管理提升类102项，实现了内涵挖潜、优化提升。

（四）坚持全员参与，强化合理化建议和"一事一奖"工作

合理化建议和"一事一奖"工作是全员参与精益管理的重要抓手。

一是强化合理化建议工作机制，持续保持职工参与合理化建议工作的热情，唤醒每一名职工对工作的责任感并积极主动提出合理化建议，将合理化建议工作嵌入信息化系统，实现全过程信息化传递，快速申报、快速审批、快速奖励，工作效率提升90%以上；引导职工主动思考问题，以提高效率、提高质量、降低成本、降低消耗、优化工艺为主要方向，充分利用各岗位员工对本岗位工作的熟悉程度，发动全员性"头脑风暴"，精益人才发挥带头引领作用，带动全体员工从生产、设备、安全、成本、经营等全业务链条提出具有先进性、可行性和效益性的高质量合理化建议。

二是引导员工"现场寻宝"，标准化"一事一奖"工作，建立发现问题—解决问题—价值评估—奖励激励的快速响应机制，培养员工形成主动发掘问题、解决问题、消除隐患的能力，剔除生产过程中潜在风险。2015年以来，累计发现各类隐患2766个，保证生产装置的安全、连续、稳定、优质运行。

七、动态优化，建立一体化和闭环精益管理体系

（一）构建动态优化体系

华锦集团结合经营管控实际，对《华锦集团精益管理指标体系及考核办法》进行完善，构建基于价值导向的内部管控评价体系。主要包括两方面内容：一是基础工作保障，包括制度建设、内控管理、生产管理、设备管理、安全管理、人力资源管理、信息化建设管理、党风廉政等；二是价值创造提升，包括制订生产经营指标、生产运行指标、经济技术指标，降低管理费用，节能减排和保证质量安全，争取资金政策等。由牵头组织部门组织各专业部室对各单位和对象进行动态跟踪、系统评价，对评价过程中发现的问题进行总结，查找绩效差距，通过经营周例会、月例会对评价过程发现的问题进行反馈，提出改进建议并监督被评价单位整改实施、提交整改报告，形成"监测—分析—总结—督办—反馈"一体化闭环管理机制，实现PDCA持续改进闭环管理。同时，根据目标调整、指标变化实施动态优化，及时对关键指标及重点事项预警，切实做到"动态监控分析—实时纠偏整改"，整改结果与评先评优、班子考核挂钩，促进价值创造能力的持续提升，保障目标和整体效益的实现。

（二）建立一体化运作及优化体系

根据石化企业连续24小时生产流程制造型企业的特征，加大资源整体优化配置与运作，多部门、上下游一体优化，提升华锦集团总体创效能力。

一是在生产方面，以更加快捷、精准满足客户需求为拉动，引入国际先进线性规划软件，由经营管理、原油采购、生产单位等部门系统人员组织工作组进行炼化一体化整体优化，实现均衡化和柔性化生产。

二是在营销方面，建立以市场为导向，研、产、销三位一体的管理体系，准确把握客户需求，做好客户培育与服务工作。

三是在成本管理方面，根据不同单位生产运行的特点，设计形成"渐进式"目标成本管理和"分链式"成本分解模式、精益班组责任成本、看板管理为载体的重点成本控制体系，划小核算单元，降低消耗和成本。

四是在信息化方面，将智能化工厂建设作为高层次提升精益管理执行能力的重要抓手，在集团层面架设实时数据库系统RTDB，生产现场设置30万个生产数据采集点，实现了生产大数据的采集，并将之作为所有生产信息化系统的实施基础，为精益智能化生产的实施奠定基础；在生产管理领域，架设了9套信息系统，覆盖了生产过程的方方面面，实现生产过程数字化，大幅提升生产效率及稳定性，其中，通过引入线性规划软件（PIMS系统），实现经营计划向智能化的新突破，经营管控实现了由"经验管"向"精益管"转变，年均创效超过1亿元；在经营管理领域，建设以ERP为核心的经营管理一

体化平台,实现管理效率的全面提升,经营成本的大幅下降,其中仅内部交易单据年节约16000张及3454个人天;在采购管理领域,实现了采购全流程信息化,真正做到了阳光化采购,采购审批节点降低29%、采购效率提升49%;在财务管理方面,建设供应链与财务业务一体化平台,业务运行效率提升20%,减少业务人员50人,年节约人工成本500万元;在销售管理方面,借用"北化网"平台资源,配置六大类产品竞价销售电商平台,年销售各类产品55万吨,创效4000万元;在物流管理方面,配置智能计量装车系统(LE),实现全流程无人自动办理,年减少批办单据3.6万张、节约发货成本439万元。

一体优化及闭环运作对华锦集团精益管理的跨越式发展,经营成本的降低和管理效率的提升起到突出的推动作用。

(成果创造人:任勇强、赵显良、陈 军、佟景顺、朱常清、吴 军、袁 戎、柳玉忠、韩军操、董 超、李 扬、佟宝成)

大型铜矿企业深埋低品位资源的开采管理

安徽铜冠（庐江）矿业有限公司

安徽铜冠（庐江）矿业有限公司（以下简称庐江矿业）围绕建设深埋低品位铜矿资源综合开采示范矿山的发展目标，秉承"高效利用资源，贡献社会进步"使命，组织实施矿山规模化开采，采用"工程外包+劳务分包"的运营模式、"关键岗位核心员工+非核心岗位劳务"的用工模式，建立扁平化管理组织架构，攻克资源开采工艺难题，严控安全环保风险隐患，从人才队伍、差异化分类考核、信息化平台等多维保障，实现深埋低品位铜矿资源安全高效开采。

一、明确深埋低品位铜矿开采管理指导思想及目标

庐江矿业基于自身矿床埋藏深、规模大、品位低等现状，明确深埋低品位铜矿资源开采管理指导思想，即严格执行矿产资源开发相关法律法规，以有效保护和合理开发利用铜矿资源、满足经济发展对铜矿资源的需求为目的，推动深埋低品位铜矿资源开采方式和管理模式创新，坚持"在保护中开发、在开发中保护"的开发原则，实现矿产资源开发经济效益、资源效益、社会效益、环境效益统一协调。

按照《安徽省矿产资源总体规划（2016—2020年）》有关文件要求，庐江矿业明确提出深埋低品位铜矿资源开采管理总体目标：围绕基建项目建设和生产组织两项重点工作，以矿山试生产时间为刚性节点，统筹规划，积极落实，到"十三五"末，在确保2017年顺利试生产的基础上，实施"三年达产"的目标规划任务，即至2020年生产能力达到年采选铜矿石330万吨，日开采矿石1万吨，回采率高于70%，新增销售收入7亿元，年创利税2亿元，建成深部大规模低品位铜矿资源综合开采回收示范矿山，实现铜矿区深井安全高效回采。

二、建立高效精简的深埋低品位铜矿开采管理体系

（一）确定资源开采作业形式

庐江矿业分析了集团公司内外较为先进和典型的矿山办矿模式第一类以自营为主，外委为辅，如安庆铜矿、冬瓜山铜矿，其主要作业工序自营，部分掘进及边难残小矿体开采外委，优点在于自己掌握生产主动权且生产队伍稳定、管理便捷，缺点为成本高。第二类是自营、外委参半，如金日盛矿业、大红山铜矿，既有自营的掘进队伍，也有外包采掘业务，优点是自营、外委形成对比，便于动态管控委外成本，可避免对外协队伍过分依赖，保证生产稳定，缺点是外协队伍安全监管成为矿山管理难题。第三类以委外为主、自营为辅，如安徽金牛矿业、江西永平铜矿，优点是用人成本降低，缺点是外协队伍季节流动性大。

综合分析上述三类铜矿企业，结合其采选成本得出结论：自营成本高于委外成本。要想打造新模式样板矿山，新建矿山就要规避旧有矿山职工队伍庞大、工作效率低、效益不高、历史包袱较重等问题，人员机构精简、自动化程度高、生态环境优化成为庐江矿业办矿模式的必然选择，人员少、成本低、效率高、用工活应是其重要内涵。

在运营模式上，明确了庐江矿业以提高效能为目标，优化各工序的作业人员和作业方式，采用"工程外包+劳务分包，自有员工控制在477人以内"的办矿模式，即井下掘进、凿岩、支护、充填等生产业务外包；提升、供水、供电、排水、供风等工作及地表选矿核心专业技术岗位用正式员工，且非核心岗位劳务分包、辅助服务社会化协作。

在用工模式上，采取"关键岗位核心员工＋非核心岗位劳务用工"的组合模式。庐江矿业核定总员为477人，相比国内同体量矿山而言，用工人数缩减50%以上。按照"依岗定员、一人多岗、一人多责、精简高效"的原则，细分劳动用工类型，并根据生产岗位具体情况，适当引入市场化协作用工。例如，井下采掘用工引进井下工程施工队伍、铲运出矿及设备维修类用工引进当地劳务派遣公司、辅助生产岗位使用零星小工。

在生产规模上，科学规划，实行规模化生产作业。鉴于自身资源禀赋差、设备大型化及开采技术的进步，庐江矿业以高效益低成本开采为目标进行产能设计，实行规模化生产，设计矿山生产规模为年采选矿石330万吨，即日采选1万吨矿石，三年内达产，且项目投产后前三年分别按50%、80%、100%设计规模组织生产。

（二）完善企业管理组织架构

一是构建扁平机构，压缩管理层级。制订科学合理的机构设置方案，采用"直线—职能式"模式，压缩部门管理层级和管理岗位编制，在合规的前提下追求高效精干，所有机构设置都由矿领导直接管理，实现组织机构扁平化和信息沟通快捷化。

二是推行"大部制"，减少职能交叉。实行"大部制"改革，将人力资源管理、行政办公室、企业管理等职能整合到行政事务部；作为企业核心部门的生产部，业务具体涵盖了技术计划、生产调度、信息管理、设备能源、质量计量等，最大限度避免了职能交叉、多头管理，提高了决策效率。

三是横向整合职能，降低管理幅度。按照业务架构，实施组织机构和业务一体化整合，压缩管理人员，减少非创造价值岗位设置；从基建期到生产期，随着企业阶段性生产重点的改变，部门职责不断优化调整，将基础工程、对外综合协调等职能分别并入后勤服务分公司、党群工作部；采矿工区则集出矿、运输职责为一体。现有5个职能部门、1个中心、4个基层单位，部门管理职责明晰，降低了企业管理难度，提升了管理效率。

（三）强化劳动用工过程管控

组织架构精简高效，为实现以最少的人发挥最大的效益，人人都是一专多能、一人多岗，严格控制用工。

一是加强用工计划全过程控制。严格将员工总数控制在集团公司定岗定编范围内，以生产经营紧要环节合理配置岗位人员，侧重将人力重点放在生产一线，形成"小机关、大生产"用工格局。现公司总人数为384人，正式员工194人，其中采矿工区正式职工28人、选矿车间正式职工37人、动力运转中心正式职工42人，确保了庐江矿业在投产后能够轻装上阵，投产第二年即实现盈亏平衡。

二是岗位适当兼并，但业务不减。在"大部制"下，生产单位专业技术人员兼职设备或技术管理工作；机关单位专项业务管理人员直接从事专项业务工作。通过将井下供风、供水、压风、排水、南北风井通风等系统融合，对系统中的生产岗位中部分用工"合并同类项""操检合一"，取消了传统意义上的单一工种作业方式，电车司机兼顾电车操作以及设备维修，司磅工兼顾产品计量及涉外取样等工作。

三、组织深埋低品位铜矿开采技术攻关

庐江矿业克服自身资源禀赋差的不利条件，积极构建产学研创新机制，以项目为基础，与浙江大学、中南大学、合肥工业大学、武汉理工大学、江西理工大学等高校及北京矿冶研究、长沙矿冶研究院有限责任公司、长沙迪迈数码科技股份公司等科研院所在新技术、新工艺的开发上联合攻关，进行了近30个课题项目的研究合作，解决了采矿、选矿、资源综合利用等关键工艺技术难题，确保深埋低品位铜矿资源合理开发与综合利用。

(一) 高效组织矿石开采

一是建立三维矿体模型及储量计算。利用 DIMINE 数字采矿软件平台,综合运用数据库、网格化建模技术,建立、更新凤台山、铜泉山矿段的矿体模型,同步分析储量计算结果,进行排炮矿量计算、计划编制、回采设计等。基于此模型相关数据,庐江矿业先后完成盘区布置、首采区段、采场布置、低品位资源回采研究,提高了有用矿物探明储量的利用率。

二是针对复杂深部大规模低品位铜矿床开采,采用大直径深孔阶段空场嗣后充填连续开采采矿法,制订实施大盘区开采和两步骤回采方案,分为凤台山、铜泉山两个开采盘区,凤台山矿石品位偏低,采用一步骤空场嗣后充填采矿法,铜泉山矿体品位相对较高,采用两步骤空场嗣后充填采矿法。

三是针对规模小、形态变化大等边角矿体,制订实施边角矿与主矿体协同开采技术方案,充分挖掘可开发利用的潜在资源。边角矿体开采难度大但储量达 800 多万吨,实施与主矿体协同开采,通过整体规划合理制订采准工程布置及与主矿体协同开采顺序,利用主矿体开拓工程,降低巷道维护、通风、管理等成本,实现该类矿体的安全高效开采,对产能提升具有重要意义。

四是实施自动化采矿运输系统。依托自动化系统及智能化设备,实现对矿石采装、溜井倒矿、生产运输等生产过程实时远程监控、远程操作。例如采矿运输投用信集闭系统,对机车运行状况和设备状况进行集中采集、连锁控制,减少电机车起停次数,提高运行速度,保证 400 万吨/年的运输量,释放了员工的劳动力,提高了员工的劳动效率。

(二) 整合优化选矿工艺流程

为提高矿石回收指标,促进尾矿源头减量化,采用"一粗两扫三精"的选矿工艺流程,从细节着手动态优化工艺流程。

一是规范原矿给料力度,充分利用"多碎少磨"的原则实现半自磨机台效的提升和能耗的降低。

二是优化磨矿浓度,根据生产实际情况适当降低磨矿浓度,由设计的 75% 降到 70%,可以加快半自磨机的排料速度、减少"过磨"现象。

三是加大排料格子板的孔径,由原设计的 30 毫米至 40 毫米增加到 60 毫米至 70 毫米,辅以顽石破碎机对部分"难磨粒子"进行破碎,提高半自磨机的磨矿效率。

四是优化筒体衬板改型,将半自磨机筒体衬板优化改型进行科研立项,以筒体衬板的改型优化钢球抛落点,实现对矿石的最大冲击力度,提高磨矿有用功率、降低钢耗。

(三) 实施矿产资源综合利用

变"废"为"宝",开展矿产资源综合利用,推动尾砂及矸石资源的综合利用,形成采掘、运输、选矿、充填、矸石加工流程一体化的高效生产体系。资源综合利用项目分三期实施开展,已实施开展两期,总投资 6300 万。一期矸石资源利用项目投资 3500 万元,2019 年 7 月建成投产,采用两段闭路破碎——多层筛分工艺产出石粉、分子与寸子 3 种单粒级建筑用材;二期尾矿分级回收利用系统,投资 2800 万元,采用尾矿分级—烘干粉磨工艺,产出分级粗砂(细度 0.2 毫米~0.074 毫米)和尾矿微粉,主要用于混凝土细骨料、水泥混合材、混凝土掺合料,年回收利用尾矿 34 万吨;三期 66 万吨/年尾矿利用项目科研攻关正在进行,将极大缓解矿山尾矿库存压力,促进资源高效利用、减少固体排放物,推动矿山可持续发展。

(四) 投用先进机械化设备

在广泛吸取国外和国内矿山成功经验的基础上,科学遴选矿山各系统装备,兼顾设备先进性与实用性,为现代化矿山奠定坚实的硬件基础。选用国际国内一流的球磨、立磨、半自磨等大型选矿设备,以及电动铲运机、Brokk 机器人、有轨电机车等先进出矿运输设备。在选矿设备上,安装投用 1 台立式搅拌磨、2台套深锥浓密机和2台隔膜泵,其中功率500千瓦的立磨机可提高铁粗精矿的磨矿细度;φ25米深锥浓密机溢流水清澈、底流浓度稳定、自动化程度高,节省大量占地面积,配合使用絮凝剂实现尾砂迅速团聚沉淀,达到生产所需的合格尾砂浓度;效率525立方米/时的隔膜泵可直接高压力、高浓度输送尾砂至7千米外的尾矿库,减少工作量并释放劳动力。

四、严格管控深埋低品位铜矿开采安全环保风险

安全环保是矿山企业发展的第一效益,庐江矿业始终将安全环保工作放在生产经营的重要位置,将保持企业安全环保稳定性化为企业竞争力,为实现深埋低品位铜矿持续高效开采奠定基础。

(一)坚持环保先行

庐江矿业在建矿之初就按照绿色环保要求,矿山生产用水循环利用,不对外排放,生产用水来自井下涌水、尾矿库回水、雨水收集、黄泥河补充取水;矿山生产废石不出坑,直接用于井下充填;为降低选矿生产对周边农户和田地的影响,在降低粉尘上,从选矿工艺入手,优化工艺技术,摒弃传统的干式破碎方法,采用湿式破碎方法,从源头减少粉尘产生;在降低噪声上,对设备采用减震基础,车间设置隔震垫和密闭操作间,实施物理降噪,同时将矿石粗碎工序安排在井下运行,将粉尘和噪声对周边环境的影响降到最低;避免对矿区周边水源和农田的影响,将尾矿库选址在7千米以外的高地,库底和坝体均按全防渗的高标准建设,并在铜陵有色矿山内首次采用高分子复合涂层管道,选敷高浓度尾矿输送管线,提高管道使用年限和安全性,降低环境事故发生率,保障尾矿处理安全环保,树立打造环境友好型现代化矿山的典范。

(二)狠抓安全不放松

一是持续深入推进"强化意识,防控风险"活动开展,层层落实安全环保生产责任,构建生产与安全并重的责任体系。二是完善风险分级管控和隐患排查治理体系,推行安全风险管理系统运用,全面辨识和排查生产活动过程中存在的风险点和隐患点,对重大危险源、关键装置、重点部位和特殊时段,做到全方位监控、定期巡查、联保督查,确保设备状态稳定,系统安全可靠,人、机、物有效磨合。三是抓好外协队伍"一体化"管控。严把外协队伍准入关,严格履行招标程序,加强资格审查,明确安全责任,按规定缴纳安全风险抵押金,符合条件的外协队伍方可进场作业;落实专职安全督导员派驻制度,加强外协队伍交接班管理,全面掌握安全动态,加大安全隐患排查力度,确保整改落实到位;制订外协队伍安全目标考核内容及评分表,定期进行考核,对低于合格线的外协队伍给予处罚。

(三)创建绿色生态文明矿山

一是树立绿色生态发展理念。从领导班子抓起,全体职工重视绿色生态矿山建设,多渠道、多形式加大宣传力度,百分之百让绿色发展理念成为矿区职工共同的价值追求。

二是开展矿山绿色生态功能整体提升行动。按照整体规划、分步实施原则,实施矿区"亮化、绿化、美化、净化"四大工程,提高矿区植被覆盖率;积极落实环保"三同时"建设,加强对污水、扬尘、井下有害气体和固体颗粒的定期检测和监管,坚决杜绝突发环境污染事件发生。

三是开展5S管理星级创建活动。划分责任区域、层层落实责任,强化员工培训和宣传教育力度,注重培育员工素养,利用形迹管理、定点摄影、红牌作战、看板管理、目视管理五项工具,实现安全、规范、整洁、有序、优质、高效的生产现场管理目标。构建绿色文明单位考评机制,围绕绿色生态矿山建设目标,完善机制、强化考核,矿区5S管理、文明单位创建、矿山生态建设共同发力,全面建设现代化绿色文明矿山,充分保障矿山安全稳定生产。

五、多维建立深埋低品位铜矿开采管理保障机制

(一)健全人才队伍培养体系

一是建立职工职业生涯通道职位体系。制订下发《管理人员管理办法》《专业技术人员管理办法》

等规定，完善职位体系建设，畅通人才晋升渠道。按照岗位类别不同，分为行政管理通道、专业管理通道、工程技术通道、技能操作通道和辅助服务通道，构建各类人才"引、用、留"体系，建立多渠道、多途径人才培养系统，拓展人才使用空间，实现人岗匹配。

二是抓好专业技术人才培育。根据各类专业人员的特点和成长规律，从不同类型、不同层次人才的实际和需求出发，加强培训的专业性和针对性，建立分层分类的培养教育机制，确保人尽其才。职工入职后有针对性开设培训科目，制订培训内容，做到企业职工需要什么教什么；利用职工业余时间，开展职工技能提升专项培训活动，通过"导师带徒""每周一课（技术）""案例分析会""技术交流"等形式，提高职工岗位技能水平，鼓励职工"横向化"发展，提高生产操作类职工的岗位技能操作水平，让固定岗位职工也可以"不固定"，充分体现职工的"能动性"，如班组长持有叉车作业证、铲运机工持有爆破证等。

（二）实施差异化分类考核

庐江矿业按照"工作有标准、管理全覆盖、考核无盲区、奖惩有依据"的全员业绩考核要求，对核心岗位、非核心岗位、社会化辅助岗位等进行分类差异化考核，重点突出工作业绩、生产效益。

针对核心岗位等自有员工，构建全员绩效考核管理体系，包括组织绩效和个人绩效，将企业生产经营目标和部门职能逐层分解，形成关键+核心"双标制"指标并进行综合考核，其中，核心指标挂钩固定工资，关键指标挂钩绩效工资。针对企业管理短板、薄弱环节和难点，设置职能履行、执行力、企业管理等关键绩效指标（部门KPI）。对基层生产单位，主要包括生产作业量、经济技术指标、设备管理、企业管理等；对机关部门，主要是职能履行、企业管理、为基层生产服务等。根据职工的岗位性质和作业环境，工资分配进一步向生产一线职工倾斜、向技术管理人员倾斜，集中体现在组织绩效分配系数上。作业条件艰苦、生产指标压力大的基层生产单位，分配系数高于机关职能部门，同一级别岗位每月相差至40%；在同一考核等级水平上，工程技术人员应得绩效薪酬比例高出行政管理人员和专业管理人员5%。也就是说，在同一基准额上，生产单位工程技术人员比机关辅助服务工种在年底兑现收入相差多至45%，明显地拉开了一线技术工种和辅助服务工种之间的绩效分配，拉开了基层单位和职能部门的绩效分配，激发了创效主体的积极性和主动性。

对非核心岗位业务外包人员及社会辅助服务岗位，主要了指通过劳务输入、劳务派遣等方式在矿人员，由劳务输出公司进行专项管理，在岗考核由岗位对口部门或单位班组负责日常考核，严格按照出勤天数兑现岗能工资，并建立信誉评价机制，联合劳务输出方对这类人员综合测评，实行"黑名单"制度，一旦违反公司规章制度一律不予录用。

对工程外包施工队伍，主要指掘进、凿岩、采切等整体外包工程，在选择承揽单位时，实行公开招标，综合考虑外包施工队伍资质、信誉、价格择优选用，以具体工程为单位签订承包合同，明确工程地点、工期、范围、质量、安全保证金等内容；将外包施工队伍安全环保工作的落实情况与安全环保管理目标、效果挂钩考核，制订实施《外协施工队伍安全环保管理考核办法》，重点考核在矿服务施工队伍，以月度为单位，量化安全环保管理考核内容，由职能部门从制度落实、职业健康、安全环保等19个方面进行测评，考核基础分100分，月度考核95分为合格，低于合格分按200元/0.1分处罚。

建立正向激励机制，打破"身份"界限，只要有贡献，不论内部外部、正式劳务，均及时兑现奖惩，增强干部、员工执行力。如部分贡献度、忠诚度高的劳务派遣职工会比正式工的绩效兑现高；年度各类先进评比，各种类型用工均有资格参选；劳务派遣职工独有的"年度忠诚奖"激励，稳定了各种类型的职工队伍，形成全矿各类用工通力协作的工作格局。

(三) 搭建生产综合信息化管理云平台

基于生产自动化控制系统、井下六大系统、生产调度系统、ERP 管理系统等构建了信息化管理平台，集铜矿采选、生产调度、物资供销、人力资源、财务核算等管控于一体化综合管理云平台，平台通过大数据将安全生产、设备运行、产品质量等实时运行数据传入后台，总调室可通过网络监控对作业区域即时进行指令发布，实时视频监控生产现场、生产质量，实现对生产现场、物资库存、产品销售等业务规范化、精细化、智能化管理，并且数据同步智能移动终端，用户登录个人信息门户即时实现可视化监控，确保生产平稳、安全、有序运行。

（成果创造人：胡洪文、陈帮国、张忠义、周龙兴、胡　军、汪海滨、邢应甜）

以提高供电可靠性为目标的架空型配电网故障智能诊断和处置管理

国网福建省电力有限公司南安市供电公司

国网福建省电力有限公司南安市供电公司（简称南安供电公司）坚持以实际应用场景为引领，从打破专业壁垒、业务流程再造、技术突破革新等方面入手，构建以配电网自动化智能终端为汇聚中心，以边缘计算和站端协同为核心，以优化系列管理措施和技术措施为主要内容的配电网智能诊断和故障管控新体系，实现配电网故障定位准确、处置快速、管理顺畅、指挥高效、技术进步，达到快速定位、隔离故障区域和恢复非故障区域用电的目标，为用户提供更高质量的电能与服务，最大程度减少生产一线员工工作量，解放劳动生产力。

一、明确架空型配电网故障智能诊断和处置管理总体方案

南安供电公司以建设架空型配电网自动化示范县为契机，以提高供电可靠性及快速抢修复电能力、提升配电人员工作效率为导向，按照国网福建公司《架空线路配电网自动化推广建设方案》《关于加强10千伏架空柱上开关建设投运管理的通知》等相关文件要求，以故障高发、供电半径长的线路为优先，明确运检牵头，配调自动化、继保、信通、集体企业配合的工作界面，建设一条、投运一条、应用一条，按照整线成片原则，实现架空型配电网自动化覆盖率100%的建设目标，从而实现配电网故障智能处置，提高供电可靠性，促进企业提质增效。

管理上，打破专业"壁垒"，深化运检、调控专业在项目建设中协同协作，成立了涵盖一次、二次、配电、调控自动化等多专业人员组成的项目攻坚团队，明确了参与班组及人员的职责分工，运检部主要负责开展配电网自动化规划、建设和终端运维消缺等，调控中心主要负责故障研判分析、终端运行情况监测、定值管理等实用化应用工作，各相关部门分工协作，及时解决项目建设和应用过程中发现的问题和提出的功能需求。通过建章立制，流程再造，聚焦配电网智能终端工厂化调试、成片式建设、一体化推进，不断创新专业融合新模式，拓展到工作各个领域，提升运检调度质效。

技术上，以电网运行状态感知、设备健康状态感知和环境条件变化感知为基础，以标准统一的公共信息模型为支撑，以混合组网通信与信息安全为保障，通过配电网自动化、信息化、互动化的高度集成，历经千次论证和试验，攻克了"硬件深度融合""单相接地主动就地隔离""保护多级差配合"及"定值在线计算"等技术难题，通过运用物联网技术精准定位、快速隔离故障点，进而快速复电、改善用户体验、提升运检质效。

二、搭建架空型配电网故障智能诊断和处置平台

（一）成立多个柔性攻关小组，促进专业融合

南安供电公司针对重点、难点配电网自动技术，成立专业柔性攻关小组，由运检、调控、工程公司、配电网自动化建设骨干成立攻关团队，对配电网自动化终端及系统的功能应用提出需求。柔性攻关小组建立定期会商分析机制，对配电网保护动作、故障诊断、恢复供电策略的正确性进行分析并提出应对措施，从而促进自动化终端迭代创新与系统功能的升级完善。坚持建设与应用并重，调度专业全面介入配电网自动化系统应用，实现"建设—应用—跟踪分析—技术改进完善—促进建设"的闭环机制，为配电网智能化建设提供技术与体系保障。

（二）率先在配电网引入继电保护理念，突破思维桎梏

南安供电公司突破配电线路不用分段保护或保护不设级差的思维之"茧"，将传统电网继电保护的

级差配合、选择性、可靠性、正确性等管理理念引入配电网继电保护管理中，实现配电网级差保护配合与选择性跳闸，从而实现配电网故障快速隔离、缩小故障停电范围。

（三）推动设备多次"迭代"融合，做实硬件支撑

南安供电公司突破传统电磁互感硬件技术，将交流电压电流传感器、电源模块、保护、测控、通信等模块集成到配电网自动化终端内部，经过六代迭代创新，率先研发并应用小型化、一体化的一二次深度融合智能终端，通过边缘计算技术，实现终端的就地"全采集、全监测"和就地"智慧处置"，为搭建故障智能诊断和处置平台做实硬件支撑。

（四）创新"工厂化"调试模式，把好设备投运关

一是严格设备到货检测。设备到货检查外观完好，对照供货清单，逐一核对主要元器件、附件（配件）、各类检测报告（含出厂检测、专业检测、型式试验等报告）等资料齐全、设备完好，确保设备零缺陷入网。

二是积极探索并推行"工厂化"调试模式。依据调试大纲，运检、调控联合组织对一二次融合智能开关完成电气试验和自动化联调工作信号调试，制订安装现场的联调作业卡，确保开关及终端信息准确、设备安全可靠运行。

三是强化新设备投运管理。规范现场投运复核，编制《10千伏一二次融合成套开关PT接线说明、安装图例、接线示意》《终端投运验收指导卡》等规范文件，提升安装调试与验收规范要求，确保配电网自动化终端安装一台、投运一台、规范一台。

（五）深化站端融合，完善架空型配电网故障智能诊断和处置平台功能

智能化架空型配电网故障智慧管控平台将智能终端的各类感知信息通过移动互联传输至自动化系统，并与其他平台形成数据交互，通过智能终端迭代创新与系统功能的配套研发，实现故障研判辅助决策、主站定值的在线计算与一键式下装功能，进而实现配电网的全面感知、数据融合和智能应用。从而实现配电网故障管控"全精准""多级差""自适应""深交互"的功能特性。"全精准"即全类型故障主动精准隔离，实现配电线路短路、接地、缺相等全类型故障的正确研判、精确定位、主动快速隔离，破解小电流单相接地"百年难题"；"多级差"即保护多级差选择性配合，实现配电线路保护定值的级差配合与在线整定，能够选择性进行故障"选段"隔离，实现定值远方修改；"自适应"即保护定值自适应调整整定，实现开关根据所在线路的负荷潮流变化，自适应切换保护定值和在线调整零序电流定值等功能；"深交互"即信息融合深度交互共享，实现信息就地处置，各类数据灵活接入，营配调信息融合共享与交互，配电网主动优化控制、灵活高效运维与科学管理决策。

三、推动配电网故障处置从被动到主动、从人工到智能的转变

配电网自动化终端用微型智能传感器取代传统电磁互感器，将交流传感器及电源、保护、测控、通信等模块集成到开关内部，实现开关的全监测、全感知，并应用边缘计算技术，实现开关的重合闸、选择性跳闸、接地主动分闸等就地"智响应"功能。通过无线互联网技术，实现配电网自动化终端与各平台系统的信息交互，实现设备物联，贯穿供电网络、监控网络、智慧网络。

（一）实现配电网故障处置"全研判、全遥控"

南安供电公司借助配网故障智能处置平台，深化应用故障处理"全研判、全遥控"功能，贯穿于"故障感知、故障分析、隔离转电、抢修、送电操作、事后分析"等全过程处理流程之中。通过自动化终端、变电站、用电采集等全信息感知，系统自动实现全类型故障辅助分析，引导化展示停电设备以及故障区间，同时图形化提供一键式快速转电方案，提升非故障段复电速度；全流程故障处置，有效管控各个环节耗时，实现对故障处置智能分析评价；全面覆盖短路、接地、缺相等故障类型，实现配电网全类型故障的全在线管控、全信息感知、全类型决策、全流程管控，从而全面提升配电网运行及故障处置

的安全、高效、规范管理水平。随着终端维护的深入开展及 DMS 系统的逐步磨合调整，故障研判方法不断改进，研判率及正确率均有明显提升。2018 年配电网短路及接地故障 733 起，研判 498 起，研判率 67.9%，研判正确率 91.2%；2019 年配电网短路及接地故障 553 起，研判 399 起，研判率 72.2%，研判正确率 95.2%。

（二）实现配电网单相接地故障处置重大突破

对配电网单相接地故障的处置，按常规是根据小电流选线装置的选线结果，通过人工站内拉路确定接地线路，所需操作时间大约为 2~5 分钟；若选线装置未选线或选线错误，则需要根据序位表逐条线路进行试拉，该母线馈线数量越多，而故障线路的序位在越后面时，调度人员研判故障线路占用时间就越久，现场的人身触电伤害风险就越大。

通过深化智能终端应用，提高设备故障快速感知、精准定位和自动隔离能力，实现配电网单相接地故障处置从人工研判"被动"操作到智能设备"主动"隔离的转变，让电网运行和抢修人员实实在在享受科技进步的成果，同时还可能有效减少现场单相接地持续时间，降低人身触电伤害风险。

（三）实现配电网继电保护定值多级差配置

南安供电公司充分挖掘配电网继电保护定值多级差配置功能，应用配电网的定值多级差配置缩小故障停电范围。对较长架空配电线路，通过有效配置配电网各级保护定值，实现故障的选择性跳闸，降低每次故障的停电范围，提高供电可靠率。同时，2018 年 5 月以来，攻关小组对智能终端的零序电流定值设置及多维度判断逻辑进行积极探索，形成一套理论结合实际的配置方案，经过一年多试运行，单相接地故障定位隔离准确率达 90% 以上。目前配置方案已推广应用，统计数据为：2018 年 5 月 1 日至 12 月 31 日装有一二次融合智能开关的线路累计发生单相接地故障 64 次，其中一二次融合智能开关接地保护正确告警及动作 62 次，正确率 96.9%。2019 年装有一二次融合智能开关的线路累计发生单相接地故障 60 次，其中一二次融合智能开关接地保护正确告警及动作 57 次，正确率 95.0%。

（四）实现配电网继电保护在线化管理

一是全流程开展配网继电保护在线化整定，建立配网保护定值单闭环管控流程，实现整个定值单业务跨系统、在线化流转，实现配网保护定值图形化计算、对象化管理、自动化整定。

二是常态化开展配网继电保护定值在线一键下装，实现配网保护远方下装、召测及校验一体化，实现配网保护定值单与指令票关联，自动生成指令、随票执行、遥控下装。

三是在线监视配网继电保护有效性、一致性，开展对终端保护定值的有效性和一致性评价，在线监测终端保护定值合理性，实现对终端是否在线、保护投退情况及定值与整定定值之间的比对监测。

四是充分利用配电网继电保护线上分析，促进配电网智能终端缺陷闭环管理。

（五）实现配电网继电保护定值"自适应"功能

南安供电公司创新应用终端保护定值"自适应"，根据负荷潮流变化开关"自适应"切换配电网智能终端继电保护正/反向定值区，同时在线调整零序电流定值等功能，同步采用关口电量自计算、运行状态自检测等新技术，减少现场运维人员和配调人员工作量，提高工作质效。

（六）实现配电网故障自愈处置

南安供电公司为提高架空配电网故障情况下的快速复电，探索根据架空配电线路上开关的拓扑位置，将线路上的开关分为主线分段开关、联络开关、分支开关，分别采用不同的就地自动化自愈馈线继电保护定值方案，实现配电网线路故障段主动隔离，非故障段智能快速恢复供电。

四、建立长效巩固提升机制

（一）建章立制完善项目建设应用管理体系

完善终端入网调试规范及流程，推进配电网自动化主站工作规范。编制《南安供电公司配电网自动化建设工作流程》《配电网柱上开关调试流程手册》等管理规定和培训材料。定期组织基层单位技术管理人员开展配电网自动化设备应用培训，宣贯新技术条件下的管理规定与操作细则，培养配电网自动化技术骨干。印发《10千伏配电网继电保护配置原则》《10千伏配电网继电保护整定原则》《10千伏配电网继电保护检验管理》和《10千伏一二次融合成套设备接入配电网自动化主站工作规范》，规范保护设计、选型、整定和检验要求，明确主干线不超过三个保护分段，提高保护动作可靠性和正确性。按照《故障指示器全过程管理实施细则》和《配电网自动化终端运维管理办法》，明确管理职责和协同机制，规范设备投运全业务流程（检测、调试、安装、投运、消缺、退役），指导基层班组规范开展建设、运维工作。

（二）绩效评价保障体系的应用与持续改善

全面监管配电网自动化运行指标。为全面掌握配电网自动化终端的运行情况，提升配电网自动化实用化水平，要求各单位的运维部门跟踪配电网自动化终端运行监管平台，评价配电网终端的平均在线率、遥信动作正确率、遥控使用情况和故障自动判断处理率等指标以及自动化终端接入的数量、配电网自动化覆盖率、馈线自动化覆盖率、电池电压合格率、遥测数据异常率、误动率等指标，建立缺陷发现、告警、管控、通报跟踪机制，实现运行状态精益化管控，实行指标情况周通报、月考核机制，将各指标完成情况分解作为对各单位配电网自动化建设和应用情况的月度评价，与绩效挂钩，促进各单位加快建设、主动运维、实用化应用。除各项指标考核，南安供电公司对各单位在配电网自动化建设和应用过程中的工作贡献和缺失，也制订了相应的管理奖惩机制，例如新投运自动化终端未同步接入扣罚责任单位月度绩效。

（三）专业运维保证设备基础数据准确可用

一是建立专业化运维队伍，常态化开展自动化终端不在线、数据异常、故障研判异常等消缺工作，提升终端平均在线率、故障研判正确率等实用化指标。每周整理出具运维简报，分析终端异常原因，定期召开配电网自动化建设与运行分析碰头会，指导后续运维工作。

二是强化配电网自动化智能终端图实管理，以设备管理部门数据为唯一源头，常态开展中低压设备图形、台账信息规范治理，实现PMS、营销186、DMS系统异动数据、图模一致性；配电网自动化智能终端实时置位模式，结合DMS系统"遥控辨识""合环分析"等功能，确保置位正确、接线拓扑正常；完成DMS系统分布式电源绘图建模、异动规范流程建设，实现分布式电源信息全采集与并解列的远方控制。

（四）协同协作深挖供电服务抢修指挥功能

一是加强营配调数据质量管控，强化对设备台账、拓扑关系、采集数据、客户等错误信息的稽查、督办，提高线变户信息一致性，确保停电信息发布准确。

二是应用营配调系统深度融合，实现频繁停电自动推送、停电信息自动拼装、停电短信自动发送、短信自动转微信、智能语音提醒告知。

三是推进低压调度业务，利用智能配变终端开展低压故障研判。

四是强化配电网抢修指挥与服务网格协同，加强故障指挥和服务风险研判、偏差预警，及时调配各方力量。实现配电网故障有效指挥，降低供电企业服务不满意风险。

（五）综合施策强化网络与信息安全防护

全面辨识潜在安全风险。智能开关或在其传输路径上，有潜在被攻击者入侵的可能；配电线路增加PT、终端控制器等辅助设备，在强雷区可能增加故障的隐患点；远方误合闸可能，造成误送电。

实施多维风险控制与防范。采用加密认证技术进行通信安全防护，在配电网自动化系统主站跨区边界、安全接入区边界加装正反向物理隔离装置，在安全接入区与通信网络边界安装纵向加密认证装置，配电网智能终端采用内置专用安全芯片方式，包括双向身份认证、遥控、参数配置等的签名认证和数据加密保护，实现通信链路保护、双向身份认证、业务数据加密。一体化固封，小型化设计。采用电压传感器、电流传感器及取电模块与开关主回路部分固封在环氧树脂极柱中，减少一次辅助设备（传统 CT、PT 等），降低设备带来的故障风险，大幅度减少设备自身遭雷击穿的风险。采用防远方误合闸的联动控制。智能开关内置"就地/远方"联动控制机械闭锁防误操作装置，可实现手动分闸、自动闭锁遥控合闸功能，防止误送电造成人身伤害。沿袭传统操作模式，减少误操作概率，提高效率的同时也提高安全性。

（成果创造人：陈海龙、蔡梅凤、陈　芬、周金聪、陈文敬、梁子孟、曾　铮、吴蔚妍、吴必超、洪德宏、吴成龙、曾雅静）

以"高质量、高效益"为导向的火力发电企业运营管理

宁夏京能宁东发电有限责任公司

宁夏京能宁东发电有限责任公司（简称宁东发电公司）为适应电力体制改革、应对电网消纳新能源、提升企业盈利能力，以"绿色发展，效益优先"为指导思想，改变传统火力发电企业过度依赖发电售电业务的单一盈利模式，不断拓展业务种类和利润来源，构建以首创性、实用性、效益性为特色的"高质量、高效益"运营管理方式，围绕这一模式，以增加电能销售以外的收入为战略导向，变革组织管理方式，优化管理制度，开展全员培训、构建高素质的人才队伍，推动了企业运营方式的转变，提升了企业的盈利能力，实现了高质量、高效益，健康可持续的发展。

一、确立"高质量、高效益"的发展思路

火电企业经过多年发展，已经形成固定的经营模式，电能销售是火电企业的主要收入来源，燃料成本、材料费、员工薪酬、修理费、营业税及附加、折旧费是主要支出。"抢发多供"、增加电能销售收入是火电企业开源的主要方式。随着西北电网大规模消纳新能源，火电企业发电量减少，加之电力市场激烈竞争、电价降低，火电企业的售电收入下降减少，企业出现巨额亏损，经营异常艰难。

为切实提高综合竞争力，宁东发电公司改变经营理念，积极研究能源政策、电力辅助服务运行规则、"两个细则"管理规定、发电权交易相关规定，在西北电网大规模消纳新能源背景下，创建新的电力营销方式，探索电力市场化过程中提高企业市场竞争力的策略。为了降低上网电量减少和电价降低对企业的不利影响，宁东发电公司果断构建高质量、高效益的大型火力发电企业运营方式，即开拓电力辅助服务市场，获得电力辅助服务补偿；精细化管控涉网指标，提高"两个细则"奖励份额；参与发电权交易，获得发电权交易电费，通过创新开拓以上三种业务，增加电能销售以外的收入，扩大利润开源。按照这一思路，宁东发电公司以企业高质量发展、社会效益最大为目标，从体制、机制、人才队伍建设等方面全面规划大型火力发电企业运营方式。

二、充分挖掘潜在需求，探索新增利润来源

作为火力发电企业，宁东发电公司积极分析电力辅助服务市场需求，研究"两个细则"和发电权政策要求，寻找新增利润来源的主要方向。

（一）积极挖掘电力辅助服务市场的潜在需求

电力辅助服务市场指为维护电力系统安全稳定运行，保证电能质量，由并网发电厂提供的正常电能生产以外的市场化辅助服务。深度调峰是电力辅助服务市场的主要交易品种，其服务对象主要为宁夏的新能源企业，跨省调峰主要服务对象为甘肃和青海的清洁能源企业。

宁东发电公司认为电力辅助服务市场空间较大。西北电网覆盖陕西、甘肃、青海、宁夏、新疆五省（区），是我国供电面积最大（310万平方公里1/3）、主网电压等级最高（750千伏）的区域电网。西北各省区风光资源丰富，装机容量过剩，灵活调峰电源严重不足，新能源弃电问题突出。通过参与宁夏和西北区域两个电力辅助服务市场获得深度调峰补偿和跨省调峰补偿，宁东发电公司可以获得丰厚的利润回报。2018年5月4日宁夏电力辅助服务市场试运行，11月30日正式运行，建立了市场化电力补偿机制，12月西北跨省调峰辅助服务市场启动。宁东发电公司及时掌握深度调峰和跨省调峰的边界条件，努力争取获得电力辅助服务市场的补偿回报。

（二）围绕"两个细则"，探索获取奖励补偿

国家能源局西北监管局为了保证西北电力系统安全、经济、优质运行，规范发电厂并网运行管理和辅助服务管理，维护电力企业合法权益，促进电网和发电企业协同发展，制定了《发电厂并网运行管理实施细则》和《并网发电厂辅助服务管理实施细则》（简称"两个细则"）。西北区域已先后颁布了4个版本的"两个细则"，2009年4月第一版颁布实施，2012年1月、2015年10月、2018年12月分别颁布了第二版、第三版、第四版。宁东发电公司从2012年开始参加"两个细则"补偿与考核，陆续开展涉网工作，机组基本满足电网运行的要求。在以"高质量、高效益"为导向的火力发电企业运营管理中，提高获得"两个细则"奖励份额成为新的经营目标。西北区域有能源蕴藏丰富、外送规模大、装机较为富裕、电力供大于求、新能源发展快、弃风弃光突出等特点，第四版"两个细则"对并网发电机组的涉网性能提出了更高要求，加大了考核分值。

（三）响应能源替代政策，探索发电权交易

为促进电力产业结构优化调整，国家能源监管机构鼓励大容量、高参数、环保机组替代低效、高污染火电机组及关停发电机组发电，由水电、风电、光伏发电、核电等清洁能源发电机组替代低效、高污染火电机组发电，实现全社会节能减排目标和资源有效利用。在清洁能源消纳空间有限的地区，鼓励水电、风电、光伏发电企业，以双边协商、集中竞价、挂牌交易等市场化方式与其他发电企业进行发电权转让交易，加大清洁能源消纳力度。宁东发电公司作为银东配套电源，积极参与电力市场建设，以发电权交易的方式增加清洁电力供应，助力电网提高绿电利用率。

三、发展新业务，增加电能销售以外收入

除了稳固电能销售收入，宁东发电公司积极研究相关政策和市场需求，创新获取调峰补偿、奖励补偿、发电权交易补偿，逐步形成了完善的盈利模式，实现了营业收入的多元化。

（一）参与电力辅助服务，获得调峰补偿

一是强化机组深调能力。宁东发电公司积极响应国家提高电力系统调峰能力，有效缓解弃光、弃风，促进可再生能源消纳的政策，按照国家发改委、国家能源局《可再生能源调峰机组优先发电试行办法》文件要求，于2016年开始组织相关专家和技术人员，研究探索机组参加灵活性运行技术的应用研究，先后进行了一系列设备改造。2016年10月起开始深度调峰试验，2017年6月具备了35%稳定深度调峰能力，被西北电网列为深度调峰试点电厂。2018年4月和2019年7月，西北电网委派陕西省电力科学研究院对宁东发电公司23万千瓦和21万千瓦深度调峰能力进行了两次核查，各项指标均达到优秀。

二是开展电网和发电企业信息共享工作。在西北电网大规模消纳新能源和国家电网公司"三型两网"建设的背景下，宁东发电公司创新管理，与西北电网合作，通过发输电侧数据流、业务流的深度融合，开展了电网和发电企业互动智能化示范区构建。将电网新能源预测及负荷备用情况数据引入电源侧，利用电网有效信息，指导本公司在安全运行、经济调度、检修计划、燃煤掺配等方面开展信息化、智慧化建设，提升发电经济效益。宁东发电公司两台高参数、大容量、环保机组具备为电网灵活调峰的特性。灵活响应电网AGC指令：银东直流是西北送山东电网的重要通道，具有输送负荷高且需求稳定的特点，宁东发电公司作为配套电源点在直流外送中承担着重要任务，利用电网和发电企业信息共享准确掌握新能源等级和电网备用等，精确地与新能源错峰运行。根据设备劣化分析结果，提前制订检修计划，消除电源侧设备缺陷，为应对电网电力紧缺提供顶峰储备，在电网高峰时段为电网电力平衡和跨省、跨区电力支援提供保障，发挥好直流外送电源的作用，具备灵活响应电网调度指令的特征。保障电网调峰空间：实现信息共享，超期掌握电网调峰需求。在分析电网调峰需求强弱程度的基础上，提前通过燃煤掺配调整，机组运行方式切换等手段，保障机组调峰能力充足，在电网调峰需求强烈时快速、灵活释放调峰容量,为新能源企业发电创造条件。在新能源出力较小的时段,按照调度指令,提高发电出力,支撑电网,为用户和受端电网提供稳定的电力供应。

三是研究规则,技巧报价。通过电网和发电企业信息共享,准确获取西北电网和宁夏电网新能源预测等级。宁东发电公司将调峰需求由强至弱划分为Ⅰ(红色)、Ⅱ(橙色)、Ⅲ(黄色)、Ⅳ(绿色)四个需求等级,分别对应"紧缺型""偏紧缺型""偏富余型""富余型"四个调峰市场需求类型。根据调峰需求科学申报调峰价格,获得更多调峰电量,以同一档内调用到最后一台机组的调峰报价为出清价,即以档内报价高限出清。次月公司根据电网公布的调峰补偿与分摊表,分析上月报价的合理性,适时调整报价策略。

四是深度调峰期间安全管控。为提高机组深度调峰期间的安全性,宁东发电公司组织技术骨干积极梳理调峰运行给机组带来的安全风险,通过机组灵活性运行技术研究,部署多项安全管控措施,挖掘机组调峰能力。针对可预见的深度调峰工况,根据高质量、高效益运营方式总体规划,制订《深度调峰安全技术措施》、厂级《低负荷安全、经济、环保运行方案》《深度调峰安全操作指导卡》《深度调峰升级监护制度》,规范运行人员深度调峰期间的运行调整操作,确保机组调峰期间的安全性。通过锅炉制粉系统灵活性与深度调峰智能控制关键技术应用研究,对磨煤机内部进行流场优化、增加磨煤机动态分离器,并将磨煤机液压加载系统由单向加载改为正反双向加载,解决了磨煤机粉管煤粉分配不均、煤粉细度调节困难、磨煤机振动及炉内燃烧稳定性等安全运行问题。通过锅炉最低干态负荷下稳定运行技术研究、锅炉深度调峰工况下变负荷特性研究等灵活性项目,结合气泵再循环开启逻辑优化、协调控制系统优化,并增加了三台磨煤机运行期间给煤机跳闸、断煤自投油枪等逻辑,降低了深度调峰运行期间给水或煤量扰动带来的安全风险。通过锅炉低负荷智能优化控制技术研究、宽负荷脱硝 SCR 喷氨精准控制关键技术应用研究等一系列精准措施,实现三台磨运行的情况下深调至 210 兆瓦(31.8% 额定负荷)。降低了锅炉灭火、锅炉水循环动力不足等安全风险,机组的安全裕度大幅提升,为机组长周期安全稳定运行奠定了基础。

五是调整燃煤掺配。燃煤成本作为发电成本中最大的一项,直接影响着火力发电厂的盈利能力。宁东发电公司在机组深度调峰期间根据燃烧系统运行需求,在燃煤配比和分仓精细化配煤方面开展了数据建模工作。以每日机组的耗煤成本为因变量,以机组运行数据和配煤热值为自变量,建立它们之间的函数关系,通过粒子群算法对此函数进行寻优,计算出每个原煤仓的最优配煤热值,将多煤种按最佳比例掺配,使煤量、煤质指标都能满足深度调峰需要,实现了按需、分段、精准掺配。掺烧低价煤种,降低了综合入炉煤热值,使燃料成本大幅度降低。

(二)精细管控涉网指标,获得奖励补偿

一是建立"两个细则"管理方式。为了提高机组涉网性能,满足西北区域新能源消纳和大规模电力外送要求,宁东发电公司研究分析第三版和四版"两个细则"的变化,成立对标组、技术组、设备组及调度组。对标组由节能中心相关人员组成,负责公司月度、季度"两个细则"对标管理统计分析;定期组织召开"两个细则"专题分析会;"两个细则"季度考评测算。技术组由自控中心、继保室相关人员组成,负责"两个细则"关于 AGC、一次调频功、AVC、无功补偿功能的分析研究;机组 AGC、一次调频、AVC、无功补偿功能的优化提升;分项指标运行情况总结分析及整改措施落实。调度组由发电部运行值管理中心相关人员组成,负责公司发电计划和调度管理;机组每日出力申报。设备组由设备部相关人员组成,负责保障主辅机设备可靠运行,减少设备故障降出力事件;合理筹划设备检修及消缺工作,提升机组出力申报系数。

二是推行"两个细则"分项对标。依据"两个细则"分项对标情况,研究"两个细则"考评规则,梳理分项指标计算标准、燃煤掺配、设备定期检修、季节对机组的影响等主观及客观因素,统计分项指标盈亏状况，将分项指标全网排名。依据"两个细则"分项对标情况，专责小组针对性开展工作，总结成功的经验，查找存在的差距和不足，精准制订优化整改措施，提升机组综合涉网性能。

宁东发电公司通过精细化管控涉网指标，挖掘潜能、优化体系、明确职责，以区域内先进指标为标杆，找差距、抓分析、重落实。"两个细则"各分项指标性能明显提升，其中AGC、AVC、一次调频、无功补偿等重点监控的技术指标成为西北电网火力发电企业标杆，这些优异的涉网性能，不但有效支撑电网电压稳定、频率合格，保障电网稳步提高绿电发电量，也给宁东发电公司带来丰厚的奖励金额。

（三）参与发电权交易，实现收入最大化

一是争取效益电量指标。政府主管部门（山东省政府发展改革委）核定银东直流三家配套电厂年度基数电量160亿千瓦时，宁东发电公司作为银东直流配套电源，按装机容量可分得44.37亿千瓦时基数电量。宁东发电公司每年能参与的电量交易有双边协商电量交易、集中竞价电量交易、经昭沂直流送山东电量交易及其他电量交易。银东直流双边协商交易、银东直流集中竞价交易电量、经昭沂直流送山东、西北各直流临时外送电量由北京电力交易中心负责组织，交易双方根据交易规则申报电量、电价，交易中心发布无约束交易结果。调度机构对无约束交易结果进行安全校核，并将校核结果返回北京电力交易中心，形成有约束的交易结果。为了保证各项电量交易的顺利完成，根据电量交易规则，宁东发电公司成立了电量营销组织机构，制订了《宁东发电公司电量竞价方案》。营销人员落实竞价方案相关要求，精确掌握每次电量交易的交易标的电量、输送通道、竞价点和电价、申报要求，对比分析本次公告与以往公告的不同之处；分析电量交易的购电方的电价期望值；根据银东配套电源月度电量计划、机组运行天数、负荷率限制，分析竞争对手的让利幅度；准确计算落地侧和上网侧电价；根据直流通道能力、送电省份标杆电价及大用户让利幅度、购电省份电力需求形势及大用户让利幅度，科学制订报价策略。通过以上竞价策略，宁东发电公司圆满获得双边协商交易电量、银东直流集中竞价交易电量、经昭沂直流送山东及其他交易电量。每月底交易中心向调度机构提交次月发电机组基数电量和交易电量计划，调度机构在电量和电力平衡的基础上，根据基数电量和交易电量排定发电企业开机方式。宁东发电公司按照调度机构排定开机方式落实电量计划。因青海水电和西北区域新能源大发，加之外送直流线路故障，清洁能源大幅挤占火电企业发电空间，出现了火电企业电量指标不能全额调出的困局。面对困难，宁东发电公司从黄河防洪防汛和清洁能源消纳的大局出发，调整营销策略，与清洁能源开展发电权交易，获得发电权交易收入。将发电权交易纳入效益指标管控，在效益管控中心的带领下，以经济效益为中心，精准施策，对月度电量指标、月度实发电量、发电权交易进行全过程管理。

二是精准掌握月度电量指标，开展发电权转让交易。市场营销部依据年度电量交易公告，按月度统计基数电量、双边协商电量交易、集中竞价电量交易、经昭沂直流送山东电量交易及其他电量交易，在"发电策略调整"的蓝信群中汇报各种电量成分的电价和结算次序。月度实发电量预测是发电权转让的基础数据，其准确性直接影响发电权转让的精确性。影响实发电量的因数很多，为了确保预测的准确性，宁东发电公司建立了发电量预测模型。在一定社会用电量和用电负荷规律的情况下，宁夏电网火力发电量随月度、季节变化呈现一定变化规律，机组发电量在宁夏全省火电发电量中的占比也呈现一定规律，因此通过对宁夏电网近几年的月度、年度火电发电量，分析机组发电占比可相对合理准确地预测本年度发电量。利用发电量预测模型，营销人员掌握实发电量预测数据，根据月度实发电量与电量指标的差值，先于其他发电企业与青海水电开展发电权交易，获得发电权交易收入。发电企业实发电量受电网运行方式、燃煤市场及新能源发电能力等因数影响，宁东发电公司以发电量预测模型为基础，每日更新实发电量进度。每天统计分析宁东发电公司与鸳鸯湖电厂和灵武电厂二期的实发电量、计划完成率、负荷率、月度电量完成率、月度剩余天数需发电量及单机负荷率、年度累计电量、年度利用小时数、年度利用小时数偏差等关键指标，为宁东发电公司与宁夏区内新能源交易打下基础。根据清洁能源实际发电量与电量指标的差额、竞争对手的实际发电量与电量指标的差额精确判断发电权交易电价，同时争取与五大发电集团以外的清洁能源发电企业，开展发电权交易，实现发电权交易收入最大化。

四、健全组织管理机构，优化管理制度

电网新能源装机容量日益增加，新能源发电量和利用率逐步提高的背景下，火力发电企业传统经营模式阻碍了企业的健康发展。宁东发电公司明确高质量、高效益发展思路，切实将管理工作有效引向深处，逐步消除运营方式建立和实施过程中的薄弱环节和短板，以效益为中心，以实现企业健康发展为目标，增强企业市场竞争能力和生存能力，结合火电企业面临的实际困局，建立了与高质量、高效益运营方式匹配的组织管理机构和管理制度。

（一）强化组织管理，明确各个部门职责

宁东发电公司以京能电力部门整合为契机，结合企业特点和企业所属电网能源结构的特点，按照"构建新模式、创造新价值"的工作方针和"强化组织、统一领导、分工对标"的工作思路，稳步开展管理体系的构建工作。成立以党委书记、董事长为组长，领导班子其他成员为副组长，各部门负责人为成员的领导小组，负责领导和部署高质量、高效益管理体系的构建与实施工作，审定构建方案，协调和明确构建方案过程中的重大事项。领导小组下设工作组，负责贯彻落实领导小组决策部署；日常管理和组织推进；编制实施方案和工作计划，组织召开工作协调会；监督高质量、高效益运营方式构建进度和效果。

（二）搭建智慧分析系统，提升运营效率

为稳步推进高质量、高效益运营方式，宁东发电公司启动了运行监控分析系统的研发与应用项目。该项目涵盖企业云平台、企业信息系统整合、大数据分析平台建设、经营决策分析平台等多个平台。其中，经营决策支持分析系统实现对企业的生产经营过程中体现经济效益数据的分析。提供面向企业决策层的分析模型，包括主营业务收入、成本、利润分析，利润敏感性分析，盈亏平衡分析，利润完成及预测分析，发电量完成进度及预测分析，关键指标分析，指标对标分析等分析模型，提供准确的成本与利润分析，为高质量、高效益运营方式提供多种智慧决策信息。

（三）完善推进会议制度，保证协调效率

为更好地服务高质量、高效益运营方式，宁东发电公司重新构建会议制度，进一步降低会议频次，提高会议效率，为基层减负，让员工把更多的精力和时间投入构建高质量、高效益运营方式中，宁东发电公司调整传统行政例会和生产例会，建立新的周例会和月度推进会制度。工作组坚持每周召开一次工作例会，检查本周工作进度，协调解决工作中的问题，制订下周工作计划。工作组每月组织召开一次推进会，企业领导、分管领导、各部门负责人参加，协调工作进度，解决重点和难点问题，制订下一步工作计划。建立宣传、信息发布及闭环管理机制，发布高质量、高效益运营方式信息和工作计划，通报各部门工作成效和存在的主要问题，宣传相关知识，检查问题的闭环情况等。会议制度的重新构建确保了高质量、高效益运营方式稳步、扎实推进。

（四）强调专职专办，完善绩效考评制度

为保证高质量、高效益运营方式的实施取得实实在在的成效，宁东发电公司党委统一领导、行政主抓落实、党政齐抓共管、专职办公室组织协调、各部门分工负责，形成工作合力，从制度体系的建设上充分保证运营方式高质量落地。高质量、高效益运营方式专职办公室设在市场营销部，负责梳理制约高质量、高效益运营方式的短板问题，制订专项措施；制订高质量、高效益运营方式管理实施标准和专项工作考核实施办法；组织对各部门落实情况进行过程检查，督促完成各阶段的工作任务；高质量、高效益运营方式实施中管理成果和优秀实施方案的总结、收集、考评和推广。每月3日前，专职办公室形成宁东发电公司上月度高质量、高效益运营方式工作报告，内容包括月度电力辅助服务补偿金额、"两个细则"奖励金额、发电权交易金额、上网电价、综合电价（所有收入与上网电量的比值）及利润等关键营业数据，实施方案或实施细则落实执行情况、会议安排布置工作和落实执行情况、发现问题分析和通报考核情况、发现问题落实整改情况、下月具体工作安排、检查考评情况等。

（五）实现群策群力，谋划健康持续发展

宁东发电公司各部门抓住高质量、高效益运营方式的核心，充分体现提高效益和生存能力这一本质，贴近运营实际，以有利于促进企业经营效益提升为出发点，以实现企业健康发展为目的，坚持群策群力，制订高质量、高效益运营方式管理创建实施计划。高度注重工作开展实效，杜绝烦琐、杜绝不计成本、杜绝偏离客观实际。过滤掉没有意义的创新，提高重点创新成果的转化应用，形成高质量、高效益运营方式管理成果，有效提升企业创新能力、生存能力、盈利能力及社会效益。

五、建设"高质量、高效益"运营方式人才队伍

市场营销部按照高质量、高效益运营方式关于培训工作的具体要求，会同人力资源部进一步完善公司的教育培训体系，将"新的运营方式"的全员教育培训工作作为凝聚力量、提高素质、提升能力、苦练内功的重要途径。把高质量、高效益运营方式的基本功修炼作为重点纳入宁东发电公司整体培训计划中，对不同岗位的员工，树立差异化的培训理念。对普通员工、年轻员工，加强工作方法的培训；对中层管理人员、经验丰富和工作多年的员工，加强管理方法的培训。培训工作以常态化、制度化，深度融入日常工作技能培训和支部主题党日活动之中。通过开展高质量、高效益运营方式的人才队伍建设，普通员工掌握了高质量、高效益运营方式的工作方法，中层管理人员掌握了高质量、高效益运营方式的管理方法。培训工作和人才队伍建设为高质量、高效益运营方式保驾护航，也促进了高质量高效益运营方式开花结果。

（成果创造人：苏永健、徐义巍、丁文彦、李彦军、陆　龙、韩　凯、
邓国峰、晁俊凯、戴云飞、刘　君、任海彬）

基于一体化协同平台的市政涉电工程管理

国网江西省电力有限公司南昌供电分公司

国网江西省电力有限公司南昌供电分公司（以下简称南昌供电）建立内外协同的组织体系，与南昌市政建设六大平台公司签订多方合作框架协议，强化项目前期沟通，奠定合作基础；建设一体化协同信息平台，实现市政涉电工程全周期数字化管理；实施"多规一体化"，接入项目各参与方规划的基础数据，实现电网规划与"四个规划"的衔接；加强过程精益化管控，以施工资源库推动服务商的量化优选，标准化设置供配电设施，以计划信息库对项目进度分级管理，确保工程高质量按时完工；实行监督审计立体化管理，内部由南昌供电各部门对项目联动监督，外部由政府及外部专家联合评审，确保项目合规；推进工程结算数字化，规范工程实施材料，厘清项目相关方权责，实现工程信息化精准结算，实现相关方共赢。

一、构建内外协同的市政涉电工程管理组织体系

南昌供电通过构建协同的组织机构、合作模式，建立多形式沟通机制，为基于一体化协同平台的市政涉电工程管理奠定组织基础和合作基础。

（一）建立内外部协同的组织结构

为有效推进城市涉电工程建设，确保南昌供电管理组织对市政涉电工程项目的协同化和一体化管理，增强组织管控力度，将原有分散在建设、安质等专业的管理职能集中，建立内外部双组织保障机制，形成协同、高效的管理模式。

一方面内部建立"四位一体"的内部管理监督体系。由决策层、管理层、执行层、监督部门组成基本管理架构，明确各层级的管理职责。决策层设置市政涉电工程领导小组，负责项目的决策部署、工作要求，组织协调解决项目过程中的问题，统一部署推广与实践工作，组织指导风险防控工作；管理层设置项目办公室，负责编制工作计划，在领导小组的统筹安排与带领下开展项目具体实施，开展相关协调工作；执行层设置项目实施小组，负责现场管理；监督层成立监察审计和风险控制小组，负责开展项目风险防控工作，由领导小组直接管理，保证监督控制职能的独立性。

另一方面对外成立市政涉电工程联合办公室，通过该组织，南昌供电与各行政部门建立起城市涉电工程项目规划、建设、验收、结算过程中的对接关系，明确各方职责分工，为顺利推动城市重点市政涉电工程实施奠定坚实的合作基础。

（二）建立多方协同合作工作模式

与南昌市政建设六大平台公司签署多方合作框架协议，规定组织领导、前期沟通、迁改工程实施管理、涉电施工安全质量管控等方面合作内容，明确规划、建设、结算等工作内容和职责分工，发挥南昌供电技术优势和平台资源优势，优化资源配置，节省成本费用，增强协同效应。基于合作框架协议，南昌供电对商机管理、投标、签约、分包、工程实施、结算等业务进行流程再造，以项目业务流程为对象，以一键式结算为目标，以新技术应用为手段，解决工程管理分散，结算周期长，合同效益不清晰等问题，实现工程集约化管理。南昌供电与市政六大平台签订协议后，又分别与高新管委会、经济开发区管委会、红谷滩管委会洽谈签订合作框架协议，扩大了合作模式的应用范围。

同时，南昌供电依托南供产学研柔性实验室，与政府科研机构、国网科研院所、省管产业单位、高校科研团队、专业管理咨询团队建立协同合作工作模式，聚焦电网建设与发展新方向，推进涵盖市政涉

电工程管理在内的运营、规划等多专业关键技术落地和模式创新，为市政涉电工程项目管理提供了系统、定性与定量的决策支撑。

（三）建立多形式项目前期沟通机制

南昌供电通过构建高层领导定期磋商、迁改项目微信群、定期例会等机制强化项目前期沟通，借助联合工作计划、可视化看板等工具，明确每项重点市政涉电工程前期需开展的具体工作和分工责任，解决推进项目实施过程中出现的阻工、资源配置等问题，加快推进项目建设进程。南昌供电力促政府成立电网重点市政涉电项目推进小组，将重点项目建设列入政府长效管理。推动南昌市委市政府不定期组织召开南昌电网重点项目现场推进会和全市重点工程配套供电项目协调会，协调解决项目实施难题，保障重大项目稳步推进，2019年累计召开协调会6次，解决重点问题38项，相关领导均参加，有力推动了工作进展。

二、整合数据，建设一体化协同平台

以构建的内外协同组织体系为保障，以提升经济效益和社会效益为目标，明确平台建设指导思想，搭建一体化协同平台，作为市政涉电工程管理的基础和内核。

（一）明确平台建设目标及指导思想

南昌供电确立以"高效协同、精细管理"为指导思想，搭建一体化协同平台（以下简称一体化平台），通过提升数据洞察核心能力，优化经营管理的效率和效益，助力南昌供电市政涉电工程管理数字化转型，做全省电力工程领航者。"高效协同"即平台通过与上下游市政涉电工程管理数据活动和核心资源的对接，以数字化驱动引领项目规划动态、外部市场、综合计划、运营状态、核心资源、关键流程等专业信息的聚合，推动高效的信息流、数据流的贯通，打造平台化生态合作体系，实现共享、共建、共赢的局面。从而实现对市政涉电工程项目的协同管理及全面监管。"精细管理"是从整体运营的高度，在项目规划、项目前期、项目实施、项目审计、项目结算等全周期，对市政涉电工程项目状态进行跟踪。开展企业级的跨专业、跨部门综合分析，识别管理问题，分析问题成因、影响及风险，发现和揭示规律、趋势，提出对策建议，为项目管理精细化、规范化奠定坚实基础。

（二）开发一体化协同平台

围绕一体化平台建设目标及指导思想，开展一体化平台建设。明确项目"立项—审批—预算—施工—验收—结算"等全生命周期各阶段、各关键节点的管理规范（含工作内容、责任岗位、工作标准，尤其是数据提交要求等），为一体化平台开发奠定管理基础；开发平台功能，引入内、外部数据及管理信息，进行信息集中管理，提高资源利用率、共享信息交互效率；以模块化架构设置覆盖各阶段各方面管理要求，形成顺畅的信息流链路和可视化的工作任务监测"驾驶舱"，并以业务数字化展示方式，对关键点设置判断原则，快速发现流程异常，形成工程平台一体化协同管理。

一体化平台模块化架构包含规划管理模块（市场库）、工程实施全过程管理模块（项目计划信息库）、工程实施全过程管理模块（施工单位资源库）、审计管理模块和数字化结算模块五部分。对前端市场需求侧，开展对接外部入端的规划，分析系统功能需求，对接政企、市场数据平台，构建规划库、市场库，做好数据的标准化接口导入，实时监测，掌握市场需求情况，汇总分析市场需求、用户需求情况，对工程项目实施，以项目计划信息库、施工单位资源库为基础，形成以动态数据对施工单位管理、设备管理、进度管理、信息流管理及合规性风险管理的整合，形成系统化、标准化、规范化的过程管控机制；对工程监督审计，模块化嵌入"四位一体"内控监督管理体系。在南昌供电治理层面，支撑形成监事会和审计与风险控制委员会工作；在业务层面，支撑监察审计部和风险控制部工作。对工程结算管理，开发自动预结算、竣工资料自动生成等模块功能，提高项目效率、减轻工作量。整体上，通过发挥一体化平台的内核作用，不断应用、挖掘工程各环节信息和数据价值，整体推动市政涉电工程管理效率和效益的提升。

三、对接外部规划实施"多规一体化"管理

南昌供电将市政项目电网规划与地方规划、国网公司"十三五"规划、配电网规划、"黑线规划"衔接，实现"多规一体化"管理。

针对市场需求端，利用一体化平台规划管理模块，开展对接外部入端的规划，分析系统功能需求，对接政企、市场数据平台，集成模块内的规划库、市场库，实时监测、掌握市场需求情况，汇总分析市场需求、用户需求情况。通过构建规划衔接机制、开辟绿色通道等手段，提高市政建设规划与电网规划配合度，提高电网规划的精准度，提高基础设施利用率、节约土地面积、优化空间结构，科学有序推进涉电市政工程建设。

（一）加强项目基础数据共享

依托一体化平台规划管理模块，实现与政府、六大平台公司建立市政涉电工程项目信息数据归集和共享机制的落地及深化应用，将社会经济、能源资源、电力供需、电网设备、电源设备、电网运行、地理信息、典型参数、现状数据维护、规划数据维护、用户数据、智能电网、管道信息等维度进行数据共享。

一是获取规划信息。对政府单位重点沟通，获取城市长期规划信息、未来用电负荷测算、廊线占地等信息，主动对接南昌城市发展总规修编和旧城更新规划工作，同步修编电网分区规划，推动电网规划与城市规划深度融合。

二是收集建设项目信息。收集南昌市六大平台公司项目可研计划书、项目建设规划、建筑物具体设计图，扎实推进以市政涉电工程项目为导向的电网规划，满足项目电力需求。2020年，南昌供电通过提前掌握信息，主动开展王府井等大型商业综合体以及瑶湖北岸、朝阳新城、儒乐湖新城等热点片区规划，以精准匹配用电需求，营造良好营商环境。

三是主动收集市场需求信息。对接企业、市场数据平台，在一体化平台架构内新建规划管理模块（市场库）并完成数据的标准化接入，实时监测、掌握市场需求情况，汇总分析市场需求、用户需求情况，实现共享、共赢局面。

（二）建立"四个规划"衔接机制

利用平台规划管理模块（市场库），形成电网规划与"四个规划"衔接机制。

一是与地方规划衔接，提升城市发展契合度。围绕城市总体规划，明确涉电项目建设目标和远景规划，对该区域用电量和负荷科学合理预测，实现市政涉电工程与城市发展同频共振。

二是与国网公司"十三五"规划衔接，注重电网协调发展。以国网公司电网规划工作方案为依据，以电网分片为基础，根据电网现状基础、电源规划和供电可靠性要求，最大程度调动上下级电网的供电能力和裕度，提高对市政涉电项目供电可靠性，实现技术性和经济性的最佳平衡，加强上下级电网之间的协调与支撑。

三是与配电网规划衔接，以市政项目供电可靠性为中心，结合"负荷组""N-1"校验等定量分析和"目标网架结构""线路分段目标"等定性分析，科学确定建设目标，确保目标网架简明清晰、设备优化选型。

四是与"黑线规划"衔接，对以城市规划为底图的电网设施"落点定线"规划（"黑线"规划），通过相关政府专业管理单位将"落点定线"成果与城市建设规划、土地规划、环保规划、交通规划、空间规划做好专业对接、资源预留，为工程顺利实施提供了有力保障。

（三）开展并联审批，提供绿色通道服务

依托规划管理模块，对市政涉电项目用电业务开辟绿色通道，优化审批流程，实行并联审批，减省

审批节点，节约审批时间。

一是加大对市政涉电工程项目在审批变电站站址、线路路径方案、用地预审、用地报批和办理规划、用地、施工等许可证过程中的技术指导，争取"一次做对"，减少因资料的修改造成的反复申报。

二是根据省政府及省建设主管部门有关规定，电网建设工程（含土建、电气安装、调试等）由省电力质量监督站及其下属电力质量监督站行使政府监管、验收等职能，南昌供电对其高效监督、验收，出具质监报告，协助办理《房地产使用权证》。

三是在办理电网建设项目土地使用权出让合同过程中，可先办理项目选址意见书等，并在国土部门出具"用地手续正在办理中"证明意见的前提下，可办理相关工程规划报建手续。南昌供电完成电网建设项目施工招标后，对资料不全但承诺在规划建设部门规定时间内补齐的，建设部门可先办理建筑工程许可手续，待资料补齐后，再核发《建设工程施工许可证》。

四是与政府单位积极协调，加快市政涉电工程电网建设项目跨越铁路、公路、江河等审批、许可手续。加强消防、水利、环保、林业、三防、防雷、文物等配合工作，在规定时间内完成相关审批手续。通过实施绿色通道服务，大幅节省审批时间。以电力施工破路审批为例，2018年平均需要18天，实施并联审批后，一般电力施工破路审批不超过5天，平均为4.78天，用时下降了74%，极大地提高了工程效率，助力政府打造良好营商环境。

四、加强涉电项目工程建设过程精益化管控

为确保市政涉电项目工程建设质量，开发一体化平台施工过程管理模块，常态化开展施工全生命周期监控管理，并重点对施工单位、设备设施、进度计划管控、施工人员、安全防护器具进行数字化管理，从管理层面提升了对市政涉电项目工程建设质量的控制力，实现了生产过程科学化、标准化、精益化管控。

（一）开展项目全生命周期监控管理

一体化平台架构内建设工程项目全生命周期监控管理模块，提升数据洞察核心能力，改变工程项目静态管理方式，实现动态实时管理。

一是完善固化工程建设全生命周期工作流程，对既有的流程、制度查漏补缺，对既有的管理机制进行系统化、标准化和规范化再造，通过系统监控实现施工现场安全、质量、技术等要素的标准化管理，实时反馈项目状态及进展，保证项目有序推进。

二是在流程梳理优化的基础上，以历史工程经验为基础，充分考虑项目各方面的管理要求，将项目全部任务有机结合，明确项目全生命周期各阶段、各关键节点的监测对象和指标，通过时空数据可视化技术，构建监测模型，建立监测体系，以业务流程图的表现方式，监测对象流程异常及指标变化，实现项目从经验式管理到数字化、系统化管理的转变。

三是对跨专业数据间的关联关系进行研究和挖掘，及时发现电力工程项目运营过程中的异动和问题，并及时进行警示和场景展示，满足不同层级、不同领域工程项目管理运营需求，为决策提供辅助支撑。

（二）量化选取优质施工单位

南昌供电为确保施工质量，构建施工单位量化评价标准，并通过一体化平台自动化计算遴选，形成标准化供应商遴选模式。

一是构建量化评价指标体系。从单位规模、报价、技术力量、承载力、业绩水平、过往评价等8个维度35项指标，通过定性和定量的方法构建评价模式，依托一体化平台将评价结论用于招投标过程中，确保遴选出优质分包商。

二是精简优质分包商。选择优质分包商，将分包商从110家减少到核心分包商24家，通过减少分

包商加强对核心分包商的管理，确保工程项目安全，质量过关。

三是开展分包商评估。对项目部建设、人员岗位设置、合同、保险保单、安全施工工器具、人员安全能力、进度管理资料、质量管理资料、现场管理等，设计分包商评估监督表，通过查验资料、访谈、现场观察等方法，对分包商的管理进行评估，一体化平台则依据录入的信息自动生成评估报告，提出整改问题清单，推动分包商进行整改，对出现严重安全、质量、进度管理问题的分包商，向相关部门通报，纳入供应商评价。2020年，南昌供电对24家分包商的89个施工项目部，2100余名施工人员进行评估，及时掌握项目存在的问题，有效提升了分包商的安全、质量管理水平。

（三）标准化设置供配电设施

南昌供电依据江西省住房和建设厅《新建住宅供配电设施建设标准》（DB36/J001 - 2011/T）和《国家电网公司配电网工程典型设计》等相关规范要求，编制《建设项目供电设施设置标准（试行）》，规范南昌市建设项目供配电设施如环网室、箱变的规划、设计、建设应遵循的主要原则，明确公用供配电设施，新建住宅小区、服务型公寓自用供配电设施，大型公共建筑供配电设施设置的位置、建设模式、建设规模等一系列标准化要求，实现供配电设施建设与市政道路规划建设、土地开发计划的"统筹规划，有序实施"，有效促进市政涉电工程标准化建设，进一步提升了城市公共设施建设管理水平。

（四）实行进度计划分级管控

南昌供电在进度计划形式上实行三级进度控制体系，将"自上而下"进度管控途径和平台可视化展示功能融合，实时把握项目进度。"自上而下"即将项目总控计划逐层分解，按照"时间轴"推进，与项目具体施工行为"一一对应"，按照单位工程、分部工程、分项工程进行管控，"自上而下、由粗到细"逐层深入落实到具体的执行人和检查人，确保各项要求"责任到田、控制到天、落实到人、检查到位"。

一是实施一级总体控制计划，用以开展协同管理。总承包单位负责编制一级总体控制计划，确定各专业工程的阶段目标、阶段控制节点工期、所有指定分包专业分包工期等，是业主、设计、监理及总包高层管理人员进行工程总体部署的依据，对各专业工程计划进行实时监控、动态关联、协同作业。

二是实施二级进度控制计划，用以管理专业或阶段施工。以专业及阶段施工目标为指导，分解形成细化的专业或阶段施工的具体实施步骤，满足一级总控计划的要求，便于业主、监理和总包管理人员控制该专业工程进度。

三是实施三级进度控制计划，用以指导施工。各专业工程通过细化二级进度控制计划制订三级流水施工计划，供各分包基层管理人员控制各分项工程在各流水段的工序工期。

（五）实施"两库"管理

南昌供电依托一体化平台，构建项目计划信息库和施工单位资源库，实现项目过程管理精准。

一方面构建项目计划信息库。

一是与业主综合计划对接。与业主的综合计划同步执行全过程闭环管控，对项目建设过程中施工设计、物资需求上报、项目开工、土建完成、项目竣工、费用结算等关键环节进行分解，形成可量化、可追溯的节点体系，将综合计划专项节点应用到综合计划编制、下达、执行、调整的全过程，实现全方位、多维度、立体式的项目穿透性管控。

二是实施工作量管控。对工程变更、工程进度、工程结算方面严格按照合同管理，开工前核实设计工程量，确定量的基础；施工中核实施工工程量，确定量的变更，在规定时间内及时对工程量进行核对确认，实现工程"工完量清"，为工程结算"量准价实"奠定基础。

另一方面建立施工安全预控管理模块。构建施工单位资源库，收集施工单位信息、施工作业人员信息、安全防护器具信息，录入电力工程施工安全预控管理系统，包括施工企业信息管理，根据核准的承接工程范围将企业分类。

一是企业安全资质管理。根据企业本身人员的技能情况，又可将企业分为不同的资质，分别承担110千伏及以下、35千伏及以下、10千伏及以下输电、供电、受电电力设施的安装、维修、试验工程，并建立电子化的资质审查流程，实现电子化的安全考评年检流程。

二是开展作业人员安全管理。平台录入作业人员基础信息，进行培训考核、持证上岗等电子化管理和年检。

三是安全防护器具管理。将所有安全防护器具信息编号并录入系统，安全监察人员实地检查时可通过手持PDA直接查询相关工器具信息，一旦发现不合格便可记录在PDA系统中，并立即停止不合格工器具的使用，从技术角度增强对市政涉电工程的安全保障。

五、内外部联合，实现监督审计立体化

南昌供电通过建立内部联动监督、外部联合评审、"三位一体"审计机制，构建监察部门、审计部门和业务部门的立体化监督审计体系。依托一体化平台审计管理模块，实现监督审计工作的可视化落地，全面提升工程项目管理的规范性和合规性，打造监督越严约束越紧、防线越密的监督审计管控防线。

（一）完善内部协同监督机制

建立业务检查、专业监督和协同监督深度融合的联动监督机制，建立部门间横向协同监督网，实现监督工作同频共振、同向发力。

一是完善协同监督机制。按照分级监督、分级负责的原则，成立以南昌供电负责人为主任，党组成员及相关部室负责人为成员的监督工作委员会。明确各职能部门的监督主体地位，细化监督职责和主要内容。针对重点市政涉电工程流程识别廉政风险点，形成廉政风险防控手册，从顶层设计确保监督体系与业务体系无缝融合。定期召开协同监督工作会，通报问题，商议解决方案，及时总结，促进建章立制、堵塞漏洞，促进问题及时解决和风险源头治理。

二是开展过程监督。对市政涉电工程相关重大廉政风险全面检查，实施监督计划与工程计划同步化管理，推动各业务部门变"被动"监督为"主动"监督，确保第一时间发现问题苗头。

三是应用一体化平台开展精准监督。发挥电网公司各部门专业优势，应用线上化、信息化、数据化平台能力对检查过程中涉嫌违规违纪的线索进行专业审查研判。例如通过对招标情况进行大数据分析，分析中标率、组团招标等数据，从而发现招投标过程中出现的违规现象，防范市政涉电工程的采购风险。

（二）建立外部联合评审机制

市政涉电工程项目的管理涉及众多部门，面临诸多问题，为简化程序，提高效率，充分发挥部门和专家合力，南昌供电强力推进建立项目外部联合评审机制，项目实施方案经政府部门及专家联合评审后报政府审批，建立了一事一审的联审机制。

一是加强联审组织领导，落实相关工作。由相关行政单位成立市政涉电工程项目联审工作小组，联审工作小组办公室设在市政府办公室，日常工作由市政府组织。

二是建立市级专家库，发挥智库力量。可依托市专家库随机抽取投融资、法律、财务、项目管理、工程技术等领域专家，组成市政涉电工程项目评审专家组，开展项目联合评审。目前，入选市政涉电项目工程项目专家库的专家共有121名，其中经济类48名，工程类61名，法律类12名。

三是实行"一事一审"制，完善实施方案。联审工作小组办公室组织市政涉电工程项目实施方案的评审，以一体化平台数据、信息共享为基础，对每个项目的必要性、可行性、社会性、合规性、规划衔接性、财务可负担性及价格的合理性进行综合评估，提出评审意见，合理把握价格、土地、金融等方面的政策支持力度。

（三）建立"三位一体"审计机制

南昌供电依托一体化平台构建信息化审计管理模块，形成审计意见告知、承诺及约谈的"三位一体"落地机制，强化审计业务即时性和连续性，以线上数据分析与线下实地检查相结合的方式开展审计。通过对系统中数据实时的采集、挖掘、监测与分析，及时揭示，化解市政涉电工程建设过程中的管理风险，构建对市政涉电工程业务链条进行实时监控与智能化风险甄别的新型审计模式，与工程建设同步开展审计服务，及时提供审计报告，实现由"结果审计"向"过程审计"的转变。

一是审计部以专项会议形式进行告知和承诺，向工程主要负责人现场传达正式审计意见，并要求被告知对象签订整改承诺书。

二是坚持实行问题销号管理，在会后下发审计跟踪单，对不按规定期限和要求进行审计整改的单位约谈督导。

三是在告知和约谈环节，专业部门全程参与，提出专业化管理要求和指导监督意见，进一步推动并全面实现审计的信息共享、结果共用、责任共担、成效共创。

六、推进工程结算数字化，实现工程资金流的闭环管理

市政涉电工程项目涉及多单位、多部门、多专业的生产、技术、质量、材料、计划、安全和合同等综合管理内容，传统管理方式已不能满足现今市政涉电工程的结算管理要求。因此，南昌供电通过一体化平台数字化结算模块进行信息的交流与传递。通过结算数据可视化实现对项目成本费用的激励和把关，起督促和约束作用；以平台集成精细的结算材料、报表数据支撑南昌供电评估规划预算阶段和经营核算监督阶段的各项制度和行为，衡量预算设计、核算行为的规范性；以"五维"事后评估结果辅助南昌供电来年的经营战略及成本控制决策，以一体化结算实现工程资金流的闭环管理。

（一）施行项目结算一体化管理

依托一体化平台，将市政涉电工程项目全寿命周期，包括施工商选择、招投标管理、经营合同管理、工程过程管理、工程事后评估等环节的主要业务活动的结算信息纳入系统，建立数字化结算模块，增强电力企业、政府、集体企业之间的沟通，及时跟踪市政涉电工程状态，形成对施工单位的全过程管理，提高各环节业务衔接、数据共享，通过建立结算一体化管理模块，满足市政府相关部门、南昌供电、建设单位、分包单位对于市政涉电工程的结算信息需求，并自动实现预结算，自动生成竣工资料，最大化协调各方面资源、提高协同工作效率，实现工程结算协同化和精细化、规范化管理。

（二）全过程结算材料支撑

通过一体化平台，确定全过程归档清单，构建统一项目结算文档管理体系。对项目实施过程中产生的各类文档、资料进行搜集管理，覆盖项目启动、计划、执行、控制、验收全生命周期，最大程度收集和整理项目进度、合同、招标、质量等业务过程中产生的技术资料与过程文档，并结合施工转序等时间节点，及时组织监理、设计、施工等单位确认工程量，减少变更费用争议。

在市政涉电工程建设完成和验收后，检查相关验收材料清单，梳理以合同为基础的合同拟订、执行、变更、支付、结算的记录、文档、警示，构建材料追溯体系，通过结算平台实现对工程费用的快速结算。

利用"互联网+结算"技术构建工程竣工一键式结算服务模式，推进市场型企业在工程项目中的服务转型和模式创新，提升工程竣工质量和结算水平。通过理顺业主、总包、设计、监理、分包、审计等各参与方合同关系、工作职责、工作内容、预算、签证、费用等内容，把各参与方纳入同一个竣工结算服务体系，在保证工程竣工结算质量和交付进度的同时，根据不同工程特点、概算标准和进度要求，解决市政涉电工程项目"结算难、不精准、回款慢"问题，积极推进工程"科学结算、有序结算、高效结算、精准结算",让工程结算工作更加"规范、透明、协同、高效"。

(三)实施"五维"工程事后评估机制

完成市政涉电工程项目后,一体化平台将通过数字化结算模块对项目开展目标评估、过程评估、效益评估、影响评估、持续性评估,实施"五维"工程事后评估机制,形成项目实施反馈结论,促进业务单位和市政涉电工程业务流程持续改进,改善未来业绩。

一是工程目标评估。通过项目实际产生的经济、技术指标与项目决策时确定的目标比较,检查项目是否达到预期目标或达到目标的程度,分析产生的偏差,从而判断项目是否成功。

二是工程过程评估。对项目的各个环节进行回顾和检查,对项目的实施效率做出评价。过程评价的内容包括立项决策评价、勘察设计评价、施工评价、生产运营评价等。

三是工程效益评估。从项目投资者的角度,根据各年实际发生的投入产出数据,以及项目建成运行一段时间后的数据重新预测,得出的项目计算期内未来各年将要发生的数据,综合考察项目实际或更接近于实际的财务盈利能力状况,据此判断项目在财务意义上成功与否,并与项目前评估比较,找出产生重大变化的原因,总结经验教训。

四是影响评估。对项目建成投产后对国家、项目所在地区的经济、社会和环境所产生的实际影响进行评估,据此判断项目决策是否实现,包括经济影响评估、社会影响评估、环境影响评估。

五是持续性评估。对项目在未来运营中实现既定目标以及持续发挥效益的可能性进行预测分析。

(成果创造人:蔡小平、彭振华、王永华、张　帆、鲁　刚、王晓晨、陈义飞、徐　越、李凌翊、李煜平、李鑫慧、徐　哲)

基于小农户的烟叶种采烤分一体化单元管理

福建省烟草公司龙岩市公司

福建省烟草公司龙岩市公司（以下简称龙岩市公司）把烟叶生产过程看成环环相扣的链条，识别出影响链条运行的最薄弱环节——小农户的去组织化，这一环节决定了整个烟叶供应链系统是否能有效产出。通过重构生产组织方式，龙岩市公司建立烟叶种采烤分一体化单元管理模式，促使小农户以自我激励、自我联合的内生机制引入现代生产要素，达到持续改善小农户去组织化程度的目的，确保烟叶供应链效能实现最大化。

2018年以来，龙岩市公司基于龙岩烟区小农户现状，依托基层烟站，以信息技术为载体，以烘烤师为主导、以小户烟农为主体，运用市场机制，发扬乡邻文化，构建联合互助、资源互补、利益共享的新型烟叶生产组织模式，有效提升全链条的组织化和集约化程度，促进烟叶生产减工降本提质增效。在组织运行上，引入网格化、小单元管理的理念，按照1名烘烤师、5~10户烟农、覆盖5~10座烤房、100~200亩种植面积，组建1个"种采烤分一体化"单元，推行"组织网格化、作业流程化、岗位工序化、技术标准化、服务货币化、管理信息化"的运作方式，有效提升烟农和企业效益，促进小农户与现代烟草农业有效衔接。

一、搭建种采烤分一体化单元管理组织结构

以烟农烤师为主导，以烟农为主体，以烤房群为载体，按区域划分和组建单元，开展小单元的烟叶生产组织、服务和管理。在单元生产组织上突出因地制宜、统分结合。运用标准作业流程（SOP）工具，针对原来分户分散的育苗、移栽、机耕、植保、采收烘烤的工作流程，统一制订流程再造指导方案，即"五统四分、统分结合、流程再造"（统一规划烟田、统一育苗移栽、统一机耕作业、统一绿色防控、统一采收烘烤；分户签订合同、分户准备物资、分户田间管理、分户初分保管）。具体单元操作上按照"烟农需要什么服务就发展什么服务，烟农能接受什么合作就发展什么合作"的思路，接纳不同生产力水平和不同规模农户的需求，尊重烟农意愿，能统则统、宜分则分、先易后难、循序渐进。将以往农户间单打独斗的生产方式，转变为从种到分的全过程单元内协作互助、取长补短、合理分工、抱团取暖的方式，实现"种—采—烤—分"环环相扣、流程顺畅、作业高效。

组织结构模式以互助服务、专业服务、集成服务三种形式为主，对传统生产组织方式进行结构上的再造和资源的整合。

（一）互助服务模式

由烘烤师主导，烟农双向选择，从播种育苗到初分保管，全面贯彻应用新理念、新模式，将单元内的种植、田管、采收、烘烤、初分等一系列农事活动统一组织起来。对生产规模较小、传统习惯比较浓的农户，以采取互助服务模式为主，更好地为农户接受，为下一阶段的深化合作分工、提升组织化水平打下基础。

（二）专业服务模式

专业服务模式在互助组的基础上强化了单元的功能，单元内根据烟叶生产各阶段组织不同的烟农互助组和专业服务队，通过烟农互助+专业化服务，统分结合，开展"种植、田管、采收、运输、分类编烟、上烤、下烤、初分、打捆、称重"等一体化作业。由烘烤师管理专业服务队，专业服务队长组织管理专业服务队成员。通过种采烤分一体化工作的推进，提高集约化、标准化生产水平，更高水平地

促进减工降本增效。

（三）集成服务模式

集成服务模式展现了未来高效的基层烟叶生产组织发展的趋势。依托基层烟站、烟农合作社和村级经济组织等，围绕种采烤分一体化相关的各项服务进行集成，着力推进耕地长期流转，整合各项生产要素资源，拓展上游物流、信息流、资金流，提供农资农具、技术培训、农业保险、小额信贷等附加价值的各项服务，引入田园综合体建设理念，建立小单元农户组织高效模式。

二、培养种采烤分一体化单元管理人才队伍

作为组织管理、技术指导、事务协调的核心，烟叶烘烤师的选择显为关键，直接关系到种采烤分一体化单元管理的成败。一名好的烘烤师就能带出一个好的单元，龙岩市公司从强化培训、提升素质、落实保障、形成梯队等方面入手，培养了一支种采烤分一体化单元管理人才队伍。

（一）抓好培训

对烟叶烘烤师进行系统培训，按照"干什么就学什么，缺什么就补什么"的思路，优化培训方案，细化培训内容，真正让培训入心入脑，增强培训效果。采用脱产培训形式，培训内容包括烤烟育苗、栽培、植保、烘烤、分级和生产组织管理模式等。运用督导人员训练（TWI）工具，强化烘烤师的培训效果，培训过程采取"1对10"小组辅导模式，每10名学员为一小组，每个小组配备专职辅导员。辅导员由烟草公司的烘烤调制技师担任，全程负责辅导小组学员。

（二）持证上岗

培训后，借鉴行业技能比武模块办法，通过理论和实操相结合的方式，对烟叶烘烤师进行测试，测试合格的颁发初级烘烤师证书。烟叶烘烤师领取证书后，龙岩市公司每年对证书进行积分管理。每年100积分，对于连续两年积分少于60分的烘烤师，要求退出烘烤师序列，且每年的烘烤扶持补贴与积分挂钩。龙岩市公司2018年分四期统一培训职业烘烤师500名，2019年分四期培训520名，累计1020名。

（三）公选推荐

由烟农通过投票推选方式，推选出烘烤技术好、责任心强、协调能力强，在当地得到烟农认可，具备一定威望的烘烤能手担任单元烟叶烘烤师；烘烤师和烟农通过双向选择组建单元。烘烤师负责协调组建专业服务队伍，确定各环节的专业服务队队长，坚持"公认、信任、自愿"原则，统一组建单元内专业化服务队，提升单元内成员的黏合度和聚力。服务队成员以单元内烟农及其家庭成员为主，不足时聘请非烟农成员补充。

（四）明确职责

烟叶烘烤师负责单元内的烟农组织、组建专业服务队；负责各阶段专业队人员的工作安排、技术培训；负责烟叶种植阶段各项技术措施落实考核；负责采收成熟度、分类编烟、烟叶装烤、烟叶初分等工序的监督和落实；负责烟叶烘烤操作，过程记录；参与烤前烤后的烟叶质量评价和质量仲裁，承担因自身操作造成的烘烤损失赔偿；负责种采烤等阶段的物资准备；负责各阶段用工记录及工资结算；负责烘烤场地的环境卫生和安全管理。

（五）组建队伍

以烟叶烘烤师为专业服务队总队长，下设机耕起垄服务队、专业化育苗服务队、盖膜移栽服务队、水肥药田管服务队、采运编装服务队、烟叶烘烤服务队、废弃物回收服务队、烟叶初分专业队等8个专业服务队，各专业队根据需求开展专业化服务。

三、完善种采烤分一体化单元管理资源配置

推进资源要素优化配置是提高小农组织化程度的重要内容。龙岩市公司构建小户与小户组合、大户

带小户等多种形式，以保证单元内设施配置最优化、设施利用最大化为原则，合理配置单元内的土地、劳力、技术、设施（烤房和农机）等资源，改变一家一户资源配置不够优化、利用不够充分的局面。

（一）土地资源

借助村委会（或合作社）土地流转平台，单元内成员之间，单元与单元之间协调流转土地，确保每个单元的土地相对集中连片，便于统一农事操作。按照"以烟为主、轮作休耕、用养结合"的原则，在优先满足烟叶种植面积的基础上，确定单元内烟叶种植区域和轮作区域，因地制宜发展好其他融合产业，确保土地资源能有效使用。

（二）设施资源

以种采烤一体化单元为依托，按照"设施配套全覆盖，设施使用不闲置"要求，逐级落实单元农机和烤房设施资源。以规模为200亩的单元为例，配备7个育苗中棚、2台普通型起垄机或1台履带式起垄机、1台覆膜机、10个移栽器、2台喷灌一体机、2台中耕培土机、10座标准化烤房。

（三）劳动力资源

以家庭用工、互助合作、联合雇工为主要形式，根据单元用工需求，合理配置用工人员。单元内用工（即服务队成员）以单元内烟农家庭成员为主，不足时外聘补充用工。以200亩单元为例，在机耕起垄环节，每个单元配置4人（2名机耕手、2名辅助工），做好"有机用、机用足、机效高"。在烟叶采烤环节，每个单元配备14名队员，烘烤师兼任采烤队长，1名烘烤辅助工，12名队员负责鲜烟采收、运输、编烟和上烤工作。

（四）技术资源

龙岩市公司原来的技术指导工作由烟站技术员承担，需要对每个烟农进行宣传和指导技术。引入种采烤分一体化单元后，把烘烤师发展成为烟叶生产技术传播者和产业发展的带头人，形成"技术员—烤师—农户"的技术指导模式。一方面减少了烟叶技术员配备人数，降低了公司用工成本；另一方面，利用烘烤师的传帮带作用，带动单元内其他小农户科学种烟。而且烘烤师自身的种烟成效可起到示范作用，中周边农户对新技术更易理解和接受。

四、构建种采烤分一体化单元利益共享机制

种采烤分一体化单元管理的生命力，关键在于是否满足烟农、公司、工业要求，是否满足各方利益需求，是否能建立小户烟农、烘烤师、专业服务队、卷烟工业、烟草商业五方利益联结机制。

（一）小农户利益

小户烟农利益是否得到保护，小农户是否认可这种模式带来的显性和隐性效益，是烟叶种采烤分一体化管理成败的关键。龙岩市公司以共享为核心，建立小农户与各方利益联结机制，逐步拓展小农户的生产经营空间。

一是在务工安排方面充分发挥单元协作互助、合理分工、抱团取暖的优势，尊重烟农"多用自家工、少对外雇工"的意愿，采取"先组内互助、再外聘服务"的方式，通过组内换工让烟农更有效地使用家庭劳力，减少雇工支出。如对移栽、田管、采烟等劳动力需求较多的环节，以换工为主、结合外聘用工弥补平衡。

二是在环节托管方面，对深翻、机械起垄、机械盖膜、植保等小农户办不了、办不好或办了不划算的生产环节，采用环节托管形式，将这些生产操作交由专业化服务队，提高了技术到位率，减轻了小户烟农的后顾之忧。

三是在服务费用核算方面，对机耕、育苗、烘烤等专业化程度较高的环节，由烟农以货币化结算形式向专业队购买服务。为了便于交易，龙岩市公司推行"按质收费"方式，如在专业烘烤环节，改变以往按烤次收费方式，由烟农按交售烟叶金额的13%支付烘烤费，将烤费与烘烤质量相挂钩，明晰烟农和烘烤师的权责。

（二）烘烤师利益

烘烤师作为小农互助联合的带头人，其合理利益同样需要得到保护和体现。作为重点培育的烟叶产业发展对象，一方面烘烤师自身可以获得较多的政策扶持和专业服务收入，比如技术培训、烘烤补贴、烤费收入等，而且很多烘烤师本身种烟规模相对较大，也是提高组织效率的最大受益者；另一方面烘烤师作为单元管理的组织者和推动者，带领邻居共同致富，可得到农村带头人的身份认可和职业认同，也适合农村邻里互帮互助的习惯。

（三）专业服务队利益

专业服务队通过跨单元作业、订单作业、服务托管等形式，逐步拓宽服务范围，逐步稳定专业服务市场，享受规模服务带来的服务效益。农业生产专业化服务往往存在两方面不足：一方面是劳动投入和服务质量难以监督，农事生产的非标准化与不规则性，使劳动质量考核难度很大，容易诱发"磨洋工""偷工减料"等机会主义行为，另一方面是农业生产环节多、链条长，雇工的时空分布连续性和稳定性较差，不可能像工业生产那样全年均匀分布雇工，如烟叶采烤环节用工特别多，而其他环节用工相对少。种采烤分一体化单元管理，强调互帮互助和自我服务，服务队成员以单元内烟农及其家庭成员为主，农户增加了互相服务的收入，可以通过联合雇工解决雇工不稳定的问题；同时，邻里互助的优良传统，一定程度上减少了"磨洋工""偷工减料"现象。

（四）工业客户利益

通过种采烤分一体化单元管理，提高了技术标准的统一性和同步性，提高了技术到位率，有效地解决了户与户之间生产不平衡问题，保证了单元内烟株长势"一川一色一高度"，提高了烟叶生产均质化水平。特别是在烟叶烘烤环节，通过烘烤师统一把握烟叶成熟度和烘烤工艺，烟叶烘烤质量均衡度明显提升；在烟叶初分环节，通过合作保证烟叶分级等级的一致性。烟叶内在品质和烟叶等级质量两方面的平稳，能够更好地满足工业企业对原料均质化的需求，有利于其对烟叶原料的使用。

（五）烟草商业利益

烟草公司通过种采烤分一体化单元管理，更好地推动了"工业愿意要"和"烟农愿意种"。

一是推动"工业愿意要"，进一步稳定烟叶市场。烟叶是一种特殊农产品，只有得到卷烟工业的认可，有市场有订单，烟叶产业才能稳定发展。通过种采烤分一体化单元管理有效提升烟叶质量均衡性，得到卷烟工业客户的认可，龙岩烟叶市场稳中有升。

二是推动"烟农愿意种"，进一步稳定烟农队伍。通过单元运作，保障小户烟农利益，稳定了小户种烟意愿，从而推动烟农队伍稳定。一些基础条件较差的小农户在邻里帮助下种烟，既实现了烟区"有人种烟"，也发挥了烟叶产业助力脱贫攻坚的作用。

五、推动种采烤分一体化单元管理信息化

随着农业信息化和农业机械化的快速发展，龙岩市公司在种采烤分一体化单元管理实施过程中，注重信息化、智能化的应用，深化烟叶种植技术、生产管理与现代先进信息技术融合，逐步提升生产管理效率。

（一）建立信息沟通平台

搭建"市、县、站、烘烤师、烟农"五级种采烤分一体化管理平台。由龙岩市公司建立种采烤分一体化微信公众号，定期更新种采烤分相关技术及工作要求。技术员建立微信群，吸纳参与种采烤分一体化的烟农、烘烤师、专业队员为群成员，通过微信群及时发布烟叶生产技术和政策信息，解答问题和开展经验交流等。新冠肺炎疫情防控期间，龙岩市公司制作了13个烟叶生产技术微视频，按农事季节传递给烘烤师和烟农，做到了疫情防控和烟叶生产"两不误"。

(二)建立单元服务平台

借助福建省现代烟草农业信息系统,建立单元服务平台。搭建专业化服务信息调度子平台,实现服务需求和专业化服务的有效对接。生成单元二维码,通过手机扫一扫,就可查阅该单元的信息、田间布局、作业进度、作业标准、操作视频等。推动制作全市基本烟田电子地图,推进种植田块、烤房设施的"一张图"管理。

(三)试点智慧烟叶项目

运用农业物联网技术开展智慧烟叶试点项目。建立烟田监控网络,通过各种传感器采集信息,在线了解烟叶生产情况。建立烟叶烘烤物联网,对烟叶烘烤过程进行实时监控、远程监控,实现烟叶烘烤在线预警、在线指导等功能。探索病虫害识别诊断、烟叶成熟度识别分析等智能化管理。

(成果创造人:周志攀、黄永辉、张汉千、石健林、王　鑫、童旭华、章文水、卢　雨、林志华、邱铭生)

实现"双提升"目标的供热运营管理

中国华电集团有限公司河北分公司

中国华电集团有限公司河北分公司（简称华电河北公司）以供热量和供热效益"双提升"为目标的供热运营管理（以下简称供热"双提升"管理），打破传统思维定势，以热源热网间贸易结算关口智能热量表存储的海量历史供热数据为分析对象，应用大数据分析机理，找出整个采暖期供热负荷变化规律。据此，在保证供热安全和环保绩效的前提下，有序开展供热市场开发，突破近年来零开户的瓶颈；成功实现煤气联合供热，突破燃气供热气热价格倒挂的困境；源网间推行阶梯热价结算，提升热源顶峰能力并降低顶峰成本；拓展区域管网互联互通应用范围，在保安全的基础上实现整体降本增效；创新开启"灵活供热"合作模式，实现内外不同市场主体的互利共赢。最终，实现供热量提升的同时，同步实现供热效益提升。

一、明确目标，层层落实，建立供热运营组织保障

供热运营改革属于系统工程，不是某个人、某个部门或者某个企业的事情，必须以专业的管理体系为后盾，以科学的工作流程为支撑，实施有计划、有实施、有监督、有检查的闭环管理，才能保障改革顺利推进并获得成功。

（一）成立专门组织机构，逐级明晰工作职责

华电河北公司推行供热"双提升"管理，组建了创新高效的供热"双提升"管理团队，即党委书记与总经理总体部署、分管副总经理具体协调、市场部牵头组织相关专业部门联动、河北公司与基层企业采取上下协同的方式实施全过程管理。

首先从顶层设计入手，成立供热"双提升"管理领导小组，公司党委书记、总经理任组长，分管副总经理任副组长，成员由各专业部门负责人组成，负责研究决策供热"双提升"管理的全局部署、重点任务。领导小组下设办公室，挂靠牵头部门，主任由牵头部门负责人兼任，成员由各专业部门管理专责兼任，负责供热"双提升"管理方案的制订、实施、监督检查与评估。工作组为热源、热网基层企业，由各单位主要领导亲自抓，成立相应组织机构，负责全面落实供热"双提升"管理实施方案、具体推进各项工作落实。

（二）运营改善梯次展开，工作推进科学有序

通过对2017—2018年采暖季的数据进行研究分析，华电河北公司党委决定对供热运营管理实施以"双提升"为目标导向的改革。2019年，分步有序推进，集中实施了一批改革方案。

领导小组确定年度目标和实施方案，启动2019年裕华供热区域热力市场拓展工作和供热能力挖潜行动。领导小组办公室从管理人员入手，组织相关部门和基层企业管理人员召开专题推进会，宣贯供热"双提升"运营管理理念，宣贯供热"双提升"管理实施方案，提出年内重点工作和目标；对各供热企业一线实操人员集中培训，手把手指导企业人员开展实际分析工作。

为确保供热"双提升"方案落实落地，硬件设施保障必须先行。领导小组办公室组根据各专业部门提出的要求，编制下发《2019年供热"双提升"重点任务分解计划》，利用非采暖期推进市场开发，同时对供热系统、供热设备进行维护整改，优化调整内部结算方案，为供热做好充分准备。热源热网企业作为运营管理改革的责任主体，在华电河北公司的积极引导下，管理理念由"安全第一"转为"安全与效益并重"，紧紧围绕供热"双提升"目标，将各项重点工作排出计划，落实到部门、到责任人，

按照时间节点统筹推进，每月在月度例会上汇报进展情况。为实现供热"双提升"管理目标打下坚实的基础。

(三) 精准调控运营指标，保障目标如期落地

进入供热期，华电河北公司与基层企业工作组上下协同，跟踪试点区域的实时动态，对供热数据进行日统计、周分析、月总结，每日关注负荷变化，每周汇总供热数据及相关指标，每月测算规模与收益情况，并与同期数据进行分析比较，为供热调度提出参考建议。

供热调度根据气温变化，紧紧围绕供热"双提升"目标，精准调控各供热区域负荷曲线，适时调整热源运行方式，按照效益最大化原则合理启停峰谷运行设备，保持热源机组在最佳经济运行工况。

二、科学分析，精准定位，制订供热运营策略

通过2018年区域同业对标发现，大唐清苑热电与裕华、鹿华同为两台30万千瓦级供热机组企业，同样是采暖期供热，但清苑热电全年供热量高出近300万吉焦。深入调查研究发现，清苑热电两台机组均经过高背压技改、供热能力得到了充分释放，而华电3家热源厂是按照多年来供热尖峰负荷平衡得出的结论，供热能力尚有一定裕度。这就说明裕华、鹿华供热量还有较大的潜力可挖，网源供热运营策略尚有优化空间。

(一) 利用大数据分析机理，找出供热负荷变化规律

华电河北公司热源热网间贸易结算关口表均为智能热量表，数据存储周期能够达到分钟级，对"大滞后、大惯性"的供热系统来说，数据存储密度完全能够满足分析要求。抓住这一数据资源，供热"双提升"管理团队以其中存储的海量历史供热负荷数据为分析对象，创新引入数据转换技术，将采暖期整点热负荷导出，应用大数据分析机理，经过坚苦探索，成功找出整个采暖期供热负荷变化规律，绘制出最大热负荷持续曲线，进而达到完整定量表征整个采暖期负荷变化情况。

(二) 模拟市场开发不同场景，确定热负荷最佳分配

供热"双提升"管理团队经过反复研究，精准找出了低成本的煤机热源和高成本的天然气热源最佳搭配的建模分析方法，为科学拓展市场提供理论依据。例如：设定新开发热负荷与同区域既有热负荷变化规律基本一致，既有最大热负荷达到煤机最大供热能力。在此基础上，以调增100兆瓦热负荷为起点、以10兆瓦为级差，增加的负荷通过燃气热源消减高于煤机供热能力的峰值。试算调增负荷后增加热量中燃气热源热量占比和综合热价，根据试算结果得出结论，市场开发负荷在250兆瓦以内、燃气调峰热量占比不超31%的情况下，综合热价低于外购热价，可实现供热量和供热效益"双提升"。

(三) 开展热负荷分配比对校核，审慎突破零开户瓶颈

供热工作是民生工程，来不得半点马虎，供热"双提升"管理团队以调增200兆瓦热负荷为分析对象，对调整前、调整后、调增量及燃气热源调峰量对比，煤机调增后峰、谷负荷均明显提升，把燃机负荷增加在煤机的峰值之上，即可还原热负荷自然曲线。

2019年，依据分析结论，华电河北公司新增开户面积324万平方米，终于突破了近年来0开户的瓶颈，在保证安全的同时热源热网收益均相应增长。

三、结构优化，动态调节，高效保障市场需求

2019年，华电河北公司新增燃气热源，但是热价与气价倒挂，难以正常发挥作用。从大数据分析结果看，将煤、气热源联合起来共同承担增量市场，即优化热源供应结构，用新增的燃气热源承担尖峰负荷、燃煤热源承担基荷和腰荷，只要综合热价低于外购热价，热源热网都能够随供热量的升高增加供热效益，从而找到新的效益增长点。

(一) "宜煤则煤"，充分发挥煤机对新增供热需求的基础保障作用

近年华电河北公司煤机供热达产率基本维持在70%左右，供热初末期输出余度30%~50%，而极

寒天气供热保障能力明显不足。为保证供热安全,必须将煤机供热能力预留足够的安全裕度,根据大数据分析,新增的燃气热源正好能够满足安全保证,煤机在初末期的供热潜力可以进一步释放。供热机组只有在热负荷达到额定工况运行才最经济,因此,新增的市场需求有效延长了煤机最大热负荷运行时段,煤机热电联产综合效益优势得到充分发挥。

(二)"宜气则气",有效发挥燃气供热对新增供热尖峰负荷的关键支撑作用

根据大数据分析,按照煤机承担基荷与腰荷、燃气供热承担尖峰负荷的原则,在保证区域盈利范围内,积极开发新用户,提升煤机整体负荷水平,按照需求适时启动燃气供热增加顶峰负荷;同时加强网源生产统一调度,统筹网、源、荷、效相匹配,不仅提升了供热质量,还实现了供热量和供热效益"双提升",使面临投产即搁置风险的新增燃机在关键时刻发挥关键支撑作用。

(三)"煤气协同",精准发挥煤气成本对冲效应对控制综合供热成本、保持合理收益的"压舱石"作用

石热燃机为河北省投运的首台重型燃机,天然气供热也属全省首例,没有可借鉴的历史资料,结合内外部情况,华电河北公司临时出台了66.36元/吉焦的网厂结算热价。根据长输外购价格43.67元/吉焦、天然气内部价格66.36元/吉焦、燃煤居民供热价格32元/吉焦的比价关系,根据大数据和相应的发电负荷、能耗指标等相关数据,纳入新增的燃气供热,对调增热负荷进行效益测算,只要综合热价不超过外购热价,热源、热网均可增加效益。

以裕华供热区域增加200兆瓦热负荷为例,供热量增加153万吉焦,热源侧发电、供热合计产生效益约2595万元,热网侧直接效益约3303万元。区域共增效益约5898万元,成功开创了煤—气联合供热新时代。

四、源网互动,峰谷匹配,实现供热效益最大化

以区域效益最大化为目标,在保持煤机供热综合价格基本稳定的前提下,将单一热价调整为阶梯热价,即降低负荷低谷热价、提升负荷高峰热价,用经济手段调动煤机顶峰积极性,降低燃气热源顶峰强度,达到降低顶峰成本的目的。

(一)发挥一体化管理优势,内部推行阶梯热价调动网源供热积极性

华电河北公司实施网源一体化管理,近年来参照政府出台的出厂热价,根据各供热区域供热面积的居非比例确定每个采暖季的内部热价,采用单一价格体系结算。由于热负荷受环境温度影响较大,热源、热网热能交易过程中也出现了一些矛盾。采暖初末期热源为了提高煤机运行经济性,供热积极性很高,但用户侧需求低迷,热网通常按面积收费,在收入已确定的前提下购热越少、利润越大,故购热主动性不高;而严冬时期用户侧需求高涨,甚至要求热源执行"压电保热"运行方式,热源发电收益降低、被动供热,热网同时也受到购热成本升高的影响,供热质量相应降低,用户投诉率随之增加。

为更好地承担起社会责任,全面保障供热质量,华电河北公司内部模拟市场化运营机制,创新提出煤机执行阶梯热价结算模式。即根据煤机额定供热能力分出三挡热价,一档热价为输出能力低于80%额定供热能力的热量,定为28元/吉焦;二档热价为输出能力高于80%但低于100%额定供热能力的热量,定为36元/吉焦;三档热价为输出能力高于100%额定供热能力的热量,定为46元/吉焦。如此以效益为导向,热网、热源供热积极性大增,圆满解决了供热过程中的购销矛盾。

(二)放大价格杠杆撬动力,带动基层企业千方百计降低供热成本

由于燃气热源气价过高,顶峰供热压力较大,煤机实施阶梯热价后,虽然煤机顶峰积极性大增,但由于供热能力已经饱和,无法满足极寒天气需求,仍需启动燃气热源顶峰。针对这一问题,华电河北公司本着成本均摊的原则,单独计量燃气供热量,通过测算,出台了66.36元/吉焦的内部天然气供热价格,使热源、热网对燃气供热均持谨慎态度。

热源为了减少燃机启动,石热创新将煤机已废弃的工业抽汽通过联通管送到燃机热网首站,搭建起

煤机替代燃机供热的桥梁，提升煤机供热能力的同时大幅降低了能耗水平；裕华创新实施燃气炉循环水泵参与煤机热量输送任务，提高煤机供热循环水量，进而增加煤机供热量。供热集团为了减少购入燃气热量，主动加强换热站经济运行管控，加大二次网水平衡调整力度，精准做好用户服务，降低供热能耗的同时有效降低了购热成本。通过推行新的内部价格结算模式，热源、热网达到高度默契配合，整体供热成本明显降低。

五、统一调度，互联互通，实现整体降本增效

华电河北公司三家热源机组类型、供热能力均不同，1家热网分为三大区域分别从各热源厂购热并输送到千家万户；热网侧各供热区域用户分布、需求标准也不一样，供热效益存在差异。必须从全局考虑，实施统一调度，源侧、网侧负荷灵活调整、高度匹配，才能实现整体降本增效。

（一）优化管网线路建设，实现各供热区域联网运行

正常情况下，三大供热区域独立运行，裕华、鹿华区域各自备有调峰热水炉作为应急热源，一旦出现热源设备故障，立即启动热水炉供热。但是热水炉供热成本高、效率低、能力小，很难满足居民供热的正常需求。

为保证供热安全，避免事故状态下各供热区域孤立无援，华电河北公司通过技改抢建起可互相支持的联网设施，选择合适的地点增加管网联络线，把三大供热区域的主管线连通起来，通过调节水力平衡形成一个巨大的供热管网，三家热源可以互相支持、共享用户资源，为提升整体效益创造了有利条件。

（二）拓展灵活切换范围，实现统一调度降本增效

为实现区域整体效益最大化，华电河北公司不断优化内部调度，在不影响安全供热的前提下，拓展三大供热区域互联互通设施的应用范围，在供热初末期灵活切换用户，即把购热成本高的长输供热区域切回，由内部煤机热源供热，同时科学分配不同区域热负荷，让供热成本低的、能耗水平低的、经过高背压改造的煤机多供热。有效减少热网侧购热成本的同时，热源侧煤机能耗水平和天然气消耗明显降低，从源头实现降本增效。

2019—2020年采暖末期，为减少石热高成本的燃机供热，把150万平方米供热面积切换到裕华的煤机供热区域，增加效益92万元；为减少热价较高的外购热，把西部长输供热的238万平方米供热面积切回到鹿华煤机供热区域，增加效益199万元。

六、灵活合作，模式创新，构建互利共赢利益共同体

基于区域内供热面积有限，供热初末期煤机供热能力仍有余量的现状，本着互利共赢的原则，大胆提出与其他中小天然气供热公司合作的设想，开启"灵活供热"新合作模式，最大限度释放热源供热潜能，向外部市场要效益。

（一）转变供热经营思路，做优做精存量资产

华电河北公司供热面积是综合考虑热源能力等多种因素确定的，既要保证供热板块收益率，更要保证民生供热安全，必须留足70%的供热安全裕度，即当最大供热能力机组故障时，剩余供热能力要满足需求的70%。因此，供热初末期热负荷需求较低的情况下，煤机能力仍有50%甚至以上的余量可发挥。

为全面贯彻华电集团"以热保电、以热促电"的理念，华电河北公司向外寻找新的效益增长点，努力将存量资产做优做精。通过实地调研，发现周边天然气供热公司同样面临气热价格倒挂的困境。华电河北公司创新提出"灵活供热"经营思路，利用外部因素带动内部煤机热源负荷在低谷时段增长，即主动向周边中小天然气供热公司提出合作意向，选择合适的管网邻近点，投入尽可能少的资金建立联络管线，在供热初末期负荷低谷时段用煤机热源替这些公司向用户供热，将低谷富余热量以低于燃气供热的价格趸售给中小供热公司；在极寒天气负荷顶峰时段撤回煤机热源，改由这些公司启动天然气供

热。这样既最大限度释放了煤机供热潜能、提高了能源利用率，也帮助中小供热公司降低了成本、减少了亏损，用煤机热电联产这双大手牵起中小天然气供热公司这些小手，把竞争对手变为合作伙伴，共同撑起集中供热这片蓝天。

（二）开启灵活合作模式，向外部市场要效益

华电河北公司的"灵活供热"合作模式，总体目标为构建互利共赢利益共同体，打破了传统同行间的经营壁垒，通过内外市场互动实现了供热量和供热效益的"双提升"。

华电河北公司提出坚持"两不变、三体现、一清晰"的基本原则，积极开拓"灵活供热"市场。"两不变"，即坚持供热资产产权关系不变、供热责任主体不变。即合作后不影响各供热公司的资产产权，各方照常管理、维护自己所辖的设备、管网；各公司依旧分别负责自己的用户市场，制订合理的运行调节方式。"三体现"，即坚持体现供热的灵活性和错峰效应、体现合作方共赢多赢、体现政府天然气供热补贴负担有所减轻。即合作后在供热合同签订时要体现如何应对外部环境、设备、用户侧需求等各方面因素对峰谷负荷、切换时点的影响；合作过程中要共享相关数据与资源，体现合作方共赢多赢；合作的结果要充分体现减少了燃气供热占比、切实减轻了政府的财政负担。"一清晰"，即合作双方贸易结算关系清晰。即要清晰界定产权联络点，选择合适的地点安装贸易结算计量装置，按照贸易结算标准进行三方校验后方可投运。2019年与7家天然气供热公司签订"灵活供热"框架协议，面积达119万平方米，成功开启了向外部市场要效益的"灵活供热"新合作模式。

（成果创造人：侯进峰、刘德进、孙志宏、王秀峰、张淑君、卢　宁、连轶青、宋济洋、杨之光）